Urs Hostettler
Der Rebell vom Eggiwil

Urs Hostettler

Der Rebell vom Eggiwil

Aufstand der Emmentaler 1653

Eine Reportage · Zytglogge

Der Autor und der Verlag danken für die Druckkostenbeiträge von PRO HELVETIA, Stadt und Kanton Bern, OGG des Kantons Bern und Migros-Genossenschaftsbund Schweiz.

Alle Rechte vorbehalten
Copyright by Zytglogge Verlag Bern, 1991
Umschlagfoto: «Rämisgummen im Herbstlicht», Gerhard Howald
Lektorat: Willi Schmid
Satz: Typobauer, Ostfildern 3
Druck: Franz Spiegel Buch GmbH, Ulm
ISBN 3-7296-0298-5

Zytglogge Verlag Bern, Eigerweg 16, CH-3073 Gümligen
Zytglogge Verlag Bonn, Cäsariusstrasse 18, D-W-5300 Bonn 2
Zytglogge Verlag Wien, Strozzigasse 14–16, A-1080 Wien

Inhaltsverzeichnis

Die Taufe	9
Chronik der neunziger Jahre	13
Vom Lernen	14
Die sagenhafte Stadt der Helvetier	16
Das Bernbiet	18
Vom Geschlecht Galli	21
Katholische und reformierte Zeit	23
Wie die Eggiwiler bauern	25
Die Allmend	28
Chronik vom Beginn des Jahrhunderts	30
Vom Flössen, vom Wald und von einem unglücklichen Zufall	31
Vergnügungen	34
Veränderungen	41
Von Huldigung, Uszügern und Reisgeld	42
Chronik der zehner Jahre	44
Die bäuerlichen Abgaben	46
Martini	49
Chronik der zwanziger Jahre	52
Der Krieg in deutschen Landen	54
Berner Kriegswirtschaft: Das Salzmonopol	55
Der Schanzenbau	57
Münzsalat	59
Mass und Gewicht	62
Im Haus	63
Von Täufern und Hexen	66
Chronik der dreissiger Jahre	72
Der Kirchenbau	75
Die Schweden kommen	78
Unruhe im Entlibuch	80
Der neue Landvogt	87
Das Gericht Röthenbach	90
Chronik der vierziger Jahre	92
Die neue Täll	96

Der Widerstand gegen die Täll	98
Zimmermanns Entführung	105
Die Belagerung von Thun	109
Waffenstillstand	113
Der Thunerbrief	116
Wie Ueli Galli seinen Glauben an Papier und Siegel verliert	122
Wie die Zürcher Herren zwei Ämtern ihre Freiheitsbriefe rauben	128
Der grosse Frieden	130
Landjegi	132
Der Eggiwiler Predikant	137
Das Chorgericht	139
Ueli Galli wird Grossvater	143
Der Fall Peter Amstutz	146
Chronik ab 1650 bis zum Bauernaufstand	149
Das Berner Patriziat	152
Der schlimme Preiszerfall	157
Landvogtplage	160
Der arm Burestang	163
Die Batzenabwertung	166
Die ersten Tage nach dem Münzabruf	169
Der Komet	171

Der grosse Schweizerische Bauernkrieg

Ein Zwischenwort	174
Lesehilfen	180
Dezember 1652: Boten aus dem Entlibuch – Die Versammlung auf dem Giebel – Entlibucher vor dem Luzerner Rat	181
Januar 1653: Misshandlung der Gyslifrässer in Schüpfheim – Die drei Tellen – Heiligkreuz – Entlibucher Knüttelzüge	193
Februar 1653: Das neue Tellenlied – Der Wolhuser Bund – Verhandlungen in Willisau und Werthenstein	210
März 1653: Langnauer Landsgemeinde – Das fatale Hilfegesuch Luzerns – Die Bauern vor Luzern – Der ‹rechtliche Spruch› – Angst vor den welschen Soldaten – Niklaus Leuenberger und Notar Brenner – Basler Truppen in Aarau – Der Bundesgedanke – Kniefall der Emmentaler in Bern – Die Baselbieter wehren sich – Landsgemeinde von Signau	256
April 1653: Waser in Langnau – Das Fest der Freiheit in Sumiswald – ‹Süsser Wein› – Die erste eidgenössische Landsgemeinde in Huttwil – Bauern und Bürger	343

Inhaltsverzeichnis 7

Mai 1653: Bauernrat auf dem Schönholz – Landsgemeinden der
Solothurner – Die Landsgemeinden von Huttwil und Langenthal -
Kriegsmassnahmen der Städte – Mandat der Tagsatzung –
Der grosse Landsturm – Die Landleute vor Bern und Luzern –
Der Murifelder Frieden – Die Zürcher besetzen Mellingen –
Schlacht bei Wohlenschwil – Ausmarsch von General von Erlachs
Armee – Der Mellinger Frieden – Die Eroberung der Gisiker
Brücke – Flüchtlingselend – Die Schlacht von Herzogenbuchsee –
Der Stanser Schiedsspruch – Zwyers Truppen rücken aus –
Leuenbergers Gefangennahme 409
Juni 1653: Rebellenjagd – Die Konferenz von Zofingen – Bluturteile
– Berner Hinrichtungs-Spektakel 581
Juli 1653: Weitere Bluturteile in Bern und Luzern – Das Basler
Strafgericht 626
August 1653: Die geflüchteten Rädelsführer planen den Widerstand
– Niklaus Leuenberger hingerichtet 641
September 1653: Das Attentat beim Büggenschachen – Die Tellen-
hatz – Im Eggiwil wird Ueli Galli gefangen 655
Oktober 1653: Konzessionen an das Emmental – Der Prozess gegen
Ueli Galli 673

Nachlese

Die weiteren Bestrafungen des Winters – Furcht vor neuem
Aufruhr 684
Das Schicksal der geflüchteten Rebellen 687
Die Prozesse gegen die Landvögte Tribolet und Zehender 693
Ein seltsamer Nachtbubenstreich im Mai 1654 696
Luzerner Bürgerschicksale 698
‹Normalisierung› im Bernbiet 700
Lieder und Galgenfahrten 701
Der Villmerger Krieg 703
Karrieren 709
Das Verhängnis des Eggiwiler Predikanten 720
Das Marbacher-Komplott von 1659 725
Der Müliseiler 727
Entwicklungen im Bernbiet vor 1700 741
Das Eggiwil und das Galli-Blut 746

Namensregister 754
Quellen 773
Karten 778

Mein Dank gilt allen MitarbeiterInnen von Archiven, Bibliotheken und Museen, die mich bei meiner Arbeit unterstützten, sowie folgenden Privatpersonen:
Robert Berger, Rothachen; Otto Born, Stettlen; François de Capitani, Bern; Wolfgang Eisenbeiss, St. Gallen; Martino Froelicher, Luzern; Hans Galli, Bern; Sigfrit Gerber sel., Signau; Fam. Haldemann, Giebel Eggiwil; Urs Hangartner, Luzern; André Holenstein, Bern; Theo Keller, Hindten; Niklaus Landolt, Basel; Pfr. H.R. Lavater, Bern; H. Lehmann, Grosshöchstetten; Andreas Moser, Erlach; Hans Minder, Ostermundigen; Jürg Rettenmund, Huttwil; Peter Sommer, Herrenschwanden; Walter Steiner sel., Emmenmatt; Michael Stettler, Steffisburg; Andreas Suter, Zürich; Edwin Tobler, Nürensdorf; Werner Wüthrich, Bern; Jos-Frank Zwyer, Luzern.

Ein besonderes Dankeschön Hans Schmocker und Hans Hostettler, die mir mit ihrem grossen Wissen immer wieder zur Seite standen;
den MitarbeiterInnen des Zytglogge Verlags für ihre Betreuung des Werks, insb. Willi Schmid für das aufwendige und sehr anregende Lektorat;
meiner Frau Katharina für die Jahre zwischen meinen Papierhaufen und zwei kleinen Wildfängen;
Stadt und Kanton Bern für die Unterstützung in Form eines Werkjahrs.

Urs Hostettler

Die Taufe

Im oberen Emmental, wo sich die sanften, grünen Hügel schon bald zu gfürchigen, mit starken Tannen bewachsenen Hängen wandeln, wo sich der Talboden beim Zufluss des Röthenbachs noch einmal verbreitert, liegt das Dörfchen Eggiwil. Eine Mühle und eine Sägerei sind dabei, ein halbes Dutzend Häuser alles in allem, weder eine Kirche noch ein Wirtshaus. Die meisten Eggiwiler Höfe liegen im Tal verstreut zwischen frisch gepflügten Äckern, frühlingsgrünen Matten und knospentragenden Obstbäumen, die schönsten auf den sonnigen Bergterrassen am Südwest-Hang. Die Höfe sind nicht so gewaltig, fast pompös, wie die reichen Güter im bernischen Flachland. Immerhin bieten sie einer Familie Platz, diese behäbigen Emmentaler Holzbauten, deren Schindeldach bis an den Boden zu reichen scheint.

Der Kalender zeigt den 15. April 1589, einen Sonntagmorgen.

Von einem dieser Sonnseitenhöfe, halb oben am Berg gelegen, wo der Weg dann weiter führt in die Steinbrüche im Blapbach, steigt eine Gruppe von Menschen den steilen Stutz herab. Sie sind gut gelaunt, so festlich gekleidet, wie dies einfachen Bauern erlaubt ist. Die Männer führen Pferde am Halfter, ungesattelte Emmentaler Landpferde mit ihren typischen grossen Köpfen, die den Hofackerstutz und den Steg unten bei der Säge von hunderten Ritten her kennen. Einer der Männer ist der alte Hans Zurfluh, einer sein Schwiegersohn Ueli Galli. Im Mittelpunkt der Gesellschaft steht aber eine junge Frau – eine stolze Gotte mit ihrem Täufling im Arm.

Ennet der Emme warten die Pferdewagen. Keine Kutschen sind es, bloss ein behäbiger Brügiwagen und ein ausgeliehenes zweirädriges Gefährt mit einer Sitzbank als Ehrenplatz für Gotte und Kind.

Die Fahrt zur Kirche führt eine Stunde talwärts ins Dorf Signau.

Der Weg ist nicht gegrienet. Eine holprige Karrstrasse durch das Eggiwiltal, die viermal die Emme überquert, weil sich der Fluss von der einen Talseite zur anderen schlängelt und ohne Kletterei durch die Hangwälder nicht zu umgehen ist. Jedesmal müssen die Pferde in die Furt hinuntergeführt werden. Brücken gibt es nicht.

Was während 350 Tagen im Jahr wie ein harmloser Bergbach in einem viel zu gross geratenen Bachbett ausschaut, kann nach einem Sommergewitter zu einem reissenden Strom anschwellen. Wenn im Schangnau oben die Tannen brechen, fortgerissen werden, sich beim Eingang zum Räbloch querstellen und das Wasser stauen, dann wirkt die enge Emmenschlucht wie ein Kanonenrohr: Auf einmal bersten die sperrigen Stämme, und mit unbändiger Kraft speit das Räbloch Wasser, Holz und Dreck ins Eggiwil. Im ganzen Tal hört man es krachen. «Dr Aaschutz chunnt!» ruft einer, und wer sich jetzt noch im Schachen aufhält, muss sich in Sekundenschnelle auf die Socken machen. Eine erste Welle wirbelt die Tannen herum, als spiele eine riesige Kinderhand mit einem Haufen Hölzchen, und plötzlich steht die Emme sieben Fuss höher.

Der Aaschutz hat schon manches Leben von unvorsichtigen Fremden gekostet und in schlimmen Hochwasserjahren die Taunerhäuschen im Schachen samt Hab und Gut der armen Leute mitgerissen, dass sie noch froh sein mussten, wenn die Flut sie nicht im Schlaf überraschte.

Alle Versuche, im Eggiwil dauerhafte Brücken zu bauen, sind gescheitert. Man hat sich mit den beschwerlichen Wegen nach Signau und nach Röthenbach hinüber abgefunden, die das Tal zu einer der abgelegensten Gegenden im Bernbiet machen. Zu Hochwasserzeiten ist es oft tagelang von der Aussenwelt abgeschnitten. Vielleicht schafft ein mutiger Reiter den Durchgang nach Signau, kaum aber ein Fussgänger. Dies ist für die Eggiwiler kein purlauteres Unglück: Die Regierung schreibt ihren Untertanen vor, dass sie nicht nur sonntags, sondern auch die Woche über am Montag, am Mittwoch und am Freitag die Kirche zu besuchen hätten[1] – nur zur Erntezeit fallen die Mittwochspredigten aus. Und weil die Eggiwiler keine eigene Kirche haben, bedeutet dies stets einen Kirchgang nach Signau hinunter, gut zwei Stunden zu Fuss. Da ist so ein Hochwasser zeitweise schon eine willkommene Linderung der beschwerlichen Pflicht. Nicht dass die Eggiwiler schlechte Christen wären! Beileibe nicht. Aber die Liebe zur evangelischen Staatskirche, zu den fremden Predikanten aus der Stadt, zum ganzen Zeremoniell der Amtspersonen ist getrübt. Viele Dorfgenossen sind Wiedertäufer. Sie verkünden ihre Lehre – verheimlicht vor dem Landvogt in Signau – zu Hause in schlichten Familiengottesdiensten, und jeder im Tal weiss davon.

Der Taufgemeinschaft, die an diesem Frühlingssonntag im Jahr 1589 gegen Signau zieht, ist die täuferische Lehre wohl vertraut.

Vater Galli, der den Sitzkarren lenkt, ist ein Zugezogener im Eggiwil. Doch die junge Gotte neben ihm, die Madlen Ägerter, wird sich an den gesuchten Täufer Bernhart Ägerter erinnern, der Mitte Jahrhundert das Berner Oberchorgericht beschäftigt hat. Die Grosseltern des Kindes, die Zurfluhs ab dem Berg im Eggiwil, hatten vor Zeiten den ‹fürnehmsten› Berner Täufer zum Nachbarn, den alten Prediger Hans Lüthi. Damals war Bernhart Jenni, ein ebenso bekannter Altevangelischer, sein Lehensmann auf dem Hofacker – bis die Güter von der Oberkeit eingezogen wurden. – Heute sind die beiden gottesfürchtigen Männer verstorben, auf dem Hofakker bauern die Stauffers, aber noch lehrt auf dem Berg eine alte Täufersfrau die Kinder (wohl die Frau des Ueli Jegerlehner).

---

1 genauer: aus jedem Haus war eine Person zum Predigtbesuch verpflichtet

Die Taufe   11

Nun, selbst wenn die Familie für ihr Kind die Erwachsenentaufe vorzöge – wie ja schliesslich auch Jesus Christus die Taufe als bewusster, freier Mensch empfangen hat –, wäre der heutige Kirchgang ein Muss. Öffentlichen Täufern drohen schwerste Strafen: hohe Bussen, Einzug des Vermögens, Landesverweis, ja noch bis vor zwanzig Jahren sind beständige Taufbrüder in Bern vor allem Volk hingerichtet worden, als letzter der Hans Haslibacher. Bis heute erzählt man sich, wie der Haslibacher auf der Richtstatt seinen Hut auf den Boden legte, wie nach dem Schlag des Henkers der abgehauene Kopf in den Hut rollte und lachte, wie sich die Sonne rot färbte und der Staldenbrunnen blutig floss, dass die Herren ob dieser Gotteszeichen mächtig erschraken und seither den Täufern zumindest das nackte Leben liessen.

In diesen Zeiten behält man seinen innersten Glauben besser für sich und besucht die öffentlichen Predigten, lässt die Kinder vor allen Leuten in der Kirche taufen. Immerhin verkündet der Predikant das Evangelium Christi und betreibt nicht diesen schlimmen Heiligenkult, wie er bei den Katholischen ennet dem Berg im Entlibuch noch gang und gäbe ist.

Das Dorf Signau empfängt seine Kirchgänger mit Geläut. Signau ist nicht bloss ein Kirchdorf, sondern auch der Sitz des Landvogts. Oben am gegenüberliegenden Hang thront sein Schloss. Das Amt Signau umfasst das ganze Eggiwiltal, Röthenbach, den Bucholter- und den halben Kurzenberg, Höchstetten, Zäziwil, Bowil, Oberthal und im Westen das Gericht Biglen. Allerhand ländliches Gewerbe hat sich in diesem Marktflecken angesiedelt: verschiedene Krämer, ein Schmied, ein Glaser, ein Gerber, ein Brunnenmacher, ein Nagler, ein Tuchfärber[2] und vielleicht das wichtigste: zwei Pintenschenken, das Hochenhus und der Bären.

Vor der Predigt versorgen die Männer die Pferde; dann langt die Zeit noch zu einem Schwatz auf dem Kirchhof. Drüben bewundern die Frauen die heutigen Täuflinge. Noch darf das gemeine Volk die Kirche nicht betreten. Erst als die Glocken verstummen, öffnet der Siegrist, von der anstrengenden Arbeit mit den Läutbuben noch ein wenig verschwitzt, die Pforte. Zuvorderst wird der Predikant, in seiner Amtstracht mit Baselhut, Jenggen[3] und Mühlsteinkragen, eingelassen. Hinter ihm führt die Familie des Landvogts den Zug der Gläubigen ins Kirchenschiff an, und wehe dem Landmann, der in diesem Augenblick seinen Hut nicht zum Gruss lüpfte! Darauf ist die Reihe am Weibel in seinem rot-schwarzen Bernermantel, am Kilchmeier, der Pfarrfrau mit Kindern und Magd, an der Visite des Vogts.

---

2 Der Tuchhändler von Signau hielt den Laden anscheinend auch am Sonntag offen – ja, der Sonntag war sein bester Verkaufstag, sehr zum Ärgernis der Predikanten.
3 ein weiter, faltenreicher Mantel mit geschlitzten Ärmeln

Wenn sich die ganze Ehrbarkeit mit einem kurzen Vaterunser vorne auf den besten Stühlen niedergelassen hat, gibt der Siegrist den übrigen Leuten den Weg frei.

Nach einem gemeinsamen Gesang ruft der Predikant die Täuflinge auf: «Ueli Galli» schallt es zum ersten Mal mit lauter Stimme, für alle vernehmbar. Sorgfältig zeichnet der Predikant dem Knäblein ein feuchtes Kreuz auf die noch weiche Stirne. Nach der Taufe machen sich die Gotte und ihr Mann mit dem Kleinen gleich auf den Heimweg, zurück ins Eggiwil, auf den Berg ins Zurfluh-Heimet, wo die Mutter – mit einer Taunersmagd zusammen am Kochen und Backen für ein zünftiges Taufi-Essen – ihren Sohn von der grossen Fahrt zurückerwartet.

Der Vater muss mit den übrigen Taufgästen in der Signauer Kirche ausharren, bis der Predikant den Gottesdienst mit den offiziellen Mitteilungen beschliesst: Ab der Kanzel verliest er Eheverkündigungen, Todesfälle, Geldstage, die neuesten Erlasse der Oberkeit.

Diese Mitteilungen geben oft mehr zu reden als die eigentliche Predigt.

Daheim im Eggiwil wartet ein gutes Essen auf die hungrigen Mäuler: eine Weinwarm-Suppe[4] vielleicht, Eierküchlein und Nidle, ein Lammvoressen. Gewiss hat sich die junge Mutter, die Zurfluh Madlen, alle Mühe gegeben. Der eine Götti stellt noch ein Mass zum Trinken dazu, eine prächtige Taufflasche mit eingebranntem Blumenschmuck, der andere drückt der Mutter seinen Einbund in die Hand, einen polierten Silbertaler, in einen schön bemalten Taufspruch eingewickelt; die Gotte und die Grossmutter bringen wohl selbstgestrickte Kleidchen zum Geschenk.

Niemand in der Runde ahnt, dass dieser schreiende Täufling[5], der während der Anrichte nochmals von Arm zu Arm gereicht wird, eines Tages das ganze Emmental zum Aufstand gegen die mächtigen Regenten der Stadt Bern führen wird.

Taufrodel Signau 1589 – Urbar Signau 4 – Amtsrechnung Signau 1610, 1613, 1614, 1633, 1650 (Berufe und Wirtshäuser) – Steiner 7 – Anderi Lieder 38-40 – Häusler II 66 – Friedli, Guggisberg 610 – Christian Rubi in: Der Bund, 12.1.1975, 5.4.1980 – Drei Täufer-Gespräche in Bern und im Aargau. Hrsg. von Martin Haas. Zürich 1974 (Quellen zur Geschichte der Täufer in der Schweiz, Bd. 4) – Heutelia 240f.

---

4 alte Berner Suppe aus Wein, geröstetem Brot, Eiern, Zucker, Zimmet und Safran
5 Ueli Gallis Geburtstag ist unbekannt. Die Kinder mussten innert acht Tagen nach der Geburt zur Taufe gebracht werden.

Chronik der neunziger Jahre

1590 – Der Krämer im Eggiwil hingerichtet. Sein Weib hat sich in der Nacht mit Geld und Hausrat geflüchtet.

1591 – Barbli Galli, Uelis Schwester, geboren

1592 – Die Gnädigen Herren von Bern wollen Söldner werben und den vom Kriegsdienst befreiten Untertanen eine Steuer abfordern. Das Vorhaben stösst auf die geschlossene Ablehnung des Landvolks. Nach einer Volksanfrage verzichten die Oberen auf die Neuerung.

– Bernische Forstordnung

1593 – Maria Galli, das dritte Kind der Familie, geboren

1595 – Wegen der vielen Rodungen im Amt Signau schwellen die Bäche stark an, und verschiedentlich rutscht die Erde ab.

1597 – Pestjahr im Bernbiet

– Ausfuhr von Molke[1] verboten

Taufrodel Signau 1591, 1593 – Amtsrechnung Signau 1590 – Chronik Schenk – Häusler I 180, 195 – Landolt 33

---

1 Milchprodukte

Vom Lernen

Ueli Galli und seine Schwestern müssen ihre Jugendjahre nicht in Schulstuben absitzen. Zwar fördert die Regierung die Einsetzung von Schulmeistern auf dem Lande. Wo sich aber so ein junger, gelehrter Mann im Emmental zeigt, wird er scheel angeschaut. Niemand denkt daran, seine Kinder zur Schule zu schicken, während sie im Haus und auf dem Feld gebraucht werden und dabei noch allerhand Nützliches lernen können. So beschränkt sich die Schule auf die Wintermonate. Die Eltern entscheiden über die Schulreife ihrer Kinder. Begüterte Leute zahlen ein Schulgeld, für die Armen übernimmt die Kirche den kargen Lehrerslohn. Drei Winter lang dauert die Schulzeit. Im ersten Jahr sollen die Kinder buchstabieren lernen, im zweiten Jahr gilt es, Geschriebenes und Gedrucktes zu lesen und die Zahlen zu verstehen; im Abschlussjahr schliesslich hat der Lehrer die Aufgabe, die Schüler je nach Fähigkeiten im Beten, Lesen und Schreiben zu unterrichten und ihnen den Katechismus[1] einzuprägen. Damit gerade in diesem dritten Jahr kein falsches Dogma entstehe, sind keine fremden Schulmeister zugelassen.

Nirgends reicht der Lohn einem Schulmeister zum Leben. In den allermeisten Fällen muss er daneben taunern, bei einem Bauern als Taglöhner arbeiten. Im Heuet und in der Ernte, wenn auf den Bauerngütern auf einen Schlag viele tüchtige Hände gebraucht werden, ist die Schule sowieso geschlossen.

Selten genug kommen die Landleute dazu, das Erlernte auch anzuwenden. Wohl liegt die obligate Bibel[2] im Haus, und die Heftchen mit den ‹schönen neuen Liedern› über erschröckenliche Ereignisse, wie sie auf den Märiten[3] feilgeboten werden, laden zum Lesen ein. Ganz besonders interessierte Leser schneuggen vielleicht noch in Truhen nach alten Verträgen und Chroniken – damit hat sich's.

Und finden die Bauersleute schon selten Gelegenheit zu lesen, so kann man getrost sagen: zum Schreiben kommen sie nie. Weshalb sich also jahrelang mit Tinte, Tolggen, Federkeil spitzen und Papier machen herum-

---

1 Der ‹Kleine Cathechismus› von 1581, das weitverbreitete «Fragebüechli» für die reformierten Laien. Oft liessen Lehrer und Pfarrer die Kinder den Text seitenweise auswendig lernen. Zudem wurden täglich Psalmen gesungen.
2 Sowohl die Luther-Bibel wie die preisgünstigere, in verschiedenen Formaten als Volksausgabe konzipierte Froschauer Zwingli-Bibel waren im Bernbiet verbreitet. Die Täufer benutzten ausschliesslich die Zwingli-Bibel.
3 Die Stadt Bern verfügte seit 1523 über eine Buchhandlung. – Ein fahrender Buchhändler (Hans Schönholzer) lebte im 17. Jahrhundert in Signau.

Vom Lernen

schlagen? Die gelehrten Berufe sind ohnehin den Stadtburgern vorbehalten, und wenn hier auf dem Land alle paar Jahre einmal ein Vertrag aufgesetzt werden muss, so bestimmt das Gesetz, dass der Landschreiber auf Schloss Signau die Feder führt – gegen eine zünftige Schreibgebühr übrigens.

Es scheint, dass im abgelegenen Eggiwil um 1600 noch kein Schulmeister wirkt. Das notwendige Lesen wird der junge Ueli Galli von seinen Eltern erlernt haben, vielleicht auch von der alten Täufersfrau, bei der er die Unterweisung besucht. Schreiben kann er kaum mehr als seinen Namen.

Dafür lernt er tüchtig bauern und hört allerhand Erzählungen von der glorreichen Vergangenheit des oberen Emmentals, von den Eidgenossen, von der Reformation und von den jetzigen Sorgen der Berner Bauernschaft. Man tut gut daran, diesen lebendigen Schatz an Sagen und Erzählungen nicht zu unterschätzen! Im Emmental ist man über die Geschehnisse in der Welt draussen recht gut unterrichtet, über das Vordringen der Jesuiten etwa, wenn sich in diesem Wissen der Landleute mitunter auch seltsame Histörchen mitangesammelt haben... über die Rentiere im hohen Norden zum Beispiel, denen die Einheimischen nur einen Ortsnamen ins Ohr zu flüstern brauchten, und schon würden diese Wundertiere einen Reisenden unfehlbar über Berge und Täler voller Eis an sein Ziel tragen, um darauf allein zurückzulaufen. Oder über den Drachen in Odenweiler im Unterwaldnerland: Einer aus dem Geschlecht der Winkelried habe 1353 das Ungeheuer erlegt. Darauf habe er vor der Höhle sein Schwert in die Höhe gehalten und Gott für den Sieg danken wollen. Da seien giftige Blutstropfen auf seinen Arm gefallen, und vor vielen Zuschauern sei er niedergefallen und auf der Stelle gestorben.[4]

Misch-Masch 36 – Tillier 476f. – Christian Rubi in: Der Bund, 15.3.1980, 16.5.1981, 3.7.1982, 28.4.1984 – Pfr. H.R. Lavater (Bern), mündlich

---

4 Solche Geschichten hat nach 1700 der Burgdorfer Hans Rudolf Grimm zu seiner grossen Bauern-Chronik zusammengetragen.

---

4. Was bekennen wir nun in dem Ersten Theil der Artickeln deß Glaubens?
Daß wir unser vertrauen setzen allein auff den einigen GOTT. Dann obwol drey Personen der GOttheit/ so sind doch nit drey Götter/ sondern nur ein einiges Göttliches Wäsen.

5. Was ist GOTT?
Das einig/ ewig/ vollkommen und oberst Gut: Ein Geist/ der allem/ das da ist/ das Wäsen und Leben gibt.

Aus dem Katechismus von 1619

Die sagenhafte[1] Stadt der Helvetier

Im oberen Emmental, im breiten Talbecken zwischen den heutigen Dörfern Signau und Bowil, lag vor uralten Zeiten ein See.[2] Ringsum waren die Hügel mit einem Urwald bewachsen. Hie und da, an sonnigen Stellen, war der Wald gelichtet, standen einfache Holzhütten, graste das Vieh auf den Matten, pflügten Bauern ihre Äcker.

Das Land war viel fruchtbarer als in späteren Jahrhunderten, und die Menschen lebten zahlreicher hier. Gross und blond waren sie, viele hatten fuchsrotes Haar. Sie kleideten sich in enge, lange Hosen und Ärmeljacken. Und eine ganz besondere Vorliebe für alle Arten von glänzendem Schmuck zeichnete sie aus, mit dem sie Hals und Arme reichlich behängten.

Das waren die Helvetier, die da ackerten, kästen und schon damals mit dem Holz der Tannenwälder handelten. Ihre grösste Leidenschaft aber war die Jagd mit Pfeil und Bogen. Und sie fanden viel gutes Wild in der Gegend.

Damals gab es noch keine Könige und Ritter, erst recht keine ‹Gnädigen Herren› in der Stadt Bern, die von ferne Steuern forderten und Vorschriften erliessen. Die Helvetier lebten in Stämmen, die ihre Oberen selbst wählten. Ein besonders mächtiger Stamm bevölkerte das Oberemmental. Oberhalb von Röthenbach, auf der Sonnenterrasse, wo heute das Kirchlein von Würzbrunnen steht, erhob sich damals ein berühmter Tempel, von einem Opferhain umschlossen, wo die Druiden wohnten. Da sprudelte eine segensreiche heilige Quelle aus der Erde, und Kräuter gediehen, die wir heute nicht mehr kennen, die aber dem Weiler ‹Würzbrunnen› seinen Namen gegeben haben. Rings um das Heiligtum hatten die Helvetier eine grosse Stadt erbaut.

Heute ist die alte Herrlichkeit vom Wald überwachsen, nur das ehrwürdige Kirchlein erinnert an die sagenhafte Heidenstadt. Es ist auch schon uralt, und es soll einst eine Mutterkirche für das ganze Emmental gewesen

---

1 Albert Jahn erzählte im 19. Jh. von archäologischen Funden im Wald bei Würzbrunnen. Eine Randaxt aus der Bronzezeit wurde in neuerer Zeit auf dem Rothengrat im Eggiwil entdeckt, weiter unten bei Huttibuch, auf einem Plateau über der Emme, wird eine Bronzezeitfundstelle vermutet. Die materiellen Belege für keltische Siedlungen im oberen Emmental sind demnach spärlich. Die Sagen und Berichte von der glorreichen keltischen Vergangenheit haben sich in der Gegend aber über Jahrhunderte hin erhalten.

2 Die Silbe ‹sig› des Ortsnamens Signau (auch im emmentalischen Geschlecht Siegenthaler) bedeutet eine sumpfige Landsenke. Der gleiche Wortstamm findet sich etwa in ‹sickern›, ‹seicht›, ‹versiegen›, berndeutsch ‹seiken›.

Die sagenhafte Stadt der Helvetier

sein.[3] Sieben Grafen sollen hierher zum Gottesdienst durch sieben Türen gekommen sein. – Vom Untergang der stolzen Stadt berichten die Alten, einmal seien durch Verrat die grossen Wachtfeuer nicht angezündet worden, als feindliche Barbaren vom Norden her ins Land einbrachen. So wurde der Ort durch Brandschatzung vernichtet.

Noch zu Grossvaters Zeiten soll es in dieser Gegend Heiden gegeben haben, die ihre alten Götter heimlich verehrten.

Steiner 5, 12, 18 – Chronik Schenk – Jeremias Gotthelf: Die drei Brüder – Häusler, Röthenbach 4 – Albert Jahn: Emmenthaler Alterthümer und Sagen. Bern 1856 – Otto Tschumi: Urgeschichte des Kantons Bern. Bern 1953 71, 220, 332, 346

---

[3] Die früheste Erwähnung als Priorat des Cluniazenserklosters Rüeggisberg datiert von 1148.

Das Würzbrunnen-Kirchlein

Das Bernbiet

Der Stand Bern ist der grösste der Eidgenossenschaft, der mächtigste Stadtstaat nördlich der Alpen überhaupt. Etwa 20 000 Haushaltungen gehören heute zum Bernbiet.
    Nach der entscheidenden Schlacht von Laupen (1339) hat die Stadt Landstrich um Landstrich zu ihrem Besitz geschlagen, teils durch Feldzüge gegen die alten Feudalherren, die meisten aber durch Einbürgerungen. Zum Teil bilden die Nachkommen der ehemaligen Ritter und Freiherren nun einflussreiche Berner Burgerfamilien, die von Erlach, die von Graffenried, die von Luternau, von Bonstetten und wie sie alle heissen.
    Während langen Jahren führten diese alten Adelsgeschlechter die Geschicke der Stadt. Vor 150 Jahren kam es dann zu jenem berühmten ‹Twingherrenstreit›, der zuerst einen Metzgermeister ins Schultheissenamt hisste, dann den reichen Kaufleutegeschlechtern zur Macht verhalf, allen voran einem von Diesbach. Es war die Zeit, als der Burgunderherzog Karl der Kühne das alte Mittelreich, von Flandern bis hinunter an die Küste des Mittelmeers, wieder errichten wollte. Seine Herrschaft reichte ohnehin bis an den Neuenburger- und Bielersee, und weil auch das Tal der Aare vor fast 1000 Jahren zum sagenhaften Burgunderreich gehört hatte, hegte man die schlimmsten Befürchtungen.
    Nun, Niklaus von Diesbach war ein geschickter Diplomat und beileibe kein Freund der Burgunder. Als Karl der Kühne gerade mit einem Feldzug weit weg bei Köln beschäftigt war, nutzte Diesbach die Gunst der Stunde: Bern schloss ein Bündnis mit dem französischen König, sicherte sich auch anderswo ab und erklärte dem Burgunderherzog im Herbst 1474 den Krieg.
    Die Berner kämpften erfolgreich in der savoyischen Waadt und im Jura, doch verloren sie schon im Juli 1475 ihren überragenden Kopf: Bei der Belagerung von Lille wurde Schultheiss von Diesbach von einem Pferdehuf getroffen; eine ansteckende Krankheit verschlimmerte seine Wunde und brachte ihn zu Tode. Niemand konnte ihn auch nur annähernd vertreten, ja selbst seine engsten Vertrauten und Mitregenten waren ihm in diesen Krieg gefolgt, ohne seine wahren Pläne zu kennen. Das Rathaus der Stadt glich einem Ameisenhaufen ohne Königin. Die politische Lage verschlechterte sich dramatisch. Ein Verbündeter nach dem anderen kündigte Bern die Freundschaft auf, um so mehr als sich Herzog Karl mit dem deutschen Kaiser versöhnt hatte und nun sein gewaltiges Heer zum Vergeltungsschlag gegen die Aarestadt rüstete.[1]

---

[1] Karl hatte dem Sohn des Kaisers, Erzherzog Maximilian, die Hand seiner Erbtochter Maria versprochen.

Wie er 1476 im Jura auftauchte und zuerst das von den Bernern besetzte burgundische Städtchen Grandson am Neuenburgersee befreite, dabei die bernische Schlossbesatzung grausam ersäufen liess, hätte wohl kein erfahrener Kriegsmann mehr auf den Fortbestand des Standes Bern gewettet. Aber das Wunder geschah, wie jedes Kind heute weiss: Die Eidgenossen eilten Bern zu Hilfe, und mit Schlachthörnern, Feuerrohren, Spiessen und Halparten wurden die übermächtigen Burgunder in die Flucht geschlagen, ihr protzig mitgeführter Staatsschatz fiel in die Hände der Sieger.

Am Genfersee, im Gebiet seiner Verbündeten Jolantha von Savoyen, rüstete Herzog Karl zum Rachefeldzug. Die Berner hatten inzwischen Adrian von Bubenberg, den Schlossherrn von Spiez, zum Kommandanten des wichtigen Grenzstädtchens Murten gemacht, wo Karls Hauptschlag erwartet wurde. Das war gar nicht so einfach gewesen; denn Bubenberg war der Spross einer alten Adelsfamilie, ein Jugendfreund Karls des Kühnen und ein politischer Feind Niklaus von Diesbachs, der diesen Krieg ja angezettelt hatte. Nur seine Liebe zum bernischen Vaterland trieb Adrian von Bubenberg dazu, den gefährlichen Posten anzunehmen.

Nach wochenlanger, trutzig ausgehaltener Belagerung gelang dem Entsatzheer der Eidgenossen bei Murten nochmals ein Sieg – viele der burgundischen und savoyischen Krieger versuchten, durch den See zu entkommen und ertranken dabei.

In einem letzten Gefecht im folgenden Winter verlor Herzog Karl bei Nancy gar sein Leben. Ganz steif gefroren habe man ihn unter den Toten entdeckt.

Man sagt den Schweizern von jeher nach, dass Geld sie weit mehr interessiere als Macht und Ehre. Und dass es damit etwas auf sich hat, zeigte sich nach dem Burgunderkrieg. Ausser einigen Grenzfestungen gaben die Eidgenossen das eroberte Waadtland gegen eine gehörige Pfandzahlung der Gräfin von Savoyen zurück, auf die Freigrafschaft im Jura verzichteten sie, wofür der französische König einen Mordshaufen Geld bezahlte. Eine Zeitlang liebäugelten die Berner noch mit dem Plan, das burgundische Stammland, die Bourgogne, zu annektieren, wegen den dortigen Salzlagern vor allem. Dagegen wandten sich aber alle anderen Eidgenössischen Orte, nicht nur, weil ihnen das Geld näher lag als so eine riesige, französischsprachige Gemeine Herrschaft drüben im Westen, sondern auch, weil sie eine allzu grosse Machtentfaltung Berns nicht wünschten.

Eine Zeit brach an, wo die Eidgenossen die Früchte ihres Sieges weidlich auskosteten: Die Naturburschen aus den Alpen, die das schier Unmögliche vollbracht hatten, die bestgerüstete Armee der Welt zu schlagen, waren die gefragtesten Söldner der Welt. Die Herren in den Städten Bern, Zürich, Luzern und anderswo liessen sich von ausländischen Fürsten die Werberechte teuer abkaufen, für sogenannte ‹Pensionsgelder›, die so reichlich flossen, dass in Frankreich das Bonmot kursierte: die Dächer Luzerns müssten wohl vergoldet sein!

Die bernischen Untertanen, die sich als Uszüger so tapfer geschlagen hatten, erreichten wenigstens eines: dass ihnen zum Dank die Leibeigenschaft überall abgeschafft wurde. Von der sagenhaften Burgunderbeute, die bei Grandson nach alter Väter Sitte verteilt worden war, blieb ihnen wenig übrig: Noch auf dem Schlachtfeld hatten ihnen die Kaufleute aus der Stadt das meiste (viel zu billig) abgekauft.

Sechzig Jahre später – das war die Zeit nach der Reformation – kam das Waadtland doch noch zum Stand Bern. Weil der Franzosenkönig Savoyen angegriffen hatte, befürchtete man einen Einmarsch der Franzosen in der Waadt, und so eine Grossmacht wollte man nun doch nicht direkt vor der Haustür haben. Zum rechten Zeitpunkt, als die einheimischen Welschen sich einen Schutz gegen die Franzosentruppen herbeiwünschten, als kaum ein feindlicher Soldat zu erblicken war, zog die Berner Armee im Triumphzug bis hinunter nach Genf. Man schrieb das Jahr 1536. Und diesmal gab Bern den fruchtbaren Landstrich nicht mehr frei. Seither reicht sein Gebiet vom unteren Aargäu im Osten bis zum Genfersee im Westen. Die Verwaltung ist zweisprachig, aber die deutsch-bernische Herrschaft manifestiert sich deutlich in der Umbenennung der welschen Ortsnamen: Avenches wird zu Wiflisburg, Payerne zu Peterlingen, Yverdon zu Ifferten, Moudon zu Milden, Morges zu Morsee, Vevey zu Vivis, Aigle zu Älen, das Weinbaugebiet des Lavaux zum Ryffland.

Und noch etwas ist den Bernern in Erinnerung geblieben: Der glorreiche Zug in die Waadt[2] kam auf eine Volksanfrage hin zustande.

Jawohl: Die Landesväter hatten damals die Untertanen vorher angefragt, ob sie einen Kriegszug in die Waadt wagen wollten oder nicht. Das Volk hatte zugestimmt und so eine weise Entscheidung getroffen.

Dürrenmatt 114–132, 217 – Tillier Bd. 2 220–313 – Werner Meyer (Basel) mündlich

---

2 Die heutigen Historiker beurteilen die Besetzung der Waadt kritischer: Die Berner hatten dem Herzog von Savoyen das Besetzungsrecht durch eine gefälschte Geldforderung abgezwungen.

Vom Geschlecht Galli

Was Vater Galli seinen Kindern an den langen Winterabenden aus der Familiengeschichte erzählt, bleibt für uns leider im Verborgenen. Sicher scheint einzig, dass er ins Eggiwil zugezogen ist, auf das Gut seines Schwiegervaters Hans Zurfluh. Vor der Taufe seines Sohnes Ueli fehlt der Name Galli in den Büchern der Kilchörinen Signau und Röthenbach.

In der Stadt Bern ist das Geschlecht Galli in der Schmiedenzunft verburgert. Das Wappen zeigt ein Mühleisen. Zur Zeit der Reformation wurde ein Peter Galli, Schaffner des Interlakenhauses, in den Rat der Zweihundert aufgenommen. In der Folge führte ein Gallus Galli (oder Galdi) mehrere Landvogteien, wurde Grossweibel und starb 1575 als Hofmeister zu Königsfelden. Mitglieder der Familie brachten es zum Spitalmeister, zum Mushafenschaffner, zum Landvogt. 1585 wurde ein Galli Schultheiss von Burgdorf – was den Emmentalern kaum entgangen sein dürfte.

Neben diesen vornehmen Herren tauchen Messerschmied, Pfister und Läufer als Handwerksberufe der Berner Familie Galli auf. Offenbar waren die Galli mit weltlichen Gütern sehr unterschiedlich gesegnet: Während einige seiner Namensbrüder im Rat sitzen, erhält 1560 ein Hans Galli «ein Schyn, dass er des Landes verwiesen, weil er fremder Kessler und Krämer sei». Einem Schneider Galli spendet der Staat ein Almosen zum Hausbau im Toubwald (dem Toppwald bei Linden).

Dass die beiden Ueli Galli im Eggiwil (Vater und Sohn heissen gleich) mit diesen Galli aus der Stadt verwandt sind, lässt sich nicht nachweisen. Es ist eher unwahrscheinlich, da just der Vorname Ulrich über hundert Jahre in jener Sippe nirgends auftaucht.[1]

Woher stammen sie denn?

Der Ursprung des Namens Galli lässt sich in guten Treuen verschieden erklären: Einerseits ist Galli das Kürzel von Gallus, einem gebräuchlichen Vornamen. Und dass die Alten einen Rufnamen oft zum Geschlechtsnamen gemacht haben, zeigen die bekannten ‹Jost› oder ‹Christen›. Andererseits ist der Name Galli in einigen Gegenden südlich der Alpen so weit verbreitet wie im oberen Emmental Stauffer, Gerber oder Haldimann – die alten Römer nannten nämlich die Keltenstämme schlechthin ‹Galli›, und im Lauf der Jahrhunderte wuchs die Zahl der Galli-Sippen in Oberitalien kräftig an.

Der erste Berner Galli amtete als Schaffner des Interlakenhauses, des Sässhauses des reichen Klosters Interlaken unten an der Wendschatzgasse.

---

1 Anderer Meinung ist der Eggiwiler Chronist Haldemann (19. Jh.): Die Galli hätten sich von Bern her auf dem Giebel niedergelassen.

Das spricht gegen eine Einwanderung aus Italien – viel eher wird der Abt einen angesehenen Mann aus dem Oberland mit der Verwaltung seines Klosterbesitzes in der Stadt beauftragt haben. Die Nachforschungen zeigen denn auch, dass das Geschlecht Galli im Oberland verschiedentlich auftaucht, bis hinab in die Stadt Thun, zu Beginn des 17. Jahrhunderts auch in Diessbach und Oppligen.

Eine andere Spur führt ins Entlibuch, nach Escholzmatt, nur einen Katzensprung vom Berg im Eggiwil entfernt. Dort sind die Galli seit 1561 verbürgert; sie sollen aus Savoyen zugezogen sein. Eine Galli-Tochter ist da mit einem Christen Schibi verheiratet, und die beiden haben einen kleinen Christen.

Ob die beiden Buben von Escholzmatt und dem Eggiwil, die fünfzig Jahre später zu bedeutenden, verbündeten Bauernführern werden, sogar Vettern sind, lässt sich leider nicht mehr feststellen.

Doch sind Heiraten über die Grenze hinweg keine Seltenheit. Die Liebe ist mitunter stärker als die konfessionelle Moral. Die Vögte im Entlibuch beklagen sich immer wieder: Ihre Landmänner lebten im Sommer mit schönen Bernerinnen auf den Alpen (was dem Vogt auch viele Bussgelder einbringt...).

Wenn Freundschaft und Vertrauen als Indiz für verwandtschaftliche Bande gelten dürfen, so steht Ueli Galli unzweifelhaft den Entlibuchern am nächsten.

Tauf- und Eherödel Bern, Thun, Oberdiessbach und Grosshöchstetten 16. & 17. Jh. – von Werth: Stammtafeln 1, im Staatsarchiv Bern – Studer 177 – Liebenau I 299f. – Aregger 13 – Häusler II 325 – Haldemann

Katholische und reformierte Zeit

Die Reformation hat die christliche Welt geteilt. Die Eidgenossenschaft ist geteilt. Die grossen Städte Bern, Zürich und Basel mit ihren Landschaften sind reformiert; die Innerschweizer, die Solothurner und die Freiburger sind beim alten Glauben geblieben. Der Graben klafft tief zwischen den beiden Lagern. Das bekommen die Eggiwiler ganz deutlich zu spüren. Das katholische Escholzmatt liegt gleich ennet der Alp Rämisgummen, ein Fussweg führt dahin, man kennt sich. Auf beiden Seiten der Alp lebt man ähnlich, hat mit den gleichen Sorgen zu kämpfen. Man trifft sich auf den Märiten. Und wenn man nicht gerade über Glaubensfragen zu diskutieren anfängt, versteht man sich auch recht gut.

Noch vor fünfzig Jahren waren viele Landleute unentschlossen, welcher Lehre sie nun folgen wollten. Doch die Gnädigen Herren von Bern drückten mit Macht durch, dass ihre Untertanen die wahre neue Lehre befolgten. Die Truber – ehemalige Gotteshausleute des dortigen Benediktinerklosters – liessen sich trotz einigem Widerstand der älteren Generation bekehren; im Oberland hingegen haben sich die Hasler gegen die Stadt Bern erhoben, und man hört immer noch, dass in jenem Tal verstockte alte Leute heimlich den Rosenkranz beteten.

Die Luzerner Herren haben aber den Bernern nichts vorzuwerfen.

Auch sie mussten damals darauf achten, dass ihre Entlibucher Untertanen bei der alten katholischen Lehre verblieben. Geistliche mussten ihre Pfarreien verlassen, weil sie den neuen Glauben annahmen.

In der Folge sind etliche Familien der Konfession wegen umgezogen. Noch 1599 siedelte sich eine Anzahl Oberländer Familien im Entlibuch an. Die Grenzen sind klar. Eine katholische Kapelle im Bernbiet wäre so undenkbar wie ein reformiertes Kirchlein im Luzernischen.

Der Konfessions-Zwist hat etwas durcheinandergebracht, was die meisten Menschen für die unerschütterlichste Sache der Welt halten: den Lauf der Zeit.

Die Katholiken rechnen nach ihrer eigenen, neuen Zeit. Während der Landvogt in der Signauer Kirche nach dem Neujahrsgottesdienst seine feierliche Ansprache zum Sprung ins unbekannte 17. Jahrhundert hält, stecken die Entlibucher schon voll drin, schreiben den 11. Jänner 1600 und gingen wohl – träfe das Datum nicht zufällig einen Sonntag – ihrer gewohnten winterlichen Waldarbeit nach.

Die Geschichte dieses Kalenderstreits ist rasch erzählt: Die astronomischen Gelehrten hatten mit ihren neuen, präzisen Instrumenten nachweisen können, dass der überall gebräuchliche Kalender sozusagen ‹altersschwach› geworden war. Er hinkte – und hinkt immer noch – der wahren, naturgegebenen Zeitabfolge um zehn Tage hintendrein. Das ‹natürliche› Jahr ist eben um eine Spur kürzer als 365¼ Tage, und wenn alles beim alten bliebe, so würden sich mit der Zeit die Jahreszeiten auf dem Kalenderblatt unliebsam verschieben, so – das ergaben die Berechnungen – könnte man im Jahr des Herrn 10 000 Weihnachten in der Weinlese feiern und Ostern im tiefen Schnee.

Ob solche theoretische Überlegungen ihn trieben, weiss niemand zu sagen: Jedenfalls folgte Papst Gregor XIII. im Jahr 1582 dem Rat der Astronomen und führte den Kalender «neuen Stils»[1] ein. Die katholische Welt machte einen Zeitsprung von zehn Tagen nach vorn.

Die Tatsache, dass ein Papst diese Order erlassen hatte, bewirkte, dass die Protestanten um so überzeugter an ihrem Kalender «alten Stils» festhielten, klimatische Verschiebungen in x-hundert Jahren hin oder her. Seither feiern die Katholiken ihre Feste jeweils zehn Tage vor den Neugläubigen. Und die Luzerner Grussbotschaften zum neuen Jahr langen kurz vor dem Heiligen Abend des Vorjahres in Bern an.

Mühlestein 161 – Häusler I 109f. – Otto Studer: Bürgerrechte im Entlebuch. Schüpfheim 1944.

---

1 Der sogenannte gregorianische Kalender. Der Kalender «alten Stils» ist der julianische (nach Julius Caesar).

Wie die Eggiwiler bauern

Den Bauern des Berner Mittellandes ist eine strenge Dreizelgenwirtschaft vorgeschrieben: Wintergetreide (Dinkel) im ersten Jahr, Sommergetreide (etwa Hafer oder Gerste) im zweiten Jahr; im dritten Jahr liegt das Land brach und dient bis Johannis, dem 24. Juni, als Gemeinweide – darauf wird es mehrmals für die folgende Wintersaat gepflügt.

Dieser Flurzwang ist allerorten unbeliebt. Die Bauern erkennen, dass der wenige Mist des Kleinviehs im Brachjahr wenig zur Erholung des Bodens beiträgt.

Bei den Einzelhöfen des oberen Emmentals, die dem Flurzwang nicht unterliegen, sind denn auch nirgends dürre Brachfelder zu sehen. Die hiesigen Bauern betreiben die ‹Ägertenwirtschaft›: Sie unterteilen ihr Land in fünf oder sechs Parzellen. Von diesen pflügen sie im Frühling jenen Teil, der am längsten nicht mehr umgebrochen wurde, ein einziges Mal, hacken ihn rein und verkleinern die Schollen mit dem Rechen, bis er so sauber ausschaut wie ein Gartenbeet. Darauf säen sie Hafer oder Gerste aus (im Eggiwil geschieht dies erst im Mai). Nach der Ernte wird der Acker erneut gepflügt, fleissig geeggt und dicht mit Mist belegt, bevor der Dinkel (ganz allgemein «das Korn» genannt) ausgesät wird. Im nächsten Frühjahr bricht der Bauer eine andere Zelge zur Saat des Sommergetreides auf. So dienen jeweils zwei Teile des Kulturlandes dem Getreidebau, die übrigen drei oder vier vergrasen.[1]

Das Pflügen ist eine Kunst, die viel Kraft und Gewandtheit erfordert. Meist führt der Bauer selbst den Pflug, der Bub lenkt das Gespann der zwei oder gar vier Pferde. Weil viele Emmentaler auch gerne noch ein Ross zum Verkauf grossziehen, findet man auf ihren Höfen fast ebensoviele Rosse wie Kühe.

Der Sonnseiten-Berg im Eggiwil ist ein guter Kornplätz. Um das Haus herum gedeihen Apfelbäume verschiedener Sorten – Schafnasen, Kurzstiele, Süss- und Sauergrauech.[2] Für das Obst ist das Klima schon recht

---

1 Erst im 18. Jh. wurde die Form der Ägertenwirtschaft genau beschrieben. (Häusler, Dorfmärkte 37)

2 Berner Rosen, Bohnäpfel (beides neuere Sorten), Süss- und Sauergrauech wachsen heute noch auf den Bäumen um den Giebel. – Der Spezialist Daniel Rhagor schreibt 1639 über die gebräuchlichen Apfelsorten: «Die Namen der Öpfel wieder zu geben ist ein unmüglich Ding. Es gibt überaus viel und sie werden ungleich genennet, von Ort zu Ort, auch täglich neue Namen.» Die Court-pendus seien lange haltbar und «gar angenehm», die süssen seien nützlich zu kochen und zu braten.

rauh, und in manchen Jahren hängen die Äpfel noch säuerlich grün an den Zweigen, wenn die ersten Schneeflocken fallen. Auf dem Pflanzplätz wachsen die Beeren und vielerlei Gemüse für die Küche.

> Lattich, Burtzelen, Kressig, Sonnenwürbel, Körbelkraut (es ist auch im Becher gut zu trinken) und Boretschblümlein werden für den Salat gezogen. Kabis, Köhli, Mangolt (roter und weisser), Spinet und ein wenig Peterlig sind Suppenkraut.
> Als Wurzelgemüse sind verbreitet: Zibelen (rote und weisse), Lauch, Knoblauch (er ist vielen Leuten zuwider und wird minder gepflanzt), weisse Rüben, gelbe Rüblein, Rättich, Pasteney (oder Pastenachen), Girgelen, Kartoffel (ist ihrer überflüssigen, groben Ständlein wegen mehr beschwerlich als angenehm. Wo sie einmal wächst, ist sie kaum mehr zu vertreiben).
> Gartenpflanzen, deren Früchte wir niessen: Cucumeren, Kürbis, Kieflen oder Ärbsen (zarte weisse und neuerdings grosse rote, an denen auch die Hülschen gut essen; eine schwarze Gattung soll die Mäuse vertreiben), Böhnlein in mannigfaltigen Farben.[3]

Neben eigenem Grasland verfügen die Eggiwiler für das Vieh über eine ausgedehnte Allmend. Das Allmend-Land ist allerdings nicht das beste, niemand sorgt recht dafür, und immer mehr fremde Zuzüger, die Hindersässen, treiben ihre Tiere auf die Gemeinweide – meist nur Schafe und Ziegen, aber just die Ziegen sind unheimlich gefrässig. Von Zeit zu Zeit bauen die Hindersässen sogar ihre Hütten auf eine Ecke der Allmend, was immer wieder zu Rechtsstreitigkeiten vor dem Landvogt führt, die in der Regel mit dem Abbruch dieser Armensiedlungen enden.

Auf ihre Alpweiden sind die Eggiwiler stolz. Da besteht keine Lawinengefahr wie bei den Schangnauern weiter oben an der Furgge[4], da muss der Senn keine gefährlichen Gräben fürchten wie etwa im Trub. Der Rämisgummen gilt als die schönste Alp im ganzen Emmental. Wie fast alle Alpen ist er im Besitz von vornehmen Familien in der Stadt. Von ihnen haben sich die Bauern dauerhafte ‹Sümmerungsrechte› für ihr Vieh erkauft, Rechte, die wie Landplätze gehandelt und vererbt werden.

Im Winter kann das Vieh nicht im Stall durchgefüttert werden, dazu ergeben die Matten der Höfe zu wenig Heu und Emd. Einen Teil der Herde

---

3 Gemäss Daniel Rhagors Gartenbuch gediehen in bernischen Gärten des 17. Jh. auch Spargeln (Spart), sowie – hilbe Plätze und intensive Pflege vorausgesetzt – Artischocken und Melonen. Nicht einzeln aufgeführt sind die zahlreichen Gewürz- und Heilkräuter.

4 Hohgant

Wie die Eggiwiler bauern 27

bringen die Eggiwiler jeweils ins Unterland, wo die Tiere in der Nähe von Kirchberg überwintern können. Den Rest treibt man daheim zum Weiden in den verschneiten Wald – sogar die Pferde. Nur bei strengster Kälte füttert man im Stall.

Häusler I 218, II 27, 31, 57, 59, 84 f. – Wahlen/Jaggi 117–120 – Fritz Haldemann (Giebel, Eggiwil) mündlich – Pflantz-Gart I, II – Hans Kessler: Apfelsorten der Schweiz. Bern 1947.

Nahrungsmittel in einem Stilleben von Albrecht Kauw, Bern 1656

Die Allmend

Die grosse Allmend ist den Bauern ein Dorn im Auge.
Dieses Niemandsland ist schlecht genutzt. Am besten sollte es unter die Höfe aufgeteilt werden; so könnte man vermehrt Milchkühe mit Stallfütterung halten. Die Milchwirtschaft hat eine goldene Zukunft! Der Ankepreis ist zwar von der Oberkeit vorgeschrieben und wenig attraktiv; der Emmentaler Käse hingegen ist immer mehr gefragt, bereits werden grosse Laibe von fettem Labkäse ins Ausland geliefert.
  Gegen die Aufteilung der Allmend wehrt sich jedoch eine andere Schicht der Landbevölkerung: die Tauner. Das sind die Kleinbauern, die Hindersässen, die Schachenbewohner, deren Äckerlein und Kleinvieh eine Familie nicht ernähren können. Gewöhnlich verdienen sie einige Batzen durch Heimarbeit. Im Heuet und zur Erntezeit, zum Grasen, zum Dreschen, zum Pflügen und zum Holzen müssen sie sich tageweise einem Bauern verdingen. Dafür erhalten sie ein gutes Essen, kaum Geld, eher etwas von der Ernte und vielleicht Ross und Pflug für einen Tag, um den eigenen Acker umzugraben, oder das Mitfahrrecht auf dem Märitwagen.
  Diese armen Familien haben das alte Recht, ihre paar Schafe, Geissen und Schweine auf der Allmend weiden zu lassen. Nach Martini (dem Zinstag am 11. November) treiben sie die Tiere in den Wald. Ohne Allmend wären die Tauner vollends rechtlose Almosenempfänger, voll und ganz vom Wohlwollen der einzelnen Bauern abhängig. Auch so vermögen sie sich kaum zu ernähren. Viele suchen ihr Heil in der Auswanderung nach Nassau.[1]
  Die Schar der Tauner – mancherorts muss man die Mehrheit der Dorfbevölkerung dazurechnen – könnte gegen die Begehren der Bauernschaft nichts ausrichten, wäre nicht die Oberkeit auf ihrer Seite. – In Bern befürchtet man, nach einer Aufteilung der Allmenden würden die Tauner zu heimatlosen Bettlern und Dieben, das ländliche Leben geriete aus den Fugen.
  Die Hofbauern werden darauf antworten: drüben in Röthenbach sei die Allmend von alters her aufgeteilt, und man höre nur Gutes darüber. Vielmehr seien es die oberkeitlichen Mandate gegen die Teilung der Höfe im Erbfall, die manchen Einheimischen in ein unwürdiges Taunerleben zwängen! Für die Alteingesessenen wollten sie schon sorgen; sie wollten bloss keine fremden Zuzüger mehr haben, die irgendwo Hütten erbauten und sich gebärdeten, als gehöre ihnen der ganze Plätz – es sei jammerschade für das gute Land.

---

1 Deutschland

Doch die oberkeitlichen Befürchtungen sind schwerwiegend, und ohne Not wird kein junger Landvogt just während den Jahren seiner Regentschaft eine derart unabsehbare Veränderung in seinem Amt befürworten.

So bleibt die Eggiwiler Allmend, wie viele andere Gemeinweiden, noch lange ungeteilt. Und Bauern und Tauner lernen miteinander leben.[2]

Häusler I 218-221, II 149-191, 250-292 - Wahlen/Jaggi 116-118 - Häusler, Röthenbach 15f. - Amtsrechnung Signau 1611/12 - Urbar Signau 4 - Ämterbuch Signau 2, 807

---

2 Noch 1648 verfügten die Eggiwiler nach Angaben des Vogts von Signau über eine «grosse Allmend». Auf das unverteilte Gemeinland weisen auch diverse Stellen in den Urbarien hin, z.B. (Urbar Signau 4, 430): der Giebel stosst an die Allmit; das Nachbarhaus «stosst allenthalben an die Allmendt».

Chronik vom Beginn des Jahrhunderts

1600 – Ausfuhr von Holz verboten

1601 – Erschröckenliches Erdbeben in deutschen und in weltschen Landen

1602 – Im Dezember erklettern die Savoyer mit Leitern die Mauern der Stadt Genf, werden aber zurückgeworfen.

1604 – Gefährlicher Vormarsch der Jesuiten an allen Schulen und Universitäten im Schwabenland

- Grosses Viehstärbet im Entlibuch und im Emmental (offenbar eine Pferdeepidemie und zusätzlich die Maul- und Klauenseuche)

1605 – Ueli Galli wird sechzehn: mündig und wehrpflichtig.
Er heiratet Barbli Neukomm.

1607 – Am Signauer Märit werden etliche Dirnen gefangen genommen.

- Im September kauft Bern die kleine Herrschaft Brandis (Lützelflüh und Hasle-Rüegsau) für 17 300 französische Goldkronen einem welschen Freiherrn ab. – Bern besitzt nun das gesamte Emmental mit Ausnahme der Herrschaft Sumiswald, die dem Deutschritterorden gehört, von Bern aber verwaltet wird.

- Grosse Empörung in der reformierten Schweiz über den Justizmord an einem Basler Kaufmann und siebenfachen Familienvater in Sursee, nur weil er sich gegenüber katholischen Pilgern abfällig über das Wallfahrtswesen geäussert hat.

vor 1610 – Ueli und Barbli beziehen ihr Heimet, den Giebel im Eggiwil.

Eherodel Signau 1605 – Chronik Jost – Chronik Schenk – Amtsrechnung Signau 1607 – Studer 161 – Häusler I 87 f. – Dürrenmatt 241 – Geiser 384 f.

Vom Flössen, vom Wald und von einem unglücklichen Zufall

Im Frühling, wenn an der Furgge oben der Schnee schmilzt, wenn die Emme anschwillt und das Tal auf dem Landweg vom übrigen Emmental tagelang abschneidet, bricht im Eggiwil das Flossfieber aus. Ein jeder hat das Holz schon im Januar und Februar aus dem Wald heruntergeschafft, als noch der Schnee lag und man noch mit den Rossschlitten fuhrwerken konnte. Darauf hat der Säger die Holzbeigen für die Flösserei bereitgemacht. Nun, unter der warmen Märzensonne, werden die zwei, drei klobigen Bretterbäume zu Flossen zusammengekettet, eine Beige Laden draufgeschichtet und dazu noch allerhand, was sich drunten in Solothurn, im Aargäu oder gar in Basel verkaufen lässt. Anken und Käse sind da sehr gefragt, auch gutes Brennholz.

Die Flösserei ist anstrengend und gefährlich. Der Oberlauf der Emme ist unberechenbar, im Gleichgewicht auf den nassen Bretterstämmen zu schiffen will gelernt sein. Die Flosse sind nicht länger als dreissig Fuss – so kann man mit langen Stecken noch notdürftig steuern. Eine herrliche, abenteuerliche Fahrt hinunter zu den grossen Märiten und Städten! Der Rückweg mit den schweren Ketten auf den Achseln ist dann die Quittung für das Vergnügen. Ja, die Ketten sind ein wertvolles Gut, die kann man nicht einfach im Unterland liegen lassen. Eisen ist teuer, am günstigsten noch in Solothurn unten, direkt bei der Eisenhütte.

Die Oberkeit in Bern sieht die Flösserei nicht gerne. Sie hat ein Ausfuhrverbot für Molke (1597) und später eines für Holz (1602) erlassen. Die Eggiwiler Flösser profitieren nun von der Geographie des Emmenlaufs: Der Fluss führt bei Biberist ins Solothurnische, von Bern her gesehen ins Ausland. Da vereinigt sich die Emme mit der Aare und fliesst weiter ins bernische Aargäu. Nun braucht dieses holzarme Untertanenland nötig emmentalisches Tannenholz; die Emmentaler können dort im Tausch das Stroh beziehen, das ihnen fehlt. Das macht die Sache für die Flösser recht einfach: Im Falle einer Kontrolle ist die Fuhre stets «für das Aargäu» bestimmt. Unterwegs dann, beim grossen Umschlagplatz im solothurnischen Biberist, schauen sie wenn immer möglich ihre Ladung loszuwerden; die Solothurner brauchen riesige Mengen Brennholz für ihre Eisenhütte und zahlen besser als die Aargäuer.

Die Oberemmentaler schonen ihre Tannenwälder nicht. Die Bevölkerung des Amtes Signau ist in den vergangenen fünfzig Jahren rasch angewachsen, die Zahl der Haushaltungen hat sich nahezu verdoppelt. Viele neue Matten sind gerodet worden. Die früheren Gemeindewälder sind grösstenteils parzelliert und unter den Höfen aufgeteilt. Der Bestand ist gewaltig geschrumpft, und der Wasserhaushalt der Gegend ist bereits gestört: Die Bäche schwellen rascher an als früher; an einigen gerodeten Stellen beginnt die Erde abzurutschen.

Natürlich geht nicht all dieses Holz in die Flösserei. Der Eigenbedarf der Landleute ist enorm: Das Emmentaler Bauernhaus ist ein reiner Holzbau, nicht einmal das Fundament ist gemauert. Weil das Roggenstroh fehlt, überdacht man mit Schindeln aus Tannenholz, die von Zeit zu Zeit erneuert werden müssen. Ebenso müssen die Brunnenrohre immer wieder ersetzt werden, die ‹Dünkel› aus auserlesenen, gerade gewachsenen, jungen Stämmen.

Ein grosser Holzfresser ist der Zaunbau. Alle Grundstücke ausser der Allmend sind eingezäunt. Die Wegränder schützt man der Kühe wegen mit massiven ‹Schweiffelzäunen›, wahren Holzmauern. Zaunringe aus schmiegsamem Tannenholz werden gar noch exportiert.

Verschiedene ländliche Gewerbe setzen dem Waldbestand zu: Die Harzer zapfen die vollsaftigen Tannen an, um die Lampen in den Bauernstuben zu versorgen. Der Gerber braucht Lohrinde von im Frühling gefällten Eichen und Fichten – und die Gerberei ist das traditionsreichste Gewerbe Berns überhaupt, auch in der Stadt mit ihren zwei vornehmen Gerberzünften. – Der Garnbaucher, der Leinwandmacher, wäscht sein Garn in der ‹Buchi›, der Lauge von Buchenholzasche, aus. Hafner, Glaser und Schmiede müssen ihre Öfen hochheizen. Nicht zu vergessen die Backhäuslein und die häusliche Zuckerbrennerei. Und zu allem entrinden die Küher auf den Alpen die wenigen jungen Tannen als Verpackung für ihre Zigerstöcke.

Ihre privaten Waldplätze bewirtschaften die Emmentaler als Reutholz: Durch Kahlschlag machen sie eine Fläche jeweils zur Weide, sobald das Jungholz gut die Dicke eines Arms erreicht hat.[1] So können sie ihren Bedarf an Zaunholz und Dünkeln decken. Zum Bauholz reicht es nicht, schon gar nicht zum Flössen.

Die Oberkeit hat allen Grund, auf ihre bereits arg gelichteten Wälder, die Hochwälder, aufzupassen. Seit 1592 ist die bernische Forstordnung in Kraft, die ein weiteres wildes Abholzen der Bäume verhindern soll. Jetzt darf im Hochwald nur noch stammweise, unter Aufsicht des Bannwartes, des Forstaufsehers, Bauholz geschlagen werden. Der Holzer hat dafür eine ‹Stocklösi› zu berappen. Auf unbefugtes Fällen steht eine Strafe von 10 Pfund pro Stamm. – Wer harzen will, braucht eine Lizenz.

Den Gnädigen Herren der Stadt Bern liegt die Erhaltung eines gesunden Waldbestandes sehr am Herzen. Holzmangel wäre schlimmer als eine Hungersnot; denn Nahrungsmittel kann man notfalls aus fremden Landen her-

---

1 nach zwanzig bis dreissig Jahren

beischaffen, Holz nicht. Ein Strassentransport für grosse Mengen über weite Strecken ist undenkbar.² Und der Zufall will es, dass kein einziger Fluss von ausserhalb in das Bernbiet hinein fliesst! Bern muss sich für alle Zeiten selbst mit Holz versorgen können. Die Regierung weiss, dass ihr Geschick in der Forstverwaltung für künftige Generationen lebenswichtig ist.

Ihre besondere Sorgfalt galt aber von jeher den Wäldern, deren Holz auf der Aare nach der Stadt Bern verschifft werden kann. Das Emmental war von Rodungsverboten wenig betroffen; einzig der Toppwald, der Forst auf dem Kurzenberg, der Biglen- und der Blasenwald stehen seit der Reformationszeit unter Bann.

Jetzt, zu Beginn des 17. Jahrhunderts, ist es höchste Zeit, dass die Oberkeit im ganzen Bernbiet zum Rechten sieht und als erstes – zum Leidwesen der Eggiwiler – die überflüssige Flösserei ins Ausland stoppt.

Häusler I 195, 215 f., 221–223, 228, 236 f., 242 f. – Steiner 31-33

---

2 Übrigens wurde auch der Wein aus der Waadt grösstenteils auf dem Wasserweg nach Solothurn verfrachtet und von da aus ins Bernbiet gebracht.

Zimmermannsarbeit des 17. Jahrhunderts auf dem Giebel im Eggiwil.
Sogar die Nägel sind aus Holz.

Vergnügungen

Ach, die Kinder! Sie spielen in jeder freien Minute: mit Schweinsblasen, Larven, Kreiseln, Reifen, Steckenpferd und Peitsche; sie spielen Blinde Kuh, gehen auf Stelzen, springen mit dem Seil, lassen Drachen steigen, verstecken sich als ‹Räuber› im Schachen; sie märmelen, schiessen mit Pfeil und Bogen oder lassen mit heimlich ergattertem Pulver Raketen steigen...

Wer sich zu alt dazu fühlt, der findet auf dem Land wenig Gelegenheit, sich nach getaner Arbeit zu vergnügen.

Zwar feiert man im Dorf die Feste, wie sie fallen – Taufen, Hochzeiten, Grebten –, doch erlassen die Gnädigen Herren in diesen Jahren einen Haufen Vorschriften gegen ‹Üppigkeit›: So ist vorgeschrieben, dass die Feste im Sommer höchstens von 10 Uhr morgens bis nachmittags um 3 dauern dürften, im Winter von 11 bis 4. Die Zahl der Gäste ist beschränkt, und der Weibel muss auf oberkeitliche Weisung hin prüfen, ob Männlein und Weiblein sich nicht etwa des «vermengten Sitzens» schuldig machen.

Für die Pintenschenken in Signau unten ist die Polizeistunde im Sommer auf 9 Uhr, im Winter auf 8 Uhr abends angesetzt. Ein Mandat gegen üppiges Essen verbietet den Wirten, Gesellschaften mehr aufzutischen als Braten, Salat, Früchte, Brot und Käse.[1]

Etwas ausgelassener geht es jeweils am Langnauer Märit zu und her: Jedenfalls sind die oberkeitlichen Sittenwächter hier stets auf der Suche nach Dirnen und nach Glückshäfen (Lotterien), welche sehr viel Anklang finden. Hier warten auch die Werber; viele junge Emmentaler verdingen sich als Söldner dem König von Frankreich. So kriegt man etwas von der grossen, weiten Welt zu sehen. Wer Glück hat, kehrt in fünf, zehn Jahren mit einem guten Batzen Geld heim, der ihm erlaubt, richtig zu bauern. Solche Aussichten locken einen jungen Burschen gewiss mehr als ein Taunerleben in der Heimat. Und die Werber sind mit ihren Methoden nicht zimperlich: Wenn's nicht recht laufen will, klimpern sie mit dem Geldsäckel, geben grosszügig ein paar Runden aus und schwärmen den Betrunkenen vom Söldnerleben vor, bis die armen Teufel im Suff ihr Handgeld nehmen und sich damit unwiderruflich verpflichten.

Ein wahres Vergnügen für die Jugend sind die zahlreichen Bedli. Eigent-

---

[1] Die Mandate waren zahlreich, pingelig und widersprüchlich: Einerseits führten die Herren von Bern einen Kampf gegen die Völlerei und die Trunksucht, dann wieder waren ihnen die Mähler in den Gasthäusern allzu karg, und sie schrieben den Wirten vor, was für – eben noch als «üppig» verdammte – Speisen sie zu einem festgesetzten Preis aufzutischen hätten.

lich sind sie zur Gesundheitspflege gedacht – ein jeder sollte alle paar Monate zumindest so ein Bad aufsuchen und den verschwitzten Körper ins gesunde, warme Quellwasser tauchen, wenn es nach dem Willen der Ärzte ginge –, doch kann man dort reichlich essen und trinken, jauchzen und singen; wer keine lustigen Lieder zum besten geben kann, singt in der fröhlichen Stimmung einfach die Psalmen, die er aus der Kirche und vom Schulmeister her kennt (was die Oberkeit aber ganz und gar unpassend findet). Im Rohrimoosbad auf dem Bucholterberg haben schon öfters Spielleute zum Tanz aufgespielt, oder es gab ein Schiesset, wozu der Wirt ein Käsli oder ein Tuch als Preis spendete. Ein rechter Heiratsmarkt sind diese Bedli geworden, ein Ärgernis für die Predikanten und die sittenstrengen älteren Leute.

Gang und gäbe ist auf dem Land das Fensterlen: Die Burschen (die Kilter) machen dabei abends vor dem Fenster des Mädchens mit allerlei Sprüchen auf sich aufmerksam, bis die Tochter des Hauses schliesslich in einen Besuch einwilligt. Weil sich die Mädchenzimmer stets hoch oben in den Bauernhäusern befinden, haben die Kilter nun eine mehr oder minder wagemutige Kletterpartie vor sich (es sei denn, sie fänden eine Leiter...). Üblicherweise muss das Mädchen die Kilter oben bewirten. Damit ist auch gesagt, dass der Kilt meist nicht den Charakter eines heimlichen Tête-à-têtes unter Liebenden hat. Da kommt eine ganze Clique zusammen, im Sommer wird die Fete oft aus dem Zimmer irgendwo in den Wald hinaus verlegt, wo Hackbrett und Geige zum Tanz aufspielen.

Man darf getrost annehmen, dass die meisten Eltern stolz auf ihre Töchter sind, wenn ab und zu die Kiltbuben bei ihrem Hof anstehen, wie es eben für begehrte, ledige Mädchen der Brauch ist. Die scheinbare Heimlichkeit der Besuche kann den Alten nur recht sein, wenn später etwa das Chorgericht seine Nase in die Angelegenheit stecken möchte; denn natürlich sind Kiltabende (das Tanzen ganz besonders!) bei der Geistlichkeit verpönt. Dass Kirche und Chorgericht sich weit weg in Signau befinden, kommt der Eggiwiler Jugend zugute.

Heikler wird die Lage, wenn die Liebe ihre Fäden spinnt, wenn auf einmal nur noch ein einziger junger Mann unter das Fenster schleicht, wenn die junge Frau nachts ihre Schwestern aus der Kammer schickt. Da mag es vorkommen, dass ein erboster Bauer mit der Mistgabel dem Kilter auflauert... denn wird das Mädchen schwanger und ist die Liebschaft bekannt, so ist die Heirat ein Muss. Und welcher gute Vater wollte bei der Vergabe seiner Tochter nicht ein Wort mitzureden haben!

Trotz allen Sittenmandaten sind Schwangerschaften vor der Ehe recht häufig. Die Hochzeit legalisiert das Kind, aber etwas bleibt doch hängen: Am Fest darf die entjumpferte Braut keinen Brautkranz im Haar tragen; so erfährt die ganze Kilchöri von der Sache.

Die Blasen sind zwahr fest, weil sie gefült vom Wind:
Wañ aber die gelesst; wie schwümt das fräche Kind?

Wie man einandern treib auß seiner Stell und Gruben;
das sicht man auß dem Spiel der bösen Studums-buben.

Kinderspiele in Kupferstichen von Conrad Meyer, Zürich 1657: Schwimmen, eine Art Hockey, Stelzen- und Schlittschuhlaufen, Drachenfliegen.

Trau nicht zuvil dem glük; Er laßt nicht seine tük:
Ain hoch gefaßter won Bekomt den fall zu lon.

Wer hoch in ehren schwebt, Und fremder gnaden lebt,
Deß wolstand hafftet nur An ainer schwachen schnur

Kommt eine Heirat aus irgendeinem Grund nicht in Frage, so muss die junge Frau ihre Schwangerschaft innerhalb von vier Monaten vor dem Chorgericht einklagen, will sie nicht jedes Anrecht auf spätere Alimente verlieren. Anerkennt der Vater das Kind, können sich die beiden ihre Schande teilen: Das Kind wird an einem Wochentag ordentlich getauft, im Taufrodel als unehelich vermerkt, und die Eltern müssen nach der Taufe noch die sittlichen Belehrungen des Predikanten über sich ergehen lassen.

Schwer hat's ein freies Mädchen, das im Ruf steht, mehrere Burschen nachts empfangen zu haben. Die gestrengen Chorgerichtsherren werden den Namen des Vaters wissen wollen. Und wenn der die Vaterschaft bestreitet, «trölt» das Gericht den Fall oft lange vor sich hin, das arme Meitschi wird mehrmals vorgeladen und ausgequetscht, am Ende als Dirne beschimpft, während seine ehemaligen Liebhaber – nach überstandenem ersten Schrecken – sich gar noch im Ruf sonnen können, erfolgreiche Kilter zu sein. So eine Vaterschaft ist ja kaum nachzuweisen.

Zurück zu den ländlichen Vergnügungen: Abgesehen von den Bedli-Reisen, den Kiltabenden und gelegentlichen Festen im Dorf sind die Töchter von klein auf an das Haus gebunden. Im Wirtshaus ist der Weinausschank an ledige Weiber verboten ... die Oberkeit sorgt wahrlich mit Akribie für das Wohlverhalten ihrer Untertanen.

Schier unüberblickbar sind die vielen Vorschriften über Kleider: Von der Form der Kopfbedeckung über die Masse der Arm-Ausschnitte bis zur Farbe der Schuhe ist alles geregelt. Allgemein werden Mannen und Frauen zum Tragen einer anständigen Schweizertracht ermahnt, die fremden Moden sollen sie meiden. Selbst die Söldner, die in unvorschriftsgemässen Kleidern aus dem Ausland zurückkehren, müssen diese innerhalb von sechs Wochen ablegen und sich den Mandaten fügen.

Den jungen Männern ist seit rund dreissig Jahren das Kegeln untersagt, ebenso das Plattenwerfen, neuerdings auch das Schwingen: Dass ein Schwinger das Jahr über gsünder und fräcker (mannhafter) sei, sei ein dummer Aberglaube, heisst es von oben herab; etliche hätten verrenkte und erlähmte Glieder, auch Blutergüsse, und das Schwingen bringe üppiges Schweren (Fluchen), Schreien, Bochslen und anderes leichtfertiges Wäsen mit sich.

Die Vögte sind angewiesen, das Volk «von den Lastern der Unzucht, des Trunks, des Spiels und des Wuchers» abzuhalten und zu fleissigem Besuch der Gottesdienste zu ermuntern. Konkret werden in diesen Jahren das (Schnaps-)Brennen von Kirschen und die Schlittenfahrten mit Mahlzeiten im Gelände neu verboten. Geduldet bleibt dagegen das Hornussen – wenn auch nicht am heiligen Sonntag.

Die Fahrt in die Stadt Bern, zum grossen Martinimärit und dem anschliessenden Fest im November, ist für die Landjugend bestimmt eine willkommene Abwechslung. Dort sind mitunter ausländische Gauklertruppen zu sehen: Seiltänzer, Springkünstler aus Italien, hervorragende fahrende Spielleute aus Böhmen. Einmal führte einer ein schuppiges Tier aus Ägypten vor, Krokodil genannt, ein andermal war ein erlegter Tatzelwurm oder Drache gegen ein Eintrittsgeld zu bewundern.

Seit der Jahrhundertwende führen die Angehörigen der Gesellschaft zum Mohren – die Schneider und Tuchhändler also – auf der Münsterplattform jeweils ein Tellspiel auf. Immer mehr kommen solche Volksschauspiele in Mode, auch auf dem Land. Die Niedersimmentaler Knaben etwa spielen Jahr für Jahr die Geschichte des Tobias. Die Oberkeit sieht dies gern. Das Volkstheater soll, so hoffen die Hohen Herren, die alten Fasnachtsspiele von der Kreuzgasse ersetzen und vergessen machen, gegen welche die Geistlichkeit mit Eifer zu Felde zieht: Sie seien ein sündiger Greuel, der sowohl aus dem alten Heidentum wie aus dem Papsttum herstamme! – Trotzdem wollen auch im Jahrhundert nach der Reformation viele Leute nicht auf ihre liebe Fasnacht verzichten, und die Oberkeit muss immer wieder Mandate gegen Fasnachtstreiben, «Verbuzungen (Vermummungen) in Narren, Teufels- und andere unflätige Kleidungen» und Umzüge erlassen. – Selbst die Volkstheater zu ernsten Themen bereiten der Oberkeit mitunter Kummer. So neigt man neuerdings eher zu vaterländischen denn zu biblischen Themen, seit in Bern einmal ein stockhagelvoller Noah für ein ungewolltes Gaudi sorgte.[2]

Zu den erlaubten Vergnügungen in der Stadt gehört das Ballspiel, dessen Regeln und Ordnung oberkeitlich festgelegt sind. Der Sport soll die kriegerische Ertüchtigung der jungen Männer fördern; so auch das Schiessen auf der Schützenmatte.[3]

Zum Schiessen nun müssen sich die Landleute nicht nach Bern bemühen. Das jährliche Wettschiessen ist einer der Höhepunkte des Landlebens, auch im hintersten Krachen. Das ganze Amt ist auf den Beinen, die Schützen haben ihre eigene Muskete umgehängt, versuchen sich in ihrer Kunst, fachsimpeln über die neuesten Modelle und Tricks.[4] Nach alter Gewohnheit erscheint sogar der Landvogt zum Fest und spendet den Besten grosszügige Preise.

Natürlich wird das Jahr über nicht nur auf Scheiben geschossen. Die

---

2 1564. Vermutlich wurde die Bibelszene aus 1.Mose 9 dargestellt, wo sich Noah in der Tat betrinkt und entblösst im Zelt darnieder liegt... eine Aufführung, die wohl etwas zu realistisch geriet.
3 Verboten war hingegen das Schwimmen in der Aare.
4 Selbstverständlich war das Wettschiessen per Mandat reglementiert; so war z.B. für die Lunte eine Mindestlänge von einer Elle vorgeschrieben. – Die Flinten mit Feuersteinschloss kamen erst um die Mitte des Jahrhunderts auf.

Wälder sind reich an Wild, vom harmlosen, aber durchaus schmackhaften Eichhörnchen bis hin zum Luchs und zum Bären. Die Jagd des Hochwilds ist allerdings den Herren vorbehalten – unter den Landleuten ist die Hasenjagd mit Schlingen verbreitet.[5]

Ganz selten, in strengen Wintern, treibt die Kälte gar den Meister Isegrim aus den Jurabergen ins Emmental herüber: den Wolf. Das Gerücht, er sei im Lande, vermag ganze Talschaften aufzureisen. Bald sind die Vorkehrungen getroffen: Gruben ausgehoben, alle möglichen Fallen gestellt, und an einer günstigen Stelle hängt das Wolfsnetz. Die Männer der Gemeinde tun sich zusammen, durchkämmen in langen Reihen das Gebüsch und hetzen das Raubtier in das Netz, wo es sich so verfangen soll, dass es leicht erlegt werden kann. Glücklich sind die erfolgreichen Jäger: Abgesehen vom lebenslangen Waidmannsruhm winkt ihnen ein Schussgeld von einem Gulden von der Oberkeit, dazu eine ausgiebige Feier im Wirtshaus.

All das Schiessvergnügen braucht viel Pulver für die Musketen. Da kann sich nicht einfach jeder eine Mischung aus Salpeter, Schwefel- und Holzkohlenstaub zusammenmischen: Pulverkauf und Pulverpreis sind oberkeitlich reglementiert. Wegen dem Salpeter.

So sehr männiglich das ‹Bernpulver› schätzt, so sehr scheucht man den Salpetergraber: den Tauner, einen der Ärmsten, der im Herbst nach der Alpabfahrt unter den Miststöcken und Lägern nach Salpeter schürft, um dieses für ein geringes Entgelt der Oberkeit abzuliefern. Die Löcher, die der Salpeterer hinterlässt, sind in den Augen der Bauern ein öffentliches Ärgernis, Landschäden ersten Ranges. Wegen dieser vielgeschmähten Salpeterlöcher sind die oberkeitlichen Pulverdirektoren darauf bedacht, das Handwerk nur wenigen, zuverlässigen Leuten zu erlauben – womit die Bauernschaft für einmal völlig einverstanden ist.

Das fertige Bernpulver ist beim Büchsenmacher zu kaufen. Einer soll im unteren Eggiwil, auf Genskernen, seine Werkstatt haben.

Tillier 451 f., 456, 458–463 – Vock 152 – Conrad Meyer: 26 nichtige Kinderspiel, ZZB Graph.-Samml. IV N 1830 – Lohner dat 1654 – von Rodt 32, 62–64, 110 f. – Friedli, Guggisberg 453, 493 f. – Gugger 34–36 – Heutelia 113–123 – Steiner 8 – Dürrenmatt 234–237 – Chronik Schenk – RQ Bern VIII 114 – Christian Rubi: Vom Hornussen im Emmental und anderwärts. BZGH 1940/1, 39–44 – Ernst Wagner: Lotterien im Alten Bern. BZGH 1940/2, 51–59 – Emil Dreifuss in: Der Bund, 6.6. 1981 – Amtsrechnung Signau 1645, 1655 u.a. (Schützenpreise) – Mitteilung von Theo Keller (Hindten)

---

5 1658 machte sich der anonyme Schreiber der ‹Heutelia› Sorgen über den starken Rückgang des Wildbestandes. Die Hauptschuld dafür wies er den vielen Wilderern und streunenden Bauernhunden zu.

Veränderungen

Am 11. Februar 1605 heiratet Ueli Galli in der Kirche von Signau Barbli Neukomm (Nüwkompt),[1] die 14jährige Tochter vom Schweissberg.

Solche Jugendehen – Ueli ist als Sechzehnjähriger immerhin volljährig – sind nichts Aussergewöhnliches. Schon bald beziehen die beiden auch ihr eigenes Heimet auf dem Berg im Eggiwil, wo sie zeitlebens bleiben werden: den ‹Giebel›. 1610 erwähnt das Signauer Contracten-Buch zum erstenmal «Uli Galli auf dem Gybel», als der dem Ueli Liechti im Schachen einen Teil von seiner Matte verkauft. Zwei Jahre darauf verkauft er ein Stück Mattland mit einem Haus drauf, «uf dr Flu» genannt. Gleichzeitig borgt er sich vom Vogt in Signau Geld, wobei ihm Heini Zurfluh im Diepoldsbach – wahrscheinlich ein Onkel – als Bürge aushilft.

Der Verkauf des Zurfluh-Hauses und die offensichtliche Geldknappheit können bedeuten, dass Ueli nach dem Umzug in den ‹Giebel› seine auf dem Stammgehöft verbliebenen Eltern überraschend verloren hat. Als Erbe des Hofes und des Landes müsste er den Erbteil seiner Schwestern abgelten. Im schlimmen Pestjahr 1611 wäre das Ableben der Eltern wohl zu erklären.[2]

Eherodel Signau 1605 – Taufrodel Signau 1591, 1611 – Contracten Signau 1610

---

1 Ich bediene mich bei der Wiedergabe der Namen ausserhalb der Zitate der heutigen Schreibweise.
2 Weil die reformierte Kirche zu dieser Zeit keine Totenrödel führte – man wollte auch die leisesten Ansätze zu einem Totenkult, wie ihn die Katholiken betrieben, vermeiden –, bleibt der wahre Ablauf der Ereignisse im dunkeln.
Möglicherweise ist auch die ganze Galli-Familie auf den ‹Giebel› umgezogen und hat der Kosten wegen das alte Gut verkaufen müssen. In diesem Falle würden die Signauer Akten – der Name ‹Uli Galli uf dem Gybel› taucht in den folgenden Jahren häufig auf – zwischen Vater und Sohn Ueli Galli unterscheiden. Tun sie aber nicht. Aller Wahrscheinlichkeit nach ist der Vater zwischen 1601 (da wird er als Taufzeuge noch genannt) und 1612 früh verstorben.

Von Huldigung, Uszügern und Reisgeld

In seinem 16. Lebensjahr wird Ueli Galli wehrpflichtig. Er gehört nun zu den Uszügern. Beim Freiweibel Moser in Biglen[1] muss er sich in die Mannschaftsliste eintragen lassen, samt seiner Waffe, einer Muskete.

Auf Schloss Signau hat die Gemeinde für jeden Wehrpflichtigen ein Reisgeld deponiert: einen Sack voller Münzen im Wert von 18 Kronen. Diese Säcke verwahrt der Vogt als Treuhänder in einer Truhe. Bei einer Mobilmachung dienen die hinterlegten Batzen den Uszügern während dreier Monate als Sold für die Reise – daher der Name ‹Reisgeld›; nach Ablauf dieser Frist muss der Staat die Soldaten unterhalten. (Die Spatzen pfeifen es von den Dächern: Bernische Feldzüge dauern präzis drei Monate...). Ist der Krieg zu Ende, so muss die Dorfgemeinde das Reisgeld ihrer Uszüger wieder ergänzen.

Am ersten Herbstsonntag[2] des Jahres 1607 darf Ueli Galli als Neuling im Umzug der Uszüger mitmarschieren. Heute ist Huldigungstag;[3] wie alle sechs Jahre tritt ein neuer Landvogt sein Amt an. In Zäziwil, an der Grenze des Amtes, holen die Uszüger den neuen Schlossherrn und seine Gäste zum Fest ab. Mit Feldmusik, Fahnen und Waffen geleiten sie ihn auf die Ramseiweid bei Signau. Dort steht der abtretende Vogt mit den übrigen Untertanen zum Empfang bereit. Mit einer kurzen Ansprache führt er seinen Nachfolger ein. Heuer heisst der Neue Herr Herport. In die Hand des alten Vogts schwört er, dass er sein Amt nach der Stadt Bern Recht versehen und die Freiheiten der ihm Anbefohlenen schützen werde.

Es folgt die Vorstellung der Amtsträger. Die Zeremonie dauert nicht sehr lange; die bernische Verwaltung auf dem Land kommt mit erstaunlich wenig Personal aus. Der einzige Beamte auf dem Schloss ist – abgesehen vom Vogt selber – der langjährige Landschreiber Losenegger. Ausser ihm gehören noch die Gerichtssässen der drei Niedergerichte Signau, Röthenbach und Biglen, angeführt von ihren Weibeln, zur ‹Ehrbarkeit›. Es sind bekannte Gestalten, die da aufs Podest steigen – hablich, ältere Bauern,

---

1 einem der beiden Freiweibel des Landgerichts Konolfingen
2 Am Sonntag vor St. Michelstag (29. September). Gegen Mitte des Jahrhunderts wurde der Aufzug der Vögte auf den Gallustag, den 6. Oktober, verlegt.
3 In den 10er Jahren erliess die Oberkeit mehrmals die Weisung: Die Huldigungen seien jährlich durchzuführen, wie dies in einigen Ämtern (in Trachselwald, Burgdorf und im Aargau) der Brauch war. Offenbar pendelte sich aber meistenorts – wie in Signau – bald wieder der Sechsjahreszyklus mit dem Fest zum Empfang des neuen Vogts ein. In den Zwischenjahren wurden nur die Ehegäumer und die Gerichtsgeschworenen neu vereidigt.

Vertrauensleute des Vogts, die ihm bei nachbarlichen Streitereien und Dorffehden mit gutem Rat zur Seite stehen. Gerade am Anfang seiner Amtszeit ist ein frischgebackener Vogt auf ihre Mithilfe angewiesen – als junger Stadtburger hat er selbst vom Lebtag seiner neuen emmentalischen Untertanen gewöhnlich nur eine geringe Ahnung.

Auch die Gerichtssässen werden nur alle sechs Jahre neu ernannt; in Zwischenjahren kann sie der Vogt nach Bedarf ergänzen. In der Regel kann er sich seine Beamten selber aussuchen, doch hat just die Gemeinde Signau das alte Recht, ihren Weibel durch Volksmehr zu wählen. Wehe dem Vogt, der einem Dorf solche stolzen, alten Sonderrechte streitig machen wollte!

Das Hauptgeschäft des Tages ist die Huldigung, der Treueschwur der Untertanen. Der neue Vogt verliest feierlich die Eidesformel der Gnädigen Herren der Stadt Bern: Alle, die in der Stadt Bärn Landen und Gebieten sitzend und wohnend, schwören derselben als ihrer rechten, natürlichen Herrschaft und Oberkeit Treue zu halten, ihren Amtleuten zu gehorchen in allen Geboten und Verboten, kein Burgrecht eines anderen Herren anzunehmen, in keine Kriegszüge zu ziehen, keine Versammlungen ohne Bewilligung abzuhalten (!), nicht vor fremden Gerichten Recht zu suchen, alles, was sie hörend, sehend oder vernemmend, das Bern Schaden bringen könnte, sofort anzuzeigen, mit einem Wort, alles, was die Pflicht getreuer Untertanen gegenüber ihrer Oberkeit ist, zu tun. An dieser Stelle fordert Herr Herport die Untertanen auf, die Schwurfinger der rechten Hand zu heben und ihm nachzusprechen: «Wie die Gschrift weist, die mir vorgeläsen ist, deren will ich nachgehen, erstatten und vollbringen, in guten Treuen, so wahr mir Gott helf, ohn alle Gefehrdt!»

Unterdessen gucken die Predikanten aufmerksam in die Menge... wohlwissend, dass der täuferische Glaube jeden Eid verbietet. Und wer die Hand nicht richtig aufstreckt, dazu unhörbar etwas in seinen Bart murmelt, der macht sich verdächtig.

Nun hofft ein jeder, dass nicht noch ein ganzer Rattenschwanz von Traktanden zu erledigen sei. Wenn's glimpflich abläuft, werden bloss noch ein paar Bürgeraufnahmen besprochen, bis der Landvogt die Versammlung schliesst, um mit seinem Gefolge, den Schlossbeamten und der ganzen Ehrbarkeit, samt Predikanten und Chorrichtern, im Wirtshaus zu tafeln.

Für die Untertanen ist der Huldigungstag auch der Auftakt zum Michelsmärit, dem Viehmarkt im Dorf Signau.

Ernst Bucher: Die bernischen Landvogteien im Aargau. Aarau 1945. 27–29,86 – Häusler II 324 – Häusler, Dorfmärkte 78 – Steiner 24 – RQ Bern I 313, V S.261 f. – Mandatenbuch Bern 4 68–71 – RM Bern 22.2. 1653 – Mitteilung André Holenstein (Bern)

Chronik der zehner Jahre

1610 – Ueli Galli verkauft einen Teil seines Landes.

- im Mai: Ermordung des Franzosenkönigs Henri IV.

1611 – Im Juli grosse Landjegi. Achtzig männliche und weibliche Gefangene eingeliefert.

- 3000 Uszüger ins Ryfftal (Lavaux) ausgerückt, als die Savoyer ins Land fallen wollten. Der Auszug dauert drei Monate.

- Das grosse Stärbet. In Bern sterben Ende Jahres innert acht Wochen 800 Leute an der Pest, in Zürich in vier Gemeinden 4900, in Schwyz 1800, in der Stadt Baden 1100 Menschen.

1612 – Ueli Galli und Barbli Neukomm haben ihr erstes Kind: ein Mädchen namens Barbli.
Ueli verkauft eine Matte mit Haus und borgt sich Geld.

- Im Sommer wird in Bern Landvogt David Tscharner von Morsee hingerichtet. Auch andere Amtleute werden wegen ihrer ungetreuen Amtsführung (Wucher, Erpressung, etc.) um hohe Summen bestraft und ausser Landes verwiesen.

1614 – Söldnerzug nach Frankreich. Jeder Eidgenössische Ort schickt zwei Regimenter. Nach drei Monaten werden sie entlassen und ausbezahlt.

- im Mai: Zweites Kind der Familie Galli, ein Hans

- Verbot der Lehenszerstückelung. Bleibt ohne viel Erfolg.

- Neues Exportverbot für Holz. Verschiedene Rodungsverbote.

1616 – Ueli Galli und Barbli Neukomm lassen einen kleinen Peter taufen.

1617 – 3000 Mann mit zehn Hauptleuten ins Piemont gezogen, den Savoyern zu Hilfe, drei Monate lang. 2000 müssen das Leben lassen: Sie sterben durch eine Fieberseuche, die piemontesische Krankheit genannt.

- Verheerende Seuche auch in der Stadt Bern. An einem Tag sterben fünfzig Menschen.

- Einen ganzen Tag lang ist die Sonne blutrot.

Chronik der zehner Jahre 45

- Niggli Christen wird am Bucholterberg bei einem Nachtmahl gefangengenommen und zu Signau auf dem Galgenhoger hingerichtet.
- im Mai: Jakob Lüthi, Dieboldsbach, verkauft den Hofacker, das Nachbarhaus vom Giebel auf dem Berg, mit Matten, drei Öpfelbäumen, einem Birbaum, zwei Kirsbäumen und einem Holzöpfelbaum. Lehensleute sind die Stauffers.

1618 - Viele Deutsche, aus dem Piemont kommend, lagern vierzehn Tage bei Wynigen. Bei einem Streit zwischen Hauptleuten und Soldaten schiessen die Offiziere in die Menge. Drei Tote.

- Anni Schindler von Höchstetten, das mit seinem Vater Gemeinschaft gehabt hat, wird in Signau mit dem Schwert gerichtet. Das Wetter ist mächtig kalt, es schneit und regnet, die Gerichtsgeschworenen müssen wegen dem wüsten und gefährlichen Weg über Nacht alle drunten im Dorf bleiben.
- Eine Gattung fremder Vögel kommt ins Land. Am Himmel sieht man eine erschröckenliche Komets-Ruten.
- Am 25. August fällt ein Berg auf den Flecken Plurs im Bündnerland, und zwar in der Nacht, und bedeckt den Ort bis auf wenige Häuser. So straft Gott die Einwohner für ihre grosse Hoffart und andere Gottlosigkeiten mehr. Sie waren so stolz, dass sie an Hochzeiten und Kindstaufen seidene und samtene Tücher vor die Kirchtüren spreiteten und darauf gingen. Sie waren reiche Kaufleute und handelten mit Seidenballen und mit Silber.

1619 - Krieg in Böhmen und Ungarn

- Ankenmandate: Ausfuhrverbot für Vieh und Milcherzeugnisse. Die Regierung legt einen niederen Ankenpreis fest.

Chronik Jost - Taufrodel Signau 1612, 1614, 1616 - Misch-Masch 103 f. - Amtsrechnung Signau 1617, 1618 - Contracten Signau 1612, 1617 - Chronik Schenk - Tillier 36-38 - Häusler II 82 - Anderi Lieder 46 f. - Hintzsche 226 - RQ Bern VIII 114

Die bäuerlichen Abgaben

Seit den Burgunderkriegen sind die Emmentaler nicht mehr Leibeigene. Geblieben sind die zahlreichen Abgaben an Grundbesitzer, Staat und Kirche.
Viele dieser Steuern treffen einseitig die Bauernschaft. Der Zehnten z. B. wird nur auf landwirtschaftliche Erträge erhoben, nicht auf die übrigen Einkommen und Kapitalerträge. Mehr noch: Die Landgüter der Bernburger sind vom Zehnten befreit.

Der *Bodenzins*
Die meisten Höfe sind Lehengüter. Auf ihnen erhebt der Grundbesitzer (fast immer ist dies der Staat Bern) den Bodenzins in Geld und dazu in Naturalien.
Das Lehen besteht auf ewige Zeiten. Nur selten, bei schlimmer Misswirtschaft, kann dem Bauern (dem Lehenmann) gekündigt werden. Der Lehenmann kann sein Gut vererben oder sogar verkaufen.
Neuerdings erlässt die Oberkeit Mandate gegen die Zerstückelung von Höfen. Früher durfte eine Bauernfamilie ihr Lehengut ohne weiteres unter den Erben aufteilen – vielerorts entstand so neben dem Sässhof ein späteres ‹Zugut›, ja mit der Zeit ein ganzer Weiler.

Der *Ehrschatz* wird bei einer Handänderung des Lehengutes fällig. Im Amt Signau ist eine Übergabe an die Nachkommen nahezu gratis; bei einem Verkauf fordert die Oberkeit einen Ehrschatz von einem Drittel des jährlichen Bodenzinses.

Die *Tagwen*
In alten Zeiten waren die Bauern verpflichtet, für die Herren von Signau Frondienste zu leisten. Heute muss jeder Untertan stattdessen den Tagwen bezahlen.

Gerichtshaber
Im Gericht Röthenbach zahlen die Hausbesitzer je ein Kärst[1] Hafer und Dinkel als ‹Gerichtshaber› an den Vogt.

Die *Twinghühner*
Im Gericht Röthenbach (dazu gehört der obere Teil des Eggiwil, auch der

---

1 ein Mannwerk: was ein Mann an einem Tag bearbeiten kann

Giebel) kommt der Weibel jedes Jahr um Weihnachten ins Haus, um das ‹Twinghuhn› einzuziehen. Wenn eine Kindbetterin im Haus ist, würgt er nach altem Brauch das Huhn und überlässt es ihr.

Das eingesammelte Federvieh muss er nach Bern in das Haus des Stadt-Säckelmeisters bringen, der wiederum jedem Herrn des Kleinen Rats zwei Hühner zukommen lässt. Macht 54 Hühner. Den Rest darf der Röthenbacher Weibel für seine Mühe behalten.

Der *Kornzehnten*
Das ist so eine Sache mit dem Zehnten: Der ist keine Bringschuld. Der Landvogt müsste ihn ($^1/_{10}$ vom Rohertrag der Ernte) von Rechts wegen auf den Feldern einziehen kommen. Das ist unmöglich – der Vogt verfügt nur über zwei vollamtliche Hilfskräfte (den Landschreiber und den Schlossknecht). Die sind anderweitig beschäftigt.

Deshalb kommt es im Juli, jeweils eine Woche vor der Kornernte, zur Zehntsteigerung. Da bieten die Landleute auf die zu erwartende Ernte. Der Höchstbietende wird zum ‹Zehnder› oder ‹Beständer›. Er muss das gebotene Korn (samt einigen Garben Stroh und einem kleinen Geldbetrag) aufs Schloss fuhren; dafür darf er im ganzen Dorf den Zehnten einziehen und den Überschuss für sich behalten.

Die Zehntsteigerung ist eins der Hauptgeschäfte im Dorf. Wochenlang im voraus wird unter der Hand geschätzt, Namen und Zahlen machen die Runde. – Am grossen Tag drängt jeweils viel Volk zur Steigerung. Nach alter Gewohnheit lässt der Vogt eine Runde Wein ausschenken, um die Leute zum Bieten recht in Fahrt zu bringen.

Selbstverständlich rechnet die Oberkeit damit, dass der Beständer ein Geschäft macht und sich selber für seine Arbeit belohnt. In letzter Zeit wurden aber so niedrige Beträge geboten, dass es ein Spott sei. Zwar löschen wie eh und je ganze Scharen von Landleuten am Steigerungstag auf oberkeitliche Kosten ihren Durst, für die Aufgabe des Beständers kommen aber nur wenige, gutausgerüstete Bauern in Frage. Und die haben die Sache oft bereits unter sich beredet und abgekartet.

Die Gnädigen Herren müssen sich ernsthaft überlegen, wie sie ihre Untertanen wieder zum richtigen Zehntenzahlen bringen können, ob man den Brauch der Zehntsteigerung zugunsten einer offiziellen Schätzung aufgeben sollte.

Für die abgelegenen Höfe des oberen Emmentals ist der Kornzehnten meist von alters her als ‹Sackzehnten› im Urbar festgelegt. Weil die Bauern ihre Anbaumethoden ständig verbessern, ist ein fixer Zehnten auf die Dauer vorteilhaft – anderseits müssen die versprochenen Abgaben auch in schlimmen Hageljahren ungeschmälert erbracht werden.

Als *Heuzehnten* war ursprünglich jedes zehnte Heustöcklein, als *Blutzehnten* jedes zehnte Jungtier abzuliefern. Seit langem sind sie in Geldabgaben umgewandelt und durch die Geldentwertung sehr billig geworden.

Primizen
Eine jährliche Garbe (oder ein Mäss Korn) an den Predikanten. Tauner müssen stattdessen einen Tag Arbeit für das Kirchengut leisten.

Der *Kleine Zehnten* ist eine Naturalsteuer auf Werch, Flachs und Muskorn (Bohnen, Erbsen, Linsen, Hirse, Fenchel und Sommerdinkel).

Rudolf Gmür: Der Zehnten im alten Bern. Bern 1954. 128f. – Häusler II 91f., 99–102, 114–142 – Steiner 24 – Wahlen/Jaggi 109–115 – Die Burgergemeinde 56 – Bürki 69f.

Martini

Martini, der 11. November, ist im Kalender so dick angestrichen wie Weihnachten und Ostern. Auf Martini sind die Ernteabgaben fällig;[1] für Geldzinsen beginnt die Zahlungsfrist bis zum Andreastag, dem 10. Dezember, zu laufen. Das allein wäre für die Landleute gewiss kein Grund zum Feiern.

Martini ist mehr: der Winteranfang, das Lichtfest. Den Sommer über ist man mit der Sonne aufgestanden und schlafen gegangen. Ab heute brennen die Lampen in den Stuben. Der Mensch trotzt der Finsternis des Winters, und zum Auftakt sollen die Lichter gleich die ganze Martini-Nacht erhellen. Die Kinder ziehen mit Räbliechtli[2] von Haus zu Haus. Da klopfen sie an die Tür, rufen und singen, bis die Bäuerin das Heimet mit Gebäck oder Nüssen von den kleinen Wintergeistern befreit.

Das ganz grosse Fest aber bahnt sich in der Stadt Bern an. Gegen Abend strömen die Landleute in die Stadt. Unter den Bäumen der Münsterplattform, dem Spielplatz, stellen sie ihre Wagen ab und binden die Pferde fest. An allen Ecken und Enden spielen die Musikanten auf; bald füllen sich die Wirtshäuser.

Nach Einbruch der Dunkelheit setzt sich der Umzug der Honoratioren in Bewegung. Neben den offiziell geladenen Ratsherren und Amtleuten marschieren viele Spielleute mit, und ein ganzer Haufen von Kindern und übermütigen, teils verkleideten Gestalten folgt dem Zug. Auch hier tragen die Kinder Räbliechtli und andere Fackeln und poltern an die Haustüren, bis sie mit einigen Süssigkeiten abzotteln können. Die erwachsenen Umzügler hoffen auf ein Glas Wein, das ihnen hie und da eine Jumpfer unter den Zuschauern aus den Lauben herüberreicht.

Zur Krönung des Festzuges werden im Rathaus Geflügel, Hasen und sonst allerlei Köstlichkeiten aufgetischt. Eigentlich haben nur die Honorations-Herren und die bestellten Spielleute Zutritt. Doch in Bern geht es hoch her an diesem Abend! Die Masse der Umzügler drängt zum Festessen. Und Jahr für Jahr bleibt den so überfallenen Ratsherren nichts anderes übrig, als die Köpfe zusammenzustecken und sich gegenseitig zu versi-

---

1 Umstritten war stets der Abgabetermin für den Zehnten. Niemand begehrte das Zehntgetreide den Sommer und Herbst über zu lagern. So drängten die Bauern auf einen frühen Bezug, am besten schon im August; andererseits verweigerten manche Vögte den Zehndern die Annahme der Lieferungen vor Andreä. 1646 befahl die Regierung den Verwaltern, gestützt auf «alte Ordnung», die Gefälle am Michelstag (im September) entgegenzunehmen.
2 Fackeln aus Kürbissen und Rüben

chern, dass so ein unkontrolliertes Treiben im folgenden Jahr nicht mehr vorkommen dürfe. Dafür sollten saftige Mandate sorgen, die der Dekan Schmid vor dem nächsten Martinifest von der Münsterkanzel herab verlesen würde, und überhaupt bedeute der Unfug mit den Kinderfackeln eine grosse Feuergefahr. So etwa (Mandat vom 3. November 1625): «Man habe mit Schmerzen gehört, wie zu Stadt und Land, Wyb und Mann, jung und alt, den Wyn mit Unmass und Überfluss, ja mehr dann viehisch getrunken, und daby ein üppig und ärgerlich Leben und Wesen geführt und getrieben worden, dass täglich ihrer viel bis in die Nacht in Källerhälsen und anderswo gesessen und sich also viehisch gefüllt, dass sie weder stahn noch gahn können, und dazu noch viel mit singen, hülen und schreien und anderen üppigen, hurischen Possen, Reden und Gebärden, insbesonderheit der jungen Burschen und Meitli, dass sie an offenen Gassen und Strassen so ungeschücht an einanderen wie Huren und Buben gehanget und unter einander trolet, und nit ein Wunder gsin wäre, wenn sich die Erde ufthut und söllige ärgerliche und schantliche Menschen verschluckt.»

Indessen haben sich die bernischen Untertanen an diese alljährlichen Martini-Mandate gewöhnt und lassen sich die Festfreude dadurch nicht vergällen.

In der Woche nach Martini beginnt in der Stadt Bern der allgemeine, zwölftägige Märit. Zur Eröffnung reitet der Stadtweibel auf einem Esel durch die Gassen. Bei jedem Brunnen hält er an, verkündet den Märit, dessen Dauer und die oberkeitlichen Vorschriften; darauf greift er in seinen grossen Sack und wirft Nüsse unter die Kinder, die darob schier aus dem Häuschen geraten und dem Esel weiter folgen – für den Rest dieses Montagmorgens kann der Schulmeister seine Lektionen streichen. Fremde Händler führen Tuch, Schuhe, Kastanien, Lebkuchen, Eichhörnchen, Branntwein, Artischocken, Zwiebeln... Ware in Hülle und Fülle in die Stadt. Vor dem Kaufhaus machen sich die Grempler breit. Die Bauern stellen ihre Stände auf. Ab morgen darf verkauft werden.[3]

Gewiss werden sich in diesen Novembertagen auch die Eggiwiler Landleute in Bern umsehen. Eine Attraktion sind natürlich die zahlreichen Händler aus dem Welschen und aus dem Schwabenland, die sich sonst kaum im Emmental blicken lassen. Sogar ein paar «Feigenwelsche» sind mit ihren Feigen, Zitronen und ähnlichen südländischen Früchten zu bestaunen. – Ihre eigene Ware haben die Oberemmentaler zu Hause gelassen; das meiste verkaufen sie viel ringer am Signauer oder am Langnauer Märit. Etwas jedoch lohnt sich stets in die Stadt zu bringen: Anken, Nidle und Käse.

---

3 Fremde Handelsleute waren in Bern nur an den freien Märiten zu St. Martini und St. Lucientag (vor Weihnachten) und am Pfingstmärit zugelassen.

Zwar binden oberkeitliche Mandate die Geschäfte der Ankenträger zurück; der Handel ist bis ins kleinste geregelt: Vereidigte Säumer decken sich bei den Sennereien mit dem begehrten «Berganken» ein und führen die Ware zu den Wochenmäriten der Stadt, wo sie in den kühlen Räumen der Ankewaag beim Zytglogge feilgeboten wird. Bis 10 Uhr sind dort als Käufer nur Stadtburger zugelassen. Der Ankenpreis ist – auf einem niedrigen Stand – vorgeschrieben.

Aber der Verbrauch der Städter an Molken ist enorm: 100 Batzen legen die verschleckten Stadtberner pro Kopf und Jahr allein für Nidle aus. Aus der Nidle für eine einzige Familie hätte man ziemlich genau einen Zentner Anken machen können!

Tillier 452 – Vock 41 (Feigenwelsche am Luzerner Markt) – Rudolf Ramseyer, Vortrag vom 17.11. 1980 bei der SGV Sektion Bern – Friedli, Guggisberg 170, 174 – RQ Bern VIII 26, 27 – RM Bern 1.11. 1613, 7.11. 1650 – Erich Hegi in: Der Bund, 22.11. 1980 – Heutelia 212 – Bürki 84, 118

Das Berner Münster mit dem Spielplatz auf der Plattform (A. Schmalz, 1603)

Chronik der zwanziger Jahre

nach 1618 – Geburten von Hans, Margret und Barbli Galli auf dem Giebel im Eggiwil. Die beiden erstgeborenen Kinder sind inzwischen wahrscheinlich gestorben.[1]

1620 – im Juli: Reformierten-Mord im Veltlin. Bern schickt den Bündnern 2000 Mann zu Hilfe. Der Feldzug dauert drei Monate und endet mit einer Niederlage.

– Mandat, dass alle Mannspersonen ihre Seitenwehr oder Dägen zur Kirchen und auf der Strass tragen sollen, bei 10 Schilling Busse

– Ein Blut- und Schwäfelregen

– Ueli Galli verschreibt sich bei Altvogt Herport um 400 Pfund. Er hat zwei Mündel im Mülibach zu Langnau: Fridli und Ueli Baumgarten.

1621 – Am Pfingstfest ein grosses Erdbeben

– Im Herbst eine erschröckenliche Röti in Gestalt zweier Kriegsheere, so gegeneinander ziehen und mit Spiessen gegeneinander stächen.

– Im Bündnerland und im Veltlin ein Morden, Brönnen und Rauben

1622 – Flösserei auf der Emme verboten. Die Gnädigen Herren wollen bei Burgdorf gar eine Kette über den Fluss spannen!
(Nach einigen Jahren aber wieder Flösserei wie zuvor)

– Beginn des Berner Schanzenbaus. Seit 1620 auch neue Kanonen in der Stadt.

– Nach 200 Jahren Bauzeit ist das Berner Münster vollendet. Unter dem Dach des 190 Fuss hohen Turms hängt die grösste Glocke der Schweiz.

– Der Papst spricht Ignaz von Loyola heilig, den Gründer des gefährlichen Jesuitenordens.

– Grausames Strafgericht der kaiserlichen Katholiken an den Bündnern im Herbst. Darauf Pest und Hungersnot im Bündnerland.

---

1 Leider klafft in den Signauer Taufrödeln nach 1618 eine Lücke. Die Namen der genannten Kinder tauchen später auf, und zwar ist Hans jünger als Peter. Die Wiederholungen in der Wahl der Vornamen lassen darauf schliessen, dass die beiden ersten Kinder Barbli (*1612) und Hans (*1614) nicht mehr am Leben sind.

Chronik der zwanziger Jahre

- Übers ganze ein fruchtbares Jahr, aber am Ende grosse Teuerung und Münzverschlechterung

1623 - im September: Die Regierung errichtet das Salzmonopol.

1626 - Neubau des Schlosses Landshut bei Utzenstorf
- Grosse Teuerung. Ein Mütt Korn 6 Kronen, ein Mäss Kernen 30 Batzen, ein Mäss Roggen 20 Batzen, ein Mütt Haber 4 Kronen, ein Pfund Fleisch 6 Kronen, ein Mass Wein 6 Batzen und mehr. Währt nicht ganz ein Jahr und wird wieder besser.
- Am Morgen auf St.Verenentag der grosse Schiffbruch unterhalb der Stadt Brugg. Bei 100 Personen, die nach Zurzach fahren wollten, in der Aare ertrunken.
- Hans Duners Witwe verkauft das Heimet auf dem Berg.

1628 - Im Schwabenland besammelt sich eine 24000 Mann starke katholisch-kaiserliche Armee. Ein Angriff auf die neutrale Eidgenossenschaft ist zu befürchten.
- Im Rahmen einer Armeereform wird das Amt des emmentalischen Landeshauptmanns abgeschafft.
- Pest im Bernbiet. Als erster erkrankt ein zehnjähriger Bub von der Ramseren in der Kirchöri Langnau, dann noch viele Leute im oberen Emmental.
  In Bern sterben Schultheiss Anton von Graffenried und vierzig Ratsherren, mit ihnen innert einem halben Jahr über 2700 Stadtberner.
- 100jähriges Reformationsjubiläum. Ein zu diesem Anlass erlassenes ‹Reformationsmandat› verbietet Karten-, Kegel- und Würfelspiel unbedingt.
- Im Eggiwil wird für den bevorstehenden Kirchenbau Kalk gebrannt.
- Ueli Ägerters Kind hat den Siechtag.
- Matthys Salzmann uf dem Bergli hat seine Frau lyblos gemacht. 100 Kronen Busse.

1629 - 60 Fuder Tuffsteine zum Kirchenbau ins Eggiwil gebracht und zersägt
- Neues Verbot der Lehenszerstückelung
- Die Tagsatzung erlaubt fremden Truppen den Durchmarsch nicht.

Chronik Jost, Schenk Langnau - Dürrenmatt 256 - Hintzsche 227 - Contracten Signau 2 1620/1626/1628 - Amtsrechnung Signau 1628 - Steiner 22 - Häusler I 237 - Geiser 383 f.

Der Krieg in deutschen Landen

1618 ist in Böhmen und Mähren ein Streit entstanden, der sich in den folgenden Jahren zu einem mörderischen Konfessionskrieg auf das gesamte Deutsche Reich ausweitet. Auf der einen Seite stehen die protestantischen deutschen Fürsten, ihnen gegenüber der katholische Kaiser mit dem österreichischen Haus Habsburg, das wiederum mit Spanien liiert ist. Die Eidgenossenschaft verhält sich trotz verschiedener Drohungen neutral. Ein Eingreifen zugunsten dieser oder jener Partei würde den alten Bund unweigerlich spalten.

In Deutschland gewinnen die Katholiken unter der Führung von Wallenstein Schlacht um Schlacht. Die Gegenreformation, angeheizt von den verhassten Jesuiten mit ihrem grimmigen Leitsatz «Der Zweck heiligt die Mittel», droht den neuen Glauben auszurotten. Bern drängt auf einen gemeinsamen Grenzschutz. Die katholischen Orte zeigen sich daran nicht interessiert. Es ist eine Zeit, da die Katholiken sehr laut reden, wogegen das evangelische Häuflein den Atem leise einziehen muss.

Mit seiner ganzen schrecklichen Gewalt entlädt sich der Krieg auch über dem Bündnerland. Die Ursache liegt im Zwist zweier mächtiger Familien, der katholischen von Planta und der reformierten Salis, die sich als Häupter der ‹spanisch-habsburgischen›, resp. der ‹französischen› Partei seit Jahreszeiten wegen lukrativen Soldverträgen und Durchgangsrechten befehden. Das gegenseitige Rauben, Morden und Brennen nimmt immer verheerendere Formen an, und als der Krieg im Deutschen Reich ausbricht, wird Graubünden als strategisch wichtiges Durchgangsland vollends zum Spielball der Generäle. Venezier, Franzosen, Spanier und Österreicher bekriegen sich in den rätischen Tälern. Mord und Totschlag herrschen dort. 1622 hält zum erstenmal die Pest Einzug (und vertreibt wenigstens die Österreicher); 1629 rafft sie ein Viertel der schwer leidenden Bevölkerung dahin.

Dürrenmatt 244–249

Berner Kriegswirtschaft: Das Salzmonopol

Mehrmals eilen Berner Truppen in diesen Jahren den bedrängten Reformierten im Bündnerland und im Veltlin zu Hilfe. Das Bernbiet selber bleibt vom Krieg verschont.

Die Landleute im Emmental wissen genau, welches Elend Deutschland heimsucht und wie schlecht es um den evangelischen Glauben bestellt ist. Die wichtigsten Generäle und Schlachtorte sind bis in den hintersten Krachen bekannt. Immer mehr deutsche Händler tauchen am Signauer Märit auf, erwerben Nahrungsmittel und Vieh, um die Ware in ihr Heimatland zu schmuggeln. Schmuggeln – denn schon bald nach Kriegsausbruch hat die Berner Regierung strenge Ausfuhrverbote erlassen. Nur vermögen die wenigen Amtleute im Aargäu die Verbote nicht durchzusetzen. Der Handel mit dem verwüsteten Schwabenland blüht. Die Bauern haben nicht die geringste Mühe, ihre Ware abzusetzen. Sie könnten glänzende Geschäfte machen, hätte die Oberkeit nicht 1622 die Grenze für alle Ausfuhr gesperrt und «zur Verhütung von Wucher» Höchstpreise für die Nahrungsmittel festgesetzt, die sie durch Märitaufseher überwachen lassen.

1623 ergreifen die Gnädigen Herren eine weitere kriegswirtschaftliche Massnahme: Sie verbieten den freien Salzhandel. Bisher haben staatlich konzessionierte, freie Salzhändler das Salz verkauft (unter ihnen auffallend viele Allgäuer[1]). Ab sofort will die Oberkeit allein den Salzhandel betreiben und den Salzpreis vorschreiben. Das Mandat ist leicht zu begründen: Das Bernbiet verfügt nur über eine kleine Saline in Älen; das meiste Salz stammt aus der Gegend von Salins im habsburgisch-katholischen Burgund. (Die ergiebigen Salzquellen waren nach den Burgunderkriegen Berns gewichtigster Grund, auf eine Besetzung des Burgunds zu drängen – ohne dass es bei den Miteidgenossen Gehör fand, wie man weiss.)

Die Versorgung mit Salz ist lebenswichtig. Vor allem die Bauern brauchen es unbedingt in grösseren Mengen als Konservierungsmittel und zur Viehfütterung.[2] Eine solche Verantwortung darf in Kriegszeiten nicht einzelnen Händlern überlassen werden. Die miechen sich den Mangel bloss zunutze, indem sie das Salz hamsterten und so die Preise in die Höhe schnellen liessen, zum Schaden der gesamten Bevölkerung.

Derart väterlich und uneigennützig, wie diese Erklärung klingt, hat die Oberkeit aber bei der Einführung ihres Salzmonopols nicht gehandelt. Von allem Anfang an beklagen sich die Landleute über den hohen staatlichen Salzpreis von 25 Batzen pro Vierling. In den dreissiger Jahren, als die

---

1 aus dem Schwabenland ennet dem Bodensee
2 Im 17. Jh. wurde viel mehr Salz verfüttert als heutzutage.

Oberkeit das Salz aus Frankreich und Österreich beziehen muss, steigt der Preis noch mächtig an. Auch der ausschliessliche Bezug bei den oberkeitlichen Salzhäusern gibt zu Beschwerden Anlass. Die Ausmesser gebärden sich oft als freie Handelsleute, schrauben die Preise je nach Kunde und angebotenen Zahlungsmitteln willkürlich in die Höhe.[3] Ein Schwarzhandel um Korn und Salz entsteht – die Bauern wissen über den Marktwert des Salzes im freien Handel wohl Bescheid. Ihre Klagen sind keineswegs aus der Luft gegriffen. Dazu ein Vergleich aus dem Züribiet: Dort kostet ein Staatsfässchen 24 Gulden, während die freien Händler das Fässchen Salz in Winterthur zu 19 Gulden anbieten.

Das Salzmonopol – so unumgänglich es zeitweise aus kriegswirtschaftlichem Denken sein mag – bildet auf die Dauer eine neue, indirekte Steuer, die das Landvolk stärker belastet als die Städter. Der Staat Bern zieht aus dem Monopol in der Tat einen erklecklichen Gewinn: Er verpachtet dieses nämlich für 15 000 Kronen jährlich an zwei Unternehmer, die ‹Salzdirektoren› Rudolf von Erlach und Vinzenz Stürler, die fortan auf eigene Rechnung wirtschaften und dabei sicher auch nicht schlecht leben.

Das Gros der Einnahmen aus dem Salzmonopol legen die Herren in gewinnbringenden ausländischen Staatspapieren an.

Peter 24* – Tillier 308, 466 f. – Landolt 41 – Guggisberg 26–28 – Bürki 77, 80 f., 125–142, 168

---

3 Sie mussten das Salz ihrerseits in groben Sorten ankaufen (vgl. ‹Münzsalat›).

Der Schanzenbau

Die spektakulärste kriegstechnische Massnahme der Berner Herren ist der Bau von Schanzen im Westen der Stadt. 1620, als man einen Angriff der Kaiserlich-Spanischen aus der Freigrafschaft befürchten muss, fasst der Rat diesen Beschluss. Die Opposition zieht mit Hellebarden zum Oberen Tor hinaus und plädiert dafür, dass man den Feind auf offenem Feld schlage. Doch im Mai 1622, nachdem einige Landhäuser und Obstbäume beiseite geschafft worden sind, eröffnen Regierung und die Zweihundert mit eigener Hand den Schanzenbau.

Die Arbeit ist ein Gemeinwerk. Aus jeder Haushaltung der Stadt ist eine Person für einen Wochentag zur Mithilfe verpflichtet. Morgens um 8 Uhr ziehen die Arbeiter mit Trommeln, Pfeifen und Fahnen zum Bauplatz, wo ein Stadtpfarrer das Tagwerk mit dem Gebet einleitet. Tagsüber tragen die Männer mit Stossbären, die Frauen mit Körben Erde aus dem Graben zum Wall. Nach dem gemeinsamen Schlussgebet erhält jeder Arbeiter einen Ehrentrunk, dann führt der Umzug mit Trommeln, Pfeifen und Fahnen zurück zum Sammelplatz.

Auch das Landvolk aus den vier Landgerichten ist zum Gemeinwerk verpflichtet. Der Taglohn besteht in vier Pfund Brot, zweimal Mus (Hafer-, Hirse- oder Gerstenmus) und einem Mass Wein für Znüni und Zvieri.

Ein Mass (1,67 Liter) Wein zur Mahlzeit gilt als stärkend und gesund. Bei Festen ist auch ein zweites Mass pro Person, ein «Übermass», üblich.

Die bernischen Weine stammen aus der Waadt, vom Bieler- und vom Murtensee; beidseits des Thunersees stehen Reben (weisser Elber und Hüntsch), ebenso im Berner Altenberg. Getrunken wird sowohl Weisswein wie auch der etwas teurere Rote. Vom gemeinen «Landwein» heben sich die Spitzensorten Lacôte und Salvagner ab.

Die Landleute erhalten zudem ein Quartier bei Stadtbürgerfamilien. Nur am Sonntag kehren sie nach Hause zurück.

Die Emmentaler werden zum «Schanzen» nicht aufgeboten. Die Reise in die Stadt wäre auf die Dauer zu teuer. Doch leisten sie freiwillig eine Steuer an die Baukosten.

Anfangs war die Schanze bloss als Erdwall geplant. Aber bei heftigen Regengüssen rutschte die Erde wieder in den Graben ab. So baut man nun doch Steinmauern. Die Kilchörinen der vier Landgerichte haben die Fuhrleute zu stellen. Von Toffen im Gürbetal holen sie die Tuffsteine, vom Dentenberg den Sandstein. Steinhauer und Maurer werden mit einem Gulden und vier Mäss Kernen in der Woche billig abgegolten.

Nach der Pest von 1628/29 sind Arbeiter und Steuerzahler knapp geworden. Die Regierung ermuntert die Landleute, das Stadtburgerrecht anzunehmen – die Einschreibgebühr soll nur 8 Batzen betragen. Doch unter diesen speziellen Umständen ist das Interesse am Burgerrecht gering. Schliesslich lässt der Rat den Plan einer Schanze untenaus, d.h. auf der rechten Aareseite vom Schänzli bis ins Kirchenfeld, fallen. Zu guter Letzt lassen die Gnädigen Herren alle möglichen Bettler und Landstreicher einfangen und auf den Bau treiben, um wenigstens die Westschanze fertigzustellen. 1646 – ziemlich pünktlich zum Kriegsende – ist es soweit.

E. Lüthi: Zur Geschichte der kleinen und der grossen Schanze in Bern. Blätter für bernische Geschichte und Altertumskunde, 14.Jg., Bern 1918. – Tillier 466–468 – Heutelia 309 – Pflantz-Gart III

Münzsalat

Die gängigste Berner Münze ist der *Batzen* zu vier *Kreuzern*. Grössere Beträge werden aber nicht in Batzen, sondern in Pfund oder Kronen abgerechnet. Das *Pfund* ist eine Rechnungseinheit, keine greifbare Münze. Sein theoretischer Wert beträgt $7\frac{1}{2}$ *Batzen* oder 20 *Schilling* – dies eine Einheit, die nur ausserhalb Berns als Münze geprägt wird.

Die *Krone* zählt *25 Batzen*. Im Gegensatz zum Pfund gibt es eine Kronenmünze, den französischen écu d'or, auch Sonnenkrone genannt.

Anfangs Jahrhundert hat die Berner Oberkeit einen Versuch unternommen, der Sonnenkrone eine eigene Goldmünze im Wert von 25 Batzen gegenüberzustellen, einen schön geprägten *Dukaten* mit dem Bild des heiligen Vinzenz. Inzwischen ist jedoch das Gold knapp geworden und die Prägung eingestellt.

Etwas verwirrend ist, dass die Goldmünzen Sonnenkrone und Dukat längst nicht mehr zu 25 Batzen, sondern zu 40 Batzen oder mehr gehandelt werden. Die Rechnungseinheit ‹Krone› blieb auf dem alten Kurs.

Damit ist das Kapitel ‹Münzwesen› noch lange nicht erledigt!

In Berns Münzstätte werden auch halbe Dukaten, Taler, silberne Dicken (zu 6 Batzen), halbe Dicken, Halbbatzen und Vierer (halbe Kreuzer) geschlagen. Zudem prägt jede Stadt, die etwas auf sich hält, von alters her ihre eigenen Münzen; mit zunehmendem Handelsverkehr, durch Pensionen und heimkehrende Söldner gelangen all die gebräuchlichen Münzsorten des In- und Auslands ins Bernbiet. Da sieht man Louistaler, Reichstaler, Gulden, Dublonen, Spanische Dublonen, Silberkronen, Krüzlidicken, Strichlidicken, Plappart, Fünfbatzler, Dreiviertelbatzen und Pfennige. Im Welschland ist der französische Florin (petit florin) so populär, dass er anstelle des Pfunds als Rechnungseinheit (zu vier Batzen) verwendet wird.

In diesen unsicheren Zeiten hamstert ein jeder – wenn er ein wenig Geld auf die Seite legen kann – die «groben» Sorten, die Gold- und Silbermünzen. Auch die Oberkeit hortet seit Jahrzehnten Dicken, Taler und Kronen in ihrem Staatsschatz und entzieht sie so dem Geldmarkt. Eine anhaltende Inflation der Handmünzen ist die Folge.

Das spanische Edelmetall wird immer teurer, seit Kriegsausbruch stocken die Lieferungen. In der Berner ‹Münz› wirft man auswärtige Silbermünzen und Gerätsilber in den Schmelzofen. Trotzdem geraten die neuen Bernbatzen so kupferrot wie nie zuvor. Die Regierung und ihre Münzmeister meinen, der gesunkene Wert der Batzen gegenüber den groben Sorten und die ausserordentlichen Umstände des Krieges rechtfertigten Einsparungen beim Silbergehalt der Handmünzen.

Der Münzinflation begegnen die Gnädigen Herren per Mandat. Im Sommer 1622 legen sie fest: der Reichstaler gelte 35 Batzen, die Silberkrone 44, der Guldentaler 32½. Damit heben sie den Marktwert ihrer schlechten Batzen sogar noch an (der Taler wurde zuletzt zu 50 Batzen gehandelt).

Mit allen Mitteln versuchen die Oberen, ihre Münzpolitik durchzusetzen. Sie versprechen hoch und heilig: Batzen würden Batzen bleiben, solange die Stadt Bern bestehe. Ein Münzmandat jagt das andere: Mandate gegen das landesschädliche ‹Aufwechseln› der groben Sorten, oberkeitliche Verbote auswärtiger Handmünzen...

Ob die Menschen wohl am Wort der Gnädigen Herren oder gar am Fortbestand der Stadt Bern zweifeln? Alle misstrauen dem roten Münz. Das Feilschen um «schwarze» Wechselkurse und Zahlungen unter der Hand gehören zum Alltag.

Der Zwangskurs hat dem Bernbiet eine Binnenwährung beschert. Auswärtige nehmen die Batzen mit dem Bären bald nur noch zum halben Wert an. Die Berner Untertanen nützen jede Gelegenheit, sie zur Bezahlung von Steuern und Bussen an die Oberkeit zurückzuschieben oder sie als Reisgeld abzugeben. Taler, Kronen und Dukaten füllen Tausende von Sparstrümpfen der Berner Untertanen und sind rarer denn je.

Wieviel ist so ein Batzen materiell wert?

Ein Mass Wein kostet um die 3 Batzen, ein Pfund Anken 6 Kreuzer. Ein Paar Schuhe kosten 13 Batzen. Der Taglohn eines emmentalischen Zimmer- oder Steinhauermeisters liegt bei 6 Batzen. Ebensoviel gilt ein Pfund gewöhnliches Büchsenpulver. Ein Trägerlohn Bern-Eggiwil: 5 Batzen und ein Abendtrunk; ein Fuhrmann erhält für die gleiche Strecke 1 Pfund. 2 Pfund sind die übliche Busse für Schelt- und Schlaghändel.

Wenn aber der Vogt in der Landvogteirechnung seine Spesen verbucht, tauchen ganz andere Beträge auf. Zum Beispiel (Petermann von Erlach anlässlich der Hinrichtung Anna Stettlers 1630): «Morgenbrot in Michel Kräyenbühlens Hus (in der Wirtschaft Hochenhus zu Signau) mit den Wyblen, Predicant und dem armen Meitschi: 4 Kronen 16 Batzen.» Das ist mehr als ein Jahreslohn des Eggiwiler Schulmeisters Christen Bertschi! Ob das arme Meitschi einen derart mächtigen Appetit verspürt hat? – Oder: «Dem Predicanten, dass er die Kilchenrechnung gestellet 3 Kronen.»

Ein Ratsherr der Stadt Bern erhält jährlich 800 Pfund an Sitzungsgeldern (6000 Batzen also), der regierende Schultheiss 1800 Pfund, dazu noch Anteile an Siegelgebühren und Bussen – und selbstverständlich fürstliche Spesengelder: Als etwa 1619 eine Schar bernischer Ratsherren mit ihren Gästen, eidgenössischen und bündnerischen Gesandten, in der ‹Krone› tafeln, reisst die Rechnung von Wirt Perret ein Loch von 2792 Pfund in die Staatskasse. Dafür hätte man gut und gerne ein Emmentaler Heimet samt

Münzsalat 61

Hausrat erstehen können. Die Beherbergung des schwedischen Gesandten und seines Gefolges in dieser exklusiven Absteige kostet 1632 nicht weniger als 2451 Pfund.

> Der Wert des Pfunds von 1630 dürfte 1991 etwa 50 Franken entsprechen, der Batzen läge demnach um 6.50 Franken. Bei solchen Gleichsetzungen ist aber Vorsicht angebracht: Sobald der Vergleich für Naturalien und Gebrauchsgegenstände einigermassen stimmt, erscheinen die Handwerkerlöhne unglaublich niedrig, die Preise der Luxusgüter und der Prassereien der Herren unsinnig hoch. Klaffende Klassenunterschiede, das grundverschiedene Warenangebot, die materielle Anspruchslosigkeit des gemeinen Volkes bewirken, dass sich die Kaufkraft eines alten Bernbatzens kaum zuverlässig in Frankenbeträgen des 20. Jahrhunderts festlegen lässt.

Fluri 1–31 – Tillier 402, 466f., 473f. – Steiner 22f. – Amtsrechnung Signau 1630 – Emil Dreifuss in: Der Bund 7.2.1981 – Landolt A38 – Bürki 14–46, 173f. – HMZ Münzkatalog Schweiz – Liechtenstein. Hilterfingen 1977.

Berner Münzen: 1. Dukaten (Gold, 1600), 2. Dicken (Silber, 1620), 3. Batzen (Billon, 1618), 4. Kreuzer (Billon, 1619)

Mass und Gewicht

Wie die Münzen, so hat auch jeder Ort seine eigenen Masse und Gewichte. In Bern, Thun und Burgdorf wird mit verschiedenen Ellen gemessen, mit verschiedenen Pfunden gewogen, aus verschiedenen Mass-Bechern getrunken.
  In Langnau besitzt das Emmental seine eigene Eichstätte. Sie richtet sich nach den Muttermassen in der Stadt Bern.

Masse für Getreide und Trockenfrüchte:
Als Grundlage dient ein hölzernes, auf 14 Liter geeichtes Schöpfbecken, das *Mäss*. Ein Mäss umfasst 4 Immi. 12 Mäss oder 48 Immi ergeben ein *Mütt*.
  Für Salz und Hafer ist auch der *Vierling* gebräuchlich, ein aargauisches Lokalmass, das je nach Eichstätte $5\frac{1}{2}$ bis 6 Litern entspricht.

Flüssigkeitsmasse:
Ein Berner Milchmass fasst 2,09 Liter.
Etwa kleiner ist das *Mass* Wein: 1,67 Liter.
Gehandelt wird der Wein in *Saum*. 1 Saum gilt 100 Mass.

Gewichte:
Im täglichen Leben wägt man mit dem 520grämmigen *Bernpfund*. Es ist in 32 Lot unterteilt.

Längenmasse:
Ein *Fuss* misst im Bernbiet wie anderswo annähernd 30cm, eine *Elle* etwa 54cm.

Robert Tuor: Mass und Gewicht im Alten Bern. Bern 1976. – Häusler, Dorfmärkte 131

Im Haus

Ueli Gallis Heimet trägt den Namen ‹Giebel› nicht ohne Grund. Stolz thront das Haus am Eggiwiler Sonnseitenberg, die Giebelseite mit den beiden Stuben dem Tal zugewandt.

Ein Besucher muss zu Stauffers Hofacker hinaufsteigen, dann dem schmalen Weg folgen, der sich links dem Hang nach zieht, bis er in den Vorplatz des Giebels mündet. Vor der Scheuer, rund um die Apfelbäume, flattern und gackern die aufgescheuchten Hühner. Das Haus ist aus schwarzem, geräuchertem Holz erbaut. Der Eingang liegt auf der Bergseite. Durch die Türe betritt man eine mächtige Rauchküche, zwei Stockwerke hoch, die gut das halbe Wohnhaus ausmacht. In der Ecke gegen den Stall zu steht der Waschtrog; an der Wand zur Stube kocht die Mutter das Abendessen auf der ‹sandige Chunst›, dem niedrigen Sandsteinherd. An Wochentagen gibt es Eiertätsch, Apfelkuchen, Kohl oder Krautstiele, Rüebli und Salat zu essen, was gerade im Garten reift, im Winter Bohnen, Erbsen, Linsen[1] oder ein Getreidemus – die Auswahl an einheimischen Gemüse- und Getreidesorten ist vielfältig. Fleisch kommt nur sonntags auf den Tisch.

> Tagsüber essen die Eggiwiler Brot mit Käse oder Ziger, im Sommer manchmal Beeren mit Nidle. Der Speisezettel ist in dieser Gegend abwechslungsreicher als bei den «Käsfressern» im Oberland, wo sie als ‹Schnitten› teils Fettkäse-Scheiben auf Magerkäse legen; abwechslungsreicher auch als bei den «Brotfressern» im Aargau mit ihrem unvermeidlichen Habermus.

Hoch über dem Herd strömt der Rauch aus dem Rauchloch, nachdem er von der Feuerstelle aus seinen Weg durch den Stubenofen und die Heizungsröhre hinauf gefunden hat, und nebelt die Küche über Kopfhöhe warm und grau ein. Durch zwei Rauchfenster hoch oben kann Mutter Galli die dicke Suppe ins Freie ablassen. Nur drückt dann im Winter auch die Kälte herein. In strengen Wintern muss die arme Hausfrau manchmal bei minus 15 Grad kochen!

Im linken Teil der geräumigen Küche, gegen den Vorplatz zu, steht ein währschafter Holztisch. Im Sommer isst die Familie hier – in der kalten Jahreszeit muss sie sich in die enge, warme Stube flüchten.

Da hockt man rund um den Tisch mit dem Grüebli in der Mitte, wo

---

1 vgl. S. 26

immer etwa glühende Holzkohlen bereit liegen, um notfalls ein Hölzchen zu entzünden. Die Teller sind holzig, wie das in einer Rigle an der Wand aufgehobene Besteck.

Mutter Galli mag sich bestimmt noch an ihre Kindheit erinnern, wo das Besteck eben erst zur Mode wurde. Die einfachen Leute assen damals noch mit der ‹füfzinggete Gable›. Heute speist jeder mit Messer, Gabel und Löffel. Die Rüegsegger Margret, die Frau des Röthenbacher Weibels, deckt den Tisch bei besonderen Anlässen sogar mit Silberbesteck.

Auch im Giebel kehrt in diesen Jahren des deutschen Kriegs ein gewisser Wohlstand ein. Als Prunkstück des Hauses blinken drei prächtige Silberbecher auf der verschliessbaren Bauerntruhe. Jeder von ihnen ist 60 Pfund wert. In der Truhe – wohl liebevoll mit Sternen oder Lilien bemalt – versorgt die Hausfrau die Wäsche.

Für die Beleuchtung sorgen an den Winterabenden mehrere Schmutzöllämpli. Nicht zu übersehen ist die laut tickende Penduluhr an der Wand mit ihrem grossen Zifferblatt und den vielen ineinandergreifenden Holzrädchen. Eines der Kinder muss morgens und abends die Gewichte an ihrem Hanfseil nachziehen. Diese kleine Arbeit darf es ja nicht vergessen; denn eine abgestandene Uhr bedeutet Unglück – oft stirbt eine geliebte Person in dem Augenblick, wo der Zeiger stillsteht.

Die Fenster bestehen aus rund zwei Dutzend runden, grünlichen Butzenscheiben, vom Glaser Daniel Mann kunstvoll in Blei gegossen. Sie sind fest in den Fensterrahmen eingeleimt, bis auf das Läufterli in der oberen Ecke.

Neben der Essstube liegt die kleinere Stube mit dem Kachelofen und dem breiten ‹ufgerüsteten› Bett. Als Bettzeug dienen selbstgewobene Leintücher und ein Strohsack mit gut durchsonntem Dinkel- oder Weizenstroh, das die Hausfrau zweimal jährlich schangschieren muss. Über dem Bett hängt – stets griffbereit – Uelis Muskete am Nagel.

Gleich neben dem Hauseingang, von der Küche umschlossen, befinden sich zwei übereinander gebaute Morgensonne-Zimmer, wo wohl die Kinder Peter, Hans, Margret und Barbli hausen. Ein kleiner Sandsteinofen heizt die untere Kammer. Die obere – nur von der Laube aus zu betreten – bezieht ihre winterliche Wärme vom Kamin und vom Küchenrauch.

Die schmale Laube umzieht den ganzen Wohnteil. Sie dient als Zugang zum oberen Gaden und zum Hängen der Wäsche. Einfache Sägemuster zieren die Strebebalken und Laubenbretter. Übrigens sind die Balken hier unter dem breiten Emmentaler Schindeldach wie im ganzen Bau nicht genagelt, sondern mit Holzdübeln festgemacht. Eisennägel wären sehr kostspielig. Man muss sie in Signau beim Nagler kaufen gehen, und es lohnt sich allemal, gebrauchte Nägel zu glühen und wieder geradezubiegen.

Von der Laube aus gelangt man auf der Mittagsseite in den grossen Estrich, den Raum über den beiden Stuben. Hier kann der Peter später nach

Im Haus

Belieben seinen eigenen Gaden ausbauen, ein Bett zimmern und eines Tages wohl seine Braut heimführen.

Auf der Westseite schliessen sich Stall und Reiti[2] an das Wohngebäude an, davor ein Holderstrauch als Glücksbringer. Im Sommer 1653 besitzt der Giebelbauer acht Kühe, zwei Stiere, sechs Kälber, vier Rosse, ein Füli, fünf Schafe und zwei Säue. So viel Vieh findet im Stall nicht Platz. Gallis werden am Michelsmärit Tiere verkaufen müssen; sicher ist eines der Pferde dazu ausersehen.[3] Weil das Vieh auch im Winter noch auf die Waldweide hinausgetrieben wird, ist der Vorrat an Winterfutter dann ohne Schwierigkeiten in der Reiti unter dem Dachstock unterzubringen.

Steiner 51 – Häusler II 66–71, 298 f. – Friedli, Guggisberg 355 f., 364, 368, 379, 394, 404 – Wahlen/ Jaggi 119 f. – Heutelia 383 – Fritz Haldemann (Giebel Eggiwil) mündlich – Amtsrechnung Signau 1585

---

2 der Garbenboden
3 Mit der Aufzucht einzelner Pferde erlangten die Bauern zu dieser Zeit einen guten Nebenverdienst – und einen ordentlichen Ruf am Mailänder Pferdemarkt. Ihre Blütezeit erreichte die emmentalische Pferdezucht im 18. Jahrhundert nach gezielten, staatlich geförderten Einkreuzungen.

Der Giebel in den dreissiger Jahren. Im Vordergrund das Ehepaar Kiener mit Enkelkindern.

Von Täufern und Hexen

Ueli Galli ist ein ordentlicher reformierter Kirchgänger. Später wird er Chorrichter; der Predikant macht ihn gar zum Götti seines Töchterchens. Barbli hingegen, Uelis Frau, stammt aus einer Täuferfamilie. Solche ‹Mischehen› sind im Eggiwil gang und gäbe. Man versteht miteinander zu leben. Fast jeder hier im Tal kam irgendwann mit der täuferischen Lehre in Berührung. Uelis Mutter war Täuferin. Als Bub schickte sie ihn zu einer alten Frau in die Lehre.

Die Täufer sind durchaus achtbare, fromme Menschen. Wie das ganze Bernbiet sind sie reformiert. Ihre Reformation ist viel älter als diejenige der evangelischen Landeskirche; deshalb bezeichnen sie sich selber als «altevangelisch». Ihre Reformation ging auch viel weiter, näher hin zum Urchristentum. Ein Täufer anerkennt keine Autorität ausser dem allmächtigen Gott; er bestreitet, dass die weltliche Oberkeit von Gott gesetzt sei; er verpflichtet sich keinem Menschen durch einen Eid, und in der Regel nimmt er das Gebot «Du sollst nicht töten» so ernst, dass er niemals Waffen trägt.

Es ist klar, dass die Gnädigen Herren der Stadt Bern eine solche Haltung nicht dulden können. In jetzigen Zeiten, wo rund um die Eidgenossenschaft der Krieg tobt, wo die katholischen Gegenreformatoren den evangelischen Glauben ganz zu vertilgen drohen, braucht es doch Männer, die mit der Waffe für das wahre Bekenntnis einstehen – sei es als Reisläufer in fremden Diensten oder als Uszüger im eigenen Vaterland. Und was entstünde für ein Chaos, wenn im Bernerland ein jeder der Oberkeit ungestraft den Gehorsamseid verweigern könnte!

Die Lehre ist für die Staats- und Kirchenoberen gleichermassen bedrohlich. Ihre Anhänger werden öffentlich angeschwärzt, so oft sich eine Gelegenheit dazu bietet. Die schlimmsten Überfälle und Mordbrennereien werden ihnen zur Last gelegt. Von Zeit zu Zeit ordnen die Gnädigen Herren eine Täuferjegi an. Die gefangenen Sektierer werden hart bestraft: Sie haben eine hohe Busse zu gewärtigen; die Unverbesserlichen verlieren Haus und Hof und werden aus dem Staat Bern verbannt.

Die Eggiwiler stehen auch bei diesen oberkeitlichen Jeginen zu ihren Altevangelischen. Wenn die Schergen aus der Stadt auftauchen, sind die gesuchten frommen Lehrer bald mit Hornen, Schiessen oder Schreien gewarnt und gut versteckt. Kein Einheimischer würde seinen Nachbarn verraten. – Doch hat sich die Gefahr für die Täufer seit 1620 erheblich verstärkt: Damals erliess die Regierung das Mandat, dass jeder Mann ab 16 Jahren auf der Strasse und beim Kirchgang die Seitenwehr – Schwert oder Degen – zu tragen habe. Was da ausländische Reisende als ‹freies Schweizertum› bewundern, ist in Wahrheit nichts anderes als eine Methode, die Anhänger der täuferischen Lehre zu entlarven, die ja ihres Glaubens wegen keine Waffen tragen dürfen!

Die Täufer wiederum passen sich dem Druck der Oberkeit in unterschiedlichem Masse an. Die Gemeinschaft ist vielfältig. Da gibt es die strengen Anhänger der Lehre, welche Bodenzins und Zehnten für unchristlich halten[1] und dem Vogt als Vertreter der weltlichen Gewalt auch die Anzeige von Verbrechen verweigern. Andere Taufgenossen unterwerfen sich aber um des Friedens willen den Mandaten der Herren von Bern; sie lassen sich notfalls einen Degen umhängen, besuchen die vorgeschriebenen Gottesdienste und schwören schweren Herzens einen Eid mit. Sie rechtfertigen sich mit ihrer rechten Gesinnung im Innern: es könne ja nicht Gottes Wille sein, dass der täuferische Glauben wegen Äusserlichkeiten ausgerottet werde – «erzwungener Eid ist Gott leid». Schon zur Zeit der Reformation haben sich täuferische Schwertbrüder handfest wehren müssen!

Nur selten können die oberkeitlichen Jäger einen armen Täuferlehrer nach Bern in den Turm überführen. Doch nimmt die Schar der Täufer im Emmental zu; das Vertrauen in die offiziell eingesetzten Predikanten schwindet mehr und mehr. Erinnern diese pompös gekleideten Gelehrten aus der Stadt nicht ein wenig an die Pharisäer der Bibel, wenn sie von der Kanzel herab die neuen Gebote des Berner Rats verlesen? Es gibt Kilchörinen, da sind die Strafen des pfarrherrlichen Chorgerichts gefürchteter als die Bussen des Landvogts. Kein Wunder, dass da mancher Emmentaler Landmann seinen Glauben in aller Heimlichkeit den alten, bibelkundigen Wanderpredigern schenkt, die nichts als Gottes Wort verkünden.

Wie die Stadt Bern im Pestjahr 1628 das hundertjährige Reformationsjubiläum feiert, ist in der bernischen Staatskirche der Wille zur heilvollen Erneuerung des Christentums längst gewichen. Die Predikanten sind gefügige Willensträger der Regierung, die neue Lehre ist steifer geworden als die alte katholische und verträgt weder abweichende Bibelauslegungen noch neue Impulse aus der Wissenschaft. Seit 1621 droht die Berner Regierung mit ewiger Verbannung für die Verbreitung der Lehren Descartes', des berühmtesten Philosophen der Zeit. Ganz zu schweigen vom italienischen Gelehrten Galileo Galilei, der behauptet, die Erde kreise als Planet um die Sonne – wo doch nach der Schöpfungsgeschichte Gott zuerst die Erde und dann erst die Sonne erschaffen hat, damit es auf der Erde licht werde.

Noch weit strenger als mit den Täufern verfährt die Oberkeit mit den Hexen. Zu Dutzenden, über die Jahre gezählt zu Hunderten, enden sie auf

---

1 Im 17. Jh. verweigerten die Täufer kaum noch Zins und Zehnten; zum Teil beharrten sie jedoch darauf, dass diese Abgaben nach der Bibel unrechtmässig seien.

den Scheiterhaufen, die meisten in der Waadt. Im deutschen Bernbiet ist das – teils welsche – Amt Nidau mit Abstand das «böseste Näst».

Gelegentlich findet sich ein ‹Hexenmeister› unter den Opfern, hauptsächlich werden aber Frauen der Hexerei beschuldigt, die vom wahren Glauben abgefallen seien und sich dem Teufel hingegeben haben sollen. In der Urteilsbegründung wird das lateinische ‹femina› (Frau) stets noch von ‹fe› (Glauben) und ‹minus› (weniger) hergeleitet, so dass ‹femina› eine Person bezeichne, der es am Glauben fehle.

Auf das Gerücht hin, dass es irgendwo Hexen gebe, wird eine Untersuchung angeordnet; Zeugen werden zusammengesucht und zu eidesstattlichen Aussagen gezwungen. Auch Ehrlose lässt man schwören, Ketzer gegen Ketzer, Hexen gegen Hexen, die Frau wider den Ehemann, Kinder gegen Eltern, Bruder gegen Schwester. Die Angeklagten kennen die Namen der Zeugen nicht, sofern der Richter sie nicht nennen will, und der Anwalt darf in seinem Plädoyer nicht zu warmherzig für seine Klienten reden, sonst gerät er selber in Verdacht.

Das ‹Hexenmal› gilt als Zeichen der Teufelsbuhlschaft. Eifrig sticht man mit einer Nadel in Muttermale und Warzen ... meist ist es der abgebrühte Pfätzer[2], der schwarze Knecht, der die arme Frau erst foltert und dann ihren Körper mit seinen Fleischerfingern absucht. Findet er ein unempfindliches Mal oder eine Körperstelle, die nicht blutet, gilt dies als sicherer Schuldbeweis.[3] Weil die Prozessordnung eine stetig verschärfte Anwendung der Marter erlaubt, bis die Angeklagte ein Geständnis ablegt,[4] das die Richter befriedigt und zu einer Verurteilung ausreicht – ‹ihr Herz völlig ausräumt› –,

---

2 Der Wasenmeister. Er verscharrte auf seiner Matte die Tierkadaver der Gegend, er verlochte die Leichen der Gerichteten und Selbstmörder unter dem Galgen. Wo nötig wirkte er als Folterknecht und Handlanger des Henkers.

3 In seltenen Fällen machten sich die Angeklagten den weit verbreiteten Glauben an Teufelsmale und Gotteszeichen auch zunutze. 1648 wurde eine Frau in Aarau beschuldigt, sie habe einen Knecht namens Joss umgebracht, indem sie ihm «über das Gesicht gefahren sei». Die Frau, genannt Hammerelse, bestritt die Tat und erbot dem Gericht, die Bahrprobe abzulegen: Sie wollte an die Bahre des Toten treten; falls nun die Wunden des Opfers wieder zu bluten anfingen, wäre sie der Schuld überführt.

Ein ähnlicher Fall war dem Gericht in Aarau noch nicht vorgekommen. So holte sich der Schultheiss des Städtchens Instruktionen beim Kleinen Rat in Bern ein; dieser befahl, dass die Frau (nach nochmaligen Verhören) tatsächlich zur Bahrprobe geführt werden solle. – Als sie den Leichnam anrührte und um Gottes Urteil bat, blutete der Tote nicht, und die Else wurde freigesprochen.

4 Die Abschaffung der Folter im Jahr 1798 ist eine Errungenschaft der Helvetischen Republik.

werden die Examinatoren schliesslich in groben Zügen das aus ihrem Opfer herauspressen, was sie zu hören wünschen.

So geben die Schauermärchen in den Verhörprotokollen eher Aufschluss über den Aberglauben der Richter als über den wahren Charakter des Hexenwesens: Eine ‹Hexe› gesteht, «den hürigen Hagel, so by Affoltern und Schüpfen gefallen, hab sy gmacht mit einem Wachsliechtli in einem Häfeli, in einem Wald, in Tüfels Namen.» Eine andere hat einen Hagel herbeigezaubert, indem sie mit einem weissen Teufelsstecklein in Wasser schlug. Die Frauen erzählen vom Leibhaftigen mit seinem Bocksfuss, wie er ihnen als hübscher, modisch gekleideter Mann, als Hund oder als ihr eigener Ehemann erschienen sei. Auf einem schwarz eingesalbten dreibeinigen Stuhl oder einem Besenstiel seien sie zu nächtlichen Versammlungen der Unholde geritten.

Aus Furcht vor weiteren Qualen nennen die meisten ‹Hexen› einige Komplizinnen (oder Komplizen). Diese werden eingefangen und ebenfalls gemartet... ein Feuer zündet das andere an. Mitunter ist ein halbes Dorf in den Prozess verwickelt, ehe sich die Herren Examinatoren mit dem Untersuchungsergebnis zufriedengeben und den schrecklichen Reigen der Torturen abbrechen.

Im Bernbiet erreichte der Hexenwahn um 1600 seinen Höhepunkt, als jährlich über 50 Menschen in den Flammen starben. Den traurigen Rekord stellte das Amt Chillon 1613 auf: in nur vier Monaten wurden hier 27 Hexen verbrannt.

Allmählich mehrten sich die Zweifel an der Richtigkeit solcher Urteile. Der Konvent empfahl, die verklagten Hexen vor dem Todesverdikt dem Berner Stadtarzt vorzuführen, da vielfach körperliche Krankheiten vorlägen. Eine Untersuchung durfte nur noch nach dreimaliger Anklage eingeleitet werden. – 1651 riet das Inselkollegium zu grösster Zurückhaltung: es gebe keine unfehlbaren Zeichen – wie z. B. die Nadelprobe – zur Bestimmung der Hexerei. Schultheiss und Rat von Bern wiesen darauf ihre Amtleute im Welschland an, bis auf weiteres keine hexenverdächtigen Gefangenen mehr zu foltern.

1680 musste die letzte bernische ‹Hexe› den Scheiterhaufen besteigen. In anderen Eidgenössischen Orten und in Deutschland dauerten die Verfolgungen noch viel länger an. Und auch im Bernbiet waren die armen Frauen vor Schlossverliess und Henker noch nicht sicher – nur lautete die Anklage statt auf «Hexerei» jetzt zeitgemässer auf «Kindsmord».

Wegen der vielen durch die Marter erzwungenen, unsinnigen ‹Geständnisse› lässt sich die wahre Bedeutung des Hexenkults im Bernbiet schwer ergründen. Wer waren die Opfer? Waren sie Trägerinnen eines alten, heidnischen Wissens oder traf sie der kirchlich-patriarchalische Terror ganz zufällig und unvorbereitet?

Oft waren es schlicht Krankheiten, äusserlich sichtbare Veränderungen oder psychische Anomalien, die zu einer Hexenjagd führten. Der Feuertod der 102jährigen ‹Hünibacherin› (Thun 1582) lässt sich kaum anders erklären.

In der Waadt haben Dorffehden und eine weitverbreitete Prozess-Sucht zu einer furchtbaren Häufung der Hexenverfolgungen beigetragen. – Die unendlichen Prozesshändel der Welschen, auch in weltlichen Belangen, gerieten zum Gespött der Alt-Berner. Auch Gemeinwesen, etwa die Stadt Lausanne, waren über Jahrzehnte hinweg in ruinöse Streitereien verstrickt. Die Regierung in Bern hielt sich aus den Händeln soweit als möglich heraus und bestätigte die lokalen Urteile. Böse Zungen meinten: Die Bernburger warteten nur darauf, dass die Welschen der Prozesskosten wegen ihre Landgüter verkaufen müssten... Bereits seien die schönsten Rebhänge in Berner Hand.

Sobald einer christlichen Dorf- oder Hausgemeinschaft ein grosses Unheil widerfuhr, kam der Gedanke an Teufelswerk auf.

Weil Schicksalsschläge stets als Strafe Gottes verstanden wurden, bedeutete es für die Betroffenen eine Erleichterung, wenn sie die Bürde der Schuld auf einen bösen Zauber abwälzen konnten. Leicht spannen sich so Gerüchte um Aussenseiterinnen aller Art, fremde Mägde und Wandergesellen, Jenische, Bettelfrauen[5]. Sie waren den braven Untertanen unbegreiflich, eine Bedrohung ihrer festgefügten Normen; sie erfüllten das latente Bild der Teufelsfrau, der Hexe, mit wahrem Leben. Kaum jemand beschuldigte alteingesessene, wohlhabende Kirchgänger der Hexerei. – Ganz besonders gefährdet waren die Menschen, die das Land heilkundlich versorgten: die Kräuterfrauen, die Wunderdoktoren und Hebammen[6]. Ihr Rat galt oft mehr als das Wort der Pfarrers, sie kannten

---

5 Auch gegen das männliche Bettelvolk gingen die Oberkeiten mit aller Härte vor (vgl. S. 125–127).
6 Verschiedene Publikationen der letzten Jahre beschreiben die Hexenverfolgungen als einen gezielten Feldzug gegen die Hebammen, die «weisen Frauen».
Für das Bernbiet im 17. Jh. ist diese einseitige Behauptung falsch. Der Berufsstand allein machte nicht den Unterschied zwischen ‹gut› und ‹böse› aus. Sicher waren die Hebammen wegen ihres Wissens um Schwangerschaftsverhütung, Abtreibung und Einleitung von Fehlgeburten den moralischen Kirchenmännern suspekt. Doch förderte der Staat die Ausbildung der Hebammen (wie der Apotheker) und führte Prüfungen durch die Stadtärzte im Inselspital ein. In armen Gemeinden, in schlechten Zeiten bedachte der Vogt die Hebammen mit Getreidezuschüssen. Zu einer Zeit, wo in Bern nur gerade drei Ärzte praktizierten, in Langnau bloss ein

Von Täufern und Hexen

die geheimsten Sorgen der Leute und halfen ihnen aus bitterster Not. Im Unglücksfall aber gerieten sie rasch in Verdacht, sie hätten ihre Heilkräfte im Namen des Bösen missbraucht, Vieh versägnet oder ein Kind getötet.

Der Glaube an Geister und die leibhaftige Existenz des Teufels war im 17. Jahrhundert noch so allgemein verbreitet wie der Glaube an Segens-, Bann- und Zaubersprüche, die die Kräutermedizin unterstützten. Hier lebte uraltes, magisches Wissen fort, zum Nutzen der Kranken und Schwangeren, zum Ärgernis der christlichen Kirche. Ihm galt der Zorn der Hexenjäger.

Sommer 67, 88–92 – von Rodt 18, 38f. – J.G. Schaffroth: Geschichte des bernischen Gefängniswesens. Bern 1898. 47–51 – Christian Rubi in: Der Bund 10.1.1981 und 5.5.1984 – Dürrenmatt 238–240 – Heutelia 304f., 403 – Hintzsche 242 – Chronik Langnau – Vock 37 – Geiser – Pfr. H.R. Lavater (Bern), mündlich – Mühlestein 161f. – von Tscharner 63–70 – Bürki 211

Bruchscherer, waren Hebammen und Kräuterdoktoren für das Gesundheitswesen unentbehrlich.
Nichtsdestoweniger misstraute die Schulmedizin den unkontrollierten, herumziehenden Heilkünstlern ... sie seien gefährliche «Landstreicher» und «Schwarzkünstler».

Chronik der dreissiger Jahre

1630 – Die Schweden kommen den Reformierten in Deutschland zu Hilfe.

– 16. Mai: Grundsteinlegung der Kirche Eggiwil

– In Signau auf dem Galgenhoger wird Bendicht Äschlimann von Worb gehängt. Anna Stettler, eine 8tägige Kindbetterin, wird samt dem Kind mit dem Schwert gerichtet.

– Die Nonnen in einem französischen Kloster (Loudon) werden von tierischen Dämonen verfolgt. Die frommen Frauen schlagen mit ihren Köpfen auf Brust und Rücken, verbiegen grässlich ihre Körper und lassen ihre grässlich geschwollenen, schwarzen und eitrigen Zungen heraushängen.

1631 – Der Tischmacher Zaugg in Höchstetten verfertigt Kanzel und Stägen für die Kirche im Eggiwil.

– Richtfest der Kirche

– Wie schon fern und vorfern explodiert die Pulverstampfe in Langnau.

– Jakob Galli übernimmt die Pintenschenke in Escholzmatt von seinem Schwiegervater, Christen Schibi dem Älteren.

1632 – In Genf wird ein Pfarrer wegen absonderlicher Beschäftigung mit der neuen Philosophie verbrannt.

– im Mai: Die Schweden fordern von der Eidgenössischen Tagsatzung «wirkliche Neutralität» – Kriegsgefahr.

– 20. September: Bernische Truppen auf dem Weg nach Mühlhausen, den Reformierten zu Hilfe, in der Balsthaler Klus von Solothurnern überfallen

– im November: Der Schwedenkönig fällt in der Schlacht bei Lützen.

– im Dezember: Die Glocken sind aufgezogen. Einweihung der Kirche Eggiwil durch den Berner Münsterpfarrer, Herrn Dekan Schmid.

1633 – Wegen Krieg und Pest liefern die Werke von Salins zu wenig Salz. Die Berner Salzdirektoren importieren Salz aus Hall bei Innsbruck, dazu minderwertiges Meersalz. Der Preis steigt.

– im Sommer: Die Schweden durchziehen den Thurgau.

- im Oktober: Grenzbesetzung im Aargäu. Viel fremdes Volk im österreichischen Fricktal, Rheinfelden von den Schweden belagert. Ziehen aber wieder ab.

- Galileo Galilei widerruft seine Lehre, dass die Erde eine Kugel sei und um die Sonne kreise.

- Einige Berner Junker, darunter die jungen von Erlachs, sägen in der Nacht auf der Plattform einen Birnbaum um und zerbrechen die Kirchenfenster. Ab sofort ist das Ballspielen auf dem Kirchhof (Plattform) bei 60 Pfund Busse verboten.

1635 - Z Tanzsunnti gah verboten. Ebenso das Rauchen und das Tragen luxuriöser Kleider.

- im November: Salzpreiserhöhung auf 28 Batzen pro Vierling

1636 - Heftige Klagen der Entlibucher gegen ihren Landvogt Feer

- Die Eggiwiler schlagen Schachen ein.

1637 - Beat Herport Vogt in Signau

- Die Bannwarte klagen über schlimme Holzschläge und bitten um Entlassung. Mancherorts sind die Marchbäume böswillig entfernt worden.

- Jegerlehners auf dem Berg im Eggiwil müssen 1000 Pfund Busse bezahlen, weil ihre verstorbene Mutter Täuferin war.

1638 - ‹Obristenhandel› um Hans Ludwig von Erlach

- Verbot fremder Münzen

- Hans Zurfluh im Dieboldsbach tauscht Haus und Hof mit Hans Tschanz.

1639 - zur Fasnachtszeit: In Chur wird der bündnerische Statthalter Jürg Jenatsch ermordet.

- Heirat von Peter Galli und Katharina Salzmann. Die Braut will «Lybsprestens wegen» ihre eheliche Pflicht nicht erfüllen. - Scheidungsurteil: Peter Galli habe sich «lang genug mit ihr gelitten». Die Hochzeitskosten werden halbiert.

in den dreissiger Jahren: Etliche Züge nach Frankreich, einer mit fünf Fahnen, dann einer mit drei Fahnen, hernach noch mehr, viel Volk hingeschickt, oft und dick (militärische Hilfe aufgrund von Soldverträgen).

- Zweimal Zug auf Mühlhausen, nach Luggaris ins Bischofbiet, nach Schaffhausen, wie wohl 4000 Spanier daran truckten, dann aber fortzogen.

Chronik Jost – CGM Signau 12.3.1639 – CGM Bern 10.5.1639 – Chronik Langnau – Contracten Signau 1638 – Dürrenmatt 251, 258 – Ämterbuch Signau 2 – Amtsrechnung Signau 1637 – Emil Dreifuss in: Der Bund, 6.6.1981 – Friedli, Guggisberg 485 – Guggisberg 26 – von Arx 1–3 – Aregger 16 – Häusler I 251, II 229f.

Die Kirche im Eggiwil

Der Kirchenbau

Besorgt über die Ausbreitung der täuferischen ‹Irrlehre› beschliesst der Berner Rat, aufs Reformationsjubiläum hin solle mit dem Bau einer Kirche im Eggiwil begonnen werden. Den Gläubigen soll der lange, beschwerliche Kirchgang nach Signau erspart bleiben.

Auf dem vorgesehenen Bauplatz steht eine alte Scheuer. Daniel Mann und Peter Peter müssen sie abbrechen, das Holz zersägen und rüsten. Maurermeister Andreas Äschbacher braucht es als Brennholz für den Kalkofen, den er mit seinen Gehilfen an der späteren Baustelle errichtet. 130 Mütt Kalk muss er zubereiten. Als das Holz dafür nicht ausreicht, kauft der Vogt bei Hans Schenk für 8 Pfund noch sechzehn Tannen dazu.

Das Gotteshaus soll mit Tuffsteinen gemauert werden. Ein derartiger Steinbau ist ganz und gar neu für das Eggiwil – so ist auch im ganzen Tal kein geeigneter Wagen für die Fuhrungen aufzutreiben. Der Wagner von Grosshöchstetten baut das Vehikel, der dortige Schmied Daniel Küpfer verfertigt die Beschläge. Kaum im Gebrauch, ist der Vorzug daran gebrochen, und die Reparatur kostet ein Namhaftes.

Trotz aller Widerwärtigkeiten liegen schliesslich sechzig Fuder Tuffsteine und dreissig Fuder Bauholz auf der Matte beim Bach aufgetürmt. Der Vogt kauft noch eine Tuffsäge, dann macht sich der Steinhauermeister Hans Ysenmann an die Arbeit. Als ortsfremder Katholik geht er jeweils nach Marbach zur Beichte, isst und übernachtet dort im Wirtshaus, wofür der Staat Bern die Kosten trägt.

Derweilen heben die Brüder Peter die Grube für das Fundament aus. Am 16. Mai 1630 feiern die Eggiwiler die Grundsteinlegung ihrer Kirche. Herr Landvogt von Erlach und der Signauer Predikant halten ihre Reden, rühmen die Handwerker für die bisher geleistete Arbeit. Zum Abendbrot ist die ganze Belegschaft ins Signauer Hochenhus eingeladen.

Die Mauern wachsen nun rasch. Der Küfer in der Zimmerzei liefert die Zuber und Kübel für das Pflaster; Ueli Galli steuert fünfzig Stück Gerüstholz bei. Einige Aufregung entsteht, als Meister Ysenmann aus irgendeinem Grunde den Bau verlässt. Seine Werkzeuge schickt er kurzentschlossen nach Bern zurück. Doch die Oberen befehlen ihm, «den Buw vollkommen uszeführen»; die Geräte lassen sie wieder ins Eggiwil bringen.

Als Zimmermeister wirkt der Stadtberner David zur Matten. Er konstruiert die imposante Dachaufrichte und das Gerüst des Turmhelms – eine Kunst, die einen einfachen Landzimmermann überfordert hätte. Als der First gesetzt ist, feiern die Eggiwiler bei der Müli Ufricht. «An der ersten Uffrichti ist verzeert worden: Für 4 Pfund Brot, 60 Pfund Fleisch, 20 Pfund Käs.» Dazu hat ein Fuhrmann «ein Fässli Wyn hinhyn gfürt».

Im August nimmt der Vogt den Dachdecker Max Grob in Dienst. Dieser deckt das Kirchenschiff und den Turmspitz mit Schindeln; als Arbeitslohn kriegt er 6 Pfund für das Klafter. Grosse Kosten und Umtriebe verursachen die dazu benötigten Dachnägel. Für über 120 Pfund beschafft Meister Grob 80 000 Stück aus den Eisenwerken im Gadmental.[1] Auf Schiffen lässt er die Ware nach Thun bringen, wo sie der Eggiwiler Fuhrmann abholt.

Die Handwerker arbeiten im kleinen Taglohn: der Bauherr muss sie mit Speise und Trank versorgen. So schicken die Gnädigen Herren zwei Fässer Wein, das unentbehrliche Nahrungsmittel. Grosse Mengen von Getreide treffen von Grosshöchstetten und Schüpbach her auf dem Bauplatz ein, und einmal muss der Landvogt sogar seinen eigenen Pferdezug auf oberkeitlichen Befehl hin ins Schloss Brandis hinunterschicken, um dort fünfzig Mütt Dinkel abzuholen und «an diesen Buw ze wenden». Die Meister Ysenmann und zur Matten erhalten «allerley Molchen» – Käse, Anken und Ziger.

Im Januar 1631 führt man einen ausgewählten Baum Läden nach Höchstetten zum Tischmacher (Schreiner) Caspar Zaugg, «die Cantzel und die Stägen darus ze machen». Einige Butzenscheiben für die Spitzbogen-Fenster fertigt Daniel Mann an, der Eggiwiler Glaser, andere sind in Bern in Auftrag gegeben worden. Der holprigen Wege halber müssen sieben Leute das Glas mit Hutten ins Oberemmental tragen.

Noch einmal tafeln die Bauleute am Fest der ‹letzten Ufrichti›, nach der Vollendung des Dachs. Fast 50 Pfund stehen auf der Rechnung.

Nachdem die zwei schönen Glocken, eine mit dem Bild vom Apfelschuss des Wilhelm Tell, die andere mit einem Fries von Jäger, Hund, Eber und Hirsch, eingetroffen und gehängt sind, steht in der Adventszeit des Jahres 1632 die Einweihung des Gotteshauses bevor. Man munkelt schon lange, der Herr Landvogt werde einen hohen Gast zur Feier geleiten. Und wirklich – es ist kein Geringerer als der Berner Münsterpfarrer, Herr Dekan Schmid, der den Zug zum ersten Gottesdienst in die Kirche Eggiwil anführt.

Ebenso stolz wie aufgeregt heben die Sänger zum Eröffnungspsalm an. Der Vorsänger trägt einen prunkvollen Casaque (einen Kittel), der beim Schneider 5 Kronen gekostet hat! Eine grosse Ehre widerfährt Bernhart Ägerter vom Schweissberg, dem frischgebackenen Vater von Zwillingen. Die Gnädigen Herren der Stadt Bern selber stehen den Täuflingen ‹zu

---

1 Die Eisenschmelze stand im Mühletal, am unteren Auslauf des Gadmentals. Wegen seines enormen Holzbedarfs, der zum Kahlschlag der Schutzwälder und danach zu Lawinen- und Hochwasserunglücken führte, war das Eisenwerk im Oberhasli verhasst. Im Februar 1628 wurde es von vermummten Gestalten überfallen und dem Erdboden gleichgemacht. Erst nach viereinhalb Jahren konnte es den Betrieb wieder aufnehmen – erstaunlich, dass die Eggiwiler 1630 beliefert wurden.

Der Kirchenbau

Gefätteren›. Taufzeugen sind Dekan Schmid und Landvogt von Erlach. Ein Einbund mit zwei Dukaten ist das Göttigeschenk der beiden Herren.
Der Vogt nimmt auf einem der eigens von Signau mitgebrachten Herrenstühle Platz (man muss sich so behelfen, weil die Landvogtstühle nicht fertig geworden sind); der Mann im Casaque liest einen Spruch aus der Bibel vor, und dann hält Dekan Schmid von der prächtigen Kanzel herab die erste Predigt.

Durch den Kirchenbau wird die alte Siedlung Eggiwil von Signau unabhängig – ein richtiges Dorf. Vorläufig wird hier noch der Pfarrhelfer von Signau predigen; die Portlaube, die Stühle im Chor und die Wyberstühle sind noch in Arbeit. Aber eines Tages, wenn auch das Pfarrhaus und die Pfrundscheune erbaut sind, wird das Eggiwil zur eigenen Kilchöri aufsteigen, mit einem eigenen Predikanten, Chorgericht und Kirchengut. Und dann ... ja, was dann noch fehlt zum rechten Dorf, weiss ein jeder hier auf einen Schlag zu sagen – eine Pintenschenke!

Steiner 20f., 26 – Christian Rubi: Kirchenbau im Eggiwil. Der Hochwächter Nr. 12, Bern 1947. – Amtsrechnung Signau 1630-1636 – Fritz Ringgenberg: Eisenbergwerk im Mühletal. Geschichte der Landschaft Hasli (hrsg. G. Kurz/Ch.Lerch), Meiringen 1979.

Der Tellenschuss auf der grossen Glocke (1632) der Eggiwiler Kirche

Die Schweden kommen

Als 1630 die Schweden unter ihrem König Gustav Adolf zugunsten der deutschen Protestanten in den Krieg eingreifen, beginnen die Reformierten den Kopf zu heben, und die katholischen Eidgenossen ducken sich. Im Dezember 1631 erscheint eine schwedische Gesandtschaft und bietet der Eidgenössischen Tagsatzung ein Bündnis an. Der Gesandte erinnert an die alte Sage, wonach die Schwyzer und die Haslitaler einst von Schweden her ins Land gezogen sind. Doch die Tagsatzung lehnt ab. Der Schwedenkönig ist erbost und droht mit einem Angriff auf die Eidgenossenschaft. In dieser bedrängten Lage bröckelt der Kitt zwischen reformierten und katholischen Ständen rasch ab.

Am 20. September 1632 marschieren bernische Truppen mit Ziel Mühlhausen durch den Jura. Sie sollen der verbündeten Stadt wegen eines befürchteten Angriffs der Kaiserlichen zu Hilfe eilen. Die Solothurner lauern diesem Auszug in der Klus bei Balsthal auf, fallen über die Berner her, töten acht Mann und nehmen 28 gefangen. Bern protestiert heftig, mahnt die Reformierten Orte um Zuzug und droht mit harter Vergeltung. – Es stellt sich heraus, dass zwei Vögte den Überfall auf eigene Faust ohne Wissen der solothurnischen Regierung geplant hatten. Nach einer harten Bestrafung der Schuldigen beruhigt sich der Berner Zorn.[1]

Da fällt im November der Schwedenkönig in der Schlacht von Lützen. Reformierte wie Katholiken atmen auf – niemand hätte sich diese räuberische Armee im eigenen Land gewünscht. Doch ist der konfessionelle Frieden damit nicht gerettet. Im Sommer 1633 überqueren die Schweden unter General Horn bei Stein den Rhein, marschieren ungehindert durch den Thurgau und greifen das kaiserlich gesinnte Konstanz von der Schweizer Seite her an. Die Katholischen Orte sind empört. Haben doch die Zürcher das Städtchen Stein am Rhein freiwillig geräumt. Und der reformierte Kommandant der Gemeinen Herrschaft Thurgau hat nicht mal den Landsturm ergehen lassen! – Im Oktober lässt der katholische Landvogt im Thurgau den Kommandanten verhaften. Nach einem Verhör mit Anwendung der Marter wird er zu einer schweren Busse und Kerkerhaft verurteilt. Dadurch geraten die Reformierten in Rage. Zürich und Bern entwerfen einen gemeinsamen Feldzugsplan wider die Papisten und bitten den Schwedengeneral Horn um seine Unterstützung. Der offene Krieg unter Eidgenossen scheint unvermeidlich. Die Katholiken wenden sich in ihrer Not an Spanien und Savoyen. Zudem setzen sie das Corpus delicti, den Thurgauer Kom-

---

1 Der ‹Kluser-Handel› war auch 1653 noch nicht vergessen (vgl. S. 609).

mandanten Kesselring, auf freien Fuss. Diese Geste versöhnt die Reformierten halbwegs. Und weil die Verhandlungen mit den Schweden bald verfuhrwerkt sind (der schwedische Graf Axel Oxenstierna hat sich eingemischt und besteht auf einem formellen Bündnis; das lehnen Basel, Schaffhausen und Bern rundweg ab), beginnt man sich im Land wieder zu vertragen. Als die Schweden am 6. September 1634 bei Nördlingen eine schwere Niederlage erleiden, die Kaiserlichen wieder vorwärtsdrängen, wünscht sich selbst in Zürich niemand mehr eine Kriegsbruderschaft mit den Skandinaviern.

Zwar greift nun Frankreich mit seinen zahlreichen Schweizer Söldnern auf Seiten der Protestanten in den verheerenden Krieg ein; ein klarer Vorteil ergibt sich jedoch für keine Partei. Das gegenseitige Abschlachten in deutschen Landen zieht sich noch jahrelang hin.

Noch einmal, in den ersten Wochen des Jahres 1638, droht die Eidgenossenschaft in den mörderischen Strudel zu geraten: Der Herzog von Weimar ist über Basler Gebiet gegen die österreichischen Städte Säckingen, Laufenburg und Waldshut gezogen. Es kommt an den Tag, dass dieser Feldzugsplan von Hans Ludwig von Erlach stammte, einem Mitglied der Berner Regierung. Die Katholischen Orte klagen bitterböse über diese krasse Neutralitätsverletzung.

Die bedrohlichen Wolken über dem Schweizerland weichen, als von Erlach seinen Rücktritt aus der Regierung einreicht und offiziell in die Armee des Herzogs eintritt.[2] Die Tagsatzung einigt sich, ein für allemal Truppenzüge fremder Mächte durch das Gebiet der Eidgenossenschaft zu verbieten.

von Arx 1-3 – Dürrenmatt 258-260 – Tillier 90-96

---

2 Er hat in der Folge noch verschiedensten Herren gedient und 1650 auf dem Sterbebett gar die Würde eines französischen Marschalls erlangt.

Unruhe im Entlibuch

Was nach der Zerstörung der wunderbaren Helvetierstadt bei Würzbrunnen im Oberemmental vorging, was für Leute hier lebten, was sie trieben, weiss heute keiner mehr zu erzählen. Alte Sagen berichten von einem goldenen Zeitalter, wo die Kühe gross waren wie Häuser und die Bauersleute mit Schiffen auf den Milchsee ausfahren mussten, um die Nidle abzuschöpfen. Das wird schon übertrieben sein, ja – doch ist an den meisten Sagen etwas Wahres dran.

Irgendwann unterwarfen die Freiherren von Signau die Gegend. Der letzte von ihnen wiederum fiel in der Schlacht von Sempach – sein Name ist in der Schlachtkapelle unter den besiegten habsburgischen Rittern zu lesen. Nach seinem Tod wechselte das Oberemmental für kurze Zeit an die Stadt Bern. Die Herren machten ein gutes Geschäft: sie behielten das Dorf Röthenbach und verkauften den Rest mit Gewinn weiter. So wechselte das Land samt Menschen und Gütern von Hand zu Hand. Schliesslich gelangte es in den Besitz eines französischen Generals. Der feine Herr war ein Lump: Als er im Auftrag seines Königs den Gnädigen Herren von Bern 15 000 Gulden an Pensionsgeldern hätte überbringen sollen, verpraßte er den riesigen Betrag. Dadurch verlor er 1529 die Freiherrschaft Signau an Bern.

Seither residieren die Landvögte der Stadt Bern im Schloss oben. Anfangs hatte das Landvolk noch mehr Rechte: Alte Leute erinnern sich an den Landtag zu Ranflüh; zu allen wichtigen Geschäften gab es Volksanfragen; die Landschreiber waren damals Einheimische. Kürzlich hat der Berner Rat auch noch das Amt des Landeshauptmanns abgeschafft – der war eine Art Sprachrohr der Emmentaler. Man konnte mit ihm reden, und er unterbreitete manches Anliegen einfacher Landleute den Vögten oder sogar den Gnädigen Herren in der Stadt.

Heutzutage finden vielleicht noch die Weibel, ein alter Gerichtssäss oder Chorrichter beim Landvogt Gehör. Aber nicht jeder Vogt hat offene Ohren für seine Untertanen und leitet ihre Sorgen wirklich auch nach Bern weiter. Und was, wenn die Klagen den Vogt selber betreffen?

Im Gegensatz zu den Emmentalern können die Entlibucher stolz auf die Geschichte ihre Talschaft zurückblicken. Nie wurden sie von der Stadt Luzern unterjocht; nach den alten Verträgen sind sie nicht bloss Untertanen, sondern Verbündete der Stadt, der sie freiwillig ihre Schirmherrschaft übertragen haben.

Einst stand das Entlibuch unter der Herrschaft von Peter von Thorberg. Der war ein hoher Fürst im österreichischen Reich. Für seine eigenen Untertanen schien er wenig Zeit übrig zu haben; vielmehr hetzte er ihnen grausame Untervögte auf den Hals. – Die Entlibucher beklagten sich erst erfolglos beim Herzog von Österreich. Dann, nach Weihnachten 1385, verburgerten sie sich heimlich mit der Stadt Luzern; den habsburgischen Vögten, Meyern und Kellern wollten sie trotzdem weiter ihre Abgaben zahlen.

Als der alte Thorberger und sein Untervogt Trube vom Bund mit Luzern erfuhren, liessen sie die Urheber auf der Stelle ersäufen (erhängen hört man auch). Schon der Neujahrstag brachte die Antwort des Himmels: eine erschröckenliche Sonnenfinsternis. Und am zweiten Tag des Jahres 1386 zogen die von Uri, Schwyz und Unterwalden zusammen mit den Entlibuchern auf Wolhusen. Die Festung von Untervogt Trube wurde gebrochen und verbrannt.

Im Sommer kämpften die Entlibucher bei Sempach bereits ruhmreich an der Seite der Eidgenossen. Es folgte eine Zeit dauernder Überfälle und Brandschatzungen. Einmal fielen die Österreicher mit 500 Lanzen ins Land ein und machten die Talbewohner nieder. Da schlossen die Entlibucher einen Vertrag mit Luzern: Sie stellten sich freiwillig unter die Vogtei und Schirmherrschaft der Stadt. Der luzernische Vogt musste schwören, der Stadt und des Landes Nutzen zu fördern, den Schaden abzuwenden, zu richten Reiche und Arme nach bestem und wägstem Erkennen. Ihre Gerichtssässen aber dürfen die Entlibucher bis heute ‹mit dem Rat des Vogtes› selber wählen, und alle beklagten Entlibucher sollen im Lande selbst gerichtet werden. Die Talschaft stellt hundert Mann im Eidgenössischen Heer. Sie führt ein eigenes Banner und ein eigenes Landessiegel.

Daher haben die Entlibucher ihr eigenes Landgericht (den Landtag zu Schüpfheim) und die drei Ehrenämter des Landeshauptmanns, des Landespannermeisters und des Landessieglers. Am Schwörtag reiten diese Männer als Repräsentanten der Landschaft an der Spitze des Umzugs; sonst treten sie in Friedenszeiten selten in Erscheinung.

Seit dem Burgrechtsvertrag der Talschaft mit Luzern sind nun nahezu 250 Jahre verflossen. Die Welt hat sich in dieser langen Zeit gewandelt – man denke nur an die Reformation, was die alles auf den Kopf stellte! Damals gehörte noch das Amt Ruswil zur Landschaft Entlibuch, ja auch das Trub und Schangnau. 1405 hat Österreich das Gebiet an Luzern verpfändet, neue Verträge traten in Kraft, Gesetze wurden erlassen, Vögte kamen und gingen. Die Entlibucher waren stets stolz auf ihre alten Rechte, ihre Sonderstellung unter den luzernischen Ämtern. Und doch versickerte das Wissen um diese alten Freiheiten mehr und mehr. Irgendwann einmal gingen die Original-Papiere verloren, und heute weiss kein Mensch mehr zu sagen, wie sie dem Wort nach lauteten und zu welchem Teil sie eigentlich noch gültig wären. Mit jedem neuen Mandat des Luzerner Rates – und die Stadt ist bestrebt, ihre Zentralgewalt über das ganze Untertanenland gleichmässig auszubauen – sehen die Entlibucher eine Scheibe von ihren ursprünglichen Sonderrechten abgeschnitten. Da sollte eben mal einer all die alten Briefe genau kennen und sagen: Halt! Bis hierher und nicht weiter!

Einmal hat es bereits böse gegärt im Entlibuch. Es war die Zeit nach den Burgunderkriegen, als die Eidgenossenschaft zwischen Städten und Landorten auseinanderklaffte. Peter Amstalden hiess der Mann von Escholzmatt, der die Talschaft von der Stadt Luzern lösen wollte: Obwalden sollten sie sich anschliessen, oder sie könnten auch selber Herren werden, Luzern beschränke ihre Rechte immer mehr.

Amstalden plante, mit einer Schar von Landleuten nach Ranft zum Bruder Klaus zu wallfahrten, um den heiligen Mann um Rat zu bitten. Bevor er die Reise antreten konnte, wurde er nach Luzern vor den Rat befohlen. Nichtsahnend ging er in die Stadt, die er nicht mehr lebend verlassen sollte. Unter Folter und bei Versprechung seines Lebens gestand Amstalden, entlibuchische Verschwörer hätten die Stadt am St. Leodegarstag überfallen wollen. Er wurde mit dem Schwert hingerichtet. Seither feiern die Luzerner am Messdienstag im Oktober mit einem geharnischten Umzug die Vereitelung des angeblichen Überfalls.

In den 1630er Jahren nun sehen die Entlibucher auch die letzten Reste ihrer alten Freiheiten dahinschwinden. Dreimal kommt es zu schweren Streithändeln mit der Stadt Luzern und ihren Vögten.

Zu Beginn des Jahrzehnts einmal ereifert sich ein neuer Landvogt, Johann Leopold Feer, gegenüber Statthalter Roos und dem Landessiegler: Die vierzig Geschworenen des Landes Entlibuch seien «nichts als Sauhirten», darunter befänden sich Leute, denen man das Haupt zwischen die Beine legen sollte. Er allein wolle das Recht, Bussen zu diktieren; die Richter brauchten sich mit solchen Dingen nicht zu befassen. Das Entlibucher Landrecht habe nichts zu bedeuten – er, der Landvogt, «sy eben das Recht». Die Nachricht von dieser seltsamen Rechtsauffassung des feinen Herrn macht die Runde im Tal. Solchen Schimpf können die Entlibucher bei aller Duldsamkeit nicht auf sich sitzen lassen. Die vierzig Geschworenen treten in Schüpfheim zusammen, um sich brieflich beim Luzerner Rat zu beschweren. Sie bitten, den Landvogt zu entlassen, da man alles Zutrauen zu demselben gänzlich verloren habe. – Wie nicht anders zu erwarten war, rügen die Gnädigen Herren zunächst die beschimpften Entlibucher wegen verschiedener Formfehler und Ungehorsamkeiten: Gemeinden dürften ohne oberkeitliche Bewilligung nicht einberufen werden; die Bemerkungen über den Vogt seien «unförmig und grob», und das ganze Schreiben beleidige die oberkeitliche Hoheit und Autorität. Statthalter Roos wird mit 20 Gulden saftig gebüsst. Ansonsten lässt der Rat «Milde vor Recht walten», doch hat das Land die Gerichtskosten zu berappen. Landvogt Feer habe sich «verschossen». Erst nachdem sich die Abgeordneten der Talschaft für den

Bescheid untertänig bedankt und entfernt haben, erhält auch er noch einen Verweis.

1632 will die Regierung ihre Staatseinkünfte vermehren, indem sie das Ohmgeld – die Steuer, die auf dem Wein lastet – von 4 oder 5 Schilling pro Saum auf 10½ Schilling erhöht. Neu soll das Ohmgeld auch auf dem Most bezogen werden. Die Neuerung gilt für Stadt und Land ohne Ausnahme.

Natürlich ist diese Neuerung ein Ärgernis. Jeder, der es vermag, trinkt Wein und Most. Vom Morgen bis zum Abend, zur Arbeit – und im Krankenbett: Der Wein gilt als schmerzstillend und blutbildend. Für schwerkranke, frisch operierte Patienten empfehlen die Doktoren ¾ Mass pro Tag, für Kindbetterinnen desgleichen. Zum Auswaschen von Wunden wird Wein auch äusserlich verwendet.

Die Entlibucher wehren sich. Nach einem Vertrag von 1514 brauchen nämlich die Entlibucher Wirte für Kindbetterinnen und Kranke, welche des Weines bedürfen, kein Ohmgeld zu entrichten. Danach dürfen auch die Priester von Romoos und Doppleschwand je einen oder zwei Saum Wein ohmgeldfrei für die Armen einführen.

Zugegeben: Keiner der vier Wirte und schon gar nicht ein Priester würde wegen der paar Pfund Ohmgeld verlumpen. Aber es geht nicht an, dass die Oberkeit einen bestehenden Vertrag einfach unter den Tisch wischt. Selbst die Herren haben sich an ihr Wort zu halten! An diesem Punkt muss man einhaken. Das Gerücht geht um, die Ohmgelderhöhung sei nur das Vorspiel zu weiteren Schritten der Luzerner Herren: Ein Trattengeld von 5 Schilling von jedem Stück Vieh und einem Käse von hundert sei geplant; dann wolle man dem Land den Hochwald wegnehmen und auch die Verwaltung des Heilig Kreuz solle abgeändert werden.

Erst nachdem die neue Abgabe aus allen übrigen Ämtern widerstandslos bezogen werden konnte, beginnt im Sommer 1633 der Landvogt im Entlibuch, das Mandat durchzusetzen. In Schüpfheim, Entlibuch und Hasle weist man ihn zurück. Auf eine Anfrage des Luzerner Rates hin erklärt der Schüpfer Wirt Hans Stadelmann, er würde das geforderte Ohmgeld schon entrichten, wenn er nicht befürchten müsste, ein Landesverräter gescholten zu werden. Landessiegler Brun, der Wirt von Entlibuch, dagegen verlangt, man solle das Landvolk am Schwörtag entscheiden lassen: werde das Ohmgeld mit Mehrheit angenommen, so sei er bereit, dieses zu entrichten. – Der Rat hält ihm vor, er habe doch wohl der *Oberkeit* geschworen, nicht dem Landvolk! Worauf Brun antwortet: Ja, er habe geschworen, was recht und billig sei. Lieber wolle er in den Turm, als dass er dem Land etwas «verschnetzlet hette». Diese Worte bringen den tapferen Wirt tatsächlich für vier Wochen in den Luzerner Turm.

Wenn der Rat glaubte, er könne mit der exemplarischen Bestrafung des

Landessieglers die Lage in der Talschaft beruhigen, so hat er sich gründlich getäuscht. In Schüpfheim nennt man diejenigen, welche zur Annahme des Ohmgeldmandates raten, «Verräter», «Höllschlyfer» oder «Glatthälsler». Die nachgieblerischen Escholzmatter sollen «nit Waggentaler syn». Die Opposition ist besonders unter den jungen Landleuten allgemein.

In diesen Tagen zitiert die Regierung sechs Geschworene aus Schüpfheim vor den Rat. Die Landleute ahnen Böses: Ist nicht seinerzeit der alte Peter Amstalden so in die Stadt gelockt worden und nie mehr heimgekommen? Werden die sechs Männer nicht stracks als ‹Redliführer› in den Turm geworfen, wie der Landessiegler Brun?

In Häffis Haus versammeln sich die Schüpfer mit einigen Sympathisanten aus den beiden anderen Gerichten. Man beschliesst, anstatt der von der Regierung begehrten sechs Geschworenen einen Brief in die Stadt zu schikken: Die Gemeinden Entlibuch und Schüpfheim wollten nicht dulden, dass Geschworene nach Luzern gingen, weil einige ihrer Landleute eingekerkert seien (neben dem Landessiegler liegt auch Jost Stadelmann wegen «aufreizender Reden» im Turm). Hätten diese sich verfehlt, so habe der Landvogt im Lande selbst gegen sie den Prozess anzuheben. Übrigens stimme man mit der Oberkeit wegen des Ohmgeldbezugs überein, mit Ausnahme des für Kindbetterinnen und Kranke bestimmten Quantums. Wolle der Rat die Rechte und Freiheiten des Landes nicht achten, so müsste das Land anderwärts Hilfe suchen. Das Land werde jedenfalls wegen des Ohmgelds eine Gemeinde abhalten und mit Stimmenmehrheit darüber entscheiden. Es wäre übrigens besser, die Herren von Luzern würden haushalten wie ihre Vorfahren, dann würde Glück und Gnade nicht fehlen, während jetzt Zwietracht und Widerwillen aufwachse.

Ein jeder in der Runde weiss, dass dieses ehrliche Schreiben die Luzerner Ratsherren erzürnen wird. Denen werden die Haare zu Berge stehen; die sind sich von ihren Untertanen doch eine ehrerbietige, duckmäuserische Höflichkeit gewohnt! – Wie aber sollen die Leute von Schüpfheim handeln, wenn plötzlich ein Trupp Stadtknechte auftaucht, um die sechs reklamierten Männer gefangenzunehmen? Dann sollen – so beschliesst die Versammlung – die Brüder Emmenegger und der Jaggi Schmied die grosse Sturmglocke zum allgemeinen Aufstand läuten! Die drei Männer legen vorsorglich im Kirchturm die grosse Glocke still und nehmen den Schlüssel zum Läutwerk an sich.

> Wie ein Blick auf die Luzerner Ratsmanuale offenbart, taten die Entlibucher gut daran, den Herren zu misstrauen. Dem gefangenen Landessiegler hatten sie die Namen der «Anstifter der Opposition» entlockt, und nachdem sie sich davon überzeugt hatten, dass die andern Ämter keine Schwierigkeiten bereiten würden, wollten sie hart durchgreifen. Die

> sechs Geschworenen – das «ungschlachte Gsind», wie die Ratsherren sie in ihren geheimen Sitzungen betitelt haben – wären schwerlich heil in ihre Dörfer zurückgekehrt.

Die schlimmsten Befürchtungen der Schüpfer erfüllen sich zum Glück nicht. Keine bewaffneten Luzerner Schergen lassen sich blicken. Die Herren gehen diplomatisch vor. Sie senden Depeschen an die Gemeinden Escholzmatt und Entlibuch: ob sie mit dem bösen Schreiben aus Schüpfheim einverstanden seien? – Die gewollte Entzweiung der Landleute gelingt. Das Gericht Entlibuch distanziert sich von den mutigen Nachbarn, und Escholzmatt ersucht gar «mit bittlichem Fussfall» um Vergebung.

Unter diesen Umständen bekommen auch die Schüpfer Angst vor ihrem eigenen Mut. Nach und nach begeben sich die aufgebotenen Geschworenen vor eine Delegation des Rates in die Stadt, wo ihnen Schimpf und Schande gesagt wird. Eine luzernische Ratskommission unter Oberst Fleckenstein erscheint im Tal, um den «Grund der Widersetzlichkeiten zu erforschen». Verschiedene Personen werden einvernommen, der Stadtschreiber legt Beigen von Akten über die «Anstifter» der Bewegung an – aber das Strafgericht bleibt vorläufig aus. Man schreibt Ende August 1633; das protestantische Schwedenheer steht an der Grenze zur Eidgenossenschaft; Bern und Zürich haben wie stolze Pfaue vor der Attacke ihr Rad geschlagen... jetzt kann sich die katholische Luzerner Regierung keinen Aufstand in der Landschaft leisten. Nicht auszudenken, was passieren könnte, wenn die Rebellanten auf den Gedanken kämen, im Bernbiet um Hilfe anzufragen!

Erst nach zwei Jahren, im Anschluss an einen Gottesdienst in der Kirche zu Schüpfheim, lässt die Oberkeit die Urteile wegen «Rebellion, Anstiften von Gemeinden und Absendung eines spöttischen Briefes» verkünden. Die Anführer haben hohe Bussen zwischen 100 und 300 Gulden zu entrichten, und die Gemeinde verliert das alte Recht, ihre Weibel und Siegler zu wählen. An Leib und Leben wird niemand gestraft.

Umso tragischer ist die Geschichte eines kleinen Mannes, der jetzt, lange nach der Schüpfer Revolte, doch noch unter dem Schwert des Luzerner Nachrichters sein Haupt verliert. Die Rede ist von Jakob Waltisberger von Doppleschwand, genannt Mütsch. Der Mütsch ist kein erfahrener Dorfpolitiker, der seine taktischen Schritte gegenüber der Oberkeit durch Volksversammlungen absichern lässt. Er sitzt oft in Pintenschenken, flucht ab und zu tüchtig, wie ihm der Schnabel gewachsen ist, und trölt kühne Pläne in seinem Hirn, die niemand recht ernst nehmen will. Als der Landessiegler zu Luzern im Turm sass, posaunte der Mütsch in den Wirtshäusern herum, er wollte den Brun schon befreien, wenn man ihm nur 400 Mann gäbe. Alle Luzerner sollte man niedermachen und keinem Landvogt mehr schwören.

Nun, am Schwörtag im Herbst 1635, stellt der Statthalter Schumacher der versammelten Gemeinde in Schüpfheim tatsächlich den Antrag, man solle den Treueid nicht mehr schwören: Wenn man den Gnädigen Herren der Stadt Luzern die Summe zurückzahle, die diese seinerzeit den Herzogen von Österreich für die Pfändung des Landes entrichtet habe, könne das Entlibuch wieder frei sein wie die von Uri, Schwyz und Unterwalden. – Das ist schon ein verwegener Antrag, den sich nur Statthalter Schumacher erlauben darf. Er ist derart mächtig und angesehen im Land, dass ihn einige mit dem seligen Bruder Klaus auf eine Stufe stellen. Den beiden anwesenden Landvögten – dem alten Ratzenhofer und seinem Nachfolger Hartmann – fallen die Kiefer herunter vor lauter Staunen ... Wahrscheinlich möchte der Schumacher sich selber zum Regenten machen!

Als in der allgemeinen Aufregung ausgerechnet der einst so trutzige Wirt und Landessiegler Brun auf die Laube steigt und zu bedenken gibt, man solle sich wohl überlegen, was für Folgen so ein Schritt nach sich ziehen könnte, kann sich der Mütsch nicht mehr zurückhalten. Er steht auf einen Stuhl und schreit: «Will der Brun nun auch wankelmütig werden?» Schumachers Antrag erhält das Mehr. Und während die meisten Entlibucher an diesem Abend bei einem Freudenfest schon auf ihre zukünftige totale Freiheit anstossen und über die Höhe des zu erwartenden Lösegelds rätseln, reitet Landvogt Ratzenhofer eilig in die Stadt, um mit den nötigen Instruktionen und Vollmachten versehen der neuerlichen Rebellion zu begegnen.

Am Allerheiligen Abend kehrt der alte Ratzenhofer in die Höhle des Löwen zurück. Er lässt die Entlibucher Landesbeamten zusammenrufen, hält ihnen ihre Fehler vor und bietet allen oberkeitliche Gnade an, wenn sie nur ordentlich huldigen wollten. Sein sicheres Auftreten beeindruckt. Bald schwören die Landleute den verlangten Eid.

Bloss der Mütsch kann sein Maul nicht halten. In den Pintenschenken findet er mit seinen aufreiserischen Reden offene Ohren; daran ist auch Vogt Hartmann nicht unschuldig, verhängt er doch mehr und höhere Bussen über seine Untertanen als je ein Vogt zuvor.

Am Neujahr 1636 wird Jakob Waltisberger denunziert. Man hört, der mächtige Statthalter Schumacher habe eine Rebellion geplant und ihn nur als Werber vorgeschoben. Aber der Mütsch nimmt alle Schuld auf sich. Trotz Folter bezeichnet er in seinen Verhören nie einen Gehilfen oder Anstifter. Im März schlägt ihm der Henker von Luzern seinen Kopf und seine rechte Hand ab, steckt sie auf das Hochgericht und verscharrt den übrigen Körper des armen Mütsch unter dem Galgen.

Steiner 6f. – Liebenau I 294f. – Mühlestein 17 – Studer – Häusler I 15-22, 68f., 179-183 – Hintzsche 264f. – von Rodt 103

Der neue Landvogt

Hundert Jahre sind verstrichen seit jener Blütezeit Berns, als der gute Schultheiss Hans Franz Nägeli mit seinen Soldaten in die Waadt einzog, als auch das Amt Signau neu unter der Herrschaft der Stadt stand. Damals schauten die Regenten noch wie echte Landesväter zu ihrem Volk. «Das Wohlergehen des Volkes ist auch zum Nutzen der Regierung», lautete die Staatsmaxime der Herren von Bern, und die Untertanen durften mit zufriedenen Gesichtern auf *ihre* Stadt Bern schauen und stolz darauf sein. In der heutigen Zeit hat man oft den Eindruck, die Vögte hätten ihre alte Achtung vor der Würde der einfachen Leute verloren. Mancher regentet, als verwalte er eine Herde Vieh und nicht die ihm von Gott unter seine weltliche Obhut anvertrauten Menschenseelen. Rings um die Eidgenossenschaft tobt seit vielen Jahren dieser schauderhafte europäische Krieg, wo Verrat und Raub und Totschlag zählen, wo die frommen, biederen Leute untergehen: Dieser Geist hat auch hierzulande in den Herzen der Menschen seine Spuren hinterlassen. Die vornehmen Burgerfamilien in der Stadt ersticken schier in ihrem Reichtum, und doch scheint es, als könnten sie nie genug kriegen. Sie besitzen Güter, Kornland und Rebberge im gottgesegneten Waadtland, sie vermitteln für teures Geld Söldner an ausländische Mächte, und sie bereichern sich zudem an ihren Vogteien. Samuel Frisching etwa, der 1637 die Landvogtei Trachselwald übernimmt, steht zugleich als oberster Agent in französischen Diensten.

Nach den Gesetzen der Oberkeit sind all diese Geschäfte mehr oder minder zulässig – es sind eben diese Gesetze und Mandate, welche die Landleute immer mehr einschränken und den Herren in der Stadt den Reichtum in die Hände spielen. Deshalb fürchten sich die Untertanen allerorten vor Neuerungen, vor neuen Mandaten, die stets das Land noch ärmer, die Stadt aber noch mächtiger machen.

> Die frei werdenden Landvogtsposten, die «äusseren Ämter», sind unter den Junkern der mehrbesseren Berner Familien sehr begehrt. Erstens bilden sie das Sprungbrett zu höheren Ämtern der Staatsverwaltung, zweitens sind sie finanziell einträglich. «Mach Mist, derweil du Landpfleger bist», besagt ein Sprichwort der Bernburger, «Wer schmiert, der fährt!» ein anderes. Wenn Ende Juli im Rat jeweils die Vogteien feilgeboten werden, «practizieren» die jungen Herren und ihre Väter: Sie feilschen mit Beziehungen, Geschenken und gar mit ansehnlichen Zahlungen an die Staatskasse um die besten Pfründe, in der erklärten Absicht, ein Mehrfaches ihrer Kosten wieder hereinzuholen. Einen wich-

tigen Teil des vögtlichen Einkommens[1] bilden die Bussgelder, oft mit der Aussicht, die Unterpfänder des Delinquenten an sich zu ziehen.

Die Untertanen beklagen sich bitter über die horrenden Strafen für nichts und wieder nichts. Das Bussenunwesen hat schon manchem Landmann den Ärmel hineingezogen. Meist beginnt sein Verhängnis damit, dass ihm der Landvogt für irgendein Vergehen eine Geldstrafe aufbrummt. Bussenwürdig ist vieles: eine kleine Schlägerei in der Pintenschenke zum Beispiel. Auch wenn sich die Kampfhähne wieder aussöhnen, muss der Vorfall dem Vogt gemeldet werden. Sonst machen sich die Zuschauer wegen unterlassener Meldung strafbar. Oder das Schimpfen wird bestraft, je nach Gutdünken des Vogts. Und das falsche Holzen, das Kegeln, das Schwingen, das Rauchen, verpasste Predigtbesuche und manches mehr. Das sind kleine Frevel. Für deren Beurteilung ist der Landvogt die oberste Instanz, Kläger und Richter in einer Person. Wer gegen sein Urteil aufmuckt, handelt sich leicht noch eine Scheltbusse ein. – Natürlich sollten die Vögte ihre Einnahmen verzeichnen. Nach dem Eid der Amtleute müssen sie Bussengelder von über drei Pfund dem Staat abliefern. Aber es ist längst kein Geheimnis mehr, dass die Vögte einen Teil der Strafgelder in den eigenen Säckel fliessen lassen...

Item. Sogar ein Tauner hat nun ein Äckerlein und ein wenig Vieh, wenn es auch bloss Geissen sind; was den Leuten auf dem Land aber fehlt, ist das Bargeld. Was einer in den Sparstrumpf gelegt hat, gibt er für Zinsen und Steuern und die vielen Dinge, die eine Familie zum Haushalten heutzutage braucht, bald wieder aus – Ausnahmen wie der reiche Ueli Kupferschmid auf Stauffen, der eine ganze Truhe voller Silbermünzen auf der Seite haben soll, bestätigen die Regel. Wegen einer saftigen Busse (die stets bar zu erlegen ist) kann so ein geldklammer Landmann in arge Nöte geraten. In manchen Fällen muss er dem Vogt den Betrag schuldig bleiben. Dafür braucht er ein Pfand und zwei Zeugen; dann stellt ihm der Landschreiber (gegen Gebühr) einen Schuldbrief aus.

Nun mag Gott es lenken, dass den Schuldner ein Unglück trifft, ein Blitzschlag, eine Wassergrössi, ein Viehstärbet oder ein Hagelwetter zur falschen Zeit, eine Diebesbande, vielleicht hockt er auch einfach zu oft in der Pintenschenke... kurz: aus irgendeinem Grund kann er seine Schulden nicht wie vorgesehen bezahlen. Wenn der Gläubiger sein Geld einfordert, gerät der zahlungsunfähige Landmann in ‹Gyselschaft›: Erst hat er die

---

[1] Am einträglichsten war das Amt Lausanne (geschätztes Jahreseinkommen um 6700 Kronen), vor Romainmôtier, Lenzburg und Königsfelden (alle über 5000 Kr.). Am wenigsten begehrt waren die Ämter im Oberland und die Eidgenössischen Vogteien, aus denen kaum 2000 Kronen herauszuholen waren.

unersättlichen Betreibungsboten im Haus, und dann, schon nach vierzehn Tagen, verfällt das Pfand. Weigert er sich, das Verschriebene abzutreten, so kommt er bis zur Erledigung des Falles in den Kerker, in ‹Leibhaft›. Manchmal ergibt sich die Möglichkeit, die Schuld beim Gyseler[2] durch Leistungen abzuarbeiten. Lieber schuftet man einige Wochen wie ein Leibeigener für den Reichen, als ihm auf ewige Zeiten ein Stück Land abzutreten. – Leider ist aber unter den Schlossherren die Unsitte aufgekommen, ihre Guthaben erst dann zu betreiben, wenn sie ihr Amt verlassen haben. Dadurch wird eine Abgeltung durch Leistungen undenkbar, und der bedauernswerte Gefangene muss sich seine Freiheit – wo nicht ein guter Engel mit Bargeld auftaucht – durch das Pfand erkaufen. Auf diese Weise gelangen die Vögte letztlich durch ihre Bussgelder in den Besitz von Alpen, von Matten und von Gütern.

Doch mögen Zeitgeist und Umstände noch so Schlechtes versprechen – über den Landvogt, der im Herbst 1637 sein sechsjähriges Amt in Signau antritt, können sich die Oberemmentaler wahrhaftig nicht beklagen.
 Beat Herport ist sein Name.
 Ursprünglich stammen die Herports aus Willisau. Mit der Reformation war Beats Ur-Urgrossvater des Glaubens wegen in die Aarestadt gezogen. Die Söhne der Familie erschienen stets im Grossen Rat, erhielten auch einige mindere Landvogteien zugesprochen; zu den hohen Ämtern gelangte keiner von ihnen.
 Der neue Landvogt ist in der Gegend wohl bekannt. Vor dreissig Jahren residierte nämlich sein Vater auf Schloss Signau. Beat war damals noch ein Bub.
 Schon Vater Herport selig (er liegt seit zehn Jahren im Grab) war nicht der Leideste. Selbst als er die Signauer Vogtei schon lange verlassen hatte, konnten sich seine ehemaligen Untertanen noch an ihn wenden. So lieh er 1620 dem Ueli Galli 400 Pfund, als dieser sich in Geldnöten befand. Ueli Galli muss demnach die Familie Herport gut gekannt haben; den Buben Beat hat er aufwachsen sehen, und er wird ihn kaum fürchten. Nein – der neue Vogt ist ein halber Einheimischer. Man kann mit ihm reden, und jedermann freut sich auf sechs Jahre des guten Einvernehmens zwischen Vogt und Volk.

Mühlestein 31, 177 – Vock 151, 250 – Ernst Bucher: Die bernischen Landvogteien im Aargau. Aarau 1942. 84 – Chronik Schenk – Häusler II 324, 328 – Heutelia 116, 244f. – Tillier 332, 387f., 397, 471f. – RQ Bern VII 47h – Landolt 71f. – Bürki 192 – Contracten Signau 3, 425 – Wappenbuch der burgerlichen Geschlechter der Stadt Bern. Bern 1932. 59

2 Gläubiger

Das Gericht Röthenbach

Das Amt Signau ist in drei ‹Gerichte› unterteilt: Signau, Röthenbach und Biglen. Diese Niedergerichte befassen sich mit Geldgeschäften – Käufe und Vergabungen werden rechtskräftig gemacht, Betreibungen und Geldstage[1] angeordnet, auch kleinere Ordnungsbussen verhängt.

Die Gerichtssässen sind Landleute. Nach alter Sitte ernennt sie der Landvogt, indem er zwei, drei ältere Amtsträger zu sich ruft, um mit ihrem Rat die übrigen zu erwählen. Alle haben darauf den Eid der Gerichtssässen zu schwören.

Das Eggiwil ob der Holzmatt gehört zum Gericht Röthenbach und ist dort stets mit zwei von zwölf Sitzen vertreten. Wöchentlicher Gerichtstag ist der Donstag. Der Vorsitz gebührte eigentlich dem Landvogt. Der erscheint aber nur in Ausnahmefällen. Meist führt der Weibel Hans Rüegsegger die Verhandlungen. Der jüngste Gerichtssäss hat die Parteien vorzuführen, die Türen zu öffnen usw.

Es gibt Donstage, da will niemand die Dienste des Gerichts in Anspruch nehmen. Der Weibel wartet eine Viertelstunde, dann schliesst er die Verhandlung, und die Gerichtssässen kehren stattdessen in der Pintenschenke ein. Das ist in der Letzte häufig der Fall. Für alle Gerichtshändel ist nämlich der Landvogt die Appellationsinstanz, und fast jeder Fall wird vom Unterlegenen auch weitergezogen. Zur Vermeidung von Kosten gelangen die Streitenden mehr und mehr direkt an den Vogt – das Niedergericht verliert an Bedeutung.

Weibel Rüegsegger von Röthenbach ist ein hablicher Bauer von der Niederey. Er ist jedermann in ‹seinem› Gericht bestens bekannt, muss er doch alljährlich um Weihnachten in seinem rot-schwarzen Mantel aus jedem Haus das Twinghuhn abholen, um das Federvieh in der Altjahrswoche nach Bern zu führen. Hans Rüegsegger ist ein Jahr älter als Ueli Galli (er wurde 1588 geboren) und hat mit seiner Frau Margret mindestens vier Kinder: eine Elsbeth, ein Änni, den Ueli und einen weiteren Sohn.

Wahrscheinlich ist er es, der Ende der dreissiger Jahre dem Landvogt Ueli Galli als Gerichtssäss vorschlägt. Die beiden verbindet eine enge Freundschaft. Als Rüegsegger 1641 dem Röthenbacher Predikanten die hohe Summe von 1200 Pfund schuldet, übernimmt Ueli Galli dafür die Bürgschaft. Gemeinsam bezeugen die beiden manchen Vertrag. Im Mai 1641 bürgen sie für den Müllerhansli von Otterbach, der sich beim reichen Ueli Kupferschmid auf Stauffen wie auch beim Landvogt zusehends stärker

---

1 Konkurse

verschuldet, dazu noch als Vormund für seinen Vetter sorgt, bis er schliesslich sein «oberes altes Haus» verkaufen muss. Wären die Akten des Niedergerichts Röthenbach erhalten geblieben, so könnte man vermutlich ausser Weibel Rüegsegger und Ueli Galli zwei weitere Namen in der Liste der Gerichtssässen finden: Hans Rettenmund von Otterbach (genannt Müllerhansli) und Niklaus Zimmermann, den Müller vom Bucholterberg. Diese vier Männer werden bald durch ein mutiges Schreiben und ihr aufrechtes, rasches Handeln in der Not die Berner Aristokratie erschrecken, der Bauernschaft aber ein neues Selbstvertrauen schenken – in den Thuner Unruhen von 1641.

Steiner 14 f. – Tauf- und Eherödel Röthenbach – Häusler I 176, II 126 f. – Contracten Signau 4

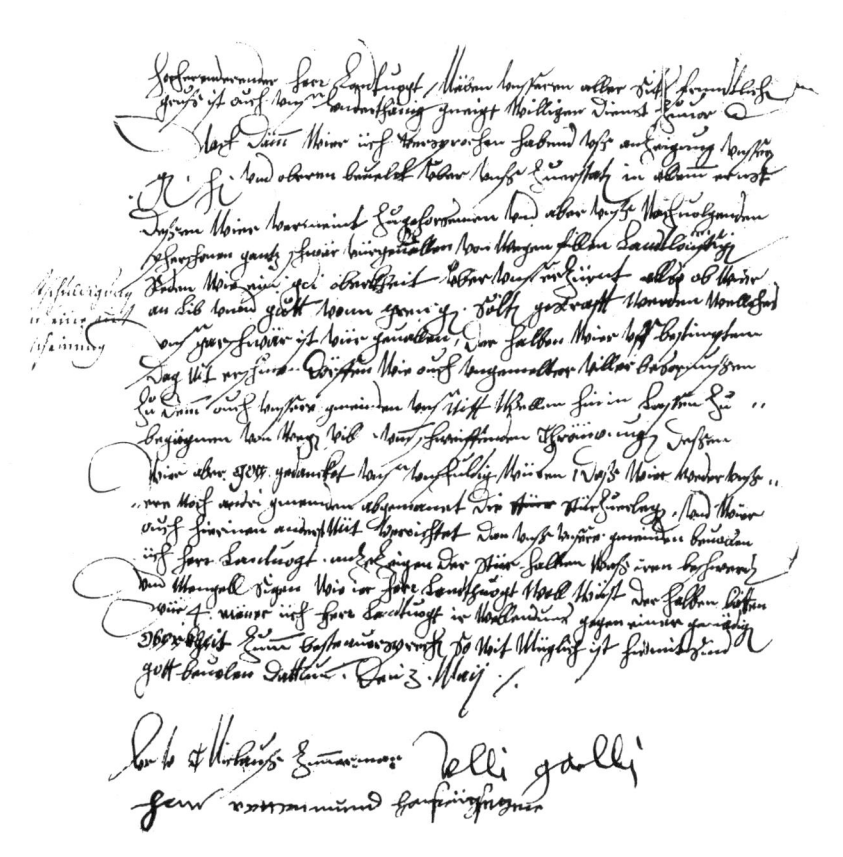

Die Unterschriften von Zimmermann, Galli, Rettenmund und Rüegsegger unter dem Entschuldigungsschreiben vom 3. Mai 1641

Chronik der vierziger Jahre

1640 – Die sieben freien Höfe im Eggiwil wollen keine Fuhrungen für das Schloss Signau leisten. Überprüfung der alten Freiheitsbriefe.

– Schlimmer Preiszerfall und magere Ernte

– Meister Hans Zaugg hat die Kirchenstühle fertig erstellt.

– Hinrichtung des Berner Säckelmeisters und ehemaligen Schultheissen von Thun, Hans Frischherz, vor dem Berner Rathaus. Er hat grosse Summen unterschlagen und darauf in einer Schmähschrift gegen die Regierung behauptet, solches sei unter Berner Amtsträgern gang und gäbe.

1641 – Erhebung einer neuen Täll (Wehrsteuer) und Thuner Unruhen. Ueli Galli erhält als Vertreter der Bauernschaft den Concessions-Brief der Oberkeit.

– 3. September: Neues Mandat über Pulverhandel und Trattengeld

– Ausführliches Verbot der Waldzerstörung und des Holzhandels. Flössen nur noch mit spezieller Erlaubnis. Busse 10 Pfund pro Baum. Eigens bestellte Aufseher.

1642 – im Februar: Ueli Galli leistet die Entschuldigung. Er darf weiterhin in Röthenbach zu Gericht sitzen.

1643 – Verordnung, dass künftig neue Burger der Stadt Bern nur noch als ewige Habitanten gelten (Kleine Burger), im Gegensatz zu den regimentsfähigen Burgerfamilien

– 14. Mai: Der Franzosenkönig Louis XIII. stirbt, ein halbes Jahr nach seinem mächtigen Berater Kardinal Richelieu. Sein Nachfolger Louis XIV. ist ein fünfjähriges Kind. Kardinal Mazarin führt die Regierungsgeschäfte.

– im Herbst: Amtsantritt von Landvogt Marquart Zehender in Signau. Altvogt Herport wird Stadtschlosser in Bern.

– Gute Ernte, aber schlimmer Preiszerfall. Erhebliche Geldwechselkurs-Differenzen zwischen Bern und Zürich.

1644 – Grosse Täuferjegi. Die Regierung fahndet nach Ueli Zaugg, Ueli Neuhaus und Christen Stauffer uf dem Äbnit im Eggiwil. Viele Täufer im Gefängnis, 48 von ihnen ausgewiesen.

- Weibel Rüegsegger von Röthenbach baut eine neue Mühle in der Ey.
- Die Emmentaler bitten (wie schon früher) um die Wiedereinsetzung eines Landeshauptmanns.

1645 - Albrecht Moser in der Moosmatte, Signau, nimmt sich das Leben. Seine Frau Barbli war Täuferin, bekehrte sich «nicht ganz», worauf die Oberkeit ihr gesamtes Gut beschlagnahmte.

- Daniel Küpfer, der alte Schmied von Höchstetten, verliert seine zweite Frau Elsbeth. Er übergibt die Schmitte seinem Sohn und zügelt in den Pfaffenbach bei Langnau.

um 1645 - Eröffnung einer Pintenschenke im Eggiwil. Wirt ist Samuel Burgdorfer.

1646 - Das Pfarrhaus ist errichtet.

- Viele umherschweifende Dirnen im Emmental. Sollen von den Vögten eingefangen und unter Androhung der Marter examiniert werden.

- im September: Die Zürcher Herren zwingen Wädenswil und das Knonauer Amt mit Gewalt zur Herausgabe ihrer Freiheitsbriefe.

- im Dezember: Der Basler Bürgermeister Wettstein reist nach Münster in Westfalen zu den europäischen Friedensverhandlungen.

- 28. Dezember: Von allen Kanzeln Warnung vor falschen Berner Batzen, die in das Land eingeschleust werden, verlesen

1647 - im Januar: Eidgenössisches Defensionale von Wil. Ein gemeinsamer Kriegsrat wird gebildet. Drei Mannschaftsaufgebote zu je 12 000 Mann. Nur die Hälfte kann mit Musketen ausgerüstet werden, der Rest mit Spiessen und Halbarten. (Ziel ist die Abschreckung. Angeblich bewahren die aufgebotenen Truppen das Rheintal vor einem beabsichtigten französisch-schwedischen Einfall.)

- Volksaufstände in Süditalien. In Sizilien haben sich die Leute wegen der Salzsteuer erhoben und den Vizekönig vertrieben. In Neapel regiert der arme Fischer und Strassenhändler Masaniello, bis er im Sommer ermordet wird.

- im Mai: In der Stadt werden zwei Genfer Handelsleute wegen Vertriebs falscher Münzen festgenommen.

- 2. August: In der ganzen Eidgenossenschaft dreitägige, grosse Landjegi

- 13. August: Warnung, man solle von Fremden nur grobe Münzsorten annehmen
- Ueli Galli 2 Pfund Scheltbusse
- Hans Rüegsegger, der Weibel, erhält 20 Pfund Leistungsbusse.

vor 1648
- Peter Galli heiratet Vreni Schenk. Er arbeitet als Lehenmüller zu Schüpbach.

1648
- 5. Januar: Das Eggiwil ist eine selbständige Kilchöri. Der Predikant Daniel Schaffner ist im Amt. Ueli Galli sitzt im ersten Chorgericht.
- Neues Bussenmandat: Die Landvögte dürfen Bussen unter 10 Pfund behalten. Höhere Beträge sind zu verzeichnen.
- 13. April: Mandat wider das mutwillige Trölen (von Rechtshändeln) und Appellieren
- 8. Juni: Aufbruch zu Bern, mit 1500 Mann unter fünf Fahnen, zuerst nach Zürich, dann mit 1500 Zürchern im Solde Venedigs gegen die Türken, auf Schiffen bis nach Dalmatien. Der Berner Kommandant ist Hauptmann Etter, Altvogt von Wangen, der Geld über alles liebt und auch sonst ein Kachelmann sei. (Viele gezwungene Soldaten von der ferndrigen Landjegi.)
- Feuersbrunst bei Hans Thomi im Bärispach bei Biglen
- Der reiche Albrecht von Wattenwyl übernimmt die Herrschaft Diessbach und lässt das Schloss neu erbauen.
- Grosser Preiszerfall
- im Oktober: Die Schweizerische Eidgenossenschaft ist in den Westfälischen Friedensverträgen zum erstenmal als selbständiger Staat genannt. Auch Holland erlangt die Unabhängigkeit.
- 9. November: Hochzeit von Hans Galli und Vreni Hofer
- In England setzt der Puritaner Oliver Cromwell den König ab und errichtet einen Gottesstaat nach alttestamentarischem Vorbild. Das ‹Parlament der Heiligen› beginnt jede Sitzung mit einem Gebet.

1649
- 30. Januar: Cromwell und sein Parlament schicken - unter allen Ehrenbezeugungen - den englischen König Charles aufs Schafott.
- Ueli Galli wird Grossvater: Ein Barbli, Tochter von Peter und Vreni, geboren
- 18. Mai: Neues Mandat wider falsche Batzen

- im Juni und im August: Grosser Hexenprozess in Nidau. 17 Personen werden enthauptet, drei Weiber lebendig ins Feuer geworfen.

- Hans und Wolfgang Neukomm vom Schweissberg (Ueli Gallis Schwäger) kaufen das Heimet von Bernhart Ägerter.

- 12. August: Predikant Schaffner tauft sein eigenes Töchterchen Susi. Ueli Galli ist der Götti.

- im August: Streit zwischen Signau und dem Eggiwil um die Teilung des Kirchengutes

- 25. September: Steinwurf auf den Predikanten Daniel Schaffner

- im Oktober: Amtsantritt von Landvogt Hans Rudolf Zehender in Signau

- Die alte Zouggeren und ihre Tochter im Eggiwil behändiget und daselbst ins Wirtshaus gebracht. Ein Fuhrmann bringt die beiden nach Bern.

- Der Täuferlehrer Joseph Widmer verhaftet. In Anbetracht seines hohen Alters wird er wieder freigelassen. Er soll sich inskünftig der Lehre enthalten.

Mandatenbuch Bern 1646–1649 – Chronik Jost – Tauf- und Eherodel Eggiwil 1648, 1649 – Landolt 39f. – Tillier 96–112, 117, 386f. – Amtsrechnung Signau 1640, 1641, 1645, 1647, 1649 – Geiser 419–422 – Ämterbuch Signau 2 – Dürrenmatt 260–266 – Graf 277 – Häusler I 237f. – Mühlestein 29f. – von Tscharner 63–70 – HBL

Die neue Täll[1]

Im Januar 1641 erlässt der Berner Rat ein neues Steuermandat: Die äussere Bedrohung des Landes sei so gross geworden, dass man stehender Truppen bedürfe. Zu ihrem Unterhalt soll jeder bernische Untertan alljährlich auf den 1. Mai einen Tausendstel seines Vermögens beisteuern. Jeder soll sein Vermögen selbst schätzen können.[2] Der Vogt hat die einzelnen Beträge ungezählt entgegenzunehmen und in einer Truhe zusammenzulegen, die nur mit mehreren Schlüsseln gemeinsam geöffnet werden kann. Wer dabei erwischt wird, dass er absichtlich zu wenig versteuert, hat jeden Batzen, den er zu wenig abgibt, zehnfältig zu ersetzen.

Die Verkündung des Mandats löst im ganzen Bernbiet Empörung aus. Es ist nicht die Höhe der Steuerforderung, welche die Bauern, Tauner und die Gewerbetreibenden der Landstädtchen gleichermassen auf die Palme treibt: Ein hablicher Bauer wie Ueli Galli müsste samt seiner Familie kaum 10 Pfund abliefern. Die wären schon aufzubringen. Aber wie lange soll diese Täll in Kraft bleiben? Ein Ende ist nicht abzusehen: «Solange es uns gefällt», lautet die Floskel, mit der die Gnädigen Herren ihre Mandate abschliessen. – Der Krieg in deutschen Landen dauert noch an, er kann wieder schlimmer werden, und dann wird die Regierung noch mehr stehende Truppen aufstellen wollen.

Was diese stehenden Truppen anbetrifft, sind die Landleute gänzlich dagegen. Die Uszüger vermögen ihr Vaterland nach wie vor zu erhalten! Kaum zufällig sind die Schweizer Reisläufer von den ausländischen Potentaten noch immer begehrt. Was haben Berufssoldaten, am Ende gar ausländische Söldner, im Dienste der Berner Regierung zu suchen? Nichts! Stünde dieses Heer erst einmal in der Stadt, so wäre es mit den alten Freiheiten der Landschaft endgültig vorbei. Beim geringsten Aufmucken könnten die Herren sogleich ihre Truppen ausschicken, niemals mehr müssten sie auf die Meinung ihrer Untertanen Rücksicht nehmen. Und die Landleute sollten nun dieses Machtinstrument zu ihrer Niederhaltung noch selbst bezahlen? Nein, tausendmal nein! – Gewiss ist die Zeit seit den glorreichen Burgunderkriegen nicht stehengeblieben; heutzutage entscheidet die überlegene Feuerkraft neuer Waffen die Gefechte und nicht mehr

---

1 Wehrsteuer
2 Als Richtlinie für die Landleute wurde genannt:
   1 Mütt Dinkel Zehnten oder Bodenzins = 30 Kronen Kapital
   1 Mütt Haber   = 20 Kronen
   Jedem Einsassen Kopfsteuer   8 Batzen

der Kampfesmut der Mannen im Schlachtgetümmel. Henusode... mit der Bewaffnung der Uszüger ist es nicht zum besten bestellt, und wenn die Regierung zusätzliches Geld zum Kauf moderner Artillerie und Gewehre brauchte, so hätte man schon ein Einsehen und wollte etwas zum Reisgeld dazulegen. Die Berner Untertanen sind nicht knauserig. Vor drei Jahren haben sie eine Kollekte zugunsten der evangelischen Glaubensgenossen grosszügig unterstützt.[3]

Die Vorschriften zum Steuerbezug will niemand recht begreifen. Einerseits sollen die einzelnen Beträge nicht nachgezählt werden; andererseits wird derjenige mit einer Strafe bedroht, der zu wenig steuert – demnach finden doch Kontrollen statt! Dieses System der Selbsteinschätzung bringt die Bauern in Verlegenheit: Geben sie alle Gültbriefe (Hypotheken) und Schulden korrekt an, so bleibt vom Vermögen oft nichts mehr übrig. Gerade fern ist mancher in Schwierigkeiten geraten; der Kornpreis ist arg gesunken, und die Ernte war dürftig. Wenn einer aber nur die Kopfsteuer bezahlt, wird es gleich heissen: «Dem leihen wir keinen Batzen mehr als Kredit auf seine Güter»; während andere, die vorsätzlich zuviel versteuern, ihre Gläubiger umso leichter hinters Licht führen können. Wie soll man denn überhaupt ein Vermögen von ein paar Kühen, Rösser, Weidrechten und Hausrat richtig schätzen? Da wird sich dieser oder jener unabsichtlich falsch bewerten und in den Kontrollen hängenbleiben. Dann werden die Herren kommen und sagen: «Ueli, du hast so und so viel Vieh, leugne nicht, dein ‹Vermögen› läuft ja für alle sichtbar auf den Weiden herum, und das Korn liegt im Speicher, zeig mal her, das hast du zu tief eingeschätzt!» – während sie ihr eigenes hohes Vermögen, ihre Kauf- und Gültbriefe irgendwo in der Stadt in einer Schublade verschwinden lassen, bis die Luft wieder rein ist.

RQ Bern XIII 311–314 (Text des Mandats) – Landolt 51 f. – Heutelia 385 – Bögli 11 f. – Tillier 102 f.

---

3 Die Kollekte ergab eine Summe, die fast 3 % der Staatsausgaben ausmachte.

Der Widerstand gegen die Täll

Rundum im Bernbiet heisst es, man sollte die Abgabe verweigern, die Herren müssten das Mandat schon ändern, wenn das Landvolk in der Sache nur zusammenstehe. Die Alten erinnern an die Zeit um die Jahrhundertwende. Damals wollte die Oberkeit eine ähnliche Täll einführen. Nach vier völlig abverheiten Volksanfragen liess sie ihr geplantes stehendes Heer schliesslich fallen. Am Ende, das war 1610, verlangte die Regierung bloss noch einen Zuschlag zum Reisgeld. Die Emmentaler, die Oberaargauer und die Lenzburger sprachen sich auch dagegen aus. Die Steuer wurde nie recht eingefordert.

Als die Städte Aarau, Zofingen und Lausanne anfangs März in der Hauptstadt Beschwerde gegen die Täll einreichen, schwächt die Oberkeit ihr Mandat ein wenig ab: Die Kopfsteuer für die Armen wird auf 4 Batzen gesenkt, als Söldner sollen nur bernische Untertanen angeworben werden; zudem wird die Dauer der Erhebung vorläufig auf sechs Jahre festgelegt.

Das beruhigt die Gemüter der Landleute aber keineswegs. Söldnerheer bleibt Söldnerheer; die Regierung wird in sechs Jahren nicht Tausende von Soldaten auf einen Schlag entlassen können, selbst wenn sie wollte. Und wie war denn das seinerzeit mit dem Salzmandat, das auch auf sechs Jahre beschränkt war? – Es wurde einfach verlängert und ist heute noch in Kraft.

In verschiedenen Gemeinden reden die Weibel offen gegen die Täll; ganz wüst schimpft Weibel Zimmermann an einer Gemeindeversammlung in der Kirche von Steffisburg. – Als der Amtmann in Sumiswald die Steuer einzufordern versucht,[1] entsteht ein Tumult, und einige erboste Einheimische zertrümmern mit Steinwürfen die Fensterscheiben des Schlosses.

Im Amt Signau bleibt die Lage äusserlich ruhig, weil Vogt Herport mit dem Bezug der Täll zuwartet. Doch auch die Röthenbacher Gerichtssässen hadern an ihren Donstags-Sitzungen tüchtig mit der Täll. Der Vergleich mit den Ereignissen ihrer Jugendzeit beschäftigt sie: Warum musste die Regierung damals die neue Täll gleich mehrmals dem Volk vorlegen, während sie heute dasselbe einfach per Mandat verfügt? Da kann doch irgend etwas nicht stimmen. Wieso gab es seit jener letzten Ablehnung der Täll 1610 überhaupt keine Volksanfragen mehr? – Im vorigen Jahrhundert wurde das Landvolk bei wichtigen Neuerungen ämterweise zusammengerufen und angefragt – über neue Bündnisse, Feldzüge, Steuern und auch in religiösen

---

1 Sumiswald gehörte formell nicht der Stadt Bern, sondern dem Deutschritterorden. Daher stiess die neue bernische Steuer dort auf besonders heftige Ablehnung.

Belangen hatte es zu entscheiden. Irgendwo muss dieses Recht der Landschaft doch niedergeschrieben sein.

Schriftenkundige Leute geben zur Auskunft, die Freiheiten und Pflichten der Untertanen seien in einem Landbrief aus der Zeit der Reformation festgehalten, der mit sieben Siegeln versehen in den Gewölben von Burgdorf und Thun liege.[2] Die Röthenbacher erfahren auch den Inhalt des alten «Landbriefs» in seinen wesentlichen Zügen: Er schreibt der Oberkeit vor, das Landvolk bei Bündnissen und Kriegshandlungen anzufragen.[3] In einem weiteren Artikel verpflichten sich die Herren von Bern, dass sie ihre Untertanen «by brieff, syglen, gewerden und altharkommen loblichen brüchen belyben wellend lassen». Umgekehrt versprechen die Untertanen, dass sie ihrer Oberkeit im Falle äusserer Bedrohung «trüwlich zustand und alles thun wurden, so fromen underthanen zustatt».

Nun gehört das Wehrwesen zu den altherkommenen, löblichen Bräuchen, das Zusammenlegen des Reisgelds in den Gemeinden ebenso. – Die Täll mit ihren tiefgreifenden Neuerungen verletzt zweifelsfrei dieses alte Herkommen und braucht dafür – laut Landbrief – die Zustimmung der Untertanen.[4]

Damit haben die Männer von der Röthenbacher Ehrbarkeit eine rechtliche Handhabe gegen die Täll gefunden. Leider fehlt ihnen eine exakte, besiegelte Kopie des Dokuments. Und eine solche wäre wohl nicht einfach zu beschaffen. Die Herren würden schwerlich ein Schriftstück herausgeben, das nicht nur ihre neue Steuer, sondern ihre Mandatenherrschaft überhaupt gefährdete. – So beschliessen die Gerichtssässen, sie wollten ihre Erkenntnisse erst einmal im Bernbiet verbreiten. Die Landleute sollten allerorten die Täll verweigern und stattdessen eine Abschrift dieses alten Freiheitsbriefs verlangen.

Niklaus Zimmermann vom Bucholterberg, Ueli Galli aus dem Eggiwil, Weibel Rüegsegger von Röthenbach und der Müllerhansli[5] vom Kurzenberg reiten im Auftrag ihrer Gemeinden[6] durchs Aaretal hinauf zum Thu-

---

2 Es handelt sich um den Kappelerbrief, das Patent, das die Berner Oberkeit nach ihrer Niederlage bei Kappel 1531 der Landschaft gewähren musste.
3 In der Tat wurde die Tradition der bernischen Volksanfragen bereits 1449 begründet, ohne äusseren Zwang und Vertrag.
4 Mit dieser Argumentation verweigerten die Lenzburger am 1. Mai die Täll. Die Röthenbacher, die zuvor den Landbrief als Mittel des Widerstands verbreitet hatten, waren gewiss zum selben Schluss gekommen.
5 Hans Rettenmund
6 Gemäss ihren eigenen Angaben. – Dass in der Delegation jedes Viertelgericht (Röthenbach, Eggiwil, Bucholter- und Kurzenberg) des Niedergerichts Röthenbach mit je einem Mann vertreten ist, macht einen solchen Auftrag glaubhaft.

nersee. Vermutlich bereisen sie auch das Emmental. Ihre Mission ist geheim, auch wenn sie das Recht im Grunde auf ihrer Seite glauben – die Oberkeit würde ihre Aufforderung zur Steuerverweigerung keinesfalls dulden. Sie hinterlassen nur spärliche Spuren: Am 29. März reden Zimmermann und der Müllerhansli im Wirtshaus von Erlenbach im Simmental, man sollte den Landbrief zu Thun herausbegehren, in der Hoffnung, die Herren müssten darauf ihr Steuermandat zurückziehen. Tags darauf besuchen alle vier eine Versammlung in Steffisburg.

Die Röthenbacher finden weiterum Zustimmung. Das ganze Aaretal ob Allmendingen ist rebellisch. – In Sigriswil ist der Thuner Schultheiss persönlich erschienen, um die Bauern zum Zahlen zu veranlassen; die Sigriswiler weigern sich und erinnern ihn an seinen Amtseid: er habe geschworen, sie bei ihren alten Brüchen und Gwohnheiten zu schirmen. Darob gerät Schultheiss Bachmann in Rage. Er schleudert den Dorfleuten ins Gesicht: der Gehorsamseid, den er den Gnädigen Herren geschworen habe, und auch die oberkeitlichen Mandate seien ihren «alten, wurmstichigen Brüchen» weit vorzusetzen!

Offenbar bestehen auch Kontakte zu den Steuerverweigerern im Aargäu.[7]

Brenzlig wird die Situation am 9. April. Da klopft unerwartet Vogt Herport in der Niederey bei Rüegseggers an die Tür. Er erkundigt sich beim Weibel nach seiner Haltung zur neuen Täll. Wie denn die Stimmung in der Gemeinde sei und ob etwa der Niklaus Zimmermann vom Bucholterberg das Volk aufwiegle? Der Hans Rüegsegger erschrickt nicht schlecht ob dieser Fragen. Nachdem er sich ein wenig gefasst hat, berichtet er: in Röthenbach gebe es keine ernste Opposition gegen die Täll, und der Zimmermann ... der sei äusserst gehorsam. – Der Vogt befragt noch den Predikanten über Zimmermann und reitet dann heim ins Schloss.

Die vier Freunde vom Röthenbacher Gericht sind nun gewarnt. Irgend jemand muss sich über Zimmermann beschwert haben. Ein Glück, dass sich der Vogt seine Auskünfte ausgerechnet beim Weibel Rüegsegger einholte! Doch offenbar ahnen Galli, Rüegsegger, Rettenmund und Zimmermann nicht, wer sie verraten hat.

Die Klagen stammten aus Wimmis. Und erneut erhält die Berner Oberkeit am 10. und am 16. April Bericht aus Thun und Wimmis: die Röthenbacher wollten das Volk «heimlich ufwigglen». Diesmal sind die Namen aller vier genannt.[8]

---

7 Mit den Röthenbachern bereisten anfangs April auch zwei unbekannte Lenzburger das Oberland – in Steffisburg seien gar Luzerner Landleute dabei gewesen.

8 Die Steffisburger verlangten in Thun eine Abschrift des Landbriefs mit den sieben Siegeln. – Schultheiss Bachmann fand darauf im Archiv den Kappelerbrief. Er

So reitet Beat Herport wieder durchs Eggiwil hinauf nach Röthenbach. Seine Miene ist ernster als zehn Tage zuvor, und diesmal erkundigt er sich nicht bloss beim Weibel und beim Geistlichen. Er lässt die ganze Ehrbarkeit, dazu einige weitere «Vornehme» aus der Gegend zusammenrufen, insgesamt 25 Personen, und verliest ihnen eine Ermahnung zum Gehorsam gegenüber der Oberkeit. Das nehmen die Männer gelassen hin; einmal musste der Signauer Vogt ja erfahren, dass auch die Untertanen in seinem Amt wie anderswo gegen die Täll aufbegehren. Doch der Brief, den er in den Händen hält, endet mit einer bösen Überraschung: Niklaus Zimmermann, Ueli Galli, Hans Rüegsegger und Hans Rettenmund sind wegen «Complotion» wider die Täll aufgeboten, vor Schultheiss und Rat der Stadt Bern zu erscheinen. Das ist eine strenge Anklage. Michel Stalder, der Sumiswalder Aufrührer, erhielt letzthin 2000 Pfund Busse. Bis an sein Lebensende wird er die nicht bezahlen können! Und «Complotion», Meuterei, ist viel schlimmer als Spottrufe und eine eingeschlagene Scheibe... da droht eine Strafe an Leib und Leben.

Gott sei dank ist Vogt Herport ein verständnisvoller Mann. Nach seiner Rede verlässt er nicht hochtrabend den Raum, drohend auf seine Befehle von oben pochend, wie mancher andere das an seiner Stelle getan hätte. Nein – er will sich in aller Ruhe die Entgegnungen seiner so arg beschuldigten Gerichtssässen anhören. Was denn Wahres dran sei an dieser Complotion? Ob ihn denn der Weibel Rüegsegger vorige Woche belogen habe, als er ihm versicherte, die Röthenbacher stünden alle gehorsam zur Oberkeit?

Als erster erholt sich Ueli Galli vom Schrecken. Sie bereuten, dass sie als Redliführer und Aufwiegler in Verdacht seien, fängt er mit wohlgewählten Worten an. Sie seien unschuldig und wollten gehorsamlich ihrem Ankläger unter die Augen stahn. Allein – sie befürchteten, jetztmalen könnten sie die Gnade einer Anhörung durch die Gnädigen Herren gar nicht erlangen; sie würden wohl bei ihrem Eintreffen in der Stadt sofort «hindereghejt». Solcher Sorgen wegen wollten sie lieber, in Unschuld verklagt, zu Hause bleiben, jederzeit bereit, wenn von Nöten, ihr Lyb und Gut für ihre Gnädige Oberkeit und ihr Vaterland gehorsamlich und willig darzusetzen.

Dieser Einwand ist nicht aus der Luft gegriffen: Jeder weiss, dass die Ratsherren wegen der mühsamen Durchsetzung der Täll schlaflose Nächte verbringen; sicher fehlt ihnen jetzt die Zeit, gegen vier verdächtige Oberemmentaler ein ordentliches Gerichtsverfahren durchzuführen, und selbst Vogt Herport als Vertreter der Oberkeit muss zugeben, dass Galli und die

---

verweigerte aber die Abschrift und schickte stattdessen einen Spionenbericht über die Steffisburger Versammlung nach Bern.
Der Verräter im Simmental war Statthalter Ragaz, der im Wirtshaus von Erlenbach dabei war und alles dem Kastlan von Wimmis verriet.

andern bei einem Gang nach Bern wohl vorläufig ohne Vernehmung in den Kerker geworfen würden.

Weibel Rüegsegger hat noch etwas auf dem Herzen. Er muss seine Notlüge von letzter Woche ins rechte Lot rücken: «Die Röthenbacher sind gehorsame Untertanen», beginnt er, «aber Reich und Arm befinden sich wegen der neuen Steuer in Not; es ist uns schier unmöglich, die Abgabe zu erstatten, obschon wir gerne wollten.» Mit ihren Gütern gehe es nämlich derart auf und ab, dass sie diese nicht so genau schätzen könnten; dadurch gerieten sie in Schwierigkeiten, obschon niemand wissentlich betrüge. Zwar laute der oberkeitliche Befehl, die Anlage sei ungezählt entgegenzunehmen – da sei aber schon, wie man höre, zuwider gehandelt worden. Wenn nun hier so genaue Aufsicht gehalten würde, könnte mancher Einfältige unschuldig um Ehr und Gut kommen; das schrecke sie alle ab, so dass sie ihren schuldigen Gehorsam ihrer Gnädigen Oberkeit nicht leisten könnten. – Weiters sei dies zwar für die Herren eine leidige Steuer; die Husarmen, deren leider gar viel in unserer Gegend, drücke sie aber doch viel schwerer, als man annehme. Wenn die Oberkeit doch die Täll erlassen könnte ... dann wollten sie alle willig und ohne Verzug noch für drei Monate zusätzliches Reisgeld nach alter Gewohnheit zusammenlegen, damit der alte Uszug, wo Mangel herrsche, verbessert werde und dazu neu ausgehoben werde.

Vogt Herport erkennt, dass dies nicht die Worte eines reichen Geizhalses sind, der um seines eigenen Vermögens willen jede Steuer ablehnt, noch weniger die Worte eines bösartigen Aufrührers. Fast ist er ein wenig stolz auf seine Untertanen. Auch er selbst hatte schon einige Zweifel an der Zweckmässigkeit der neuen Täll, nur durfte er diese als Amtmann nie offen aussprechen. Jetzt fasst er einen mutigen Entschluss: «Euer Begehren scheint mir gerecht; ich will die Klagen in einem Brief den Gnädigen Herren vortragen», kündigt er an, «das ist alles, was ich für euch tun kann. Den Entscheid aus Bern müsst ihr dann akzeptieren.»

Die Freude der Röthenbacher ist gewaltig. Der Wirt muss gleich einige Mass mehr in die Stube bringen. Die Angst ist verflogen. Niklaus Zimmermann, der am meisten beschuldigte Unruhestifter, wagt sich jetzt auch noch an den heikelsten Punkt heran: Er könne sich nicht verhalten – er finde es gut, wenn man solches beizeiten offenbare und nicht erst im Falle einer Gefahr; nämlich, dass es ihnen ganz zuwider sei, dass die Gnädigen Herren statt der Uszüger freies Volk dingen wollten.

Mit Bedauern müsse man vernehmen, wie öffentlich geredet werde, mit hundert fremden Soldaten könne man mehr ausrichten als mit etlich hundert Uszügern. Das kränke sie zutiefst, dass man sie für so schlechte Lüt halte. Sollte aber ihre Gnädige Oberkeit ein besseres Vertrauen zu ihnen tragen, so wollten sie im Fall der Not mit Hilf Gottes ein anderes erzeigen –

weil ihnen Gottes Ehre voraus, die wahre Religion, die Freiheit des Vaterlandes, ihre Gnädige Hoche Oberkeit, die sie bisher durch ihre väterliche Fürsorge und mit dem Beistand Gottes erhalten, auch ihre Wyb und Kind mehr angelegen seien als etwa fremde, umherschweifende Soldaten. Darüber könnten sie wohl erkennen, dass in etlichen vergangenen Reiszügen, auch allgemeinen Musterungen, Ungehorsam vorgekommen sei, dass sie sich auch unfleissig erzeigt und hiermit die neue Anlag selbst verursacht hätten. Sie wollten aber das eine oder andere mit der Hilf Gottes dergestalten verbessern, dass eine Hoche Oberkeit ein gnädiges Vergnügen tragen würde, wenn nur die neue Anlag, aus den erzeigten Gründen, gnädig erlassen werden könnte...

Beat Herport weiss, dass er mit einem solch offenen Schreiben an die Herren von Bern seine Karriere als Regent in Staatsdiensten ruinieren kann. Doch er hält sein Versprechen. Der Brief vom 22. April verrät seine ehrliche Sympathie für die Landleute.

Die Antwort des Berner Rates fällt ernüchternd knapp aus: Die Herren haben mit Missfallen von «fürgangner Wahnwitzigkeit» Kenntnis genommen. Galli, Rüegsegger, Rettenmund und Zimmermann haben innert acht Tagen in der Stadt zu erscheinen.

Wieder erscheinen die vier angeschuldigten Röthenbacher nicht vor dem Berner Rat. Immerhin verfassen sie ein Entschuldigungsschreiben. Nicht an Schultheiss und Rat der Stadt Bern ist es gerichtet, sondern an den guten Vogt Herport, dem allerdings nichts anderes übrig bleibt, als den Brief nach Bern weiterzuleiten. Mit ungeübter Hand beteuert Zimmermann nochmals ihre Unschuld: «Wier (haben) anderst nüt verrichtet dann was unsere gemeinden bevolchen üch herr Landvogt anzeigen der stür halber was ire beschwerden und mangell sigen Wie ier herr Landtvogt woll wüst». Vage bleibt die Entschuldigung für das Ausbleiben vor dem Rat. Viele Besorgnisse hätten sie dazu getrieben, «zudem ouch unsere gemeinden uns nitt wellen hirin lassen.» Datum: 3. Mai. Niclaus Zimmermann, Ulli Galli, Hans Rettenmund, Hans Rüegsegger.

Die Vier deuten an, was sie doch nicht offen zu schreiben wagen: Am Vortag haben sie auf dem Bucholterberg eine grosse Versammlung der umliegenden Gemeinden veranstaltet. Über 500 Mann aus dem Gericht Röthenbach, dazu aus Steffisburg, Brenzikofen, Herbligen, Diessbach und Freimettigen berieten sich da auf der Marbach-Weid. Unglücklicherweise tauchte plötzlich der Freiweibel von Münsingen auf. Er hätte an diesem Sonntagnachmittag im Auftrag des Schlossherrn von Diessbach die Steuerpflichtigen von Haus zu Haus aufbieten sollen und war so der Sache auf die Spur gekommen. – Der brave Freiweibel hörte so «verächtliche» Worte über die Gnädigen Herren, dass ihm «die Haar zu Berg standen». Das oberkeitliche Mandat sei «schändlich getadelt» worden. Schliesslich habe ihn Niklaus Zimmermann vor der ganzen Versammlung «ganz höhnisch... abgefertiget» und gesagt, sie hätten Befehl und Erlaubnis, eine solche Zusammenkunft abzuhalten.

Das war eine offensichtliche Unwahrheit, um diese Nervensäge im schwarz-roten Mantel zu gschweigen. Worauf der Freiweibel natürlich schnurstracks aufs Schloss Diessbach ritt und dort alles brühwarm zu Protokoll gab.

Die vier «Comploteure» haben mehr Angst, als sie zugeben. Dass die Landmänner auf der Marbach-Weid ihre Haltung unterstützten, war ermutigend, doch da klangen auch schlimme Befürchtungen mit. Christen Zimmermann von Steffisburg hatte in Bern seinen Weibelmantel abgeben müssen, man hatte ihn mit der Rute gstraft, und seinem Bruder Niklaus sagte man: Wenn er nach Bern gehe, werde er gleich mit drei Ruten geschlagen werden. Die Steffisburger hatten von ihrem Predikanten Güder gar vernommen: Die Herren wollten drei Rädelsführer köpfen, damit sich der Rest des Volkes ergebe. – Diese Befürchtung mag übertrieben sein, doch liegen oberkeitliche Strafmassnahmen nun förmlich in der Luft. Der letzte Termin zum Steuerbezug ist an diesem Wochenende verstrichen, das Landvolk hat die Täll grösstenteils verweigert... die Herren werden sich das nicht einfach bieten lassen.

Dem Weibel Rüegsegger ist nicht mehr wohl in seiner Haut. Er hat bereits erwogen, sich in Bern zu stellen und die Steuer zu bezahlen. Da haben ihm die Röthenbacher gedroht, sie wollten ihm «den roten Hahn aufs Dach setzen», wenn er das tue!

So wartet Vogt Herport mit Landschreiber Losenegger, dem Predikanten und dem Weibel von Signau anfangs dieser ersten Maiwoche einen vollen Tag lang vergebens auf willige Steuerzahler. – Er habe Ort und Termin ordentlich von den Kanzeln verkünden lassen, schreibt der Signauer Vogt nach Bern, «... da ist aber nit ein eintziger Mann, weder mit Bescheidt noch Gält begegnet. Morndrest han ich mich, von glycher Ursach wegen, nach Röthenbach begeben; allda man auch anderes nützit erstattet, denn dass mir die Gmeind daselbst, durch etliche Fürgesetzten, Ihre vorige Beschwärden, deren ich Ihren Gnaden wytlöüffig und von Wort zu Wort, schrifftlich berichtet, in aller Underthänigkeit zwar fürbringen lassen, und hierüber willig anerpotten, uff alte Form nach unser Reisgält zusammen ze leggen». Herport versucht, ihnen das eine oder andere mit Gegengründen zu widerlegen, kann sie jedoch nicht umstimmen.

Lohner dat 1641 – Landolt 25 f., 33–36, 53 f., 63–65, 74–77, 107, A45, A47 – AEB A 1641 127, 139 f., 167 f., 217 ff., 259 f., 361, 367, 369 f., 667 – Tillier 29 f., 103–105 – RQ Bern IV S.732 (Kappelerbrief) – Heutelia 385

Zimmermanns Entführung

Als man vernimmt, der Vogt auf der Lenzburg habe zwei Widerspenstige festgenommen und in die Hauptstadt bringen lassen, wissen die Röthenbacher Gerichtssässen, dass ihnen Ähnliches droht. So ein Fang wie im Aargäu wird den Herren im Amt Signau allerdings schwerfallen. Die ganze Bevölkerung steht hinter Weibel Rüegsegger und seinen Mitstreitern. Von den Täuferjeginen her weiss ein jeder, wie man den Häschern einen Strich durch die Rechnung machen kann – ein Schiessen, ein Hornen, der Ton ist allemal schneller als das beste Ross, und schon ist der Gesuchte ausser Haus. Eine Gruppe von Berner Stadtknechten in ihren rot-schwarzen Mänteln gelangte schwerlich unbemerkt über Signau – oder Diessbach – hinaus, und schon hätte sich Röthenbachs Ehrbarkeit irgendwo in die Wälder geflüchtet.

Dass gar Vogt Herport zusammen mit seinem Signauer Weibel eine solche Gefangennahme in die Wege leiten könnte – daran glaubt niemand recht.

Während sich Galli, Rüegsegger und der Müllerhansli so durch ihre Talschaften behütet wissen, lebt Zimmermann auf dem Bucholterberg in ständiger Furcht. In den Augen der Berner Herren ist er der Hauptädelsführer. Zudem wohnt er in der weit abgelegenen Mühle an der Rotach, dem Bach, der die Grenze des Amtes Signau gegen das Eriztälchen zu bildet. Mit seinen Waffen hält er sich in diesen Tagen zu Hause still. Nur im Geheimen reitet er manchmal aus, stets begleitet von seinem Freund und nächsten Nachbarn Berger von der Langenegg. Allabendlich betet die Familie Zimmermann zu Gott dem Herrn, dass Er ihr ihren Vater gnädig erhalten möge.

In der Nacht zum 10. Mai, vom Sonntag auf den Montag, erfüllen sich die schlimmsten Erwartungen.

Zur Geisterstunde erwacht die Familie durch Hundegebell, Pferdegetrampel und verschiedene Männerstimmen; kurz darauf zerspringt unten in der Stube eine Fensterscheibe.

Zimmermann realisiert rasch, dass dieser Überfall seine Gefangennahme bezweckt, und versucht zu fliehen; doch sind die Ausgänge schon mit bewaffneten Posten besetzt, an ein Verlassen des Hauses ist nicht zu denken. Inzwischen setzt einer der Eindringlinge der Frau im Bett die Pistole auf die Brust und fragt sie nach ihrem Mann. Die Frau ist arg verstört und weint bloss, so dass die fremden Reiter wohl oder übel die ganze Mühle nach dem versteckten Hausvater absuchen müssen. Dabei finden sie die Magd in ihrer Kammer, zwingen sie mit dem Schwert, ihnen Lampen zu bringen und bei der Suche zu helfen. Zwei Kinder springen aus Furcht ins

Wasser, während sich der Rest der Jungmannschaft auf den Estrich verkriecht.

Endlich, morgens um 2 Uhr, findet man den Zimmermann vor Kälte schlotternd im Wasser unter dem Mülirad kauernd. Er ergibt sich widerstandslos, legt seine Kleider an und lässt sich mit verbundenen Augen auf ein mitgebrachtes Pferd binden. Mit Rücksicht auf seine Familie bittet er darum, dass man ihn in aller Stille wegführe.

Sobald die Fremden das Haus verlassen haben, läuft die Frau halb nackt zu den Nachbarn und erzählt die Geschichte unter Schrecken und Wimmern.[1] Wie etliche Nachbarsleute zur Mühle reiten, finden sie weder die Kinder noch sonst jemanden. Mit dieser Hiobsbotschaft reiten sie nun zum Kurzenberg, nach Röthenbach und bis hinüber ins Eggiwil. Noch vor Morgengrauen sind die wehrhaften Männer des oberen Emmentals alarmiert; mit allen greifbaren Waffen ziehen sie gegen das Aaretal hinunter, den Zimmermann und seine Kinder zu suchen.

Wohin haben die Schergen den Gefangenen gebracht?

Zwar gehört Zimmermanns Mühle zum Amt Signau; das nächste Schloss ist aber dasjenige von Diessbach, wo die Bucholterberger auch zur Kirche gehen. So sammelt sich die Schar vorerst vor dem Diessbacher Schloss. Der dortige Wirt, Peter Christen, spricht in ihrem Namen mit dem Herrschaftsherrn, dem angst und bange wird ob der bewaffneten Macht. Zu seinem Glück trifft bald die Kunde ein, die Entführer seien an der Bern-Thun-Strasse gesehen worden. Eine Zeitlang wendet sich der ganze Haufen gegen Bern, dann erst finden die wütenden Landleute ihr richtiges Ziel: die Stadt Thun.

Dass die Regierung ausgerechnet dem Thuner Schultheissen Niklaus Bachmann den Auftrag erteilten, den «bekannten Redliführer» vom Bucholterberg zu verhaften, hat rein persönliche Gründe. Eigentlich hätte ein solcher Befehl an Vogt Herport von Signau ergehen müssen. Weil aber eine ordentliche Verhaftung (wegen des zu erwartenden Widerstands der gesamten Bevölkerung) nicht in Frage kam, sann man in Bern von Anfang an auf allerlei Schleichwege; da spielten die sonst sorgsam gehüteten Grenzen der Herrschaftsbereiche keine Rolle mehr. Der geeignete Mann für die reibungslose Durchführung einer solchen oberkeitlichen Nacht- und Nebel-

---

[1] Eine etwas abweichende Schilderung kam in den folgenden Tagen dem Vogt von Signau zu Ohren: 40 Mann habe man aus der Stadt geschickt; die heigen den Zimmermann nackend aus dem Bett genommen, ihm Mund und Augen verbunden, seine hochschwangere Frau derart übel tractiert, dass man nicht wisse, ob sie lebendig oder tot. Dazu heigen sie zwei Kinder zum Fenster hindurch in das Wasser gesprengt. – Zwei Mägde, so von einem Kilt gekommen, hätten des nachts die Tat entdeckt und die Posten im ganzen Land alarmiert.

Aktion schien nun keineswegs der Bauernfreund Herport zu sein, auch nicht Christoffel von Diessbach, sondern eben dieser Schultheiss Bachmann, ein loyaler und skrupelloser Diener der Oberkeit. Schon bei seinem Amtsantritt vor drei Jahren hatte er der Thuner Bevölkerung den neuen Tarif durchgegeben, als er sich weigerte, seinen Amtseid öffentlich im Schlosshof abzulegen, wie es der Brauch war, und stattdessen den Befehl gab, vor dem wartenden Volk die Zugbrücke aufzuziehen. Das Vorhaben misslang – die Thuner besetzten die Brücke und drangen in den Hof ein, worauf der neue Schultheiss sich drohend rechtfertigte: das Schloss gehöre ihm, er müsse es auch bauen und erhalten! Schliesslich musste Bachmann den Eid doch vor dem Volk leisten. – Dass er später einen Landmann um 200 Pfund büsste, nur weil ihn dieser im Schloss mit «du» angeredet hatte, passt in das Bild dieses feinen Herrn.

Nun – Ende April erhielt der Schultheiss von Thun den Auftrag, er solle am Märit durch Späher erforschen, was gegen die Täll vorgebracht werde. Und da er diesen Auftrag mit Eifer erfüllte, erging an ihn am 9. Mai der neue Befehl aus Bern, dass «er nach allerley Mittlen trachten sölle, uff was für füglichste Form der bekannte Redlifführer Nik.Zimmermann zur Handt ze bringen und E.G. (den Gnädigen Herren) zugeschickt werden könne». Schultheiss Bachmann handelte rasch. Am Abend befahl er seinem Trommelschläger Jacob Schaller und seinem Reiter, noch ein halbes Dutzend «ehrliche Personen» zu suchen; in aller Stille, ohne Geschrei und Rumor, sollten sie in der Nacht einer nach dem andern zum Bucholterberg reiten und dort den Zimmermann, «so er vorhanden, im Bett ussnehmen» und ihn aufs Schloss Thun bringen. Die beiden konnten aber keinen Freiwilligen für diesen Plan finden. Erst nachdem der Schultheiss die hohe Summe von 10 Dublonen[2] ausgesetzt hatte, waren ein paar arme Kerle zum Mitmachen bereit.

Chronik Schenk – Lohner dat 1641 – Schiffmann 60 – Chronik Langnau – AEB A 9./10. Mai 1641 – Chr.Schiffmann in: Blätter für bernische Geschichte IV (1908), 56–58

---

2 etwa 70 Pfund

Der Weiler Rothachen um 1900 (Aufnahme von Südosten, jenseits der Rothache). Das vorderste Gebäude oberhalb der Strasse ist die Mühle, der Ort von Zimmermanns Entführung.
Die Mühle wird 1499 erstmals erwähnt; 1673 wurde sie neu aufgebaut. Offenbar war sie zu jener Zeit das einzige bewohnte Haus der Gegend. Eine dauerhafte Brücke über die Rothache bestand noch nicht.
Innerhalb der heutigen Berger Mühle Rothachen sind die Mahlgänge und der Radkasten des 17.Jahrhunderts erhalten. Der alte, künstlich angelegte Mühlebach zweigt 700 m oberhalb des Weilers von der Rothache ab und führt immer noch unter der Mühle durch. Das Wasserrad mag einen Durchmesser von 3 Metern gehabt haben – ein Mann konnte sich gut darin verstecken.

Die Belagerung von Thun

Am Morgen des 10. Mai 1641 lagern mehrere hundert Landleute aus den Gemeinden Steffisburg, Kiesen, Diessbach, Röthenbach, Signau, Trub, Schangnau, Langnau und Höchstetten vor der Stadt Thun. Sie tragen Waffen, Fahnen und Sturmleitern mit sich, gar eine Feldmusik spielt auf. Sie sind entschlossen, nicht zu weichen, bis der Zimmermann frei sei (dessen Kinder hat man inzwischen in ganz leidem Zustand in der elterlichen Mühle versteckt gefunden). Die Zahl der Belagerer wächst mit jeder Stunde an.

In Signau sieht der ahnungslose Vogt Herport dem Auszug seiner Untertanen erstaunt zu.[1] Auf seine Fragen erhält er zur Antwort: man wolle den Müllerhansli befreien, der liege in Thun gefangen und solle hingerichtet werden. Die Uszüger vom Bucholter- und vom Kurzenberg verlangen gar ihr Reisgeld heraus, als ob sie einen längeren Kriegszug antreten müssten.

Einer übertrifft den andern in blumigen Schilderungen der nächtlichen Entführung: wie man den Zimmermann nackt aufs Ross gebunden habe, sein Maul verpflastert und seine Augen verbunden, und dass die Kinder wie vom Erdboden verschwunden seien. Alles zieht vor Thun, ungeachtet der Mahnungen einiger älterer Leute. Sogar die Entlibucher rüsten zum Auszug, was die Herren in Bern zutiefst beunruhigt.

Schultheiss Bachmann von Thun fordert in Bern schleunigst Verstärkung an. Den Zimmermann wollte er eigentlich per Schiff heimlich in die Hauptstadt bringen lassen. Doch die Bauern erahnten eine solche List; schon in den Morgenstunden haben sie Ketten über die Aare gespannt. Seither durchsuchen sie jedes Boot nach verborgener Fracht. Auch die Strassen und Brücken sind mit Posten besetzt, die jeden Verdächtigen kontrollieren.

Die Belagerer schicken eine Delegation in die Stadt. Angeführt wird sie vom Steffisburger Wirt Christen Zimmermann, dem Bruder des Gefangenen, einem furchtlosen Mann, der in jungen Jahren als Söldner weit herumgekommen ist. Wohlweislich sind weder Galli noch Rettenmund oder Rüegsegger dabei. – Die Abgesandten bieten sechs der Ihrigen als Geiseln an und versprechen auch, die Täll gehorsamer zu halten, wenn man den Verhafteten losgebe. Schultheiss Bachmann schlägt das Ansinnen ab und droht, wenn es den Rebellen etwa einfallen sollte, über das Burgernziel in die Stadt hinein zu ziehen, werde er Feuer auf sie hinunterwerfen lassen, und wenn sich die Stadt darauf rot färbe, so wolle er den Gefangenen tot herausgeben!

---

1 Noch tags zuvor hat er aus Bern nur die nichtssagende Anweisung erhalten: er solle mehr berichten.

Wieviele Köpfe das Bauernheer vor Thun am Montagnachmittag zählt, ist schwer zu sagen; von «über tausend» bis 6000 reichen die Schätzungen. Die blutige Drohung des Schultheissen macht die Landleute ohnmächtig wütend. An einer Versammlung melden sich die Hitzköpfe: man solle die Stadt Thun kurzerhand versengen und auch das Kind im Mutterleib nicht verschonen, geschweige denn der Herrn Schultheissen! Die grosse Mehrheit lehnt dies ab. Nicht zuletzt ist es der gefangene Zimmermann selber, der über die Schlossmauer herab der Menge zubrüllt, sie sollten doch besonnen bleiben; schliesslich hat er wenig Lust, seinen Freunden als ermordete Geisel auf die Köpfe geworfen zu werden. Am Ende beschliesst die Versammlung ein Ultimatum: Wenn Zimmermann nicht bis 5 Uhr abends (in zwei Stunden) gütlich herausgegeben werde, so wolle man ihn mit Gewalt befreien.

Während nun Schultheiss und Rat von Thun über ihre kritische Lage beraten (zwei ihrer dringenden Hilfegesuche an Bern sind inzwischen in den Händen der Bauern gelandet), darf Zimmermann ohne Ketten auf dem Schlosshof spazieren. – Nach seiner Ankunft in der Stadt morgens um 3 Uhr hatte ihn der Schultheiss vorerst in den Turm werfen lassen. Am Morgen erhielt er Speise und Trank, er durfte den Kerker verlassen, und ein Geistlicher kümmerte sich um ihn. Nein: über die Härte seiner Gefangenschaft kann er sich wirklich nicht beklagen. Seine Wächter erlaubten ihm sogar, zu seinen Freunden unten an der Mauer zu sprechen. Natürlich – so dachten die Thuner Herren – würde er angesichts seiner guten Behandlung in der Haft die Belagerer zu beruhigen versuchen, ganz im Sinn von Schultheiss Bachmann. – Jetzt aber, kurz vor Ablauf des Ultimatums um 5 Uhr abends, fühlt sich Zimmermann als Todeskandidat. Er bittet, noch einmal auf den Schlosshof geführt zu werden, er «welle truren». Plötzlich wirft er seinen Hut über die Mauer, pfeift laut zwischen den Fingern durch und schwingt sich kurz entschlossen an der günstigsten Stelle über die Schlossmauer hinab in die Tiefe. Zur Freude der Landleute landet er heil und munter auf einem Holderbusch. Nur einen Kritz von der Stude hat er vom waghalsigen Sprung davongetragen.

Durch die erfolgreiche Flucht haben die Belagerer ihr unmittelbares Ziel erreicht. Ein Teil der Bauern drängt heimzu; umgekehrt treffen immer mehr Musketiere und Spiessträger aus allen Winkeln des Emmentals vor Thun ein; es herrscht ein Kommen und Gehen. In der grossen Versammlung am Abend zeigen sich die Wortführer der Landleute der Situation gewachsen: Eine Heimkehr kommt ohne Garantien nicht in Frage. Der Zimmermann wäre wohl schon morgen wieder verhaftet und würde diesmal in ein sicheres Gefängnis gebracht; die Täll würde eingezogen, als ob nichts geschehen wäre. Nein – das Bauernheer muss beisammen bleiben, bis die Gnädigen Herren auf die neue Steuer verzichten und ihr Wort geben, dass die ‹Redliführer› ungestraft blieben. Die Regierung wird gezwungen sein, mit ihren Untertanen zu verhandeln. Solange das Heer ihrer Uszüger vor Thun lagert, kann sie militärisch nichts unternehmen. – Ein bisschen Angst und Ungewissheit schwingt schon mit in den Reden der Zimmermann-Brüder, Ueli Gallis, des Langnauer Weibels und des alten Schmieds von Höchstetten. An diesem Punkt wandelt sich der spontane Volksauflauf zu einer Rebellion. Niemand hat je zuvor einen derartigen Aufstand erlebt, niemand hat ihn geplant. Wenn die Verhandlungen doch nicht zustandekommen, wenn die Bauernmacht ohne Zugeständnisse auseinanderläuft ... dann haben sie als Rädelsführer ihr Leben verwirkt. Die Rebellion *muss* erfolgreich zu Ende gebracht werden, und sei es mit Gewalt! Bei Ueli Galli soll es an der Ausdauer nicht fehlen; seine Söhne sind erwachsen, die bringen den Hof ohne ihren Ätti durch, und sollte sich die Sache noch um Tage in die Länge ziehen.

Die Belagerer müssen nicht lange warten. Schon am Dienstag sehen sie ein halbes Dutzend Ratsherren von Bern heranreiten. An ihrer Spitze steht ein Mann um die Fünfzig, eine imposante Gestalt mit einem dichten, grauen Vollbart: der grossmächtige Schultheiss Niklaus Daxelhofer von Bern. Alsbald lässt er einen Ausschuss der Landleute nach Thun ins Rathaus rufen, um sich ihre Beschwerden anzuhören.

Die Abgesandten von achtzehn Gemeinden bringen die bekannten Bedenken wegen der neuen Täll und der fremden Söldner vor. Ferner stehe zu befürchten, die Steuer würde nicht nur in Notzeiten erhoben, sie könnte zu einer bleibenden Abgabe werden.

Berns Deputierte weisen diese Klagen zurück, indem sie die gut vaterländischen Absichten der Oberkeit betonen. Das Reisgeld sei ungenügend; die Regierung wolle mit den zusätzlichen Steuergeldern keine Fremden, sondern nur freiwillige und unverheiratete Untertanen in Sold nehmen, denen sonst die Arbeit fehle.

Diese einzige Zusicherung genügt den Bauern nicht. Die erfahrenen Dorfältesten wissen wohl, dass ein stehendes Heer der Oberkeit zur Knechtung der Untertanen dienen kann, dass eine Söldnertruppe beim Nachlassen der Kriegsgefahr an der Grenze auch schwerlich wieder aufgelöst würde, schon gar nicht, wenn die Soldaten aus dem eigenen Land stammten. So erhält denn der erstaunte Schultheiss Daxelhofer statt einer untertänigen Antwort die kecke Frage vorgesetzt: ob denn die Landleute nicht mehr freie Eidgenossen seien, und ob sie sich wie Untertanen von Königen behandeln lassen müssten?

Einer der Ratsherren referiert nun über die landesherrlichen Rechte, doch an ein Übereinkommen ist vorläufig nicht zu denken. Die Herren Delegierten haben ohnehin nicht die Kompetenz zu einem echten Vergleich. Sie fordern die Bauern auf, einen Ausschuss zum Rat nach Bern zu schicken – die Bauern lehnen ab.

Die ganze Woche über verhandeln die Parteien weiter. Thun bleibt belagert.

Lohner dat 1641 – Schiffmann 64f., 83 – Chronik Schenk – Tillier 106f.

Niklaus Daxelhofer (1595–1670), Schultheiss von Bern

Waffenstillstand

Bereits am ersten Tag der Thuner Verhandlungen hat Schultheiss Bachmann hundert Niedersimmentaler zur Verstärkung des Schlosses Thun aufgeboten. Diese schickten den Bescheid: sie müssten zuerst die Meinung ihrer Nachbarn im Obersimmental einholen. – Daraus hat man in Bern die Konsequenzen gezogen und in weiter entfernten Landesteilen Uszüger mobilisiert, vorsorglich auch Hilfegesuche an alle verbündeten Orte gestellt.

Diese militärische Organisation dauert eine Weile, daher bieten die Ratsherren den Landleuten vor Thun am Samstag, dem 15. Mai, einen vierzehntägigen Waffenstillstand an. Die Bauern nehmen an; sie sind wohl froh, ihre improvisierte Belagerung ohne Furcht vor oberkeitlicher Rache abbrechen zu können; so ein Feldlager ist auf die Dauer schwer zu ernähren, auch wenn die Ortsansässigen den besten Willen zeigen. Abgesehen davon sind es vor allem die Hofbauern, die es nach Hause zieht. Ihre Arbeitskraft wird daheim dringend gebraucht.

Nach und nach treffen in Bern die Beistandsversprechen der Evangelischen Orte ein; auch Genf will 300 Mann zu Hilfe schicken. Unverdrossen versuchen die Vögte, die Täll einzuziehen; allerdings gelingt dies nur in einzelnen Gemeinden des Seelands und am rechten Thunerseeufer. Ganze Fuder von Getreide lassen die Herren vorsorglich in die Stadt führen. Am 18. Mai geht die Meldung aus dem Aargäu ein, dass dort die Lenzburger vor das Schloss gezogen seien und die Freigabe von Christoph Lüscher verlangten. Dieser Lüscher von Seengen liegt seit anfangs Monat wegen seiner üblen Reden gegen die Täll zu Bern im Dittligerturm in Fesseln. Weil er sich beim Verhör «halsstarrig» zeigte, musste er im Kerker bleiben, während sein Mitgefangener (Hans Müller) bald entlassen wurde. Offenbar wollen es die Aargäuer Landleute den Oberemmentalern gleichtun und ihren Landsmann durch eine Belagerung befreien. An den Waffenstillstand fühlen sie sich nicht gebunden: Das Amt Lenzburg hat beim Aufstand im entfernten Thun ja nicht mitgemacht und ist keinerlei Verpflichtungen eingegangen.

Die Regierung verstärkt Thun, Burgdorf und die Schlösser des alten Bernbiets mit Munition und zusätzlicher Besatzungsmannschaft, den als ‹Zusätzler› bestimmten Uszügern. Die Burger der Landstädte stehen fest auf Seiten der Regierung. Die Furcht, die wildgewordenen Bauern könnten das eigene Städtchen belagern und angreifen, überwiegt die Abneigung gegen die neue Täll bei weitem. Brugg, Aarau und Zofingen weigern sich, ihre Zusätzler für Schloss Lenzburg zu stellen. Die Niedersimmentaler verweigern definitiv den Zuzug nach Thun: Sie könnten nicht gegen ihre guten Nachbarn marschieren... sie wären höchstens bereit, ein paar Boten zur Vermittlung nach Steffisburg zu schicken. Wohlweislich lassen die Gnädigen Herren Soldaten aus weiter entfernten Landesgegenden, aus dem Seeland und der Waadt, anrücken. Auf Schloss Signau zum Beispiel treffen sechs Mann aus Büren, sieben aus Nidau, sechs aus Aarberg, sechs aus Erlach und «etliche» aus Romainmôtier ein. Man hat die Kontingente tüchtig auseinandergerupft... man scheint sich ihrer nicht allzu sicher zu sein. Zudem erhalten die Schlösser und Städte Militärkommandanten. In Thun übernehmen die Hauptleute Michel und Ochsen das Kommando, in Signau Georg Steiger, der offenbar die Schlossanlage für ungenügend befindet: Während vier Tagen stellt er einen Maurer an, und ein Zimmermannslohn steht für einen ganzen Monat auf der Kriegsrechnung.

Die Bauern des Emmentals, des Aaretals und des Aargäus drehen nicht die Daumen.

Für den 20. Mai haben sie zu einer Volksversammlung in Langnau aufgerufen. Der Ort ist gut gewählt, ist doch der hiesige Märit von alters her ein Treffpunkt der Emmentaler und auch der Nachbarn aus dem Entlibuch. Der Dorfweibel Christen Gerber erweist sich als umsichtiger Organisator dieser ersten freien Landsgemeinde im Bernbiet seit Menschengedenken, und der Zustrom ist entsprechend: Siebzig Gemeinden schicken ihre Ausschüsse. – Am dritten Tag trifft auch eine Delegation von Herren aus der Stadt ein, Herr Oberst Morlot in Begleitung des Kommandanten von Schloss Signau, Oberst Steiger. Die Landleute empfangen sie mit allen Ehren und hören geduldig zu, wie Morlot die Bedeutung des oberkeitlichen Steuermandats erläutert. Darauf lassen die Abgeordneten den beiden Obersten das Resultat ihrer Beratungen verlesen: Sie begehren den freien Salzkauf; an Stelle der neuen Täll bieten sie ein zusätzliches Reisgeld an. Im weiteren bleiben sie bei ihrer Antwort von Thun und möchten Gnaden (eine allgemeine Amnestie) erlangen. – Oberst Morlot widerspricht ihnen in allen Punkten und meint: auf diese Weise würden sie niemals Gehör erlangen, und wenn, dann würde so etwas niemals bewilligt. Trotzdem beharrt die Versammlung auf der gefassten Resolution; Herr Morlot solle sie der Hohen Oberkeit als Bittschrift überbringen.[1] Oberst Steiger hat bis hierher den Eindruck gewonnen, die Anwesenden seien guten Willens – nur wenige wollten Thun weiter belagern und nur einer von Steffisburg zeigte sich wirklich unzufrieden. Als nun aber Morlot die Annahme der

---

1 Der Text der Bittschrift ist nicht erhalten. Hier ist er nach den knappen Berichten Morlots und Steigers umschrieben.

Bittschrift verweigert, poltern einige Betrunkene bedrohlich los, und die Herren beeilen sich, ungeschoren zu ihren Pferden zu kommen.

Der anhaltende Zuzug von auswärtigen Soldaten auf die Schlösser hat die Untertanen beunruhigt. Noch während der Langnauer Tagung haben in Signau die Gemeindevertreter beim Vogt protestiert; in Sumiswald zogen gar über 100 Einheimische mit ihren Musketen vors Schloss und verlangten den Abzug der fremden Truppen. Am 23. Mai kommt es in Burgdorf zu einem Mord, als ein Stadtbürger unter dem Beifall der Meute einen Zusätzler vom Lande erschiesst, wohl weil dieser die Anliegen der Steuerverweigerer vertreten hat.

Morlots Weigerung schürt die Furcht, die Oberkeit wolle das Land ohne weitere Verhandlungen mit Krieg überziehen. Als in den folgenden Tagen die Neuigkeit vom Pakt der Berner Herren mit auswärtigen Regierungen gegen ihre eigenen Untertanen durchsickert, suchen die Landleute ihrerseits für den Fall eines Konflikts Hilfe bei der auswärtigen Landbevölkerung. Klaus Zimmermann reitet in Begleitung eines Langnauers ins Entlibuch, der Müllerhansli wird zu den Unterwaldnern gesandt.[2] Die Nachbarn im Luzernischen bieten ohne Zögern ihren Beistand an. In Solothurn kauft man für alle Fälle Pulver ein, nachdem die Berner Regierung den Pulverhandel gesperrt hat.

Im Oberland versucht allen voran Peter Amstutz, der Weibel von Sigriswil, die Gemeinden zum Anschluss an die Langnauer Beschlüsse zu bewegen.

Derweilen reiten die angesehensten Herren landauf, landab, um die Gemeinden in Einzelabfertigung zum Gehorsam zu bringen. Venner Anton von Graffenried verlangt in Luzern vom dortigen Rat gar die Bestrafung der zuzugswilligen Landleute, noch bevor diese auch nur den kleinen Finger gerührt haben.

Einer jedoch lässt sich von all den Drohungen und Gegendrohungen nicht verrückt machen: Vogt Herport von Signau. Zweimal empfängt er in diesen Tagen Niklaus Zimmermann, der sich für seine Fehler entschuldigt, mit ausdrücklicher Betonung, dass er nur ihm, Beat Herport, als Vertreter der Oberkeit trauen könne. – Schlosskommandant Oberst Steiger zeigt sich sichtlich erstaunt über das ungebrochene Vertrauen, das der Vogt bei den Untertanen bis weit über die Grenzen seines Amtes hinaus geniesst.

Lohner dat 1641 – AEB F, Kriegsrechnung 1641 – AEB A 730 – Landolt 66, 87, 94 – Tillier 107f.

---

2 Nach den Aussagen des Weibels von Trub, der alles dem Vogt von Trachselwald berichtete.

Der Thunerbrief

Nach Ablauf des Waffenstillstands bietet die Regierung den Landleuten ein Treffen am Montag, dem 7. Juni, in der Kirche von Thun an. Die Gegner der Täll sollen aus allen Ämtern ihre Ausgeschossenen schicken, auch aus dem aufrührerischen Lenzburg und dem Oberaargau. Beim Treffen werden Ehrengesandte der Evangelischen Orte als Vermittler zwischen der Oberkeit von Bern und ihren Untertanen wirken.

Die Bauern sind einverstanden. 150 ihrer Ausgeschossenen erscheinen am genannten Tag in Thun.

Die Berner Ratsdelegation wird wiederum von Altschultheiss Daxelhofer angeführt, einer Persönlichkeit, die das Landvolk trotz allen Streitigkeiten respektiert. Man munkelt, Daxelhofer sei es zu verdanken, dass sich der Rat von Bern überhaupt auf Vermittlungsverhandlungen mit den Steuerverweigerern einlasse.[1]

Das zehnköpfige eidgenössische Schiedsgericht flösst den Bauernvertretern Ehrfurcht ein: Da erkennt man den Bürgermeister von Zürich, Herrn Salomon Hirzel, und Herrn Hans Rudolf Wettstein, den obersten Zunftmeister der Stadt Basel.

Wie es sich gehört, erhält Schultheiss Daxelhofer als Erster das Wort.

In seiner Rede legt er den Standpunkt der Berner Regierung ausführlich dar: Zimmermann habe sich über seine Gefangenschaft nicht zu beklagen, er habe sogar freien Gang auf dem Schloss gehabt und deswegen schliesslich fliehen können. Trotzdem seien die Bauern vor der Stadt nicht abgezogen; vielmehr hätten sie neue Forderungen und Zumutungen vorgebracht. Er begehre nun eine klare Antwort, ob dieser ganz anstössige Auflauf zur Verachtung Ihrer Gnaden Hohen Standes gemeint gewesen sei, oder ob es sich nur um einen missverständigen Zulauf zur einfältigen Ledigbegehrung Zimmermanns gehandelt habe?

Jetzt kommt der Schultheiss auf «von Hochgesagten Ihrer Gnadens jüngst usgeschriebenes Mandat» zu sprechen, welches gar nützlich auf die gegenwärtigen, aller Orten mit Kriegen erfüllten Zeiten gerichtet sei, zum Guten des lieben Vaterlandes. Wegen der an den Grenzen sich erzeigten Armaden sei die Berner Regierung zu getreuer Aufsicht und im Falle der Not zu eidgenössischem Beisprung verpflichtet. Deshalb hätten Ihro Gnaden nach Mitteln gesucht, wie am kommlichsten das erforderliche Stück

---

[1] Die Meinung ist falsch. Vielmehr war es der Stand Zürich, der an einer eilig einberufenen Tagsatzung auf die Vermittlung drängte.

Geld zusammengelegt werden könne, zu einer Zeit, da die einen das Ihrige unter dem Feigenbaum in süssem Frieden geniessen, das gottlob auch tun können, während andere Völker von schwerer Drangsal heimgesucht werden. Ein Tausendstel des Vermögens für die Freiheit des Vaterlandes, auch zur Beschirmung von Weib und Kindern, sei wenig. Keineswegs habe diese Steuer nur die Untertanen beschwert; die gesamte Burgerschaft der Stadt Bern habe die Täll ohne Murren bezahlt. Einheimische, gedingte Soldaten – zur Entlastung der Familienväter – seien am besten geeignet, die Grenzen wider die umherstreifenden Rotten zu vermachen. Das sei Ihrer Gnaden bestgemeinte Absicht, neben der andere Meinungen nicht Platz finden könnten. So habe man sich eitel eingebildet, die Steuer würde ewig währen. Dabei sei sie auf sechs Jahre festgesetzt. Die Regierung habe nur zuerst die Erträge des ersten Jahres abwarten und erfahren wollen, um die Bestimmung der Anzahl Jahre danach vorzunehmen. Weiters sei das Gerücht umgegangen, die Oberkeit wolle fremde Söldner ins Land rufen, die jede neunte Garbe begehrten und von jedem Fruchtbaum einen Batzen fordern würden. Daraus sei Böses und Widerwärtiges entstanden.

Die Bauern würden erläutern müssen, weshalb sie den Auflauf vor Thun getan, Flüsse und Strassen gesperrt, mit Brand und Feuer gedroht, die Gehorsamen bedroht – damit hätten sie einen schweren Fehler geschossen. Den Herren würde es an strengen Mitteln zur Abstrafung nicht mangeln, um so mehr als verbündete Orte ihnen sogleich Hilfe versprochen hätten. Trotzdem habe die fürsichtige Oberkeit gelindere Mittel an die Hand genommen.

Die lange, gekonnte Rede beeindruckt die Landleute. Viele Vorwürfe sind gefallen, einige davon zu Unrecht, und die schmerzen am meisten. Man hat der Oberkeit ja nie verweigern wollen, was ihr gebührt; nur die Form der neuen Täll konnte man nicht annehmen, und dadurch entstand alles Ungfehl! – Die Bauern bitten das Schiedsgericht, sich draussen eine Weile wegen der Antwort beraten zu dürfen, was ihnen gewährt wird.

Wieder in der Kirche, schildert zuerst Niklaus Zimmermann seine brutale, nächtliche Gefangennahme, seine Gefangenschaft auf Schloss Thun, wie der Schultheiss Bachmann gedroht habe, die Stadt in Flammen zu setzen und ihn, Zimmermann, zu ermorden – bis er schliesslich aus purer Angst den Sprung über die Mauer hinab gewagt habe. Er bittet um gnädige Verzeihung seiner Fehler und um Reparation dessen, was ihm und seiner Frau bei der Gefangennahme widerfahren sei.

Als Zweiter tritt Ueli Galli vor die Versammlung. An ihm liegt es, den bewaffneten Auszug zu rechtfertigen. – Er berichtet, wie die Kunde von der Entführung Zimmermanns und dem Verschwinden seiner Kinder sich verbreitete, «dass jedermann heftig darob bewegt worden und zu dem Uffstand geraten; weilen aber das Volk ergrimmet und zum äussersten entrüstet gsyn, habe schier kein Abmahnen nit helfen mögen. Sonst habint sie die Wehr keineswegs wider Ihro Gnaden als ihre Väter, auch nit wider den Herrn Schultheissen von dieser Stadt uffgenommen, da sie sich wohl vor einem solchen schweren Fähler hüeten wellint», man möge ihnen dies gnädig verzeihen. Der Steuer halber habe er sich mit den übrigen stets anerboten, stattdessen eine gwüsse Summe zum ordentlichen Reisgeld dazuzulegen. Was er geredet habe, seie immer auf Anhalten und Befehl seiner Gemeinde beschehen. Aus der gleichen Angst wie Zimmermann habe er die Citation nach Bern nicht befolgen können; im übrigen anerbiete er sich mit Leib und Gut zur Beschirmung des Heiligen Evangeliums, des Vaterlandes, von Weib und Kindern.

Nachdem sich auch Hans Rettenmund und Weibel Rüegsegger kurz für ihr Nichterscheinen vor dem Rat in Bern entschuldigt haben, beklagt sich der Vertreter von Sumiswald über das Zusatzen aufs Schloss, ganz besonders über die Drohungen, «dass noch viel frömdes Volk vorhanden» (... wenn die Sumiswalder ihren Dienst verweigern sollten).

Desgleichen begehrt der Langnauer Weibel den Abzug der Zusätzler von Schloss Trachselwald; sie wollten das Schloss schon schützen und würden sich wohl hüten, diesem Schaden zuzufügen. Auch hätten ihre Alten vor acht oder zehn Jahren das Recht eines Landeshauptmanns und einer Fahne gehabt – dies sei wieder einzuführen. Vor Thun hätten sie nicht mit Feuer gedroht; sie hätten sogar Wachen auf die Brücken und Pässe gestellt, um eine Brandstiftung zu verhüten.

Alt-Weibel Zimmermann von Steffisburg hat vom Aufruhr abgemahnt – auch habe er nie gehört, dass dieser gegen die Gnädigen Herren oder gegen den Schultheissen von Thun gemeint sei. Die Steffisburger hätten statt der Steuer eine Vermehrung des Reisgelds anerboten. Er begehre nichts als die Versühnung aller Orte, namentlich der Stadt Thun und ihrer Nachbarschaft.

Ganz im Sinne der Herren meldet sich darauf der neue Steffisburger Weibel, Michel Imhof: wegen seines Gehorsams gegenüber der Oberkeit und ihrem Mandat sei er in Verdacht geraten, er habe die andern aus Schmeichelei verklagt.

Nach dem Schmied von Höchstetten spricht Peter Amstutz für die Sigriswiler. Er beruft sich auf die Beschlüsse der Volksversammlung von Langnau, welche man den Gnädigen Herren ja habe zusenden wollen.

Die Oberaargauer meinen, sie «syint allwylen des Sinns gsyn, wie es anderen gange, es Ihnen auch gahn sölle». Beim Thuner Auflauf seien sie nicht dabei gewesen; sie bitten um freien Kauf von Salz und Pulver.

Den Schluss macht Untervogt Büchler von Lenzburg. Der Landvogt habe etwas gäch gehandelt bei der Gefangennahme etlicher Männer. Der Aufmarsch vor dem Schloss sei nach der Gemeinde erfolgt. Er selbst habe für die Annahme der Täll geredet, habe aber nichts erreichen können, weil die

Leute immerdar aufs Salz und aufs Ohmgeld geschimpft hätten. Wenn die Gnädigen Herren doch bitte die Steuer der alten Form nach gestatten wollten, so hoffe er, werde niemand die Bezahlung ausschlagen.

Nach diesen Voten fasst Schultheiss Daxelhofer zusammen: Man merke wohl, dass der Auflauf nur zur Befreiung des Gefangenen gewesen sei, nicht um die Gnädige Oberkeit zu beleidigen. Er werde dem Rat zu Bern die Sache so vortragen, und man werde für die Fehlbaren wohl Gnade über Recht ergehen lassen, wenn sie demütig um Verzeihung bäten. Diejenigen Gemeinden, welche noch besondere Anliegen hätten, sollten diese später durch einen kleinen Ausschuss in der Hauptstadt vortragen.

Mit so vagen Zusagen lassen sich die Landleute aber nicht abspeisen! Nach einer kurzen Beratung bitten sie die bernische Delegation und die Herren Vermittler um eine rasche und klare Entscheidung des Auflaufs und der übrigen Punkte wegen, ebenso um eine prompte Ratifikation durch den Berner Rat. Die Erfahrung zeige, dass diese Sache stets ärger werde, je weiter man sie hinausschiebe. Die Landleute seien deshalb so zahlreich mit 150 Köpfen erschienen, weil sie den Entscheid unbedingt hier in Thun abwarten wollten.

Abends reiten die Berner Gesandten heim, um weitere Instruktionen einzuholen. Am folgenden Tag erscheinen sie wieder in der Kirche von Thun, aber mit schlechtem Bescheid: Schultheiss Daxelhofer findet die Entschuldigungen der Landleute nun plötzlich «ungenügsam, ohne rechte Bekanntnus des begangenen Fehlers und nur eine halbmündige Antwort, auf einen Generalpardon der verstockten, gott- und gesatzlosen, Treu, Ehr und Eid vergessenden Untertanen zweckend».

In dieser neuerdings verfahrenen Situation setzt die Vermittlung der Eidgenössischen Ehrengesandten ein. Nach einer weiteren Nacht in ihrem Quartier, dem Gasthaus ‹Leuen› in Thun, präsentieren sie am Mittwoch ihre Vergleichsartikel:

- Der Berner Rat soll den Schuldigen des Thuner Auflaufs allgemeine Amnestie und Nachlass der Kosten gewähren. Dafür müssen sämtliche Ausgeschossenen der Landleute hier in der Kirche zu Thun ihre Hohe Oberkeit kniefällig um Verzeihung für den begangenen schweren Fehler bitten.
- Das wohlangesehene Steuermandat soll für sechs Jahre gelten. Den Gemeinden ist es erlaubt, untereinander ihre Vermögen zu veranlagen und die Steuer zusammenzulegen.
- Für Salz, Pulver und dergleichen Sachen sind die Eidgenössischen Vermittler nicht zuständig. Sie geben den Untertanen den Rat, mit einer Bittschrift an ihre liebe Oberkeit um Verbesserung der ihnen beschwerlichen Missbräuche anzuhalten; ohne Zweifel werde man ihnen die Gnadenhand bieten und gebührlich entgegenkommen.

– Alle gegenseitigen Scheltworte sollen aufgehoben, tot und ab sein. Wer künftig aber über die vergangenen Sachen schimpft, verfällt der Strafe.
– Die Untertanen haben einen neuen Huldigungseid zu leisten. Ein jeder soll wieder zu seinem Stand gesetzt sein, wie er vor diesen Unruhen gewesen. Die Oberkeit aber soll in allen Punkten und unabbrüchlich die verbrieften und besiegelten Freiheiten ihrer Untertanen respektieren.

Wiederum muss die Ratsdelegation nach Bern reiten, um den Vergleich dort absegnen zu lassen, noch immer warten die Landleute in Thun an Ort und Stelle auf die Antwort.

Diesmal ist die Reise nicht umsonst. Am Freitagmorgen erklärt Schultheiss Daxelhofer die Annahme der Vermittlungsakte, die Bauernausschüsse desgleichen. Sogleich unterziehen sie sich der verlangten Demütigung; mit gebogenen Knien bitten sie in der Thuner Kirche um Verzeihung.

Man einigt sich nun zügig auf das Prozedere zur Aushändigung der schriftlichen Artikel: Am kommenden Pfingstsonntag werden zehn Abgeordnete der Landleute in feierlichem Zeremoniell vor Rät und Burgern der Stadt Bern ihren Fussfall wiederholen. Der Schultheiss wird ihnen offiziellen Verzeih gewähren, und die Herren Ehrengesandten werden den beiden Parteien den besiegelten Konzessionsbrief übergeben.[2]

Leider fehlen Augenzeugenberichte von Pfingsten 1641 in Bern. Wahrscheinlich sind Hunderte von Landleuten in die Stadt geströmt, um sich die Zeremonie vor dem Rathaus anzuschauen. Da sind die hohen Herren Ehrengesandten versammelt, der Schultheiss in voller Amtstracht, der Kleine Rat und die zweihundert Burger der Grossen Kammer in ihren Baretthüten. Die zehn Abgeordneten der Landschaft sind: Ueli Galli aus dem Eggiwil, die Brüder Niklaus und Christen Zimmermann, der Müllerhansli von Otterbach, Peter Amstutz aus Sigriswil, Niklaus Moser im Moos bei Höchstetten, Bastian Iseli von Hasle, Christian Gerber aus Langnau, Christian Eichenberger aus Sumiswald, Daniel Bürki von Diessbach. Sie müssen vor den Herren demütig niederknien; dann bekennt Ueli Galli mit lauter Stimme ihren hochsträflichen Fehler; im Namen aller betroffenen Gemeinden bittet er die Hohe Oberkeit um Jesu Christi und des Jüngsten Gerichtes willen um Gnade und Verzeihung, die ihm Schultheiss Daxelhofer im Namen des Berner Rates gewährt. Der grossmächtige Bürgermeister Hirzel von Zürich verliest feierlich den Thunerbrief. Nach einem gemeinsamen Dankesgebet für den wiedergewonnenen Frieden überreicht er ein Exemplar dem Berner

---

2 Natürlich wurden die Eidgenössischen Ehrengesandten an diesem Pfingstwochenende in der ‹Krone› freigehalten: für je 800 Kronen und 6 Dukaten Trinkgeld.

Schultheissen, das andere drückt er Ueli Galli in die Hand – welche Ehre für einen gemeinen Untertanen!

Dass die Landleute das Schriftstück als Freiheitsbrief bejubeln, steht ausser Zweifel. Die Täll ist zeitlich begrenzt, die Form des Steuerbezugs ist verbessert, kein fremdes Volk im Land; die ‹Complotion› bleibt straffrei, die Missstände im Salz- und Pulverhandel werden verschwinden. Die bevorstehende neue Huldigung vermag die Freude nicht zu trüben. Ist nicht jeder gerne bereit, seiner von Gott gesetzten Oberkeit treu zu dienen, wenn sich nur die Oberkeit auch an die alten Freiheiten ihrer Untertanen hält?

Alle Gemeinden nehmen den Thunerbrief an; der Aargäuer wegen muss allerdings Schreiber Caspar Hirzel Ende Juni nochmals auf die Lenzburg reisen, wo Vogt Johann Ludwig Lerber immer noch im Streit mit seinen Untertanen lebt.

> Die Regierung wird auf die Anwerbung von Söldnern verzichten und die Täll kein zweites Mal erheben. Die Gnädigen Herren fürchten den Zorn der Landleute. Während der ganzen Thuner Unruhen ging es ihnen vielmehr um die Aufrechterhaltung ihrer Autorität und staatlichen Ordnung als um den Inhalt ihres unglücklichen Mandats.

Landolt 111–115, A15–26 (Transkript der Verhandlungen und des Thunerbriefs) – AEB A 971–978, 1035–1039 – TSB RR 339–341 – AEB F, Kriegsrechnung 1641 – Tillier 109–112

Wie Ueli Galli seinen Glauben an Papier und Siegel verliert

Ueli Galli und seine Kampfgefährten vom Gericht Röthenbach werden zu Hause freudig empfangen. Ueli steht als Verwahrer des Thunerbriefs in hohem Ansehen. Seit Menschengedenken hat kein einfacher Landmann einen derartigen Konzessionsbrief von der Oberkeit erhalten.

Zur Aufbewahrung des Dokuments ist die Stube im Giebel nicht der geeignete Ort. Allzu leicht könnte es hier früher oder später bei einem Blitzschlag verbrennen oder irgendwie in falsche Hände geraten. Nachdem etliche Gemeinden ihre Abschriften haben anfertigen lassen – eine Kopie behält selbstverständlich Ueli Galli zurück – verschliesst man den Hauptbrief feierlich im gewölbten Keller von Ammann Hans Mosers Haus zu Dessigkofen bei Konolfingen. Dort liegt er in einem kleinen Gewölbe hinter einem eisenbeschlagenen Eichentöri mit vier Schlössern. Je einen der vier Schlüssel erhalten die Gemeinden Höchstetten, Diessbach, Steffisburg und Münsingen.

Obschon die Bauersleute den Sommer über ja weiss Gott nicht viel Zeit übrig haben, machen sich die Ausgeschossenen der Gemeinden sofort daran, eine gemeinsame Bittschrift an die Gnädigen Herren aufzusetzen – des Salzes, des Pulvers und des Trattengelds wegen, so wie es ihnen die hohen Herren vom Eidgenössischen Schiedsgericht empfohlen haben.

Am schlimmsten sind die Klagen beim Salz. Seit die Regierung 1623 den freien Handel verboten hat, ist der Preis erheblich angestiegen. Natürlich geben die Herren dem europäischen Krieg die Schuld – der habe die Lieferantenpreise und den Transport verteuert. Aber da soll doch einer bitteschön erklären, wieso denn die Schwarzhändler in der Letzte so viel billigere Preise anbieten können als die Berner Salzkammer ... die beziehen ihr Salz aus den gleichen Quellen! – Der hohe Salzpreis trifft einseitig die Landschaft.[1] Auch die Bestimmung, dass sich der gesamte Salzhandel in den Städten abzuwickeln habe, ist eine Schikane. Für die Eggiwiler zum Beispiel ist der Gang in die Stadt ausgesprochen beschwerlich – Bern, Burgdorf und Thun sind weit entfernt, die Wege schlecht. Ein gemeinsamer Einkauf und Transport ist untersagt.

Auch das Pulver soll leichter erhältlich und billiger werden – Holzkohlenstaub und Salpeter kosten schliesslich nicht die Welt; die Armut der Salpetergraber ist ja augenfällig.

---

1 vgl. S. 55: zur Viehfütterung und Konservierung von Lebensmitteln

Das Trattengeld im Viehhandel ist eine weitere Abgabe, die fast nur dem Landvolk zu schaffen macht: eine Steuer von 5%[2] für jedes ausser Landes verkaufte Stück Vieh. Je mehr sich die Lamparten[3] für Rosse aus dem Emmental zu interessieren beginnen, desto mehr wird dieses Trattengeld zum Ärgernis.[4] «Chrottengeld» heisst es im Volksmund. – Zudem gilt die Regelung, dass Vieh nur an Märiten gehandelt werden darf. Das wirkt wie ein Hohn, wenn etwa Verkäufer und Käufer aus demselben Dorf stammen.

Am 19. August erscheinen Ausgeschossene aus dem Emmental und dem Oberland vor dem Rat in Bern und verlesen ihre gemeinsam abgefasste Bittschrift. Im Thunerbrief steht ja von «beschwerlichen Missbrüchen» in Sachen Salz und Pulver geschrieben, man werde ihnen «die Gnadenhand bieten», daran sei kein Zweifel! – Doch anders als die Herren Vermittler vor zwei Monaten wollen die Berner Ratsherren von Missbräuchen nichts wissen; sie halten den Ausgeschossenen «allerley Gägengründ» vor, wie die Gesetze zum Wohl von Stadt und Land nach bester Kenntnis der Sachlage ausgearbeitet seien. Die Bauern sollten doch ihre Klagen nochmals überdenken und dann neu vorbringen.

Bereits sechs Tage später erscheinen die Oberländer wieder in Bern, diesmal im Alleingang. Ihre Begehren sind stark abgeschwächt; in den wesentlichsten Punkten (Salz) stellen sie überhaupt keine Forderungen mehr. So fällt es den Ratsherren leicht, die Oberländer Bittschrift nach einiger Beratung zu genehmigen:
1. Nach dem unwiderruflichen Regalrecht von 1448 (zweihundertjährig!) ist der Salzhandel Sache des Staates und nicht freizugeben. Das Salz soll einen niedrigen Preis haben. Verantwortlich sind die obcrkeitlichen Salzdirektoren.
2. Beim Trattengeld soll es bleiben.
3. Pulver: gemeines Büchsenpulver soll 6 Batzen, das bessere 7 Batzen pro Pfund kosten. Verkauf durch den Büchsenmacher oder anderswo.
4. Der Viehverkauf ist neuerdings nicht nur auf Märkten, sondern auch zu Hause erlaubt.

Das oberländische Vorprellen wirkt sich auf die Verhandlungsposition der Emmentaler – genauer: der ‹harten› Gemeinden Signau, Röthenbach,

---
2 10% bei einem Verkaufspreis unter 20 Pf.
3 die Viehhändler aus Norditalien *(=Lombarden)*
4 Stärker als das Emmental traf die Steuer das Oberland mit seiner reinen Milch- und Viehwirtschaft. Von dort führten die Lamparten viel Schlachtvieh über die Pässe nach Süden ab.

Schangnau, Steffisburg, Sigriswil, Hilterfingen und des Landgerichts Konolfingen – sehr negativ aus.

Am 27. August schicken die Herren sie mit den «notwendigen Widerlegungen» und mit der Aufforderung nach Hause, sie sollten ihre Klagen schriftlich vorbringen. Und als sie eine Woche darauf ihre viel weiterreichenden Forderungen schriftlich vorlegen, heissen die Gnädigen Herren «das Übliche» gut: dieselben Punkte, die den Oberländern bewilligt wurden. Nur in zwei Nebensächlichkeiten erlangen die ‹Harten› noch zusätzliche Konzessionen:

– Die Pulverdirektoren sollen auch dazu sehen, dass die Salpeterer vorschriftsmässig ihre Grabstellen wieder zuschaufeln.

– Das Trattengeld soll bleiben. Nur wenn sie ihre Rosse als ihr eigenes Gut ausser Landes führen, ist ihnen das Trattengeld erlassen. (Die meisten Pferde werden an den Märiten von Langnau oder Signau von den Lamparten gekauft und dann über den Gotthard nach Italien geführt.)

Ueli Galli ist enttäuscht.

Vor zehn Wochen noch bestätigten ihm die mächtigsten Herren der Eidgenossenschaft mit Brief und Siegel, die Regierung werde «beschwerliche Missbrüche» beseitigen! Das braucht ja schon einiges an oberkeitlichem Murks und Schikanen, bis so hohe Herren unter ihresgleichen solch harte Worte brauchen (das überall verfluchte Steuermandat nannten sie gar «wohlangesehen»!). Und dann kriechen diese Oberländer aus ihren Schattenlöchern ob dem See hervor, um sich mit dem so gerügten Salzmonopol und Trattengeld der Oberkeit einverstanden zu erklären... Wo waren die denn während des Aufruhrs, die Interlakner, die Simmentaler und die Hasler, als es brenzlig wurde? Zu Hause sind sie geblieben, und die von Thun haben sogar auf die «Aufrührer» und «Rebellen» geschimpft! Und waren nicht die Leute aus dem niederen Simmental, die den Zimmermann zuerst als Rädelsführer verraten hatten –, die Urheber der ganzen Entführungsgeschichte?

Von nun an urteilt Ueli Galli sehr böse über die Oberländer. Eher wollte er beim nächstenmal mit Papisten zusammenspannen als mit diesen Käsfressern. Die Hasler und die Saanentaler sind ohnehin die Hätschelkinder der Herren und fühlen sich wegen ihren alten Landrechten mehrbesser unter den bernischen Untertanen. – Der Eggiwiler Giebelbauer ist klug genug, ob seiner Verbitterung die wichtigere Tatsache nicht aus den Augen zu verlieren: Der oberländische Verrat hat es den Herren zwar leicht gemacht, sich um ihre Pflicht zur Verbesserung des Salz-, Pulver- und Viehhandels zu drücken. Letztlich sind es aber doch die *Herren*, die ihren Untertanen die festgesetzten «Freiheiten und Gerechtigkeiten» – wie es im Thunerbrief so schön heisst – nicht gönnen mögen. Und wenn sie beim Salz auch auf ein scheinbar unabänderliches Mandat von Vierzehnhundertirgendetwas verweisen, so muss man klar sehen, dass solche Mandate in der Regel gelten, «solange es Ihro Gnaden gefällt».

Man hat ja im Laufe des Thuner Aufruhrs gemerkt, wie rasch die Herren den ordentlichen Pulverhandel blockieren konnten, alte Mandate hin oder her. Nein: Der Salzhandel ist ein Goldesel für die Oberkeit, den will sie nicht schlachten, und da allein liegt der Grund für diese Rechtsverdreherei.[5] Ueli fühlt sich ohnmächtig. Ohnmächtig im wahrsten Sinn des Wortes: ohne Macht. Niemand wird die Herren von Bern strafen, wenn sie den feierlich geschlossenen Friedensbrief missachten... wie höhnisch tönt doch die letzte Bestimmung: Wer die Artikel nicht einhalte, verfalle der Bestrafung durch die Gnädigen Herren!

Im Grunde muss man sogar um die winzigsten Zugeständnisse dankbar sein. Was den Herren allenfalls noch Respekt einflösst, ist nicht ein Stück Papier, sondern die Angst vor neuem Aufruhr (und ganz gewiss werden sie das himmlische Gericht zu fürchten haben). Hätte Wilhelm Tell zu seiner Zeit mit dem Gessler einen Konzessionsbrief ausgehandelt statt zu Pfeil und Bogen gegriffen, wäre die Eidgenossenschaft wohl bis heute habsburgisch, und der unglückselige Tell wäre früher oder später doch im Kerker gelandet. Nicht dass die heutige Oberkeit so schlimm wäre wie Gessler, nein! Der Signauer Landvogt schon gar nicht. Auch Schultheiss Daxelhofer ist kein Gessler. Heute fällt es nicht mehr so leicht, Gut und Böse zu erkennen. Würde einer der feinen Herren von Tells Pfeil getroffen, so wäre am nächsten Tag schon sein Nachfolger im Amt, und der wäre womöglich um keinen Deut besser.

Mit solch düsteren Gedanken über die Oberkeit im Kopf kann Ueli Galli den von der ganzen Landschaft verlangten neuen Huldigungseid nicht leisten. Als eine Berner Ratsdelegation die Bevölkerung des Amtes Signau zum Eid zusammenruft, bleibt er zu Hause. Sein Fehlen entgeht den Herren nicht. Am 29. November reklamieren sie bei Vogt Herport: «es vernemmind Ihro Gnaden dass der gewesene redlifhürer ulli galli undere seines schicaments, zu gricht sitzind, und aber den allgemeinen eidt der underthanen nit praestiert. weilen nun I.G. dergleichen gesellen an ihren gerichten nit dulden könnind, so wellind dieselben, dass er sie vom grichtssitz usschliessen, und dergleichen orth ihnen nit gestatten sölle, bis dass sie sich ame gehörigen orthen yngestellt und angedüten eidt praestiert haben werdind...»

---

5 Im Januar 1642 gab der Rat den Vögten noch die Anweisung, sie hätten «des saltzes preisminderung halb müglichste hoffnung ze geben». Damit war das Geschäft für ihn abgeschlossen.

Am liebsten möchte Beat Herport die Sache versanden lassen; als aber anfangs Februar 1642 eine erneute Anfrage aus Bern eingeht, die dazu noch die rechte religiöse Einstellung Ueli Gallis in Zweifel zieht, muss der Vogt den Galli und vermutlich auch Niklaus Zimmermann zur Eidshuldigung nach Signau aufbieten. Gegenüber dem guten Herrn Herport fällt die Huldigung offenbar leichter. Die alten Gerichtssässen leisten so «gutwillig ire pflicht, neben anderem underthenigem erpieten», dass es den Gnädigen Herren «gantz lieb gewesen zevernemmen» (durch Herports lobenden Bericht nach Bern). Jetzt fordern die Ratsherren den Signauer Vogt jedoch auf: «Im übrigen sein Gallis Hausfrauw, so der teüfferischen sect anhengig sein soll, antreffend werd er (Herport) gegen Ine (Galli) laut mandats ze procedieren wüssen.» Trotz diesem klaren Befehl lässt der Vogt die Familie auf dem Giebel im Eggiwil in Ruhe, und die Herren in Bern scheinen den ‹Redliführer› langsam zu vergessen.

Wie die alte Post hintendrein bringt im Jahr 1644 auch noch die Landschaft Emmental ihre Begehren vor.

Den Anstoss dazu gab ein Streit um den Ehrschatz des Ulrich Leuenberger selig. Der reiche Erblasser hatte im Lindenholz bei Madiswil gewohnt, im Amt Aarwangen. Sein Besitz reichte aber über die Grenzen hinweg ins benachbarte Amt Wangen und ins Gericht Huttwil (Amt Trachselwald). Vogt Steiger von Aarwangen verlangte die ganze Steuer. Dagegen wehrte sich insbesondere Beat Minder, Gerichtssäss von Huttwil und Vertreter seiner Gemeinde 1641 in Langnau. An Versammlungen in Madiswil wurden Klagen gegen Herrn Steiger zusammengetragen: er erhebe viel mehr Abgaben, als früher üblich gewesen seien. Aufgrund des Thunerbriefs glaubte man sich im Recht.

Beat Minder und Hans Leuenberger verlangen deshalb beim alten Säckelmeister im Adelboden (vor Trachselwald) den Thunerbrief heraus. Vorerst erfolglos. Im zweiten Anlauf treffen sie seine Frau alleine an. Sie geben ihr an, sie brauchten den originalen Brief[6], um dessen Beschaffungskosten einzutreiben – sie müssten dafür jedem gemeinen Mann zwei Batzen abfordern.

Die List gelingt. Doch lässt der Alt-Säckelmeister Ryser nicht mit sich spassen. Nach seiner Heimkehr verzeigt er die Leuenbergerschen Erben beim Vogt.

Im Verhör auf Schloss Trachselwald legen Minder und Leuenberger ihre Beschwerden vor. Landvogt Lerber rät ihnen, die Punkte aufzusetzen und

---

6 Offen bleibt die Frage, ob damit das Original des Thunerbriefs oder eine beglaubigte Abschrift für die Landschaft Emmental gemeint war.

den Gnädigen Herren in Untertänigkeit vorzutragen. So geschieht es. Am 17. Februar 1644 erscheint eine Delegation der Landleute (gleichentags auch beim Vogt von Sumiswald) mit folgenden Begehren:
1. Sie möchten wieder einen Landeshauptmann haben.
2. Dass jedem der Salzhandel erlaubt werde, damit es leichter zu erhalten sei.
3. Die Handwerkszünfte auf dem Land seien abzustellen. Lehr- und andere Löhne stiegen aufs höchste!
4. Die Schuldboten sollen genügende Bürgschaft leisten, damit der Schuldner im Falle einer Unterschlagung sein Geld wieder erlangen könne.

Der neue Landessäckelmeister, Hans Wüthrich von Brandösch, bringt das Schriftstück nach Bern.

In der Folge kommt die Oberkeit den Untertanen im Emmental nur im Punkt 3 durch eine neue Verordnung halbwegs entgegen. Vogt Lerber von Trachselwald hat sich vehement gegen die Wiedereinführung eines Landeshauptmanns gewehrt: Der würde dem Ansehen des Amtmanns stark schaden! Das Landvolk würde den Landeshauptmann in höheren Ehren halten als den Landvogt.

Alexander Ryser, der ehemalige Säckelmeister vom Adelboden, gilt zumindest in der weitverzweigten Familie Leuenberger als Verräter. Trotzdem wird er noch fast ein Jahrzehnt lang mit dem jungen Niklaus Leuenberger[7] vom Schönholz zu Gericht sitzen.

Als er 1651 mit Landweibel Kühni, einem weiteren Trachselwalder Gerichtssässen, in Streit gerät, kommt der alte Hader zum Vorschein: Klaus Leuenberger spricht vehement gegen Ryser.

Chronik Schenk - RM Bern 19./25./27./31.8., 3./9.11. 1641, 9./26.2. 1642, 23.2. 1644 - Landolt 43-49, 66-68, 122-124, A26-28, A54 - Wahlen/Jäggi 44f. - Ämterbuch Trachselwald A 221, 226f. - Ämterbuch Aarwangen A 59-61, 81-86 - Bürki 94-118

---

7 Der Verwandtschaftsgrad der Familien Leuenberger-Schönholz und -Lindenholz ist mir unbekannt.

Wie die Zürcher Herren den Wädenswilern ihre Freiheitsbriefe rauben

1644 verlangte die Zürcher Regierung von den Bauern eine «Gutsteuer». Dagegen erhoben sich zunächst die Bauern in der Grafschaft Kyburg. Regierungsgesandte wussten ihnen aber ihren Widerstand auszureden. Durch eine Abordnung baten die Kyburger den Grossen Rat der Stadt um Verzeihung ihres Frevels.

Weit besser unterrichtet treten die Landleute vom See von Wädenswil und vom Knaueramt auf. Sie berufen sich auf ihre alten Urkunden: Wie sie vor Jahren vom Johanniterorden an Zürich gelangt seien, habe man sie als freie Burger aufgenommen, nicht als Untertanen, über welche die Regierung ohne Rückfrage verfügen dürfe. In den Waldmannischen Briefen von 1489 heisse es: wenn die Oberen von Zürich eine Steuer auf die Stadt legten, so dürften sie dieselbe auch auf das Land legen. Die «Gutsteuer» aber werde nur dem Landvolk abverlangt. Derselbe Freiheitsbrief gestatte den freien Markt und das freie Handwerk. Und: Wenn die Landleute zu klagen hätten, so sollten sich zwei oder drei Kilchörinen zusammentun, aus jeder Kilchöri 10 oder 20 Mann ausschiessen und ihre Anliegen in der Stadt vorbringen, damit die Missstände abgestellt würden.

Demgemäss finden sich die Seegemeinden zusammen und reichen der Regierung durch Abgeordnete ihre Beschwerden ein. Dies sieht der Rat von Zürich als todeswürdiges Verbrechen an und lässt die Anführer der Bittsteller – vier Wädenswiler und drei Knauer – als Rebellen verhaften. Sie werden zum Tod verurteilt und enthauptet. Ihr Vermögen wird eingezogen; der Herrschaft Wädenswil spricht man die hohe Gerichtsbarkeit ab und lässt ihren Galgen im See versenken.

Als sich die Regierung des Gehorsams der übrigen Ämter versichert hat, hebt sie Truppen aus, um die angeblichen Aufrührer gehörig zu strafen und für immer ruhig zu machen.

Am 21. September (alten Stils) landen Generallieutenant Leu und Oberst (Johann Konrad) Werdmüller mit sechzig Schiffen voller Soldaten in Wädenswil. Sie lassen die Bewohner der beiden widerspenstigen Gemeinden wie eine Herde Schafe auf einer Matte zusammentreiben. Hier müssen die verängstigten Landleute, von den Truppen umstellt, eine Schelte über sich ergehen lassen: sie seien Rebellen, Friedensstörer und meineidige Leute, die ihr Leben verwirkt hätten. Da sie aber kniefällig um Gnade bäten, solle es ihnen geschenkt sein, nur sollten sie unbedingten Gehorsam schwören, all ihre Waffen abgeben, die Hauptschuldigen und auch ihre unheilbringenden alten Freiheitsbriefe ausliefern. So geschieht es. Der Generallieutenant lässt den gewöhnlichen Eid – aus welchem er zuvor alle Stellen, welche die

Wie die Zürcher Herren den Wädenswilern ihre Freiheitsbriefe rauben 129

Freiheiten des Landes garantieren, gestrichen hat – herunterlesen und von allen, im Beisein von Weibern und Kindern, beschwören. Die «Erzrebellen» werden festgenommen.

In der Folge lassen die Herren die Steuer fallen, erklären aber die alten Urkunden für nichtig und rauben den Landleuten damit die letzten Freiheiten.

Mühlestein 380f. – Wahlen/Jaggi 22 – Hidber 210–213

Der grosse Frieden

Im Dezember 1646 fährt Herr Johann Rudolf Wettstein auf einem Rheinschiff nach Westfalen, um die Eidgenossenschaft bei den europäischen Friedensverhandlungen in Münster zu vertreten.

Diese Reise ist umstritten. Selbst in seiner Heimatstadt Basel ist der Machtmensch Wettstein vielen nicht ganz geheuer – als Sohn eines zugezogenen Zürcher Oberländers hat er in jungen Jahren eine viel ältere Frau aus dem Daig[1] geheiratet, eine Falkner. Mit ihr lebt er seit Jahrzehnten im Streit, doch nutzte er die verwandtschaftlichen Bindungen zum Aufstieg an die Spitze der Macht: er besetzte die einträglichsten Vogteien, als Münzverwalter kam er auf zwielichtige Art zu Vermögen, seit dem Vorjahr ist er Bürgermeister. – In den katholischen Orten scheute man die Kosten für eine eidgenössische Delegation nach Westfalen. Ein verständlicher Einwand: Die Friedenskonferenz, eingebettet in protzige Festivitäten der Herren Diplomaten, dauern bereits drei Jahre an, und ein Ende ist nicht abzusehen.

So vertreten Wettstein und sein junger Sekretär und Vetter Hans Rudolf Burckhardt nur die reformierten Orte der Eidgenossenschaft. Ihre finanziellen Mittel sind beschränkt. Die Basler Delegation haust in bescheidenen Dachkammern und ist auf Mietgäule angewiesen. Wettstein schimpft wie ein Rohrspatz auf die «knauserige Misere», den «armseligen Stand» der Eidgenossen, ihre «liederlichen» Schreiben und auf seine unfähigen Begleiter. «Wie Sklaven und Bettler» würden sie behandelt. Zudem leidet der arme reiche Mann unter der Gicht.

Auf diplomatischer Ebene ist Wettstein allen Widerwärtigkeiten zum Trotz erfolgreich: Im Oktober 1647 erlangt er ein Dekret des Kaisers, worin dieser bestätigt, die 13örtige Eidgenossenschaft samt ihren Zugewandten und Gemeinen Herrschaften sei dem Reich und dessen Gerichten nicht mehr unterworfen.[2] Ein Jahr darauf darf die Schweizerische Eidgenossenschaft den endgültigen Friedensvertrag mitunterzeichnen.

Damit anerkennen die europäischen Mächte die Schweiz als selbständiges, unabhängiges Staatswesen. (Es ist ein offenes Geheimnis, dass dies auf Betreiben Frankreichs zustandekam.) Überhaupt ist das einst so stolze Deutsche Reich in einzelne Fürstentümer verschiedener Konfession zerfallen. Dieser verheerendste Krieg der Menschheitsgeschichte hinterlässt nur Tod, Elend und bittere Not, keinen Sieger ausser den wenigen Ländern, die sich aus den Wirren lange herauszuhalten vermochten: Frankreichs Macht

---

1 der Teig: die mehrbesseren Basler Familien
2 Der Streit mit dem deutschen Fuhrmann Florian Wachter, der die Stadt Basel beim Reichskammergericht verklagte, war der eigentliche Anlass zu Wettsteins Reise.

ist angewachsen, und auch die Eidgenossenschaft als Insel des Friedens erscheint nun als eine Insel des allgemeinen Wohlstands.

Wettsteins Erfolg wird im Schweizerland rundum gewürdigt, wenn auch unter etwas unterschiedlichem Blickwinkel. Die Oberen feiern die längst fällige Anerkennung ihrer Eidgenössischen Tagsatzung als unabhängigen obersten Gerichtshof des Landes, das Ende der Querelen mit dem kaiserlichen Reichsgerichtshof. Der betrachtete sich bis anhin auch für das Gebiet der Schweiz als zuständig, besass jedoch nicht mehr die Macht, seine Urteile durchzusetzen.

Im Volk dagegen spricht man stolz davon, wie der habsburgische Kaiser jetzt den alten Bund der Eidgenossen, die Freiheit der tapferen Schweizer Landleute, anerkannt habe.

Julia Gauss: Bürgermeister Wettstein und die Trennung der Eidgenossenschaft vom Deutschen Reich. Basel 1948. 13-33 – Mühlestein 231 f. – Heutelia 184, 387 f. – Tillier 125-131 – Hidber 209 f.

Landjegi

Mitten in der Berner Spitalgasse, die vom Stadttor beim Christoffel zum Käfigturm hinunter führt, blickt ein steinerner Dudelsackpfeifer von seinem Brunnensockel auf die Leute hinab. Eine Gans reckt ihren Hals zur Sackpfeife empor, und unter der Figurengruppe verkündet ein Spruchband: «Der Pfyffer Freiheits Brief 1507».

Natürlich waren die Spielleute und Gaukler zu keiner Zeit eine ehrbare Zunft der Stadt. Die Gans, die im tönenden Sack ihresgleichen zu suchen scheint, ist auch nicht gerade ein Ehrenzeichen für den wackeren Pfeifer. Doch seit 1507 – und daran erinnert der Brunnen – ist die Bruderschaft der Spielleute von den Stadtvätern anerkannt. Das war die rauhe Zeit der Italienkriege. Mancher invalide Heimkehrer ist damals schuldlos zum Bettelmusikanten geworden. Seither haben die Berner Spielleute ihr eigenes Stammlokal, den ‹Storchen› an der Spitalgasse, und hintenaus in der Schauplatzgasse können sie ihre Künste zum besten geben. Keiner von ihnen darf mehr ohne Grund aus der Stadt gejagt werden; am Martinifest führen sie ganz offiziell im Solde der Oberkeit den grossen Umzug an.

Auswärtiges Gesindel hingegen wird von der hohen Burgerschaft nicht geduldet. Die Berner Herrenleute sind stolz auf ihre saubere, schöne Stadt mit den modernen, übergrieneten Strassen und Gassen, da wo sich zu Grossvaters Zeiten noch Schweine und Gänse tummelten und Holzbeigen – sogar Misthaufen! – die Lauben verunstalteten. Gern gesehen sind durchreisende höfische Komödiantentruppen oder Sprungartisten von Weltruf, die bei dieser Gelegenheit meist vor den Häuptern der Berner Burgerschaft ein exklusives Gastspiel geben. Die fahrenden Sänger aber, die ihre billigen, gedruckten Liederheftchen von Märit zu Märit feilbieten, werden hart angefasst. Ihr Gesang von Unglücksfällen, Verbrechen und den Wundertaten Gottes sticht den Damen und Herren in die Nase: ganz abgesehen davon, dass das eine oder andere Lied unzweifelhaft als staatsfeindlich oder unsittlich einzustufen ist, sind die Darbietungen kunstlos und aufdringlich. – Auch gegen die unanständigen Grempler, die vor dem Kaufhaus in der Vorderen Gasse altes Eisen, Bettfedern und anderen Hausrat unter die Leute bringen, müssen die Stadtknechte vorgehen. Fremde Seiltänzer, Zauberer oder Theatergruppen brauchen in jedem Fall eine oberkeitliche Genehmigung für ihre Auftritte und werden allenfalls aus der Stadt verjagt.

Dabei ist die Berner Oberkeit nicht die leideste. Es war halt schon immer so: Das freie Leben der Gaukler ist eine Verlockung... ein Wunschtraum für die Bauern und Handwerker, die fest an ihren Flecken gebunden sind. Solches fahrendes Volk gefällt keiner Oberkeit.

Alle diese Schausteller und Spielleute sind jedoch harmlos im Vergleich zu den umherschweifenden Banden, die sich nicht bloss vom Betteln und Pfannenflicken ernähren, sondern auch Reisende überfallen und nachts abgelegene Häuser ausplündern. Immer wenn dieses Bettelvolk zur Plage wird, setzt die Regierung eine ‹Landjegi› fest. An einem bestimmten Tag schwärmt in allen bernischen Ämtern der Landvogt an der Spitze eines Trupps von zuverlässigen Uszügern aus, um müssiggehende, fremde Personen festzunehmen. Nach einem Verhör auf dem Schloss wird er die meisten Gefangenen mit einer gehörigen Verwarnung wieder ledig lassen. Wer ihm aber gemeingefährlich scheint oder zu wiederholten Malen wegen Müssiggangs aufgegriffen wird, der riskiert die Landesverweisung. Mit einem Brandzeichen auf der Stirne führt man den Sünder aus dem Bernbiet.

In den letzten Jahren verliefen die Landjeginen im oberen Emmental wenig dramatisch. 1644 wurden bei der Landjegi im Amt Signau ganze zwei Personen eingebracht. Im Eggiwil müssen jede Woche einige Uszüger «der fremden Bättleren wegen umgehen». Der Wirt Samuel Burgdorfer erhält 10 Pfund für deren Verzeichnis; dafür muss er notfalls auch sein Haus als Chefi zur Verfügung stellen. Aber niemand nimmt hierzulande die Bettlerjagden so richtig ernst.

Ganz anders schlägt die Oberkeit drunten in den Freien Ämtern zu, in jener von sieben Eidgenössischen Orten[1] abwechselnd verwalteten Gemeinen Herrschaft: Allein im Städtchen Bremgarten sind innerhalb eines einzigen Jahres (1639) 236 «Landstreicher» und «Missetäter» hingerichtet worden – beinahe ein tägliches Schauspiel!

> Wer sind denn diese armen Menschen, die so haufenweise sterben müssen? Der gesunde Menschenverstand verbietet anzunehmen, dass in Bremgarten derart viele todeswürdige Verbrechen begangen werden, während das Emmental friedlich dahinschlummert. Es mag unter den Hingerichteten gefährliche Wegelagerer und Mordbrönner haben, die nach dem Gesetz den Tod verdienen; die meisten aber sind harmlose Dirnen, kleine Diebe, Zigeunersippen, fahrende Korber und Kesselflikker ohne Arbeit, besitzlose Flüchtlinge aus deutschen Landen, welche die Not zur Landstreicherei und zu Munddiebstählen zwingt. In der Umgebung des reichen Kurorts Baden, des Sitzes der Tagsatzungskonferenz, finden sie wohl das beste Auskommen; im Niemandsland zwischen Zürich, Bern und Luzern sind sie mit ihren hässlichen Brandzeichen noch am ehesten geduldet. – Dass die Oberkeiten nichts Gescheiteres zu unternehmen wissen, als die verschüpften Gestalten am Ende hinzurichten, ist ein trauriges Kapitel der Geschichte.

---

[1] Zürich, Luzern, Uri, Schwyz, Unterwalden, Zug und Glarus. An der Verwaltung der Herrschaft Baden war zudem Bern beteiligt.

Der Versuch der Regierungen, die obdachlosen Menschen – deutsch und deutlich gesagt – einfach auszurotten, scheitert zusehends. Gegen Ende des grossen Krieges sind es die heimkehrenden Söldner, die das Land überfluten. Da sieht man rohe Gesellen, die zeit ihres Lebens nichts als das Kriegshandwerk erlernt haben. Ihrer alten Heimat, dem gutschweizerischen Bauernfleiss, haben sie sich gründlich entfremdet. Stets haben sie sich im Vorüberziehen auf den Feldern einfach genommen, was sie zum Leben brauchten, den Bauern die Keller geplündert und die Fässer geleert; ganz selbstverständlich haben sie das uralte Recht des Stärkeren für sich in Anspruch genommen. Jetzt, zurück in der Schweiz, womöglich noch mit einem steifen Arm oder Bein, hocken sie tatenlos in den Wirtshäusern herum, ohne rechte Arbeit. Die Zunftgesellschaften in den Städten und Dörfern tragen dazu bei, dass den Rückkehrern der Zugang zum Handwerk verwehrt bleibt, und auf dem mit Taunern beladenen Land sind zusätzliche Arbeitshände nur in der ärgsten Erntezeit vonnöten. Wer eine Schlafkammer mit einem Laubsack drin bei seiner alten Familie ergattern kann, dafür ab und zu auf dem Feld aushelfen darf, zählt noch zu den Glücklichen.

Aber ist das ein Leben für einen tüchtigen Soldaten, der für den Glauben und eine Handvoll Münzen in mancher Schlacht sein Leben riskiert hat? Wie soll es einer, der die Welt von Paris bis Berlin, von Mailand bis Amsterdam gesehen hat, als gerade noch geduldeter Fremdling in so einem Entlibucher oder Emmentaler Krachen hinten aushalten?

In ihrer Erniedrigung suchen die ehemaligen Landsknechte Zuflucht in der Pintenschenke, wo sie den Bauersleuten gerne ihre haarsträubenden Abenteuer zum besten geben, ihre Heldentaten immer wieder mit den schillerndsten Ausschmückungen versehen, wenn sie dafür nur ein Halbeli Wein erhalten. Nach einigen Wochen aber lässt das Interesse der Zuhörer an den fabulösen Kriegsgeschichten meist nach, und kein naiver Einheimischer lässt sich mehr auf trickreiche Kartenspiele und Wetten ein. Nun ist guter Rat teuer... die Herren der Welt hocken bei den Friedensverhandlungen, und ihre treuen Söldner lassen sie wie Fische auf dem Trockenen liegen! Immer mehr von diesen entschliessen sich, ihr Schicksal selber in die Hand zu nehmen; sie schliessen sich den heimatlosen Bettelbanden an, stellen sich an deren Spitze. Und prompt haben die Regierungen mehr Mühe mit ihren Jeginen. Diese verfolgten Landstreicher wissen sich zu wehren. Im Fall einer Landjegi warnen sie sich gegenseitig; rasch sind sie über die Grenze hinweg verschwunden, um Tage später wieder in ihrem gewohnten ‹Revier› aufzutauchen.

1646 gehen die Gnädigen Herren von Bern soweit, jedermann das Recht einzuräumen, verdächtiges Gesindel «von selbsten niederzumachen und sich also desselben mit prügeln und erschiessen würklich zu entledigen».

Am 2. August 1647 beginnt in der ganzen Eidgenossenschaft eine grosse

Landjegi. Drei Tage dauert sie an. Erklärtes Ziel der Jagd ist diesmal «müssiggehendes Gesindel, das als gezwungene Soldaten kann gebraucht werden» – die kräftigen Kerle also. – Die Gefangenen verbringen den folgenden Winter im Berner Schellenwerk: gruppenweise an einen Karren gekettet wischen sie die Strassen der Stadt, putzen die Kloaken und beigen den Kehricht auf ihr Gefährt.[2] Im Frühling übers Jahr schicken die Herren die tauglichen Männer aus der grossen Landjegi nach Zürich, weiter nach Italien und in Galeeren über das Meer bis nach Dalmatien, wo sie im Solde Venedigs gegen die Türken kämpfen müssen. Dieser Menschenhandel befördert das Bettelvolk ein für alle Mal ausser Landes und bringt den Herren von Zürich und Bern erst noch eine Stange Geld ein. Oberkommandierender der gezwungenen Truppen ist der Zürcher Johann Rudolf Werdmüller. Er ist brutal streng. – 1651 kehrt er beutebeladen zurück, zusammen mit einem Häufchen Soldaten, die gerade noch ihr Leben retten konnten.

Einen erschütternden Höhepunkt erreicht das Söldnerelend 1649: Frankreich hat seine Schweizer Söldner, als der Krieg abflaute, nach und nach ohne Sold heimgeschickt. Jetzt werden auf einen Schlag sechzehn Kompanien ohne jede Bezahlung und in der furchtbarsten Entblössung entlassen. Nach einigem Bitten und Betteln erhalten die Hauptleute schliesslich einige Nothilfe aus dem Vaterland, um den Heimweg zu bestreiten. Die Soldaten aber sterben auf dem Rückmarsch in die Heimat zu Dutzenden vor Hunger, Kälte und Elend aller Art. Ihnen nützt es wenig, dass die Eidgenossenschaft im folgenden Jahr vom Französenkönig eine Riesensumme an rückständigem Sold ausbezahlt erhält.

Unter den Landstreicheraffären dieser Jahre im oberen Emmental erhitzt die Geschichte der aussätzigen Mutter und Tochter Zaugg die Gemüter. Mehrmals entweichen die beiden Frauen aus dem Siechenhaus unten im Signauer Lichtgutgraben. Als böse, hässlich beschaffene Weibsbilder werden sie beschrieben, von denen ein abscheulicher Giftgestank ausgehe. Die Mutter soll sich einmal in Goldbach in einen Esel verwandelt haben, ein andermal bei Siegenthal zusammen mit der Tochter in zwei Stecken. Durch Verwünschungen haben sie dem Jakob Bütler fünf Kühe und zwei Gusti absterben lassen, dem Bauern auf der Holder ein Gusti und eine Geiss, den Geissbühlers eine Stute und eine gebärende Kuh samt Kalb. Die junge Zaugg hat zudem ein säugendes, uneheliches Kind bei sich, dem sie mit Worten den Tod angedroht hat.

Die beiden Frauen werden nach ihren Fluchten jeweils bald wieder gefangen. Als sie trotz Folterung auf Schloss Trachselwald nichts gestehen und

---

2 Der Unterhalt der Landstrassen dagegen war Untertanenpflicht.

von neuem verwahrt werden sollen, entsteht ein regelrechter Streit zwischen zwei Gemeinden: Erst wird die Mutter ins Siechenhaus von Signau eingeliefert, die Tochter nach Höchstetten, weil sie dort heimatberechtigt sei. Nun will Signau auch die Alte loswerden. Der hohe Rat der Stadt Bern beschäftigt sich mit der Angelegenheit und kommt zum Schluss, die Mutter gehöre ebenfalls nach Höchstetten, weil sie dort verheiratet gewesen sei. Die Höchstetter meinen aber, das komme nun wirklich nicht in Frage. Schliesslich – im Winter 52/53 – wird die alte Zauggeren mit einem Siechenmantel versehen an die bernische Grenze gestellt. Die Junge soll, weil noch Hoffnung besteht, im Siechenhaus auf dem Breitfeld nahe der Stadt vom Malezey-Schärer kuriert und folgends ihrer Mutter nachgeschickt werden.

von Rodt 48 – Mühlestein 493 – Tillier 124f., 134, 421–423, 462f. – Amtsrechnung Signau 1644, 1647, 1649 – Friedli, Guggisberg 304, 453, 541 – Christian Rubi: Die Siechenhäuser zu Grosshöchstetten und Signau. BZGH 1940/2, 93–100 – Mandatenbuch Bern 1642, 1646, 1647 – Karl Howald: Der Dudelsackpfeifer auf dem Storchenbrunnen. Berner Taschenbuch 1871, 208–248

Der Eggiwiler Predikant

Nachdem die Eggiwiler 1645 die Ufrichti des neuen Pfarrhauses mit einem Volksfest gefeiert haben, naht der Tag, wo das Dorf zur selbständigen Kilchöri mit eigenem Predikanten und eigenem Chorgericht erhoben wird. Das Pfarrhaus bedarf noch einer würdigen Einrichtung. Ein Buffet und ein Schäftli mit Schloss und Einlegearbeiten, auch ein Banktrögli mit Eisenspangen schmücken bald die Stube. Den Ofen muss jeweils der Wirt und Nachbar Samuel Burgdorfer mit seinem Holz heizen. Es stand wohl im Willen des Herrn, dass die neue Pintenschenke direkt neben Kirche und Pfarrhaus ihre Pforten öffnete. Der Kilchenchor erholt sich denn auch nach der Predigt auf Kosten der Gemeinde im Wirtshaus.[1]

Ende 1648 zieht der erste Predikant mit seiner Frau ins Eggiwil. Er heisst Daniel Schaffner und stammt aus Brügg bei Biel. Ein komischer Kauz ist dieser Pfarrer. Rasch lässt er den Ofen im neuen Haus abbrechen und nach vorne versetzen. Den Arbeitslohn dafür verweigert er dem Schlosser solange, bis dieser ihn beim Oberchorgericht in Bern verklagt. Der geistliche Herr ist ausgesprochen lebenslustig: Im ersten Jahr seines Amtes verbraucht er die erkleckliche Summe von 300 Pfund (während sein Kollege in Signau mit ganzen 88 Pfund haushaltet). Man sieht ihn bald mehr im Wirtshaus als zu Hause.

Pfarrer Schaffner wird gar Opfer eines Attentats: «Den 25. Septemb. 1649 wahr ich, Daniel Schaffner, Predikant im Eggenwyl, morgen früe umb 4 uhr mit einem Stein ohngefahr dritthalb Pfund haltend zu dem Fenster yhn beworfen, dass ich zu Boden gesunken und ein halbstund nit mehr reden können.» – Der Täter ist der Tischmacher Christen Zaugg von Röthenbach, der gegenwärtig im Pfarrhaus arbeitet. Am Abend zuvor hat er Drohungen gegen den Predikanten ausgestossen. «Er ward jämmerlich gestrecket [auf der Strecki in der Folterkammer des Schlosses Signau] eh er zur Bekanntnus gebracht ward.» Anfangs November bringt man Zaugg nach Bern und examiniert ihn dort, bis er seinen Schwager in der Tennen und den Ueli Stauffer von der Luchsmatt als Mittäter angibt.

Etwas riecht faul an der Sache, wird doch Zaugg trotz seinem Eingeständnis der schweren Freveltat begnadigt. Wahrscheinlich hatte er einen guten Grund für seinen Racheakt. Wer den Lebenswandel des Eggiwiler Predikan-

---

1 Die Oberkeit bemühte sich im 17. Jh., den Kirchenchor durch den Gemeindegesang nach der Orgel zu ersetzen. Das Unterfangen gelang nicht einmal in der Stadt Bern. Im Eggiwil fehlte ohnehin die Orgel – der Vorsänger übernahm ihren Part. (Christian Rubi in: Der Bund 16. 5. 1981 – Tillier 442)

ten näher kennt, könnte leicht auf den Gedanken kommen, dass dieser sich an einem weiblichen Mitglied der Familie Zaugg vergriffen habe. Trotz allem, was man sich so erzählt, ist Ueli Galli mit der Pfarrersfamilie gut befreundet. Seit August ist er Götti der kleinen Susi Schaffner.

Steiner 25-27 - Taufrodel Eggiwil 1648, 1649 - Amtsrechnung Signau 1645, 1648, 1649, 1651 - CGM Bern 21.2. 1651 - RM Bern 1.11., 6.11., 27.11. 1649

Das Chorgericht

Am 5. November 1648 vereidigt Vogt Marquart Zehender vor der versammelten Gemeinde Eggiwil zusammen mit dem Predikanten das erste Chorgericht: Die sechs Männer schwören, dass sie der Stadt Bern Treue und Wahrheit leisten, nach den Satzungen und dem Richtscheit des göttlichen Wortes richten, strenges Stillschweigen bewahren und ohne zwingende Gründe den Sitzungen nicht fernbleiben wollen. Nach dem Willen der Herren von Bern sollen «alte, ehrbare, ansehnliche und tugendliche Personen, deren Straf und Warnungen bei den andern etwas gelten mögen» das Chorgericht besetzen. Nicht umsonst heisst es «die Ehrbarkeit» (im Volksmund nennt man die Chorrichter auch «Ehegäumer», weil sie sich vor allem mit Ehestreitigkeiten und Seitensprüngen zu befassen haben). Fast selbstverständlich gehört im Eggiwil Ueli Galli – inzwischen ist er 59jährig geworden – an erster Stelle dazu. Neben ihm bleibt heute Samuel Burgdorfer, der Wirt, zur ersten Chorgerichtstagung in der Kirche stehen, auch Michel Haldimann von der Holzmatt, ein guter Freund der Familie Galli. Fälle sind noch keine zu behandeln, doch verliest Predikant Schaffner die bernische Chorgerichtssatzung:

«Die Chorrichter sollen nit allein Befehl haben, auf die Ehesachen zu achten, sonders in gemein ob allen Unserer Christenlicher Disciplin, gemeiner Zucht und Ehrbarkeit ausgangenen Satzungen mit höchstem Fleiss und Ernst zu halten, und die Übertreter derselbigen, es seyen Weibs- oder Mannspersonen, zu beschicken, zu rechtfertigen, und nach Laut der Satzungen und Mandaten zu strafen: Als da sind Gotteslästerer, Sägner, Teüfelsbeschwerer, mutwillige Verächter und Versäumer der Predigen des heiligen Göttlichen Worts und heiligen Sacramenten, Ungehorsame gegen die Eltern, Huerer, Ehebrächer, Kuppler, trunkene Leut, Tänzer, offentliche Wuecherer, Spieler, unnütze Müssiggänger, die so üppige Kleider tragen, auf Kirchweihenen laufen, in Mummereien und fasnachtsbutzenweis umblaufen, Fasnachtsfeur machen, nächtliche Unruhen anrichten, oder spat in Zächen bis in die Nacht verharren, liederliche Winkelwirt und was sonst dergleichen mehr ergerlicher Leuten sind, die Christenlicher Zucht und Ehrbarkeit zuwider handlen. Wo aber jemands in solchen und dergleichen Sachen so schwärlich sich verginge, dass er höherer Straf würdig möchte geachtet werden, sollen sie dasselbig an die Oberamtleut und da dannen an Uns oder Unser Chorgericht[1] langen lassen.»

In allen ‹maleficischen› (kriminellen) Sachen soll das Chorgericht kein

---

1 das Oberchorgericht in Bern

Urteil fällen, sondern diese dem weltlichen Gericht (Landvogt) unterbreiten.

In den Strafkompetenzen des Chorgerichts liegen Ermahnung, Warnung, Verweis, Geldbusse, Gefängnis bis zu drei Tagen, Abbitte vor versammelter Gemeinde und der Herdfall. Diese letzte Strafe besteht darin, dass der Sünder vor dem Chorgericht ein Kreuz auf den Boden machen, niederknien und es küssen muss. Alle schwereren Strafen werden von den Gnädigen Herren oder vom Oberchorgericht in Bern ausgesprochen.

Die Chorrichter sind im biblischen Sinne der Ältestenrat der Gemeinde. Folgende Bibelstellen sollen ihnen als Richtlinie dienen:

> 2.Mose 18, 21-22: Sieh dich aber um unter allem Volk nach redlichen Leuten, die Gott fürchten, wahrhaftig und dem Geiz feind sind, die setze über sie, etliche über tausend, über hundert, über fünfzig und über zehn, dass sie dasselbe allezeit richten; wo aber eine grosse Sache ist, dass sie dieselbe an dich bringen und sie alle geringe Sachen richten. So wird dirs leichter werden, und sie mit dir tragen.
>
> 2.Mose 23, 6-9: Du sollst das Recht deiner Armen nicht beugen in seiner Sache. Sei fern von falschen Sachen. Den Unschuldigen und Gerechten sollst du nicht erwürgen, denn ich lasse den Gottlosen nicht Recht haben. Du sollst nicht Geschenke nehmen, denn Geschenke machen den Sehenden blind und verkehren die Sache der Gerechten. Die Fremdlinge sollt ihr nicht unterdrücken, denn ihr wisset um der Fremdlinge Herz, dieweil ihr auch seid Fremdlinge in Ägyptenland gewesen.
>
> 5.Mose 1, 16-17: Und gebot euren Richtern zu derselben Zeit und sprach: Verhört eure Brüder und richtet recht zwischen jedermann und seinem Bruder und dem Fremdling. Keine Person sollt ihr im Gericht ansehen, sondern den Kleinen hören wie den Grossen und vor niemands Person euch scheuen, denn das Gerichtsamt ist Gottes.
>
> 2.Chronik 19, 6-7: Und sprach zu den Richtern: Seht zu, was ihr tut, denn ihr haltet das Gericht nicht den Menschen, sondern dem Herrn, und er ist mit euch im Gericht. Darum lasset die Furcht des Herrn bei euch sein und hütet es und tut es, denn bei dem Herrn unserem Gott ist kein Unrecht nach Ansehen der Person noch Annehmen des Geschenks.

Der Predikant waltet als Schreiber des Chorgerichts. Er stellt in der Gemeinde eine Art Spione an, die Heimlicher, die ihm anzeigen, wer gegen Sitte und Anstand verstösst. Das Gericht tagt alle vierzehn Tage nach der Predigt, auch dann, wenn nichts zu behandeln ist – so will es die Chorgerichtssatzung.

Nach diesen langen und ausführlichen Belehrungen haben die sechs älteren Männer von der Eggiwiler Ehrbarkeit fürs erste die Köpfe voll.

Die nächste Sitzung[2] in der Adventszeit bringt bereits den ersten Straffall: Hans und Ueli Hirschi haben auf des Äschbachers Hochzyt zum Tanz und Kilt aufgespielt. Die beiden Musikanten werden mit 10 und 5 Batzen gebüsst. Ganze dreimal muss das Chorgericht dieses Hochzyt noch behandeln, ehe alle Tänzer abgestraft sind.

Am Ostertag hat ein gewisser Jaggi einer Frau auf die Kleider gespeut (1 Pfund Busse). Im April ist die Reihe wieder an den beiden Spielleuten und an Ueli Stauffer, dem Jungen von der Luchsmatt, der unaufhörlich gegen den Predikanten redet, bis das Chorgericht zu seiner bisher härtesten Strafe greift und den Aufwiegler für 24 Stunden bei Wasser, Mus und Brot gefangensetzen lässt. Peter Salzmann von der Zimmerzei hat eine nicht würdige, ungerymbte und sündhafte Geschichte erzählt (1 Pfund Busse). Anna Badertscher hat sich mit Vater und Sohn Räber der Unzucht schuldig gemacht. Christen Röthlisberger ab Neuenschwand schickt seine Kinder schlecht zur Kinderlehre. Hans Schenk hat geflucht und nicht geredet, wie er hätte sollen, als ihn das Gewitter heimsuchte – er soll die Zunge zum Lob Gottes anwenden. Peter Gerber von der oberen Ey hat auf der Alp ein Meitschi bei den Füssen genommen und auf den Kopf gestürzt.

Mit diesen Sachen muss sich Ueli Galli in seinem Amt als Chorrichter herumschlagen. Zudem entstand bei der Gründung der Kilchöri Eggiwil ein Streit, der die Männer von der Ehrbarkeit sicher mehr beschäftigt als all die abgestraften Kleinigkeiten. Die Streitfrage lautet: Haben die Eggiwiler Anrecht auf einen Teil des Kirchengutes ihrer ehemaligen Kilchöri Signau? Schliesslich haben die hiesigen Hindersässen – die neu angesiedelten Talbewohner – ihr Einzugsgeld und ihre kirchlichen Steuern stets drunten in Signau entrichtet; dieses Geld gehört von rechtens wegen ins Eggiwil. Die Signauer sollen die Hälfte ihres Kirchengutes an die neue Kilchöri ausliefern.

Weiter unten an der Emme ist man da anderer Ansicht: die Leute im Eggiwil seien reich, besässen eigene, eingeschlagene Güter und eine grosse Allmend. Ihre Alpen reichten für die Sömmerung von 1200 Kühen. Hier unten in Signau hingegen verfüge man nur über eine kleine, sumpfige Allmend und wenig Kornplätze; das Dorf sei arm und habe in letzter Zeit auch viel mehr Fremde (welche ihr Einzugsgeld zum Kirchengut legten) angenommen als die Eggiwiler. Deshalb solle das Kirchengut ungeteilt in Signau bleiben. Die Ehrbarkeit im Eggiwil wird dem wieder entgegenhal-

---

2 Die Chorrichter hiessen auch «die Stillständer»: Im Anschluss an die Predigt versammelten sie sich stehend im Chor der Kirche. Nach Bedarf wurden die Sitzungen mitunter ins Pfarrhaus verlegt.

ten: die genannten Alpen für 1200 Kühe seien zum grössten Teil im Besitz von bernischen Burgerfamilien; zu allem Übel stellen diese Herren auch noch auswärtige Küher an, so dass die Einheimischen von ihrem Rämisgummen, der Bläuetschwendi, dem Gabelspitz und ähnlich prächtigen Alpen kaum mehr Nutzen haben. Ihr eigenes Vieh müssen sie hoch oben an der Furgge sömmern. Darum sind sie gewiss nicht zu beneiden. Auch nicht um den Einschlag der Güter. Das neu verteilte Land ist meist im Schachen unten gelegen; beim nächsten Aaschutz steht es wieder unter Wasser, und die Emme schwemmt die halbe Ernte nach Signau hinunter, wo sie die Dorfleute wohl in ihren Mäulern verschwinden lassen... so wird es sein.

Die Eggiwiler stossen mit ihren Argumenten bei Vogt Marquart Zehender auf taube Ohren. Doch nicht er, sondern der Kleine Rat der Stadt Bern muss in dieser Streitsache entscheiden. So bleiben die Gemüter im Oberemmental den ganzen Sommer über erhitzt, bis die Gnädigen Herren am 28. November 1649 endlich beschliessen: Signau solle das Kirchengut ungeteilt behalten wie von alters her. – Dieses Urteil gegen die Eggiwiler fällt just einen Tag nach der Begnadigung des Steinwerfers Christen Zaugg, und das ist kaum ein Zufall. Predikant Schaffner hat mit seiner undurchsichtigen Affäre der Kilchöri einen Bärendienst erwiesen.

Chorgerichtsmanual Eggiwil 1648 – RM Bern 28.11. 1649 – Gugger 23–28 – Ämterbuch Signau 2807 – Mitteilung Hans Schmocker (Bern)

Ueli Galli wird Grossvater

Schon vor zehn Jahren hat man auf dem Giebel im Eggiwil einmal ein Hochzyt gefeiert. Die Familie Galli erinnert sich ungern an diese Schande. Die Braut wollte in der Hochzeitsnacht nicht mit dem Peter schlafen; als sie über Wochen und Monate bei ihrer Weigerung blieb, erklärte das Oberchorgericht die Ehe für ungültig.

Doch führt Peter noch vor seinem Bruder Hans wieder eine Braut heim: das Vreni Schenk, ein Jahr jünger als er, vom Beyisatz. Diesmal gedeiht die Ehe besser. 1650 sind Vater Ueli Galli und Mutter Barbli schon Grosseltern zweier Mädchen. In diesen Jahren verlässt die junge Familie den Giebel; Peter arbeitet als Lehenmüller weiter unten im Tal, in Schüpbach.

Als im November 1648 das Eggiwil zur Kilchöri wird, weiss es der stolze neue Chorrichter Ueli Galli zu richten, dass beim allerersten Sonntagsgottesdienst der unabhängigen Gemeinde sein Sohn Hans sein geliebtes Vreni Hofer zum Traualtar führt. Das Vreni kommt von der Schwendi, dem Hof auf der gegenüberliegenden Talseite. Sein Vater ist vor kurzem verstorben; eine Frau, drei Söhne und zwei ledige Töchter hat er zurücklassen müssen. Vrenis Mutter ist eine geborene Haldimann, eine Schwester des Chorrichters Michel Haldimann. Die Familie ist mit Gallis eng befreundet.

Hans ist der jüngere der beiden Söhne. Er wird später einmal den Giebel übernehmen. Im Augenblick zählt sich Vater Ueli Galli aber noch nicht zum alten Eisen; ein paar Jährchen möchte er schon noch weiter bauern. Um den frisch getrauten Eheleuten das peinliche Warten auf das elterliche Heimet zu ersparen, lässt sie Vater Galli zu Teilhabern werden. Im Ehevertrag zeigt er sich von seiner grosszügigsten Seite:

> «Erstlichen hat des Hochzyters Vatter den jungen Ehlüten versprochen, sy zu ime in syn Hus und Heim uf und anzunehmen, mit Spys, Trank und rächter Bekleidung versächen und erhalten, und zum 3.Teil in Gwinn und Verlust in allen synen Güteren lassen ynstan, allein behaltet er Ime vor das beste Ross, sampt der... Winterung und Sümmerung und wenn er das verbruchte, ein anderes darzustellen und das jerlichen, so lang er im Läben. Wyters hat er Inen verstüret 1 Kuh und 1 ufgerüst Bett. So aber die jungen Ehlüt lieber allein wären und für sich selbs hushalten wollten, so wolle er Inen das ober Hus uff dem Berg yn- und übergeben, darzu ouch den dritten Teil Erdtrich oben har... abstecken lassen, dass sy die dritte Nützung haben mögent. – Wyters hat er versprochen, dass er den jungen Ehlüten den dritten Teil syner... (Hauseinrichtung), alles Buwgeschirr was man usserhalb der Husschwellen brucht samt dem dritten Teil aller äsigen Spys zu kouffen geben welle,

> und ein lydenlichen Märit daruf machen lassen. – Verners hat des Hochzyters Vatter dem Hochzyter versprochen, dass nach synem Hinschied, Ime Hochzyteren eint wäders Hus und Heimwäsen uf dem Gibel oder uf dem Berg samt zweichen Teilen synes zu nechst darum gelägenen und kumlichsten Erdtrichs nach ehren Lütten erkannt und sölle geschetzt und zugestellt werden. – Der ander dritte Teil, samt Hus und Heimwäsen an Weid & Mahd sölle als dann des anderen und elteren Son Peteren ouch nach biderer Lütten Erkanntnis werden und gevolchen.
> So aber Hans der jünger Son des Erdtrichs samenthafft begerte, so solle Peter sich ablösen lassen, und mit synem Bruder umb das Landträcht was zur selben Zyt billich ist, abschaffen. Hingegen und harwiderum hat der Hochzyteri Mutter, Barbara Haldimann, mit samt Irem Vettern, Hans Haldimann, zugesagt und versprochen, den jungen Ehlüten zu rächter Ehstür uszerichten 800 Pf. an richtigen Schulden, dass sy Inen die erzeigent, darzu auch ein Kuh und ein ufgerüst Bett oder das Geld dafür.
> Von welchiger Ehstür des Hochzyters Vatter zwen und die Hochzytlüt den dritten Teil Nutz, wo sy die Anwendung davon haben söllen. (...) Der Todesfall belanget, derselbig ist glych gesetzt, namlich wan eins vor dem anderen ohne gegenwärtig läbendig Lyberben mit Tod abgan würde, soll das Läbent syn zugebrachtes Gut vorus, und ab und us des abgestorbenen Verlassenschaft was ehren Lütt billich dunkt werden und gefolgen.
> Züge: Daniel Schaffner, Predikant; Michel Haldimann, Holzmatten; Peter Hofer, uf der Egg; Hans Haldimann, Schwendi; Christen Haldimann, Schwendimatt.

Hans und Vreni nehmen das gut gemeinte Angebot, das Zweithaus auf dem Berg einzurichten und allein zu haushalten, nicht wahr. Offensichtlich gefällt ihnen die Lebtig bei Vater und Mutter Galli auf dem Giebel. 1651 erhält das junge Paar noch ein weiteres Gut auf dem Schweissberg aus dem Erbe des wohlhabenden, früh verstorbenen Brautvaters; doch immer noch ziehen sie es vor, auf dem Giebel zu bleiben. Ein Umzug käme gar nicht in Frage, weil die junge Frau hochschwanger ist. Das Kind wird auf den Namen Verena getauft. Leider stirbt es noch in seinem ersten Lebensjahr.

1652 kommt Barbli als drittes der Galli-Kinder unter die Haube. Mit seinem Mann Daniel Stauffer zieht es in dessen Elternhaus, die Glashütte. Diesen Namen trägt eine Häusergruppe ob dem Eggiwiltal, halb oben am Chnubel. Hier lebt der alte Christen Stauffer mit seiner wenigstens sechsköpfigen Familie, auch der Jaggi Neuhaus, später einer der hartnäckigsten Rebellen im grossen Bauernaufstand. Ein weiterer Stauffer, der Cunrad, hat in der Glashütte seine Schneiderstube eingerichtet.

Ueli Galli wird Grossvater

Der Hofname verrät, dass hier in alter Zeit, vor 300 Jahren oder mehr, die Röthenbacher Mönche das Glaserhandwerk betrieben. Einiges spricht dafür, dass sich die Glaserei bis zu Daniel Stauffer erhalten hat, sollen doch die Brautleute das neue Haus «sampt der Gerbi» erben. So eine Gerbi liefert die Pottasche, einen Grundstoff der Glasfabrikation. Dabei handelt es sich um ausgelaugte Holzasche, die der Glaser mit reinem Quarzsand mischt und zusammen mit Kalkstein zur Kaliglasmasse schmelzt.

Das grösste Problem der Glasmacherei bildet das Schmelzen des Quarzes, das eine enorme Hitze erfordert. Der Ofen schluckt Unmengen von Holzspänen (man sagt, es seien die Glaser gewesen, die den riesigen Schwarzwald im letzten Jahrhundert dermassen gelichtet hätten!); Tanne um Tanne wird zu diesem Zweck vom Chnubel und vom Schottwald zur Glashütte hinuntergelassen.

Die hellgrüne, heisse Masse formt der Meister mit der Glaspfeife zu einem Gefäss, meist zu einer einfachen Flasche. Zum Abschmirgeln der Ränder und von unschönen Högern benutzt er das Trempelzeug – eine mit dem Fuss betriebene Werkbank mit einer horizontalen Achse, an deren Ende sich ein Schleifkopf aus Metall dreht. Mit weichen Holzscheiben werden die matten Schleifstellen wieder blank poliert.

Wahrscheinlich stellt Daniel Stauffer nur Flaschen her. Das Fensterglas muss der alte Daniel Mann[1], der sich auf das Einbleien der gewalzten Butzenscheibchen ins Fenstergreis versteht, mit einer Hutte in der grösseren Glashütte im Schangnau hinten oder gar drüben im Sörenberg[2] holen. Ärmere Haushaltungen können sich den Luxus eines verglasten Fensters ohnehin nicht leisten; sie begnügen sich mit Tüchern und Felläden für die kalte Jahreszeit.

Die berühmten Glasermeister in Venedig und im Schwarzwald ritzen mit Diamanten kunstvolle Muster und Namenszüge in ihre Flaschen. Sie fabrizieren weisses, ungefärbtes Glas. Dies braucht noch höhere Temperaturen, verschlingt noch mehr Brennholz, wenn das Glas nicht kreidig-milchig geraten soll. Da begnügen sich die Eggiwiler lieber mit ihrem gewohnten, hellgrünen Glas und behalten dafür auch ihren Wald um den Chnubel.

Tauf- und Eherödel Eggiwil 1648–1652 – Contracten Signau 5 50 / 6 57, 140, 147 – CGM Bern 8.5., 10.5. 1639 – Emil Aeschlimann, Alt-Langnau-Töpferei, Bern 1928 – Willy Probst: Zur Eröffnung der Glassammlung im Heimatmuseum Langnau (im Staatsarchiv Bern) – Heinz Horat: Flühli-Glas. Bern 1986 – Walter Steiner (Emmenmatt) mündlich – Sigfrit Gerber (Signau) mündlich

---

1 Er lebte im Heidbühl und kaufte sich vor Zeiten auch ein Stück Land – er konnte demnach nicht allein von seinem Handwerk leben.
2 Eine Glashütte im Schangnau wurde 1720 konzessioniert, die berühmte Produktion bei Flühli im Entlebuch 1723. Über die – zweifellos existenten – älteren Glashütten der Gegend fehlen Dokumente.

Der Fall Peter Amstutz

Am Ende des Jahrzehnts fordert der Thunerkrieg, besser gesagt: der alte Hader aus dem Thunerkrieg, doch noch ein Todesopfer.

Im Oberland ist es nach den Ereignissen von 1641 nie ganz ruhig geworden. In Saanen kam es bei der Einsetzung des neuen Landvogts im Herbst 1641 zu Tumulten mit den Unzufriedenen. Der Berner Rat liess darauf die Amtsführung etlicher Vögte untersuchen, sprach aber trotz schwerer Missstände nur einige unverbindliche Rügen aus. – Zum Neujahr 1642 verweigerten die Untertanen des Amtes Interlaken den Eid. Im folgenden Mai hörte man wiederum von Unruhen im Saanenland, die sich legten, nachdem die Regierung auf die neuerliche Erhebung der umstrittenen Täll verzichtete.

Die Sigriswiler verweigerten im Sommer 1642 Holzfuhrungen zum Bau eines Pfarrhauses. Mindestens die Verpflegung und einen kleinen Lohn verlangten sie vom Thuner Schultheissen. Ihr Sprecher war Peter Amstutz, der schon im Vorjahr an Pfingsten als ein Anführer der Landschaft in Bern den Fussfall geleistet hatte. – Zwar entschied die Oberkeit den Streit zugunsten der angeblichen «Verschwörer» von Sigriswil, doch war der Hader damit nicht ausgeräumt: In der Stadt Thun wurden die Landleute am Märit in den Wirtshäusern täglich grob beschimpft und verspottet. Das liessen sie nicht so einfach auf sich hocken. 1643 musste der Schultheiss von Thun in Bern beantragen, die Steffisburger und Sigriswiler Uszüger seien aus der Thuner Kriegsmacht auszustossen; der Neid und die Hässigkeit zwischen Stadt und Land sei so gross, dass zu befürchten sei, dass man sich im Falle eines Kriegszuges gegenseitig angreife!

Bitter beklagen sich die Steffisburger über ihren Weibel Michel Imhof. Der war 1641, nach der Absetzung von Christen Zimmermann, zu seinem Posten gelangt. Vor dem Eidgenössischen Schiedsgericht hatte er damals gegen seine eigenen Dorfgenossen geredet. Als dann Christen Zimmermann im Rahmen der allgemeinen Amnestie seinen schwarz-roten Mantel zurückerhielt, ernannte man ihn zum ‹Säckelmeister› des Gerichts Steffisburg. Das Weibelamt blieb beim Verräter Imhof.

Imhof ist ein gfürchiger Mann. Hinter vorgehaltener Hand berichtet man, was er alles Unrechtes getan habe; mancher wünscht ihn zum Teufel. Man schreibt das Jahr 1649, als Peter Amstutz von Sigriswil mit Peter Furrer und dessen Vater zu Thun im Wirtshaus zu Schuhmachern an einem Tisch sitzt. Die drei haben schon einige Halbeli getrunken; sie fluchen über die Schandtaten des Steffisburger Weibels. Besonders Amstutz beklagt sich, wie der oberkeitstreue Imhof sich hintenherum gerächt habe: um 3–5000

Pfund habe er ihn gebracht. Es wäre an der Zeit, diesen Imhof endlich aus dem Weg zu räumen! 100 Gulden wolle er, Amstutz, dem tapferen Tellen geben, der diesen Gessler umlege.

Ein Wort gibt das andere, der Wein steigt in die Köpfe. Schliesslich schlägt Amstutz dem jungen Furrer einen regelrechten Mordplan vor. Er will den Imhof selber erschiessen, wenn sich nur einer fände, der den Weibel nachts im Freien vor seine Flinte lockte. «500 Pfund!» raunt er dem jungen Mann ins Ohr. «Du könntest leicht den Lätzen treffen», wehrt dieser ab. «Du kannst den Hut lüpfen, husten oder die Hand erheben!» Doch Furrer steigt nicht darauf ein.

Als Peter Amstutz seinen Rausch ausgeschlafen hat, ist der Mordplan bald vergessen, und auch die Furrers nehmen die Sache nicht so ernst. Nach Tagen erscheint ein gewisser Toni Wolf in Sigriswil und spricht den Amstutz an: man sollte den Weibel Imhof beiseite schaffen. Diejenigen, welchen er so grobes Unrecht angetan habe, sollten eine Supplication an die Gnädigen Herren abfassen, damit Imhof abgesetzt werde. – Davon will aber Peter Amstutz nichts wissen. Dieser Imhof habe ihn in der Hand, jederzeit könne der ihn von seinem Gut vertreiben.

Wie Amstutz am Samstag nach Thun z'Märit fährt, ruft ihn dort Wolf in sein Haus. Die beiden trinken und brichten zusammen, bis es dunkel wird. Mit einigen Bechern Wein im Kopf werden sie sich bald einig, dass man diesen Imhof erschiessen sollte. Den Schützen müssten sie noch finden. Einen Gültbrief von 30 Kronen wollte Amstutz dafür spenden. Als Wolfs Sohn nach Hause kommt, wird er gleich an den Tisch gerufen und angefragt, ob er sich diesen schönen Batzen nicht verdienen wolle? Doch schreckt er vor einer solchen Tat zurück.

Am folgenden Morgen, wieder nüchtern, bereut Amstutz seine Worte. Mit einem Zeugen, einem ehrwürdigen alten Mann, fährt er eigens nach Thun hinunter und bittet Wolf, dass er die Sache auf sich beruhen lasse. Er, Peter Amstutz, wolle damit nichts zu schaffen haben. Wolf ist erzürnt. Bald fährt er seinerseits zu Amstutzens Hof und redet heftig auf ihn ein, er werde ihm schon Beine machen. Doch der Sigriswiler schreit ihn an: Er solle ihn bloss in Frieden lassen!

Wolf lässt von seinem Mordplan nicht ab. Nach einiger Zeit weiht er auch den jungen Furrer in sein Komplott ein. Und obwohl Imhof auch ihn und seinen Vater um viel gebracht hat, entschliesst sich Furrer, den Steffisburger Weibel zu warnen.

Imhof sinnt sogleich auf Rache. Er verspricht Furrer 100 Kronen Belohnung, wenn er den Wolf in den Stalden führe; dann solle er sich stracks davon machen; er wolle den Kerl schon selber niederhauen! – Das will Furrer nun auch wieder nicht. Er schlägt auch diesen Judaslohn aus und berichtet stattdessen die ganze Geschichte dem Thuner Schultheissen.

Weil Wolf vermutlich fliehen konnte, ist zu guter Letzt Peter Amstutz der Leidtragende. Er, der ohnehin als alter Rebell vorgemerkt ist, wird am 6. Juli 1650 nach längerer Gefangenschaft vom Berner Rat zum Tod durch das Schwert verurteilt. Sein Beteuern, er habe im schweren Trunk den Verstand verloren, in nüchternem Zustand habe er niemals an ein Komplott gedacht, mag das harte Urteil nicht lindern.

Imhof dagegen – der bleibt in Amt und Würden.

Turmbuch Bern 1950 267–278 – Landolt 119–123 – Lohner dat 1643

Ländliche Würdenträger: Vater und Sohn Jost Moser, Freiweibel von Biglen

Chronik ab 1650 bis zum Bauernaufstand

1650 – Pest im Bernbiet. Alt-Landvogt Beat Herport stirbt als Hofmeister in Königsfelden.
- Offene Wirtschaftskrise, Preiszerfall
- 29. Juni: Neues Mandat gegen die Abfuhr von Holz auf der Emme (trotz früherer Verbote werden wieder Bretter und Laden ausgeführt). Die Aufseher dürfen einen Teil der Bussen und konfiszierten Waren behalten.
- 19. August: Verbot der Zubringung von Batzen aus usseren Orten
- im Juli: Am 7. ein Hagelwetter. Am drauffolgenden Mittwoch, dem 11. Juli, früh morgens ein starkes Erdbeben, das die Häuser bewegt. Während des ganzen Monats Sturmwinde und kaltes Regenwetter.
- im Oktober: Hans Rüegsegger von Röthenbach hat «rauw, ohne einiche Ursach, den Weibeldienst uffgeben». Landvogt Zehender soll ihm den Mantel abfordern und einen neuen Weibel erkiesen.
- im November: Rüegsegger klagt vor dem Rat in Bern gegen den Landvogt. – Der Streit wird beigelegt. Rüegsegger bleibt im Amt.
- Geburt von Anna Galli, Tochter von Peter und Vreni

1651 – Brand bei Ueli Liechti, Gallis Nachbar unten im Schachen
- 22. März: Schliessung des Burgerrechts der Stadt Bern
- 20. April: Tod von Schultheiss Franz Ludwig von Erlach. Zu seinem Nachfolger wird Venner Anton von Graffenried gewählt.
- Niklaus Pfäffli hat dem Landvogt von Signau einen gefährlichen Trunk gegeben.
- Ein wildgewordener Stier versetzt halb Thun in Panik und blamiert die Mannen von der Burgerschaft.
- Nasser, trüber Herbst. Im Oktober grosse Wassernot: Am 11. und 12. hat es Tag und Nacht geregnet. Die beiden Emmen, die Aare, die Reuss, die Limmat und der Rhein treten über die Ufer. Die Brücken zu Olten und Aarau sind zerstört. Zu Bern ist die Schwelle gerissen; zu Thun, Frutigen und Erlenbach die Brücken weggeschwemmt, auch zu Solothurn die Aarbrugg, verbunden mit einer grossen Überschwemmung (die Aare steht 3 Fuss über der Brücke!).

- Neues Soldbündnis Frankreichs mit Savoyen, das gegen die Städte Bern und Genf gerichtet ist

- Hans Galli und seine Frau Vreni erben vom Schwiegervater ein Haus auf dem Schweissberg. Ihr erstes Töchterchen Vreni stirbt bald.

- 28. Dezember: Mobilisation der Uszüger im Emmental und im Aargäu, die Munition zum Fassen bereitgestellt: Lothringisches Volk rückt gegen Basel und Mühlhausen vor.

- In der ganzen Schweiz: Grosses Dankfest für die Erhaltung des Vaterlandes während des Europäischen Kriegs

1652 - Januar/Februar: Landvogt Zehender im Streit mit Pfarrer Alber von Biglen. Landschreiber Losenegger beschimpft den Predikanten als «Hurenbub».

- im März: Weibel Rüegsegger von Röthenbach verkauft seinem Sohn Ueli die Hälfte seines Landes und seines Hofs für 5000 Pfund.

- 3. März: Mandat gegen Hurerei und Ehebruch:
Beim 1. Fähler 10 Tage Gefangenschaft, für Jahr und Tag Ausschluss von allen Ehrenämtern.
Beim 2. Fähler 20 Tage bei Wasser, Mus und Brot, Abbitte vor dem Chorgericht.
Beim 3. Fähler Landesverweis für mindestens drei Jahre. Gänzlicher Ausschluss von allen Ämtern.
Beim 4. Fähler eine einjährige Landesverweisung.
Beim 5. Fähler Tod durch das Schwert.

- 8. März: Mandat wider die landesschädliche Aufwechslung grober Gold- und Silbermünzen. (Grobe Sorten steigen im Wert: 1 Dublone gilt bis 27 Florin.) Gleichwohl sollen die Berner von Auswärtigen nur grobe Sorten annehmen.

- im April: Barbara Galli, Uelis Tochter, heiratet Daniel Stauffer von der Glashütte.

- im April eine grosse Sonnenfinsternis

- 2. Juni: Neues Mandat wider die Aufwechsler groben Geldes. Schlechte Handmünzen, «sonderliche Verminderung und Verüsserung der groben Sorten». Den frömden Aufwechslern, namentlich an Märiten, wird das Geld abgenommen und konfisziert.

- 25. Juni: Der Blitz fährt in den Pulverturm zu Zürich. Der zerspringt mit einem grossen Knall, tötet acht Menschen und verwundet viele.

Chronik ab 1650 bis zum Bauernaufstand 151

- 2. Juli: Überschwemmung durch die Emme
- im Herbst Überschwemmungen im Emmental. Bei Signau ist vom Rägenwetter eine grosse Louwellen vom Berg hinab bis in die Karrstrasse geschossen. Dieselbig hinwäg ze rumen ihrer zwei 3 Tag gehept.
- 6. November: Verbot fremden Weins (guter Berner Jahrgang)
- 23. November: Bestimmtere Vorschriften für Hexenprozesse und Mahnung zu genauerer Untersuchung
- 28. November: Rückruf der Berner Batzen
- ab 30. November: Am Himmel erscheint der greuliche Komet mit dem gestutzten Bart.

Aeschlimann 165 - Amtsrechnung Signau 1651, 1652 - Tauf- und Eherodel Eggiwil 1650-52 - RM Bern 18.10., 12.11. 1650 - Guggenbühl dat 1650, 1651, 1652 - Contracten Signau 6 107, 117, 140 - Chronik Jost - Tillier 142f., 146, 386 - Dürrenmatt 278 - Mühlestein 29f. - Vock 38 - Chronik Langnau - Mandatenbuch Bern 1650-1652

Das Berner Patriziat

Vor alten Zeiten waren die Bernburger noch froh um jeden neuen Zuzüger. Die Landleute konnten billig einen symbolischen Hausanteil in der Stadt erkaufen und wurden dafür als ‹Ausburger› ins Udelbuch eingeschrieben. Sie genossen den Schutz der Stadt Bern, mussten als Gegenleistung im Kriegsfall der Stadt Waffenhilfe leisten. In diesem Sinn und Geist wurde 1340 sogar der Liebe Gott als Burger der Stadt aufgenommen. Von Röthenbach war fast das ganze Dorf verburgert, als es 1399 an Bern kam.

Wie die Macht der Aarestadt wuchs, die Burgen der Herzoge, Ritter und Freiherren im Lande erobert waren, ihre Herrschaften samt Menschen und Gütern an die Stadt Bern übergingen, da zeigte man sich weniger erfreut über die neuen Burger. Die Zunftgesellschaften fürchteten die Konkurrenz durch zugezogene Handwerker, die reichen Kaufleute mochten ihre einmal erworbenen Vorrechte und einträglichen Ämter schon gar nicht mit hergelaufenen Bauersknechten teilen.

Im 16. Jahrhundert wurde die Aufnahme als Burger erschwert; der Bewerber hatte von nun an Papiere über seine Herkunft vorzulegen, ein Wappen anzunehmen und eine saftige Eintrittsgebühr zu bezahlen. Zudem musste er schwören, bei seinem Handwerk zu bleiben und dieses wenigstens einen seiner Söhne zu lehren.

1643 erliess nun der Rat die Bestimmung, dass künftig neu angenommene Burger nur als «ewige Habitanten» gelten sollten, im Gegensatz zu den alteingesessenen «regimentsfähigen» Familien. Die ewigen Habitanten dürfen keine Ämter übernehmen und kein Weingewerbe betreiben. Überhaupt sollen nur noch Reiche das Burgerrecht erhalten oder solche, die seit mindestens zwanzig Jahren in der Stadt wohnen.

Damit ist zum Gesetz geworden, was als Prozess schon lange erkennbar war: die Konzentration der in Bern besonders ergiebigen militärischen und zivilen Ämter auf die aristokratischen Familien. Im Grossen Rat der Stadt, von alters her die «Zweihundert» genannt, nimmt die Zahl der vertretenen Geschlechter stetig ab. Doch auch unter diesen Regimentsfähigen hat sich in der Letzte eine Crème der Vornehmsten herausgebildet, welche die Sitze des Kleinen Rates, der Regierung, unter sich aufteilt. Dieser Klüngel umfasst nicht mehr als etwa dreissig Familien, die Patrizier genannt. Alle sind sie in Bern alteingesessen und mehrbesser; in ihren Kreisen gilt es als unfein, eine andere Laufbahn als die politische oder militärische zu ergreifen. – Schier unglaublich mutet ihre Titelsucht an. Die Herren des Grossen Rates lassen sich mit «woledle, gestrenge, fürsichtige, hoch- und wolwyse, in sunders hochgeehrte, grossgünstige und fürgeliepte Gnädige Herren,

Oberen und Vätter» anreden. Die Patrizier reklamieren noch einige Titel dazu. Die Frage, ob ein Herr mit «wohledelvest» oder nur mit «edelvest» anzureden sei, kann zu einer Staatsaffäre ausarten. Die allervornehmsten Geschlechter erhalten das Vorrecht, dass einer der Ihren, sobald er in den Kleinen Rat gewählt wird, dort sogleich den Vorsitz führen darf. Diese Ehre fällt den von Erlach, von Mülinen, von Diessbach, von Wattenwyl, von Bonstetten und von Luternau zu.

Selbstverständlich heben sich die Damen und Herren der hohen Burgerschaft auch rein äusserlich vom Pöbel ab. Die Ratsherren stolzieren im schwarzen Mantel herum, die Zweihundert mit dem Baretthut, die Regierungsmitglieder mit der Berrüsse (einem erhöhten Barett).

Hohezeit des Patriziats ist alljährlich der Ostermontag. Da marschieren die Gnädigen Herren in feierlichem Umzug vom Münster ins Rathaus: die beiden Schultheissen, Tütsch- und Welschsäckelmeister, die vier Venner und der restliche Kleine Rat. In gebührendem Abstand folgen ihnen die sechzehn Zunftvertreter und die zweihundert Herren des Grossen Rats. Für den Abend steht ein opulentes Festessen auf dem Programm – soviel der Herrlichkeiten, dass die Ratsherren auch am Dienstag und Mittwoch noch davon zehren können.

Der regierende Schultheiss und der Alt-Schultheiss tauschen am Ostermontag ihre Ämter. So wechseln sich die beiden Stadtoberen in der Macht ab. Gewählt sind sie auf Lebzeiten.

Im Jahr 1651 kommt es zu einer ausserordentlichen Schultheissenwahl: Just vierzehn Tage nach seiner Wiederwahl am Ostermontag ist Schultheiss Franz Ludwig von Erlach, ein Patriarch alten Schlags,[1] verstorben. Nach dem Zeremoniell müssen die vier Venner den Tütschsäckelmeister (von Werdt) als ersten zur Wahl empfehlen – kraft seines Amtes und ungeachtet seiner Fähigkeiten. Der Sitte gemäss schlagen führende Mitglieder des Grossen Rates darauf einige Venner (Willading, von Wattenwyl, von Graffenried) zur Wahl vor. Vor der entscheidenden Abstimmung will es der Brauch, dass die Kandidaten einen Goldgulden anbieten, mit der bescheidenen Bitte, das Amt ausschlagen zu dürfen – was ihnen der Rat selten gestattet, es sei denn, der obligatorisch vorgeschlagene Säckelmeister wäre im höchsten Staatsamt wirklich untragbar. – Nach ergangener Wahl hält der frischgebackene Schultheiss eine Danksagungs- und Entschuldigungsrede. Er besteigt den Thron und leistet den Eid, empfängt den Schultheissenstab und steigt dann wiederum hinunter, um, flankiert von den Ratsweibeln, die

---

1 Schultheiss seit 1629 (in den ungeraden Jahren) und Vater von 35 Kindern aus zwei Ehen

Glückwünsche aller Ratsherren (natürlich streng hierarchisch geordnet) entgegenzunehmen.

Bei der Wahl von 1651 ist Venner Anton von Graffenried der Auserkorene, der Sohn des Schultheissen gleichen Namens, der 1628 an der Pest verstarb. Er wird ab jetzt neben Schultheiss Daxelhofer die Geschicke des Standes Bern leiten.

Am Montagnachmittag beschäftigt sich der Kleine Rat mit seiner eigenen Ergänzung (auf 27 Mitglieder), der Besetzung der ständigen Kommissionen und der hohen Ämter. Die Venner, die Bannerträger der vier grossen Vennerzünfte zu Schmieden, zu Pfistern[2], zu Metzgern und Mittellöwen/Obergerwern[3], sind auf vier Jahre gewählt, die Säckelmeister auf deren sechs.

Der Grosse Rat der Zweihundert tritt am Dienstag zusammen. Meist bestätigt er die Vorschläge der Regierung mit Handmehr.

Alle paar Jahre, wenn die Zahl seiner Mitglieder (durch Todesfälle) wieder unter 200 zu sinken droht, kommt es am hohen Donstag zu Ergänzungswahlen in den Grossen Rat.[4] So 1645, als sechzig regimentsfähige Burger neu eintreten konnten, und 1651. Dann practizieren die Herren; die Intrigen blühen in der Karwoche! Obwohl die Zweihundert neben dem Kleinen Rat und seinen Kammern politisch in die Bedeutungslosigkeit abgesunken sind, ist die Wahl ‹zu Burgern› unabdingbare Voraussetzung für die weitere Karriere eines Junkers. Im Idealfall schafft ein junger, gut verheirateter Patrizier den Sprung in den Grossen Rat um die 30, die Übernahme seiner ersten Landvogtei mit 35 Jahren.[5] Verpasst er diesen Einstieg, so bleibt er auf Lebzeiten in den ‹äusseren Stand› verbannt, jene seltsam machtlose, dafür umso sauffreudigere Verbindung der Jungburger, die an ihren Festen mit einem eigenen ‹Schultheissen› und gar noch mit einem ‹Vogt von Habsburg› durch die Strassen paradiert.

Irgendwelche Kritik an ihrem versteiften Glanz ertragen die Patrizier gar nicht. 1640 liessen sie einen der ihren deswegen hinrichten. Als fünf Jahre danach in einem Hausgang neue Schmähschriften gegen das Regime gefunden wurden, musste jeder Burger bei Gott dem Allmächtigen schwören, er habe nichts damit zu tun; die Landvögte mussten ihren Eid schriftlich einschicken, ohne dass der Fall dadurch geklärt werden konnte.

Noch nie war die Selbstherrlichkeit und Prunksucht der Herrschenden so ausgeprägt wie heute. Die erklärte Unabhängigkeit der Eidgenossenschaft

---

2 die Bäckerzunft
3 die beiden Gerberzünfte
4 Dem Gründonnerstag vor Ostern. Als Wahlgremium wirkte der Kleine Rat zusammen mit den sechzehn Vertretern der Zünfte. Die «Sechszehner» waren auch am Ostermontag bei den Vorberatungen der Wahlen dabei.
5 Die äusseren Ämter – die Vogteien – wurden erst an Jakobi verteilt (am 25. Juli).

hat sicher dazu beigetragen: Mit zwei königlichen Karossen und dreissig Begleitwagen haben sich die Herren 1650 in Paris vom Franzosenkönig als «Ambassadeurs» abholen lassen. Überhaupt blickt man in den gehobenen Kreisen Berns, Zürichs, Luzerns und Basels bewundernd hinüber nach Frankreich, wo der junge König mit Beistand seines allmächtigen Staatsministers Kardinal Mazarin die ‹Fronde› niedergekämpft hat, den letzten Aufstand der Landstädte und des Adels, und nun rasch einen straff und ökonomisch geführten Staat aufbaut. In diesem Modell der ungehemmten weltlichen Macht, von einem prunkvollen Herrscher zum Wohl des ganzen Vaterlandes angewandt, erblicken die Patrizier den Staat der Zukunft.

Man müsste meinen, solches Gebaren erwecke den Widerspruch der minderen Burger. Aber nein: Die Handwerker und Kaufleute, die ewigen Habitanten, wachen ebenso engherzig über ihre Vorrechte wie die Regierenden. Auf ihr Betreiben hin beschliesst der Rat im März 1651 «zur Beförderung des Handwerks und zur Aufhebung des Müssiggangs», künftig keine neuen Burger mehr aufzunehmen,[6] ganz besonders keine fremden Handwerker mehr. Und wer ein auswärtiges Mädchen heirate, das nicht mindestens 1000 Pfund in die Ehe mitbringe, der habe sein Burgerrecht verwirkt. – Damit werden auch die Zünfte zu exklusiven Gesellschaften. Wer sich jetzt noch keiner burgerlichen Zunft angeschlossen hat, gilt als «Hindersäss» ohne politische Rechte, ohne Anteil am Burgerrecht; Erwerb von Haus und Boden ist ihm verboten, ebenso Handel und Handwerk auf eigene Rechnung. Nur die Pflicht zum Steuern zahlen und zum Militärdienst (in niederem Rang) bindet ihn an Bern; von Tag zu Tag kann so ein Hindersäss aus der Stadt gewiesen werden. Seine Kinder darf er nicht in den Stadtkirchen taufen, seinen verstorbenen Verwandten keine Grabinschrift setzen lassen. Auf dem Gemüsemärit dürfen die Hindersässen-Frauen erst nach elf erscheinen, wenn die Burgerinnen das beste schon vorweggekauft haben... Auf derartige Vorrechte sind die Zunftleute stolz.

Dass das Gebaren der Handwerkerzünfte und Stadtburgerschaften auch die Bauern sauer macht, sei am Rande vermerkt – wenn etwa die Märite in den Städten (ausser für Obst und Kirschen, «so täglich zu Nutz der Burgerschaft») stark eingeschränkt werden. Oder wenn der freie Handel irgendeiner Ware verboten wird. Oft stecken die Zunftgesellschaften hinter diesen Neuerungen, und ihr Ruf ist unter der Bauernschaft in dieser Krisenzeit miserabel.

Tillier 134–136, 142 f., 332, 384–394, 404 f. – Heutelia 244 f., 396 f., 401 – Die Burgergemeinde 55–58, 61 – Friedli, Guggisberg 174 – Häusler, Röthenbach 10 – Mandatenbuch Bern 8.3.1628 – Wahlen/Jaggi 16–18 – François de Capitani (Bern) mündlich

---

6 Auch andere Städte schlossen ihr Burgerrecht, so Luzern 1638 auf fünfzig Jahre.

Ostermontagsprozession der Berner Ratsherren (Aquarell des 18. Jh. von J.J. Lutz)

Der schlimme Preiszerfall

Während des europäischen Krieges hat der schweizerische Bauernstand wohlgelebt. Deutsche Händler haben sich auf den Märiten mit Nahrungsmitteln eingedeckt, um diese in ihre ausgebrannte Heimat zu schmuggeln. Gutbetuchte Flüchtlinge brachten ihr Erspartes und nicht zuletzt ein Stückchen Bildung ins Land; mancherorts liessen sie Wohnungen und Häuser ausbauen und zeigten sich auch sonst spendabel. Die Herren aus der Stadt, die dank den Soldverträgen am Krieg gut verdienten, liessen sich an schönen Tagen samt Familie auf ihre Campagnen[1] hinaus kutschieren.

Da soll sich niemand wundern, wenn die jungen Bauersleute auch ein Stückchen Luxus begehrten, wenn die Töchter schmucke Kleider trugen, wenn die Kinder ausnahmsweise Lebkuchen assen, wenn ein tüchtiger Bauer, der schliesslich Tag für Tag hart arbeitet, sich einmal eine Uhr, einige Stück Silbergeschirr oder eine beschlagene Truhe anschaffte. Das ist ein Nasenwasser gegenüber dem Reichtum der Stadtburger. So vermachte etwa die verstorbene Frau Vennerin von Graffenried 1643 ihrer Tochter Judith goldene Armbänder, eine Halskette mit 880 Perlen, ein Diamantencollier, ein Collier mit Goldgefässchen, eine Diamanten- und eine Rubinrose, Diamant-, Rubin-, Smaragd- und Saphirringe, eine Rubinmedaille etc. Das sollte sich jeder vor Augen halten, der von Reichtum auf dem Lande spricht! Und nicht mancher Landmann konnte sich überhaupt mehr leisten als das Nötigste; die Herren haben keine Ahnung, welche Armut unter den Taunern, den Schächelern, Hirten und vielen Handwerkern und Bauern gerade im Oberemmental herrscht.

Das Unglück brach mit dem grossen europäischen Frieden über die Landleute herein – des einen Freud, des andern Leid. Sobald die Waffen im Schwabenland ruhten,[2] blieben die deutschen Einkäufer auf den Märkten aus; die zugezogenen Schreiber, Lehrer und Handwerksmeister zog es in ihre alte Heimat zurück. Dafür strömten die entlassenen Schweizer Söldner ins Land, ärmer noch, als sie seinerzeit fortgezogen waren – die Fürsten, durch den Krieg ruiniert, hatten ihnen den Sold nicht mehr ausbezahlt.

Die Bauern bekamen zu spüren, dass mit ihrer Märitware nicht mehr so viele hungrige Mäuler gestopft werden wollten wie zu Kriegszeiten ... allenfalls die Mäuler der vielen Armen. Dieser und jener blieb auf seiner Ware hocken, nahm seinen Karren und versuchte sein Glück am nächsten

---

1 das eigene Landhaus
2 Die Rezession setzte schon während der vierziger Jahre vehement ein, nicht erst nach dem formellen Friedensschluss.

Märit, was die Sache nur noch schlimmer machte. Eine Zeitlang hatte man das Gefühl, in Signau und Langnau seien mehr Märitfahrer als Käufer, und andernorts war's ebenso, bis hinüber ins Züribiet. Jeder bot seine Früchte, Gemüse, Eier und den Anken billiger an, um zumindest das verderbliche Zeug loszuwerden. Heute gilt der Anke noch 6 Kreuzer statt 11; für ein Mütt Korn löst man noch 31 Batzen, früher waren's 105; für ein Schaf 28 Batzen, früher 53. Überall geht's den Bauern gleich schlecht: Im Luzernischen zahlen sie statt 6 oder 7 noch ganze 2 Batzen für ein Mass Wein und weniger als einen Viertel vom alten Kornpreis. Nur das ominöse Salz, das die Landleute der Regierung so teuer bezahlen – das wird nicht billiger. Auch das Ohmgeld, das Trattengeld (Chrottengeld!) und die anderen Abgaben bleiben auf ihrer alten Höhe.

Das Jungvolk, das zeitlebens nie etwas anderes als den bescheidenen Wohlstand der Kriegsjahre gekannt hat,[3] steht dem Preiszerfall ratlos gegenüber. Wer sich aber an die Zeit vor dreissig Jahren erinnert, als die Regierung für alle Waren Höchstpreise festlegte und die Ausfuhr nach und nach verbot, der wundert sich, warum dieselbe Regierung jetzt in der Krisenzeit nicht Tiefstpreise festsetzt, um ihren Untertanen auf dem Land die Existenzgrundlage zu erhalten ... davon ist aber in Bern nicht die Rede.

Mit der Not wächst auch der Eigensinn. Dorfburgerschaften und neue ländliche Handwerkerzünfte beanspruchen den schrumpfenden Markt für sich allein und erlassen Vorschriften gegen die ohnehin meist hablosen Fahrenden und Neuzuzüger.

Am schlimmsten trifft der allgemeine Preiszerfall aber die scheinbar hablichen Bauern. Viele von ihnen haben bei der Erbteilung oder zum Ausbau ihrer Güter Hypotheken aufgenommen. Mit dem Kornpreis haben auch Höfe massiv an Wert verloren. Wer während des Krieges ein Gut für 12 000 Pfund übernommen und zur Hälfte beliehen hat, sieht seinen Besitz jetzt gerade noch mit 6000 Pfund bewertet und hat demnach sein ganzes Vermögen verloren. Der übliche Zins von 5%[4] ist kaum mehr zu erwirtschaften. Die Gültbriefe sind in den Händen der Patrizier; die haben das Unglück vorausgesehen und waren eine Zeitlang fast erpicht darauf, ihr Geld in Alpen und Landgütern anzulegen. Es gibt reiche Herren in der Stadt, die sich nicht schämen, jetzt zur Zeit der Not ihre Anleihen plötzlich

---

3 Ein langjähriger Vergleich relativiert den vielzitierten ‹Wohlstand› der Kriegsjahre und veranschaulicht die Not noch deutlicher: Die Reallöhne sind innerhalb eines Jahrhunderts (1550–1650) um mehr als 50% gesunken.

4 Die Evangelischen hielten sich an die Worte Zwinglis, der Zinssätze von mehr als 5% als unchristlich geisselte («Vom Ufruer», 1525). Im Luzernerland verlangten die Zinsherren 8–10%. Französische Anleihen versprachen bis zu 17% Rendite; allerdings war der Schuldenbezug manchmal schwieriger.

zu künden, um damit Pfand und Unterpfand an sich zu reissen oder einen höheren Zins zu erpressen.

Der Herbst der Jahre 1651 wie 1652 ist schlecht und regnerisch; mehrmals wird das Emmental von Überschwemmungen heimgesucht. Die gute Kornernte vom Sommer 1652 lässt die Bauern hoffen – bis die Kornpreise, die zuletzt nach zwei Missernten gestiegen sind, erneut ins Bodenlose fallen.

Liebenau I 252, 274, III 222 – Tillier 143f., 456 – Bürki 169–173, 179–183 – Wahlen/Jaggi 27f. – Hidber 214f.

Zwei Jünglinge namens Zehender, zwei spätere Vögte auf Schloss Signau: Marquart Zehender (1611–1675) als Siebzehnjähriger und Hans Rudolf Zehender (1604–1655) als Neunzehnjähriger

Landvogtplage

Als drunten in Trachselwald anfangs der vierziger Jahre der barsche, hartherzige Vogt Frisching seine Untertanen plagte, hatten die Signauer Amtsangehörigen mit Vogt Beat Herport ausgesprochenes Glück. Sein Nachfolger war der gelernte Goldschmied Marquart Zehender. Er verhängte schon viel mehr Bussen, galt jedoch als durchaus ehrenwerter Mann.

Seit 1649 haben aber die Emmentaler beider grosser Ämter Grund zur Klage – die neuen Vögte in Trachselwald und Signau sind wahrlich «ugfreuti Chätzere».

Auf Schloss Trachselwald regentet Samuel Tribolet, ein ehrgeiziger Junker, Mitte Dreissig, mit allerbesten Aussichten auf eine glanzvolle Karriere im bernischen Staatsdienst, hat er doch die Tochter des Schultheissen zur Frau, Ursula von Graffenried. – Innert kürzester Zeit hat sich Tribolet durch seine oft ungerechten, ungemein harten Bussen verhasst gemacht.

> Es sei daran erinnert, dass die Vögte einen Teil der verhängten Bussgelder für sich behalten dürfen. Das macht den Posten eines Landvogts erst recht einträglich. Ein Mandat der Regierung von 1648 hat diese Einnahmequelle erheblich verbessert: Neuerdings darf der Amtmann alle Strafgelder bis 10 Pfund (vorher 3 Pfund) behalten; höhere Beträge sind der Staatskasse abzuliefern.

Der geldgierige Junker Tribolet gibt sich damit nicht zufrieden. Im Schlossurbar von Trachselwald hat er eine alte Verordnung aufgestöbert, die seinen Plänen entgegenkommt: Danach gehören alle Bussgelder für ‹kleine Frevel› dem Landvogt. Konsequent belegt nun Samuel Tribolet die kleinen Frevel mit hohen Strafen; einmal bezieht er sich dabei auf das Ortsrecht, ein andermal auf die Stadtsatzung, wenn diese für ein bestimmtes Vergehen die höhere Strafe vorsieht (das ist bei Holzfrevel, Märitbruch und Körperverletzung der Fall). Am liebsten behandelt er «Freveltaten», die in keinem Strafgesetzbuch aufgeführt sind; hier spricht er horrende Phantasiestrafen aus.

In seinen ersten beiden Amtsjahren verzeichnet er in seinen Büchern noch einige kleinere Bussenbezüge, dann fehlen die Eintragungen ganz. Nur noch Kosten macht er gegenüber der Staatskasse geltend.

Seine Gunst und Gnade ist durch Geschenke käuflich. Wie andere bernische Landvögte schätzt er vor allem die wertvollen Silberbecher. Mitleid dagegen scheint ihm fremd zu sein.

Einige seiner Urteile:
- Spielen und Tanzen zu verbotener Zeit: 32 Pfund Busse und acht Tage Gefängnis (statt 1 Pfund und einen Tag Gefängnis als Höchststrafe); die Gefangenschaft lässt er sich für ein zusätzliches Bussgeld abkaufen.
- Entheiligung eines ausserordentlichen Bettags (mitten in der Woche – der Mann war beim Dreschen, hörte aber sofort auf, als er sein Versehen bemerkte, begab sich zur Kirche und besuchte darauf noch zwei zusätzliche Predigten): 3 Kronen Busse und Gefangenschaft; abgekauft für 3 Dublonen und 3 Kronen. Dazu 6 Pfund ‹Tagkosten› an den Vogt und 1 Pfund an den Diener.
- Für unbewiesenes Tanzen: 2 Pfund. Für die Bemerkung des Gebüssten, er sei unschuldig: 4 Dublonen dazu.
- Einem Mann mit krankem Arm: 50 Pfund Busse, weil er bei der Vereidigung den Arm nicht genügend hoch hielt.
- 20 Pfund Busse und fünf Tage Gefängnis in grimmiger Kälte für den armen ‹Nussbueb› Ueli Jost von Langnau für Nussverkauf zur Predigtzeit. Für dessen Bemerkung, «es werde kein Biedermann bezeugen können, dass er alles gemacht, was ihm vorgeworfen»: 25 Pfund Busse dazu (Tribolet wird die Busse später zurückzahlen müssen, zuzüglich 30 Kronen Entschädigung für die Krankheit, die sich der arme Kerl im Gefängnis geholt hat).
- Hohe Bussen für Ehrbeleidigungen gegenüber Tribolet selber. Ein Ueli Mosimann sagt im April 1652, wenn der Landvogt sich nicht anders einstelle, werde er noch von seinem Amte kommen: 5 Dublonen Busse und Gefängnis. Suche nach einem «Vorsager». Der erhält auch noch 14 Kronen Busse (für seine richtige Prophezeihung...).
- Diebesbussen für einen blossen Spass unter Freunden; Strafen für das Verlangen nach Einsicht ins Urbar.
- Tribolet ruft ein 28köpfiges Gastgericht zusammen, wo dieses gar nicht nötig wäre. Die Tafelrunde isst und trinkt für 18 Kronen.

Nichts besseres lässt sich von Tribolets Amtskollegen droben auf Schloss Signau berichten.[1] Sein Name ist Hans Rudolf Zehender, Mitherr zu Worb. Die Zehender sind keine Patrizier; vor hundert Jahren erst wanderte der Urgrossvater des heutigen Vogts – ein Wirt – von Aarau her nach Bern ein. Doch genau wie Tribolet wusste Hans Rudolf Zehender seine Karriere durch eine geschickte Heirat voranzutreiben: Seine Frau Anna ist eine

---

1 Die Vögte von Brandis (ab 1651 Beat Stürler) und Sumiswald (ab 1651 der junge Niklaus von Wattenwyl), wie auch der Schultheiss von Burgdorf (ab 1652 Samuels Vetter Abraham Tribolet) boten zu keinen grossen Klagen Anlass.

geborene Manuel. Bei seinem Amtsantritt ist der neue Vogt mit seinen 45 Jahren schon ein gesetzter Mann. Mit seinem Vorgänger Marquart Zehender ist er übrigens nicht nahe verwandt.

Hans Rudolf Zehender verhängt von allem Anfang an viele hohe Bussen, die er ab 1652 sämtlich in seine eigene Tasche fliessen lässt. Seine Urteile sind nicht so zum Himmel schreiend ungerecht wie diejenigen von Tribolet. Dafür praktiziert der Signauer Amtmann einträgliche Mätzchen anderer Art: Bei Geldstagen behändigt er die wertvollste Habe des Verlumpten, noch bevor der Konkurs öffentlich von der Kanzel verkündigt wird. Flieht einer aus Furcht vor seiner Festnahme ausser Landes, so ist Zehender meist rasch bei der verlassenen Frau zur Stelle und konfisziert unter Drohungen die besten Stücke aus Haushalt und Stall als «Pfänder».

Zudem hat Zehender die Fähigkeit, sich mit jedermann zu verkrachen. Im Sommer 1651 erkrankt er ob einem «gefährlichen Trunk», den ihm Niklaus Pfäffli, der Bruder des Signauer Weibels, wohl zur Freude des ganzen Dorfes aufgetischt hat. Kaum genesen, gerät er mit Pfarrer Alber von Biglen in Streit. Später erfahren wir von ausgedehnten Streithändeln mit den Predikanten von Signau und Eggiwil.

Türler, Tribolet – Amtsrechnung Signau 1649–1653 – Hidber 226f. – HBL

Der arm Burestang

Isch das nid es elängs Läbe
um e-n arme Burestang?
Öb[1] me sött dä Name träge,
lieber gieng me-n us em Lang.
's heisst nume: Bur schaff! Bur bring die Straf!
Bur zahl bar us; süst chunnst um ds Hus!
Bur schaff Zins, lueg wo de's nimmst!

Chuum chunnt d Sunne übere Hübel
muess der Bur scho uf y ds Fäld;
schwitzt de dört so Jammers übel,
bis die brandschwarz Nacht yfällt.
's möchti schneie-n oder rägne,
dass me si darab möchti bsägne –
's heisst: Schwyg still, es schadet der nüt!

Das wär de no wohl z verdäue,
hätt me si no über d Zyt
uf enes guets z Imbiss z freue;
aber nei, au das isch nüt!
Chrut u Räbe[2], nüt dernäbe,
Fleisch kes Zöpfli[3], Wy kes Tröpfli
stellt me-n is uf ds ganz Jahr us.

We de d Wuche z Gnade gange,
dass me meint me heigi Rueh,
chöme d Schulde-n allethalbe
uf üs armi Bure zue.
Schone nid dem heilige Sunte,
heusche-n üs de völlig Gunte[4] –
Chrüz erbarm, isch das nid arm?!

Will me denn au öppig einist
chly nes Bitzli lustig sy,

---
1 ehe dass
2 Rüben
3 Zipfelchen
4 Konto, Rechnung

wil es dickisch gscheht e keinisch,
dass me chunnt zum guete Wy.
Will me chegle-n oder schwinge,
mit eme Meitschi umhi springe,
chunnt der Webel grad derzue.

Dä geit eim de gah verrätsche
vor der ganze Ehrberghet.
Da hilft de fy gar kes schwätze
bis me-n alls derhinger het.
Schwinge, seit me, sygi prügle:
Webel gang ne ga verrigle!
Bis er d Straf het bar erleit.

Meint me scho me syg nüt schuldig,
straft me-n eim doch nüsti[5] no
grad um achtzig, nünzig Guldi;
cha me's de nid übercho,
heisst es: Chumm, du muest verschrybe
oder y der Chefi blybe –
setz dyn Gschlag zum Abtrag y.

Gäld isch de ne kes ufzbringe,
hus me, spar me, wie me well.
's isch bim dreide[6] nid sövel z gwinne,
dass e Chrüzer y Bieter[7] chäm.
Dänk was chostet Mähl und Anke,
Chnuppe, Storze-n[8] u das Pflanze!
O wie suur isst nid e Bur!

U die viele Bodezeise
mache, dass me nie nüt het.
Mit de Zähnte tuet me's reise,
dass me lieber taune wett.
Us der Hab cha me nüt löse,
d Herre tüe eim alls verböse;
me muess gly vom Huse lah!

---

5 dennoch
6 Getreidebau
7 dass er einen Kreuzer zu bieten vermöchte
8 kleine Rüben oder Kohlstiele

Der arm Burestang

Gschau me de no üsri Bhusig –
mit der Hang erlängt me ds Dach;
's cha nid sy, dass eim nid gruusi –
's isch vo Strauh u Lätt gemacht.
We das Füür es wurd erreiche
wär me hingerem Hag deheime[9];
Burestang steit bloss uf Sang.

Will doch nüsti nid verzage,
lyde, schlücke, mit Geduld;
denn i weiss: Vom Geisse-Jage
mänge z höche-n Ehre chunnt.
Mängisch sy die ärmste Hirte
worde zu de grösste Fürste!
Alles Eläng het es Äng.

Möchti's nume-n au erläbe,
dass i no ne Herr abgäb!
Nid dass i sött gehret wärde –
nume dass i z ässe hätt.
Mein' i wetti geschickt regiere,
für ne Geisle ds Zepter füehre –
ja, my Joggeli gäb au e Knab!

Das Lied vom armen Bauernstand galt um 1800 als «altes» Berner Volkslied. Seine Entstehungsgeschichte ist unbekannt. Die Klagen über die vielen Verbote und die Bussenpraxis der Vögte passen in die zweite Hälfte des 17. Jahrhunderts.

Der Beschrieb der Behausung und der Nahrungsmittel deutet auf einen aargauischen Verfasser hin.

Anderi Lieder 92f. – LP Hostettler/Diem/Mentha «Lieder & Tänz us dr Schwyz», Image U 775-006

---

9 im Friedhof begraben

Die Batzenabwertung

An der Konferenz der fünf Innerschweizer Orte des Jahres 1652 in Gersau heisst es, man solle den Zürchern das Münzen untersagen und den Bernern schreiben, «sie sollen ihre falschen Stempel aus dem Land schaffen und ihre faulen Batzen zur Hand nehmen».

Die «falschen Stempel» sind zu einer Landesplage geworden. In der Lombardei werden massenhaft Falschmünzen geschlagen und gleich fässerweise in die Eidgenossenschaft eingeschmuggelt. Die Regierungen finden keine wirksame Handhabe dagegen. Schlimmer noch: auch die oberkeitlichen Münzmeister erwiesen sich hier und da als «Wipper» und «Kipper» – sie unterschlugen einen Teil des Silbers und fertigten ihre Handmünzen aus billigeren Metallen (Wippen) oder am Rande etwas beschnitten (Kippen). Vor einem Jahrzehnt ist es in Basel solcher Geschäfte wegen zu aufsehenerregenden Prozessen[1] gekommen; aber die Herren-Gauner sind am Ende kaum bestraft worden. Man schätzt, sie hätten 50000 Kronen in die eigene Tasche fliessen lassen!

Angesichts solcher Praktiken begegnet das Volk dem kleinen, rötlichen Münz mit grösserem Misstrauen denn je. Die Händler haben sich Apothekerwaagen zugelegt und bewerten die Geldsorten, richtig oder falsch, nur noch nach ihrem Silbergehalt. So sind neben einem Dutzend Handmünzen der verschiedenen Städte nun auch die entsprechenden Fälschungen im Umlauf. Der Wirrwarr ist komplett.

Ein besonderes Problem bilden wieder mal die Berner Batzen: Vor dreissig Jahren haben die Herren von der Aare ihre Batzen massenhaft minderwertig prägen lassen. Darauf haben sie ihre Münzstätte geschlossen. Während die anderen Eidgenössischen Orte ihr schlechtes Münz aus den ersten Kriegsjahren nach und nach durch besseres ersetzten, wollten die Berner Oberen das Geld für teures spanisches Silber sparen und beliessen alles beim alten.

Das Versprechen der Gnädigen Herren: «Batzen werden Batzen bleiben, solange die Stadt Bern besteht!» war zwar in aller Munde, und doch waren die Münzen mit dem aufgeprägten, verdächtig kupfernen Bären stets unbeliebt. Trotz einer Fülle von Mandaten gegen das ‹Aufwechseln grober Sorten› wurden für einen Reichstaler unter der Hand viel mehr als die offiziellen 35 Batzen bezahlt. Die Folge davon: Nur ein Trottel erlegt seine Steuern, Bussgelder und sein Reisgeld in groben Sorten – der Berner Ober-

---

1 Betroffen waren Claudius Passavant, der Schwiegersohn des Bürgermeisters Faesch, und der Münzmeister Jacob Schultheiss, der direkte Untergebene von Münzverwalter Hans Rudolf Wettstein.

keit fliessen die Einnahmen in einer unsinnigen Fülle ihrer eigenen, verpönten Batzen und Halbbatzen zu.
Der tatsächliche Silbergehalt des Batzens liegt unter $^1/_{50}$ eines Reichstalers.[2] Gegenüber der aufkommenden Falschmünzerei sind die Berner Oberen machtlos: Die Gauner «wippen» im gleichen Masse wie sie selber. Die besten Blüten enthalten ebensoviel Silber wie die minderwertigen echten Batzen, die Stempel gleichen sich aufs Haar – sie scheinen schier vom selben Meister geschaffen...[3] Ausserhalb des Einzugsgebiets der bernischen Märite ist das Ansehen der Berner Münzen auf einen Tiefstpunkt gesunken. Zwischen echten und falschen Bernbatzen wird kaum noch unterschieden. Die Zürcher Oberkeit hat ihren Untertanen überhaupt verboten, solche anzunehmen.

Die Gnädigen Herren von Bern sehen ein, dass sie ihr Münzwesen in Ordnung bringen müssen. Im Juni 1652 befindet der Rat, «weil der Fehler und Mangel von Seiten der Oberkeit herkommt, dass sie auch den Verlust auf sich nehme». Das hiesse: Ersetzung der Batzen durch besser geprägte Münzen; das zusätzliche Silber müsste dem Staatsschatz entnommen werden. Dazu können sich die Zweihundert aber nicht durchringen. – Im September unterbreitet ein Ausschuss dem Rat sechs Vorschläge zu einer Münzreform. Wieder fällt kein Beschluss. Bloss ein drohendes Mandat wird aufs Land verschickt: man solle von Auswärtigen nur grobes Geld annehmen.
In Panik geraten die Gnädigen Herren am Martini-Märit 1652. Die ersten drei Markttage verlaufen ruhig, der Märit-Aufseher muss nur wenige Märitfahrer wegen Aufwechselns und Bezahlens mit fremdem Münz festnehmen. Dann kommt den Ratsherren zu Ohren, dass «etliche 100 000 Kronen faltscher Batzen sollen us Frankreich kommen»!
Das ergäbe 2$^1/_2$ Millionen gefälschter Batzen oder ein Vielfaches davon. Die Meldung ist sicher übertrieben. Aber selbst 100 000 Batzen Falschgeld brächten das Gefüge der Stadt durcheinander. Bisher floss der Hauptstrom des falschen Gelds durch die Bündner Täler ins Land, und das Bernbiet blieb noch einigermassen verschont.
Am Gerücht scheint etwas Wahres dran zu sein. Am 17. November lässt der Rat den Bärenwirt wegen Verdachts der Einschleusung von Falschgeld verhaften. Ein gewisser Zingg aus Oberlindach dient den Herren als Infor-

---

2 17–18% Silbergehalt
3 «Von diesen Batzen wurden in Oberitalien viele zeitgenössische Fälschungen angefertigt, die von den Originalen fast nicht zu unterscheiden sind», warnen selbst spezialisierte Numismatiker unserer Zeit (Divo/Tobler: Die Münzen der Schweiz im 17. Jahrhundert. Zürich 1987. Nr.1150).

mant. Mehr und mehr falsche Batzen sollen entdeckt worden sein. Die Märit-Aufseher («Schnapphahnen» heissen die Polizisten im Volksmund) erhalten den Auftrag, hart durchzugreifen. Doch gehen die zwei Marktwochen ohne ernstere Zwischenfälle zu Ende. Der Schrecken beschleunigt das Münzgeschäft im Rat. Während des Märits hat eine neuernannte Münzkommission ein Gutachten ausgearbeitet, dem die Zweihundert am 22. November zustimmen. Man hat sich für die billigste aller Methoden entschieden, die Relation zwischen Reichstaler und schlechten Batzen wieder ins Lot zu rücken: Die Herren werten den Batzen ab. Sie tun das, was ihre Väter dem Volk versprochen hatten, niemals zu tun, solange die Stadt Bern bestehe. Der Schaden trifft damit nicht primär den Staat, sondern die jeweiligen Besitzer der verrufenen Batzen. Als Zeitpunkt der Verkündung ist das kommende Wochenende für die Burgerschaft ideal. Nach dem grossen Märit wird viel Geld auf dem Lande liegen. – Von einem Fehler der Oberkeit darf unter diesen Umständen natürlich nicht mehr die Rede sein. Vielmehr werden die Gnädigen Herren wider besseres Wissen behaupten: die alleinige Schuld an der Misere treffe die Untertanen, weil sie die wohlmeinenden oberkeitlichen Mandate so schlecht befolgt hätten.

Am Sonntag, dem 28. November 1652, lässt die Regierung ab den Kanzeln ihr neues Münzmandat verkünden: Die Bernbatzen sollen nur noch die Hälfte ihres bisherigen Wertes gelten. In den nächsten drei Tagen können die Untertanen ihre ausstehenden Zinsen an die Oberkeit und an die Amtleute mit den verrufenen Münzen noch zum vollen Wert entrichten.

Die Pfarrer haben zudem den Auftrag erhalten, den Batzenabruf als «eine allgemeine Landesheimsuchung» darzustellen, als göttliche Strafe für menschlichen Ungehorsam, die man wie Teuerung, Wassernot und Hagelschlag in christlicher Demut ertragen müsse.

Tillier 145f., 473–475 – Liebenau I/253f. – Zeller 59 – Vock 33, 533 – Heutelia 183–189, 282f., 387–390 – Mandatenbuch Bern 22.11. 1652 – RM Bern 4./5./9./12./14./17./22.11. 1652 – Fluri 27f. – RQ Bern VIII 27 – Bürki 35–64

Die ersten Tage nach dem Münzabruf

Das Mandat trifft das Landvolk wie ein Blitz aus heiterem Himmel. Alle staatlichen Abgaben, vom Bodenzins bis zur kleinen Busse, werden in Pfund verrechnet. Ein Pfund gilt 7½ Batzen. Das ist seit Menschengedenken so, wahrscheinlich schon viel länger. Nun sollte man mir nichts, dir nichts das Doppelte an Batzen hinlegen: 15 Batzen pro Pfund. Wer gibt denn den Bauern das Doppelte an Batzen für ihre Ware, damit sie das auch bezahlen können, jetzt, wo die Preise derart zusammengefallen sind und ohnehin mancher Landmann in Geldnöten steckt? Eine Wut ergreift die Bauern, wenn sie daran denken, wie sie noch vorige Woche am Martini-Märit ihre Ware zu Tiefstpreisen an die Berner Burgerschaft verkauft und dafür die schlechten Batzen bekommen haben. Nie befindet sich soviel Münz auf dem Land wie gerade nach Martini! Einige feine Herren haben merkwürdig grosse Vorräte an Getreide und Wein eingekauft – die haben gewusst, was geschehen würde, und haben ihre ganzen Batzen abgestossen.

Die drei Tage Frist zum Bezahlen der ausstehenden Zinsen fallen in die ordentliche jährliche Zinsperiode zwischen Martini und Andreä. Die meisten Bauern, so auch Ueli Galli, haben ihre Schuldigkeit bereits vor einigen Tagen getan, als sie vom Märit heimkehrten. Andere haben das nötige Geld beisammen; sie beeilen sich jetzt, ihren Kopf für dieses Jahr aus der Schlinge zu ziehen und die Batzen termingerecht noch zum vollen Wert aufs Schloss zu bringen. Der Weibel Rüegsegger erscheint mit seinem Zins von 35 Pfund – vermutlich mit einem Geldsäckel von 262 Batzen und einem Halbbatzen – beim Vogt in Signau; Christen Neukomm von der Zihlmatt bringt gleich drei rückständige Jahreszinsen. Er, der chronisch in Geldnöten steckt und seine Verwandten auf dem Giebel mehrmals um Bürgschaften angehen musste,[1] hat sich die Batzen sicher sehr billig ausgeliehen und damit das Geschäft seines Lebens getätigt. – Einige Bauern möchten sich von den auf ihren Gütern lastenden Hauptgülten freikaufen, um so noch ihre auf dem Märit verdienten Batzen rechtzeitig abzustossen. Das verhindert die Regierung jedoch mit einem neuen Mandat: Die Vögte dürfen nur die verfallenen Zinsen einkassieren. Eine Gemeinheit – die Bauern haben schlechtes Geld geliehen bekommen und sollen nun doppelt zurückzahlen!

Nach Ablauf der dreitägigen Frist ist man sich auf dem Lande einig: Das oberkeitliche Münzmandat richtet grossen Schaden an. Ein armer Tropf, wer aus irgendeinem Grund nicht rechtzeitig davon hörte! Er wird in der

---

1 Schon 1633 war sein Heimet dem Vogt von Signau verfallen; durch Bezahlung von (rückständigen) Zinsen konnte er das Pfand wieder ablösen. Hans und Ueli Galli verbürgten sich für ihn.

Adventszeit das Doppelte steuern müssen – zum Christfest wird er verlumpt dastehen. Aber auch wer seinen Zins noch nach der alten Form bezahlen konnte, steckt in Schwierigkeiten: Das tägliche Leben ist seit dem Münzabruf aus den Fugen geraten. Es «ist kein Kauf um alle Sachen mehr, die der gemeine Mann zu verkaufen hat». Die Händler halten sich wegen der Unsicherheit im Geldwesen zurück, die Herren sind mit Ware eingedeckt, die Preise sind ganz unklar.

Ein Punkt, der die Bauernschaft besonders in Rage bringt, ist der Schaden beim Reisgeld: Die Batzen im Reisgeld, den im Schloss für den Kriegsfall bereitgehaltenen Geldsäckeln, sind durch das Mandat ebenfalls abgewertet worden und müssen nun ergänzt werden.

Den Untertanen wird dadurch eine zusätzliche Kriegssteuer abverlangt, die sie wesentlich teurer zu stehen kommen wird als die umstrittene Täll von 1641.

Ebenso hart wie die Hofbauern trifft die Geldentwertung die ländliche Unterschicht der kleinen Handwerker und Tauner. Die meisten von ihnen haben in der Wirtschaftskrise keine Arbeit mehr gefunden, jetzt wird der Rest ihrer Sparbatzen auch noch abgewertet. Weil sie keine oder nur ganz unbedeutende Bodenzinsen zu bezahlen haben, fehlt ihnen die Gelegenheit, die Batzen zum alten Wert zurückzuschieben. Bloss einen Salzvorrat können sie sich noch eilig anschaffen, das ist alles.

Das Münzmandat hilft mit, die Gegensätze auf dem Land zu überbrücken. Vom wohlhabenden Hofbesitzer bis zum ärmsten Salpetergraber hadert in der Pintenschenke ein jeder mit dieser ungetreuen Regierung. Die Falschmünzer kämen wohl nicht aus Italien oder Frankreich, sagt man, sie sässen in der Stadt Bern selber, wie man wohl wisse! Die solle man herausgeben und abstrafen. Insbesondere wird dem Ratsherrn Christoph von Graffenried nachgesagt, er habe als Landvogt zu Nidau mit einem Falschmünzer aus dem Münstertal falsche Batzen ins Land gebracht.

Amtsrechnung Signau 1653 – Wahlen/Jaggi 30f. – Tillier 150 – Urbar Signau 5/45, 6/154 – BB VI. 80.3 – Hidber 217

Der Komet

In der Adventszeit 1652 herrscht eine nie dagewesene Verwirrung im Zahlungswesen.
Ein Beispiel: Zwischen den Röthenbachern und den Schangnauern entsteht ein Streit über den Brückenzoll. Die Röthenbacher verlangen das Doppelte an Batzen für die Benützung ihrer Brücke; die davon betroffenen Schangnauer bestehen darauf, der Zoll sei vertraglich in Batzen festgelegt und dürfe nicht erhöht werden.
Aus Hilterfingen berichten die Leute, wie Schultheiss Daxelhofer zum Statthalter in dessen Stube gesagt habe, dieser Münzabruf gefalle ihm, dem Schultheissen, selbst nit, man solle nur zusammenhalten, es werde wohl besser werden. – Ein Kaufmann in Thun, ein gewisser Hägeli, nimmt verschiedene eidgenössische Batzen nach wie vor für voll, obwohl das Berner Mandat gleichzeitig auch die auswärtigen Handmünzen abgerufen hat. Schon tags darauf werden aber Hägelis Münzen von der Oberkeit beschlagnahmt. – In Älen im Welschland weigern sich die Landleute, weiter Berner Batzen anzunehmen und auszugeben, und verlangen die Abschaffung des Trattengelds, dieser lästigen Abgabe, die doch nur den Bauernstand trifft. – Die Interlakner und Hasler haben sich versammelt, um dem Landvogt zu Interlaken ihre Klagen über die Münzverordnung vorzubringen. Die Gnädigen Herren erteilen ihnen eine gehörige Rüge und wollen gar nicht auf sie hören.
In Münsingen hat ein Müller, der vorzeitig vom Abruf wusste, ein ganzes Fuder mit lauter Batzen bezahlt. Immerhin soll jetzt in der Hauptstadt eine Untersuchung gegen die Herren angestellt werden, die am Martini-Märit, mit Wissen der bevorstehenden Abwertung, ihre Batzen «mit Schwall abgethan, und selbige also vorsätzlicher Weise zu empfindlichem Schaden und Nachteil den Underthanen angehänkt», indem sie übergrosse Vorräte posteten. Beschämenderweise hat sich gerade der ehemalige Vogt von Signau, Herr Marquart Zehender, in solchen Geschäften hervorgetan.
Selbst in der grossen Stadt Bern ist die Bevölkerung in Geldsachen so verunsichert, dass der Rat einem Seiltänzer aus Lyon verbieten muss, seine Künste vorzuführen – wegen «jetziger Geldklamm und Beschaffenheit».

Schlimme Klagen hört man aus dem luzernischen Nachbarland. Dort hat die Regierung gleichzeitig mit Bern die kursierenden Bernbatzen auf die Hälfte herabgemindert. Den Verlust haben in erster Linie die Entlibucher zu tragen, die regelmässig nach Langnau z'Märit fahren und mit Berner Geld handeln.
Dafür trifft die Luzerner Oberkeit keine Schuld. Was aber danach ge-

schah, erboste die Landleute zutiefst: Die Vornehmen aus der Stadt gaben zu Hauf Solothurner, Freiburger und Churer Münzen an ihre Untertanen aus.[1] Als diese fast sämtlich auf das Land abgeschoben waren, erklärte der Luzerner Rat am 17. Dezember (nach dem katholischen Kalender) auch deren Abwertung, teils um einen Viertel, teils um die Hälfte. Eine Möglichkeit, die Münzen noch zu ihrem alten Wert an Zinsen abzugeben, bestand hier nicht.

Während der Herr Säckelmeister in Luzern freudig verkündet, der Staat habe bei der Geldentwertung lediglich 184 Gulden verloren, fühlen sich die Landleute – man entschuldige den Ausdruck – verarscht. Dieser Münzabruf ist ein Willkürakt: Im Gegensatz zu Bern nehmen Freiburg und Solothurn ihre Batzen noch zum vollen Wert! Die Betrüger aus der Stadt haben natürlich vorzeitig davon gewusst![2]

Wie zur göttlichen Bestätigung des heraufziehenden Unheils steht seit dem Andreasabend ein Zeichen am Winterhimmel, ein schwefliger Komet von der Grösse, dass wohl ein halbes Dutzend gewöhnlicher Sterne darin Platz fänden. «Der greuliche Komet mit dem gestutzten Bart» wird er bald getauft. In drei Stunden wandert die Erscheinung vom Entlibuch her zum Aaretal hinüber.

Kometen sind von alters her Vorboten von Hungersnöten, Pest, Naturkatastrophen oder Krieg im Vaterland. Der gestutzte Schweif lässt die Landleute hoffen. Ist er nicht ein Zeigefinger des HERRN, der sagen will: Noch ist das Unheil nicht vollkommen. Wehrt euch, helft mit, den Schaden von eurem Land abzuwenden!

RM Bern 29.11., 3./6./7./12./13.12. 1652 – Liebenau I/254f. – Vock 33

---

1 Luzerns eigene Münzen – von akzeptabler Qualität – waren von der Abwertung nicht betroffen.
2 Nach dem Abruf der Berner Batzen war die baldige Abwertung der Freiburger und Solothurner Münzen (weil sie wie jene minderwertig geprägt waren) für Fachleute absehbar. – Dass man zu Lasten nichtsahnender Untertanen auch gleich noch die Stadtkasse sanierte, riecht aber stark nach Insidergeschäften und Volksbetrug.

DER GROSSE SCHWEIZERISCHE BAUERNKRIEG

Was die Landsleute zu diesem Zeitpunkt noch nicht wissen: Der Widerstand gegen das Münzmandat wird zu einem Sturm gegen die Aristokratie in den Städten anwachsen, zum Schweizerischen Bauernkrieg von 1653.

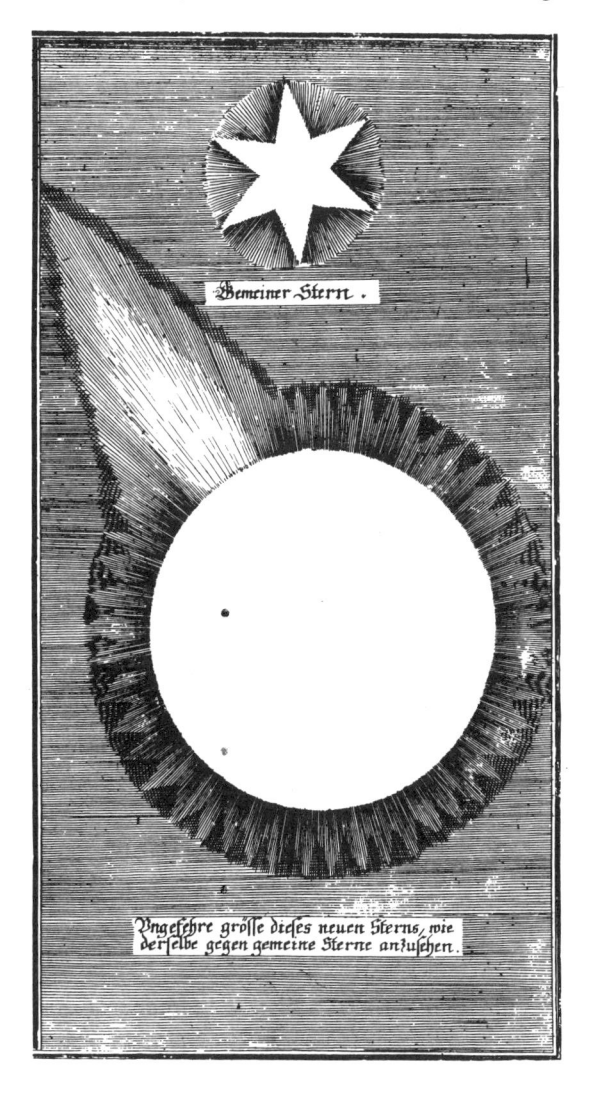

Gemeiner Stern.

Ungefehre grösse dieses neuen Sterns, wie derselbe gegen gemeine Sterne anzusehen.

Ein Zwischenwort

Die traditionellen Geschichtsbücher handeln eine Vergangenheit aus Fleisch und Blut häufig ab, als sei die Staatsverwaltung die einzig wesentliche Sache der Welt. Der Historiker wertet die Protokolle unserer alten Landesväter aus. Eine bemerkenswerte Fleissarbeit. Er hebt die Weitsicht und die geschickten Winkelzüge der Magistraten hervor, wie sie unser Land allmählich zur Unabhängigkeit und zu Wohlstand geführt haben. Opposition gegen die Staatsgewalt behandelt er einzig unter dem Aspekt der Krisenbewältigung.

Zwar benützte ich derartige historische Darstellungen hin und wieder zum Aufsuchen von Quellen und Dokumenten. Doch finde ich ihren schönfärberischen Patriotismus, ja Patriziotismus, peinlich. Zugegeben: ich bin in Bern geboren, und ich mag diese Stadt – manchmal. Manchmal langweilt und bedrückt sie mich. Immerhin interessiert mich meine Umgebung, wie alles gewachsen ist, woher die Wurzeln ihren Saft beziehen. Aber was soll ich denn mit einer Geschichte anfangen, in der nur die Regierungen agieren (fehlerfrei), in der das Volk bloss in Ausnahmefällen erwähnt wird... etwa wenn es wieder mal in den Krieg geschickt wird oder wenn es der Pest erliegt?

Meine Vorfahren waren keine Schultheissen. Nur Bauern, Posthalter, Fuhrleute und ein berühmter Schwinger.

Der Bauernkrieg von 1653 nimmt in der patriotisch-ideologisierten Geschichtsschreibung, das sei am Rande vermerkt, einen sehr bescheidenen Platz ein. Kein Ruhmesblatt für die Obrigkeiten. Anlässlich der 600-Jahr-Feier der Eidgenossenschaft 1891 verlangte das Organisationskomitee vom Schwyzer Professor Bommer, dass er das bereits fertiggestellte offizielle Festspiel nochmals umschreibe und insbesondere die Bauernkriegs-Szene daraus streiche.[1] – Erst die Fellersche Schule reihte die Bewältigung der Krise von 1653 nahtlos in die Reihe der wohlgemeinten, landesväterlichen Massnahmen ein, die aus unserem Bern den «Musterstaat» des 18. Jahrhunderts formten. Eine herrisch-verklärte und menschenverachtende Sicht der damaligen Mandatenherrschaft.

Nun muss ich gestehen, dass ich auch mit historischen Arbeiten der neueren Generation meine liebe Mühe bekunde. Zwar hat hier die Sozialgeschichte durchaus ihren Platz – doch erscheinen die Handwerker und Bauern als merkwürdig blutleere Objekte, als reines Produkt ihrer Zeit und

---

1 Mitteilung Dr. Andreas Suter (Zürich)

Ein Zwischenwort

ihrer wirtschaftlichen Lage. Der Forscher bemüht sich kaum, die Menschen von damals als Individuen zu erspüren. Aus der überlegenen Warte der Zukunft heraus fasst er die Ereignisse knapp zusammen, unterlegt sie mit Wirtschafts- und Bevölkerungsstatistiken, einigen ausgewählten zeitgenössischen Zitaten und benützt sie derart präpariert zur Stützung seiner strukturgeschichtlichen Thesen. Geschichte als quasi-exakte Wissenschaft.

Ich postuliere eine historische Unschärferelation. Je klarer der Betrachter die politischen Auseinandersetzungen der Vergangenheit theoretisch begründet, wie eine vorhersehbare Abfolge chemischer Reaktionen im Reagenzglas beschreibt, desto mehr verliert er das Leben aus dem Auge: die scheinbaren Kleinigkeiten, die unwahrscheinlichen Zufälle und Einzelschicksale, welche den Lauf der Geschichte immer wieder mitprägten.

Menschen, die sich gegen die Normalität ihrer Zeit stemmten. Eine seltene Spezies hierzulande, aber es gab sie. Heldinnen und Spinner. Ohne sie wäre die Welt eine kosmische Autobahn. Und an noch was glaube ich fest: dass die Menschen einige Generationen zuvor nicht beschränkter waren als wir, dass wir sie nicht als exotische Wesen behandeln und ihr Denken nach Jahrhunderten schubladisieren, sondern uns in ihre Lage versetzen und sie so zu erfassen versuchen sollten.

Ich will den Bauernkrieg aus der Sicht der aufständischen Landleute erzählen, für einmal ihre Ideen in den Vordergrund stellen. Dazu hat mich die Arbeit von Hans Mühlestein entscheidend angeregt. Mühlestein war auch jener Geschichtsschreiber, der die wichtige Rolle des Ueli Galli als erster Urheber des Aufstandes in Emmental und engster Berater des Obmanns erkannte. Leider blieb sein Bild des Eggiwiler Rebellen wie manches andere sehr vage, da es ihm an Quellenmaterial des Berner Staatsarchivs und der verschiedenen bernischen Gemeindearchive mangelte. Also machte ich mich auf die Socken, sammelte Informationen über Ueli Galli und seine Umgebung und versuche nun, all diese Einzelteile zu einem lebensnahen Bild dieses aussergewöhnlichen Mannes zusammenzufügen, wie ein Puzzle-Spiel, bei dem man, weil einige Stücke unwiederbringlich verloren sind, zum vornherein weiss, dass es unvollendet bleiben muss. Je tiefer ich in die Materie vordrang, desto lebendiger und vielfältiger kamen (teils widersprüchliche) Details zum Vorschein.

Entstanden ist eine Art Reportage aus dem oberen Emmental jener stürmischen Zeit. Die Vielfalt der «aktuellen» Informationen soll auf den Leser ähnlich ungeordnet einwirken wie auf Ueli Galli und seine Freunde damals. So wird man die Zweifel, Taten und Unterlassungen der wackeren Kämpfer vielleicht begreifen und hier und da ein Stück eigener politischer Realität darin wiederfinden können. Vieles hat sich seit jener Zeit verändert hierzulande, aber erstaunlich vieles ist gleich geblieben.

Als Geschichtsschreiber kann ich mich nicht dagegen wehren, über geheime Sitzungen und Schreiben der Regierungen (der Gegenseite) viel besser Bescheid zu wissen als ein Emmentaler Bauer von 1653. Ich darf dieses Wissen dem Leser auch nicht vorenthalten – die Doppelzüngigkeit (vornehmer «Diplomatie» genannt) der Oberen ist zum Teil entlarvend und durchaus erwähnenswert. Ich kann dieses Wissen bloss optisch absetzen. Danach kann man/frau das Buch als Ganzes lesen, oder aber (durch Überspringen der kursiv gedruckten Abschnitte) aus dem beschränkten Blickwinkel der betroffenen Landleute.

Gerne hätte ich für meine Geschichte konsequent die Warte Ueli Gallis eingenommen. Weil dieser aber an schriftlichen Zeugnissen nicht mehr als eine recht ungelenke Unterschrift unter ein Dokument aus dem Jahr 1641 hinterlassen hat, weil überhaupt nur eine einzige zeitgenössische Chronik eines Berner Bauern erhalten scheint (und zwar ausgerechnet jene eines regierungstreuen Grossbauern weit ausserhalb des Amtes Signau), wären daraus zuviel der Spekulationen geworden. Insbesondere liegt im dunkeln, wann und auf welche Art Galli von den laufenden Ereignissen im Luzernischen, im Aargau und anderswo Kenntnis erhielt. Wie die eben erwähnte Chronik aus Wynigen zeigt, waren die Landleute über das Geschehen im In- und Ausland erstaunlich gut informiert. Das trifft in besonderem Mass auf Ueli Galli zu; schliesslich war er einer der Anführer der damaligen Bauernbewegung. Doch hätte ich einen Schwall von Botenberichten, Markt- und Wirtshausgesprächen frei erfinden müssen, welche meinen Bericht zu einem historischen Roman gemacht hätten, in dem quellentreue Daten und reine Fiktion zu einem unauflösbaren Knäuel verflossen wären.

So wird der Geschichtsschreiber als Reporter das Eggiwil zeitweise verlassen und direkt vom Ort des Geschehens berichten.[2]

Wenn ich schon mit der Wahl eines naiven, zeitgenössischen Standpunktes für meine Reportage die Möglichkeit einer historischen Würdigung der Ereignisse von 1653 aus der Hand gebe, möchte ich doch an dieser Stelle zwei oft gehörte Lehrmeinungen entschieden zurückweisen: Zum ersten trifft es einfach nicht zu, dass dieser Aufstand von Dorfkönigen getragen war, von reichen Bauern, die den Aristokraten in den Städten gleichen wollten. Gewiss war Niklaus Leuenberger, der «Bauernkönig» vom Schönholz, ein hablicher Mann, auch Hans Emmenegger, der Landespannermeister der Entlebucher. Ueli Galli – auch der konnte nicht über Armut klagen. Einige reiche Bauern, Wirte und Müller sassen im Kriegsrat der Aufständischen. Daneben marschierten jedoch zahlreiche mittellose Tauner, Handwerker, Hintersässen mit. Sie waren nicht bloss verführtes Fussvolk; sie

---

2 Die Quellenforschung beschränkte ich auf den Kanton Bern.

bestimmten den Verlauf des Krieges entscheidend mit: Ich denke an die drei Tellen im Entlebuch, an den alten Söldner Christen Schibi, an den armen Weber Ueli Schad aus dem Oberbaselbiet. Das ganze Landvolk wurde zum Aufstand getrieben, nicht bloss die Oberschicht. Dass die Aufständischen schliesslich doch eher habliche Leute zu ihren politischen Führern wählten, hängt damit zusammen, dass diese schon vor 1653 als Unteramtleute, als Weibel, Gerichtssässen, Chorrichter usw. (das Entlebuch verfügte gar über Landeshauptmann, Pannermeister und Landessiegler) Erfahrung im Umgang mit der Obrigkeit hatten, dass sie sich in Rechtsfragen einigermassen auskannten, meist lesen und ein wenig schreiben konnten und im Dorf ein grosses Ansehen genossen. Oft wurden diese ehrbaren Männer geradezu in ihre Führerrolle gedrängt, um der Bewegung mehr Ansehen zu verleihen. Zumindest in einem Fall war dieses Vorgehen verhängnisvoll: Die Wahl des Untervogts Adam Zeltner zum Landeshauptmann der Solothurner war für die Bewegung hemmend, da Zeltner fortan zwei Herren dienen wollte – seiner Regierung und dem Volk. Auch die Wahl des frommen und senkrechten Leuenberger zum Obmann des ganzen Bundes war – im Rückspiegel betrachtet – nicht eben glücklich. Zuerst war er wohl ein wirksames Aushängeschild der Bewegung, dann hingegen, vor Bern, rettete er durch sein Zögern möglicherweise die bernische Aristokratie vor ihrem Untergang.

Dass die Gerichte nach dem Aufstand vor allem die reichen Landleute zu hohen Geldstrafen verbrummten und die Armen oft glimpflich ziehen liessen, wird hier und dort als Beweis für die These des Grossbauern-Aufstandes angeführt. Bei näherer Betrachtung wird aber klar, dass die Gerichte nicht im Sinne einer juristischen Gleichbehandlung, sondern sehr pragmatisch urteilten: Angesichts der schlimmen Landesarmut holten sie das Geld dort, wo es zu holen war. Weil die Obrigkeit vom Vermögen der hingerichteten «Rädelsführer» einen Kindsteil konfiszierte, hatte sie zudem alles Interesse daran, die Inventarien hoch einzuschätzen.

Zum zweiten ist die Behauptung unrichtig: die Bauernbewegung von 1653 sei rein konservativ gewesen, sie habe nur die – durch den allgemeinen Fortschritt der Zeit auferlegten – notwendigen Neuerungen aus Uneinsichtigkeit bekämpft.

Richtig ist, dass die Bauern sich stets auf die alten Freiheitsbriefe beriefen, dass sie Neuerungen abschaffen wollten. Die Bauernfreiheit der Urschweiz war ihre Utopie. Nur eben – ihr Bild, ihre Utopie der alten Eidgenossenschaft entsprach nicht der geschichtlichen Wirklichkeit. Der Sumiswalder und Huttwiler Bund von 1653 ging weit über sein Vorbild, den verschollenen alten Bundesbrief, hinaus. Der historisch gebildete Zürcher Bürgermeister Waser meinte gar: der Bauernbund laufe der alten Eidgenossenschaft «schnurrichtig zuwider». In ihm lag bereits der Keim der Entwicklung zum Bundesstaat, der staatsrechtlich fruchtbarsten Idee der Schweizer Geschichte überhaupt. Dass die Aufständischen alle Neuerungen derart bekämpften, ist nur allzu begreiflich, weil die Herren in den Städten zu dieser Zeit den absolutistischen Fürsten Europas bedenkenlos nacheiferten. «Ohne meine Erlaubnis darf niemand die Hände waschen im Mittelmeer», prahlte König Louis XIV., stolz auf seine Machtfülle – und just sein Staatsmodell hatten die Patrizier zum Ideal erkoren. Zu ihrem eigenen Vorteil und, wie sie meinten, zum Wohle des Staates. Da bestehe kein Unterschied, denn «L'état c'est moi!»

Die «Neuerungen» schränkten die Rechte der Untertanen stets stärker ein, forderten neue Abgaben, verboten dies und jenes für die gemeinen Leute. Die Bekämpfung solcher Neuerungen – nie hatte ein Erlass die Freiheiten auf irgendeine Weise erweitert – war für die selbstbewusst gewordenen Landleute ein Muss, ganz gleich, ob man ihren Aufstand als fortschrittlich oder reaktionär etikettieren will; die Neuerungen liefen den Interessen des Volkes zuwider. Das geschilderte Selbstverständnis der Herren musste auch bewirken, dass die Landleute ihre Freiheitsutopie in der Vergangenheit suchten; der von den Herren gelenkte «Fortschritt» bedeutete für sie einen Zug in die Knechtschaft. Dabei waren einige ihrer konkreten Forderungen geradezu zukunftsweisend, so z.B. die entlebuchische Forderung nach einer Vereinheitlichung der Schweizer Münzsysteme.

Hier sei der Gedanke eingefügt, dass jede Utopie mit dem Bruch des normalen Laufs der Dinge ihren Anfang nehmen muss und erst dann ihre reale Form ausbilden kann. Gern hängen die Regierenden dem Widerstand das Etikett des «uneinsichtigen Pöbels» um, der die «notwendigen» Entwicklungen, die «Sachzwänge» verkenne. Man denke heutzutage nur an die Opposition gegen Atomkraftwerke oder an die Propagandisten eines wirksamen Umweltschutzes, die, wenn sie sich nicht durchzusetzen vermögen, sehr wohl als uneinsichtige Verhinderer in die Geschichte eingehen könnten (sofern es eine Geschichte nach weiteren hundert Jahren ungebremster Technokratie überhaupt noch gibt).

Wir müssen uns von der eindimensionalen Vorstellung einer zu stets höheren Kulturstufen führenden Geschichte lösen. In jedem Zeitpunkt standen und stehen viele verschiedene Möglichkeiten menschlicher Entwicklung offen. Die historische «Realität» ist bloss ein Pfad durchs weite Wunderland der Träume. Es hätte alles anders kommen können, und nicht unbedingt schlechter.

Der Bauernaufstand von 1653 war keineswegs bloss ein Nachwehen des Dreissigjährigen Krieges. Er war weder historisch belanglos noch aussichtslos. Er war die grösste Volkserhebung der Schweizer Geschichte. Wäre der Bauernbund richtig zum Tragen gekommen, so hätte er die Eidgenossen-

Ein Zwischenwort

schaft reformiert. Gründlicher als das Stanser Verkommnis. Er hätte eine andere Wirklichkeit geschaffen.

Zwar lernten die Bauern im Laufe ihrer Erhebung politisch rasch hinzu. Die Führung der Städte hätten sie aber im Rahmen des neuen Bundes bestimmt nicht selber übernommen. Die Bürger hätten entscheidend an Einfluss gewonnen. Nach dem baldigen Niedergang von Cromwells Revolution in England hätte die Eidgenossenschaft mit einem stark föderalistischen Regierungssystem, mit Landsgemeinden, Volksanfragen, ausgeprägten örtlichen Sonderrechten und Milizsystem im Europa der Fürstenhäuser allein auf weiter Flur gestanden. Nach damaliger Wertung: als kulturloser Bauernhaufen. Nach unserem heutigen Staatsverständnis: als fortschrittlichstes, demokratischstes Staatswesen der Welt.

Hätten die neuen Regenten den Versuchungen der Macht widerstehen können, dem Prunk von Versailles und Venedig? Hätte der neue Bund auch eine neue Gesinnung geschaffen, die Ausbeutung ganzer Landstriche beendet, alle Untertanen zu freien Schweizern erhoben? Hätte er im Schwabenland und in Savoyen Nachahmer gefunden?

Ich weiss es nicht. Stoff für ein Ungeschichtsbuch!

Lesehilfen

Datum – Die Geschichte des Bauernkriegs ist chronologisch datiert. An erster Stelle steht das Datum nach dem bernischen Kalender (alten Stils). Wenn die Handlung in katholischem Gebiet spielt, folgt das neue, um zehn Tage vorgezogene Datum des katholischen Kalenders.

Wappen – Sie kennzeichnen den Ort der Handlung:

Wappen	Ort	Wappen	Ort	Wappen	Ort
	Zürich		Bern		Luzern
	Uri		Schwyz		Nidwalden Obwalden
	Zug		Solothurn		Freiburg
	Basel		St. Gallen		Schaffhausen
	Appenzell		Glarus		Graubünden
	Freie Ämter		Baden		Thurgau

> Der Rahmen zeigt rückblickende Zusammenfassungen des Geschehens, Kommentare oder Dokumente an.

Die Schrägschrift kennzeichnet Vorkommnisse in den Städten und Korrespondenzen der Herren, von denen die Bauern keine Kenntnis hatten oder erst später erfuhren.

Boten aus dem Entlibuch

Anders als das Emmental hat sich die Talschaft Entlibuch bis heute eine Reihe alter Freiheiten erhalten können. Nicht zuletzt sind es ihre stolzen, vom Volk gewählten Amtsträger, um die alle anderen Landleute die Entlibucher beneiden: Die vierzig Geschworenen des Landes, an ihrer Spitze der Landespannermeister, der Landeshauptmann, der Landesfähnrich und der Landessiegler.

Das höchste Amt – dasjenige des Pannermeisters – bekleidet zur Zeit Hans Emmenegger. Über dreissig Kühe hat er in seinem Stall, dieser allseits geachtete, stets gut gekleidete Schüpfer Bauer; schon immer hat er sich mutig gezeigt, wenn es um die Freiheiten der Talschaft ging: Anno 35 hatte er Gemeindeversammlungen einberufen und da öffentlich gesagt, man solle dem Vogt den Eid verweigern. Er lag deswegen zu Luzern im Kerker, und beinahe wäre er mit dem Mütsch zusammen geköpft worden, hätte da nicht sein junges Weib mit den kleinen Kindern für ihn vor dem Rat um Gnade gefleht.[1] – Erst kürzlich ist Emmenegger wieder hoch gebüsst worden, weil er den Herren von Luzern ihre Pensionsgelder vorgehalten und damit die Käuflichkeit dieser ‹Landesväter› an den Pranger gestellt hat.

Der zweithöchste Entlibucher, Landeshauptmann Niklaus Glanzmann, ist ein halber Berner. Er bauert ganz oben in Marbach, einen Steinwurf von der Grenze zum Schangnau entfernt. Die Schangnauer kennen ihn gut, besitzt er doch viele Alpen, auf denen auch Berner Landleute ihr Vieh sömmern. Zudem lebt seine ganze Verwandtschaft im Emmental; der Wirt von Ranflüh ist sein Bruder.

Wahrscheinlich war es Glanzmann, der die Entlibucher Geschworenen ob allem Fluchen über das Münzmandat daran erinnerte, man sollte doch trotz allen Glaubensdifferenzen mit den Emmentalern zusammenspannen, die hätten unter einem gleichen Mandat zu leiden. So überbringt nach Weihnachten[2] ein Bote ein Schreiben aus dem Entlibuch. Unterzeichnet ist es von Landespannermeister Emmenegger und vielen Geschworenen. Sein Inhalt: Die Freunde im Emmental sollten doch berichten, wie sie sich gegenüber ihrer Oberkeit auf diesen Geldabruf hin verhalten wollten.

---

1 Eine weitere Episode aus Emmeneggers Leben sei nicht verschwiegen: 1648 schlugen er und sein Vetter den alten Pannermeister Stadelmann, den Wirt, beinahe zu Tode.
2 Nach Liebenau erhielt die Luzerner Regierung am 1./11. Januar davon Kenntnis.

Leider gerät der Brief in falsche Hände. Er ist an den Weibel von *Langnau* gerichtet, und der verrät die Sache an Landvogt Tribolet, so dass innert kürzester Frist auch die Regierungen in Bern und Luzern Bescheid wissen.

Gewiss erfährt man im Emmental trotz dieses Missgeschicks, was sich drüben im Entlibuch tut: Die Mutigeren unter den Geschworenen, darunter die vier höchsten Titelträger, haben sich in Schüpfheim heimlich besprochen. Gemeinsam mit den Ausgeschossenen anderer luzernischer Ämter wollen sie das Gesuch an ihre Gnädigen Herren richten, man solle das Mandat über die Abrufung der Münzen wieder aufheben und den Salzhandel freigeben.

Liebenau I/291–296, II/86f. – Mühlestein 15–18, 23 – BB I.108.45

Die Versammlung auf dem Giebel im Eggiwil

Der Christmonat 1652 ist ein aussergewöhnlich weisser Monat. Die Eggiwiler müssen sich schier täglich ihre Wege freischaufeln und den Schneepflug hinter die Pferde spannen. Zudem wird es gegen Weihnachten bitter kalt im oberen Emmental. Wer sich für diesen Winter nicht ordentlich mit Brennholz eingedeckt hat, gerät in arge Not. Nach altem Brauch erhalten die Bedürftigen des Amtes das nötigste Holz ab Schloss Signau.

Ein alter Mann wie Ueli Galli – schliesslich ist er 64jährig und mehrfacher Grossvater – bleibt an solch grimmigen Wintertagen am liebsten in der warmen Stube und raucht seine Pfeife[1] auf der Ofenbank. Doch in Gedanken ist Ueli Galli ruhelos. Er denkt zurück an 1641, als sie, die Landleute, durch ihr Zusammenhalten im Aufbruch nach Thun und in der Versammlung von Langnau die verhasste neue Täll verhindern konnten. Bestimmt wäre auch dieses unselige Münzmandat heute rückgängig zu machen, wenn nur die Landleute so stark zusammenstünden und den Herren die Stirne böten wie damals. Aber wer sollte im Emmental das Volk zusammentrommeln? Wer könnte im Namen des Volkes ein Gesuch an die Gnädigen Herren richten? Niemand ist von Amtes wegen dazu berechtigt. Längst gibt es hierzulande keinen Landespannermeister und keinen Landeshauptmann mehr, die jetzt hätten handeln können. Und Landsgemeindeversammlungen sind erst recht verboten. Am ehesten wäre noch er, Ueli Galli, befugt, als Vertreter der unzufriedenen Landleute vor die Herren der Stadt Bern zu treten. Weil er dazumal, am Pfingstfest 1641, im Namen der Landschaft gesprochen hat, weil er derjenige ist, der den Thunerbrief aus den Händen der Eidgenössischen Schiedsrichter empfangen hat. Sollte er nicht seine alten Freunde zusammenrufen, die Jungen dazu, den Thunerbrief verlesen, besonders die Stelle, wo es heisst: die Oberkeit müsse unabbrüchlich die verbrieften Freiheiten und Gerechtigkeiten der Untertanen respektieren?

---

1 Dass Ueli Galli persönlich eine Pfeife rauchte, ist natürlich nicht nachzuweisen. Das ‹Tabaktrinken›, wie das Rauchen hiess, kam aber auf dem Lande wie in der Stadt, bei Mannen und Frauen, stark auf.
Die Oberkeit von Luzern verbot 1652 den Untertanen alles Tabaktrinken und Schnupfen als unnötigen Luxus.
1659 untersagte der Rat von Bern das Tabaktrinken: es sei feuergefährlich, schade Geisteskräften und Gesundheit. Nur als verordnete Arznei war es noch zugelassen.

Man darf annehmen, dass Ueli Galli um Weihnachten herum von der allgemeinen Unzufriedenheit drüben im Luzernischen erfährt, vermutlich auch von der geheimen Zusammenkunft der Entlibucher Geschworenen, und daraus Mut zum Handeln schöpft.

Möglicherweise – das Wissen darum scheint für immer verloren – ist der Eggiwiler Giebelbauer eng verwandt mit der Familie Galli in Escholzmatt und Hasle im Entlibuch. Dann hat er aber einen der heftigsten dortigen ‹Aufrührer› zum Cousin: den kräftigen Haudegen Christen Schibi, der schon in diesen Tagen in den Wirtshäusern mit seiner Donnerstimme zum offenen Kampf gegen die Herren aufruft. Dessen Mutter war nämlich eine Galli – und das Geschlecht Galli ist sowohl im Oberemmental wie ennet der Grenze eine Seltenheit.[2]

Wie dem auch sei: Fest steht, dass zwei Männer Ueli Galli bitten, er solle sich ihrer Beschwerden annehmen. Zum einen der junge Eggiwiler Schmied Franz Willi, zum andern Michel Haldimann von der Holzmatt, Uelis guter Freund, der auch im Chorgericht amtet. Und der Giebelbauer sagt zu.

Alleine eine Bittschrift abfassen, im Namen aller Landleute, das ginge nicht an. Ueli Galli schlägt vor, die Weihnachtstage ruhig verstreichen zu lassen, um dann in der Altjahrswoche eine Versammlung von ehrlichen, vertrauenswürdigen Männern auf den Giebel einzuberufen. Da wolle man das weitere Vorgehen besprechen. – Auf der Stelle sind einige tüchtige Burschen gefunden, welche den Botendienst für diese erste Zusammenkunft übernehmen. Franz Willi reitet aus, auch der junge Stauffer von der Zimmerzei; im Trubertal bietet Ueli Neuenschwander von Langnau die zuverlässigsten Leute auf.

Wer sind nun diese dunklen Gestalten, die am vereinbarten Abend in der Altjahrswoche ihre Pferde am Halfter den glitschigen, steilen Hofackerstutz zum Giebel hinaufführen, über sich den leuchtenden Kometen und drunten, zu ihrer Linken, die Umrisse der behäbigen Eggiwiler Häuser?

---

16 Jahre später sollten – nach einem Mandat – die Tabakbestände gar öffentlich verbrannt und die Pfeifen vom Weibel zerbrochen werden. Den Besitzern von Tabak drohte eine Schellenwerk-Strafe.

2 Aregger 13 findet die von Liebenau behauptete Ehe Schibi-Galli nirgends bestätigt und belegt. Auf S. 25 berichtet er jedoch vom Erbe einer (ungenannten) Base Schibis, an dem auch Steffen und Jakob Galli beteiligt waren, nicht aber Schibis Halbgeschwister. Das scheint mir doch ein deutliches Indiz für die Richtigkeit von Liebenaus Angabe zu sein.

Schon bald nach der Stallzeit klopfen Willi Franz und Stauffers, Ueli und sein Vater, an die Türe, auch Michel Haldimann, der sich wohl noch ein wenig zur Familie ins hintere Stübli setzt. Schliesslich ist das Vreni seine Nichte und sein Göttikind. Sicher tauchen noch mehr Eggiwiler auf, der Luchsmatter etwa, der Feuer und Flamme ist gegen das Münzmandat, und der Jaggi Neuhaus von der Glashütte.[3] Unter den auswärtigen Gästen, die Mutter Galli nach und nach durch die geräumige Rauchküche in die warme Stube führt, braucht man einem den Weg bestimmt nicht zu weisen: dem bestandenen Röthenbacher Weibel Hans Rüegsegger. Der hätte auch ohne Einladung in diesen Tagen auf dem Giebel vorbeigeschaut, um das Neujahrshuhn abzuholen.

Wer ist von den alten Aufständischen von 1641 denn sonst noch dabei?

Nun, der Müllerhansli ist gestorben. Der Klaus Zimmermann ist damals nach seiner Entführung ins Schangnau umgezogen, wo er sich seiner Haut wieder sicherer fühlen konnte. Mit den Jahren ist er vorsichtig geworden; denn seit dieser leidigen Sache in Thun hat die Regierung stets ein Auge auf ihn. Sobald es auf dem Lande irgendwo rumort, erhält der Predikant im Schangnau prompt eine Depesche aus der Hauptstadt, er solle auf den Zimmermann achtgeben. Ob er diese Nacht ins Eggiwil reiten konnte, ohne die ganze Gesellschaft in Gefahr zu bringen, ist ungewiss.

Ein weiterer von der alten Garde ist aber heute sicher auf dem Giebel: der damalige Schmied von Höchstetten, Daniel Küpfer.

> Er wird zu einer der tragenden Figuren der Bauernbewegung aufsteigen – Grund genug, ihn hier näher vorzustellen: Er hat wie Ueli Galli und Hans Rüegsegger die Sechzig bereits überschritten und ist mehrfacher Grossvater. Ab 1622 hatte er in Höchstetten die Schmitte im Lehen; dazu besass er verschiedene Stücke fruchtbaren Bodens und – sein besonderer Stolz – einen Rebhang bei Oberhofen. Er war hochangesehen und geachtet in seiner Gemeinde, bekleidete das Ehrenamt eines Ammanns. Seinen Kindern standen vornehme Leute Pate: der Freiweibel, der Predikant und sogar der hochedle Herr Petermann von Diesbach.
>
> Man kann aber wahrlich nicht behaupten, Daniel Küpfer habe ein sorgenfreies Leben geführt. Schon ein Jahr nach der Hochzeit verlor er seine erste Frau Madlen, und als er 1645 auch am Grabe seiner zweiten Frau, der Elsbeth, geborener Sigfried, die Hampfele Erde auf den Sarg

---

3 Die Teilnahme von Willi, Haldimann und Neuhaus ist nicht gesichert, wird aber vermutet. Etwas verwirrend ist die Namensgleichheit des Luchsmatter Bauern Ueli Stauffer mit dem jungen Ueli Stauffer von der Zimmerzei, die sich in der Folge beide eifrig am Aufstand beteiligten.

> werfen musste, übergab er die Schmitte seinem Sohn Daniel und zog
> sich auf das Gut Pfaffenbach bei Langnau zurück, wo er einen stillen
> Lebensabend verbringen wollte. Das Münzmandat hat ihn aber wieder
> in die Sätze gebracht, und wie! Sein Eifer ist leicht verständlich, wenn
> man weiss, wie tief die Familie in den Schulden steckt. Allein bei Schultheiss Daxelhofer steht der Ammann vom Pfaffenbach mit 2000 Pfund in
> der Kreide, eine Summe, die ausreichte, um vierzig Kühe zu kaufen.
> Grosse Schulden hat er auch beim Bauherren Tillier in der Berner Insel,
> wohl wegen der Krankheit seiner Frau. In seiner Geldnot hat sich Vater
> Küpfer sogar einmal an die Einbünde, die Patengeschenke seiner Kinder
> herangemacht, und die 140 Pfund, die er dafür seinen Jungen schuldig
> bleiben musste, drücken ihn wohl am meisten. Ja, wenn die Küpfers jetzt
> nach dem Münzmandat plötzlich das Doppelte an Batzen abliefern sollten, brächte dies die ganze Familie an den Bettelstab; der junge Daniel
> jedenfalls könnte die Schmitte nicht mehr lange behalten.

Von Langnau hätte Hans Bürki vom ‹Winkel› erscheinen sollen, der Sohn von Daniel Bürki, der bei der Langnauer Versammlung 1641 tüchtig mithalf. Franz Willi hat ihn aufgeboten. Doch lässt sich der junge Bürki durch einen Kollegen vertreten;[4] er selber ist unter irgendeinem Vorwand zu Hause geblieben.[5] In Langnau drunten rollen die Äpfel eben doch mitunter ein wenig weit vom Stamm weg, macht es den Anschein.

Noch werden die Vertreter der Gemeinde Trub erwartet. – Endlich regt sich was im Hohlweg oben. Vier Männer sind's, ganz durchfroren vom Marsch über den verschneiten Berg: der Kräyenbühl Hans von der Schmitten, der Peter Tanner vom Bach-Gut, Hans Blaser vom Heidbühl, der dort mit seiner Familie ein stotziges Heimetli bewirtschaftet, und der Baumgartner Peter, ein einfacher Tauner vom Hälig.

Jetzt platzt aber die Stube mit der gemütlichen Chunst in der Ecke und dem hölzernen Zyt an der Wand fast aus den Nähten. Rund um den Tisch und auf der Ofenbank hocken die Männer; für die drei Truber muss geschwind die Küchenbank ins Zimmer geholt werden. Auf dem Tisch stehen Gallis drei frisch polierte Silberbecher, mit Wein gefüllt, zum Trinken bereit. Vor Ueli liegen einige schön beschriftete Blatt Papier, der Thunerbrief, den er nun bedächtig vorliest:

«Durch Vermittlung unser zuo End bemelter Gsandten sind alle die Gmeinden und Personen, so sich samptlich Ihrer Oberkeit zuo Bern wohlangesechnem Stührmandats» (Räuspern) «geweigeret, auch die Jenigen so bsonderbar noch darzuo für Thun gezogen, hernach volgender gstalten mit

---

4 Michel Langenegger von der Ey
5 nach Bürkis eigenen Aussagen (widerlegt Rösli 129)

Ihrer Oberkeit versühnt und begnadet worden. Erstlich wylen das Mandat wegen der Stühr von der hochen Oberkeit bester Wohlmeinung angesechen worden, dieselbig auch zuo derglychen Stühr und Anlagen in Gottes Wort und mentschlichen Rechten befreyet hat, als sölle es darby sein Verblybens haben...»

Etwas holprig tönt es schon. Der alte Giebel-Bauer ist kein geübter Leser. Aber die Stellen, auf die es ihm ankommt, die weiss er längst auswendig und hebt sie in vollem Brustton hervor: «Als namlich des Saltzes, des Pulfers und derglychen Sachen mehr anbetrifft: Söllen die Underthanen Ihrem ertheilten Rat nach, dieselben an Ihre Liebe Oberkeit Supplicationsweis gelangen lassen, und umb Gnedige Verbesserung der Inen beschwerlichen Missbrüchen anhalten, nit zwyffelnde, dass man Inen die Gnadenhand bieten und gebürlich begegnen werde.» – Dem folgen die Abschnitte über Vergebung und Scheltworte, wie alles wiederum seinen Stand haben solle, und dann: «Im übrigen dass eine Hoche Oberkeit Ihren Underthanen jewylen für Brieff und Sigel Freiheit und Gerechtigkeiten gönnen und gegeben, und sy sonsten auch haben möchtend; soll es by denselben durchus zu allen Puncten unabbrüchlich sein Verblyben haben.»

Nun können es die Thunerkriegs-Veteranen nicht lassen, die Geschichten aufzuwärmen, wie sie damals das oberkeitliche Versprechen für eine Besserung im Salz- und Pulverhandel einlösen wollten, wie dann die Oberländer bei den Herren lieb Kind spielten und im Alleingang einem faulen Kompromiss zustimmten, worauf in Bern nichts mehr zu holen war. – Gar nichts hat sich in den letzten zwölf Jahren am Salzhandel geändert, trotz den schönen Worten auf dem Papier. Der offizielle, von der Oberkeit festgelegte Salzpreis beträgt selbst in diesen Zeiten des allgemeinen Preiszerfalls noch 22 Batzen, nach dem Münzmandat sogar 44 Batzen pro Vierling. Dabei haben die Bauern errechnet, dass der Vierling im freien Handel nicht mehr als 16 Batzen kosten würde.[6] Am Rest bereichern sich die Herren Salzdirektoren.

Was die verbrieften Freiheiten und Gerechtigkeiten betrifft, welche die Regierung unabbrüchlich halten soll, so ist man sich in der Runde einig, dass so willkürliche Neuerungen wie das Münzmandat aufs Heftigste gegen diesen Artikel verstossen. Mehrmals haben die Herren in die Welt hinausposaunt, wie die Münzen ihren Wert immerdar behalten sollten, «Batzen sollen Batzen bleiben». Alle haben's gehört. Bestimmt ist das auch irgendwo schriftlich festgehalten. Die Älteren erinnern sich auch an die Rechte, welche die Untertanen seit Anfang Jahrhundert verloren haben:
– Die Volksanfrage: Früher fragte die Oberkeit vor wichtigen Geschäften noch das Volk um seine Zustimmung.

---

6 So berichtet Liebenau aus dem Luzernischen.

- Das Amt eines Emmentaler Landeshauptmanns, wie ihn die Entlibucher kennen.
- Und waren ganz früher nicht auch freie Landsgemeinden erlaubt?

Dummerweise weiss keiner der Anwesenden genau, wo denn all diese althergebrachten Freiheiten niedergeschrieben sind. In den Rathäusern der Städte, bestimmt. Aber da kann man ja nun nicht einfach hingehen und sagen: «Liebe Gnädige Herren, händigt uns all unsere alten Freiheitsbriefe aus, damit wir euch beweisen können, wie eure Neuerungen ungültig sind!» Die Steffisburger könnten ein Lied davon singen: Damals, während dem Aufruhr von 41, hat ihnen der Schultheiss von Thun eine Abschrift vom Kappeler Landbrief verweigert. Und wie sie im Herbst, als die Zeiten wieder ruhiger waren und der Thunerbrief die alten Freiheiten doch ausdrücklich versprach, nochmals in Thun vorsprachen und den sagenhaften Landbrief des alten Gerichts Lauenen[7] zu sehen begehrten, stellte ihnen der Schultheiss die heikle Frage: «Welche Briefe genau sollen es denn sein?» Sie konnten nur den «Landbrief» namsen, dessen genaues Datum kannten sie nicht – am Ende zogen sie leicht blamiert ab. Aber Herrgott! Schliesslich und endlich hütet jeder Dorfammann, jeder Weibel ein paar alte Akten in seiner Truhe, die Estriche der Pfarrhäuser sind voll davon, und vielleicht öffnet dieser oder jener Vogt, der es mit seinen Untertanen gut meint, einem Suchenden die Schlossgewölbe; man braucht ihm ja den Zweck der Dokumentensuche nicht unter die Nase zu reiben. Wenn jeder so bei sich zuhause im Dorf nachforscht, den Schulmeister ins Vertrauen zieht, müssten eigentlich die alten Freiheitsbriefe wieder zum Vorschein kommen. Die sind nach dem Thunerbrief alle zusammen unabbrüchlich und in allen Punkten gültig; dann wird der Berner Rat wohl etliche seiner Mandate der letzten Jahre zurücknehmen müssen – zumindest den Münzabruf; das Landvolk wird sich an den verlorenen Rechten wieder sonnen können, ohne Angst vor willkürlichen Verboten und Neuerungen, die nur den Herren den Kropf weiter füllen.

Mit Genugtuung vernimmt man in der Stube, wie die Entlibucher bei ihrer Oberkeit wegen Salz und Münzen vorstellig werden wollen. Dass aber die wenigen anwesenden Eggiwiler, Röthenbacher, Langnauer und Truber heute abend eine ebensolche Bittschrift an die Gnädigen Herren von Bern abfassen sollten, da ist Ueli Galli ganz und gar dagegen. Zuvor muss die Sache breiter abgestützt sein. Die Freiheitsbriefe müssen her, und dann

---

7 Der Landbrief des alten Gerichts Lauenen gibt den Sigriswilern und Steffisburgern ein begrenztes Gesetzgebungsrecht für einzelne Punkte des Erbrechts. Wichtiger ist die Tatsache, dass im Landbrief ausschliesslich von *freien* Männern und *freien* Frauen die Rede ist.

muss sich das gesamte Bernbiet, zumindest das gesamte Emmental zusammentun. Die Zeit drängt nicht sonderlich; in diesem harten Winter machen die Händler ohnehin keine grossen Sprünge. Dann aber, wenn mit dem grossen Langnauer Märit anfangs März der Frühling Einzug hält im Land, wenn dann der Münzwirrwarr richtig losbricht, Bauersleute, Händler und Handwerker so richtig vertäubt, dann ist der Zeitpunkt für eine grosse Volksversammlung gekommen, wie damals in Langnau. Am besten noch während dem Märit, wo ohnehin das Volk zusammenläuft.

Dieser bedächtige Plan ganz nach Berner Art, wo alles doppelt und dreifach überlegt sein will, ist gewiss nicht allein Ueli Gallis Werk; hie und da hat einer seinen guten Rat beigesteuert, bevor man sich einig wurde. Jetzt sind alle zufrieden und voller Tatendrang. Bloss die jungen Draufgänger, der Eggiwiler Schmied und der Michel von der Ey, lassen die Köpfe hängen. Mehr als zwei Monate abzuwarten, bevor einer so richtig auf den Tisch klopft, das kommt ihnen vor wie eine halbe Ewigkeit. – Ganz anders die Alten, die noch in Erinnerungen schwelgen, wie sie damals vor zwölf Jahren die Herren vom hohen Ross herunterholten – und genau so müsse es wieder gehen –, bevor sie sich gegen Mitternacht mit Kutten und Kappen bis auf den Nasenspitz vermummen und auf dem verschneiten Weg gegen den Hofacker hinüber heimzu reiten.

RM Bern 31.12. 1653 – Liebenau I/252, II/88 – Tillier 453 – von Rodt 78–81 – Rösli 129, 136, 155 – Graf 18 ff. – Turmbuch Bern 1653, Vergichte Ueli Gallis, Daniel Küpfers und Hans Bürkis – RM Thun 8.9. 1641 – Schiffmann 26

Entlibucher Ausgeschossene vor dem Luzerner Rat

Seit der ersten Versammlung der Entlibucher sind schon fast zwei Wochen verstrichen. Silvester und Neujahr lagen dazwischen; in erster Linie aber wartete man in Schüpfheim auf die Antworten aus Ruswil und Rothenburg, mit denen man eine gemeinsame Bittschrift nach Luzern hätte schicken wollen. Von beiden erhielt man einen Korb.

So handeln die Entlibucher auf eigene Faust.

Es sind die höchsten Amtsträger der Talschaft, die am Abend des 8. Januar (neuen Stils) vor dem vornehmen Haus des Schultheissen Ulrich Dulliker in Luzern ihre Kleider zurechtrücken und erwartungsvoll anklopfen: Landespannermeister Emmenegger, Landeshauptmann Glanzmann und Landessiegler Binder.[1] Sie wollen den Herrn Schultheissen für morgen um eine Audienz vor dem Rat der Stadt bitten. Ihr Landvogt Amrhyn hat ihnen zu diesem Vorgehen geraten.

Gerade vielversprechend verläuft die Anmeldung aber nicht.

Dulliker, der eh im Ruf eines zwar arbeitsamen, ehrgeizigen, aber auch jähzornigen Mannes steht – «Kupferli» wird er genannt oder ganz despektierlich «der rotnasige Schultheiss» –, brüllt sie an: Ob sie denn von Sinnen seien, dass sie glaubten, er sei verpflichtet, eine derart unbillige Sache (dem Rat) vorzutragen?

Unverdrossen erscheinen die drei Entlibucher am nächsten Morgen im Rathaus und überreichen, barhäuptig und tief verneigt, den hohen Herren ihre Bittschrift: Die Freiburger und die Solothurner Batzen sollten wieder zum vollen Wert zirkulieren und der Salzhandel solle freigegeben werden. Statt mit Geld wollten sie – beim jetzigen grossen Geldklamm – auch mit Molken, Käse oder Korn zinsen dürfen. Zur Rückzahlung der Gülten sollte es ihnen erlaubt sein, ein Stück Erdreich abzustecken. – Kaum sind die Landleute ihre Schrift losgeworden, werden sie barsch angefahren: sie könnten jetzt abtreten und sollten sich um zwölf Uhr wieder stellen. Dann würden sie den ihnen gebührenden Bescheid erhalten.

Im Gasthaus ‹zum Wilden Mann› bestellen sich Emmenegger und seine Begleiter einen Schoppen Wein und warten die Stunde der Entscheidung ab. Ganz wohl ist ihnen bei der Sache nicht. Jeder rechte Entlibucher kennt ja die Geschichte von Peter Amstalden, wie er nichtsahnend nach Luzern zum Verhör reiste und nie mehr zurückkam. Warum sind sie fortgeschickt worden? Was wagen die Herren nicht vor ihren Augen zu verhandeln?

---

1 nach Liebenau «Landessiegler Bieri», offenbar ein Druckfehler

Donnerstag, 30. Dezember 1652/9. Januar 1653

Als die Drei am späten Morgen in der Gasse draussen einen Herrn nach dem anderen das Rathaus verlassen sehen, wird ihnen klar, dass der Rat seine Sitzung beendet hat und keineswegs bis zum Mittag über ihre Petition berät. Nun werden sie vollends misstrauisch. Ihre nochmalige Zitation vor die Ratsversammlung war offenbar nur ein Vorwand... wahrscheinlich sollen sie beim Betreten des Rathauses gefangengesetzt und verhört werden, was denn sonst?!

Im Bewusstsein der drohenden Gefahr schleichen Emmenegger, Glanzmann und Binder einer nach dem andern heimlich hinaus zu den Pferden. Einzeln reiten sie aus der Stadt. Erst auf der Bramegg treffen sie sich, zum Glück alle unversehrt, und reisen gemeinsam über Wolhusen heimwärts.[2]

Liebenau I/268, 271 f., II/87, III/162 - Mühlestein 24-27 - Hidber 219 f.

---

2 Die Behauptung, eine Kommission des Rates habe die Bittschrift behandelt und wäre um 12 Uhr bereit gewesen, den Begehren zu entsprechen, ist eine plumpe Schönfärberei der Herrenchronisten. - Unmöglich hätte eine solche ad-hoc-Kommission innert weniger Stunden die Münzabwertung rückgängig machen und das Salzregal abschaffen können.

Die Drohung mit den gefrorenen Welschen. Entlibucher Knüttel

Die Befürchtungen Emmeneggers und seiner Begleiter erfahren schon heute eine deutliche Bestätigung, und zwar aus dem Mund des ehemaligen Entlibucher Landvogts Krepsinger, der jetzt zu Luzern in der Regierungskommission sitzt. Der droht einem Landmann: «Zu lange haben wir mit euch Unverschämten den Weg der Milde und Güte eingeschlagen; ihr seid unruhige, störrische Köpfe, die nicht eher Ruhe haben werden, als bis man euch vier- oder fünfhundert gefrorene Welsche auf den Hals schicken wird!»[1]

Diese ungeheure Drohung mit den gefrorenen Welschen, d.h. stich- und schussfesten italienischen oder spanischen Söldnern, die auf Geheiss der Regierung in die Schweiz kommen und das Kind im Mutterleib nicht verschonen würden, verbreitet sich wie ein Lauffeuer. Jetzt glaubt im Entlibuch kein Knochen mehr an eine gütliche Abschaffung der Beschwerden. Mann und Frau, Jung und Alt machen sich ans Werk, hauen junge Äschbäume[2] um, schnitzen sie zu langen, handlichen Knütteln zurecht und lassen sie vom Schmied mit mächtigen, kreuzweise eingelegten Nägeln, den ‹Stäfzgen›, beschlagen. «Wenn schon», so heisst es in Wirtshausgesprächen allenthalben, «Stich und Schuss von vornen und geradeaus diesen verhexten Welschen nichts anhaben mag, so wollen wir mit den Knütteln die Gfrörne schon auftun!»

Während Wochen sind die gefrorenen Welschen das Gesprächsthema Nummer 1 im Entlibuch. Die Landleute sind zum Widerstand grimmig entschlossen.

Vock 54f. – Liebenau II/91f. – Mühlestein 27 – BB VI.80, 44

---

1 Nach Vock äusserte sich Krepsinger bereits gegenüber den drei Entlebucher Delegierten in dieser Weise.
2 Liebenau liest: Eichbäume

Abrechnung mit den Gyslifrässern in Schüpfheim

> Die Schuldeintreiber sind eine wahre Landplage. Die reisen von einem Betreibungstermin zum andern und zechen dabei – auf Kosten der halbverlumpten armen Leute – in den besten Gasthäusern, weit köstlicher, als die reichsten Bauern es vermögen. «Gyslifrässer» nennt sie das Volk: Sie fressen auf Rechnung der Geiseln (Schuldner).
> Im Gegensatz zu den bernischen sind die luzernischen Treibboten Stadtbürger. So sind ihre Botengänge noch teurer und ihr Ruf ist noch schlechter als schlecht.

Kommen doch tatsächlich drei von diesen Quälgeistern aus der Stadt Luzern daher, machen sich in der Höhle des Entlibucher Löwen, in Stephan Lötschers Wirtshaus zu Schüpfheim, breit, als ob nichts geschehen wäre und bestellen sich das Beste vom Besten, hochnäsig wie immer – natürlich auf Kosten eines armen Kerls, dessen Zinsen und Zinseszinsen sie eintreiben sollen. Das erregt die Einheimischen an den Nachbartischen zutiefst, den Wirt miteingeschlossen, und wie den Funken ins Pulverfass braucht es bloss noch die erste Hand, die einem von denen an den feinen Tschopen langt – da fliegen die Fetzen. Das überhebliche Grinsen auf den Lippen der Gyslifrässer verwandelt sich in pure Angst. Nun lachen die Bauern. Unter Pfiffen und Gespött befördern sie die ungeliebten Gäste mit einem Tritt in den Arsch hinaus auf den Marktplatz, binden sie da auf Stühlen fest und ziehen ihnen Weiden durchs Maul, die sie hinter dem Kopf zusammenknüpfen. Der Lärm ruft das halbe Dorf herbei. Eines der Opfer wird mit hölzernen Klammern an Nase und Ohren dekoriert und bekommt einen Strohkranz verpasst, so dass er als lebendige Vogelscheuche gute Figur gemacht hätte. Die Schüpfener Jugend johlt vor Freude; für einmal ist ihre aufgestaute Wut aufgebrochen.

Nach gehabtem Spektakel führt der Hinterüeltsch – ein kleiner, dicker Rotschopf – die Gefangenen nach *Hasle*. Die Hasler wollen die Herren Gyslifrässer bestimmt auch gerne einmal von der lustigen Seite kennen lernen! Und er hat sich nicht getäuscht. So müssen die geplagten Herrendiener die Tortur nochmals über sich ergehen lassen, bevor man sie unter Gelächter mit Pfeifen und Trommeln zum Land hinausjagt.[1]

Vock 56 – Liebenau II/89 f. – Mühlestein 19 f., 28 f.

---

[1] Unklarheit herrscht über die Zahl der Misshandelten. Nach Vock konnten zwei von dreien fliehen.

Unzufriedenheit im Oberland

Den ersten offenen Widerstand gegen ihr Münzmandat bekommen die Herren von Bern aus dem Saanenland zu spüren. Schon vor Silvester haben sie dem dortigen Landvogt befehlen müssen, er solle die «völlige underthänige Submission» unter das Münzmandat durchsetzen. Doch blieb der Widerstand zum Ärger der Regierungsgewaltigen ungebrochen. Anscheinend sind die Saaner daran, die abberufenen Batzen zusammenzulegen und diese gemeinsam nur zum vollen Wert als Zinsen und Zehnten der Oberkeit abzuliefern. Auch weigern sie sich, in Thun den ordentlichen Brückenzoll zu entrichten – nach einem Brief von 1539 seien sie dort zollfrei. Diese Weigerung führt zu einem monatelangen Streit zwischen der Stadt Thun und ihren Märitleuten aus dem Saanetal.[2]

Die schroffe Zurechtweisung der Saaner durch die Oberkeit hat im Oberland bald die Runde gemacht. Weil die in Bern drunten nicht mit sich reden lassen, versuchen die Simmentaler ihr Glück in *Solothurn:* Am 7. 8. Jänner oder sprechen acht ihrer Abgeordneten beim Schultheissen Sury in der St.Ursenstadt vor. Sie bitten darum, die Solothurner Batzen in ihrem alten Wert zu belassen (Solothurn hat seine Münzen noch nicht offiziell abgewertet) – die Berner Landleute wollten sie dann anstelle ihrer eigenen schlechten Batzen annehmen. – Der Schultheiss, der nicht im Traum daran denkt, sich wegen ein paar oberländischen Untertanen mit der mächtigen Regierung von Bern zu überwerfen, antwortet ihnen mit der Gegenfrage: ob sie denn einen anderen Herren begehrind? Eine böse Fangfrage. Hätten die Simmentaler sie bejaht, so hätten sie sich des Hochverrats schuldig gemacht. Der Münzen halber verweist sie der Solothurner Regent an die kommende Tagsatzung zu Baden. Da werde das Münzmandat behandelt; wenn sie daselbst ihre Anliegen vorbringen wollten, mögind sie es tun. Er selbst könne nichts versprechen.

Es scheint, dass die Simmentaler auf ihrer Rückreise durchs Bernbiet etliche Wirtshäuser besuchen und dort ihrer Enttäuschung über die missglückte Mission deutlich Ausdruck geben. Die Berner Oberkeit weiss bald Bescheid und forscht den ‹bösen Aufwieglern› überall nach. Nach Namen, Kleidung, Bart und Grösse wird gefragt, wo sie durchgereist seien und wo sie Herberg gehalten hätten?

Da zeigt sich die Solidarität der Landleute: Die gross angelegte Suchaktion bleibt erfolglos. Einzig ein ‹junger, starker Geselle› namens Hans Wen-

---

2 Entscheid aus Bern am 20.7.1653: Laut Brief von 1539 sind die Saaner am Zwieselberg tatsächlich zollfrei.

ger wird schliesslich aufs Schloss Blankenburg gebracht und zu einem halben Jahr Zwangsarbeit im Berner Schellenwerk verurteilt. Dabei ist nicht einmal sicher, ob er einer der gesuchten Abgeordneten war.

RM Bern 28.12. 1652,7./12./18.1. 1653 - Lohner 551 - TMB Bern 18.1. 1653

In *Belp* hat ein gewisser Balsiger grobe und handtliche Reden wider die Gnädigen Herren und das Münzmandat geführt. Die Oberkeit sucht Zeugen.

Berner Stadtgespräch ist das neue, von Herrn Caspar Willading gebaute Perpetuum mobile. Der Erfinder will es vor dem Reichstag in Regensburg und hernach in Frankreich vorführen.

RM Bern, 8./11.1. 1653

Die drei Tellen. Schreiber Müller. Bruder Klausens Prophezeiungen

Die Widerstandswilligen im Entlibuch treffen sich jetzt Abend für Abend in den Wirtshäusern und beraten über das weitere Vorgehen. Sicher wissen wir, dass bei den Zusammenkünften in Stephan Lötschers Beiz auch Berner Landleute zugegen sind. Ihre Namen sind leider nicht überliefert.

Die Besucher aus dem Bernbiet erleben bei ihrem Einzug in *Schüpfheim*, auf der schneebedeckten Dorfstrasse, eine Demonstration entlibuchischer Wehrhaftigkeit. Da marschiert eine Gruppe von Knüttelträgern von Haus zu Haus, umringt und nachgeäfft von spielenden Kindern, und stimmt die trutzigen Strophen des Tellenlieds an:

«Wilhelm bin ich der Telle,
von Heldes Muet und Bluet.
Mit mynem Gschoss gar schnelle
han ich die Freiheit guet
dem Vaterland erworben,
vertrieben Tyrannie.
Ein festen Bund geschworen
hand unser Gsellen dry.

Uri, Schwyz, Unterwalden,
gefryet von dem Rych,
littend gross Zwang und Gwalte
von Vögten unbillich.
Kein Landmann durfte sprechen:
Das ist myn eigen Guet;
man nahm ihm also Frechen
die Ochsen von dem Pflueg.

Dem, der sich wollte rächen
und stellen in die Wehr,
tat man die Augen usstechen.
Nun hörend Bosheit mehr:
Zu Altdorf by der Linden
der Vogt steckt uf den Huet;
er sprach: den will ich finden,
der ihm kein' Ehr antuet.

Mitte Januar 1653

> Den Filz wollt' ich nit ehren,
> den ufgesteckten Huet;
> verdrosse den Zwingherren
> in synem Übermuet.
> Er fasst ein Anschlag eitel,
> dass ich muesst schiessen gschwind
> ein Apfel von der Scheitel
> mym allerliebsten Kind.» (...)

An der Spitze der kriegerischen Schar stehen drei Gestalten in Kostümen, wie sie die alten Eidgenossen getragen haben. Ein etwas bleicher Gesell, anfangs dreissig, mit einem schwarzen, auffallend dünnen Bart hält eine Armbrust in der Rechten. Er singt die Ballade mit lauter Stimme vor und mimt die Taten Tells mit seiner Waffe nach. – Die Figuren an seiner Seite bieten ein seltsames Bild. Beide gleichen sich in ihren roten Haaren, doch ist der eine gedrungen und stierennackig, der andere dagegen ein hochaufgeschossener, magerer Kerl mit einem Gesicht voller Laubflecken.[1] Aber mit einem entschlossenen Ernst blicken sie drein, dass sich ein gefrorener Welscher ganz klein und hässlich vorgekommen wäre.

Im Wirtshaus werden die Berner freundlich mit Fleisch, Brot und Wein empfangen. Bald setzt sich der Wirt zu ihnen, ein leidenschaftlicher Rebell, dieser Stephan Lötscher, der stets Mühe hat, aufs Maul zu hocken.

> Schon lange ist er den Herren ein Dorn im Auge, mit manchen Mitteln haben sie versucht, ihn zum Schweigen zu bringen. Sie hängten ihm mehrmals diffamierende Bussenzettel an, die ihm das Leben als Wirt schwer machen konnten. Auf 300 Gulden wegen ‹Blutschande› lautete der letzte, ein Betrag, an dem Lötscher natürlich jahrelang abzahlen muss. Und doch war er an der ersten geheimen Versammlung dabei.

Stolz verrät er, dass in seinem Haus bereits 500 eisenbeschlagene Knüttel bereit lägen. Damit werde man sich zu wehren wissen, wenn die fremden Söldner anrückten, bei Gott.

Nachdem der Wirt punkt acht Uhr alle hockengebliebenen Zecher in den Schnee hinausgestellt hat, zügelt man in die kleine Stube. Nach und nach tröpfeln die höchsten Männer des Landes Entlibuch herein. Gewiss ist Pannermeister Emmenegger die eindrücklichste Persönlichkeit – ein mächtiger Mann mit einem gepflegten, braunen Bart, kurzgeschnittenem Lokkenhaar und ruhigem, durchdringendem Blick. Er trägt einen Pelzmantel, darunter ein Seidenwams, und in seiner Tasche steckt eine kleine, silberne

---

1 Käspi Unternährer, der Hinterüeltsch und der lange Zemp

Uhr. - Die Berner kennen den Landeshauptmann Glanzmann, vielleicht den Schulmeister Müller. Dieser dicke Mann stammt aus Rapperswil im Berner Seeland.

> Erst kürzlich hat er seine Stelle als Organist und Schulmeister in Schüpfheim angetreten, und doch weiss er in vielen Dingen des hiesigen Rechts bereits Bescheid wie keiner unter den Bauern. Er ist als Redner sehr begabt und führt eine geschickte Feder - die Rebellen sind glücklich, Müller unter sich zu wissen.

Eine Gestalt erkennen die Besucher sogleich wieder: den bleichen Tellen, der am Nachmittag den Knüttelzug angeführt hat. Sein Name ist Käspi Unternährer, wohnhaft hier in Schüpfheim. Er ist einer der eifrigsten Aufrührer; obschon er kein öffentliches Amt bekleidet, war er es, der vor drei Wochen zur ersten Versammlung in seinem Haus einlud.

Als ein Berner ihn hänselt, er sei mit seinem Tellenkostüm wohl einer Theaterbühne entsprungen, erwidert er lächelnd: er sei dem Fels entsprungen. Ob man drüben im Emmental die Sage von den drei Tellen nicht kenne? Die schlafen dort im Fels von Sörenberg rund um einen steinernen Tisch, bis der neue Gessler kommt. Dann wird sich das Felsentor öffnen, und die drei Tellen werden auferstehen und sich an die Spitze des Volkes stellen.[2]

Die Berner kommen immer mehr ins Staunen. Ihre Gastgeber wollen nicht nur die geheimnisvollen Tellen zum Kampf gegen die Herren erwekken; sie wissen auch bereits, wie dieser grosse Kampf ausgehen wird:

Wenn das Landvolk sich wehrt, wird die Oberkeit drei fremde Monarchen gegen ihre eigenen Untertanen zu Hilfe rufen. Von Westen, Norden und über den Brünig im Süden her werden die fremden Truppen ins Land fallen. Auf dem Emmerfeld kommt es zur grossen Schlacht; die Pferde werden bis an die Fesseln im Blut waten. Die aufrechten Helvetier werden sich hüten, bei diesem Gemetzel mitzutun!

Ein Feind wird den anderen verjagen; die Macht der übriggebliebenen Fremden wird nicht mehr gross sein. In der verheerten Stadt Luzern werden die Dornen wachsen, das Volk wird Hunger leiden. Dann werden die Landleute die Besetzer angreifen und von Ort zu Ort herumtreiben. Ein schreckliches Stärbet wird das Land überziehen. Endlich werden die alten Männer, die Bauern aus den Schneebergen und die vierzehnjährigen Knaben den

---

2 Die Sage vom Geissbub und den drei Tellen, z.B. bei Lütolf. - Dass sich die Entlebucher 1653 auf sie bezogen, ist eine Vermutung. Einige Indizien deuten darauf hin: einmal die Zahl von drei Tellen; zum anderen die 3. Strophe des neuen Tellenlieds (vgl. 4.2.)

Mitte Januar 1653

Feind gänzlich aus dem Land schlagen. Nach der letzten Schlacht auf dem Ochsenfeld[3] wird ein Sechzehnjähriger, der auf dem Emmerfeld unter einer Linde geboren worden ist, die Freiheitsfahne aufstecken.

Den heimkehrenden Siegern werden die Kinder der Stadt Luzern mit Hüten voll Geld und Fürtüchern voller Gülten entgegenkommen und Brot dafür begehren. Die Bauern aber werden ihnen antworten: wer essen wolle, müsse arbeiten.

Alsdann werden die Stadtkinder ihre Gültbriefe haufenweise in die Reuss werfen, und eine gute Zeit wird einkehren, wo jeder in Freiheit und Einigkeit ruhen und mit Vergnügen unter seinem Feigenbaum sitzen wird.

An diese Verheissung glauben die Entlibucher fest: Kein Geringerer als der selige Bruder Klaus hat sie niedergeschrieben;[4] noch sind Abschriften davon vorhanden. Deshalb müssen die Bauern den Kampf nicht fürchten; er wird sie viel Blut kosten, doch der gerechte Sieg ist ihnen gewiss.

Liebenau I/296, II/86,90f., III/191 – Mühlestein 17f., 32f. – Max Wandeler: Eine politische Prophezeiung. Geschichtsfreund, 103.Band, Stans 1950 – Otto von Greyerz: Im Röseligarte V,5

---

3 Das «Emmerfeld» ist das grosse Emmenfeld in der Gemeinde Emmen. Mit dem «Ochsenfeld» könnte dasjenige bei Kerns gemeint sein.
4 Zweifellos kannten die Landleute 1653 die Weissagungen und stützten sich stark darauf ab. Die letzte Strophe des neuen Tellenlieds und vor allem die Rede des Pannermeisters Emmenegger vom 16./26. Januar beim Heiligen Kreuz, wo er die Bruder-Klausen-Prophezeiungen direkt ansprach, müssen zu diesem Schluss führen. Eine Reihe weiterer Hinweise liefert Wandeler 27–45. – Falsch war die Meinung der Landleute, die Verheissung stamme vom seligen Bruder Klaus. Der «Rigelithomme» (Thomas Wandeler) von der Fontannenmühle – im Fontannental unterhalb des Dorfes Doppleschwand – hat sie in der ersten Hälfte des 17. Jahrhunderts geschrieben. Wie weit er darin ältere Überlieferungen verwob, bleibt unklar.

Sonntag, 16./26. Januar

Das Richtfest des Entlibucher Aufruhrs beim Heiligkreuz

> Hoch ob dem Dorf Hasle, mit herrlicher Aussicht auf das Entlibuch, die nahen Napfhügel und die fernen Schneeberge, liegt der Wallfahrtsort zum Heiligkreuz. Hier kommen jedes Jahr am Michelstag die Menschen der Talschaft zu einem grossen Fest und Kräftemessen zusammen, wie es schon bei den alten Eidgenossen der Brauch war: Da wird zum Klang des Alphorns geschwungen, der schwere Stein gestossen, um die Wette gelaufen, auch gekegelt und getanzt. – Mit der wachsenden Macht der Städte sind diese Bauernfeste allerorts erstorben, nur die Entlibucher haben bis zum heutigen Tag zäh an ihnen festgehalten.
> Der stärkste Schwinger der letzten Jahre war Hans Krummenacher, ein Gewaltsmocken von einem Mann, der seiner Kräfte wegen im ganzen Luzernerland sonderbaren Ruhm geniesst.

Heute freilich feiern die Entlibucher hier ein Volksfest anderer Art. Angeführt von der Geistlichkeit der sieben Kirchenspiele zieht das Volk von Schüpfheim, vom Dorf Entlibuch, von Doppleschwand, von Romoos, von Hasle, von Escholzmatt und von Marbach in feierlicher Prozession mit Kreuz und Fahnen den Berg hinauf. Und alle haben sie ihre Knüttel mitgebracht.[1]

Nach dem gemeinsamen Gottesdienst beim Heiligen Kreuz spricht Pannermeister Emmenegger zur Versammlung. Er ist in seine prächtige rote Amtstracht gekleidet, ganz Ernst und Würde, umgeben von den übrigen hohen Landesbeamten und von den drei Tellen im Kostüm der alten Eidgenossen.

Ein Stern sei über dem Entlibuch zu sehen, beginnt Emmenegger, der habe eine Flamme wie ein Schwert. Es sei die Zeit, wo die Prophezeiungen des seligen Niklaus von Flüe sich erfüllten. Von Sorge gequält hätten die Landesbeamten des Entlibuchs die Klagen ihrer Mitbürger dem Luzerner Rat fruchtlos vorgetragen. Jetzt aber hätten sie weiter beraten und beschlos-

---

1 Nach Mühlestein wurden die Knüttel in militärischer Formation mitgetragen; Liebenau weiss nur von der Weihe der Knüttel zu berichten.
Die zeitliche Entwicklung der entlebuchischen Knüttelzüge ist unklar. Unter Schibis Kommando sind sie erst anfangs Februar (neuen Stils) belegt. Dem gegenüber steht allein auf weiter Flur die Verhör-Aussage Emmeneggers, wonach schon ganz zu Beginn der Bewegung, am 28. Dezember 1652 n.St., Knüttelträger das Land durchzogen und den ‹Tellen› sangen.

Sonntag, 16./26. Januar

sen, neue Forderungen zu stellen. Es genüge nicht, nur die beschwerlichen Missbräuche abzuschaffen – die Einmischung der Stadtherren in die ureigensten Angelegenheiten der Talschaft müsse ein für allemal aufhören! Deshalb verlangten sie, die Entlibucher, unabhängige Gerichte, zudem müsse der Rat von Luzern verpflichtet werden, ihren Abgeordneten stets Gehör zu schenken.[2]

Einstimmig nimmt die Versammlung Emmeneggers Vorschläge an. Der Regierung soll schriftlich mitgeteilt werden, dass die Entlibucher nicht eher ruhen würden, als ihre Forderungen, alte und neue, erfüllt seien.

Einige Heissblütige möchten gar mit Waffengewalt vor die Stadt ziehen. «Nur diese Sprache verstehen die Herren!» ruft Stephan Lötscher aus. Damit vermag er aber keine Mehrheit für sich zu gewinnen.

Auf offene Ohren stösst hingegen der Schulmeister Müller: Er habe die alten Schriften durchforstet, erzählt er in seinem breiten Berndeutsch, und dabei einiges herausgefunden, was die lieben Anwesenden interessieren möge. Ursprünglich seien die Entlibucher freie Leute gewesen, die unter der Schirmherrschaft Österreichs standen. Österreich habe diese Rechte an Luzern verpfändet, aber wohlgemerkt: unter Vorbehalt der Freiheiten der Talschaft. Luzern besitze im Entlibuch nicht mehr als dieses Schirmrecht. Deshalb seien die Forderungen des Pannermeisters wohl begründet. – Der Schulmeister meint nun (gerade wie die Anstifter der Revolte von 1635), man solle die Pfandsumme an die Stadt zurückzahlen: dann wäre die ursprüngliche Freiheit wieder voll und ganz hergestellt. Die Entlibucher würden sich schon zu helfen wissen. Man könnte nach der Erledigung des Geschäfts die Bramegg als neue Grenzscheide erklären und die Talschaft zu einem unabhängigen, vierzehnten Ort der Eidgenossenschaft erheben.

Die Vision eines freien Standes Entlibuch zündet in den Köpfen. Der dicke Schulmeister erhält den Auftrag, er solle nur so weiterfahren mit dem Durchsuchen von alten Schriften; insbesondere solle er herausfinden, welche Rechte denn das Entlibuch damals, als es zu Luzern geschlagen worden sei, genau besessen habe und wie teuer die Ablösung der Pfändung zu stehen komme – auch eine Liste der Neuerungen, die ihnen in den letzten fünfzig Jahren zu Ungunsten des Landes aufgezwungen worden sind, wäre von Nutzen. Wenn man Müller glauben darf, so sind diese ja sämtlich ungültig – die Gnädigen Herren von Luzern werden lange Gesichter machen!

Noch melden sich einige warnende Stimmen – ältere Mannen, die schon 1635 miterlebt haben, dass Luzern die Unabhängigkeit des Entlibuchs nicht einfach hinnimmt, alte Rechte hin oder her. Man solle sich nach dem

---

2 Wortlaut der Postulate bei Liebenau

Loskauf doch besser unter den Schirm der vier Waldstätte begeben, das sei eher zu verwirklichen.

Den Höhepunkt der Landsgemeinde hat man sich bis zum Schluss aufgespart: Erst schwören die drei Tellen mit der ganzen Gemeinde einen heiligen Eid auf die getreue Haltung der Beschlüsse, zur Verteidigung der Freiheit gegen alle Eingriffe, zu mannhaftem Widerstand gegen alle bewaffnete Macht, namentlich gegen die ‹fest gemachten› Welschen. Dann geschieht das Unerhörte, was man sich im Bernbiet nicht im Traum vorstellen könnte: Die anwesende Geistlichkeit fordert zu kräftigem Widerstand auf und weiht in feierlichem, religiösem Akt alle vom Volk mitgebrachten Knüttel!

> Das ist eben ein Rest der alten Entlibucher Freiheiten: dass sie ihre Priester selber wählen dürfen. So sind die Dorfpfarrer hier fest auf der Seite des Volkes, während ihre reformierten Kollegen ennet dem Napf meist nicht mehr darstellen als das Sprachrohr der Regierung, als ihre Aufseher auf dem Lande.

Mit welchem Hochgefühl und Tatendrang die wackeren Entlibucher ihre geweihten Knüttel bis in den hintersten Schachen des Tals heimtragen, lässt sich wohl erahnen.

Vock 56f. – Liebenau II/87, 92–95 – Mühlestein 33–37

Abbildung etlicher Waaffen vnd Prügel / welche die Entlibucher im Schweytzerland gebraucht.

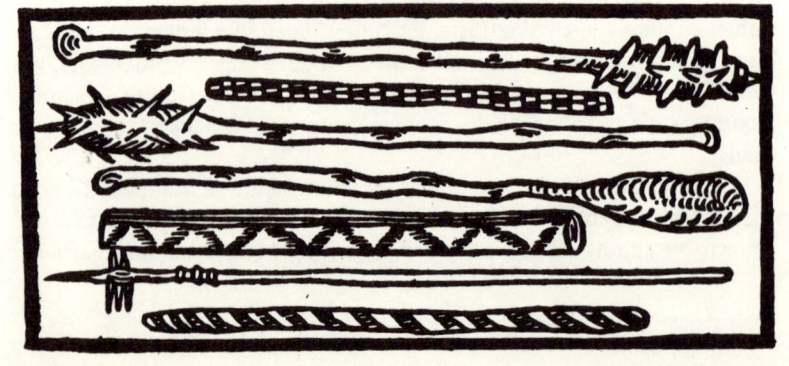

Sonntag, 16. Januar

Ueli Galli wird Kilchmeier

Am Tag der Landsgemeinde beim Heiligkreuz hält einige Fussstunden weiter westlich, im *Eggiwil,* das Chorgericht seine 14tägliche Sitzung ab. Neben dem Predikanten und den sechs Chorrichtern ist vermutlich auch Herr Landvogt Zehender aus Signau angereist; denn das heutige Hauptgeschäft, die Ernennung eines Kilchmeiers, ist seine Sache.

> Der Kilchmeier hat die Finanzen der Kirchgemeinde unter sich – das ist das höchste Ehrenamt, welches ein einfacher Dorfgenosse hierzulande erlangen kann.

Die Wahl fällt auf Ueli Galli. Er ist als gesetzter, wohlhabender Mann im Dorf geschätzt, und man weiss ja, dass er den Herren die Stirn bieten kann, wenn das nötig werden sollte. Mit seiner Ernennung hat der Vogt ganz im Sinn der Eggiwiler Untertanen gehandelt, vielleicht nicht zuletzt, um dem spürbaren Unwillen gegen die Oberkeit und ihr Münzmandat ein wenig den Wind aus den Segeln zu nehmen.

Eines wird der frischgebackene Kilchmeier nach dieser Sitzung mit Genugtuung vermerkt haben: Der Vogt hat offensichtlich von der geheimen Versammlung auf dem Giebel nichts erfahren. Die Boten und die Gäste haben ihre Zunge im Zaum halten können.

CGM Eggiwil 16.1.1653

Seit anfangs Woche tagt die Eidgenössische Tagsatzung in Baden.

Die Vertreter Luzerns erkundigen sich, ob man in Bern schon von geheimen Verbindungen zwischen den Bauern im Entlibuch und im Emmental wisse? Was die Berner Delegierten, Säckelmeister Willading und Venner Wagner, verneinen. Dem Aufruhr messen sie «absolut keine Bedeutung» zu.

Von nun an lässt aber die Berner Regierung die Grenzgegend durch Käsehändler, welche mit Land und Leuten vertraut sind, überwachen.

Die Tagsatzung erlässt ein Eidgenössisches Münzmandat, das die früheren Münzabrufe der Stände Bern und Luzern für die ganze Schweiz verbindlich erklärt: Bernbatzen sollen überall nur noch zum halben Wert genommen werden (mit Ausnahme von Zürich: da sind sie ganz verrufen); Freiburger und Solothurner Batzen sind ab sofort noch zwei Luzerner Schillinge wert; einzelne Münzen Neuenburgs, des Bistums Basel und Churs, wie auch alle ausländischen Handmünzen, soll niemand mehr annehmen müssen. Die groben Gold- und Silbersorten dürfen nicht höher gehandelt werden als zum offiziellen Kurswert. Übrigens soll in Zukunft nur noch derjenige Ort neue Handmünzen prägen, der seine eigenen Münzen dann auch wieder einwechseln kann!

Das ist eine indirekte Verurteilung der mächtigen Stadt Bern. Den betrogenen Untertanen ist damit allerdings nicht geholfen.

Zuvor hat die Münzkonferenz Zürichs und der alten Orte[1] die Vorwürfe noch ohne Umschweife formuliert: Bern zwänge durch sein Vorgehen den Schwall und Schaden des abgerufenen Geldes den Nachbarorten auf. Es sei «zu der erforderlichen billigen Einwechslung seiner unwährschaft geprägten Batzen zu mahnen»!

Ein Rosshändler Franz Reber aus Lyon wird festgenommen. Er soll vor einiger Zeit ein mit Batzen beladenes Ross hergebracht haben. Der Wirt von Konolfingen soll mehr darüber berichten.

Der Fall erregt grosses Aufsehen, weil ein hoher Herr 2000 bis 3000 Kronen Belohnung für die Auslieferung von Falschmünzern gespendet hat. Vierzehn Tage lang sitzt Reber im Gatterstübli. Dann stellt sich seine Unschuld heraus. Er hat die Batzen am Martini-Märit in der Stadt Bern selbst erhalten, für ein verkauftes Pferd, und zwar von einem oberkeitlichen Wachtmann, der seine faulen Münzen auf diese Weise abstossen wollte.

Liebenau II/90 – Mühlestein 37 – Vock 31 f. – Eidgenössische Abschiede, Bd. 6, Abt. 1 – RM Bern 7./19./28. 1., 3.2. 1653. Einmal lese ich «Steber».

---

1 am 19./29.12. 1652 in Zug

Ende Januar/anfangs Februar

Spione der Berner Oberkeit am Werk

Ab dem 18. Januar erhält die Berner Regierung fast täglich Bericht über die Unzufriedenheit auf dem Lande. Sei es in Wangen, Trachselwald, Wimmis, Schangnau: In den Wirtshäusern wird auf das Münzmandat geschimpft.
Mehr als dieses blosse Gerede interessieren in Bern die Neuigkeiten aus dem Entlibuch (die jeweils gleich brühwarm an die Herren von Luzern übermittelt werden). Besonders eifrig zeigt sich Landvogt Tribolet von Trachselwald mit seinen Spionen; laufend liefert er Nachrichten über die Misshandlung der Gyslifrässer, über die Knüttel gegen die «gefrorenen Welschen», über die trutzige Prozession zum Heiligen Kreuz. Die Herren von Bern ermutigen Tribolet: er solle weiterhin nichtswissend voneinander «vertraute» Personen ausschicken und ja nicht zuviel Korrespondenz zwischen dem Entlibuch und dem Emmental zulassen.
Auch die Predikanten von Schangnau und Trub berichten über die Vorfälle im Entlibuch. Der Seelenhirte Nüsperli von Schangnau beeilt sich dabei zu versichern, welche Abscheu seine Schäflein vor dem Gebaren der Entlibucher empfänden, wie jedermann hier überzeugt sei, die Schuldigen würden ihrer verdienten Strafe nicht entgehen ... obschon man über das Münzmandat klage. Nach dem Motto: Alles Böse kommt aus katholischen Landen; unsere gottesfürchigen Berner Untertanen würden nie die Hand gegen ihre Landesväter erheben!

RM Bern 18./19./29./31.1. 1653 – Liebenau II/90 – BB VI.80, 44 – BB I.108.45

Bern: Verdächtige Weibspersonen, nachts ohne Licht und Laternen auf der Gasse, sollen ins Loch gebracht werden. – Bei der Abführung wird der Wächter niedergeschlagen, die Frauen können sich befreien.
do.- Bern bestellt im Eisenbergwerk Lauterbrunnen 2000 Musketenrohre.

Im *Schwarzenburgerland* treibt der landesverwiesene Herr Hans Rudolf von Greyerz sein Unwesen. Er verlangt mit seiner Wehrpistole überall Essen und Trinken, ist jedermann überlegen und beleidigt den Pfarrer.

Beim Steffisburger Statthalter Berger in der *Oberlangenegg* ist eingebrochen worden. Eherne Häfen und anderer Hausrat kamen abhanden.
Auftraggeber zu diesem Diebstahl soll ein gewisser Balzli zur Brügg in Wengen gewesen sein.

RM Bern 27. 1., 29. 1., 1. 2. 1653

Entlibucher Knüttelzüge. Christen Schibi

Die Gruppen von Knüttelträgern, die mit trutzigen Worten und Gesängen das Land durchziehen, sind zu einer regelrechten Armee von 500 Mann angewachsen. Zwei Geiger begleiten den Zug mit Marschmelodien. Das Kommando führt ein Mann von etwa fünfzig Jahren mit einer Donnerstimme. Wild schaut er aus mit seinem wallenden Haar, seinem gewaltigen Schnauz, dem Spitzbart nach Herrenmode und seinen stechenden Augen unter den buschigen Brauen.

Im Hinblick auf den weiteren Verlauf der Geschichte lohnt es sich, diesen aussergewöhnlichen Menschen genauer unter die Lupe zu nehmen:

Christen Schibi verlor seine Mutter – eine Galli – früh. Sein Vater, ein Bauer von Escholzmatt, war plötzlich mit vier Kleinkindern auf sich allein gestellt. Er heiratete bald wieder.

Christen wird just volljährig gewesen sein, als er den Werbern als Söldner nach Italien folgte. Hier im Süden lebte er richtig auf. Offenbar genoss er das unstete Soldatenleben in der Fremde, wenn man seinen späteren Schwärmereien und Geschichten glauben darf. Erst nach zehn Jahren – das war um 1625 – quittierte er den Dienst.

Zu Hause in Escholzmatt hatte sich manches verändert. Sein Vater führte nun die Wirtschaft ‹Drei Könige›, wo Christen auch wieder eine Unterkunft und einige Arbeit fand. Er hatte in Italien allerlei Kniffe und Schliche erlernt, die er nun mit Wonne gegen Bezahlung den Einheimischen vorführte. Er war ein hervorragender Taschenspieler, dazu kamen ihm bei den einträglichen Wettereien seine unglaublichen Kräfte zugute. Er konnte auf seinem Rücken einen Ochsen hochheben und trug vor aller Augen einen Mann auf seinen ausgestreckten Armen aus der Stube. Die Wette, er könne dreimal die Zimmerdecke mit dem Kopf berühren, ohne auf die Füsse zu stehen, gewann er, indem er im Froschsitz, einzig auf seine Hände gestützt, vom Tisch aus in die Höhe sprang. – Derlei Kunststücke machten Schibi im Luzernerland sehr populär. Böse Zungen tuschelten, dabei gehe es nicht mit rechten Dingen zu, der Junge vom Escholzmatter Wirt habe in der Fremde die Schwarze Magie erlernt. Wohl um solchen Anklagen zuvorzukommen, zeigte sich Schibi überaus fromm. Er trat allen christlichen Bruderschaften seines Orts bei und zahlte ein Mehrfaches dessen an Beiträgen, was andere, gewiss recht begüterte Leute, dafür aufbrachten.

Von der Pestwelle 1629 wurde Escholzmatt hart getroffen. So auch die Familie Schibi. Christen verlor zwei Geschwister und seine Stiefmutter. Der Vater, mittlerweile gegen sechzig Jahre alt, fand keine rechte Freude am Wirten mehr und übergab die Wirtschaft seiner Tochter Margreth und ihrem Mann Jaggi Galli (vermutlich gleichzeitig ein Schwager und ein Vetter Christens). Es scheint, als habe Christen, der eben in diesem Jahr 1630 die Bauerntochter Maria Studer heiratete und in ein neuerworbenes Häuschen an der Entlenbrücke zwischen Entlibuch und Hasle zog, diese Übergabe gebilligt. Sonst hätten die jungen Eheleute ihr erstes Kind kaum ausgerechnet auf den Namen von Schibis Schwester getauft: Margaretha.

In den dreissiger Jahren verdiente Christen sein Geld als Händler. Oft besuchte er die Messe in Zurzach, wo viel Leder und Häute gehandelt wurden, und lieferte dort Proben seiner Kraft. Auch Pferde und Käse gingen durch seine Hände. Eine weitere Einnahmequelle erschloss er sich durch Söldnerwerbungen. Als ehemaliger Reisläufer war er der richtige, um junge Leute für den Kriegsdienst zu begeistern. Er warb insgeheim für Frankreich. Aber diese Tätigkeit, die grosse Gewinne einbringt, haben gewisse Herren in der Stadt für sich gepachtet. Zweimal wurde Christen erwischt: Man steckte ihn dafür ins Gefängnis.

1638 übernahm Christen Schibi im Dorf Entlibuch doch noch ein Wirtshaus. Aus unbekannten Gründen scheiterte er damit schon nach einem knappen Jahr. Ein zweiter Anlauf zum Wirtedasein folgte in Escholzmatt, wo ihm seine Schwester und ihr Mann die ‹Drei Könige› abtreten wollten. Aber obwohl sich die beiden Parteien einig waren, kam die Übergabe nicht zustande. Wahrscheinlich hatte ihnen der Landvogt einen Stein in den Weg gelegt; denn just zu jener Zeit stand Schibi wegen verbotener Söldnerwerbung vor Gericht und bekam wegen Handgreiflichkeiten, Schlagen, Fluchen und Herausforderung der Geschworenen eine zusätzliche, saftige Busse von 30 Gulden aufgebrummt.

Trotz des Misserfolgs mit der väterlichen Wirtschaft kehrten Christen und Maria mit ihrer Familie 1642 nach Escholzmatt zurück. Sie konnten sich auf dem Wissemmengut niederlassen, das Vater Studer gehörte. Hier brachte der alte Abenteurer seine Frau und seine vier Kinder schlecht und recht mit allerlei Handeln und ein wenig Bauern durch, bis der fatale Preissturz über das Land hereinbrach und schier alles Volk verarmen liess. Zwar gewann Schibi letzthin einen Prozess gegen seine Verwandten aus der Galli-Sippe, die ihn während seiner Söldnerzeit um das Erbe einer Base betrogen hatten. Aber der erhoffte Geldsegen blieb aus; der Rechtsstreit gab bloss Jaggi Galli den Todesstoss, dass er auf den ‹Drei Königen› verlumpte. Bereichert haben sich am Ende nur der Vogt und sein Schreiber. – Wenn die Familie Schibi heute trotz allem in bescheidenem Wohlstand lebt, verdankt sie das dem Umstand, dass im April 1652 Marias Vater starb. Von ihm erbten Schibis ihr Wohnhaus auf der Wissemmen samt etwas Matten und Wald, dazu die Alp Dürrengrat, eine Alp für zwei Dutzend Kühe und dreissig Schafe, viel zu gross, dass Christen Schibi sie selber nutzen könnte.

Das ist in kurzen Zügen die Lebensgeschichte des Mannes, dem bei diesem ungerechten Münzrückruf sein Söldnerblut wieder in die Stirne fuhr, und dessen Instruktionen die Entlibucher Knüttelträger mit Begeisterung befolgen, als sei er ein kriegserprobter General, der fremde Söldner wie Fliegen hinwegfegen könnte.

Aregger 13-26 – Mühlestein 40-42

Sonntag, 30. Januar/6. Februar

Versammlung der Entlibucher in Schüpfheim

Nach dem Gottesdienst läuft ganz Schüpfheim vor dem Wirtshaus zusammen. Oben auf der Laube stehen die Landesbeamten. Sie haben eine Antwort der Regierung auf die Forderungen vom Heiligkreuz erhalten.

Wie die nötige Ruhe eingekehrt ist, verliest der Schulmeister das oberkeitliche Schreiben: Die Sache sei zu wichtig, heisst es da, als dass sie bloss durch Briefwechsel abgetan werden könne; eine direkte Besprechung sei vonnöten. Daher sollen die Landleute einen Ausschuss, dem hiermit sicheres Geleit versprochen werde, nach Luzern schicken; mit diesem werde man sich hoffentlich vergleichen können.

Die Entlibucher sind nach den Erfahrungen Emmeneggers, Glanzmanns und Binders nicht mehr bereit, nochmals in der Stadt vorzusprechen. Grossen Applaus erntet der Vorschlag: der Schultheiss solle doch hierher nach Schüpfen kommen, wenn er so ein offenes Herz für die Landleute habe! Darauf bringt ein Redner nach dem anderen neue Klagen vor: die Stadt solle die alten Urkunden über ihre Rechte im Entlibuch vorlegen; das Ohmgeld, die Getränkesteuer, müsse wieder gesenkt werden; die Kosten, welche die Gyslifrässer verursachten, solle man auch einmal aufs Tapet bringen; die zwei zu Schultheiss Dulliker gesandten Briefboten seien übel behandelt worden – usw. usf.

Als man sich müde geredet hat, machen sich der Landespannermeister und die Geschworenen an die Arbeit, ein Schreiben im Sinne der Versammlung an die Regierung abzufassen. Der Herr Schultheiss wird freundlich an die Schüpfer Landsgemeinde vom kommenden Samstag eingeladen – er solle aber gute Ratsherren mitbringen, die mit den Landessitten vertraut seien...Wahrscheinlich wird der sich ohnehin zu gut fühlen, seinen Palast zu verlassen!

Mühlestein 39 – Liebenau II/95

Spione spionieren Spionen nach

> *Am 31. Januar hat die Berner Regierung ihre Amtleute in Thun und Interlaken angewiesen, sie sollten jegliche Korrespondenz mit den Entlibuchern unterbinden und zudem zuverlässige Späher ins Luzernische aussenden.*

Während die Nachrichten unter den aufrührerischen Landleuten trotz aller Grenzwachten noch so funktionieren, dass die Entlibucher aus dem Bernbiet erfahren, das ganze Emmental, das Simmental und das Aaretal bis hinauf nach Thun seien bereit, ihnen in der Not beizustehen, hocken die ausgesandten oberländischen Späher in luzernischen Wirtshäusern herum und verkünden jedem, der es wissen will: im Bernbiet gebe man den Entlibuchern Unrecht. Unter den Berner Bauern höre man von keiner Unruhe.

Eine heitere Note erhält die Spionagemission am 3./13. Februar, als die leutseligen Gäste mit dem Stiftskeller von Münster im luzernischen Michelsamt plaudern.[1]

Der geistliche Herr meldet den Vorfall weiter, worüber die Berner Regierung in Aufregung gerät und wiederum heimlich im Luzernischen den unbekannten Oberländern nachforschen lässt, wer sie seien...[2]

RM Bern 31.1., 4.2. 1653 – Liebenau II/100,106

---

[1] In Liebenaus Schilderung steckt ein Widerspruch. Die Oberländer sollen am 3./13. Februar vom Empfang der Luzerner Herren in Schüpfheim gewusst haben (Ereignisse vom 4./14. und 5./15. Februar).

[2] Auftrag an den Vogt von Lenzburg

Freitag, 4./14. Februar

Schultheiss Dulliker in Schüpfheim.
Das neue Tellenlied

Wer hätte ernsthaft daran geglaubt? – Am Freitagabend reitet der Schultheiss von Luzern, begleitet von vier Herren des Rates und dem Guardian der Kapuziner, mit allem Prunk in Schüpfheim ein! Zum erstenmal seit Menschengedenken wird morgen ein so hoher Gast an einer Entlibucher Landsgemeinde teilnehmen.

> *Nicht ohne Widerwillen und allerlei Hintergedanken haben die Aristokraten in der Stadt die Einladung ins Entlibuch angenommen. Ein Mitglied der mächtigen Familie Pfyffer schlug vor, das Tal mit 800 Soldaten zu überziehen und so die Rebellen zur Räson zu zwingen, bevor das Übel sich weiter ausbreite. Schultheiss Dulliker jedoch wollte, von seiner eigenen Ausstrahlung und Wortgewalt überzeugt, an die Schüpfer Landsgemeinde reisen; sicher vermöchte er die ungehorsamen Untertanen durch rechtliche Belehrung und mit der Klarstellung einiger Missverständnisse wieder auf den rechten Weg zurückzuführen. Einig war man sich im Rat darüber, dass die Delegation Dullikers auf die Forderungen der Landleute nicht eintreten dürfe; auch sollten die Gesandten wenn möglich den Pöbel meiden und nur zu den vierzig Geschworenen der Talschaft sprechen.*
>
> *Die Zuversicht des regierenden Schultheissen erhielt gestern einen Dämpfer, als man in Luzern die Neuigkeit vernahm: die Entlibucher seien entschlossen, weder Zinsen noch Zehnten zu entrichten, bis alle ihre Forderungen erfüllt seien. Dulliker begriff, dass er in Schüpfheim mit landesväterlichen Ermahnungen allein einen schweren Stand haben würde – doch seines persönlichen Prestiges wegen konnte er die Reise jetzt nicht mehr absagen. Entsprechend gedrückt war die Stimmung abends am traditionellen Fasnachtsschmaus bei den Franziskanermönchen. Heute früh hielt es Dulliker für angebracht, eine Anzahl Späher vorauszuschicken, die sich vergewissern mussten, ob der Reiseweg ins Entlibuch auch sicher sei.*
>
> *Seine Sorgen waren unbegründet. Nachmittags auf ihrem Ritt sind die Herren überall freundlich begrüsst worden, mehrmals haben ihnen Landleute zur Stärkung einen Trunk auf die Pferde gereicht.*

An ihrem Ziel in Schüpfheim empfängt sie Landeshauptmann Glanzmann im Namen der Entlibucher Ehrbarkeit korrekt aber schlicht, ohne dass er zu diesem Anlass alle vierzig Geschworenen aufgeboten hätte.

Eine saftige Überraschung erleben die Herren Gesandten am späten Abend, als sie im Wirtshaus (ihrem Nachtquartier) noch zu einem Schlummerbecher zusammensitzen. Da betritt auf einmal eine Schar von rauhen

Knüttelträgern die Gaststube. Etwas umständlich stellen sie sich auf und – singen. Das bekannte Tellenlied tragen sie vor, aber mit neuen Worten, die den Herren ganz und gar nicht gefallen:

«Als man zählt sechzehnhundert
und dreiundfünfzig Jahr,
ereignen sich gross Wunder,
's ist kund und offenbar.
Ich sing es niemand z'tratzen,
man soll mich recht verstohn:
Von wegen ganzen Batzen
ist dieser Krieg herkon.

Ach Gott! ich muss sie klagen,
des Landmanns grosse Klag.
Es ist, wie ich werd sagen,
gar heiter an dem Tag:
Gleich wie zu Tellen Leben,
also tut's jetzt hergohn;
der Landmann sollt's hergeben,
geb, wo er's möcht überkon.

Ach Tell! ich wollt dich fragen:
Wach auf von deinem Schlaf!
Die Landvögt wend alls haben,
Ross, Rinder, Kälber, Schaf.
Ein jeder Herr will leben
wie ein junger Edelmann;
es muss es ihm hergeben
der arme, gringe Mann.

Ein armer Bauernzüttel,
der nicht wollt ziehen dran,
macht Entlibucher Knüttel
mit eis'nen Stefzgen dran.
Drum, liebe Eidgenossen,
stönd z'sammen, haltet fest!
Verachtet Herren-Possen,
verschüchet fremde Gäst!

Freitag, 4./14. Februar 213

> Thünd's ussem Land verjagen
> alsbald mit gwehrter Hand,
> um Fried' und Ruh zu haben
> in eurem Vaterland.
> Denkt an den Bruder Klaus,
> wie er gesungen hat:
> 'Geht von fremden Herren aus,
> bin ich euch gut zum Rat'.»[1]

Liebenau II/96-100, 276 – Mühlestein 42-44 – Anderi Lieder 56f. – Hostettler 16-18 (Varianten zum neuen Tellenlied) – LP Gallis Erbe, Zytglogge 229

---

1 Gemeint ist das weltliche Bruder Klausen-Lied (Anderi Lieder 28).
  Variante: «Mit Knütteln muss man lausen,
      nun folget meinem Rat!»

WILHELM TELL.
von Uri, A: 1307.

Die trutzige Landsgemeinde von Schüpfheim

Im Morgengrauen des Samstags flattert die Fahne Schüpfheims hoch auf dem Wirtshaus, über den städtischen Gesandten. Draussen auf freiem Feld sammeln sich die bewaffneten Bauern aller sieben Kilchörinen des Tals. Es ist Christen Schibi gewesen, der landauf, landab den Befehl gegeben hat, die Knüttel mitzubringen. Um zehn Uhr holen die Schüpfer ihre Fahne herunter und tragen sie zum Dorf hinaus, um dort das versammelte Entlibucher Volk würdig zu empfangen. Ein Zug wird formiert, und nun marschiert, applaudiert von Frauen, Kindern und auswärtigen Besuchern am Strassenrand, ein schier endloser Zug von vierzehnhundert Knüttelträgern, immer zu drei Mann hoch, mit Fahnen und Trommeln ins Dorf ein und unter den Fenstern des Wirtshauses vorbei zur Kirche. Voran schreiten die vierzig Geschworenen, Hans Emmenegger, Glanzmann und Binder an der Spitze, und ihnen wiederum voran die drei Tellen. Als Tellenknaben trägt Käspi Unternährer den zwölfjährigen Melchior Emmenegger, den Sohn des Pannermeisters, auf den Schultern.

In der Kirche beraten die Entlibucher zuerst unter sich, fast eine Stunde lang. Dann erst lassen sie dem Herrn Schultheissen im Wirtshaus ausrichten, man sei bereit, ihn zu empfangen.

Was sollen die Herren Gesandten nun mit der Instruktion des Luzerner Rats anfangen, möglichst nur vor den Geschworenen zu sprechen? Sie sind gezwungen, ihr Glück vor dem versammelten Volk zu versuchen.

Schultheiss Dulliker redet in schönen Worten, macht halbe Zugeständnisse; die Drohung von Vogt Krepsinger mit den gefrorenen Welschen sei ohne Wissen der Regierung gefallen, und er, Dulliker, bedaure, dass dadurch ein Amt so schwer verletzt worden sei, das sich bisher in allen Nöten so tapfer erzeigt habe. Allein – Grobheit und Unanständigkeit eines einzelnen sei kein Grund für ein ganzes Land, die Kriegsbereitschaft zu erstellen! Die Entlibucher sollten sich klar darüber aussprechen, ob sie ihre ordentliche, natürliche und von Gott gesetzte Oberkeit anerkennen und ihr gehorchen wollten, wie dies der Untertaneneid vorschreibe?

So verständnisvoll redet der hohe Gast. Als er aber mit der knappen Bemerkung schliesst: was die Entlibucher Forderungen betreffe, so könne die Regierung nicht darauf eintreten, geht ein Raunen durch die Reihen der Knüttelmänner. Da hat der Schultheiss die Rechnung aber ohne den Wirt gemacht! Die Geschworenen erklären im Namen der Talschaft Entlibuch, man bestehe nicht nur auf den Forderungen vom Heiligkreuz, sondern habe eine Reihe weiterer Klagen: Nachlass eines Drittels der Hypotheken, die

Samstag, 5./15. Februar

Aufgabe der Schuldbetreibung, Beschränkung des luzernischen Kriegsdiensts auf einen Tag. Alles müsse erfüllt werden – das Land werde nicht eher zur Ruhe kommen.

Als Schultheiss Dulliker die Begehren als «mangelhaft formuliert» abtut und stattdessen nochmals langfädig zum Gehorsam gegen die von Gott gesetzte Oberkeit mahnt, fährt ihm der Koloss Hans Krummenacher mit seiner gewaltigen Stimme ins Wort: «Ja, ja, ihr seid von Gott, wenn ihr gerecht, aber vom Teufel, wenn ihr ungerecht handelt!» Die Luft in der Kirche ist zum Abschneiden dick.

Die Herren drohen, die Landleute schimpfen. Der luzernische Kapuziner-Guardian versucht, die Menge zu beschwichtigen. «Schweig, du grauer Lecker, geh auf Luzern und lüg dort, solang du magst!» tönt es ihm entgegen. Wenigstens lässt man den Schultheissen und sein Gefolge die Kirche unbehelligt verlassen.

Damit ist die Wut der Entlibucher aber noch nicht gestillt. Man beschliesst, die Herren solange im Dorf zurückzubehalten, bis die Oberkeit durch Läuferboten die alten Urkunden über die luzernischen Hoheitsrechte im Entlibuch übermittle.

Der Schultheiss muss – von dieser Nachricht im Wirtshaus überrascht – seine ganzen Rednerkünste hervorkramen, um die wahnwitzige Geiselnahme zu verhindern. Dass aber bei seiner Abreise noch einmal die 1400 Knüttelträger vor ihm vorbeiparadieren, muss er trotz seiner ‹Abmahnung› erdulden. Zu guter Letzt taucht der Schulmeister Müller auf und überreicht den verärgerten Gesandten als Abschiedsgeschenk eine genaue Liste der neuen entlibuchischen Forderungen[1] – sogar noch einige zusätzliche, die in der Hektik der Landsgemeinde vergessen wurden, hat er wohlformuliert zu Papier gebracht.

Liebenau II/100-103, 276 – Mühlestein 45-47

Eggiwil: Der Stauffer Hans im Diepoldsbach hat sein Gesicht verloren.

RM Bern 5.2. 1653 / do. 21.2.: Jacob Blaser als Beistand bestimmt.

---

1 einzelne Forderungen bei Liebenau

Sonntag, 6. Februar

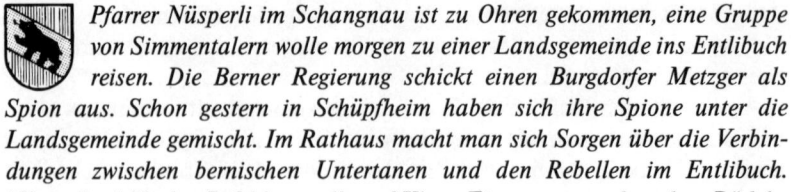

Pfarrer Nüsperli im Schangnau ist zu Ohren gekommen, eine Gruppe von Simmentalern wolle morgen zu einer Landsgemeinde ins Entlibuch reisen. Die Berner Regierung schickt einen Burgdorfer Metzger als Spion aus. Schon gestern in Schüpfheim haben sich ihre Spione unter die Landsgemeinde gemischt. Im Rathaus macht man sich Sorgen über die Verbindungen zwischen bernischen Untertanen und den Rebellen im Entlibuch. Nüsperli erhält den Befehl, er solle auf Klaus Zimmermann, den alten Rädelsführer von 1641, aufpassen.

Die Zimmermanns sind der Oberkeit besonders verdächtig, weil die Familie aus dem Luzernischen stammt. Tatsächlich wird Klaus zwei Tage darauf in Steffisburg beobachtet, wie er seinen Bruder Christen besucht und dabei die Stimmung erforscht.

RM Bern 4./6./8.2. 1653 – Schiffmann 69, 83 f.

Dienstag, 8. Februar 217

Der Handel um Tribolets wahnsinnige Schwester

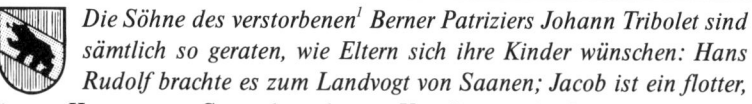

> *Die Söhne des verstorbenen[1] Berner Patriziers Johann Tribolet sind sämtlich so geraten, wie Eltern sich ihre Kinder wünschen: Hans Rudolf brachte es zum Landvogt von Saanen; Jacob ist ein flotter, junger Hauptmann; Samuel macht sein Vermögen in der Landvogtei Trachselwald und ist mit der Tochter des Schultheissen vermählt. Nach dem Tod der Mutter blieb aber der Schandfleck der Familie zurück: die wahnsinnige Schwester Maria.*

Weil sich keiner der angesehenen Brüder ihrer annehmen wollte, sollte Maria in einem oberkeitlichen Pfrundhaus versorgt werden. Die Oberkeit wäre dazu bereit gewesen – nur hätten die Gebrüder Tribolet zusammen mit der kranken Frau auch deren Erbteil ins Pfrundhaus schicken müssen. Davon wollten die Tribolets jedoch nichts wissen.

Der Handel zog sich hin, bis die Maria am 22. Januar selber dem Rat ihre Not vorbringen liess: sie sei in Interlaken mehr schlecht als recht bei einem Wirt untergebracht, der sie belästige. – Jetzt erhielten die Tribolet-Brüder allen Ernstes den Befehl, endlich ihrer Pflicht nachzukommen und über das Vermögen ihrer Schwester Auskunft zu geben. Die Maria sei zusammen mit einer Abwartin ins Pfrundhaus Königsfelden einzuliefern, mit ihr Mutter Tribolets hinterlassene Kleider und 4000 Pfund aus dem Triboletschen Erbe.

Da wehrte sich aber Maria gegen ihre Versorgung. Zwei Profosen und zwei Brüder mussten sie mit Gewalt ins Aargäu schleppen. Dort ereignete sich kurz darauf ein – uns unbekannter – schwerwiegender Zwischenfall, der die peinliche Triboletsche Familienaffäre am 8. Februar nochmals vor den Berner Rat bringt.

Den Gnädigen Herren platzt schier der Kragen: Schreiben an die Gebrüder Tribolet – Ihre Schwester Maria ist mit keinem lieb, blöd sowohl von Geist als Leib; durch Verordnung nach Königsfelden wäre der Ursprung ihrer Imbecilität (Schwachsinn) nicht behoben. Besser wird sie hier in der Stadt einem tüchtigen Vogt unterstellt. Aus dem Wirtshaus soll sie standesgemäss verpflegt werden.

RM Bern 23.12. 1652, 8./22./24./25./31.1., 4./8.2. 1653

---

1 an der Pest 1628

Die Städte Luzern und Bern rüsten sich

Nach der Rückkehr seiner Gesandten aus Schüpfheim liess der Rat von Luzern sogleich Wachen aufstellen, verordnete allgemeine Gebete und setzte auf Donnerstagmorgen eine Waffenschau fest. Zur genaueren Ergründung der Lage sollen die Vögte aller Ämter die Klagen der Landleute aufnehmen. Ein Schreiben geht an die Städtchen Sursee und Sempach: Sie sollen die Kriegsmannschaft bereithalten, da die ungeschlachten und aufrührerischen Entlibucher nicht gehorchen wollten. Mit Fug hütet man sich, das dritte luzernische Städtchen, Willisau, zu mobilisieren. Dort überwiegen nämlich bereits die Sympathisanten der Abtrünnigen.

Emmenegger und der Schulmeister Müller haben durch Boten dafür gesorgt, dass die Entlibucher in ihrem Freiheitskampf nicht allein bleiben.

Der Zufall will es, dass in diesen Tagen Herr Rittmeister Ludwig Pfyffer, ein berühmter Kriegsmann, aus dem Elsass, wo er sich auf den Gütern seiner Frau niedergelassen hat, in seine Vaterstadt Luzern zu Besuch kommt. Auf dem Land draussen glaubt man allerdings nicht an Zufall: Der Rittmeister habe die Pässe untersucht, durch die das deutsche Kriegsvolk ins Entlibuch geführt werden solle, behauptet das Gerücht. Die Opposition greift um sich. Die *Ruswiler* setzen ihre Beschwerden auf. Im ‹Sternen› in *Willisau* verpflichten sich Ausgeschossene der Ämter Entlibuch, Ruswil und *Willisau* zur gegenseitigen Unterstützung ihrer Forderungen, «und sollte es ihnen Haut und Haar kosten». Dass die Entlibucher nicht mehr nach Luzern z'Märit fahren, ist schon fast eine Selbstverständlichkeit.

Die Versorgung der Stadt ist dadurch nicht gefährdet; unter den Hausfrauen sorgen die fehlenden Märitstände aber für einige Aufregung.

Am Mittwoch schicken die Herren von Luzern einen Gesandten nach Bern, um zu erwirken, dass den Entlibuchern weder Waffen noch Munition geliefert werde. Die Sorge ist reichlich überflüssig. Obwohl im Bernbiet nicht das geringste Anzeichen bewaffneten Widerstands zu entdecken ist, rüstet die Oberkeit emsig gegen die entlibuchische Gefahr. Eilboten schwärmen in die Evangelischen Orte der ganzen Eidgenossenschaft aus, man solle Hilfe bereitstellen. Im Eisenbergwerk Lauterbrunnen kauft die Regierung Handgranaten und Kugeln ein,[1] in der Stadt selbst mobilisiert sie 200 Burger. Vollbeladene Getreidewagen führen in diesen Tagen ihre Fracht in die Stadt und zu den

---

1 Kaufsumme 871cr 20bz

Mittwoch 9./19. Februar

Kornkammern der Schlösser. Und versteckt für die neugierigen Bauern transportieren manche dieser Wagen auch schweres Geschütz und Munition.

Nicht genug des Säbelrasselns: Der Oberbefehlshaber der bernischen Armee, Generalmajor Sigmund von Erlach, inspiziert die Festungen Thun, Wimmis und Burgdorf und ordnet persönlich an Ort und Stelle die Befestigungsmassnahmen an. Thun und Burgdorf, entscheidet er, müssten in diesen gefährlichen Zeiten je zwanzig bis dreissig Burger zum Wachtdienst ausheben; als Kommandant waltet jeweils ein hoher Offizier aus der Hauptstadt.[2] Den Leuten von Wimmis, am Tor zum derzeit so unruhigen Simmental, scheint der Generalmajor zu misstrauen. Hier soll eine Besatzung von Bernburgern für Ruhe und Ordnung sorgen. Und überall soll man sich mit Lebensmitteln eindecken.

RM Bern 7./8./12.2. 1653 - KRM Bern 11./16.2. 1653 - Liebenau II/103-105 - Lohner 551 - Mühlestein 49-51

---

2 Der Festungskommandant für Thun ist Franz Wyss, derjenige für Burgdorf Hans Rudolf von Diesbach.

Die Affäre um Weibel Pfäffli. Die Signauer klagen in Bern über ihren Landvogt

Eigentlich hat die ganze Sache damit begonnen, dass der Weibel Pfäffli ohne Trauschein mit einer Frau schlief. Das Paar wurde entdeckt, beim Signauer Chorgericht verzeigt, und weil dies schon Pfäfflis dritter ‹Fehler› war, musste er seinen Amtsmantel abgeben und wurde für drei Monate ausser Landes geschickt. Das neue Sittlichkeitsgesetz von 1652 schreibt diese Strafe vor, daran gab es nichts zu rütteln. Ja, Landvogt Zehender liess sogar Gnade vor Recht ergehen, als er den Verbannten auf dessen Bitten hin bald wieder im Dorf duldete.
  Viele Signauer aber fanden das Urteil zu hart. Sie wollten den beliebten Hans Pfäffli unbedingt von neuem zum Weibel wählen. Dabei stand ihnen der Zufall zur Seite: denn ausgerechnet die Gemeinde Signau hat nach altem Herkommen das Recht, ihren Weibel selbst zu wählen, ein herübergerettetes Sonderrecht aus der Kyburger Zeit, wie es sonst nirgends mehr besteht.

Man kann die gerechte Empörung der Signauer erahnen, als nun der Landvogt kurzerhand von sich aus einen neuen Weibel einsetzte und auch gleich noch den verlassenen Gerichtssitz Pfäfflis eigenmächtig vergab. Nun ging's nicht mehr um einen einzelnen Mann, sondern ums Prinzip. Unerhört, wie sich die Amtleute anmassen, dem Volk seine althergebrachten, verbrieften Freiheiten zu entziehen, eine nach der anderen, wursträdchenweise! Die Gerichtssässen verweigerten den Amtseid; ja, man sagte dem selbstherrlichen Herrn Zehender ins Gesicht, einem solchen wie ihm werde man den nächsten Untertaneneid nicht mehr schwören, wenn er nicht von seinem hohen Ross herunterkomme. Doch der Vogt liess nicht im geringsten mit sich reden.
  So tragen Ausgeschossene der Gemeinde Signau ihre Beschwerde im Berner Rathaus vor. Bestimmt hat sie Ueli Galli dazu ermutigt, in der Gewissheit, dass die Gnädigen Herren in dieser Sache den Klägern recht geben müssten. Wie heisst es doch so schön im Thunerbrief: «Dass eine Hoche Oberkeit ihren Untertanen jewylen für Brief und Siegel Freiheit und Gerechtigkeiten gönnen und geben werde, und zwar unabbrüchlich.»

RM Bern 10./22. 2. 1653

Donnerstag, 10./20. Februar

Das Amt Rothenburg bei den Rebellen.
Kaspar Steiner

Im Amt Rothenburg, unmittelbar vor den Toren Luzerns gelegen, will der Landvogt seine Untertanen mit einem neuen Huldigungseid an die Oberkeit binden. Dafür verspricht er, alle etwaigen Beschwerden anzuhören und an den Rat weiterzuleiten *(so lautet die neueste Anweisung von oben, mit der das Landvolk beruhigt werden soll)*. Die Rothenburger fallen auf den Köder nicht hinein. Sie entziehen sich dem verlangten Eid auf diplomatische Weise, indem sie vier Tage Bedenkfrist verlangen. Noch am selben Abend aber schreibt der Siegrist von Emmen, Kaspar Steiner, den Entlibuchern: die Rothenburger wollten zu ihnen stehen.

Dieser Kaspar Steiner ist der unbestrittene Wortführer des Amtes Rothenburg. Als Sohn eines auf dem Land niedergelassenen Herrenbauern hat er in der Luzerner Jesuitenschule eine höhere Bildung genossen. Seine Beziehungen zu einigen vornehmen Stadtbürgern und Aristokraten sind seither nie ganz abgebrochen.

Dass er nun mit den ‹pöbelhaften› Entlibucher Bauern zusammenspannt – darüber schüttelt man in der Stadt den Kopf. Mit seiner jesuitisch geschliffenen Rede und Schrift, mit seinem ausgeprägten Sinn für Diplomatie bildet Steiner für die Herren eine besondere Gefahr. In ihren Augen ist er der «allerärgste, böseste Rädelsführer».

Liebenau II/105 – Mühlestein 51

Freitag, den 11./21. Februar

Aufruhr im Amt Willisau.
3000 besuchen die Versammlung in Schötz

Riesig ist das Interesse an der ersten Volksversammlung im Amt Willisau, wo man die Klagen an die Regierung aufsetzen will: 3000 Männer strömen im Dorf Schötz zusammen. Auf dem Land sprach sich herum: Jetzt sei der Moment da, grosse Freiheiten zu erlangen; man solle nur mit den Entlibuchern zusammenhalten.[1]

> Erstmals stellt sich auch die Burgerschaft eines Städtchens auf die Seite der rebellischen Bauern. Man leidet ja weitgehend unter denselben Missständen... der Willkür der Vögte, dem stetigen Abbau alter Volksrechte auf dem Land, der grassierenden Landesarmut. Bloss mit dem Erkennen dieser Gemeinsamkeiten hapert es allerorten; das Misstrauen zwischen Stadt und Land ist in der Eidgenossenschaft nachgerade notorisch.
>
> Im Falle Willisaus besteht jedoch eine zusätzliche, augenfällige Übereinstimmung mit dem Entlibuch: Als der Flecken Willisau vor bald zweieinhalb Jahrhunderten an Luzern gelangte, sicherte man den Einwohnern gewisse Freiheiten zu, namentlich das Recht, den Schultheissen, den Grossweibel und den Stadtschreiber aus der Mitte ihrer Bürger zu wählen. Dessen ungeachtet besetzt die Regierung diese Ämter heutzutage stets mit Burgern der Stadt Luzern. Die alte, alles beweisende Abtretungsurkunde ist inzwischen in einem luzernischen Archiv verschwunden. – Jetzt, wo die Entlibucher ihre alten Freiheitsbriefe herausbegehren, ist dieses Thema auch in Willisau wieder zum Stadtgespräch geworden. Die unbeliebte Luzerner Staatsmacht steht anscheinend hier wie dort rechtlich auf wackeligen Füssen.

Als an der grossen Schötzer Versammlung Landvogt Pfyffer mit seinen Beamten auftaucht, sind die Organisatoren der Zusammenkunft vorgewarnt. Pfyffers Knecht hat dessen Pläne verraten: Sein Herr werde die Willisauer mit guten Worten ködern, bis man sich mit den Entlibuchern

---

1 Nach Liebenau hat «die Regierung selbst zur Einberufung der Versammlung mitgewirkt», deshalb sei das Volk so zahlreich erschienen. – Dem ist nicht so. Landvogt Pfyffer hatte bloss den Auftrag, die Klagen der Landleute aufzunehmen. Gewiss hat er aus diesem Anlass nicht Stadt und Land versammeln lassen. Die Versammlung geschah «freien Willens und wider alten Herkommens» (Vock). Im ‹Sternen› zu Willisau wurde im Beisein von Entlibuchern ihre Einberufung beschlossen.

Freitag, den 11./21. Februar

verglichen habe; dann werde er sich nicht mehr um seine Versprechungen kümmern.

Unter diesen Umständen sind für Herrn Pfyffer in Schötz keine Lorbeeren zu holen. Seine schönen Versprechungen gehen in Buhrufen unter. «Diebe und Schelme!» betitelt Metzgermeister Stürmli die Vertreter des Staates. Was sich in den folgenden Minuten abspielt, verschweigen die Chroniken – jedenfalls wird Vogt Pfyffer von der Versammlung ausgeschlossen.[2]

Erst jetzt können die Willisauer in einer sachlichen Atmosphäre über ihre Beschwerdepunkte beraten. Dreissig Artikel kommen zusammen.[3] Zuoberst stehen alle bisher von den Entlibuchern vorgebrachten Klagen. Weiter soll die Besetzung der Ämter und der Gerichte künftig in offener Wahl vorgenommen werden, und zwar nur mit Leuten der Stadt und des Amtes Willisau. Neue Mandate der Regierung treten erst in Kraft, nachdem die Landleute sie für nützlich und gut befunden haben. Die Willisauer sollen Landsgemeinden einberufen dürfen, wann immer sie es für nötig halten. Selbstverständlich muss die Stadt Luzern die Abtretungsurkunde aushändigen, usw./usf.

Die sehr weitreichenden Forderungen trägt man nicht nur zu den Herren nach Luzern, sondern auch – als Muster für ähnliche Volksversammlungen – in alle benachbarten Ämter und grösseren Gemeinden. Bis zu ihrer vollständigen Erfüllung soll im ganzen Amt Willisau kein Gericht mehr tagen. Mit Waffen und Harnisch will man sich wappnen, und jede Kirchgemeinde soll durch einen Kreuzgang um Gottes Beistand bitten.

Vock 59, 89 – Liebenau II/105,108–113 – Mühlestein 52–57

---

2 Seltsamerweise erwähnt Liebenau den Vorfall nicht.
3 Wortlaut bei Liebenau

Der Luzerner Rat entsendet Schultheiss Fleckenstein und den «deutschen Plato» nach Willisau

> *Der Luzerner Rat lernt das Fürchten. Gestern haben neben den Willisauern auch die Ruswiler masslose Beschwerden eingereicht. Selbst die Dorfleute in unmittelbarer Nachbarschaft der Stadt verweigern nun ihren Vögten die verlangte Huldigung: Sie wollen abwarten, was die grossen Ämter tun. Und in der Stadt haben sich die Bürger heimlich versammelt, wobei Junker Franz Bircher verdächtige Reden geführt hat.*

In dieser ernsten Lage beruft Luzern auf kommenden Mittwoch eine Konferenz der fünf alten Orte (Uri, Schwyz, Unterwalden, Zug und Luzern) ein. Das Alarmwesen der Stadt wird geregelt, Kriegssammelplätze werden bestimmt, Kundschafter ausgesandt. Hauptmann Krepsinger soll die Uszüger der stadtnahen Gemeinden Kriens und Horw mustern.

Getreu dem Grundsatz ‹divide et impera› (zu deutsch: teile und herrsche!) hält man es für klug, die ‹bösen› Entlibucher und die von ihnen ‹verführten› Willisauer zu entzweien. In ungewöhnlich flottem Tempo behandelt der Rat deshalb die Beschwerden von Schötz. Die Antworten auf die dreissig Klagen klingen freundlich, verständnisvoll; gekonnt formulierte Worte sollen den Zorn der Landleute besänftigen, ohne dass die Oberkeit in den entscheidenden Punkten Versprechungen abgibt.[1]

Einige Müsterchen: Bezüglich der Volkswahl der Beamten will der Rat «gern in Bedenken nehmen, wie sich diese Sache gestalten würde...», allerdings will er Ratsherren, Pannerherren und Fähnriche selbst bestimmen, «damit die Landschaft nicht mit Kosten beladen würde». Man will «die Landvögte ermahnen, mit den Leuten der Bussen halb gnädig und mit Bescheidenheit zu verfahren». Der Salzhandel wird freigegeben; mit dem Ohmgeld und im Münzwesen dagegen bleibt alles beim alten. «Der Erlass der Mandate steht dem Rate zu. Diese werden so erlassen, dass sich niemand darüber zu beklagen hat. Allfällige Vorstellungen werden gerne abgehört.» Die entwendeten Freiheitsurkunden der Willisauer aus dem Jahr 1407 will Luzern «einem zu erwählenden Ausschuss gerne verlesen lassen». Daneben will man den Stadtbürgern von Willisau «die Wohltaten in Erinnerung bringen», welche Luzern ihnen erwiesen habe: «beim Brand von 1472» (also vor 181 Jahren!), beim Bau der Ringmauer (wohl bei der Gründung der Stadt?), durch Überlassung einiger Steuergelder, durch Ernennung eines Bürgers zum Spitalpfleger.

---

1 Wortlaut bei Liebenau

Samstag, 12./22. Februar

> *Zu Überbringern der ‹Konzessionen› sind die Spitzen der Luzerner Diplomatie ausersehen: der bald achtzigjährige Schultheiss Fleckenstein, der «reichste Eidgenoss» (im Volksmund allerdings «der alte Raubgeier» genannt), der sein Vermögen als Hauptagent des spanisch-habsburgischen Kaiserhauses in der Schweiz gescheffelt hat. Ja, Ritter Heinrich von Fleckenstein bringt es sogar fertig (und das ist ein Meisterstück der Korruption), sich auch von der Gegenpartei, vom französischen Königshaus, für seine Söldnervermittlungsdienste bezahlen zu lassen. Mit ihm reist der Ratsherr Ludwig Meyer, ein gewiefter Unterhändler, den seine Schmeichler den «deutschen Plato» nennen.*

Als die beiden Herren gegen Abend in Willisau einreiten, sind die Stadttore mit starken Wachtposten besetzt. Fleckenstein erteilt den Beamten des Städtchens einen Verweis für die feindselige Haltung, doch diese rechtfertigen sich: Sie hielten die Wachten für notwendig, weil man sie sonst mit 6000 Lothringern überfalle. Nicht umsonst sei Rittmeister Pfyffer nach Luzern gekommen; er warte ja nur auf den Befehl zum Einmarsch. – Rittmeister Pfyffer ist hier nicht weniger verhasst als Krepsinger im Entlibuch.

Als Fleckenstein und der deutsche Plato auf ihre Mission zu reden kommen, zeigen sich die Gastgeber höchst unzufrieden mit den gewährten Konzessionen. Offen erklären sie, sie wollten die Missstände nicht länger dulden. Sie beschweren sich über ihren Landvogt und Schultheissen, klagen über die Tyrannei des gewesenen Stadtschreibers Cysat.[2] Die Klagen sind so grob und stark, dass den beiden Gesandten von Luzern darob die Haare zu Berge stehen.

Liebenau II/114–120 – Mühlestein 25, 59–61

---

2 Ludwig Cysat ist zugleich einer der wenigen zeitgenössischen Chronisten, dessen Charakterisierung der Bauernführer insbesondere Liebenau stark übernahm.

Die Entlibucher planen eine grosse Landsgemeinde in Wolhusen

In *Willisau* verhandeln Schultheiss Fleckenstein und der deutsche Plato mit den Stadträten und Geschworenen des Amtes. Die gereizte Stimmung von gestern hat sich gelegt. Mit freundlichem Zureden bringen die Diplomaten aus der Hauptstadt ihre Gastgeber dazu, sich auf das Machbare zu beschränken, gültiges Recht und Sachzwänge zu akzeptieren. Eine Klage nach der anderen schmilzt im Tauwetter dahin. Allerdings erklären die Willisauer Abgeordneten, dass sie ohne Einverständnis des Volkes von keinem Punkt abweichen dürften. Sie wollten sich aber Mühe geben, den gemeinen Mann zur Vernunft zu bringen.

Zur gleichen Zeit sitzen in *Schüpfheim* im Entlibuch Pannermeister Emmenegger, Landeshauptmann Glanzmann und Schulmeister Müller mit einem Grüppchen vertrauter Männer beisammen. Nicht einmal Stephan Lötscher hat man eingeladen, weil der allzu gerne plaudert. Das Gespräch dreht sich um das Projekt einer Landsgemeinde des gesamten Luzernerlandes am kommenden Aschermittwoch (dem 26.2. katholischer Zeitrechnung). Emmenegger schlägt die eben neu erbaute Kirche von Wolhusen als Versammlungsort vor – das Richtfest des Gotteshauses soll zum Richtfest des Bundes werden. Jedes Amt wird zwei offizielle Sprecher abordnen. Als Höhepunkt der Veranstaltung ist ein gemeinsamer Bundesschwur vorgesehen – ganz in der Art des Rütlischwurs. Schulmeister Müller hat bereits den Text für einen Bundesbrief aufgesetzt.

Sobald der kühne Plan einigermassen zu Faden geschlagen ist, zögern die Urheber nicht, Vertrauensleute in die befreundeten Ämter auszuschicken, zu erfragen, ob man in Wolhusen mitmachen werde? So tauchen im Laufe des Sonntags auch vor dem Rathaus des Städtchens Willisau die Boten der Entlibucher auf. Wie die peinliche Begegnung mit dem ‹alten Raubgeier› und dem ‹Plato› vermieden wird, ist nicht überliefert. Das spätere ausdrückliche Lob der hohen Herren auf die ihnen gewährte Gastfreundschaft könnte heissen, dass die Willisauer die beiden zu einem köstlichen Mahl in den ‹Sternen› schickten, während sie kaltschnäuzig die Entlibucher empfingen. Jedenfalls kehren deren Boten am Abend mit der freudigen Nachricht nach Schüpfheim zurück: Rat, Bürger und Geschworene von Willisau würden am Mittwoch mit je zwei Abgeordneten in Wolhusen erscheinen.[1]

---

1 Landesspannermeister, -hauptmann und -fähnrich vom Entlibuch dankten noch gleichentags den Willisauern für ihre Liebe und Treue und versicherten, aus dem Entlibuch würden mindestens 50 bis 60 Mann nach Wolhusen kommen. – Das Schreiben ist an Hans Heller zu Daiwil gerichtet.

Sonntag, den 13./23. Februar

Auch das Amt *Rothenburg* gibt guten Bescheid: Kaspar Steiner hat vier Gemeinden dazu gebracht, dem Vogt den Gehorsamseid zu verweigern, selbst nachdem dieser die Freigabe des Salzhandels in Aussicht gestellt hat. In Wolhusen will Steiner mitmachen.

Die Idee eines grossen Bundes aller Ämter hat sich bereits an diesem Sonntagnachmittag auf die Verhandlungen im Willisauer Rathaus ausgewirkt. Die Vertreter der Untertanen beharrten wieder stärker auf ihren Forderungen. Am Ende blieben drei Artikel[2], wo keine Diplomatie weiterhalf. Als Fleckenstein erklärte, er könne diese drei niemals bewilligen, entgegneten ihm die Willisauer: Dann treten wir nicht mehr vor den Rat von Luzern. Denn ihr sollt wissen, dass alle Ämter, ausser Weggis, eines Willens sind. Alle werden die gleichen Forderungen stellen und keines wird mehr in die Stadt kommen, um mit dem Rat von Luzern zu verhandeln. – Wenn die Oberkeit das Gespräch wünsche, müsse sie künftig die Untertanen auf dem Land aufsuchen. Daran gebe es nichts zu rütteln.

Liebenau II/120–122

Das *Eggiwil* ist tief verschneit.
Nach der Predigt versammeln sich Predikant Schaffner, Ueli Galli und die übrigen Chorrichter zur vierzehntäglichen Sitzung. Fälle sind keine zu behandeln.

Drüben im Entlibuch ist ein Volksaufstand im Anzug!

Abwarten. Allmählich erwacht der Bär aus seinem Winterschlaf. Der Schnee...

Liebenau II/182 – CGM Eggiwil 13.2.1653

---

2 Um welche Artikel es sich handelte, ist unbekannt.

In Schüpfheim: Die Entlibucher schicken an alle luzernischen Ämter Einladungsschreiben zum gemeinsamen Bundesschwur in Wolhusen. Dieser Bund, so heisst es, wird nicht allein uns, sondern auch unseren Nachkommen zu Gutem erschiessen und dazu helfen, dass sie uns nach unserm Tode noch loben und danken werden und ewig unser gedenken.
Die Entlibucher kontrollieren durchreisende Fremde.

In Willisau: Bauern und Bürger können sich in einigen Punkten nicht einigen. Die Bürger möchten einen Schultheissen aus ihrer Mitte wählen; die Bauern meinen aber, an der Herrschaft des luzernischen Landvogts dürfe nicht gerüttelt werden.

In Luzern: Die groben Geschütze werden aufgestellt. Ab heute sind die Stadttore nachts bewacht. Die Regierung fragt die eidgenössische Vogtei Baden, wo gegenwärtig turnusgemäss ein luzernischer Vogt residiert, um Truppen an.

Liebenau II/123 f.

Berner Amtstrachten im Kupferstich von Conrad Meyer, 1634

Dienstag, 15./25. Februar

Im *Entlibuch:* Das Michelsamt und das Amt Hochdorf schliessen sich der Bewegung an. Stephan Lötscher bemüht sich um das Amt Malters. Schon heute wimmelt es auf den Strassen von Landleuten, die nach Wolhusen reisen. Eine nicht geringe Zahl von Bauern kommt aus den Gebieten von Bern und Solothurn, einige durch freundliche Zuschriften ihrer Bekannten eingeladen, andere aus Neugier, weil sie den berühmten Entlibucher Prügelumzug anschauen wollen.[1]

Im *Emmental:* Vogt Tribolets Bruder, der Hauptmann, baut eine ständige Feldwache an der Grenze zum Entlibuch auf. In sämtlichen Wirtshäusern lauschen Spitzel der Oberkeit auf verdächtige Gespräche.

Liebenau II/122, 124-127 - Vock 60f. - RM Bern 26.2. 1653 - Schiffmann 83 - Tillier 150

---

1 Auch vom Steffisburger Christen Zimmermann wird berichtet, er sei bei Luzerner Landsgemeinden dabeigewesen.

Predicant. Rathsherr. 2 der Burgeren oder des grosen raths. Iüngling.

Der Wolhuser Bund

Dichtgedrängt stehen die Menschen in den Morgenstunden vor der neuen Wolhuser Kirche; jeder möchte sich nach dem Einzug der Geistlichkeit und der Delegierten aus allen Ämtern noch einen Platz im Kirchenschiff ergattern. Die allgemeine Aufmerksamkeit gilt – wie könnte es anders sein – Christen Schibi: hoch zu Ross, den Schnauz gesträubt, wie ein Luchs unter den buschigen Brauen hervoräugend, fordert er Raum für seine Knüttelmänner, die unter den Klängen einer Feldmusik von Geigen, Trommel und Sackpfeife den Kirchenstutz hinaufziehen, sich vor dem Portal zu einer Ehrenwache formieren, während die drei Tellen im Gotteshaus verschwinden.

Dort drinnen eröffnet der hiesige Pfarrer die Versammlung mit einem feierlichen Gottesdienst. Er ist eine bekannte Persönlichkeit: Dekan Melchior Lüthard, Stadtbürger von Luzern, seines Zeichens apostolischer Pronotar, gleichzeitig Pfarrer von Ruswil. Im Chor hat man aus dem Gerüstholz eine Rednerbühne erbaut. Daneben sitzen drei weitere Herren im schwarzen Talar: die Geistlichen von Hasle, Romoos und Doppleschwand. Hinter einem Pult wartet der Schreiber, der behäbige Schulmeister Müller, auf Arbeit.

Wer das Glück hatte, zur überfüllten Kirche überhaupt Zugang zu finden, erblickt auf den vordersten Bankreihen die farbenprächtige Schar der Delegierten, die meisten in ihren Amtstrachten: Sechser Peyer aus der Stadt Willisau, Untervogt Spengler von Kriens ... gegen dreissig Abgeordnete, nicht eingerechnet die Geschworenen des Entlibuchs; sie alle überragt das schmale, sanfte Gesicht Kaspar Steiners um einen halben Kopf. Nur das Amt Weggis fehlt und – seltsamerweise – das Michelsamt.[1]

Jetzt besteigt Landespannermeister Emmenegger die Bühne, flankiert von den Tellen, in der Hand seine mit Hilfe des Schulmeisters in Schrift gefasste Rede. «Ehrsame, ehrbare, fromme, liebe und getreue Freunde, Nachbarn, Mitlandleute, Bundesgenossen und Brüder!» hebt er an. Die alten, verbrieften Gerechtigkeiten seien schlecht gehalten worden. Wie der gemeine Bauersmann in künftiger Zeit durch Neuerungen zu Schaden gelangen werde, habe der Batzenabruf uns zu Gemüte geführt. Die Schuld treffe die Oberkeit, indem diese zwanzig oder dreissig Jahre lang minderwertige Münzen für gut anerkannte, statt sie sofort abzurufen, ehe der gemeine Mann dafür die Last zu tragen hatte. «Auch sonst sind die Läufe

---

1 Die Delegierten waren infolge einer ungenauen Einberufung nicht erschienen. Am folgenden Tag bestätigte das Michelsamt seinen Anschluss an den Bund.

bös, so dass der gemeine Bauersmann kaum bei Haus und Heim verbleiben, seine Gülten, Zinsen und Schulden bezahlen und Weib und Kind mit Gott und mit Ehren erhalten kann. Würde diesen und anderen Beschwerden niemand zuvorkommen, so würden in kurzen Jahren die meisten unter uns von Haus und Heim getrieben werden, indem, wie wir erfahren haben, keine Barmherzigkeit, keine brüderliche oder bürgerliche Liebe, kein Erbarmen mit uns Untertanen mehr gebraucht wird. Ein Gantbrief über den anderen, eine Neuerung über die andere, eine Strafe über die andere folgt ohne Gnade, da mancher redliche Landmann lange Zeit und seit vielen Jahren hoffte, die Schulden zu zahlen, dies aber nicht zu tun im Stande war, da es von Jahr zu Jahr schwieriger wurde zu haushalten und leicht ein Unfall von Wasser, Verlust von Rossen oder Vieh verursachte, dass einer, von Haus und Heim gestossen, sein Gut musste fahren lassen und ohne Gnade viele von ihrem lieben Vaterland weichen und in die Ferne ziehen mussten, so ins Elsass, Breisgau und ins Schwabenland. Mancher, der seine Gültherren bezahlen wollte und dem nur wenig an Geld fehlte, wurde mit schändlichen Worten ‹Lump›, ‹Hundsstud› und dergleichen gescholten, oft auch getürmt und gebunden in die Stadt ins Gefängnis geführt, dass es oft einen Stein hätte erbarmen mögen.»

Nun müssten Mittel und Wege gefunden werden, den Beschwerden abzuhelfen, fährt der Pannermeister fort. Da wir alle unter denselben Beschwerden litten, sei diese Landsgemeinde angesetzt worden, um die höchst notwendigen gemeinsamen Angelegenheiten zu vereinbaren. Die Ämter sollten sich eidlich verbünden; in Wolhusen – oder wo es uns Ämtern sonst gefällt – sollten wir eine Tagsatzung anstellen, uns jederzeit zu beratschlagen, damit wir den Herren und Oberen *eines* Willens antworten können.

Eine unabhängige Bauerntagsatzung, gegenseitige Absprachen der Landleute, wann und wo es ihnen gefällt, unter Ausschluss der luzernischen Oberkeit! Auch wenn Emmenegger von «uns Untertanen» redet, von «unseren Herren und Oberen», wenn er peinlich genau darauf achtet, dass er göttliches und menschliches Recht nicht verletzt, weiss er ohne Zweifel, dass die Oberkeit gegen diesen Plan Gift und Galle speien wird. So eine Tagsatzung wird der bisher ungebremst wachsenden Machtentfaltung der Herren eine Schranke setzen. Ein fortschrittliches, zentral gelenktes Staatswesen nach dem Vorbild Frankreichs kann nicht entstehen, wenn drei Fussstunden vor dem Stadttor ein Bauernparlament argwöhnisch über seine alten Lokalrechte wacht.

«Nun aber», schliesst Emmenegger, «soll niemals ein Einzelner für unsere Sache büssen müssen. Sollte über kurze oder lange Zeit einer dafür Strafe zu erleiden haben, so wollen wir demselben helfen, als wenn es uns selber

träfe. Damit wir also nicht mehr voneinander fallen und einander immer zur Seite stehen, wollen wir heute den Eid schwören. Lasst uns Gott den Allerhöchsten, Maria die Himmelskönigin, samt allem himmlischem Heer anrufen und bitten, dass sie uns den Heiligen Geist mit seinen Gaben senden wollen, damit wir solches Geschäft vollbringen können!»
Nach dieser Eröffnungsrede hält der Pannermeister die Umfrage. Die Sprecher der einzelnen Ämter melden sich zu Wort, erzählen weitläufig ihre Beschwerden gegen die Oberkeit und vergessen dabei nicht das mindeste: alle Strafgelder, welche die Landvögte bezogen, jedes unsanfte Wort, das sie ausgesprochen haben, Gülten und Reisgelder, Handwerksverordnungen und Güterbereinigungen, Fall und Ehrschatz (Todesfall- und Erbschaftssteuern), Forstordnungen und Waisenrechnungen, Salzmonopol, Ohmgeld und Trattengeld, Weidgangsverbote und Bedrückung der Gemeinden mit Strassenanlagen, Verordnungen über das Jagen, Fischen und Besorgung der Findelkinder, dies und vieles andere, auch ganz örtliche Beschwerden kleiner Dorfschaften, Weiler und Höfe, werden bunt durcheinander vorgebracht. Aber alle Redner stimmen mit Emmenegger überein, dass die zehn Ämter zusammen schwören und gemeinsam handeln sollten.

Damit hat die grosse Stunde des Hans Jakob Müller geschlagen. Laut und deutlich verliest er in seinem Berner Seeländer-Deutsch den ‹Bundesbrief der X Ämter der Stadt Luzern›.

Gleich zu Beginn hält das Schriftstück fest, wie die Untertanen den Herren von Luzern alle zwei Jahre den Gehorsamseid schuldig seien, wie aber auch die Landvögte schwören sollten: sowohl des Landes als auch der Stadt Schaden zu wenden und ihren Nutzen zu fördern, den Reichen wie den Armen zu richten, sie auch bei ihren alten Freiheiten und Gerechtigkeiten, laut Brief und Siegel, und bei sonst alten, guten Gewohnheiten und Bräuchen verbleiben zu lassen. – Der Bundesbrief folgt in groben Zügen der Ansprache Emmeneggers; etwas offizieller, weniger blumig ist er gehalten, Worte wie «Lump» und «Hundsstud», aber auch «Tagsatzung» sind verschwunden. «... und kein Amt soll, ohne des andern Wissen und Willen, den Beschluss mit der Oberkeit völlig machen, bis alle Ämter, und jedes insbesondere, auch zufrieden sein könnten mit dem, was ihnen billig und recht gehören würde.»[2]

Der Schulmeister rollt das Dokument in seiner Hand zusammen und sagt: «Jeder soll gut bedenken, was er schwört. Niemand ist dazu gezwungen. Wer nicht schwören will, soll jetzt die Kirche verlassen. Deswegen soll ihm kein Leid geschehen, und er soll es nicht zu entgelten haben.» – Die Entlibucher Anführer haben die Zeremonie gut vorbereitet. Pannermeister

---

2 Text bei Vock, Liebenau und Mühlestein

kath. Aschermittwoch, 16./26. Februar

Emmenegger wendet sich an dieser Stelle den Geistlichen zu: Er möchte die Meinung der Hochwürden Seelsorger hören, ob man einen solchen Eid schwören dürfe oder nicht? Ob sie, die Landleute, recht daran seien?
 Ganz richtig. Der Eid – nach der Bergpredigt eigentlich verboten – muss vorgängig abgesegnet werden.

> *Man darf mit Fug annehmen, dass der Dekan Pronotar die Tragweite dieses Wolhuser Bundes erfasst: In Kürze werden Gehorsamspflicht und Bundeseid aufeinanderprallen, dass die Funken sprühen. Und dann werden die Bauern reden: «Der Bundeseid ist der bessere Eid. Auf ihm liegt der Segen des Papstes und seines apostolischen Pronotars Melchior Lüthard.»*
> *Doch verspürt der Herr Dekan wohl wenig Lust, hier in der Kirche Hunderte von unzufriedenen Landleuten gegen sich aufzureisen. Formell ist gegen den Bundesbrief ja nichts einzuwenden. Zudem geniessen die Untertanen insgeheim auch einige Sympathien unter den Herren. Der Zürcher Statthalter Hirzel hat kürzlich nach Basel geschrieben: wenn er sich das Treiben der luzernischen Vögte in den Gemeinen Herrschaften vor Augen führe, so begreife er den Unwillen der Luzerner Untertanen vollständig und erachte Reformen für notwendig. Probst Meyer von Münster meinte: bei dem Eigennutz der Hohen könne dieser Staat nicht bestehen. – Im Rahmen der bestehenden Ordnung wäre gewiss auch der Pronotar Lüthard einigen Reformen nicht abgeneigt.*

So antwortet er, ein wenig überrumpelt von den Geschehnissen: Er könne den Eid, wie er nach dem Gehörten geschworen werden solle, weder für unerlaubt noch für ungültig halten, noch finde er, dass ein solcher Eid wider Gott oder wider die Gnädigen Herren der Stadt Luzern, noch viel weniger wider ihre Freiheiten und Gerechtigkeiten oder wider den Eid wäre, den man einer Oberkeit schuldig sei.
 Die drei anderen Geistlichen stimmen ihrem Vorgesetzten zu. Noch melden sich einige Redner mit Ergänzungsvorschlägen, dann spricht der Pannermeister die Eidesformel langsam vor, und die Anwesenden beschwören mit erhobenen Fingern den Wolhuser Bundesbrief.
 In der Diskussion über das konkrete weitere Vorgehen klaffen die Meinungen weit auseinander. Die Mehrheit ist dafür, dass man die verlangten Erleichterungen auf dem Weg des Bittens zu erreichen suche. Kaspar Steiner dagegen will durchsetzen, dass man dem regierungstreuen Pannerherrn in Nunnwil das Panner der Grafschaft Rothenburg wegnehme. Und die Willisauer schreien gar dazwischen, man solle die Städtchen Sursee und Sempach überrumpeln, um Munition und Geschütze zum Kampf gegen die Oberkeit zu erbeuten! Gewalt gegen die Oberkeit... das kommt bei den Angehörigen der übrigen Ämter aber schlecht an.

Ein gemeinsames Bittschreiben an die Gnädigen Herren wird aufgesetzt. Den Chaoten zum Trotz heisst es darin noch einmal: der Bund solle die Rechte und Freiheiten der Oberkeit nicht beeinträchtigen. Aber auch: kein Amt dürfe ohne Zustimmung der anderen eine Vereinbarung mit dem Rat treffen. Und: die hochweise Oberkeit von Luzern solle den Verräter nennen, der sich unter den Geschworenen des Entlibuchs befinde.[3] – Männiglich späht nach einem errötenden Kopf auf den vorderen Bankreihen – haben doch eben alle vierzig Geschworenen den Bundeseid geleistet. Einer von ihnen hat sich eben die Hölle verdient.

Liebenau II/102, 128–140, 307 – Vock 61–70 – Mühlestein 63, 66–78

---

3 Ein Verräter im Entlebuch – allerdings kein Geschworener – war Pfarrer Melchior Bislig von Entlebuch, Stadtbürger von Luzern und erst seit Mai 1652 im Amt.

Die Kirche von Wolhusen, neu erbaut 1652–54, eingestürzt und abgebrochen 1880

Mittwoch, 16. Februar

In Huttwil: Unter der Huttwiler Schar, welche die Wolhuser Versammlung besuchte, befanden sich einflussreiche Leute: Ueli Brechbühler, der Kilchmeier, und Melcher Käser, der Wirt. Sie bringen eine Abschrift des Bundesbriefs heim ins Bernbiet.
Die Huttwiler begeistern sich für den Widerstand der Luzerner Landleute. Ihren Nachbarn von Willisau versprechen sie, sie wollten ihnen mit Leib, Gut und Blut beistehen. Zur Bekräftigung schicken sie auch gleich ein paar Fässchen Pulver über die Grenze.[1] Für den hiesigen Märit in acht Tagen wird insgeheim eine grosse Versammlung der Landleute geplant.

Im Emmental: Christen Blaser von Trubschachen hat seine Bewegungsfreiheit als Fuhrmann zu einem Abstecher nach Wolhusen benutzt.[2] Wenn nicht alles täuscht, war auch sein ‹Gspan› Klaus Röthlisberger, der Fuhrmann von Kröschenbrunnen, an der Versammlung.

> Dieser arme Mann aus dem Grenzdorf, der vor lauter Schulden seine Familie zum Betteln schicken muss, gehört zu den Anhängern der Entlibucher. Auf seinem Wagen versteckt hat er schon eisenbeschlagene Knüttel von Escholzmatt ins Emmental herübergeschmuggelt – sei es auf eigene Faust, sei es, dass man ihn für diese gefährliche Fracht bezahlte.

So ein Entlibucher Knüttel fällt einem (der letzthin so zahlreich ausgesandten) oberkeitlichen Spitzel in die Hände, zu Langnau, unter einer herrenlosen Bank. Eben hat auch Pfarrer Nüsperli aus dem Schangnau nach Bern gemeldet, der bekannte Erzrebell Klaus Zimmermann führe sträfliche Korrespondenz. Die Gnädigen Herren verstärken darauf die Grenzwachten gegen das Entlibuch, desgleichen zwischen Huttwil und Willisau.
In Trachselwald treffen Soldaten aus der Hauptstadt zur Bewachung des Schlosses ein.

Liebenau II/121, 139 – Mühlestein 180 – Rösli 97f., 149 – Mandatenbuch Bern 16.2. 1653 – RM Bern 15./16.2. 1653

---

1 Nach Liebenau erfolgte die Zusage bereits am 13.2.; auch nach Mühlestein übersandten die Huttwiler sowohl das Versprechen wie das Fässchen vor Wolhusen, nämlich am 14. oder 15.2... Fest steht die Entdeckung des Pulverhandels durch die Berner Obrigkeit am 21.2.
2 Für Liebenaus Anmerkung, Blaser habe «den ersten Prügel aus dem Emmental ins Entlebuch getragen», finde ich keine Bestätigung, auch dann nicht, wenn es heissen sollte «aus dem Entlebuch ins Emmental».

Schreiber Müller sucht Unterstützung im Bernbiet. Die Luzerner Landleute planen Prozessionen. Massnahmen der Stadt

Während die meisten Bauernführer noch in Wolhusen weilen, ist Schulmeister Müller, frischgebackener ‹Ratsschreiber› des Bundes, nach *Schüpfheim* zurückgekehrt. Mit Feuereifer stürzt er sich auf seine Arbeit.

Den Nachbarn im Bernbiet berichtet er in einem Rundschreiben vom neuen Bund: Sie begehrten nichts als ihr Recht. Ein altes Sprichwort sage, dass wenn ein Türk übers Meer käme und Rechts begehrte, er solches bei den Eidgenossen finden würde! Hoffentlich werde die Stadt Luzern dieses Wort nicht Lüge strafen. Da allerorten neue Zölle, Auflagen, Steuern, etc. die Untertanen bedrückten, böten die Entlibucher allen denjenigen ihre Hilfe an, die auch ihnen beistehen und ihre Beschwerden abschaffen helfen.

Der Landesfähnrich Portmann will dieses Schreiben mit zwei Männern ins Emmental überbringen. Auf Schleichwegen über die Berge versucht er, die bernischen Grenzwachten zu umgehen. Dabei kommen die drei in den Schneemassen schier um. Ganz durchfroren und enttäuscht kehren sie nach Schüpfheim zurück.[1]

Mehr Erfolg hatten offenbar Boten, welche Müller ins *Oberland* schickte: Heute lässt die Berner Regierung in Thun und im Simmental nach «zwölf gutgekleideten Entlibuchern» fahnden, welche Briefe und Schriften auf sich tragen und das Volk aufwiegeln.

In *Wolhusen* ist inzwischen der Beschluss gefallen, man wolle am kommenden Montag Wallfahrten von einem Amt ins andere durchführen: Die Rothenburger sind zu einer Prozession nach Gormund im Michelsamt eingeladen; Entlibuch, Willisau und Ruswil werden nach Werthenstein pilgern. Dadurch will man den Zusammenhalt unter dem Landvolk festigen; die alten regionalen Vorurteile, die Dorfstreitigkeiten sollen dem Geist des gemeinsamen Bundes von Wolhusen weichen.[2]

---

1 Das spätere Verhalten Portmanns lässt an seiner Aufopferung bis fast zum Erfrieren zweifeln. Der viele Schnee bot ihm wohl eine gute Ausrede.

2 Später behauptete Untervogt Spengler von Kriens im Verhör, Lehrer Müller habe «an vier bis fünf Punkten rasch angreifen und am 8. März (26. Februar a.St.) die Belagerung von Luzern eröffnen» wollen. Um das Volk für diesen Plan zu begeistern, sollten die Prozessionen stattfinden.

Donnerstag, 17./27. Februar

In der Stadt herrscht grosse Aufregung. Kein Bauer ist mehr zum Märit erschienen; mancher Bürger befürchtet gar einen Überfall auf Luzern.

Wie die Regierung vom Erfolg der Wolhuser Versammlung vernimmt, schreibt sie sogleich an alle eidgenössischen Stände ein Hilfegesuch, bittet «um tapferen Beistand, wenn die gütlichen Mittel ihren Zweck nicht erreichen sollten».

Aus den vier alten Orten sind Ehrengesandte zu einer Krisen-Konferenz eingetroffen. Gemeinsam mit dem hiesigen Geheimen Kriegsrat beraten sie das weitere Vorgehen. Die Annahme der Beschlüsse von Wolhusen, die Anerkennung dieser unbewilligten Zusammenrottung, wo sich die Untertanen gegen ihre von Gott gesetzte Oberkeit vereinigten, steht nicht zur Diskussion. Die hohen Herren haben die Absicht, mit jedem Amt einzeln über seine Beschwerden zu verhandeln, und zwar gleichzeitig am kommenden Sonntag. Dann werden die Herren Ehrengesandten aufs Land ausschwärmen und als ‹neutrale Schiedsrichter› im Konflikt zwischen Stadt Luzern und ihren Ämtern vermitteln.

Dass aus diesen Verhandlungen nichts Gutes erwachsen kann, dafür werden die Instruktionen sorgen, welche die ‹Schiedsrichter› mit auf den Weg bekommen: Sie sollen nachweisen, dass der Wolhuser Bund unstatthaft sei, die Aufhebung aller Wachten verlangen und den Landleuten vorhalten, sie würden durch ihre Wallfahrten von einem Amt ins andere «der katholischen Religion gleichsam die Gurgel abschneiden». Für Zugeständnisse gibt es überhaupt keine Kompetenzen; dem Amt Entlibuch sollen die vier nach Schüpfheim delegierten Herren gar eine Liste von 16 Gegenklagen überreichen. Fügen sich die Ämter nicht, so werde die ganze Eidgenossenschaft auf der Seite der Stadt Luzern eingreifen.³

Um die zweifelnden, in ihrer Haltung gespaltenen Ämter zur Annahme der Vermittlung zu ermutigen, bestätigt der Rat von Luzern ausdrücklich die alten Freiheitsbriefe der treu gebliebenen Landvogtei Merenschwand...

Die Taktik der Herren ist durchschaubar: Mit Zuckerbrot und Peitsche wollen sie das eine oder andere Amt dem jungen Wolhuser Bund abspenstig machen. Dass die Entlibucher oder die Willisauer auf eine derartige ‹Vermittlung› nur mit Wut und Empörung reagieren werden, ist abzusehen. Den Herren muss auch klar sein, dass sie mit ihrem unechten Schiedsgericht Öl ins Feuer giessen.

Dieser Aussage ist doch stark zu misstrauen, da Spengler selbst unter der Anklage stand, er habe die Belagerung von Luzern verursacht. Durch die Beschuldigung des (geflohenen) Ratsschreibers versuchte er seinen Kopf zu retten. Beim Beschluss der Prozessionen war Müller mit ziemlicher Sicherheit nicht dabei.

3 Namen der Ehrengesandten und ihre Instruktionen bei Liebenau

Vorsorglich treffen sie auch Kriegsmassnahmen: Die Stadt wird in den Verteidigungszustand versetzt, ein Signalfeuer zur Alarmierung der Schwyzer und der Unterwaldner vereinbart. Für den Fall, dass die Verhandlungen am Sonntag scheitern sollten (und das gilt als sicher), setzt man ein dringendes Hilfegesuch an alle Eidgenössischen Orte auf und bereitet insgeheim Truppenwerbungen in den Freien Ämtern vor. Die ‹Landesväter› fassen sogar ein Schreiben an den Gubernator von Mailand ab: er solle 200 Reiter und 300 Söldner zu Fuss gegen die rebellischen Untertanen nach Luzern schicken.

Liebenau II/127,140,147–151, III/142 – Mühlestein 83–87,180f. – RM Bern 17.2. 1653 – Lohner 551

Ulrich Dulliker (1606–1658), Schultheiss von Luzern

Im Bernbiet munkelt man von scharfen Kriegsmassnahmen der Regierung. Der Entlibucher Landessiegler Binder kommt nach Signau

> *Die Berner Regierung hat erschreckt nach Basel geschrieben: die luzernischen Landleute würden im lieben Vaterland ein «böses Feuer» anzünden, dessen Flammen «zu unwiederbringlichem Schaden wyters usschlagen möchtend». Wie viele Truppen denn Basel im Notfall senden könnte?*

Die Antwort der Herren vom Rhein tönt gelassen abweisend; man will sich nicht auf einen bestimmten Zuzug festlegen, da man noch nicht wissen könne, «wo das Wetter sich hinziehen werde».

Die bernischen Untertanen sind über die harschen Kriegsmassnahmen ihrer Oberkeit besorgt. Trotz aller Geheimhaltung – oder gerade deswegen – kursieren hinter vorgehaltener Hand allerlei Gerüchte. So beklagen sich in *Wimmis* Landleute und Predikanten des niederen Simmentals: die Regierung wolle 200 Soldaten auf das Land legen! Und sie, die Minderen, müssten dafür auch noch das Tributgeld zahlen! Der Hauptmann sei bereits bestimmt; der habe schon das Pfrundhaus bestellt.[1]

Am Sonntag erscheint Landessiegler Binder und mit ihm ein zweiter Entlibucher, der Statthalter von Marbach, in den Wirtschaften von *Signau*, im Bären und im Hochenhus. Die beiden bieten Molken und Käse zum Verkauf an, um aus dem Erlös Waadtländer Wein zu erstehen.

Unter der Hand zeigen sie vertrauten Freunden ein Botschaftsschreiben der luzernischen Ämter – wahrscheinlich das Schreiben, das Hans Jakob Müller verfasst hat, mit dem dann Landeshauptmann Portmann im Schnee stecken blieb. Die Emmentaler antworten darauf: übermorgen beginne der Fasnachtsmärit in Langnau, da wolle man zu einer grossen Versammlung aufbieten.

Beim Küfer an der Golathenmattgasse übernachten die Gäste; am Montagmorgen ziehen sie nach *Konolfingen* und *Münsingen* weiter.[2]

---

1 In der Tat sollte nach den Plänen Generalmajor von Erlachs eine Stadtberner Besatzung auf Wimmis gelegt werden.
2 Die Berner Regierung erhielt mündlich Bericht von Landvogt Zehender und liess darauf erfolglos nach den beiden Entlibuchern fahnden.

In keinem einzigen Amt haben die ‹Vermittler› aus den vier alten Orten Erfolg. Die Luzerner Landleute stehen treu zum Wolhuser Bund.

Die Entlibucher haben bereits am Samstag in die Stadt geschrieben: Man könne nur miteinander reden, und zwar in Willisau, wenn alle zehn Ämter vollzählig versammelt seien, und vor zehn Tagen könne man ohnehin nichts beschliessen, da sich die Ämter vorher absprechen müssten. Und zuallererst müsse die Stadt dem Entlibuch die verlangten Urkunden ausliefern.

Im gleichen Sinn reagierte Willisau auf die Ankündigung der Herren Vermittler.

Die Wallfahrten von einem Amt ins andere können nicht stattfinden. Der bischöfliche Kommissar in Luzern hat sie verhindert, indem er im Namen der Regierung verordnet hat: an diesem Tag solle zur Erhaltung des Friedens das allgemeine Gebet in allen Kirchen des Standes Luzern abgehalten werden.

Liebenau II/127, 146 f., 152 f. - RM Bern 12./19./21.2. 1653 - TMB Bern 15.2. 1653 - Mühlestein 230

Heinrich von Fleckenstein (1570–1664), Schultheiss von Luzern

Montag, 21. Februar/3. März 241

Der Rat von Luzern verschickt die bereits aufgesetzten Gesuche um Kriegshilfe. Dabei verzichtet er – auf Anraten der Ehrengesandten aus den vier alten Orten – vorläufig auf die geplante Bestellung von Söldnern aus Mailand.

Die Vögte der Gemeinen Herrschaften Baden und Freie Ämter antworten: Eine offene Werbung für Luzern würde auf grossen Widerstand der Bevölkerung stossen.

Schultheiss Fleckenstein lässt seine teuerste Habe aus dem Schloss Heidegg nach Luzern in Sicherheit bringen. In der Stadt aber beginnen die reichen Familien, ihr Silbergeschirr ausser Landes zu flüchten, bis der Rat dies am 5. März n.St. verbietet.

Liebenau II/151, 153

Dienstag, 22. Februar

Die Herren von Bern haben erfahren, dass ihre Untertanen vier Fässchen Pulver ins Luzernische geliefert haben.¹ Deshalb verbietet sie sämtlichen Pulvermachern auf dem Lande ab sofort ihr Handwerk. Der Zeugherr Lerber kauft alles vorhandene Pulver im Namen der Oberkeit auf.

Am beginnenden *Langnauer* Märit geht das Gerücht um, es kämen bald welsche Soldaten aufs Schloss Trachselwald und die Grenze gegen Luzern werde vollständig geschlossen.

Tatsächlich stehen alle welschen Uszüger seit gestern «zur stündlichen Gerüsthaltung» bereit; die starken Wachten, die neuerdings rund um die Uhr das Städtchen *Burgdorf* bewachen, tragen das ihre zur Beunruhigung der Landleute bei.

Ganz offen wird am Märit geredet, man wolle in Langnau demnächst zusammen mit Ausschüssen aus dem Entlibuch eine grosse Landsgemeinde abhalten, wo die Beschwerden an die Gnädigen Herren aufgesetzt werden sollen.

RM Bern 21./23. 2. 1653 – RM Burgdorf 22.2. 1653

---

1 vgl. 16.2.

Mittwoch, 23. Februar/5. März

Verhandlungen in Willisau. Von der Oberkeit zitierte Bibelstellen. Zwyer

Nach dreitägigen Bemühungen haben die von Luzern bestellten ‹Vermittler› eine Bauerngemeinde zum Verhandeln gebracht. Aber es ist keine separatistische, sondern eine Gemeinde von Ausschüssen aus allen zehn Ämtern, die heute in Willisau zusammenkommt, wie dies der Wolhuser Bund vorschreibt.

In der Kirche hören sich Bauern und Herren zuerst gemeinsam eine Predigt des Kapuzinerpaters Placidus zum Thema ‹Gehorsam gegen die Oberkeit› an. Pater Placidus ist Prediger der Luzerner Stadtkirche. Die Herren haben ihn als eine Art geistlicher Kanone mitgeführt, die mit einem ersten Böllerschuss die Landleute entmutigen soll. Und dies sind die Bibelstellen, die der Pater ins Feld führt:

Röm. 13, 2: «Wer sich der übergeordneten Gewalt widersetzt, der widersetzt sich damit der Ordnung Gottes. Solche Empörer ziehen sich selbst das Gericht zu.»

Tit. 3,1–2: «Du musst immer wieder in Erinnerung bringen, dass alle sich den oberkeitlichen Gewalten unterordnen, ihnen Gehorsam erzeigen und allezeit zu jedem guten Werk bereit sind. Sie sollen über niemand Übles reden, keinen Streit anfangen, lieber nachgeben und allen Menschen freundlich begegnen.»

4. Mose 16: Die Leute murren gegen Mose; Gott lässt sie von der Erde verschlucken.

4. Mose 21: Die Leute murren gegen Mose; Gott lässt sie durch eine feurige Schlange töten.

1. Mose 9: Ham verrät seinen Vater Noah. Sein Geschlecht wird dafür auf ewig verflucht.

Nach der Predigt spricht der Hauptredner der ‹Vermittler›, der Urner Landammann Oberst Sebastian Peregrin Zwyer von Evibach.

Obwohl Zwyer aus einem der alten Landsgemeindeorte stammt und dort auch vom versammelten Volk zum höchsten Beamten gewählt wurde, ist er durch und durch Aristokrat: Die einträglichen Ämter sind eben auch in der demokratischen Urschweiz längst in den erblichen Besitz einiger ‹regierungsfähiger› Familien übergegangen.

Zwyer ist kaiserlicher Feldmarschall-Lieutenant und erster Agent des (spanisch-habsburgischen) Kaisers in der Eidgenossenschaft. Durch Söldnerhandel ist er zu Reichtum und Einfluss gelangt. Man sagt, ihm gehöre das halbe Urnerland. Mit den kaiserlichen Jahrgeldern und seinen ererbten Ein-

> *nahmen als Vogt zu Klingnau und Kaiserstuhl ersparte er sich so viel, dass er in den vierziger Jahren zudem ein Schloss mit ausgedehnten Ländereien im Aargäu kaufen konnte.*
> *Dank seiner Redekunst ist Zwyer an den Eidgenössischen Tagsatzungen der unbestrittene Wortführer der katholischen Orte. Er ist insbesondere mit den Herren Dulliker von Luzern und Wettstein von Basel eng befreundet.*

Seine Rede gerät «zierlich und so rührend, dass selbst Scythen hätten weich werden können», meint ein anwesender Luzerner Ratsherr. Den angesprochenen Bauern erscheint der Wortschwall eher hochgestochen und langfädig. Gemurmel und Geräusche unterbrechen Zwyers Ausführungen, und ein Entlibucher ermahnt ihn: er solle doch endlich aufhören, es seien noch andere Leute da, die auch etwas zu sagen hätten. Trotzdem fährt Zwyer fort, als wenn nichts geschehen wäre. Als er endlich fertig geredet hat, verlassen die Bauernausschüsse unter dem Jubel des Volkes die Kirche, voran die Entlibucher mit ihrer Landesfahne.

Die Willisauer Verhandlungen stehen von allem Anfang an unter einem schlechten Stern. Keine der Parteien drängt auf eine Entscheidung; beide glauben, sie könnten ihre Positionen in den nächsten Tagen noch verbessern.

Unter der Bauernschaft geistert ein Spruch Kaspar Steiners herum: «Wir haben allbereits die Katz im Sack, wir wollen sie ein wenig lassen verzappeln».[1] Man solle mit einem Vergleich noch zuwarten; denn man müsse noch vielerlei (alte Freiheitsbriefe) hervorsuchen und sich untereinander besprechen. Auch bestehen Hoffnungen, der junge Bund könne sich noch ausweiten: Die Emmentaler planen erste Landsgemeinden, die Stimmung in den Freien Ämtern ist eindeutig auf der Seite der Rebellen, und just zur Konferenz in Willisau erscheinen Abgeordnete aus dem Amt Habsburg, die eine Aufnahme in den Bund begehren. Offen reden die Bauern von einer Prozession nach Sursee, mit der sie die Stadt zum Anschluss an ihren Bund bewegen wollen. Irgendein Spassvogel lädt sogar den Obersten Zwyer ein, er solle doch nach Sursee mitmarschieren ... Aus dieser Zuversicht heraus zeigen sich die Bauern «hartnäckig und härter als Stein; sie wollen von ihren Punkten nicht eines Nagels breit weichen oder etwas abgehen lassen», wie Schultheiss Fleckenstein sich ausdrückt.

Andererseits sind die Herren nicht gewillt, ihren Untertanen entgegenzukommen. Mit den Verhandlungen wollen sie in erster Linie einen offenen Konflikt vermeiden. Die Stadt wäre mit Truppen, Waffen und Proviant noch ungenügend für einen Angriff der Landleute gewappnet. Das soll sich aber ändern. Bereits haben – neben den vier alten Orten – die Stände Bern, Glarus, Schaffhausen,

---

1 aus einem Brief an Pannermeister Emmenegger

Mittwoch, 23. Februar/5. März 245

Appenzell und die Stadt St.Gallen ihre Vermittlung oder Kriegshilfe anerboten.
So enden denn die Willisauer Gespräche ergebnislos. Man einigt sich aber auf eine neue, grosse Konferenz übermorgen in Werthenstein. Da soll der Reihe nach über die Klagepunkte aller Ämter verhandelt werden, und zwar vorab über diejenigen der Talschaft Entlibuch.

Liebenau II/144f., 154-57 – Mühlestein 84f., 88f. – Amrein 176

Sebastian Peregrin Zwyer von Evibach (1597-1660), Landammann von Uri

Mittwoch, 23. Februar

Aarberg: Etliche Schiff Salz sind nach Bern unterwegs.

Im Aargäu: Die bernischen Grenzwächter lassen zollfrei ein Schiff passieren, das neue Artilleriewaffen von Strassburg nach Zürich bringt.

Schloss Trachselwald: Die Brüder Tribolet erhalten den Entscheid über ihre Schwester Maria, die mit ihrem Kind noch immer im Pfrund Königsfelden untergebracht ist: Weil sich ihrer niemand annehmen will, soll der Waisenrichter die beiden verdingen. Marias Vermögen fällt an die Oberkeit.

Im ganzen Bernbiet bebt in der Nacht die Erde. Bei Thun zittern die Häuser; im Simmental fallen Kinder aus den Betten. Die Bauern betrachten nachdenklich den Kometen, der sich gross und hell am Himmel zeigt.

RM Bern 23.2. 1653 - Lohner 550 - Liebenau II/158

Erste grössere Versammlung der Berner Bauern am Huttwiler Märit

Bei der Eröffnung des Märits bemerkt man etliche Herren aus der Hauptstadt, die sich eher für politische Gespräche als für die angebotenen Waren interessieren, darunter den Venner Frisching, der sich in seiner Amtszeit als Vogt von Trachselwald hierzulande kaum minder unbeliebt gemacht hat als heutzutage Tribolet. Unter dem Vorwand, er müsse auf seinem Landgut zum Rechten sehen, treibt er sich ungewohnt volksnah in den Wirtshäusern herum.[1] Insbesondere interessiert sich Frisching für den Wolhuser Bund: Wer denn dieses Spektakel mit eigenen Augen gesehen habe? Und weil nebst dem Berner Venner auch Jakob Tribolet, der Bruder des Landvogts, ähnlich bohrende Fragen stellt, werden die Bauern rasch misstrauisch.[2]

Im Laufe dieses ersten Märittags halten gegen hundert Landleute eine unbewillige Versammlung ab. Sie reden gegen das Trattengeld, verlangen den freien Kauf des Salzes und drohen, sie wollten den Landsturm ergehen lassen, wenn diejenigen Leute, die in Wolhusen dabei waren, verhaftet werden sollten! Auch eine Gruppe von Oberemmentalern ist an der Versammlung dabei.[3] Sie sagen: wenn die Unteremmentaler ihre Klagen aufsetzen wollten, so sollten sie es jetzt tun. In Langnau habe man dasselbe vor. Dann wolle man eine grosse, gemeinsame Landsgemeinde mit Vertretern aus dem ganzen Bernbiet einberufen.

Venner Frisching hat versucht, die Huttwiler Versammlung zu verhindern. Als ihm davon zu Ohren kam, rief er sofort die Vorgesetzten mehrerer Gemeinden zusammen. Die bezeugten ihm alle Treue gegenüber der Oberkeit. Unterdessen fand die Versammlung der Unzufriedenen statt. Frisching kann sich bei seiner Rückkehr nach Bern auf den Tadel und den Spott seiner Feinde im Rat gefasst machen.

Mühlestein 181 – RM Bern 24.2.1653 – Tillier 151 – Vock 131 f.

---

1 Neben Venner Frisching sind die Herren Simon Nöthiger, Hans Ith und Samuel Dingnauer vom Berner Rat beauftragt, sie sollten am Langnauer und am Huttwiler Märit versuchen, die Emmentaler vom Einverständnis mit den Luzernern abzuhalten. – Vock stöhnt: «Warum gerade *dieser* Abgeordnete geschickt ward, ist unbegreiflich.»
2 Jakob Tribolet meldete drei Namen von Besuchern des Wolhuser Bundesschwurs nach Trachselwald.
3 Ihre Namen sind nicht bekannt.

Weitere Kriegsmassnahmen des Luzerner Rates: 100 Bürger und Hindersässen werden in Sold genommen, auch die fremden, unbeschäftigten Gesellen. Im Ausland dienende Offiziere werden heimgerufen. Der Landvogt von Habsburg soll 100 Soldaten werben, Gersau soll 30 bis 40 Mann bereithalten. Hilfegesuche ergehen an den Abt von St.Gallen, ins Rheintal, ins Wallis, nach Neuenburg, an den Bischof von Basel, an die drei Bünde und die italienischen Vogteien.

Die sonst so protzigen Aristokraten bemühen sich um die Gunst des Stadtvolks: Aller Luxus wird verboten; innerhalb der nächsten zwanzig Jahre soll niemand Goldschnüre auf Kleidern anbringen. In die Delegation nach Werthenstein werden auch vier gewöhnliche Bürger aufgenommen. Die Ratsherren geloben eine gemeinsame Wallfahrt mit der Bürgerschaft nach Einsiedeln, um durch Fürbitte Marias Gnade und Versöhnung zu erlangen.

Liebenau II/153 f., 160

Freitag, 25. Februar/7. März

Beginn der Verhandlungen zwischen der Regierung und den einzelnen Ämtern in *Werthenstein*. Als Vermittler wirken Ehrengesandte aus den sechs katholischen Orten (Uri, Schwyz, Unterwalden, Zug, Freiburg und Solothurn).
Heute werden als erste die Beschwerden der Entlibucher behandelt. Für sie spricht meist Bundesschreiber Müller. An den Anfang stellt er die Bedingung: Vertreter aller zehn Ämter müssten zu den Verhandlungen zugelassen werden. Diesem Antrag geben die Schiedsrichter statt. Dann palavert man bis in die Abendstunden hinein über Klagen der Landleute und Gegenklagen der Stadt.[1] Bei der Beantwortung der Gegenklagen sind die Entlibucher nicht aufs Maul gefallen. Als die Herren ihnen z.B. vorwerfen, sie lebten den Sommer über mit den schönen Bernerinnen auf den Alpen, tönt es zurück: gerade damit mache der Landvogt ja sein Vermögen; denn er lasse keinen ungestraft.
Die Sitzung ist von Zwischenfällen geprägt. Einige Entlibucher Abgeordnete trauen den Worten der Herren so oder so nicht; sie sind der Meinung: man wolle mit diesem Herumreden die Sache bloss verzögern und Zeit gewinnen, bis die Landleute von allen Seiten durch fremde Kriegstruppen umzingelt seien und damit umso leichter massakriert werden könnten. Mit Klamauk und Störaktionen versuchen sie, den Abbruch der Gespräche zu erzwingen. Unter ihnen tut sich der Meisterschwinger Hans Krummenacher hervor. Vor allen Leuten streicht dieser Hüne einem Luzerner Delegierten Geifer in das Maul.

Liebenau II/160–163 – Mühlestein 91–93

---

1 Liebenau berichtet ausführlich über die Behandlung der Gegenklagen, nicht aber der Klagen.

Mobilisation in Willisau.
Ausschreitungen in Werthenstein

> In den letzten Tagen haben die Stiftsklöster St. Urban und Beromünster zum Ärger der Landleute ihre Schätze nach Luzern ferggen lassen. Den Bauern kommt gar zu Ohren, der Abt von St. Urban habe die protestantische Regierung von Bern um Schutz gebeten, ja: bereits seien die ersten bernischen Soldaten in diesem (unmittelbar an der Grenze gelegenen) Kloster eingetroffen.[1]

Sogleich anerbieten sich die Dorfleute aus dem benachbarten Pfaffnau, sie wollten St. Urban bewachen, der Abt solle die Berner entlassen. Der Abt weist sie schroff ab.

Obschon etliche luzernische Kapuzinerprediger im Auftrag der Oberkeit das Volk zu beruhigen versuchen, glaubt jetzt schier jedermann in Willisau an einen bevorstehenden Einmarsch von bernischen Truppen. Haben nicht die Herren ‹Vermittler› am Mittwoch hier im Städtchen gedroht, im Falle des Ungehorsams werde Luzern auf die Waffenhilfe Berns zählen können?

Die aufgebrachten Willisauer verlangen (von einem oberkeitstreuen Amtmann) den Schlüssel zum Reisgeld heraus, stellen Wachten auf und durchsuchen reisende Boten. Heute organisieren sie die zwölf Kompanien ihrer Streitmacht. Zum Obersten wird Jakob Bircher aus dem Lutherntal gewählt.

Währenddessen behandeln die Vermittler in Werthenstein die Beschwerden der Ämter Willisau und Rothenburg. Die Willisauer Abgeordneten reklamieren: die Verhandlungen dauerten zu lange, die Ihren würden schwerlich zurückzuhalten sein. Als im Laufe des Tages die Neuigkeiten aus St. Urban und Willisau eintreffen, gewinnen die Militanten unter den Bauernabgeordneten die Oberhand. Sie nennen die Ehrengesandten offen ins Gesicht «Schelme und Verräter» und drohen ihnen, sie zu verhaften und als Geiseln zu behalten, wenn die Gerüchte sich bestätigen sollten. Einen furchtbaren Schreck erleidet Oberst Zwyer; dieser Kleiderschrank Hans Krummenacher stürmt in sein Privatzimmer, setzt ihm eine Pistole auf die Brust und schreit ihn an, er werde ihm den «Garaus machen», wenn fremde Soldaten auch nur einem Landmann ein Haar krümmen sollten.

Liebenau II/157,162–165 – Mühlestein 93 f.

---

1 nach Liebenau ein blosses Gerücht

Samstag, 26. Februar

Am Langnauer Märit

> Der Langnauer Fasnachtsmärit ist nicht bloss ein Umschlagplatz für Esswaren, Vieh, Tuch und allerhand Dinge, die man im und ums Haus herum brauchen kann. Er ist nach dem langen Winter auch der Treffpunkt für die Landleute zwischen Burgdorf und dem Schangnau, vom Aaretal bis hinüber nach Schüpfheim.[2]

Alle Jahre wieder gibt dabei das Trattengeld, die vielgeschmähte Abgabe auf allen Viehverkäufen an Auswärtige, dieses «Chrottengeld», das doch nur das Landvolk am Rande des Bernbiets belastet, viel zu berichten. Seltsamerweise stellen sich die Märitaufseher heuer blind: Manches Ross und manches Rindvieh haben die Hand gewechselt, ohne dass sich die Aufseher viel darum bekümmert hätten. Man munkelt, da stecke eine Absicht dahinter. Die Regierung wolle ihre Untertanen im Emmental bei guter Laune halten, wo doch eine grosse Landsgemeinde der Unzufriedenen geplant sei.

Als prominenter Spitzel der Oberkeit lässt sich jeden Tag Venner Frisching am Märit blicken. Er hat einen fast unerfüllbaren Doppelauftrag der Gnädigen Herren in der Tasche: Einerseits soll er bloss Privatgeschäfte vortäuschen und sich ja in keine Erörterung über die Beschwerden der Landleute einlassen; andererseits soll er den Landleuten den «Wahn» ausreden, welsche Soldaten kämen auf Trachselwald, und wenn immer möglich die bevorstehende Landsgemeinde verhindern.

Trotz Frischings Bemühungen und trotz dem ‹vergessenen› Trattengeld findet heute in Hans Kühnis Haus eine Sitzung zur Vorbereitung der grossen Landsgemeinde statt. Am kommenden Donnerstag soll sie hier in Langnau beginnen. Jede Kilchöri des Emmentals, auch Oberländer und Oberaargauer, sollen je zwei Mann schicken, genau wie damals 1641. Über die Ersetzung der abgerufenen Batzen im Reisgeld, den freien Salzkauf und andere Dinge will man miteinander ratschlagen und dann eine gemeinsame Bittschrift an die Oberkeit einreichen. In einem Punkt lassen sich die Bauern nicht dreinreden: Der Batzenrückruf ist der erste Anfang und Zundel der Bewegung gewesen; sie sind nicht wie eine Herde Schafe von den Entlibuchern ‹verführt› worden, wie dies die Herren gerne darstellen.[3]

---

2 Anlässlich des Langnauer Märits legt die Oberkeit folgende Wechselkurse für grobe Geldsorten fest: Spanische Dublonen und Louis d'or 104 Batzen, Italienische Dublonen 100 bz., Dukaten 57 bz., Sonnencronen 53 bz., Goldgulden wie Silbercronen 34 bz., Berneser Silbercronen 40 bz., Philipps-Taler 30 bz., Rychstaler 57 bz., Krützdicken 10 bz., Eidg. Strichlidicken 3 per 20 bz..
3 Bericht Landvogt Mays von Wangen an Bern am 26.2. 1653

> Bestimmt ist Ueli Galli einer der Antreiber dieser Vorbereitungssitzung. Zwar sind die Namen der Teilnehmer nirgends erwähnt; aber der starke Bezug der geplanten Versammlung zur Langnauer Versammlung während dem Thunerkrieg vor zwölf Jahren ist augenfällig. Die siebzig Gemeinden, die damals mittaten, werden auch jetzt wieder aufgeboten, dazu noch einige mehr.

Im Pfarrhaus von Langnau belauscht die Frau Predikantin die Unterhaltung dreier Bauern. Einer von ihnen ist Hans Kräyenbühl von der Schmitten im Trub (der schon in der Altjahrswoche auf dem Giebel dabei war), die beiden anderen sind Hans Liechti aus dem Trub und ein der Pfarrfrau unbekannter Sumiswalder. Der letztere berichtet von der gestrigen Vorbereitungsversammlung seiner Gemeinde – der Säckelmeister habe gesprochen «wär zu ihnen gehör, der sölle stahn blyben, die übrigen aber mögind ihres Weges gehen», worauf etwa siebzig Personen geblieben seien. Der Weibel aber habe den Kopf gesenkt und sich unter Schmährufen davon gemacht.

Einer der Truber beklagt sich, dass er eines Ehtags wegen hier im Pfrundhaus sei; es nähme ihn wunder, wie die Versammlung heute abgelaufen sei. Wie die drei eben darüber sprechen, wie die künftige Landsgemeinde nötig wäre, vor allem des freien Salzkaufs wegen, da man sonst zu Bettlern werde, betritt ein Vierter die Stube und wird auch gleich über die Versammlung ausgefragt.

Die Bauern sind vom Beschluss, dass jede Gemeinde nur zwei Vertreter schicken dürfe, herb enttäuscht. Das dünke ihn nicht recht, meint einer, zu diesen Ausschüssen würden meist Weibel und die Fürnehmsten gebraucht, die es aber nicht immer mit dem Volk hielten, wie grad der von Sumiswald und der von Trub. Seines Erachtens sollte die ganze Mannschaft von vierzehn Jahren bis zu den Ältesten hinstehen und einem einheimischen Landeshauptmann schwören, das würde die Oberen das Fürchten lehren und unsere Sache käch machen!

An die Fortsetzung des Gesprächs, das sich um die Rolle der Pfaffen dreht, mag sich die Frau Predikantin schon nicht mehr genau erinnern, als sie ihren Spitzelbericht dem Vogt abliefert.

Tillier 151 – Mühlestein 181f. – Mandatenbuch Bern 1653 – RM Bern 23./26.2. 1653 – Turmbuch Bern 1653, Hans Bürkis Vergicht – BB II.47.6 – AEB B 247-249

Sonntag, 27. Februar/9. März

Das obere Emmental im Vorfeld der Langnauer Landsgemeinde

Sämtliche Pfarrer erinnern in ihren Predigten an die Untertanenpflicht und wie verwerflich es wäre, sich mit den papistischen, rebellischen Luzernern zu verbünden.
Nach dem Gottesdienst fällt im *Eggiwil* die regelmässige und vorgeschriebene Tagung des Chorgerichts aus. Das Gericht wird in diesem Jahr nicht mehr zusammentreten. Wahrscheinlich haben einige Eggiwiler Chorrichter Wichtigeres zu tun, als über schwingende Knaben und tanzende Mädchen zu urteilen: Im Schangnau treffen sich heute heimlich Abgeordnete aus sechzehn Kilchörinen zur weiteren Vorbereitung der grossen Landsgemeinde.[1]

Eine ganz und gar unwichtige Begebenheit spielt sich dieser Tage in der Kilchöri *Rüderswil* ab.
Der Huttwiler Schultheiss Blau erkundigt sich beim angesehenen, wohlhabenden Schönholz-Bauern, ob er wisse, wann die erste Zusammenkunft der missvergnügten Bauern gehalten werde? Niklaus Leuenberger antwortet, er wisse es nicht.

RM Bern 23./31. 2. 1653 – CGM Eggiwil 1653 – Aeschlimann 178

‹Rysträger› durchziehen das Land und verkaufen Pulver statt Reis. Ringsum hört man Drohungen gegen die Oberkeit. In Werthenstein dauern die Verhandlungen an. Heute sind die Klagen der Ruswiler an der Reihe.
Die Willisauer erklären: wenn bis Dienstag nicht alles in Ordnung sei, so würden sie das Städtchen Sursee angreifen. *Der Rat von Luzern fordert darauf in Uri, Schwyz, Unterwalden und Zug per sofort je 200 Mann Hilfstruppen an.*[2]
Die Entlibucher haben eichene Kanonen mit Eisenzwingen gebaut, mit denen man gewaltig schiessen kann. Zusammen mit den Willisauern wollen sie damit am Mittwoch auf Sursee ziehen und da die Herausgabe von richtigen Geschützen erzwingen.

---

1 Samuel Tribolet hat mündlich darüber berichtet. Als Datum der Versammlung käme auch der 28.2. in Frage.

2 Wegen Bedenken der (an der Ratssitzung beteiligten) Vermittler aus den vier alten Orten wartete Luzern mit dem Hilfegesuch noch einen Tag zu.

Sonntag, 27. Februar/9. März

Die Rothenburger halten vor der Kirche eine Gemeindeversammlung ab. Sie beschliessen: Die Fuhrleute sollen mit leeren Wagen vor das Kornhaus von Luzern fahren. Gebe man ihnen keine Frucht, so sollen 1800 Mann vor die Stadt ziehen.

Liebenau II/163,165 f.,168 – Mühlestein 94

Kaspar Steiner, Siegrist von Emmen und Anführer der Rothenburger Landleute

Montag, 28. Februar/10. März 255

Werthenstein: In einer geheimen Besprechung legen die Ehrengesandten der katholischen Orte den Text der Vermittlungsakte fest. *Zwyer soll den Vertrag nach Luzern bringen, Gegenbemerkungen einholen und ihn dann den Ämtern eröffnen.*

Natürlich protestieren die Bauern gegen diese ungleiche Behandlung: Die Stadt Luzern ist ja mit einer ansehnlichen Schar von vierzehn Delegierten in Werthenstein vertreten. Die haben zu den einzelnen Klagepunkten ihre Meinung ausführlich kundgetan. Es ist nicht einzusehen, warum die eine Partei jetzt nochmals um ihren Segen zum Vermittlungswerk gebeten werden soll, während die andere Seite den Entscheid dann einfach schlukken soll.

Die Landleute sind unter sich gespalten. Die «vollen Bauern» möchten sogleich den Harnisch anziehen, die «leeren Bauern» wollen erst noch die Vermittlungsakte abwarten.

Am Abend erhalten die Ehrengesandten ein Schreiben der Willisauer Abgeordneten (Hans Heller, Fridli Bucher und Jakob Sinner): dass einige «verdorbene, unruhige Gesellen» im Tal zum Aufbruch gegen Sursee gerufen hätten, sei ihnen leid. Hans Ulrich Amstein, der Willisauer Sternenwirt, werde mit einigen anderen die Lage beruhigen. Sie raten aber den Herren Ehrengesandten, die Verhandlungen zu beschleunigen.

Die Freude der Herren über diese Zeilen ist getrübt durch das Schauspiel, das sich ihnen auf freiem Platz, just vor ihren Fenstern, darbietet: Seit sechs Uhr abends halten da die einheimischen Ruswiler Ausschüsse eine Versammlung ab. Der grosse Krummenacher spricht zu ihnen: sie sollten nicht auf ihre Geschworenen hören, sondern auf den gemeinen Mann; es sei an der Zeit, die Waffen zu ergreifen. – Auch die drei Tellen stellen sich vor die Leute. Mit der Kunde vom beginnenden Aufstand unter den Berner Bauern, mit deren Hilfe man fest rechnen könne, drängt Käspi Unternährer zum Aufbruch. – Da beschliessen die Ruswiler: sie wollten morgen eine Waffenschau abhalten und am Mittwoch mit ihrer Streitmacht gegen die Stadt ausziehen.

Liebenau II/163, 166–168 – Vock 74–77 – Mühlestein 85, 94f.

Im *Oberland* bieten die emmentalischen Boten bis hinauf nach Brienz und ins Haslital zur Langnauer Versammlung auf.

Im *oberen Aargäu* sind namentlich die Rohrbacher fest gewillt, sich in Langnau vertreten zu lassen, vor allem wegen des Trattengelds und der Freigabe des Salzkaufs. Sie überreden auch die Ursenbacher zur Teilnahme. – Der Landvogt von Wangen erinnert sie an die Gehorsamspflicht und hält ihnen vor: schliesslich seien ihre Vorväter durch die Stadt Bern aus der Leibeigenschaft befreit worden. Doch die beiden Gemeinden sind von ihrem Vorhaben nicht abzubringen.

Auf der *Lenzburg* hat einer der forschesten Berner Junker, der Oberstleutnant May von Rued, das Schlosskommando übernommen. Kaum angekommen, zeigt er den Bauern die Faust und stösst Drohungen gegen sie aus. Sofort setzt er die Schlösser Lenzburg und Wildegg in kriegsmässigen Zustand und wirbt noch diese Woche 120 frische Soldaten an.[1]

Der oberkeitstreue Weibel von *Langnau* warnt Vogt Tribolet, einige Burschen trügen Wyden bei sich und seien entschlossen, «wo Boten vorhanden wärend, selbige darmit uf die Wys zu tractieren, wie die Äntlibucher ihren Boten gethan.»

Die Gnädigen Herren lassen heimlich zehn Zentner Blei nach Thun und Burgdorf schaffen. Nach Solothurn schreiben sie, man solle dort weder an Berner noch an Luzerner Untertanen Pulver verkaufen.

RM Bern 1./2.3. 1653 – Mühlestein 186 – AEB B 247-249 – Lohner 552

---

1 Dass Rudolf von Tavel in seinem Roman «Dr Stärn vo Buebebärg» ausgerechnet diesen verhassten Junker zu einem edlen Verfechter landesväterlicher Traditionen hochstilisiert, kann ich mir, wie manches andere in jenem Buch, nur mit einer erstaunlichen geschichtlichen Unkenntnis des Heimatdichters erklären.

1./11. und 2./12. März 257

Die Heerschau der Ruswiler versetzt die in Werthenstein versammelten Herren in grösste Aufregung, um so mehr, als die unglaublichsten Gerüchte über die Bauernmacht zirkulieren. So schreibt der Freiburger Gesandte von Montenach an seine Regierung: Bereits hätten die Bauern St. Urban und andere Klöster geplündert, um Lebensmittel für die Belagerung Luzerns aufzutreiben (eine Lüge). Sie rechneten mit einem Hilfsheer von 6–7000 Mann aus dem Bernbiet! Deshalb sei dringend eine Konferenz der Stände Bern, Freiburg und Solothurn angebracht, «die darauf Bedacht nehmen sollte, die Bauern zu einer Diversion zu bestimmen». Die Schuld an der bedrohlichen Entwicklung gibt Herr von Montenach dem Rat von Luzern, der «zu allen Konzessionen bereit» sei und zum Nachteil für andere Oberkeiten (... deren Untertanen ähnliches fordern könnten) auf wichtige Hoheitsrechte verzichten wolle.

Soweit dieser ‹neutrale Vermittler›. – Er und seine Herren Kollegen drängen nun auf einen baldigen Abschluss ihrer Mission. Am Donnerstag, versprechen sie den abgeordneten Landleuten, würden sie ihren Vergleichsvertrag den Parteien vorlegen.

Was die Herren mit der Ankündigung bezwecken, erreichen sie auch: Der Auszug der militanten Landleute zur Belagerung der Stadt wird vorerst verschoben.

Stattdessen stellen diese aber neue Forderungen: Der Rat von Luzern dürfe keine Gesetze erlassen, bevor er diese allen Ämtern einzeln zur Prüfung vorgelegt habe! Der Bezug des Ohmgelds müsse den Ämtern überlassen werden! Die Stadt müsse ihnen die Kosten dieses ganzen Handels ersetzen! Sie wollten endlich die alten Urkunden der Entlibucher und der Willisauer zurückhaben, damit man von Grund auf nach göttlichem und natürlichem Gesetz betrachten könne, welches in aller Welt das rechte Landrecht sei!

Die Herren Ehrengesandten weisen solche Ansinnen entrüstet zurück.

Schon das Verlangen nach einem Abbau der Gesetzes- und Steuerhoheit der Luzerner Oberkeit ist ihres Erachtens eine Zumutung – das Beispiel könnte Schule machen. Die Anrufung eines «göttlichen und natürlichen Gesetzes», das in den Augen dieser Bauernlümmel der gottgesetzten Gewalt der Eidgenössischen Tagsatzung übergeordnet wäre, ist aber eine unverschämte Frechheit!

«Zur Vermeidung des Äussersten» kommen Schultheiss und Rat von Luzern den Landleuten am Mittwoch in einem Punkt von sich aus halbwegs entgegen: Der Kapuzinerpater Dominicus soll zwei der alten Urkunden, den Pfandbrief des Entlibuchs und das Venerabile, den Landleuten in Werthenstein vorzeigen und vorlesen. Dann aber, nach dem Erstellen einer beglaubigten Abschrift, soll er die Originale wieder in die Stadt zurückbringen.

> *Das ist also der kleine Köder[2], welcher die ergrimmten Bauern hin und her ziehen soll und am Ende gar wichtige Teile der Führerschaft von den hitzigeren Massen trennen könnte. Er ist gut gewählt. Viele unter den Bauern glauben an die Macht der alten Freiheitsbriefe, dass sie dem Landvolk auf ewige Zeiten die sagenhafte Freiheit der alten Eidgenossen garantierten, dass die Herren sich daran halten müssten und die Sache der Bauern so ohne Kampf zu gewinnen wäre.*

Die entlibuchischen Vordenker der Bewegung mahnen zur Ruhe. Hans Emmenegger ruft die Ämter zu einem Auszug mit halber Macht und zu einer Heerschau auf dem Emmenfeld am kommenden Samstag auf – dann soll in Kenntnis der Vermittlungs-Akte und der Freiheitsbriefe weiter entschieden werden.

Die verbleibenden Tage benutzen die Entlibucher zum Ausbau ihrer Verbindungen in die Stadt. Zweifellos haben sie sich soeben mit einem der Bürger innerhalb der Luzerner Delegation in Werthenstein abgesprochen. Jetzt richten sie ein Schreiben an die «Bürgerschaft von Luzern», worin sie ausführen: ihr Unternehmen sei nicht gegen die Bürger, sondern gegen die Herren gerichtet, die durch ihre Tyrannei Stadt und Land bedrohten. Und, um die bisher passiven Bürger ein wenig anzustacheln: Wenn die Bürger sich den Bauern nicht anschlössen, werde man in Wolhusen einen Markt für das Entlibuch errichten und in der Nähe der Stadt Luzern einen solchen für Uri, Schwyz und Unterwalden (die Bürger wissen wohl, dass ihr Gewerbe unter dem Wegfall des Marktverkehrs schwer leiden würde).

Das Schreiben fällt auf fruchtbaren Boden. Die Herren von Luzern befürchten jedenfalls, «der Bürgertumult könne beim ersten Anlass zur hellen Flamme ausbrechen».

Liebenau II/169–174 – Mühlestein 97–104,183

---

2 Liebenau erwähnt bloss den Beschluss des Rates, nicht aber die tatsächliche Verlesung der Dokumente in Werthenstein. Allem Anschein nach hat Pater Dominicus seinen Auftrag nach dem Aufruhr vom 3./13. März gar nie erfüllt.

Donnerstag, 3./13. März

Die Werthensteiner Vermittlungs-Akte

Der Obmann der eidgenössischen Ehrengesandten, Oberst Sebastian Peregrin Zwyer von Evibach, legt den von ihm selbst diktierten, 32 Punkte umfassenden ‹gütlichen Vergleich› dem Rat der Stadt Luzern vor. Die Herren nehmen die Vermittlungs-Akte an; einige Punkte, die ihnen nicht in den Kram passen, werden abgeändert, fünf Punkte gar kurzerhand gestrichen.[1]

> *Der ‹gütliche Vergleich› ist nun ganz im Sinn der Ratsherren gehalten. Eine einzige Forderung der Landleute ist vorbehaltlos bewilligt worden (die Freigabe des Salzhandels). Viele Artikel sind nichtssagend, sie klingen vordergründig wie Zugeständnisse, behalten jedoch die letzte Entscheidung der Oberkeit vor. Zwei Artikel sind klar gegen die Bauern gerichtet: Landsgemeinden sind ohne Bewilligung und Beisein des Landvogts verboten. Und: «Der Bund, den die 10 Ämter zu Wolhusen geschlossen, ist null und nichtig. Ein solches Zusammenlaufen und Vergreifen an der Oberkeit darf auch nicht mehr geschehen.»*

Als nun die ‹Vermittler› diesen vom Luzerner Rat revidierten und genehmigten Vertrag zu den 230 Ausgeschossenen der zehn Ämter nach Werthenstein bringen, erkennen diese sofort, was ihnen alles unter dem Deckmantel des Entgegenkommens verweigert werden soll. Während Zwyer die Vermittlungs-Akte verliest, wird er mehrmals durch Zwischenrufe unterbrochen – und verspricht mündlich, die eine oder andere Bagatellsache noch zu verbessern. Beim Verlesen des Artikels 29 aber, dem strikten Verbot des Wolhuser Bundes, geht gleich alles in die Luft! Nicht nur verlangt die Menge wild und drohend die sofortige Streichung dieses Artikels – wegen seiner sprachlichen Schärfe fällt den Leuten jetzt auch das völlige Fehlen einer Zusage der Straffreiheit auf. Sie verlangen stürmisch einen Artikel darüber, nein, viel mehr: auch über den Kosten- und Schadenersatz! Als weder die Ehrengesandten noch die anwesenden Luzerner Herren darauf eintreten wollen, entsteht unter den Bauern Zorn, Wut und ein unheimliches Toben. Sie fühlen sich von den Vermittlern verraten und verkauft, werfen ihnen unredliche Absicht vor. Ein Geschrei geht um: Zu den Waffen! Und in alle Ämter eilen Boten, das Volk zum unverzüglichen Aufbruch gegen die Stadt anzumahnen.

Liebenau II/174–179,182 f. – Mühlestein 104–107

---

1 Text der Vermittlungs-Akte, samt den gestrichenen Artikeln, bei Liebenau

Die *Rothenburger* halten am Nachmittag eine – wie in letzter Zeit stets – unbewilligte Gemeindeversammlung ab. Da tauchen drei von den Herren Ehrengesandten auf, verlangen das Wort, loben ihr eigenes Vermittlungswerk *(das Zwyer zur Stunde mit dem Luzerner Rat bereinigt)*, versprechen eine gute Belohnung, wenn sich das Amt Rothenburg mit der Stadt vergleiche und drohen andernfalls mit Vergeltungsmassnahmen, die gerade das hiesige Amt, weil es so nahe bei Luzern liegt, als erstes treffen würden.

> *Was die versammelten Rothenburger nicht wissen können: Der ‹neutrale Vermittler› Herr von Montenach und seine beiden Begleiter führen einen Auftrag der Luzerner Regierung aus. Sie sollen mit allen Mitteln versuchen, «eine Diversion vorzubereiten», demnach: mit ihren Versprechungen und Drohungen die Bauernschaft zu spalten.*

In der Tat lässt sich ein Teil der Versammlung, unter ihnen der einflussreiche Kaspar Steiner, den Speck durch das Maul ziehen und will nun insgeheim Separatverhandlungen mit der Luzerner Oberkeit aufnehmen: man müsse in dieser schweren Stunde zum Besten des Amtes Rothenburg handeln, Wolhuser Bund hin oder her. – Schon morgen wird unter den Landleuten überall das Gerücht umlaufen, die Rothenburger hätten sich unterworfen.

Doch so sehr sich der Herr von Montenach auch bemüht, mit Verleumdungen, dass die Entlibucher den Rat von Luzern nicht mehr als Oberkeit anerkennen, auch keinen Landvogt mehr annehmen und die Gültbriefe nicht mehr bezahlen wollten ... die Mehrheit der Versammelten kann er nicht auf seine Seite ziehen. Solche Behauptungen erwecken unter den ehrlichen Rothenburger Rebellen nur den Wunsch, es den Entlibuchern gleich zu tun (für ein Ratsherrengehirn eine unfassbare Reaktion!).

Durch die Androhung einer luzernischen Strafexpedition aufgescheucht, wollen sie einem Überfall der Regierungstruppen zuvorkommen. Noch vor Einbruch der Dunkelheit besetzen über hundert bewaffnete Rothenburger die Emmenbrücke und postieren Wachten entlang der Reuss und gegen Littau hinaus.

Liebenau II/172f. – Mühlestein 103,115-117

Donnerstag, 3./13. März

Die grosse Landsgemeinde von Langnau

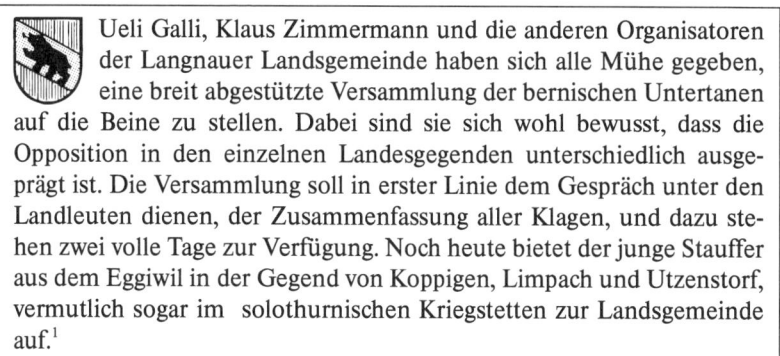

> Ueli Galli, Klaus Zimmermann und die anderen Organisatoren der Langnauer Landsgemeinde haben sich alle Mühe gegeben, eine breit abgestützte Versammlung der bernischen Untertanen auf die Beine zu stellen. Dabei sind sie sich wohl bewusst, dass die Opposition in den einzelnen Landesgegenden unterschiedlich ausgeprägt ist. Die Versammlung soll in erster Linie dem Gespräch unter den Landleuten dienen, der Zusammenfassung aller Klagen, und dazu stehen zwei volle Tage zur Verfügung. Noch heute bietet der junge Stauffer aus dem Eggiwil in der Gegend von Koppigen, Limpach und Utzenstorf, vermutlich sogar im solothurnischen Kriegstetten zur Landsgemeinde auf.[1]
>
> Um die weniger oppositionellen Gemeinden für eine Teilnahme zu gewinnen, verlieh man der Langnauer Versammlung einen möglichst sittsamen, offiziellen Anstrich: Die Beschränkung auf zwei Abgeordnete pro Gemeinde soll einen unkontrollierten Volksauflauf vermeiden. Als Gesprächsleiter konnte der Schaffner Jakob vom Trub gewonnen werden – ein hochangesehener, nach bester Emmentaler Art bedächtiger Mann, der mit den Herren von Bern und Trachselwald auf gutem Fusse steht.
>
> Das Tüpfchen auf dem I der Offizialität bildet die Deputation des Berner Rates, die am Donnerstag zur Eröffnung des Treffens in Langnau einreitet: der amtierende, alte Schultheiss Daxelhofer persönlich; Herr Karl von Bonstetten vom Kleinen Rat; Venner Frisching *(er erhielt nach seiner misslungenen Mission an den Fasnachtsmärit vergangener Woche schwere Vorwürfe vom Schultheissen von Graffenried und war nur mit Mühe dazu zu bewegen, sich dieser Delegation hier anzuschliessen)*; der Alt-Vogt von Signau, Herr Marquart Zehender; Herr Hofmeister Imhof und der welsche Oberst Morlot, der schon vor zwölf Jahren mit der hiesigen Bauernversammlung zu tun hatte. – Die Crème der Berner Diplomatie.

Die Organisatoren müssen jetzt einsehen, dass sie die Landsgemeinde trotz all ihren Bemühungen nicht im angestrebten, geregelten Rahmen durchführen können. Die Masse der Landleute ist – vor allem hier im oberen Emmental und entlang der Grenze zum luzernischen Amt Willisau – durch die Ereignisse der letzten Tage derart angestachelt, dass sie es der Luzerner Bauernbewegung gleichtun will: Knüttel machen, Schuldboten widlen, die säuselnden Reden der Herren abklemmen, harte Forderungen stellen.

---

1 Bericht des Landvogts von Fraubrunnen

Mit Freudeschreien feiert das Volk die Eröffnung der Landsgemeinde. Bereits sind weit mehr als die geladenen zwei Abgeordneten pro Gemeinde zusammengelaufen, und die Meinung ist rundherum: nun gehe es recht wider die Oberkeit![2]

Als Schultheiss Daxelhofer das Wort ergreift, die Bauern zur Gebühr auffordert und ihnen die Verbrechen der Entlibucher drastisch vor Augen führt, geht eine Welle der Empörung durch die Reihen – kein Wunder, befinden sich doch zahlreiche Besucher aus dem Luzernischen unter den Zuschauern. Man einigt sich, man wolle der Regierung keine Hilfe zu einem Feldzug gegen das Entlibuch leisten; ja, eher wolle man für als gegen die Entlibucher ausziehen! Zweitens verspricht man zwar, was man ohnehin vor hat: die Wünsche gebührlich in einer Bittschrift an den Rat einzureichen. Mit deren Beantwortung will man den Herren aber Beine machen: Bis zur Erledigung der Klageschrift wollen die Landleute Verwaltung und Gerichte der Oberkeit nicht weiter gestatten!

Der Schultheiss und seine Begleiter machen lange Gesichter. Gibt es denn sowas? Da will eine illegale Zusammenrottung von Bauern einfach die Staatsgewalt vorübergehend ausser Kraft setzen!

Während sich Herren- und Bauern-Abgeordnete wahre Wortgefechte über Recht und Unrecht liefern, entsteht in der Menge ein Tumult. Zwei grosse, schwarzhaarige Burschen, die Augsburger-Brüder, den Langnauern als Salpeterer bekannt, haben einen Mann beim Kragen gepackt. Daneben halten die Fuhrleute Klaus Röthlisberger und Christen Blaser einen zweiten Gesellen fest und schreien ihn an: ob er wohl von seinem dreckigen Gewerbe lassen und sich in Zukunft durch die Arbeit seiner Hände ernähren wolle? Schon drehen sie ihren Opfern die Arme auf den Rücken, kräftig unterstützt von anderen jungen Leuten. Niemand kommt den Malträtierten zu Hilfe.

Die Opfer sind zwei berüchtigte Schuldeintreiber. Diese Kerle haben lange genug die Armen erpresst und ausgesogen! Der eine habe die Versammlung zudem durch sein aufreizendes, lautes Tratzen gestört.

Unter den Augen der Stadtherren werden die beiden nach Entlibucher Manier gebunden und ‹gezäumt› – mit Gewalt zieht man ihnen eine Weide durchs Maul. Dann drohen die Chaoten: jedem, der es mit der Oberkeit halte, werde es gleich ergehen. Oder man werde ihm die Ohren schlitzen! – Auch Langnauer Frauen helfen bei der Strafaktion mit. Sie stiften die Gebrüder Augsburger an: man solle das Schloss zur neuen Chefi aufbrechen, die Gefangenen befreien und an ihrer Stelle die Gyslifrässer einsperren – genau so, wie diese zwei jeweils die verlumpten Schuldner eingesperrt

---

2 Bericht Landvogt Willadings von Aarwangen

Donnerstag, 3./13. März

haben. Und mit grossem Trara führt der wilde Zug zur neuen Chefi, die Landvogt Tribolet erst vor kurzem unter einem Holzhaus hat bauen lassen.[3] Weil der Grossteil der Anwesenden an diesem Treiben Gefallen findet, muss der Schaffner vom Trub als Obmann der Landsgemeinde machtlos zusehen. Ihm ist der Mutwillen dieser jungen Leute sicher zuwider. *Schultheiss Daxelhofer ist schockiert. Mit seinem Gefolge zieht er sich früh in die Zimmer zurück, um am Morgen schon bei Sonnenaufgang die Heimreise anzutreten.*

Mühlestein 182–185 – Rösli 16, 98, 124 f.,149 – Aeschlimann 178 – RM Bern 1./4.3. 1653 – Tillier 154 f. – Vock 145–147 – Türler, Leuenberger 235 ff. – BB VI.47.6 – RQ Bern VII 47h

---

3 Sicher war die Tat durch die Misshandlung der Gyslifrässer in Schüpfheim (im Januar, S. 193) initiiert. Doch gaben auch die bernischen, jeweils einheimischen Schuldboten zu heftigen Klagen Anlass. Sie gingen oft mit erpresserischer Härte und «grosser überschrenklicher Kostens Auftreibung» gegen ihre Opfer vor. Bereits 1644 (vgl. S. 127) hatten die Emmentaler genügende Bürgschaft der Boten gefordert: Offenbar kam es immer wieder vor, dass diese grössere Summen unterschlugen. Die Gnädigen Herren selber beklagten: ihre beeideten Boten hätten «mancherlei Bschiss und Betrug verübt, vielen ehrlichen Personen das Ihr yngenommen und verbrucht, von den Schuldnern Miet und Gaben empfangen, unverdiente Kosten uf die Undertanen getryben und sich ihres Berufs ganz unwürdig erwiesen».

Freitag, 4./14. März

Die Beschlüsse von Langnau

Der zweite Tag der Langnauer Landsgemeinde verläuft ohne Zwischenfälle. Die Delegierten einigen sich, folgende Begehren[1] in einer Bittschrift an die Gnädigen Herren in Bern zu richten:

1. Dass man die Bauern bei ihren alten Freiheiten und Gerechtigkeiten schützen und dieselben handhaben solle.
2. Freier Kauf von allem.
3. Dass sie mit dem Salpetergraben grossen Schaden leiden, und dass man auch auf dem Lande dürfe Pulver kaufen.
4. Dass die Bernbatzen wieder ihren alten Wert haben oder der Schaden ihnen in den Reisgeldern ersetzt werde, da man ihnen bei der Erlegung des Reisgelds versprochen: Batzen werden Batzen bleiben, so lang Bern besteht!
5. Was man an Zinsen nicht bar entrichten könne, dafür soll man Getreide zur Bezahlung bieten dürfen.
6. Dass in jedem Gricht nicht mehr als 1 Bot sei, der Bürgschaft stelle.
7. Dass die Lehengüter nach Absterben des Lehensmannes unter den Erben verteilt werden dürfen mit Stellung eines Währschaftsträgers, damit desto minder Geld auf die Güter entlehnt werde.
8. Dass bei Ausleihung des Geldes in bar geliehen werde.
9. Dass die Amtleute, derweil sie noch auf ihren Ämtern seien, die Bussen einziehen.
10. Dass ihnen erlaubt werde, im Fall der Not Landsgemeinden zu halten.

Bestimmt hat Ueli Galli auch hier in Langnau wieder den Thunerbrief hervorgekramt und vor allem Volk verlesen: dass die Regierung die «beschwerlichen Missbrüche» im Salz- und Pulverwesen abschaffen solle, und dass sie ihren Untertanen die verbrieften alten Freiheiten und Gerechtigkeiten zu geben schuldig sei. Und dann hat der alte Mann aus dem Eggiwil gewiss weiter erzählt, von den Verhandlungen nach dem Thunerbrief, wie schliesslich die Oberländer Ausschüsse mit ihren nichtsnutzigen Kompromissen alles verdarben. «Die Pulverdirektoren sollen dazu sehen, dass die Salpetergraber ihre Grabstellen wieder zuschaufeln» war eines der dürftigen Zugeständnisse, die man danach der Oberkeit noch abringen konnte.

---

1 Die Begehren sind bei Bögli nach einem Spitzelbericht des Höchstetter Predikanten Christophorus Molitor überliefert. - Tillier schreibt ohne Quellenangabe von zwanzig Klagepunkten. Er nennt davon nur die wichtigsten, die auch in Molitors Bericht enthalten sind.

Freitag, 4./14. März

Diese alten Forderungen aus der Zeit des Thunerhandels, deren Erfüllung den Landleuten eigentlich längst zusteht, bilden denn auch die ersten drei Punkte der Bittschrift von Langnau. Dann erst folgen Artikel, welche die wirtschaftliche Not nach der Krise und dem verheerenden Batzenabruf lindern sollen.

Über den letzten Punkt haben sich die Bauern wohl am meisten die Köpfe zerbrochen. Seit Menschengedenken dürfen Landsgemeinden hier im Bernbiet nur vom Landvogt einberufen werden. In alten Briefen und Verträgen hat sich auch nichts finden lassen, dass dies früher anders gewesen wäre. Aber ist die Versammlungsfreiheit denn nicht eines der Grundrechte der Eidgenossenschaft? Ohne die legendäre Versammlung der Landleute auf dem Rütli gäbe es diesen Staat überhaupt nicht! Eine Oberkeit, welche freie Landsgemeinden bekämpft, übernimmt die Rolle des Gessler. – Da nimmt es die Bauern doch wunder, ob die Gnädigen Herren in Bern bessere Argumente für ihr Verbot haben.

Im Gegensatz zu den Luzerner Landleuten in Wolhusen schliessen die Berner keinen förmlichen Bund und schicken auch keine Boten in andere Eidgenössische Orte aus. Ohnehin waren neben etlichen Entlibuchern auch Greyerzer, Solothurner und Zürcher[2] Landleute an der Versammlung dabei. Alle sollen jetzt die Beschlüsse von Langnau zu Hause in ihren Gemeinden bekanntmachen und darüber abstimmen lassen.

Am kommenden Montag sollen in Konolfingen die Gemeinden der vier Berner Landgerichte[3], die hier nur schwach vertreten waren, über einen Anschluss an die Bittschrift von Langnau befinden.

Mühlestein 185–188 – Rösli 16 – Tillier 155 – Peter 313 – BB VI.47.6

Der solothurnische Kriegsrat tritt zusammen. Er ordnet, «sintemahlen wir die Straff Gottes vor Augen sechen», ein 40stündiges Gebet an.
In der Stadt erhält nach sechs Uhr abends kein Bauer mehr Essen und Trinken.

Zingg 9

---

2 Am 5.3. schrieb der Rat von Bern an Zürich: das Übel der Ansteckung mit dem bösen Gift erstrecke sich bis ins Solothurnische und ins Freiburgische. Bericht Hans Ulrich Webers, eines Zürcher Goldschmieds, der in Langnau dabei war: «Die Wädenswiler und die Knonauer und dann auch andere Zürcher werden es mit den Berner Bauern halten. Im Emmental zirkuliert das Gerücht, dass zu Hasle im Entlibuch Luzerner, Berner, Freiburger und Zürcher Bauern zu einer Besprechung kommen werden.»
3 Konolfingen, Zollikofen, Seftigen und Sternenberg

Das fatale Hilfegesuch Luzerns. Die fremden Truppen in der Stadt. Aufbruch der Bauern nach Kriens

In den frühen Morgenstunden fasst der Rat von Luzern ein Hilfegesuch ab, das nun entschieden weiter geht als sein bisheriges Bitten um einige Truppenkontingente zur Verstärkung der Stadtbesatzung: Die Rebellen seien gwüssem Bricht nach in völligem Marsch und Anzug begriffen, Luzern mit ihrer zusammengebrachten Macht feindlich zu bezwingen und übergwaltigen. Auf dass der freie und souveräne Stand erhalten bleibe vor diesem, der Natur und dem Recht aller Völker widerstrebenden, gewaltsamen Überfall, dass man – wie es der Notfall erfordere – gegen die Feinde und Zerstörer der allgemeinen Ruhe ernstlich die Gegenwehr ergreifen könne, soll (...) ganz eilig mit seiner würklichen Macht dem Stand Luzern beispringen, nach dem treuen Exempel unserer lieben Vorväter.

Das Schreiben ist an alle Eidgenössischen Orte gerichtet. Die gesamte Wehrmacht der Schweiz soll demnach in das Gebiet von Luzern einfallen und die nichtsahnenden Landleute bekriegen, wie das Heer der Eidgenossen seinerzeit die Burgunder und andere mächtige Feinde des Vaterlands bekriegt hat!

Via den Vorort Zürich reist das Hilfegesuch noch in der Nacht auf Samstag durch Reiterboten nach Basel, Bern, Freiburg, Solothurn und St.Gallen.

Nach 200 Schwyzern sind auch 50 Nidwaldner zur Verstärkung Luzerns eingetroffen. Im Verlauf des Tages marschieren die bestellten Soldaten aus Gersau und 100 Zuger ein, am Abend auch die treu gebliebenen Uszüger aus dem Amt Habsburg. Laufend erhalten die Herren Hilfezusagen von befreundeten Regierungen.

In *Kriens* versucht der Landvogt im neuen Gefühl oberkeitlicher Stärke, die Dorfleute zur Annahme der Vermittlungs-Akte zu zwingen, indem er – widrigenfalls – mit einem Überfall der fremden Truppen droht. Die Krienser fürchten sich, um so mehr als die frisch eingetroffenen fremden Soldaten nicht etwa in der Stadt drinnen, sondern vor den Stadttoren lagern und das Dörfchen im Nu angreifen könnten. Frauen und Kinder fliehen in die Wälder, die Männer rufen in ihrer Not die Ruswiler und Malterser zu Hilfe. Und die lassen sich nicht zweimal bitten. Wie ein Lauffeuer hat sich die Nachricht von der nichtsnutzigen Vermittlungs-Akte und von den fremden Truppen herumgesprochen. Mancher wackere Landmann nimmt seine Muskete von der Wand oder zieht bloss mit einem Spiess oder einem eisenbeschlagenen Knüttel gegen Kriens. Am Abend lagern 3000 Bauern

Freitag, 4./14. März 267

auf der Allmend gegen die Stadt hin. Nahezu die gesamte Macht der Bauern ist auf den Beinen, bildet bald hier, bald da unschlüssig abwartende Heerhaufen. Neben Kriens scheint auch das Dorf *Horw* gefährdet; denn hier hat der Vogt gedroht: wenn das Örtlein sich nicht füge, so werde es bis zwölf Uhr ein Schutthaufen sein. Und davon haben die Horwer bereits in der vergangenen Nacht eine Nase voll bekommen, als die Nidwaldner durch die Dorfstrasse gegen die Stadt vorrückten und dabei mitlaufen liessen, was nicht niet- und nagelfest war.[4]

Die bewaffneten Bauern denken nicht daran, die Stadt Luzern anzugreifen. Nur zum Schutz ihrer Bundesbrüder sind sie ausgerückt. Immerhin beschliessen ihre Anführer eine Fruchtsperre gegen die Stadt – kein noch so oberkeitstreuer Landmann soll sein Getreide mehr nach Luzern bringen und damit wenn möglich den geharnischten Fremden den Ranzen füllen.

Liebenau II/170, 172, 179, 182, 184f., III/64f. – Mühlestein 108f., 114, 120, 124f.

---

4 Liebenau hält die Nachricht für ein blosses Gerücht; er stützt sich auf ein Spottlied des Luzerner Ratsherren Konrad Sonnenberg, wonach in Horw bloss ein Pferd seinen Fuss an einer Tür angeschlagen und so die Dorfleute in Angst und Schrekken versetzt habe. – Für Liebenau ist dies «wohl der heiterste Punkt im ganzen Bauernkrieg».

Neue Verhandlungsrunde in Ruswil

In Absprache mit der Luzerner Regierung nehmen die Herren Ehrengesandten der katholischen Orte neue Kontakte zu den Landleuten auf. Durch eine weitere Verhandlungsrunde will die Stadt ein paar zusätzliche Tage zur Aufrüstung gewinnen, bevor die befürchtete Belagerung durch die Aufständischen einsetzt. Diesmal will Zwyer mit seinen Herren Kollegen die Funktion eines Schiedsgerichts übernehmen, das nach Anhörung der Parteien einen verbindlichen ‹rechtlichen Spruch› in allen Punkten fällen wird, über die man sich nicht vergleichen konnte.

Trotz den schlechten Erfahrungen finden sich Bauerndelegierte aus allen zehn Ämtern zu neuen Verhandlungen in Ruswil[1] ein. Ihre Hoffnungen gründen wohl in einer komplett falschen Einschätzung der Rolle der Ehrengesandten, die in den Augen dieser «leeren Bauern» immer noch als neutrale, ehrenwerte Schiedsrichter gelten, von denen sie sich Gerechtigkeit erhoffen. Beim ‹gütlichen Vergleich› von Werthenstein – so mögen die Überlegungen laufen – hätten die Herren Ehrengesandten ja nicht mehr Zugeständnisse machen können, als ihnen die Luzerner Oberkeit gestattete. Für den jetzigen Schiedsspruch aber wären sie ungebunden, und nach Zwyers mündlichen Andeutungen wäre für die Bauern da noch einiges zu holen. – Der eine oder andere bessergestellte Landmann gefällt sich in der Rolle des Unterhändlers, der mit den hohen Herren von gleich zu gleich disputieren darf... dabei entgeht ihm, dass er von seinen Gesprächspartnern kaum ernst genommen wird.

Immerhin stehen die Abgeordneten der Ämter in Ruswil von Anfang an unter dem Druck ihrer militanten Mitstreiter. So bitten sie die Ehrengesandten, sich mit ihrem Schiedsspruch zu beeilen, da der gemeine Mann «des Dings halber an ein Endschaft kommen will». – Das Entlibuch ist durch Schreiber Müller und den grossen Krummenacher vertreten, zwei Männer, die den Herren sicher die Stirne bieten werden. Die drei Tellen, Landeshauptmann Glanzmann und Stephan Lötscher dagegen stehen bewaffnet im Feld. Nicht zu vergessen Pannermeister Emmenegger, der auf dem

---

1 Mühlesteins Aussage, das «Rumpfparlament» sei aus dem Amt Entlebuch «geflüchtet», scheint mir übertrieben dramatisiert. Der Umzug von Werthenstein ins Nachbardorf Ruswil ist geringfügig, vermutlich waren praktische Gründe ausschlaggebend.

Emmenfeld seine Heerschau abhält,[2] auf demselben Emmenfeld, auf dem nach der Prophezeiung des Bruder Klaus die grosse Weltenschlacht geschlagen wird.

Liebenau II/188f., 204f. – Mühlestein 110f.

---

2 Die angesagte Heerschau ist nirgends näher beschrieben oder bezeugt. Seltsamerweise fehlt gerade für die nächsten, entscheidenden Tage jede Kunde von Pannermeister Emmenegger. Weder seine Anwesenheit noch sein Fehlen scheint irgendwo aufgefallen zu sein.

Die Regierungen der Eidgenössischen Orte bieten Truppen zur Hilfe an Luzern auf. Widerstand, besonders im Emmental

In Schwyz, im Thurgau, im Rheintal, im Jura (Gebiet des Basler Bischofs) und im Tessin verlaufen die Aushebungen am Wochenende offenbar ohne Probleme. Aber mancherorts regt sich Widerstand:

in Uri und Unterwalden müssen die Regierungen den Leuten versichern, dass man sie nicht gegen die Entlibucher gebrauchen wolle.

in Zug werden Stadt und Amt durch einen Brief Kaspar Steiners an den alten Bund erinnert, den man vor Zeiten miteinander geschlossen habe. Kraft dessen bitten die Rothenburger um Schutz. – Wohl weil der mächtige Ammann und Aristokratenfreund Beat Zurlauben abwesend ist (er weilt als Ehrengesandter in Ruswil), trifft der Rat von Zug die erstaunliche Entscheidung: dem Begehren der Rothenburger um Trost, Rat und Hilfe sei stattzugeben. Alt-Ammann Peter Trinkler von Menzingen, ein bekannter Bauernfreund und Gegner Zurlaubens, soll als neuer Schiedsherr mit allen Vollmachten ins Luzernische reisen. Bis zum Bericht Trinklers muss die Stadt Luzern auf zusätzliche Truppen aus Zug warten.[1]

in der Gemeinen Herrschaft Baden will das Volk zuerst wissen, ob die Bauern oder die Oberkeit recht habe. Die wenigen Eingerückten müssen unter einem Vorwand wieder entlassen werden.

im Greyerzerland (Freiburg) weigern sich die Leute, gegen die Bauern zu ziehen; lieber wollten sie den Unzufriedenen mit 1000 Mann zuziehen.

im Züribiet veröffentlicht die Regierung vorerst eine summarische Darstellung der Vorgänge in Luzern, «weil zu Stadt und Land gar ungleich darüber geredet würde».

in Basel weigern sich die Bauern, Soldatengelder zu zahlen. Die Stadt Basel lässt «mit Rücksicht auf die rasche Ausdehnung des Aufstandes» im Elsass Söldner werben.

---

1 Trinkler wurde vom Bauherrn Stöckli begleitet, der bald wieder zurückkehrte.

Sonntag, 6./16. März 271

in den Freien Ämtern teilen die Landesbeamten dem Abt von Muri nach der Predigt mit, sie wollten weder der Regierung von Luzern noch deren Untertanen Hilfe leisten.

Nach dem dringenden Hilfegesuch aus Luzern geht die Regierung ihrerseits Genf um Hilfe an. Die welschen Uszüger müssen einrücken und bekommen für einen Monat Reisgeld ausbezahlt, ebenso die Wehrpflichtigen im Seeland und selbstverständlich in der Stadt Bern. 150 Soldaten aus der Hauptstadt sollen die Schlösser Burgdorf, Thun und Wimmis verstärken. An die beiden in Baden weilenden Ratsherren Schultheiss von Graffenried und Venner Wagner ergeht der Auftrag, einen Angriffsplan gegen die Rebellen zu entwerfen.[2]

Angesichts der Vorfälle von Langnau gehen die Gnädigen Herren in den emmentalischen Vogteien Trachselwald, Brandis und Signau etwas behutsamer vor: Die Vögte sollen (wahrscheinlich durch die Predikanten nach dem Sonntagsgottesdienst) ihre Untertanen vom bevorstehenden Kriegszug gegen die Entlibucher unterrichten, mit dem Aufgebot der Uszüger jedoch noch zuwarten. Diese Massnahme wirkt aber keineswegs beschwichtigend auf die Emmentaler:

In *Höchstetten* trifft es sich, dass nach der Sonntagspredigt die Abgeordneten der Gemeinde über den Verlauf der Langnauer Landsgemeinde berichten, auch vom Beschluss: man wolle der Regierung keine Hilfe zu einem Feldzug gegen das Entlibuch leisten. Die Höchstetter lassen sich durch die Warnungen ihres Predikanten (Christophorus Molitor, zu deutsch: Stoffel Müller) nicht beeindrucken und wählen Abgesandte für die morgige Zusammenkunft in Konolfingen.

Desgleichen vernehmen die Kirchgänger in *Signau* nach der Predigt, was in Langnau gelaufen ist. Darauf beschliessen sie in einer Abstimmung, auch ihre eigenen Klagen zusammenzustellen und bei der Oberkeit einzureichen. Der ehemalige Weibel Pfäffli wird zum Sprecher gewählt. Morgen soll er die Signauer Beschwerden an die Landsgemeinde nach Konolfingen bringen.

Die ganze Nacht über reden sich Ueli Galli, Weibel Pfäffli und andere im Estrich der Wirtschaft ‹Hochenhus› die Köpfe heiss.[3] Offenbar hat man ihnen die endgültige Formulierung der Langnauer Klageartikel übertragen. Als Schreiber der Versammlung wirkt Ueli Schindler, der Eggiwiler Schulmeister. Auch Ueli Schüpbach von Biglen und Michel Äschlimann vom Hof

---

2 Mandatenbuch Bern 6.3. 1653, morgens um 2 Uhr
3 Nach Aussage des Predikanten Hartmann hat Weibel Hans Pfäffli die Diskussion geleitet. – Der behauptete allerdings später, es sei sein Bruder Niklaus gewesen.

Hinter-Erlenbach[4] ob Signau, als «Bergmichel» weitherum bekannt und im Dorf als Nachtschwärmer und Rauhbein berüchtigt, sind mit von der Partie; schliesslich wird noch Hans Ueli Neuhaus von Schwanden namentlich genannt, der nach der Rückkehr von Signau seinen Nachbarn auf dem Schönholz, Klaus Leuenberger, mit der Sache bekanntmachen wird.

Fürchten sich die Bauernführer im Signauer Hochenhus wohl vor einem Überfall durch welsche Truppen? Oder vor einer Entführung eines der Ihren, im Stile von 1641? Jedenfalls steigt irgendein Eggiwiler Rebell in den nächsten Tagen auf den Chapf und überredet dort den alten, bresthaften Peter Lehmann, dass er mit seinem Sohn eine Beige Holz zu einem Wachtfeuer auftürme.

In *Langnau* trägt der Michel Haueter von der Gohl eine Wedele Weidenstecken ins Dorf und schickt einen Zettel herum, worauf er warnt, etwas von der Oberkeit anzunehmen.

In *Steffisburg* – so das Gerücht – habe das Volk seine Wut an zwei Schuldeintreibern ausgelassen.

Bei einem Trunk im Wirtshaus von *Melchnau* ‹zündet› eine Gruppe von ennet der (luzernischen) Grenze gegen den oberkeitstreuen Weibel Appenzeller von Rohrbach: er habe vor, als Hauptmann ins Luzernerbiet zu ziehen und alles zu verbrennen... Eine Schlägerei liegt in der Luft. Erst als der Predikant die Pintenschenke betritt, vertragen sich die Parteien wieder. Ein betrunkener Luzerner sagt laut zum Wirt: Sie wollten gute Nachbarn sein, söllint nit wider einander ziehen und die Oberkeit werde bald gräch sein! Weiter erzählen die Luzerner, wie sie von den Vögten übel behandelt würden und wie ihnen die Stadt Brief und Siegel hinterhalte.

Der Wortführer der Gruppe, Lienhart Steinmann von Grossdietwil, fällt auch im Wirtshaus von *Gondiswil* mit seinen aufrührerischen Reden auf.

Im ganzen Emmental kommt es am Abend zu bewaffneten Volksaufläufen: Die 150 jungen Bernburger, die mit Feuerrohren und Patronen gegen Burgdorf und das Oberland marschieren, haben die Leute aufgeschreckt.

Liebenau II/181, 187, 189 – Mühlestein 117, 184 – Graf 278 – Häusler II/296f. – Rösli 103, 136, 159, 185 – BB II.9.31.a – RM Bern 5.3. 1653 – Turmbuch Bern 1653, Vergicht Hans Pfäfflis – AEB E 297, 827

---

4 Rösli verlegt den Wohnsitz des Bergmichels irrtümlicherweise nach Blasen ob Arni.

Sonntag, 6./16. März

Luzern erlässt ein Manifest. Die Entlibucher ziehen auf den Gütsch. Zwyers Beurteilung der Lage

Der Rat von Luzern publiziert ein Manifest, eine ellenlange Liste bäuerlicher Verbrechen. Als Flugblatt soll die Hetzschrift «beim gemeinen, einfältigen Mann» im ganzen Schweizerland Gehör finden.

Ich will es mir ersparen, die ganze Flut von Verleumdungen und Lügen auseinanderzurupfen. Hier der letzte Abschnitt: «Was ... unserer Meinung ... zuwider ... möchte ausgegeben, in die Ohren geblasen oder ausgebreitet worden sein, widersprechen wir, dass alles faul, falsch, erdichtet und unwahrhaft sei ... und dass unsere Erklärung die pure und lautere Wahrheit sei». Doch Gott möge «die so hart verstockten Gemüter mit den Augen seiner grundlosen Barmherzigkeit ansehen ... Amen».[5]

Christen Schibi, jetzt Oberst der Entlibucher, führt seine Knüttelmänner mit Holdrio auf den Gütsch, den Luzerner Hausberg. Aus purem Mutwillen zerstören sie dort den Vogelherd und schlagen dann auf dem Knubel ihr Lager auf.

Gleichzeitig marschieren 1200 Mann aus dem Amt Willisau über Sursee nach Rothenburg: Die Belagerung Luzerns beginnt. Die Stadt ist im Halbkreis, der von Horw und Kriens bis nach Emmen, bald bis nach Gisikon reicht, von Aufständischen umgeben. Noch ist aber der Seeweg offen.

Abends um 11 Uhr schreibt Oberst Zwyer aus Ruswil einen aufmunternden Brief an die Herren von Luzern.

Vorsichtshalber benutzt er die italienische Sprache. Jetzt geschieht es Tag für Tag, dass die Bauern Briefe der Herren abfangen – mit welcher Korrespondenz, ob nun italienisch oder französisch, wissen sie aber nichts anzufangen.

Zwyer berichtet vom Vormarsch der Willisauer, aber alles sei in Konfusion und für die Verpflegung der Truppen sei nicht gesorgt, so dass diese bald Hunger leiden müssten.

Wenn es gelinge, die Entlibucher und Willisauer zufrieden zu stellen, dann würden die andern, kleinen Vogteien sich bald fügen. Deshalb solle die Stadt den Schiedsrichtern Vollmacht geben, mit diesen beiden Ämtern eine Vereinba-

---

5 Liebenau, sonst sehr exakt in der Wiedergabe von Aktenstücken, schweigt sich über den Text dieses Manifests höflich aus.

rung zu treffen; dann seien die Bauern auch gezwungen, eine ähnliche Vollmacht auszustellen. Denn er sei überzeugt, dass die Bauern im Grunde durchaus den Krieg nicht wollten – sonst würden sie nicht in einem fort auf baldige Beendigung der Verhandlungen drängen. Die Oberkeit habe hiedurch noch Zeit zu Rüstungen gewonnen. Gelinge ihr nur ein Streich, so sei sie Sieger. Lieber wollte er mit dem Schwert in der Hand den Bauern entgegentreten, als hier sich von diesen injurieren lassen!

> *Da muss man sagen: Dieser ‹Friedensvermittler› hat sich selbst die Maske vom Gesicht gerissen und offen den Kriegsmann gezeigt. Aber offen ist seine Sprache nur den Herren gegenüber, die ohnehin wissen, wen sie an ihm haben. Die Bauern jedoch will er mittels ihrer ihm sehr genau bekannten Schwächen, insbesondere ihrer Friedensliebe, solange an der Nase herumführen, bis die Rüstung der Herren ihm hinreichend erscheint, um einen «Streich» zu führen und «Sieger» zu sein!*
>
> *Und allen moralischen Einwänden zum Trotz ist Zwyers Einschätzung der gegenwärtigen militärischen Lage richtig.*

Liebenau II/189 f., 193 – Vock 73 f. – Mühlestein 109, 123–126

Montag, 7./17. März

Die Verhandlungen in Ruswil. Peter Trinkler. Hunger im Bauernlager

In der Person des nachgeschickten Zuger Ehrengesandten Peter Trinkler haben die Bauern einen guten Freund und Ratgeber erhalten. Trinkler benimmt sich völlig unstandesgemäss, er mischt sich unter die Ausschüsse der Bauern und zecht mit ihnen im Wirtshaus zur Linde. Er warnt die Aufständischen: mit diesen parteiischen Schiedsrichtern sollten sie sich in keine Verhandlungen einlassen. Besser würden sie diese Herren unter Arrest setzen. Beim Trunk ist Trinkler für allerlei Sprüche und Spässe zu haben; lustig findet er, wie «die Bauern der Stadt Luzern das Kränzli abtanzen», und sein Diener klopft den Spruch: «Luzern, das Licht, hat einen Kolben bekommen, den müssen die Bauern jetzt mit Knütteln wegputzen.»[1]

> Was Trinkler so durch die Blume, sein Diener schon deutlicher sagt: Die Bauern sollten die Stadt jetzt militärisch bezwingen und nicht länger auf einen ‹rechtlichen Spruch› warten, der doch gegen sie ausfallen wird. Mit jedem Tag, mit jeder Stunde rücken die Hilfstruppen der Regierung näher, und mit jeder Sitzung in Ruswil säen die Herren Zwyer, von Montenach, Zurlauben (und wie sie alle heissen) in kluger Absicht neue Zwietracht unter die einzelnen Ämter und Gemeinden: hier ein kleines Zugeständnis, da ein Ultimatum, dort wird ein Angebot zurückgezogen. Unter dem Volk heisst es bereits: die Gesandten zögen die Verhandlungen in die Länge, «um Geld zu fressen». Für die Bauern bahnt sich ein Desaster an: Ihre Truppen belagern die Stadt, haben aber selbst nicht im geringsten für ihre Verpflegung vorgesorgt. Zu ungeplant erfolgte der Auszug, viele meinten bloss den bedrohten Dörfern in Stadtnähe zu Hilfe zu eilen; fast zufällig schloss sich der Halbkreis um Luzern.

Die Soldaten bei der *Emmenbrücke,* die vor vier Tagen als erste ausrückten, klagen bereits über Hunger und bitten den Probst von Münster um Proviant. Namentlich die Willisauer sind miserabel organisiert und ohne Verpflegung. Manche von ihnen drängen heimzu. Nicht 50 von 100 seien kriegerisch.

Der Hauptharst der Entlibucher, darunter Landeshauptmann Glanzmann und Stephan Lötscher, ist nach *Kriens* umgesiedelt, weil da noch billige Lebensmittel und genügend Milch aufzutreiben sind. Wenigstens der Lötscher-Wirt verrät politischen Weitblick, als er gleich nach der Ankunft ein

---
1 Luzern ist im Volksmund die «Leuchtenstadt».

Schreiben an die Luzerner Bürgerschaft richtet: der Umzug nach Kriens sei ihnen nicht zum Leid geschehen; sie, die Landleute, begehrten nichts als das göttliche Recht. Wahrscheinlich ist der aufmüpfige Wirt von Schüpfheim ein Initiant der geheimen Zusammenkünfte mit oppositionellen Bürgern. Was da ausgehandelt wird, wissen wir leider nicht.

Im Bauernlager fehlen Schibi und seine gefürchteten Knüttelmänner. Sie lassen es sich droben auf dem *Gütsch* wohlergehen: Tüchtige Entlibucher Frauen tragen ihren ‹Helden› Fastenspeisen auf den Berg hinauf – Brotschnitten und Fröschenbeine.

> Unter diesen Umständen ist abzusehen, dass die Belagerung der Stadt nicht sehr lange anhalten wird – niemand scheint die Aktionen zu koordinieren. Und sollten die Truppen aus Willisau und dem Entlibuch in ein paar Tagen plötzlich heimkehren, so müssten die Ortschaften rund um die Stadt, wie Horw, Kriens, Emmen, Rothenburg oder Ebikon, als erste mit einem Vergeltungsschlag der Herren rechnen.

Bei den Verhandlungen in *Ruswil* schmilzt die Einigkeit der Ämter dementsprechend wie ein Schneemann im Föhn dahin. Die am meisten gefährdeten Ämter und Gemeinden versuchen sich – wen wundert's? – durch Spezialabkommen mit dem Luzerner Rat zu retten, desgleichen auch einige verunsicherte Willisauer Bürger. Nachdem die Malterser vier von ihren Artikeln erfüllt bekommen haben, erklären sie sich befriedigt und rufen als erstes Amt ihre Truppen nach Hause.

Liebenau II/192–196, 220 – Mühlestein 117–119, 126–130 – Vock 74–77

Montag, 7. März

Militärkonferenz dreier Stände in Bern. Proteste gegen die massiven Kriegsmassnahmen der Berner Oberkeit

Im Berner Rathaus tagt eine Konferenz der Stände Bern, Freiburg und Solothurn. Hauptverhandlungsgegenstand ist der Entwurf eines Kriegsplans gegen die rebellischen Bauern.
Rasch einigt man sich darauf, man werde dem Rat von Luzern mit einigen tausend Mann zu Pferd und zu Fuss zu Hilfe kommen: Luzern solle doch mit diesen der Vernunft beraubten Menschen keinen Vertrag abschliessen, durch welchen letztlich die Rechte aller Regierungen geschmälert würden. Die Truppen von Freiburg und Bern gedenkt man in Bern zu sammeln und in Langenthal mit den Solothurnern zu vereinen. Das Kommando wird Generalmajor Sigmund vonErlach übernehmen. Für den Fall, dass die Uszüger den Kriegszug verweigern sollten, sieht man den Einsatz von welschen Soldaten vor, von Genfern, Jurassiern, Wallisern und burgundischen Söldnern.
Heute rücken 800 Mann aus Erlach, Nidau, Büren und Aarberg in der Stadt ein, bald darauf die Truppen aus dem Münstertal, von Neuenburg, Biel und Neuenstadt. Jede Burgerfamilie muss zwei Soldaten bei sich einquartieren. Die Waadtländer Regimenter befinden sich in der Nähe von Payerne.

In *Langenthal* erklären die Soldaten bei der Musterung des 1. Auszugs, sie würden niemals gegen ihre Brüder, die Landleute von Luzern, ins Feld ziehen, da ihnen diese nichts zu leid getan hätten; dass die Luzerner Bauern die Stadt Luzern belagerten, geschehe aus Not, weil man ihnen unerträgliche Beschwerden auferlegt und die Freiheitsbriefe weggenommen habe.

Die Uszüger laufen auseinander und nach Hause, trotz dem Zureden einiger ‹besonnener› Landleute und natürlich der Hauptleute. Die gehorsamen Weibel von Herzogenbuchsee und Madiswil werden ‹übel tractiert›. Auch der Ursenbacher Weibel wird misshandelt. Ein ‹linder› Langenthaler landet im Brunnentrog, bis er der Regierung den Gehorsam abschwört und sich zu den ‹Harten› bekennt.

In *Konolfingen* kommen die Abgeordneten aus den vier Landgerichten zusammen, um über die Beschlüsse von Langnau zu befinden. Den Berichterstattern aus dem Emmental steht eine Delegation des Berner Rates (unter

Venner Frisching)² gegenüber, welche die Untertanen eindringlich zum Gehorsam auffordert.
Die Meinungen in der Versammlung sind geteilt. Die Abgeordneten aus den Landgerichten Seftigen und Sternenberg erklären den Herren die Treue; Konolfingen und Zollikofen unterstützen allen Ermahnungen zum Trotz die Bittschrift von Langnau.

In *Lenzburg* reden die Leute: die Regierung habe im Sinn, die Ungehorsamen mit fremdem Kriegsvolk zu überziehen und blutig zu strafen.

In *Thun* drücken Statthalter (Hans Berger) und Gerichtssässen von Steffisburg dem Schultheissen ihr Bedauern über die von Bern ins Schloss gelegte Besatzung aus. Das Land sehe darin ein Zeichen des Misstrauens. Den Leuten missfielen vor allem die Palisaden vor dem Schlosstor, wo sie doch Fuhrungen zum Unterhalt desselben hätten und in Kriegszeiten jeweils fünf Steffisburger und fünf Sigriswiler zur Schlosswache gehört hätten. Wenn die Besatzung nicht weggezogen werde, sei ein Auflauf zu befürchten.
Am kommenden Sonntag begehren die Steffisburger eine Gemeindeversammlung abzuhalten. (Diese wird unter der Bedingung, dass der Thuner Schultheiss anwesend sei, bewilligt.)

Im *Schwarzenburgerland* erlässt die Stadt Freiburg das Aufgebot zum Auszug gegen die luzernischen Rebellen. Der alte Christen Nydegger von Elisried und Hans Schmid aus dem Dorf halten darauf den Diener der Frau Landvögtin zurück, der die Botengänge nach Freiburg besorgt.³

Liebenau II/197, 211-213 - Mühlestein 133, 185f.,189 - Tillier 156 - Rösli 181, 184 - Lohner 552 - RM Bern 7./8.3. 1653 - BB II.9.31.a - BB VI.80, 114

---

2 Die Verwaltung der Landgerichte lag in den Händen vollamtlicher, einheimischer, von den Gnädigen Herren ernannter Freiweibel. Sie waren je einem Venner unterstellt. - Als Venner der Metzgernzunft war Samuel Frisching für das Landgericht Konolfingen zuständig.
3 Das Aufgebot erfolgte im Einvernehmen mit Bern.

Berns Schwierigkeiten mit den Zusätzlern

Die ‹Zusätzler›, die nach Geheiss der Regierung seit bald einem Monat in der Stadt Thun den Wachtdienst versehen, sind unzufrieden: Sie verlangen drei Batzen Tagessold, dazu ein halbes Mass Wein und ein einbatziges Mütschli. Die Gnädigen Herren verweigern dies mit dem Hinweis auf die Burgdorfer, die sich mit weniger Sold begnügten. Der Schultheiss von Thun soll seine Soldaten nicht mehr als nötig mit dem Volk verkehren lassen, vor allem nicht mit den Steffisburgern!

Immer noch in Thun warten die als Zusatz für Schloss Wimmis bestimmten zwanzig Bernburger. Bei einer Weiterreise befürchten die Herren eine Rebellion im Simmental. – Vorderhand soll der Vogt von Wimmis versuchen, abwechslungsweise einige Einheimische für den Wachtdienst anzuwerben.

In Bern haben sieben Bürger den Kriegsdienst verweigert. Sie haben mit hohen Strafen zu rechnen.

Lohner 552 – RM Bern 8./9.3. 1653

Spaltung im Bauernlager vor Luzern. Abschluss der Verhandlungen in Ruswil. Die Meldung vom Einfall der Berner Armee

Die Bauern im *Feldlager vor Luzern* haben von den massiven Kriegsvorbereitungen der Berner Herren, von ihren Truppenaufgeboten und ihrem Hilfsangebot an die Stadt Luzern erfahren. Die Nachricht «Fremde Truppen werden in unser Land einfallen!» ist in aller Munde. Begeistert nehmen die Bauern Meldungen von Meutereien unter den aufgebotenen Uszügern in anderen Eidgenössischen Orten auf: Das ist der Strohhalm, an den sie sich in ihrer Angst und Not klammern.

Die Belagerer spalten sich in zwei sich streitende Lager: Die ‹Harten› wollen Luzern weiter in der Zange behalten. Gegen Abend errichten sie eine Seeblockade zwischen Langensand und Meggen; in der Nacht schlagen sie Wagenbrücken über Reuss und Emme; ja, ein Teil von ihnen will einen Sturm auf die Stadt wagen. Stephan Lötscher schlägt (ohne Erfolg) vor, man solle über Nacht den hochgehenden Kriensbach anschwellen lassen und die Stadt so überschwemmen.

Die grosse Masse der Bauern aber zieht sich im Norden gegen Rothenburg zusammen, um beim Auftauchen der gefürchteten Berner sogleich der Landschaft zu Hilfe zu eilen.

Zu der lähmenden Angst um Frau und Kinder zu Hause gesellt sich der wachsende Hunger im Bauernlager. Die Willisauer brechen den Kornspeicher des Klosters Rathhausen auf. Als Kriegsbeute ergattern die Rebellen mehrere mit Wein und Korn beladene Wagen, die ihre Ware hätten in die Stadt bringen sollen.

In Luzern treffen heute nochmals Hilfstruppen ein: 100 Mann aus den Freien Ämtern, später 120 Urner, darunter viele Vornehme als Freiwillige.

An den letzten Verhandlungstagen in *Ruswil* haben die Bauernausschüsse in etlichen Punkten nachgegeben, aber über wesentliche Dinge konnte man sich nicht einigen. Hier muss der ‹rechtliche Spruch› der Schiedsherren entscheiden. Die Ehrengesandten drängen nun plötzlich auf einen Abschluss der Vermittlung.

Das hat einen ganz prosaischen Grund: In Baden beginnt heute die Eidgenössische Tagsatzung. Die katholischen Orte können es sich nicht leisten, ihre führenden diplomatischen Köpfe länger mit den Luzerner Bauern palavern zu lassen. Namentlich Zwyer muss so rasch wie möglich nach Baden.

Bei Nacht und Nebel haben die Bauern verschiedene Briefe in französischer und italienischer Sprache abgefangen, die ganz nach der Handschrift Zwyers ausschauten und an den Schultheissen von Luzern gerichtet waren. Offenbar drehte sich die Korrespondenz um eben diesen ‹rechtlichen Spruch›, der doch beiden Parteien gleichzeitig eröffnet werden sollte. Männiglich ist über Oberst Zwyer empört, wie er sich seine überlegenen Sprachkenntnisse zunutze macht, um die Bauern auszutricksen. Die Abgeordneten der zehn Ämter sprechen am Morgen bei ihm vor und verlangen, er müsse auch ihnen den ‹rechtlichen Spruch› vorlesen, und zwar sofort. Als der feine Schiedsrichter vom «Instrumentum pacis» zu räsonieren anfängt, fahren ihm die Bauern übers Maul: Wir wollen das eidgenössisch haben und nicht mit verkrümmten oder lateinischen Worten! Die Ehrengesandten weigern sich, den Schiedsspruch bekanntzugeben – er sei noch gar nicht endgültig abgefasst. Morgen, auf der Allmend zwischen Luzern und Kriens, werde es soweit sein. Heute wollten sie in die Stadt reiten, um dort den Wortlaut ihres Entscheids auszuarbeiten.

Das geht den Bauern doch über die Hutschnur: Es wäre ja der Gipfel, wenn diese «neutralen Schiedsrichter» ihren Entscheid zusammen mit dem Schultheissen im Luzerner Rathaus abfassten! – Als die Herren ihre Rosse besteigen wollen, stellt sich ihnen ein Haufen ergrimmter Landleute in den Weg. So müssen die Ehrengesandten ihre juristischen Formulierungen wohl oder übel hier im Dorf, im Pfarrhaus des Dekan Lüthard, ausfeilen.

Dienstag, 8./18. März

Der Himmel hat sich schon verfinstert, in den Stuben brennen die Lichter, da reitet der Pfarrer von Hergiswil (er soll betrunken gewesen sein) samt einigen Willisauern mit grossem Getöse auf den Dorfplatz und meldet: 5000 Welsche seien bei St.Urban angekommen und wollten ins Land fallen! Das Kloster St.Urban sei von den Bernern bereits verbrannt worden und Willisau stehe in Flammen. Und überall läuteten die Sturmglocken!

Jetzt aber scheint für die Herren Ehrengesandten die letzte Stunde geschlagen zu haben. Ein bewaffneter Haufen umstellt den Pfarrhof und droht, die Herren wegen Verrats niederzumetzeln.

In dieser kritischen Situation beruhigt der Schwyzer Landammann Bellmont, einer der wenigen bei den Bauern beliebten Schiedsherren, die Gemüter: Er anerbietet sich, zusammen mit dem erbosten Willisauer Adlerwirt auf der Stelle in die Nacht hinaus nach Willisau zu reiten, um selber festzustellen, was an den Panik-Meldungen Wahres dran sei. Notfalls werde er – unterstützt von einem mitreitenden Freiburger Ratsherrn – die brandschatzenden Berner zum Rückzug bewegen.

Um Mitternacht sind Bellmont und seine Begleiter noch nicht von ihrem Ritt zurück.

> *Die übrigen Ehrengesandten verbringen eine schlaflose Nacht im umzingelten Pfarrhaus. Bestimmt haben sie vom gestrigen Hilfsangebot und vom Aufmarschplan der Berner erfahren ... da war ein sofortiger Einmarsch in Willisau nicht vorgesehen. Die Bauern sind vermutlich einem falschen Gerücht aufgesessen. Oder sind etwa einem bernischen Offizier – was nicht anzunehmen ist – die Nerven durchgebrannt? Hat tatsächlich so ein Dummkopf Willisau angezündet? Dann wird der hochwohlgeborene Oberst Zwyer den Morgen wohl nicht mehr erleben.*

Liebenau II/196–199, 203–205, 207 – Mühlestein 109, 130, 133–135, 137–140

Die Emmentaler tragen ihre Klagen nach Bern und organisieren ein Wachtsystem.
Die Regierung klagt in Zürich bitter über ihre Untertanen und ernennt einen General

> Gestern haben Boten aus dem Emmental die Bittschrift mit den Langnauer Klagepunkten in die Stadt getragen, wo sie nach einigem Warten von Schultheiss Daxelhofer empfangen wurden. Der Schultheiss stellte ihnen die Frage: für wen sie denn sprächen? Doch nur für das Emmental und nicht für alle Berner Untertanen? Dann liess er den Briefschreibern noch ausrichten: für den bevorstehenden Zug ins Luzernische erwarte er den schuldigen Gehorsam von den Uszügern, sonst könnten die Gnädigen Herren auf keine Klagen eintreten.

Was die Boten in Bern gesehen haben, hat sie erschreckt. Die vielen Truppen dort ... Schon heute schreiben die Emmentaler[1] aus Langnau an die Lenzburger: «Wir wüssind nit, wie die Gnädigen Herren es mit uns meinend; wüssind aber, dass sie (Kriegs-)Volk in der Stadt; habind uns gester gemahnt, müessend ins Entlibuch usziehen, Luzern ze entschütten, welches wir nit haben wellen thuen.» Die Landgerichte und die Oberländer seien in solchen Sachen bei und mit ihnen. Ob auch die Lenzburger? «Wir hoffen, es werde unser Vorhaben dem ganzen Lande erbaulich sein. Damit seid Gott befohlen!»

Nicht genug damit. Die Landleute errichten insgeheim ein Wachtsystem von Signau bis vor die Hauptstadt, um im Falle eines Auszugs der dort zusammengezogenen Truppen sofort die luzernischen Nachbarn warnen zu können. Vom ‹Geheimen Rat›, welcher diese Kette von Posten und Meldeläufern aufstellt, ist uns ein Name überliefert: Klaus Leuenberger, der mit einem höchst vertraulichen Schreiben den Wachtposten zu Waldhaus organisiert.

Am Mittwoch herrscht im Berner Rathaus ein Treiben wie in einem Ameisenhaufen. Erst steht die feierliche Beförderung des Generalmajors von Erlach zum General auf dem Programm. 12 000 Kronen werden ihm für den Feldzug ins Luzernerland aus der Staatskasse zur Verfügung gestellt.

Darauf berät der Kleine Rat über das weitere Vorgehen wegen der bäuerlichen

---

[1] Die Namen der Briefschreiber sind nirgends genannt. Die Verbindung mit Lenzburg erinnert aber einmal mehr an 1641.

Mittwoch, 9. März

Klagen. Die Herren haben allem Anschein nach in Erfahrung bringen können, dass die Bauern auf kommenden Montag – in fünf Tagen also – eine Delegiertenversammlung nach Trachselwald zum Abfassen einer grossen Klageschrift aller Untertanen einberufen haben. Als erste Gegenmassnahme soll der Vogt von Trachselwald auf Samstag einen Ausschuss der Emmentaler herschicken, mit Verhandlungsvollmachten, damit man sie von ihrem Vorhaben abbringen könne. Ausserdem setzt die Regierung just auf Montag einen allgemeinen Fast-, Buss- und Bettag an – der wird den Aufmarsch zu dieser Bauernversammlung gründlich behindern.

Wie die Gnädigen Herren von Bern aber auch noch die gesamte Zürcher Wehrmacht zu Hilfe rufen, trägt schon hysterische Züge: Ihre Untertanen hätten es den unguten luzernischen Rotten gleich getan, nämlich «angefangen, an den Pässen Verhaue anzelegen und etliche feste Häuser zu bedrohen und ganz gefährlich hin und her zu tendieren». «Kraft der Bünde» sollen die Religionsgenossen von Zürich «zu kräftiger Zusammenstossung unserer gesamten von Gott bescherten Macht» alsdann ihre Armee aufbieten.

Unerhört, was die Berner ‹Landesväter› gegen ihre eigenen Untertanen im Schilde führen, wo doch noch nicht ein einziger von ihnen eine Waffe ergriffen hat!

Selbst die Herren Oberen von der Limmat finden das Gesuch masslos: Man würde gut daran tun, «über die Gwalt die Geduld sanftmütig zu halten und dem Gwalt die Güte vorzuziehen», schreiben sie belehrend nach Bern zurück.

Sie haben nämlich die Entwicklung im Bernbiet aufmerksam verfolgt und dabei bemerkt, wie Truppenaufgebote der Oberkeit erst recht den Widerstand unter den Untertanen schürten. In ihrem Züribiet wollen sie sehr behutsam vorgehen – leicht könnte die Unruhe auch unter der Zürcher Bauernschaft gären.

RM Bern 8./9.3. 1653 – Liebenau II/214f. – Mühlestein 186, 191-193, 206f. – Mandatenbuch Bern 9.3. 1653 – BB VI.47, 59

Der ‹rechtliche Spruch› auf der Krienser Allmend

Als zeitig am Morgen Landammann Bellmont mit seinen Leuten in Ruswil einreitet, kann er erzählen, wie er Willisau in der Nacht unversehrt und friedlich vorgefunden habe. Die Bauern sind recht beschämt darüber, wie sie auf den falschen Alarm des Pfaffen hereingefallen sind; niemand hält die Schiedsherren mehr auf, als sie ihre Pferde zum Ritt auf die Krienser Allmend besteigen, wo heute morgen bei der ‹langen Säge› die feierliche Verlesung des Schiedsspruchs zwischen Oberkeit und Untertanen von Luzern über die Bühne gehen soll.

Die neugierigen Zuschauer auf der Krienser Allmend – zahlreiche Städter sind erschienen, aber nicht sehr viele Landleute – erleben ein pompöses, farbenprächtiges Schauspiel: Unter der Luzerner Fahne bauen sich die beiden Schultheissen, Dulliker und der alte Fleckenstein, auf, dahinter vier Kleinräte und ein Dutzend bekannte Persönlichkeiten des Grossen Rates und der Bürgerschaft. An der Spitze der Delegierten aus den zehn Ämtern zeigen sich die Obersten Christen Schibi und Kaspar Steiner hoch zu Ross. Als einziger Offizieller stellt sich ein behäbiger Bauer mit schwarzem Kruselkopf zu Fuss zwischen Pferde, prächtige Amtsroben, Fahnen und Trompetenchor: der biedere Hans Heller von Daiwil. Zwischen den Delegationen blicken selbstbewusst die Herren Ehrengesandten der sechs katholischen Orten in die Runde, flankiert von ihren Standesweibeln.

> Es fällt auf, dass viele politische Führer der Bauern fehlen. Sie sind mit dem Hauptharst ihrer Leute im Feldlager geblieben – den ‹rechtlichen Spruch› aus dem Munde Zwyers begehren sie gar nicht zu hören. Erstens wissen sie, dass dieser Urner Aristokrat seine kauderwelschen juristischen Floskeln ohnehin zugunsten der Oberkeit drehen wird; zweitens trauen sie den Herren mit ihrem Zeremoniell nicht über den Weg. Sei es, dass die Truppen aus der Stadt just zu dieser Stunde einen Ausfall planten, sei es, dass die mächtige Berner Armee ins Land bräche – irgend so ein abgekartetes Spiel wäre den Herren schon zuzutrauen.

Die wesentlichsten Punkte des Schiedsspruchs, den Oberst Zwyer nun in seinem verschnörkelten und langfädigen Amtsdeutsch vorträgt, sind etwa[2]:

---

2 vollständiger Text bei Vock, ebenfalls ausführlich bei Liebenau und Mühlestein

Artikel 1: Der Stadt Luzern werden alle habenden Briefe und Siegel, Rechte und Gerechtigkeiten – auch die ewige Besitzung der Untertanen – zuerkannt. (Im Klartext: Die alten Freiheitsbriefe der Willisauer und der Entlibucher, deren Herausgabe die Landleute so stürmisch gefordert haben, bleiben im Besitz der Stadt Luzern und sind damit faktisch wertlos.) Die Ämter werden auf die – unbestrittenen – Rechte in ihren Amtsbüchern verwiesen.

Artikel 2: Das Ohmgeld, bisher je nach Amt zwischen 4 und 8 Schilling pro Saum, wird einheitlich auf 10 Luzerner Schilling erhöht. («Damit im ganzen Land eine Gleichheit gemacht werde», begründet Zwyer. Von der Erhebung des Ohmgelds durch die Ämter, wie dies die Landleute gefordert haben, ist schon gar nicht die Rede.)

Artikel 4 spricht den Willisauern jedes Recht bei der Besetzung ihrer Ämter ab. Die Gnädigen Herren von Luzern verpflichten sich einzig, den Schultheissen von Willisau aus den Bürgern dieses Städtchens zu ernennen.

Artikel 6 spricht den Rothenburgern das Recht zur eigenen Ämterbesetzung ab. Solche Freiheit könnten sie nur als «Gnade» von der Stadt Luzern erhalten.

Artikel 7 erklärt den Wolhuser Bund für null und nichtig, «weil nach dem eidgenössischen Herkommen unstatthaft».

Artikel 9 sichert den Aufständischen Straffreiheit zu, aber in was für Worten! «Da die 10 Ämter hoch beteuern, dass sie ihren Bund nicht aus böser Meinung, sondern teils aus Einfalt, Unbedachtsamkeit und durch Not gedrungen, geschworen, so haben wir in ihrem Namen bei der Stadt Luzern untertänig und gehorsam zur Auslöschung dieses eingestandenen Fehlers[3] gebeten.» Künftig werde die Oberkeit aber alle Vorfälle, unguten Reden, Verweise, Schmachworte und ungebührlichen Werke abstrafen.

Das Schriftstück schliesst mit der Ankündigung, die Untertanen aller Ämter müssten ihren Landvögten «zu Handen löblicher Stadt Luzern» einen neuen Huldigungseid schwören.

> Zweifellos spricht dieser Schiedsspruch ein höchst einseitiges, vernichtendes Urteil über die aufständischen Untertanen. Er entsprang dem Hirn eines überzeugten Aristokraten, des welterfahrenen Urner Feldherren und Politikers Zwyer von Evibach, der ein modernes, absolutistisches Staatsgebilde nach dem Vorbild Frankreichs oder Österreichs auch für die Schweiz anstrebt. Nach seiner Ideologie darf das Gebäude der

---

[3] Ein ‹Fehler› ist ein schwerer Rechtsbruch, der einen jedem luzernischen Untertanen persönlich angerechnet wird. Wer drei Fehler begangen hat, verfällt mit Leib und Gut der Oberkeit.

aristokratischen Alleinherrschaft nicht die geringste Ritze offen lassen, durch welche der Spaltpilz der demokratischen Revolution ins Innere dringen könnte.

Zwyers harte Haltung bekamen sogar die Luzerner Ratsherren zu spüren, die eigentlich bereit gewesen wären, den Willisauern die selbständige Besetzung einiger Ämter zu erlauben, und sei es nur, um das Städtchen den Bauern abtrünnig zu machen. Der mächtige Schiedsherr aber wandte sich gegen jeglichen Kompromiss auf dem Gebiet der Herrschaftsrechte.

Bei der Verlesung des Dokuments hebt Zwyer wohlweislich einige gut klingende Floskeln und nebensächliche Zugeständnisse hervor, die entscheidenden Punkte aber spielt er derart hinunter, dass das Volk sie kaum verstehen kann. Den ‹heissen› Artikel 7, der die Bauern bestimmt hoch erzürnt hätte, lässt er überhaupt weg! Das bezeugen später die Delegierten der zehn Ämter, die ihre Ohren doch gewiss gespitzt haben; auch der Weibel Theiler von Escholzmatt, der auf einer Schreibtafel alle verkündeten Punkte mitnotierte, hat von der Nichtigkeitserklärung des Wolhuser Bundes nichts gehört.

Trotz dieser Schönfärberei erfassen die bäuerlichen Zuhörer den wahren Charakter dieses Schiedsspruchs auf der Stelle. Sie verlassen die unselige Allmend fluchtartig. Zurück bleiben die offiziellen Delegierten der zehn Ämter, die nun auf Zwyers Anfrage hin in gewundenen Worten erklären, sie könnten den ‹rechtlichen Spruch› nicht ohne Rücksprache mit diesem und jenem annehmen – kurz: nur wenige verdatterte Ausgeschossene kleinerer Ämter (oder sind es von der Oberkeit bezahlte Kapitulanten?) anerkennen das Urteil; Schibi, Steiner und Heller aber denken nicht daran. Möglichst diplomatisch ziehen sie ihren Kopf aus der Schlinge.

Mit Genugtuung nehmen die Herren von Luzern den Entscheid auf; sie danken den Schiedsrichtern für ihre Bemühungen und geloben, dem Spruch treu nachzukommen. Dann kehren die Luzerner mit den Ehrengesandten und den kapitulierenden Bauerndelegierten unter dem Donner der Geschütze, dem Klang der Glocken und der Fanfaren in die Stadt zurück, wo der Frieden gefeiert wird.

Da aber bald die Kunde eingeht, noch stehe die Hauptmacht der Bauern im Feld und gedenke offensichtlich, dort zu bleiben, sehen sich die Herren gleich wieder zu ernsten Beratungen genötigt. – Kurzerhand fügen sie dem ‹rechtlichen Spruch› einen zusätzlichen Artikel bei: Die Mannschaft der Untertanen müsse noch heute nach Hause aufbrechen, worauf die Stadt Luzern morgen das fremde Volk entlassen werde.

Mittwoch, 9./19. März

Wenn das Bauernheer um Luzern heute weiter abbröckelt und sich morgen schliesslich ganz zurückziehen wird, so gewiss nicht wegen diesem in heiterer Stimmung gebastelten Spruch-Anhängsel. Nein: der Hunger und die Angst um ihre Angehörigen treibt die Leute heimzu. Man befürchtet immer noch einen Einfall der Berner Armee, ungeachtet des ‹Friedens›. Die Geschworenen der Grenzdörfer Reiden und Wikon wollen wissen, morgen kämen 6000 Welsche über Solothurn nach Zofingen, wo man bereits Kommisbrot backe; von da wollten sie ins Gebiet von Luzern marschieren.

In Rothenburg hält Kaspar Steiner nach seiner Rückkehr, wütend über den Schiedsspruch, eine einstündige Ansprache an das Volk. Er sieht seine zwielichtigen Geheimverhandlungen mit den Luzernern, mit denen er auf Sonderrechte für Rothenburg spekulierte,[4] gescheitert. Jetzt beruft er sich wieder auf den Wolhuser Bund, verlangt das freie Wahlrecht und schreibt kämpferisch ins Entlibuch: «Man schilt uns meineidige Lüt: ich mein, wir wollens nit sein!»

Liebenau II/199–203, 205–209 – Mühlestein 140–150, 201 – Vock 97–110

---

[4] vgl. 3./13. März in Rothenburg

Erste Versammlungen der Baselbieter Bauern

> Die Baselbieter, die Untertanen des allmächtigen Bürgermeisters Wettstein, gehören zu den am besten bewaffneten Völkern der Welt. Die gewaltige Aufrüstung mit Musketen und Rüstungen, verbunden mit jährlichen Musterungen, begann bereits 1619, nach Kriegsausbruch in deutschen Landen. In der Tat kam es in den folgenden dreissig Jahren mehrmals zu Grenzverletzungen, Überfällen und Durchzügen fremder Truppen, so dass Stadt und Land Basel um ihre guten Waffen froh waren.
>
> Nach Kriegsende baten die Landleute vergeblich um einen Nachlass der hohen Soldatengelder, die sie angesichts ihrer wirtschaftlichen Not und des allgemeinen Friedens als drückende Last empfanden. Wie anderswo haben geldgierige Landvögte das Ihre dazu beigetragen, dass sich die Stimmung gegenüber der Oberkeit in den letzten Jahren rapid verschlechterte.

Als jetzt noch der alte Oberst Zörnlin von Dorf zu Dorf durch das Baselbiet reitet und überall eifrig neue Soldaten für die Herren der Stadt Basel wirbt – die sicher noch mehr Militärsteuern verschlingen werden –, fühlt sich das Landvolk hintergangen. Zörnlin findet trotz der versprochenen hohen Bezahlung kaum Freiwillige, im Gegenteil: Die Bauern erklären, sie wollten keine Soldatengelder mehr bezahlen, weder die alten noch künftig erhobene!

Während der Werber die Nacht auf Donnerstag zusammen mit den beiden Liestaler Schultheissen betrunken und ganz unansprechbar in der Wirtschaft ‹Zum Schlüssel› durchzecht, versammeln sich Abgeordnete aus zahlreichen Baselbieter Gemeinden (auch die Liestaler sind vertreten) in Sissach.[1] Sie beschliessen, als erstes eine Supplikation um Nachlass des Soldatengelds und um Milderung des Salzpreises an die Regierung zu richten.

Mühlestein 233-238

---

[1] Nach Vock 173 hielten die Baselbieter ihre ersten heimlichen Zusammenkünfte in der Orismühle im Oristal ab.

Donnerstag, 10./20. März

> Seit vorgestern ist in Baden die Eidgenössische Tagsatzung im Gang. Inzwischen sind auch Zwyer und einige andere Herren eingetroffen, die im Schiedsgericht von Ruswil mitgewirkt haben.

In «einlässlicher Weise» schildern sie der Konferenz die Entstehung des Krieges. An den Bauern lassen sie kein gutes Haar. Dann bitten die Gesandten von Luzern die eidgenössischen Orte nochmals dringlich um Hilfe, da die Emmentaler den luzernischen Rebellen 18 000 Mann Hilfstruppen anerboten hätten! Niemand zweifelt diese Behauptung an. Die einzige einigermassen bauernfreundliche Regierung, diejenige von Zug, ist in Baden nicht vertreten.[1]

Die Delegationen von Zürich (angeführt von Bürgermeister Waser) und Bern (Schultheiss von Graffenried und Venner Wagner) schlagen den Evangelischen Orten vor, man solle gemeinsam 5000 Söldner werben, die man stündlich aufmahnen könnte, für den Fall, dass «auf die einheimischen Landleute wenig Verlass wäre, damit die Bewegung in der Extremität mit Waffengewalt unterdrückt werden könne». So kämen Bern und Luzern zu ihren begehrten Hilfstruppen, und Zürich könnte sein Kontingent an Söldnern ohne Provokation der eigenen Landleute im Schwabenland zusammentrommeln. - Weil die Katholischen Orte hinter diesem Plan aber ein Komplott gegen ihre Religion wittern, dauert das Seilziehen um ein gemeinsames ‹Defensionalwerk› noch tagelang an. Bern drängt auf eine schleunige Entscheidung, da es wegen der «üblen Gesinnung» seines eigenen Volkes teure Truppen unter Waffen halten müsse.

Liebenau II/216-218 - Mühlestein 193f. - Vock 111ff. - Tillier 157

---

1 Peter Trinkler wurde in absentia dafür gerügt, dass er sich den rebellischen Bauern als Anwalt anerboten habe.

Das bernische Aargäu in Furcht vor den welschen Soldaten

Erneut marschierten gestern Hilfstruppen in Bern ein, diesmal aus Neuenburg. In der Stadt befinden sich jetzt 1600 fremde Soldaten.

> Die Herren von Bern sehen nun die Saat keimen, die sie am Montag mit ihrem Beschluss zu einem Kriegszug über Langenthal ins Willisauische selber gepflanzt haben. Der Plan ist zu den Landleuten durchgesickert, auch die zusätzliche Bestimmung: im Falle einer Wehrdienstverweigerung der Einheimischen würden welsche Soldaten eingesetzt. Nun, die Uszüger haben tatsächlich den Dienst verweigert, und so fürchtet sich das ganze bernische Aargäu zwischen Burgdorf und Lenzburg vor dem Einmarsch der Welschen. – Die Ernennung Sigmund von Erlachs zum General hat die Angst weiter geschürt: Er ist für seine brutale Härte berüchtigt; über seine Kriegstaten als Offizier in schwedischen Diensten kursieren Schauergeschichten.

Die Bauern glauben, der General habe bereits heimlich fremde Söldner in die Schlösser bringen lassen.[1]

Als erste fordern die Koppiger vom Burgdorfer Schultheissen ihr Reisgeld heraus.[2] Das Gerücht geht um:[3] welsche Truppen seien von Bern in Richtung Zofingen aufgebrochen. In verschiedenen Dörfern läutet heute die Sturmglocke, Boten durcheilen zu Pferd und zu Fuss das Aargäu und fordern die Leute auf, nach Zofingen zu ziehen, um die herannahende Soldateska am weiteren Vormarsch zu hindern. Die ganze Grafschaft Lenzburg steht in Waffen. Auch in Aarburg und im Amt Bipp, in Roggwil und Langenthal ist alles in hellem Aufruhr. Die Aarwangener belagern das Schloss (sie vermuten dort 600 welsche Soldaten) und drohen, die Brücke zu sprengen. Besonders wild gebärden sich dabei die Melchnauer – ein Luzerner hat ihnen im Wirtshaus 5000 Mann Unterstützung versprochen, wenn sie den Sturm auf das Schloss wagen sollten.

Am Abend erkennen die Landleute, dass der Alarm verfrüht war; etwas beschämt zotteln sie heim zu ihren Stallarbeiten. Doch die Furcht vor den fremden Soldaten bleibt.

---

1 Aeschlimann berichtet tatsächlich von Söldnern auf den Schlössern.
2 Der Schultheiss verweigerte die Auszahlung.
3 In Roggwil kursierte das Gerücht schon am Donnerstag.

Freitag, 11. März 291

Erschrocken ob diesem heftigen Aufruhr stoppt der Rat von Bern den weiteren Zuzug welscher Hilfstruppen.

Mühlestein 187–189 – Liebenau II/198, 208 – Aeschlimann 169f. – RM Bern 10./11.3. 1653 – BB II.9.31a

Sigmund von Erlach (1614–1699), General der Stadt Bern

Der ‹rechtliche Spruch› – ein gefälschtes Machwerk!

In den Augen der Herren von Luzern weist der rechtliche Spruch nur einen Makel auf: dass die Rädelsführer straflos ausgehen. Solche leichtfertigen Leute, die gleich wieder einen Aufstand anzetteln könnten, hätten doch «ihr Lyb und Läben tausendfältig verwürkt»! An der Tagsatzung in Baden bemühen sich die Luzerner Delegierten um eine entsprechende Änderung des Vertrags.

Dass sich die Bauern im Lauf des Donnerstags aus Mangel an Lebensmitteln zurückzogen, passte den Ratsherren schlecht ins Konzept. Jetzt wäre – nach dem Anhängsel zum Schiedsspruch – auch die Stadt zur Entlassung ihrer Hilfstruppen verpflichtet. Ihre momentane militärische Überlegenheit preiszugeben, fällt den machtgewohnten Herren aber schwer. So verschweigen sie den Rückzug der Belagerer, als sie den vier alten Orten und dem eidgenössischen Vorort Zürich schreiben: die Sache habe so unglücklich ausgeschlagen, «dass wir kein übriges Mittel haben noch wissen, als dass wir uns auf die Extremität versehen». Statt ihre fremden Soldaten zu entlassen, bestätigen sie ihr Gesuch um zusätzliche Truppenkontingente.

Weit ernstere Vorbehalte gegenüber dem Schiedsspruch haben die so geschmähten Landleute. – Nach einem Tag der Ruhe versammelten sich Ausschüsse der vier grossen Ämter Entlibuch, Rothenburg, Willisau und Ruswil an der alten Verhandlungsstätte in *Ruswil*. Von hier aus schreiben sie heute hochoffiziell ihre wirkliche und wahre Meinung über den ‹rechtlichen Spruch›, und zwar nicht an den Rat von Luzern – den ignorieren sie jetzt –, sondern an sämtliche Herren Ehrengesandten und ihre Regierungen: Die Akte sei ein gefälschtes Machwerk, das keineswegs das Ergebnis der Verhandlungen richtig wiedergebe. Es seien in diesen Spruch «empfindliche Wörter eingesetzt worden, die wir nicht hinnehmen können. So heisst es darin: wir hätten Euch inständig, untertänig und hoch gebeten, für uns bei der Oberkeit um Gnade und Verzeihung zu bitten, wir hätten selbst bekannt, dass wir mit dem Bund zu Wolhusen einen grossen Fehler begangen hätten. Das können wir nicht eingestehen; wir verlangen deshalb von den Gesandten klaren Bericht, wer solches getan habe.» Bei den Verhandlungen sei niemals bestimmt worden, dass die zehn Ämter vom Eidschwur abstehen sollen. Den Artikel über die Entkräftigung des Bundes könnten sie nicht hinnehmen. Sie verlangen auch, dass im Spruchbrief die Klagen der Ämter gegen die Oberkeit angeführt werden, damit nicht aller Unglimpf auf den Bauern läge, da sonst der Spruch ihnen und ihren Nachkommen zu Argem und Unheil gereichen würde. Und von dem so nach ihrem Willen umzugestaltenden Spruchbrief verlangen sie, dass ihm noch ein weiterer

Samstag, 12./22. März

Artikel beigefügt werde: «Dieser gütliche und rechtliche Spruch soll ewig und unwiderruflich, steif und stet gehalten werden.»[1]

> Das ist wieder die ernste Stimme Hans Emmeneggers und die Feder Hans Jakob Müllers! Sie verlangen, der Schiedsspruch müsse ein Vertrag zwischen zwei gleichberechtigten Verhandlungspartnern werden. Dieses gefälschte Machwerk hingegen besiegelt die Zerschlagung des Bauernbundes, ihre Unterwerfung unter die Oberkeit. Das kommt nicht in Frage.

In *Willisau* verlangt Landvogt Pfyffer den Huldigungseid. Die Bevölkerung fügt sich unter der Bedingung, dass der Landvogt bei der Regierung nochmals für die Volkswahl des hiesigen Schultheissen eintrete. Und man solle mit dem welschen Volk abfahren, das sich trotz des Friedensvertrags an der Grenze herumtreibe!

Eine dritte Kraft regt sich dieser Tage in Luzern – die Stadtbürgerschaft. Die Bürger haben während der Belagerung im grossen und ganzen loyal zu den Herren gehalten, jetzt verlangen sie ihren Lohn: den alten Bürgerbrief und sonstige Urkunden über bürgerliche Freiheiten, die im Stadtarchiv ruhen. Doch Stadtschreiber Hartmann versichert nach einiger Sucharbeit: es gebe keine solchen Urkunden. – Das finden die Stadtleute einfach undenkbar: Das lächerlichste Dörfchen hat doch seine Freiheitsbriefe! Man munkelt, die Aristokraten hätten die Rechtstitel der Bürgerschaft absichtlich verbrannt.

Liebenau II/208f., 221–230 – Mühlestein 150–152

---

1 Die Landleute waren argwöhnisch, weil die Oberkeit ihre Erlasse gewöhnlich «solange es Uns gefällt» für gültig erklärte.

Bern: Wie befohlen erscheinen vier Abgeordnete aus dem Emmental im Rathaus. Eine Regierungsdelegation, angeführt von Säckelmeister von Werdt, empfängt sie mit ungewohnten Ehren.

> Die Herren wissen genau, dass die Emmentaler mit leeren Händen in die Stadt gekommen sind, weil die Landleute erst übermorgen über ihre gemeinsame Bittschrift beschliessen wollen.

Der Säckelmeister, ein würdiger alter Herr, mimt den Ungeduldigen: Es sei ein Affront, die wertvolle Zeit der Gnädigen Herren für nichts und wieder nichts in Anspruch zu nehmen. Schliesslich gewährt er den Untertanen gnädigst fünf Tage Frist; dann aber sollten sie die Klagen auch gleich durch bevollmächtigte Ausschüsse in Bern vorbringen, nicht durch irgendwelche Hurlibuben. Und nur unter einer Bedingung werde man sie empfangen: Sie müssten die Unruhen unter ihren Freunden im Aargäu stillen und dann alles weitere «hin- und herlaufen» unterlassen! Auch sollten sie sich der Unbotmässigkeit ihrer Begehren zum vornherein bewusst sein und sich keinesfalls mehr Zugeständnisse erhoffen, als die luzernischen Untertanen durch den rechtlichen Spruch erlangt hätten.

Thun: Die Zusätzler erhalten nun ihre geforderten drei Batzen Taglohn.[2]

Lohner 552 – RM Bern 12.3. 1653

Allgemeines Mandat der Tagsatzung. Defensionalwerk

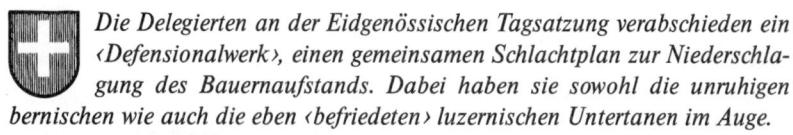

Die Delegierten an der Eidgenössischen Tagsatzung verabschieden ein ‹Defensionalwerk›, einen gemeinsamen Schlachtplan zur Niederschlagung des Bauernaufstands. Dabei haben sie sowohl die unruhigen bernischen wie auch die eben ‹befriedeten› luzernischen Untertanen im Auge.

Allem voraus setzt das ‹Defensional› fest, dass jede eidgenössische Regierung der anderen Hilfe zu leisten habe, ohne zu untersuchen, wer Recht oder Unrecht habe. Drei grosse oberkeitliche Armeen sollen aufgestellt werden: Die erste – unter einem Zürcher Oberkommandanten – umfasst 1500 Mann Fussvolk sowie 200 Reiter und Artillerie von Zürich, 400 Glarner, 700 aus beiden Appenzell, 200 aus der Stadt St.Gallen, 2000 Bündner (davon 1000 im Solde Berns); 350 Schaffhauser sollen das Städtchen Brugg besetzen; 200 aus dem Bistum Basel sind nach Olten befohlen; 500 Mann Fussvolk und 50 Reiter von Basel und Mühlhausen sollen sich nach Aarau begeben.

---

2 vgl. Thun am 8.3.

Samstag, 12./22. März

Die zweite Armee besteht aus den Streitkräften Berns, Freiburgs und Solothurns, sowie ihrer Verbündeten in der Westschweiz. Kurz: es ist die bereits aufgebotene Armee unter dem Befehl des Generals Sigmund von Erlach. Die dritte Armee, welche die Städtchen Baden, Mellingen und Bremgarten besetzen soll, umfasst die katholischen Innerschweizer, St.Galler und Tessiner Truppen und steht unter dem Kommando Zwyers.

Das zweite Hauptwerk der Tagsatzung ist die ‹Proklamation der Tagsatzung zu Baden an das Eidgenössische Volk›.[3] – Zunächst hält dieser Text den Bauern gottvergessenen Undank vor: Gott habe unser geliebtes Vaterland während des vergangenen Kriegs vor Krieg, Hunger, Brand, Mord, Raub, Weibs- und Kinderschänden und anderen, fast unzählbaren Martern und Plagen verschont. Statt dafür nun «inniglich Lob und Dank» zu sagen, hätten sich die Untertanen «wider göttliche und weltliche Rechte, mit Hintansetzung ihrer schuldigen Eidespflicht, Treue, Ehre und Glaubens, wider ihre natürliche hohe Oberkeit aufgelehnt und empört, ja sogar die Waffen wider sie ergriffen und allerhand hochsträfliche Fehler und Mutwillen, wie öffentlich am Tag, unverantwortlich verübt und begangen, ja sich noch dabei soweit erkühnt, auch anderer Oberkeiten Untertanen an sich zu ziehen und solche unter allerhand falschem Schein und Vorwand auch zu dem Abfall von ihrer, von Gott vorgesetzten Oberkeit zu bewegen» und durch «Aufwiegler und ihres gleichen böse Buben es so weit durchgetrieben, dass sie zu ihrem bösen Vorhaben ziemlichen Beifall gefunden...», welches dann die Gnädigen Herren allerseits dazu bewogen habe, «auf allerhand Mittel und Wege, auch erspriessliche Verfassungen und gute Ordnungen zu denken, durch welche dergleichen teils boshafte, teils unbesonnene und verirrte Leute wiederum auf den rechten Weg und zur Erkenntnis ihrer schweren Sünden, Abfalls und Fehler gebracht» werden sollen. Der vergangene Aufstand sei «unter dem nichtigen Prätext und Vorwand» geschehen, als ob die Oberkeit den Untertanen unzulässige Beschwerden und Neuerungen aufgeladen habe. Solches seien Behauptungen «weniger, verdorbener, auch in Nöten und Schulden steckender Personen,[4] die andere mit ihrem Gift unter vorberührtem Schein auch angesteckt haben».

Jede «Zusammenrottung» (also auch den Besuch von freien Landsgemeinden) bedroht das Mandat mit «Leibes- und Lebens Strafe». Jedermann ist von nun an verpflichtet, «der Oberkeit und dero Beamten... anzuzeigen», wenn er

---

3 vollständiger Text bei Vock
4 Dieser Vorwurf widerspricht der Behauptung späterer Geschichtsschreiber, die Erhebung von 1653 sei von den wohlhabenden Hofbauern ausgegangen. Beiden Behauptungen gemeinsam ist die Absicht, den Bauernstand in ‹bösartige Aufrührer› und ‹naive Mitläufer› zu spalten.

hört oder vernimmt, «dass dem oberkeitlichen Stande Schimpf oder Nachteil geredet, gehandelt oder angezettelt» wird. Zu gutem Ende erfahren die «Ungehorsamen und Widerspenstigen» noch, dass sie «anderes nicht als den Zorn und Fluch Gottes, auch der Oberkeit schwere Straf und Ungnade zu erwarten haben».

> Ganz im Gegensatz zum geheimen ‹Defensionalwerk› wird diese zur Abschreckung verfasste Proklamation gedruckt und im Laufe der nächsten acht Tage in der ganzen Schweiz verbreitet.

Mühlestein 194–200 – Vock 118–121, 126–130 – Liebenau II/218–220

Eidgenössische Tagsatzung im 17. Jahrhundert, Konferenzsaal zu Baden:
1. Tisch der Vorsitzenden, 2. Referent, 3. Stimmenzähler, 4. Kommissionszimmer, 5. Porte des Ambassadeurs, 6. Archiv

Sonntag, 13. März

Die Steffisburger setzen ihren Weibel ab

An ihrer offiziell bewilligten Gemeindeversammlung nach der Predigt genehmigen die Steffisburger eine säuberliche Liste von Klagepunkten, die ihr Statthalter Berger auch mit der gebührenden Untertänigkeit dem anwesenden Thuner Schultheissen überreicht. Der lässt noch ein paar landesväterliche Ermahnungen fallen und reitet dann mit seinen Stadtknechten, nichts Böses ahnend, heim.
Kaum ist der Schultheiss ausser Sichtweite, kommt Stimmung in die Steffisburger Kirche. Irgendeiner erzählt von früher, von der Belagerung Thuns 1641, wie damals der gute alte Christen Zimmermann das Weibelamt verlor und der Herrendiener Michel Imhof an seine Stelle gesetzt wurde, derselbe Imhof, der auch heute noch im rot-schwarzen Mantel vor der Gemeinde steht und andauernd zur Ruhe und zum Gehorsam mahnt. Ob man den noch länger dulden wolle?
Die Rechtfertigungsversuche und Warnungen des Weibels sind vergeblich; er hat nicht sehr viele Freunde im Dorf. Mit grossem Mehr ersetzt ihn die Versammlung durch einen anderen Imhof, Christen mit Vornamen. Hans Berger von der Oberlangenegg, der gutbetuchte, 58jährige Statthalter des Freigerichts Steffisburg,[1] segnet die Wahl ab. Dazu fühlt er sich als direkter Vertreter des Schultheissen berechtigt.
Die Anwesenden verbrüdern sich in der Manier der alten Eidgenossen in einem Schwur: Mit Leib und Leben wollen sie hinter ihren Forderungen stehen. Und morgen, bei der Zusammenkunft in Trachselwald, soll Steffisburg nicht fehlen. Peter Erhardt wird in dieser Mission ins Emmental reisen.
Allem Anschein nach klagt der abgesetzte Michel Imhof sein Leid noch am selben Abend den Herren von Thun, wie in Steffisburg die «Meuterei» herrsche. So kann sich der frischgebackene Weibel seiner neuen Würde nicht lange erfreuen. Er landet im Schlosskerker von Thun, während Michel Imhof seinen heissgeliebten Amtsmantel wieder überstreift. Tags darauf erscheinen gar zwei hohe Herren vom Berner Rat und schimpfen mit den Steffisburgern. – Der Gefangene wird erst nach vierzehn Tagen freigelassen. So lange hat er sich geweigert, die ihm auferlegten Bedingungen anzunehmen: Er muss die Kosten bezahlen, Treue geloben und schwören, dass er sich nicht rächen werde. Nach Ostern steht ihm ein Verhör in Bern bevor.

Lohner 552f. – RM Bern 14.3. 1653 – Schiffmann 78

---

1 Schiffmann schreibt, eine von Bergers Töchtern sei mit Weibel Rüegsegger von Röthenbach verheiratet. – Nach den Röthenbacher Rödeln (Ehe 1620, Taufen 1622/24) ist Rüegseggers Frau Margreth aber eine geborene Siegenthaler.

Die Zusammenkunft im Wirtshaus zu Trachselwald. Niklaus Leuenbergers erster öffentlicher Auftritt

Im Wirtshaus von Trachselwald, im langen Schatten des hoch über der Landschaft thronenden Schlosses, treffen nach und nach etwa dreissig Abgeordnete aus den Gemeinden des Emmentals und aus dem angrenzenden Oberaargau ein.

> Offenbar versammeln sich hier die Vertreter der alten Landschaft Emmental. Die Antreiber der Bewegung aus dem Amt Signau, Galli, Rüegsegger und wie sie alle heissen, gehören nicht zum Fähnlein Emmental.[1] Sie fehlen heute; morgen werden sie in Konolfingen die noch unentschlossenen Delegierten der vier Landgerichte für den Anschluss an die Langnauer Artikel zu gewinnen suchen.
>
> Auch die Lenzburger und die Seeländer sind hier in Trachselwald nicht vertreten. Wahrscheinlich war ihre Teilnahme gar nicht geplant; vielleicht hat auch der kurzfristig anberaumte allgemeine Bettag mit dem obligatorischen Kirchenbesuch den einen oder anderen von der Reise ins Emmental abgehalten. Sicher aber haben sich die Herren Oberen mit ihrem Bettag ins eigene Fleisch geschnitten: Dass nämlich just an diesem heiligen Feiertag eine Schar «fahrender Händler» aus der Stadt in Trachselwald auftauchte, machte die Landleute misstrauisch. Zurecht. *«Diejenigen, so zu (Schloss) Trachselwald als Besatzung wollten, sind von den Puren zerück prüglet worden»*, muss der Berner Ratsschreiber am nächsten Morgen den Fehlschlag eingestehen.[2]

Die Zusammenkunft in der ‹Tanne› beginnt mit einem Gebet, bevor die Abgeordneten ein gemeinsames Schreiben an die Oberkeit abfassen: Sie bitten die Gnädigen Herren, doch den Feldzug ins Luzernische zu unterlassen; denn sonst müssten sie, die Emmentaler und Oberaargauer, als erste mit Brandschatzungen und sonstigen Racheakten ihrer Nachbarn rechnen. – Von verhauenen Pässen im Aargäu wüssten sie gar nüt. Ihre Wachten seien nicht gegen die Oberkeit aufgestellt worden, sondern wegen der ihnen zu Ohren gekommenen Drohungen (. . . vom bevorstehenden Einfall welscher Truppen unter General von Erlach – aber diesen Nebensatz denkt man sich nur). So antworten die Bauern auf die Vorwürfe Säckelmeister von Werdts

---

1 sondern zur Fahne des Landgerichts Konolfingen
2 Mit Bestimmtheit hat die Regierung den Bettag auch anderswo ausgenutzt, um ihre Hilfstruppen zur Predigtzeit in die Schlösser zu verschieben.

von vorgestern. Darauf berät man die Klagepunkte von Langnau einzeln durch. Mancher der hier anwesenden Weibel und Chorrichter aus den entfernteren Gemeinden hat hierzu seine Bedenken und Zusätze anzumelden. Man ist noch nicht weit damit gekommen, als zu aller Erstaunen Landvogt Tribolet die Stube betritt. Flankiert von seinen Dienern erheischt er Ruhe und verliest in strengem Ton ein oberkeitliches Schreiben, welches die Auslieferung der Rädelsführer und Unruhestifter fordert. Wenn die Untertanen nachher «begründete Beschwerden mit gebührender Ehrerbietigkeit zur Kenntnis der Gnädigen Herren bringen, (würden) diese die Klagen untersuchen und alle billigen Wünsche befriedigen».

Dieses Schreiben trägt der Landvogt schon etliche Tage in seiner Tasche.[3] Mit den auszuliefernden «Rädelsführern und Unruhestiftern» waren damals die bösen Buben von Langnau gemeint. Seither ist aber der Widerstand angewachsen, unbestreitbar wurden Wachten aufgestellt und unerlaubte Versammlungen abgehalten, so dass der Begriff ‹Rädelsführer› eine neue Dimension erhalten hat. Und eben noch hat man diese «fahrenden Händler» handgreiflich in die Flucht geschlagen...

Tribolets Auftritt wirkt höchst bedrohlich. Bestimmt sind die Türen des Wirtshauses von Soldaten der Schlossbesatzung bewacht. Bedrücktes Schweigen herrscht in der Stube. Nur die gesetzten älteren Mannen aus bisher wenig beteiligten Dörfern melden sich schliesslich: ihre Meinung sei, man würde besser gehorchen. Es gebe ja wirklich einige mutwillige Gesellen, welche eine Strafe verdienten. Anderen Anwesenden ist die Auslieferung der Rädelsführer aber ganz und gar zuwider, persönlich wie politisch. Bloss – wer wagte dem Vogt offen zuwider zu reden? Der machte sich ja selbst zum ‹Rädelsführer›! Die Minuten kriechen so dahin, in tiefer Ratlosigkeit.

In dem Augenblick, als Tribolet schon siegessicher auf die Abstimmung drängt, erhebt sich ein kräftiger, schön gewachsener Bauer von 38 Jahren, mit breitem, eckigem Bart und wallendem Haupthaar, mit einer langen, geraden Nase unter der denkerisch gefurchten Stirn und zwei seltsam bohrenden, fast melancholisch grübelnden Augen. Er ist Tribolet wohl bekannt: Niklaus Leuenberger, der wohlhabende Schönholzbauer aus der Kilchöri Rüderswil.

---

3 Der Befehl erging am 8.3. an Trachselwald.

> Wer ist dieser Leuenberger?
> Nach dem frühen Tod seiner Eltern musste er bereits als 23jähriger den Hof übernehmen und zu seinen sechs jüngeren Geschwistern schauen. Der junge Mann gewann rasch den Respekt des Dorfes. Im Alter von 28 Jahren sass er zu Gericht. Heute lebt er mit seiner Frau und sechs Kindern auf dem Schönholz in der Kilchöri Rüderswil, dem prächtigen Hof, der in seinem vollen, freien Besitz steht. Noch immer verwaltet er das Vermögen seines jüngsten Bruders, ist der hilfreiche Beistand mancher Witwen und Waisen und ein unbestechlicher Fürsprech vor Gericht. Trotz dessen sprichwörtlicher Härte steht er in einem vertraulichen Verhältnis zu Landvogt Tribolet. In einigen heiklen Streitfällen unter Landleuten ist er ihm als kluger Ratgeber zur Seite gestanden, der Schlossherr wiederum ist Götti eines Kindes der Familie Leuenberger.

Dieser Mann also spricht klar und besonnen zu den Anwesenden: Das Ansuchen der Oberkeit sei von grosser Wichtigkeit, und, demselben ohne reife Beratung zu entsprechen, bedenklich. Morgen werde in Konolfingen eine weitere Versammlung der Landleute abgehalten werden. Es sei nötig und billig, dass man deren Beschlüsse abwarte und dann erst auf das Anerbieten der Oberen Bescheid gebe; widrigenfalls würden sich die äusseren Gemeinden mit Recht beklagen und sie der Voreiligkeit beschuldigen.

> Diese Rede ist schon beinahe staatsmännisch berechnend. Die Solidarität mit den abwesenden Gemeinden, welche man zuerst befragen müsse, ist ein einleuchtender Grund, den ‹Rädelsführern und Unruhestiftern› vorerst den Kopf aus der Schlinge zu ziehen, ohne sich direkt gegen Tribolet zu wenden – die Bedenkfrist von zwei Tagen ist angesichts der Tragweite der Entscheidung sicher nicht übertrieben. Wenn der Landvogt jetzt mit hängendem Kiefer dasteht, bass erstaunt, wie sein treuester Freund unter dem Landvolk seine fein eingefädelte Überrumpelung zunichte macht, so kann er nicht wissen, dass Leuenberger schon beim Aufstellen der bäuerlichen Wachtposten mitgeholfen hat,[4] dass er demnach selbst in Gefahr geriete, ausgeliefert zu werden.

Während Leuenbergers Rede haben Christen Grimm und Christen Eichenberger als Ausgeschossene von Langnau die Stube betreten – sie haben sich verspätet –, und just diese beiden unterstützen ihn offen. Der Bann ist gebrochen, und kein Mensch ist mehr bereit, dem Landvogt noch heute eine Zusage zu machen.

---

4 vgl. 9.3.

Leuenberger schlägt vor, sein Freund Lienhart Glanzmann, der Wirt von Ranflüh, solle als Abgesandter zu der Konolfinger Gemeinde reiten und den Beschluss derselben zurückbringen, was durch Handerheben angenommen wird. Einhellig ist man der Auffassung, Leuenberger müsse ihn dorthin begleiten, und die beiden machen sich sogleich auf den Weg. Ihnen mag es nur recht sein, hier schnell wegzukommen, denn Tribolet, dieser jähzornige Mensch, bewahrt nur mit Mühe die korrekte Pose eines von Gott gesetzten Amtmannes. (Kein Mensch zweifelt daran, dass die Freunde in Konolfingen im Beisein der militanten Oberemmentaler Führer und ohne bedrohliche Schlossbesatzung im Nacken das oberkeitliche Ansinnen in hohem Bogen verwerfen werden.)

Etwas mehr zu reden gibt die Frage: wer denn jetzt die abgefassten Klagen nach Bern bringen solle? Nachdem nun die Auslieferung der ‹Rädelsführer› im Raum steht, ist niemand daran interessiert, sich als ‹bevollmächtigter Delegierter› der Bauern in die Höhle des Löwen zu begeben... Schliesslich macht einer den Vorschlag: sie wollten doch alle zusammen vor die Herren treten! Das wird für gut befunden.[5] Zusätzlich bittet man die Oberkeit, die Verhandlungen (nach luzernischem Vorbild) aus der Stadt aufs Land zu verlegen, sei es nach Burgdorf, Thun, Worb oder Höchstetten.

Die Trachselwalder Versammlung endet, wie sie begonnen hat: mit einem gemeinsamen Gebet.

Niklaus Leuenberger aber hat sich durch sein beherztes Eingreifen im entscheidenden Augenblick das Vertrauen der Bauernschaft erworben.

Mühlestein 202–209 – Vock 135 f. – Wahlen/Jaggi 44 f. – Türler, Leuenberger – RM Bern 8.3.1653 – BB VI.47.6 – Turmbuch Bern, Vergicht Niklaus Leuenbergers

Im elsässischen Mühlhausen stehen hundert Söldner bereit.
Der Berner Kleine Rat befiehlt, sie nach Olten und von da aus in einer Nacht- und Nebelaktion in die bernischen Schlösser Aarburg und Aarwangen zu verlegen.

RM Bern 14.3.1653

---

5 Dieser Beschluss ist nicht überliefert. Die nahezu identische personelle Zusammensetzung des Treffens von Trachselwald und der Ausschüsse vom 18.3. deutet aber stark darauf hin.

Die Entlibucher verweigern ihrem Landvogt den Huldigungseid. Erst müsse der Spruchbrief richtiggestellt werden, dass er nicht die Bauern verunglimpfe, sondern bloss sachlich die drei Punkte entscheide, welche die Schiedsrichter zu entscheiden gehabt haben: nämlich Appellation, Ohmgeld und Kostenfrage. Eine Eidshuldigung sei überhaupt nicht nötig; die Zeit des alten Eids sei noch nicht abgelaufen, und sie seien nicht meineidige Leute.

Im ganzen Luzernerland heisst es: die eidgenössischen Vermittler seien vom Luzerner Rat bestochen gewesen.

Liebenau II/232 f.

Dienstag, 15. März

Versammlung in Konolfingen.
Ueli Galli gewinnt den Notar Brenner als Schreiber

An den Versammlungen dieser Tage in Trachselwald und Konolfingen wollen die Bauern ihre Klageartikel durch offiziell gewählte Vertreter möglichst vieler Kilchörinen beraten und absegnen lassen, um sie dann im Namen aller bernischen Untertanen der Oberkeit vorzulegen.

Ueli Galli und mit ihm sicher auch Daniel Küpfer[1], der alte Schmied von Höchstetten, und der Steffisburger Statthalter Hans Berger versuchen heute in Konolfingen, die Abgeordneten der vier Landgerichte für ihre Sache zu gewinnen.

Schon zeitig tauchen Leuenberger und der Wirt von Ranflüh auf und erzählen von Tribolets Auftritt in Trachselwald.

Natürlich war Leuenbergers gestriges Vorgehen klug; er allein hat vermieden, dass die Bauern dem Landvogt die ‹Rädelsführer› wenn möglich noch auf der Stelle auslieferten. Dass aber diese Bauernabgeordneten überhaupt in Erwägung zogen, den Vorschlag des Vogts anzunehmen, erschüttert Ueli Gallis Glauben an die Verlässlichkeit seiner Standesgenossen.

Was dann in Konolfingen beim Besprechen der Klageartikel passiert, bestätigt dieses düstere Bild. Da sind Abgeordnete dabei, insbesondere aus den Landgerichten Seftigen und Sternenberg, über die Ueli Galli nur den Kopf schütteln kann. Die haben von der ganzen Bauernbewegung im Emmental keine Ahnung, wollen alles von Grund auf erklärt haben und begreifen doch so schwer, wenden sich gegen jede ernsthafte Forderung; man dürfe die Gnädigen Herren nicht vor den Kopf stossen[2] – kurz: die Diskussionen führen auf keinen grünen Zweig, an eine Annahme der aufgesetzten emmentalischen Klageartikel ist nicht zu denken. Gegen Abend entschliessen sich die Seftiger, sie wollten eigene Artikel in Bern einreichen, viel schwä-

---

1 Seiner Wohngemeinde Langnau entsprechend hätte er gestern die Trachselwalder Versammlung besuchen müssen. Offenbar fühlte er sich mehr an sein Heimatdorf Höchstetten und damit an das Landgericht Konolfingen gebunden.
2 Der tägliche Kontakt zu den Bernburgern auf ihren Sommerhäusern (den Campagnes) und die unmittelbare Stadtnähe machen die Zurückhaltung dieser Leute verständlich. Das Landgericht Sternenberg reichte bis nach Bümpliz und Köniz. Freiweibel war Hans Zimmermann aus Wabern.

chere (welche sogar die Berner Ratsherren «gar nicht unrymlich» finden und sofort genehmigen).

Die Oberemmentaler hingegen bestehen auf ihren so mühsam entworfenen Beschwerden und bestimmen zudem neue Wachtposten auf Waldhaus, Dürsrüti und anderswo, weil sie einen Überfall von Schloss Signau her befürchten, wo eine Besatzung von Seeländern liegt. Einig ist man sich am Ende nur darüber: Die Beratungen sollen noch diese Woche in Signau fortgeführt werden.

Es scheint, als habe der unglückliche Verlauf die Versammlung stark in die Länge gezogen und unerwartete Schreibarbeiten verursacht. Nach dem Eindunkeln reiten einige Abgeordnete auf Ueli Gallis Anweisung nach Münsingen und holen dort den Notar Brenner aus dem Bett: Sie brauchten einen Schreiber im Konolfinger Bauernparlament, und zwar sofort. Der Notar ist ob der plötzlichen ‹Berufung› begreiflicherweise nicht gerade begeistert, und nur mit einigen handfesten Drohungen bringen ihn die Leute zur Zusage.

> Dieser Hans Konrad Brenner (berndeutsch «Brönner» genannt) ist gebürtiger Deutscher aus der Herrschaft Badenweiler. Vor vierzig Jahren ist er als magerer Bub nach Arni gekommen, wo er etliche Leute schreiben und lesen lehrte; bald liess er sich in Münsingen nieder, gab noch einigen Dorfleuten Unterricht und baute sich eine Praxis als anerkannter Landschreiber auf.

An diesem Abend zeigt sich der Notar Brenner als überaus tüchtiger und rechtskundiger Schreiber, ein wahrer Gewinn für die Bewegung. Ueli Galli und Statthalter Berger überreden ihn zum Mitmachen: Sie würden ihm alles geben, was er heuschen könne, wenn die Sache erst ausgemacht sei. Und mit dem Handschlag Brenners findet die Versammlung gegen Mitternacht einen guten Abschluss, der alle Maläste mit den Seftigern bei weitem aufwiegt.

Turmbuch Bern 1653, Vergichte Hans Konrad Brenners, Ueli Gallis und Lienhart Glanzmanns - Mühlestein 209 - Graf 279f. - Ch.Pfister/A. Kellerhals: Verwaltung und Versorgung im Landgericht Sternenberg. BZGH 1989, 192

Dienstag, 15. März

Die Zürcher Armee wird aufgeboten und wieder heimgeschickt.
Eidgenössische Ehrengesandte unterwegs nach Bern

Am Sonntag nach dem Morgengottesdienst hat der Zürcher Rat den Standessäckelmeister Johann Konrad Werdmüller zum Generalissimus der 1.Tagsatzungsarmee gewählt. Bereits morgen Mittwoch soll die gesamte Zürcher Armee gegen Lenzburg vorrücken.

Den Zürcher Herren ist bei der Durchführung des Badener Defensionals nicht recht wohl in ihrer Haut. Ihr eigenes Zürcher Truppenkontingent haben sie in Baden zahlenmässig so gering wie nur irgendwie möglich angesetzt. Gerne sähen sie, wenn Berns Regierung mit ihren Aufständischen ohne fremde Kriegshilfe zu Rande käme. Allzu leicht könnte der Auszug der Zürcher Armee auch hier den Widerstand der Untertanen erwecken.

Zürich hat sich für die Schaffung einer eidgenössisch-evangelischen Ehrengesandtschaft eingesetzt. Ende dieser Woche sollen die Herren, mit Bürgermeister Waser an der Spitze, nach bewährtem Muster in Bern vermitteln.

Zusammen mit dem Aufgebot an ihre Uszüger haben die Herren einen überaus bieder und friedlich klingenden ‹Bericht an die Landschaft› in die Dörfer geschickt. Boten aus der Stadt verlasen diesen Bericht in den Wirtshäusern, wobei die bäuerlichen Zuhörer erst noch auf Kosten der Oberkeit bewirtet wurden! Die ausgehobenen Truppen würden keine Gewalt gegen niemanden gebrauchen, hiess es da, es sei denn, dass alle gütlichen Mittel versagt hätten. Gleichzeitig versprach man die völlige Freigabe des Salzhandels[3] und amnestierte alle Beteiligten des Wädenswiler Aufstands von 1646.

Die gross angelegte Bauernfängerei im Züribiet gelingt mehr oder minder. Die Landleute rücken ordentlich zum Wehrdienst ein. In der Stadt und im Fraumünsteramt wimmelt es von Soldaten.

Wie aber heute die Meldung von Spähern aus dem Aargäu kommt: die dortigen Berner Untertanen seien entschlossen, sich den Zürchern bewaffnet entgegenzustellen, schickt der Zürcher Rat seine sämtlichen Wehrmänner Knall auf Fall nach Hause.

Den Ausbruch eines offenen Bürgerkriegs will man jetzt nicht riskieren – just im Augenblick, da Bürgermeister Waser mit den Herren Ehrengesandten zur ‹fründgüetlichen Pacification› durchs Aargäu hinauf nach Bern reist. Das meint

---

3 Das Versprechen wurde später nicht eingehalten.

auch der Herr Bürgermeister selbst; aus Aarau schickt er einen eiligen Brief nach Zürich: «Unsere Völker sind nirgends angenehm, auch nicht in Aarau und Brugg!»

So werden am Mittwoch nur die Schaffhauser Truppen nach den Plänen des geheimen Defensionals in Brugg einrücken – und gleich wieder nach Hause ziehen.

Mühlestein 210–212 – Liebenau II/39

Joh. Konrad Werdmüller von Zürich (1606–1674), Generalissimus der Tagsatzungsarmeen

Mittwoch, 16. März

Die Landleute reagieren mit Angst und Empörung auf die Tagsatzungsbeschlüsse. Mühsamer Truppenauszug im Baselbiet. Die Entlibucher schicken Boten in die Eidgenössischen Orte

> *Auf seinem Heimweg von der Tagsatzung – er hatte sich wohl zu Baden noch einige Tage in den berühmten Bädern vergnügt – fand Bürgermeister Wettstein das Städtchen Liestal gestern in Aufruhr. Eben war hier der Rüstungsbeschluss der Tagsatzung bekannt geworden.[1] Wettstein beschwichtigte das Volk, und die Beamten versicherten ihm ihre Treue.[2]*
>
> *Daheim in Basel wartete ein dringendes Hilfegesuch aus Bern auf den Bürgermeister: er solle die Truppen gemäss Tagsatzungsbefehl unverzüglich abmarschieren lassen und noch 200 Mann auf Kosten Berns dazu werben. Gleichzeitig lag da ein Schreiben aus Zürich, er solle mit dem Auszug zuwarten.*

Wettstein entscheidet sich für den Krieg. Am Mittwochmorgen marschieren 400 Basler und 100 Mühlhauser – zum Teil geworbene Söldner – unter dem Kommando von Oberst Zörnlin ganz gemäss dem ‹Defensional› der Tagsatzung in Richtung Aarau ab. Dort sind sie bis auf weiteres als ständige Besatzung gedacht.

In *Liestal* wird schon eine Stunde vor Zörnlins Eintreffen mit einem Doppelhaken auf der Mauer das Losungszeichen gegeben. Mann und Frau strömen ab den Feldern in das Städtchen. Hier empfangen sie die Truppen mit einem grossen Auflauf. Unter Drohungen verlangen sie ihre ausgehobenen Männer und Knechte zurück. Oberst Zörnlin sieht sich gezwungen, seine Liestaler Soldaten zu Hause übernachten zu lassen.

Abends schreibt Zörnlin nach Basel: die Lage werde je länger je ärger. Die Landleute seien kaum bereit, in den Krieg zu ziehen. Man solle mit der Werbung fremder Söldner fortfahren!

Mühlestein 237, 239–241

---

1 das Truppenaufgebot des Standes Basel – nicht der ganze geheime Aufmarschplan des ‹Defensionalwerks›
2 Dabei hinterging Wettstein die Landschäftler: Seit Tagen war der Basler Rat daran, die ‹Rädelsführer› auf dem Land ausfindig zu machen und heimlich Munition auf die Schlösser zu schaffen.

In diesen Tagen wird das ‹allgemeine Mandat› der Tagsatzung veröffentlicht. Die Entlibucher sind über die rüde Sprache der Herren in höchstem Grad verärgert. Sie, die nichts als ihre alten Briefe und Rechte begehrten, sollen «böse Buben» sein, die Gift ausstreuen und sich dadurch «schwer versündigen»? Haben sie denn ihren Wolhuser Bund nicht mit Zustimmung des Dekans Lüthard geschlossen, der daran nichts Schlechtes fand? In ihrer ersten Wut nehmen einige Bauern an einem Stadtläufer Rache; sie reissen ihm die Kleider vom Leib und hängen ihn nackt an einen Baum. Die *Willisauer* entsetzen ihren Schultheissen, den Stadtschreiber, die Gross- und Kleinweibel sowie den Läufer und wählen eine neue Stadtverwaltung. Einige oberkeitstreue Ratsmitglieder schliessen sie aus ihrem Parlament aus.

Bei näherem Hinsehen bemerken die gewieften *Entlibucher* Führer, dass die Tagsatzungsbeschlüsse hinter allem Säbelrasseln erstaunliche Schwachpunkte aufweisen. So haben von den katholischen Orten bloss Luzern, Zwyers Uri und Montenachs Freiburg das ‹Defensionalwerk› angenommen, während es Schwyz, Unterwalden und Solothurn nicht unterzeichneten; der Stand Zug war in Baden gar nicht vertreten. – Und in diese vier letzteren Orte schicken die Entlibucher heute ihre Boten aus. Schreiber Müller selbst reist nach Stans. Vom Nidwaldner Rat erbittet er die Erlaubnis, die Anliegen der luzernischen Landleute an der folgenden Nidwaldner Landsgemeinde vorbringen zu dürfen, damit das Volk selber urteilen könne. Bis dies gestattet werde, wollten die Aufständischen Luzern von aller Lebensmittelzufuhr – auch gegen Unterwalden zu – abschneiden.

Mühlestein 201 – Liebenau II/234f.

Mittwoch, 16. März

Vielerorts zeigen sich die Leute bei der Veröffentlichung des ‹allgemeinen Mandats› weniger abgeschreckt durch die beschriebenen Untaten der Rebellen als erschreckt durch die kriegerische Sprache der Tagsatzungsherren. Die Untertanen im bernischen Aargau rechnen nun mehr denn je mit einem bevorstehenden Einfall fremder Truppen; niemand will glauben, dass die Herren in Baden solche Beschimpfungen gegen die Entlibucher ausstossen würden, ohne dass sie im geheimen ‹Defensional› auch die entsprechenden Kriegsvorbereitungen getroffen hätten. Aus Basel und Zürich hört man von Werbungen und Truppenaufgeboten. Und das Aargau ist leider Gottes ein Sammelplatz und Durchmarschgebiet für die Soldateska fast aller eidgenössischen Stände.

An einer eilig abgehaltenen Landsgemeinde in *Huttwil* wird beschlossen, die Oberaargauer sollten den Einmarsch der Basler Truppen aufhalten, während die Mannen der Grafschaft Lenzburg dem Zürcher Heer den Pass versperren würden. Daraufhin begehren die Uszüger von Seeberg, Hasle, Oberburg, Heimiswil, Kirchberg und Koppigen vom Burgdorfer Schultheissen ihr Reisgeld heraus.

Mühlestein 242 – RM Burgdorf 16.3. 1653

Landsgemeinde in Signau.
Offener Aufruhr im oberen Emmental

Ueli Galli leitet die heutige[1] Versammlung von Signau, wo man eigentlich die Beratungen über gemeinsame Klagepunkte an die Oberkeit fortsetzen wollte. Notar Brenner ist als Schreiber dabei. Die Veröffentlichung des ‹allgemeinen Mandats› der Tagsatzung hat alles auf den Kopf gestellt. Nach solch argen Verleumdungen sehen viele Landleute hier im oberen Emmental keinen Sinn mehr darin, mit brav und bieder formulierten Bittschreiben vor die Herren zu treten. Ueli Galli lässt vor der Versammlung einen abgefangenen oberkeitlichen Brief öffnen, und dessen Inhalt ist offenbar so bauernfeindlich, dass die ‹Harten› unter den Anwesenden klar die Oberhand gewinnen. Weitere Verhandlungen mit dem Berner Rat werden abgelehnt. Stattdessen befiehlt Ueli Galli dem Schmied von Signau, er solle «Linde härten» und Prügel schlagen.

Die Signauer Schmitte von Hans Winkler wird zu einer Art Zentrum der Aufständischen. Der Bergmichel und seine rauhen Kameraden schleppen als regierungstreu bekannte ‹linde› Landleute dahin, wo ihnen der Schmied mit einem über den Kopf gezogenen Schleifstein die nötige Härte beibringt. Die ersten eisenbeschlagenen Prügel nach entlibuchischem Modell entstehen in Winklers Werkstatt, das Stück für einen Gulden; die meisten gehen an die Bowiler. Samuel Neukomm und Andres Haupt giessen in der Schmitte Kugeln.

Klaus Neuenschwander von der Böschmatt, ein eifriger Briefträger der Aufständischen, macht aus Weiden Zäume und ‹widlet› auf eigene Faust die Linden.

Im Trub bricht die Wut mit dem alten Kämpen Hans Wüthrich durch, einem Freund von Ueli Galli aus der Zeit des Thunerkriegs, damals noch ein wohlhabender Bauer, der aber durch den Preissturz in arge Not geraten ist und jetzt 20'000 Pfund Schulden auf dem Buckel hat. Dieser Wüthrich verprügelt den Bruder des Weibels und droht, es dem Weibel gleich zu tun: der sei lang genug ein fauler Schelm gewesen und solle schleunigst abtreten!

Turmbuch Bern 1653, Vergichte Ueli Gallis, Hans Konrad Brenners und Hans Winklers – Rösli 9,145,157

---

[1] Das Datum dieser Landsgemeinde ist nicht gesichert.

Donnerstag, 17. März

Die Ehrengesandten auf ihrer Reise nach Bern. Zörnlin in Aarau

Die evangelischen Ehrengesandten haben in Langenthal übernachtet und brechen früh morgens nach Bern auf. Im Vorbeireiten erkundigen sie sich nach der Stimmung im Volk. Sie erfahren, dass sich die Empörung vor allem dagegen richtet, dass die Oberkeit fremde Truppen ins Land kommen lasse. Auch wollen die Uszüger nach wie vor nicht gegen ihre Nachbarn im Luzernischen kriegen.
Beim Mittagessen in Burgdorf erscheint ein Ausschuss von Emmentalern. Die Leute sagen, sie weigerten sich, noch mit der Berner Oberkeit zu verhandeln, da man sie als ‹Aufrührer› beschimpft habe. Der Zürcher Bürgermeister Waser stellt ihnen einen baldigen gerechten Vergleich in Aussicht und überredet sie so, doch den friedlichen Verhandlungsweg zu beschreiten. Bereits morgen will er die Emmentaler in Bern empfangen.
Am Abend treffen die Herren Ehrengesandten[2] in der Hauptstadt ein. Dem grossmächtigen Altschultheissen Anton von Graffenried machen sie die erste ihrer vielen und anstrengenden, vom bernischen Zeremoniell verlangten Aufwartungen. In wohlgedrechselten Reden versichert Waser in der zu seinem Empfang veranstalteten Ratssitzung, dass er und seine Mitgesandten nur eine «die oberkeitlichen Rechte und Souveränität des Standes in keiner Weise gefährdende Interposition» (Vermittlung) beabsichtigten.

Gemäss seinem Auftrag reist der Basler Oberst Zörnlin vorab allein nach Aarau, um die Lage zu erkunden. Als die hiesigen Bürger vernehmen, 500 Basler und Mühlhauser wollten schon morgen als Besatzung in ihr Städtchen einmarschieren, wehren sie sich heftig dagegen. Abgesehen davon, dass ihnen selbst eine auswärtige Besatzung zuwider ist, befürchten sie, dass diese Massnahme eine Belagerung Aaraus provozieren würde; denn die Landleute würden bestimmt keine fremden Truppen im Aargäu dulden. Schliesslich entscheidet der Rat: für eine einzige Nacht werde man den Basler Soldaten in den Wirtshäusern Quartier gewähren, und auch das nur, weil der strenge Befehl der Gnädigen Herren dies erzwinge.
Trotzdem will Zörnlin seine Truppen morgen nach Aarau führen.

Mühlestein 212f., 241f. − Tillier 159f. − Vock 138

---

2 Die Herren Bürgermeister Waser, Statthalter Hirzel und Ratssubstitut Schmid von Zürich, Landammann Marti von Glarus, Zeugherr Falkner von Basel, Säckelmeister Meyer von Schaffhausen, Statthalter Diezi von Appenzell-Ausserrhoden und Dr. Schobinger von St.Gallen.

In Olten wird der Aarburger Falkenwirt niedergeschlagen

Am Abend besetzt die Solothurner Regierung – gemäss dem ‹Defensional› der Tagsatzung – ihr eigenes Städtchen Olten mit hundert Mann. Die Oltner Bürger reagieren heftig und beschweren sich beim Platzkommandanten. – Während dieser die Leute zu beruhigen versucht: die Besetzung sei nur zum Schutz gegen luzernische und bernische Aufwiegler geschehen, taucht der Falkenwirt des bernischen Nachbarorts Aarburg, ein bekannter Herrenfreund, in Begleitung eines Berner Hauptmanns auf.[3]
Die Oltner vermuten sogleich, die zwei Männer seien in geheimer militärischer Mission hier.

Tatsächlich haben sie den Auftrag der Berner Regierung, fünfzig Mann Besatzung heimlich von Olten auf Schloss Aarburg zu führen.

Die geheime Besprechung, welche die beiden mit den solothurnischen Hauptleuten in einem besonderen Zimmer des Gasthauses ‹Zum Löwen› abhalten, erfüllt die Bürger immer mehr mit Argwohn. Sie verlangen durch Ausschüsse Auskunft über die Unterredung. Und offenbar reden sie auf die Soldaten ein. Wie der Solothurner Hauptmann Grimm seine fünfzig Mann aufbrechen lassen will, verweigern diese den Auszug: man habe ihnen gesagt, sie müssten nur bis Olten ziehen, weiter begehrten sie nicht in der dunklen Nacht. Vergebens beteuert Grimm, es handle sich nur um eine Besetzung des solothurnischen Schlösschens Wartburg. Niemand traut diesen Worten. Als der Falkenwirt sich vor dem ‹Löwen› zeigt, wird er von Bürgern umringt und festgehalten: «Was ist's, du Verräter, du Schelm? Was hast du das Volk von hier abzuführen? Du hast hier nichts zu schaffen!», und gleichzeitig erhält der ‹Falke› einen Schlag mit einer Muskete auf den Kopf, dass er ohnmächtig hinfällt.

Am Freitagmorgen kommen bewaffnete Männer aus Aarburg, angeführt von Stephan Reinle und Ueli Bohnenblust, und verlangen die Auslieferung des Verräters. Die Oltner weisen dies zurück. Nachdem sie aber durch ein abgefangenes Schreiben des Aarburger Vogts die Gewissheit erhalten haben, dass Solothurner Truppen klammheimlich und entgegen den Aussagen der Offiziere das bernische Schloss hätten verstärken sollen, sind sie

---

3 Nach der (zeitgenössischen?) Handschrift BB VI.47.6 hiess der Wirt Jakob Suter. Bei Vock, von Arx und Zingg lautet der Name: Hurter. – Der Hauptmann war der Bernburger Anton Weyermann.

Donnerstag, 17./27. März

über die Hinterlist entrüstet. Reinle und Bohnenblust werden freundlich bewirtet, und auf ihren Wunsch hin wird der Falkenwirt erst in der ‹Krone›, später im Spital eingesperrt.
Ein Unbekannter dichtet neue Strophen zum Entlibucher Tellenlied:

> «Zu Aarburg ist ein Falke,
> man kennt ihn nur zu wohl.
> Er ist ein arger Schalke,
> dazu der Tücke voll.
> Er treit zwei falsche Augen
> und ein meineidig Herz;
> 's ist vorn ihm nit zu glauben,
> geschweige hinterwärts.
>
> Er ist gen Olten kommen,
> fragt wo der Hauptmann was,
> der Falk hat's bald vernommen
> und merket ehester das.
> Er treit 'ne Modekappen,
> dass er erkannt nit wurd;
> wollt führen fufzg Soldaten
> ins Schloss, wohl gen Aarburg.
>
> Zu Olten auf der Gassen
> ward er gegriffen an,
> beim Wanst thät man ihn fassen:
> «Woher, meineider Mann?»
> Sie führten ihn zum Leuen,
> auf ihn hat man gut Acht.
> Wollt's Futter nit verdäuen,
> man hielt ihn über Nacht.
>
> Sie führten ihn zur Kronen,
> wohl in ein beschlossnen Gmach.
> Der Krieg wollt ihm nit lohnen,
> auf ihn hat man gut Wach.
> Im Spitel auf dem Laden,
> da sitzt er Tag und Nacht
> an einem seid'nen Faden,
> wie ihn der Schlosser macht.»

Zingg 10–14 – von Arx 7 – Vock 164ff., 547f. – Mühlestein 223 – Hostettler 19, 39 – BB VI.47.6

Die Ausschüsse der Landleute in Bern

Schon am Morgen in aller Herrgottsfrühe erscheint in Bern eine ansehnliche Schar von Landleuten. Nach ihrer Aufwartung im Rathaus gehen sie zum Gasthof ‹Krone› an der vorderen Gasse, wo die Herren Ehrengesandten logieren. Diesen überreichen sie eine Kopie ihrer ‹underthenigen Bittschrift an die Gnädigen Herren und Oberen der Stadt Bern›.

Ihr Sprecher ist Peter Jakob, der Schaffner vom Trub; mit ihm vertritt Hans Wüthrich von Brandösch die Gemeinde Trub; Klaus Leuenberger ist dabei, der alte Klaus Zimmermann vom Schangnau, die drei Langnauer Christen Eichenberger, Christen Grimm und Hans Bürki vom Winkel, Niklaus Dubach von Lützelflüh, Isaak Eggimann von Sumiswald und Säckelmeister Haas, der Schär Hans von Affoltern und Peter Erhardt von Steffisburg... insgesamt zählt der Tross dieser Bauerndelegierten 29 Köpfe, fast die ganze Trachselwalder Versammlung vom vergangenen Montag. Dagegen fehlt jede Spur jener Signauer Amtsangehörigen und Aaretaler, die diese Woche in Konolfingen und Signau tagten. Ueli Galli, Hans Rüegsegger, Daniel Küpfer, Statthalter Berger und der Bergmichel – sie haben sich deutlich gegen Verhandlungen ausgesprochen, ganz besonders gegen Verhandlungen in der Stadt.

Was die Daheimgebliebenen vorausgesehen haben, müssen die Ausschüsse schon bei ihrer ersten Audienz von den Herren Ehrengesandten erleiden: eine Demütigung statt einer gerechten Vermittlung. Bürgermeister Waser geht nämlich auf die Klagen der Bauern gar nicht ein; er ermahnt sie bloss, sie sollten ihren Gnädigen Herren Abbitte leisten und ihnen die Beschwerden vertrauensvoll zu oberkeitlicher Gnade und Abhilfe überlassen! – Der Truber Schaffner, Leuenberger und die übrigen müssen mit gewaschenen Köpfen abzotteln und sich auf morgen vertrösten... vielleicht zeigen sich die hohen Herren mit der Zeit doch noch freundlicher?

Zurückkrebsen kann man jetzt nicht mehr – was würden denn Galli und Küpfer sagen, wenn die 29 Delegierten ohne irgendein Verhandlungsergebnis, nur mit einer Schelte am Hals, ins Emmental zurückkämen? Das wäre Wasser auf die Mühle der Harten, welche alles Reden mit den Oberen für sinnlos halten. – Die gutgläubigen Bauernvertreter ahnen noch gar nicht, welche Widerstände den kommenden Verhandlungen von seiten der Herren entgegengesetzt werden.

Freitag, 18. März 315

Die Berner Ratsherren reden an ihrer heutigen Sitzung mit grosser Hitze und Entrüstung gegen die Bauern, und Bürgermeister Waser muss vernehmen, dass die Oberkeit die Emmentaler mit Waffengewalt überfallen hätte, hätte sich nicht der gute Schultheiss Daxelhofer so kräftig für den Versuch einer eidgenössischen Vermittlung eingesetzt.

In Thun: Einige Zusätzler der Schlossbesatzung haben sich aus dem Staub gemacht. Der Kommandant erhält aus Bern einen Rüffel, er solle seinen Soldaten ‹gnugsame Gligen› oder mindestens Strohsäcke geben.

Auf Schönholz: Hans Ueli Neuhaus – zurück von Signau – besorgt dem Leuenberger während dessen Abwesenheit den Acker.

In Aarburg: Die Bevölkerung ist über den Verrat des Falkenwirts empört. Man ist gewillt, den Einmarsch fremder Truppen mit Waffengewalt zu verhindern, errichtet Wachten und leitet einen für das Schloss bestimmten Wagen Mehl ins Kaufhaus des Städtchens um. – *Während unter den Fenstern des Schlosses Schüsse knallen, befindet sich dort kaum eine Handvoll Soldaten. Die fünfzig Solothurner, die dem Landvogt als Verstärkung hätten dienen sollen, haben nach den gestrigen Vorfällen in Olten den Dienst verweigert und sind nach Hause gegangen.*

In Aarwangen: Als fünfzig Solothurner Soldaten zur Verstärkung der bernischen Schlossbesatzung eintreffen, beginnen die Bauern sofort mit der Belagerung der Bastion. – *Die Solothurner zeigen sich ganz und gar nicht kriegswillig, so dass Landvogt Willading froh ist, sie wieder entlassen zu können.*
Das Tellenlied erhält neue Strophen:
«Der Bär wollt nit still sitzen,
er kam gen Solothurn;
mit listig Kyb und Witzen
richt' er bald an den Sturm.
Man gab ihm fufzg Soldaten,
gerüst't über die Mass;
im Schiff thät man sie führen
Aarwangen zu ins Schloss.
Die Bauren wend's nit haben,
sie fallen vor das Schloss;
musst fort mit den Soldaten,
wie sehr ihn das verdross.»

Mühlestein 213f., 225 – Rösli 102, 131, 136f., 151, 157, 211 – RM Bern 18. 3. 1653 – Zingg 14 – Hostettler 18 – von Arx 8

> *Der Luzerner Rat hat gestern Burgerschaft und Bürger zusammengerufen. Er hat die Supplikation der Bürger bezüglich ihrer alten Rechte verlesen lassen, dann die Erklärungen der Ämter Willisau, Rothenburg, Entlibuch und Ruswil, dass sie den Schiedsspruch nicht annehmen könnten. Es folgte die Verlesung des Schiedsspruchs und weiterer Papiere, bis sich die Leute, vom vielen Amtsdeutsch ermüdet, nach und nach zurückzogen.*

So berufen die Herren von Luzern nochmals eine Gemeindeversammlung ein, und nochmals verliest Stadtschreiber Hartmann sämtliche Akten. Anschliessend ermahnt Schultheiss Dulliker die Bürger zum Gehorsam: sie hätten fast gar keine Rechte von alters her! Einzelne Sprecher der Bürgerschaft bleiben dabei, dass die alten bürgerlichen Freiheitsbriefe wohl verbrannt worden seien; andere wissen sich nicht besser zu helfen, als dass sie nun ihrerseits über die noch Geringeren der Stadt, über die Hindersässen, herfallen. Der Rat nimmt diese Klagen ‹gütig› entgegen – und lacht sich wohl ins Fäustchen. Kein einziger Bürger kommt auf die Idee, nachzufragen: auf welche Verfassungsartikel die Patrizier denn ihre Vorrechte stützen könnten?

> *In Luzern sind inzwischen die Schreiben der einzelnen Ämter hereingetröpfelt, die in mehr oder minder rauhen Worten sagen: vor einer neuen Huldigung müsse der ‹rechtliche Spruch› bereinigt werden. Sie erinnern die Herren auch an eine Reihe von Konzessionen, über die man sich in Ruswil gütlich geeinigt hat. Wo denn deren schriftliche Bestätigung bleibe?*

Vergeblich lässt der Rat ein Mandat gegen ‹üble Nachreden› von allen Kanzeln verlesen.[1] Die Entlibucher stellen wieder Wachten auf. Sie sollen die auffällig zahlreichen Boten der Herren unter die Lupe nehmen, die allem Anschein nach mit kriegerischen Aufmarschplänen zwischen Luzern und Bern hin- und herpendeln. Offiziell sagt Landespannermeister Emmenegger: herumstreifende Mordbrenner machten diese Wachten notwendig.

Die Entlibucher verlangen in dieser Woche mehrmals neue Verhandlungen und Erläuterungen der Ehrengesandten irgendwo auf dem Land. Die Herren ihrerseits bestellen Ausschüsse der ungehorsamen Ämter in die Stadt, was Emmenegger strikt ablehnt.

Liebenau II/224–227, 234f., 240f. – Mühlestein 270 – Vock 180–183

---

[1] Text bei Vock. Bei Liebenau II/241 vermengt mit dem Brief der katholischen Orte an die Entlibucher vom 19./29.3.

Samstag, 19. März

Oberst Zörnlin mit seinen Basler Truppen in Aarau. Grosser Widerstand der Bauern

> *Am Freitag gegen Abend betraten Oberst Zörnlin und Hauptmann Burckhardt mit ihren im Baselbiet und im Elsass geworbenen Soldaten aargäuischen Boden. Die beiden Kommandanten liessen ihre Leute bei Erlinsbach lagern und ritten in das Städtchen Aarau voraus, wo die Herren Schultheissen sie freundlich empfingen – zum grossen Unwillen der Bürgerschaft. Kaum durch das Stadttor, waren Zörnlin und Burckhardt von ihrer Mannschaft abgeschnitten. Da nämlich hörten sie in ihrem Rücken Sturmglocken läuten – es waren die Glocken von Erlinsbach. Der Hauptmann ritt zurück und sah bereits 200 Landleute beisammen, die den Baslern den Vormarsch verwehrten. Erst nach Stunden konnte der Landvogt von Gösgen (des benachbarten Solothurner Amtes) die aufgebrachten Aargäuer dazu überreden, den Weg nach Aarau freizugeben.*

Doch das war nur das Vorspiel des bäuerlichen Widerstands. In dieser Nacht ertönte das Sturmgeläut in allen Dörfern der Grafschaft Lenzburg, und auf den Höhen brannten die Wachtfeuer. Alles Volk lief bewaffnet Aarau zu.

Am Samstag früh sieht man die Bauern in dichtgedrängten Scharen vor Aarau, auf dem Thorfeld und in der Gais lagern. Durch eine Gesandtschaft von Untervögten lassen sie die Stadt auffordern, die fremden Truppen zu beseitigen, sonst werde man sie mit Gewalt vertreiben.

Innerhalb der Stadtmauern herrscht Verwirrung. Die Soldaten von Basel und Mühlhausen haben Angst oder sind selbst vom Geist des Aufstandes angesteckt. Die meisten erklären, sie wollten lieber die Waffen niederlegen als gegen die Landleute kämpfen. Die Basler Offiziere, die Aarauer Ratsherren und der ab der Lenzburg herbeigeeilte Festungskommandant May von Rued versuchen, die wütende Volksmenge zu beschwichtigen. Zörnlin wollte angesichts der schwierigen Lage in Basel neue Instruktionen einholen – doch sind seine Boten unterwegs in die Hände der Bauern geraten. Junker May von Rued schlägt vor, die Basler sollten auf Schloss Lenzburg weiterziehen. Das verweigert Zörnlin, der seinen Befehl – Aarau zu besetzen – befolgen will. Auch hätten sich die Bauern einem Weitermarsch der Truppen bestimmt widersetzt. Wahrscheinlich durch einen geheimen Bericht gewarnt, rüsten sie sich schon auf dem Thorfeld, den Weg nach Lenzburg zu versperren.

Inzwischen hat die Nachricht vom Einmarsch der Basler Truppen auch im Solothurnischen die Leute aufgestachelt. In *Olten* ist die Aufregung in den Morgenstunden besonders gross, haben doch die Bauern im Lauf der Nacht ein Schreiben des Bischofs von Basel an Zürich abgefangen, worin dieser anzeigt, seine nach dem Defensional der Tagsatzung nach Olten befohlenen Truppen seien marschbereit! Auch hat man aus dem gefangenen Falkenwirt herausgepresst: der Berner Rat habe im Elsass eine Anzahl Söldner angeworben, um sie über die Schafmatt kommen und durch Hauptmann Weyermann heimlicherweise als Besatzung nach Aarburg und Aarwangen legen zu lassen.

Unter dem Druck der Bevölkerung muss der Platzkommandant von Olten seine Soldaten – Landmänner aus dem Gäu – entlassen. Die Bürger nehmen ihr Schicksal selber in die Hand; für ein paar Stunden setzen sie den Kommandanten Gibelin sogar unter Arrest. Eilig läuft der Weibel des Städtchens nach Aarburg hinüber und mahnt die Nachbarn zur Hilfe auf.

Die Aarburger brechen unverzüglich mit 200 Mann auf und kommen bewaffnet, mit Trommeln und Fahnen, nach Olten. Nahe der Stadt ziehen ihnen die Oltner entgegen, und Arm in Arm, allemal ein Oltner und ein Aarburger, marschieren sie durch das Städtchen hinaus aufs freie Feld, wo sie sich zu einer Landsgemeinde formieren. Viele Landleute stossen zu ihnen, auch Adam Zeltner, der Untervogt von Niederbuchsiten. Durch den Alarm aus seiner bisherigen Zurückhaltung aufgeschreckt, ist er herbeigeeilt und ermahnt zur Abwehr des anrückenden Kriegsvolks, besonders des reformierten. Die Verhandlungen dauern etwa eine Stunde; dann verbinden sich die Anwesenden mit einem Eid und geloben, sie wollten keine fremden Kriegsvölker in das Land hereinlassen und die bereits hereingekommenen hinaustreiben. Gemeinsam marschiert die Menge am linken Ufer der Aare entlang hinab nach Erlinsbach, um die Belagerer von Aarau zu stärken.

Während nun in Aarau die Beratungen im Rathaus noch andauern, kommt Bericht, dass die Schar der bewaffneten Landleute stündlich anwachse. In Panik geraten, versucht das Volk die Brücke niederzureissen, damit nicht noch mehr fremde Truppen nach Aarau kommen könnten. Auf diese Nachricht hin läuft der Aarauer Rat – noch während einer Rede Zörnlins – in grösster Bestürzung auseinander, um die Brücke zu retten. Alles geht drunter und drüber, ohne dass man eigentlich den Grund kennt. In den Strassen sieht man fast ebenso viele Bauern wie Bürger. Die Basler und Mühlhauser Soldaten geraten in solche Furcht, dass sie das Frühstück stehenlassen und nüchtern aus der Stadt zur Brücke fliehen, wohin man ihnen, damit sie nicht vollends Reissaus nähmen, Brot, Wein und Käse bringt. Einzelne Soldaten verkriechen sich in Häusern und Scheunen, aus Furcht, die wütenden Bauern wollten sie totschlagen; andere schleichen sich vom Heer weg und versuchen einzeln aus der Stadt zu entkommen. Selbst den Offizieren ist der Schreck in die Glieder gefahren. Einer von ihnen erklärt, bei keinem der Kriege, die er mitgemacht habe, sei es so gefährlich wie bei diesem gewesen!

Samstag, 19. März

Schliesslich lässt Oberst Zörnlin seine tapferen Truppen – nachdem sie gesättigt sind – vorläufig bis Erlinsbach zurückmarschieren. Aber hier lagern nun die Landleute des ganzen Gösger Amtes, gegen 800 Mann stark, und versperren den Pass. Nach einer tumultartigen Debatte zwischen Offizieren und Untervögten erhalten Zörnlins Truppen die Erlaubnis zu einem einigermassen ehrenvollen Rückzug «mit brennenden Lunten» durch die Reihen der Landstürmer hindurch dem Baselbiet zu.

Beim Gasthof ‹Löwen› in der oberen Vorstadt von Aarau versucht Junker May von Rued hoch zu Ross, die da versammelten Bauern auseinanderzutreiben: sie sollten jetzt zur Besonnenheit und Ordnung zurückkehren, die Basler seien abgezogen, alles sei in bester Ordnung! – Diesen Worten aus dem Mund des verhasstesten Herren im ganzen Aargäu – den Ruf hat sich May von Rued seit seinem Amtsantritt als Kommandant auf der Lenzburg redlich erarbeitet – schenken die Landleute keinen Glauben. Der Junker seinerseits, wohl um seine ‹Autorität› fürchtend, versteigt sich zu immer wilderen Drohungen gegen das Volk: wenn man ihm nicht gehorche, so werde er die Grafschaft Lenzburg schon zu bändigen wissen! – Wie er sich das denn vorstelle, mit seinen wenigen Soldaten auf den Schlössern? tönt es höhnisch aus der Menge. – «Diese wenigen Soldaten genügten vollauf, wenn es darum ginge, nachts den Stall eines ungehorsamen Bauern in Brand zu stecken!»

Da schlägt ein Suhrentaler Bauer diesem Ungeheuer in Amtstracht seinen Spiess quer über den Rücken, dass der hölzerne Schaft darob zerbricht und der Junker schier vornüber aus dem Sattel fällt. Zischend vor Wut stösst er noch eine Todesdrohung gegen den Übeltäter aus und gibt dann seinem Ross die Sporen. Über die Aare in Richtung Auenstein macht er sich aus dem Staub.

Die Bauern feiern ihren Triumph über Nacht in der oberen Vorstadt von Aarau. Und wieder fügt ein unbekannter Dichter dem Tellenlied neue Strophen bei:

«Fünfhundert Basler zogen
wohl über die Schafmatt;
gen Aarau sind sie zogen,
gen Aarau in die Stadt.
Die Leut, die muss ich loben,
wohl aus dem Suhrental;
vor Aarau sind sie zogen,
fürwahr ein grosse Zahl.

Es wollt sie witers führen
der Junker May von Rued;
ein tapfrer Suhrentaler
den Spiess auf ihm zerschlug.
Du hast mich übel gschlagen,
das du wohl selber weisst;
noch mehr will ich dir geben,
dass das Leben nit von mir treist.»[1]

Vock 139–142 – Mühlestein 242–245 – Zingg 15–17 – von Arx 9–12 – Hostettler 19, 35, 39f.

---

1 Die letzte Strophe ist – bezogen auf Junker May von Rueds Auftritt in Aarau – in der Ballade ‹Von dem Löwenberger› überliefert. Offensichtlich wurden zum Entlebucher Tellenlied im Laufe des Jahres 1653 immer mehr aktuelle Strophen hinzugedichtet, bis das Sammelsurium in mehrere lokal geprägte Lieder zerfiel.

Sonntag (Buss- und Bettag), 20. März

> *Gestern haben die Herren Ehrengesandten nochmals die 29 abgesandten Emmentaler empfangen, ihre Klagen angehört und sie darauf zum Gehorsam ermahnt. Heute, am Sonntag, sollen die Verhandlungen ruhen.*

In der Nacht ist die Schreckensnachricht über die missglückte Besetzung von Aarau nach Bern gedrungen. Noch vor dem Morgengrauen werden die Ratsherren und Ehrengesandten aus ihren Betten geholt. Sofort erlassen letztere, als eidgenössische Autorität, auf Bitten des Rats ein Beruhigungsschreiben an die betroffenen Ämter und senden die Hälfte ihrer Gesandtschaft, angeführt von Salomon Hirzel, ins Aargau... um «persönlich die Bauern eines Besseren zu belehren».

Dass aber die Emmentaler Ausschüsse trotz der Kunde vom Einmarsch fremder Kriegsvölker ruhig in Bern sitzen bleiben, um am Montag weiter zu verhandeln, als sei nichts geschehen – das lässt schon auf ein ungesundes Mass an Kompromissbereitschaft schliessen. Wer so den friedlichen Vergleich um jeden Preis anstrebt, muss sich nicht wundern, wenn ihm die Gegenseite kühl lächelnd einen sehr hohen Preis präsentiert.

Vock 144 – Mühlestein 214

Landsgemeinden im Solothurnischen und im Berner Oberland. Der Bundesgedanke. Die Huttwiler entsetzen ihren Schultheissen

Die erfolgreiche Vertreibung der fremden Truppen aus dem Aargau ermutigt die Landleute und schliesst sie näher zusammen.

Im Baselbiet gewinnt die Bewegung nun rasch an Boden. Der Zorn und auch der Spott sämtlicher Bauern der Eidgenossenschaft ist gegen die Herren vom Rhein gerichtet. Zahlreiche Sendlinge, besonders aus Olten, besuchen das Land und erzählen ihren Verwandten und Bekannten im Baselbiet vom missglückten Aarauer Feldzug ihrer Regierung. Der Respekt vor dem mächtigen Bürgermeister Wettstein und seinen Gefolgsleuten sinkt rapid.

Sechs Delegierte der aufständischen Baselbieter besuchen heute umgekehrt die Versammlung in *Olten*, wo sich Ausschüsse fast aller solothurnischer Gemeinden beraten. Sie berufen für kommenden Donnerstag eine grosse Landsgemeinde nach Oberbuchsiten ein. Auch die Gnädigen Herren werden zur «freundlichen Besprechung» und zu «gegenseitiger Ausgleichung der streitigen Artikel» geladen – es scheint, dass sich versöhnlich Gesinnte aus bisher unbeteiligten Gebieten und vorsichtige Geister aus der direkt bedrohten Stadt Olten zu diesem Beschluss zusammengefunden haben.

Im Luzernischen ist die Stimmung revolutionär: Man ist überzeugt, die in Aarau zurückgeworfenen Basler hätten eigentlich nach Luzern vorrücken wollen. Kein Zweifel besteht nunmehr darüber, dass die Herren einen kriegerischen Pakt gegen ihre Untertanen geschlossen haben: Ihre Truppen ziehen von einem Herrschaftsgebiet ins andere, ohne Ansehen ob reformiert oder katholisch, ob eidgenössisch oder ausländisch, mit dem Ziel, die widerspenstigen Untertanen zu bekriegen.

In diesen Tagen erwacht der Gedanke, zum Schutz gegen das Bündnis der Regierungen einen eigenen, grossen Bund aller unzufriedenen Untertanen zu errichten. Und dieser Gedanke zündet. Allen voran die – ihrer geographischen Lage wegen am stärksten gefährdeten – Willisauer propagieren eifrig die grosse Zusammenfassung aller Kräfte, damit nicht ein Landstrich nach dem anderen mit fremden Truppen überzogen werde. An eilig veranstalteten Schützenfesten verbreiten sie – sehr zum Ärger der Oberkeit – ihre Ideen.

Montag, 21./31. März

Die Leute von *Aeschi* im Berner Oberland halten eine Dorfgemeinde, an der wüste Worte über die Oberkeit fallen. Kaspar Rubi meint: die Bauern sollten die Häupter nur zusammenhalten, sie zu Aeschi fragten weder Landesvenner noch Statthalter nüt nach... Die Herren von Bern in der Stadt und auf dem Land seien alle Verräter an den Landleuten geworden! Einhellig beschliesst die Gemeinde, durch einen Ausschuss Klagepunkte bei den Gnädigen Herren einzureichen und Wachten aufzustellen, weil fremde Völker den Landfrieden bedrohten. Am Abend versuchen zwei abgesandte Aeschiner, Alt-Landschreiber von Känel und Balz Megert, die *Frutiger* für ein gemeinsames Vorgehen zu gewinnen. Diese zeigen aber wenig Solidarität.

Stattdessen verpfeifen sie die Aeschiner bei Kastlan von Werdt, der nun seinerseits in Bern zusätzliche Waffen für Schloss Frutigen anfordert. Darauf sendet der Kleine Rat zwei seiner Mitglieder, die Herren Bucher und Huser, zur Erkundung der Lage nach Interlaken. Sie notieren sich die Namen von Rädelsführern und berichten in die Stadt: das Hasli sei gehorsam; sonst aber sei das Oberland gespalten.

Die aufgebrachten *Huttwiler* umstellen das Haus ihres Schultheissen Blau und verlangen das Reisgeld heraus. Weil sich Blau nicht an der Türe zeigt, dringt die Meute ins Haus ein und findet den der Oberkeit sehr ergebenen Schultheissen in einem Versteck. Melchior Graber fordert ihm die Muskete ab und zwingt die Frau Blau, den Schlüssel zum Zehntspeicher herauszugeben. Während der 18jährige Willi Nyffenegger von Nyffenegg den Überfallenen bewacht und ihn dabei als «fule Chätzer» beschimpft, öffnen die übermütigen jungen Leute auf ihrer Suche nach dem Reisgeld Tröge und Kisten.

Anscheinend unternehmen sie mit den gefundenen Batzen einen Triumphzug durch das Dorf. Dabei geraten ihnen einige Linde in die Hände, denen sie die Hose runterlassen.

Schultheiss Blau flieht nach Bern.

Mühlestein 226f., 229, 245f., 267-269 - Liebenau II/241-243 - Rösli 135, 146, 217 - AEB C 55 - RM Bern 22.3. 1653 - Vock 146

Mittwoch, 23. März

Immer noch Verhandlungen in Bern

> Der Schaffner vom Trub und seine 29köpfige Emmentaler Delegation verbringen bereits den sechsten Verhandlungstag in der Stadt. Seit Tagen reichen sie den Schiedsherren eine Fülle von wirtschaftlichen, meist geringfügigen lokalen Forderungen ein, deren Behandlung in der Tat sehr zeitraubend ist.

In diese geschäftige Kleinstarbeit hinein platzt heute ein Schreiben mit Gegenklagen des Berner Rats: Von der unerlaubten Landsgemeinde zu Langnau mit dem Zäumen der Schuldeintreiber bis zur Affäre mit dem Huttwiler Schultheissen sind da alle Vergehen der Landleute aufgelistet. Mehr Bosheit als bei den Entlibuchern sei bei ihnen zu finden; die Oberkeit müsse zur Strafe alle den Emmentalern gewährten Freiheiten wieder einfordern und ihnen die Kosten auferlegen. Ehe sie nicht kniefällig Abbitte geleistet und die Rädelsführer des Aufstands ausgeliefert hätten, könne die hohe Oberkeit keine weiteren Begehren mehr berücksichtigen.

Die lange Liste der Beschuldigungen erschreckt die diplomatisch unerfahrenen Bauernausschüsse. Den Rest des Tages verbringen sie mit der Abfassung einer unterwürfigen Rechtfertigungsschrift: die Gnädigen Herren sollten doch die geringen Fehler verzeihen; die groben Übeltaten seien durch mutwillige junge Leute angerichtet worden, die sich selbst verantworten müssten. Dann erbieten sie sich, neu zu huldigen.

Vock 145-148 (Text der Schreiben) - BB VI.47.6 (Antwortschreiben der Bauern)

Donnerstag, 24. März/3. April

Landsgemeinde der Solothurner in Oberbuchsiten. Anfänge des grossen Bauernbundes

Anders als die Herren von Bern suchen die Solothurner Magistraten einen echten Vergleich mit ihren Untertanen.
An der grossen Landsgemeinde von *Oberbuchsiten* versprechen die beiden Ratsherren Gugger und Zur Matten den freien Salzverkauf und die sofortige Aufhebung des verschrieenen Trattengelds. Die Landleute sind damit zufrieden. – Am Abend bedankt sich eine Delegation von Untervögten, angeführt von Adam Zeltner, in Solothurn beim Rat für die Zugeständnisse.

Die Herren werden erleichtert aufatmen. Seit sie in Olten den Hammerschmied Balthasar Marbacher, einen gebürtigen Entlibucher, wegen Aufwiegelei verhaften lassen, befürchten sie Racheakte der Landleute. Das Gerücht ging um, die Aufständischen wollten das Schloss in der Klus bei Balsthal überrumpeln, um sich Pulver und Waffen zu beschaffen. Bereits hat der Schlosskommandant die Weisung erhalten, er solle den Bauern «gutwillens etwas Pulver verabfolgen», wenn sie solches verlangen sollten.

So kann der Rat von Solothurn in seinem Gebiet einen offenen Aufstand vermeiden. Er kann den Landleuten aber nicht die Angst vor dem Einmarsch fremder Truppen nehmen. Niemand weiss, was die Tagsatzungsherren in ihrem geheimen Kriegsplan noch beschlossen haben.

In *Olten* hat man von der kühnen Idee aus dem Luzernischen vernommen: die Bauern und die Landstädte sollten dem Herrenbund einen Beistandspakt der Untertanen gegenüberstellen, ganz nach dem Vorbild der alten Eidgenossen auf dem Rütli. Deshalb sind heute, trotz der Landsgemeinde, drei Oltner zu einer Besprechung nach Willisau gereist.

Zingg 18 f. – Mühlestein 226–229, 276 – Liebenau II/248 – Vock 196 – von Arx 13–15

Der Kompromiss von Wasers Gnaden

Die in Bern gebliebenen Ehrengesandten unter der Führung von Zürichs Bürgermeister Waser legen dem Berner Rat nach sechs Tagen Klagen und Gegenklagen ihr Vermittlungswerk vor. Demnach müssen die Bauern ihre Oberkeit kniefällig um Gnade bitten und einen neuen Huldigungseid leisten.

Von den grossen bäuerlichen Forderungen wird eine erfüllt: Das Trattengeld wird aufgehoben und der freie Handel mit Rossen und Vieh zugelassen. Teilweise genehmigen die Vermittler auch die gewünschten Landesbeamten: Das Emmental soll einen Landesvenner erhalten ... doch bleibt die Wahl des geeigneten Mannes der Oberkeit vorbehalten. Es folgen etliche Bestimmungen von geringerem Interesse, über Bussgeld- und Steuerbezug, Salpetergraber, Landschreibergebühren, etc.[1] – Im wesentlichen aber bleibt sonst alles beim alten: Die Batzen bleiben abgewertet; das Salzregal besteht weiter; Landsgemeinden sind nach wie vor verboten.

Die Ratsherren sind über diesen Schiedsspruch erbost. Sie vermissen eine ausdrückliche Zurechtweisung der ungehorsamen Untertanen. Um ihr Prestige als gestrenge Oberkeit zu wahren, verlangen sie folgenden Zusatz zum Spruch:

1. Die Emmentaler haben das Laster des Meineids begangen, und sie verdienen, dafür gestraft zu werden. – 2. Sie haben, als Urheber der gegenwärtigen Unruhen, die Kosten zu bezahlen. – 3. Sie haben die Gnade der Verwandlung des Heuzehntens in einen ewigen Geldzins verwirkt.[2] – 4. Sie sollen die Rädelsführer ausliefern.

---

1 In den bei Vock und Bögli abgedruckten 27 Artikeln wird der freie Salzverkauf für den Hausgebrauch zugelassen. – Dieses Zugeständnis errangen die Landleute aber erst auf Drängen der Aargäuer Ausschüsse am 29. und 30. März. Die Antwort der Herren vom 25.3. liess den freien Verkauf für Rosse, Vieh, Getreide und Lebensmittel, nicht aber für Salz zu.

2 In uralter Zeit kam jeweils der Zehntner auf die Höfe und holte jedes zehnte Heuschöchlein ab. – Weil die Herren der Stadt Bern nach der Aufhebung der Klöster wenig Verwendung für das viele Heu hatten, wandelten sie den Heuzehnten zur Reformationszeit durchwegs in eine feste Geldabgabe um.
Bedingt durch die fortgeschrittene Geldentwertung und das zweimalige Grasen entsprach diese fixe Steuer im Jahr 1653 nicht mehr dem Wert eines realen Heuzehntens. Auch wenn man sich kaum vorstellen konnte, dass die Oberkeit das Heu wieder ab den Feldern bezöge, drohte jetzt eine Neubewertung und damit eine saftige Erhöhung der Heuzehnten-Abgabe.

Diese Punkte sind diskriminierend. Niemals können die Bauerngesandten eine solche Erniedrigung auf sich nehmen. – Als sie die ergänzten Artikel überreicht bekommen, antworten sie den eidgenössischen Ehrengesandten nach dem bewährten Muster Leuenbergers: sie brauchten einige Tage Bedenkzeit, um die Sache zu Hause mit den Ihrigen zu besprechen.

Nun aber zittert Waser um den Ruhm seines ganzen Vermittlungswerks; denn die Antwort der Bauern auf dem Land kann er sich wohl ausmalen.

Er redet auf den Schaffner Jakob und Klaus Zimmermann ein, sie sollten doch die verlangte Abbitte sogleich leisten. Er, Waser, werde sich dann bei den Berner Herren mit seiner ganzen Autorität ins Zeug legen, damit sie Gnade vor Recht ergehen liessen und auf ihre vier Punkte zurückkämen.

Und tatsächlich lassen sich die Bauerndelegierten, gebauchpinselt vom fast vertraulichen Ton des Zürcher Bürgermeisters, umstimmen: Sie würden den Vertrag akzeptieren; sie seien zur kniefälligen Abbitte bereit, wenn die Vermittler sich dafür einsetzten, dass die ersten drei Punkte des oberkeitlichen Zusatzes aufgehoben würden und der vierte gemässigt werde. Es falle ihnen hart, dass sie die Rädelsführer selbst ausliefern sollten; hingegen wollten sie sich der ordentlichen Bestrafung derselben nicht widersetzen. Dann wollten sie auch wieder huldigen und die Gnädigen Herren bitten, Vertrauen zu ihnen zu fassen und die fremden Truppen zu entlassen.

Als gegen Abend die ausgesandten Vermittler aus dem Aargäu zurückkehren, wundern sie sich nicht schlecht, durch welche Überredungskünste ihr Kollege Waser die so hartnäckigen Bauernschädel dazu gebracht hat, dass sie sich selbst ihrer eigenen Bestrafung als Rädelsführer nicht widersetzen![3]

Bögli 51 ff. – Mühlestein 214–218 – RM Bern 24.3. 1653 – BB VI.47.6 – BB VI.80.3

---

3 Offenbar war der Begriff ‹Rädelsführer› unklar: Die Bauernausschüsse scheinen darunter bloss die Unruhestifter von Langnau und Huttwil verstanden zu haben – vielleicht hatte ihnen Waser mündlich diese enge Auslegung bestätigt. Der Berner Rat meinte damit bestimmt auch die politische Führung der Opposition.

Die Emmentaler Bauerndelegierten gehen vor den Herren von Bern in die Knie

Nachdem der Berner Rat auf Empfehlung Wasers seine ersten drei Forderungen von gestern zurückgezogen und die vierte nach dem Vorschlag der Bauerndelegierten in dem Sinne gemildert hat, dass sie sich die Bestrafung der ‹Rädelsführer› vorbehält, werden die 29 Emmentaler in den prunkvollen Ratsaal geführt. Hier fallen sie vor dem Rat der 200 und den eidgenössischen Ehrengesandten auf die Knie, bitten um Verzeihung und danken für die Gnadenbezeugung. Einer nach dem anderen schwört der Oberkeit durch ein Gelübde in die Hand von Bürgermeister Waser im Namen seiner Gemeinde feierlich neue Treue und Gehorsam.

Waser erinnert die demütig darniederkniende Schar nochmals an die begangenen Fehler und ihre Pflichten, zu deren treuer Erfüllung die neue Gnade der Oberen von Bern sie bewegen solle; insbesondere würden die Gnädigen Herren von sämtlichen Untertanen demnächst einen neuen Huldigungseid verlangen. Darauf verliest er die 27 Artikel seines Schiedswerks und kündigt den Bauern an, er werde ihnen bald eine besiegelte Kopie derselben zuschicken lassen.

Was geht wohl in den Köpfen von Mannen wie Hans Wüthrich, Hans Bürki und Klaus Zimmermann vor, als sie nach getaner Abbitte, ohne einen Vertrag in der Hand, auf den Rathausplatz hinaustreten und da just 300 Genfer Soldaten in die Stadt einmarschieren sehen? War nicht eben von Frieden, Gnade und Treue die Rede?

Mühlestein 216 – Bögli 51 (Abschrift der 27 Punkte) – Tillier 163 – Vock 148 f.,154

Samstag, 26. März

Reaktionen auf den Kniefall der Emmentaler

In der Stadt verläuft das Wochenende, als ob nichts geschehen wäre. Die Herren Ehrengesandten ruhen sich aus; am Montag werden sie mit der Berner Regierung über aussenpolitische Probleme konferieren; für Dienstag ist dasselbe Kniefallprozedere wie gehabt, diesmal mit Aargäuer Bauernausschüssen, vorgesehen. Die Aufrüstung der Stadt wird unvermindert vorangetrieben. General von Erlach lässt die hier stationierten Uszüger systematisch durch von Genf geworbene, welsche Söldner ersetzen. Sicher ist sicher. In Basel stehen jetzt 200 Musketiere im Solde Berns bereit.[1] - Der französische Botschafter de la Barde anerbietet sich in einem Schreiben: er könne den Herren von Bern Kavallerie aus dem Pays de Gex zur Verfügung stellen.

Die heimkehrenden Bauerndelegierten werden im Emmental aber übel empfangen!

> Den Daheimgebliebenen ist schlicht unbegreiflich, wie diese Delegierten vor den Herren niederknien, eine allgemeine Huldigung zusagen, die Abwertung der Batzen und das Verbot der Landsgemeinden anerkennen konnten, und all das für einige wenige Konzessionen, kaum mehr als auch schon im Thunerbrief von 1641 standen – und bekanntlich nie eingehalten wurden! Nicht einmal eine Begnadigung der Bauernführer haben sie ausgehandelt, keinen Abzug der Truppen aus Bern, ja: selbst ohne offizielles Papier sind diese Möchtegern-Diplomaten heimgekommen! Und all das gerade jetzt, wo die Landleute voller Mut in die Zukunft blicken: Aus Olten und aus Aarau haben sie die Besatzungstruppen der Herren vertrieben, die Macht der Landleute hat sich gezeigt, wenn sie nur zusammenhalten. Ein neuer Bund der Untertanen ist am Erstehen, so gerecht und mächtig wie der Bund der Eidgenossen von 1307.

Was die Harten, die Leute um Ueli Galli, zur Sache meinen, zeigen die folgenden zwei kleinen Geschichten: Als der Schaffner Jakob vom Trub in *Langnau* die ausgehandelten Punkte verkündet, ruft einer dazwischen: «Das können wir alles nicht annehmen!» Der Rufer ist der junge Michel Langenegger von der Ey, der schon bei der allerersten Versammlung auf dem Giebel dabei war. Und weiter erklärt er: die Entlibucher seien ihnen 1641 zu Hilfe gekommen, man könne sie jetzt nicht im Stich lassen. Hämu Müsli von der Schwendimatt greift den Schaffner gar tätlich an.

---
1 Auf den Zuzug dieser Truppen wurde vorläufig verzichtet.

Ausser sich vor Wut und Scham gerät Daniel Bürki im Winkel bei Langnau – ein alter Genosse Ueli Gallis aus dem Thunerkrieg –, als ihm sein Sohn Hans vom unterwürfigen Kniefall erzählt. Er verbannt den Jungen aus dem Haus und schimpft über den Schaffner vom Trub: dieser habe ihm seinen Sohn verführt. Lieber noch, er hätte ihm«ein Pferd aus dem Stall entfrömdet, als dass er eine solche Verführung synes Kindts fürgenommen»![2] – Erst als sich Hans Bürki später wieder den Aufständischen anschliesst, darf er sich zu Hause wieder blicken lassen.

Vock 154,156 – BB VI.47.6 – BB II.9.31a – TMB Bern 28.3. 1653 – AEB F 13/14 und 13/7 (Bürki) – Tillier 156

---

2 Die Behauptung von Rösli 129, Daniel Bürki habe seinen Sohn «grüslich ussgeschlagen», beruht auf einem Lesefehler.

Sonntag, 27. März

Die Baselbieter wehren sich.
Isaak Bowe und Ueli Schad

> *Gewiss ist der Basler Bürgermeister Wettstein ein bedeutender Staatsmann. Schliesslich hat er am Westfälischen Kongress anno 1648 die Souveränität der ‹Schweizerischen Eidgenossenschaft›, d.h. des Badener Tagsatzungsbundes, durchgesetzt. Noch jahrhundertelang werden Schüler seinen Namen samt dem dazugehörigen Datum auswendig lernen müssen.*
>
> *Dass der grossmächtige Johann Rudolf Wettstein samt seinen Mitregenten erschreckend wenig Fingerspitzengefühl im Umgang mit den eigenen Untertanen hat, ist schon durch Zörnlins Werbungen und den misslungenen Zug nach Aarau deutlich geworden. Und als diese Woche die Kunde in die Stadt Basel drang, durch solothurnische und bernische Aufwiegler sei neue Unruhe ins Baselbiet gekommen, auch Liestal stecke mit den Bauern unter einer Decke, der dortige Schultheiss sei machtlos und überall umlauert; als der Obervogt von Homburg dringend zur Abstellung der Landesbeschwerden riet – da fiel den Gnädigen Herren vom Rhein nichts Besseres ein, als ausgerechnet den Obersten Zörnlin «zur Beruhigung des Landvolks» auszuschicken.*

Dass sich die Untertanen so nicht beruhigen lassen, bedarf kaum einer Erwähnung, um so mehr als die Unzufriedenheit – was die Herren nicht erkennen wollen – durchaus im eigenen Land wurzelt.

Ihre Hauptklagepunkte fassen die Basler Landleute heute an der Landsgemeinde im Schützenhaus von *Sissach* zusammen; sie verlangen
- den Erlass des Soldatengelds für die Zukunft
- den freien Salzkauf oder zumindest den gleichen Salzpreis wie bei den Nachbarn
- dass man sie nicht zum Krieg gegen andere Eidgenossen verwende
- Nachlass der 2 Gulden bei Hochzeiten über vier Tische.

> Ursprünglich waren 2 Gulden pro ‹Übertisch› eine Sittenbusse gegen Hochzeits-Luxus. Heute sind sie längst zu einer Geldquelle für den Fiskus geworden; denn die Sitte gebietet, dass ein Hochzeitspaaar zum Fest das ganze Dorf einlädt.

Dieser gemeinsame Forderungskatalog geht auf zwei Männer zurück, die mit ihren Voten den Verlauf der Versammlung entscheidend prägten: Der eine ist Isaak Bowe von Bretzwil. Sachkundig und bestimmt trug er die 13 Beschwerdepunkte seines kleinen Amtes Ramstein vor.

> Bowe ist, wie Leuenberger und Emmenegger, 38jährig. Wie sie ist Bowe ein wohlhabender, ehrenwerter Bauer und Familienvater, der sich bis anhin nichts hat zuschulden kommen lassen. Er hat nicht den geringsten persönlichen Anlass zu seinem Auftreten gegen den Vogt von Ramstein, zu dem er gute Beziehungen pflegt – wie Leuenberger, der mit Tribolet zu Gericht sitzt. Einzig die rechtliche Gesinnung und die Solidarität mit seinen Standesgenossen hat ihn auf die Seite der Unzufriedenen getrieben.

Als ihn der Schreiber Stähelin zur Rede stellte: Wieso denn gerade er gegen den Landvogt rede? antwortete Isaak Bowe: es müsse im Namen der Gemeinde so sein, und seien diese Klagen nicht genug, so wolle er noch mehr vorbringen!

> Einen Gegensatz zum besonnenen und übrigens gut belesenen Bowe bildet Ueli Schad von Oberdorf, ein Mann der Tat im kräftigsten Alter, der seine radikale Haltung schon äusserlich deutlich zum Ausdruck bringt, indem er stets mit einem grossen Schlachtschwert vor die Bauern tritt. Er selbst ist nicht Bauer, sondern Weber, doch sitzt er zu Gericht und steht in rechtem Ansehen. Seit kurzem ist er mit einer Bernerin verheiratet. – Ohne Zweifel gehört Ueli Schad zu der Gruppe von Oberbaselbietern, welche bereits gute Verbindungen zu den Aufständischen der inneren Schweiz haben und das militärische Wachtsystem auf der ganzen Jurakette ausbauen. Für beides liegt ja Oberdorf am oberen Hauenstein ausgesucht günstig.

Hier in Sissach vertrat Schad die Sache der Aktivisten unter den Baselbietern: Er und seine Mitgesandten aus dem Amt Waldenburg wollten der Oberkeit keinen Eid mehr schwören, bis der Salzkauf frei sei, das habe man bei ihnen bereits beschlossen; vor allem aber wollten sie niemals gegen andere Eidgenossen zum Kriege gebraucht werden!

Ganz schief läuft die Übergabe der Forderungen von Sissach an die Basler Herren: Neben den dazu bestimmten Ausschüssen erscheinen unaufgefordert der linde Untervogt Jakob Wirz von Buus und Schreiber Stähelin von Liestal, der an der Landsgemeinde das Protokoll führte, vor dem Basler Rathaus. Die beiden haben die Forderungen noch etwas glimpflicher in Schrift gefasst als abgemacht und führen nun vor Bürgermeister Wettstein das Wort.
Doch ihre willfährige Art zahlt sich gar nicht aus. Der Herr Bürgermeister übergiesst die Ausschüsse mit einer seiner gefürchteten Moralpredigten, erwähnt die eingehändigten Forderungen mit keinem Wort und stellt statt-

Sonntag, 27. März/6. April 333

dessen den Untertanen ein Ultimatum: Bis in acht Tagen müssen alle Gemeinden klar antworten, ob sie der natürlichen und von Gott gesetzten Oberkeit an allen Orten, da es verlangt würde, alle schuldige Treu und Untertänigkeit ohne Beding und Vorbehalt leisten wollten.
Die Ausschüsse zeigen sich von der Schelte beeindruckt. Der Untervogt von Buus und Schreiber Stähelin aber haben sich durch ihre Sabotage am Sissacher Protokoll so unbeliebt gemacht, dass sie kaum mehr ihres Lebens sicher sind. Trotz ihren Beteuerungen, wie gut sie das doch gemeint hätten, man dürfe nicht gleich mit der Tür ins Haus fallen, gelten sie unter den Unzufriedenen als Verräter und «Ohrenträger».

Mühlestein 229, 246-251

Die Entlibucher verweigern Schultheiss Fleckenstein die Huldigung

Mancher Entlibucher reibt sich ungläubig die Augen, als heute eine ganze Schar hoher Herren mit ansehnlichem Gefolge das Tal heraufgeritten kommt. In der Mitte, von seinen Adjutanten wie eine Bienenkönigin umschwärmt, reitet der greise Schultheiss Fleckenstein von Luzern, daneben der päpstliche Pronotar und Dekan Melchior Lüthard, der damals in Wolhusen den Bauernbund guthiess, jetzt aber mit seinen theologischen Gutachten den Herren dient. Auch zwei der Herren Ehrengesandten sind schon von ferne an ihren Standesfarben auszumachen, ein Zuger und ein Schwyzer.

Nicht zufällig haben die Regenten von Luzern für ihren Überraschungscoup den heutigen Tag ausgewählt, den Palmsonntag der Katholiken. Ritt an diesem Tag nicht Jesus, von Palmenwedeln umkränzt und vom Volk bejubelt, in Jerusalem ein? Einen solchen Empfang wünschen auch sie sich, die ja den päpstlichen Pronotar, den höchsten Vertreter Christi in der Eidgenossenschaft, unter sich wissen. Wie anno dazumal in Jerusalem sollte ihnen das Volk huldigen und dafür den Frieden von Gottes Gnaden erfahren.
Mit diesen Huldigungen hatten die Herren in letzter Zeit eben ihre lieben Sorgen. Mühsam haben sie Amt für Amt den neuen Treueeid abgerungen – Willisau und das Entlibuch, die beiden härtesten Brocken, haben sie noch vor sich. Wird dieser imposante Einmarsch mit religiösem Hintergrund die überrumpelten Entlibucher zum Gehorsam bringen?

Mit der ruhigen Würde eines Landesvaters, als verlange er etwas Selbstverständliches, gebietet Schultheiss Fleckenstein dem zum Empfang herbeigeeilten Landeshauptmann Glanzmann, die Männer auf morgen zur Huldigung in der Kirche von *Escholzmatt* zusammenzurufen.

Der Aufmarsch am folgenden Morgen ist für die Herren enttäuschend. Pannermeister Emmenegger lässt sich krank melden, ebenso fehlt Landesfähnrich Portmann. Nur etwa 500 Männer haben das Aufgebot befolgt, nicht die Hälfte aller eidespflichtigen Entlibucher. Vor ihnen halten Fleckenstein, der Dekan und der Schwyzer Ehrengesandte, Landammann Schorno, ‹zierliche Reden›; darauf lassen sie den Schiedsspruch von Ruswil verlesen. Als Schultheiss Fleckenstein zur Beeidigung schreiten will, meldet sich Weibel Emmenegger, Hansens Vetter: «Zuerst soll der Artikel 9 gestrichen werden!» – Das ist der berüchtigte, von Zwyer eingeschmuggelte Artikel zur Verfemung des Wolhuser Bundes. Und Landeshauptmann Glanzmann doppelt nach: die Entlibucher wollten erst die hinterhaltenen Urkunden ausgehändigt haben, damit sie sehen könnten, welche Rechte sie besitzen. Schliesslich fordert einer: das Mandat der Tagsatzung vom 12./22. März solle aufgehoben werden. Die Tagsatzung solle dasselbe widerrufen und durch eine Druckschrift eine Ehrenerklärung der 10 Ämter verbreiten! – Der tapfere Schulmeister Müller tritt vor und fragt Schultheiss Fleckenstein ins Gesicht: «Im Spruchbrief ist die Rede von den Strafen, welche die 10 Ämter treffen sollen; wer soll aber die Oberkeit strafen, wenn sie Fehler begeht?» Darauf Fleckenstein: «Gott.» Als der Pfarrer von Escholzmatt, ein ‹Linder›, in dieselbe Kerbe hauen will, entsteht ein Tumult, und er wird von den Bauern unsanft zur Kirche hinausbefördert. Jetzt verlangt ein Redner: zuerst solle die Oberkeit schwören, dass sie die Rechte des Volkes respektieren wolle. Und Schulmeister Müller fragt den Landammann Schorno: «Warum dürfen denn eure Leute Gemeinden halten und wir nicht?» – Zuletzt tritt Stephan Lötscher auf und erklärt: «Wir schwören nicht, sondern wollen aus unseren Suppenhäfen und Sennenkesseln Kanonen giessen!»

Das ist freilich das Ende des Huldigungsversuchs. Die Herren räumen entsetzt das Feld. An der Kirchentür drückt ihnen Hans Jakob Müller in seiner bekannten Manier noch eine Schriftrolle mit Begehren in die Hand – wahrlich eine rüde Behandlung der hohen Gäste.

Liebenau II/241 ff., 248, 250–252 – Mühlestein 271 f.

Dienstag, 29. März/8. April

Post aus dem Entlibuch. Aufruf zur grossen Landsgemeinde in Signau

«Freunde, getreue, liebe Nachbauren und Pundts-Genossen, Wir brichten Euch, dass etliche Herren aus der Stadt mit den Herren Schultheiss Fleckenstein und Schorno von Schwyz allher kommen sind und begehrend, dass man Ihnen schwere, welches aber ganz nit hat mögen geschehen. Ursach ist diese, weil sie von uns begehrt von unserem Pundt zu treten, und nüt mehr gelten lassen, das wir ganz nit wellen thun – und eher sterben. Item wegen des druckten Mandats hat der Gemeine Mann gar treulich than, und endlich von Ihnen haben wollen, sie sollind ein Widerruf und Entschuldigung ausgehen & trucken lassen oder man solle solches über uns beweisen, dass wir solche Leut seyend und wann uns nüt widerruft wird, nutze unser schweren nüt, wann wir Ihnen schon würdind schweren und sie habind sich unser nüt zu trösten oder erfreuen, weil wir solche Leut seyend, worauf sie alsobald aufgesessen und hinweg geritten. Wir aber vernehmen gwüsse Botschaft, dass sie viel Volk über uns verordnet, schickind sich, uns zu beschweigen. Darumb wollind Ihr mit allerhand Waffen, steif und stäth, nämlich fürsichtig halten und Euch mit den Nachbauren von Bern verbinden, unterreden und halten, wie wir Euch diesen Brief geschrieben haben, darin Ihr alles einanderen, wegen des Pundts-Briefs und Rechtlichen Spruch-Briefs wollind zeigen, und die Nachbauren berichten, wie wir auch Unsere Ämter eilends berichten und mahnen, fleissige Wachten zu halten, und lugend, so was Neus bei Euch ist, sollind Ihr uns eilends berichten.
Hiermit Gott und Maria wohl befolchen. 8. April 1653 Lands-Panner-Meister und Geschworene im Entlibuch.»

Auf einem beiliegenden Zettel stehen die Passworte: «Tag & Nacht den 8. April St. Michael, am Mittwoch St. Peter, am Donstag St. Johann, am Freitag St. Laurentz, am Samstag St. Fridolin, am Sonntag St. Georg. Und dise Wort sollen dise Woche in allen Orthen gehalten werden.»

Das Schreiben aus dem Entlibuch gelangt auch ins Emmental. Ohnehin sind hier die «Frässer» – so heissen die Anstifter des Aufstands nun im Volksmund – eifrig am Werk. Die Spitzel der Oberkeit kommen kaum nach mit ihren Protokollen über verbotene Gemeindeversammlungen und heimliche, nächtliche Zusammenkünfte. Niemand ist mit den in Bern ausgehandelten Punkten zufrieden. Ein Gerücht erhitzt die Gemüter: die Oberkeit habe bereits eine lange schwarze Liste von Rädelsführern erstellt, allein aus der Gemeinde Huttwil sollen fünfzig Namen draufstehen.

Angesichts der Lage schreibt Landvogt Tribolet von Trachselwald in die Stadt: auf die Seite der Rädelsführer gesellten sich immer mehr Verwandte, leichte Gesellen, verarmte und vergeldstagte Bauern. Die Gnädigen Herren würden gut daran tun, einen Generalpardon (eine allgemeine Amnestie) zu erlassen, sonst würde es stets schlimmer!

Dass die allgemeine Wut zur gemeinsamen Kraft werden kann, dafür sorgt Ueli Galli. Jetzt, wo die Verhandlungs-Partei versagt hat, wo diese 29 Ausgeschossenen für die Bewegung lahmgelegt sind – weil sie ja der Oberkeit einen Treueeid geschworen haben –, tut der Eggiwiler Giebelbauer einen wichtigen nächsten Schritt. Er sendet seine getreuen Postreiter mit der Botschaft das Emmental hinab: man wolle sich übermorgen, Donnerstag, zu einer Landsgemeinde in Signau treffen.

Aus gutem Grund ist Eile geboten: Sehr bald werden nämlich die evangelischen Ehrengesandten in den Dörfern auftauchen und vom Landvolk den neuen Huldigungseid verlangen. Dann muss jeder rechte Emmentaler wissen, um was es geht. Keine einzige Gemeinde sollen die Herren mit ihrem faulen Kompromiss auf ihre Seite ziehen können, keinem einzigen wehrhaften Landmann sollen sie den Huldigungseid wie eine Fessel um seine starke Hand legen können.

Die Post aus dem Luzernischen ermutigt Ueli Galli noch mehr: also haben auch die Entlibucher zu ihrem alten Kampfgeist zurückgefunden. Die werden übermorgen den schwankenden Bernern von ihren Huldigungs-Erlebnissen was erzählen können, eine kleine Lektion, wie man die Herren behandelt! Und auch die Willisauer, die für kommenden Donnerstag eigentlich ihrerseits eine grosse Landsgemeinde mit Berner Beteiligung auf die Beine stellen wollten, machen stattdessen in Signau mit.

Liebenau II/253 – BB VI. 47, 125 – AEB C 221, 225, 353

Mittwoch, 30. März/9. April

Die Luzerner Landleute betreiben den Aufbau des grossen Bundes. Sie gewinnen neue Verbündete, verlieren aber Kaspar Steiner

> Die Idee eines grossen Bundes der Untertanen findet überall gute Aufnahme. Es scheint, als hätten die Landleute nach den Vorfällen von Olten und Aarau auf einen solchen Vorschlag zur gemeinsamen Abwehr fremder Truppen nur gewartet.

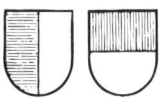

Je zwei Willisauer und Entlibucher Abgeordnete haben sich im Rathaus von *Olten* mit den dortigen Bürgern beredet und wirklich einen Anschluss dieses Städtchens an ihren Wolhuser Bund erreicht. Ennet dem Fluss, im bernischen *Aarburg,* versprach man sich gegenseitig, man werde sich bei einem Überfall durch fremde Völker warnen und die Pässe versperren. An der Signauer Landsgemeinde von morgen sollen die Emmentaler zum neuen Bund stossen.

Sogar in die Stadt *Luzern* hinein haben die Entlibucher neue Fäden geknüpft. Eine entlibuchische Dreierdelegation unter Weibel Hofstetter entschuldigt sich vor dem Rat erst höflich für die misslungene Huldigung: es seien leider «zu wenige Leute und zu viele Betrunkene dabei gewesen», nervt dann aber die hohen Herren mit 17 neuen Forderungen, über die man jetzt verhandeln müsse. – Bei der Gelegenheit haben sich die Landleute wieder mit den Führern der unzufriedenen Bürgerschaft Luzerns getroffen.

Obwohl ihnen – ein Hohn für das alte Sprichwort ‹Stadtluft macht frei› – jede Art von Zusammenkünften bei Todesstrafe verboten ist, versammeln sich die Bürger fast täglich in ihren Lokalen und verlangen von der Regierung unverblümt eine Ausdehnung ihrer politischen Rechte, nämlich: Zutritt zum Geheimen Rat und Berechtigung zur Teilnahme an den Ratswahlen.

Die erstaunlichste Tat der Entlibucher ist ihr heutiges Schreiben nach Bern, an den Theologieprofessor Christoph Lüthard, das Oberhaupt der reformierten Berner Staatskirche (und seltsamerweise ein Namensvetter des päpstlichen Pronotars). – Im Brief legen sie sehr energisch ihren Standpunkt dar: Ihre Erhebung sei durch allzu harte Bussen, Bestrafung der Verstorbenen und Eingriffe in die alten Freiheiten und Rechte des Landes hervorgerufen worden. Sie sei ein Akt der Notwehr gegen die übermächtige, grosse Geldsaugerei der Luzerner Amtleute und die Erfolglosigkeit der Beschwerden, die oft sogar mit Einkerkerung der Kläger geendet habe. Die

Berner Herren hätten deshalb kein Recht, Kriegsvolk gegen die Entlibucher aufzubieten. Und das allgemeine Mandat der Tagsatzung, das sie so übel beschimpfe, müsse widerrufen werden.

Der Urheber des Schreibens ist wohl Landessiegler Niklaus Binder von Escholzmatt (er ist unter den Absendern an erster Stelle, noch vor dem Pannermeister, genannt), der Mann, der bisher am allermeisten als Botschafter ins Bernbiet hinüber reiste. Niemand hat mehr als er zu spüren bekommen, wie die bernischen Predikanten von den Kanzeln herab die Entlibucher als bösartige, verdorbene Rebellen beschimpfen, vor denen man sich hüten müsse. Diese andauernden Verunglimpfungen sind für das gemeinsame Politisieren höchst hinderlich. Etwas bleibt auf die Dauer immer hängen – ein Pfarrer ist schliesslich nicht irgendwer im Bernbiet –, und die gläubigen Emmentaler müssen sich ja vorkommen, als stünden sie mit dem Satan im Pakt, wenn sie mit den Entlibuchern einen Bund schliessen. – Da will Binder den Oberen der Berner Kirche doch einmal seine Sicht der Dinge darlegen, auf dass die reformierten geistlichen Herren, die ja sonst den katholischen Regierungen auch beileibe nicht jedes Wort glauben, ein bisschen ausgewogener urteilen. Dass der Professor Lüthard ganz offiziell für die Aufhebung des Tagsatzungsmandats eintreten würde, glaubt allerdings niemand im Ernst.[1]

Während die Luzerner Landleute jetzt so voller Elan die Grenzen sprengen und ihre Idee des grossen Untertanenbundes in die Eidgenossenschaft hinausstreuen, bedrückt sie ein neu-altes Problem: Kaspar Steiner ist wieder auf die Seite der Herren hinübergeschwenkt. Erst liess er ‹sein› Amt Rothenburg huldigen, dann lieferte er der Oberkeit einen Brief aus Willisau aus. Heute bestellt er den Willisauer Metzgermeister Stürmli zu sich nach Emmen; zusammen sollen sie den Schultheissen Dulliker treffen, um sich «in Sachen der Entlibucher ins Einvernehmen zu setzen».

Da ist der sonst so kluge Jesuitenschüler Steiner aber an den Falschen geraten! Stürmli ist ein ehrlicher und senkrechter Kämpfer für die Bauernsache, und er weist das Ansinnen weit von sich. Auch seine Rothenburger Verwandtschaft kann ihn zu einem solchen Verrat an den Entlibuchern nicht überreden.

Mühlestein 270, 274–277 – Zingg 19 – Vock 158 – Liebenau II/244f., 252, 254f.

---

1 Antwort Lüthards vgl. 1.4. – Mühlestein glaubt, das Schreiben sei «in hoffnungsloser christlicher Blindheit an eine so falsche Adresse gerichtet» gewesen; demnach hätten die Entlebucher tatsächlich auf die Unterstützung der bernischen Staatskirche gehofft.

Mittwoch, 30. März

Die Berner Herren gewähren eine allgemeine Amnestie und nehmen dafür den Kniefall der Aargäuer Ausschüsse entgegen

Seit gestern halten sich Ausschüsse aus den bernischen Ämtern Wangen, Aarwangen, Lenzburg und Bipp in der Hauptstadt auf. Als ihnen der Rat die 27 Artikel verkünden liess, welche er den Emmentalern gewährt hatte, waren nur wenige Abgeordnete zu einem Kniefall bereit.
Herren wie Bauern wissen unterdessen von den üblen Szenen bei der Heimkehr der Emmentaler Abgeordneten. In den Wirtshäusern schimpft man wacker auf die Vögte, die Herren und auch auf den Schaffner Jakob, der die Bauern derart verraten hat. Soldaten in den Städten werden als «Halb-Batzene» verlacht,[2] alles will am Donnerstag zur Landsgemeinde nach Signau, kurz: Die Zeichen stehen auf Sturm.

In dieser Lage sind die Herren viel konzilianter als noch letzte Woche. Zur Beruhigung des Landvolks erlassen sie das Mandat: Wegen «Pressungen, Ussugungen, Exzessen und Extarsionen etlicher Amtlüt uffem Land haben Ihro Gnaden notwendig befunden, solches Übel mit allem Ernst und kreftiglich abzewenden.» Sie wollen Klagen anhören, dann auch Antworten – ohne Ansehen der Person und mit Abtritt der Verwandten.

Dieser Erlass ist ein echtes Entgegenkommen an die unzufriedenen Landleute, die bisher mit ihren Klagen über die Vögte rundum abgewiesen wurden. – Dass die Klagen im Rat «mit Abtritt der Verwandten» behandelt werden sollen, ist allerdings bitter nötig. Man denke nur an den verhassten Samuel Tribolet mit seinem Schwiegerpapa, dem Herrn Schultheissen von Graffenried, und seiner sonstigen ausgedehnten Verwandtschaft!

Auf Betreiben der eidgenössischen Vermittler beschliesst der Rat jetzt auch einen General-Pardon (Straffreiheit für die ‹Rädelsführer›), den freien Salzverkauf zum Hausgebrauch und Nachlassung der Kosten, dazu einige lokale Artikel über die aargäuischen Ämter, unter der Bedingung, dass deren Ausschüsse den Fussfall leisteten.

---

2 In Burgdorf wurde Bärenwirt Lerchs Stiefsohn dafür zu 24 Stunden Gefängnis verurteilt.

Wie die Vermittler den Bauern diese Beschlüsse ausrichten, sind alle zum Fussfall bereit, mit Ausnahme der Lenzburger und Aarburger. Nach einer längeren Diskussion reisst den Herren Ehrengesandten schliesslich der Geduldsfaden; sie marschieren von den Bauern hinweg ins Rathaus, mit der Drohung: wer ihnen nicht folge, der habe mit schlimmer Strafe zu rechnen.

Alle Ausschüsse folgen ihnen, werden in den Ratsaal eingelassen und bitten hier Rät und Burger der Stadt Bern gehorsam um Verzeihung. Dann leisten sie den Fussfall und schwören in die Hand von Bürgermeister Waser neue Treue.

Die zwei Reiter, die ihre kräftigen Gäule auf das Kopfsteinpflaster des *Trachselwalder* Schlosshofs lenken, sind Samuel Tribolet wohlbekannt: Lienhart Glanzmann, der Wirt von Ranflüh, und neben ihm der angesehene Weibel von Eriswil. Sie beide, die in Bern beim Kniefall nicht dabei waren, bitten den Landvogt, er solle doch um der Unschuldigen willen die Rädelsführer verschonen und mit dem Salz nicht so genau verfahren; denn sonst werde das Emmentaler Wildwasser losbrechen. Erst wenn die ‹Frässer› neue Unrecht tüend – dann müsse man sie wohl bestrafen und Neues und Altes zusammen vergelten.

Zum Erstaunen der Bittsteller zeigt sich der sonst so gestrenge Vogt von seiner besten Seite. Er stimmt Glanzmann voll und ganz zu: Ja, er wolle Gnade vor Recht ergehen lassen, um des lieben Friedens willen wolle er die Rädelsführer verschonen; das sei ganz die Meinung der lieben Landesväter von Bern. Er hoffe nur, dass die verlorenen Söhne die ausgestreckte Hand ergreifen und das in sie gesetzte Vertrauen rechtfertigen würden. Morgen werde er, Tribolet, alle Weibel auf das Schloss bestellen und ihnen die Gewährung einer allgemeinen Amnestie und den freien Verkauf des Salzes für den Hausgebrauch bekanntgeben.

Hoch erfreut, aber mit noch etwas sturmem Kopf, verlassen die beiden Reiter das Schloss. Was ist denn in Tribolet gefahren? Hat er sich wundersam vom Saulus zum Paulus gewandelt?

Die beiden können nicht wissen, dass eine halbe Stunde zuvor ein Postreiter die Botschaft vom Fussfall der Aargäuer und damit auch die Kunde vom General-Pardon und der Freigabe des Salzkaufs für den Hausgebrauch nach Trachselwald gebracht hat. Die Bittsteller kamen Tribolet wie gerufen, um sein miserables Ansehen beim Volk – im Hinblick auf die Klagen wegen Pressungen und Ussugungen, die in nächster Zeit auf ihn zukommen werden – ein wenig aufzubessern.

Vock 156f. – Mühlestein 217 – RM Bern 30.3. 1653 – BB VI.47.6 – RM Burgdorf 30.3. 1653 – Polizeibuch Bern 29.3. 1653 – AEB C 237, 265 (Berichte Tribolets vom 30. und 31.3. 1653 an Bern)

An der grossen Landsgemeinde von Signau

> Das ist der grosse Tag des Ueli Galli: Er hat zur Landsgemeinde aufgerufen, und trotz oberkeitlichem Verbot, trotz dem peinlichen Treueschwur der Bauernausschüsse in Bern sind Hunderte von unzufriedenen Landleuten nach Signau gepilgert. Aus dem ganzen Emmental und dem Aargäu sind sie gekommen, die Katholischen von Willisau und aus dem Entlibuch, aus den solothurnischen Vogteien Kriegstetten und Bucheggberg, aus dem Seeland[1], erstmals auch aus dem Berner Oberland (Simmental) und aus der Gemeinen Herrschaft Schwarzenburg.
>
> Nie zuvor haben sich Untertanen dreier Orte und beider Konfessionen zusammengetan.

Der alte Giebelbauer vom Eggiwil leitet – dabei steht er wohl für alle gut sichtbar auf einem robusten Tisch – die Landsgemeinde mit den Worten ein: Die lieben Anwesenden hätten es ja vernommen – nicht einmal den freien Salzkauf habe der Schaffner vom Trub mit seinen Gefolgsleuten in Bern erlangt, geschweige denn die Aufhebung des schändlichen Batzenrückrufs. Die Armeen der Herren seien noch nicht abgezogen und den wackeren Landleuten, die sich für ihre alten Freiheiten und Gerechtigkeiten gewehrt hätten, drohe Kerkerstrafe oder noch Schlimmeres. Deshalb seien sie noch diese Woche, vor dem Tag der neuen Huldigung, zusammengekommen. Er, Ueli Galli, könne und wolle den Gnädigen Herren jedenfalls nicht huldigen, geschehe, was wolle. Solange die Bestrafung der Redliführer vorbehalten sei, fürchte er, man werde ihn, den Bergmichel, den Weibel Rüegsegger und andere gefänglich einziehen.

In der Diskussion melden sich die Truber, die bei Hans Blaser im Lehn schon ein heimliches Vorbereitungstreffen abgehalten haben: Sie schämten sich für ihren Schaffner. Sie hätten geglaubt, die Ausschüsse würden sich in der Stadt eher töten lassen als einen Fussfall zu tun!

Fridli Bucher, der katholische Willisauer, der auf Steineren bei Hilferdingen (hart an der Berner Grenze) bauert, propagiert mit Begeisterung einen grossen Bund der Untertanen: Die Herren hätten kürzlich an der Tagsatzung zu Baden einen kriegerischen Bund gegen ihr eigenes Volk geschlossen. Mit dem ‹allgemeinen Mandat› hätten sie Zwietracht und Misstrauen gesät; denn die Herren wüssten wohl: eine uneinige Bauernschaft sei leichtes Futter für ihre Kanonen! Dem unguten Herrenbund müsse man einen

---

1 darunter der Spion des Landvogts Daxelhofer von Landshut

Bund sämtlicher Untertanen, gleich ob katholisch oder reformiert, entgegensetzen – einen Bund vom Schrot und Korn der alten Eidgenossenschaft! Bereits seien Solothurner und Baselbieter bei ihnen. Man wolle sich gegenseitig warnen bei Gefahr, beistehen gegen die Willkür der neuen Gessler und keine fremden Truppen im Land dulden.

Solche Worte beeindrucken die Emmentaler. Und nicht weniger Beifall erhalten die Entlibucher, die genüsslich schildern, wie sie ihrem Schultheissen Fleckenstein verunmöglicht haben, die Huldigung in der Kirche abzunehmen.

Viel Freude hat Ueli Galli an jenem Schwarzenburger, der sich zum Wort meldet: Auch die Nachbarn drüben im Greyerzerland seien nicht zufrieden mit den Herren von Freiburg. Sie wollten nicht gegen andere Bauern kriegen und hätten ihrerseits die Saaner und Simmentaler um Hilfe ersucht. Und etwas keck fügt er hinzu: «Auch burgundische Bauern würden uns im Falle der Not beispringen!»[2]

Mit grossem Mehr beschliesst die Landsgemeinde, man wolle sich unter Untertanen verbünden wie die Oberkeiten; zu diesem Zweck soll in einer Woche eine neue Landsgemeinde stattfinden, diesmal mit Ausschüssen aus der ganzen Eidgenossenschaft.

Vor dieser Ansammlung von ‹Harten› steht Lienhart Glanzmann auf verlorenem Posten, als er von seinem Besuch bei Tribolet erzählt, wie der freundlich gewesen sei und eine Amnestie versprochen habe. Wiederum mit grossem Mehr beschliessen die anwesenden Berner Untertanen: niemand solle am Sonntag in der Kirche huldigen. Und sollte die Oberkeit darauf Truppen gegen das Emmental ausschicken, so plant man die Reiterei mit den groben Geschützen durch gefällte Bäume aufzuhalten.

AEB C 301 (Spionenbericht von Vinzenz Daxelhofer an Bern, 4.4. 1653) – Mühlestein 286 – RM Bern 1.4. 1653 – Turmbuch Bern 1653, Vergicht Ueli Gallis – Rösli 126 – Vock 196

---

[2] Möglicherweise ist diese Äusserung des Schwarzenburgers bloss in einem Privatgespräch (mit einem «Eggiwiler Vater») gefallen.

Freitag, 1./11. April

Waser befürchtet eine neue Erhebung. Zwyer will den Krieg. Tribolet pflegt sein Ansehen beim Volk

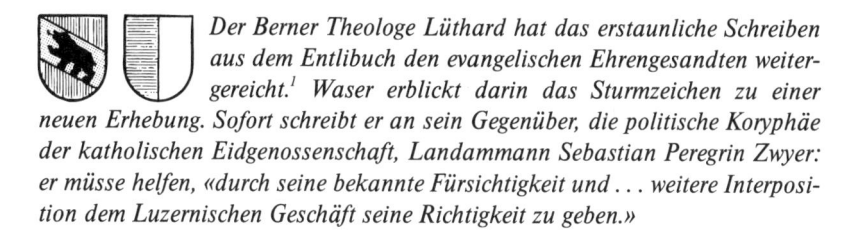

Der Berner Theologe Lüthard hat das erstaunliche Schreiben aus dem Entlibuch den evangelischen Ehrengesandten weitergereicht.[1] Waser erblickt darin das Sturmzeichen zu einer neuen Erhebung. Sofort schreibt er an sein Gegenüber, die politische Koryphäe der katholischen Eidgenossenschaft, Landammann Sebastian Peregrin Zwyer: er müsse helfen, «durch seine bekannte Fürsichtigkeit und ... weitere Interposition dem Luzernischen Geschäft seine Richtigkeit zu geben.»

Zwyers Meinung ist schon gemacht: Er hat dem Schultheissen von Luzern empfohlen, «ein Regiment, wie man es in Italien habe», als «gutes Mittel» zu verwenden – also den Krieg!

Und prompt richten die Luzerner Herren ein Gesuch um militärische Hilfe an Zürich und an alle katholischen Orte.

Mühlestein 274f. – Liebenau II/255f.

Während die Signauer Landsgemeinde noch im Gang war, hat Landvogt Tribolet mehrere Weibel auf *Schloss Trachselwald* rufen lassen und ihnen das Entgegenkommen der Gnädigen Herren wegen des Salzes und der Rädelsführer mitgeteilt; zur Erläuterung und Beruhigung überliess er ihnen das Mandat aus Bern gar zum Kopieren in der Landschreiberei. Die Weibel zeigten sich höchst erfreut und versprachen, dahin zu arbeiten, dass die angesetzte Huldigung mit bestem Respekt ins Werk gesetzt werden möge.

Heute nun erhält Tribolet den unangenehmen Befehl, er solle Ueli Galli wegen seiner Rolle als Vormund der verbotenen Landsgemeinde verhören. – Nach zwei Tagen antwortet er nach Bern: der Ueli Galli wohne im Eggiwil, in der Vogtei Signau, und sei seinen Geboten nicht unterworfen.

---

1 Im Laufe der nächsten Woche antwortet der Professor den Entlebuchern mit einer klugen, reich mit biblischen Beispielen belegten Druckschrift, worin er in allen Tonarten den Bund der 13 Orte gegen die Untertanen rechtfertigt.

Hans Ueli Neuhaus, Leuenbergers Nachbar und wie dieser ein wohlhabender Hofbauer in der Kilchöri *Rüderswil*, der oftmals durchziehende Bauerngruppen beherbergt, wiegelt nach seiner Rückkehr von der Landsgemeinde das ganze Schwandenviertel auf. Auch dem Leuenberger erzählt er vom geplanten Bund. Der will aber von einem neuerlichen Widerstand nichts wissen; er fühlt sich durch seinen Treueeid an die Oberkeit gebunden.

RM Bern 1.4. 1653 – AEB C 265, 293 – Rösli 145

In diesen Tagen haben die Basler Vögte ihre Untertanen zu amtlichen Landsgemeinden zusammengerufen. Die Gemeinden sollen – immer unter Aufsicht der Amtleute – ihre Beschwerdepunkte aufsetzen, die sie anschliessend am 6. April in aller Untertänigkeit dem Rat der Stadt Basel vorbringen dürfen. Gleichzeitig aber müssen sie ihre unbedingte Unterwerfung bezeugen.

Der sorgfältig inszenierte Theaterakt gerät im *Amt Farnsburg* daneben. Hier hat Vogt Eckenstein – ein Schwager von Wettstein – das bisher ruhige obere Amt nach Gelterkinden, die aufmüpfigen Gemeinden unter dem Bach aber gleichzeitig nach Sissach einberufen, um so Aufruhr und Anstekkung zu vermeiden. Die unteren Gemeinden marschieren jedoch geschlossen auf Gelterkinden und erzwingen mit einem Tumult den Abbruch der dortigen Versammlung. Dem bekannten Herrenfreund Jakob Wirz von Buus drohen sie mit Schlägen, zwei seiner Gesinnungsgenossen werden ‹gar übel geschlagen›. Schliesslich einigt man sich auf eine gemeinsame Landsgemeinde des ganzen Amtes im Sissacher Schützenhaus; selbst der Vogt muss wohl oder übel einwilligen und mitreiten.

Mühlestein 251 f.

Samstag, 2. April

Die Berner Oberen verabschieden die Ehrengesandten

Vor den eidgenössischen Ehrengesandten in Bern – wohl in ihrem Quartier im Gasthaus ‹Krone› – erscheint eine Delegation des Berner Rates. Schultheiss von Graffenried verdankt in einer «zierlichen, langen Oration» die geleisteten Dienste: Wie das Gold im Feuer, so habe sich die Freundschaft Zürichs und seiner Miteidgenossen mit Bern bewährt. Um aber nicht nur mit schönen Worten, sondern auch mit der Tat dieser Dankbarkeit Ausdruck zu verleihen, werden beim Abschied jedem Ehrengesandten 24 spanische Dublonen trotz Sträubens in die Hand gedrückt und auch die Hotelrechnungen zu Bern und für die Heimreise beglichen.

Das ‹Versöhnungswerk› hat sich für die Herren Vermittler nicht übel bezahlt gemacht: 24 spanische Dublonen sind gleich 2400 Batzen oder 320 Pfund. Diesen ‹Ehrenlohn›, den jeder einzelne Vermittler zusätzlich zu seinem ausserdem bezogenen Amtslohn verdient, muss man, um ihn ganz zu würdigen, mit einem Taglohn eines Handwerkers vergleichen: ganze 6 Batzen! – Nun, die Berner Regenten wissen, was ihnen die Arbeit der Schiedsherren wert war... und die Geistlichkeit der Stadt doppelt mit ihren Lobhudeleien nach: niemand anders als die lieben Engel hätten die hohen Herren zu ihrem segensreichen Werk herbeigeführt.

Die Ehrengesandten haben vor, auf ihrer Heimreise das Vermittlungswerk zu vollenden, indem sie exemplarisch die vereinbarten Huldigungen des Landvolks entgegennehmen. Zu diesem Zweck teilen sie sich in mehrere Gruppen auf: Eine, unter dem Zürcher Statthalter Hirzel, reist über Burgdorf, Wynigen und Herzogenbuchsee; Landammann Marti von Glarus und der St. Galler Doktor Schobinger ‹pacifieren› Wangen, Aarwangen und Aarburg. Die heikelste Aufgabe übernimmt ohne Zweifel der grossmächtige Bürgermeister Waser selbst: in Begleitung von Venner Frisching tritt er den Weg ins berüchtigte Emmental an.

Am Nachmittag treffen die beiden Herren in Langnau ein. Die Dorfleute empfangen sie freundlich. Waser lässt für morgen, nach der Palmsonntagspredigt, die Gemeinde zur Huldigung zusammenrufen.[1]

Mühlestein 218 – Vock 157 – Tillier 164

---

1 BB VI.47.6. – Nach Vock und Tillier traf Waser erst am Palmsonntag in Langnau ein, und zwar in Begleitung von Marti und Schobinger.

Ueli Galli am Solothurner Märit?

Ein alter Mann aus dem Eggiwil, der wohl sein Holz die Emme heruntergeflösst hat und sich jetzt, die leeren Ketten auf dem Rücken, vor seiner Heimkehr noch mit Märitware versehen will, berichtet am Solothurner Märit offen über die Landsgemeinde von Signau; es gehe ärger denn je bei ihnen im oberen Emmental. Was denn die Solothurner zu tun gedächten? Der «Eggiwiler Vater» weiss sehr genau Bescheid, und doch verrät er keine Rebellennamen. Ein Landshuter Unteramtmann, der im Auftrag seines Vogts spioniert, erfährt nicht einmal den Namen seines Gegenübers.

AEB C 301

Bürgermeister Waser von Zürich (1600–1669)

Die Huldigung in der Kirche von Langnau

Nach der Predigt stellt Pfarrer Kraft seinen Langnauer Kirchgängern einen hohen Gast vor: den Obmann der evangelischen Ehrengesandten, Bürgermeister Waser von Zürich.

Feierlich verliest der Magistrat die Konzessionen, wie sie die Bauernausschüsse mit der Oberkeit ausgehandelt haben. Ein Raunen geht durch die Kirche, als er nach 27 langen Artikeln mit der Formel schliesst: «Alles dies, solang es Uns gefällt und Wir es auch thunlich und nützlich erachten werden, mit dem Vorbehalt, den einen und anderen Artikel zu mindern, zu mehren, ganz oder zum Teil abzuthun, nach Unserem Belieben.» – Ist denn das die Möglichkeit? Dieser Zusatz hebt ja den Wert der Konzessionen restlos wieder auf – die Herren können tun und lassen, was sie wollen!

Waser kommt zum Kern der Sache: Er verlangt von sämtlichen wehrfähigen Männern die Huldigung, den neuen Treueschwur gegenüber der Oberkeit. Da erhebt sich ein grosser, schwarzer Mann und redet im Namen der Gemeinde: sie hätten sich mit anderen Landleuten verbündet und könnten ohne Einwilligung ihrer Bundesgenossen kein solches Versprechen abgeben (Leuenbergers Muster hat Schule gemacht!). – Sofort stellt Waser bohrende Fragen über diesen Bund und ermahnt die Langnauer ernstlich, sie sollten doch ja keine neuen Beziehungen mit den Entlibuchern, die sich gegen ihre Oberkeit so halsstarrig erzeigten, anknüpfen... sein Gegenredner zeigt sich unbeeindruckt. Bevor sie huldigen könnten, erklärt er, müssten sie auch die Konzessionen mit Brief und Siegel in den Händen haben; auf blossen mündlichen Bericht könnten sie nicht bauen. Die übrigen Kirchgänger kleben stumm und tuch an ihren Holzbänken. – Mit zorniger Miene verlässt der hohe Herr nach einem weiteren Wortwechsel die Kirche, nicht ohne sich als einzig greifbares Ergebnis seiner Mission den Namen des frechen Unflats vorzumerken: Augsburger.

Auch auf seinem weiteren Ritt an diesem Palmsonntag ist der siegesgewohnte Bürgermeister vom Pech verfolgt. Auf Schloss Trachselwald ist Vogt Tribolet nicht zu Hause; er sei wegen einer plötzlich aufgetretenen Kolik beim Doktor. – Eine Weile wartet Waser in der Wirtschaft ‹Rütter› auf die Heimkehr des Schlossherrn, darauf reist er, beleidigt wie eine Leberwurst, ins nächste Dorf. Hier erlebt er einen versöhnlichen Tagesabschluss: Die Leute von Affoltern empfangen ihn gebührlich, zeigen ihm an, dass «selbiges Gericht sich der oberkeitlichen Bewilligungen vergnüge». Waser übernachtet im Gasthof dieses Orts.

Mühlestein 219f. – BB VI.47.6 – Vock 157f. – AEB C 293, 343, 386

ref. Palmsonntag/kath. Ostern, 3./13. April

Auf Anraten Kaspar Steiners hat die Oberkeit Ausschüsse aus allen luzernischen Ämtern zum christlichen Freudenfest nach Schötz im Wiggertal eingeladen. Die ungehorsamen Entlibucher und Willisauer sollen sich dabei nur recht als Aussenseiter fühlen und durch das versöhnliche Eiertätschen zum Frieden gebracht werden, wie alle anderen.

> Schon gestern sind die Herren aus der Stadt mit mehreren Geistlichen in *Schötz* eingetroffen. Vergeblich haben sie die Huldigung der hiesigen Willisauer Landleute verlangt. Gleichzeitig hat im Städtchen Landvogt Jost Pfyffer das Volk zur Huldigung zusammenrufen lassen. Aber nur ein kleines Grüppchen ist dem Aufruf gefolgt, und das benahm sich erst noch trutzig. Pfyffer machte die anwesenden Willisauer Beamten für alle Folgen verantwortlich, welche diese Verweigerung nach sich ziehen werde - die Huldigung erlangte er dadurch nicht.

So sehr die Herren auch locken und drohen, so sehr der populäre Kaspar Steiner seine berühmte Redekunst aufflammen lässt - Entlibuch und Willisau widerstehen in Schötz jeder Anbiederung. Der grosse Steiner gilt unter den Aufständischen als Verräter. Man sagt, er habe die Herren auf den Knien um Verzeihung angefleht.

Liebenau II/256f., 263 - Mühlestein 278f.

Montag, 4. April

Tribolet reitet mit Waser – divide et impera

Bereits zum Frühstück erscheint Samuel Tribolet und entschuldigt sich bei Bürgermeister Waser in höchsten Tönen für seine gestrige Abwesenheit. Um sich mit dem mächtigen Waser wieder besser zu stellen, begleitet er ihn heute über die Grenzen seines Amtsbezirks hinaus bis nach Aarburg. Die beiden Herren geniessen einen unbeschwerten Ritt der Langeten entlang. Keine Spur von Ungehorsam, überall werden sie freundlich begrüsst. Waser bedauert, dass ihm die Zeit fehle, mit den Leuten diesseits des Bergs zu reden. Gerne hätte er das ‹divide et impera› geltend gemacht: Nach dem Prinzip ‹Teile und herrsche!› hätte er den Bauern von Sumiswald, Affoltern, Dürrenroth und Huttwil den Balg gestrichelt, um sie von den boshaften Langnauern zu trennen.

Wenn die Langnauer huldigten, meint Waser, so würden es auch alle übrigen Orte im Emmental tun!

Hier hakt sein jüngerer Begleiter Tribolet in der Art eines gelehrigen Schülers ein: Gerade gestern habe auch er das ‹divide et impera› mit Klugheit angewandt. Kamen doch zwei habhafte, zuverlässige Bauern und klagten ihm über die Landsgemeinde von Signau, wie sich die Landleute der Eidgenossenschaft verbünden und trotzdem ihren Oberkeiten untertänig bleiben wollten. Ob sie das guten Gewissens tun mögind? Tribolet riet ihnen: sie sollten die Tschrift (die 27 Artikel von Bern) der Gemeinde ablesen und dann ein Mehr machen – wer sich derselben unterziehen wolle, solle auf die eine Seite, die anderen auf die andere Seite stahn. Hoffentlich seien dann die ungetreuen Frässer mit Namen und Zunamen zu überblicken. – Wenn das in allen Gemeinden so laufe, werde es eine Spaltung der Bauern geben und etliche würden sich selbst verklagen; bereits hätten diese ihn, Tribolet, gebeten, er solle doch ein Mittel suchen, die Entlibucher ausser Landes zu behalten; sie fühlten sich überfahren und fürchteten sich vor ihnen.

Am Abend trifft sich Waser vor seiner Heimreise nochmals mit den übrigen Ehrengesandten in Aarau. Die Bilanz ist für die Herren ernüchternd; die Ansätze zur Huldigung verliefen durchwegs ähnlich wie in Langnau. Besonders übel erging es Statthalter Hirzel in Langenthal. Überall hiess es: Wir wollen erst die oberkeitlichen Konzessionen mit Brief und Siegel in den Händen haben, bevor wir nur das geringste versprechen! Sogar die bisher unverdächtigen Seeländer des Amtes Büren verlangten Bedenkzeit.

Aus Bern erhalten die Ehrengesandten einen Brief, der ihre Befürchtungen untermauert: «dass der unguete Wolhusische Untertanenbund und dessen unguete Frücht viel Volk infiziert» habe. Deshalb verlangen die Herren von Bern vom Vorort Zürich, dass schon wieder eine neue Tagsatzung einberufe.

AEB C 293, 386 – Mühlestein 220f. – Rösli 232

Die Verweigerung im Bernbiet zieht Kreise

Trotz der angedrohten Leibes- und Lebensstrafe – so steht es im Badener Mandat – finden in diesen Tagen im Bernbiet heimliche Zusammenkünfte statt.

> *Aus einem Schreiben des Eriswiler Predikanten Freudenberger an seinen Gevatter Tribolet:*
> *Die Aufwiggler (sind) von Huttwil in unsere Gmeind kommen (...) und hand by verdorbenen Lumpen, als grad der erste faule Aufwiggler Hans Vogler und ander seinesgleichen sind, ein Anfang gemacht, in Winklen und bei Nacht auf der Berghöhe zusammentreten, doch wenig Lumpengesind, so nicht einen Hund auf den Ofen geboten hettend, sich lychtsinniger Wys über alles vorige Annehmen und Gutheissen Lucernern und Huttwilern angehengt. (...) Hans Vogler und Christen Niederhauser im Kaufacker als Redliführer und neu erstarkte Aufwiggler von etwa ein Dotzend loser Lumpen (haben sich) an die Gmeind gen Signau mit denen von Huttwil, darbei auch ein Lucerner und mit Namen neben anderen der Buecher Fridli gsin, begeben, von da im Widersinn heimkommen, der Josef Flückiger zu Niederhuttwil (hat) ein scharf beschlagener Knüttel traulich heimgetragen. (...)*
> *Wyl die Aufwiggler gwüss, dass man werd von Haus zu Haus umgahn, sind sy vortgeloffen (...), liebend und brauchend die Finsternus.*
> *(...) Der Aufwiggler Vogler hat unserm alten Weibel gsagt, man sölle warten, bis Mittwochen das ist morn über acht Tag (...), da werd noch ein Landgmeind zu Sumiswald sein. Und gaht aber die Sag auf der Gassen es werdind dahin kommen, wie dann die Sag, dass die Lucerner und etliche der Berneren an alle Orth louffind und alles aufwigglind (nur ob dem also han ich kein satten Grund, sondern nur die Gassenred), Botschaften nicht nur vieler Orthen und Gemeinden Berngebiethes, sonder auch Lucern-, Solothurn und Baselgebiethes, und wollend sy die Bauren sich auch zusammen verbinden, dann die Oberkeiten heigend sich auch auf ein neues verpündet.*

Die Leute von *Madiswil, Rohrbach, Ursenbach und Melchnau* treffen sich im Verborgenen zu einer Landsgemeinde, wo Bürgermeister Känzig von *Wiedlisbach* redet und auch Luzerner dabei sind, namentlich ein Gesandter von Wauwil, Andreas Leibundgut. Niemand soll huldigen. Man baut Prügel nach Entlibucher Art und hölzerne Kanonen.

In *Sumiswald* bereiten Peter Ryser und Ueli Schütz vom Fritzenhaus, ein alter, bresthafter Mann, die grosse Landsgemeinde für den 13. April vor.

Die Unzufriedenen von *Langenthal* treffen sich heimlich im Kaufhaus und schmieden revolutionäre Pläne, sofern man den Spionen des Vogts von

Dienstag, 5. April

Aarwangen glauben darf. Der Amtmann gerät schier aus dem Häuschen, als er vom Langenthaler Statthalter vernimmt: die Rebellen hätten vor, «innerhalb vierzehn Tagen der Sach einen Austrag zu geben», und weiters von einer ‹Weibsperson›: die Rebellen wollten auf ein Sturmzeichen hin zur Belagerung der Stadt ausziehen!

Heute schreiben die Unzufriedenen an ihre solothurnischen Nachbauern in *Kestenholz,* um sie für den neuen Bund anzufeuern. Dabei nehmen sie die Luzerner Landleute gegen Verleumdungen der Oberkeiten in Schutz. Alles, was die Herren versprächen, sei erlogen!

Dieses Schreiben leitet der Kestenholzer Urs von Rohr, genannt ‹der Schwarze›, nach Oensingen, Niederbuchsiten und Olten weiter. In *Olten* langt die Post just während des Begräbnisses eines angesehenen Mannes (Christen Studer)[1] an. Nach dem Gottesdienst verliest Untervogt Adam Zeltner den Brief, worauf die Trauergemeinde beschliesst, ihn und den Altwirt Georg Baumgartner von Oensingen zur Erkundung des Sachverhalts auszuschicken. Die beiden ehrbaren Männer erkundigen sich erst in *Kappel* bei hohen Gesandten aus der Stadt Solothurn, die dort eben die Huldigung abnehmen. Darauf reiten sie, um auch noch die Gegenseite anzuhören, das Wiggertal hinauf ins aufständische Städtchen *Willisau.*

Noch am Abend nach der abgelehnten Huldigung an die evangelischen Ehrengesandten fiel der Entschluss, auf dem Rütifeld zwischen Arch und Rüti eine grosse Landsgemeinde des *Amtes Büren* zu veranstalten.

Deren Vorbereitung ist eine delikate Angelegenheit, weil die meisten Unteramtleute der Umgebung immer noch treu zur Oberkeit stehen – so die Ammänner von Arch, Lengnau, Leuzigen und Rüti und auch der Leuziger Weibel.

Zu nächtlichen Versammlungen treffen sich die Aufständischen bei Hans Stauffer, einem alten Kämpen aus dem Thunerkrieg, der inzwischen zum Statthalter von Leuzigen aufgestiegen ist. Sein Dorfgenosse Durs Affolter, der mit mehr Temperament als mit Geld gesegnet ist, macht dem Ammann Jäggi heftige Vorwürfe, dass er die Gemeinde nicht befragte, bevor man (am 7. März) dem Aufgebot der Oberkeit nach Bern folgte – dann wäre auch das

---

1 Nach von Arx empfing Adam Zeltner die Botschaft in der Kirche von Oberbuchsiten beim ‹Siebenten› seines verstorbenen Bruders Christian.

Reisgeld im Säckel geblieben! Wenn es dieser Ammann wagen sollte, an die Landsgemeinde zu kommen, würde man ihn, meint Affolter, glatt zerreissen!

Nach ihren Informationen – die zum Grossteil aus Tribolets Feder stammen – hielten die Gnädigen Herren die Trachselwalder und die Aargäuer Untertanen für die eigentlichen Anstifter des Widerstands. Deshalb glaubten sie, nach dem Fussfall der Ausschüsse aus diesen Gebieten würden die ‹Vornehmen› der übrigen Ämter ohne weiteres nachziehen. Das war auch Wasers Meinung.

Die Herren haben nicht mit Männern wie Ueli Galli, Weibel Rüegsegger und den Steffisburgern gerechnet. Auf den oberkeitlichen Befehl, die Repräsentanten des *Amtes Signau* und des *Freigerichts Konolfingen* müssten in Bern vor dem Rat zum Fussfall antreten, schreiben diese zurück: die Konzessionen der Trachselwalder Ausschüsse genügten ihnen nicht, auch nicht die von den Aargäuern ausgehandelte Amnestie für die Rädelsführer und der freie Salzkauf für den Hausgebrauch. Erst müsse der Salzhandel völlig frei sein (wie neuerdings im Luzernischen), und Landsgemeinden müssten wieder erlaubt werden, bevor sie und die Ihren in die Stadt reisten!

Bald darauf kommen einige Herren ‹Committierte› aus der Stadt über Konolfingen nach Röthenbach geritten und erklären: dies sei der «letzte Schritt von Ihren Gnaden». Bis Mittwoch in acht Tagen söllind sich die Vornehmen der ungehorsamen Gemeinden «zur Demütigung» vor Ihren Gnaden, Rät und Burgern von Bern einstellen, wie dies andere getan. Galli und Rüegsegger denken nicht daran.

AEB C 353, 375 – Rösli 148, 223, 226f.,229–232 – RM Bern 5.4. 1653 – Mühlestein 286f. – Zingg 19–21 – von Arx 15f.

Mittwoch, 6./16. April

Die revolutionären Willisauer haben auf heute eine Versammlung von zwei Delegierten aus jedem Amt nach *Wolhusen* einberufen – und tatsächlich folgen alle zehn Ämter des Bundes dieser Einladung, auch diejenigen, die noch vor Tagen der Regierung Gehorsam versprochen haben.

Die Beratungen drehen sich um die Erneuerung und Erweiterung des Untertanenbundes. Zuerst richten die zehn Ämter eine gemeinsame Beschwerdeschrift an Luzern und die katholischen Orte: der rechtliche Spruch der Eidgenössischen Ehrengesandten vom 8./9. März sei eine Fälschung, er entspreche nicht den in Ruswil getroffenen Vereinbarungen, da dort der Wolhuser Bund nicht aberkannt worden sei. Auch sei ihnen in Ruswil mündlich zugestanden worden, sie könnten im Falle neuer Beschwerden gegen Luzern direkt bei den sechs katholischen Orten klagen; diese Bestimmung fehle im Spruchbrief. Das Wort «Fehler» müsse im Vertrag getilgt werden. Luzern müsse den Entlibuchern endlich eine Abschrift der Urkunde, wie das Entlibuch vor Jahren an Luzern gelangt sei, aushändigen. Und das diffamierende ‹allgemeine Mandat› der Tagsatzung sei zu widerrufen!

Diese Forderungen will man durch Abgesandte in allen alten Orten vorbringen. Der Lötscher-Wirt und Landessiegler Binder vom Entlibuch werden übermorgen zum Nidwaldner Landrat nach Stans reisen; die Ebiker übernehmen den Botengang zu ihren Nachbarn im Stand Schwyz. Man redet sogar davon, die Sache dem Reichskammergericht in Speyer vorzulegen.

Damit ist die Wolhuser Delegiertenversammlung noch nicht zu Ende. Allem Anschein nach verliest Lehrer Müller hier den ersten Entwurf zu einem neuen Bundesbrief aller eidgenössischen Untertanen. Übermorgen will man sich in Willisau zu einer heimlichen Beratung mit Vertrauensmännern aus den Gebieten von Bern und Solothurn treffen.

Mühlestein 279–281 – Liebenau II/258

Nach einem wilden Landsturm im Baselbiet lässt die Regierung das Städtchen Liestal besetzen. Entschlossener Widerstand

Am Dienstagabend ging im Wirtshaus von *Oberdorf* das Gerede um, der berüchtigte Untervogt von Buus halte sich auf dem Bölchen versteckt. In bester Trinklaune wetteten einige Jünglinge, sie könnten ihn schon aufstöbern.

Die Suche im Morgengrauen verlief erfolglos, aber die Oberdorfer liessen nicht locker. Kurzentschlossen schuhten sie in Richtung Buus, um nachzuschauen, ob der Herrenspion nicht etwa friedlich zu Hause sitze. Unterwegs erhielt der Zug Verstärkung aus allen Seitentälern.

In *Sissach* knurrte den übermütigen Leuten der Magen; so assen sie in der ‹Sonne› Küche und Keller leer. Dem Wirt, einem herrenfreundlichen Kollegen des Gesuchten, bezahlten sie keinen Kreuzer Zeche. Als er protestierte, wurde er eingesperrt.

Im Lauf des Tages wuchs die wilde Horde zu einem regelrechten Landsturm an. Die oberkeitstreuen Beamten der umliegenden Dörfer wurden eingefangen und nach Sissach gebracht. Der Untervogt von Buus war allerdings nicht darunter; er war rechtzeitig gewarnt worden und hatte sich in die Stadt Basel flüchten können. Die Aufrührer richteten in ihrer Enttäuschung allerlei Schaden an seinem Haus an, bis sie sich am Abend zum Melken auf den Heimweg machten und dabei auch sämtliche Gefangenen wieder ledig liessen.

Offenbar entwickelte sich der Auszug spontan, ohne Mitwirkung der bekannten Bauernführer. Ueli Schad liegt zurzeit krank im Bett.[1] Später wird er diejenigen, die sich an diesem Saubannerzug beteiligten, «faule Lumpen» schelten.

Angesichts der Ereignisse ist der Empfang von Bauernausschüssen durch den *Basler Rat* gleichentags kaum erwähnenswert. Bürgermeister Wettstein gewährte ihnen die Abschaffung des Soldatengelds (jener Kriegssteuer, welche eigentlich schon seit dem Europäischen Frieden vor fünf Jahren nicht mehr bestehen dürfte) und eine geringfügige Verbilligung des Salzes. Alles andere wurde entweder abgelehnt oder einer Kommission des Rates zur späteren Behandlung weitergereicht. Den Abschluss bildete die übliche Wettsteinsche Standpauke über den schul-

---

1 Vermutung Mühlesteins

Gründonnerstag, 7. April

digen Gehorsam der Untertanen. Weil nun zum vornherein nur den Vögten genehme Ausgeschossene nach Basel geschickt worden waren, nahmen diese Bauernvertreter die Ratsbeschlüsse «mit grosser Freude» auf. Kaum hatten sie aber die Stadt verlassen, erfuhren sie beim Äschentor vom Landsturm, der ihre säuberlichen Abmachungen bereits wieder auf den Kopf stellte.

Am Morgen des Donnerstags lassen die Herren XIII (die Regierung) von Basel das Städtchen Liestal mit 300 Soldaten, darunter 100 geworbenen Elsässern, besetzen.

Sofort greifen die Bauern der Umgebung wieder zu den Waffen. Auch Solothurner Bauern brechen über den Hauenstein nach *Liestal* auf. Innert weniger Stunden ist der besetzte Ort von weit über tausend Mannen umstellt. Ihr Anführer ist ein mächtiger Mann mit rotem Bart.[1] Hebt er sein Schlachtschwert, verstummt die Menge. Er verlangt den Abzug der fremden Truppen bis nachmittags um drei. Vergebens lässt der baslerische Befehlshaber (natürlich ist es Oberst Zörnlin) unter Trommelschlag die Zugeständnisse des Rates von gestern ausrufen, vergebens verspricht der Liestaler Schultheiss Imhof den Landleuten zwei Saum Wein, wenn sie abziehen würden.

Drinnen in der Stadt kommt es rasch zum Streit, als die Basler Soldaten die Liestaler Bürger als «Leibeigene» titulieren, die ihnen zu gehorchen hätten. Die Bauern versprechen von draussen mit lauten Zurufen: sie wollten das Baselbiet zu einem 14.Ort der Eidgenossenschaft machen und Liestal zu ihrer Hauptstadt! – Da fällt den Bürgern die Entscheidung zwischen den beiden Lagern leicht; ohnehin ist man über die überfallartige Besetzung empört.

Einige Militärköpfe möchten nun auf Bauern und Bürger losgehen; die anwesenden Basler Ratsherren wehren sich jedoch gegen eine Gewaltanwendung, die leicht zu einer blutigen Schlacht ausarten könnte. Durch Zureden bringen sie die Belagerer dazu, die eingeschlossenen Truppen aus ihrer ungemütlichen Stellung wieder in Richtung Basel abziehen zu lassen... Oberst Zörnlin hat ja bereits einige Erfahrung im Aushandeln von Rückzügen nach überstürzten Aktionen der Basler Armee.

Auf dem Heimweg wird die Truppe durch einige wütende Füllinsdorfer Dorfleute beschossen, ein Soldat aus Mühlhausen sogar verwundet – die ersten Schüsse in diesen gegenwärtigen Unruhen fallen hier, weitab vom Entlibuch.

---

1 wahrscheinlich Hans Bernhard Roth

Nach der gelungenen Entsetzung verbrüdern sich Bauern und Bürger in den Liestaler Pintenschenken. Die zugezogenen Solothurner übernachten auf dem Heimweg in *Waldenburg* und *Langenbruck*. Dabei taucht der Gedanke auf, man könnte den Spiess einmal umdrehen und gemeinsam gegen die Hauptstadt am Rhein ziehen – die halbe Basler Bürgerschaft sei ja auf ihrer Seite. Die furchtlose Margrit Barthlome von Reigoldswil verspricht: Wenn die Bauern eines Tages aufbrächen und die Stadt Basel in den Rhein stürzten, so möchte sie eher an einer Hochzeit fehlen, als dass sie sich dieses Werk entgehen liesse!

Mühlestein 252–263 – Hidber 233 f.

Luzern veröffentlicht Konzessionen an die Landleute und bereitet gleichzeitig den Krieg vor

Endlich haben die zehn luzernischen Ämter den ‹gütlichen Spruch› schriftlich und besiegelt zugestellt erhalten. Es handelt sich um jene Artikel, über welche sich die Verhandlungsparteien anfangs März in Werthenstein auch ohne den ‹rechtlichen› Entscheid der Schiedsrichter einigen konnten. Der Zuger Ehrengesandte Landschreiber Zurlauben sei sehr in Anspruch genommen gewesen, das Einholen seines Siegels habe viel Zeit gekostet, begründen die Herren die grosse Verspätung.

Tatsächlich haben sie die Liste der ‹Konzessionen› während gut zwei Wochen als Druckmittel zurückbehalten, um die Ämter zur Huldigung zu zwingen.[1]

Die Aushändigung des ‹gütlichen Spruchs› trägt keineswegs zur Beruhigung des Landvolks bei. Zwar verspricht er ausdrücklich die Freigabe des Salzkaufs, schafft auch die vielgeschmähte Bestrafung der Verstorbenen ab, doch scheint etliches faul daran und stimmt nicht mit den mündlichen Abmachungen von Werthenstein überein. Die Entlibucher sind noch aufgebrachter als vorher, besonders weil die Landvögte der ‹gehorsamen› Ämter die Übergabe der Konzessionen mit einer neuen Schelte gegen das Entlibuch und Willisau verbunden haben. Ja, die Herren der Stadt verlieren sogar ihren Freund Kaspar Steiner. Der hat sich durch seine wankelmütige Politik wohl eine Sonderwurst für das Amt Rothenburg erhofft und ist über den Spruchbrief so böse, dass er von einem Tag auf den anderen wieder ins Bauernlager umschwenkt und den Aufständischen auch gleich vertrauliche Äusserungen von Schultheiss Dulliker zuträgt.

Während sich die Landleute mit dem ‹Versöhnungswerk› beschäftigen, schreibt die Luzerner Regierung nach Zürich: ohne Gewalt werde nicht mehr zu helfen sein; die Zumutungen der Untertanen von Willisau und Entlibuch seien masslos und unbillig.

Der Zürcher Rat bleibt aber bei seiner vorsichtigen Haltung: Man wolle an der bevorstehenden Tagsatzung nochmals einen gütlichen Vergleich suchen.

---

1 völlig abweichende Schilderung bei Vock

In der Stadt Bern trifft (via Tribolet) ein neuer Aufruf zum koordinierten Vorgehen gegen die rebellischen Untertanen ein. Absender ist Oberst Zwyer in Altdorf. Wenn man nicht rasch «mit gesamter Hand» einschreite, so meint der katholische Chefstratege, würden diese Leute ihren nichtigen Bund immer weiter stärken.

Bern verlangt jetzt vom Vorort Zürich kategorisch die Einberufung der Tagsatzung und wirft dem dortigen Rat Mutlosigkeit und absichtliche Verzögerung vor.

Heimlich tagen in *Willisau* Ausschüsse der luzernischen Ämter mit bernischen Vertrauensleuten zur Planung des neuen Bundes. Nur wenig ist über dieses wichtige Treffen in späteren Verhören durchgesickert. Fest steht, dass Adam Zeltner, der Schälismüller von Niederbuchsiten, und der Oensinger Wirt Baumgartner, die ausgezogen sind, um von beiden Parteien ein ausgewogenes Bild zu gewinnen, ins Versammlungslokal hineinplatzen, als die übrigen bereits den Bauern-Bundesbrief durchberaten, den man am kommenden Mittwoch in Sumiswald beschwören will. Freundlich werden die beiden Solothurner aufgenommen und in die Pläne eingeweiht.

Dieser Bundesbrief soll sehr kurz und so offen gehalten werden, dass ihm ausser den lieben Nachbarn vom Lande sogar «gute Herren» (gemeint ist in erster Linie die Solothurner Regierung) beipflichten könnten. Er soll Oberkeiten *und* Untertanen geben, was ihnen nach göttlichem Recht zusteht – darauf drängen die einheimischen Willisauer.[2]

Aus dem Entlibuch sind wahrscheinlich Schreiber Müller, Pannermeister Emmenegger und auch der Tell, Käspi Unternährer, bei den Beratungen dabei. Nach einer Aussage von Emmenegger ist Käspi der eigentliche Urheber des neuen Bundes – wie er schon von allem Anfang an die Bewegung vorantrieb.[3]

> Über die Berner Delegierten lassen sich bloss Vermutungen anstellen. Man darf annehmen, dass Ueli Galli unter ihnen ist: er, der die Signauer Landsgemeinde leitete und von seinem Eggiwil aus auch sonst mit den Entlibuchern eng verbunden ist. Mit Schein ist ebenfalls Josef Flückiger von Huttwil unter den Teilnehmern. Er ist ein vertrauter Freund der Luzerner und war schon in Wolhusen beim Bundesschwur dabei. In den nächsten Tagen entpuppt er sich als eifrigster Werber für Sumiswald, besorgt Postritte ins Entlibuch und durch das Solothurnische bis hinunter ins Baselbiet.

---

2 vgl. das Memorandum an der Sumiswalder Landsgemeinde
3 Der Bundesbrief ist von Schreiber Müller und nicht, wie Vock behauptet, von Notar Brenner entworfen worden.

> Sicher nicht hier in der Hinterstube des ‹Sternen›[4] ist Klaus Leuenberger; der bestellt in diesen Tagen fromm und friedlich seine Felder zu Hause auf dem Schönholz.

Just heute tauchen auch drei Männer aus Hitzkirch in Willisau auf. Hitzkirch liegt in den sogenannten ‹Freien Ämtern›, diesem arg geknechteten gemeinherrschaftlichen Landstrich zwischen Luzern-, Bern- und Zürichbiet, der seinen Namen weiss Gott nicht verdient. Als Gesandte ihres Amtes bitten die drei um Aufnahme in den Wolhuser Bund. – Das wird ihnen mit Freuden gewährt. Und selbstverständlich werden sie nach Sumiswald eingeladen.

Wahrscheinlich fällt hier in Willisau der Grundsatzentscheid: der Obmann des neuen Bundes, der politische Führer, solle ein Berner sein; Aufbau und Leitung der Bauernarmee aber sollten die Luzerner übernehmen. Ansonsten liegen die Beschlüsse der Koordinationssitzung im dunkeln[5] – ihre Auswirkungen aber sind augenfällig. Ab heute werden landauf, landab in jeder Gemeinde Delegierte für das Richtfest des neuen Bundes gewählt, der 100 000 Untertanen vereinen soll – die Landsgemeinde von Sumiswald.

Aeschlimann 179 – Mühlestein 281, 285, 296 – Zingg 21 – Vock 184–190, 193 – Liebenau II/258–266

---

4 Die Solothurner nannten den Sternenwirt Hans Ueli Amstein an erster Stelle unter den Gastgebern in Willisau – der ‹Sternen› als Versammlungsort ist hingegen nirgends ausdrücklich erwähnt.
5 Die Behauptung Mühlesteins, erst hier in Willisau seien Zeit und Ort der grossen Landsgemeinde abgemacht worden, kann nicht stimmen (vgl. 5.4. in Eriswil).

Gerüchte vom Einmarsch fremder Völker

Kurz vor Ostern kommt Bericht ins obere Emmental, um Zofingen herum seien viele fremde Völker und wollten das Land verderben. In der grossen Stube im *Signauer* Hochenhus hocken die Bauern zu einem Kriegsrat zusammen: Daniel Küpfer, Ueli Galli, Weibel Rüegsegger und der Bergmichel als die Fürnehmsten, auch Adelrych und Hans Meyer von Steinen, der Müli-Ueli von Langnau, der Ueli vom Hüenerbach, Willi Blaser vom Schweikhaus, Klaus und Hans Neuenschwander von der Böschmatt und der Eggiwiler Matthys Salzmann.

Diese Männer schicken den Schmied Hans Winkler als Kundschafter nach Zofingen. Schon in Langenthal vernimmt Winkler, dass es mit dem fremden Volk «nichts auf sich heige» (möglicherweise handelte es sich um einen ungenauen Bericht über die Besetzung von Liestal).

Kaum hat sich die Lage im Amt Signau nach diesem Bescheid beruhigt, bricht die Angst vor fremden Völkern im *Oberaargau* durch: Man sagt, welsche Truppen seien im Anzug. Die *Wiedlisbacher* besetzen Pässe und fangen Briefe der Oberkeit ab. Die Landleute des Amts Aarwangen begehren das Reisgeld heraus. *Landvogt Willading fordert in Bern Verstärkung an.*

In der Tat hat General von Erlach nach und nach heimlich Kontingente welscher Soldaten in die Schlösser und Landstädte verlegt. Mittlerweile sind Waadtländer Truppen in Burgdorf und eine ganze freiburgische Kompanie in Thun stationiert, die sich kaum mehr verbergen lassen. Dass sich fast täglich Gerüchte über einen Einmarsch der Welschen im Land ausbreiten, ist eine Folge dieses streng geheimen Aufmarschplans.

Mühlestein 286 – Turmbuch Bern 1653, Vergicht Hans Winklers

Die Bauernschaft in Erwartung der Sumiswalder Landsgemeinde

In der Wirtschaft von *Hölstein* wählen die Baselbieter ihre Abgesandten nach Sumiswald: Ueli Schad, Isaak Bowe, den Amtspfleger Gysin von Läufelfingen und Baschi Wirz, den Metzger von Sissach. Unterwegs wollen sie die solothurnische Landsgemeinde in Oberbuchsiten besuchen.

Ungefähr 200 solothurnische Gemeindevorsteher und -delegierte drängen sich ins Rathaus von *Olten*. Untervogt Zeltner berichtet ihnen von der Sitzung in Willisau. Der Bund wird für gut befunden, und weil mehrere abgefangene Schreiben (der Regierungen unter sich) auf einen bevorstehenden Einmarsch fremder Truppen deuten, wird Adam Zeltner vorsorglicherweise zum Landeshauptmann ernannt. Den Vorschlag einer bewaffneten Erhebung weisen die Abgeordneten jedoch mit grossem Missfallen zurück.

Die allgemeine Landsgemeinde am Montag in *Oberbuchsiten* ist sehr gut besucht. Fast alle Vogteien sind vertreten. Die Ratsherren haben sich diesmal nicht persönlich herbemüht, doch liegt ein landesväterliches Schreiben[1] vor, das darlegt, wie überflüssig diese Landsgemeinde sei, «wie väterlich und aufrichtig Wir gegen Euch alle insgemein gesinnt sind, und Ihr nicht weniger Euch gegen Uns erklärt habt...» etc. Auch leugnen die Herren alle und jede Bedrohung durch fremde Truppen, erklären, dass sie «keine eigentliche oder nur die wenigste Wissenschaft» davon hätten; die solothurnische Oberkeit sei «nicht des Sinnes, dergleichen ins Land führen zu lassen». – Es folgt ein erstaunliches Eingeständnis: «Nun Euch allen bösen Argwohn aus dem Grunde zu benehmen, so haben Wir rathsam befunden, Euch hiemit des höchsten, und so hoch eine Oberkeit bezeugen kann, zu verständigen, dass Wir (...) gern gesehen und gewünscht hätten, dass die Punkte, welche denen von Willisau und Entlibuch zugesagt wurden, in den Rechts und gütlichen Spruch eingesetzt worden, wie das Wir (...) unsern Eidgenossen der Stadt Luzern zugeschrieben haben, dass sie die Punkte, so zu Werthenstein versprochen worden, halten und einschreiben sollen; dabei, da könnet ihr abnehmen, dass Wir diesfalls keine Schuld tragen.»

---

1 Text bei Vock

> Da steht verbrieft und besiegelt, was die Luzerner Landleute schon immer behaupteten: Die ‹Sprüche› des Herrn Zwyer sind manipulierte Machwerke; sie geben nicht die wahren Verhandlungsergebnisse wieder. *Aber weshalb setzen sich die Oberen der St.Ursenstadt denn für die Rechte der verrufenen Entlibucher und Willisauer ein? Nun, das politische Kalkül ist durchschaubar...* sie zeigen sich in diesem entscheidenden Moment als Freund und Helfer der Untertanen, um die heutige Versammlung von einem Beitritt zum Sumiswalder Bund abzuhalten.

«Ihr wollet doch Uns und Euch Ruhe schaffen, still sitzen, kein Geläuf machen, sondern ein steifes Vertrauen zu uns haben», ermahnen sie väterlich. Als flankierende Massnahme haben sie zwei Kapuziner ausgeschickt, welche die Versammelten vor einem Beitritt zum grossen Untertanenbund warnen, indem sie ihnen dessen mögliche Folgen schildern und das Verbrechen des Hochverrats in seiner ganzen Abscheulichkeit darstellen.

Trotzdem beschliessen die Landleute in Oberbuchsiten, eine Delegation zum Bundesschwur nach Sumiswald zu schicken. Zu deren Führer wählen sie den frischgebackenen Landeshauptmann und Lokalmatadoren Adam Zeltner – ein schwerer Fehler, wie die Unzufriedenen gleich merken, als sich Zeltner für die Wahl bedankt und hinzufügt: «dass sie, die Landleute von Solothurn, mit ihrer Regierung zufrieden seien und dass, wenn sie nach Sumiswald gehen, sie nichts reden oder tun würden, als was den Gnädigen Herren und Oberen zum Frieden und Besten gereiche...». Hier fallen Urs von Rohr und andere dem Untervogt ins Wort und beschimpfen ihn vor allem Volk als Landesverräter. Er sei ein Schelm und Dieb, der es heimlich mit der Regierung halte und, was er von den Bauern an den Landsgemeinden vernehme, sogleich wieder dem Landvogt zu Ohren trage!

Aber die Sache ist gelaufen: Adam Zeltner ist gewählt. Immerhin hat der Zwischenfall zur Folge, dass nun auch eine vierköpfige ‹wilde› Gruppe zum Bundesschwur reist. Und weil die Vogteien Kriegstetten, Lebern und Flumenthal an besonderen Gemeinden ihre eigenen Delegationen bestimmt haben, ist der Zustrom der Solothurner nach Sumiswald ganz beachtlich.

> Die Luzerner Landleute haben ihre Boten weit herumgeschickt, um die katholischen Orte von einer neuerlichen Hilfeleistung an die Stadt abzuhalten. Die Angst vor einem kriegerischen Überfall durch fremde Truppen ist gross. Neueste Gerüchte besagen, die Berner Herren hätten Welsche auf dem Umweg über Interlaken und Unterwalden mit Schiffen nach Luzern geschleust.

Stephan Lötscher kommt aus *Stans*, wo er vor dem Landrat sprach, mit der guten Kunde heim: das Nidwaldner Volk sei den Aufständischen sehr wohlgesinnt! – Einen Teilerfolg brachten die Missionen ins Gebiet von *Schwyz*, wo sich die evangelischen Nikodemiten von Arth weigern, gegen andere Untertanen die Waffen zu erheben. *Die Schwyzer Gewaltigen fürchten sogar, diese Bauernfreunde könnten an der kommenden Landsgemeinde das ganze Machtgefüge auf den Kopf stellen, indem sie die direkte Volkswahl der Landammänner verlangten (statt der bisher üblichen Wahl durch die Räte).* Die erfreulichste Nachricht erhalten die Bauern aber aus *Zug:* Dort hat sich ihr Fürsprecher Peter Trinkler durchgesetzt. Der Rat will den Unzufriedenen Schutz gewähren und die Aufhebung des Badener Mandats beantragen.

Die *Willisauer* haben ein Schreiben aus Zürich empfangen, sie sollten «die Ruhe des Vaterlandes nicht weiter stören». Darauf antworten sie: Sie dankten dem hohen Vorort für die väterliche Ermahnung. Sie wünschten nichts aufrichtiger, als der Oberkeit den gebührenden Gehorsam zu leisten, insofern auch diese die Rechte und Freiheiten der Untertanen ehre. Allein, nicht ein einziger der im rechtlichen Spruch der Schiedsherren bewilligten Artikel werde von der Oberkeit beachtet und gehalten. Darum sähen sie sich genötigt, neuerdings ihr Recht zu suchen. Sie wünschten sehr, ihr Anliegen dem hohen Vorort durch Deputierte mündlich und ausführlich vorbringen zu können.[2]

Tatsächlich geht der Zürcher Rat auf dieses Begehren ein. Er verspricht den Delegierten der Bauern freies Geleit zu der Tagsatzung, die am 19./29. April in Baden beginnen wird. Bis dahin sollen sie sich ruhig verhalten.

Gespannt ist man auf die Amtsversammlung in *Rothenburg* – Kaspar Steiners Amt. Vor annähernd 3000 Menschen geben sich drei Luzerner Ratsherren alle Mühe, Rothenburg vom Bauernbund abzubringen. Doch weder «Rosen, Honig noch Zucker» verfangen, wie Steiner sich malerisch ausdrückt. Er selber verwahrt sich gegen die Behauptung, er sei jemals dem Bunde untreu geworden, und tatsächlich entsenden ihn die Bauern seines Amtes an der Spitze ihrer Abordnung nach Sumiswald zum Bundesschwur.

Mühlestein 263f., 280, 282, 287-292, 328 – Vock 193, 196-202 – von Arx 17-19 – Liebenau II/256f., 264, 269, 274

---

2 Text bei Vock. Liebenaus Angabe, die Willisauer hätten schon am 1./11. April das Gesuch um freies Geleit zur Tagsatzung gestellt, beruht auf einer falschen Lesart der Kalender.

Kommt Leuenberger?

Die Berner Landleute wählen ihre Abordnungen für Sumiswald in zahlreichen Gemeindeversammlungen, wie sie namentlich für *Langnau*, *Biglen*, *Konolfingen* und *Langenthal* bezeugt sind. Auf dem Grund und Boden des reichen Hans Siegenthaler im *Trub* findet ein heimliches Treffen statt, an dem der Entlibucher Landessiegler Binder das Wort führt. Auch die Leute von *Koppigen* und *Herzogenbuchsee* wollen nach Sumiswald. In Buchsi beschädigen die Unzufriedenen die Güter des Predikanten und des Weibels.

Neben den Aufgeboten für die grosse Landsgemeinde hat der bisherige Kern der Berner Bewegung eine weit heiklere Aufgabe zu lösen: Allem Anschein nach soll ein Berner dem neuen Bund als Obmann vorstehen. Aber wer? Die Pfeiler der alten bernischen Volksfreiheit sind längst aus dem Boden gerissen: Das Emmental kennt keinen Landeshauptmann oder Landesvenner, der die Leitung des Bundes kraft seiner Autorität übernehmen könnte wie Pannermeister Emmenegger im Entlibuch.

Ueli Galli, den man füglich als Baumeister des hiesigen Widerstands bezeichnen darf, ist mehrfacher Grossätti, $64\frac{1}{2}$ Jahre hat er auf dem Buckel – ein Greis mit allen Altersbresten, die sich bei der harten täglichen Arbeit eines Bauersmanns eben zusammenläppern. Daniel Küpfer und Hans Rüegsegger sind noch älter. Der Bundesobmann aber sollte ein Mann in den besten Jahren sein, ein ansehnlicher Vertreter des Bauernstandes. Kein grober Haudegen wie der Schibi oder der Bergmichel gehört an die Spitze der neuen Eidgenossenschaft, die schliesslich die Untertanen der ganzen Schweiz vereinigen soll, Harte und Linde, Frässer und Zögerer – aber doch einer, der den Herren die Stirn bieten kann.

Klaus Leuenberger vom Schönholz wäre der ideale Obmann. 38jährig, wohlhabend, von Oberkeit und Bauern respektiert, edel von Gestalt und Angesicht, ein guter Redner dazu – wie er doch damals im Wirtshaus von Trachselwald dem Tribolet widersprochen hat, war grossartig. – Doch der Leuenberger hat in Bern den Kniefall geleistet. Und sein tiefverwurzelter Glaube hindert ihn daran, sich nun über seinen Treueeid zur Oberkeit hinwegzusetzen. Man vernahm, er wolle die Landsgemeinde von Sumiswald nicht besuchen.

Zum Glück ist da Leuenbergers Freund und Nachbar, Hans Ueli Neuhaus ab Schwanden, ein eifriger Harter, der es von Anfang an mit den Oberemmentalern und Entlibuchern hielt. Beim Fussfall in Bern fehlte er; dafür hat er noch keine einzige Signauer Versammlung verpasst. Seit

Leuenbergers kniefälliger Wandlung zum gehorsamen Untertanen besorgt er an dessen Stelle die Aufstellung der Wachten.

Bei seinen Besuchen auf dem Schönholz redet Neuhaus auf den Leuenberger ein: der neue Sumiswalder Bund diene dem Wohle des ganzen Volkes, wie seinerzeit der Rütlibund, letztlich auch allen ehrlichen Amtleuten – kein göttlicher Eid werde dadurch angetastet. Und er, Klaus Leuenberger, stehe seit seiner Rede vor Tribolet in allerhöchster Achtung beim Volk, man brauche ihn in Sumiswald; er möge ja sehen, was mit ihm geschehen werde, wenn er nicht komme. Weiss Gott, wie manche Stunde der Hans Ueli so auf ihn einredet: Klaus Leuenberger ist ein harter Brocken. Meinetwegen, er werde kommen, willigt er schliesslich ein, und mit echt emmentalischer Bescheidenheit fügt er hinzu: «nur zu erfahren, was verhandelt wird.»

Dabei weiss er bestimmt, dass er in Sumiswald nicht bloss zum Zuschauer ausersehen ist.[3]

Mühlestein 292, 296f. – Aeschlimann 179 – Rösli 103, 145, 149 – Turmbuch Bern 1653, Vergicht Niklaus Leuenbergers – AEB C 473

---

3 Angesichts der sonstigen gründlichen Vorbereitung des Bundes ist sicher, dass sich die Organisatoren der Landsgemeinde von Sumiswald über die Person des Obmanns Gedanken gemacht haben.
Die Schilderungen, wonach Leuenberger erst an der Versammlung spontan (und ohne irgendeinen Gegenkandidaten) zum Redner und Obmann aufgestiegen sei, sind unglaubwürdig. Vielmehr deutet das Vorgehen von Neuhaus und (später) Ruch darauf hin, dass sie Leuenberger im Auftrag der Bauernführer für das höchste Amt gewinnen sollten. Die Aktion war übrigens – mit Rücksicht auf Leuenbergers moralische Skrupel – sehr geschickt eingefädelt.

Daxelhofers missglückter Abgang

Turnusgemäss geht am Ostermontag die Leitung der Staatsgeschäfte aus den Händen des bisherigen Amtsschultheissen Niklaus Daxelhofer in diejenigen des Schultheissen Anton von Graffenried, des Führers der Kriegspartei im Berner Rat, über.

> *Der alte Daxelhofer war bemüht, sich einen etwas glanzvolleren Abgang zu verschaffen: Gleich im Gefolge der Ehrengesandten hat er über Ostern eine imposante Deputation mit den vier Standesvennern Frisching, Wagner, von Wattenwyl und Fischer auf die Reise von Kilchöri zu Kilchöri geschickt, um die fälligen Huldigungen abzunehmen. Diese Herren hören sich gleichzeitig die Klagen der Untertanen an und verkünden, dass alle zu ihrem Recht kommen sollen.*

Nun, an Klagen herrscht kein Mangel. Besonders im Amt Trachselwald sammelt die Deputation mit Venner Frisching eine ganze Reihe von Beschwerden über die «äusserst und schmerzlich klagende Schinterei und Aussaugung armer Lüten» durch Landvogt Tribolet.[4] Angesichts der Gerüchte über den bevorstehenden Einfall fremder Truppen[5] stellen sich die Bauern durchs Band weg «störrisch» gegen die Huldigung, und auch die grosse Vereinigung von Sumiswald sei nicht zu hintertreiben, wie die Deputation schon von unterwegs berichtet.

Zur Sicherheit lassen die Gnädigen Herren jetzt auch die ganze Bürgerschaft der Stadt Bern, alle Studenten und die fremden Handwerksburschen für die Zeit ihres Aufenthalts einen Treueeid schwören.[6]

Mühlestein 301 – Tillier 167 – Türler, Tribolet – RM Bern 9./16. 4. 1653

---

4 Anzumerken ist die bekannte Feindschaft der Familien Tribolet (Pfisternzunft) und Frisching (Metzgern), die hier wohl hineinspielte.
5 Nicht zu vergessen: Die welschen Garnisonen waren immer noch in Bern stationiert.
6 Die förmliche Huldigung wurde am Samstag vorgenommen.

Mittwoch, 13./23. April

Das Fest der Freiheit in Sumiswald

Das Dorf Sumiswald liegt am Ende eines breiten, grünen Hügelzugs, der wie eine Bärentatze vom Napfmassiv gegen Bern zu reicht. Die Hochfläche ist mit fruchtbaren Wiesen, Kornplätzen und Obstbäumen bestellt. Ein tiefes Tobel trennt sie im Süden vom etwas höher liegenden Trachselwald. Nur die Türme des Schlosses, der Residenz von Landvogt Tribolet, schauen über den finsteren Tannenwald hinüber, der auf der anderen Seite des Tobels steil ansteigt. Die Sumiswalder Häuser hingegen sind von allen Seiten her frei und schön anzusehen. Sie gehören zu den stattlichsten im Emmental. Wie mächtige, gespreizte Adlerflügel bedecken ihre schier auf den Boden reichenden Dächer die kunstvoll gezimmerten Giebel.

Schon gestern abend wimmelten die Gasthöfe und Bauerngüter in Sumiswald und weitherum bis Trachselwald, Lützelflüh, Ramsei und Affoltern von den zu Fuss, zu Ross und auf Wagen weither angereisten Gästen. Die sprichwörtliche Gastfreundschaft der Emmentaler Bauern, im Verein mit dem milden Frühlingswetter macht diese Tage für alle zu einem unvergesslichen Fest.

Am Morgen zeigt sich die perfekte Organisation der Sumiswalder: Jeder der Abgesandten muss beim Betreten des Rings auf der Matte beim ‹Bären› einem Schreiber seinen Namen und seine Herkunft angeben. Bald zieren Namen aus vier Eidgenössischen Orten und den Freien Ämtern Hitzkirch und Meyenberg die Liste. Fridli Bucher und der Daiwiler Bauer Hans Heller sind von der Landschaft Willisau angereist, Kaspar Steiner von Rothenburg, und die Entlibucher sind durch Pannermeister Emmenegger, die Tellen Käspi Unternährer und Ueli Dahinden, Caspar Murpf und den Landessiegler Binder vertreten.

Ein Blick auf die anwesenden Berner: Daniel Küpfer und Hans Blaser (Langnau), Christen Dällenbach und Hans Grunacher (Diessbach), Hans Berger, Christen Zimmermann der Wirt, Jakob Imhof (Steffisburg), Bürgermeister Hans Känzig (Wiedlisbach), Christen Ryf (Oberbipp), Hans Roth (Niederbipp), Niklaus Bucher (Attiswil), Hans Rüegsegger und Daniel Tschanz (Röthenbach), Michel Äschlimann, Bendicht Dällenbach und Hans Winkler der Schmied (Signau), Ueli Galli (Eggiwil), Oswald und Daniel Ruch, Kaspar Küpfer und Peter Widmer (Lützelflüh), Klaus Leuenberger, Lienhart Glanzmann und Hans Bieri (Ranflüh), Hans Ueli Neuhaus (Schwanden), Hans Jacob Würgler (Ried in der Herrschaft Lenzburg), Hans Schürmann (Unterentfelden), Rudolf Frey (Gontenschwil), Peter Fällimann

(Wittwil), Hans Hess (Brittnau), Emanuel und Hans Jakob Sägisser (Aarwangen), Hans Rieser (Brienz), Hans Affolter der Müller (Koppigen), Hans Siegenthaler, Peter Tanner und Peter Baumgartner (Trub), Peter Dolder und Christen Fahrni (Schangnau), Josef Flückiger (Huttwil), Klaus Gfeller der Schulmeister (Lauperswil), Michel Graber und Hans Sterchi (Oberburg), Ueli Grimm («aus dem Emmental»), Hans Heinrich (Affoltern), Joseph Kämpfer und Klaus Rieser («aus dem kleinen Emmental»), Willi König (Gommerkinden), Christen Niederhauser und Hans Vogler (Eriswil), Christen Rothenbühler (Trachselwald), Ueli Schnyder (Rüderswil), Säckelmeister Ueli Schütz, Peter Ryser, Matthäus Hess von Wiken, Hans und Ueli Kramer, Ueli Stirnimann (Sumiswald), Hans Antenen (Herbligen), Ueli Bachmann (Brenzikofen), Res Ellenberger und der Wirt Hans Grüssi (Walkringen), Peter Kiener und Ueli Krieg (Wichtrach), Peter Künzi (Wyl), Andres Moser der Ammann (Zäziwil), Ueli Schüpbach (Biglen), Statthalter Gurtner (Kiesen), Bendicht Tschanz (Oppligen), Jakob Müller und Ruedi Beck (Rohrbach), Galli Bögli (Seeberg), Hans Bühler (Madiswil), Hans Bur (Busswil), Hans Friedli (Bollodingen), Hans Gasser (Rütschelen), Klaus Güdel und Hans Stammbach (Ursenbach), Baschi Herzog (Langenthal), Josef Hess (Herzogenbuchsee), Hans Murgenthaler (Urwil), Urs Roth (Thörigen), Thomas Weyermann (Lotzwil), Ueli Fahrni (Eriz), Klaus Luginbühl (Oberhofen), Jaggi Schmid (Frutigen), der Wirt Hans Kachelhofer (Melchnau)...

Die Liste liesse sich fast beliebig verlängern. Weit über tausend – ein Augenzeuge schätzt: mehr als 2000 – Menschen sind nach Sumiswald gekommen, neben den offiziellen Abgesandten der Gemeinden viele Zuschauer, darunter sogar die Diener des französischen Botschafters in Solothurn.

> Der einzige Wermutstropfen für die Berner «Rädelsführer» ist die schwache Beteiligung der Oberländer. Vom Simmental und aus der Stadt Thun hat sich überhaupt niemand herbemüht, und auch sonst sind nur wenige Aufständische aus den Tälern oberhalb des Thunersees erschienen.

Es fällt auf, dass die Emmentaler und Aargäuer Ausgeschossenen, die in Bern den Fussfall getan haben, hier in Sumiswald fehlen. Sogar Klaus Zimmermann und der alte Wüthrich von Brandösch nehmen ihr Gelübde so ernst, dass sie sich an keiner Veranstaltung der Aufständischen mehr beteiligen – auch wenn die Herren die ausgehandelten Artikel noch nicht einmal schriftlich bestätigt, geschweige denn eingehalten haben.

Nur einer von den Kniefälligen ist gekommen: eben dieser Klaus Leuenberger vom Schönholz, der sich am frühen Morgen zusammen mit seinem

Mittwoch, 13./23. April

Nachbarn Hans Bieri in die Liste einschreiben lässt. Und kaum steht er auf der sonnigen Matte, wo vorne ein langer Tisch auf die Redner wartet, treten auch schon der Hans Ueli Neuhaus und der Daniel Ruch vom Waldhaus zu ihm und fragen ihn an: ob er jetzt den Vorsitz der Landsgemeinde übernehme?

Leuenberger zögert angesichts der gewaltigen Versammlung. Noch einmal sucht er nach allerhand Ausflüchten: er sei noch zu jung dazu, da gebe es viel erfahrenere Leute; überhaupt könne er doch keine so grosse Landsgemeinde leiten! Aber die beiden Bittsteller lassen nicht locker: er solle ihr Redner sein, es werde ihm nüt schaden, vielmehr werde das Volk ihm dankbar sein. – Nach einigem Hin und Her willigt der Schönholz-Bauer ein.

Die Matte füllt sich rasch, so dass die zuhinterst stehenden Neuankömmlinge kaum mehr die Gestalten, welche vorne auf die Tische steigen, erkennen und nur noch ganz vage ihre Worte hören können.

Es sind Klaus Leuenberger und Ueli Galli von der Berner Bauernschaft, die alle Anwesenden begrüssen und dann unter grossem Beifall ihre luzernischen Gäste, Pannermeister Emmenegger und Landessiegler Binder, vorstellen.

Noch vor den eigentlichen Beratungen lassen sie ein ‹Erinnerungsschreiben› der Zürcher Regierung verlesen, das die Bauern in Sumiswald vor neuem Ungehorsam gegen ihre Oberkeiten warnt.

Eine weitere Zuschrift ist aus Willisau eingegangen ... sie enthält abgefangene Korrespondenzen der Stadtherren. Auf die Frage Leuenbergers, ob sie geöffnet und vorgelesen werden sollten, antwortet die Menge mit einem lauten «Ja». – Der Inhalt ist offenbar unbedeutend, ganz im Gegensatz zum gedruckten Mandat der Tagsatzung vom 12./22. März, das der Landessiegler Binder nun vorträgt, jene berühmte Schmähschrift, welche den «teils boshaften, teils unbesonnenen und verirrten Landleuten» ihre «hochsträflichen Fehler» unter die Nase reibt und ihnen jegliche «Zusammenrottung» – damit sind Landsgemeinden wie die heutige gemeint – bei Leib- und Lebensstrafe verbietet. Natürlich ist Landessiegler Binder da ganz anderer Ansicht. Ihre Klagen und ihr Bund seien gerecht und es seien die Oberkeiten, die sich über alte Freiheiten und alle Versprechungen hinwegsetzten. Zur Bekräftigung gibt er die Klagepunkte der zehn luzernischen Ämter gegen ihre Herren bekannt.

Das gleiche tun darauf die Berner mit ihren Klagen.[1] Und Ueli Schad, der Weber von Oberdorf, erzählt der Versammlung, was jüngst im Baselbiet vorgegangen ist und was das dortige Landvolk zu klagen habe.

---

1 Nach Vock, Mühlestein und Liebenau soll Notar Brenner die Berner Klagen verlesen haben. Ich fand die Anwesenheit Brenners in keiner Quelle bestätigt. Brenner selbst beteuerte, er sei nicht dabei gewesen (Turmbuch Bern 1653, J.K.B.).

Als die Solothurner an die Reihe kommen, tönt es aber ganz anders: Sie, die Solothurner Landleute, seien mit ihrer Regierung zufrieden; sie hätten gar nichts über diese zu klagen. Sie seien nur hierher geschickt worden, um zuzuhören... Der so brav spricht, ist Untervogt Zeltner. Immerhin fügt er hinzu: sie seien trotzdem bereit, fremden Truppen den Durchpass durch ihr Gebiet zu verwehren.

Am Rande des Geschehens überreicht Landessiegler Binder den Dienern des französischen Ambassadeurs ein schön versiegeltes Exemplar der Entlibucher Klagen. Zum Dank erhält er einen Gulden, den er stolz vorzeigt.

Über die folgenden Ansprachen ist uns nichts überliefert. Die später befragten Zeugen haben entweder ein schlechtes Namensgedächtnis oder werden sagen, sie seien zu weit entfernt gestanden, um alles genau mitzubekommen.[2] Wahrscheinlich haben die Solothurner Oppositionellen, die vor allem aus Olten und dem Wasseramt zahlreich nach Sumiswald gereist sind, die Aussagen Zeltners zurechtgerückt; vielleicht hat auch ein Freiämter das Wort ergriffen.

Die Aufmerksamkeit der Menge wird durch die Ankunft einer Gruppe von Herren in schwarzen Mänteln und Baretthüten in Anspruch genommen: eine hohe Delegation des Berner Rates, an ihrer Spitze der gedrungene, rotbärtige «Früsching» und die übrigen drei Stadtvenner. Sie lassen sich von Peter Widmer von Lützelflüh in den Ring geleiten, wo sie sich vorderhand ganz ruhig, mit gespieltem Gleichmut aufstellen, als seien sie gewöhnliche Zuschauer.

Bald einmal besteigt der Schreiber Müller, der mit seiner gemütlichen Leibesfülle und seinem Berner Seeländerdialekt so gar nicht in das Bild eines gefährlichen entlibuchischen Revolutionärs passt, den Rednertisch. Laut und deutlich verliest er[3] den Bundesbrief, den die Versammlung beschwören soll:

1. Man hat geschworen, dass man den ersten eidgenössischen Bund, welchen die Eidgenossen vor etlichen hundert Jahren zusammen geschworen, erhalten, die alten Rechte im Vaterland erneuern und erhalten, die Ungerechtigkeiten und Beschwerden abtun, bei solchem einander schützen und schirmen will mit Leib, Gut und Blut. Was den Herren und

---

2 Z.B. Hans Rüegsegger will den Inhalt des Bundesbriefs nicht verstanden haben (Turmbuch Bern 1653, H.R.), ebenso der Spion des Vogts von Wangen.

3 Nicht etwa Brenner – vgl. dazu Aeschlimann 179 (Verhör Leuenbergers in Burgdorf): «Der Bund sei... ihnen durch einen Schreiber aus dem Entlibuch zur Annahme vorgetragen worden. (...) Der Schreiber sei eine dicke Person gewesen und aus dem Bernbiet in das Entlibuch gekommen.» «Zu *Huttwil* haben sie ihm [Leuenberger] Schreiber zugegeben, um von denselben alle Beschwerden der Bauern in besonderen Artikeln zu Papier bringen zu lassen.»

Mittwoch, 13./23. April 371

Oberkeiten zugehört, soll ihnen zukommen und gleichfalls den Untertanen, was diesen gehört. Jedoch soll allezeit der katholische Glaube vorgehen. (Ein Raunen und Pfeifen geht durch die Menge.) Sonst lässt man jeden in seiner Religion verbleiben.

2. Wir wollen alle neuen, unguten Aufsätze absetzen. Wenn es sich aber begäbe, dass eine Oberkeit mit ihren Untertanen in Streit geriete, so sollen sie nicht gegeneinander auszuziehen, sondern mit gütlichem Vergleich sich wieder miteinander vergleichen. Sollte ein Vergleich nicht möglich sein, so sollen die Oberkeiten und Untertanen der andern Orte vermitteln und sowohl die Oberkeiten als die Untertanen bei ihren urkundlichen Rechten und Freiheiten schützen und schirmen. Mit guten Mahnungen soll die Unrecht habende Partei abgewiesen werden. Wenn aber eine Oberkeit fremdes Volk oder heimisches gegen die Untertanen führen will, so sollen alle Untertanen dies Unternehmen mit Güte abweisen, und wenn dies nichts nützt, mit den Waffen zum Land hinausschlagen, laut unseres Eidschwures.

3. Wenn in Städten oder auf dem Lande einer oder der andere, wer er sei, dieses Handels oder Aufstandes wegen eingezogen würde, so sollen hiemit alle und jede Personen angegriffen sein und den Gefangenen, laut des Versprechens, mit Wehr und Waffen, so nicht anders sein kann, zu erledigen schuldig sein. Diesem sollen so wohl die Oberkeiten als die Untertanen nachkommen.[4]

Die Bevorzugung des katholischen Glaubens ist ein engstirniger, unkluger Vorschlag der entlibuchischen Vertragsentwerfer. Dagegen erhebt sich unter den Reformierten, die hier in Sumiswald natürlich in der Überzahl sind, lautstarker Protest.

Die Regierungsgesandten nützen die Verstimmung für ihren Auftritt. Erst versuchen sie, den Bund mit freundlichen Zusicherungen zu hintertreiben: Die bernischen Untertanen sollten doch ihre Beschwerden vertrauensvoll bei den Behörden einreichen, statt sich mit den berüchtigten, papistischen Entlibuchern einzulassen; es sei in Bern noch viel guter Wille für die Bauern vorhanden. – Als diese Lockworte nichts fruchten, gehen die Venner zum Drohen über. Offenbar nehmen sie dabei die Urheber der Unruhen, die Entlibucher, derart aufs Korn, dass sich diese bald mit ‹Schmäh- und Lästerworten› zur Wehr setzen. Von den Reden ist kein Wort mehr zu verstehen. Der Sprecher (wohl Venner Frisching) bricht seinen Vortrag mit saurer Miene ab und zieht sich würdig und finster drohend mitsamt seinem hohen Gefolge aus dem Ring zurück.

---

4 Diese erste Version des Bundesbriefs und die Eingabe von Fridli Buchers Memorial nach Liebenau. Die endgültige Fassung des Bundesbriefs lag in Sumiswald noch nicht vor.

Den harten Aufständischen sind derartige Abgänge der Herren an Landsgemeinden schon fast zur lieben Gewohnheit geworden. Die Gemässigten jedoch, welche die Bewegung nur mit aller Vorsicht verfolgen und stets vor strafbaren Handlungen abraten, sind beeindruckt. So einer ist der einheimische Sumiswalder Weibel. Zu seinem Pech gerät er an einige junge Leute, darunter Hans Jakob Sägisser von Aarwangen, die ihn sehr unsanft ‹hertnen›. – Auch Leuenberger, sonst die Ruhe selbst, verliert einmal die Beherrschung. Wie er Säckelmeister Alexander Ryser vom Adelboden, diesen alten Verräter,[5] im Ring erblickt, weist er die Wachen vor allem Volk an: «Tut mir diesen gottlosen Mann ushin!».

Nachdem sich die Aufregung gelegt hat, fragt der Leuenberger: ob sie alle fest zusammen- oder wie es halten wollten, worauf eine Diskussion über den Sinn und die Form des gemeinsamen Bundes losbricht. Die verschiedenen Voten und Abstimmungen zum Bundesbrief fasst schliesslich ein Willisauer (Fridli Bucher, mit der redaktionellen Hilfe Kaspar Steiners und einiger anderer) zusammen: Der Bund hat nur zwei Ziele. Erstens will er die Verwendung fremden Volks gegen die Untertanen verhindern und zweitens vermeiden, dass die Oberkeiten einander bei Streitigkeiten zwischen Behörden und Volk beistehen. – Der Bund soll dem ganzen Vaterland zum Nutzen gereichen und weder der Oberkeit noch den Untertanen mehr geben, als was ihnen nach göttlichem Recht gebührt. Namentlich kann die Oberkeit, wie zur Zeit des schwedischen Kriegs, daraus Vorteil ziehen, indem das Volk an der Grenze gleichsam eine Ringmauer bilden und die fremden Truppen abwehren wird. – Jeder soll bei seinem Glauben verbleiben und keinem der Vorzug gegeben werden.

Damit sind alle einverstanden. Leuenberger fragt an, ob man den Bund bloss mit einem Gelübde annehmen oder mit einem göttlichen Eid beschwören wolle? Einhellig ist man für den Schwur. So lässt der Leuenberger die Versammelten alle niederknien. Feierlich spricht ihm die Menge die Worte der Eidesformel nach und bekräftigt mit erhobenen Fingern den Bund.

Man beschliesst, in einer Woche in Huttwil zu einer noch grösseren Landsgemeinde zusammenzukommen. Bis dahin soll der abgeänderte Bundesbrief seine endgültige Form erhalten. Dann sollen ihn abgeordnete Landleute aus allen Orten der Eidgenossenschaft beschwören.

Der Eindruck der Persönlichkeit Niklaus Leuenberger auf die Abgesandten muss gewaltig gewesen sein. Denn unmittelbar nach dem Schwur wird dieser bislang allen Nichtbernern unbekannte Mann, der nicht bei einer einzigen Vorberatung des neuen Bundes zugegen war, einmütig zum Bundesobmann gewählt.

---

5 vgl. S. 127

Mittwoch, 13./23. April 373

Was aber die Entschlossenheit der Landsgemeinde von Sumiswald ganz besonders beweist und ihr – abgesehen vom Bundesschwur – höchsten geschichtlichen Rang verleiht, ist die abschliessende Wahl eines gemeinsamen Kriegsrats. Zum General-Obersten wird der Entlibucher Pannermeister Emmenegger gewählt, womit man offensichtlich den gerechten Ausgleich zur Wahl des Berners Leuenberger als Obmann schaffen will. Wohl aus propagandistischer Rücksicht auf die Beteiligung Solothurns am Aufstand setzt man den sonst nirgends hervortretenden Solothurner Hauptmann Urs Lack, einen in fremden Kriegsdiensten erfahrenen Mann, zum Stellvertreter Emmeneggers als Oberst-Lieutenant ein. Oberst-Wachtmeister wird Stephan Bislig von Ruswil, Oberst wird Fridli Bucher, der jetzige Richter und Landessäckelmeister der Willisauer Bewegung.[6] Unter den weiteren Kriegsräten finden wir Ueli Galli, Hans Rüegsegger und Daniel Küpfer, die alten Kämpfer aus dem Thunerkrieg, auch den Ranflüher Wirt Lienhart Glanzmann, den Steffisburger Statthalter Berger und den Bergmichel von Signau. Weil die Luzerner ihre Offiziere schon beim Auszug vor die Stadt ernannt haben, wird die Liste auf ihrer Seite nur geringfügig ergänzt.

Die heutige Landsgemeinde ist das erste schweizerische Volksparlament. Diesen geschichtlichen Rang verdient sie. Keineswegs ist sie bloss eine Verschwörung erzkonservativer Bauern, die sich gegen den notwendigen Fortschritt auflehnen, wie einige bedeutende Historiker sie später abqualifizieren werden. Gewiss: die Gründer des Sumiswalder Bundes beziehen sich auf den legendären Bund der alten Eidgenossen. Doch verbinden sie mit der verschwommenen geschichtlichen Realität in dem Masse die Sage von der uralten Hirtenfreiheit, dass daraus die Utopie einer ganz unhistorischen Volkssouveränität entsteht, einer rechtlichen Gleichstellung und eines brüderlichen Nebeneinanders. Deren Verwirklichung käme – namentlich wenn der Einbezug der Bürger in den Bund gelänge – dem modernsten Staatsmodell dieser Jahre sehr nahe: dem revolutionären England unter Cromwell und seinem Parlament.[7] Auch Cromwell legitimiert sich historisch-legendenhaft, mit dem Modell der urchristlichen Gemeinschaft. Doch verwirklicht er unbestrittenermassen Ideale, die erst ein gutes Jahrhundert später, im fortschrittlichen Gewand der Naturrechtslehre, von neuem auftauchen werden.

---

6 Die Willisauer haben demnach von Luzern unabhängige Landesbeamte gewählt. Wann dies geschah, ist unbekannt.

7 Ohne Zweifel haben auch die interessierten Bauern von der Machtergreifung Cromwells und der Hinrichtung des englischen Königs gehört.

Für die Herren hingegen heisst moderne Staatsführung: eine zentralistische Feudalherrschaft, wie sie Kardinal Mazarin in Frankreich durchgesetzt hat. Und mögen die Untertanen noch so beteuern, ihr Bund wolle der Oberkeit nicht schaden, getreu den Worten Jesu «Gebt dem Kaiser, was des Kaisers ist!»: ein Parlament der Untertanen und erst recht deren eigene Militärorganisation bedrohen die von Gott gesetzte Herrschaft der aristokratischen Familien in ihren Grundfesten. Mit Grauen blicken die Herren nach England, wo dieser Emporkömmling Cromwell und sein Parlament trotz allen Beteuerungen ihrer christlichen Gesinnung schliesslich König Charles aufs Schafott schickten. Enthält nicht der zweite Artikel von Sumiswald bereits eine Art Schiedsgerichtsbarkeit der Untertanen über die Oberkeiten?

Mühlestein 297-319, 623 - Liebenau II/288-295, III/217 - Vock 203-210 - AEB C 495, 515 (Präsenzliste) - BB VI.39.7 - BB VI.80.3, 45-47 u.79-95 - Rösli 155, 205 - Hidber 236f.

Mittwoch, 13./23. April

Abgesandte der Luzerner Landleute in Schwyz, Uri und gar ennet dem Gotthard

An der heutigen Landsgemeinde des Standes Schwyz tauchen sechs Emissäre der Entlibucher auf. Der Rat lässt sie kurzerhand einkerkern.

Just heute sprechen Abgeordnete der Luzerner Landleute auch beim Landrat in *Altdorf* vor: Sie begehren ihre Anliegen an der bevorstehenden Urner Landsgemeinde vorzutragen. Der Landrat will dies nicht gestatten; so reiten die eifrigen Bauerngesandten gleich weiter, über den Gotthard hinüber in die italienischen Vogteien, um da das Volk von einer Hilfeleistung an die Stadt Luzern abzuhalten.

> Der Weg ist beschwerlich, wie Reisende aus dieser Zeit bezeugen: «Durch einen rauhen und stotzigen Wäg, welchen man nennt die Schellenen, sind wir kommen zur Tüfelsbrugg, welche gar schmal ist ... und von dannen über den Gotthard, daruff ein Spital, in welchem ein Lähenmann, der zur Winterszeit die Lüth, wenn sie verschneit werden, beherbergt. Danach den Gotthard ab z fuess; uff der linggen Siten des Wägs hinab steht ein Heuslin, in welches die im Winter erfrorenen Leuth geworfen werden, damit, wenn etwa Reisende selbige kennten, sy ehrlich bestattet wurden; wir haben drei darin liegen gefunden. Winters- und Frühlingszeit ist gar bös über diesen Berg reisen, wegen grossen Schnees und der Lauwenen.»

Liebenau II/275, 281, 283 – Bericht über die Gotthardreise Rudolf Simelers 1658

Niklaus Leuenberger, Obmann des Bauernbundes (Kupferstich aus dem Jahr 1653)

Unter dem Stern von Sumiswald

Das Erlebnis von Sumiswald hat viele Landleute mit schier unbändiger Freude und neuem Tatendrang erfüllt. So fühlt sich der Entlibucher Pannermeister am Abend nach der Landsgemeinde keineswegs zu müde, eine unterschwellig triumphierende Botschaft an den Schultheissen von Luzern zu richten: Er, Emmenegger, könne beim besten Willen nicht mehr zu Verhandlungen in die Stadt reisen. Das Volk lasse ihn einfach nicht ziehen! Er lade die Herren stattdessen auf den 3. Mai nach Heiligkreuz ein. Man werde ihnen dort «alls Liebs und Guts, Fried und Gleit erzeigen».[1]

Noch einer greift an diesem Abend zur Feder: der Schaffner Peter Jakob vom Trub. Er, der die Bauernabordnung zu den Verhandlungen in die Stadt Bern und zum Kniefall geführt hat, steht jetzt mit seinem geschworenen Treueeid allein auf weiter Flur. In seiner Enttäuschung fasst er sich ein Herz und schreibt einen mutigen Brief nach Zürich, an keinen geringeren als Bürgermeister Waser. Dem grossmächtigen Herren sagt er offen ins Gesicht, was man im Emmental von ihm halte: Er habe in Langnau die Unwahrheit und mehr gesagt, als die Evangelischen Ehrengesandten von der Berner Regierung erlangt!

> *Dem Zürcher Bürgermeister scheint viel daran gelegen, sich einen – wie er meint – einflussreichen Bauernfreund im Emmental zu erhalten. Schon am Wochenende beantwortet er die dreisten Vorwürfe aus dem Trub mit einem ellenlangen, eigenhändigen Schreiben, das von Versicherungen seiner moralischen Integrität, seiner «Müh und Arbeit» bei den Vermittlungen in Bern geradezu trieft, am Ende jedoch mahnt: Die Oberkeit sei der irdische Statthalter des höchsten Regenten. Wer oberkeitliches Recht verletze, der versündige sich gegen die hohe Majestät Gottes . . . das habe er «aus wohlmeinendem Herzen und vaterländischem Gemüt andeuten wollen».*

Während der Heimreise der kleinen Schar von Oberländer Ausgeschossenen kommt es in Signau zu einem brenzligen Zwischenfall, als ein oberkeitstreuer junger Mann lauthals die Festnahme der «Rebellen» fordert.[2] Die Dorfleute sind aber trotz der bedrohlichen Nähe des Vogts nicht dafür

---

1 Die Herren lehnten entrüstet ab: das Benehmen der Entlebucher sei «trutzig» und «unanständig».
2 Der junge Mann war Hans Ramseyer von Buchsistocken.

zu gewinnen. – Daheim setzt sich allen voran der Brienzer Abgeordnete Hans Rieser für den neuen Bund ein. Er verliest eine Abschrift des Bundesbriefs und schickt Kopien ins Haslital und weiterum im Oberland. Nicht vergessen sei der frischerkorene Obmann Klaus Leuenberger, der sich nun ganz entschieden der Bauernsache widmet. Aus Sumiswald sendet er seine erste Botschaft an sämtliche Untertanen der Stadt Bern:

«Ehrsame, liebe und getrüwe gute Fründ und Nachbauren, Eid- und Religionsgenossen. Wir können nit underlassen, sonder euch fründlich zu berichten, wie dass auf den 13. April (an) eine allgemeine Zusammenkunft aus den 4 Orten der Eidgenossenschaft Bern, Luzern, Solothurn und Basel Ausschüss sind erschienen und sich miteinander händ beraten, der Ernüwerungen und Landesbeschwärden und des Eidg. Neüwen Bunds und Mandats, das uns aus der Cantzley Baden ist eingehändiget worden. Ist auf den obgedachten Tag von den Ausschüssen für gut erkennt worden, euch zu berichten, dass wiederum ein Tag ist angestellt worden gen Huttwyl auf künftigen Mittwochen, der sein wird den 20. Aprilis, da dann aus allen 13 Orten die Ausschüss werden zusammen kommen; derohalben gelanget unser aller fründtliche Bitt: ihr wöllet aus allen Euseren Gemeinden, wo diese Gschrift hinkommt, auch Ausschüss verordnen und auf obbestimmten Tag erscheinen und besuchen, so werdet ihr dann im Grund der Wahrheit berichtet werden aller Artiklen und Beschwärnissen der Undertanen der ganzen Eidgenossenschaft, und möget ihr Euere Benachbarte benachrichtigen, so viel wie möglich. Ist hiermit Gott mit uns. Datum 14. April 1653.»

Den Donnerstag hat die Berner Oberkeit zum allgemeinen Buss- und Bettag ausrufen lassen. Die Bauern befürchten, man wolle sie in die Kirche locken und derweilen das Land besetzen. Sie schicken ihre Frauen und Kinder deshalb allein zum Gottesdienst und stellen (unter Anweisung der neugewählten Kriegsräte) zahlreiche Wachten auf. An allen Landstrassen und entlang der Aare stehen sie in so geringen Abständen, dass sie sich zurufen können. Die Frauen helfen tapfer mit. Sie stellen die Wachten in den Wäldern, ermuntern ihre Männer und schleppen Waffen herbei.

AEB F 13/54 – BB VI.86.1, 60 – Rösli 100, 219 – Liebenau II/287 – Mühlestein 326f., 332f. – Tillier 169

Die Herren von Zürich befürchten einen Aufstand in den Gemeinen Herrschaften. Sie schicken daher einflussreiche Personen in die Freien Ämter, die das Verhalten der Landvögte prüfen und sich erkundigen sollen, ob sich jemand zu beschweren habe, mit der Zusicherung, man werde alles befriedigend erledigen.

Unter diesen «einflussreichen Personen» ist kein Geringerer als der Zürcher Säckelmeister Johann Konrad Werdmüller. Der designierte Generalissimus inspiziert bei dieser Gelegenheit das künftige Aufmarschgebiet der Tagsatzungsarmeen, wozu die Freien Ämter schon deshalb ausersehen sind, weil hier keine Rücksicht auf die Souveränitätsrechte eines Standes erforderlich ist.

Mühlestein 285

Freitag, 15./25. April 379

«Süsser Wein»

Mitten in der Nacht haben die Bauernwachten bei *Berken* ein verdächtiges Warenschiff auf der Aare entdeckt. Sie zwangen es zum Anlegen. Die Durchsuchung der Ladung förderte neben Eisenwaren für die Firma Heidegger in Zürich ein Fass mit der Aufschrift ‹Süsser Wein› zutage – und darinnen Handgranaten, 200 an der Zahl! Der Fährmann, Thunerhans genannt, wurde gefangengenommen und später auf Befehl Leuenbergers nach *Langenthal* ins Kaufhaus geführt, wo die Landleute ein Gefängnis herrichteten. Schiff und Ladung wurden beschlagnahmt.

Die Berner Regierung hadert mit dem Schicksal: Die Granaten hätten nämlich schon vorgestern – während die Aufständischen schön in Sumiswald versammelt waren – heimlich ins Schloss Aarwangen gelangen sollen. Der Fährmann legte aber auf eigene Faust unterwegs in Aarberg an, von wo er das Fuder Eisen mitnahm, um etwas mehr Fährlohn herauszuwirtschaften. Das «Attentat» auf das Warenschiff ist den Herren höchst peinlich, weil jetzt die Solothurner Regierung reklamiert, dass die Kriegsware ohne Bewilligung durch ihr Hoheitsgebiet verschifft wurde. Die Solothurner gehen soweit, dass sie ab sofort Tag und Nacht die Aare mit einer dicken Kette absperren.

Unter den Bauern macht der Spruch die Runde: «Das sind also die süssen Weinbeeren, womit man uns tränken will!» Sie bewachen jetzt erst recht alle Pässe und durchsuchen alle Fremden nach verdächtiger Post, wobei sie nicht einmal die Boten des französischen Ambassadors verschonen.

Den Hauptmann Rümmeli von Bern, den die Regierung als Kommandanten auf Schloss Aarwangen schicken wollte, nehmen sie unterwegs fest und führen ihn wie die gefangenen Schiffleute nach Langenthal.

RM Bern 15.4.1653 – Aeschlimann 168 – Mühlestein 334 – Vock 221 – BB XII.146

Wenige Tage vor Beginn der Eidgenössischen Tagsatzung treffen sich die Häupter der Innerschweizer Orte zu einer Konferenz in Gersau. Zwyer und Dulliker bemühen sich um eine geschlossene Haltung der Katholiken in der Bauernfrage. Nach ihren Vorstellungen sollte man den umstrittenen ‹rechtlichen Spruch› (mithin auch die Aberkennung des Wolhuser Bundes) von der gesamten Eidgenössischen Tagsatzung besiegeln lassen und so die Bauern mit einer Politik der Härte zur Versöhnung zwingen.

Damit dringen sie an der Konferenz nicht durch. Es sind insbesondere die Vertreter von Nidwalden und Zug (Peter Trinkler), welche der Luzerner Regierung nahelegen, sie solle doch einer Entschärfung der entwürdigenden Sprüche und Mandate gegen die Bauern zustimmen, ehe daraus noch grösserer Schaden entstehe. Schon jetzt hätten die Propagandisten der Aufständischen in der Stadt Luzern mehr Anhänger als die Herren dieser Stadt! Dafür hat wiederum Schultheiss Dulliker kein Gehör. Statt der erstrebten Einigkeit veranschaulicht die Gersauer Konferenz die Konfusion unter den Herren der alten Orte. Am Ende teilen die Zuger und Nidwaldner mit, dass sie aus Protest gegen die unnachgiebige Haltung Luzerns der bevorstehenden Tagsatzung fernbleiben werden.

So viel haben die Aufständischen mit ihren zahlreichen Botengängen der letzten Woche erreicht.

Das einzige konkrete Ergebnis der Konferenz ist eine einstimmige Verurteilung der gegenwärtigen Reise von Zürcher Ratsherren durch die katholischen Freien Ämter. Einhellig erblickt man darin eine Gefährdung des katholischen Glaubens.

Mühlestein 323–326 – Liebenau II/281–283

Samstag, 16./26. April

Drei Luzerner Landleute vor dem Rat in Zürich

Die Luzerner Landleute brauchen die erhaltene Zusage freien Geleits zur Eidgenössischen Tagsatzung schon jetzt zu einer Vorsprache in der Stadt Zürich. Sicher werben sie unterwegs unter den Zürcher Landleuten für den neuen Bund.

Hans Ulrich Amstein, der Sternenwirt von Willisau, Leodegar Theiler, der Weibel von Escholzmatt, der die betrügerische Verlesung des ‹rechtlichen Spruchs› damals auf dem Krienserfeld kritisch mitnotierte, sowie Hans Roth von Schüpfheim – diese drei werden von einer Ratskommission mit Bürgermeister Waser an der Spitze in Audienz empfangen. Sie überbringen eine Reihe von Dokumenten, darunter den Wolhuser Bundesbrief, welche die Herren sogleich in der Rechenstube kopieren lassen.

Die Bauern fragen an:
1. Ob die Oberkeit von Luzern nicht schuldig sei, ihnen Auskunft über die urkundlich festgesetzten Rechte und Pflichten der Untertanen zu geben?
2. Ob es nicht billig sei, dass die Oberkeit im ‹rechtlichen Spruch› das Wort «Fehler» auskratze?
3. Ob es nit zu erlangen, dass das Badener Mandat aufgehoben werde, das sie «verderbte Leute» schelte?
4. Ob der Bund von Wolhusen wirklich gegen Vernunft und Ordnung verstosse?

Die Zürcher Ratsherren geben zur Antwort: der ersten drei Wünsche halber könne man ihnen Hoffnung machen; niemals aber würden die Oberkeiten ihren Wolhuser Bund anerkennen. Im übrigen sollten die Landleute ihre Angelegenheiten der Tagsatzung vorlegen.

> Das ist nun entschieden weniger, als sich die Bauerngesandten von ihrer Mission erhofft haben. Die kategorische Aberkennung des Bundes muss in ihren Augen die freundliche Geste bezüglich der ersten drei Punkte entwerten, um so mehr als ja alles der eidgenössischen Tagsatzung anheimgestellt ist. Da werden die Herren Zwyer, Dulliker und die Berner Patrizier zusammensitzen ... welcher Narr macht sich denn da noch Hoffnungen auf ein Entgegenkommen?[1]

Vor ihrer Heimreise werden Theiler, Amstein und Roth freundlich auf Staatskosten bewirtet. Dabei kommen die drei auf die Ereignisse der vergangenen Tage zu reden und versäumen nicht, den neuen Sumiswalder

---

1 Tatsächlich werden nach dieser Enttäuschung in Zürich keine Bauerndelegierte zur Tagsatzung reisen.

Bund im besten Licht darzustellen. Die Herren von Zürich zeigen sich äusserst nett. Am Ende führen sie ihre Gäste gar noch ins Obmannsamt und ins Zeughaus, wo man ihnen die imposanten Vorräte an Getreide, Waffen und Munition zeigt.

Gleichentags empfängt Bürgermeister Waser auch zwei Delegierte aus dem bernischen Aargäu, die Untervögte Lüscher von Schöftland und Kull von Niederlenz. Die beiden laden mit untertäniger Höflichkeit einen Vertreter der Zürcher Regierung nach Huttwil ein.

Die für einmal so erbaulichen Gespräche mit den Unzufriedenen bringen Waser zur Auffassung, dass beim neuen Sumiswalder Bund «kein böser Wille wider den Stand Bern» vorhanden sei, mit «etwas Moderation in Eingang und Ende des ihnen vorgelesenen Conceptes» und mit dem Abzug der Besatzungen aus den bernischen Schlössern werde sich «das Misstrauen und der grosse Schrecken der Landleute legen, der durch die Verstärkungen der Besatzungen, Transport von Munition auf der Aare und vielfache Drohungen entstanden sei.»

Mit Vergnügen benutzt Waser die Gelegenheit, die Junker Frisching und Sigmund von Erlach, die Exponenten der Berner Diplomatie, mit solch väterlichen Betrachtungen zu stüpfen. Die beiden sind nämlich die höchsten Agenten des französischen Königs in der evangelischen Eidgenossenschaft, während Waser der Gegenpartei, dem spanisch-habsburgischen Kaiserhaus, für teures Geld Schweizer Söldner verkauft. Dass sich der Zürcher Magistrat dabei noch als verständiger Freund des Volkes zeigen kann, mag ihm in Hinblick auf die eigenen, noch ruhigen Untertanen nur recht sein.

Natürlich gibt die Berner Oberkeit keinen Pfifferling auf Wasers Moralpauke.

Mühlestein 328–331, 343 – Liebenau II/271–273

Sonntag, 17./27. April

Wer kommt nach Huttwil?

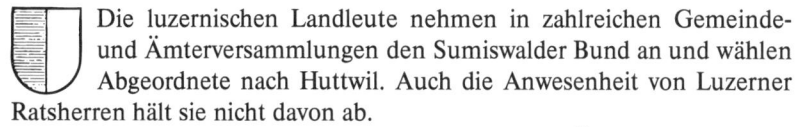

Die luzernischen Landleute nehmen in zahlreichen Gemeinde- und Ämterversammlungen den Sumiswalder Bund an und wählen Abgeordnete nach Huttwil. Auch die Anwesenheit von Luzerner Ratsherren hält sie nicht davon ab.

Die *Rothenburger* nehmen jetzt sogar die verbotene Ämterbesetzung vor, nachdem ihnen Kaspar Steiner erst versichern musste, der neue Bund bedeute keine Gefahr für die katholische Religion. Die *Willisauer* weisen ihren Schulmeister aus, weil Luzern seinerseits einen Willisauer ausgewiesen hat.

Theiler, Amstutz und Roth sind von Zürich aus direkt ins Toggenburg und bis an den Bodensee weitergeritten, um dort den neuen Bund beim Volk bekanntzumachen. Darauf reklamieren die Thurtaler zweimal beim Abt von St.Gallen: er habe ohne ihr Wissen der Stadt Luzern Hilfstruppen anerboten!

> Die Thurtaler und Toggenburger wollen sich nicht derart gegen die aufständischen Bauern verwenden lassen. Bei späteren Truppenaushebungen für die Herrenarmee werden viele von ihnen meutern oder nur missmutig einrücken.

Am Sonntag lässt der Zürcher Rat vier Entlibucher, zwei Berner und einen Solothurner wegen Aufwiegelei der Landleute einstecken.

Die Baselbieter haben auf Montag in *Liestal* in aller Stille eine allgemeine, bewaffnete Landsgemeinde vorbereitet, welche die Oberkeit derart überrascht, dass sie nicht die geringsten Gegenmassnahmen treffen kann.

Isaak Bowe erzählt hier unter grossem Beifall die Geschichte des Baselbieter Aufstands bis zum Bundesschwur von Sumiswald. Ueli Schad berichtet von «falschen» Briefen der Oberkeit, womit jetzt bewiesen sei, dass das Volk gänzlich unterdrückt werden solle. Der Stadtschreibergehilfe J.J. Stähelin verliest die Sumiswalder Bundesartikel.

Als man zur Beschwörung schreiten will, kommt es zu turbulenten Szenen. Die Liestaler Bürger verweigern anfangs den Schwur, besinnen sich aber nach einer Bürgerversammlung im Rathaus – unter Ausschluss des Rates! – eines besseren.

Der berüchtigte Untervogt Wirz von Buus weiss weder ein noch aus, nachdem ihm sowohl die Bauern als auch die Liestaler Bürger handfest drohen. Mit weinenden Augen befragt er die im Städtchen anwesenden Landvögte um Rat und meldet sich danach unter Polizeischutz draussen auf dem alten Markt bei Ueli Schad zum Eid.
Nach Sumiswalder Art leistet die Landsgemeinde auch hier den Bundesschwur auf den Knien. Hierauf werden die Ausschüsse für die Landsgemeinde in Huttwil gewählt, und nochmals fällt das Volk auf die Knie, Gott um seinen Segen anzurufen.

Liebenau II/274, 279f., 284f. - Mühlestein 331f., 335-338

Die bernischen Landleute von *Utzenstorf* und *Bätterkinden* treffen sich zu unerlaubten Gemeindeversammlungen.

Auch ins *Schwarzenburgerland*, in jenes durch tiefe Schluchten abgeschnittene Hügelland, das sich Bern und Freiburg als Gemeine Herrschaft teilen, ist die Bewegung vorgestossen: Der Wirt von Guggisberg hat von einem Landmann aus Steffisburg einen wichtigen Brief erhalten, den er aber nicht lesen konnte. So verlas Schreiber Kohli den Text vor dem Statthalter, den Guggisberger Geschworenen und vielen anderen Leuten. Es handelte sich um Leuenbergers Botschaft von der Bundesgründung samt der Einladung nach Huttwil.
Sobald der Landvogt im Schloss davon erfuhr, forderte er dem Wirt den Brief ab und ermahnte ihn ernstwörtig, nicht nach Huttwil zu gehen. Bereits hatte aber Statthalter Noth eine Kopie anfertigen lassen, welche nun Bendicht Hirsy und der Schwarzenburger Säckelmeister Ueli Zahnd zu den Freiburgern nach Plaffeien weitertragen. Und trotz dem Verbot wählen die Landleute Abgeordnete für Huttwil: Säckelmeister Zahnd, Bendicht Zbinden, Peter Wehrli und Bendicht Jutzeler werden am kommenden Mittwoch die Untertanen der Gemeinen Herrschaft Grasburg vertreten.

Weniger Glück haben die eifrigen Steffisburger mit ihrer Werbung in der *Stadt Thun*. Die Burger wollen keine Gesandtschaft nach Huttwil schicken. Selbst das Dorf *Sigriswil* zeigt sich sperrig. Der Steffisburger Wirt (Christen Zimmermann) redet auf Hans Bühler ein, den Schwager des hingerichteten Peter Amstutz, dass wenigstens er auf eigene Faust die Landsgemeinde besuche.

AEB C 595 - AEB E 703 - BB VI.80.3,145 - Rösli 181,192f.

Sonntag, 17./27. April

Erste Massnahmen unter Schultheiss von Graffenried – Aufrüstung, Überwachung der Fremden und die erfolgreiche Bekämpfung einer Mondfinsternis

Gleich nach der Rückkehr der Venner aus Sumiswald hat die Berner Regierung ihre Verbündeten von Biel, Neuenburg, Neuenstadt und Genf zur Bereitstellung neuer Hilfstruppen ermahnt. Die welschen Vogteien wurden angewiesen, auf Aufwiegler zu achten und diese einzuziehen. Am Samstag wurde die gesamte Burgerschaft vereidigt. Man hofft, insgesamt 4700 Soldaten gegen die Bauern aufbringen zu können.

Ab Montag stellen Gehilfen des Generals von Erlach Verzeichnisse über das Kommen und Gehen der Märitleute auf. Die Wirte müssen die ganze Woche über alle Logiergäste mit Namen, Zunamen und Herkunftsort registrieren und die Listen dem General vorlegen. Sämtliche Geistlichen verurteilen den Bauernbund von der Kanzel herab.

Uss Bern im Apprellen 1653 ward geschrieben: «... ich glaub, es schwäbe eine grosse schwere Straff Godtes ob uns, dann man alhir erschröcknliche Wunderzeichen am Mond gesähen, welcher sich ganz schwarz verwandlet. Und mit feüwrigen Stucken dargägen geschossen worden, dass er zerfätzet. So ein halbe Stund gewähret, darnach ist eine Wolche darfür kommen. Und hat widerumb seinen vorigen Schyn bekommen.[1]

Mandatenbuch Bern 14.4.1653 – RM Bern 16./18.4.1653 – BB VI.101, 219 – Mühlestein 293

---

[1] Dass gebildete mitteleuropäische Herren eine volle Generation nach Kepler, Descartes und Galilei noch mit Leuchtgeschossen eine Mondfinsternis bekämpften, wirkt unglaublich. Doch in Bern galt die «neue Philosophie» nach wie vor als Ketzerei. Die blosse Verbreitung der Lehren Descartes' – des berühmtesten Philosophen der Zeit, der im protestantischen Schweden am Hof der Königin Christine in hohen Ehren stand – wurde in Bern mit ewiger Verbannung bestraft.

Die erste eidgenössische Landsgemeinde von Huttwil

Das bernische Landstädtchen Huttwil, halbwegs zwischen Sumiswald und Willisau, dicht an der luzernischen Grenze gelegen, ist ein idealer Tagungsort für die grosse eidgenössische Landsgemeinde. Bewusst haben die Führer der Bewegung diesmal ein Städtchen gewählt, damit nicht der Eindruck entstehe, die landesweite Not und Unzufriedenheit sei eine rein bäuerliche Angelegenheit. Sie geben sich grosse Mühe, die noch etwas misstrauischen Bürger von Thun, Burgdorf, Liestal, Sursee oder Aarau für sich zu gewinnen. Huttwil selber steht seit der Vertreibung des Schultheissen Blau fest auf ihrer Seite.

Um die 3000 Ausgeschossene und Kiebitze aus vier Ständen sind heute gekommen, davon viele, die schon in Sumiswald gewesen sind. Hans Emmenegger, Niklaus Binder und Schreiber Müller sind aus den Entlibuch angereist. Etwa zwanzig Baselbieter reiten hoch zu Ross ins Städtchen ein, an ihrer Spitze Ueli Schad und Isaak Bowe, und diesmal sind auch Bürger von Liestal dabei. Die einheimischen Bauernführer sind in grosser Zahl erschienen, da sie heute auch noch ihre bernische Landsgemeinde abhalten wollen. Sie haben ihren eigenen Schreiber mitgebracht, den Notar Brenner von Münsingen, der von nun an Leuenberger als vielbeschäftigter Bundesschreiber zur Seite steht.

In einigen Landesgegenden hat die Bewegung deutliche Fortschritte gemacht, doch hat der neue Bund die Eidgenossenschaft nicht so lawinenartig überrollt, wie man sich das in der Begeisterung von Sumiswald erhofft hatte. Die Ausweitung auf alle 13 eidgenössischen Stände ist in der kurzen Zeit nicht gelungen.

Aus Zürich hat ein Abgesandter eine offizielle Grussbotschaft des Rates überbracht. Der Mann ist ein Metzger namens Rudolf Berner. Er gebärdet sich überaus wichtig, als ob von seinem Bericht die Anerkennung des Bundes durch seine Regierung abhinge.[1] Die Bauern behandeln ihn mit ausgesuchter Höflichkeit und bieten ihm einen Ehrenplatz an, damit er alles genau sehen und später darüber referieren könne.

Neben ihm sitzen zwei vornehme Herren aus Solothurn: Monsieur Baron, Secretarius Hofmeister der Ambassade Française, der sich mit einem Schreiben des Herrn Botschafters an die Landsgemeinde wenden

---

1 Für seine Schnüffeleien zahlte ihm Waser einen Gulden pro Tag.

wird, und sein Begleiter, Monsieur Vigier. Ein Kaufmann (unbekannten Namens) interessiert sich für den Aufbau eines unabhängigen Salzverlags.[2] – Zu erwähnen bleibt ein ungebetener Gast: Hauptmann Jakob Tribolet, der Bruder des Trachselwalder Vogts. Der einheimische Andreas Nyffenegger weist ihn aus dem Ring.

Schief gelaufen sind ohne Zweifel die Aufgebote im Berner Oberland. Statt der ersehnten Bürger von Thun will sich eine Delegation von Simmentalern und Saanern einschreiben lassen, aber nicht als Bundesglieder, sondern nur als «Vermittler». Auf die Frage: wer sie hergesandt habe und was sie denn «vermitteln» wollten? geben sie nur ausweichende Antworten. Ueli Galli fährt barsch drein: «Man sölle nüt auf den Oberländern halten, denn sie reisendt nur die Herren uf, sie heigendts also gemacht!» Und einer ergänzt: «Wir brauchen keine Scheidungslüt, weder Herren noch Buren!»

Jubelnd begrüsst die Menge den Leuenberger bei der Eröffnung der Versammlung.

Den Anfang machen die eingegangenen Schreiben und Grussbotschaften: Der französische Botschafter de la Barde ermahnt die Landleute zum Frieden und Gehorsam, indem er ihnen die Greuel des neuesten französischen Bürgerkriegs vor Augen führt. Ringsum lauerten die Feinde nur auf den Augenblick eines inneren Zwistes in der Eidgenossenschaft, um ins Land einzufallen. Bereits sei der Erzherzog Leopold, Spaniens Statthalter in den Niederlanden (und Gegenspieler Frankreichs), in Saverne, nahe an der Schweizer Grenze, angelangt! Die Landleute sollten sich rasch mit ihren Regierungen versöhnen und dadurch ihr Vaterland, ihre Weiber und Kinder vor Verderben bewahren.

Der Rat von Zürich schreibt der Landsgemeinde, sie solle doch den lügenhaften Gerüchten vom Einmarsch fremder Truppen keinen Glauben schenken, noch sich darüber sorgen, sondern vielmehr des festen Vertrauens leben, man werde an der laufenden Tagsatzung die Regierungen dahin bringen, den Untertanen die bereits bewilligten Artikel mit Brief und Siegel auf alle Zeiten zuzusichern. Mittlerweile erwarte der Vorort, dass sie, die Landleute, den Oberkeiten treu, gehorsam und untertänig blieben.

Den Bauern ist sehr daran gelegen, dass die versöhnlich wirkende Zürcher Regierung ihren Bund anerkennt. Notar Brenner überreicht dem Metzger Berner gegen Ende der Versammlung ein freundliches Antwortschreiben zu Handen des Rates von Zürich: Die Landleute wollten den hohen Vorort bitten, er möge ihnen allseits zur Ruhe und zum Frieden verhelfen; sie begehrten nichts anderes als den ruhigen Genuss ihrer Frei-

---

2 RM Bern 117,10: Die Bauern erhielten in Huttwil Unterstützung durch «eine gwüsse Person, die ihnen zum eigenen Saltzverlag Gelt darzestrecken erbot».

heiten und Rechte, im übrigen seien sie ihren Oberkeiten mit treuem und redlichem Herzen ergeben.

Auch die «Edle, Hochwohlgeborene, Fromme, Hochgeachte, Fürsichtige, Fürnehme und Wohlweise Fürstliche ansehnliche Excellenz», Botschafter de la Barde, erhält seine Antwort, die ausschaut, als hätten ein gutes Dutzend Bauernpolitiker nach der Landsgemeinde bei einem Schoppen Wein ihren Vorrat an aristokratischen Höflichkeitsfloskeln zusammengeklaubt.

Die Landleute lehnen es ab, eine Verhandlungsdelegation an die Eidgenössische Tagsatzung, die seit gestern in Baden konferiert, zu entsenden. Ganz eindeutig setzt man mehr Hoffnungen auf ein Entgegenkommen einzelner Stände (etwa Zug, Nidwalden, Solothurn oder Zürich) als auf die Tagsatzung. Auch will man mit den Regierungen nur noch draussen auf dem Land verhandeln.

Für den Bundesbrief schlagen die Abgeordneten von Arch und Leuzigen zwei neue Artikel vor:
1. Soll der ewige Bund alle zehn Jahre neu beschworen und bei diesem Anlass über die aufgekommenen Neuerungen geurteilt werden.
2. Bis zum Austrag des Handels sollen Zehnten, Boden- und Geldzins nicht entrichtet, nachher halbiert werden.

Wenn der Wert der Batzen schon halbiert sei, so begründen die Antragsteller, sei es nichts als gerecht, wenn auch die Steuern halbiert würden!

> Damit bringen diese Leute, die vielleicht zum erstenmal eine grosse Landsgemeinde besuchen, frischen Mutes den oberkeitlichen Willkürakt zur Sprache, der zu Beginn im Mittelpunkt des Protestes stand: die Batzenabwertung. Seltsam – fast keiner redete in letzter Zeit mehr davon, die spontane Wut der Anfangsphase hat sich in einen konstruktiven Eifer verwandelt. Der Aufbau eines grossen Bundes ausserhalb der bestehenden Staatsstrukturen verzehrt einen Haufen Kräfte, aber schliesslich wird er hoffentlich mehr bewirken als nur die Aufhebung eines einzigen unguten oberkeitlichen Mandats: Er wird die Willkür schlechter Herren für immer aus der Eidgenossenschaft verbannen – ein hohes Ziel.

Nun, dem ersten Vorschlag stimmt die Landsgemeinde zu, der zweite jedoch erscheint den meisten allzu hart. In Sumiswald hat man geschworen: den Herren solle zukommen, was ihnen gehört. Würde man sich nicht gegen den Eid versündigen, wenn man jetzt den Herren die Hälfte aller Abgaben verweigerte?

Anscheinend wird der Bundesbrief heute bloss durch das Handmehr bestätigt. Mit dem Schwur und der Besiegelung will man bis zur nächsten, noch grösseren Landsgemeinde zuwarten, die heute in vierzehn Tagen,

Mittwoch, 20./30. April

dem 4. Mai nach dem alten Kalender (dem 14. Mai der Katholiken) wiederum hier in Huttwil stattfinden wird. Bis dahin hofft man auf die Unterstützung weiterer Landleute, namentlich aus der Stadt Thun und ihrem Hinterland.
Nachmittags um drei Uhr schliesst die eidgenössische Landsgemeinde von Huttwil mit einem gemeinsamen Vaterunser.
Leuenberger fordert alle bernischen Untertanen noch zum Bleiben auf.

Unter sich beschliessen die Berner, sie wollten ihre Beschwerden neu aufsetzen, in die Stadt schicken und die Herren gleichzeitig an die nächste Landsgemeinde einladen. Dann halten sie, damit den Ablauf einer eidgenössischen Tagsatzung nachahmend, Strafgericht über zwei Fälle:
Hauptmann Rümmeli von Bern, um dessen Freilassung die nach Baden reisenden Herren einige Tage zuvor umsonst gebeten haben, wird mit seinen Begleitern vor die Landsgemeinde geführt, von Leuenberger befragt und verhört und endlich freigesprochen und losgelassen. Nur einen, der gedroht hat, die Herren von Bern würden die Emmentaler für diese Gefangennahme tüchtig züchtigen, behalten die Bauern zurück. Ihm binden sie einen Strick um den Hals und fragen den Leuenberger: ob sie ihn aufhängen sollen? Leuenberger befiehlt, man solle ihn gefangensetzen und gut bewachen.[3] – Darauf examiniert der Obmann die berühmt gewordenen Schiffleute. Da sie fest beteuern, von den versteckten Granaten nichts gewusst zu haben, werden sie auf freien Fuss gesetzt.
Leuenbergers Einfluss auf die Landleute ist erstaunlich. Wenn er redet, hört ein jeder zu. Was er vorschlägt, wird meist ohne Widerrede angenommen. Was er befiehlt, wird ohne Zögern ausgeführt.
Ausserhalb des Rings streckt derweilen ein Entlibucher eine Stange mit einer Handgranate in die Höhe und ruft mit lauter Stimme: «Das ist der süesse Wyn, der uns von Bärn zuegeschickt worden!»

Beim verdienten Umtrunk nach der Versammlung schiebt sich der Sekretär Baron in den Mittelpunkt. Er schlägt dem Leuenberger vor, sie sollten ihre nächste Landsgemeinde in Solothurn auf Kosten der Französischen Botschaft abhalten; er, Baron, werde da ihr Fürsprech sein. In verblümten Worten deutet er dem Leuenberger an, die Herren von Bern hätten vom König von Frankreich Hilfstruppen begehrt ... was ihnen jedoch abgeschlagen worden sei. Die ganze Tischrunde stösst auf die Gesundheit des Franzosenkönigs an.

---
3 Er wurde erst nach einem Monat freigelassen.

Mittwoch, 20./30. April

> Während der heiteren Zechrunde im Wirtshaus zu Huttwil spielt sich nicht weit ausserhalb des Städtchens ein kleines Drama ab: Trotz eines Geleitbriefs Leuenbergers werden die bedauernswerten Granaten-Schiffleute von acht Bauern angefallen. Die prügeln sie durch und stutzen ihnen ihre Bärte so boshaft, dass sie wie Affen aussehen.

Beim Abschied[4] erhält Niklaus Leuenberger noch ein unerwartetes Geschenk von Pannermeister Emmenegger: Der überreicht ihm einen prächtigen roten Mantel, einen Casaque, wie er ihn selber bei offiziellen Anlässen trägt – das Ehrenzeichen der entlibuchischen Landesvorsteher! Wohl mit keiner anderen Gabe hätten die Entlibucher dem Obmann ihre Anerkennung und Freundschaft schöner bezeugen können. Leuenberger ist sehr gerührt. Den roten Mantel wird er von jetzt an stets mit Stolz tragen, wenn er als Bundesobmann vor die Leute tritt.

Mühlestein 341–348 – Liebenau II/300f., III/16 – Vock 235–240 Peter 26, 30f. – Turmbuch Bern, Vergicht Ueli Gallis – Rösli 146

---

4 Der Zeitpunkt von Emmeneggers Geschenk ist eine Vermutung. Ende dieser Woche ist Leuenbergers Mantel erstmals erwähnt – in Huttwil scheint er noch niemandem aufgefallen zu sein.

Mittwoch, 20./30. April

Unruhige Basler und Luzerner Bürger. Basel rüstet auf

> *Weil die Bürger sich in letzter Zeit sehr freimütige Reden über die Unruhen auf dem Land erlauben, die Bauern loben und ein ähnliches Spiel in der Stadt beginnen, hat die Basler Regierung zwei Metzger verhaften und für ihr freches Maul exemplarisch bestrafen lassen.*

Heute spricht Bürgermeister Wettstein wegen dieser Sache vor den versammelten Zünften, den Gesellschaften der minderen Stadt und den Aufenthaltern. Eine Gegenrede ist nicht erlaubt. Wettstein wirkt sehr ergrimmt: Mit hochsträflicher Eidpflicht hätten sich die Landleute untereinander verbunden, die Oberkeit so weit einzutun, bis alles in der Gewalt der Untertanen stehe. Der oberkeitliche Stand werde sich mit allen erdenklichen Mitteln dagegen zu wehren wissen. Die Bürgerschaft seie hiermit vor ungleichen Reden gewarnt und aufgefordert, solche bei den Behörden zu verzeigen.

Gleichzeitig wirbt Basel 800 Mann Fussvolk und eine Kompanie Reiter an; beim Gouverneur von Breisach lässt der Rat 300 Mann Fussvolk und 100 Reiter für den Notfall bereitstellen (ein eindeutiger Fall von fremden, ja landesfremden Truppen, die Waser in seinem Schreiben an die Huttwiler Landsgemeinde gleichentags als «lügenhaftes Gerücht» ableugnet!). So rüsten sich die Herren tätig zur Bekämpfung des Volksaufstandes mit Waffengewalt.

> *Seit der Kunde von der bauernfreundlichen Haltung Nidwaldens und Zugs an der Gersauer Konferenz recken auch die Bürger von Luzern ihre Köpfe wieder in die Höhe. Sie benutzen die Abwesenheit vieler Ratsherren (an der Tagsatzung) zu heimlichen Versammlungen, wahrscheinlich auch zu Besprechungen mit den Bauern, obwohl darauf die Todesstrafe steht.*

Mühlestein 322f. - Vock 258 - Liebenau II/285

An der Tagsatzung zu Baden. Klaus Zimmermann im Schangnau erhält ein seltsames Schreiben

Bürgermeister Waser teilt der Tagsatzungskonferenz mit, was ihm sein Metzgerspion über Huttwil berichtet hat. Im Laufe des Tages laufen in Baden Nachrichten von einer gefährlichen Verschärfung der Volksstimmung in allen Landesteilen ein. Von Solothurn heisst es: die Aufständischen seien in die Schlösser von Thierstein eingedrungen und hätten die Vögte zur Herausgabe von Wein und Lebensmitteln gezwungen. Schultheiss Dulliker wird gar zu einer dringlichen Ratssitzung nach Luzern zurückgerufen. Er verpasst damit eine Sondersitzung der Tagsatzung, die sich mit schlimmen Berichten aus Basel beschäftigen muss. Die Untertanen seien alle in Waffen (wen wundert's angesichts der Kriegstreiberei der Basler Herren?); in Liestal hätten sie Schultheiss Imhof samt einigen Ratsherren gefangen und die Torschlüssel zu sich genommen.

Das sind also die unguten Folgen des neuen Bundes. Unter diesen Umständen stösst Zürichs Aufruf zur Milde gegenüber den Landleuten auf harsche Kritik. Von den Berner Gesandten muss sich Waser sagen lassen: er habe den Besuchern aus dem Entlibuch und Willisau zu viel Ehre erwiesen!

Die Konferenz beschliesst, «mit allen Mitteln dahin zu trachten, dass dieser ungute Bauernbund wieder cassiert werde». Die Tagsatzungsherren sind sich darüber einig, dass der Bundesschwur der Bauern eine totale Veränderung des eidgenössischen Staatswesens bezwecke.

Am Freitagmorgen verlässt ein Bote der Tagsatzung das Städtchen Baden in Richtung Willisau: Hans Ulrich Schnorf, der hiesige Untervogt. Er hat ein Vorladungspatent in der Tasche, das bevollmächtigte Ausschüsse der Bauern auf den 27. April/7. Mai vor die Konferenzherren zitiert.

Noch bevor der offizielle Bote Schnorf auf seiner Rundreise das Emmental erreicht, überbringt ein Reiter dem Klaus Zimmermann im *Schangnau* ein privates Schreiben. Es lautet:

«Ehrsamer, Es gelangt aller evangelischer Orthen Herren Gesandten, welche neuwlich wegen der bewussten Tractaten zu Bern gewesen, Begehren und Ersuchen an Euch, Ihr wellet so befürderlich als müglich allhar kommen, um einen vollen Bericht zu geben, derowegen Ihr Euch bereits gegen einen gewüssen Herren auch verluthen lassen; das würde Euch und der Landtschaft Bern Unterthanen samptlich zu nit geringem guten gereichen. – Baden, den 22. Aprillis 1653. Euer geneigter gutwilliger Hans Heinrich Waser, Bürgermeister von Zürich, dissmalen Abgesandter allhier.»

Donnerstag, 21. April/1. Mai 393

Was hat diese mysteriöse Privateinladung zu bedeuten? Versucht der ehemals so gefürchtete Revolutionär, nachdem er in Bern den Kniefall getan hat, den Frieden auf eigene Faust zu retten? Ist er gar... zum Verrat bereit?

Liebenau II/285, 314f. - Mühlestein 328, 350-352 - BB VI.47.6

Anton von Graffenried II. (1597-1674), Schultheiss von Bern

Landsgemeinde der Entlibucher beim Heiligen Kreuz. Der geheime Landrat

Anlässlich des Festes der Kreuzfindung, an dem ohnehin alle Entlibucher zur Kirche beim Heiligen Kreuz wallfahrten, wird nach dem Gottesdienst eine Landsgemeinde abgehalten.

Pannermeister Emmenegger sagt unter anderem in seiner Eröffnungsrede: er wisse zuverlässig – und dafür habe er mehr als vierzig Zeugen –, dass schon Befehl gegeben worden sei, 40000 Mann Bernertruppen ins Amt Entlibuch und Willisau einrücken zu lassen, mit dem Auftrag, durch Mord, Brand und Verwüstung jeglicher Art die Bauern zum Gehorsam zu zwingen. Auch zeigt er eine der Granatkugeln, die man auf dem Schiff bei Berken gefunden hat.

Hierauf fassen die Entlibucher folgende Beschlüsse durch offenes Handmehr:
1. Wir wollen nicht ruhen, bis das Tagsatzungsmandat vom 12./22. März widerrufen ist und bis wir unsere alten Privilegienbriefe wieder haben, welche uns seinerzeit ein Landvogt genommen hat und welche – nach Aussage zweier Herren – in der Stadt noch vorhanden sein sollen, unter denen sich auch ein Brevet Seiner Heiligkeit des Papstes befindet, welches dahin lautet, dass derjenige exkommuniziert sein solle, der einen ungerechten Krieg wider die Entlibucher führt.
2. Die Landesvorsteher sollen Gewalt haben, nötigenfalls eine Gesandtschaft im Namen des Landes Entlibuch zum Heiligen Vater nach Rom und zum Kaiser von Deutschland zu schicken.
3. Alle seit St. Josephstag (19. März der Katholiken) aufgelaufenen Kosten muss uns die Oberkeit ersetzen, weil sie den an jenem Tag kundgemachten rechtlichen Spruch nicht befolgt hat.
4./5. Weil man unser Land, unsere Leute und Güter den Feinden hat preisgeben wollen, schicken wir für dieses Jahr keinen Bodenzins in die Stadt.
6. Man soll nichts mehr in der Stadt färben lassen, sondern es einstweilen nach Wolhusen und Willisau schicken, bis wir eine eigene Färberei errichtet haben.
7. Die durch den Bund von Sumiswald und Huttwil miteinander verbündeten Eidgenossen sollen in Zukunft das Geld voneinander zu dem Wert abnehmen, in dem es vor der Abwertung stand. Wollen, nach Austrag des Handels, die Gnädigen Herren und Oberen und die Zinsherren es auch so nehmen, wohl und gut; wo nicht, so können sie es bleiben lassen.

Samstag, 23. April/3. Mai

8. Wer im Land selbst diesem Beschluss entgegen handelt, den wird man an Nase und Ohren zeichnen.
9. Man soll auf schnelle Beendigung des Handels drängen, weil sonst, wie der französische Ambassador an die Landsgemeinde von Huttwil schrieb, das ganze Schweizerland in grosse Gefahr käme.
10. Diejenigen aus dem Entlibuch, die jüngst an der Landsgemeinde zu Huttwil gewesen, sollen sich unfehlbar auf Mittwoch, den 4./14. Mai, wieder daselbst einfinden und andere zum Besuch dieser Landsgemeinde bereden, damit der grosse Bund noch stärker und fester werde.
11. Mit der Regierung wollen wir künftig weder in der Stadt noch auf Tagsatzungen mehr unterhandeln, sondern allein nur unter freiem Himmel und auf offenem Felde.

Nie zuvor hat eine Landsgemeinde den Willen zur Unabhängigkeit von der Herrschaft der städtischen Aristokraten so deutlich kundgetan. Der neue Bund muss diesen Entlibuchern wie ein behäbiger Ochsenkarren vorkommen, während sie auf leichtfüssigen Rossen der Freiheit zustreben.

In den Leuenberger, in dessen rechtskundigen Schreiber Brenner und in die Emmentaler Kriegsräte haben sie volles Vertrauen, kein Zweifel, sonst hätte Hans Emmenegger dem Obmann nicht das hohe Ehrenzeichen des roten Mantels vermacht – auf ihre Weise sind die Entlibucher Landesoberen ganz froh, dass die organisatorische Leitung des Bundes nun in den Händen der Emmentaler liegt. Umso eifriger kann man sich der heiklen Ausweitung des Bundes, den Gesandtschaften in die Urschweiz und den Verbindungen zu den Bürgern der Stadt widmen.

Diese Geschäfte besorgt ein neugebildeter Geheimer Landrat[1], dem Pannermeister Emmenegger, Landeshauptmann Glanzmann, Landessiegler Binder, die Weibel Theiler und Krummenacher[2] sowie ein Nicht-Entlibucher, der gebildete Kaspar Steiner von Emmen, angehören. Sekretär ist Schulmeister Müller.

Kaum in die Welt gesetzt, wird der Geheime Landrat schon aktiv. In einem sehr freundlichen Schreiben beruhigt er die Bürgerschaft der Stadt Luzern, den von Herren und Geistlichkeit so angeschwärzten Bund habe man nur geschworen, um einem Überfall von einheimischen und fremden Truppen gewachsen zu sein.

---

1 Den 3.5.1653 n.St. als Gründungsdatum des Geheimen Landrats vermutet Mühlestein.
2 Der Weibel von Schüpfheim, genannt ‹Der Fuchs›, nicht zu verwechseln mit dem gleichnamigen Meisterschwinger

Mit grosser Freude vernimmt man im Luzernerland die Kunde, die Bürger von *Sursee* begehrten den Beitritt zum Bund; der Rat des Städtchens habe dem Begehren zugestimmt.

Mühlestein 354–356, 403 – Liebenau II/286 f.

Leuenbergers Wirken als Obmann. Die Oberländer auf dem Schönholz

«Unglaublich ist es», schreibt der Solothurner Staatsschreiber und Chronist Hafner, «wie diese verwilderten Leute ihrem General Leuenberger so geschwind parirt und gehorsamet, dass kein mächtiger Potentat und Fürst mit allem seinem Geld und aller Macht solches lange nicht würde ins Werk gesetzt haben.»

Leuenbergers Ansehen wächst von Tag zu Tag. Die Bauern glauben ihm mehr als allen Regenten; sein Wort gilt bald einmal mehr als die Predigten der Pfarrer, deren Mahnungen zu Frieden und Gehorsam die Dorfleute nun sogar offen in der Kirche widersprechen. Von allen Seiten laufen Bauerngesandte nach Rüderswil, um Leuenbergers Rat einzuholen.

> Gewiss war Leuenberger, als er vor zehn Tagen als grosser Zögerer an die Spitze des Bauernbundes berufen wurde, trotz seiner erst 38 Jahre ein höchst angesehener, vermögender Mann. Doch gehörte er nicht zu denen, die mit grossem persönlichem Einsatz die Bauernbewegung aufgebaut hatten. Gottes Fügung, mag er denken. Vielleicht geht er gerade deshalb seine Geschäfte als Obmann mit jenem gerechten, ernsten Eifer an, der seinen Standesgenossen Vertrauen einflösst. Er zieht den Ochsenkarren der Bewegung geduldig durch den Schlamm der oberkeitlichen Mandate und Beschimpfungen, wie der biblische Heiland sein Kreuz trug.
>
> Wir wissen fast gewiss, dass Leuenbergers wundersamer Aufstieg in Sumiswald dem weitsichtigen Plan einer Gruppe von erfahrenen Alten zuzuschreiben ist, die jetzt als Ratgeber sehr häufige Gäste auf dem Schönholz sind. Ueli Galli ist der «fürnehmste» unter ihnen und wird meist als erster angefragt. Wohlweislich belassen sie dem Obmann sein Sendungsbewusstsein und freuen sich über seine wachsende Popularität, die zum Gedeihen des Bundes viel beiträgt. Keiner von ihnen sieht einen Anreiz im persönlichen Hervortreten, dermassen, dass sein Kopf noch im Züribiet in jeder Pintenschenke unfehlbar erkannt würde.

Samstag, 23. April/3. Mai 397

Am heutigen Samstag ist Schreiber Brenner bei Leuenberger und seinen Kriegsräten. Auf ihn wartet bereits viel Arbeit. Einmal lässt er dem Tagsatzungsboten Schnorf, der in *Huttwil* wartet, auf dessen Vorladung antworten: es sei verabredet, dass die Ratsgesandten der Stadt Bern am 4. Mai alt.Cal. nach *Huttwil* kommen würden, «weswegen es nit nothwendig ist, uns nach Baden zu bescheiden». Dafür übermittelt Brenner im Namen der Berner Untertanen der Tagsatzung eine Abschrift des Huttwiler-Bundes und stellt gleichzeitig das Begehren nach einer Einheit im Münzwesen: Wollten die Regierungen die von ihnen abgegebenen Münzen nicht zum vollen Nennwert zurücknehmen, so müssten die Bauern statt mit Geld mit Waren zahlen.

Während die Bauernführer an ihrer Beschwerdeschrift arbeiten, die sie bis Mitte Woche nach Bern schicken wollen, reitet eine bekannte Schar den Stutz zu Leuenbergers Heimet herauf: die Möchtegern-Vermittler aus dem Oberland. Sie haben wohl nicht damit gerechnet, hier einen ganzen Bauernrat anzutreffen, vor allem nicht Ueli Galli, der sie in Huttwil so beschimpft hat.

Der Empfang ist entsprechend abweisend. Die Wächter richten ihre Musketen auf die Ankömmlinge und herrschen sie an: bevor man sie zu den Verhandlungen zulasse, müssten sie sich eidlich zum Beitritt zum Bauernbund verpflichten! Worauf sich die Oberländer sehr interessiert zeigen und den Anschein erwecken, als seien sie geneigt beizutreten.

In Tat und Wahrheit haben sie keine ehrlichen Absichten. Sie reisen im Sold der Oberkeit. Nach ihrer Rückkehr wird der Kastlan Dübelbeiss von Wimmis jede Einzelheit ihres Besuchs auf dem Schönholz in die Hauptstadt berichten.

Zum Glück kaufen ihnen die Emmentaler ihren gespielten Sinneswandel nicht ab. Einer fragt bloss spöttisch: warum sie denn nicht schon früher damit gekommen seien?

So fällt der Agentenbericht des Simmentaler Schlossherrn mickerig aus. Das einzig neue für die Herren ist die Mitteilung: der Leuenberger trage ein prächtiges rotes Kleid.

Mühlestein 353, 385 – Liebenau II/351 f., III/16 – RM Bern 27.4.1653

Der Schultheiss treibt einen Keil zwischen Bürger und Bauern

Schultheiss Dulliker hält vor der versammelten Luzerner Bürgerschaft eine flammende Rede gegen die Bauern: Die Aufständischen wollten die Rechte der Bürger abschaffen; sie wollten massenhaft Weinschenken, Pfistereien, Metzgen usw. auf dem Lande errichten und damit das städtische Gewerbe schädigen.

Damit hat der Schultheiss Erfolg. Die Bürger verbinden sich mit dem Rat und erklären sich bereit, an dessen Seite übermorgen zu neuen Friedensverhandlungen nach Willisau zu reisen.

Die dazu bestimmten Bürgerdelegierten haben aber eine merkwürdige Angst vor dem Ausritt aufs Land. Mit allen möglichen Entschuldigungen versuchen sie sich da herauszuwinden.

Erst gerade haben sich Bürger und Bauern heimlich gelobt, keine Seite werde mit den Aristokraten einen Frieden abschliessen, bevor nicht auch die andere ihre Rechte und Freiheiten bestätigt bekommen habe... die Willisauer werden toben!

Natürlich können die bedauernswerten Gewählten ihr Problem hier in Anwesenheit des gestrengen Schultheissen nur ganz verblümt antupfen.

Handfeste Agitation auf dem Land

Auf offenem Platz in *Schüpfheim* misshandeln ein paar Grobiane den Heinrich Sager: Sie schneiden ihm Haar und Bart, schlitzen ihm die Ohren und drücken ihm schliesslich mit einem glühenden Eisen ein Brandzeichen auf die Nase.

Sager ist Hintersäss der Stadt Luzern und er ist der Mann, der gestern den Tagsatzungsboten Schnorf das Tal hinaufführte.[1] Das allein hätte den Zorn der Entlibucher wohl kaum derart erregt. Das ‹Zeichnen› an Ohren und Nase ist nach den neuen Gesetzen vielmehr die Strafe für einen, der die Batzen nicht für voll nehmen will. Harte Bräuche...

---

1 Schnorf ritt ins Emmental weiter. Inzwischen hat er die Heimreise nach Baden angetreten.

Sonntag, 24. April/4. Mai

Die *Hitzkircher* halten heute ihre Amtsgemeinde ab.
Die Aufständischen drängen auf einen formellen Beitritt des Amtes zum grossen Bauernbund. Man solle einen bevollmächtigten Ausschuss auf den 4. Mai zum Schwur nach Huttwil schicken.

> Es sei in Erinnerung gerufen, dass das Freie Amt Hitzkirch seit dem 8. April dem Wolhuser Bund angehört und dass es darauf auch in Sumiswald durch Abgesandte vertreten war.

Einige Redner wehren sich heftig gegen eine Verpflichtung im Bauernbund: Der Streit der protestantischen Berner Bauern mit ihrer Regierung gehe sie hier nichts an!
Der Pfarrer muss mehrfach mit dem ‹Venerabile› dazwischen treten; er beschwört die Gemeinde, keine voreiligen Beschlüsse zu fassen, sondern zuvor «auch die Gesinnung und Ansicht der übrigen Freien Ämter einzuvernehmen».
So trägt der gute Mann ganz entgegen seiner Absicht zur Verbreitung des Aufstands bei. Denn jetzt reisen die Revolutionäre von Hitzkirch, begleitet von einigen Luzerner Landleuten, mit seinem Segen von Kirchspiel zu Kirchspiel und bieten zu einer grossen Landsgemeinde aller Freien Ämter am kommenden Mittwoch in Boswil auf. Dabei schildern sie die Herrlichkeit des neuen Bundes: Die Oberkeit und ihre Macht gleiche daneben einem Haufen Fliegen; eine Handbewegung der 25 000 Bauern genüge, sie zu verscheuchen! – Einige Gruppen treiben allerhand Unfug, zeigen Sack, Hammer, Nagelbohrer und Schere als Werkzeuge vor und drohen, sie wollten ein paar Säcke mit Ohren und Bärten der Linden füllen.

Liebenau II/287, 303f.,III/3f. – Mühlestein 339, 357, 372 – Vock 250–254

Versammlungen der Landleute

Die Amtsversammlung in *Utzenstorf* beginnt frühmorgens mit einer Schelte von Landvogt Vinzenz Daxelhofer. Der eifrige Junker hält den Geschworenen der Gemeinde samt dem Ammann vor, wie die Regierung den Gehorsamen die Gnade des freien Salzkaufs und den Erlass des Trattengelds gewährt habe; Versammlungen wie diese hier seien verboten, sie verstiessen gegen den Untertaneneid. – Die Utzenstorfer parieren mit der Granatengeschichte, auch sei kürzlich in Kriegstetten ein Knabe erwischt worden, der habe zwei Nachrichtenzettel an die Solothurner Regierung in ein Weissbrot eingebacken gehabt... Darauf beschliessen die Anwesenden trotz der oberkeitlichen Warnung, sie wollten es wohl oder übel mit dem Bauernbund halten. Die Bätterkinder verpflichten sich dabei gegen den Willen ihres Ammanns.

Dieser Tage findet die sorgfältig geplante nächtliche Landsgemeinde auf dem *Rütifeld* statt, wo die Dorfleute aus der Umgebung von Arch, Leuzigen, Rüti und Oberwil den Bund beschwören. Kein Wunder, dass darauf auch die solothurnischen Nachbarn vom *Bucheggberg* rebellieren. Sie verlangen von ihren Gnädigen Herren die alten Urkunden zu sehen, wie sie an Solothurn gekommen seien.

Die Schwarzenburger stehen zum Bund

Die Abgesandten des *Schwarzenburgerlandes* haben ein Schreiben Leuenbergers aus Huttwil zurückgebracht, in welchem die Landleute von der Oberkeit begehren, ihnen etliche Beschwerden abzunehmen. Als nun der Ratsherr Huser, vom Kleinen Rat ‹zur Ermahnung› dahin geschickt, ins Dorf einreitet, erzählen ihm die Schwarzenburger ohne weiteres vom Schreiben, das sie für glimpflich und gerecht halten. Nicht so Herr Huser: Er anerbiete seinen Kopf, dass die Rebellanten nicht bei diesen Begehren verbleiben würden. Diese Rädelsführer seien unersättlich. Sie aber, die Untertanen der Gemeinen Herrschaft Grasburg, bete er um Gottes Willen, dass sie bei ihrer natürlichen Oberkeit verbleiben wollten. Die Oberkeit werde ihnen alle rechtmässigen Beschwerden abnehmen und ihnen mit allen väterlichen Gnaden zugetan bleiben.

Trotzdem erhält Herr Huser das Ja-Wort nicht. Bendicht Jutzeler redet ihm entgegen: man wisse nicht, was Herr Huser angebe; man solle dem Leuenberger glauben! – Aus den weiteren, ‹verblümten› Voten wird dem Ratsherrn klar, dass die Schwarzenburger und Guggisberger mehr zum Bauernbund als zur Oberkeit neigen.

Gemässigte Bittschrift der Baselbieter

Während der alte Oberst Zörnlin in einer Rede vor den *Liestaler* Bürgern eben das Gericht Gottes für ihren Ungehorsam in Aussicht stellt, fassen die Aufständischen an der Landsgemeinde in *Hölstein* eine neue Supplikation (Bittschrift) an die Herren XIII ab.

Ihre gemeinsamen Forderungen betreffen den freien Salzkauf, die Abschaffung neuer Zölle in Basel, der Stocklösi und des Hochzeitsgelds; die Milderung des Ohmgelds.

> *Die Punkte sind erstaunlich bescheiden und für die Herren bei einigem guten Willen annehmbar. Einzig die Aufhebung des Salzmonopols ist für den Stand Basel wirtschaftlich bedeutsam.*

Möglicherweise sticht den Herren die Einleitung der Supplikation in die Nase, Isaak Bowes «Rechtfertigung des Bundes von Huttwil», wahrscheinlich aber ist ihre Politik der Härte zum vornherein eine beschlossene Sache. Jedenfalls halten sie es nicht für nötig, den Bauern zu antworten, oder doch, wie man's nimmt... den Überbringern der Bittschrift lassen sie ausrichten: eine Antwort werde nächstens mit 500 Mann erfolgen!

AEB C 697, 725 (Berichte von Landvogt Daxelhofer) – AEB E 703 – Rösli 173, 223, 226–228 – Mühlestein 373–377

Propaganda und Gegen-Propaganda im Luzernerland: Verhandlungen in Willisau. Anna Bircher. Landleute vor der Tagsatzung

> *Als die Herren von Luzern bei der Konferenz in Gersau merkten, wie ihr Rückhalt in den alten Landsgemeindeorten abbröckelte, bemühten sie sich sofort, ihr landesväterliches Ansehen durch ein versöhnliches Verhandlungsangebot an die Landleute zu verbessern.*
>
> Diesen ist aber jetzt, wo ihr neuer Bund so prächtig aufblüht und dabei seinen Wurzelsaft nicht zuletzt aus Verstocktheit und Betrug der Gnädigen Herren schöpft, gar nicht an Separatverhandlungen mit ihrer Regierung gelegen. So antworteten sie am 1. Mai (katholischen Kalenders) stolz in die Stadt: die Verhandlungen könnten an keinem anderen Ort als in Willisau stattfinden (ein verhasstes Pflaster für die Herren!); man könne da wohl über die Auslieferung ihrer alten Freiheitsbriefe, über die Abschaffung neu eingeführter Lasten, über die Korrektur des ‹rechtlichen Spruchs› reden – von einer Aufhebung ihres Bundes aber wünschten sie nichts zu hören.
>
> *Das Schreiben erboste den Ratsherren Caspar Pfyffer dermassen, dass er offen aussprach: alles sei entrüstet, dass man die verfluchten Gesellen nicht angreife. Der Rat solle doch einmal eine herzhafte Resolution fassen, sonst gehe die Ehre der Stadt dahin! – Schultheiss Dulliker musste in aller Eile von der Badener Tagsatzung zurückgerufen werden, um den Knoten in der angeblichen Friedenspolitik zu lösen.[1] Mit Mühe überredete er den Rat zur Annahme der bäuerlichen Rahmenbedingungen. Vor Tagsatzungsherren und Untertanen der ganzen Eidgenossenschaft würden die Luzerner Oberen nach diesem Schachzug als Friedensspender dastehen.*

So kommt es am 26. April/6. Mai zu gross aufgezogenen Schein- (oder Schau-)Verhandlungen in Willisau, in denen keine Partei ernsthaft eine Einigung anstrebt. Schon ein Blick auf die Delegationen beweist diese harte Behauptung: Die Landleute sind mit 220 Ausgeschossenen aus allen zehn Ämtern erschienen. Das Entlibuch hat seine beiden hitzigsten Kämpfer, den Lötscher-Wirt und Weibel Krummenacher, als Sprecher geschickt – sie werden den Herren auch prompt eine Reihe von glattwegs unerfüllbaren Forderungen vorlegen; die Willisauer stehen ihnen mit Jakob Stürmli, Fridli Bucher und Hans Diener kaum nach. Aber auch die Herren haben neben Schultheiss Dulliker und dem ‹deutschen Platon› zwei Haudegen in ihren

---

1 vgl. 21. April/1. Mai

Reihen, welche das angebliche Versöhnungswerk zum schlechten Witz abstempeln – die hochadeligen Vettern Pfyffer nämlich; Caspar, der eben noch die «verruchten Gesellen» angreifen wollte, und Jost, den schleimigen Schwager Dullikers und Landvogt von Willisau, der schon viel früher den Krieg als einzig mögliche Lösung empfahl.[2] Zwischen Stuhl und Bank fallen die vier Bürger in der Luzerner Delegation. Dass ihnen ausgerechnet Stephan Lötscher als Hauptredner gegenübersitzt, ist ihr ausgesprochenes Pech; denn Lötscher war es, der schon während der Belagerung heimlich mit den Bürgern der Stadt verhandelte. Und wenn der aus Rache für den bürgerlichen Verrat etwa auspacken sollte, dann wären etliche Leute in der Stadt ihres Kopfes nicht mehr sicher.

Man darf mit Gewissheit annehmen, dass sich die vier Delegierten der Bürgerschaft als einzige den friedlichen Vergleich wünschen, sich jedenfalls alle erdenkliche Mühe geben, es mit der bäuerlichen Gegenpartei nicht ganz zu verderben. Nur ist ihr Einfluss so gering, dass kein Chronist darüber ein Wort verliert.

Die Verhandlungen enden nach zwei Tagen ergebnislos. Ein Sechser aus Willisau erklärt: «Die Bauern wollen die Luzerner nicht mehr als Oberkeit anerkennen, mit derselben nicht mehr verhandeln und sich eine andere Oberkeit suchen.» Metzgermeister Stürmli fügt hinzu: «Die Untertanen lassen weder Zinsen noch Zehnden in die Stadt abliefern.» Und Lötscher äussert sich: die Luzerner seien nicht Landesväter, sondern Tyrannen.

Nach dem Abzug der Herren konstituieren sich die Abgeordneten der zehn Ämter – Huttwil macht Schule – als Gerichtshof. Sie entscheiden verschiedene Zivil- und Strafsachen und erlassen zwei Gesetze:
1. Alle ‹Linden› in allen Ämtern sollen nach Gebühr bestraft werden. Die Bestraften können an die zehn Ämter appellieren.
2. Die Strafgelder sollen gehörig verrechnet und zur Bestreitung der gemeinsamen Ausgaben verwendet werden.

Die Gesetze sind dringend nötig; denn schon sind in einigen Ämtern Chaoten am Werk, die bekannte Linde heimsuchen, ihnen die Bärte wegschneiden, Bussen abknöpfen und im Weigerungsfall die Ohren durchschlagen.

Eine wesentlich sinnvollere Art der Agitation betreiben die politischen Führer der Bauernschaft, indem sie in geheimen Schreiben um die Gunst der Luzerner Stadtbürger werben. Den gefährlichen Briefverkehr besorgt zum Teil eine mutige junge Patrizierin, die Anna Bircher. Sie ist eine Metzgerstochter; so sind ihre zahlreichen Fahrten aufs Land den Heimlichern unverdächtig. Ihre Ansicht der Lage ragt wohltuend aus dem verbohrten Denken ihrer Zeitgenossen heraus: «Die Bauernsame hat gerade so viel

---
2 vgl. 4./14. Februar

Recht als irgendein Stadtbürger!» und «Beim ganzen Handel spielen gewisse verborgene Sachen mit, die Gott allein kennt. Die Bauern haben niemals in die städtischen Sachen sich einzumischen versucht, obwohl sie oft dazu Gelegenheit hatten.»

> *Die Vermittlungen haben so viel Erfolg, dass dem Rat bald zu Ohren kommt, vierzig unzufriedene Bürger wollten mit den rechtlosen Hindersässen ein Bündnis gegen die Patrizier eingehen.*

Die Regierung ihrerseits versucht die verbündeten Ämter durch gezielte Zugeständnisse zu trennen. Am 27. April lockt sie so das schwankende Städtchen Sursee wieder auf ihre Seite, tags darauf die Grafschaft Habsburg. – Luzerner Ratsherren schwärmen zu den Landsgemeinden der Waldstätte Zug, Uri und Unterwalden aus, «zur Widerlegung der von den Bauern ausgestreuten Verleumdungen».

Zum luzernischen Propaganda-Krieg dieser Tage gehört auch der Auftritt von sieben Landleuten vor der Eidgenössischen Tagsatzung. Am Donnerstag, mit einem Tag Verspätung auf das Aufgebot des Boten Schnorf, werden sie in den *Badener* Konferenzsaal geführt. Zum Ärgernis der Herren vertreten sie weder den Huttwiler noch den Wolhuser Bund, kein bekanntes Gesicht ist unter ihnen zu erblicken; sie sind reine Briefboten. Einer stellt sich als Bürger von Sursee vor, was die Luzerner Konferenzherren erschreckt, glaubten sie dieses Städtchen doch seit gestern auf ihrer Seite.

Der Brief an die Tagsatzung ist mit Datum 5. Mai (neuen Stils) von Landesbeamten «und einer ganzen Landsgemeinde» des Entlibuchs unterzeichnet. Er verlangt, die Tagsatzung solle die Regierung von Luzern dazu anhalten, den Landleuten endlich ihre alten Freiheitsbriefe auszuhändigen. Sie könnten sich keine weiteren Kosten für Bittgänge und Verhandlungsdelegationen mehr leisten; ihnen sei die Lust vergangen, immer wieder die gleichen Streitpunkte ins Recht zu setzen. In Zukunft wollten sie ihre Streitigkeiten mit der Stadt Luzern nur noch *einem* Schiedsgericht vorlegen: den Landsgemeinden von Uri, Schwyz und Unterwalden.

> *Für die Konferenzherren ist der Gedanke, dass sich das gemeine Volk der Urschweiz zum Richter über sie, die Statthalter Gottes im irdischen Schweizerland, aufschwingen könnte, reine Blasphemie – abgesehen davon könnte sich die Rebellion auf diese Weise leicht ausweiten.*

Als die Herren den Briefboten die Greuel der Volksherrschaft vorhalten, das berüchtigte Bartscheren und Ohrenschlitzen dieser Tage im Luzernerland, erwidern die Landleute: Es sei auch ihnen höchst missfällig, wenn meisterlose Burschen etwelche Personen so übel traktierten; denn ihre Meinung sei, Gerechtigkeit und nicht Ungerechtigkeit zu suchen. Gegen eine Bekämpfung dieser gefährlichen Rotte hätten sie nichts einzuwenden, nur seien sie allein dazu nicht in der Lage.

Vock 243 (mit Schreiben der Willisauer an den Burger Martin Marzoll) - Liebenau I/282, II/285, 308-312, 316, III/4, 27f. - Mühlestein 327f., 357-366 (mit Text des Entlebucher Schreibens an die Tagsatzung)

Landsgemeinde der Freien Ämter in Boswil

> Die Landsgemeinde ist den Tagsatzungsherren so wichtig, dass sich der Zürcher Generalissimus Werdmüller persönlich nach Boswil bemüht. Er wird von Vertretern Unterwaldens und Uris begleitet. Da nämlich die ‹Freien Ämter› nur sieben alten Orten (ohne Bern) als Gemeine Herrschaft unterstehen, sind sie vornehmlich das Ausbeutungsobjekt der Innerschweizer Stände.

Wie gründlich korrumpiert die Mächtigen dieser Urdemokratien durch den Besitz von Untertanenländern bereits geworden sind, führen hier in Boswil die Beschwerden der Einheimischen über ihre Landvögte vor Augen. Sie klagen, wie die Willkür der Amtleute bis auf den gegenwärtigen gestrengen Niklaus Wipflin von Uri so drückend geworden sei, dass dieser sich für die Erneuerung der Wirtschaftspatente 70 Gulden, für einen Augenschein in Villmergen 180 Gulden und für eine Reise von Uri nach Wohlen 400 Gulden Entschädigung zahlen liess.[1]

Werdmüllers frühmorgendlicher Überraschungsauftritt in Boswil erzielt nicht die Wirkung, die er sich erhofft hat. Als seine Rede über schuldigen Gehorsam gegen die von Gott gesetzte Oberkeit zu lange andauert, schreien ihn die Landleute nieder. Alt-Säckelmeister Keusch von Boswil fällt ihm ins Wort: Was er da viel zu predigen brauche? Sie seien nicht deswegen hierher gekommen, sondern in der Meinung, eine Landsgemeinde abzuhalten, und dazu hätte man keine Herren von der Tagsatzung nötig gehabt! – Bei der Debatte geht es sehr unsanft zu. Der Boswiler Säckelmeister Hildbrand schüttelt am Ende gar den feisten Generalissimus Werdmüller durch und schreit ihn an: «Die Unruhen sind diesem Herren sehr angelegen, dass er so mager!»

Nach dem Abzug der Herren halten die Bauern ihre Landsgemeinde ab und beschliessen, am 4./14. Mai Abgeordnete aus allen Freien Ämtern zum Bundesschwur nach Huttwil zu entsenden.

> *Unwissentlich durchkreuzen sie damit die militärischen Pläne der Tagsatzungsherren: Nach dem geheimen ‹Defensionalwerk› vom 12. März hätte Hitzkirch als Waffenplatz für die 1. Armee herhalten sollen.*

Mühlestein 372f. – Vock 255–257

---

[1] Dafür erhielt Wipflin in der Folge nicht einmal eine ernste Rüge der Tagsatzung.

Wie die Signauer zu ihrem Reisgeld kommen

Durch Ueli Kupferschmid, einen sehr wohlhabenden alten Mann ab Stauffen (in der Kilchöri Röthenbach), vernehmen wir von einer Bauernversammlung in Signau:

Er, Kupferschmid, vertritt den kranken Weibel Rüegsegger und nimmt daher hinter Ueli Galli, der die Versammlung leitet, den zweiten Platz ein. Er selber habe kein Wort gesagt, doch erinnert er sich an zwei Beschlüsse:
1. sollen die «halbverrüften» Batzen wieder für voll genommen werden, und
2. will man den hervorgekommenen Auszug von dem Landfriedensbrief vor die Landsgemeinde nach Huttwil tragen und dort den bernischen Ratsgesandten einhändigen.

> Gerne wüsste man mehr über diesen «Landfriedensbrief» - sind etwa alte Freiheitsbriefe des Amtes Signau zum Vorschein gekommen, nach denen man ja von allem Anfang an suchte?

An der Versammlung kommt auch zur Sprache - was Kupferschmid verschweigt -, wie man wohl am besten das Reisgeld aus dem Signauer Schlossgewölbe herauslösen könne? Mit dem Geld könnte man die überall postierten Wachten bezahlen, was jeder Landmann als gerecht empfände. Schliesslich gehören die Batzen den Gemeinden. Nur hat noch kein einziger Landvogt für solche Zwecke auch nur einen einzigen Kreuzer aushändigen wollen.

Was andere mit Gewalt erzwängen wollten, gehen die Oberemmentaler diplomatisch an, indem jede Kilchöri für den Gang zum Schloss hinauf ganz amtlich einige unverdächtige Männer stellt, die beim Vogt in gutem Ansehen stehen: Christen Wittwer von der Zylmatten (der Signauer Kilchmeier), Hans Pfäffli auf dem Lichtgut (der Weibel), Christen Haldimann im Hasli, Hans Ruch zu Egg, Daniel Ruch zu Reinsberg, Ueli Haldimann zu Horben, Hans Liechti zu Farnegg, Peter Salzmann zu Zimmerzei, Bendicht Ramseyer zum Schweikhus, Niklaus Wittwer und Michel Haldimann, beid im Senggen (und beide Chorrichter im Eggiwil), Caspar Lüthi von Schüpbach, Ulrich Siegenthaler vom Netschbühl, Ueli Kupferschmid auf Stauffen, Daniel Tschanz zu Martinsegg (der Röthenbach mit Weibel Rüegsegger in Sumiswald vertrat), Ueli Schenk in der Niederey (der Röthenbacher Kilchmeier), Peter Oppliger im Farnbach.

Die ansehnliche Gesandtschaft bittet Landvogt Zehender im Namen der Gemeinden höflich und gegen Quittung um die Herausgabe ihrer acht Säckel Reisgeld aus dem Gewölbe. Der Schlossherr ist von diesem förmlichen Begehren überrascht... wenn er es nicht auf einen Schlag mit der ganzen Ehrbarkeit seines Amtes verderben will, kann er schlecht ablehnen. – Nachdem die Bittsteller auch noch den Predikanten Hartmann als Zeugen akzeptieren und dem Landschreiber Losenegger in der grossen Schlossstube die Ersetzung des Geldes geloben, kehren sie in der Tat mit acht Säckeln voller Batzen ins Dorf zurück.

Turmbuch Bern 1653, Vergichte Uli Kupferschmids und Hans Winklers – Contracten Signau 6, 142

Das alte Schloss Signau (Aquarell von Carl Sinner). Am 6. März 1798 wurde es geplündert und 1804 demoliert.

Herrenrat in Bern – Bauernrat auf dem Schönholz

Klaus Leuenberger muss sich in dieser Woche ganz der Bauernsache widmen, zum Bauern kommt er kaum noch heftig. Wie aus den zahlreichen Schreiben ersichtlich wird, fasst er alle wichtigen Entscheidungen im Kreise «der Ausgeschossenen», d. h. des in Sumiswald gewählten engeren Kriegsrats. Dessen Tagungsort befindet sich unweit vom Schönholz beim sogenannten «Klapperplatz», welcher der Sage nach seinen Namen eben dem ‹Klappern› (Reden, Tratschen) des Bauernrats verdankt.

Ein vielbeschäftigter Mann ist Schreiber Brenner. Gestern erst hat er die Beschwerdeliste an den Berner Rat abgeschlossen, heute (am 28. April) gilt es, eine standesgemässe Antwort an den französischen Ambassadeur abzufassen. Botschafter de la Barde hat Tagsatzungsherren wie Bauernausschüsse zu einem Aussöhnungsgespräch in seine Residenz nach Solothurn eingeladen. Auf dem Schönholz ist man aber nicht gewillt, vor der kommenden Landsgemeinde noch irgendwelche Verhandlungen zu führen. In Huttwil werden Gesandte der Berner Regierung erscheinen, und mehr Herren begehren Leuenberger und seine Miträte vorläufig nicht zu sehen.

Auch die Tagsatzungsherren lehnten die Einladung übrigens ab. Sie nahmen dem Botschafter die Einmischung recht übel und schrieben, auf die chronisch rückständigen Soldzahlungen Frankreichs anspielend, spöttisch zurück: sofern Seine Excellenz Geld geben wolle... werde man sich einstellen!

Ein Rundschreiben an alle Verbündeten, dato 28. April: «Näben meinem freundlichen Gruss thu ich Niklaus Leuenberger vermälden, dass ich das Schreiben empfangen von Baschi Suter von Aarburg den 27. April ca. 10 Uhr, und bin hiernäben verständiget worden, dass gestrigen Tag von Bern vier Rittfass voll Blei und Pulver gen Burgdorf kommen, das die unseren übel beduren thut.» Sie sollten überall die Wachten verstärken und seien freundlich zum Besuch der Landsgemeinde am 4. Mai in Huttwil eingeladen.

Natürlich erfordern solche Rundschreiben Extra-Arbeit, die zur Hauptsache zwei Schulmeister aus der Umgebung besorgen: Peter Ellenberger von Rüederswil und Niklaus Gfeller von Lauperswil sind Brenners zuverlässige Kopisten.

Währenddessen unterhalten sich vier Wegstunden weiter westlich in einem viel protzigeren Haus viel gebildetere Köpfe in einem viel zierlicheren Berndeutsch über dieselben Probleme. Der Grosse Rat berät das ‹Libell der Sumiswald-

Huttweilischen weiteren Landtsbeschwerden›. Dabei fällt den Herren auf, wie stark von allen Seiten die Freigabe des Salzhandels verlangt wird. Sie waren bisher nicht bereit, dem Volk ohne neue Huldigung diese mehrfach versprochene ‹Gnade› zu gewähren; jetzt aber soll das Salz als Spaltpilz für den Bauernstand herhalten – divide et impera. Mehrere Ratsherren werden sich zur «Interposition gegen die Aufrührischen» aufs Land begeben, mit dem Auftrag, «dass zu einer Diversion und Separierung der Guten von den noch Widerspenstigen, sy den Gehorsamen die völlige Concession des Salzpunktes ankündigen und dieselben zur Styffhaltung mit Versicherung mGH. ferneren Gnaden anmahnen sollend». Insbesondere hoffen die klugen Politiker damit auf die ‹Wiedergewinnung› des Landgerichts Konolfingen (durch Säckelmeister Willading) und des Aargäus (durch den beliebten Alt-Hofmeister zu Königsfelden, Hans Georg Imhof, und dessen Namensbruder Abraham Imhof, der bis vor Jahresfrist in Burgdorf als Schultheiss diente).

Dem Leuenberger und seinen Emmentalern gegenüber erwähnen sie den freien Salzkauf mit keinem Wort (29. April): Wie immer wollten die Gnädigen Herren die ihnen zugesandten Artikel wohlwollend prüfen und darüber durch eine Kommission aus der Mitte des Rates mit ihnen in gütliche Verhandlung treten. Da es jedoch nicht den Untertanen, sondern der Oberkeit geziehme, Tag und Ort zu bestimmen, so wollten sie hiemit einen Tag auf den 6. Mai nach Wynigen angesetzt haben. (. . .) Inzwischen aber hofften die Gnädigen Herren, dass die Bauern sich aller gesetzwidrigen Massregeln enthalten und die Ruhe des Landes nicht weiter stören würden; widrigenfalls sie zum voraus gegen alle ordnungswidrigen Handlungen der Bauern in bester Form protestiert haben wollten.

Zwischen all den ernsten politischen Korrespondenzen sei erwähnt, dass die vielen welschen Soldaten und die zur Wacht eingezogenen Studenten in der Hauptstadt unverdrossen ihre Maifeste feiern. – «Zedel an Chorgericht. Znacht viel Unwesen, mit gasset um gahn und anderen Geschrei verführt wird. I.G. diesem Unwesen wie auch den Gygeren nachforschen, söliches unanständiges Wesen zu hinterhalten. Und auch die Schulmeister sollen die Jugend vermahnen, dass sie sich beizeiten ab der Gassen machind.» Am gleichen 30. April im Ratsmanual: «Zedel an Herrn Hauptmann Müller. Mit dem Mustern der Studenten einhalten bis auf weiteren Befehl. «In der vergangenen Woche musste die Oberkeit auch in Thun eingreifen, weil eine Magd mit Soldaten der freiburgischen Besatzung tanzte.

Als die Bauernräte das Verhandlungsangebot der Herren für Wynigen erhalten, zögern sie nicht mit der Antwort. Für sie kommt kein anderer Termin als der 4. Mai in Huttwil in Frage. Sie verstehen weniger von diplomatischer Taktik, dafür stehen sie mit beiden Füssen auf dem Boden – sie erkennen handfeste Gefahren, welche die Herren bei ihren taktischen Schachzügen wohl nicht in Betracht gezogen haben.

Ihre Warnung an Alt-Schultheiss Daxelhofer, von dem sie am ehesten ein Einsehen erhoffen: Sie, die Bauern, müssten den nach Huttwil auf den 4. Mai angesetzten Tag besuchen, weil sie sich mit einem Eid dazu verpflichtet hätten; an einem anderen Ort als Huttwil könnten sie mit der Regierung nicht in Verhandlung treten, aus begründeter Besorgnis, dass durch die Abänderung des Orts das Volk zu blutigen Massregeln gereizt würde! Bei der Zusammenkunft wollten sie keine Herren anderer Städte, sondern nur ihre Gnädigen Herren und Väter von Bern haben, zumal sie, die Bauern, nur bei den alten Bünden und Gerechtigkeiten verbleiben wollten und nicht solche Händel suchten, worüber es eines rechtlichen Spruches bedürfe. Sie hofften, dass ihre Herren ihnen die alten Urkunden und Briefe herausgeben und die neuen Beschwerden abnehmen würden; wenn dies geschehe, so wollten auch sie ihrer Oberkeit geben, was ihr gehöre und was ihre seligen Altväter derselben versprochen hätten. – Zum Schluss werden die Gnädigen Herren gebeten, dass sie zu ihrem Besten milde und freundliche Gesandte schicken mögen. Einige, die das Vertrauen der Landleute geniessen, sind namentlich erwähnt.

> Der Bauernrat hat allen Grund, die Herren vor dem Volkszorn zu warnen: In der Umgebung von *Kirchberg* haben unbekannte Fremde nachts mit Feuerkugeln – mit Granaten-Brandsätzen – Feuersbrünste gelegt. Das Landvolk ist über den hinterhältigen Anschlag empört. Allgemein verdächtigt man die welschen Soldaten vom Schloss Burgdorf.[1]

Die gereizte Stimmung entlädt sich am letzten Apriltag, als zwei Welsche in Begleitung des Burgdorfer Bürgers Jakob Bracher zum Zmorge ins Wirtshaus von *Affoltern* einkehren. Die Dorfleute läuten die Sturmglocke, die drei Verdächtigen werden gefangengenommen, mit Gewalt gebunden und mit ungebührlichen Worten, Stössen und Streichen nach *Lützelflüh* ins obere Wirtshaus gebracht. Hier schlagen die Bauern ihre Opfer in Eisen und bewachen sie die Nacht über scharf mit Prügeln und Hellebarden.

Bracher beteuert, seine Kumpanen seien zwei Neuenburger Metzger, die sich im Emmental nur ein paar Stück Vieh erhandeln wollten. Den Bauern kommt diese Handelsreise, ausgerechnet in dieser unruhigen Zeit, reichlich verdächtig vor. Sie halten die beiden viel eher für welsche Besatzungssoldaten vom Schloss Burgdorf und ihren Ausflug ins Emmental für eine Kundschaftsreise; der dritte habe ihnen gezeigt, wo sie die Dörfer anzünden könnten.

---

1 Burgdorf an Bern am 1. Mai. Nachforschungen in Bickigen haben nichts ergeben.

Am Morgen des 1. Mai entlassen die Landleute ihre Gefangenen mit der Botschaft: Wenn die Truppen nicht bis übermorgen abzögen, werde man Schloss und Stadt belagern und das welsche Volk mit Gewalt abschaffen! Wenn man ihre alte Freiheit aber setze, so wollten sie weiters getreue Untertanen bleiben.

Noch gleichen Tags schlagen die Burgdorfer Behörden zurück, indem sie den Eggiwiler Ueli Bienz verhaften, einen rauhen Gesellen, der im Gasthof ‹Kreuz› Schmach- und Lästerworte ausgestossen hat. Dafür erhält er ‹starke Censur› und muss geloben, sich nach ausgestandener Gefangenschaft nicht zu rächen.

Ein Blick in das Sitzungsprotokoll des Berner Rats vom 1. Mai: «General von Erlach soll mit den jüngst angestellten Patrouillen vorläufig inhalten (zur Vermeidung Anstosses und Misstrauens) und sehen, dass sie sich nit znacht an die Dörfer lassind.» Tags darauf die Präzisierung: «Die Patrouillen sollen nit gänzlich aufhören, sondern nur nit in den Dörfern umherschweifen.»

> *Woraus wir ersehen, dass die Bauern mit ihrer Einschätzung der welschen ‹Metzger› wohl richtig lagen.*
>
> *Im selben Protokoll findet sich eine Eintragung, die eine Befürchtung zur traurigen Gewissheit macht: «Prof. Lüthard soll Claus Zimmermann alhar bescheiden und Ihne hierzu nach anbekannter Fürsichtigkeit disponieren. Es will sich ansehen, als wäre eine Diversion zwischen den Emmentalern, zwischen Claus Zimmermann und Claus Leuenberger.»*
>
> *Der alte Rebell im Schangnau, der Held des Thunerkriegs vor zwölf Jahren, ist zum Verräter geworden.*

Bereits am 1. Mai nehmen misstrauische Landleute wiederum Reisende fest. Betroffen sind diesmal zwei österreichische Freiherren mit ihrem Gefolge. Im Städtchen *Wiedlisbach* reissen ihnen die dortigen Bürger ihre schönen Federbüsche von den Hüten und stolzieren damit durch die Gassen – dies erst noch mit dem Segen des rebellisch gewordenen Bürgermeisters.[2]

Die Herren in Bern glauben nun ohne weiteres, dass ihr Ausbleiben an der Huttwiler Landsgemeinde «das Volk zu blutigen Massregeln reizen könnte», wie Leuenberger sich ausdrückte. So ernennen sie wohl oder übel eine sehr gewichtig bestellte Gesandtschaft für Huttwil, natürlich mit dem Auftrag, selbst dort, in der Höhle des Löwen, stets auf eine Spaltung der Bauernschaft hinzuarbeiten.

---

2 Bürgermeister Känzig wollte die beiden Herren namens Althan vor das Gericht der Huttwiler Landsgemeinde führen.

Zur Beruhigung des Landvolks beordert die Regierung zudem eine Kommission «zur gründlichen Erforschung des Bussklagten» in die Ämter. (Tribolet meldet sich postwendend krank und unfähig, die Kommission zu empfangen. Er leidet unter einer Darmgicht.) Gleichzeitig ergeht der Befehl an Lausanne, Morsee (Morges), Ifferten (Yverdon) und Romainmôtier, die gedungenen Völker anmarschieren zu lassen (2. Mai).

Unterdessen empfangen die Emmentaler hohen Besuch: In Lienhart Glanzmanns Wirtshaus zu *Ranflüh* konferiert Herr Baron, der Sekretär der französischen Botschaft, mit Leuenberger und Ueli Galli. Man begegnet sich sehr freundlich. Herr Baron hat dem Obmann eine goldene Dublone als Gastgeschenk mitgebracht. Leuenberger revanchiert sich, indem er auf der Stelle ein Schreiben nach Wiedlisbach diktiert: der Herr Sekretär Baron habe sich über die Festnahme einiger französischer Herren bei ihnen beklagt; sollen sie loslassen und die mit dem königlichen Siegel von Frankreich versehenen Briefe nicht aufhalten. (Die gestrige Gefangennahme der österreichischen Reisenden war demnach nicht der einzige derartige Zwischenfall im aufrührerischen Städtchen.)

Über die Unterredung mit Baron berichtet Ueli Galli später, dass er «sie, die Landlüth angemahnet und gestärkt habe, in ihrem Versprächen fortzufahren. Und dervon nit abstahn, mit Versprächen, wann sie Hilf mangeln werden, Er ihnen sälbige wohl zukommen und gefolgen lassen welle, wann und zu welcher Zeit sie es begähind.» Leuenberger erinnert sich: «...Item habe er ihnen angedütet, sie habind eine gute, gerechte Sache. Ihnen auch etwas von Hilfsleistung geredt. Darbei begehrt, dass Leuenberger mit 12 oder 20 Ausgeschossenen nach Solothurn kommen solle, mit Versprächen, ihnen etwas Schöns werden zu lassen. Es habe dieser Baron auch gesagt, der König von Frankreich gäbe der Oberkeit jährlich eine Pension, und sy glichwohl den Landlüthen nüt darvon. Und abermalen begehrt, dass sie ihm Volk geben solltind, des Anerbietens hingägen, in ihren Pundt inzutreten und denselben auch anzenehmen.»[3]

Der französische Botschafter zeigt sich als wahrer Bauernfreund! Doch sind Leuenberger und Galli klug genug, sich nicht durch schöne Worte und ein Goldstück betören zu lassen. Man weiss von Frankreichs guten Beziehungen zu den Oberkeiten; ausgerechnet General von Erlach und Venner Frisching sind seine Hauptagenten – für die Vermittlung von Söldnern selbstverständlich. Soldaten, in möglichst grosser Zahl und

---

3 Es ist nicht bekannt, wer bei diesem Gespräch neben Leuenberger und Galli die Landleute vertrat. Küpfer war, nach eigenen Aussagen, nicht dabei.

möglichst billig, waren von jeher das Hauptinteresse Frankreichs an der Eidgenossenschaft. Derzeit sind aber die Verhandlungen mit der Tagsatzung um einen neuen Soldvertrag, nicht zuletzt wegen der ausstehenden Schulden des Königs, derart ins Stocken geraten, dass der Ambassadeur ernstlich darauf spekuliert, seine Söldner in Zukunft direkt vom Bauernbund zu beziehen; so könnte er den Zwischenhandel über die Oberkeiten umgehen und der französischen Krone eine schöne Stange Geld ersparen. Das Interesse des Botschafters am Erstarken des Bundes ist verständlich. Gelänge ihm das Meisterstück, die Bauern als Freunde Frankreichs zu gewinnen und darauf die Anerkennung ihres Bundes durchzudrücken, so wäre ihm, de la Barde, der ewige Dank des jungen Königs gewiss.

Der Botschafter zieht aber bestimmt auch das Scheitern des Bauernbundes in Betracht. Ohne Zweifel sieht er, dass das idealistische Streben der Landleute nach der alten Hirtenfreiheit dem zeitgemässen, feudalistischen Staatsverständnis ihrer ‹Gnädigen Herren› zuwiderläuft. Die Oberkeiten der 13 Eidgenössischen Orte werden den Untertanenbund rasch auslöschen wollen. Und dann wäre Frankreich weiter auf die Gunst seiner aristokratischen Agenten angewiesen, mit denen es sich keineswegs überwerfen will.

So schrieb de la Barde seinen Brief an die Landsgemeinde von Huttwil – was die Bauern natürlich nicht wissen – auf Wunsch der Berner Regierung, der er auch umgehend die Antworten Leuenbergers mitteilte. Vor einem Monat ging de la Barde soweit, den Berner Herren Kavallerie zur Niederschlagung des Aufstands anzubieten.

Allerdings erfolgte das Angebot ausgerechnet wenige Stunden nach dem Kniefall der Emmentaler Ausschüsse vor dem ehrenwerten Vermittler Waser, zu einem Zeitpunkt also, wo Berns Oberkeit unmöglich ausländische Reiterei gebrauchen konnte. Auch was Sekretär Baron bei den Landleuten mündlich erledigt, ist gewiss nicht im Sinne der Gnädigen Herren von der Aare.

Kurz: Frankreichs Botschafter betreibt eine Geheimdiplomatie, mit der er sich alle Türen offen hält. Das spätere Urteil eines Herrenchronisten über seine Politik könnten für einmal die Landleute mitunterschreiben: «Wenn Mund und Herz (...) überein gestimmt hätten, würde sich de la Barde als ein Freund der Eidgenossen (...) aufgeführt haben: Allein es war grosser Verdacht, dass er nicht aufrichtig gehandelt, sondern vielmehr heimlich im Trüben zu fischen gedacht habe.»

Trotz aller freundlichen Versprechungen in Huttwil und nun in Ranflüh bleiben die Emmentaler fest. Sie halten den Sekretär Baron und seinen Führer, den Hühnerkasper aus Schmidigen, zwar gastfrei in Glanzmanns Wirtsstube; doch erklärt Leuenberger bestimmt: er werde nicht nach Solothurn reisen.

Und schon tags darauf langt ein neues Schreiben Ihrer Exzellenz im Schönholz an: Die Bauern sollten doch einen Vergleich mit der Oberkeit suchen. Er, Botschafter de la Barde, werde gerne an einer Versammlung mit den Oberen vermitteln, wünsche dazu aber einen Treffpunkt zwischen Solothurn und Bern, jedenfalls näher als Huttwil. Auch sollten die Bauern Frankreichs Korrespondenz nicht mehr aufhalten *(... denn wenn die Landleute seine Verbindungen zum Berner Rat aufdeckten, wäre de la Bardes ausgeklügeltes Doppelspiel im Eimer).*

RM Bern 29./30.4., 1./2.5. 1653 – AEB C 851, 855 – AEB D 9, 57 – BB VI.101 – BB XII.146 – Turmbuch Bern, Vergicht Daniel Küpfers – Türler, Tribolet – Tillier 172f. – Vock 260–262, 266 – Guggisberg 30 – Mühlestein 385, 387f. – Rösli 132, 134, 201 – Lohner 550 – Peter 70ff. – RM Burgdorf 1.5. 1653

Niklaus Leuenbergers Heimet, das Schönholz

Landsgemeinden der Solothurner

An der Landsgemeinde der Solothurner vom Donnerstag (dem 28. April/8. Mai) in *Oberbuchsiten* verbietet Schultheiss Sury seinen Untertanen den Beitritt zum Bund. Für den Gehorsam verspricht er ihnen allerhand Konzessionen. – Dessen ungeachtet wählt die Versammlung wieder Ausschüsse zur eidgenössischen Landsgemeinde in Huttwil.

Am Sonntag halten die Landleute des Wasseramtes im Dorf *Subingen* ihre Landsgemeinde ab. In ihrem Namen verfasst Urs Kaufmann von Horriwil ein eindrückliches Schreiben an die bevorstehende Huttwiler Tagung.

Ende der Tagsatzung von Baden

Die Herren haben ein ‹Projekt› gemacht, «wie man, auf den Fall der Notwendigkeit, mit der Gegenwart sich verhalten wollte; hat aber für das vornehmste erachtet, dass man alles verschweigen und geheim behalten tue».

Kein Wunder. Was da hinter verschlossenen Türen ausgeheckt wurde, ist zum ersten ein neuer Kriegsplan, nach dem, abgesehen von dem zur Verteidigung der Stadt Luzern vorgesehenen Kontingent, 12000 Mann Reiter und Fussvolk ins Feld geschickt werden könnten. Einen Teil davon will man durch Werbungen aufbringen; Luzern steht bereits in freundlichen Verhandlungen mit Graf Casati, dem spanischen Botschafter. Basel lässt im Breisgau und im Elsass werben. Man rechnet auch mit Söldnern aus dem Schwabenland.

Das zweite Werk der Tagsatzung ist ein Mandat, eine Begründung, warum man die Waffen sprechen lassen müsse. Es handelt sich um eine Kriegserklärung an die eigenen Untertanen; sie hat die Form eines Mandats, weil offizielle Kriegserklärungen nur unter souveränen Staaten üblich sind. Ruchlose Rebellen bekämpft man per Gesetz. – Zur gelegentlichen Veröffentlichung wird das Traktat insgeheim gedruckt.

Der Bote Schnorf soll die verbündeten Bauern in Huttwil noch einmal innert Monatsfrist vor das eidgenössische Recht zitieren (das heisst: zur Aburteilung vor eine Sonder-Konferenz der Tagsatzungsherren). Falls sie sich weigern, werden die Kanonen Recht sprechen (erst, wenn die Armeen der vereinigten Oberkeiten bereit stehen, versteht sich).

Und alles bleibt unter Ehrenmännern.

Vock 265f. – Mühlestein 366–372, 374f. – Liebenau II/317–320

Montag, 2./12. Mai 417

Die *Entlibucher* sind festen Willens, ihren monatelangen fruchtlosen Briefwechsel mit der Regierung noch vor der Huttwiler Versammlung zu Ende zu bringen. «Wenn die verlangten Urkunden bis morgen nicht vorgewiesen werden», schreiben die vierzig Geschworenen der Talschaft in die Stadt, «so müssen wir den Bund von Huttwil zu Hilfe rufen.» Sie klagen über Truppenwerbungen im Elsass und anderwärts und wollen durch ein abgefangenes Schreiben nachweisen, dass Luzern die Regierung von Bern aufgefordert habe, ins Entlibuch einzufallen.

Von den Städtchen Sempach, Sursee und dem Stift Münster begehren die Entlibucher endlich klare Auskunft, ob man sie als Freunde oder als Feinde zu betrachten habe.

Der Luzerner Rat ist sich der heiklen Lage durchaus bewusst. Die Bemühungen um eine Rückgewinnung einzelner Ämter und der Landstädtchen haben wenig gefruchtet; selbst der Unterstützung der Stadtbevölkerung ist man sich nicht mehr sicher. Die Berichte über geheime Verbindungen zu den Unzufriedenen auf dem Land halten sich hartnäckig.

So verspricht der Rat den Entlibuchern «zur Beruhigung»: am kommenden Sonntag, dem (katholischen) 18. Mai, werde der Herr Schultheiss in Begleitung von Gesandten der vier Orte Uri, Schwyz, Unterwalden und Zug nach Schüpfheim reiten und den Landleuten die Verpfändungsurkunde des Entlibuchs an Luzern vorweisen und ablesen.

Vorerst werden vier Geistliche in das verwunschene Tal geschickt, «um daselbst die Geschworenen zur Geduld zu ermahnen». Ferner müssen die Geistlichen gemäss ihrem Auftrag «den Wahn zerstreuen, als wolle man im Elsass fremdes Volk werben und als hätte man die Berner ermahnt, ins Entlibuch einzufallen».

In der Stadt ruft der Rat 25 Bürger und einige Hindersässen ins Rathaus und fordert sie auf, jetzt ihre Beschwerden vorzubringen. Die so Beglückten wissen nicht recht, was sie von diesem überraschenden Angebot halten sollen und nennen nur einzelne Kleinigkeiten. Einer erklärt, es wäre besser, jetzt vom allgemeinen Frieden als von den Beschwerdepunkten der Bürger zu reden. Ein anderer will die bürgerlichen Begehren in Schrift fassen. Ein dritter verlangt erst die Rückgabe der früheren bürgerlichen Eingabe, bevor man eine neue einreiche.

Die Minderen der Stadt sollen alle ihre Klagen bis übermorgen vorlegen. Dem Rat ist viel daran gelegen, sich mit der Bürgerschaft noch in dieser Woche in aller Form und dauerhaft zu versöhnen. Man möchte den Entlibuchern am Sonntag geschlossen entgegentreten.

Grosse Landsgemeinde der Baselbieter mit ungefähr tausend Bewaffneten und ebenso vielen Knaben mit weissen Fähnlein in *Liestal*. Haupttraktandum ist die Wahl von Ausschüssen nach Huttwil. Als der Schultheiss Imhof von Liestal im Namen der Regierung zur Menge sprechen will, erhebt sich ein Tumult. Ängstlich verziehen sich die Ratsherren des Städtchens unter die Bäume, und Ueli Schad schilt sie «einen faulen Haufen». Es macht den Anschein, als habe Imhof kaum mehr Anhang unter der Bürgerschaft. Trotz seiner Warnung schliessen sich die Liestaler erneut den Bauernausschüssen nach Huttwil an. Sogar ein Mitglied des Rates wird dafür gewählt: der Schlüsselwirt Samuel Merian.

Nach der Gemeinde verlässt Imhof das Städtchen, um sich vorläufig in Basel niederzulassen. Herr Merian aber nimmt das Stadtsiegel mit auf seine Reise nach Huttwil, wo er es übermorgen auf den bereinigten, beschworenen, vierfach in Pergament ausgefertigten Bundesbrief drücken wird.

Es mag auf den ersten Blick erstaunen, dass die Zürcher Bauern mit den bernischen Untertanen noch immer nicht gemeinsame Sache machen, gleichen sich doch die wirtschaftlichen Verhältnisse und politischen Strukturen der beiden grossen evangelischen Stände.

Doch erinnere man sich des Wädenswiler Aufstands im Jahre 46, der ein so trauriges Ende nahm... wie Vieh auf einer Matte zusammengetrieben, mussten die Dorfleute von Knonau und Wädenswil den Zürcher Offizieren ihre alten Freiheitsbriefe aushändigen; sieben tapfere Söhne des Landes wurden hingerichtet, zahlreiche andere mit Leibesstrafen und Bussen belegt, unter denen sie heute noch zu leiden haben. Wer möchte da schon nach sieben Jahren einen neuen Aufstand wagen?

Zudem profitieren die Zürcher Bauern durch ihr Stillhalten nicht schlecht von der Unruhe in den Nachbargebieten. Gegenwärtig reist der Herr Säckelmeister Schneeberger von Amt zu Amt, mit einer wundervollen Liste von bewilligten örtlichen Begehren in der Tasche. Überall lässt er seine bäuerlichen Verhandlungspartner auf Staatskosten in den Landgasthöfen bewirten, und zwar nicht übel, wie seine Abrechnung zeigt: für etwa 3 Pfund pro Nase. Unter solchen Umständen lässt man sich Schneebergers langwierige Ermahnungen gern gefallen. Wenn die Regierung ihre Versprechen einhält, ist ein Aufstand im Züribiet wahrlich unnötig.

Liebenau III/5-12, 30f. - Mühlestein 377-381, 406f.

Montag, 2./12. Mai

Die Berner Bauern tun es den Entlibuchern und Willisauern gleich und schicken Gesandte in die vom Aufstand bisher noch unberührten Gebiete. Der Schmiedknecht von Lützelflüh, ein Bilingue, wiegelt *im Welschen* auf.

In Aarberg lässt Vogt Fellenberg den Ueli Werenlinger aus Affoltern als «gefährlichen Entlibucher» gefangensetzen.

Drei Bauern von *Hettiswil,* namens Anderegg, Hubacher[1] und Küng, haben sich gegen die Oberkeit verschworen. Ihre Absicht ist, sofort loszuschlagen, Bern sei noch nicht gerüstet. Die Zusammenkünfte finden im Brüschhüsli, auf der Schuppissen oder im Fonsbad statt. Das Protokoll führt der alte Oberburger Ammann Wynistorf. Ihre letzte Versammlung wird von Burgdorfer Burgern gesprengt, die das Protokoll als wichtigstes Beweisstück mitnehmen.

Aeschlimann 179f. - RM Bern 2.5. 1653 - Max Schweingruber in: Der Bund, 15.8. 1981

---

1 wohl Niklaus Hubacher, der Ammann

Die eidgenössische Landsgemeinde von Huttwil. Der Bundesbrief

Wiederum ergiesst sich ein nicht enden wollender Strom von Landleuten aus den aufständischen Gebieten auf die mit Obstbäumen bewachsene Wiese ausserhalb des Städtchens Huttwil – man schätzt eher mehr Leute als noch vor vor vierzehn Tagen.

Den Hauptharst stellen einmal mehr die Berner. Etwas enttäuscht nimmt man zur Kenntnis, dass die Stadt Thun nicht vertreten ist, mit der man doch fest gerechnet hat. Die Hilfsschreiber müssen deshalb auf den bereits vorgefertigten Bundesurkunden den Namen dieser Stadt unter den Unterzeichnern mühsam wegschaben. Hingegen können sie hinzufügen: «Im Namen der Freien Ämter» – aus dieser Gemeinen Herrschaft sind diesmal bevollmächtigte Abgeordnete erschienen. Sie wollen den grossen Bund beschwören.

Aus dem Züripiet sind eine Handvoll Bauern angereist, dazu zwei Zunftherren aus der Stadt, die sich zwar lebhaft für den Bund interessieren, den Schwur aber noch ablehnen. Die Leute hinterlassen einen zwiespältigen Eindruck.

Die Skeptiker haben recht: Die beiden sind bezahlte Spione des Zürcher Rats.

Ganz vorne, auf den Ehrenplätzen beim Rednertisch, lassen sich acht vornehme Herren aus der Stadt Bern nieder. Das sind Welschsäckelmeister Tillier, Zeugherr Lerber und ein weiterer Herr vom Kleinen Rat, dazu drei Mitglieder des Grossen Rates, unter denen die Signauer ihren ehemaligen Vogt Marquart Zehender erkennen, sicher auch den freundlichen Herrn Imhof, der schon der Berner Ratsdelegation in Langnau angehörte. Dass die Herren diesmal die Spitzen der Geistlichkeit mitgebracht haben, den Stadtpfarrer Hummel und den Theologieprofessor Lüthard, lässt erwarten, dass sie ihren Untertanen nochmals gehörig ins Gewissen reden wollen.

In der Tat verlangen die Vertreter der Oberkeit gleich zu Beginn, noch vor der eigentlichen Landsgemeinde, das Wort – was ihnen der Obmann freundlich gewährt. Und so sehen die weitgereisten Landleute vorerst statt dem Leuenberger in seinem roten Mantel die Gestalten mit den Baretthüten auf den Rednertisch steigen: Die Regierung, beginnt der Sprecher, habe sich bloss aus Liebe zum Frieden zu diesem Schritt der Versöhnung mit ihren Angehörigen entschlossen sie sei geneigt und gesinnet, die Untertanen bei allen ihren urkundlichen Rechten, Freiheiten und guten Gebräuchen verbleiben zu lassen und aller neuen Beschwerden zu entheben, indem sie hoffe, dass dann auch ihrerseits die Untertanen ihre beschworenen Pflichten erfüllen würden. – Dann kommen die Herren zur Sache: Sie ermahnen die Landleute sehr nachdrücklich, von der Verbindung mit Landleuten anderer Orte abzustehen. Die beiden Geistlichen beweisen die Heiligkeit der Pflicht des Gehorsams mit den Worten der Heiligen Gschrift, und endlich erläutern die Ratsgesandten noch ausführlich 47 Artikel, welche die Regierung zu bewilligen geneigt sei, sowie die besonderen Wohltaten, die einzelnen Gemeinden zugute kommen würden. Es handelt sich im wesentlichen um die Konzessionen, die den kniefälligen Bauernausschüssen in Bern bereits Ende März zugesagt worden sind – mit dem Zusatz «solange es Uns gefällt» und mit einem ausdrücklichen Verbot von freien Landsgemeinden.

Die Absicht stinkt zum Himmel. Man will die Anwesenden in letzter Minute verunsichern, den Bundesschwur platzen lassen, zumindest aber durch die übermässig lange Erläuterung von zu erwartenden «Wohltaten» der Regierung eine Klein-Klein-Diskussion entfachen und damit die Landsgemeinde verhindern.

Die Bauernführer zeigen sich der Situation gewachsen: Sie geben freundlich Antwort, entschuldigen sich indessen mit dem Umstand, dass nun Landsgemeinde und Schwur nicht mehr verschoben werden könnten. Danach, wenn die auswärtigen Landleute abgezogen seien, wollten die Berner Untertanen gerne mit ihren oberkeitlichen Gesandten in Verhandlung treten.

Endlich kann der Obmann Leuenberger die grosse Landsgemeinde mit einer kurzen Anrede eröffnen. Darauf werden wie gewohnt die aufgefangenen Briefe und die Zuschriften an die Versammlung verlesen. Unter den letzteren ragt das Schreiben aus dem solothurnischen Wasseramt heraus, das Urs Hofstetter von Bolken überbracht hat. Wir hören:
«Fromme, getreue, hochgeachte, insbesondere grossgünstige, ehrsame, liebe Bund- und Eidsgenossen zuvor!
1. Wir in der Vogtei Kriegstetten vernehmen mit höchstem Bedauern, wie uns die Oberkeit der Stadt Solothurn anerboten hat, unsere Beschwerden entgegenzunehmen und wohlwollend zu behandeln, wir aber damit gar nichts erreicht haben, man habe darüber nur gelacht.
2. Hat uns die Oberkeit am Sonntag, den 11. Mai ein Mandat auf der Kanzel verlesen, dass man keine Boten an Pässen oder anderswo aufhalten solle, viel weniger ihnen die Briefe abnehmen und öffnen dürfe...

und das bei höchster Strafe. Wir sind ganz gegen dieses Mandat. Wie ihr wissen werdet, sind zu Kirchberg und an andern Orten etliche Feuerkugeln geworfen worden. Es ist deshalb unser Will und Meinung, dass man niemand solle passieren lassen, insbesondere nicht was fremde Völker sind.
3. Auch wäre es unsere Meinung, dass man den Städten einmal die Zufuhr abschneiden sollte, damit der Aufruhr in den Städten einen Anfang macht. Das sollet ihr an der heutigen Versammlung zum End bringen und ins Werk richten.

Wir verspüren allezeit Eure Gutherzigkeit und brüderliche Liebe, und obwohl uns dies die Oberkeit hoch verboten hat, haben wir uns gänzlich entschlossen, uns mit Euch zu verbinden, bis wir all das ins Werk bringen, was wir Vorhabens sind, und das mit Leib, Gut und Blut bis in alle Ewigkeit. Derowegen sollet ihr allerseits mit den Artikeln fortfahren, wie Ihr es Euch vorgenommen habt. Auch wäre es hoch vonnöten, dass man eine Musterung anordnet, wie jeder gerüstet oder gewehrt wäre, und auch Rotten bildet, dass im Fall der Not ein jeder wüsse, was er tun solle.

Der barmherzige Gott möge uns allen viel Weisheit und Verstand verleihen, dass wir ihn nicht erzürnen (...) und der Oberkeit geben, was ihr gebührt; was aber die grossen Bürden und Ungerechtigkeiten anbetrifft, auch Tyrannei: Darwider wollen wir streiten und fechten bis aufs Blut, wie unsere frommen Altvorderen selig. Dazu helfe die allerheiligste Dreifaltigkeit, Gott Vater, Sohn und der Heilige Geist. Amen.

Den 11. Mai, neuen Kalenders. Die Vogtei und Herrschaft Kriegstetten. Nur frei, stark und fest.»

Nicht vergessen sei der Tagsatzungsbote Schnorf mit seiner Vorladung der Bauern vor das ‹eidgenössische unparteiische Recht› innert Monatsfrist. Die Landsgemeinde befindet, man wolle dem nicht Folge leisten, sondern schon viel früher mit den Oberkeiten direkt verhandeln.

Hierauf schlägt die grosse Stunde des Notars Brenner. Laut verliest er den sorgfältig in vier Exemplaren vorbereiteten Bundesbrief in seiner endgültigen Form. Den eigentlichen Bundesartikeln haben die Verfasser eine Schilderung der Ursachen vorangestellt:

«Bundesbrief der Untertanen der vier Städte Bern, Luzern, Solothurn und Basel, samt andern ihren Beipflichten, zu Sumiswald aufgerichtet und beschworen am 13./23. April 1653.

Zu Wissen und kund ist männiglich, was sich anno 1653 in der Herrschaft Luzern im Land Entlibuch für ein Spann und Streit erhoben wider ihre Gnädige Oberkeit der Stadt Luzern selbst, der Ursache, dass die ihnen viel neue Aufsätze, grosse Strafen und Beschwerden aufgeladen und aufgezwungen hat wider ihre Brief und Siegel. Darum (haben) sie gesandte Männer an ihre Oberkeit geschickt, welche freundlich, untertänig und gebührlich mit grosser Bitt angehalten haben, solche Beschwerden abzutun, aber nicht nur nichts erlangen mögen, sondern man hat sie noch ausgebalget und bedroht. Deswegen die Bauern erzürnt worden und haben zusammen geschworen, ihr Leib und Leben daran zu setzen, und (haben) keine Zinsen und Geldschulden mehr bezahlen wollen, bis ihre gnädige Oberkeit ihnen ihre alten Briefe und Rechtungen wieder zu Handen stelle, die sie ihnen genommen hat. Darum wollte die Oberkeit ihre übrigen Untertanen aufmahnen, sie damit zum Gehorsam zu zwingen. Als diese aber die Ursachen vernommen, haben sie sich mit den gleichen Beschwerden auch beladen befunden. Darum sie auch zu denen im Entlibuch gestanden und haben zu Wolhusen zusammen geschworen, weil sie mit Bitte nichts Besonderes erlangen mochten, was ihnen gehörte. Darüber war ihre Oberkeit übel zufrieden. Sie beschrieb gesandte Herren aus den 6 katholischen Orten, welche Herren gar lang mit dem Handel umgegangen sind, und inzwischen schrieben sie um Hilfe und also wurde der Handel je länger je böser. (Darauf) zogen die Ämter vor die Stadt Luzern, weil die Herren ihren verbündeten Bundesgenossen Kriens und Horw stark gedroht haben, alles zu verderben, wenn sie nicht wieder zur Stadt schwören wollten. Und indem haben die Abgesandten der dreizehn und etlicher zugewandter Orte der Eidgenossenschaft zu Baden ein ungutes, unwahrhaftes Mandat gemacht (des Inhalts, dass sie allerhand hochsträfliche Fehler und Mutwillen zu verantworten, wie offenbar am Tag verübt haben sollen; solches über die obgenannten Anfänger im Entlibuch mehrteils und über alle, die ihnen geholfen haben) und ausgehen lassen, damit sie von aller Orten Untertanen verhasst würden, und diese nicht auch zu ihnen fielen – (so schlimm,) dass sie zu den Nachbarn in allen Orten nicht mehr kommen durften wegen des Mandats, weil sie so hoch verkleinert und verleumdet worden, dass sie ihres Leibs und Lebens nicht mehr sicher waren, (da man) ihnen schon feindlich begegnete. Auch sollten dazwischen an vielen Orten fremde und heimische Kriegsvölker auf sie einfallen, und darum sie mit uns Berner-Bauern zu reden gekommen und abgeredet haben, dass wir einander kein Leid und Schaden zufügen wollen, weder fremdes noch heimisches Kriegsvolk durchziehen lassen, noch uns schädigen, damit wir als getreue, liebe Nachbarn miteinander handeln und wandeln können, auch unsere Häuser, Höfe, Hab und Gut, Weiber und Kinder in gutem, friedlichem Ruhstand erhalten blieben.

Wir im Bernbiet (sind) oft Willens gewesen, unsere Gnädigen Herren und Oberen zu bitten, dass sie unsere Beschwerden auch nachlassen und abtun sollen, wie dann vor Jahren im Thunerkrieg oder -spann auch

> dergleichen hätte vereinbart sein sollen, aber schlecht gehalten wurde. Darum haben wir abermals gesandte Männer vor unsere Gnädige Oberkeit gen Bern geschickt und sie untertänig und hoch gebeten, sie sollen unsere Beschwerden uns abnehmen; darüber sie aber unsere Gesandten gezwungen, dass sie in unser aller Namen auf die Knie niederfallen, um Gnad bitten und annehmen mussten. Hernach haben (sie) dasselbige doch nicht gehalten, was sie unseren Gesandten versprochen. Darum wir Ursache genommen, uns in allweg zu versehen.
> Darum ist auf den 13./23. Tag Aprillis im obgesetzten 1653. Jahr zu Sumiswald eine Landsgemeinde gehalten worden wegen unserer Klageartikel und des unguten Mandats, welches unsere Ehre und guten Namen betrifft, woran uns nicht wenig gelegen. Darum sind wir aus der Herrschaft Bern, Luzern, Solothurn und Basel Gebiet und aus den hiernach genannten Orten zusammen gekommen, ersprachen uns allda freundlich wegen unseren Beschwerden und sonderbaren Ursachen halber, und darüber haben (wir) auf freiem Feld einhellig einen Ewigen, Steifen, steten und festen Eid und Bund zu dem wahren und ewigen Gott zusammen geschworen, diese noch folgenden Artikel treulich zu halten, wie folgt.»

Brenners Stimme wird jetzt, dem historischen Ereignis gerecht, ganz feierlich, und über 3000 Landmänner lauschen gebannt auf jedes Wort:

> «Im Namen der hochheiligen Dreifaltigkeit Gott Vater, Sohn und Heiliger Geist, Amen. So haben wir zusammen geschworen
> 1. Dass wir den ersten Eidgenössischen Bund, so die uralten Eidgenossen vor etlichen hundert Jahren zusammen geschworen haben, wollen haben und erhalten, die Ungerechtigkeit einander helfen abtun und uns schützen und schirmen mit Leib, Hab, Gut und Blut. Was den Herren und Oberkeiten gehört, soll ihnen bleiben und gegeben werden, und was uns Bauern und Untertanen gehört, soll uns bleiben und zugestellt werden; dies allerseits den Religionen unvorgreiflich und unschädlich.
> 2. Wollen wir einander alle unguten neuen Aufsätze hindannen tun helfen. Jedes Orts Untertanen sollen aber ihre Gerechtigkeiten von ihren Oberkeiten selbst fordern. Wenn sie aber einen Streit gegen ihre Oberkeit bekommen möchten, sollen sie doch nicht ausziehen ohne Wissen und Willen der anderen Bundsgenossen, damit man sehen könne, welche Partei recht oder unrecht habe. Haben unsere Bundsgenossen dann recht, so wollen wir ihnen dazu verhelfen; haben sie aber unrecht, so wollen wir sie abweisen.
> 3. Wenn die Oberkeiten uns Untertanen fremde oder heimische Völker

Mittwoch, 4./14. Mai 425

auf den Hals richten oder legen wollten, so wollen wir dieselben einander zurückweisen helfen und dasselbige gar nicht dulden, sondern, so es vonnöten wäre, einander tröstlich und mannlich beispringen.
4. Wenn die eint oder andere Person in Städten oder Landen dieses aufgelaufenen Handels willen von einer Herrschaft oder anderen Leuten eingezogen oder an Leib und Gut oder Leben geschädigt würde, sollen allerorten unsere Bundsgenossen derselben helfen, sie mit Leib, Hab, Gut und Blut erledigen und erlösen, als ob es einen jeden selbst treffen würde.
5. So soll dieser unser geschworener Bund alle 10 Jahre vorgelesen und erneuert werden, und so dann der eint oder ander Ort eine Beschwerde hätte, über ihre Oberkeit oder anderes, will man allzeit demselben zum Rechten verhelfen, damit also unseren Nachkömmlingen keine Neuerungen und ungebührliche Beschwerden mehr aufgeladen werden können.
6. Es soll keiner unter uns so vermessen und frech sein, (dass) er wider diesen Bundesschwur rede oder Rat und Tat gebe, wieder davon abzustehen und (ihn) zunichte zu machen. Wer aber dies übersähe, soll für einen meineidigen und treulosen Mann gehalten und nach Verdienen abgestraft werden.
7. Es sollen auch keines Orts die Bundesgenossen diesen Handel mit ihrer Oberkeit völlig vergleichen und abschliessen, bis unsere anderen Bundesgenossen an allen Orten den Abschluss machen können. Also, dass zu allen Teilen zugleich miteinander Schluss und Frieden soll gemacht werden.

Folgen nun die Orte und Vogteien, so in diesem Bundesbrief begriffen sind und geschworen haben:
Aus der Herrschaft *Luzern* zuallererst das Land Entlibuch samt den übrigen 9 Ämtern, welche zu Wolhusen zusammen geschworen haben.
Aus der Herrschaft *Bern* die Vogtei Trachselwald, Brandis, Sumiswald, Huttwil, Signau, das ganze Land Emmental und das Freigericht Steffisburg, Hilterfingen und Hans Büeler zu Sigriswil für sich und seine Nachkommen, Interlaken und Brienz, Frutigen, das Landgericht Sternenberg, Zollikofen, Konolfingen, Seftigen, Grafschaft Nidau, Grafschaft Büren, die Vogtei Fraubrunnen, Vogtei Aarberg, Vogtei Landshut, Grafschaft Burgdorf, ausgenommen die Stadt, Vogtei Wangen, Vogtei Aarwangen, Vogtei Bipp und Amt und Vogtei Aarburg, Stadt und Grafschaft Lenzburg, Vogtei Schenkenberg.
Aus der Herrschaft *Solothurn* die Grafschaft Gösgen, Stadt und Amt Olten, Vogtei Bechburg, Vogtei Falkenstein, Vogtei Kriegstetten, Vogtei

Flumenthal, Vogtei Leberen, Vogtei Bucheggberg, Vogtei Dornach, Vogtei Thierstein, Vogtei Gilgenberg.

Aus der Herrschaft *Basel* die Stadt Liestal samt ihren Dörfern, die Grafschaft Farnsburg, Vogtei Waldenburg, Vogtei Homburg, Vogtei Ramstein.

Die *freien Ämter*, die Vogtei unter den alten Orten der Eidgenossenschaft.

Dieser Bundesschwur und Eid ist zu Huttwil von den Ausgeschossenen aus den obgenannten Orten konfirmiert und bestätiget worden in obgesetztem Jahr auf den 4./14.Tag Mai, und mit den hieran gehenkten Siegeln zum ewigen Gedächtnis und zu wahrem Zeugnis gehängt und bekräftiget worden. Dieser Briefe sind 4, von Wort zu Wort gleich lautend, und jedem Ort einer zugestellt worden, nämlich den Herrschaften Bern, Luzern, Solothurn und Basel.»

Leuenberger, der mit Brenner für alle sichtbar auf dem Tisch steht, ruft aus: wer diesen Bund nicht beschwören wolle, solle sich jetzt aus dem Ring der Landsgemeinde entfernen. Tatsächlich treten einige Männer zur Seite.

Darauf knien die Versammelten zum Eid nieder. Die Männer heben ihre Schwurfinger empor, und Leuenberger spricht mit starker Stimme: «Nun, liebe und getreue Leute! Loset auf euren Eid und sprechet mir nach alle diese Worte: Wie die Schrift weiset, dem will ich nachgehen und es vollbringen mit guten Treuen. Wenn ich das halte, dass mir Gott wolle gnädig sein an meinem letzten End; wenn ich es aber nicht halte, dass er mir nicht wolle gnädig sein an meinem letzten End. Das schwöre ich, so wahr mir Gott helfe.» Die Führer aus dem Luzernerland ergänzen: «Gott, Maria und die lieben Heiligen.»

Nach dem gemeinsamen Schwur setzt eine lebhafte Debatte ein. Einige Ausgeschossene vermissen eine Strafbestimmung für diejenigen, welche den Bund nicht halten. Verständlicherweise verwahrt sich der Schreiber Brenner gegen eine nochmalige Änderung der angefertigten Urkunden. Dafür nimmt er die heutigen Beschlüsse der Landsgemeinde in ein besonderes Protokoll auf. Die Versammlung beschliesst der Reihe nach:
1. Wer den Bund nicht hält, demselben sich widersetzt oder sich als ein Aufwiegler gegen denselben zeigt, der soll alsbald in die Gefangenschaft gezogen und an Leib und Gut gestraft werden.
2. Die oberkeitlichen Boten sollen bis zum Austrag des Handels an den Pässen und Orten, wo man sie findet, zurückgehalten werden.
3. Man soll die Gegner nicht mehr so ungütlich mit Worten, Bart- und Ohren-Abschneiden behandeln, sondern sie in Gefangenschaft legen.

Mittwoch, 4./14. Mai 427

4. Man soll sich mit Kraut und Lot wohl versehen.
5. Wenn bis Montag die 4 Orte (Luzern, Bern, Basel und Solothurn) sich mit dem Bund nicht vergleichen, so soll man ihnen die Städte, Schlösser und Pässe, die mit fremdem Volk besetzt sind, wegnehmen.
6. Die Zölle auf dem Land sollen wie vor alter Zeit entrichtet werden. Man soll aber in die Städte nichts mehr liefern und bis zum Austrag des Handels nichts mehr zuferggen lassen.
7. Ohne Wissen und Zustimmung der Ausschüsse darf sich kein Ort mit seiner Oberkeit vergleichen.
8. Jeder Ort ist verpflichtet, dem anderen zur Abschaffung der Beschwerden oder neuen Aufsätze laut Bundesbrief behilflich zu sein.

Stundenlang ratschlagen die Landleute um diese Artikel. Ganze Welten liegen eben zwischen den reformgläubigen Solothurnern um Untervogt Zeltner und den revolutionären Entlibuchern. Die Gemässigten versprechen sich von geduldigen Verhandlungen einen Ausgleich mit der Oberkeit – die Harten haben diesen Glauben verloren. Ihrer Meinung nach muss man die Oberkeiten so rasch als möglich zum Nachgeben zwingen, durch wirtschaftlichen Druck und wenn nötig mit Waffengewalt.

Käspi Unternährer, der Tell, sagt klar: die Entlibucher wollten ihre Herren nicht mehr als Oberkeit anerkennen, weil diese anfangs nur Schutzherren gewesen seien, ihnen aber jetzt die Freiheitsbriefe hinterhielten und sie nie freiwillig herausgeben würden. Landessiegler Binder ruft dazu: «Wir wollen fortan keine Oberkeit mehr!» – Solche Sprüche verbittet sich der korrekte Obmann Leuenberger. Gleich muss er auch die Berner ermahnen: Namentlich Christen Wynistorf, der 80jährige Ammann von Oberburg, und ein gewisser Aebi von Heimiswil reden scharf gegen die Oberkeit. Ihre Heimatorte lassen unschwer das Thema ihrer Reden erkennen: die kürzliche Brandstiftung von Kirchberg, und dass man mit dem Walenvolk[1] abfahren müsse! So mag Artikel 5 zustande gekommen sein, ein fünftägiges Ultimatum an die Herren als Kompromiss zwischen den Anhängern der Gewaltlosigkeit und den vorwärtsdrängenden gebrannten Kindern aus dem unteren Emmental.

> Auch die übrigen Artikel tragen die Zeichen eines harzigen Kompromisses. Die meisten sind nur vage Ausführungsbestimmungen zum Bundesbrief. Von Bedeutung sind aber die Liefersperre für die Städte, womit die Versammlung in abgeschwächter Form der Empfehlung aus dem Kriegstetter Brief (Pkt.3) gefolgt ist.

---

1 den welschen Truppen

Am härtesten prallen die Meinungen bei der Besprechung des Münzwesens aufeinander. Als ein Sprecher der Entlibucher die Aufhebung des unseligen Münzmandats verlangt, redet Untervogt Adam Zeltner brav dagegen: «Wir wollen es bei dem bleiben lassen, was unsere Gnädigen Herren verordnet haben.» Man kann sich vorstellen, wie da Ueli Galli das Blut in den Kopf schiesst. Wie seine Freunde ennet dem Rämisgummen sieht er im Kampf gegen das Münzmandat die treibende Kraft der Bewegung. Um ihr das nötige Gewicht zu verleihen, hat er vorige Woche die Aufhebung des Batzenrückrufs zur obersten und einzigen Forderung der Signauer Gemeinde für Huttwil gemacht. Alles vergebens. So sehr der zornige Eggiwiler drängt – Adam Zeltner und seine gemässigten Solothurner verwahren sich strikt dagegen, und der Münzartikel fällt aus Rang und Traktanden.

In dieser zerfahrenen Situation zeigt sich die grosse, einigende Kraft des Niklaus Leuenberger. Mit überlegener Ruhe schweisst er die Versammlung zusammen, erzeugt die Gewissheit, im Grunde seien alle Differenzen unter den Verbündeten lösbar. Leuenbergers Zauberformel besteht aus zwei Fragen: «Will ein jeder seiner Oberkeit geben, was ihr gehört?» «Will man nicht helfen, alle unguten Neuerungen aufzuheben?» Einmütig bejahen die Landleute beide Fragen durch offenes Handmehr.

> Bei genauerem Hinsehen trägt Leuenbergers Stärke allerdings zugleich den Keim der Schwäche in sich. In seinem Bestreben um die Einheit der Bauernschaft verdrängt er Entscheidungen, die nötig sind, auch wenn sie weh tun. Seine vielgelobten Formeln einigen die Bauernschaft gefühlsmässig, nicht sachlich. Adam Zeltner wird bei der ersten Frage des Obmanns das Münzmandat im Sinn gehabt haben, Ueli Galli und die Entlibucher bei der zweiten...
>
> Auch der Bundesbrief lässt offen, welche oberkeitlichen Mandate künftig als ungute «neue Aufsätze» oder «Neuerungen» abzulehnen seien, wie weit andererseits die Untertanen den Gesetzen der Oberkeit (nach Art.1) zu gehorchen hätten. Wahrscheinlich dachten die Verfasser an ein Referendumsrecht der regionalen Landsgemeinden.

In einem kurzen Zwischenspiel werden die Gefangenen von Wiedlisbach vor die Landsgemeinde geführt, die beiden österreichischen Barone Althan mit ihrem Gefolge. Sie weisen sich einwandfrei als harmlose Privatreisende aus und werden mit einem Geleitbrief Leuenbergers entlassen.

Dann sind auch die vier pergamentenen Bundesurkunden zur feierlichen Übergaben an die Standesdelegationen bereit. Mit fünf ehrwürdigen Siegeln sind sie bekräftigt; da hängen nebeneinander
1. an grünen und roten Seidenbändern das Landessiegel von Entlibuch,
2. an gelben und roten Seidenbändern das Siegel des Amtes Willisau,

Mittwoch, 4./14. Mai

3. an einem Pergamentstreifen das Stadtsiegel von Olten,
4. an einem Pergamentstreifen das Siegel von Rothenburg, das aus einem Privatsiegel erstellt wurde,
5. an grünen und roten Seidenbändern das Liestaler Stadtsiegel von 1569.

> Nun gerade die Berner Bauern vermochten kein eigenes Siegel aufzutreiben ... ein kleines, doch untrügliches Zeichen dafür, dass die Freiheiten des Landes im Bernbiet seit Menschengedenken verschollen sind.

Während die auswärtigen Teilnehmer, vom langen Stillestehen und Zuhören ermüdet, gegen das Städtchen zu in die Pintenschenken abzotteln, müssen sich die Berner noch gedulden. Jetzt ruft Leuenberger nämlich die Ratsdelegierten aus der Hauptstadt zum Rednertisch. Die Herren sprechen «auf die rührendste und eindrücklichste Weise» (Selbstbeschrieb) zu den Versammelten. Sie meinen, angesichts der vorgerückten Stunde sollten die Berner Landleute doch einige aus ihrer Mitte wählen, mit denen sie dann zu Münsingen oder Höchstetten, zu Worb oder zu Langenthal in Ruhe weiter verhandeln und die strittigen Punkte ausgleichen könnten.

Erfolglos. Die Bauern erklären fest, sie wollten diese Angelegenheit keinem kleinen Ausschuss anvertrauen. Alles müsse in voller Gemeinde und im Einverständnis mit den Verbündeten anderer Orte behandelt werden. Nachdem die Herren nochmals aufs Feierlichste die Rechte der Oberkeit geltend machen, verlassen sie Huttwil noch am gleichen Abend und übernachten in *Wynigen*.

Für die Kriegsräte der Bauernschaft ist der anstrengende Tag noch nicht zu Ende. Am Abend halten sie Sitzung.

> Eine allgemeine Musterung, wie sie die Kriegstetter in ihrem Schreiben angeregt haben, legen sie nicht fest, schon gar nicht einen Aufmarsch der Armeen, der mit dem ‹Defensionalwerk› der Tagsatzungsherren vergleichbar wäre. Der Bauernrat plant keinen offenen Krieg. Die Mehrheit ist überzeugt, man könne die Städte durch wirtschaftlichen Druck, mit einer Sperrung der Verkehrswege und von Fall zu Fall mit einer totalen Nahrungsmittelsperre, sehr bald zum Einlenken bringen.

Eine ständige Gefahr droht der Landschaft allerdings aus den Schlössern mit ihren auswärtigen Besatzungen, ihren gewaltigen Munitionsvorräten und ihren Kanonen. Dieser Artillerie hat man nichts Gleichwertiges entgegenzusetzen... die Städter lachen ja nur über die selbstgefertigten hölzernen Kanonen (obwohl sie gewaltig schiessen, wie ihre Erbauer versichern). So beschliessen die Kriegsräte, der neue Bund solle sich baldmöglichst Geschütze aus den Festungen beschaffen. Die Luzerner werden ihr Glück in Wikon, Sursee und Reiden versuchen; den Bernern scheinen die Schlösser Aarwangen und Aarburg am aussichtsreichsten. Man will die Geschütze zuerst mit Güte herausfordern, nach Ablauf der Bedenkzeit, die man den Regierungen gestellt hat, dann Gewalt anwenden.

Der Kriegsrat errechnet, dass der neue Bund für den Fall der Not insgesamt über 16 000 Uszüger verfügt. Eine imponierende Zahl. Wenn man die Waffen aus den Schlössern dazu gewänne, brauchte man in der Eidgenossenschaft niemanden mehr zu fürchten.

Zu neuen Obersten werden gewählt: Hans Hochstrasser von Auenstein in der Grafschaft Lenzburg, Kaspar Steiner von Emmen und Niklaus Binder.

Mühlestein 303–306, 366, 389–401 – Tillier 174f. – Vock 264–269 – Liebenau III/16–25 – Peter 70ff. – Aeschlimann 179, 181 – Turmbuch Bern 1653, Vergichte Ueli Gallis und Niklaus Leuenbergers

In den Städten

Der Berner Rat setzt seine Politik der Diversion fort. Die treue Landschaft Saanen wird mit Zugeständnissen belohnt: freier Salzkauf (sogar in Unterwalden), Abschaffung des Trattengelds; auch hinsichtlich des Pulverkaufs und des Ohmgelds gibt die Oberkeit nach. Zudem erhalten die Saaner einen Landeshauptmann. Den Obersimmentalern wird der freie Fischfang sowie die freie Vogel-, Fuchs- und Hasenjagd gewährt.

Die Hauptstadt wird jetzt stark bewacht. Die Kanonen werden vorsorglich zum Turm beim Untertor verlegt, die Studenten müssen fleissig in Waffen exerzieren.

Die Bürger machen sich Kummer und Sorgen.

Mühlestein 387 – RM Bern 4.5.1653 – Tagebuch Haller

Donnerstag, 5./15. Mai

Der päpstliche Nuntius Caraffa schreibt aus Luzern nach Rom. Schultheiss Dulliker ersucht den Papst und den Gouverneur von Mailand um Hilfe

«... *noch mehr bedaure ich, dass die Einwohner und Bürger der Stadt ebenfalls schlimme Gedanken hegen, so dass sie in dieser Woche zweimal daran waren, die Waffen gegen ihre Herren zu ergreifen, unter dem flauen Vorwand, man solle ihnen einige alte Rechte gewähren. Ich bin durch die Ordensgeistlichen dem Vorhaben auf die Spur gekommen und suchte so gut es anging, die Sache ins rechte Geleise zu bringen. Ich fürchte, sie werden eines Tages den draussen stehenden Bauern die Tore öffnen, kurzerhand ihren Herren die Macht entreissen und eine Volksregierung einrichten (...) das scheint mir der Hauptzweck ihres ganzen Vorgehens zu sein. (...)*

Da man wenig Hoffnung hegt, die Aufständischen zum Gehorsam zurückzubringen, hat der Rat den Schultheissen Dulliker zu mir geschickt, mit der Bitte, ich möchte nicht nur meine Bemühungen um Erreichung des Friedens fortsetzen, sondern die Bedrängnis der Regierung auch dem Papst schildern und ihn im Namen aller anflehen, er möge sie doch mit Mannschaft und Geld unterstützen, falls sie gezwungen würden, ihre Untertanen mit Waffengewalt zu unterwerfen.»

Caraffa hat diese militärische Unterstützung abgelehnt. Der Papst sei der Vater aller und könne nicht in Bürgerkriege eingreifen. Auch sei der Heilige Stuhl infolge der Kriege unter Papst Urban und der Unterstützung der Venezianer gegen die Türken stark erschöpft.

Caraffa vermutet, die Bürgerschaft im ganzen Land stehe in einem geheimen Einverständnis, weswegen der Fortbestand des katholischen Glaubens in Luzern aufs höchste bedroht sei. Die Hauptabsicht der Ketzer bestehe in nichts anderem, als die Gelegenheit zu nutzen, sich in die Stadt Luzern einzuschleichen und sie aus einer Hauptstätte des Katholizismus in eine Schule der Predikanten zu verwandeln...

Weiter in den Alpträumen des geistlichen Diplomaten: Er vermutet, «dass ein Vertrag zwischen Bürgern und den aufständischen Bauern schon beinahe abgeschlossen ist zum Zweck, sich eines Tages der Stadt zu bemächtigen. Dies verursacht einen solchen Schrecken und solche Bestürzung, dass der grösste Teil der regierungstreuen Leute beabsichtigt, dem Feind das Feld zu räumen und sein Heil in der Flucht zu suchen; der ganz konsternierte Rat besitzt weder die Macht noch die Fähigkeit, sich gleichzeitig nach beiden Seiten zu widersetzen.»

> *Gestern hat der Luzerner Rat die alten Orte und den Gouverneur von Mailand um Hilfe gemahnt.*

Die vier Geistlichen, die im Namen der Oberkeit und des päpstlichen Nuntius die Entlibucher Geschworenen «beruhigen» sollen, werden in *Schüpfheim* gar nicht angehört. Die Entlibucher verlesen ihnen ihre neusten Beschlüsse, schicken sie dann heim und erklären, es sei ihnen wohl im Lande, sie brauchten die Luzerner gar nicht. Zuhanden des Rates geben sie den Patres ein Schreiben mit: der kommende Sonntag sei der allerletzte Termin für die Verlesung ihrer Urkunden.

Mühlestein 404–407 – Liebenau III/31 f. – Peter 84

Schwierigkeiten der Bauern in Huttwil

Den Bundesschwur hat man abends in Huttwil gebührend begossen, mancher hat seine Heimreise auf heute verschoben. Leuenberger, seine Ratgeber und Schreiber sind mit Arbeit beladen. So schicken sie etwa einen Bericht an die ausgebliebenen Schwarzenburger: man sei geneigt, sie als gute Freunde in den Bund aufzunehmen. – Den Neuenegger Weibel Hans Mader, der in der Schreibstube auf eine Kopie des Bundesbriefs wartet, beauftragt Leuenberger: er solle auf die Gümmenenbrücke achtgeben.

Aus einem ganz unerfreulichen Anlass muss der Obmann die Hiergebliebenen in den Morgenstunden nochmals zusammenrufen: Verschiedene Landleute aus dem Aargäu haben geäussert, sie seien ihrerseits mit den Konzessionen der Regierung zufrieden und wünschten einen Frieden zu schliessen.

> *Vergessen wir nicht, dass die beiden Ratsherren Imhof auf ihrer Reise durch das Aargäu in den letzten Tagen die Freigabe des Salzkaufs und mehr versprochen haben. Divide et impera – teile und herrsche! Der von den Herren gepflanzte Spaltpilz tut seine Wirkung. Zudem ist es der Oberkeit in aller Stille gelungen, eine Gruppe von Lenzburgern als Agenten anzuwerben. Die sind mit dem klaren Auftrag nach Huttwil gereist: sie sollten sich von den Emmentalern absondern und womöglich veranlassen, dass jedes Amt seine Beschwerden einzeln vorbringe.*

Donnerstag, 5. Mai 433

Es muss für die Führer der Bauernschaft deprimierend sein, Tag und Nacht am Bundeswerk zu schuften und dann zu erfahren, wie die lieben Bundesgenossen bei der ersten sich bietenden Gelegenheit ihren eigenen kleinen Vorteil ergreifen und ausscheren. Das falsche Spiel der Oberkeit ist doch so durchsichtig! Von den Aargäuern tönt es zurück: «Darf man denn in eurem Bund nicht offen reden? Der Althofmeister Imhof meint es gut mit uns; er hat noch immer gehalten, was er versprach. Wär's euch denn lieber, wenn die Grafschaft Lenzburg stillschweigend mit den Herren separat verhandelte?»

Bereits haben die Ratsdeputierten in ihrem Nachtquartier in Wynigen vom Zwist unter den Bauern vernommen. Sofort haben sie neue Verhandlungen, in Wynigen oder andernorts, angeboten.

Die Bauern antworten heute morgen: Langenthal sei ein schicklicherer Ort für Unterhandlungen als Wynigen, dass demnach die Herren Gesandten sich auf den folgenden Tag, den 6. Mai, zu Langenthal einfinden möchten. Die Bauern würden sich dort versammeln. «Wir bitten Euer Gnaden, Ihr wellet mit demütigen Reden uns begegnen und nicht mit Rüche, damit die Landleute nicht etwa in Zorn geraten möchten. Die Action aber soll unter dem heitern Himmel geschehen. Dessen haben wir Ew. Gnaden in Eile kürzlich berichten wollen. Datum in Eil aus Unserer Versammlung zu Huttwil den 5. Mai 1653. – Eine ganze Versammlung Unseres Bundes: Niklaus Leuenberger, Obmann.»

Klaus Leuenberger hat seinen ganzen persönlichen Einfluss in die Waagschale werfen müssen, um eine Mehrheit der Berner Landsgemeindeausschüsse nochmals zu Verhandlungen mit den Ratsgesandten zu überreden. Seiner moralischen Überzeugung folgend, hat er damit dem Begehren einer kleinen Gruppe innerhalb des Bundes, dieser Lenzburger, entsprochen. Die Ausführung des Schreibens trägt allerdings die stolze Handschrift der aufständischen Emmentaler: sogleich, vor einer vollen Versammlung, unter freiem Himmel.

Wie die Bitte um «demütige Reden» verdeutlicht, hofft der Obmann allen bisherigen Erfahrungen zum Trotz doch noch auf ein ehrliches Entgegenkommen der Herren. Ein neuerlicher Spaltungsversuch, ein böses Wort gegen den Bund – dann wäre der Landfrieden schwerlich zu retten.

Hier in den Gassen von Huttwil, wo ungehobeltes Volk aus allen Krächen des Napfs und der Furgge mit übermütigen Einheimischen den Sieg der Freiheit feiert, kann Leuenberger für die Sicherheit der Herren nicht mehr garantieren. Das mag der Grund sein, wieso er die morgige Landsgemeinde nach Langenthal verlegt hat.

> Wenn nicht alles trügt, hat Klaus Leuenberger seine Entscheidung gegen den Willen seiner engsten Ratgeber gefasst. Ueli Galli und Statthalter Berger sind der Überzeugung, dass die Regierung mit weiteren Verhandlungen nur die Landleute hinhalten und Unfrieden stiften wolle, damit die Herren ungestört ihre Kriegsmacht bereitstellen könnten. Nach Meinung dieser ‹Harten› müsste man die gestrigen Beschlüsse jetzt ohne weiteres Zögern in die Tat umsetzen und die Herren so zur Abschaffung aller Beschwerden und zur Anerkennung des Bundes bringen.
>
> Mit den Entlibucher Freunden stecken sie die Köpfe zusammen und kommen bald auf eine Idee, wie man den Obmann von seiner Verhandlungslust umgehend kurieren könnte ...

Mühlestein 439f. - Rösli 100,178 - Vock 237f. - Guggisberg 30

Christoph Lüthard (1590–1663), Theologieprofessor in Bern

Hans Heinrich Hummel (1611–1674), Münsterpfarrer in Bern

Donnerstag, 5. Mai

Aus der Arbeit des Berner Rats

Die gedungenen Soldaten zeigen sich unfleissig. Von Erlach soll den einen oder anderen exemplarisch abstrafen. Landvogt Zehender soll die Munitionsvorräte von Schloss Signau vorsichtshalber nach Bern schaffen lassen oder zumindest nach Worb.
Die Ratsdelegation mit Professor Lüthard und Predikant Hummel soll mit der angefangenen Vermittlung fortfahren und noch weiter ihr Bestes tun. Die Geistlichen müssen darauf drängen, dass die Versammlung zu Langenthal in oder bei der Kirche abgehalten werde.
Missiv an Zürich: «Die Bauern legen grosse Frechheit, Trotz, Übermut und Verachtung gegen die Oberkeit an den Tag und verharren auf ihrem gefassten bösen Vorhaben des Angriffs und der An-sich-bringung der oberkeitlichen Gewalt.» Der Vorort wird ersucht, seine Truppen eiligst zu besammeln, um auf ferneres Anmahnen sofort aufbrechen zu können. Er soll auch alle übrigen Evangelischen Orte und das Bündnerland mahnen.
Missiv an Freiburg: Es soll seine Truppen allgemach bis zur Sense vorrücken lassen.
Missiv ins Bündnerland: Sie sollen so viele Truppen wie möglich auf Kosten Berns stellen.
Genf soll 600 Mann nach Moudon anmarschieren lassen; Biel, Neuenstadt, Münstertal und Neuenburg sollen ebenfalls ausrücken.
Oberst von Diesbach erhält Anweisung, seine im Waadtland geworbenen Hilfsvölker nach Yverdon zu legen; Oberst Morlot soll sein Regiment in Peterlingen (Payerne) einquartieren.
Den Getreuen in Thun, Burgdorf, Interlaken, Hasli, Saanen und Simmental soll man vor Augen führen, was über den französischen Ambassador und den Erzschelmen Claus Leuenberger eingelangt ist, «mit weiterem Andüten».
Gesuch des geheimen Kriegsrats an den Herzog von Espernon, so jetzt um Bellegarde liegt: Ob er nit etwan 4 oder 6 Wuchen lang (den Gnädigen Herren von Bern) mit 200 Reüttern in dero Sold beispringen könne? – So er's proprio autoritate tue, dann wohl und gut; wo nicht, solle er das an den König von Frankreich dirigierte Schreiben alsbald an den Hof abgehen lassen.

Damit zieht die Berner Oberkeit französische Elitetruppen zur Niederhaltung ihrer Untertanen bei.[1]

RM Bern 5./6.5. 1653 – KRM Bern 5.5. 1653 – Mühlestein 438

---

1 vgl. 1.6.

Langenthaler Landsgemeinde nach Ueli Gallis Geschmack

Morgens in aller Frühe brechen die Berner Bauern von Huttwil nach Langenthal auf. Ihnen auf den Fersen folgt die Schar der luzernischen Landleute, Käspi der Tell an ihrer Spitze, die meisten bewaffnet und hoch zu Ross.

Schon unterwegs in *Rohrbach* und *Dietwil* nehmen die Revolutionäre eine Anzahl von ‹Linden› gefangen, erst recht in Langenthal selber.

Sie alle bringt man ins gut bewachte Kaufhaus, das Hauptgefängnis der Bauern, wo vor Wochen bereits die verräterischen Schiffleute eingesperrt waren. Dem Leuenberger gefällt dieses Treiben gar nicht, aber Ueli Galli und Statthalter Berger beruhigen ihn: man halte sich streng an die Beschlüsse der Huttwiler Landsgemeinde, wo in Artikel 3 geschrieben steht, man solle «die Gegner nicht mehr so ungütlich mit Worten, Bart- und Ohren-Abschneiden behandeln, sondern sie in Gefangenschaft legen».

Unter den Verhafteten befindet sich auch David Wild, der oberkeitstreue Wirt ‹zum weissen Kreuz›, wo reisende Ratsherren gewöhnlich in Langenthal logieren und wo sich die Gesandten auch diesmal Zimmer haben reservieren lassen. An ihrer Stelle haben sich nun die Entlibucher dort eingenistet. Einen Teil des noblen Gasthofs haben sie sogar in ein Gefängnis umgewandelt.

Man kann sich unschwer vorstellen, wie empört die Ratsgesandten reagieren, als sie oben vor dem Dorf von ihren Dienern vernehmen, ihr Quartier sei von Knüttelmännern umstellt, und statt dem freundlichen Kreuzwirt schauten Schibi und der Entlibucher Tell zum Fenster heraus! Die Herren reiten unter Protest nach Wynigen zurück.

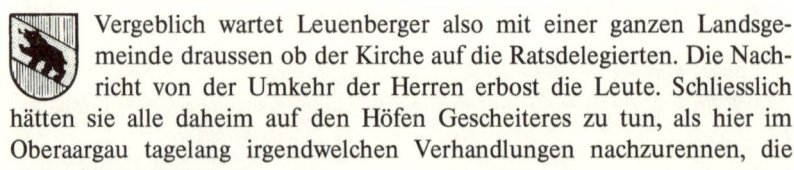

Vergeblich wartet Leuenberger also mit einer ganzen Landsgemeinde draussen ob der Kirche auf die Ratsdelegierten. Die Nachricht von der Umkehr der Herren erbost die Leute. Schliesslich hätten sie alle daheim auf den Höfen Gescheiteres zu tun, als hier im Oberaargau tagelang irgendwelchen Verhandlungen nachzurennen, die doch nichts nützen.

Leuenberger lässt unverzüglich nach Wynigen schreiben: «Wir sind der Hoffnung gewesen, es würden die Herren Ratsgesandten auf heut zu Langenthal uns mit gutem Bescheid begegnen, müssen aber mit höchstem Bedauern vernehmen, dass sie unverrichteter Sachen wiederum fortgereist sind. Wir wollen deswegen Eure Gnaden nochmals gebeten und auf's ernsteste ermahnt haben, Uns ohne Fehler heutigen Tags, selbst oder schriftlich, Bescheid zu schicken, was sie gegen uns gesinnt seien. Wo nicht,

Freitag, 6./16. Mai 437

werden Wir verursachet werden, andere Mittel vor und an die Hand zu nehmen. Gott mit uns allen! Datum aus Langenthal in Eile, den 6. Mai 1653. – Die gemeinen Ausgeschossenen aus unserem Bunde. (Unterzeichnet) Niklaus Leuenberger, Obmann.»
Worauf die Ratsgesandten durch den Briefboten ausrichten lassen, sie würden sich niemals im Beisein von Landleuten aus anderen Herrschaften in Verhandlungen einlassen.

> Der Plan ist geglückt. Die Gefahr, dass der gutgläubige Leuenberger durch endloses Debattieren den Schwung der Bewegung zunichte machen könnte, während die Regierungen überall gewaltig aufrüsten, ist gebannt.

Nun drängen die Revolutionäre auf die sofortige Ausführung der Beschlüsse von Huttwil. Ueli Galli rät, man solle die Soldaten aus den Schlössern mahnen oder sonst daraus treiben. Und wirklich schicken die Bauern vier gleichlautende Schreiben an Vögte und Volk von Thun, Burgdorf, Aarwangen und Aarburg ab; sie lauten: «Es nimmt uns wunder, warum Ihr bei dieser schweren, betrübten Zeit und Gefahr Kriegsvölker in das Schloss nehmet. Deswegen Ihr ernstlich ermahnt sein sollet, alsobald selbige abzuschaffen, sintemal wir solche nicht dulden können, und im Fall das nicht geschieht, wollen wir dieselbigen von dannen bringen. Wisset Euch hiermit zu verhalten.»

Als nächstes kommt die (in Huttwil beschlossene) Fruchtsperre für die Städte aufs Tapet. Galli und Rüegsegger meinen, man dürfe nicht mehr lange hin und her verhandeln; wenn die Herren die bäuerlichen Forderungen nicht auf der Stelle akzeptierten, müsse man Ernst machen und den bernischen Städten alle Zufuhr von Lebensmitteln abschneiden.

Christen Zimmermann von Steffisburg redet: man solle mit Thun den Anfang machen und den dortigen Märit nach Steffisburg, Münsingen, Wichtrach oder Diessbach verlegen. Die Versammlung stimmt im Prinzip zu. Der Obmann wird die Ratsdelegierten vorher noch ein letztes Mal vor die Landsgemeinde laden, um deren Antwort zu vernehmen.

> Zu dieser – für bernische Verhältnisse – erstaunlich entschlossenen Haltung der Landsgemeinde hat bestimmt eine Meldung beigetragen, die morgens um neun Uhr aus dem aargäuischen Grenzstädtchen *Mellingen* eingegangen war: dort sei eine Vorhut der Zürcher Armee eingefallen. Die Aufregung war gross, und unverzüglich zogen Hunderte von Bauern, vor allem Aargäuer und Luzerner, den Zürchern entgegen.

Angesichts der Bedrohung fasst man an diesem Tag in Langenthal auch Beschlüsse zur gemeinsamen Kriegsordnung. Die Berner werden die Aare- und Sensebrücken im Westen bewachen und im Falle der Not den Vormarsch der welschen Truppen aufhalten; die Luzerner besetzen die Reussübergänge und versperren damit dem Heer der Zürcher den Weg flussaufwärts.

Vock 274–276 – Mühlestein 441f. – Aeschlimann 171 – Turmbuch Bern 1653, Vergichte Gallis, Brenners, Rüegseggers und Leuenbergers

> *Was sich im Städtchen Mellingen abspielt, bleibt für immer ein Geheimnis der Herren. – Ein Chronist berichtet von einer geheimen militärischen Gipfelkonferenz der Generäle Werdmüller, von Erlach und vermutlich auch Zwyer. Nach anderen Quellen ‹sichert› die Zürcher Armee Mellingen gegen einen Handstreich der Bauern.*

Der überraschende militärische Aufmarsch in Mellingen wühlt das Landvolk im Aargau und im ganzen Luzernerland auf. Am Nachmittag besetzen 700 Bauern die Brücken bei *Gisikon* und *Sins,* um einen Vormarsch der Zürcher reussaufwärts zu verhindern. Den Oberbefehl führt Hans Amrein aus der Holdern. Dem Landvogt erklären sie: wenn man sie nicht angreife, so würden sie keine Feindseligkeiten gegen Luzern beginnen.

Vock 284 – Liebenau III/32, 45 – Mühlestein 407

Freitag, 6. Mai

Die phantastischen[1] Abenteuer des Hauslehrers Marx Huber in Langenthal

«Als das Schloss Aarwangen, worin ich bei Herrn Landvogt und Feldzeugmeister Willading Präzeptor war, von den rebellischen Berner Bauern fast in die zwei Monate lang bloquirt worden, dass man weder hinein noch hinaus gehen durfte, entstand im Maien ein Geschrei, als ob es zwischen Herren und Bauern wieder Frieden geben werde, und zu dem Ende eine Landsgemeinde in Langenthal angesetzt sei, wo alle vornehmen Bauern aus dem Berner, Luzerner, Basler und Solothurner Gebiet erscheinen werden. Da mich nun der Wunder stach, auch zu sehen, wie es an solchen Landsgemeinden zugehe, so verabredete ich mich mit einem bekannten Aarwanger Bauern, der ein vorderstes Glied der Landsgemeinde war,[2] dass ich Sicherheit haben möchte, dahin zu spazieren und zuzuschauen. Auf versprochene Sicherheit gieng ich mit demselben morgens früh um 4 Uhr gen Langenthal, das nur eine halbe Stund entfernt liegt. Da wies er mir ob der Kirche daselbst einen Ort an, wo ich stehen und zusehen könne.

Eine Viertelstunde hernach kamen zwei Musquetiere zu mir und fragten: «was ich da tue? ob ich als Spion vom Landvogt von Aarwangen, dem Verräter, geschickt sei?» – nahmen mir mit grossem Ungestüm das Degeli, woran ich gieng, aus der Hand, stiessen mich von dem Orte und führten mich, so gebunden, durch das Dorf hinab, der Meinung, mich an einen gewissen Ort, gleich den andern, zu setzen, da alle diejenigen Vorgesetzten, die es noch mit der Oberkeit hielten, an ebendemselben Tage eingesetzt wurden. Weil aber beide Wirtshausstuben und das Kaufhaus schon mit Gefangenen angefüllt waren, so wurde für mich nirgends mehr ein Platz gefunden als in einer Rebgrube, welche unter einem Schaubdach war, wie ein kleines Kellerli, woran eine Türe war mit vier runden Löchern, so gross wie eine Scheibe. Dahinein stiessen mich die beiden Musquetiere und legten an die Türe einen Schlenken und ein Schloss. Das war ungefähr morgens um 6 Uhr.

Um 9 Uhr war das ganze Dorf im Lärm. Aller Orten wurde die Trommel gerührt, die Landsgemeinde zertrennt, und schrie man: «Auf Mellingen zu! Auf Mellingen zu! Was laufen kann, das laufe! Die Zürcher sind ausgezogen, und sie werden dem Kind im Mutterleibe nicht verschonen; sie sind schon in Mellingen über die Brücke.»

---

1 Marx Hubers Geschichte ist unglaubwürdig. Liebenau bezeichnet sie als «freches Lügenstück»; auch für Mühlestein ist Huber ein Lügner, «abstossend», ein «kriecherischer Karrierist». – Ich meine: ein Kleinod aus der Frühzeit unseres Staatsschutzes.
2 gemeint ist Emanuel Sägisser, der Schulmeister von Aarwangen

Inzwischen kam zu mir, vor das Kellerloch, Frau Gonzenbach von St.Gallen, die einen Doktor daselbst hatte, mich meines elenden Zustandes wegen zu trösten, und sie bezeugte deshalb ihr Mitleid mit vielen Tränen, indem sie sagte, welch' ein grosser Schrecken im Dorf sei wegen der Zürcher; man fürchte, es komme eine Partei derselben, ihnen wegen der Landsgemeinde das Dorf anzuzünden. Bei diesem Anlass bat ich sie, zu verschaffen, dass doch durch einen heimlichen Boten mein Zustand gen Aarwangen berichtet werde, welches sie auch tat. Darauf hat Hr.Landvogt, statt einen, bei 30 Männern und Weibspersonen[3], welche ab der Landsgemeinde kamen und wieder heim ins Solothurnische wollten, bei der Brücke angehalten und durch die Schlossgarnison gefangen nehmen lassen, mit der ernsthaften Drohung, wofern seinem Präzeptor etwas Leides zugefügt werde, wolle er es an ihnen allen rächen, und er werde keinen ledig lassen, bis ich auf freien Fuss werde gestellt und im Schloss angelangt sein. Dies brachte die Solothurner in solchen Schrecken, dass sie einen Ausschuss nach Langenthal an Leuenberger schickten, um meine Loslassung zu bewirken und anzuhalten, dass mir doch nichts Leides widerfahre, was sie auch erhielten. Ich musste aber in der Rebgrube warten bis abends um 9 Uhr, Gott weiss, mit welch' peinlicher Angst und Sorge, indem ich besorgte, es möchte das ergangene Geschrei wahr werden, die Zürcher Armee einfallen, das Dorf verbrennen, und man sich an den Bauern rächen, da ich dann unter dem Schaubhaus so elend hätte zu Grunde gehen, im Rauch ersticken und verbrennen müssen.

Um 9 Uhr holten mich zwei Musquetiere, auf Befehl Leuenbergers, wieder aus der Rebgrube und führten mich zum weissen Kreuz, wo Leuenberger und andere Häupter logierten, und sie schlossen mich in eine Nebenkammer ein, bis ich werde examiniert werden. Während der Zeit kam ein Bot über den andern in die Stube hinein, wo die Häupter beisammen waren, mit der Nachricht, wie übel und gefährlich es im Land unten stehe; die Zürcher seien mit einer grossen Armee im Felde, haben schon Mellingen eingenommen, seien im Anzug auf Luzern zu, der Reuss nach hinauf, und auf Bern zu durch Aargäu; das ganze Land schreie um Hilfe; man solle ihnen mit einer grossen Macht zu Hilfe kommen; sonst sei es um alle Personen geschehen. – Weil die Wand und Türe zwischen dieser Stube und Nebenkammer nur von dünnen Laden gemacht war, konnte ich fast alles hören, was die Häupter beratschlagten, und beide, Leuenberger und Schibi, waren an der Rede wohl zu kennen, da besonders Schibi eine grobe, rauhe, laute Stimme hatte.

---

3 Wenn nicht alles trügt, waren Frauen an den Landsgemeinden des Bauernbunds nur ausserhalb des Rings als Zuschauerinnen zugelassen, wie dies in den Landsgemeindekantonen bis weit ins 20. Jahrhundert der Brauch blieb.

Freitag, 6. Mai 441

Gespräch zwischen Leuenberger und Schibi.
Schibi, der der Luzerner Haupt war, sagte zum Leuenberger: «Herr Bruder Klaus! Wir hörit, wie übel es im Land unten steht; wir münd do helfen. Lönd wir die Zürcher bass ufen ko, so mögit wir ihnen nümmen g'wehren. Sie hend viel Büchsen und Stuck by ihnen; wir aber keine. Die Fust und das Couraschi muss by uns alles tun. My Meinig ist: diewyl, wie man seit, die Zürcher a der Rüss liegit, die Rüss am Rügge hend, so sell me das Best üseres Volk teilen i drei Hufen; einer sell halten by Melligen, grad unter der Brugg; der ander Hufen sell unten vo Brunegg ufe zieh; und denn sell sich der dritt und stärkst Schlachthufe stellen uff der Höchi by Bübliken ob Melligen. Do selltit denn alli drei Hufen zglych mit eme grosse Gschrei alaufen, mit kurzen Gwehren und Brüglen de Zürchere in ihr Lager yfallen, am Morgen früh, eh sie sich verbarrikadiere und die Stuck ufpflanzen könnit. Wir hend die Höchi über die Zürcher, und sie liegit in eme tüfe Boden a der Rüss zu hin. Wenn wir enandere recht verstönd, so wend wir die Zürcher, bim tusig Herr Gott! all in die Rüss hindersi sprengen und ersäufen. Mit den Stucken oder Büchsen könnit sie nit fortko; dieselben wend wir denn umkehren und uff sie zuführen, dass sie der Tüfel neh möcht; nur muss das alles gschwind und in aller Furi zugoh, eh die Zürcher uns ab dem Platz kömit. Der Vorthel ist uff unserer Site.» – *Worauf der Leuenberger, der der Berner Haupt war, geantwortet: «Herr Bruder! mi dunkt, der Handel sygi wohl erroten, und wyl Ihr so gut fürs Vaterland rotit, und Ihr selber aber ein alter Soldat sit und im Krieg viel erfahren heit, so betit wir üch allzämmen: leid üch d'Sach aglegen sy! sit Ihr der oberist Houptmann und führit üsers Volk a. Vo Stund a wei mer hier von enandere scheiden. Göhnd Ihr nidsi gen Melligen, und ich will obsi uf Burdleff und Sorg ha mit dem übrigen Volk, dass keini Welschi oben abe kömit.»*
Als ich nun fast eine Stunde in der Nebenkammer zugebracht hatte, ward ich endlich vor den Leuenberger und Schibi gestellt, die mich ganz ernsthaft examinierten und mir drohten, wenn ich ihnen nicht die Wahrheit sage, aus welcher Ursache ich gen Langenthal gekommen sei, wer mich dahin geschickt habe etc., so müsse ich auf Mellingen zu; da werde ich zu gewarten haben, was mir leid genug sein werde. Nach wahrhafter Erzählung der Ursachen liessen sie mich ledig, und begleiteten mich zwei Musquetiere bis auf die Gränze Aarwangen, da ich dann nachts gegen 11 Uhr im Schlosse wieder anlangte, zu grossem Frohlocken der gefangenen Solothurner, welche Hr. Landvogt auch alsobald darauf wieder ledig und heim liess. (...)»

Vock 279–283 – Rösli 96

Der ‹unparteiische Schiedsherr› wird Oberkommandierender der Luzerner Streitkräfte

Der Luzerner Rat wählt den Urner Landammann Oberst Sebastian Peregrin Zwyer von Evibach, seines Zeichens österreichischer Feldmarschall-Lieutenant, zum Oberkommandierenden der eigenen und sämtlicher zugezogenen Truppen.

Dass er kein Einheimischer ist, kommt ihm angesichts der zerstrittenen Parteien im Rat bei der Wahl nur zugute. Auch die Tatsache, dass Zwyer in diesem Konflikt zuvor als ‹unparteiischer Schiedsherr› gewirkt hat, scheint niemanden zu stören, am wenigsten ihn selber. Schon eher störend ist eine Reise zum Kaiser nach Regensburg, die Zwyer eben jetzt antreten will. Die Nachricht von der Berufung erreicht ihn auf der Hinreise in Konstanz, gleichzeitig mit einem flehentlichen Schreiben der Luzerner, «zu Ehren Gottes, dem allgemeinen lieben Vaterland zu Liebe und der ganzen Nachwelt zu einer Wohltat» doch ja seine Reise zu verschieben.

Zwyer akzeptiert die Wahl. Auf die Fahrt zu seinem Auftraggeber, dem Kaiser (dessen erster Agent in der Eidgenossenschaft er ist), will er dennoch nicht verzichten.

So haben die Luzerner Herren zwar einen tüchtigen General, der ihnen aber wegen Auslandgeschäften während der kommenden Wochen nicht zur Verfügung stehen wird.

Liebenau III/33 f. – Mühlestein 419 f.

Samstag, 7. Mai

Die Forderungen der Berner Bauern unter Androhung einer Lebensmittelsperre

«Euer Gnaden wollen ermahnt sein, auf unsere vollkommenen (sämtlichen) Klagen bis Morgen satten und redlichen Bescheid zu geben. Beschieht solches, ist's mit Heil; wo nicht, wird ein grosser Tumult und Aufruhr daraus unter dem gemeinen Volk erwachsen; denn solches gar ergrimmt ist, obgleichwohl die Ausgeschossenen gern ihr Bestes täten. Wird uns nun in unserm Begehren gewillfahrt, so ist's mit Heil; wo nicht, wird ein böses Übel daraus erfolgen und Euch nichts mehr in die Stadt an Getreid und andern Mitteln gebracht werden. Gott mit uns! Datum aus Langenthal, den 7. Mai 1653. (Unterzeichnet) Niklaus Leuenberger, Obmann des gemeinen Bunds.»

Der Bauer, der diese Zuschrift schon frühmorgens nach *Wynigen* bringt, versichert den Ratsgesandten im Auftrag Leuenbergers mündlich: nur Berner Landleute würden den Verhandlungen beiwohnen, falls sich die Herren nochmals nach Langenthal bemühen wollten. Diese geben dem Boten eine Abschrift der von der Regierung anerbotenen Konzessionen mit und lassen dem Leuenberger ausrichten, sie wollten morgen Sonntag noch vor der Predigtzeit erscheinen.

Die Landleute in *Langenthal* sind aber nicht mehr bereit, über einzelne Konzessionen zu diskutieren. Sie verfassen ihrerseits eine Liste von klaren Bedingungen. Die werden sie morgen den Ratsabgeordneten verlesen, und darauf werden sie eine ebenso klare Antwort verlangen: ja oder nein. Notar Brenner formuliert nach dem Diktat von «Ueli Galli und andern synesglychen Houbtredlisführern»:

1. Die Landleute erhalten alle ihre Klagen aufrecht, die gemeinschaftlichen wie diejenigen einzelner Kilchörinen und Vogteien, es sei denn, die Oberkeit könne ihr Recht beim einen oder anderen Artikel aufgrund alter Urbarien und Bundesbriefe nachweisen.

Der Spiess ist damit umgedreht: Die Oberkeit muss das Herkommen ihrer Rechte beweisen, nicht die Untertanen. Unter den vielen Klagen der Vogteien steckt übrigens auch die einzige, aber umso gewichtigere Forderung der Signauer: die halbverrüften Batzen müssten wieder für voll genommen werden!

2. Die Emmentaler verbitten sich die Behauptung, dass sie erkauft und leibeigen seien.
3. Landsgemeinden wollen sie auch haben.

4. Erst wenn ihnen und ihren Bundesbrüdern, den Untertanen von Luzern, Solothurn und Basel, alle begehrten Artikel gewährt seien,
- wenn man keinen der Bundesbrüder weder an Ehre, Leib, Hab und Gut, noch zu Tisch, zu Bett, zu Wasser oder zu Land beleidige, sondern sie sicher reisen lasse ohne allen Angriff oder Verweis,
- wenn ihnen Gewalt gegeben werde, jedermann, der dem zuwider handle,
- wofern ihn die Oberkeit nicht selbst abstrafe - abzustrafen,
- wenn man ihnen die alten Freiheitsbriefe, von Wort zu Wort abgeschrieben und besiegelt, ausliefere,
- wenn die Oberkeit den Bundesbrief von Sumiswald und Huttwil, der nichts gegen die oberkeitlichen Rechte enthalte, anerkenne,
- erst wenn dies alles geschehe, werden sie der Oberkeit wieder huldigen, wie die Altvorderen vor 100 Jahren gehuldigt haben.
5. Über diese Artikel sollen die Ratsgesandten sogleich, während sie noch in Langenthal versammelt seien, Bescheid geben.

Vock 276f. - Mühlestein 443-446 - Turmbuch Bern 1653, Vergichte Ueli Gallis und Niklaus Leuenbergers - BB II.9. 31f.

Treue Berner Städte

Mit Genehmigung des Landvogts versammeln sich Abgeordnete aus den waadtländischen Städten in Lausanne. Sie versichern Bern die Treue, wollen aber durch eine Deputation in die Hauptstadt «die Notwendigkeit der Wiederherstellung des Friedens mit den empörten Untertanen» darstellen.

Die Gnädigen Herren von Bern teilen am 10. Mai mit, sie seien bereit, die Deputierten zu empfangen.

Die *Burgdorfer* Burger versammeln sich in der Kirche und schwören dem Schultheissen Abraham Tribolet die Treue.

Auch in *Thun* sei die Burgerschaft treu, aber angesichts der angedrohten Fruchtsperre und Belagerung schwach. Schultheiss von Werdt fordert in Bern Verstärkung an. General von Erlach berichtet dem Berner Rat: das ganze Oberland sei getreu.

Vock 296f. - Aeschlimann 171 - Lohner 554 - RM Bern 7.5. 1653

Samstag, 7./17. Mai

Die Herren von Luzern söhnen sich mit den Bürgern aus

Den ganzen Tag über verhandeln Patrizier und Bürger von Luzern - in Anwesenheit der hohen Geistlichkeit - in der Peterskapelle. Einzelne Aristokraten unterstützen die Forderungen der Bürgerschaft, so Nikolaus Bircher und Beringer Heiserlin.
Abends hat man sich auf zehn Punkte geeinigt. Beide Parteien geloben, diese getreulich zu halten und Leib und Gut zur Erhaltung des katholischen Glaubens, der Freiheit von Stadt und Landschaft zu wagen und weitere Rechte nicht mehr zu suchen. Zur Bekräftigung küssen die ältesten Herren des Rates (Flekkenstein vor!) und ein Ausschuss der Bürgerschaft dem päpstlichen Nuntius die Hand. Dann wird vor dem heiligen Sakrament das Te Deum laudamus gesungen, fünf Vaterunser, Ave Maria und ‹der Glaube› gebetet.
Die Luzerner Herren senden die gute Botschaft sogleich an die alten Orte.

Liebenau III/12-14 (mit Text der ausgehandelten Punkte) - Mühlestein 405

Kriegsvorbereitungen in der Ostschweiz

Die Regierung von Schaffhausen erlässt ein weitläufiges Manifest über die Kriegsursachen und betreibt energisch die Mobilmachung. Bürgermeister Ziegler fordert in einem persönlichen Schreiben an seinen Kollegen Waser die Zürcher zu ebenso entschlossener Rüstung auf. Er formuliert eine Art Domino-Theorie: Heute sei die Reihe an Luzern, Bern, Solothurn und Basel, morgen wollten die Rebellanten die Festungen Zug und Zürich brechen. Deshalb solle man jetzt den Krieg wagen. Man werde ihn mit göttlicher Hilf wohl gewinnen, da es den Aufrührern an guten Oberhauptleuten wie auch an Munition, Proviant und Geld sehr mangle.

Zürich schickt Granaten und Soldaten in die bernische Festung Lenzburg und beginnt mit der Werbung von freiwilligen Söldnern, von arbeitslosen, altgedienten Kriegsleuten, von denen es ja im ganzen Schweizerland seit Jahren überflüssig viele gibt. 300 Gulden stellt die Regierung jedem Hauptmann für solche Werbungen zur Verfügung. Diese Kerntruppe will man sich erkaufen, bevor die Milizsoldaten in Zürich einrücken; sie wird ein Aufmucken der Uszüger vom Lande im Keim zu ersticken wissen.

Samstag, 7./17. Mai

St.Gallen macht mobil.

Im Bündnerland dagegen setzt sich nur die protestantische Geistlichkeit für eine Hilfe an die Berner Herren ein, niemand sonst. Man verzögert den Auszug absichtlich.

Anscheinend haben dazu zwei Entlibucher und zwei Emmentaler Boten beigetragen, die zur Zeit unerkannt die rätischen Täler bereisen.

Liebenau III/43-45, 53 - Mühlestein 486f.

Joh. Georg Werdmüller von Zürich (1616-1678), Feldzeugmeister (Rüstungschef) der 1. Tagsatzungsarmee

Sonntag, 8./18. Mai 447

Die Entlibucher wollen nicht mehr Untertanen sein

Morgens um neun Uhr treffen 33 Herren zu Pferd und einige bürgerliche Fussgänger aus der Stadt Luzern in *Schüpfheim* ein. Sechs Stunden war die Riesengesandtschaft unterwegs. Niemand hat sie so früh erwartet; noch sind nicht alle entlibuchischen Geschworenen im Ort. Schultheiss Dulliker fühlt sich beleidigt und droht gleich wieder mit der Abreise.

Nach der Predigt hocken die Luzerner Herren, die Abgeordneten der vier alten Orte (worunter Peter Trinkler von Zug), die Entlibucher Geschworenen und die bekannten Kapuzinerpatres aber doch noch zu Verhandlungen zusammen – insbesondere begehren die Landleute heute endlich ihre alten Freiheitsbriefe zu sehen.

Schulmeister Müller hat inzwischen eine neue Entdeckung gemacht: Er hat eine steinalte Urkunde gefunden, in welcher Herzog Rudolf von Österreich gelobte, das Land Entlibuch nie mehr zu verpfänden. Wo denn nun die Urkunde sei, so fragt er die Luzerner Herren an, laut welcher die Talschaft in die Verpfändung an Luzern eingewilligt habe? Ohne eine solche sei die Verpfändung des Landes und damit der luzernische Herrschaftsanspruch nämlich ungültig!

In seiner Entgegnung verweist Schultheiss Dulliker auf die 252jährige Verwaltung des Entlibuchs durch Luzern, die durch solche Spitzfindigkeiten wohl nicht unter den Tisch zu wischen sei, und lässt darauf zwei Schirmherrschaftsverträge aus den Jahren 1405 und 1514 verlesen.

Jetzt protestieren die Entlibucher Geschworenen lauthals: erstens seien dies nicht alle Freiheitsbriefe, welche die Oberkeit ihnen abgenommen habe, und zweitens habe Luzern die Verträge immer wieder gebrochen. Sie zählen Erpressungen und Gewalttaten der Vögte auf, die den wohlklingenden Texten krass widersprechen.

Dulliker fragt belehrend zurück: Warum habt ihr denn gegen die einzelnen, welche die Verträge verletzten, nicht bei der Regierung geklagt? Man hätte eine Untersuchung eingeleitet und die wirklich festgestellten Unbilligkeiten abgeschafft. So aber sei die Oberkeit für die Fehler einzelner Amtleute nicht haftbar.

Die Entlibucher sind gebrannte Kinder. An einen gütigen Landesvater, der seine Untertanen ohne Ansehen von Rang und verwandtschaftlichen Bindungen gegen die Vögte in Schutz nimmt, glauben sie nicht mehr.

Landessiegler Binder legt los: Die Oberkeit habe die Entlibucher «Ketzer» genannt, faule und meineidige Diebe und Schelme, und habe ein Mandat gegen sie erlassen. Mit einer solchen Oberkeit könne er nicht mehr verhandeln. Zudem habe diese die Berner Armee ins Entlibuch aufgemahnt und letzte Woche habe Landammann Bucher von Unterwalden gesagt, dass 25 000 Walliser anrückten. – Als Dulliker die letzten Behauptungen bestreitet, ruft Landeshauptmann Glanzmann aus: Um des Jüngsten Gerichts willen habt ihr die Berner um Hilfe gemahnt! Und Pannermeister Emmenegger erklärt: nach einem Schreiben des Berner Schultheissen Daxelhofer an den Schaffner vom Trub wisse man dies gewiss. Die Ratsherren bleiben dabei: Erstunken und erlogen! Wie hätten sie die Protestanten zum Einfall ins Entlibuch anfragen können?!

> Die historische Wahrheit ist auf Seiten der Bauern: Am 4./14. März hat Luzern nicht nur Bern, sondern alle Stände der Eidgenossenschaft zur kriegerischen Hilfe gegen die Entlibucher aufgerufen. Auch wenn das Schreiben die Berner nicht ausdrücklich zu einem Einfall von oben her ins Tal aufforderte, war dies doch sein Sinn. – Die Berner Regierung bot in der Folge ihre Uszüger zum «Zug gegen die Entlibucher» auf.[1]

Während den Verhandlungen treten die Entlibucher Geschworenen mehrmals auf die Laube hinaus, um mit dem draussen wartenden Volk das weitere Vorgehen zu besprechen.

Am Ende ist die Stimmung im Rathaus drinnen so gereizt, dass die beiden Parteien nicht einmal zusammen zu Abend essen, wie dies sonst im Lande der Brauch ist. Dulliker verlangt, die Landleute sollten ihre Begehren noch einmal in Schrift fassen und dem Rat übermitteln.

Das erledigen die Geschworenen gleich nach der Abreise der Herren: Sie wollen Luzern nicht mehr als Oberkeit anerkennen, sondern mit ihr einen gegenseitigen Schutz- und Schirmvertrag abschliessen; sie dulden keinen Landvogt mehr; alle Gülten und Zinsbriefe der Aristokraten sollen ungültig sei, wenn es sich bestätigt, dass man das Entlibuch den Bernern preisgeben wollte; das Manifest von Baden soll widerrufen werden; die Regierung soll ihnen alle Kosten ab dem 9./19. März vergüten. – Nach dem göttlichen Recht seien sie zu diesen Forderungen befugt; bis am Donnerstag müsse die Rückantwort erfolgen. Die anwesenden Rothenburger drohen: wenn bis dann die Sache nicht erledigt sei, wollten sie die Stadt Luzern im Sturm einnehmen.

Liebenau III/34–40 – Mühlestein 409–419

---

1 Die zum Beweis angeführte Korrespondenz zwischen Schultheiss Daxelhofer und Schaffner Jakob ist nicht erhalten. Da letzterer aber das besondere Vertrauen der Herren genoss und noch nach Sumiswald mit Bürgermeister Waser korrespondierte, ist es sehr wohl möglich, dass Daxelhofer ihm gegenüber das – schliesslich nicht befolgte – Hilfegesuch Luzerns erwähnte.

Sonntag, 8./18. Mai

Basel plant, ein lothringisches Söldnerheer ins Land zu rufen

Im Auftrag der Basler Regierung konferiert der Ratsherr Socin in Breisach mit dem gefürchteten Feldherrn Henri de Lorraine, Comte d'Harcourt. Der Comte erklärt sich bereit, 2000 Reiter persönlich zur Niederschlagung des Bauernaufstandes in die Schweiz zu führen.
Gegen diesen landesverräterischen Plan regt sich selbst in erhabenen Kreisen der Stadt Opposition. Der 78jährige Münsterpfarrer Wolfgang Meyer ist der unerschütterlichen Ansicht, der ganze Bauernaufruhr sei ein Werk der Jesuiten, mit dem Ziel, die evangelische Religion in der Eidgenossenschaft auszurotten. Der Streit zwischen der Stadt Luzern und ihren Untertanen sei nur simuliert... so hätten die jesuitischen Anstifter die Berner und die Basler Bauern in die Rebellion getrieben. Der (weimarische) General Oehm sei wie er der Meinung: man dürfe keinesfalls papistische Truppen ins Land rufen, eher solle man den Bauern nachgeben!

Mühlestein 450 – Liebenau II/298 f.

Die Berner Ratsdelegation vor der Landsgemeinde in Langenthal

Die Berner Ratsherren stellen diesmal bei ihrem Einritt ins Dorf Langenthal befriedigt fest, dass die widerwärtigen Entlibucher abgezogen sind (die meisten von ihnen sind heute in Schüpfheim). Der von neuem ob der Kirche versammelten Landsgemeinde lassen sie unter freundlichen Zusprüchen eine Botschaft verlesen: Die Regierung sei entschlossen, das Trattengeld abzuschaffen und dem Begehren betreffend Salzkauf zu entsprechen, auch einige Begehren der einzelnen Ämter anzunehmen.

Etliche Ausgeschossene, allen voran diejenigen aus den (von der Zürcher Armee direkt bedrohten) Gemeinden des unteren Aargäu, möchten das Angebot gerne annehmen und den Streit beenden. Für die Bauernräte aber sind diese ‹Konzessionen› ein Hohn, nur ein Bruchteil dessen, was die Gnädigen Herren beim Fussfall Ende März versprochen haben... nicht mehr, als den Bauern laut dem 1641 besiegelten Thunerbrief schon lange zusteht. Im jetzigen Zeitpunkt ist ein Frieden ohne Anerkennung des Bundes, die Zusicherung freier Landsgemeinden und der Straffreiheit für alle Bundesbrüder ganz unmöglich.

Die Landsgemeinde der Berner Untertanen berät sich eine Zeitlang. Schliesslich antwortet man den Ratsdelegierten diplomatisch: man wolle die Konzessionen schon annehmen, nur seien dadurch nicht alle Wünsche befriedigt. Und die Herren erhalten die gestern verfassten Forderungen der Landleute in die Hand gedrückt.

Als sie da lesen: sie sollten auf der Stelle den Huttwiler Bund anerkennen (und einiges mehr), nehmen die Verhandlungen von Langenthal ein abruptes Ende. Die Herren erklären kurz, sie dürften von sich aus solche Forderungen nicht bewilligen und reisen sogleich nach Bern zurück.

Dies verbittert nun die Landleute, die doch noch einmal in grosser Zahl hier zusammengekommen sind, um endlich eine gütliche Antwort auf ihre Klagen zu vernehmen. Die unbehagliche Vermutung, dass die Oberkeit die Untertanen durch machtlose Verhandlungsdelegationen so lange hinhalte, um derweilen den Krieg vorzubereiten, welsche Truppen ins Land zu holen, wird immer mehr zur Gewissheit. Die Harten – Ueli Galli, Christen Augsburger, Hans Bürki und der Bergmichel etwa[2] – fordern nun: man müsse die Drohungen wahr machen und die Stadt Bern belagern.

Aber einmal mehr vermag der Obmann seine revolutionären Kriegsräte zurückzubinden, wohl mit dem Argument, er werde sich morgen mit dem Entlibucher Pannermeister besprechen, und dieses Treffen müsse man noch abwarten, ehe man unbedacht losschlage. So beschliesst die Versammlung am Ende ein neues Ultimatum an die Regierung in Bern:

«Damit wir aus den Kosten kommen und wissen, woran wir sind, verlangen wir bis künftigen Dienstag, den 10. Mai, eine runde Antwort auf die schriftliche Eingabe an die Herren Gesandten vom 7. Mai, und man soll sie an den Obmann Leuenberger nach Schönholz schicken. Wenn das nicht geschieht, so wird der Stadt Bern alle Zufuhr von Lebensmitteln abgeschnitten werden. Insofern aber der gewünschte Frieden zustande kommt, dürfen die Gnädigen Herren versichert sein, dass alsdann die Bauern als getreue Untertanen Zins und Zehnten, Renten und Gülten ihnen gebührend und wie von Altem her werden verabfolgen lassen.»

---

2 Turmbuch Bern 1653, Vergicht Uli Franks. – Franks Aussage bestätigt Ueli Galli (Vergicht, Pkt.10): er sei zusammen mit Weibel Rüegsegger der fürnehmste Ratgeber zur Belagerung der Stadt Bern gewesen.
Hans Rüegsegger will (nach seiner Vergicht) nichts davon wissen: Es sei ihm unbekannt gewesen, dass vor die Stadt Bern gezogen werden sollte; er sei bei der Beratung nicht dabei gewesen.
Nach der Vergicht Christen Wynistorfs wurde der Zug vor die Stadt Bern durch Klaus Leuenberger, Weibel Rüegsegger, Daniel Küpfer, Statthalter Berger und ihn selbst in Langenthal beschlossen.
Nach Rösli drängten in Langenthal Ueli Galli und Statthalter Berger auf die Belagerung der Stadt Bern und die Sperrung der Pässe.

Sonntag, 8./18. Mai

> Noch nie sind die beiden Strömungen innerhalb der Berner Bauernschaft so hart aufeinandergeprallt wie hier in Langenthal – die Harten um Ueli Galli einerseits, die jeden Glauben an die Oberkeit verloren haben, der Obmann andererseits, der Hass und Gewalt zutiefst verabscheut, der die Freiheiten des Landes durch die Gnade der Oberen erhalten will.
> Leuenberger hofft fest auf ein Einsehen der Herren von Bern, dass sie den Untertanen nun endlich doch noch entgegenkämen und die Gefahr abwenden würden; die Harten dagegen sind entschlossen, am Dienstag nach luzernischem Vorbild gegen die Stadt auszuziehen.

Als die emmentalischen Kriegsräte am Nachmittag gemeinsam heimzu reiten, ruft in *Wynigen* ein Landmann (namens Hodi) aus: «Das ist unsere Oberkeit!» und deutet dabei auf Leuenberger. – Was als Kompliment gedacht war, gerät Leuenberger in seiner jetzigen Stimmung ganz in den falschen Hals, und er, sonst die Bedachtsamkeit in Person, schlägt voller Wut mit einem Stock auf den erstaunten Rufer ein.

Nach Burgdorf haben die Bauernführer Boten vorausgeschickt und den Durchpass durch das Städtchen verlangt. Der dortige Schultheiss schlägt ihnen dies jedoch ab und ruft Bern um Hilfe an. Die Bürger retten alles Wertvolle hinter die Stadtmauern. Männer, Buben, Frauen, Töchter und Mägde stehen zur Verteidigung bereit.

Vock 276–278 – Aeschlimann 171 f., 180 – Mühlestein 443–446 – Turmbuch Bern 1653, Vergicht Ueli Gallis – Rösli 208

In Melchnau führt der Teufel den Müller lebendig in die Luft.

In Bern lässt die Regierung nach der Heimkehr ihrer Gesandten die grossen Stuck (Kanonen) auf die Plätze und Wälle führen.

Tagebuch Haller – BB IV. 101

Die Solothurner Landleute schliessen einen Vergleich mit ihrer Regierung

> Schultheiss Sury selber ist am Samstag in Begleitung des Ratsherren Gugger und des Staatsschreibers Hafner vor der Landsgemeinde in *Oberbuchsiten* erschienen. Er sagte, er wolle alles Geschehene vergessen.
> Tatsächlich hörten sich die Herren drei Tage lang mit milder Miene die Beschwerden der einzelnen Gemeinden an – und erstaunlich oft gaben sie nach.

Der ‹gütliche Vergleich› vom Montagabend bringt den Landleuten etliche Verbesserungen: den freien Salzkauf; die Abschaffung des Trattengelds; die Abschaffung vieler örtlicher Beschwerden über den Bezug der Bodenzinse, über die Nutzung der Hochwälder, die Ernennung der Dorfweibel, die Fuhr- und Frondienste bei Strassen- und Brückenbauten.

> *Es fällt auf, dass die Herren nirgends den neuen Bund verurteilen, noch einen Kniefall der Untertanen oder ähnliche Demutsbezeugungen verlangen. Offenbar ist man in Solothurn ehrlich darum bemüht, sich mit den eigenen Leuten gut zu stellen, um den (von der Tagsatzung vorgeplanten) Bürgerkrieg aus dem Ortsgebiet herauszuhalten.*

Als die Verhandlungen abgeschlossen sind, verlangen die Bauern noch den Ersatz aller ihrer Kosten – eine Forderung, die den schönen Vergleich in Frage stellt. Schultheiss Sury weist sie zurück: Die Forderung sei unzulässig, da sie der Oberkeit die alleinige Schuld am ganzen in die Schuhe schiebe. Darauf fischt er augenzwinkernd 10 Kronen aus seinem Sack und sagt: sie sollten dieses Geld in Frieden vertrinken!

Mühlestein 509f. – Zingg 25–32

Montag, 9. Mai

Leuenberger, Galli und Rüegsegger bieten der Berner Regierung die Stirn. Emmenegger zu Besprechungen auf dem Schönholz

> Die Berner Oberkeit sehe mit Bedauern aus der den Gesandten übergebenen Schrift, dass die Bauern weder durch freundliche Mittel noch durch das anerbotene Eidgenössische Schiedsgericht das Zerwürfnis beseitigen lassen wollten. Sie, die Gnädigen Herren, wollten (...) es bei den bewilligten Artikeln, (...) allen Freiheiten, Briefen und Siegeln, alten Urbarien und Gewohnheiten verbleiben lassen, aber nur bei dem, was urkundlich zu belegen sei. Mit den Landsgemeinden solle es fortan gehalten werden wie von alters her (d.h. sie sollen bei Leib- und Lebensstrafe verboten bleiben). Die Regierung müsse nach dem Vorgefallenen glauben, dass die Bauern den Frieden nicht wollten. Sie werden hiemit noch einmal vor allen Tätlichkeiten und unerlaubten Mitteln gewarnt und dafür verantwortlich gemacht. Sie, die Gnädigen Herren, begehrten nur Frieden, Recht und Ordnung. – Das sollen sie wissen, und sie mögen dieses Schreiben in allen Gemeinden verlesen lassen. Beinebens würden die Oberen nun, zu nötiger Abtreibung unbilliger Gewalt, der von Gott gegebenen Macht sich bedienen.

Leuenberger erhält das oberkeitliche Schreiben durch einen Eilboten heute morgen auf der Heimreise in *Nieder-Goldbach* (bei Lützelflüh). Nicht im entferntesten denkt er daran, diesen Text in allen Gemeinden verlesen zu lassen! Unerschrocken antworten er, Galli und Rüegsegger gemeinsam, «dass sie es lediglich bei ihrer vorigen Tags begebenen Resolution und dem Inhalt ihres Schreibens vom 8. Mai verbleiben lassen».

Daheim auf dem Schönholz empfängt Leuenberger den Entlibucher Pannermeister Emmenegger zu einer Besprechung von gemeinsamen Massregeln gegen Bern und Luzern. – Leider ist von diesem ‹Gipfeltreffen› der Bauernführer nichts weiteres überliefert.

> Bestimmt verspricht Emmenegger militärische Hilfe für den Fall einer Belagerung der Stadt Bern. Doch rührt Leuenberger in der Folge keinen Finger, den Auszug vorzubereiten. Ob er sich mit Emmenegger absprach, noch zuzuwarten, oder ob ihn seine persönlichen, frommen Zweifel daran hindern? Ob er gar noch auf einen freundlichen Bescheid aus der Stadt hofft?

Morgens um drei alarmiert der Rat von Bern die wehrfähige Burgerschaft, als ob jede Stunde mit einem Überfall der Bauern zu rechnen sei. In einem von Geistlichen abgefassten Manifest gibt er seine Absicht bekannt, zu den Waffen zu greifen. An alle verbündeten Regierungen ergeht ein dringendes Hilfegesuch. Genf soll seine Truppen unverzüglich abmarschieren lassen!

Die in Burgdorf befürchtete Belagerung bleibt für heute aus. Doch verweigern die umliegenden Gemeinden Kirchberg, Heimiswil und Wynigen den Treueeid und verlangen stattdessen ihr Reisgeld aus dem Schlossgewölbe. Die Burgdorfer Oberkeit gibt nach einigem Zögern halbwegs nach, indem sie den Ausburgern (ihren auswärts lebenden Burgern) die begehrten Batzen aushändigt.

In Büren hat die Gemeinde Leuzingen das Reisgeld gefordert.

Vock 278 f. – RM Bern 9.5. 1653 – TMB Bern 9.5. 1653 – Mühlestein 447–449 – Aeschlimann 172 – RM Burgdorf 9.5. 1653 – KRM Bern 9.5. 1653 – Liebenau III/41

Anfänge des Widerstands in der Ostschweiz

An einem heimlichen Treffen in *Rafz* bereiten die oppositionellen Ostschweizer Landleute eine erste Landsgemeinde für den 18. Mai in Weinfelden vor. Hauptorganisatoren sind der Viehhändler Hans Hanhart von Diessenhofen und der Metzger Hans Kern von Berlingen.

Der Viehtreiber Ueli Schnyder von Suhr im bernischen Aargäu will mit einem Schreiben fünf Bauernvertreter aus seiner Heimat als Hauptsprecher zu dieser Landsgemeinde einladen.

Mühlestein 485

Dienstag, 10./20. Mai

Publikation des Mandats der Tagsatzung

Das bereits am 28. April in Baden verabschiedete, heute in der ganzen Eidgenossenschaft publizierte Mandat der Tagsatzung ist eine Schimpftirade auf die aufrührerischen Untertanen, schlimmer noch als diejenige vom 12./22. März.

> Von «hochsträflichen Missetaten wider die hohe und natürliche Oberkeit» über «Todesdrohungen gegen Ehrengesandte», «emsiges Verleumden», «Plündern, Berauben, Verwunden, Stümmeln und Schänden der Glieder von Treugebliebenen», «freventliches Überziehen der Städte mit Kriegsgewalt» bis zum «hochschändlichen Bund» wird den «mit ihrem üppigen, liederlichen und unhauslichen Wesen verdorbenen Leuten» Fehler über Fehler vorgehalten. Nach der andauernden Milde hätten sich die Oberkeiten nicht anders helfen können, als nun die Waffen mit Gottes Hilfe zu ergreifen, um die Frommen und Aufrichtigen (...) zu schützen, die Bösen und Meineidigen aber zu strafen. An dem Unheil, Schaden und Verderbnis, die jetzt über Land und Leute ergehen möchte, seien sie unschuldig; die Ursache alles entstehenden Jammers und Übels seien die Rebellen, ihre Ratgeber und Helfer.

Die Wirkung dieser offenen Kriegserklärung auf die Landleute ist landesweite Wut und Angst.
Die Geistlichkeit von Zürich und Schaffhausen «hätte es gerne gesehen, wenn nochmals durch Milde eine Beilegung des Streits versucht worden wäre». Sogar der Rat von Zug tadelt die Publikation, weil dadurch die Friedensverhandlungen erschwert würden (kann man wohl sagen!).

Vock 231–235 (Text des Mandats) – Liebenau III/46f. – Mühlestein 369f.

In den Städten

Der Pfarrer von Entlibuch berichtet, Emmenegger habe Weisung zur Bewaffnung erteilt und den Auszug auf morgen fixiert. Auch die Rothenburger sollen unter Waffen stehen. Im Rathaus herrscht grosse Aufregung. Die Luzerner Regierung verlangt von Uri, Schwyz, Unterwalden und Zug umgehend Hilfe. Der spanische Gouverneur von Mailand wird «gemäss dem Vertrag mit Spanien» um 200 Reiter und 300 Mann zu Fuss angegangen. An alle Eidgenössischen Orte ergeht die Mahnung um Hilfeleistung, zur Rettung «vor gächem, hochgefährlichem Überfall». Der Kriegsrat trifft alle Vorbereitungen zur

Verteidigung der Stadt. Die Ehrengesandten der vier alten Orte schreiben aus Luzern an die Entlibucher: sie sollten sich bis zum (15.) 25. Mai über die Annahme eines neutralen Schiedsgerichts aussprechen ...

> *Die Aktivitäten dieser Herren – sämtliche Regierungsmitglieder ihrer Stände – lassen erkennen, dass sie sich selber auch nach der Wahl ihres Vorsitzenden Zwyer zum luzernischen General und nach dem (von ihnen grösstenteils mitunterzeichneten) Tagsatzungsmandat noch für ‹neutral› halten.*
>
> *Diese blinde Arroganz der Macht wird nur durch den intensiven und einseitigen Kontakt der Ehrengesandten zu ihren Kollegen vom Luzerner Rat einigermassen begreiflich, zu einer der beiden Konfliktparteien also. Mit ihren mässigenden Voten in diesem Kreis waren sie in erster Linie darauf bedacht, weitere kriegerische Hilfegesuche Luzerns an ihre eigenen Orte abzuwehren.*

Die Regierung besammelt die Zünfte und verliest ihnen das oberkeitliche Mandat über den Verlauf der Unruhen. Alle billigen den Beschluss, den bedrängten Städten mit kräftiger Hilfe beizustehen.
Der Rat diskutiert, ob man nicht in Württemberg Reiter anwerben solle?

Der Herzog von Württemberg bietet darauf eine bedeutende Truppe zu Fuss und zu Pferd auf. – Von diesem Tag an wird geredet, Zürich lasse in Süddeutschland und anderswo Truppen werben.

Die Gnädigen Herren würdigen die Bauern keiner weiteren Antwort. Die Stadtbesatzung wird durch Truppen aus Biel, der Waadt und Genf verstärkt.

Das Volk will nicht ins Feld ziehen, es sei denn, dass die katholische Religion oder das Gebiet von Freiburg gefährdet wäre. Ein Kriegszug im Interesse der Berner Regierung wäre höchst unpopulär.
Die Gnädigen Herren der Stadt Freiburg gehen deshalb bei den Aufgeboten sehr behutsam vor und sichern als erstes das eigene Herrschaftsgebiet gegen den Durchzug fremder (welscher) Truppen.

Der Rat muss die Bürger ermahnen lassen, «sich der spitzigen Reden zu enthalten». Das Hilfegesuch von Bern lehnt er ab.

Liebenau III/40f., 43–45 – Vock 272f., 288, 319 – Mühlestein 487

Der grosse Landsturm

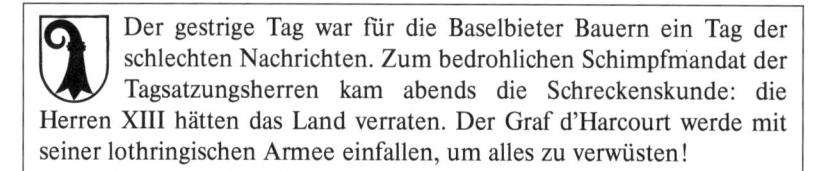

> Der gestrige Tag war für die Baselbieter Bauern ein Tag der schlechten Nachrichten. Zum bedrohlichen Schimpfmandat der Tagsatzungsherren kam abends die Schreckenskunde: die Herren XIII hätten das Land verraten. Der Graf d'Harcourt werde mit seiner lothringischen Armee einfallen, um alles zu verwüsten!

Die Basler Untertanen senden noch während der Nacht ihre Boten zu den Bundesbrüdern im Bernbiet und im Luzernischen. Am frühen Morgen lassen sie den Landsturm ausrufen. Die Uszüger aus allen Dörfern eilen bewaffnet nach *Liestal.* Hier hält man – weil genaue Nachrichten fehlen – erst einmal eine allgemeine Landsgemeinde ab. Auf morgen wird der Bürgermeister Wettstein vorgeladen, damit er Rechenschaft ablege; viele Bauern wollen einfach nicht glauben, dass die Gnädigen Herren zu einem derart schmählichen Landesverrat fähig wären.

> Gewaltig wirkt die Nachricht vom bevorstehenden Einmarsch der Lothringer im Bernbiet. Viele Männer aus den Ämtern *Lenzburg* und *Schenkenberg* ziehen sogleich den Basler Untertanen zu Hilfe.

> Weitherum befürchtet man aber eher einen Vormarsch der welschen Söldnerarmee von Westen her, über *Aarberg* oder die *Gümmenenbrücke.* Dorthin strömen die bewaffneten Berner Bauern in grosser Zahl. Und weil in diesen Stunden tatsächlich haufenweise welsche Soldaten auf die Hauptstadt zu marschieren – *die von der Regierung bestellten Waadtländer, Genfer, Neuenburger...* –, scheinen sich die schlimmsten Befürchtungen zu bewahrheiten.

Bendicht Spring von Schüpfen, der seit vier Tagen im Auftrag Leuenbergers die Bewachung der Pässe im *Seeland* leitet, lässt auf die Nachricht vom Anmarsch welscher Truppen hin Sturm läuten. Mit der Hälfte seiner Mannschaft bricht er nach Gümmenen auf; dort ist aber schon Weibel Mader von Neuenegg daran, die Brücke mit schweren Eichenstämmen zu versperren. Spring zieht wieder heim; die Mannschaft lässt er am Thiergarten bei Aarberg zurück, wo sein Bruder, der Weibel Hans Spring von Schüpfen, einstweilen das Kommando übernimmt.

Überall läuten die Sturmglocken. Berittene, bewaffnete Boten bieten das Volk gegen den burgundischen Einmarsch auf.

Bauern aus den Landgerichten, die sich gestern noch «zur Vermittlung des Friedens gegen die Rebellen» anerboten haben, verlangen drohend das Reisgeld heraus.

In *Jegenstorf* schlägt Christian Iseli Alarm; als der hiesige Statthalter abmahnt, will ihn Iseli mit einer Mistgabel erstechen.

In *Krauchthal* vernimmt Ammann Egli, Truppen aus der Waadt befänden sich bei Aarberg. Sogleich lässt er stürmen und schickt auch seinen Sohn, mit einem Spiess bewaffnet, dorthin. Er selber kann altershalber nicht ausziehen, geht dann aber mit anderen nach *Thorberg* und begehrt vom Vogt das Reisgeld. Bereits geht das Gerücht um, der Schlossherr habe seine private Habe wegführen lassen.

In *Schwarzenburg* ruft Bendicht Jutzeler zum Auszug zur Gümmenenbrücke auf. Er gibt den Rat, man solle die Fenster einschlagen und das Blei und Zinn in Kugeln umgiessen.

> Ins obere Emmental kam schon in der Nacht die Kunde: 10 000 Mann setzten bei Gümmenen über die Sense, um auf oberkeitlichen Befehl das Emmental zu verherggen. Bald darauf hiess es: Münsingen brenne!

Weibel Pfäffli von *Signau* winkt vorerst ab: man solle erst rechten Bericht abwarten.

In *Langnau* wehrt sich der oberkeitstreue Predikant Kraft vergeblich gegen den Auszug. Hans Äschlimann befiehlt dem Siegristen, Sturm zu läuten, gleich was der Predikant dazu sage. Im Dorf stellt er Wachten auf, und alle, die nicht ausziehen wollen, schilt er «rebellische Schelmen». Der alte Daniel Bürki im Winkel gibt den Rat: man solle den Rossen der welschen Reiterei die Spannadern aufspiessen und dann am Boden alles niederhauen. Alles, was Stecken und Stab tragen kann, rennt gegen Münsingen oder auf die Stadt Bern zu.

In Tat und Wahrheit sind die Aareübergänge bei *Münsingen* und *Wichtrach* fest in den Händen der Landleute; Simon Däppen, ein Kriegsrat, führt dort das Kommando. Der Wirt von Kiesen (Bendicht Brönnimann) versucht ennet dem Fluss die schwankenden Leute von Seftigen, Belp und Kehrsatz für die Bauernsache zu gewinnen; entlang der Aare stellt er mit Weidlingen[1] ausgerüstete Wachten auf, welche Waffentransporte von Bern nach Thun abfangen sollen. In der Gegend von Wichtrach sucht Jost Gfeller alle Waffen zusammen und spornt sogar die Frauen zum Auszug an. Der Wichtracher Ammann Klaus Fiess führt seine Dorfleute gegen Bern. Unterwegs in

---

1 schweren Ruderbooten

Rubigen wird er von Hauptmann Megert und Hans Luginbühl von Münsingen zum Fähnrich ernannt. In Muri nehmen sie ihm die Fahne jedoch wieder ab und übergeben sie dem Ammann Moser von Dessigkofen, weil Fiess «immerdar voll Wyns» ist.

Welche Rolle spielen die bekannten Berner Bauernführer bei diesem Landsturm?

Leuenberger selbst hat von 10 000 welschen Soldaten bei Gümmenen gehört; aus keinem anderen Grund sei er ausgezogen, als zu verhindern, dass die Herren fremdes Volk «einflökten». Bei seiner Ankunft vor Bern führt Daniel Küpfer den Befehl; bereits hat er die Aufstellung des Lagers in die Wege geleitet. Als der ahnungslose Obmann merkt, dass es auf eine Sperrung der Stadt abgesehen sei, mahnt er zum Abzug – er vermag bei der Masse aber nichts mehr zu erreichen.

Ähnliches berichtet der Röthenbacher Weibel Rüegsegger: Auch er wollte den Welschen in Gümmenen entgegenziehen. Da sind ihm Daniel Küpfer und Ueli Schüpbach entgegengekommen, haben seine Truppe nach dem Saali (auf das Feld östlich vor der Hauptstadt) geführt und da einquartiert. Nach und nach entsteht um ihn herum das ganze Bauernlager.

Der angesprochene Ueli Schüpbach von Biglen erzählt: er habe sein Volk zusammen mit dem kriegserfahrenen Peter Siegenthaler zur Gümmenenbrücke führen wollen. Als sie bei Muri nach einer Aarebrücke gesucht hätten,[2] sei ihnen Daniel Küpfer begegnet und habe befohlen, die Kompanie diesseits des Flusses gegen *Ostermundigen* hin zu lagern.

Ueli Galli befiehlt die Sperrung aller Pässe, insbesondere der Neubrücke im Nordwesten Berns.

Statthalter Berger und Christen Zimmermann von Steffisburg errichten ein Lager bei *Allmendingen* und sammeln dort die zugezogenen Oberländer (etliche Frutiger, Aeschiner, Simmentaler, Grindelwaldner und Brienzer).

> Die meisten dieser Berichte stammen aus späteren Verhören; teils sind sie durch Marter erzwungen. Doch lässt sich mit Sicherheit sagen, dass der Grossteil der Berner Landleute – anscheinend auch Leuenberger selbst – nicht zur Belagerung der Hauptstadt, sondern zum Schutz ihres Landes gegen eine räuberische Invasion fremder Truppen ausgezogen sind. Die Herren haben diesen fast panischen Aufbruch durch das baslerische Techtelmechtel mit dem berüchtigten Grafen d'Harcourt, vereint

---

2 Eine sinnlose Suche. – Ueli Schüpbach, Hauptmann im Bauernheer, fiel später auch den Gerichtsherren unangenehm auf: Er habe «einen blöden Geist und ein schlechtes Gedächtnis».

> mit dem tatsächlichen Zuzug welscher Truppen und dem gfürchigen Tagsatzungsmandat, das ja «Unheil, Schaden und Verderbnis» für Land und Leute ankündigt, selbst verursacht.
> Ungewollt haben sie damit den Revolutionären um Ueli Galli in die Hand gearbeitet, die heute, nach Ablauf des Langenthaler Ultimatums, ohnehin zur Belagerung der bernischen Städte aufgeboten hätten. So muss der alte Schmied Daniel Küpfer, dem die ‹Harten› offenbar die militärische Schlüsselposition zugedacht haben, bloss einen Teil der ausziehenden Landleute abfangen, um einen wirkungsvollen Sperrgürtel um Bern zu legen.

Nach Mittag lagert bereits ein mächtiges Heer von 20000 Landleuten auf dem *Murifeld vor Bern*. Diese Truppenmacht reichte zweifellos aus, um die Stadt im Handstreich einzunehmen. Doch solch kriegerische Absichten weisen die meisten Landmänner weit von sich. Sie sind nicht gekommen, ein Blutbad unter den Bürgern anzurichten, sondern um die welsche Invasion abzuwehren. Jetzt berichtet man auf den Strassen: es sei keine Gefahr, der Obmann werde einen Frieden machen; die Hintersten sollten umkehren, das Lager sei voll.

Leuenberger schickt einen Boten nach dem anderen zum Berner Rathaus, mit der Erklärung, er sei mit seinen Verbündeten vor die Stadt gezogen, um die noch streitigen Artikel zu erörtern und womöglich Frieden mit der Oberkeit zu schliessen; sie sollten daher Gesandte zu ihm herausschikken.

Im Lauf des Nachmittags erscheinen die verlangten Ratsgesandten, und die Zusammenkunft findet in einem Landhaus bei Ostermundigen statt. Dabei beharren die Bauern auf ihren Forderungen vom 7. Mai; die Herren beharren auf ihrer Weigerung. Leuenberger macht ihnen einen derart ungefährlichen Eindruck, dass sie nach ihrer Rückkehr nicht einmal die Stadttore schliessen lassen.

Auch die bernischen Landstädte werden ab heute belagert. Ein Bericht aus *Burgdorf* hört sich aber denkbar unkriegerisch an: Mit Trommeln und Pfeifen marschieren die Bauern aus dem Emmental an, kaufen in Oberburg gemächlich ein Fass Wein samt Brot und Käse, das sie ordentlich bezahlen. Unterdessen bessern die Bürger die Stadtmauer aus. Am nächsten Morgen früh zieht der Hauptharst der ‹Belagerer› weiter gegen Bern zu.

Mittwoch, 11./21. Mai 461

Der Landsturm der Solothurner Landleute ist ein halbherziger. Durch das Los bestimmt man in den Dörfern die Uszüger (insgesamt 500 Mann), die den Berner Seeländern bei der Besetzung der Brücke bei *Aarberg* helfen sollen.
Beim Rat in der Hauptstadt fragen die Bauern an, ob die Schreckensmeldungen aus dem Bernbiet wahr seien? Ob sie den Berner Landleuten zu Hilfe ziehen sollen, oder wie sie sich zu verhalten hätten? Weiter verlangen sie Munition, damit sie sich vor ihren Feinden schützen könnten. – Der Rat gibt ihnen zur Antwort: sie sollten Späher ausschicken und abwarten. Zugleich wird ihnen erlaubt, Pulver und Lunten in der Stadt zu kaufen.

Im Ratsprotokoll heisst es dazu: «Weil bei den Krämern dieser Stadt so viel nit zu finden, es auch grösseren Widerwillen als Willen verursachen würde, wenn man verbieten täte, solches zu verkaufen.» Ça y est.

300 Entlibucher und 400 Willisauer unter dem Kommando von Emmenegger und Schibi brechen eilig zur Unterstützung der Bundesbrüder ins Bernbiet auf. Gross ist der Schock, als sie statt freundlichem Dank einen Gegenbefehl des Obmanns Leuenberger empfangen, sie sollten «vorläufig nicht über Lützelflüh hinausziehen».
So vertrödeln die luzernischen Baumeister des Bauernaufstandes diese wichtigen Tage versteckt in einem Emmentaler Tannenwald, während der mächtige Leuenberger seine ganzen Hoffnungen auf einen baldigen Verhandlungsfrieden richtet.

Vock 288–290, 297 – Liebenau III/41f. – Mühlestein 450–455, 465, 472, 506, 510 – Aeschlimann 173, 179f. – Turmbuch Bern 1653, Vergicht Klaus Leuenbergers, Hans Rüegseggers, Uli Schüpbachs und Hans Pfäfflis – Chronik Langnau (Bericht des Predikanten Kraft) – AEB E 13/7 – Rösli 105, 108, 123, 165, 173, 178 – Max Schweingruber in: Der Bund, 15.8. 1981 – CGM Ursenbach 1653

In den Städten

Der Basler Rat befasst sich mit der Frage, ob man das Angebot des lothringischen Grafen d'Harcourt, mit 2000 Reitern zur Unterstützung der Regierung herbeizueilen, annehmen wolle. Dass es nicht dazu kommt, liegt an einer zufällig in der Stadt weilenden ‹Ehrengesandtschaft› von Zürcher und Schaffhauser Ratsherren,[3] die den Basler Rat inständigst beschwören, ja jede Einmischung Fremder in die Angelegenheit abzulehnen, da das für die ganze Eidgenossenschaft unabsehbare Folgen haben könne.

Die Städter erschrecken heftig ob der herbeiströmenden Bauernmassen. Man redet: der Leuenberger habe im März beim Fussfall die Stadt ausspioniert, vor dem Zeughaus sei er gewesen, habe Kanonen ausgespäht, und beim Verlassen der Stadt sei er noch unter das Tor zur Rossschwemme gegangen! – 200 bewaffnete Studenten und Bürger besetzen die Neubrücke noch vor den herannahenden Landleuten, die sich vis-à-vis beim Dorf Bremgarten festsetzen. Die Bauernwachten arbeiten gut. Kaum ein Bote schafft unbemerkt den Durchgang. Neben den amtlichen werden auch alle Privatschreiben in fremden Sprachen konfisziert.

Der Rat schickt Altschultheiss Daxelhofer und Säckelmeister von Werdt an die Landsgemeinde der «uf Gümmenen zugerochelten unsinnigen Bauren», «dieselben zu appaisieren und zu disponieren, dass sie sich wieder nach Hause und zur Ruhe und Stille begebind und den Pass zu Gümmenen frei lassind». Der Ratsherr Huser soll die Oberländer in Allmendingen zur Umkehr bewegen.

Die Landleute von *Emmen* veranstalten ihre traditionelle Bittwochen-Prozession zur Luzerner Hofkirche, um dort die seit ältesten Zeiten üblichen Gebete für eine günstige Ernte zu verrichten. Doch den zahlreichen, mit Kreuzen und Fahnen anrückenden Gläubigen bleiben die Stadttore heuer verschlossen.

Der Rat befürchtet hinter dem frommen Zug eine Kriegslist.

Die Bürger stellen neue Forderungen. Der Rat erkennt ihnen das Stimmrecht bei der Wahl des Stadtschreibers zu (mit dem die Bürger besonders hadern, weil er ihre alten Rechtstitel im Stadtgewölbe nicht zutage fördert).

Aus Nidwalden trifft Bericht ein, der Stand könne Luzern vorerst keine Hilfe leisten. Zürich schickt 1000 Mütt Getreide, das allerdings auf einem grossen Umweg vom See her in die Stadt transportiert werden muss.

---

3 Statthalter Hirzel und Bergherr Lochmann von Zürich, Bürgermeister Ziegler und Oberst Neukomm von Schaffhausen

Mittwoch, 11./21. Mai

> Der Rat von Zürich wählt formell die militärische Führerschaft. Ganz selbstverständlich fällt sie der Familie Werdmüller zu. — Die Werdmüllers sind als begnadete Feldherren über die Landesgrenzen hinaus berühmt.
> Generalissimus der Tagsatzungsarmeen — jedoch ohne Befehlsgewalt über die Berner und Luzerner Truppen — wird Johann Konrad Werdmüller.

Säckelmeister, geboren 1606, seit 1635 im Kleinen Rat, zuvor in französischen und holländischen Diensten. 1644 rückte er zum Obersten auf. Zwei Jahre darauf war er es, der zusammen mit Generallieutenant Leu den Aufstand der Wädenswiler und Knonauer Bauern niederschlug. Seither umgibt ihn der Nimbus eines entschlossenen Hüters der bestehenden Ordnung.

Zum Generalstabschef — bzw. Generalmajor — im Feldzug gegen die Bauern wird Johann Rudolf Werdmüller ernannt, ein um acht Jahre jüngerer Halbneffe Konrads.

Johann Rudolf war von Jugend auf vom brennenden Ehrgeiz erfüllt, ein berühmter Feldherr zu werden. Er verkaufte sich an jede Partei, wenn sie ihm nur Geld und Ruhm versprach. Schon als Jüngling half er mit, im Languedoc (in Südfrankreich) einen Bauernaufstand niederzuwerfen. Er war als Freiwilliger in jener schwedischen Armee dabei, die 1633 in den Thurgau einbrach. Unter General Torstenson durchzog er sengend, raubend, plündernd Deutschland und Dänemark. Mit dreissig war er Generaladjutant der schwedischen Artillerie.
Nach dem Krieg hatten die Zürcher Ratsherren ihre liebe Mühe mit dem heimgekehrten Haudegen. Wohl deshalb schickten sie Johann Rudolf Werdmüller 1648 an der Spitze des gezwungenen Landjegi-Regiments zum Kampf gegen die Türken aus.[4] Drei Jahre später kehrte er beutebeladen vom Balkan zurück. Er trat ins Heer von Zürich ein, wurde jedoch wegen brutaler Behandlung seiner Untergebenen bald zur Rede gestellt. Beleidigt quittierte er den Dienst. Jetzt will man sich seine sagenhafte Strenge wieder zunutze machen.

Die Ernennung von Johann Rudolfs jüngerem Bruder Johann Georg zum Generalfeldzeugmeister (Rüstungschef) macht die Tagsatzungsarmee vollends zum Werdmüllerschen Familienunternehmen.

Mühlestein 421–424, 450, 452, 456, 491–495 – Liebenau III/46f. – BB VI.96 – RM Bern 11.5.1653 – AEB D 289

---

4 vgl. S. 135

Die Bauern vor der Stadt Bern

Das Bauernlager auf dem *Murifeld* und bei *Ostermundigen* erhält laufend Zuzug, vor allem aus dem oberen Aargäu.
Über einige strategische und diplomatische Entscheide der Bauernführer am heutigen Tag wissen wir Bescheid:
Zum ersten schicken Daniel Küpfer, Ueli Galli, Statthalter Berger und Weibel Rüegsegger – also die harte Oberemmentaler Fraktion des Kriegsrats – die Emmentaler Kompanie des Lienhart Glanzmann zur Neubrücke. Diese Truppe gilt offensichtlich als kriegstüchtiger als die drei Fahnen von Bipp, Wangen und Aarwangen, die gestern dahin befohlen wurden und sich den wichtigen Flussübergang von Stadtberner Truppen vor der Nase wegschnappen liessen.
Rund um Bern errichten die Bauern Strassensperren. In *Bolligen* lässt Hans Wahli die dazu nötigen Bäume fällen. Der dortige Ammann, ein Linder, wird zum Mitmachen gezwungen (sonst werde man ihm die Ohren abschneiden!).
Leuenberger lässt die Entlibucher weiterhin bei *Lützelflüh* warten. Er fürchtet, ihr Auftauchen vor Bern könnte sich auf den Gang der Verhandlungen negativ auswirken. – Dem Berner Rat schreibt er halb stolz, halb unbestimmt: das Volk werde nicht weichen, bis sie um alle ihre Artikel Bescheid wüssten.

Turmbuch Bern 1653, Vergicht Lienhart Glanzmanns – BB VI.86

In der Kirche von *Liestal* versuchen Bürgermeister Wettstein und sechs Räte aus der Stadt, das Volk zu beschwichtigen. Die Landleute wollen aber dem Bund nicht abschwören; sie richten neue Beschwerden an die Regierung. Die Oberbaselbieter haben 22 missfällige Untervögte und Geschworene gefangengenommen.
Übrigens hat Werli Bowe für heute den Leuenberger als Wortführer eingeladen; aus begreiflichen Gründen konnte der nicht kommen. Ueli Schad ist über die Einladung erzürnt: er finde es eine Schande, dass ein Auswärtiger einer Baselbieter Landsgemeinde vorstehen sollte.

Mühlestein 506

Donnerstag, 12./22. Mai

Vor der Landsgemeinde in *Schwyz*[1] erscheinen Landleute aus Ebikon und Rothenburg, um die Referate der Luzerner Ratsgesandten zu widerlegen. Luzerns Oberkeit ist jedoch klug vorgegangen: Nicht irgendwelche städtischen Edelleute reden in ihrem Namen zu den Schwyzern, sondern sechs linde Landleute aus dem Amt Habsburg. Die klagen, sie lebten in dauernder Furcht vor einem Überfall der Aufständischen. - Die Schwyzer sind beeindruckt. Den Habsburgern versprechen sie Schutz gegen die bösen Bauern. Auf Antrag ihrer beiden Landammänner beschliessen sie, der Stadt Luzern Hilfe zu leisten.[2]

Landammann Bellmont war sich seiner Sache sehr sicher. Schon gestern abend hat er auf eigene Faust Truppen losgeschickt und der Luzerner Regierung mitgeteilt: heute nach der Landsgemeinde würden noch mehr folgen.

Auch Uri schickt Soldaten und bietet seine italienischen Vogteien ennet dem Gotthard zum Beistand der bedrohten Stadt Luzern auf.

Liebenau III/47f., 50f., 57 - Vock 286

Verhandlungen zwischen Luzerner Bürgern und Bauern in Malters

Heute läuft die Frist ab, welche die Entlibucher am Sonntag dem Luzerner Rat zur Erfüllung ihrer Forderungen gesetzt haben. - In der Stadt zweifelt niemand an der Entschlossenheit der Bauern. Schon gestern, anlässlich der Emmener Prozession, sei man einem gemeinen Überfall nur knapp entgangen. Über die Mordgelüste der rohen Gesellen vom Land kursieren Schauermärchen, wozu auch abgeschnittene Bärte und Ohren von Linden beitragen, welche bäurische Chaoten dieser Tage in die Stadt schicken.

Eine neue Belagerung oder gar ein Sturm auf Luzern käme den hiesigen Strategen sehr ungelegen. Wie damals im März sind auch heute noch längst nicht alle angeforderten Hilfstruppen eingetroffen (bis morgen Freitag werden

---

1 Liebenau nennt einmal den 22., einmal den 23. Mai (neuen Stils) als Landsgemeindetag.
2 Die Mehrheit zugunsten der Stadt war aber nicht sehr stark. Der (Zürcher) Vogt von Wädenswil berichtete am 14./24.5., in Schwyz sei man sich uneinig.

es immerhin 3200 Mann aus Schwyz, Uri, Zug und den treuen Ämtern sein); der frischgewählte Oberbefehlshaber Zwyer weilt noch eine Zeitlang im Ausland. Einen weiteren, gewichtigen Grund, weshalb die Herren ein Blutvergiessen fürchten, erwähnt der Nuntius Caraffa in einem Schreiben nach Rom: «... da nämlich der grösste Teil der Bauern den Städtern grosse Summen schuldet, fürchtet man, die Guthaben zu verlieren».

In der Erkenntnis, dass eine ‹Vermittlung› durch ‹neutrale Ehrengesandte› unglaubhaft geworden ist, senden die Herren diesmal eine Abordnung befriedeter Bürger zu Verhandlungen mit den Landleuten der zehn Ämter.

Was veranlasst denn die Aufständischen, nach all ihren bisherigen, schlechten Erfahrungen erneut zu verhandeln und dazu sogar zwei Nidwaldner Herren nach *Malters* einzuladen?

> Im Bauernlager ist man sich nicht einig: Viele meinen, man warte mit dem Zug auf Luzern besser zu, bis Emmenegger und Schibi mit ihren Leuten aus dem Bernbiet zurück seien. Auch bieten die neuen Verhandlungen die vielleicht letzte Gelegenheit, die Bürgerschaft von Luzern zum Eintritt in den neuen Bund zu bewegen. Die beiden Nidwaldner Vermittler schliesslich geniessen das besondere Vertrauen der Bauern; einer von ihnen, Hans Blättler von Hergiswil, ist ein alter Freund der Krienser und Horwer.[3]

Die fünf Vertreter der Luzerner Bürgerschaft in Malters machen den Landleuten keinen leiden Eindruck. Sie sind um gute Ratschläge nicht verlegen: Die Ämter dürften ja nicht voneinander fallen; sie müssten ihren Kampf, sei es mit Verhandlungen oder mit Waffen, gemeinsam zu Ende führen. Einige Male lassen sie durchblicken, dass sie bestimmte Ratsherren im Falle der Not sehr gerne ausliefern würden... Einen Beitritt zum Bund lehnen die Bürgervertreter aber mit Bedauern ab, ‹weil sie sonst verloren wären›. Auch zeigen sie wenig Anteilnahme am Kampf der Bauern um ihre Unabhängigkeit von der Stadt – soweit reicht ihre Solidarität nicht, da sie ja selbst in Zukunft am Geld- und Ämterkuchen der Landesverwaltung teilhaben wollen. Stolz erzählen sie von ihren neu erlangten Rechten, worauf ihnen einer der Bauernführer klipp und klar sagt: «Ich gäbe euch um diese Errungenschaften doch nichts zu trinken; solang ihr nicht den Kleinen Rat selbst wählen könnt, hat alles nichts zu bedeuten!»[4]

---

[3] Der andere war Statthalter Leu von Stans.
[4] Nach Liebenau eine Antwort Emmeneggers – der war dieser Tage aber nicht in Malters. Unklar bleibt auch der Stil dieser Gespräche.

Donnerstag, 12./22. Mai 467

> Die Bürgerdelegierten spielen mit dem Feuer. Ihnen gegenüber sitzt der unberechenbare Kaspar Steiner von Emmen, zur Zeit hoch erbost über den verbotenen Bittzug seiner Gemeinde zur Hofkirche, zudem ‹dem Trunke sehr ergeben und wohl kaum für jedes seiner Worte haftbar›. Ohne dafür eine urkundliche Bestätigung zu haben, dürfen wir annehmen, dass hier in Malters auch der Schüpfer Lötscher-Wirt ein gewichtiges Wort mitspricht: Er war es, der in den vergangenen Wochen auf eine Verbindung mit den Stadtbürgern wie mit den Nidwaldnern hinarbeitete. Gerade dieser Stephan Lötscher ist aber ein heissblütiger Mensch, und mit Sicherheit gehört er zu jenen Bauernführern, welche am Freitagmorgen auf einen Abbruch der unnützen Verhandlungen und stattdessen zum Aufbruch vor Luzern drängen werden.

Noch einmal gelingt es den beiden Nidwaldner Herren, den Landsturm abzuwenden: Sofort, und hier an dieser Stelle, solle man noch ein letztes Mal mit der luzernischen Oberkeit verhandeln. Die Mehrzahl der Bauernführer stimmt zu. Fridli Bucher und Hans Heller sollen eine Delegation von Ratsherren aus der Stadt nach Malters bitten. Die beiden senkrechten Willisauer erklären jedoch: sie wollten sich eher in Stücke reissen lassen, als diesem Auftrag nachzukommen! So müssen die zwei Nidwaldner die Nachricht selber nach Luzern hinein tragen.

Während ihrer Abwesenheit beschliessen die Bauern, getreu ihrer Botschaft an die Tagsatzung vor vierzehn Tagen: sie wollten als Schiedsgericht nur die Landsgemeinde von Ob- und Nidwalden anerkennen, also nicht irgendwelche ‹Ehrengesandten›, sondern das Volk selbst.

Liebenau III/49, 59–61 – Mühlestein 425–427

Die beiden Nidwaldner bringen am Morgen den Bescheid, eine Luzerner Ratsdelegation werde nach *Malters* kommen. Als sie vom neuen Beschluss hören, raten sie heftig ab: eine so wichtige Sache eigne sich nicht für eine Landsgemeinde, wo Junge und Alte zu mehren haben und noch viele minderjährige Knaben erscheinen, welche die Wichtigkeit der Sache nicht erfassen und nicht nach Notdurft erwägen könnten ... Die Bauern staunen nicht übel über das Rechtsverständnis der Herren, die doch selber von einer so ‹unfähigen› Landsgemeinde in ihre Ämter eingesetzt worden sind. Sie erwidern: gerade auf die jungen Leute setzten sie das grösste Vertrauen; die grosse Zahl der Landleute werde sicher den Beschwerden der Bauern abhelfen.

Doch tragen die Vermittler aus Nidwalden in diesem Malterser Bauernparlament einmal mehr den Sieg davon. Sie erreichen einen Kompromiss, der schon sehr stark an das alte Spiel von Zeitgewinn und ‹divide et impera› erinnert: Man solle vorerst schauen, welche Rechte die Oberkeit auf jedes einzelne Amt habe und dann je nach Umständen Gewalt brauchen. Mit diesem Beschluss reitet das eifrige Vermittlerpaar abermals in die Stadt.

Inzwischen geht an diesem Freitag im ganzen Luzernerland der Landsturm los. Wer wo die erste Sturmglocke geläutet hat, ist ungeklärt. Im Amt Willisau stürmen die Bauern das schöne, dem Staat gehörige Schloss *Castelen*. Sie heben das Dach ab, zerschlagen die Ziegel in tausend Stücke, reissen die alten Gemäuer, so gut sie können, zu Boden und tragen die Bruchstücke triumphierend im Land herum. Der Willisauer Stadtrat ruft die Verbündeten im Solothurner Gebiet zu Hilfe; sie sollen Geschütze und Munition mitbringen.

Die Versammlung in Malters beschliesst, Fridli Bucher als Eilboten nach Bern zu schicken, damit er Schibi und Emmenegger mit ihren Truppen unverzüglich heimmahne; trotz aller kriegerischen Eile soll Pannermeister Emmenegger bei den Verhandlungen in Bern noch darauf drängen, dass die Regierung sagen müsse, wer (von den Luzerner Herren) das Gesuch gestellt habe, die Truppen von Bern sollten ins Entlibuch einfallen und alles verderben. Offenbar will man mit diesem ‹wer› blutig abrechnen.

Als die beiden Nidwaldner Botschaftsträger aus der Stadt zurückkommen, begegnet ihnen ein «grosses Geschwader» von Bauern, die mit offener Fahne, teils mit Gewehren, teils mit Knütteln bewaffnet, fest entschlossen von Malters her auf die Stadt zuziehen. Am Abend lagern zahlreiche Bauerntruppen vor *Luzern,* ebenso an der Brücke von *Gisikon*.

In Malters ist eine Minderzahl von Verhandlungswilligen zurückgeblieben.

Liebenau III/61 f. – Mühlestein 427–429

Freitag, 13./23. Mai

In den Freien Ämtern läuten die Sturmglocken. 1600 Mann besetzen *Mellingen* und die umliegenden Dörfer.

Proviant fürs Bauernlager! Ein Ausfall aus der Stadt Bern. Gefangene auf beiden Seiten

Die Lage um Bern spitzt sich zu.
Am Morgen hielt die Stadt ihre Tore erstmals geschlossen und liess stattdessen ihre grossen Kanonen ausfahren. Leuenberger erschrak. Sofort bat er die Gnädigen Herren um eine neue Abordnung, damit man sich vergleichen könne.

Wenn der Obmann wüsste, dass ihn das Berner Ratsmanual heute als «Landschelm Löwenberger und seine Diebsgespanen» betitelt, wäre er um einige Illusionen ärmer.

In der Stadt treibt der Rat die Kriegsvorbereitungen voran: Die Freiburger Truppen sollen bis an die Sense vorrücken; die Uszüger des Oberlands erhalten den Befehl, bei Beginn der Feindseligkeiten mit Proviant nach Thun zu marschieren, um dort weitere Order entgegenzunehmen. Die Neuenburger und Erlacher Hilfstruppen, so vernimmt der Rat, seien inzwischen bei Aarberg angekommen. Die Aare wird jetzt nachts beim Marzili mit einer Kette versperrt. «Damit die in Waffen stehenden Soldaten desto williger sygind», verordnen die Gnädigen Herren, dass jeder auf Kosten der Stadt täglich ein Halbmass Wein erhalte.

Damit ist das Problem des Proviants angesprochen, das paradoxerweise der belagerten Stadt weit weniger Sorgen bereitet als der ständig wachsenden Schar der Belagerer. Beim Auszug musste jeder Bauer drei Brote mitbringen, jeder Tauner anderthalb Brote. Die gehen langsam zur Neige. Die Landleute bemühen sich redlich, weitere ‹Spys und Molchen› von zu Hause anzuschleppen.

Leuenbergers moralische Führung bewirkt, dass dieser Tage in der Umgebung von Bern kein einziger Fall einer Plünderung vorkommt. Eine erstaunliche Tatsache, wenn man sich vor Augen hält, wie schwierig grosse Mengen von Lebensmitteln zu beschaffen sind: Im *Trub* muss Kilchmeier Blum den Schaffner mit Gewalt zum Öffnen des Zehntspeichers zwingen; nicht viel williger zeigt sich der *Langnauer* Weibel. Tüchtige Bauersfrauen müssen das Getreide erst noch eilig verbacken, ehe es als Brot ins Feldlager transportiert werden kann. Auch der Transport ist nicht immer gefahrlos, müssen doch die Proviantwagen aus dem Oberaargau bei *Burgdorf* in Reichweite der städtischen Kanonen durchfahren.[1]

> Es ist Leuenberger hoch anzurechnen, dass er unter diesen Umständen Plünderungen in den Gehöften rund um das Bauernlager vermeiden kann; denn zweifellos führten solche Akte – auch wenn sie aus purem Hunger geschähen – zu grossen Streitigkeiten im Lager, zu einer Scheidung in Diebe und Bestohlene.

Die Herren der Stadt hoffen auf einen baldigen Zerfall des Bauernheers. Um die Moral der Landleute weiter zu brechen, schicken sie statt einer Antwort auf Leuenbergers Verhandlungsgesuch einen Trupp Kavallerie aus der Stadt. In einer Blitzaktion machen die Reiter vier Gefangene – drei Langnauer Soldaten und einen Trommelschläger.

Jetzt erst wird vielen Landleuten der kriegerische Ernst der Lage bewusst, viele erschrecken, viele sind empört. Das blinde Vertrauen in den Obmann, der stets vom baldigen Vergleich redet, schwindet. Ziemlich verzweifelt schreibt Leuenberger nachmittags wieder an die Gnädigen Herren: sie sollten die Völker in der Stadt zurückhalten, das Schanzen beim Galgen unterlassen, die Gefangenen losgeben, auch die Reiter sollten nicht wieder aus der Stadt reiten. Sonst könne ein Blutbad geschehen – das Volk würde sich so ergrimmen, dass er es nicht mehr zurückhalten könnte.

Der friedfertige Obmann wird unter dem Druck der Menge von seinen Kriegsräten zum Handeln gezwungen. Er ruft Schibi und Emmenegger mit ihren bei Lützelflüh lagernden luzernischen Truppen zu Hilfe. Die Willisauer gehen gleich zur Sache. In Begleitung Einheimischer statten sie noch vor ihrem Aufbruch nach Bern dem berüchtigten Landvogt von *Trachselwald* einen Besuch ab – bestimmt ohne Auftrag Leuenbergers! Der Schärer Ledermann bricht mit einem an einem Stock befestigten Gemshorn das dortige Zeughaus auf, dann versorgt sich männiglich mit Muskete, Pulver und Lunten; Christen Grimm und Peter Mosimann von Lauperswil lassen gar zwei Fahnen mitlaufen. Zwar hat Landvogt Tribolet angesichts der herannahenden Meute die Waffen unbrauchbar gemacht, doch ist der Schmied von Trachselwald, ein ausgezeichneter Handwerker namens Kaspar Burkhalter, schon daran, die vernagelten Doppelhaken und die zerstörten Schlösser der Musketen wieder herzurichten.

---

1 Der Schlosskommandant wollte die Provianttransporte der Bauern beschiessen. Auf Betreiben des Rats liess er es bleiben.

Freitag, 13. Mai

Der Ostermundiger Beat Zoss holt die Luzerner schliesslich in Worb ab und führt sie ins Lager vor Bern, wo sie bei *Habstetten* ihre Zelte aufschlagen.

Die Steffisburger schreiben das ganze *Oberland* an: «Es söllen sie ufbieten und Volk schicken so viel sie können, dass es ist ein Usfall beschehn und sind etliche gefangen, sind hiemit allen Ernsts vermahnt uns zu Hilfe ze kommen in Yl.»

Im *Aargäu* ziehen die bisher daheimgebliebenen Landleute aus, besetzen den Pass von Windisch, belagern Aarau und Brugg (die beiden andern aargäuischen Städte, Aarburg und Lenzburg, sind ohnehin pro-bäurisch).

Das Städtchen *Aarberg* ist von Bernern und Solothurnern gemeinsam belagert. Die Weibel Spring von Schüpfen und Kaderli von Koppigen kommandieren die Berner, Urs Lüthi von Kriegstetten und Willi Jauss von Oensingen die Solothurner.

Als direkte Antwort auf die heimtückische Gefangennahme von vieren ihrer Leute nehmen die Bauern bei der Wegmühle (zwischen der Berner Allmend und Bolligen) zwei Bernburger und einen Knaben fest.[2] Sie wollen sie nur im Austausch wieder ledig lassen.

In *Jegenstorf* werden der Schreiber und seine Frau von Dorfleuten gefangengenommen und ‹schmählich traktiert›, ein Ausbruch des Volkszorns, den die Bauernführung kaum billigt.

Liebenau III/42 – Mühlestein 456f., 467, 473 – Vock 291 – Lohner 554 – Rösli 127f., 134f., 140–142, 145, 151, 158, 192 – BB VI.86 – AEB D 379f. – RM Bern 13.5. 1653 – Aeschlimann 174

Gestern sind die Landleute des *Schwarzenburgerlandes* zusammengekommen. Zu einem Zuzug ins Bauernlager konnten sie sich nicht entschliessen, doch setzten sie ihre Beschwerden an die Gnädigen Herren auf und schworen sich, keine Welschen in ihr Amt einmarschieren zu lassen.

Tatsächlich ergriffen die Bauernwachten bereits in der Nacht bei der Sense unten einen freiburgischen Boten. Von vier Musketieren begleitet führten sie ihn ins Schloss.

Am frühen Morgen bemühen sie auch den Landvogt dahin und wollen ihn zwingen, das abgefangene oberkeitliche Schreiben vorzulesen. Es ist an den «loblichen Stand Bern» adressiert, was der (freiburgische) Vogt zur

---

2 die Herren Adrian Knecht und David Zehnder mit seinem Sohn

Ausrede nutzt: er dürfe diese Post nicht öffnen; sie sei an die Gnädigen Herren persönlich gerichtet. Die Bauern glauben ihm.
Zur selben Zeit an diesem Morgen überbringen die Ausgeschossenen der Schwarzenburger ihre Beschwerden nach Bern. Die Gnädigen Herren zeigen sich ganz willfährig, unter der Bedingung, dass sie den Eid schwören und morgen 200 Mann oder mehr zur Verteidigung in die Stadt schicken würden.
Am Abend trifft der Vogt von Schwarzenburg an der Sense auf starke Bauernwachten. Sie empfangen ihn höflich und lassen ihn durch, ins Freiburgische... wo er den anmarschierenden Truppen neue Weisungen aus Bern erteilt.

AEB E 703 – RM Bern 13.5. 1653

Nachdem die Oberländer Uszüger gestern gleichzeitig von Herren- und Bauernseite aufgeboten worden sind, kommt es in vielen Dörfern zur handfesten Auseinandersetzungen.
Die *Reichenbacher* läuten Sturm. Sie befolgen den Aufruf der Bauern und ziehen unverzüglich bewaffnet zum See hinunter ins *Gwatt*. Dort treffen sie auf die Männer von Hilterfingen, die unter der Führung ihres Schaffners Hans Wüthrich ebenso gehandelt haben.
In *Frutigen* sagen Hans und Jakob Gempeler: die Oberkeit schicke Gesandte und Schreiber ins Land, um sie aufzuhalten, damit man fremdes Volk ins Land führen und sie zu Leibeigenen machen könne. Bei einer Gemeindeversammlung im Landhaus wird ausgemacht, dass, wer es mit der Oberkeit halte, sich in das Haus des Hans Zahler begeben solle. Da stellen sich die Gempeler-Brüder unter die Türe und wehren: es solle niemand dahin gehen! Der Grossweibel Rieter lässt gegen die Oberkeit das Mehr ergehen und befiehlt dem Landesvenner, er solle den Kastlan unter Arrest stellen. Die Gempelers erzählen jedem, der es hören will: die Oberkeit habe genug Luginen ins Land geschickt; das müsse jetzt anders werden, oder sie würden ihr auf die Ohren geben!
Im Wirtshaus von *Mülenen* will Erhard Salzmann den oberkeitlich gesinnten Predikanten von Reichenbach zum Fenster hinauswerfen.
In *Kandersteg* lässt Jaggi Wäfler von Frutigen das Kriegshorn blasen.
Die *Oberhofner* dringen bewaffnet ins Schloss ein und zwingen den Vogt, ihnen einen abgefangenen Brief vorzulesen. Andres Schilling hält dem Schlossherrn die Zeile aus dem alten Tellenlied vor: «Kein Landmann durft nit sprächen, das ist mein eigen Gut»!
In *Ringgenberg* verweigern die Bauern den Zuzug für die Regierung. Mit «Verräter!»-Rufen fordern sie in Interlaken den Schultheissen Stettler aus seinem Haus. Einige Ringgenberger wollen ihn gefangensetzen.

Freitag, 13. Mai 473

In *Brienz* nehmen Dorfleute einen Botschaftsträger der Oberkeit, den Bruchschnyder Hans Jost Suter von Interlaken, gefangen, fesseln ihn und ziehen ihn zur Durchsuchung ganz aus.
Die Anführer der Brienzer sind Hans Rieser von Oberried, der in Sumiswald den Bund beschworen hat, Georg Vogt und der alte 41er-Kämpfer Melchior Stähli.

> Die beiden Erstgenannten haben enge Beziehungen zum oberen Emmental: Vogt ist in der Kilchöri Biglen gebürtig (in Brienz ist er ein Angenommener); Rieser ist mit der Familie Wittwer im Senggen im Eggiwil verschwägert, bei der er auf seinen Reisen oft übernachtet.

Im Namen der aufständischen Brienzer spricht Georg Vogt dieser Tage an einer Gemeindeversammlung in *Grindelwald,* und zwar so gut, dass auch dort der Widerstandswille erwacht. Der Einheimische Hildebrand Burgener (auch er ist schon 1641 vor Thun gezogen) droht denen, die es mit der Oberkeit hielten, «die Hosi aben ze lassen».
 Weit weniger Erfolg hat vorerst Hans Rieser, der vergeblich im *Haslital* zum Zug gegen das fremde Volk bei Gümmenen aufmahnt.

> Doch am Sonntag wird er – nach dem Vorbild von Sumiswald – die Brienzer, Ringgenberger, die Grindelwaldner und die Böniger an einer Landsgemeinde gemeinsam schwören lassen: niemand wolle der Oberkeit Hilfe leisten.

Rösli 100, 189, 212 f., 216–220 – Mühlestein 455 f.

Auch Luzern wird belagert

In der Nacht öffneten die Luzerner die Schwelle an der Reuss; mächtig strömten die Fluten gegen Emmen, wo die Bauern eben die letzten Hammerschläge zu einer Wagenbrücke bei der Insel *Rathausen* anbrachten. Menschen kamen nicht zu Schaden. Doch wurde die Brücke weggefegt.
Die Landleute rätseln, wer sie wohl in der Stadt verraten habe.

> *Pfarrer Büttel von Root hat einen Luzerner Vertrauten heimlich mit einem um einen Stein gewickelten Brief, den er über die Reuss warf, über den Brückenbau informiert. Zum Lohn erhält er dafür später die Anwartschaft auf die erste ledig werdende Chorherrenpfrund.*

Am heutigen Tag versuchen die Luzerner, die Bauern durch mehrere Ausfälle zu erschrecken und von der Belagerung der Stadt abzuhalten.
Der grösste Ausfall richtet sich gegen *Rothenburg.* Prompt mahnt Baschi Steiner im Namen dieses Amtes die gesamte luzernische Bauernarmee zu Hilfe: «in Yl – in Yl – in Yl» (an die «Herren zu Willisau und Bundesbrüder»), «wir wollen zu Sursee Stuck und Munition alles mit uns nehmen; denn wir sind der Sachen gar mangelhaft und vonnöthen, Stein und Pulver; und wollten darauf nichts dahinten lassen...» – Die Stadt Sursee gestattet darauf den Bauern den Durchgang. Die Geschütze aber brauche sie zu ihrer eigenen Verteidigung.
Auch ohne ihre obersten militärischen Führer bringen die Landleute im Lauf des Tages eine wirksame Belagerung Luzerns zustande. Die Entlibucher lagern auf dem oberen Gütsch, eine halbe Stunde vor der Stadt; zu beiden Seiten des Bergs und an der Gisiker Brücke halten sich die Willisauer Truppen auf. Die aus dem Amt Ruswil bewachen die Strassen in der Ebene. Die Rothenburger halten die Emmenbrücke und das linke Reussufer bis weit hinab besetzt.

Die Truppen Luzerns ihrerseits haben sich rechtzeitig auf dem unteren Gütsch festgesetzt (wo die Entlibucher im März lagerten); am rechten Ufer der Reuss haben sie die hier ansässigen Ebikoner Amtsangehörigen entwaffnet und mehrere Aufständische gefangengenommen.
In der Stadt selbst wird das Bruchtor vermauert. Die Liste der auswärtigen Soldaten sieht folgendermassen aus: 76 von Weggis, 65 von Habsburg, 62 von Gersau, 416 von Zug (wovon 300 in Gisikon), 644 von Uri, 1921 von Schwyz.
Der Tatendurst der Bauern erhält einen schweren Dämpfer, als nachmittags das Gerücht von einer Mobilmachung der Zürcher, ja von deren Aus-

Samstag, 14./24. Mai

zug, in ihr Lager dringt. Sogleich meldet sich aus Malters die Partei der Verhandlungswilligen, die Luzern um Einstellung der Feindseligkeiten und um neue Gespräche bitten.

Liebenau III/62-65, 169 - Mühlestein 429f.

Der dritte Tag der Belagerung Berns. Verhandlungsfrieden auf dem Murifeld? Ueli Gallis Plan

Eine ansehnliche Delegation der Berner Herren erscheint heute bei Leuenberger im Bauernlager. Allerdings fehlt der regierende Schultheiss und Führer der bernischen Kriegspartei, von Graffenried.

Der bemüht sich inzwischen fieberhaft, militärische Hilfe zu organisieren.

Zu den vom Bauernobmann so sehnlich gewünschten Verhandlungen hat der Rat wohlweislich ‹beliebte› Herren geschickt: an ihrer Spitze den Altschultheissen Daxelhofer, dazu, wie gehabt, den Stadtpfarrer Hummel und den Theologen Christoph Lüthard, die religiöse Hörigkeit der Bauern wohl berechnend. Oberst Morlot, der Kommandant der herannahenden Truppen aus der Waadt, soll die Gerüchte über ausländische Söldner zerstreuen. Und selbstverständlich darf auch Althofmeister Imhof nicht fehlen: Der hat schon im Thunerhandel 1641 an Daxelhofers Seite verhandelt; bei vielen Bauern steht er im Ruf eines Wohltäters, erst recht seit er - im Sinne des ‹divide et impera› - im Aargau die Freigabe des Salzhandels verkündet hat.[1]

Die Regierung ist offensichtlich sehr daran interessiert, mit den Bauern rasch einen Vergleich zu schliessen und sie zum Abzug zu bewegen. Zwar hat die Stadt wohl proviantmässig den längeren Atem als die Belagerer; doch angesichts der immer noch anwachsenden Massen von unzufriedenen Bauern müsste man bei einem Sturmangriff auf die Stadt das Schlimmste befürchten. Solange die welschen Hilfstruppen nicht eingetroffen sind, ist die Stadt nicht sicher.

Diese Hilfstruppen liegen heute teils bei Aarberg, teils bei Murten (4000 Mann Fussvolk und 1200 Reiter unter Oberst Morlot) und können nur weiter zur Stadt Bern vorstossen, wenn die Bauern die gesperrten Flussübergänge freigeben. Unter diesen Umständen sind die Politiker zu vielen Zugeständ-

---

1 Die genaue Zusammensetzung der Ratsdelegation: Altschultheiss Daxelhofer, Welschsäckelmeister Tillier, von Bonstetten, Morlot und Steiger des Kleinen, Hans Georg Imhof, Simon Nöthiger und Marquart Zehender des Grossen Rates.

> nissen bereit – wenn die militärische Übermacht erst bei ihnen liegt, wird man abklären lassen, wie weit die erzwungenen Versprechungen rechtmässig seien.

Die hohen Gesandten aus der Stadt haben einen schweren Stand. Die Verhandlungen finden beim *Murihölzli* unter freiem Himmel statt, und schier jeder Landmann will den Herren für einmal unverblümt seine Meinung an den Kopf werfen. Hans Wahli von Bolligen ruft aus: Die Herren seien einist gnug Herren gsyn, es werd jetzt an den Bauren auch sein! – Jost Gfeller aus Niederwil, der in diesen Tagen eifrig Proviant von Wichtrach herferggen hilft, droht offen: «Die Herren müssen jetzt auch tun, was wir, die Buren, wollen, oder die Stadt wird in drei Tagen under obsich kehrt werden, denn der Gwalt ist vorhanden!» – Als einer der Stadtgesandten von einem ‹Bütteli› herab zu den Umstehenden reden will, sagt ihm ein Bertschi von der Glashütte im Eggiwil: Er solle sich herabmachen, oder man werde ihn herabstechen!

> Die Bauern sind – mit dem Maul zumindest – mutiger geworden, seit in der vergangenen Nacht die Entlibucher und Willisauer in ihrem Lager eingetroffen sind. Leuenberger hat sofort versucht, die Luzerner vom Hauptharst der Berner fernzuhalten und ihnen einen Lagerplatz etwas abseits zugewiesen. Aber die markigen Worte des Tellen Käspi Unternährer, «man soll die Oberkeit abschaffen!», die grimmige Entschlossenheit eines Emmenegger, eines Schibi liessen sich den Belagerern nicht verbergen. Viele Sprüche wurden diese Nacht beim Umtrunk geklopft, die Grenzen zwischen Ernst und Prahlerei verwischen sich zusehends. Der Jakob Jenk von Niederbottigen meinte am Wachtfeuer bei Bremgarten zu Bümplizer Bauern: der General von Erlach wäre gut zu braten.

Zurück zu den Verhandlungen beim Murihölzli.

Der Langnauer Hans Bürki drängt darauf, dass den Bauern der Schaden ersetzt werde, den sie durch die Batzenabwertung erlitten hätten, sonst würden sie nicht von der Stadt abziehen. Schultheiss Daxelhofer selber habe vor Jahren versprochen, «Berner Batzen werdind Berner Batzen bleiben»! – Daxelhofer bestreitet dies energisch. Stattdessen erinnert er den Bürki wie den Leuenberger daran, dass sie erst vor sechs Wochen den Fussfall getan haben: wenn sie jetzt mehr forderten als damals, so brächen sie einen heiligen Eid. Tatsächlich lässt sich der fromme Zweifler Leuenberger, jetzt auf dem Gipfel seiner Macht, von solchen Ermahnungen stark beeindrucken. Er begehrt von den Herren kaum mehr als die versprochenen, aber nie schriftlich bestätigten Artikel von Ende März. Bloss die allge-

Samstag, 14. Mai

meine Amnestie will er nun klar zugesichert haben. Einige Kleinigkeiten gewähren die Herren ohne Zögern dazu (z. B. soll das Emmental neben dem Landesvenner auch einen Landeshauptmann erhalten). Als einzige Neuerung von Gewicht verlangt der Obmann 50000 Pfund Kriegsentschädigung.

Die Parteien sollen stark miteinander geredet haben. Einmal habe der Leuenberger den Schultheissen gar am Wams gefasst und umhingezogen. Am Ende wird man sich einig. Als Gegenleistung für die gewährten Konzessionen müssen die Bauern die Waffen sofort niederlegen, dem Huttwiler Bund absagen, die Bundesbriefe ausliefern und von neuem huldigen.

> Was in Leuenberger vorgeht, dass er so einen Handel annimmt, ist schwer zu sagen. Am allerwenigsten reizen ihn sicher die 50000 Pfund. Manche Leute meinen, der Obmann sei «selbst schon ein Herr geworden» – er habe sich mit den klugen Herren-Diplomaten besser verstanden als mit den ungeschlachten, stürmischen Bauerngrinden seiner eigenen Partei. Andere heben Leuenbergers fromme, edle Gesinnung hervor, wie er um jeden Preis ein Blutvergiessen vermeiden wollte und niemals einen getanen Eid hätte brechen können. – Dass Leuenberger mit seinem eiligen Friedensschluss einen anderen Eid bricht, nämlich den zu Sumiswald und Huttwil geschworenen Bundeseid der Untertanen, ist ihm im Moment wohl entfallen. Da hiess es (Punkt 6): «Es soll keiner unter uns so vermessen sein, dass er... Rat und Tat gebe, (vom Bund) abzustehen und ihn zunichte zu machen. Wer dies übersähe, soll für einen meineidigen und treulosen Mann gehalten und nach Verdienen abgestraft werden.» Und weiter: «Es sollen auch keines Orts die Bundesgenossen diesen Handel mit ihrer Oberkeit völlig vergleichen und abschliessen, bis unsere anderen Bundesgenossen an allen Orten den Abschluss machen können...». So bricht der Obmann heute den von ihm selber vorgesprochenen Bundesschwur.

Eine moralische Rückendeckung zu seinem Entscheid für den Frieden und gegen den Bund erhält Leuenberger von Adam Zeltner, dem Landeshauptmann der verbündeten Solothurner. (Der Obmann hat ihn schriftlich ins Lager auf dem Murifeld eingeladen.) Zeltner ermuntert die Berner Bauernführer, sich mit ihrer Oberkeit zu vergleichen, wie auch sie sich bereits mit ihren Gnädigen Herren der Stadt Solothurn verglichen hätten. Keinesfalls sollten sie es aufs Äusserste ankommen lassen.

Ganz schleierhaft ist aber, wie Klaus Leuenberger den faulen Friedensschluss gegen den Willen seiner revolutionären Kriegsräte durchsetzen kann. Man darf mit Sicherheit annehmen, dass Ueli Galli damit nicht einverstanden ist. Und Ueli sagt selber: Statthalter Berger und Christen Zimmermann seien «eben gsyn wie er»; auch Weibel Rüegsegger und Daniel Küpfer zählen ohne Zweifel zur Galli-Partei, ganz zu schweigen vom Bergmichel, nach Ueli Gallis Worten «eine rauhe Haut, so jederwylen angriffen und dreinschlagen wollen». Keiner dieser Kriegsräte ist beim verhängnisvollen Fussfall der Trachselwalder Ausschüsse dabei gewesen. Für sie gilt nur der grosse Bundesschwur.

Alles deutet darauf hin, dass sie (gestern oder heute) sogar eine Abstimmungsmehrheit für sofortige Kriegsmassnahmen zustande brachten.

> Was anderes kann man daraus schliessen, wenn der junge Wirt von Walkringen später für die einfache Meinungsäusserung, er «lasse es by dem durch Ueli Galli gemachten Mehr verbleiben», mit Gefängnis (Schellenwerk) bestraft wird?
>
> Suchen wir (immer in unter Marter erpressten, späteren Verhören) nach genaueren Angaben:
>
> Verschiedene Bauernführer bestätigen bloss den grossen Einfluss Gallis, Bergers und ihrer Freunde. Leuenberger selbst: Statthalter Berger und Ueli Galli hätten stets den ersten Ratschluss gegeben, auf dem sie dann auch unfehlbar gegen alle andern Mahnungen beharrt heigen. – Ueli Galli gibt zu: er habe die «ersten Rät und Ausschlag» gegeben und sei bei allen Beratungen dabei gewesen. – Schreiber Brenner: Galli, Berger und der Bergmichel heigen gmeinlich die ersten Ratschläge gegeben. Am trutzigsten sei der Bergmichel gewesen; der habe ihm gedroht, ihn zu schlagen, wenn er die Schreiben nicht alsbald wie abgeraten verfertige. Dann wird Brenner präziser: Ueli Galli, der Bergmichel, Statthalter Berger und der Weibel von Röthenbach hätten geraten, Bern einzunehmen, den Rat zu ersetzen und die Gültbriefe zu vernichten. Nach ihren verderblichen Plänen sollten Leuenberger und Daniel Küpfer Schultheissen werden, Ueli Galli Säckelmeister, der Bergmichel Venner und er, Brenner, Gerichtsschreiber. Nach der Eroberung wollten sie die Stadt plündern und preisgeben. «Discours wys» habe er vernommen, dass sie die jungen Weibspersonen in der Stadt behalten wollten, die alten fortschaffen und die Männer niedermachen! (Galli sagt zu diesen Vorwürfen: es könne sein, dass so etwas geredet worden sei; er erinnere sich nicht genau an das Gespräch.)

Aus einem von Statthalter Berger im August abgefassten Brief erfahren wir, wieso es schliesslich doch nicht zum beschlossenen Sturm auf die Stadt gekommen ist: Der Plan habe darin bestanden, Bern und Thun gleichzeitig anzugreifen. Man habe das Eintreffen der Oberländer Aufständischen im Gwatt, der Aaretaler in Steffisburg abgewartet, um darauf die Stunde des Angriffs festzulegen. Zum Zeichen der Bereitschaft sollten die Oberländer

Samstag, 14. Mai

einen verschlüsselten, scheinbar harmlosen Brief an die Adresse Statthalter Bergers richten.

Als (vermutlich heute, am 14. Mai, womöglich während der Sitzung beim Murihölzli) das erwartete Schreiben wirklich eintrifft, ist sich Hans Berger seiner Sache nicht mehr so sicher. Ob das Blutbad unter Bauern und Herren der Weisheit letzter Schluss ist? Darf er die Friedensbemühungen seines Freundes und Obmanns Leuenberger so jäh unterbrechen? – Den Hans Berger plagen Gewissensbisse. Still und unbemerkt steckt er den Brief in seine Tasche und fordert stattdessen die stolze Summe von 100 000 Pfund Kriegsentschädigung von den Herren, unter dem Beifall der übrigen Kriegsräte, aber gegen den Willen Leuenbergers, der wirklich nicht mehr verlangen wollte, als den Landleuten damals beim Fussfall schon zugesagt worden war. Als die Herrengesandten (mit einem Hinweis auf das Problem der allgemeinen Landesarmut) schliesslich in die Bezahlung der besagten 50 000 Pfund einwilligen, hält sich Berger still.

So werden Galli, Küpfer und die anderen Revolutionäre verschaukelt – den lieben, langen Tag über warten sie auf das entscheidende Zeichen, an Leuenbergers Verhandlungstaktik sind sie nur am Rande interessiert.

Nur einer von ihnen ist vom lähmenden Abwarten unbeeinflusst – der Bergmichel natürlich, der den Herren offen droht: 60 000 Mann seien auf den Füssen, und morgen würden es nochmals so viele sein! – Als ihn Leuenberger zur Ruhe mahnt, geht der ungestüme Signauer gemeinsam mit seinem Bowiler Freund Michel Luginbühl auf den Obmann los und «traktiert ihn übel».

Ueli Galli aber muss tatenlos bis zum bitteren Ende zuschauen, bis der Leuenberger am Abend mit bewegter Stimme den erreichten Frieden verkündet und damit die Kriegsbereitschaft der Bauernsoldaten erheblich schwächt.

Ein spontaner Ausbruch im Stile des Bergmichel diente der Sache nun auch nicht... Ueli Galli ärgert sich (einmal mehr) grün und blau über diese unzuverlässigen Oberländer, wie sie den entscheidenden Schlag des grossen Bundes hintertrieben, nicht ahnend, dass sein wahrer Judas Hans Berger heisst und mit dem oberländischen Schreiben in der Tasche neben ihm sitzt.

Nur wenige stehen nach dem geschlossenen Frieden noch unverzagt zum «von Ueli Galli gemachten Mehr», wie jener tapfere Walkringer Wirt Hans Grüssi. Zu allem Übel hat Leuenbergers Abkommen vom Murihölzli noch einen zusätzlichen Haken, der den Bauern aus früheren Verhandlungen schon fast vertraut vorkommt: Die Herrendelegation erklärte sich inkompetent zum sofortigen Friedensschluss. Das Abkommen müsse zuerst noch vom Berner Rat ‹ratifiziert› werden, ehe es in Kraft trete. Ein Exemplar des besiegelten Friedensvertrags werde man den Untertanen zustellen, wenn es soweit sei. Daxelhofer werde seinen ganzen Einfluss in die Waagschale werfen, dass dies auch prompt geschehe ... usw. usf.

Leuenbergers Friedensschluss bereitet den Luzerner Bundesbrüdern in ihrem Habstetter Lager gewiss wenig Freude – wenn's nach Schibi gegangen wäre, hätten die Bauern Bern im Sturm genommen, um darauf mit vereinten Kräften Luzern in die Knie zu zwingen. Wahrscheinlich muss sich Leuenberger böse Vorwürfe gefallen lassen, dass er den Huttwiler Bund so schmählich verraten habe. Dem Obmann ist nicht wohl in seiner Haut ... es heisst, er wolle den Truppen von Luzern und Solothurn zum Trost die von der Stadt ausbedungene Summe von 50 000 Pfund auszahlen. Zur weiteren Beschwichtigung Emmeneggers und Schibis richtet Leuenberger noch heute die Anfrage an Schultheiss Daxelhofer: er solle das fatale Schreiben von Luzern an Zürich oder Bern mitteilen, das die Herren von Bern zum Einfall in das Entlibuch und nach Willisau aufforderte. – Daxelhofer gibt darauf ohne weiteres die Hilfemahnung Luzerns vom 4. März zu, mit der spitzen Bemerkung: es sei eine wunderbare Fügung Gottes, dass zuerst die Oberkeiten einander ermahnten, «in den Harnisch zu schlüffen», und dass die Untertanen es ihnen jetzt gleich machten. Die Entlibucher vor Bern warten noch diese Antwort ab; dann treten sie (wahrscheinlich am Sonntag früh) den Heimmarsch an. Fridli Bucher als Bote hat sie zur Belagerung Luzerns heimgemahnt – hier auf dem Murifeld haben sie angesichts von Leuenbergers Halbfrieden ohnehin nichts mehr verloren.

Während im Rathaus von Bern beinahe stündlich Leuenbergersche Schreiben eingehen, das neueste, in dem er im Namen der Bauern nochmals extra «in guten, wahren Treuen» die Restaurierung aller Schäden an «Personen, ... Ochsen und anderen Sachen» verspricht, mit der bezeichnenden Wendung «wir, Euer Gnaden kleinfügige Untertanen ...», währenddessen vermerkt der Ratsschreiber die Antwortschreiben der Regierung unter der Adresse «an die rebellische Rott». Dass die Oberkeit «keineswegs gesonnen» sei, den «schimpflichen Frieden» zu halten, geht klar aus dem Ratsprotokoll hervor. Kaltblütig macht man sich die Lage zunutze, indem man einerseits den Obmann und seine Belagerungstruppen noch eine Weile auf die versprochene Ratifizierung des Abkommens warten lässt, andererseits aber regentet, als sei der Frieden bereits perfekt und die Bauernarmee zur Auflösung verpflichtet. An die drei schwankenden Landgerichte Seftigen, Konolfingen und Sternenberg ergeht ein Mahnungspatent, dass sie ihre Uszüger sogleich zur Verteidigung der Stadt schicken sollten. Die Oberländer sollen jetzt unverzüglich nach Thun aufbrechen. Die welschen Truppen erhalten den Befehl zum Anmarsch.

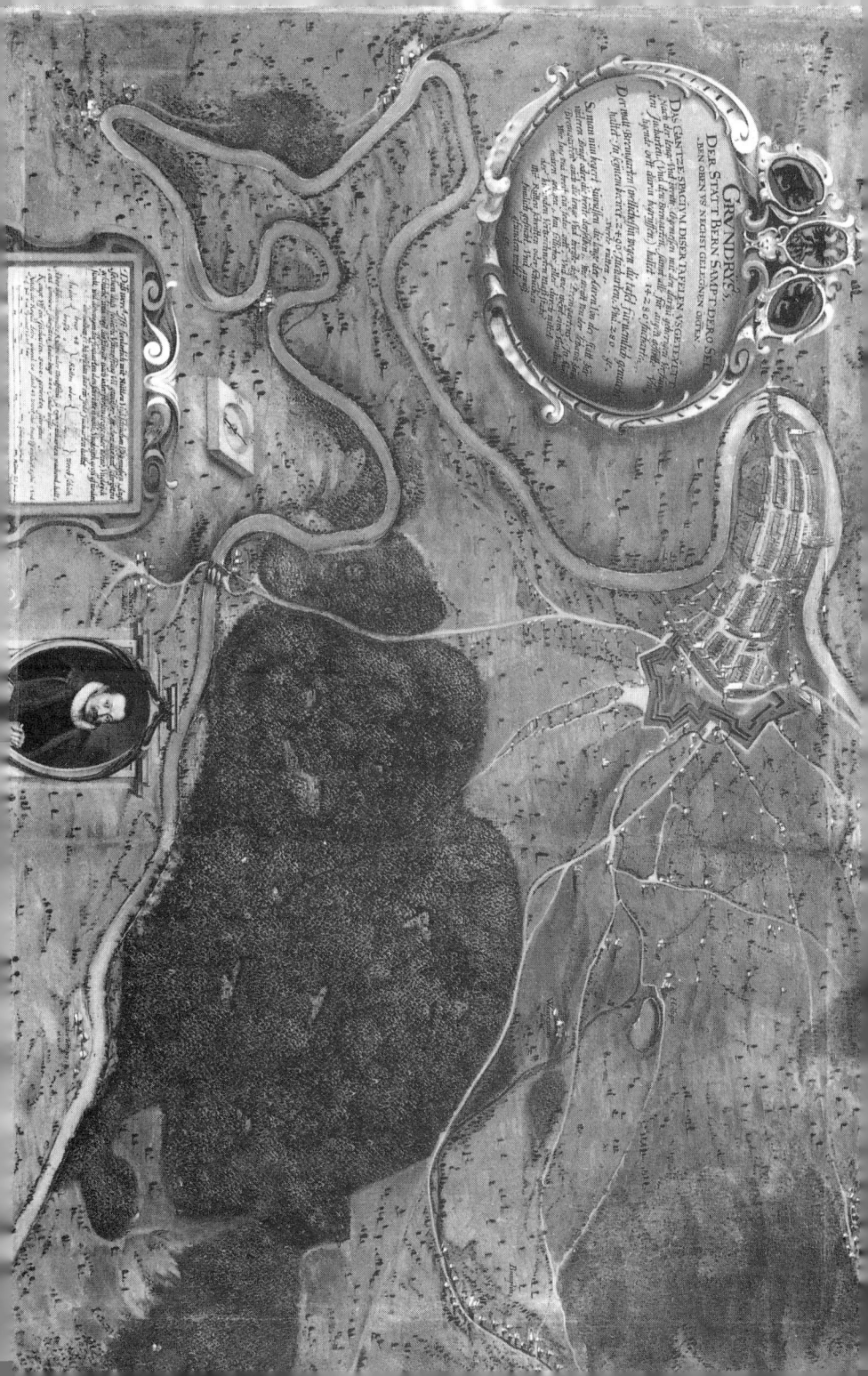

GRVNDRYS
DER STATT BERN SAMPT DERO SIT-
TEN OBEN VND NECHST GELEGNEN ORTEN

Das GANTZE SPACIVM DISER TAFFELN ASGETZEICHNET
Nach der laeng *(von oben ab Bremgarten, biß in den Farn an*
der Judtartn,) vnd der Breiten *(vom abendt gehen zum*
morgen, biß an dem hertzstein,) haltet 14. a. 20. Juchartn,
Jegtwed. 40. thuon begriffen.

Der mit Bremgartn *(welchs thun 311 Tafel, fürnemlich gemalet*
haltet) 36. Juchartn. rest. 2450. Juchartn. Vol. 2481. 16.

Sa man nun begert, Superficem Circuli Ebnungs des darin ligenden Statt So-
nitten Begriffs, darzu Sy vngefahrlich, fürnem, beschehen, So wirt es befunden
vermals auffdem Boden, vnd Juchartn, wie aus der Jüngst vermälten Teutschen
Geometry geno. von den Ebnungen, Jngleichem die dar vmd aufliegende
Matten, gen. ist. die Eben, so auß der kleineri, vnd grössere Bremgarten
ligenden wird ein, das lestigen, der doris weder offt gesetz er ist
Im Jngleichen die ebni, so auß der kleinen, vnd grosse Bremgarten
ligenden wird ein, das lestigen fass sich
halt wird bestattet. Jn solcher
Sy halb ichelt. Und such
fleissigst.

In *Schwarzenburg* lässt der Landvogt das Volk zusammenrufen und gewährt mit seinem oberkeitlichen Wort die Abschaffung aller eingereichten Beschwerden, wenn sie nur ihrer schuldigen Eidsleistung nachkämen und Bern zu Hilfe zögen. Hans Bauen, der Alt-Landschreiber, redet beharrlich dagegen und weiss den Handel lange Zeit zu verhindern. Doch bis am Abend, «nach nit geringer Müh und Arbeit», bringt der Landvogt die Schwarzenburger zum Zuzug in die Hauptstadt.

Das Städtchen *Aarau* wird belagert. Die Bauern leiten den Stadtbach ab. Abends erhalten sie Verstärkung aus dem solothurnischen Olten.

Der Kommandant der Landleute, Hans Hochuli, schickt einen Boten zu Leuenberger: Ob sie Aarau angreifen sollen?

Liebenau III/64f. - Mühlestein 457-467 - Tillier 178-181 - Vock 299 - Aeschlimann 180f. - Chronik Schenk - Rösli 167, 172 - Zingg 33 - RM Bern 14.5. 1653 - von Arx 29 - BB VI.96 - BB VI.80. 3 - AEB D 447, E 703ff., F 13/37ff. - Turmbuch Bern 1653, Vergichte Leuenbergers, Brenners und Gallis

Bern und Umgebung nach Joseph Plepp (1623). Die Karte steht Kopf - Norden ist unten. Auch in der starken Verkleinerung sind die beiden Aareübergänge zu erkennen, die Untertorbrücke im Osten der Stadt und die Neubrücke nördlich des Bremgartenwaldes. Bereits eingezeichnet sind die damals im Bau befindlichen Schanzen im Westen. Der Mann im Medaillon ist Schultheiss Anton von Graffenried I.
Die Hauptlagerplätze der Bauern 1653 wären in der (nicht weiter ausgeführten) oberen linken Ecke der Karte zu suchen.

Sonntag, 15. Mai

Pfarrer Metzger. Stürmischer Morgen im Bauernlager. Die Oberkeit verlangt die Öffnung der Aare- und Sensebrücken

Wenn schon die Lebensmittel im gewaltigen Bauernlager immer knapper werden, so wollen die frommen Landleute doch auf eines nicht verzichten: auf ihre sonntägliche Predigt.
Der Feldprediger der Aufständischen stammt pikanterweise aus dem regierungstreuen Dorf Stettlen, nahe Berns.

> Pfarrer Metzger steht nicht im besten Ruf. Die Stettler klagen, «dass er zuzeiten die Predigt spottschlecht haltet und erst sonntagmorgens us der Stadt kommt. In syner Hushaltung entstehen Zank zwüschen ihme, syner Husfrouwen und Kindern, die er auch nit flyssig zur Arbeit haltet. (...) Ist ziemlich viel schuldig und entlehnt us dem Kilchengut Getreidt, das er nit wohl kann wiedergeben. Findet sich etliche mal im Wirtshus Boll, dem er auch gastiert hat. (...) Er und seine Husfrouwen seien dem Trunk mächtig ergeben.»
>
> Wenn man weiss, dass der Weg nach Bern für die meisten Emmentaler von alters her über das Eggli, Utzigen und Boll führt, so lässt sich wohl erraten, wo und bei welcher Gelegenheit die Aufständischen mit dem seltsamen Pfarrherrn Freundschaft geschlossen haben. Dass Gottfried Metzger in seiner Schuldennot zeitweise sogar den Kelch zum Abendmahl versetzt haben soll, stört die Bauern wenig: Wie er an diesem Maisonntag der gerechten Sache der Landleute seinen Segen verleiht, ist er der beste Pfarrer im ganzen Bernbiet.

Man möchte dem tapferen Geistlichen, dem sicher bewusst ist, dass er eben seine langjährige Pfarrstelle aufs Spiel setzt, wenigstens einen Tag der Anerkennung gönnen. Doch kann er seinen Feldgottesdienst nicht einmal ruhig zu Ende führen.
Just zur Predigtzeit haben ein paar unzufriedene Draufgänger aus der Kompanie bei der Neubrücke einen Überraschungsangriff auf die Stadt im Sinn. An ihrer Spitze stehen der Bergmichel, Hans Bürki und der Langnauer Salpetergraber Christen Augsburger, dieser ‹ganz schwarze›, baumstarke Mann, der damals die Schuldeintreiber zäumen half und seither fleissig Botschaften ins Entlibuch trug. Beim Schänzli, wo sich der Vogelherd befindet, wollen sie angreifen.

Jetzt, wo alles in der Kirche sitzt, sind die städtischen Wachtposten bestimmt nur schwach besetzt. Wenn dann erst einmal eine Bresche zum Sturmangriff geschlagen wäre, würde ihnen die grosse Masse der Bauern in die Stadt hinein folgen, auch gegen den Befehl des so schrecklich friedliebenden Obmanns.

Wahrscheinlich ist es Lienhart Glanzmann (die ungehorsamen Draufgänger gehören zu seiner Kompanie), der das Komplott verhindert. Der Bergmichel muss gefesselt werden. Er platzt fast vor Wut. Als Leuenberger eintrifft, faucht er ihn an: Wenn er es nicht mit dem Volk halte, würden sie einen anderen Obmann ernennen! – Ein gewisser Daniel (Ruch?) fordert den frechen Kerl zum Schwertkampf heraus; aber Leuenberger und Glanzmann sind nicht begeistert von der Idee, dem Rasenden jetzt ein Schwert in die Hand zu drücken und lassen ihn noch eine Weile in Fesseln liegen.

> Bergmichels misslungener Plan war strategisch gar nicht so unklug. In Anbetracht der herannahenden Verstärkung für die Stadt, der Lebensmittelknappheit und der abflauenden Begeisterung im Bauernlager wäre der Überraschungsangriff auf Bern vielleicht militärisch die einzig richtige Lösung gewesen.

Doch das Volk glaubt nicht an Strategien. Es glaubt vielmehr einem vertrauenswürdigen, auf Recht und Ordnung bedachten Menschen, seinem Obmann Leuenberger, und der hat den baldigen Frieden versprochen. Die grosse Mehrheit glaubt, dass er sein Versprechen heute – ganz sicher aber morgen – einlösen werde. In den Augen dieser Mehrheit ist der stürmische Bergmichel zunächst bloss ein Störenfried, der den Frieden mutwillig aufs Spiel setzte.

Im Lauf dieses Sonntags ändert sich aber die Stimmung. Man vernimmt im Lager von den Aufgeboten der Regierung in den Landgerichten und im Schwarzenburgerland. Schon sind etliche Uszüger dem oberkeitlichen Befehl gefolgt und mit ihren Waffen in die Stadt hinein gelaufen. Verwirrung bei den einen, Empörung bei den anderen: Ist das nicht ein falscher ‹Frieden›, wenn die Stadt ungehindert ihre militärische Macht verstärkt, die Bauern derweilen untätig zuschauen und auf einen Bescheid warten? – Das Vertrauen in den Obmann bröckelt merklich ab.

> Selbstverständlich war es beim provisorischen Friedensschluss nicht Leuenbergers Meinung, dass die Oberkeit ab sofort regenten könne wie eh und je, die Untertanen sich aber ohne irgendein festes Zugeständnis fügen müssten.
>
> Leuenberger muss sich verraten vorkommen: Gestern noch hat er den

Sonntag, 15. Mai 485

> Friedensplan gegen alle Widerstände im eigenen Lager durchgesetzt, damit ein Blutbad vermieden, nicht zuletzt die Köpfe der Berner Ratsherren vor der wilden Rache der Unzufriedenen gerettet... heute suchen dieselben Herren ihren militärischen Vorteil und rauben ihm, dem Friedensstifter, so seine Glaubhaftigkeit.

Erbittert und zugleich flehend appelliert der Obmann an den Kleinen Rat: «Hochgeachte Gnädige Herren und Oberen! Wir müssend mit Beduren vernehmen, dass Ihr Völker in die Stadt nehmend und üch damit versammlet, welches aber wider unserer gestrige Friedens-Traction ist. Wo nun denn also wäre, würde kein Frieden, sondern ein allgemeiner Krieg und Blutbad darus erwachsen. Wir bitten Euer Gnaden tugenlich, Ihr wöllent uns in Yl die Antwort werden lassen, dann unser Volk sehr ergrimmt und nit mehr in Schranken ze behalten; Gott mit uns allen. Dato us unserem Läger in Yl, den 15.5. anno 1653 (Niclaus Leuenberger).»

An diesem Sonntag geschieht etwas, was Leuenberger und seine Kriegsräte allem Anschein nach erst in der Nacht erfahren, und was das Volk noch viel heftiger «ergrimmen» wird: Die Regierung versucht nämlich, für ihre welschen Truppen den Durchgang bei *Gümmenen* und *Aarberg* zu erschleichen. Bei der Gümmenenbrücke erscheint der Vogt von Laupen in Begleitung Oberst Morlots, im Aarberger Thiergarten ist es Herr Jacob Fellenberg, Vogt des dortigen Städtchens. Die Herren erzählen den Wachtmannschaften der Bauern ungefähr dasselbe: der Friede zwischen Leuenberger und der Regierung sei gemacht. Sie müssten das Heer der Welschen – alles bernische Untertanen, die zur Sicherung des Friedens in die Stadt geführt würden – durchlassen und sollten sich nach Hause begeben.

Beim Thiergarten führt zur Zeit Bendicht Spring das Kommando der Aufständischen. Zum Glück war er gestern an den Verhandlungen vor Bern anwesend und weiss Bescheid. Er fertigt den Vogt mit den Worten ab: Wir ziehen erst heim, wenn die Neuenburger Truppen in Aarberg auch heimziehen! – Bei der Gümmenenbrücke kommandieren Peter Freiburghaus und Adam Köchli. Die beiden wissen offenbar nicht recht, wie sie sich verhalten sollen. Um Zeit zu gewinnen, verlangen sie eine höchst-oberkeitliche Bestätigung, dass das fremde Kriegsvolk wirklich nur zur Sicherung der Stadt und nicht zu einem Angriff auf die Landleute gebraucht werde. Viel undiplomatischer als die Anführer benimmt sich das gemeine Volk an der Gümmenenbrücke. Bendicht Göüffi von Biberen nimmt den Landvogt beim Kragen und schreit ihm wütend ins Gesicht: «Ihr habt lang genug regiert; wir wollen auch einmal regieren!» – Die Herren aber beeilen sich. Noch heute um Mitternacht erhalten Freiburghaus und Köchli die verlangte Bestätigung aus Bern: «Falls etwas Volks kommen werde, wäre es kein anderes dann zur Vermachung der Stadt, weliches sie nit beleidigen, viel weniger den Pass, als die Ihren Gnaden zuständige Brügg, verschliessen werdindt... sollen sich nit weiter da aufhalten, sondern sich zur Ruw begeben.»

Mitteilungen Otto Born, Stettlen (betr. Pfarrer Metzger) und Hans Schmocker, Bern (betr. des Anmarschweges der Emmentaler nach Bern) – Rösli 105,160,166 – Mühlestein 461f. – RM Bern 15.5. 1653 – AEB D 469 – AEB E 13/49

Bürgerunruhen in der Stadt Bern

Der Rat der 200 genehmigt in seiner heutigen Sitzung mit Stimmenmehr den auf dem Murifeld vereinbarten Frieden; die ausgehandelten 50'000 Pfund Entschädigung will man den Landleuten «unter Berücksichtigung der Landesarmut» gewähren; allerdings sollen mit diesem Geld vorab diejenigen Regierungstreuen bedacht werden, welche durch die Aufrührer zu Schaden gekommen sind. Überdies ist man im Rathaus der Auffassung, dass die Untertanen ab sofort wie gewohnt zu gehorchen hätten. Der besiegelte Friedensvertrag und die Entschädigungssumme würden erst ausgehändigt, wenn sich alle Aufständischen nach Hause begeben und einen neuen Treueeid geschworen hätten.

Dieser Frieden nach dem Willen der Herren, der fast einer Kapitulation der Aufständischen gleichkäme, stösst in der Stadt selber auf überraschenden Widerstand: Nach der Ratssitzung laufen zahlreiche gemeine Burger[1] in den Strassen zusammen und rufen Parolen gegen die tyrannischen Landvögte und die falschen Münzer aus.

Offensichtlich haben diese Bürger die Bauernbewegung von Anfang an mit Sympathie verfolgt und sich von ihr zumindest Reformen erhofft.

Eilig ordnet die Regierung die Herren Steiger und Lentulus zu den demonstrierenden Bürgern ab, «weliche sich ab dem hütigen Friedensschluss mit den drussen campirten Bauren zimlich starck formalisierend», den Handel zu erklären und für Ruhe zu sorgen.

Mühlestein 468f. – RM Bern 15.5. 1653 – Tagebuch Haller

---

1 Angehörige der nicht-regierungsfähigen Familien

Die Belagerung von Aarau

Mit Musik und fliegenden Fahnen marschieren die Aarburger, angeführt von ihrem Hauptmann Stephan Reinle[2], Aarau zu. Ihnen folgen Solothurner aus dem Gäu und aus dem Gösgeramt. Beim Einmarsch ins Bauernlager wird der farbenfrohe Umzug jäh durch eine Kanonade aus dem Städtchen gestört. Die Aarburger müssen sich Hals über Kopf nach Suhr zurückziehen.

Hans Hochuli als Kommandant der Landleute lässt die Stadt mehrmals zur Übergabe auffordern. *Die Aarauer lehnen ab und verstärken ihre Verteidigung. Auch die Frauen nehmen daran lebhaft teil. Einige von ihnen haben eine starke Lauge angemacht, mit welcher sie die anstürmenden Bauern von der Stadtmauer hinab übergiessen wollen.*

Im Laufe des Nachmittags erhält Hochuli den Befehl Leuenbergers: sie sollten niemanden beleidigen, auch niemanden bei Lyb nit angreifen – der Frieden werde bald geschlossen. Begreiflicherweise dämpft dieser Bescheid die Begeisterung der Belagerer. Von den Gösgern wird berichtet, dass sie, unterstützt von ihren Frauen, anstelle der Aarauer wenigstens deren Schafe vom Feld metzgen und im Wirtshaus verschmausen. Der Weibel von Olten kehrt mit seinen Leuten enttäuscht wieder heim.

Zingg 33 – Tillier 181f. – Vock 345

---

[2] Nach Tillier und Zingg war Ueli Bohnenblust der Hauptmann. Die Aussagen bei Rösli 110 und 119 nennen aber Reinle.

Mobilmachung in Zürich

Seit einer Woche lässt Zürichs Oberkeit freiwillige Söldner werben. Jetzt, auf die Nachricht hin, Bern werde von den Bauern «mit 14 Kanonen» belagert, auch Aarau und Brugg seien umstellt, beschliesst der Rat die Mobilmachung. Gleichzeitig fordert der eidgenössische Vorort die Ostschweizer Orte zum «allereilfertigsten» Aufbruch auf.

Die Herren sind allerorten unsicher, ob sich das Volk zum Auszug gegen die Bauern von Bern und Luzern werde gebrauchen lassen. Schon das Schimpfmandat der Tagsatzung, das sonst überall am 10./20. Mai veröffentlicht wurde, haben Zürich und die Ostschweizer Oberkeiten nur in gemilderter Form bekanntgegeben, um ihre Landleute nicht zu erbosen.

Widerstand gegen den Auszug regt sich sofort im Bündnerland: Die Gemeinden Disentis und Lugnez weigern sich.

In Zürich ist die Mobilmachung so brisant, dass Bürgermeister Waser deswegen seine Kur in Baden abbricht. Um den Keim der Rebellion aus der Armee herauszuhalten, verlangen die geschickten Taktiker in Zürichs Regierung vorerst nur den freiwilligen Auszug der Landleute. Wer mit «notwendiger Feldarbeit» beschäftigt ist, soll vom Militärdienst bis auf weiteres verschont bleiben. Auf diese Weise gelingt das Unternehmen ohne nennenswerte Schwierigkeiten; die schwarzen Schafe, die mit den Aufständischen sympathisieren, sind leicht auszuscheiden.

Einzig im *Wehntal* verweigern ganze Dorfgemeinschaften den Auszug. Dort äussern sich viele unmittelbar nach der Verkündigung des Aufgebots in der Kirche: sie wellind nit ins Bernbiet, die Puren tot ze schlagen. Die Wehntaler glauben auch zu wissen: die Regierung lasse in Württemberg und anderswo Truppen werben; ein Zürcher Offizier namens Heinrich Heer, der im Schwabenland gedient habe, bringe die Soldateska ins Land. Bereits seien 1400 Reiter von Hohentwiel her im Anzug.

Für morgen ist in Weiningen, übermorgen in Schöfflisdorf eine geheime Landsgemeinde geplant.

Mühlestein 487–490

Montag, 16./26. Mai

Kampfhandlungen vor Luzern. Die Rückkehr von Schibis Leuten

Nachdem der Sonntag in und um Luzern recht ruhig verlaufen ist, scheint sich heute das Blatt zugunsten der Aufständischen zu wenden.

Schon am frühen Morgen ergibt sich das Städtchen *Sursee*. Fünf Kanonen samt einem Haufen Pulver und Munition werden gegen Quittung den Rebellen ausgehändigt.

Wenig später erobern die Bauern das Schloss *Wikon* mit seinen zwei Geschützen. Den Schlossvogt, Rittmeister Pfyffer, lassen sie laufen.

Die Hauptleute und Kriegsräte der zehn Ämter sehen nach diesen Erfolgen die Möglichkeit nahe, auch das stolze Luzern bald in die Knie zu zwingen. In diesem Sinn schreiben sie dringend an «den Herrn Obmann Leuenberger, im Bernbiet bei dem Kriegsvolk zu erfragen», mit dem Vermerk «wie auch vor Unserm Hrn. Lieutenant Joh. Emmenegger, so er noch vorhanden ist, zu eröffnen»:

«Ihr wolltet uns mit Kriegsvolk beholfen sein, etwa mit 10 000 Mann, oder so viel Euch je möglich ist; denn wir es vonnöthen sind, weil wir in grosser Weite belagern müssen, und wenn Ihr uns den Mehrteil Musquetiere schicktet, wäre es uns sehr lieb und angenehm, und sobald und geschwind als es Euch möglich ist... und so Ihr uns also zu Hilfe kommen würdet, so hätten wir die Hoffnung, wir könnten in kurzer Zeit mit unserer Oberkeit wohl abschaffen... Desgleichen wollen wir auch gegen Euch gewiss tun... P.S. Ihr wollet auch (...) so die Unterwaldner uns im Entlibuch Schaden tun oder aus dem Lande ziehen, unsere Bundesgenossen bei Euch oben im Bernbiet[1] mit solcher Macht, als Ihr könnet, aufbringen.»

Statt der erhofften 10 000 Soldaten kommen im Lauf des heutigen Tags Schibi und Emmenegger mit ihrer 700köpfigen Kriegsschar im Lager der Bauern an. In einem zweitägigen Eilmarsch haben sie den Weg von Bern her bewältigt. Etliche hundert Berner sind mit ihnen gezogen: von Leuenbergers Politik enttäuschte Revolutionäre, die darauf brennen, unter Schibis Regie doch noch ihren Kriegsmut zu beweisen. Die Neuankömmlinge verstärken die Entlibucher Kompanie auf dem oberen Gütsch.

An Ideen, wie man die Stadt zur Aufgabe zwingen könnte, fehlt es nicht: Ein Entlibucher schlägt vor, man solle den Städtern das Trinkwasser vergiften oder zumindest die Wasserleitung von Kriens nach Luzern zerstören. Mit der Begründung «die Reichen trinken ja doch kein Wasser!» wird dieser

---

1 die Oberländer

Antrag abgelehnt. – Auf Betreiben der Berner hin trägt man Strohwellen von Malters her auf den Gütsch, um den Burgerwald mitsamt den städtischen Vorposten auf dem unteren Berg in Flammen zu setzen. Wahrscheinlich fehlt der dazu nötige Westwind. Der Streich wird jedenfalls nicht ausgeführt.

Als die Willisauer zur Mittagszeit eben ihre eroberten sieben Geschütze nach *Gisikon* schleppen, ist ihr militärischer Vorteil schon wieder dahin, weil auch ennet der Brücke Verstärkung eintrifft: einige hundert Zuger Soldaten. Ihr Kommandant, ein gewisser Hauptmann Speck, hat offenbar vom frisch gewählten Landammann Trinkler den Auftrag zur gewaltlosen Friedenssicherung erhalten. Den ganzen Nachmittag über hockt Speck mit den Willisauer Rebellenführern im Wirtshaus an der Brücke zusammen; ein Hilfegesuch aus Luzern weist er kurz und bündig als unnötig zurück. In der Unterredung einigt man sich auf vier Artikel für einen Waffenstillstand: Danach erkennen die Aufständischen – wie gehabt – die vier alten Orte Uri, Schwyz, Unterwalden und Zug als Schiedsgericht an. Im Gegenzug garantiert das Dokument den Fortbestand des Huttwiler Bundes.

Die Luzerner Regierung wehrt sich mit allen Mitteln gegen das drohende Verhängnis. Mit einem Ausfall nach Rathausen verschaffen sie sich militärischen Respekt; die Bauern verwunden zwar zwei städtische Soldaten durch Schüsse vom Kirchturm von Emmen herab, müssen sich dann aber mit vier eigenen Verwundeten zurückziehen. Gleichzeitig starten die Herren eine diplomatische Offensive: Mit einem Mandat versprechen sie all jenen Schutz, die sich vom Aufstand abwenden und sich zur Regierung bekennen.

Dass am Nachmittag dieses 16./26. Mai der Mut und die Einigkeit im Bauernlager bereits wieder schwinden, hat verschiedene Gründe. Zum einen ist der Bescheid der Rückkehrer von Bern über Leuenbergers eigenbrötlerischen Vorfrieden, seinen Verrat am Huttwiler Bund, ein arger Dämpfer für die kriegerischen Luzerner Landleute. Die bestellte Verstärkung zur «Abschaffung der Oberkeit» wird jedenfalls nicht kommen. Zum zweiten hat der Vorfall bei Rathausen die nahe der Stadt liegenden Ämter das Fürchten gelehrt. Die Entlibucher und Willisauer können gut reden ... es sind nicht *ihre* Familien, Höfe und Felder, die unter den Überfällen und Brandschatzungen an der Belagerungsfront leiden. Vor allem der Emmener Siegrist Kaspar Steiner, um dessen eigene Kirche herum ja geschossen wurde, drängt auf einen Waffenstillstand. Er legt dem Luzerner Rat im Namen seines Amtes zwölf Bedingungen vor, von denen die Herren nur eine – das Gesuch um Schadenersatz – rundum ablehnen.

Montag, 16./26. Mai 491

> *Die Patrizier werden sich gegenseitig freudig auf die Schultern klopfen, dass sie mit einem gezielten kleinen Überfall und einem bauernfängerischen Mandat bereits einen so grossen Fisch wie Kaspar Steiner und das Amt Rothenburg an Land gezogen haben. In der Rückblende scheint es fast, als seien die beiden Aktionen der Herren speziell auf den opportunistischen Emmer zugeschnitten gewesen.*

Nach Steiners Umkippen lassen die übrigen stadtnahen Ämter nicht lange auf sich warten. Noch am selben Abend stellen sieben Ämter durch einen Landvogt (!) namens Ostertag beim Luzerner Rat das Gesuch um einen Waffenstillstand. Sie verlangen den Entscheid der strittigen Punkte durch eidgenössische Schiedsrichter im neutralen Stans, sowie die Offenlegung aller ihrer Urkunden durch den Rat.

Die revolutionären Entlibucher um Emmenegger und Schibi sind einmal mehr die Betrogenen.

Liebenau III/56, 66–68 – Mühlestein 431–435 – Vock 314f.

Die Werdmüllers inspizieren 1500 Mann geworbenes Volk, vier Freikompanien (etwa 900 Mann), 450 Reiter, die Artillerie, die Genietruppen und den Train mit etwa 450 Mann auf dem Paradeplatz. Alle sind wohlgerüstet und marschbereit. Tag für Tag stossen neue Kontingente aus der Ostschweiz dazu.

Mühlestein 490

Isaak Bowes Abgang

Die Ausschüsse aus dem Oberbaselbiet sind heute nach *Sissach* zu einer Versammlung gerufen, um die Antwort der Regierung auf die Forderungen vom vergangenen Donnerstag entgegenzunehmen. Mit den Ausschüssen erscheint viel bewaffnetes Volk, das sich wild und ungestüm gebärdet. Dem sittsamen Isaak Bowe missfällt dies sehr. Schliesslich kann er sich nicht mehr zurückhalten, tritt den Leuten wütend entgegen und wirft ihnen vor: sie versuchten der Oberkeit ihre alten Rechte des Salzkaufs, Ohmgelds und anderer Sachen zu entziehen; sie handelten darin wider den Bund und Eid. Leuenberger selbst, wäre er anwesend, würde solches sagen!

Die Rede verfehlt ihre Wirkung vollkommen. Der Huttwiler Bund soll gegen den freien Salzkauf gerichtet sein? Der Isaak Bowe ist nicht bei Trost. Einige Waldenburger werden sehr böse und drohen ihn zu zerhacken wie einen Krautkopf, wenn er sich nicht davonmache!

> Das ist der unglückliche und endgültige Abschied Isaak Bowes aus der Bauernbewegung.
>
> Erstaunlicherweise vernehmen wir in diesen Tagen nichts von Ueli Schad, so dass die rebellischen (und überdies gut bewaffneten Baselbieter ohne erkennbare Führung dastehen, gerade jetzt, wo ein rasch entschlossener Aufbruch nach Bern oder Luzern vielleicht Wunder wirken könnte.

Mühlestein 507f.

Der engere Bauernkriegsrat. Leuenberger ruft den Frieden aus. Zwei welsche Kompanien passieren die Gümmenenbrücke

Der engere Kriegsrat der Berner Bauern tagt jeweils in Marti Gostelis Haus in *Ostermundigen*.[2] Neben dem Obmann sind hier Daniel Küpfer, Ueli Galli, Statthalter Berger, Daniel Ruch, Klaus Gfeller und der Notar Brenner ständig untergebracht.

An der heutigen Sitzung geht es recht hitzig zu. Der Kriegsrat hat aus Gümmenen vernommen, 14000 bewaffnete Welsche verlangten mit einem hochoberkeitlichen Patent den Durchpass; die Mannschaften wüssten nicht, wie sie sich verhalten sollen. Hauptmann Hans Megert von Münsingen wird sogleich mit einigen Musketieren ausgeschickt, die Bauernwachten an allen Flussübergängen zu inspizieren, damit ja keine welschen Truppen durchgelassen werden. Sicher durchschauen die Kriegsräte die Absicht der Herren, den definitiven Friedensschluss hinauszuzögern, um sich während der Phase der Unsicherheit auf dem Land militärische Vorteile zu verschaffen. Ueli Galli schlägt vor: man solle von der Regierung zusätzliche 5000 Kronen Kostenersatz für jeden Tag verlangen, den die Bauern in ihrem Feldlager noch auf den definitiven Frieden warten müssten – das werde den Herren wohl Beine machen! Leuenberger, immer noch die mässigende

---

2 Der Gosteli-Hof – an der heutigen Mitteldorfstrasse Nr. 16 – brannte am 3. April 1797 nieder. Der prächtige, sandsteinfarbige Neubau von 1797 steht heute im Freilichtmuseum Ballenberg.

Montag, 16. Mai

Kraft unter den Rebellen, will sich mit 5000 *Pfund* (37 000 Batzen) täglich begnügen; doch Galli besteht auf 5000 *Kronen* (125 000 Batzen) und setzt sich bei den übrigen Kriegsräten durch. So fasst Notar Brenner das Schreiben in der schärferen Form ab. Hans Bürki im Winkel anerbietet sich, die Forderung persönlich in die Stadt zu tragen; der junge Michel Langenegger will sich ihm anschliessen: er wüsse wohl, was den Bürki breste!
Die üblen Nachrichten von den Brücken im Westen zehren an Leuenbergers Nerven. Zudem haben die Bauernführer gegen verschiedene, geschickte Intrigen der Herren anzukämpfen. So kommt Hans Bögli, der Ammann von Vechigen, mit einem oberkeitlichen Mandat daher, gerichtet an die Untertanen der stadtnahen Kirchenspiele Vechigen, Stettlen, Utzigen und Sinneringen. Die Gnädigen Herren erklären da, wie sie den lieben Frieden begehrten und mit allen Mitteln fördern wollten. – Der sonst so ruhige Leuenberger fährt den Ammann sehr böse an: Solche Schreiben seien nur für die Linden gemacht, seien erlogen und gehörten in die «heimlichen Gemach»...[3]

Die einzige erfreuliche Nachricht des Tages stammt aus *Münchenbuchsee*: Die Buchser haben das Reisgeld herausgefordert und wollen sich endgültig dem Aufstand anschliessen.

Bald erhalten die Belagerer die Antwort auf ihre Forderungen vom Morgen. Darin steht, der Rat habe den Frieden ratifiziert; 50 000 Pfund würden zur Behebung der Landesarmut vergeben, und zwar zuvorderst an die regierungstreuen Opfer der Aufständischen. Eine Bestätigung der anderen ausgehandelten Artikel fehlt.

Was er vom ‹Frieden› zu erwarten hat, wüsste Leuenberger besser, wenn er einen Blick in das Protokoll des Berner Rates werfen könnte. Dort trägt der Briefabgang die Adresse: «An erwähnten perduellionis reum (des Hochverrats schuldigen) Niggi Löwenberger mit seiner übelverfüchtenden Rott über ihr abermals unersettliches Gsuech in der Vergleichsverhandlung zu antworten.»

Obwohl ihn der kurze Bescheid nicht befriedigt, sieht sich der müde gewordene Obmann seinem Ziel eines gerechten und verbrieften Friedens nahe. Er diktiert ein demütiges Rückantwortschreiben in die Stadt, in dem er dringend um urkundliche Ausfertigung der bewilligten Punkte bittet. Den Artikel wegen der 50 000 Pfund will er einstweilen unerörtert lassen – von Gallis Forderung ist nicht mehr die Rede. Zugleich lässt Leuenberger im Bauernlager den Frieden feierlich ausrufen.

---

3 Das Datum vom 16.5. ist für diese Szene nicht gesichert. Sie hat sich aber «unfern vom Saali», mithin im Bauernlager vor Bern, abgespielt.

Am Abend kommen bei den verschiedenen Bauernkompanien Hauptleute aus der Stadt vorbei und verlangen: man solle ihnen ins Entlibuch folgen, die rebellischen Bauern niederzumachen! Herr Steiger redet zu den Uszügern: in Willisau müsse man die Herren Ehrengesandten aus den Händen der Aufrührer befreien.

Glücklicherweise widersetzen sich die Landleute dieser Anmassung. Leuenberger empört sich heftig über diese Berichte, wie die feinen Herren mit allen Tricks die Rechtsunsicherheit unter dem gemeinen Volk, diesen Halbfrieden, auszunützen versuchen.

Erfolg hat die Oberkeit damit bei der *Gümmenenbrücke*. Oberst Morlot gelingt es, einige hundert Welsche ungehindert über die Sense zu führen.

Der Vogt von Laupen, Johann Jakob Dürheim, schildert seine Heldentat:

Er ging ins Lager der Bauern bei der Gümmenenbrücke und rief überall voller Verzweiflung aus: Nun sei alles verloren! Leuenberger habe sich mit seinem Heer dem Papst unterworfen und sich mit seinen Kriegsräten zum katholischen Glauben bekehrt, so dass man jetzt wohl sehe, wer eigentlich den Handel anzettle und die Hand im Spiel habe! – Diese Kriegslist gelang vollständig. Die reformierten Landleute bekamen einen solch ungeheuren Schrecken, als ob der Papst persönlich sie beim Hals gepackt hätte. Sie liefen schnell auseinander und nach Hause. Oberst Morlot führte seine Truppen ganz ungehindert über die Brücke und im Eilmarsch nach Bern.

Eine derart himmelschreiende Dummheit der Bauern ist kaum glaubhaft, um so mehr als der jetzt so plagierende Laupener Vogt tags zuvor bei seiner Mission in Gümmenen einen eher kläglichen Eindruck hinterliess.

Was ist denn wirklich geschehen?

In seiner Sitzung vom 15. Mai hatte der geheime Kriegsrat der Stadt Bern folgende taktische Massnahmen ausgeheckt: Vorab hat man dem Predikanten von Murten ein Memorial übergeben – wahrscheinlich sollte er an diesem Sonntag vehement gegen die Rebellen und ihre papistischen Verbündeten predigen. Die Obristen Morlot und von Diessbach sollten ihre welschen Truppen am Scheideweg im Leuenberg (vor Murten) zusammenziehen. Von da aus sollte ein Offizier nach Gümmenen vorausreiten und in Erfahrung bringen, ob man sie durchlasse. Falls man ihnen willfahre, solle sich eine Kompanie unverzüglich der Brücke bemächtigen und diese besetzt halten; die übrigen Truppen sollten «zamenthaft» hindurch marschieren. Wenn man ihnen aber den Pass nicht gewähre, solle nur eine Kompanie vor Gümmenen bleiben und mit Schüssen und Lärmen dergleichen tun, als ob sie par force durchdringen wollten; die übrigen Kompanien sollten auf Aarberg ziehen.

Nun: Den Durchpass verweigerten die Bauernwachten; die List mit dem grossen Lärmen hatte Erfolg. Damit wird auch klar, warum nur so wenige Welsche den offenen Pass bei Gümmenen nutzten.

Ein Brief Peter Freiburghaus' an Hans Brönnimann zu Oberbalm, offenbar vom 17.5. 1653, schildert den Vorfall aus der Warte der Bauern: «...Wir müssen mit Bedauern vernehmen, dass der Pass zu Gümmenen geöffnet und gestrigen Tags bei 400 Mann durchgezogen. Wenn ihr hüt findet, dass der Pass zu Gümmenen wieder verleget wurde, so mögt ihr in aller Eil Volk dahin tun und den Pass wieder einnehmen, dann wir diesen Pass nit ledig lassen können, aus der Ursach (dass) allen Tag Volk (zu) erwarten sind. Ihr sollet euer Volk zusammen sammeln bis euch Bescheid von Kerzers kommt. Von Peter Freiburghaus, Statthalter von Neuenegg.»

Der Schreibende hat den Vorfall demnach nicht selber miterlebt. Als Kommandant bei Gümmenen in der Nacht zuvor hat er das Durchmarschpatent der Gnädigen Herren nicht gelten lassen. Die Nachrichtenlage der Bauernwachten bei der Brücke war zugegebenermassen verwirrend: Vor fünf, sechs Tagen sind sie nach Gümmenen geströmt, um den Einfall der gefürchteten lothringischen und burgundischen Söldner zu verhindern. Die Lothringer blieben aus. Die Vögte kamen, einmal erschien sogar der Altschultheiss Daxelhofer zu einer Landsgemeinde auf dem Landstuhl; sie sagten, das Gerücht von den fremden Söldnern sei eine bösartige Lüge der papistischen Erzrebellen aus dem Entlibuch; die Bauern sollten doch vernünftig sein und heimgehen.

Und aus Leuenbergers Befehlen soll mal einer klug werden! Einmal hiess es: man solle gut Wacht halten, das andermal: man solle niemanden angreifen oder beleidigen. Als der welsche Oberst sein Patent vorlegte, fragte man den Obmann an und bekam zur Antwort: solange kein Frieden sei, sollten sie die Brücke sperren. Stunden darauf erfuhr man, vor Bern sei der Frieden geschlossen. Hätten sie da auf die vorrückenden, allem Anschein nach zum Kampf entschlossenen Waadtländer schiessen sollen?

Vock 298 f. - Mühlestein 470 - RM Bern 16./17.5. 1653 - Turmbuch Bern 1653, Vergicht Ueli Gallis, Pkt.19 - AEB D dat. 16./17.5. 1653, F 13/14 und 13/37 f. - BB VI.80.3 - KRM Bern 15.5. 1653 - Karl Ludwig Schmalz: Ostermundigen. Ostermundigen 1983, 46 - Mittg. Hans Minder (Ostermundigen)

Auch der Berner Rat hat seine Sorgen ...

Die Herren lachen sich ins Fäustchen ob der Verwirrung unter den Landleuten. Während sich die Rebellenarmee vor der Stadt nur mangelhaft verpflegen kann, haben heute tatsächlich Märitfahrer aus dem Landgericht Sternenberg in der ‹belagerten› Stadt ihre Ware feilgeboten! – Und die ersten welschen Truppen sind im Anmarsch – Vogt Dürheims «Papstlist» von Gümmenen erheitert die Patrizier ungemein.

Viel weniger lustig finden sie die Vorfälle in der Stadt selbst. Da haben sie mit ähnlichen Zerfallserscheinungen zu kämpfen wie die Bauern draussen in Ostermundigen.

Die gemeinen Burger reden «vielfaltig» gegen den faulen Frieden; insbesondere wird Herrn Vinzenz Stürler «durch gemeine Gassenrede» Falschmünzerei vorgeworfen. Zu offenen Demonstrationen, wie gestern, kommt es nicht mehr. Aber etliche Städter haben die so wertvollen, regierungstreuen Märitlüt beleidigt und «schmählich traktiert». Die Wirtsstube zu Schützen sei das Zentrum der Opposition. Eine vierköpfige Ratskommission wird dahin geschickt, den gemeinen Burgern «alle gefassten widrigen Gedanken uszereden, (...) weliches auch in puncto beschehen».

Sorgen bereiten den Herren auch die eben erst eingetroffenen Schwarzenburger Hilfstruppen. Es mangelt nicht an ‹schandlichen Aufwieglern› unter ihnen, allen voran der Alt-Landschreiber Bauen und Bendicht Jutzeler. Die Schwarzenburger reklamieren: man habe ihnen treulich versprochen, sie müssten nicht weiter als ins Scherli ziehen; erst wenn die Landgerichte ihre Uszüger in die Stadt schickten, müssten sie auch weiterziehen. Jetzt seien sie die einzigen in der Stadt, die Nachburen in den Landgerichten und im Freiburgbiet hielten ihnen vor, sie seien meineidige Lüt! Überdies sei zu besorgen, dass welsches Volk ins Schwarzenburgerland einfalle, und bei ihnen zu Hause ermangle man an Volk.

Jutzeler und Bauen wagen sogar, aus der Stadt hinaus einen Brief an den Säckelmeister von Schwarzenburg zu schreiben: Welsche, unbekannte Völker seien im Anzug. Wenn sie von oben her durchbrechen wollten, müsse man die Mannschaft mit Steinen und Pulver versehen und Widerstand leisten![4]

AEB D dat. 16.5. 1653 – AEB E 703 ff.

---

4 AEB D dat. 11.5. 1653. – Das in dieser Quelle genannte Datum stimmt schwerlich, da am 11.5. mit Sicherheit noch keine Schwarzenburger Truppen in Bern lagen.

Dienstag, 17. Mai

Leuenberger drängt auf den Frieden. Der Angriff bei der Neubrücke

Früh morgens schreibt Leuenberger offen drohend in die Stadt: wofern die Gnädigen Herren nicht bis 9 Uhr Bscheid und Antwort (der ausgehandelten Artikel wegen) schickten, so söllind sie versichert sein, dass die Bauern in den oberkeitlichen Schlössern und Klöstern Proviant, Speis und Trank nehmen und von Tag zu Tag die Kosten ersetzt haben wollten.

Der Obmann und seine Kriegsräte geben sich keinen Illusionen hin: Dass noch vor der Verkündigung des Friedens Märitleute und Hilfstruppen ungehindert nach Bern hineingelassen wurden, macht die ‹Belagerung› zur Farce. Das Bauernheer ist in Auflösung begriffen. Die Männer haben nichts mehr zu essen, und daheim könnte mancher die schönen Tage zum Heuet nutzen.

Noch schlimmer zerfallen die Mannschaften bei den Pässen auf dem Land. Mancher versieht dort den Dienst nach Lust und Laune, arbeitet, isst und schläft zu Hause, um dann wieder mal im Freundeskreis eine Wachtablösung zu übernehmen. Die Kommandanten sind nicht in der Lage, ihre Leute zurückzuhalten; sie sind selber bloss einfache Dorfgenossen, jedermann kennt sie und weiss über ihre Kriegsunerfahrenheit Bescheid.

Ein unbekannter Offizier (Bendicht Spring?) meldet aus dem Lager vor Aarberg: «(...) Es ist gestrigen Tags ein Mann uf unseres Läger kommen von der Gümmenenbrügg und het uns berichtet, die Soldaten sigen durch den Pass zogen, so hei si ihn eis Wägs angriffen und geschlagen. Es ist eine böse Ornig bi uns. (...) Die Herren von Bärn hei uns ein Schriben zugeschickt: Dir wöllet eistert untreu neui Sachen einbringen, das uns gar unbillig sygi. – Mir wei euch bäten, Ihr wöllet uns einen General dahin schicken, dass man eine justy Ornig könne machen. Es ist uns von Solothurn ein Bricht kommen: Es seien frömdi Völker über die Schafmatt kommen – sie (die Solothurner bei Aarberg) sollen hin ziehen. Wollen aber nicht nach Aarau, sondern wollen heim. Wird je länger je böser. Wollen heim, sollten Brüggen von allen Seiten bewachen; habe in der Nacht auch etliche Mann an die Gümmenenbrügg geschickt, aber es ist noch kein Bricht.»

Noch am Morgen erscheint ein Bote aus der Stadt und verliest den versammelten Kriegsräten in *Ostermundigen* eine Friedenserklärung der Herren:

«Schultheiss, Rät und Burger der Stadt Bern. – Wir sind der gänzlichen Zuversicht gewesen, dass unserer gnädigen und friedliebenden Neigung nach, die so vielfältig guten Mittel zu einem erwünschten Frieden zu gelangen, von üch und eueren Anhängern mit untertänigem Dank würdind angenommen worden sein. Müssind aber zu unserem höchsten bedauerlichen Missfallen us eueren Schriften und Werken sehen und erfahren, dass ihr – oder teils unter euch – Anlass zum Unfrieden sucht, indem ihr nit allein stets wiederum neue und unmügliche Anmutungen thund, sondern auch dass ihr die Verglichenschaften uffem Feld verlassen und ungeacht der fründlichen Handlung üch mit feindlichem Gwalt unserer Stadt yznehmen und mehr zu nächeren etliche unserer Burgeren gfangen nehmind und über gegebenes Wort Ross, Viech, Schaf und was dergleichen hinweg führend...»

Den Bauernführern steigt gewiss das Blut in den Kopf, als sie in diesem schrecklichen Amtsdeutsch wie Schulbuben abgekanzelt werden. Diese Herren ahnen ja nicht, was für Mühe es in den letzten Tagen gekostet hat, das Kriegsvolk von Plünderungen und anderen Racheakten abzuhalten![1]

«... daher wir wohl Ursach hätten, das ein oder ander allbereit Verglichene an sein Ort ze setzen und die Sache unserer getanen Protestation nach dem Lieben Gott und anderen Mittlen zu befelchen...» (als sei der Allerhöchste ein kriegerischer Generalissimus auf Seiten der Herren). «Mir wellend aber zu Bezeugung und Steifhaltung unseres gegebenen Oberkeitlichen Worts uns hiermit noch für diesmalen erläutert und erklärt haben: Erstlich, dass wir es by den bereits verglichnen Punkten für ausgemacht bewenden lassend.
Dannethin, die 50 000 Pfund betreffend, sind wir nochmalen des gnädigen und gutwilligen Sinns, üch dieselbigen gefolgen ze lassen und das nit für eucher Kosten (wie ihr es in euecherem Schryben anzüchend), auch nit von Abrufs der Batzen und Reisgelds wegen... sondern, wie unser vorgestriges Schryben vermag, wegen ausgestandener geklagter Bedrängnisse und beiläufiger Landesarmut. Alles in dem Verstand und mit diesen klaren Worten, dass diese 50 000 Pfund, wie obstaht, eher nit entrichtet werden söllind, bis dass ihr allbereits würklich ab- und nach Haus gezogen und zugleich den gewohnten Huldigungseid geleistet (habt), wie euer Altväter getan haben, ohne anderen Anhang,... dann

---

1 Über die Bezüge der Kriegsräte zu Ostermundigen führte Brenner säuberlich Buch: «...für Post, Heu, Futer und Haber, für Ross und Mann, für Houptlüt in summa was man da verzert hat 43 Cr, 2 Cr Trinkgeld. – Wyters die Entlibucher verzert 16 Cr 4 bz.»

Dienstag, 17. Mai 499

> wir hiemit ustrukenlich wider denjenigen Bund, darauf ihr vielleicht deutend, in bester Form protestiert haben wellend.»
> Des weiteren verlangen die Herren die Ersetzung des angeblichen Schadens an «Ross, Viech und Schaf», die Freilassung der Gefangenen, Steinfuhrungen der Landgerichte zum Schanzenbau. – Wenn sie nicht unverzüglich «bescheiden» antworteten, seien sie die Ursache alles Unglücks, Unheils, Schadens, Kummers und Blutvergiessens, das daraus erwachsen möchte, «dann wir uns zu unsrer Gegenwehr mit mehrerem ze stellen endlich gezwungen würdind, das söllend ihr wüssen: Gott der Friedenswalter ob uns mit seiner Allmacht in Gnaden.»

Gegen diesen ungleichen papierenen Frieden wehren sich nun die revolutionären Kriegsräte energisch. In ihnen ist die Erinnerung an Thun vor zwölf Jahren noch allzu lebendig, wo sie sich mit einem Konzessionsbrief haben abspeisen lassen – nichts, aber auch gar nichts hat sich daraufhin geändert. Hans Kräyenbühl, einer, der schon an der allerersten Versammlung auf dem Giebel dabei war und unterdessen zum Hauptmann der Truber aufgerückt ist, meint: man könne den Frieden nicht annehmen, bevor wenigstens die 50000 Pfund bezahlt seien. Auch Daniel Küpfer traut dem Frieden noch nicht so recht; sonst ritte er heute kaum in Begleitung von zehn Musketieren nach Aarberg zu den Wachtmannschaften, um dort Ordnung zu schaffen. Er will verhindern, dass man Truppen über die Aare passieren lasse.

In *Aarberg* ist aber das Unglück bereits geschehen. Der solothurnische Landeshauptmann Zeltner hat seine Leute heimgerufen. Vor Freude bewegt, hat er einen Zettel Leuenbergers verlesen: der Friede sei gemacht. – In der Meinung, ganz im Sinne des Obmanns zu handeln, haben darauf die bernischen Brückenwachten oberkeitliche Hilfstruppen unbehelligt durchgelassen.

In Marti Gostelis Haus zu Ostermundigen, dem Hauptquartier der Bauernführer, ist gegen Leuenbergers Friedenswillen kein Kraut mehr gewachsen. Trotz den Einwänden seiner Kriegsräte bleibt der Obmann bei seinem Entschluss, den Herren in aller Demut zu antworten und morgen früh sämtliche Bauerntruppen heimzuschicken.

Ueli Galli und seine Freunde beschliessen in den Abendstunden, dem Lauf der Geschichte in letzter Minute noch eine andere Wendung zu geben.
Nach dem Eindunkeln schleichen etliche Bauernsoldaten, die offenbar schwimmend über die Aare gelangten, mit kurzen Spiessen bewaffnet den bewaldeten Hang auf der stadtnahen Seite der Neubrücke hinauf. Sie haben

den Auftrag, droben auf der Anhöhe des Bremgartenwaldes in aller Stille die vier städtischen Kanonen zu überfallen. Etwas später greift Lienhart Glanzmanns Emmentaler Kompanie die oberkeitlichen Truppen unten bei der Brücke an.

> Zu dieser Kompanie gehören auch der Bergmichel und die jungen Langnauer Aufrührer, die am Sonntag den (im Keim erstickten) Alleingang gegen die Stadt versuchten. Sicher sind sie heute mit Herz und Seele dabei. Von Ueli Galli wissen wir, dass er selber geraten hat und mitkommandiert.
> Unklar bleibt, wie weit die Städter den Angriff von sich aus provoziert haben. Leuenberger und Küpfer behaupten später, die Emmentaler seien bei der Räumung ihres Lagers hinterrücks aus den Kanonen beschossen worden.[2]

Die Bauern stossen auf heftigen Widerstand; die Verteidiger sind 200 Mann stark und feuern mit ihren überlegenen Musketen vom Waldhang hinab auf die Angreifer. Zudem donnern die städtischen Kanonen ungehindert los; denn die Männer mit den Spiessen sind bei ihrem Aufstieg im Wald entdeckt und gefangengenommen worden. Lienhart Glanzmann, der die Bauern befehligt, wird bald verletzt. Just in diesen Minuten trifft Daniel Küpfer ein, der unterwegs in Ortschwaben vom Gefecht hörte und herbeieilte. Er ersetzt den verwundeten Wirt als Kommandant, muss aber bald zum Rückzug blasen lassen.

Der Spott der Berner Herren über die «mit einem Spiessli» am Hang ertappten Bauernsoldaten hält sich in Grenzen, weil sie selber zwei Tote zu beklagen haben, die beide ein recht unrühmliches Ende fanden: Dem Hauptmann Andres Hermann schoss ein Berner Kanonier den Kopf ab; einem weiteren Stadtberner unterlief das Missgeschick, dass er sich im entscheidenden Augenblick nicht mehr an das Passwort erinnern konnte, worauf ihn seine Kameraden im finsteren Wald erschossen.

Tillier 180f. - Vock 299 - Mühlestein 474 - Rösli 140, 143, 185 - BB VI.86.1 - AEB D dat. 17.5. 1653 - TMB Bern 17.5. 1653 - Tagebuch Haller - Turmbuch Bern 1653, Vergichte Gallis, Leuenbergers und Glanzmanns - Graf 283 f. - von Arx 29

---

2 vgl. 22. und 23.5.

Dienstag, 17. Mai 501

Die auswärtigen Truppen in der Stadt Bern

> *105 Mann von Neuenstadt seit dem 13. Mai, dazu einige Bauern von Wabern, Köniz und Bümpliz,*
> *61 Mann von Neuenstadt, 120 von Yverdon, ca. 90 Gedingte von Romainmôtier und die Uszüger von Grandson (gestern mit Oberst Morlot von Gümmenen her eingetroffen), 290 Schwarzenburger seit gestern.*
> *Heute (meist von Aarberg her gekommen) 300 Uszüger und ca. 120 gedingte Soldaten von Yverdon, 104 Mann von Lausanne, 218 von Avenches, 230 Uszüger von Moudon und 160 Neuenburger. – Die Kompanie der Erlacher verstärkt Aarberg und Büren.*

General von Erlach beklagt sich böse über die widerwilligen Schwarzenburger, von denen einer nach dem anderen ausreisst.

> In Schwarzenburg oben haben die Landleute den Vogt bei seiner Rückkehr von Bern übel beschimpft, ihn sogar im Schloss eingekerkert und ihm noch Schlimmeres angedroht, wenn er ihre Landleute nicht sofort aus der Stadt zurückhole.

Unter diesen Umständen zieht der General es vor, die Schwarzenburger zu entlassen. Heute abend werden sie durch ihren Hauptmann, Herrn Stiftschaffner Schmalz, abgedankt.
Neue, zuverlässigere Hilfstruppen treffen fast stündlich ein. Mehr als um die Hauptstadt sorgen sich die Oberen jetzt um das Städtchen Büren, das nur über eine 60köpfige wehrfähige Burgerschaft verfügt.

AEB F, Kriegsrechnung 1653 – AEB E 703 ff. – RM Bern 17.5. 1653 – Mittg. Andreas Moser (Erlach) aus dem Gde.archiv Erlach 2.8

Der Zürcher Rat lässt Oppositionelle gefangensetzen

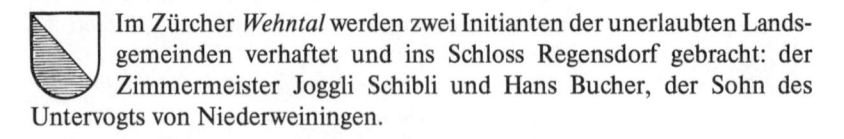

Im Zürcher *Wehntal* werden zwei Initianten der unerlaubten Landsgemeinden verhaftet und ins Schloss Regensdorf gebracht: der Zimmermeister Joggli Schibli und Hans Bucher, der Sohn des Untervogts von Niederweiningen.

> *Der Verräter war, abgesehen vom Predikanten, Untervogt Bucher selbst, der so seinen eigenen Sohn denunzierte.*

In *Zürich* lässt der Rat fünf durchziehende Aargäuer gefangensetzen. Das sind die beiden Suhrer Ueli Schnyder (ein Viehtreiber und eifriger Bote der Aufständischen) und Säckelmeister Ueli Suter, Felix Hilfiker von Oberlenz, sowie die beiden Untervögte Lüscher von Schöftland und Kull von Niederlenz. – Die fünf Männer waren unterwegs in den Thurgau, wo sie an der morgigen Landsgemeinde von Weinfelden im Namen der Berner Bauern hätten reden sollen.

> *Diesen Fang verdanken die Zürcher Herren übrigens ihrem Bürgermeister persönlich, der während seines Kuraufenthalts in Baden fleissig in der Gegend herumhorchte.*

Mühlestein 485, 487f. – Rösli 117

Waffenstillstand vor Luzern

«Wir wohlbeamtete Landesspannerherr, Landeshauptmann, Landesfähnrich samt aller zehn Ämter Ausschüssen befehlen allen und jeden Hauptleuten, Wachtmeistern und Kaporalen, dass sie das Volk allenthalben in einem Stillstand halten, weil nun, Gottlob! heutnächtigen Abend der Anfang zu einem friedliebenden, heilsamen, glücklichen Frieden angeschlagen worden, also dass Wir glücklicher Hoffnung sind, es werde sich die Sache nach und nach wohl lassen einrichten. Also sollet ihr wissen, dass ihr diesem Befehl des Stillstands fleissig nachkommt, damit nicht etwann ein grosses Übel daraus erfolgen möchte. Hiemit Gott und Mariä Fürbitte befohlen. Geben den 27. Mai 1653.» – Unterzeichnet ist dieser Befehl nicht von Landesspannermeister Emmenegger, nicht von Landeshauptmann Glanzmann, schon gar nicht von Landesfähnrich Binder, von keinem Entlibucher oder Willisauer, sondern einzig und allein «von mir Kaspar Steiner, Gerichtsschreiber im Amte Rothenburg»!

Dienstag, 17./27. Mai

Den ganzen Tag über hat Steiner in *Kriens* mit den beiden Standesherren Reding von Schwyz und Leu von Nidwalden um die Waffenstillstandsbedingungen gefeilscht. Nun soll ein neutrales Schiedsgericht in Stans über den Konflikt entscheiden.

Zuerst forderten die Bauern noch: dabei dürfe kein Schiedsherr mitwirken, der Zwyers faulen Spruch oder das Schimpfmandat der Tagsatzung unterzeichnet habe. Und unbedingt müsse der Untertanenbund bestehen bleiben. – Am Ende tönt es anders: Der Kriegsrat der vier Orte (also einseitig die eine der kriegführenden Parteien) habe die Schiedsrichter zu ernennen. Von einer Garantie des Bundes ist nicht mehr die Rede.

Es ist anzunehmen, dass die Standesherren den Kaspar Steiner und seine Anhänger ganz schön mit inoffiziellen Zusicherungen einseiften, um dessen Einverständnis zu erlangen.

Eine Woche, bis zum 24. Mai/3. Juni abends, soll der Waffenstillstand dauern. Bis dann, so hofft man, werde das Schiedsgericht in Stans den Streit beenden können.

Dass Pannermeister Emmenegger mit Steiners Vorgehen nicht einverstanden ist, zeigt sich schon heute abend. Unmittelbar nach dem Waffenstillstand verkündet er: Wer von den Entlibucher Hindersässen den Feldzug gegen Luzern mitmache, dem werde zur Belohnung das Landrecht geschenkt! Und die Zahl der Hindersässen ist beträchtlich; seit vielen Jahren sind keine Landleute mehr angenommen worden.

Zudem erhalten die Bauern just an diesem Abend Zuzug durch die Bauern von Brittnau, sowie durch 500 Willisauer und benachbarte Berner, die auf die Nachricht hin ausrückten, die Chorherren von Münster hätten das Dorf in Brand gesteckt. Die Sache stellte sich als unwahr heraus, und die Leute zogen weiter vor Luzern. Sogar einige Ausländer sind den Entlibuchern zugezogen, so zwei elsässische Büchsenmacher, welche die Bauern nun lehren, die Kanonen zu richten.

Liebenau III/68 f., 71 – Mühlestein 435–437

Truppen aus der Umgebung von Olten und Aarburg stossen zu den Belagerern vor Luzern. Die Solothurner erklären allerdings, sie seien nicht gekommen, um Blut zu vergiessen, sondern nur, um den Frieden zu erhalten. Deshalb entsenden sie auch drei Ausgeschossene nach Stans zu den Verhandlungen.

Zum Obmann des Stanser Schiedsgerichts ernennen die Kriegsräte der vier alten Orte Carl Emanuel von Roll, Alt-Ammann und Pannerherr des Standes Uri.
Die Herren von Luzern sind über den Waffenstillstand sehr erleichtert. Eben haben sie von der schwäbischen Stadt Rottweil, die sie um Hilfstruppen angegangen hatten (Rottweil steckt gegenüber Luzern in Schulden...), eine Absage erhalten.[1] Die Kommandanten klagen, dass die teuren Hilfstruppen «aus sehr unzuverlässigen, mutlosen Elementen» bestünden. Und man munkelt: die Berner Landleute wollten den Rebellen vom Oberland her mit 20000 Mann zu Hilfe kommen. – Der Stand Obwalden verweigert deshalb den Zuzug nach Luzern.[2]

Liebenau III/55, 57, 68f., 71, 73

Der definitive Murifelder Frieden

In der Morgenfrühe übersenden die Herren von Bern die definitiven Konzessionsartikel, den ratifizierten Vertragsentwurf. Er umfasst 37 Artikel:

| 1. Die Untertanen sollen unverzüglich heimziehen und auf erstes Verlangen eine neue, vorbehaltlose Eidshuldigung leisten. |
| 2. Der Bauernbund ist nichtig. Der Bundesbrief ist auszuliefern. |
| 3. Freier Kauf und Verkauf des Salzes. |
| 4./5. Freier Kauf und Verkauf von Ross, Vieh, Getreide und anderen Sachen auf allen Märkten. Doch kann die Oberkeit Massnahmen gegen die Verteuerung des Getreides treffen. |
| 6. Abschaffung des Trattengelds. |
| 7. Allgemeine Beschwerden sind zuerst der Regierung vorzutragen; |

---

[1] Die Rottweiler Soldaten seien vom langen Krieg erschöpft und wollten nicht ausrücken. Bloss wenn die Herren aus der Schweiz Geld vorstreckten, liesse sich vielleicht unter der Hand der eine oder andere anwerben.
[2] Der Regierung in Sarnen kam diese Ausrede eben recht – ein Grossteil der Bevölkerung sympathisierte mit den Bauern.

Mittwoch, 18. Mai 505

kann keine Abhilfe geschaffen werden, so dürfen Landsgemeinden einzelner Ämter einberufen werden; was da behandelt wird, ist wiederum der Regierung vorzutragen.
8. Die Landschaft Emmental erhält einen Landeshauptmann und einen Landesvenner; beide werden von der Regierung vereidigt.
9. Zerstückelung der Lehensgüter bei Erbteilungen ist nur für grosse Güter erlaubt.
10./11. betreffen kleine, lokale Steuerabgaben.
12. Gerichtsgeschworene und Weibel sollen von Vogt und Untertanen gemeinsam gewählt werden.
13.-18. betreffen Masse, Gerichtsordnung, Kirchenrechnung, Schreibberechtigung, freie Wahl der Mühle, Wahl der Schaffner.
19. Freier Pulververkauf bei allen Pulvermachern.
20. Zu Unrecht durch die Vögte bezogene Bussen sind von diesen zu ersetzen.
21. Punkto Kaufhausordnung und Zölle bleibt alles beim alten.
22./23. betreffen spezielle Fälle des Ehrschatzes (Erbschaftssteuer).
24./25. betreffen die Gültbriefe: Ihr Gegenwert und Zins ist stets in bar (und nicht in Naturalien) zu begleichen. Neuerdings darf der Schuldner Gültbriefe (Hypotheken) auf dem Hauptgut gegen bares Geld ablösen.
26.-30. betreffen Bewilligung von Beiständen in Rechtshändeln, Bezug von geschuldeten Geldern durch Alt-Landvögte, Rechte der Geschworenen bei kleineren Streitigkeiten, Aufhebung der Handwerkerzünfte auf dem Land, Fischereirechte.
31. Listige und gefährliche Söldnerwerbungen sind nichtig. Übermässige Strafen für das Nichteinrücken von geworbenen Söldnern werden eingestellt.
32.-34. betreffen die Schlichtung kleiner Geldhändel, Berechnung der Bodenzinse und die Beibehaltung der Appellationskosten bei Gerichtsfällen.
35. Das (gegen die Täufer gerichtete) Degenmandat ist eingestellt.
36. Die Behandlung aller anderen eingereichten Beschwerden wird auf einen späteren Zeitpunkt verschoben.
37. Alles, was während dieser Sache mit Worten und Werken geschehen ist, sei vergessen und aufgehoben. Niemand wird an Leib, Ehre und Gut gestraft.

Von den versprochenen 50000 Pfund (sei es als Entschädigung für die Kriegskosten oder als Almosen für die Landesarmut) ist im Vertragswerk nicht die Rede. Diese Zusicherung erhalten die Aufständischen aber indirekt, durch eine beigelegte ‹Annahmeerklärung›: Da versichern die Gnädigen Herren, sie wollten sich an alle aufgesetzten Abmachungen halten, auch an ihre Schreiben vom 15. und 17. Mai. Die Untertanen sollten jetzt unverzüglich und ohne Schaden anzurichten heimziehen, alle Pässe öffnen und Wachten abschaffen. Dann, nach der verlangten neuen Eidshuldigung, würden die Gnädigen Herren den Vertrag mit authentischen Siegeln zuschicken.

Wie dieser Friedensvertrag von den Bauernräten aufgenommen wird, ist nicht näher bekannt. Zu ihrer Antwort nehmen sie sich einen ganzen Tag Zeit. Erst am Auffahrtsmorgen wird Leuenberger schreiben, dass «Wir der obigen, Unserer Gnädigen Herren Erklärung gar wohl zufrieden sind, und versprechen hinwiederum für Uns und die Unseren in guten Treuen, allem (...) nachzukommen».

> Sicher ist der Obmann selbst vom Ausgang der Belagerung Berns befriedigt, sicher glaubt er, einen Kompromiss für den Frieden gefunden zu haben, wenn auch unter einem schweren Opfer – muss er doch seine auswärtigen Bundesbrüder verraten, indem er den so inbrünstig beschworenen Bundesbrief ausliefert.

Noch im Laufe des Mittwochs ziehen die ersten Kontingente der Bauernarmee, diejenigen von Bipp, heimzu. Die Brückenwachten im Westen werden aufgehoben, was die Herren sofort zum Vormarsch ihrer welschen Hauptmacht über Gümmenen und Aarberg ausnutzen. Am Abend erreichen «etlich 1000 Mann» die Stadt Bern. Sie werden vorläufig auf die umliegenden Dörfer verteilt.

Mühlestein 475–479 – Vock 303–312 (mit vollständigem Text des Murifelder Vertrags) – RM Bern 18./19.5. 1653 – AEB F, Kriegsrechnung 1653

Auffahrt, 19. Mai 507

Schon gehen aus dem Landgericht Sternenberg (Neuenegg) Meldungen ein, die dem eben vereinbarten Frieden ganz widersprechen: Die Bauern beklagen sich, dass die Oberkeit Aufständische gefangensetzen lasse!
Trotz diesen schlechten Vorzeichen vertraut der Bauernobmann auf den Frieden. Er gibt den Befehl zum Abmarsch von Bern und lässt den Friedensschluss durch Boten bei allen Truppen bekanntmachen. An Auffahrt ziehen Tausende von Landleuten mit Pfeifen, Trommeln, Fahnen und Waffen heimwärts. Eine Schar von ihnen begehrt unterwegs in *Burgdorf* Speise und Trank. Und tatsächlich öffnen sich die Stadttore, ein Fähnlein nach dem anderen wird eingelassen, Bürger und Bauern feiern zusammen den Frieden. Leuenberger selbst erreicht am Abend sein Heimet, das Schönholz.

In der Stadt Bern kam es gestern nach der Bekanntgabe des definitiven Friedens zu schweren Bürgerunruhen – die gemeinen Burger sehen sich um ihre Hoffnungen auf eine Lockerung des aristokratischen Regierungssystems und auf eine Absetzung der fehlbaren Regenten betrogen.

Zur Strafe liess der Rat 200 «schwierige, hitzige, schlechte Bürger» in den militärischen Uszug zwangseinteilen, so dass sie im Falle eines neuen Konflikts als erste gegen die Rebellen kriegen müssten. Ein gewisser Daniel Küpfer (nicht der bekannte Schmied von Höchstetten!) wurde gefangengesetzt.

Am Wochenende wird der Rat zudem zwei prominente Bürger massregeln, «wegen Drohungen, die Doktor Küng und Hr. Gross in einer Versammlung gegen Säckelmeister Willading ausstiessen.»

Die Bestrafung der 200 Bürger scheint zu wirken. An Auffahrt verlaufen die pompösen militärischen Begräbnisfeierlichkeiten für den bei der Neubrücke gefallenen Hauptmann Hermann ohne Zwischenfälle. Die zahlreich erschienene Burgerschaft zeigt grosse Anteilnahme für den Toten.

Im Gegensatz zu Leuenberger verlassen sich die Gnädigen Herren von Bern keinen Augenblick lang auf das Friedenspapier. Ihnen ist sonnenklar, dass nur eine überlegene militärische Machtposition ihre Herrschaft garantieren und dieses Krebsübel des Bauernbundes zerschlagen kann.

Während die Bauerntruppen überall ihre Posten verlassen und zu Hause den Frieden feiern, haben die Herren ihre Welschen anmarschieren lassen, darunter «Cavallery usem Usland», die bei der Burgerschaft zwangseinquartiert wird.

Die Genfer, die Freiburger, die Neuenburger und die Walliser erhalten den Befehl: sie sollten ihre Truppen weiter bereithalten. An die Stadt Burgdorf ergeht die Order: man solle sich Musketen, Granaten und Pulver in Trachselwald besorgen. Und die Schlösser sollen ihr ganzes Korn zu einem Mehlvorrat mahlen lassen.

Missive vom Auffahrtstag an Zürich: Sie seien von den Bauern zu «sehr disreputierlichen Konditionen» gezwungen worden, auch würden die aargäuischen Städte angegriffen und belagert. Die Zürcher Tagsatzungsarmee solle «mit grosser Macht aufbrechen und den Pass (bei Mellingen), da etwas Hindernis gemacht, mit Gewalt nehmen»! – Mit keinem Wort erwähnt das Schreiben den eben geschlossenen Frieden.

An Luzern und Basel ergeht die leicht vorwurfsvolle Aufforderung: «Weilen man von der Stadt Zürich vernommen, dass sy dem Badischen Schluss gemäss movierend und mGH (die Berner Herren) ein gleiches zu thun gesinnt seigint, so bitte man sy, dass sy ein gleiches thun wellint.» Sie sollten gegen die Ihrigen vorgehen und damit die rebellischen Völker spalten, «mit Vertrostung, dass mir in einer guten (...Position...) mit mehr Völkern (als uns ufferlegt) versehen seigint».

Bern nutzt den Frieden schamlos zum Krieg.

Mühlestein 469, 479 – Peter 101 – Aeschlimann 175 – Tagebuch Haller – RM Bern 18./19.5.1653 – RM Burgdorf 18.5.1653 – TMB Bern 19.5.1653 – AEB D dat. 19.5.1653 – KRM Bern 19.5.1653

Das Schiedsgericht in Stans

Nach alter Vätersitte beginnen die Verhandlungen zu Stans mit einem gemeinsamen Gottesdienst aller Abgeordneten, an jenem Ort, wo vor 170 Jahren der selige Bruder Klaus die Einheit der Eidgenossen rettete.
Gleich darauf ist dieses hehre Bild der Einheit verflogen. Für die Bauern redet neben Kaspar Steiner der Entlibucher Pannermeister Hans Emmenegger, der alles andere als ein Freund papierener Kompromisse ist.

> *Die Herren lässt es ziemlich kühl, wer unter den ‹Rebellen› das Wort führt; sie setzen überhaupt keine Hoffnungen in die Stanser Verhandlungen.*
> *Kaum war gestern der Waffenstillstand geschlossen, nutzte Luzern die Ruhe zu weiteren Kriegsvorbereitungen: Eifrig wird an den Schanzen bei Luzern und Gisikon gebaut, feindliche Stellungen werden ausspioniert, Hilfegesuche abgeschickt.*
> *Die Seelenhirten in Luzern, die Jesuiten und die Barfüsser, sind mit Predigen sehr beschäftigt, «um den gemeinen Soldaten vorgefassten bösen Wahn gegen die Oberkeit zu nehmen», auch um die Bürger davon abzuhalten, auf den Vorposten mit den Bauern zu reden ... so lautet der Auftrag des Luzerner Rats, von dem die Männer in Schwarz allemal ihre Weisungen erhalten.*
> *In aller Eile hat die hohe Geistlichkeit der Stadt zum Verhandlungsbeginn noch ein theologisches Gutachten abgefasst, dass Gott der Allmächtige in diesem Streit auf der Seite der Oberkeit stehe – wer den Herren beistehe, der tue ein gottgefälliges Werk, wer hingegen die Bauern unterstütze, gefährde sein Seelenheil ...*

Die Bauern begreifen rasch, wie wenig Schultheiss Dulliker und sein Gefolge von diesen Stanser Gesprächen halten. Ein grosses luzernisches Schiff mit Kanonen und vierzig Musketieren an Bord ankert im Hafen von *Stansstad* – eine kriegerische Massnahme auf neutralem Boden, welche die Landleute offen provoziert. Die Erklärung der hohen Herren: das Schiff diene nur dazu, ihnen im Falle eines Falles den Rückzug zu sichern, ist eine zusätzliche Beleidigung. – In dieses Bild passt auch das unentschuldigte Fehlen des ‹unparteiischen Schreibers› Ceberg von Schwyz, der hier an der Konferenz eine Hauptrolle hätte spielen sollen.

> *Was bezweckt denn die Regierung von Luzern mit dem einwöchigen Waffenstillstand und den Scheinverhandlungen in Stans? – Nun, der Hauptzweck ist bereits erreicht: ein Zeitgewinn zur Verbesserung der Verteidigungsanlagen, zum Hereinholen von Hilfstruppen in die Stadt. Und nicht zu vergessen:*

> *Der gewählte Oberkommandierende der Regierungstruppen, Oberst Zwyer von Evibach, weilt immer noch im Ausland. In ein paar Tagen wird er zurückerwartet, und dann soll er, der hervorragende militärische und politische Kopf der katholischen Eidgenossenschaft, die weiteren wichtigen Entscheidungen treffen.*
> Die Meinungen der Aufständischen über den Waffenstillstand sind geteilt. Die eine Gruppe – Anhänger des diplomatischen, gebildeten Kaspar Steiner – hoffen trotz allen schlechten Vorzeichen auf einen Verhandlungsfrieden, wie ihn Leuenberger eben mit den Berner Herren erreicht hat. Nach dem Ausscheren des Obmanns aus dem grossen Bund müssten auch die Luzerner Landleute auf ihren eigenen Vorteil schauen und den ehrenvollen Vertrag anstreben.
> Ganz dawider reden da die Neuankömmlinge, vorwiegend aus dem Oberaargau. Enttäuscht von Leuenbergers Separatfrieden sind sie mit ihren besten Waffen vor Luzern gezogen, um die Stadt zu «schleifen».
> Eine dritte Macht bilden Schibis Entlibucher auf dem Gütsch oben. Während ihr Pannerherr in Stans einen faulen Frieden zu verhindern sucht, vertreiben sie sich Langeweile mit Karten- und Würfelspielen, mit einigen Fässern Wein und mit ihrem Nationalsport, dem Steinstossen. – Für mehr Aufregung als das Für und Wider des Waffenstillstands sorgt auf dem Gütsch der Brief der Hohen Geistlichkeit aus der Stadt, der Pfarrer Gerber von Hasle verbietet, Feldgottesdienste abzuhalten.

Nachzutragen bleibt noch das Gerede von diesem ersten Verhandlungstag in Stans. Es dreht sich zu Beginn um die Hoheitsrechte der Regierung (Emmenegger äusserte sich dazu: durch das Anwerben fremder Truppen habe die Regierung alle ihre urkundlichen Rechte verwirkt!) und um den Bauernbund, der nach dem Vorschlag der Vermittler nur noch gegen ‹fremde Völker› gelten soll. Die Bauern erwidern, sie hätten geschworen, ihren Bundesbrüdern im Bern-, Solothurn- und Baselbiet im Fall der Not beizustehen, und davon wollten sie nicht lassen. Sodann verlangen die Herren von den Bauern 30 000 Gulden Schadenersatz für ihre «unverschuldeten» militärischen Ausgaben. Diese berüchtigtsten und reichsten Dublonenfresser der Eidgenossenschaft, die Tausende von Untertanen als Söldner an fremde Fürsten verschachert haben, und die noch gestern fremde Truppen zum Bekriegen der Luzerner Untertanen anforderten, fügen belehrend hinzu: dass diese Summe von 30 000 Gulden «zu Erhaltung... der Fryheit des Vatterlandes wider frömbde Fürsten und Herren besser hätte können verwendet werden...»

Liebenau III/58,72f.,79f.,91f. – Mühlestein 548–553

Freitag, 20./30. Mai

Aufbruch der 1.Tagsatzungsarmee. Panik im Aargäu

Auf heute morgen 7 Uhr befehligte General Werdmüller sämtliche in Zürich gesammelten Truppen zur Generalmusterung hinaus auf die Schlierener Allmend.
Trotz Schwierigkeiten beim Ausheben der Ostschweizer (insbesondere fehlen die meisten Bündner) kommen gegen 8000 Mann zusammen, und weitere 900 Uszüger aus dem Thurgau treffen im Lauf des Morgens ein.
Nach der grossen Inspektion nehmen Bürgermeister Waser und Generallieutenant Leu in ihren Amtstrachten sämtlichen Truppen, vom Oberfeldherren bis zum gemeinen Soldaten, den Eid ab. Der erste Grossmünsterpfarrer, Pfarrer Ulrich, hält eine feierliche Predigt zum bevorstehenden Feldzug gegen die bernischen Rebellen.

Ein zahlreiches Publikum schaut sich diese Zeremonie an, darunter zweifellos auch einige Aargäuer Bauern, die den Aufmarsch dieser gewaltigen Armee raschestens nach Hause melden.

Erst gestern abend ist im *Aargäu* Leuenbergers Demobilisierungsbefehl verlesen worden: «Unsere lieben guten Fründen und Nachbarn; Ihr sollet wissen, dass uns der Frieden, Gott sei gedankt, ist gemacht, zwischen unsern gnädigen hohen weisen Oberen und uns Landleuten im Emmental und unseren Mithaften. Des(wegen) tun wir euch kund in allem und jedem Ort (...), wo dieses Schreiben ankommt durch das Niederland und Aargäu, dass ihr sollet die Päss öffnen und alles Volk [Truppen] abschaffen, umgehends und unfehlbar, sonst würdet ihr es von der gnädigen Oberkeit und uns übel entgelten und das daraus folgende Übel an euch selbst haben müessen. Gegeben, den 19. Mai 1653, Niklaus Leuenberger, Obmann, samt den gemeinen Kriegsräten.»
 Gleichzeitig kam aus dem Züribiet die Meldung von der grossen Musterung des Heeres; heute reden die Zürcher Oberen offen vom bevorstehenden Feldzug ins Aargäu.

Die Bevölkerung ist verwirrt und fürchtet sich.
 Einige tapfere Männer ziehen trotz dem Befehl ihres Obmanns gegen Lenzburg und Mellingen an die Grenze; andere gehen ihrer Feldarbeit nach und reden sich gegenseitig beruhigend zu, Leuenbergers Friedensvertrag werde sie schützen und die Zürcher Armee von einem Einfall in ihr Land abhalten.

> *Diese gutgläubigen Untertanen ahnen nicht, wie fies ihnen die ‹gnädigen hohen weisen Oberen› von Bern mitspielen, dass sie gestern, am heiligen Auffahrtstag, mit einer Missive die gesamte 1. Tagsatzungsarmee zum Einfall ins bernische Aargäu aufgerufen und dabei den Frieden verleugnet haben!*
>
> *Zwar hat der Zürcher Rat gerüchteweise vom Murifelder Frieden vernommen. Da ist dieser Ueli Suter, der ‹Erzrebell› von Suhr, seit drei Tagen Gefangener im Zürcher Wellenberg. Der behauptet in den Verhören steif und fest: der Frieden im Bernbiet sei ausgemacht, die Oberkeit habe den Untertanen 50 000 Pfund Kosten zu bezahlen; er und seine Gespanen seien deshalb ins Züribiet und ins Thurgau gereist, um hier den Auszug aufzuhalten – Ueli Suter spricht die Wahrheit. Doch wer will es den Herren von Zürich verargen, dass sie einem offiziellen Schreiben aus Bern mehr Glauben schenken als einem gefolterten Rebellen? Die hiesige Oberkeit samt den Generälen rechnet mit einem harten Feldzug gegen kriegerische Bauernmassen, der einen, möglicherweise zwei oder drei Monate dauern könnte.*

Abends um zehn bricht die Hauptmacht der Zürcher Armee in Richtung des Grenzstädtchens Mellingen auf. Auf halber Höhe des Heitersbergs glimmen schwach die Wachtfeuer der Bauern; deshalb ersteigt zuerst ein starker Erkundungstrupp unter Generalmajor Rudolf Werdmüller die Anhöhe. Die Wachtfeuer sind verlassen und am Ausglühen. Der General befürchtet eine Kriegslist; er lässt den Vormarsch nur sehr vorsichtig fortführen. Da man überdies acht Geschütze auf den Berg zu ferggen hat, dauert es volle acht Stunden, ehe das ganze Heer im frühen Morgengrauen auf dem Heitersberg oberhalb von Rohrdorf anlangt. Dort lässt der Generalissimus aus zwei Kartaunen eine Salve abfeuern, um die Kommandanten auf Schloss Lenzburg, in Aarau und in Brugg vom Heranrücken ihrer Befreier zu unterrichten.

Mühlestein 485, 489–491, 497f. – Liebenau III/82 – Vock 320–322

Freitag, 20. Mai

Niklaus Leuenberger kommt nicht drum herum, schon heute bei der Regierung wegen der schlechten Einhaltung des Friedens zu reklamieren; verschiedene Vögte haben Aufständische vertragswidrig festgenommen.

Die Herren antworten mit dem Gegenvorwurf: Leuenberger solle die Untertanen vom Zug gegen Luzern abhalten; das sei eine Friedensverletzung. Übrigens solle er am Montag in Biglen erscheinen, da den Huldigungseid schwören und auch gleich den Huttwiler Bundesbrief ausliefern.

Unbestreitbar sind einige hundert eifrige Berner Bauernkrieger, vor allem Oberaargauer, gleich nach ihrer Heimkehr durchs Willisauer Amt vor Luzern gezogen. Das widerspricht zwar keinem Artikel des Murifelder Vertrags im Wortlaut, gewiss aber dem Sinn dieser Abmachungen – genau so, wie der unablässige weitere Zuzug welscher Truppen zur Armee General von Erlachs in der Stadt Bern. Sicher ist dem Obmann Leuenberger dieses spontane Ausschwärmen nach Luzern zuwider, ebenso die Meldung, einige aargäuische Städtchen seien auch heute noch – entgegen seinem ausdrücklichen Befehl – belagert, die Aufständischen seien nur zum Teil heimgezogen, im unteren Aargäu traue man dem Frieden nicht. Doch hier endet die Macht des Schönholz-Bauern; er hat den Demobilisierungsbefehl gestern pflichtbewusst an alle seine Truppen verschickt, den Abzug von Bern rasch und so diszipliniert durchgeführt, dass die Herren darüber staunten. Er kann die Bauern aber nicht an ihrem Heimet anbinden. Wenn ein Haufen Freischärler es trotz seinem Befehl nicht zu Hause aushält und durch irgendwelche Hilferufe aufgeschreckt ins Luzernische aufbricht, so kann Leuenberger höchstens einer oberkeitlichen Bestrafung dieser Ungehorsamen zustimmen – die Verantwortung dafür trägt er nicht.

Er hat ja wirklich das Menschenmögliche für den Frieden getan, so viel, dass ihm darum seine engsten Ratgeber die Gefolgschaft verweigern. Daniel Küpfer murrte auf: Bei den kommenden Eidshuldigungen werde er frei und offen seine Meinung sagen, dass es ein jeder hören müsse. Ganz gleich was die Herren versprächen – am Bundesbrief müsse man steif und stet festhalten.

Solchen Gedanken hängt Leuenberger nach, als er am späten Abend die Nachricht erhält, General Werdmüllers Armee habe sich vor Zürich zu einem Feldzug gegen die Berner Bauern versammelt – unglaublich.

Die Herren von Bern haben inzwischen auf Montag eine allgemeine Huldigung angesetzt. Alle über 14jährigen Untertanen sollen ihrem unheiligen Bund abschwören. Wer den Bund im Namen der Gemeinde beschworen hat, soll sich zur Huldigung separat aufstellen. Die vier Landgerichte haben zudem je zwölf Mann als Geiseln in das Heer General von Erlachs zu stellen. An allen Orten wird die Armee die Huldigungen überwachen und beim geringsten Anzeichen von Ungehorsam einschreiten.

Gegen diese letzte, scharfe Massnahme wendet sich in der Ratsdebatte ein Sprecher der Regierung: man würde besser darauf verzichten, sonst komme es zu unnötigem Uflauf. Doch für einmal setzt das Parlament seine Meinung durch; der Rat der 200 beschliesst nochmals mit ‹einhäligem Mehr›: zu den Huldigungen solle die Armee entsandt werden, und zwar auch nach Langnau und Signau.

Der Schultheiss von Thun hat sofort nach dem Friedensschluss die Oberländer Landleute zur Verteidigung der Stadt aufgeboten. Jetzt beklagt er sich in Bern über Ungehorsam: seine Botschaften seien kaum weiter als bis ins Gwatt gedrungen und niemand habe ihnen Folge geleistet. – Statt der örtlichen Uszüger werden 400 Mann Hilfstruppen der Berner Armee Thun verstärken.

Die welschen Amtleute vom Genfersee sollen sich erkundigen, was die Werbungen in Savoyen ergeben haben, und dies den Gnädigen Herren bei Tag und Nacht berichten.

Mühlestein 479 – Aeschlimann 179–181 – TMB Bern 20.5. 1653 – RM Bern 19./20.5. 1653 – Polizeibuch Bern 21.5. 1653 – Lohner 554 – AEB D dat. 20.5. 1653 – KRM Bern 20.5. 1653

Samstag, 21./31. Mai

General Werdmüllers Armee besetzt Mellingen. Waffenstillstand

Schon auf dem Heitersberg wird General Werdmüller mit Fackeln und Windlichtern von Gesandtschaften aus dem Städtchen *Mellingen* empfangen. Die Mellinger, die sich in den vergangenen Wochen den Aufständischen angeschlossen haben, versuchen in dieser aussichtslosen Situation ihre Haut zu retten: Unter tausend Entschuldigungen anerbieten sie dem eidgenössischen Generalissimus ihren treuen Gehorsam und bitten um Verschonung ihrer Wohnungen und Güter. *Der gewiefte Feldherr lässt sich nicht zweimal bitten. Während seine ermüdete Armee auf dem Berg ruht, schickt er einen Vortrab von nur dreissig Dragonern voraus, um den Grenzort mit dem wichtigen Reussübergang einzunehmen.*

Angesichts dieses kleinen Trupps kommen sich die Bürger von Mellingen und die etwa 200 Freiämter Bauern, die sich entgegen Leuenbergers Befehl noch hier aufhalten, schon sehr feige vor. Viele von den Bauern möchten jetzt das Städtchen doch nicht so mir-nichts-dir-nichts übergeben. Sie haben sich einen Angriff von 10000 Zürchern mit schweren Geschützen ausgemalt – jetzt kommen diese dreissig Reiter... In der allgemeinen Ratlosigkeit einigt man sich auf die halbe Lösung: Das Städtchen wird, wie eben noch auf dem Heitersberg versprochen, den Angreifern überlassen, nicht aber der westliche Ausgang, das Lenzburger Tor. Dieses wollen die Bauern «unter Todesdrohung» verteidigen.

Strategisch erweist sich diese Zwischenlösung als Fiasko. Kaum steht Mellingen samt der Reussbrücke den Zürchern offen, rückt der Haudegen Generalmajor Rudolf Werdmüller mit der gesamten Kavallerie nach und macht einen Grossteil der beim Lenzburger Tor verbliebenen Bauernbesatzung zu Gefangenen. Ein Landmann wird auf der Flucht erschossen.

Der Generalstab der Herrenarmee will die günstige Lage sofort ausnützen und «gstracks den Marsch uf Lenzburg nemmen». Doch da melden Kavalleriepatrouillen, der Wald hinter Wohlenschwil sei von feindlichen Scharen besetzt, die ganze Gegend von Othmarsingen sei ein einziges Bauernlager.

Da müssen die Werdmüllers ihren Plan ändern. Zwar lassen sie ihr ganzes Heer durch Mellingen marschieren, dann aber schlagen sie um die Mittagszeit auf der bernischen Reussseite ein festes Lager auf, um hier am Brückenkopf weitere Verstärkungen abzuwarten. Einen der gefangenen Bauern, Hauptmann Simon Fischer, Untervogt von Seengen, entlässt General Werdmüller mit einem offenen Schreiben an die Untertanen der Grafschaft Lenzburg: Sie sollen eilends Ausschüsse ins Lager schicken, sonst müsse er Gewalt anwenden.

Die Landleute des Amtes Lenzburg stecken in der Klemme. Kaum vierzig Stunden sind seit dem Demobilisierungsbefehl Leuenbergers verstrichen. Nun ist tatsächlich eine 10000köpfige fremde Armee auf dem Vormarsch in ihre Gegend, und ihr entgegen strömen Aufständische aus dem ganzen Aargäu und den Freien Ämtern – mehr oder minder führungslos; denn eben erst sind drei Boten mit der Nachricht vom zürcherischen Einfall ins emmentalische Rüederswil geritten, und es wird wohl noch eine Weile dauern, ehe der eben erst aufgelöste Bauernkriegsrat wieder zusammengetrommelt ist.

So handeln die Lenzburger auf die einzig vernünftige Weise. Sie schicken noch heute abend die verlangte Gesandtschaft ins Zürcher Heerlager. Acht Untervögte und weitere angesehene Landesbeamte überbringen dem Generalissimus die Kunde: der Friede zwischen der Stadt Bern und ihren Untertanen sei auf dem Murifeld abgeschlossen worden, und sie hofften, bis morgen eine diesbezügliche oberkeitliche Urkunde zu erhalten, die sie dann sogleich dem Herrn General vorlegen wollten. Inzwischen bäten sie bis zum Eintreffen eines zuverlässigen Berichts um gegenseitige Einstellung der Feindseligkeiten.

Die Bauerngesandten bekräftigen ihre Aussagen durch mehrere Schreiben, wie etwa den Demobilisierungsbefehl ihres Obmanns. Die Herren des Generalstabs sind echt verunsichert und willigen in einen zweitägigen Waffenstillstand ein. Dabei sollen beide Parteien den «freien Verkehr» respektieren. Darauf pocht General Werdmüller; er möchte jetzt unbedingt durch den bernischen Kommandanten auf Schloss Lenzburg, besser noch durch einen Boten der Berner Regierung, Gewissheit über den sagenhaften ‹Murifelder Vertrag› erlangen.

Abgesehen davon werden seine Kavalleristen den freien Verkehr weidlich ausnutzen, um die Stärke und Lage der ihnen gegenüber lagernden Bauernscharen auszukundschaften.

Vock 322–328 – Mühlestein 498–501

Wie die Nachrichten aus Mellingen im Emmental aufgenommen werden

Niklaus Leuenberger vernimmt am Nachmittag durch drei Eilboten vom Vormarsch der Zürcher Armee gegen das Amt Lenzburg. Er erlässt ein Mahnschreiben an alle Landrichter. Den Landsturm ruft er vorläufig noch nicht aus. Zu unbestimmt ist ihm die Schreckensmeldung aus dem Aargäu, zu lieb der mühsam erreichte Frieden.

Samstag, 21. Mai

Hans Winkler, der Schmied, trägt Leuenbergers Mahnschreiben nach *Signau*. Da treten die Amtsangehörigen eben zu einer Landsgemeinde auf der Mutten zusammen.[1] Ueli Galli hat sie einberufen, um über die bevorstehende Huldigung zu beschliessen. Galli und der Bergmichel wollen den Eid verweigern, solange ihnen die Oberkeit in Bern die versprochenen 50000 Pfund vorenthalte und noch nicht einmal die Artikel schriftlich und besiegelt ausliefere. Notfalls müsse man zur Gegenwehr rüsten!

> Es scheint, als habe Weibel Pfäffli den Dorfschmied just im Hinblick auf diese Landsgemeinde aufs Schönholz geschickt, damit er die neuesten Nachrichten einhole.

Das Mahnschreiben des Obmanns wird der Gemeinde verlesen. Es lautet:
«Ehrsame, liebe und gute Fründ und Bundtsgenossen,
Wir sind alsbald durch mehrere usgeschossene Männer, weilen Hans der Schmied und der Bundesschreiber Brenner und Niklaus Zimmermann, so bei uns postweis angelanget, verständiget worden, wie die Sache bei euch wollt her gahn (...). Wir hand gwüssen Bricht, dass die Züricher und St.Galler und ander Völker mit ihnen schon allbereits durch den Pass Mellingen mit Gwalt gedrungen, und die Grafschaft Lenzburg hat müssen wehren und uns um Hilf anrufen, denen wir ihnen müssen beispringen, luth unseres Bundts. Hiermit wöllent Ihr ermahnt sein, starke Wachten uf die Päss anzustellen, und nit ein Jeder, der da kommt, unersucht passieren lassen.
Ranflüh, 21.Meyen, (Niklaus Leuenberger).»
Das Schreiben wirkt unmittelbar: Kaum einer will nun am Montag noch huldigen. Der Einmarsch der Zürcher macht die Emmentaler wütend. «Und wären», hört man, «die Zürcher 30000 Mann stark, werden wir ihnen dennoch an Zahl und Macht weit überlegen sein!»
Einige junge Signauer, allen voran Hans Meyer von Steinen, lassen das Dorf heute abend nicht zur Ruhe kommen. Den Casaque umgelegt, Degen an der Seite und Muskete geschultert, fordern sie nach Entlibucher Tellenart zum Widerstand auf. Zwei Boten, Christen Tanner und Hans Liechti, tragen die Meldung nach *Höchstetten* weiter.

Vock 342 - Mühlestein 503 - Rösli 143 - AEB F 13/53 - Turmbuch Bern, Vergichte Hans Winklers und Hans Pfäfflis

---

1 Das Datum vom 21./22.5.1653 für die Landsgemeinden auf der Mutten ob Signau und auf der Ramseiweid ist nicht gesichert. Es ergab sich aus der Kombination verschiedener Aussagen von Signauer Landleuten im Berner Turmbuch.

Nochmals versammeln sich die Untertanen des *Signauer* Amtes am Sonntagmorgen, diesmal auf der Ramseiweid bei Äschau, und zwar auf Ueli Gallis Betreiben hin. Allem Anschein nach hat man sich um neuen Bescheid aus Rüderswil bemüht, ob der Landsturm ausgerufen werde. Doch war nichts Genaues zu erfahren.

Nun melden sich umso lauter die warnenden Stimmen: der Aufbruch ins Aargäu sei nicht zu verantworten – in der Stadt Bern und in den Festungen seien mittlerweile viele tausend welsche Soldaten besammelt, die für unsere emmentalische Heimat eine ungeheure Gefahr darstellten. Man solle dem Leuenberger vertrauen und sich der Oberkeit in Gnad ergeben, wenn nicht der Obmann von neuem aufmahne. – So sehr sich die Getreuen Ueli Gallis auch dagegen wehren (Wilhelm Steiner, sowie Dysli und Peter Salzmann)... am Ende ist eine Mehrheit der Signauer, angeführt von Weibel Pfäffli, für die ‹Vernunft›, das heisst: für die Huldigung.

Mit gesenkten Häuptern reiten Ueli Galli, der Bergmichel und Statthalter Berger, der als Gast an der Signauer Landsgemeinde teilnahm, am Mittag zum Obmann aufs Schönholz. Nach und nach tröpfeln weitere Mitglieder des engeren Kriegsrats in die Stube, bis Mutter Leuenberger die ganze Schar ins Wirtshaus hinunter schickt.

> Die Stimmung ist gedrückt. Ein jeder sieht die Gefahr: Die Herren haben die Zürcher am Ende absichtlich ins Land gerufen, um die Bauern zum Landsturm ins Aargäu zu zwingen und ihnen dann – unter dem Vorwand, sie hätten den Frieden gebrochen – mit den eigenen, welschen Truppen in den Rücken zu fallen.
>
> Ist das denn die Möglichkeit, dass eine christliche Oberkeit so verwerflich handelt? Die setzen mit solcher Bosheit ihr Seelenheil aufs Spiel. Vor dem Höchsten werden sie sich dafür verantworten müssen, selbst wenn sie hiernieden auf Erden einen faulen Sieg erringen!
>
> Der fromme Leuenberger hofft, die bösen Ahnungen seien nicht wahr. Vielleicht sind die schrecklichen Nachrichten aus dem Aargäu doch übertrieben; vielleicht werden die Herren von Bern selbst das zürcherische Heer zurückschicken, wenn sich nur die Untertanen brav an den Friedensvertrag halten?

So hin- und hergerissen zwischen heiliger Wut und Hoffnung diktiert er am späten Nachmittag einen Brief an die Regierung in der Stadt. Für dieses eine Mal führt Peter Ellenberger, der Schulmeister von Rüderswil, die Feder:

Sonntag, 22. Mai

«Gnädige Herren,
Nüt höchers hat uns erfreut, weder dass Ihr uns den Frieden hand gschriftlich geben und lassen ankünden, darinnen staht, dass wir unserer alten Freiheiten und Gerechtigkeiten sollen gewärtig sein und die Gfangenen von beiden Teilen sollen ledig- und losgeben. Des(wegen) wir augenblicklich euch die Eurigen haben ledig- und los(ge)geben, und eben im Gegenteil mit hochem Bedauren hand müssen erfahren, dass etliche under Euch nicht geneigt sind den Frieden zu halten, sondern seithar stäts darwider thund, in dem dass alsbald, wie die Unseren sind abzogen, bei der Neubrügg die Euren vast hand auf die Unseren gschossen, auch seithar ein Reuter einen guten Bauren bei dem Neuenhaus hat neben seiner Dochter erschossen und auch stätig wir Rebellen und Ketzer gescholten werden, und ihr seithar stätig Völker besammlet und eueren Völkern nit abdankt und beurlaubet, und die Gfangenen nit losgebet, sondern dass wir müssen vernemmen, wie dass ihr Völker in die Dörfer leget, und etliche Reuter zu den Bauren sagen, sie wöllen das Emmental ersteifen und ausmachen; derhalben bitten wir Eure Gnaden (um Gottes und um Christi Willen), Ihr wollet auch den gemachten Frieden halten und euere Völker ab- und fortschaffen und unsere Gfangenen uns losgeben; dann wo ihr das nicht thund, so klagen wir es Gott im Himmel, dass ihr nit begehret den gemachten Frieden zu halten, sonder viel mehr mit Vorthel in Raub zu gahn und zu bringen, und wöllen hiemit gegen Euch für das Jüngste Gricht protestiert haben; dann wir erklären uns, dass wir den gemachten Frieden begehren ze halten, darauf wir unsere Völker alsbald heim ab und nach Haus geführt, und Euch kein Schaden weiters hand zugefügt, dann wir begehrend Euch Zins und Zehenden (...) und Gült zu geben, wie es unsere Altvordern Euer Gnaden Altvorderen hand geben und entrichtet, und das auch nach Laut gemachten Friedenstractats.

Wo ihr aber uns dann wieder beleidiget, mit Eueren Völkern uns überziehet oder Schaden zufüget, so wollen wir dannzumal mit der Hilf Gottes, mit aller unserer Hilf und Macht anziehen und nit mehr erwinden, sonden unseren Find schädigen und ausreuten und wollen mit der Hilf Gottes denen Bedrängten und Not leidenden Frieden schaffen. – 22. Mey, Niclaus Leüwenberger.»

Turmbuch Bern 1653, Vergicht Hans Winklers – Vock 339f. – BB VI.86.1

Sonntag (Pfingsten der Katholiken), 22. Mai/2. Juni

Reaktionen auf Mellingen

In *Olten* vernahm man gestern abend vom Einmarsch der Zürcher Armee in Mellingen, gerüchteweise auch von einem Gefecht mit Lenzburger Bauern.
Heute rücken die Oltner einmal mehr aus, mit ihnen die Aarburger und die Gäuer. Insgesamt ziehen über 2000 bewaffnete Aufständische durch das Städtchen, darunter auch Baselbieter Bauern. Der Platzkommandant versucht den Zug nach Mellingen mit sonst nie gekannter Freundlichkeit aufzuhalten: die Auswärtigen sollten sich doch in den Wirtshäusern erfrischen und dann am andern Aareufer kampieren... Wirklich neigen viele solothurnische Landleute dazu, im gastfreundlichen Olten zu bleiben – da rotten sich die hiesigen Bürger samt ihren Frauen zusammen und treiben die Säumigen handfest zum Abmarsch – sonst wäre ihr kriegerischer Mut gewiss hinter Oltens Wirtshaustischen in Weinkrügen ersoffen.

Ein regierungstreuer Bürger namens Urs Schmid wird am Seil herumgeführt und zum Spott der Durchreisenden ans Gatter der Brücke gebunden.

Oberst Christen Schibis Entlibucher, wegen ihres üppigen Lagerlebens *auf dem Gütsch* (weitab von den Geschützen der Stadt) von den anderen aufständischen Truppen schon böse verspottet, zaudern auf die Nachricht aus Mellingen hin nicht lange. Innerhalb weniger Stunden sind 2000 Entlibucher abmarschbereit zum Kriegszug gegen die zürcherischen Angreifer.

Ihnen schliessen sich die vor Luzern lagernden 400 Solothurner an, denen jetzt ihr eigenes Hemd am nächsten ist – denn niemand weiss, ob dieser Werdmüllersche Heerhaufen vor den Solothurner Grenzen Halt machen wird.

Am späten Nachmittag marschieren die Truppen unter dem Oberkommando von Schibi am linken Ufer der Reuss entlang. Zahlreiche Rothenburger ziehen mit ihnen.

Wegen der Schwächung des Belagerungsrings um Luzern machen sich die Kriegsräte der Aufständischen (während der Abwesenheit von Emmenegger und Steiner kommandiert der Entlibucher Landessiegler Binder) vorläufig wenig Sorgen, herrscht doch noch für einige Tage Waffenstillstand.

Sonntag (Pfingsten der Katholiken), 22. Mai/2. Juni 521

Im Baselbiet bietet Joggi Buser, der Sonnenwirt von Buckten, mit einem Rundschreiben in den Dörfern zum Zug gegen die Zürcher auf. Noch heute brechen etwa 200 Oberbaselbieter, an ihrer Spitze der Amtspfleger Ueli Schwitzer von Titterten, nach Olten auf, wo sie sich den Solothurnern anschliessen wollen.

In Bern hat der Rat mit Freude von der Besetzung Mellingens vernommen. Eine kleine Delegation zur Begrüssung General Werdmüllers ist bereits unterwegs zur Lenzburg. Dank seiner Akzeptanz beim Volk und seiner Ortskenntnis hat man Althofmeister Imhof mit dieser heiklen Mission betraut.

Mit einer Missive danken die Herren ihren Zürcher Kollegen für «den tapferen Zuzug». Weiter: «Unsere Völker werden (...) den gottlosen Bund zu Nichten richten helfen, da morgens unserer Verordnung nach die rechte Prob, die Huldigung.» Wer huldigt, soll als treuer Untertan verschont bleiben. Der «schandlich undergrabende Pundt» aber, die «verfluchte Conspiration» samt den «widerspenstigen Redliführern» aber will man mit vereinten Kräften zerschlagen, damit der gesamte oberkeitliche Stand bei dem von Gott rechtmässig habenden Ansehen erhalten werde. «Mit einstendiger Bitt zur Fortsetzung eüwer mannlichen Rettung nichts zu underlassen, da wir ebenmessig das unsere mit guter Manier und Eifer zumittelst unser nunmehr auch (bereitstehenden) Völker auch mit dapferem Mut bis zu einer völligen Beruhigung ein oder ander Orts thun werdind. (...) Wir bitten, den gefangenen Erzrebellen Uli Suter und Mithaften wohl verwahren zu lassen.»

Die so von Gott gesetzten Oberen von Bern scheren sich einen Deut um christliche Moral. Sie handeln rücksichtslos nach der Staatsräson. Wie sie es ausdrücken: damit der oberkeitliche Stand erhalten werde. So bringen sie das Kunststück fertig, auf eine direkte Anfrage Bürgermeister Wasers: was an den Gerüchten um den gemachten Frieden wahr sei? den Murifelder Vertrag noch einmal zu verschweigen, ja den Frieden zu leugnen und die Zürcher zur Fortsetzung ihres Feldzugs gegen die Berner Untertanen aufzufordern. Der arme Gefangene im Zürcher Wellenberg, der doch nur die Wahrheit (über den Frieden) ausgesagt hat, wird nochmals als Erzrebell abqualifiziert... Diese Stehkrägeler im Berner Rathaus nennen sich noch «Landesväter», «Gnädige Herren» und haben doch einen Eid geschworen, sie wollten die Untertanen bei ihren Freiheiten und Gerechtigkeiten schützen!

Sonntag (Pfingsten der Katholiken), 22. Mai/2. Juni

Die Tinte auf der Missive ist noch nicht trocken, da beschliesst der versammelte Berner Rat eine neue Massnahme, die nichts weniger als einen hinterhältigen Volksbetrug darstellt: Die Huldigungsherren sollen in den vier Landgerichten morgen erst nach getaner Huldigung verkünden, dass jedes Landgericht tags darauf je vierzig geschirrte Pferde zum Ferggen von Kanonen in die Stadt schikken müsse.

Die Untertanen, die sich an den Friedensvertrag halten und ihrer Oberkeit neue Treue schwören, werden ja staunen, im Anschluss an den Eid dieses unfreundliche Ansinnen zu vernehmen!

Nach einem so anstrengenden Sitzungstag finden Schultheiss von Graffenried und seine Mitregenten noch Zeit, sich das neueste Schreiben aus Ranflüh zu Gemüte zu führen. Fraglos lesen sie die Verzweiflung des gutgläubigen Bauernführers daraus heraus. Umso nichtssagender und kühler diktieren sie dem Schreiber die Antwort:

Leuenberger und seine Anhänger hätten den Frieden verletzt, 1. durch die andauernde Belagerung von aargäuischen Städten, 2. durch den unbefugten Zuzug von bernischen Untertanen nach Luzern. «Mit Befremden» hätten die Gnädigen Herren zur Kenntnis genommen, dass er, Leuenberger, sich in seinem Schreiben diesbezüglich nicht geäussert habe. Er solle ja nicht versäumen, den Huldigungsherren im Emmental morgen seinen Bundesbrief auszuhändigen, wie das der Friedensvertrag bestimme.

Zingg 34–36, 38 – Liebenau III/102 – Mühlestein 504f. – Vock 335, 340, 346 – Peter 102 – RM Bern 22.5. 1653 – TMB Bern 22.5. 1653

Die Ostschweizer und Zürcher Soldaten schwärmen aus. Zwischenfälle während des Waffenstillstands

Die Ostschweizer und Zürcher Soldaten nützen an diesem prächtigen Sonntag (in den katholischen Freien Ämtern feiert man das Pfingstfest) den während des Waffenstillstands geltenden ‹freien Verkehr› zu ausgelassenen Ausflügen in die Dörfer der Umgebung. Dabei benehmen sie sich wie die Säue. «Ussem Läger wird geschrieben, es seye schlechte Disciplin, es gehe mit Rouben und Plündern, Fluchen und Schweren ungebunden», «ein Teil der Reiter zeigte sich dabei wie im Feindesland, indem sie sich in *Wohlenschwil* und *Büblikon* ans Plündern machten» – so berichtet darüber nicht etwa ein Bauer, sondern der hohe Rat von Zürich.

Dass just die Reiterei unangenehm auffällt, ist kein Zufall. Von ihrem Kommandanten, dem berüchtigten ‹Schweden› Generalmajor Johann Rudolf Werdmüller, haben sie den Befehl zu «gewaltsamen Rekognoszierungen» des Bauernheers. Deutsch und deutlich: Sie müssen Stärke und Lage der Bauern in der Umgebung erkunden, und dafür haben sie die ausdrückliche Erlaubnis, Gewalt anzuwenden. Für die ewiggestrigen, geworbenen Söldner in Zürichs Kavallerie ist dieser Auftrag ein gefundenes Fressen – ein Hauch der rohen Zeiten im schwedischen Heer fegt an diesem Pfingstsonntag durch die Freien Ämter.

Die erschrockene Bevölkerung packt ihr Hab und Gut eilig zusammen und flieht über die Grenze nach Zug und ins Züribiet. Beim Anblick der Flüchtlingszüge halten es auch manche Willisauer Soldaten aus dem Feldlager *bei der Gisiker Brücke* für ratsam, zu ihren Familien zurückzukehren. Oberst Binder muss solche Desertionen bei Leib- und Lebensstrafe verbieten.

Zu *Othmarsingen* im Wirtshaus werden fünf Schaffhauser Kavalleristen von Dorfleuten belästigt und festgehalten. Wenn man den offiziellen Berichten der Herren glauben darf, völlig grundlos: «Zur Kurzweil» seien sie ausgeritten und hätten sich eben «bei einem Gläschen Wein gütlich tun wollen».

Generalmajor Werdmüller hat auf so einen Zwischenfall nur gewartet. Sofort bricht er mit drei Kompanien Reitern und 300 Soldaten zu Fuss zur Befreiung der Schaffhauser auf. Schon beim nächsten Wäldchen trifft er auf eine bewaffnete und gut verschanzte Übermacht der Bauern. Werdmüller hält seine Leute an und verlangt den Verantwortlichen der Gegenseite zu sprechen. Einige (schlecht gekleidete, wie der Generalmajor betont) Hauptleute der Bauern treten hervor und beantworten Werdmüllers barsche Frage: warum sie die Waffen ergriffen hätten? mit den Worten: nicht mit böser Absicht. Sie wünschten nichts so sehr als den lieben Frieden, und sie seien nicht gesinnt, irgend jemanden zu beleidigen. Sobald man ihnen die vor hundert Jahren genossenen Freiheiten und Rechte, die man ihnen geraubt, wieder zurückstelle, würden sie die Waffen niederlegen; eher aber nicht. Der Gewalt wollten sie tapferen Widerstand entgegensetzen. Einmal müssten sie doch sterben; ob heut' oder morgen, daran liege ihnen nicht viel, und hier im Felde zu sterben sei wohl eben so gut als auf irgendeine andere Weise!

Joh. Rudolf Werdmüller lässt seine Kompanien ins Lager zurückkehren.

> Ob der verschlagene Kriegsherr von der Entschlossenheit der Redner so beeindruckt war, oder ob er das Unternehmen ‹Befreiung› von Anfang an nur darauf angelegt hatte, die Alarmbereitschaft der Bauern zu prüfen, bleibt sein Geheimnis.

Während dieser kriegerischen Eskapaden des Herrn Generalmajor empfängt sein Onkel Konrad, der Generalissimus, einen Abgesandten vom bernischen Schloss Lenzburg. Dieser Herr, namens von Graviseth, begrüsst die Tagsatzungstruppen im Namen von Landvogt Georg Tribolet und Festungskommandant May von Rued in der Grafschaft Lenzburg. Das Schloss Lenzburg sei nicht unmittelbar bedroht. Über den angeblichen Murifelder Frieden wisse man dort auch nichts Genaueres; ein hoher Ratsherr (Imhof) wäre mit genauem Bericht aus Bern unterwegs, sei aber bei Zofingen von Bauern aufgehalten worden. Auf jeden Fall bestehe schlechte Hoffnung auf die Einhaltung des Friedens; womöglich sei das ganze Gerede bloss eine Finte der Rebellen.

Werdmüller will aber unbedingt sicheren Bescheid, ob denn im Bernbiet Krieg oder Frieden herrsche, bevor er ins Aargäu vorrückt. Herr von Graviseth verspricht die Nachricht für morgen; wenn jedoch die Bauern keinen Frieden hielten, so dass ein Ausritt ins Zürcher Heerlager unmöglich sei, würden die Lenzburger Herren dies mit vier Kanonenschüssen kundtun.

> Tatsächlich haben erboste Bauern den Ratsherrn Imhof in der Nähe von *Zofingen* aufgehalten. Kaspar Hunziker von Oberwynau war der Hauptsünder. Er fragte den ‹beliebten› Herrn: was er denn schon wieder im Aargäu zu suchen habe? Die Oberkeit begehe nichts als Verrätereien – Imhof bringe nur die Zürcher ins Land, man solle ihn gescheiter totschlagen.
>
> Soweit kam es glücklicherweise nicht. Ein paar kühlere Bauernköpfe führen Imhof derzeit ins Hauptlager der wehrhaften Landleute nach Othmarsingen.

Vock 328–330 – Liebenau III/83,93 – Mühlestein 521 – Peter 145 – Rösli 199

Montag, 23. Mai

Huldigungstag im Bernbiet

Wie angekündigt, schwärmen heute morgen die Huldigungsherren unter starkem militärischem Schutz ins ganze Bernbiet aus. Um denjenigen Untertanen, die den Bund beschworen haben, ihre religiösen Zweifel zu nehmen und sie zum Widerruf zu bewegen, tragen die Herren allerorts ein theologisches Gutachten mit sich:

Der zu Huttwil und Sumiswald geschworene Eid richtet sich gegen Gott und sein heiliges Wort. Wer seinen Fehler jetzt nicht bekennt, dem wird ein immerwährender Wurm an der Seele nagen.
1. hat der Eid der Oberkeit freventlich ihre von Gott verliehene Gwalt benommen.
2. sind die Untertanen so weit ihrer Oberkeit verbunden, dass sie ohne deren Gutheissen und Verwüssen sich mit keinem Eid anderen verbindlich machen können, so wenig als ein Kind ohne Gutheissen seines Vaters. Dies kann abgenommen werden us dem 4. Mose Kap. 30, gleich am Anfang.
3. ein Eid, geschworen aus Widerwillen und gähem Zorn, mag auch nit gutgeheissen und hiemit aufgehept werden. (Auch König David hat einen solchen Eid widerrufen: 1. Samuel Kap. 23.)
4. haltet die Theologie dafür, dass die Eidschwür, so guten Gesetzen und Gebräuchen eines Regiments zuwiderlaufen, ungültig sein sollen und widerrufen werden. Us Ursach, dass es Gottes Willen sei, dass alle Underthanen sich den guten Gesetzen der Oberkeit unterwerfen sollen (Röm. 13).

Letztlich streitet der Eid wider das 5. Gebot Gottes. Sie haben geschworen, ihre Oberkeit, die Väter des Vaterlandes, mit gewehrter Hand zu überziehen und mit Waffen zu zwingen. Also ist dieser Schwur, sowohl wegen des Gesetzes Gottes als wegen erfolgenen grossen Übels und Straf wiederum ufzuheben.

Zur Unterweisung, damit man sich vor solchen ungebührlichen Eidschwüren hüte, ist ihnen der leichtsinnige Eidschwur Herodes' zu repräsentieren, der Johanni dem Täufer seinen Kopf gekostet (Matth. Kap. 14). Und derjenige der Juden, welche sich verbannet, nit zu essen, bis sie Paulus getödet hätten (Apg. 12).

In den stadtnahen Gemeinden der Landgerichte zeigen sich die Landleute gehorsam, bis die Herren – nach erlangtem Treueschwur – jeweils die vierzig Rosse zum Kanonenferggen in die Stadt befehlen. Da begehren etliche Landleute offen auf.

Bendicht Spring von *Schüpfen* weigert sich im Namen seiner Gemeinde und bemerkt: das hätte man doch vor der Huldigung sagen sollen! Wenn er das gewusst hätte, so hätte er nicht gehuldigt; denn er habe den Eid zum Frieden getan. Nun sei das ein schlechter Frieden, wenn man jetzt Ross zu den Stucken (Geschützen) geben müsse. – Ueli Schwab vom Frienisberg doppelt nach: wenn wirklich Frieden sei, brauche man keine Kanonen.

Wegen der eingeforderten Pferde treffen sich die Männer des Landgerichts Konolfingen zu eine Protestversammlung im Bären Münsingen. Von hier aus schreiben sie dem Obmann von der hinterhältigen List, auf die sie hereingefallen sind.

Biglen und Höchstetten huldigen. Tiefer im *Emmental* erreichen die Herren nichts – der Bauernkriegsrat ist ihnen mit der Ausrufung des Landsturms eben noch zuvorgekommen.

Rösli 55, 105, 170, 191, 230 – RM Bern 23.5. 1653 – BBB I.108.45 – AEB D dat.23.5. 1653

Leuenberger lässt den Landsturm ergehen. Das Pharaonenschreiben

In Lienhart Glanzmanns Wirtshaus zu *Ranflüh* sitzt bei Tagesanbruch der gesamte Bauernkriegsrat versammelt: Niklaus Leuenberger, Ueli Galli, Hans Berger, Daniel Küpfer, Hans Luginbühl im Eichen (als Vertreter der Kilchöri Münsingen), der Bergmichel und als Schreiber Notar Brenner.

Die Nachrichten aus dem Aargäu erzählen von Brandschatzungen und Plünderungen der Zürcher; das Volk ströme von überall her gegen Mellingen, um zu wehren. Leuenberger muss den Landsturm ausrufen; allen voran wird er selber als Kommandeur im Bauernlager von Othmarsingen dringend gebraucht.

> Der Verdacht, die Herren von Bern hätten das fremde Heer herbeigerufen, setzt sich immer deutlicher in den Köpfen der Bauernräte fest. Ein gottloser Betrug! Die Herren haben den Frieden versprochen, während sie ringsum zum Krieg gegen ihr eigenes Volk rüsteten. Zieht nun die Bauernarmee auf Mellingen, wird das Emmental in grosse Gefahr geraten. Der General von Erlach wartet wohl nur darauf, seine welsche Soldateska auf die verlassenen Frauen, Kinder und Greise zu hetzen, Häuser und Keller zu plündern!

Montag, 23. Mai 527

Deshalb beschliesst die Runde in Ranflüh eine Zweiteilung der Bauernmacht. Der Obmann wird die Langenthaler, die Zofinger, die Aarauer und Lenzburger schnellstens den Zürchern entgegenführen. Die Emmentaler hingegen werden ihr bedrohtes Land nicht verlassen. Daniel Küpfer erhält den Titel eines Landeshauptmanns des Emmentals und wird Leuenberger als Kommandant vertreten.

Ein letztes Mal verfasst Leuenberger mit seinen engsten Ratgebern ein Schreiben an die Herren von Bern. In seinem Glauben an den guten Kern in jedem Christenmenschen ist der Obmann verletzt, wie ein angeschossenes Tier setzt er sich entschlossen zur Wehr. Die Worte geraten so scharf, dass sich Notar Brenner weigert, mehr als die Überschrift zu schreiben. Auch die Drohungen des Bergmichel helfen diesmal nicht weiter. Wie schon gestern muss der Schulmeister von Rüderswil die Feder führen.

«Hochgeachte Gnädige Herren,
Wir hand das E. G. Schreiben, wie dass ihr begehret, dass wir mornderigen Tags dem 24. Maien wiederum sollen huldigen» (ein absichtliches Missverständnis – eigentlich wissen die Bauern genau, dass die Huldigungen auf heute, den 23. Mai, angesetzt sind) «und begehret, dass wir Euch unseren Bundsbrief aushergeben, welches uns gar schwer fürkombt, dann es ist I(hren) G(naden) bekannt, wie dass wir unsere Gerechtigkeit an I.G. billich hand ersucht, aber dasselbig mit Bitt nicht können erhalten, sondern wieder viel ungute Schmächwort und Schriften wie auch das ‹Badische Mandat› über uns ist ausgangen. Daher sind wir verursachet worden, als die 4 Ort zusammen zu setzen und unsere Gerechtigkeit zu suchen, wie es unsere Altvätter hänt getan, um die Frommen, Gerechten damit zu schirmen. Derohalben wir hoffen, ihr werdet uns von dem Bund und der Gerechtigkeit nit treiben, sonder uns vielmehr dabei handhaben, schützen und schirmen und uns den gerechten Frieden und dieselben Briefe aushergeben[1] und euere geworbenen Völker und Truppen abschaffen und abdanken und unsere Gefangenen losgeben. Wann diese obgenannten Punkten uns gehalten werden und die obgenannte Geldsumm uns wird erleget werden, so wollen wir Euch dann wiederum huldigen.»

---

1 Leuenberger hat bis anhin nur die in Schrift gefassten Artikel vom 18. Mai mit einer Annahmeerklärung der Gnädigen Herren erhalten. Gemäss dieser Erklärung wird die Friedensurkunde erst nach getaner Huldigung ausgefertigt. (Einige Chronisten schliessen aus Leuenbergers Dank in seinem Schreiben vom 22. Mai fälschlicherweise, dass ihm Staatsschreiber Mathey die Urkunde aufs Schönholz überbracht habe.)

Am Ende diktieren die Bauernräte dem Schreiber Ellenberger ein poetisches Gleichnis in die Feder, mit dem sie die ungetreuen Herren mit einem Mal vom hohen Sockel ihres Gottesgnadentums herunterholen:

> «Wir wollen die allerheiligste Dreifaltigkeit von Grund unseres Herzens anrufen, dass sie uns Gnade und Kraft verleihen wolle, damit wir die Gerechtigkeiten können handhaben, schützen und schirmen, und die feindliche Gewalt, die sich wider uns aufbaut, abschaffen und in die Tiefe des Meeres versenken wie den gottlosen König Pharao und seinen Anhang. Der Herr wolle uns, sein Volk, das er mit seinem rosenfarbenen Blut erlöst, durch dieser Trübsal rotes und wütendes Meer führen nach seiner Gnade, damit wir bei der Gerechtigkeit verbleiben können, dazu wir dann Ehre, Gut und Blut setzen wollen.»

Nachdem Leuenberger seine Unterschrift unter den ‹Pharaonenbrief› gesetzt hat, bricht er in Begleitung einiger Kriegsräte und seiner treuesten Soldaten in Richtung Mellingen auf.

In *Langenthal* ist Märit. Der Obmann reitet quer durch das ganze Dorf und fordert all die Märitfahrer persönlich auf, ihre Stände abzubrechen, heimzugehen, sich zu rüsten und ihm rasch nach Mellingen zu folgen.

> Das Städtchen *Zofingen* ist in den letzten Tagen von unschlüssigen Landleuten halbwegs belagert worden; jedenfalls blieben die Tore verschlossen.

Leuenbergers Schar ist inzwischen auf 700 Mann angewachsen. Bei ihrem Herannahen fügt sich der Rat von Zofingen der Übermacht. Stolz reitet der Obmann in seinem roten Mantel durch die Gassen, durch die Spaliere der neugierigen, bewaffneten Bürgerschaft. Vor einer Pintenschenke lässt er sich hurtig vom Wirt ein Glas Wein aufs Pferd hinauf reichen; mit dem ihm durch Viehhandel bekannten Metzger und Ratsherrn Hügi wechselt er einige freundliche Worte, und schon eilt er mit seinem Heerhaufen weiter das Aargäu hinunter.

Gegen Abend erreicht Leuenberger *Aarau*. Auch dieses Städtchen ist noch immer – oder wieder – belagert, obwohl die Mehrzahl der hiesigen Landleute längst gegen die Zürcher ausgezogen ist. Der Obmann lässt Aarau links liegen und nimmt den ganzen Rest der Belagerer mit sich.

Tief in der Nacht kommt er mit seinen so gesammelten Soldaten im Heerlager bei *Othmarsingen* an, das bereits gegen 10 000[2] Köpfe zählt.

---

2 nach Vock: über 20 000, nach Peter: 7000

Montag, 23. Mai

Wie erwähnt ist Daniel Küpfer als Landeshauptmann im *Emmental* zurückgeblieben, vermutlich Ueli Galli und Hans Berger mit ihm. Seine erste Amtshandlung ist die Beanwortung eines oberkeitlichen Schreibens, das ihm der Reiter Albrecht Moser am Morgen nach Langnau überbracht hat. Es handelt sich um den Brief der Regierung von gestern abend, der sich auf eine Reihe von Vorwürfen gegen die Untertanen beschränkt. Küpfer gibt zu jedem einzelnen Punkt eine klare Antwort:

> Er habe I.G. Schreiben abgelesen und wohl verstanden.
> «1. Der Angriff uf die Neuenbrugg ist nit durch unser Volk beschächen, in dem dass sie erstlich uf uns Feur geben. Byneben dass Daniel Küpferen Bot in das Lager kommen: der Friede seye gemacht, er sölle mit seinem Volk abzüchen, und er das getan, hend sie nochmals eine ganze Stund mit 4 Stucken und dem Handgeschütz uf uns gespielt. 2. Über die Belagerung der aargäuischen Städte wissen wir und können es nit verantworten. 3. Der Bundesbrief enthält nichts anderes als Forderung der Freiheiten und Gerechtigkeiten. Zins, Zehnten, Gülten bleiben unangetastet. 4. Euer Gnaden sollen um Gotteswillen die Völker abschaffen, die Gefangenen herausgeben – erst dann wird gehuldigt. 5. Dass Eurer Gnaden Läufer und Profosen beleidigt – davon wüssen wir nichts. Es wurde deshalb von *Euren* Völkern verübt. 6. Was die Völker betrifft, die vor Luzern geloffen, wüssen wir by uns keinen. Deroweg können wir keinen zurückfordern. – Daniel Küpfer und gemeine Offiziere.»

Am Abend dieses entscheidungsschweren Tages erhält der Emmentaler Rest-Kriegsrat eine Meldung aus Frutigen: «Ist Post kommen us dem Wallis, das Bernbiet solle an sechs Orten am 27. Mai angegriffen werden.» – Das Nachrichtensystem der Landleute funktioniert gut; die Reihe ihrer Freunde reicht bis in die Städte hinein. In *Thun* ist gerade gestern ein Bürger[3] verhaftet worden, der heimlich ein Loch in die Stadtmauer geschlagen hatte, um mit den Steffisburgern zu verkehren.

Vock 340–345 – Mühlestein 502–504 – Turmbuch Bern 1653, Vergichte Brenners, Küpfers, Gallis und Leuenbergers – BB VI.80.3 – AEB D dat.23.5.1653

---

3 namens Zacharias Nafzger

Der verhinderte Vormarsch der Zürcher Armee auf Lenzburg. Pfarrer Hemmanns Kapitulation

Gegen Mittag nimmt Generalmajor J.R. Werdmüller einmal mehr eine «gewaltsame Rekognoszierung» der feindlichen Stellungen vor. Allerdings ist er heute zum Angriff entschlossen. 500 Reiter, 1500 Musketiere und 4 Kanonen umfasst seine Truppe, also einen Viertel der gesamten Tagsatzungsarmee, und ihr Ziel ist der Durchbruch zur Lenzburg.

Zu seiner Verwunderung findet der ‹Schwede› bei seinem Vormarsch die Bauern nicht mehr in ihren gestrigen Verstecken, sondern weiter westlich in der Gegend von Mägenwil, teils hinter starken Verhauen in den Gebüschen des Felds, teils auf dem Berg, teils in den Wäldern: insgesamt wohl 15 000 Mann, in äusserst vorteilhafter, halbmondförmiger Schlachtordnung. Der draufgängerische Werdmüller hat seine Gegner unterschätzt. Je länger, desto mehr muss er einsehen, dass er hier mit einem Angriff nicht durchkäme, ja: dass sich seine in geschlossener Zugsordnung vormarschierende Truppe bei einem Gewehrfeuer der Bauern in höchster Gefahr befände!

Nach einer kurzen Besprechung mit seinen Stabsoffizieren lässt der Generalmajor halten. Zum Zeitgewinn schickt er einen Tambouren zu den Bauern, mit dem Befehl, er solle dort einen Hauptmann zu Verhandlungen herbeirufen. Gleichzeitig fordert er aus dem Hauptlager 4 Kanonen und 1500 Musketiere Verstärkung an, und zwar die kriegstüchtigste Truppe, die von Zürich geworbenen Söldner.

Sachte, Zug um Zug, zieht er seine zu weit vorgerückte Division aus der Gefahrenzone zurück und postiert sie am Nordhang des Hügels Maiengrün in vorteilhaften Stellungen.

Die Bauern, wieder einmal zwischen Kampfwille und Verhandlungsangebot hin- und hergerissen, lassen dies geschehen. Ziemlich missmutig, weil er lieber zugeschlagen hätte, folgt einer ihrer Hauptleute dem Boten Werdmüllers hinaus aufs freie Feld.

Der Generalmajor empfängt ihn in Gegenwart von Landammann Müller von Glarus. Die beiden Herren stellen ihm folgende Bedingungen:
- Die Bauern sollen unverzüglich abziehen und die Waffen niederlegen,
- den Bund aufheben und neu huldigen,
- den General Werdmüller als Richter über alle ihre Beschwerden anerkennen,
- der eidgenössischen Armee freien Durchpass gewähren und alle diejenigen, die sich widersetzen sollten, zur Abstrafung überlassen.

Innert einer Stunde sollen die im Feld stehenden Truppen diese Punkte annehmen. Wo nicht, «so solle hiemit das unschuldig Blut, so hierüber möchte vergossen werden, auf ihren Köpfen ruhen gegen Gott zu verantworten. Gehet nun hin und bringet schleunigen und guten Bescheid, wo nicht, so solle auch die Sonne nicht untergehen, dass ihr nicht einen Teil euerer Torheit und unbefugten Ergreifung der Waffen bezahlet.»

> *Die Annahme dieser Forderungen käme einer Kapitulation gleich, und J.R. Werdmüller rechnet mit nichts anderem als einer entrüsteten Ablehnung. Ihm geht es nicht ums Verhandeln (dazu hat er, wie sein Gegenüber, gar keine Befugnis), sondern lediglich um eine runde Stunde Zeit, die er braucht, um seine Verstärkung aus dem Hauptlager heranzuziehen und die neuen Geschütze zu richten. Dann, gleich nach Ablauf der Frist, will er unter dem Schutz der Artillerie mit Gewalt gegen die Bauern vorgehen.*

Unterdessen rückt General Werdmüller höchstpersönlich mit 2000 Mann Fusstruppen und den bestellten Kanonen an. Da die Bedenkzeit verstreicht, ohne dass die Bauern abgezogen sind oder eine Antwort gegeben haben, tritt der General vor seine Soldaten und ist eben im Begriff, das Feuer freizugeben, als eine Patrouille meldet, vom nächsten Dorf (Othmarsingen) her «eräugten sich Mittelspersonen».

Es sind einige Abgesandte der Lenzburger, mehrere Bauern und zwei Geistliche: Hans Ulrich Bülich (oder Külich), ein schwarzgrauer, wohlberedter Herr von Othmarsingen, und Pfarrer Jakob Hemmann von Ammerswil. Der letztere bittet General Werdmüller «um der teuren Leiden Christi willen» inständig, flehentlich und dringend um Gewährung eines weiteren Waffenstillstandes bis 7 Uhr des folgenden Morgens und gelobt ihm in die Hand, dass «sie so viel bei ihrer Pursame erreichen wollen, dass alsdann solle ein völliger Verglych getroffen werden».

Der General erklärt sich zu einem Waffenstillstand bereit, wenn die Bauern die von seinem Halbneffen, dem Generalmajor, gestellten Forderungen annähmen – und die seltsamen ‹Bauernvertreter› sind damit sofort einverstanden.

> *Die hohen Stabsoffiziere der Tagsatzungsarmee sind über diesen Auftritt recht verwundert, hat doch jedermann mit einer Schlacht gerechnet. Sie befürchten eine List und verlangen Garantien für die Einhaltung der vier Forderungen, die doch nichts anderes als eine kampflose Kapitulation der gesamten Bauernschaft bedeuten.*

Auf der Stelle anerbieten sich die zwei Geistlichen mit ihrem Gefolge als Geiseln.

> *Es spricht für die Menschenkenntnis des General Werdmüller, dass zumindest er die wahren Absichten der Kapitulantengesandtschaft durchschaut: Die Leute stammen aus den nahen Dörfern der Grafschaft Lenzburg. Sie wollen ihre engere Heimat vor einem grossen Blutvergiessen, Brandschatzen und Plündern bewahren. Dafür setzen sie ihr Leben aufs Spiel. Was den Bauernbund und die eidgenössische Politik angeht, so sind sie nur am Rand interessiert daran - für die Bewahrung ihrer Dörfer vor den Schrecken des Krieges würden sie jede noch so demütigende Bedingung annehmen.*

Der General stellt die entscheidende Frage: ob denn wirklich alle Bauern von ihrer Gesandtschaft wüssten und damit zufrieden seien? Sie antworten: nit alle, dass es in der Kürze der Zeit nit hätte sein mögen.

> *Aha. Werdmüller erkennt, dass ihm diese Kapitulationswilligen als Spaltpilz unter der Bauernschaft sehr viel mehr nützen werden denn als Geiseln.*

Darum sagt er ihnen: «So begehre ich keine Geisel. Es fangt an, Abend zu werden. Gehet hin, berichtet sie alle diese Nacht über, und so euch ernst ist, so kommt morgens früh in das Lager, aufs Längste bis 7 Uhren, so wollen wir die Puncten in Schrift verfassen.»

Wie dieser Handel eben abgekartet wird, dröhnen vier Kanonenschüsse vom nahen Schloss Lenzburg übers Land.

> *Das zwischen der Generalität und dem Schlosskommandanten Junker May von Rued abgemachte Zeichen dafür, dass im Bernbiet kein Frieden herrsche! - Das ist die erste einigermassen offizielle Nachricht über den Murifelder Frieden, die der General und die Zürcher Herren seit dessen Abschluss von der Berner Oberkeit zu erlangen vermochten. Eine falsche Nachricht. Die Berner Herren haben kein Interesse daran, die kriegerische Bestrafung der Bauern, die der Vorort im Auftrag der Tagsatzung vornimmt, zu hemmen. Den «disreputierlichen» Frieden haben sie ohnehin nie einhalten wollen.*

Die Landleute im Feldlager erschrecken ob dem Kanonendonner in ihrem Rücken, ohne dass sie deren Bedeutung kennen.

> *Umgekehrt heizen die vier Schüsse den Kriegswillen unter den Tagsatzungsoffizieren mächtig an. Allen voran der Generalmajor und die St.Galler Kommandeure wenden sich gegen jede weitere Zeitverschwendung und wollen sofort mit der Beschiessung beginnen. - In der Tat sind acht schwere Geschütze am Berg-*

Montag, 23. Mai/2. Juni

hang inzwischen so drohend postiert, dass die Bauernkontingente mit ihren gelben und weissen Fahnen ihre Verschanzungen nach und nach aufgeben. General Werdmüller muss sich böse Kritiken dafür gefallen lassen, dass er einen neuen Waffenstillstand akzeptiert hat. Zu allem Überfluss muss sich die Zürcher Söldnertruppe samt der Kavallerie und den Kanonen für die Nacht ins Hauptlager zurückziehen; die vorgeschobenen Stellungen am Maiengrün wären in der Dunkelheit zu unsicher.

Doch so wenig es seinem rässen Halbneffen gefallen mag: Der General handelt klug, wenn er eine kampflose Kapitulation der ‹Rebellen› einer Schlacht mit unsicherem Ausgang vorzieht. Und sollte der Predikant Hemmann auch nicht die Zustimmung aller Bauern erlangen – so wird er sie zumindest in zwei Lager spalten und ihre Kampfkraft entscheidend herabmindern.

Und überdies – was für eine Ehre wäre es für die Werdmüllers, wenn sie (wie gefordert) als alles entscheidende Schiedsrichter zwischen Untertanen und Oberkeiten auftreten könnten!

Liebenau III/84–86 – Mühlestein 515–521 – Lohner 550

Die Schlacht bei Wohlenschwil

Niklaus Leuenberger ist tief in der Nacht im Lager von *Othmarsingen* angekommen. Eine knappe Stunde zuvor sind auch Christen Schibis Luzerner hier einmarschiert. Schon bei der ersten flüchtigen Besichtigung der Stellungen sind die beiden Kommandanten über die hervorragende militärische Arbeit der doch so planlos zusammengelaufenen Verteidiger bass erstaunt.

Beeindruckend sind die günstig angelegten Verschanzungen hinter mächtig grossen, übereinander gefällten Bäumen – für die Zürcher sind sie nahezu uneinnehmbar.

Das grösste Verdienst trifft Hans Jakob Hochstrasser von Auenstein, der ganz zuletzt, in der Abendsitzung der Ausschüsse an der zweiten Landsgemeinde zu Huttwil, in die militärische Leitung des Aufstands gewählt worden war. Er hat in seiner engeren Heimat spontan als Statthalter Leuenbergers gewirkt. Neben der Arbeit im Felde hat Hochstrasser auch für Zuzug und Nachschub aus allen verbündeten Orten gesorgt; in den vergangenen dreissig Stunden hat er überall hin Aufgebotszettel versandt.

Leuenberger und Schibi hätten allen Grund zur Zuversicht, wäre da nicht die Kapitulantengesandtschaft der Lenzburger gewesen.

Noch am Abend, vor wenigen Stunden, haben die Landleute in den umliegenden Gemeinden über das Friedensangebot der Werdmüllers beraten ... und sich prompt darüber entzweit. Ein Teil wollte den Bund halten und Leuenbergers Ankunft abwarten. Die Mehrheit aber redete: jedem sei sein eigenes Hemd am nächsten; Pfarrer Hemmann solle morgen früh den Friedensvertrag unterzeichnen, ehe die grosse Schlacht ausgerechnet in ihren Dörfern losgehe. Der Obmann könne dann – wenn er überhaupt komme – immer noch weiterschauen.

Mit keinem Wort geht Leuenberger auf den Inhalt des neuen ‹Friedensvertrags› ein, um so mehr als er eine Kopie der Murifelder Artikel bei sich trägt, die er dem General Werdmüller im Zweifelsfall gerne vor die Nase halten möchte! Das Vorprellen der Lenzburger missbilligt der Obmann aufs Schärfste. Er lässt ihnen sagen, sie sollten ihm folgen und nur ihn und seine Kriegsräte mit den blauen Zürchern verhandeln lassen. Er dürfe ihnen versichern, dass, wenn sie mit ihrer Armee vor das Lager der Zürcher rückten, diese ihnen nicht standhalten würden.

Zwar machen Leuenberger und Schibi den Soldaten im Bauernlager Mut – doch mit den kapitulationswilligen Einheimischen kommen sie nicht zu Rande. Pfarrer Hemmann und seine Gefolgsleute verlangen am frühen Morgen, eine Gesandtschaft des gesamten Bundes solle sich hinüber ins Kriegslager der Herren begeben. Leuenberger und mit ihm sämtliche Kriegsräte lehnen dies ab.

Nun begehen die Lenzburger einen offenen Verrat: Angeführt von Hemmann ziehen fünf ihrer Hauptleute auf eigene Faust zu Separatverhandlungen nach *Mellingen*. Dort bitten sie die Werdmüllers gar, dass man sie (die Lenzburger) um des Friedens willen vor «dem Leuenberger und anderen Rebellen» schütze... Soweit hat diese Leute die Sorge um sich und ihre Angehörigen, um ihre verwundbare Habe getrieben!

> *Die Generalität der Tagsatzungsarmee ist mit dieser Entwicklung der Dinge ganz und gar nicht zufrieden. So ein Angstfrieden mit der ortsansässigen Bevölkerung legt dem angreifenden Heer nur unnötige Ketten an die Beine. Was der Generalissimus sich wünscht, ist eine Annahme der Kapitulationsartikel durch die gesamte Bauernschaft.*

Darum gibt er dem Ammerswiler Predikanten zwar freundlichen Bescheid, schickt jedoch schlags darauf drei Trompeter zu Leuenberger ins Lager: er erwarte «der übrigen Pauren Resolution mit höchstem Verlangen».

Zurück kommen ebenfalls drei Feldmusikanten der Bauern mit der Antwort Leuenbergers: Er schlägt ein Treffen für den folgenden Morgen um 7 Uhr in der Mitte zwischen beiden Armeen vor. Als Schiedsrichter, steht weiter geschrieben, wollten die Landleute Herrn Notar Hansjörg Imhof anerkennen.[1]

> *Diese Sprache von gleich zu gleich verträgt General Werdmüller schlecht – wo er doch die Rebellen schon an den Rand einer Kapitulation gebracht hat. Die Einsetzung eines Berner Ratsherrn zum ‹Schiedsrichter› über die Belange seiner eidgenössischen Tagsatzungsarmee wäre entwürdigend. Standesgemäss sollte er, Johann Konrad Werdmüller, als Repräsentant des Vororts Zürich über den Berner Rat und dessen Untertanen urteilen, wie dies Punkt 3 des zur Debatte stehenden Friedensvertrags festlegt.*

---

1 Offenbar hatte Imhof dem Obmann seine Vermittlerdienste angeboten, worauf ihn Leuenberger ins Lager Werdmüllers ziehen liess. – Imhof, der korrekte Aargauer Notar und langjährige Gerichtsschreiber der Stadt Bern, war auf dem Murifeld dabeigewesen und würde den Zürchern den dort geschlossenen Vertrag glaubhaft bestätigen.

Kurzum: Der General lehnt Leuenbergers Vorschlag, unter dem Hinweis auf die am Vorabend abgegebenen Versprechungen der Bauerndelegation, schroff ab. Innert dreier Stunden solle sich Leuenberger bei ihm im Lager des Tagsatzungsheeres zu Verhandlungen einfinden, sonst werde er «seine Pflicht tun und jene, die freundlichen Ermahnungen ihr Ohr und Herz verschliessen, die Strenge der Gewalt fühlen lassen». Mit dieser überaus «freundlichen» Ermahnung schickt der Generalissimus die Feldmusikanten der Bauern zurück.

Werdmüller glaubt selbst nicht an den Erfolg seiner Aktion – er spürt den Widerstandswillen Leuenbergers. Ohne dessen Antwort abzuwarten, lässt der General, um ein freieres Schussfeld zu erhalten, in der Ebene vor dem Lager eiligst mehrere hundert Bäume fällen. Mit deren Stämmen verschanzen die Truppen ihren bereits ziemlich tiefen Schützengraben noch besser.

In der Tat würdigt Niklaus Leuenberger den Generalissimus keiner Antwort mehr.

Gegen Mittag bewegen sich etliche tausend bewaffnete Landleute teils vom Maiengrün herunter, teils von der *Brunegg* her, auf die Tagsatzungstruppen zu. Werdmüller muss alle seine Aussenposten ins gut gesicherte Hauptlager bei Mellingen zurückrufen.

Zuerst treten im Norden, auf der rechten Flanke des Zürcher Lagers, einige Bauern auf das offene Feld. Sie winken, machen allerhand Faxen und zeigen den Tagsatzungssoldaten den Hintern. Weil sich die Gestalten knapp ausserhalb der Schussweite befinden, können Werdmüllers Scharfschützen gegen sie nichts ausrichten. Als der verärgerte General schliesslich ein Kontingent Musketiere und Kavalleristen ausschickt, verschwinden die Provokateure rasch in den Wäldern gegen die Brunegg hin.

Nun führt Leuenberger mehrere tausend Mann über *Mägenwil* am Fuss des Hahnenbergs gegen *Wohlenschwil*. Er hat im Sinn, das nun halbwegs verlassene Zürcher Lager mit seinen mittlerweile nordwärts gerichteten Geschützen im Rücken anzugreifen. – Wie er aber die mächtigen Verschanzungen sieht, hält er es nicht für ratsam, einen Sturm über das schussfreie Feld hinweg zu befehlen. Einen Kanonenschuss entfernt bleibt sein Heerhaufen stehen. Nur einige kleinere Abteilungen nähern sich zwischen drei und vier Uhr dem Lager, um die Tagsatzungstruppen herauszulocken. Sie werden mit Artilleriefeuer empfangen und mit ziemlichem Schaden zurückgeworfen.

Plötzlich beginnt es wie aus Kübeln zu giessen, Blitze krachen. Leuenberger nutzt die schlechte Sicht, um von Wohlenschwil und Büblikon her entschlossen mit allen Fahnen in raschem, geordnetem Schritt vorzurükken.

Hinter dem Regenvorhang steigert sich das Feuer der Zürcher Artillerie zu einem bedrohlichen, donnernden Stakkato. Obwohl die Kanonenkugeln

Dienstag, 24. Mai/3. Juni

mehr oder minder blind gezielt auf der Ebene einschlagen, richten sie unter den Bauern erhebliche Verluste an und bremsen den Vormarsch.
  Schattenhaft stürmen den Angreifern Reiter entgegen. Unter dem Schutz von tausend Musketieren ist fast die ganze Zürcher Kavallerie aus dem Lager ausgebrochen. Im dichten Gewitterregen durchbricht sie die Reihen der Bauern.
  Die meisten Soldaten des Bundes bemerken den Schaden erst, als hinter ihrem Rücken die verlassenen Dörfer Wohlenschwil und Büblikon in Flammen aufgehen.

> *«Um dem Gegner die Schrecken des Kriegsrechts vor Augen zu stellen», hat Generalmajor Johann Rudolf Werdmüller die Dörfer plündern und in Brand stecken lassen.*

Leuenberger und Schibi sehen den Plan, ihre Leute zum Sturm auf die Geschütze der Zürcher zu bewegen, endgültig gescheitert. Der Verrat der Lenzburger hat schon vor der Schlacht Zwietracht gesät, die Brandstiftung des berüchtigten ‹Schweden› verbreitet Schrecken und lässt die Soldaten umkehren.
  Ein seltsames Himmelszeichen zeigt das Ende des Gewitters an: ein ‹sehr wunderlicher Ring, glich einem Rägenbogen anzusächen bi 2 verloffen Licht um die Sunnen›[2]. Viele schliessen daraus, Gott wolle die Eidgenossen zum Frieden mahnen. Gegen hundert Männer sind gefallen; die Stimmung im Bauernlager sieht gar nicht nach einem nochmaligen Angriff aus.
  Die Flammen in Wohlenschwil sind noch nicht erloschen, als Niklaus Leuenberger um acht Uhr abends den General Werdmüller durch Abgeordnete um Einstellung des Kampfes bittet. Wenig später wiederholt er das Angebot und lässt dem General seine Kopie des Murifelder Vertrags senden, worauf die Feindseligkeiten sofort abgebrochen werden.

> Eines sei deutlich festgehalten: Die Bauernarmee ist mit ihrem Sturm auf die feindlichen Geschütze gescheitert; militärisch besiegt ist sie deshalb noch lange nicht.

---

2 Bericht des Wolfgang von Mülinen aus Königsfelden vom 28.5.1653

> Die Berichte, welche die Generalität im Lauf des Tages an den Rat von Zürich schickt, klingen denn auch gar nicht nach Siegesmeldungen. An der Limmat werden in aller Eile zusätzliche Uszüger marschfertig gemacht; noch am Abend (nachdem man bereits von Leuenbergers Friedensverlangen Kenntnis hat) ordnet der Rat unverzüglich Bürgermeister Waser und Statthalter Hirzel als Unterhändler ins Lager von Mellingen ab, mit der recht kleinlauten Instruktion: sie sollten dahin «trachten, wie ein Usglych intreten syn möchte». Weil man sich auf eine längere Kriegsdauer gefasst macht, beschliesst der Zürcher Rat, bei den Zünften eine Gutssteuer zu beziehen, dazu die französischen und venezianischen Gesandten um die Bezahlung ihrer schuldigen Gelder zu mahnen.

Wie wenig siegessicher der Generalstab der Tagsatzungsarmee ist, zeigt sich auch unmittelbar in Mellingen: Werdmüller lässt noch heute abend, nach Abbruch des Kampfes, seine gesamte Artillerie auf einen Hügel jenseits der Reuss (nordwestlich von Mellingen) zurückschaffen.

Gleich nach der geschlagenen Schlacht setzt das diplomatische Geplänkel um die Verhandlungsbedingungen ein. Rasch einigt man sich auf einen Waffenstillstand bis morgen, 10 Uhr. Doch an der Frage des Verhandlungsorts scheiden sich die Geister. General Werdmüller lädt die Bauernführer zu sich ins Lager ein, was Leuenberger entschieden ablehnt. Er ist nur bereit, auf offenem Feld, in der Mitte zwischen beiden Lagern, zu verhandeln. Für den Obmann ist das mehr als eine Prestigeangelegenheit: Er befürchtet eine Falle; allzu leicht könnte man ihn, den «Erzrebellen», im fremden Lager festnehmen.

Gleichzeitig sagen aber andere Bauernhauptleute, voran die Aargäuer und die Solothurner Gäuer, dem General zu.

Dieser hat nun überhaupt keine Veranlassung mehr, auf Leuenbergers Forderung einzugehen. Vielmehr versucht er, den Bauernobmann mit zwei überaus freundlichen, eigenhändigen Schreiben für die Teilnahme am morgigen Treffen im Zürcher Heerlager zu gewinnen: Er möge mit einer beliebigen Anzahl Begleiter, fünfzig oder mehr, erscheinen, «so könnent mir, was zum lieben Frieden des werten Vatterlandes mag gereichen, uns mit einanderen besprechen...»; er sei freundlich gegen ihn gesinnt und wolle, was seine Feldküche ertragen könne, mit ihm teilen.

Doch erreicht diese nette Einladung - am Morgen des 25. Mai abgesandt - Leuenberger schon nicht mehr im Bauernlager.

Mühlestein 513f., 521-533 - Liebenau III/86-88 - Vock 347-352 - Rösli 115 - AEB D dat. 24.5. 1653

Dienstag, 24. Mai/3. Juni

Zwyer ist zurück in Luzern. Angriffe auf die Bauern

Die Mienen der Luzerner Oberen haben sich merklich aufgehellt – die Herren werden von guten Nachrichten und Ereignissen geradezu überschwemmt.
Gestern Montag ist der langersehnte Oberst Sebastian Peregrin Zwyer von seiner Regensburger Reise zurückgekehrt. Kaum hatte er seinen Posten als Oberkommandierender übernommen, liess er bei allen in der Stadt stationierten Truppen Kriegsbereitschaft erstellen.
Kurz nach dem grossen Feldherrn sind hier die Hilfstruppen aus dem fürstäbtlichen St.Gallerland eingetroffen (dank dem herrschenden Waffenstillstand konnten sie den Belagerungsring der Landleute anstandslos passieren).
Die Meldungen von der gewaltigen Tagsatzungsarmee bei Mellingen tragen noch mehr zur Freude der Aristokraten bei...

...in dem Masse, wie sie die Bauern erschrecken. Schon gestern läuteten überall im Luzernerland die Sturmglocken; allen voran die Willisauer wandten sich von der Stadt ab und zogen, Schibis Entlibuchern hintennach, reussabwärts gegen Mellingen. Die Bauernmacht um Luzern ist derzeit erheblich geschwächt. Das Hauptkontingent von etwa 2000 Mann stellen nun die Rothenburger unter dem wankelmütigen Kaspar Steiner.

In dieser strategisch günstigen Lage zeigt der Luzerner Rat weniger denn je Interesse an den laufenden Friedensverhandlungen in Stans. Seinen Delegierten liess er gestern ausrichten, die Zürcher Tagsatzungsarmee sei mit annähernd 10000 Mann bei Mellingen und habe die Bauern entwaffnet. Es gehe nun darum, die Bauernschaft in Friedliebende und Rebellen zu spalten, die Aufwiegler zu beseitigen[3] – nicht mehr um Friedensverträge. Die Herren Delegierten in Stans sollten jetzt die Bestrafung der Rädelsführer und die Aufhebung des Bauernbundes verlangen ... das sind Forderungen, welche die Verhandlungen sicher scheitern lassen werden, und ein Scheitern kommt den Herren jetzt gelegen.

Zwyer macht keinen Hehl aus seiner Absicht, den schiedsrichterlichen Spruch durch einen «glücklichen Entscheid der Waffen» unnötig zu machen. Und da heute Dienstagabend der für die Stanser Gespräche vereinbarte Waffenstillstand ausläuft, hat Zwyer für die kommende Nacht auch bereits den Plan eines

---

3 Brief der luzernischen Delegierten aus Stans an den Rat von Solothurn

kombinierten Angriffs ausgeheckt: Die Stellungen der Rebellen sollen in Winkel, Kriens, auf dem Gütsch und zu Gisikon gleichzeitig überfallen werden.

Doch die Bauern haben nach wie vor gute Freunde unter den Bürgern der Stadt. Mittags bei der Inspektion der Geschütze wird eine (vermisste) Kanone beim Einfluss des Kriensbachs gefunden; sie ist mit Pulver und Kugeln vollgestopft und offensichtlich gegen die Stadt gerichtet! – Als Zwyer seine Truppen abends im Schutz der Dunkelheit auf dem Korn- und Fischmarkt besammeln lässt, gehen unplanmässig zwei Schüsse aus den Musketen ‹meineidiger Bürger› los. Sogleich ertönen vom Gütsch her die Signalschüsse der Bauernwachten, die so ihre Kameraden auf Krienser Boden warnen. Zudem sind lange nicht alle der 4000 Soldaten in der Stadt zu einem Überfall auf die Landleute bereit. Die Mehrzahl der Hilfstruppen erklärt zum Ärger Zwyers, sie seien bloss zur Verteidigung der Stadt hierher gekommen; daran wollten sie sich halten.

Die Vorstösse auf Kriens und auf den Gütsch scheitern kläglich, hingegen gelingt im Morgengrauen bei dickem Nebel der Überfall mit kanonenbeladenen Schiffen auf die Bauern bei Winkel und ebenso der Angriff der Urner (sie scheinen als einzige mit vollem Herzen ihrem Landsmann und Landammann Zwyer zu folgen) auf das Westufer bei der Gisiker Brücke, wo sie den Bauern das Wachthaus verbrennen.

Als Prügelknaben für das Malaise mit den Hilfstruppen müssen am nächsten Tag die evangelischen Nikodemiten von Arth herhalten, die sich unter den Schwyzer Hilfstruppen besonders ‹schmählich› benommen haben sollen.

Liebenau III/95–102, 81 – Mühlestein 504, 555 f. – Vock 364–367, 370

Dienstag, 24. Mai 541

Ausmarsch von General von Erlachs Armee

Trotz Murifelder Vertrag und trotz Waffenstillstand bei Mellingen hat die Berner Oberkeit mit ihrer Kriegsrüstung nicht nachgelassen. Gestern trafen sich in der Aarestadt die militärischen Grössen von Bern, Freiburg und Solothurn zu einer Koordinationssitzung. Darauf beschloss der Rat den Ausmarsch der Armee gegen die Rebellen. Um von allem Anfang keinen Zweifel über den Strafgerichts-Charakter dieses Feldzugs aufkommen zu lassen, wird Venner Frisching als ‹Generalauditor beim Heere› mitreiten.

Am Nachmittag ist es soweit: General von Erlach zieht mit seiner bestgerüsteten Armee von 6000 meist welschen Soldaten über die Neubrücke ins Grauholz. Da treffen sie nur vereinzelte Gruppen von Bauern an, die sich rasch in die umliegenden Dörfer zurückziehen. Die wenigen Gefangenen schickt der General als erste Kriegsbeute in die Stadt.

Die Schreckensnachricht schlägt im Bernbiet wie der Blitz ein. Die erste, angstvolle Reaktion ist wohl das Schreiben der sonst so widerspenstigen Gemeinde *Röthenbach* an den Altschultheissen Daxelhofer:

«Wir bitten ganz demütig um Abschaffung des vielen Volks in der Stadt, es zurückzuschicken und den Frieden zu halten. Röthenbach wird huldigen, auch das Landgericht Konolfingen und andere, denen wir mit gutem Beispiel vorangehen wollen. Es möchte Ihren Gnaden etwas Briefen zugeschickt werden, darvon wir niemals nüt wüssen. Bäten wir Euer Gnaden, sie welle uns dessen nüt entgelten lassen, wir wellen uns gegen Euer Gnaden (so) halten, dass Euer Gnaden mit uns zufrieden ist. Wünschen Euer Gnaden gute Gesundheit und langwierigen Wohlstand. – Ihro Gnaden dienstwillige Untertanen: Weibel Rüegsegger und Peter Müller im Namen der Kilchöri und Gmeind Röthenbach.»

Mühlestein 511, 567 – Tillier 189 – Rösli 24 – AEB D dat. 24.5. 1653

General von Erlach zieht mit seiner Armee über Münchenbuchsee, Jegenstorf, Fraubrunnen und Bätterkinden nach Utzenstorf.
Schon aus Münchenbuchsee verlangt er die Befugnis zu kurzem Prozess mit den Rebellen und zur Konfiskation ihrer Güter im Falle des Ausbleibens bei der Citation. Tatsächlich lässt er die Höfe von geflohenen Rebellen in Brand stecken. Die Dörfer Jegenstorf und Limpach - wo sich gestern einige Bauernsoldaten versteckten - gibt der Herr General zur Plünderung frei.

> Kurz: die oberkeitliche Soldateska wütet bereits am ersten Tag ihres Ausritts schrecklich unter der Landbevölkerung, obwohl sich ihr nicht ein einziger bewaffneter Rebell entgegenstellt. Die Bauernschaft ist wie gelähmt.

Daniel Küpfer gibt sich wohl alle Mühe, die Uszüger gegen die fürchterliche Armee der Herren mit ihren zwanzig Kanonen nochmals zu mobilisieren. Er kann aber «nit viel fruchtbares» ausrichten, «ursachen dass das Volk gar ungehorsam und gar nüt folget», wie er in aller Eile aus *Hasle-Rüegsau* an den Obmann schreibt.

> Jeder fürchtet in diesen Tagen um seine eigene Haut, seine Familie und sein Hab und Gut. Nichts gegen den tüchtigen alten Schmied von Höchstetten! Aber es gibt wohl nur einen Mann auf dieser Welt, der jetzt die Berner Bauern noch einmal zum Widerstand sammeln könnte: Niklaus Leuenberger. Und der ist näher, als man annimmt.

Am frühen Morgen hat Leuenberger seinem Schreiber Gfeller (dem Lauperswiler Schulmeister, der die Reise ins Aargäu mitgemacht hat) einen Brief diktiert:

> «Wohledler, Ehrenvester, Frommer, Fürnehmer, Fürsichtiger, Wohlgeachter Herr Hans Georg Imhof, gewesener Hofmeister zu Königsfelden! Mein untertäniger, dienstwilliger, freundlicher Gruss.
> Demnach hab ich verstanden, wie dass die gnädige, hochwiese Oberkeit löblicher Stadt Bern geneigt sei, unsern Beschwerden, Klagartikeln und Neuerungen abzuhelfen, und derselben zu gewärtigen, und uns bei alten löblichen Freiheiten und Gerechtigkeiten zu handhaben, zu schützen und zu schirmen, und uns darum gute Brief und Siegel aufzurichten und zu geben, das uns von Herzen wohl freuet. Hingegen verspreche ich, einer gnädigen, hochweisen Oberkeit Zins und Zehnten, Schoss und Zoll, Rent und Gült zu geben und zu entrichten, wie von Altem har, und wiederum zu huldigen, wie unsere Altvordern Ihrer Gnaden Altvorderen gehuldigt haben. Verspreche auch, wo Eure Untertanen das nicht tun

wollen, dass ich mitsamt denen, die mit mir sind, Euch wolle zuziehen, um dieselben in Gehorsame zu bringen. Was dann unsern Bund antrifft, den haben wir in keinem andern Verstand nicht geschworen, denn dass er laut des alten Bundes löblicher Eidgenossenschaft solle gleichförmig sein.

Hiermit bitte ich den Herrn Hofmeister, der Herr wolle verschaffen, dass wir friedlich können ab- und nach Hause ziehen und uns kein Schaden widerfahre. Der Herr wolle auch verschaffen, dass die Völker, so gegen uns liegen, auch abziehen, und uns und den unsrigen kein Schaden zugefügt werde. Der Herr wolle alsbald mich wiederum schriftlich berichten, ob ich solle mit meinen Völkern ab- und nach Hause ziehen. Und der Herr wolle mir Bürg und gut darum sein, dass weder mir noch meinen Völkern kein Unheil und Schaden daraus entstehen und erwachsen solle. Wenn der Herr mir das verspricht und heisst abziehen, so will ich darauf mit meinen Völkern ab- und nach Haus ziehen. Nicht mehr, weder der Herr sei samt den Seinigen der göttlichen Obacht wohl befohlen.

Aus unserm Feldlager ob Mellingen. Datum den 25. Mai 1653 Jahr.

Des Herrn allzeit dienst- und gutwilliger Diener; (unterzeichnet) Niklaus Leuenberger, Landeshauptmann.»[1]

Leuenberger sieht klar, dass der Murifelder Vertrag einem ‹Mellinger Frieden›, wie ihn General Werdmüller der Lenzburger Gesandtschaft aufgeschwatzt hat, allemal vorzuziehen wäre. Deshalb unterstellt er sich und seine Soldaten dem Vertreter der Berner Oberkeit und lehnt es ab, mit den Zürcher Befehlshabern zu verhandeln. So klug begegnet er der Kriegsmüdigkeit im eigenen Lager, wohl berechnend, dass der Ratsherr Imhof die Angelegenheit wenn immer möglich rein bernisch regeln würde und eine Unterwerfung der Berner Landleute unter die Zürcher Oberen sehr ungern sähe.

Irgendwann in den frühen Morgenstunden dieses 25. Mai haben schnelle Postreiter die Hiobsbotschaft vom kriegerischen Ausmarsch der welschen Armee General von Erlachs überbracht. Gewiss ist Leuenberger dadurch beunruhigt, doch schien er zum Zeitpunkt, als er das Schreiben an Alt-Hofmeister Imhof diktierte, noch nicht so recht daran zu glauben. Zu oft hatten sich in den vergangenen Monaten Gerüchte über welsche Soldaten als falsch erwiesen.

Diesmal aber verdichten sich die schlechten Meldungen. Leuenberger entschliesst sich, mit einer Schar getreuer Emmentaler in Richtung Bern

---

1 Text nach Vock

aufzubrechen. Fast stündlich reiten ihnen Eilboten entgegen, die von Racheakten des Generals von Erlach berichten, in jener erschreckten, blumigen Art, die brennende Häuser zu einem Flammenmeer macht.

Die Mellinger Heimkehrer rücken für heute bis *Langenthal* vor, wo sich die geplagten Fussgänger unter ihnen abends wie halbtote Fliegen ins Stroh fallen lassen. Der Obmann selber findet keinen leichten Schlaf. Er erkennt jetzt das Ausmass der Katastrophe, diesen gottvergessenen Verrat der Berner Herren. Er erkennt, dass der Friedensvertrag vom Murifeld, für den er, Niklaus Leuenberger, sich mit Leib und Seele eingesetzt hat, zu einem wertlosen Fetzen Papier geworden ist.

Mühlestein 539, 567f. – Vock 357f., 386f. – Rösli 28 – Liebenau III/90 – AEB D dat.26.5. 1653

Der Mellinger Frieden

Morgens um 10 Uhr, zur festgesetzten Zeit, erscheinen um die vierzig Bauerngesandte im Zürcher Heerlager bei Mellingen.

> Kein Leuenberger, kein Schibi ist dabei. Überhaupt sind nur zwei von ihnen namentlich bekannt: Ihr Hauptsprecher ist Stephan Reinle, der Hauptmann der Aarburger, der seine Leute schon nach Olten und bei der Belagerung Aaraus anführte, jedoch an den Versammlungen des Bauernbundes noch nie hervorgetreten ist. Zum zweiten fällt dem Chronisten aus dem Lager der Herren ein stämmiger, rotbärtiger Basler mit einem Zweihandschwert auf, womit zweifellos Hans Bernhard Roth von Reigoldswil gemeint ist, der Mann, der anfangs April den Sturm der Oberbaselbieter auf Liestal angeführt hat. Ferner erkennt Generalmajor Werdmüller «eben die Bauern, so den Montag zuvor mit ihme auf dem Feld tractiert hatten» wieder. Demnach haben sich Pfarrer Hemmann und seine Lenzburger Kapitulantenpartei wieder in Szene gesetzt, auch wenn sie heute das Sprechen einem anderen überlassen.

Als die ohnehin recht eingeschüchterten, unerfahrenen Bauerndelegierten in das protzige Zelt des Generals geführt werden, sitzen da, umringt von den Werdmüllers, keine Geringeren als der grossmächtige Bürgermeister Waser und Statthalter Hirzel. So müssen sich die Bauern zur Einleitung eine warnende Rede aus dem Mund des berühmten Herrn Waser anhören, ehe Stephan Reinle seine Begehren vorbringen kann:

Die Bauern möchten heim auf ihre Felder, wo die Früchte verderben, hebt der Aarburger Untervogt an, sie seien den Krieg leid und wünschten

Mittwoch, 25. Mai/4. Juni 545

nichts sehnlicher als den Frieden. Sie möchten deshalb, dass beide Seiten ihre Waffen niederlegten, dass sich die Besatzungen aus Städten und Schlössern zurückzögen, dass man alles Vorgefallene verzeihe und vergesse, dass man den auf dem Murifeld geschlossenen Vertrag bestätige. Was aber den Huttwiler Bund betreffe, so wollten sie dem nur ungern entsagen, um so mehr als nichts Unrechtes oder dem oberkeitlichen Ansehen Zuwiderlaufendes drin enthalten sei. Allenfalls möge man ein Schiedsgericht aus je zwei Ratsherren und Bauern von Bern, Luzern, Solothurn und Basel zur Entscheidung aller Streitfragen einsetzen.

Die Landleute, fügt Reinle hinzu, wollten bei dem verbleiben, was in den alten Bünden der Eidgenossen geschrieben stehe. Sie wünschten sich – und an dieser Stelle übergibt er dem Zürcher Bürgermeister eine beglaubigte Abschrift des Stanser Verkommnisses von 1481 –, was hier im ersten Artikel so klar ausgedrückt sei: dass «niemand den andern an dem Seinigen oder in dem Seinigen Schaden zufügen solle, damit wir alle miteinander desto besser in brüderlicher Treue, Frieden und Ruhe leben mögen».

Die Verhandlungen hätten vielleicht einen anderen Verlauf genommen, wäre den Bauern nicht ausgerechnet Bürgermeister Waser gegenüber gesessen, der das Stanser Verkommnis gründlich kennt. So aber hat sich der arme Reinle selber auf den Rücken gelegt. Waser braucht die vorgelegte Urkunde bloss aufzunehmen und der Bauerndelegation folgende Zeilen daraus vorzulesen:

> «Wir sind auch übereinkommen und habend gesetzt, dass ouch fürbas hin under uns und in unser Eydtgnossschaft, weder in Stetten noch in Ländern niemant keinerlei sunderbare gefarliche Gemeinden, Sammlungen oder Anträg, davon dan jemand Schaden, Uffruhr oder Unfuog erstan möchte, weder heimlich noch öffentlich fürnemmen, noch thun soll, ane Willen und Erlouben siner Herren und Oberen...(Zuwiderhandelnde) sollend alsdann nach ihrem Verschulden gestracks und ane verhindern von ihren Herren und Obern gestraft werden.»
>
> «Und ob jemand unter uns die synen wyderwertig syn wöllten, oder ungehorsam wurdend, dieselben söllend wir einander mit guten Trüwen fürderlich helfen ihren Herrn wider gehorsam machen, nach Lut und durch Kraft unser geschwornen Pundtbriefen.»
>
> «Und ob under uns (...) Personen (...) Uffrühr oder Gewaltsammi (...) ane Recht fürnemmend und begiengend, (...) die söllend (...) darumb von ihren Herren und Obern ane alle Hindernuss und Widerrede gestraft werden.»

Da steht es also schwarz auf weiss: Landsgemeinden ohne Zustimmung der Oberkeit sind strafbar; jeder Stand der Eidgenossenschaft ist verpflichtet, einer bedrängten Regierung gegen ihre ungehorsamen Untertanen beizustehen! – Noch mehr könnte Waser aus dem Dokument ableiten. Klipp und klar hält er Reinle entgegen: der Huttwiler Bund führe eine neue Eidgenossenschaft herbei, die in oder neben den alten Bünden unmöglich bestehen könne, da sie ihnen schnurstracks zuwiderlaufe.

Nach dieser Lektion in Staatskunde verlangen die Bauerngesandten eine Beratungspause. Wasers Belehrung hat ihnen ‹den Kompass verrückt›.

> Hat der selige Einsiedler von Ranft nicht die Pensionsgeschäfte der Herren, ihren einträglichen Söldnerhandel, in Grund und Boden verdammt? Hat er nicht eine hoffärtig gewordene, tief zerstrittene Eidgenossenschaft mit Gottes Hilfe vor dem Zerfall gerettet? – Bruder Klaus ist in der Erinnerung des Volkes ein gerechter Gottesmann ohne Fehl und Tadel, ein bescheidener, demütiger Landmann dazu. Dass der sich heutzutage auf die Seite der Patrizier schlagen könnte, scheint absurd.
>
> Wohl nur ganz selten hat es ein Bauer geschafft, eine Abschrift des 172jährigen Stanser Abkommen in seiner schwer verständlichen, altertümlichen Sprache auch wirklich durchzulesen. Ein solcher Leser hätte bemerken müssen, dass es sich hier um einen Vertrag zwischen Regierungen in der Krisenzeit handelt, der stabile Machtverhältnisse anstrebt und bewahren will. Ein denkbar ungünstiges Dokument für die oppositionelle Bauernbewegung. Viel besser hätte Reinle das Papier in der Tasche behalten und geredet: Zu seiner Zeit hat der selige Bruder Klaus noch nicht ahnen können, wie weit sich Oberkeiten und Untertanen einst auseinanderleben würden; wenn er heute lebte, würde er gewiss die einfachen Untertanen stützen, die mit ihrem Huttwiler Bund die hohl gewordene Eidgenossenschaft erneuern wollen, ebenso wie Niklaus von Flüe nach den Burgunderkriegen mit seinem vor Gott gerechten Stanser Abkommen die Eidgenossenschaft neu ins Leben rief!

Doch Reinle, Pfarrer Hemmann und all die anderen, die in den Mittagsstunden mitten im feindlichen Heerlager ratschlagen, haben nicht die Musse, sich auf einen geschichtlichen Disput mit Bürgermeister Waser vorzubereiten. Sie haben allen Grund, so rasch als möglich einen Friedensvertrag mit den Zürchern zu erlangen, koste es, was es wolle. – Zumindest die Wortführer der Bauern wissen, dass die welsche Armee aus der Stadt Bern zu einem Straffeldzug gegen die Untertanen aufgebrochen ist – der Frieden von Mellingen muss geschlossen werden, bevor auch die Zürcher Herren davon erfahren. Gewiss brauchen die Boten der Oberkeit einige Stunden länger zum Ritt durch das aufständische Aargäu, doch kann jede Minute ein solcher Reiter hier im Heerlager auftauchen... ob Waser und die Werdmüllers dann noch den Frieden garantieren werden, ist höchst fraglich.

So steckt ein gutes Stück Taktik dahinter, als die Bauernsprecher schon nach kurzer Zeit im Zelt des Generals ganz untertänig um Verzeihung bitten und versprechen, sie wollten wieder als getreue Untertanen zu ihren Oberen halten, «da sie der Oberkeiten so wohl als des lieben Brots» bedürften. Ohne Oberkeit könnten sie «weder husen noch hofen»; sie begehrten nur, dass man «mit ihnen recht handle».

Bürgermeister Waser schreibt diesen plötzlichen Gesinnungswandel allein der Wirkung seiner eindringlichen Belehrungen zu. Er fühlt sich ob seinem Erfolg im höchsten Mass geschmeichelt. Bereits hat er einen Friedensvertrag nach seinem Geschmack diktiert, den er nun den vierzig Landleuten ablesen lässt:
1. *Sollen sie ohne Verzug, ein jeder, sich wieder nach Hause begeben, die Waffen niederlegen, und fürohin dergleicher Auszüge sich müssigen.*
2. *Den Bund, so sie vermeintlich miteinander gemacht, sollen sie widerrufen und dem absagen, wie dann beschehen. Und die hierum aufgerichteten Bundesbriefe sollen sie dem Herrn General von Zürich unverweilt übergeben.*
3. *Was den Oberkeiten oder Untertanen noch weiter möchte angelegen sein, solle, in Ermangelung freundlichen Vergleichs, dem Recht unterworfen sein.*
4. *So lang und bis alle Sachen ihre Richtigkeit haben, und die Huldigung erfolgt sein wird, sollen die Oberkeiten und hilfleistenden Orte den Gewalt (die Truppen im Felde) noch behalten mögen.*

Diese Artikel gleichen viel eher Kapitulationsbedingungen als einem Friedensvertrag. Die Partei der Herren geht dabei nur eine einzige Verpflichtung ein: Sie müssen sich nach Artikel 3 an die ‹freundlichen Vergleiche›, also an den Krienser Schiedsspruch und den Murifelder Vertrag, halten und in den da nicht geregelten Fällen den ordentlichen Rechtsweg beachten.

In Anbetracht der aus der Stadt Bern drohenden Gefahr zögern die Bauerndelegierten nicht, den vorgelesenen Vertrag ‹dankbar anzunehmen›. Den vielen angsterfüllten Lenzburgern in ihren Reihen fällt ein Stein vom Herzen. Nur die Luzerner erklären, sie seien nicht bevollmächtigt, einem solchen Vertrag zuzustimmen; wenn man sie aber heimziehen lasse, würden sie zu Hause die Waffen niederlegen und künftig ihrer Oberkeit gehorchen.

Nach altem schweizerischem Brauch lädt General Werdmüller die Parteien im Anschluss an die erfolgreichen Verhandlungen zu einem Ehrentrunk ein. Im fröhlichen Tischgespräch schlägt er vor, die Bauern sollten, sobald sie zurückgekehrt seien und der Frieden von den Ihrigen genehmigt sei, eine Friedenssalve geben lassen; das Hauptlager werde antworten, sowohl mit den grossen Stucken als auch mit der gesamten Infanterie.

Der General ist sich offenbar seiner Sache noch immer nicht ganz sicher... allzu gerne hätte er die Unterschrift Niklaus Leuenbergers unter dem Vertrag gesehen.
Doch seine geheimen Befürchtungen sind unbegründet. Schon kommen zahlreiche Bauern in die Nähe des Zürcher Lagers und feuern Freudenschüsse in die Luft. Die verlangte Salve ertönt prompt und gewaltig aus den Wäldern.

Die meisten Landleute sind ohne grosses Wenn und Aber sehr froh um den Frieden von Mellingen. Sie ziehen rasch nach Hause. Da werden sie bei diesem anhaltend sonnigen Mai/Juni-Wetter (je nach Konfession...) von ihren hart arbeitenden Frauen und Kindern dringend erwartet.

> Zumindest einer aber ist über diesen Ausgang seines Mellinger Abenteuers böse: Christen Schibi. Seiner Ansicht nach hätte man die Tagsatzungsarmee unbedingt angreifen und schlagen müssen. Dann... ja, dann hätten sich auch die Zürcher und Ostschweizer Landleute dem Aufstand angeschlossen. Dann wäre im gleichen Zug auch die welsche Armee General von Erlachs noch zu schlagen gewesen. Und die Stadt Luzern wäre den verbündeten Bauern wie eine reife Frucht in die Hände gefallen.
> Schibi war von der Notwendigkeit einer grossen Schlacht auch gestern abend, nach dem Gewitter, noch überzeugt, als schier alle ringsum nach Frieden schrien. In der Nacht versuchte er den Leuenberger zu überreden: sie sollten den Waffenstillstand brechen und in der Dunkelheit die Zürcher überraschend angreifen, das sei ihre letzte Chance! Doch Leuenberger, der gottesfürchtige Ehrenmann, war für eine solche Kriegslist nicht zu haben. Christen Schibi ist ausser sich. Zweimal ist er nun den Bernern zugezogen, und zum zweiten Mal muss er um der faulen Diplomatie willen den Rückmarsch antreten.

2000 Luzerner und Einheimische folgen nachmittags um 4 Uhr dem wütenden Oberst der Entlibucher durch die Freien Ämter hinauf.

Mühlestein 534–540 – Vock 352–357 – Liebenau III/88–90, 93 – Peter 166f. – Rösli 118

Der späte Landsturm im Baselbiet

> Am Sonntag sind 200 Baselbieter Landleute eilig nach *Olten* aufgebrochen und von da nach *Othmarsingen* weiter marschiert. Am Montagabend sind sie dort eingetroffen; beim Gefecht waren sie dabei. – Der Aufbruch geschah auf Veranlassung der Oltener, noch bevor Leuenberger das Bernbiet mobilisierte.
> Der grosse Harst der Baselbieter aber hat die für den Bauernstand so entscheidenden letzten Tage daheim in den Dörfern und auf den Höfen richtiggehend verschlafen. Ausgerechnet sie, die Baselbieter, die zuvor auf jeden Hilferuf spontan und machtvoll ausgezogen waren!
> Zu ihrer Entschuldigung werden sie sagen, dass man eben mitten im Heuet, zudem bei Sonnenschein, nicht so leicht auf ein Gerücht hin ins Aargäu stürmt. Lieber wollten sie zu Hause die Befehle Leuenbergers abwarten – und von dem haben sie bis heute nichts vernommen.

Jetzt kehren die ersten Uszüger über die Schafmatt heim. Es handelt sich um eine Gruppe, die in der Nacht nach dem Gefecht von Wohlenschwil die Rückreise angetreten hat, ohne die Friedensverhandlungen abzuwarten. Erst durch sie erfährt man am Mittwochnachmittag im Baselbiet zuverlässig von der 9000köpfigen Armee General Werdmüllers mit zwölf Stück grossem Geschütz, wie sie ausgezogen sei, um die Untertanen zu ruinieren. Sofort ergeht in den oberen Ämtern der allgemeine Landsturm. Mehrere tausend bewaffnete Männer strömen auf dem alten Markt in *Liestal* zusammen.

Eine mit Äxten bewaffnete Schar zieht vor das Schloss *Farnsburg* und fordert Pulver, Munition und Waffen heraus. Der Landvogt vermag sie mit Mühe auf den folgenden Tag zu vertrösten (wohl mit dem Argument: man müsse auf sichere Nachricht warten); als die Leute aber am Donnerstagmorgen mit Äxten auf das Tor losdreschen, lässt er zwanzig Mann herein. Sie nehmen Pulver, Lunten, Blei und hieven eine Kanone aus dem Turm in den Hof hinunter.

In Liestal erzählen die Heimkehrer der versammelten Menge inzwischen von der unentschiedenen Schlacht bei Wohlenschwil, von den Brandschatzungen der Zürcher und vom neuen Waffenstillstand. Begierig wartet man am Abend auf Neuigkeiten aus Mellingen. Endlich kommen einige Männer; sie berichten vom geschlossenen Frieden: Die Untertanen hätten ihre alten Freiheiten garantiert bekommen, die neuen Auflagen seien aufgehoben; der Huttwiler Bund werde, so er dem alten Bund der Eidgenossen nicht widerspreche, diesem beigefügt! Ein Schiedsgericht von je acht Herren und Untertanen werde alle strittigen Fragen beurteilen.

Das Volk in Liestal feiert diese Friedensnachricht am Donnerstagmorgen wie einen Sieg. Der Rat des Städtchens schreibt triumphierend an die Herren XIII nach Basel. Die verschwitzten Kanonenschlepper auf Schloss Farnsburg lassen ihre Fracht im Schlosshof stehen... *was den Landvogt (namens Eckenstein) nicht schlecht verblüfft, haben ihm doch dieselben Leute noch vor ein paar Stunden dieser Kanone wegen beinahe den Garaus gemacht.*

Hans Rudolf Wettstein (1594–1666), Bürgermeister von Basel

Mittwoch, 25. Mai

In der Nacht auf den Freitag folgt die grosse Ernüchterung. Langsam aber stetig tröpfelt die Wahrheit ins Baselbiet: dass die welsche Armee der Berner Herren ausgezogen sei, um das Land zu verwüsten; dass General Werdmüller von Zürich das bekannte Friedensangebot der Bauern abgelehnt und ihnen andere, viel schlechtere Friedenspunkte aufgezwungen habe.

Der Rat von Liestal und die Ausschüsse der oberen Ämter beeilen sich, die Regierung für den eben abgegangenen Brief untertänigst um Gnade zu bitten. Überhaupt fällt jetzt alles auseinander.

> Der Letzte, der hier im Baselbiet seine Hand gegen die Gewalt der Herren erhebt, ist der alte Galli Jenny von *Langenbruck*. Seine ergreifende Geschichte sei hier mit den Worten des Chronisten Heusler wiedergegeben:
>
> «Zur Mahnung der Oberländer war, unter Vorsichtsmassregeln zur Verhütung blinden Lärms, ein Feuerzeichen auf dem Buchsiberg bei Langenbruck errichtet, von wo der Blick über Buchsgau und Aartal, über Hügel und Seen bis an den Kranz der Alpen dringt. Der Meyer von Langenbruck, der 70jährige Galli Jenny, hatte den Befehl über das sorgsam bewachte Lärmzeichen. Mit dem nach Liestal eilenden Isaak Dettwyler, Glaser von Langenbruck, hatte er das Losungswort ‹Herr Jesu hilf uns!› verabredet. Dieses Losungswort gab Dettwyler den Liestalern, aber mit der Bitte, um Gottes Willen keinen Gebrauch davon zu machen. Sofort eilten Hans Jakob Gysin, der Rothgerber von Liestal, mit dem Bärenwirthe von Langenbruck, Jakob Wirz (der wie seine Nachkommen bis auf den heutigen Tag den Dorfnamen Buschber führte), nach Langenbruck. Sie rüttelten den alten Jenny aus dem Schlafe auf, wiesen sich durch Mittheilung des Losungswortes aus und erzählten, welsches Volk aus dem Bisthum sei eingebrochen, man schlage sich bei Liestal. Auf die wiederholte Versicherung, es sei denn also, gab Jenny den Befehl zum Anzünden des Signals, dessen helle Flammen die oft so gefürchteten und ersehnten Oberländer herbeirufen sollte. Als aber niemand erschien, ging Jenny selbst nach Buchsiten und Langenthal, um die Hülfe zu holen; aber da war nichts zu finden, die Berner Bauern waren selbst durch General von Erlach bedrängt.»
>
> Das Mahnfeuer auf dem Buchsiberg ist der letzte, bereits stumme Ruf des grossen Bauernbunds, bevor er wie ein Traum im Nebel der Geschichte verschwindet. Galli Jenny wird dafür mit seinem Leben büssen müssen.

Mühlestein 541–544

Dank Hans Emmenegger stehen die Luzerner Bauern zum Bund. Die Schlacht bei der Gisiker Brücke

Nach den Angriffen aus der Stadt, nach den beängstigenden Meldungen aus Bern und Mellingen, herrscht im *Bauernlager vor Luzern* grosse Uneinigkeit. Die eine Partei will die Stadt auf der Stelle und um jeden Preis einnehmen. Stephan Lötscher, der ewige Draufgänger, schlug vor, man solle die Stadtmauer an ihrer dünnsten Stelle hinter der Hofkirche mit einem Sturmwagen durchbrechen... nur müsste ein solch robuster Sturmwagen erst noch gebaut werden. Kaspar Steiner dagegen, der gewandte Taktiker, bemüht sich in *Stans* (wo das ‹Schiedsgericht› der katholischen Orte immer noch tagt) nach wie vor um einen Verhandlungsfrieden. Steiner überredet die Bauernschaft: sie sollten den jetzt ohnehin an allen Ecken und Enden zerbröckelnden Bund aufgeben; der Traum sei ausgeträumt. Dafür wäre wohl ein ehrenhafter Separatfrieden einzuhandeln, bevor die Armeen Berns und Zürichs ins katholische Gebiet einfallen.

Landessiegler Binder als Oberkommandierender hat alle Mühe, seine Soldaten bei der Stange zu halten. Zehn Tage Lagerleben mit 15 000 meist unorganisiert zusammengelaufenen Männern hat an Nerven und Proviant gezehrt. Mancher sagt sich, er könnte zu dieser Jahreszeit daheim Besseres leisten, als wenn er hier wochenlang hinter irgendeiner Schanze herumhocke. Die Zeit der ersten Begeisterung, der Knüttelzüge und der grossen Bundesschwüre, scheint eine Ewigkeit zurückzuliegen. Viele wünschen sich jetzt einfach einen Frieden, wenn nur alles beim alten bliebe. Das sind die Anhänger Kaspar Steiners.

In dieser schweren Stunde vermag Pannermeister Emmenegger die Landleute noch einmal zu einigen. In der Kapelle beim Schützenhaus Kriens ruft er die Ausschüsse der zehn verbündeten luzernischen Ämter zusammen. Er wendet sich gegen einen Verzweiflungsangriff auf die Stadt, ebenso gegen Steiners diplomatisches Geplänkel. Untervogt Spengler von Kriens und Stephan Lötscher unterstützen den Pannermeister, und am Ende beschliesst die Versammlung einstimmig, dass man beim geschworenen Bund bleiben wolle. Wer davon abstehe, solle als meineidiger Mann behandelt werden – wie es im Huttwiler Bundesbrief geschrieben steht.

> So hat dieser imponierende Bauer von Schüpfheim die Bauernschaft einmal mehr politisch wie moralisch zusammengekittet. Er verkörpert die edle Seele der Bauernbewegung. Selbst jetzt, wo von den bedrängten Berner Landleuten keine Hilfe mehr zu erwarten ist, nachdem der gewählte Obmann Leuenberger mit seinem Murifelder Vertrag längst den grossen Bund verraten hat, steht Emmenegger zu seinem Eid.

Mit seiner unbedingten Festigkeit überragt er sein gleichaltriges Gegenüber, den Schönholz-Bauern aus dem Emmental, bei weitem. Leuenberger wäre als Politiker in diesen Tagen eher mit Kaspar Steiner zu vergleichen. Denn was ist Steiners Bemühen, die Gültigkeit des Huttwiler Bundes den Schiedsherren von Stans anheimzustellen, anderes als das Hoffen auf einen luzernischen ‹Murifelder Vertrag›?

Da ist ein weiterer grundlegender Unterschied zwischen Leuenberger und Emmenegger: Während der Emmentaler als politischer *und* militärischer Führer seine schier unbeschränkten Vollmachten wie ein von göttlicher Hand umgelegtes Kummet trägt, hat der Entlibucher seine Macht nie voll ausgeschöpft. Hans Emmenegger ist ja in Sumiswald zum General-Obersten, zum ranghöchsten militärischen Führer des Bauernbunds, gewählt worden. Dieses Amt hat er niemals ausgeübt. Nicht nur bei der Belagerung von Bern gehorchte er stillschweigend dem Obmann, nein: sogar in seinen eigenen luzernischen Angelegenheiten überliess er das Kommando gern einem anderen... einmal war es Schibi, diesmal ist es Binder. Man gewinnt den Eindruck, Emmenegger wisse um seine beschränkten Fähigkeiten als militärischer Organisator und Stratege selber Bescheid.

So ist sein heutiger Auftritt in Kriens zu würdigen: als erfolgreicher Aufruf zum gottgefälligen, ehrlichen Handeln. Die strategische Lage der Bauern wird dadurch nicht besser. Wenn ein höheres Wesen die Eidgenossenschaft an diesem 26. Mai/5. Juni wie ein riesiger Schachspieler nüchtern aus der Vogelperspektive betrachtete, käme er zum Schluss: Die Belagerer vor Luzern dürfen nicht stehenbleiben, sonst werden sie bald von allen Seiten angegriffen und weggeschlagen! So gesehen wären sowohl Lötschers Sturm auf die Stadt wie auch Steiners Plan zu einem raschen Frieden die bessere Lösung gewesen als Emmeneggers senkrechtes Beharren.

Da gehen die Kriegsräte in Luzern taktisch schon viel skrupelloser vor.
Neben den Erfolgsmeldungen der evangelischen Tagsatzungsarmeen sind am Mittwochmorgen auch 700 Mann Verstärkung aus den italienischen Vogteien (dem Tessin) in der Stadt eingetroffen. Der militärische Sieg über die Bauern rückt in greifbare Nähe. Zwyer schickt ein freudiges Schreiben an Bürgermeister Waser in Zürich, worin er zum Sieg bei Wohlenschwil gratuliert. Bei einer Niederlage gegen die Bauern, gibt er zu bedenken, wären das Zürichbiet, St.Gallen, der Thurgau und Appenzell aufständisch geworden, dem Vaterland hätte höchste Gefahr gedroht; jetzt aber sei alles auf besten Wegen. – Direkte Verhandlungen mit den Rebellen lehnt der Rat jetzt ab, und in Stans stellen die Luzerner Delegierten immer härtere Forderungen: 1. die Rädelsführer sollen ausgeliefert werden; 2. der Bauernbund soll aufgehoben werden; 3. es sollen

Massregeln getroffen werden, dass derartige Empörungen nicht mehr vorkommen können; 4. die Bauern sollen der Stadt die Kriegskosten ersetzen; 5. (der vor einigen Tagen von den Bauern gefangene) Hauptmann Krepsinger ist aus der Gefangenschaft zu entlassen.

Die Angriffe vom Mittwochmorgen werden den Bürgern selbstverständlich als erster grosser Erfolg beschrieben, und ihr einzig sichtbares Ergebnis, die Brücke von Gisikon mit dem abgebrannten Wachthaus der Bauern, wird zum bevorzugten Ausflugsziel der Stadtprominenz.

Eben schreitet am Donnerstag, mittags um 2 Uhr, Hochwürden Jost Knab, seines Zeichens Probst von Luzern und Bischof von Lausanne, in Begleitung einiger Herren von Luzern und Schwyz zur Inspektion der Brücke.[1] Da geschieht das Unglück.

Zum Entsetzen der hohen Ausflugsgäste eröffnen nämlich die Bauern mit zwei Kanonen das Feuer auf sie. Die städtische Wachtmannschaft hinter ihren frisch eroberten Schanzen schiesst mit den Flinten zurück. Allem Anschein nach haben sie etwas getroffen: denn voller Wut stürmt ein ganzes Heer von Bauern herbei und läuft unter «grässlichem Gebrüll» mitten durch das Feuer, an seiner Spitze ein grosser Mann mit düstern Augsbrauen, Schnurr- und Spitzbart, der dem gefürchteten bösen Zauberer Schibi aus dem Entlibuch verdammt ähnlich sieht. Der Bischof flüchtet ganz unmajestätisch an das sichere rechte Reussufer, als ob ihm der Teufel persönlich erschienen sei. Die grossen Geschütze der Stadttruppen treten in Aktion, werden aber in der Eile zu hoch eingestellt, so dass sie wenig Schaden anrichten. Die Aufständischen feuern aus ihren zwei Feldstücken[2] so hektisch, dass eins davon zerspringt. Landvogt Pfyffer, der Kommandant der Luzerner, lässt rasch zum Rückzug blasen, da die Mannschaft jenseits der Brücke beinahe schon umzingelt ist und die Soldaten sich dort im Nahkampf wehren müssen.

Die Schiessereien um die Brücke dauern den Nachmittag über an. Als die Luzerner schon glauben, das Schlimmste sei überstanden, weil den Bauern die Munition ausgehe, erschüttert abends um 6 Uhr eine fürchterliche Explosion ihr Lager, die fünf Todesopfer fordert und zwölf Männer verwundet (darunter den Kommandanten Jost Pfyffer): Vier Pulverfässer sind detoniert.

Danach schweigen die Waffen.

---

1 Was der geistliche Herr, umringt von zwölf mit Äxten bewaffneten Männern und etlichen Musketieren, dort zu «inspizieren» hatte, bleibt der Geschichtsschreibung verborgen.
2 Sie stammten aus dem Schloss Altishofen.

Donnerstag, 26. Mai/5. Juni 555

Die Offiziere im Luzerner Heer fahnden eifrig nach einem Sündenbock für die Explosionskatastrophe, nach einem verräterischen Brandstifter, doch wohl nur, um von ihrem eigenen Fehler abzulenken; denn die Fässer waren nahe der Brücke in einem Speicher untergebracht und haben den Musketen der Aufständischen ein lohnendes Ziel geboten.

Die Bauern sammeln unterdessen mit drei grossen Wagen ihre Toten und Verwundeten ein. Alles in allem haben sie bei ihrem mutigen Sturm auf die Schanzen über fünfzig Mann verloren, naturgemäss weit mehr als die Verteidiger.

Christen Schibi selbst ist mit einem durchlöcherten Hut davongekommen, was die alte Legende von seiner Unverwundbarkeit in den Augen des Volkes wundersam bestätigt.

Die Ratsherren in der Stadt befürchten, die gewonnene Schlacht um den Brückenkopf bei Gisikon werde der Rebellion neuen Auftrieb verleihen. Sogleich bitten sie General Werdmüller um militärischen Beistand ...

... was wiederum dem päpstlichen Nuntius Caraffa missfällt; mit seinem untrüglichen Spürsinn für die Schliche der Ketzer erkennt der geistliche Gesandte «aus ihrem (der Zürcher) Vorgehen klar, dass sie ganz besonders danach trachten, in die Stadt Luzern zu gelangen, um bei dieser Gelegenheit der katholischen Religion erheblichen Schaden zuzufügen ...», wie er eiligst nach Rom berichtet.

All die Herren regen sich umsonst auf. Der Überfall bei Gisikon war bloss eine spontane Aktion des wütenden Schibi und seiner Gefolgsleute, die hier ihrer aufgestauten Kampfeslust Luft liessen.

Noch am selben Abend läuft die siegreiche Armee auseinander. Der Anblick ihrer sterbenden Kameraden hat viele Männer erschüttert. Der Oberst der Willisauer (Fridli Bucher?) ruft aus: «Wer Frieden haben will, folge mir nach!» und fast alle Soldaten seines Amtes verlassen mit ihm den Kampfplatz. Ihre dreizehn Toten und vierzig Verwundeten tragen sie mit sich.

Die Freiämter marschieren rasch ab. Sie haben aus ihrer Heimat böse Geschichten von Raubzügen Zürcherischer Reiter vernommen. Auch die Schar der 200 Berner Untertanen, die ihrem Idol Schibi von Mellingen her gefolgt sind (aber in die Schlacht um die Brücke nicht eingegriffen haben), ziehen heimzu.

Liebenau III/94, 99-103 - Vock 368-373 - Mühlestein 554, 556-560, 562f.

Am Nachmittag reiten 200 Kavalleristen aus Werdmüllers Armee durch die *Freien Ämter* und verkünden von Wohlen über Muri bis hinauf nach Sins: alle Ungehorsamen würden mit Raub und Brand bestraft, falls sie weiter in ihrer Widersetzlichkeit verharrten. Die Reiter liefern bereits ein paar Kostproben der drohenden Grausamkeiten; sie plündern, soviel ihre Satteltaschen zu tragen vermögen.

Die Bevölkerung gerät in Schrecken, nicht minder natürlich die vielen Freiämter, die eben noch mit Schibi bei der Gisiker Brücke gefochten haben. Hals über Kopf eilen sie am Abend nach Hause, um das eigene Dach und die eigenen Leute vor der Strafe zu bewahren.

Der General wird derweilen von Landvogt Georg Tribolet, Festungskommandant May von Rued und Alt-Hofmeister Imhof zu einem Besuch auf der *Lenzburg* empfangen.

Mühlestein 560f. – Vock 394

Die neue bernische Eidesformel. General von Erlach reitet in den Oberaargau ein – trotz dem Frieden von Mellingen. Flüchtlingselend bei Oberburg

Durch einen Brief Imhofs von der Lenzburg hat die Berner Regierung noch am gestrigen Abend vom Mellinger Frieden erfahren. Die Bestätigung von seiten der Bauern folgt heute aus Langenthal: Niklaus Leuenberger dankt nochmals für die im Murifelder Vertrag vom 18. Mai bewilligten «Gnaden und Wohltaten». Er erzählt vom neuen Frieden von Mellingen und bittet die Gnädigen Herren demütig und eindringlich um Verzeihung.

Doch die ‹Gnädigen Herren› haben jetzt taube Ohren für Friedensnachrichten. Dem ‹Bauernkönig› antworten sie nicht. Vielmehr erlassen sie eine vom General persönlich entworfene, neue Eidesformel, die an Schärfe und Schmähungen nichts zu wünschen übrig lässt. So sollen die bernischen Untertanen künftig alle drei Jahre neben Treue und Gehorsam gegenüber der Oberkeit u. a. schwören:[3]

- *dass sie bei der «wahren allein seligmachenden Evangelischen Religion» verbleiben, «weilen die Oberkeit gewissen Nachricht (erhalten), dass sich bei ihren gottlosen Zusammenkünften Jesuiter und ander dergleichen Pfaffengesind befunden, (...) daraus man vermutmasst, dass sie nit gross achten würden, die zuvor gehabte Religion wiederum anzunehmen.»*

---

3 Text bei Vock und Rösli

- *dass sie die Verbündeten Berns und die welschen Untertanen nicht für ‹fremde Völker› halten, und dass sie weder in Wort noch Werk für deren gegenwärtigen Feldzug Rache nehmen werden,*
- *dass sie nicht mehr «eigenwillig, unnotwendig und aufrührisch» stürmen und keine Landsgemeinden mehr anstellen würden,*
- *dass sie die «Aufruhr Anrichter», sobald sie den einen oder anderen entdeckten, unverzüglich den Amtleuten anzeigen, wie überhaupt jeden, der gegen Lob, Nutz und Ehr der Stadt Bern verstösst.*

All diejenigen, die den «unnützen und ungültigen, Gottes Wort, aller ehrbarer und Gehorsam schuldiger Undertänigkeit zuwidrigen Bund» geschworen haben, müssen diesem jetzt und zu allen Zeiten für sich und ihre Nachkommen «in bester Eidform» reuiglich abschwören.

General von Erlach setzt seinen Rachefeldzug unbeirrt fort, und dies in einer Weise, dass selbst der regierungstreue Grossbauer Jost von Brechershäusern in sein Tagebuch einträgt: «Nun, wie gemeldt, als man von Mellingen har heimkommen, und vermeint, es sigi jetzt alles richtig, sind Mine Gnädigen Herren im Zorn ufbrochen, und mahnten die ihrigen Welschen und viel Fremde, etlich tusend Mann. Nun gieng's an um Bern her, unten us gegen den Landgraben uff Jäggistorf zu und Hindelbank, alles in der Pfingstwoche, gar jämmerlich geraubt, gefangen und söllicher Gestalt nach Utzenstorf, Kilchberg, Koppigen, gar jämmerlich gehauset und Leut um's Leben gebracht; doch sind nit viel umkommen, aber gefangen gar viel um Koppigen; da dannen zug ein grosse Macht nach Subigen, Wangen und gen Bipp, da darum sie übel gehauset.»

Ein Wirt von *Wangen* hat heute die zweifelhafte Ehre, dem grossen General sein Nachtquartier zu bereiten.

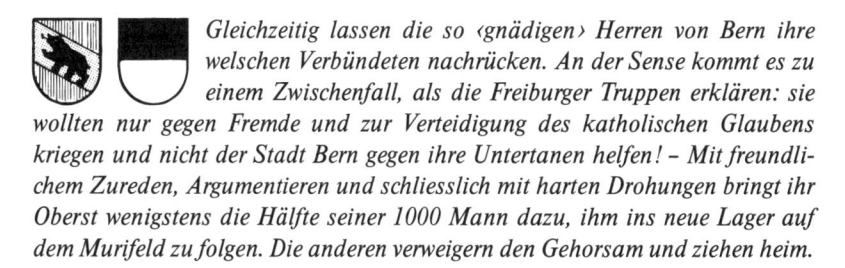

Gleichzeitig lassen die so ‹gnädigen› Herren von Bern ihre welschen Verbündeten nachrücken. An der Sense kommt es zu einem Zwischenfall, als die Freiburger Truppen erklären: sie wollten nur gegen Fremde und zur Verteidigung des katholischen Glaubens kriegen und nicht der Stadt Bern gegen ihre Untertanen helfen! - Mit freundlichem Zureden, Argumentieren und schliesslich mit harten Drohungen bringt ihr Oberst wenigstens die Hälfte seiner 1000 Mann dazu, ihm ins neue Lager auf dem Murifeld zu folgen. Die anderen verweigern den Gehorsam und ziehen heim.

In Freiburg lässt man später dem Anstifter der Meuterei den Kopf abhauen. Weil er aber aus einer vornehmen Familie stammt, verheimlicht man seine Hinrichtung der Öffentlichkeit, indem man ihn im Turm, genannt Belluar, heimlich tötet.

Niklaus Leuenberger geniesst heute in *Langenthal* die körperliche Ruhe, auf die er in den vergangenen Tagen und Nächten hat verzichten müssen. Was seine Augen und Ohren aufnehmen, ist jedoch alles andere als beruhigend. Küpfer schrieb aus dem Emmental, und Schulmeister Sägisser von Aarwangen, seines Zeichens Kriegsrat der Bauernarmee, berichtet über die Brand- und Blutspur, die General von Erlach bis ins Oberaargau gezogen hat. – Der Obmann schreibt zurück: dass zwar zu Mellingen Frieden geschlossen sei; falls aber durch die vorrückenden Armeen irgend jemand ein Leid zugefügt werde, wolle er sofort Hilfe bringen. Was denn Sägissers Meinung sei? – Eine Antwort kommt nicht mehr. Emanuel Sägisser ist gefangengenommen worden.

Landeshauptmann Daniel Küpfer befindet sich bei *Oberburg*, wo sich die Flüchtlinge aus der Umgebung von Hindelbank und Fraubrunnen gesammelt haben. Als Burgdorfer Soldaten die Wachtposten überfallen, schickt Küpfer im Namen der Bauern einen Trommelschläger mit einer Protestnote in das Städtchen. Wirklich lassen sich die Burgdorfer dadurch bewegen, die gefangenen Wachtmänner wieder ledig zu lassen.

Immer mehr Landleute suchen in Oberburg Schutz; diejenigen von Kirchberg und Koppigen. Ihre Dörfer seien von Welschen geplündert worden, erfährt man. Und in Utzenstorf hätten sie den Metzger, Daniel Gygli, einfach über den Haufen geschossen.

Bald tauchen einige hundert welsche Reiter auf, welche die Flüchtlinge verfolgen. Voller Angst versteckt sich das Volk im Schachen, bis die Reiter wieder abziehen. Abends legt man sich auf den Feldern zur Ruhe. Da macht sich der Burgdorfer Festungskommandant einen Spass daraus, die Schläfer mit der grossen Kanone zu beschiessen. Die Bauersleute schrecken auf und fliehen zur Ziegelbrücke; manche waten mit Kind und Kegel durch die kalte Emme, um rasch aus dem Schussfeld zu gelangen.

In der Stadt Bern kann der Rat am Abend bereits die ersten erfolgreichen Huldigungen nach der neuen Formel verbuchen. Die vier stadtnahen Kirchspiele und alle bisher bereisten Gemeinden in den Landgerichten haben umgehend gehuldigt. Obwohl Weibel Rüegsegger vorgestern schon im Namen der Gemeinde Röthenbach den Gehorsam angeboten hat, verhalten sich die ‹Gnädigen› Herren in diesem Fall so umständlich, dass die Absicht ‹Zuerst die Strafexpedition, dann die Gnade› zum Himmel stinkt. Heute erhalten erst einmal die Predikanten im Emmental den Auftrag: sie sollten sich bei ihren huldigungswilligen Gemeinden erkundigen, «wie und was Form sie huldigen wellind; sollen auch erläutern, ob sie auszogen und wohin».

Mühlestein 511f., 540, 568 – Liebenau II/296f., III/101 – Vock 387–389 – Tillier 189, 196 – Rösli 31, 52f., 96 – Aeschlimann 176f. – Türler, Leuenberger 231f. – AEB D dat.26.5. 1653 – RM Burgdorf 26.5. 1653 – RM Bern 26.5. 1653

Freitag, 27. Mai

> Tatsächlich müssen die Seelenhirten von Langnau, Signau, Eggiwil und Röthenbach den Gnädigen Herren postwendend von einem überraschenden und gewaltigen Auszug ihrer Schäfchen berichten. Auf die Hilferufe aus Oberburg hin ist das ganze *obere Emmental* auf den Beinen. Viele hundert Uszüger marschieren im Morgengrauen talwärts, unter ihnen Weibel Rüegsegger, Hauptmann Ueli Schüpbach von Biglen, Hans Bürki im Winkel, Schulmeister Schindler aus dem Eggiwil.
>
> Höchst wahrscheinlich ist auch Ueli Galli dabei, sofern er nicht ohnehin schon bei Leuenberger weilt.[1] Sicher fehlt der bei der Neubrücke verletzte Wirt Glanzmann. Hansueli Neuhaus von Schwanden hat einen Knecht geschickt.

Unterwegs erfahren sie, das Städtchen Burgdorf sei samt den umliegenden Dörfern und Brücken von welschen Kompanien besetzt; sie sollten diese Gegend besser meiden und stattdessen über das Häusernmoos und Ursenbach zum Truppensammelplatz nach Herzogenbuchsee marschieren, wo sie der Obmann erwarte.

Auch anderswo, sogar in den besetzten Dörfern *Bätterkinden* und *Utzenstorf*, bieten die Bauernkriegsräte ihre Getreuen nach Herzogenbuchsee auf – in aller Heimlichkeit, versteht sich. Eine Meisterleistung vollbringen dabei die *Steffisburger*: Vordergründig empfangen sie den Herrn Bucher vom kleinen Rat so freundlich in Christen Zimmermanns Wirtschaft, dass jener dem Rat berichtet, die Leute seien leicht zu beeidigen. Nach dem Eindunkeln aber schicken die Steffisburger ihre Boten ins ganze Oberland. Der Text, der jedem dieser mutigen nächtlichen Postreiter den Kopf kosten könnte, lautet: «Wir wissen von unseren Bundesgenossen von Wynigen und Wangen, dass der Berner-Major mit Fussvolk, Reiterei und Kanonen und welschem Volk im Felde steht und Schaden stiftet: Die Reiter mähen das Korn, die Pferde weiden, die Reben hauen sie grausam, brechen in Speicher und Keller ein, plündern, zerstören, verhaften Bauern und binden sie an den Galgen. Landeshauptmann Daniel Küpfer im Emmental verlangt unsere Hülfe gegen dieses Volk, und wir bitten euch zu helfen, wie wir in Steffisburg zu helfen willens sind. Den 27. Maien verfertiget. Statthalter Hans Berger und Christen Zimmermann, Oblüt zu Steffisburg.»

> *Der Vollständigkeit halber sei angefügt, dass die Steffisburger auch beim besten Willen nicht hätten huldigen können. Mit ihnen, die sich 1641 wie 1653 als Rebellen hervorgetan haben, hat man in Bern die gleichen Pläne wie*

---

1 worüber jede Nachricht fehlt

mit den Emmentalern: zuerst die Rache, dann die Gnade. Trotz dem positiven Bescheid des Herrn Bucher wird die Beeidigung der Steffisburger zurückgestellt, «bis auch die Emmentaler soweit sind». Stattdessen schickt die Regierung eine Kompanie Bieler Soldaten nach Thun.²

Im Oberaargau setzt die Armee General von Erlachs ihr Zerstörungswerk fort. In und um *Wangen* lässt der General Dutzende von ‹Redliführern› einfangen. Wer sich den Häschern widersetzt, wird auf der Stelle niedergemacht. Der Hauptharst der oberkeitlichen Truppen stürmt das Städtchen *Wiedlisbach*. Fünfzig Bürger werden verhaftet, die Truhe mit dem Reisgeld beschlagnahmt. Darauf gibt von Erlach das «Erzrebellennest Wiedlisbach» (wie er sich ausdrückt) zum Plündern frei. Eine Horde von 1500 Soldaten stürzt sich auf alles, was nicht niet- und nagelfest ist. Was sie nicht fressen oder mit sich forttragen können, schlagen sie kaputt. Die Stadttore werden entfernt, die Ringmauern stellenweise dem Erdboden gleich gemacht und «also das Stettli zu einem Dorf gemachet». Vom Schrecken überwältigte Landleute eilen aus der ganzen Gegend herbei, legen ihre Waffen dem General zu Füssen und bitten demütigst um Gnade. Der Herr General solle mit seinem Vergeltungszug doch ums Himmels willen einhalten, denn in Mellingen sei ein neuer Frieden gemacht!

Sigmund von Erlach erstattet der Regierung genüsslich Bericht. Zum Abbruch seines Feldzugs ist er weniger denn je gesonnen, trotz diesen Friedensgerüchten. Vielmehr verlangt er jetzt das uneingeschränkte Standrecht. Es sei zu umständlich, die grosse Zahl der Aufwiegler und Hauptrebellen alle nach Bern zu schicken, zu gefährlich, sie auf dem Land draussen gefangen zu halten. Zudem sei er besorgt, dass diese «Buben» nach weitläufigen Prozessen gar straflos ausgehen könnten. Eine sofortige Abstrafung durch die Kriegsräte an Ort würde auch mehr Schrecken bei den Gemeinden verursachen und diese hoffentlich vor zukünftigen Rebellionen abhalten.

Nun ... der rachsüchtige Junker in der feinen Montur erhält sein Standrecht umgehend. «Unserestheils findend wir, mit den sich rebellisch Erzeigten nit vil witers wird zu komplimentieren, sondern mit aller Strengi zu verfahren sein», schreiben die Gnädigen Herren. Von Erlach solle seiner «habenden Gewalt nach gegen den zur Hand bringenden Redliführern, nach Gewaltsamme eines jeden Verbrechens mit der Abstrafung und Execution vorab fürfahren», ausser im Städtchen Burgdorf. Zum Mellinger Frieden heisst es bloss: Herr Hans Georg Imhof habe «etwas Verwunderliches» von der Lenzburg zugeschickt, «was ein zwüschen General Werdmüller und den rebellischen Bauern vor Mellingen eingegangenes Tractat sein soll». Sonderbarerweise stehe darin nichts von der

---

2 200 Mann unter Stadthauptmann Wildermett

Freitag, 27. Mai

Abstrafung der Aufwiegler, nicht einmal ein oberkeitlicher Vorbehalt. So sei das Tractat unannehmbar. Der Herr Feld-General solle auf diesen «nit genugsamen Bericht» nichts setzen und die «höch erhöüschte» exemplarische Abstrafung, das einzige Mittel zu einem beständigen Frieden, weiter vorantreiben.

> *Was der Herr Feld-General mit Freuden tut. Er macht in diesen Tagen von seiner Macht über Leben und Tod so grausam Gebrauch, dass er unter dem Zunamen ‹der Bauernschlächter› in die Geschichte eingehen wird.*

Sein Zürcher Kollege, General Werdmüller, lässt heute morgen im Freienhof zu Mellingen ein Dankfest mit Predigt und Gesang feiern. Darauf marschiert die 1. Tagsatzungsarmee nach Othmarsingen vor.

In den Wäldern treffen die Zürcher auf vereinzelte bewaffnete Bauerngruppen, die sie mühsam herausoperieren müssen. Bei Schinznach, jenseits der Aare, haben Kundschafter gar eine «grosse Anzahl sehr schwieriger rebellischer Puren» gemeldet. Generalmajor Werdmüller reitet ihnen – unter gehörigem Plündern und Sengen – mit seiner gefürchteten Kavallerie entgegen, findet aber keinen ernsthaften Widerstand vor. Auch das Bauernlager in Othmarsingen ist verlassen, so dass sich Werdmüllers Armee dort bequem niederlassen kann.

Im neuen Hauptquartier erhält der General ein Schreiben: Niklaus Leuenberger hat aus Herzogenbuchsee einen Protest und Appell an die Oberen von Zürich gerichtet, die bernische Armee verübe die grössten Gewalttätigkeiten und misshandle das Landvolk auf grässliche Weise. Die Zürcher sollten dringend an die Berner Regierung schreiben, dass diese ihre Truppen zurückrufe. Das Landvolk werde sich an den vor zwei Tagen geschlossenen Mellinger Frieden halten, und sie dürften doch wohl annehmen, dass die Zürcher Oberen sie bei den genehmigten Artikeln schützen werden! – Werdmüller beeilt sich, dem Bauernobmann freundlich zu antworten.

Mühlestein 541, 561, 568–570, 576f. – Vock 394–396 – Lohner 554 – Rösli 29–33, 48, 124, 130, 157, 185 – Aeschlimann 177 – TMB Bern 27.5. 1653 – RM Bern 27.5. 1653 – RM Thun 27.5. 1653

Samstag, 28. Mai/7. Juni

> Nach der Schlacht bei der Gisiker Brücke haben die Schiedsherren in *Stans* eiligst den Waffenstillstand wieder hergestellt.

Die Bauern halten sich daran. Doch werden sie andauernd von den städtischen Schanzen herab mit Kanonen beschossen. Mit einer Prise Galgenhumor protestieren sie beim Rat von Luzern: «Es nimmt uns wunder, dass bei uns der Waffenstillstand geboten ist und bei Euch nicht...»

Trotz Schibis Rückkehr glaubt im Bauernlager bald niemand mehr an einen militärischen Erfolg. Die Nachrichten von riesigen Armeen an den Grenzen des Luzernerlandes und deren Brandschatzungen, Plünderungen und Morden verbreiten grosse Angst. Man befürchtet mehr denn je, der Berner General könnte mit seinen welschen Regimentern hinterrücks ins Land einfallen, während die meisten wehrfähigen Männer noch hier die Stadt belagern. Kurz: das Volk droht auseinanderzulaufen. Selbst Hans Emmenegger wird jetzt auf einen baldigen Schiedsspruch in Stans hoffen, wie dieser auch ausfallen möge. Einen ungewöhnlichen geistlichen Trost erhalten die Bauern vom Grosswangener Kaplan Jodok Kraut: Man solle doch jetzt getrost einen Frieden annehmen. Am Schwörtag im September, wenn die Landvögte vor das Volk treten, könne man die Herren dann festnehmen und an den Bäumen aufhängen. Überhaupt gebe es später noch tausend Mittel, sich zu rächen. Zum Beispiel könne man am Jahrmarkt in den Herrschaftshäusern vorsprechen, als wolle man Gülten ablösen, um dann die Herren zu erschiessen. Die Bürger würden bestimmt Beistand leisten!

Wie der Kriegswille im Bauernlager schwindet, so wächst er in der Stadt. Als die Schiedsherren in Stans eine weitere Verlängerung der Waffenruhe beantragen, lehnt Zwyer strikte ab: Morgen Sonntag würden die Waffen sprechen. Durch ein Schiedsgericht lasse sich dieser Streit nicht beenden, die Justifikation (die Abstrafung der Ungehorsamen) solle man gefälligst der Stadt Luzern überlassen...

Trotzdem – oder vielleicht gerade wegen dem drohenden Blutbad – kommt am Abend die Meldung aus Stans, die Schiedsrichter hätten ihren Spruchbrief beendet. Morgen nachmittag um 4 Uhr wollten sie bei der Eiche auf dem Grossen Hof zu Kriens den Entscheid feierlich verkünden.

Oberst Zwyer ist wütend. Sein Herz «möchte schwynen», schreibt er an Bürgermeister Waser, dass man so «ansehnliche Mittel» wie die mühsam zusammengebrachten Tagsatzungsarmeen am Ende doch nicht brauchen könne.

Liebenau III/104–106 – Mühlestein 556, 562–564

Samstag, 28. Mai 563

Leuenberger schickt seine Soldaten heim

Etwa 5000 Uszüger sind auf Daniel Küpfers Aufgebote[1] hin in *Herzogenbuchsee* zusammengeströmt. Den Hauptharst stellen die Emmentaler.

Ihr Zug hierher scheint eine recht übermütige Sache gewesen zu sein: Unterwegs hat der Säckelmeister des Landes Emmental, Hans Wüthrich von Brandösch, kraft seines Amtes im Pfrundhaus *Lützelflüh* für sich und seine Leute den Wein beschlagnahmt.

Zu diesem Zeitpunkt, wo die Greueltaten der Erlachschen Armee überall Schrecken und Abscheu verbreiten, wissen die tapferen Uszüger, die sich hier in Buchsi nochmals besammeln, wohl, was sie riskieren. Sie sind entschlossen, dem General und seinen welschen Horden die Stirn zu bieten. Mit Gottes Hilfe würden sie morgen, am heiligen Pfingsttag, den Kampf aufnehmen und das Landesunglück abwenden. Stündlich treffen mehr Bauernsoldaten ein; der Mut wächst. Das Dorf platzt schier aus den Nähten.

Da rufen die Trommelschläger das Volk auf dem Kirchhof zusammen. Noch einmal tritt Niklaus Leuenberger vor seine Leute.

«Liebe Soldaten», beginnt er seine letzte Rede, «mein Leben ist bald aus.» Doch ihnen, seinen tapferen Gefolgsleuten, könne er zum Abschied gute Botschaft verkünden – den Frieden. Der Zürcher General habe eben ein Schreiben geschickt: Zürich garantiere den bei Mellingen geschlossenen Frieden und werde alles mögliche zur Versöhnung, Eintracht und Ruhe tun, insofern das Landvolk gehorsam sei. Er, der Obmann, begehre von seinen Getreuen jetzt noch als letztes, dass sie heimzögen und den Frieden hielten. Möge Gott ihnen helfen, dass das Vaterland keinen Schaden mehr erleide und dass sie wenigstens bei den Rechten bleiben könnten, die sie vor diesem Bundesschwur gehabt heigen.

Das war's dann. Küpfer hat die Soldaten herbeigerufen, Leuenberger schickt sie wieder heim.

Wie sich die Dinge doch wiederholen! Genau wie heute hat der da vorne vor vierzehn Tagen auf dem Murifeld den Frieden ausgerufen. Einen faulen Frieden. Nichts als eine Hinterlist der Herren, um die

---

1 Küpfers Aufgebote sind belegt (EB D dat. 27.5. 1653, Lohner 554). Auch alle anderen mir bekannten Aufgebote (Aeschlimann 177; Rösli 124, Urteil Hans Althaus) gingen von der Umgebung Küpfers aus – der sich bei Oburg aufhielt – und nicht von Leuenbergers Lager in Langenthal oder Herzogenbuchsee.

Zürcher und die Welschen ins Land zu holen! Hat denn dieser schöne Obmann nichts gelernt?

Niemand bejubelt die Rede. Ein Gemurmel geht durch die Menge. Melcher Minder, ein Kriegsrat, fordert die Leute zum Bleiben auf. Hauptmann Schüpbach von Biglen (der offenbar ‹einen hoch hat›) schreit den Leuenberger unflätig an. Ueli Schindler, der Eggiwiler Schulmeister, ruft gar aus: man sollte den Leuenberger binden und abführen!

Soweit kommt es denn doch nicht. Zu hoch steht der mächtige Schönholz-Bauer noch im allgemeinen Ansehen, zu aufrichtig klang seine Rede. Die grosse Mehrzahl der Bauernsoldaten achtet seinen letzten Befehl und bricht noch im Laufe des Nachmittags nach Hause auf.

> Ein unbekannter Dichter schreibt:
>
> «Sie zugen ä klein bass uhen/
> Wohl uhen fürs Buchse Haus/
> Da sprach der Leuenberger/
> Mein Leben ist jetzt bald aus.
>
> Er schlueg wohl auf der Trommen/
> Den Frieden rueft er aus/
> Kommt här meine lieben Soldaten/
> Mein Leben ist jetzt bald aus.
>
> Wir begehren nüt zu kriegen/
> Wir begehren wiederum hey/
> Wir begehren nüt weder das Rechte/
> Wie wirs vorhin ghaben hey.»

Anders als damals vor Bern finden sich aber einige hundert Widerspenstige zusammen, die trotz allem den Kampf wagen wollen. Zum einen sind dies die direkt bedrohten Rohrbacher und Huttwiler, zum andern eine Schar von Oberemmentalern. An ihrer Spitze stehen keine Geringeren als Landeshauptmann Daniel Küpfer und Weibel Hans Rüegsegger (demnach hat Leuenberger seinen schwerwiegenden Entscheid einmal mehr einsam, gegen den Willen seiner engsten Ratgeber gefällt). Eifrig verschanzen sie sich oben auf dem Kirchhof, lassen Munition herbeiführen und suchen Verstecke mit Rückzugswegen in den Hecken entlang der Strasse. Diese Männer sind keine Dummköpfe: ihr Ziel ist nicht die offene Schlacht gegen eine 7000köpfige, modern gerüstete Herrenarmee. Vielmehr planen sie

Samstag, 28. Mai

einen Feuerüberfall beim Eintritt des Generals in das Dorf. Möglichst viele Herren Offiziere möchten sie treffen, allen voran den General ‹Bauernschlächter› selbst. Dann gilt es, die Verwirrung zu nutzen.

Niklaus Leuenberger will für das, was in den nächsten Tagen auf die Bauernschaft zukommt, nicht länger verantwortlich sein. Er zieht seinen berühmten roten Mantel, das Ehrenkleid der Entlibucher für den Führer des Bundes, aus.[2] Als Privatmann reitet er heim aufs Schönholz.

Mühlestein 571 - Rösli 144, 151, 157, 185 - Hostettler 33 - Anderi Lieder 58 - Turmbuch Bern 1653, Vergicht Hans Rüegseggers

«Diesem ungeheuren Tier der Rebellion syn Kopf abzuschlagen»

Am Morgen geht im Zürcher Hauptquartier in Othmarsingen ein Brief ein: Der Berner Regierung missfalle das «vermeinte» Mellinger Tractat, da die Abstrafung der Rädelsführer nicht erwähnt sei. So sei kein beständiger Frieden möglich, und deshalb werde die Operation General von Erlachs fortgesetzt.

General Werdmüller ist sehr ungehalten. Voller Missmut schreibt er nach Bern zurück: er und Zürich beharrten auf der Annahme des Mellinger Friedens durch Bern. Es verwundere ihn doch sehr, dass Bern nach dem Abschluss des viel schlechteren Murifelder Vertrags jetzt gegen die Artikel von Mellingen Stellung nehme. Auf dem Murifeld sei den Bauern sogar eine Generalamnestie gewährt worden, während die Regierungen nach Punkt 3 des Mellinger Friedens die Rädelsführer bestrafen könnten!

Der General hatte nie im Sinn, die Bauernführer zu schonen. Eben erst hat er Freiämter Abgeordnete vortraben lassen und ihnen das feierliche Gelübde abgenommen, sie würden ihre Rädelsführer auf Verlangen Zürichs freiwillig stellen. Der Rat von Zürich wäre auch bereit, gefangene Rädelsführer an Bern auszuliefern - allerdings nur gegen Erstattung der Kosten.

---

2 Wann genau Leuenberger seinen Mantel auszog, ist nirgends überliefert. Gerade deshalb (im Gegensatz zu Liebenaus Meinung) vermutlich *nach* seinem letzten Auftritt. Die Tatsache wäre sonst vielen Zuschauern ins Auge gestochen. Auch hüllen sich die Quellen in Schweigen darüber, wann Leuenberger Herzogenbuchsee verliess, ob er gar noch in der Schlacht mitkämpfte (wie Mühlestein ohne weiteres annimmt). - Der Zwischenfall mit Schulmeister Schindler macht dies aber sehr unwahrscheinlich.

Zurecht ist Johann Konrad Werdmüller erbost. Die Herren in Bern versuchen ihm einen Fehler in die Schuhe zu schieben – dabei brauchen sie bloss einen Vorwand, um ihren Rachefeldzug ungehindert fortsetzen zu können, wohl auch: um die Zürcher möglichst aus dem Konflikt herauszuhalten (jetzt, da sich das Blatt zugunsten der Oberkeit gewendet hat). Das Berner Ratsprotokoll von heute spricht eine deutliche Sprache: «Denne ist Meiner Gnädigen Herren nochmalige Meinung und austruckenliche Erlüterung, dass alles das, was man vor diesem mit und gegen den Emmenthaleren und ihren Anhengeren ingangen und gehandlet, es seye zu Ostermundigen ufem Feld oder sonst, für ungültig, null und aufgehebt gehalten werden solle.» Im Klartext: Während Leuenberger in Herzogenbuchsee den neuen Frieden verkündet, beschliessen die Ratsherren zu Bern, sie würden sich weder an den Murifelder noch an den Mellinger noch sonst an irgendeine Abmachung halten! Im Gegenteil. Die Bestrafung aller Rädelsführer sei das einzige Mittel, «diesem ungeheuren Tier der Rebellion syn Kopf abzuschlagen, hiemit syne Kraft und Würkung» zu nehmen, ja sie sei «die importanteste Action an diesem ganzen Werk».

Nachmittags hat die bernische Tagsatzungsarmee ihr Quartier in Wangen verlassen, um womöglich bis nach Langenthal vorzustossen. Erstmals zeigten sich jedoch Scharen von bewaffneten Bauern (wahrscheinlich die Heimkehrer von Herzogenbuchsee). Der General lässt deshalb auf freiem Feld lagern und schickt Spähtrupps aus. Ein solcher, zwanzig Mann unter Leutnant Hummel, wird von Aufständischen gefangengenommen. Im Gegenzug gelingt es von Erlachs Leuten, bei Herzogenbuchsee den rebellischen Fuhrmann Christen Blaser samt einer Wagenladung Munition abzufangen.

Nachts um 1 Uhr beobachten die Soldaten einen mächtigen Meteor am Sternenhimmel, ganz feurig, von der Grösse eines Fassbodens, bis er in Stücken zu Boden fällt. Weil eben gerade das Pfingstfest angebrochen ist, befürchten die Männer, Gott habe das heilige Pfingstfeuer zu den Bauern gesandt. Die Strafe für die Plünderungen von Wiedlisbach sei nahe!

Der Feldgeistliche muss zu dieser unchristlichen Stunde extra geweckt werden, um fachmännisch zu analysieren: der Meteor sei ein sicheres Vorzeichen des künftigen Sieges.

Mühlestein 561, 569–572 – Vock 390–392 – Rösli 30, 32, 98 – RM Bern 28.5. 1653 – AEB D dat. 28.5. 1653 – Liebenau III/90 – KRM Bern 28.5. 1653

Johannes Willadings Plan «Maximae Rebellionis» der Schlacht von Herzogenbuchsee 1653 (Ausschnitt). – In der Bildmitte sind die hinter Hecken versteckten, auf dem Dorfplatz und dem Kirchhof verschanzten Bauern zu erkennen. Der einen Quadratmeter grosse Originalplan zeigt die erdrückende zahlenmässige Überlegenheit der von Erlachschen Armee noch deutlicher.

Die Schlacht von Herzogenbuchsee

Am frühen Morgen reitet Sigmund von Erlach an der Spitze seiner Kavallerie gegen Herzogenbuchsee. Vor dem Dorf empfangen ihn sechs mit Hellebarden bewaffnete Bauernwachten. Sie versichern ihm freundlich, die rebellischen Landleute seien alle abgezogen. Kaum will der General jedoch ins Dorf einreiten, fallen Schüsse aus den Gebüschen und Hägen. Er macht schleunigst kehrt und ruft den gesamten Heerhaufen herbei. Die Bauern fliehen vor den anmarschierenden Soldaten über Hekken und Zäune ins Dorf zurück, wo sie Fuss fassen und kräftig Widerstand leisten.

Der ‹Bauernschlächter› fackelt nicht lange rum. Er lässt die Holzhäuser am Dorfrand in Brand setzen.[1] Das Feuer greift rasch um sich; bald steht Herzogenbuchsee in Flammen. Von Erlachs Reiterei stürmt vor. Die Einheimischen werden in ihre brennenden Häuser zurückgetrieben, die 200 bewaffneten Aufständischen verschanzen sich hinter der Mauer auf dem Kirchhof. Hier wehren sie sich zäh gegen die Übermacht *(«besser als Bauern zusteht», meint der General)*. Erst als bei der Kirche die Kanonenkugeln einschlagen, ergreifen die Bauern die Flucht. Viele laufen den oberkeitlichen Truppen in die Arme, einige werden lebend ins Feuer geworfen. Andere bleiben getroffen auf den Kornfeldern rund um Buchsi liegen.

> Das ist die blutige Bilanz der Schlacht von Herzogenbuchsee:
> In von Erlachs Heer sind ein Leutnant, ein Wachtmeister und mehrere Soldaten getötet worden. Unter den zahlreichen Verletzten befindet sich auch der Kommandant der Neuenburger, Oberstleutnant von Villars-Chandieu, der von einem Flintenschuss an der rechten Hand getroffen wurde.
> Die Landleute haben am nächsten Tag 27 Tote zu begraben. Predikant Hürner, der Pfarrherr des Ortes, zählt die Gefallenen auf: «Aus Herzogenbuchsee: Joseph Moser und seine Frau, vorhin umgebracht und hernach verbrannt; Marti, Pastor, vorhin erwürgt und hernach auch verbrannt; Daniel Kilchenmann, der Siegrist, auch im eigenen Hause erwürgt und verbrannt; Andreas Christen, der jung Sattler, erschossen; Jonas Heinrich, der Hebammen Mann, erschossen; Daniel Grider, auch

---

1 Die Brandstiftung des Generals ist mehrfach belegt. Den hier angegebenen Quellen (vgl. Mühlestein) ist noch der Bericht von Hptm Hans Bachmann aus Diessbach an Brienz, Steffisburg und Hasli beizufügen: «Ist Kunde aus dem Aargäu kommen, dass diese Nacht 2000 Volk aus Bern haben Herzogenbuchsee verbrönnt und mit den Landlüthen scharmützelt...» (AEB D dat. 29.5. 1653).

auf dem Feld erschossen; Baschi Ingold, in seinem Haus erstochen, weil er nicht hatte zur Wehr greifen wollen; Anna Haas, des Gerbers Frau, am folgenden Mittwoch in Folge eines erhaltenen Schusses gestorben. - Äussere: Ulrich Brechbühler von Nyffel, Kilchmeier zu Huttwil, der an der ersten Gemeinde zu Wolhusen gewesen; Joseph Flückiger, Hutmacher, und Melcher Moser, Schuhmacher, beide von Huttwil; Hans Leu ab dem Berg bei Rohrbach. Noch sechs Bauern und sechs, die für Soldaten angesehen wurden, seien zum Teil verbrannt, wenigstens an den Kleidern, einer fast ganz.»

Um die siebzig Häuser sind abgebrannt, ebenso viele Landmänner sind in Gefangenschaft geraten. Der Flecken Herzogenbuchsee ist ausgeplündert. Die welschen Kriegsknechte haben in der Kirche sogar Kanne und Zwäheli - den Abendmahlkelch und das Taufgefäss - geraubt.

Tillier 191f. - Vock 392f. - Mühlestein 572-574

Das Bernbiet nach der Schlacht

General von Erlach führt das Gros seiner Armee nach Langenthal. Die Gefangenen lässt er hier im Kaufhaus einsperren (wo sie eine Woche lang ohne Verpflegung bleiben werden)[2].
Gegen Abend kommt eine Gesandtschaft von Werdmüllers Tagsatzungsheer ins Langenthaler Hauptquartier. Es handelt sich um die Herren Generalmajor J.R. Werdmüller, Landeshauptmann Feldmann von Glarus, Oberst Neukomm von Schaffhausen, Hauptmann Schiess von Appenzell und Hauptmann Studer von St.Gallen. Ihre Gespräche mit General von Erlach führen zu einer Art juristischen Teilung des Bernbiets: Für das untere Aargau bis und mit Aarburg[3] *gilt der Mellinger Vertrag - das Gebiet untersteht Zürichs Einfluss. Dafür haben von Erlach und die ‹Gnädigen Herren› der Aarestadt im übrigen Bernbiet für ihre Strafexpedition freie Hand.*

Um diesen politischen Kompromiss haben die beiden Parteien offenbar hart gerangelt. Von Erlach schreibt unzufrieden nach Bern: dass dadurch ein «von niemand als von Gott dependierender hocher Standt angegriffen und verletzt» werden könne - die Souveränität des Standes Bern sei gefährdet. Ganz gegen den Strich läuft dem ‹Bauernschlächter› auch die Nachricht, Herr Alt-Hofmeister Imhof habe in der Grafschaft Lenzburg im Namen der hohen

---

2 nach der Chronik Jost von Brechershäusern (z.B. Vock 395)
3 somit den heutigen Kanton Aargau

> *Oberkeit Huldigungen abgenommen und den Untertanen dabei versprochen, dass der Murifeld-Vertrag eingehalten werde.*
> *Der Berner Rat ist voll und ganz seiner Meinung: Es gehe nicht mehr nur um die Aufhebung des schändlichen Bundes, sondern um die Reparation der Feindseligkeiten und Übeltaten. Damit «durchgehende Gleichheit gehalten» und hierdurch ein desto beständigerer Frieden erwirkt werde, müsse von Erlach mit seinen Huldigungen nach der neuen Form fortfahren, auch im unteren Aargäu. Die Huldigungen und Versprechungen Imhofs seien null und nichtig, da er dazu gar nicht befugt gewesen sei. Man solle ihn nach Hause schicken! Auch das «gegebene Wort bey Mellingen» sei ungültig, da es die Herren von Zürich zweifellos von der Zustimmung Berns abhängig gemacht hätten ... Auf den Punkt gebracht: Imhof, der gutmütige Mohr, hat seine Schuldigkeit getan, er kann gehen. Auch die Zürcher sollen gehen. Alle Versprechungen sind ungültig. Die Zeit der Rache ist angebrochen.*
> *Übrigens findet der Kompromiss von Langenthal auch an der Limmat seine Kritiker. Säckelmeister Schneeberger erhebt vor dem Zürcher Rat schwere Vorwürfe gegen Bern: Die Klagen der Bauern seien teils berechtigt. Man solle Plünderungen und Raub durch Soldaten streng bestrafen, um das Volk nicht zur Verzweiflung zu treiben. Leicht könnten sich die Landleute nach der Ernte von neuem erheben.*

Nach der Schlacht hat General von Erlach ein Regiment mit starker Reiterei ins Emmental gesandt. Befehligt wird es von Zeugherr Lerber und Welschsäckelmeister Tillier. Abends um 5 Uhr lassen sie in Lützelflüh das Lager aufschlagen. Lerber schickt vierzig Mann ins Schloss Trachselwald, dreissig Mann als Verstärkung nach Brandis. Befriedigt kann er nach Bern berichten: die Gemeinden Affoltern, Sumiswald und Rüegsau wollten huldigen und «von ihrem geschworenen Entlibuchischen Bund abstehen».

> *Antwort: Er solle die Emmentaler nach der neuen, vom General entworfenen Formel huldigen lassen.*

Es macht den Anschein, als hätten alle bekannten Bauernkriegsräte den missglückten Anschlag auf den General und den Brand in Herzogenbuchsee heil überstanden – Küpfer, Rüegsegger und auch Ueli Kärr, der Fähnrich. Doch ist der Kampf für den grossen Bund endgültig verloren. Die Hauptbeteiligten übernachten wohl heute ein letztes Mal zu Hause bei ihren Familien und packen dann ihre Siebensachen zusammen, um beim Herannahen von Lerbers Soldaten in die Berge zu fliehen.

Das letzte Zeugnis organisierten Widerstands liefert Weibel Hans Rüegsegger, der noch aus *Herzogenbuchsee* an Statthalter Berger schreibt, «wie der Herr Mayor so grusamlich» hause, wie er «das Dorf in Brand gesteckt» und «der schwangeren Frauen nit verschonet» habe. – Berger lässt das Schreiben im Oberland verbreiten.

In *Langnau* gerät der alte Daniel Bürki vom Winkel einmal mehr in Rage: Man solle ufem Blindenbach-Stutz[4] den Wäg verhauen, die Überwehr von sich werfen und dann mit den Dägen auf die Reiter und Rosse los! – Doch kaum einer von den jungen Langnauern hat jetzt noch Lust auf eine weitere Schlacht.

Mühlestein 619 – Rösli 33f., 55, 129, 138 – Liebenau III/106 – AEB D dat.29.5. 1653 – AEB E 13/7 – RM Bern 29.5. 1653

Der Stanser Schiedsspruch

Vor einer grossen Volksmenge lassen die Ehrengesandten der sechs katholischen Orte zu *Kriens* ihren in Stans gefällten Schiedsspruch verlesen. Die hohen Herren sitzen zu Pferde unter der grossen Eiche, und während der Verkündung bekommen sie den (vom Luzerner Rat gespendeten) Ehrentrunk gereicht.

Die Hauptpunkte des 14teiligen, weitschweifigen Dokuments lauten:
2. Die Klage der Ämter, die Stadt habe ihnen alte Freiheitsbriefe entwendet, wird abgewiesen.
3. Der gütliche und rechtliche Spruch vom 8./18. März dieses Jahres wird seinem ganzen Inhalt nach bestätigt, da die Ehrengesandten damals aufrichtig, ehrlich und unparteiisch gehandelt haben.
4. Der in Sumiswald und Huttwil geschlossene Bund wird aufgehoben. Solche Pakte sind in Zukunft bei schwerer Strafe verboten.
5. Alle von den Untertanen verliehenen Titel und Kriegsämter sind aberkannt. Auch darf die Anrede «Bundesgenosse» nicht mehr gebraucht werden, ebensowenig «lind» und «hart».
6. Kriegsbeute muss zurückerstattet und ersetzt werden.
7. Die Luzerner Untertanen haben alle miteinander «gefehlt»; deshalb müssen sie ihre Oberkeit um Gnade und Verzeihung bitten. Weil aber der gemeine Mann durch etwelche Rädelsführer zum Aufstand geführt und teils gezwungen wurde, so soll er begnadigt sein. Es steht der Stadt Luzern jedoch frei, 12 Anstifter und Rädelsführer herauszugreifen, die ihr auf Gnade oder Ungnade verfallen sind.

---

4 Beim Blindenbach ob der Schlyffi – zwischen Rüderswil und Lauperswil – führte die alte linksufrige Emmental-Strasse steil den Wald hinab in den Tannschachen (Mittg. Hans Schmocker, Bern).

> 9. Die Untertanen dürfen niemals mehr ohne Wissen ihrer Oberkeit – oder gar gegen sie – die Wehr ergreifen. Ihre ausser Landes stehenden Hilfstruppen sollen sie sofort heimmahnen.
> 10. Die Klagen der Untertanen über ihre Landvögte sollen von einem unparteiischen Gericht von vier Luzerner Bürgern und je einem Beisitzer aus den vier Landsgemeindeorten entschieden werden.
> 11. Die Untertanen müssen auf altgewohnte Weise huldigen. Die Oberkeit wird sie wieder in väterlicher Huld, Schutz und Schirm halten.
> 14. Zwei Stunden nach Proklamation dieses Friedens sollen die Untertanen die Waffen niederlegen und nach Hause ziehen, auch die Schanzen abtragen. Die städtischen Schanzen hingegen müssen zur Sicherheit von Luzern stehen bleiben. Die Stadt darf die von der Tagsatzung zu Baden fixierte Mannschaftszahl in Waffen stehen lassen, bis der Frieden gesichert ist. Gefangene sollen beiderseits auf freien Fuss gesetzt werden.

Der Urner Landammann von Roll als Präsident des Schiedsgerichts fragt die Parteien an: ob sie sich dem Spruch fügen wollten? Namens der zehn Ämter verdankt der städtische Leutpriester Bissling den Ehrengesandten ihre Bemühungen, für den Rat von Luzern akzeptiert Schultheiss Dulliker. Landessiegler Binder bittet noch, man möge sich bei den Städten Bern und Basel für den freien Wandel und Handel der Entlibucher verwenden (wohl vorausschauend, dass die Entlibucher als böse Buben der Nation allerhand Racheakte zu erwarten haben).

Darauf zerstreuen sich die Landleute rasch. Die meisten beeilen sich, den Spruch zu halten und zu Hause nach dem Rechten zu sehen, geht doch das Gerücht um, die Berner Armee werde von Langenthal aus mit 12 000 Mann zu einer Strafexpedition ins Luzernerland vorrücken.

> Der Klosterbote von *St. Urban* hat die Warnung nach Willisau überbracht, nachdem von Erlach dieses luzernische Kloster hat besetzen lassen, um die Mönche «gegen die räuberischen Angriffe der gut katholischen Nachbarn» zu schützen. Offenbar haben die Mönche die edlen Absichten der Besucher aus dem Bernbiet verkannt...

Im Gegensatz zu allen anderen marschieren die Entlibucher geordnet in zwei Kolonnen ab. Die eine umfasst die alten Landleute, die zweite die Hindersässen, denen der Pannermeister die Aufnahme ins Landrecht versprochen hat. Sie führen auch ihre Kanonen mit sich heim, was den Herren zu denken gibt.

Liebenau III/107–113 – Vock 376–385 – Mühlestein 565–567

Montag, 30. Mai/9. Juni 573

Zwyers Truppen rücken aus. Meuterei der Toggenburger. Die Liste der zwölf Rädelsführer

Trotz dem Stanser Schiedsspruch bleibt General Zwyer bei seiner Ansicht, nur mit militärischer Gewalt könne «man der Untertanen Meister werden». So schickt Luzern sieben Kompanien Soldaten nach Sursee und Wykon, wie es heisst: zum Schutz und zur Beruhigung des Landes.
Vor dem Ausmarsch kommt es zu einer regelrechten Meuterei. Die Toggenburger Truppen, die seinerzeit nur widerwillig dem Aufgebot ihres Fürstabts nach Luzern gefolgt sind, wollen heim. Ihr Hauptmann droht mit schweren Strafen, mahnt die Soldaten an ihren Eid, lockt sogar mit einem Sold – «Wir scheissen drauf!» tönt es zurück. Ein kleines Männchen stellt sich unter die Stiftslinde und ruft: «Wer nicht nach Sursee will, der komme her und halte die Hand empor!» Und sofort läuft der grosse Haufen der Toggenburger unter die Linde. Die Offiziere und Fähnriche stehen mit etwa zwanzig Mann verlassen da. – Am Ende ziehen die Truppen des Fürstabts von St.Gallen tatsächlich heimzu, zusammen mit den Schwyzern, die eben entlassen werden.

Im Gegensatz zu den Toggenburgern müssen die Luzerner Herren die Schwyzer aus ihrer Staatskasse besolden. Sie sind die teuersten Truppen überhaupt und werden aus diesem Grund als erste abgedankt.

Trotz diesem peinlichen Start zieht Zwyer an der Spitze seiner etwa 2000 Mann aufs Land hinaus. Er findet keinen Widerstand vor. Eine Kompanie der Luzerner steht übrigens unter dem Kommando von Anton Marzoll. Der ‹Rädelsführer› im Bürgerhandel steht wieder treu zur Oberkeit, so opportunistisch ist er wohl.

Gleichzeitig veröffentlicht der Rat von Luzern die Liste der zwölf Rädelsführer, welche die Ämter gemäss dem gestrigen Schiedsspruch ausliefern sollen. Dies sind:
Aus Willisau: Hans Ulrich Amstein, Fridli Bucher, Hans Heller von Daiwil. Aus dem Entlibuch: Landesspannermeister Emmenegger, Weibel Krummenacher, Hans Krummenacher, genannt der Fuchs, Stephan Lötscher. Aus Rothenburg: Kaspar Steiner, Ruedi Stürmli, Adam Müller zu Gundelingen. Aus dem St.Michelsamt: Hans Amrein zu Holderen. Aus Kriens: Untervogt Spengler.

> Nach welchen Kriterien die Herren sich ihre Opfer ausgesucht haben, steht nirgends geschrieben. Jedem Leser fällt ins Auge, dass einige der grössten ‹Bösewichte› auf der Liste fehlen: so etwa Christian Schibi und die drei Tellen.
> Sicher sind die Ratsherren nicht über alles im Bild, was im Bauernlager gelaufen ist. Aber den Schibi konnten sie doch nicht übersehen! – Wahrscheinlich gehen die Überlegungen dahin: die Blankovollmacht der Stanser Schiedsrichter für die Verhaftung der politischen Köpfe des Aufstandes zu nutzen, auch wenn diesen kaum kriminelle Vergehen nachzuweisen sind. Die bekannten Gewalttäter kann man später auf dem ordentlichen Gerichtsweg abstrafen.
> Wie willkürlich der Rat die Grenze zwischen «Rädelsführer» und «Ehrenmann» zieht, zeigt das Beispiel des Weibels Gassmann von Eich. Er stand auf der Liste der zwölf Meistgesuchten. Sein Name ist nachträglich durchgestrichen und durch Hans Amrein ersetzt. – Der Weibel Gassmann wird nicht nur straffrei ausgehen, sondern sogar in Amt und Würden bleiben.[1]

Liebenau III/113–116 – Mühlestein 587f. – Hostettler 33

Zörnlins Truppen besetzen das Baselbiet

> Jetzt, wo der Aufstand allerorten bereits niedergeschlagen ist, verlässt auch Oberst Zörnlin seine Stadt am Rhein zur Besetzung des Baselbiets. Nicht allein natürlich. Unter den Truppen sind zahlreiche Elsässer, teils geworbene Söldner. An Einheimischen hat Zörnlin bloss zwei Kompanien von Burgern und 67 geflohene Liestaler zusammengebracht. Und einen Kriegsrat, bestehend aus drei vornehmen Ratsherren, einem Gemusaeus, einem Munzinger und einem Burckhardt.
> Widerstand erhebt sich nirgends mehr. In Liestal setzen die Herren den vertriebenen Schultheissen Imhof wieder in sein Amt ein. Alle Läden sind geschlossen, niemand arbeitet, kaum ein Bürger des Städtchens lässt sich blicken.
> Auch anderswo sind Anführer der Bewegung geflohen, namentlich Isaak Bowe und Hans Bernhard Roth.

Mühlestein 625f.

---

1 Sogar Liebenau – sonst den Luzerner Herren sehr wohlgesinnt – meint, «ein Rechnungsbuch des Schultheissen Fleckenstein hätte vielleicht dieses Geheimnis offenbaren können». – Deutsch und deutlich: Die Regenten von Luzern waren bestechlich. Reiche Landleute konnten sich wohl ihre Straffreiheit erkaufen. Auch die Ballade von Fridli Bucher (vgl. Hostettler 20–34) gibt dies zu erkennen.

Montag, 30. Mai

Die oberkeitlichen Truppen im Bernbiet. Die Jagd auf Leuenberger

Das Gros der Werdmüllerschen Armee ist für die letzten Maitage in Suhr einquartiert. Einige Abteilungen sind nach Safenwil vorgestossen. Die Dörfer haben unter den Einquartierungen viel zu leiden. Besonders die Thurgauer plündern um *Lenzburg, Schöftland* und stehlen Pferde in *Niederlenz.*

General von Erlach bleibt in seinem Langenthaler Hauptquartier. Am Dienstag entsetzen seine Leute das letzte belagerte bernische Schloss, Aarburg. Im Städtchen verhaften sie Untervogt Reinle. Der Freiburger Oberst Reynold möchte seine auf dem Murifeld lagernde Rumpfdivision am liebsten direkt ins Entlibuch führen und sich dort mit den Truppen der anderen katholischen Orte vereinigen. Doch die Berner Generalität befiehlt die 800 Freiburger nach Thun, wo sie am Montagabend eintreffen. Oberst Reynold soll das Oberland zur Huldigung zwingen. Dazu stehen ihm auch alle Schiffe des Thunersees zur Verfügung.

Im Emmental benehmen sich die Soldaten Lerbers wie im tiefsten Feindesland. Rauben und Plündern sind an der Tagesordnung. Lerber selbst schreibt höhnisch nach Bern: *«Was dann belanget unsere Proviant, nimeren ich von den hiesigen Bauren uf Credit, Korn, Wein und Rinder sampt anderem mehr, und soll dasselbige ihnen am jüngsten Tag vergolten und bezahlt werden...»*

Der organisierte Widerstand der Landleute ist ganz erstorben. Zivilcourage zeigen die Ammänner von *Hettiswil* und *Krauchthal*, die ihre Gemeinden auffordern, sie sollten mit der Huldigung nach der neuen Form noch zuwarten, bis die Lage klar sei. Als die Besatzungstruppen mit Brandstiftung drohen, lässt der Krauchthaler Ammann Peter Egli im Dorf Wachten aufstellen (wofür er sich übrigens ganz korrekt den Segen des Landvogts eingeholt hat).

Ueli Kupferschmid, der reiche alte Bauer auf Stauffen ob Röthenbach, erfährt von den herannahenden Freiburger Soldaten und warnt die Steffisburger. Hans Berger und Christen Zimmermann können so rechtzeitig fliehen.

Leider ist auch von einem Verrat zu berichten. Das Opfer ist kein Geringerer als Niklaus Leuenberger.

Das Verhängnis beginnt mit einem unglücklichen Zufall: Landvogt Samuel Tribolet reitet eben mit seinem Gefolge aus der Hauptstadt heim, wo er ein bedrohliches Verhör über sich ergehen lassen musste.

> *Im Rathaus ist die Suche nach Sündenböcken, nach den ‹Ursächern› der Rebellion, angelaufen. Und eine starke Partei will ihn, Tribolet, für alles verantwortlich machen! Plötzlich sind die alten Beschwerden über seine Amtsführung, die während der letzten paar Monate vergessen schienen, wieder auf dem Tisch. Natürlich steckt da sein Erzfeind Frisching dahinter! – Der Vogt von Trachselwald ist in äusserst trüber Stimmung; denn die Anklage kann seine Karriere zerstören, sein ganzes Leben ruinieren.*

Da läuft ihm just dieser Hans Bieri über den Weg, Leuenbergers Freund und Nachbar vom Hof Baumen im Nesselgraben. Bieri hat Angst. Ganz demütig bittet er um Verzeihung für seine begangenen Fehler während der Rebellion. Auf die Frage nach dem Leuenberger behauptet er steif und fest: den habe er noch heute zu Hause auf dem Schönholz gesehen.

> *Tribolet lebt förmlich auf. Wenn er doch den Herren in Bern den Obmann aller Bauern ans Messer liefern könnte ... neben einem solchen Verdienst würden die alten Klagen verblassen!*

Mit einer Engelszunge verspricht er dem Hans Bieri vollen oberkeitlichen Verzeih und noch eine Belohnung dazu, wenn er mithelfe, seinen berühmten Nachbarn einzufangen. Andernfalls mieche er sich der Rebellion hochgradig schuldig ... Bieri willigt ein.

Tribolet handelt rasch. Er will den Leuenberger festnehmen, bevor der flieht. Und zwar ohne Lerbers Soldaten. Auf dem Heimritt ins Schloss trommelt er – wohl beraten durch Hans Bieri – einige willige Helfer zusammen: in Lützelflüh findet er Niklaus Dubach und Statthalter Daniel Schwarz, in Sumiswald Hans Lüdi, im Adelboden vor Trachselwald den alten Säckelmeister Ryser, Leuenbergers ärgsten persönlichen Feind.[2] Von seinen eigenen Leuten kommandiert der Vogt schliesslich noch den Landschreiber und den Hausknecht, «einen starken, beherzten Gesellen», zum

---

2 Über die genaue Zusammensetzung der Schar gibt es abweichende Angaben. Unbestritten dabei waren Hans Bieri und Niklaus Dubach (die beide dafür mit einem Silberbecher belohnt wurden), der Säckelmeister im Adelboden und Tribolets Knecht.

Montag, 30. Mai

Ritt aufs Schönholz ab. Nachmittags um drei vereidigt Tribolet die Häscher, überträgt Hans Bieri die Befehlsgewalt und hofft auf den grossen Fang.

Allzugerne wäre er selber mitgeritten; doch muss er an diesem Pfingstmontag noch nach Lützelflüh zu einer Besprechung mit Zeugherr Lerber.

Die Verräter erleben vorerst eine Enttäuschung: Leuenberger befindet sich bereits nicht mehr auf seinem Heimet. Gegen Signau sei er geflohen, erzählt die Frau nichtsahnend dem vertrauten Nachbarn.

Der Flüchtling ist noch nicht sehr weit gekommen. Zwischen den Höfen Ramsberg und Ätzlischwand finden ihn die Verfolger. Leuenberger hat sich in einem Schürli das Nachtlager hergerichtet.

Hat er sich seinem vermeintlichen Freund auf Zurufe hin selber zu erkennen gegeben? Ohne Lug und Trug wäre das Versteck hier nach Einbruch der Dunkelheit kaum zu finden gewesen.

Spät in der Nacht bringen sie den gefangenen Leuenberger auf Schloss Trachselwald. Vor der ganzen Garnison nimmt ihn Tribolet auf dem Schlossplatz kurz ins Verhör. Wo die Schriften seien? interessiert den Vogt brennend. «In einem Trog auf dem Schönholz.» Für die Nacht wird der Gefangene im Turm in Eisen geschlagen.

Seine Verräter schlafen bestimmt viel bequemer in ihren gewohnten Betten. Vielleicht träumen sie bereits von den wertvollen Silberbechern, die sie als Lohn für ihre Tat empfangen werden. Vielleicht lesen sie zur guten Nacht noch in ihrer Hausbibel, das Kapitel vom Judas und seinen dreissig Silberlingen.

Mühlestein 574f., 590, 621f. – Rösli 48, 68f., 126, 131 – Tillier 192 – AEB D dat. 4.6.1653 (Bericht Tribolets) – Vock 419f. – Lohner 555 – Max Schweingruber in: Der Bund 15.8.1981 – Turmbuch Bern 1653, Vergicht Uli Kupferschmids

Der lokalen Sage zufolge hat sich der Leuenberger auf seiner Flucht im «Waseschürli» zwischen den Höfen Ätzlischand und Ramsberg das Nachtquartier hergerichtet; die Leute aus der Gegend hätten davon gewusst und ihn verköstigt.

Bei nahender Gefahr sei der Leuenberger in den Nesselgraben hinunter geflohen und habe sich hinter dem kleinen Wasserfall (Bild) versteckt. An dieser Stelle hätten ihn Tribolets Schergen gestellt.

Im – heute abgebrochenen – Schürli habe es seither gespukt. Die Pferde seien immer wieder ausgebrochen; einmal sei ein Mensch unter mysteriösen Umständen zu Tode gekommen.

Leuenberger in Burgdorf

Schon am frühen Morgen reitet Korporal Meyer, begleitet von Tribolets Knecht und ein paar Musketieren, aufs *Schönholz*, um Leuenbergers Schriften zu suchen. Neben der entsetzten Familie treffen sie dort den Rüderswiler Schulmeister Peter Ellenberger an, der sich bereits um die Korrespondenzen des gefangenen Obmanns kümmert. Korporal Meyer beschlagnahmt seinem Auftrag gemäss die Schriften, auch einige Briefe, die der Schulmeister mit sich trägt. Ansonsten scheint er ein anständiger Mensch zu sein. Leuenbergers Familie wie Ellenberger lässt er unbehelligt.

Auf Schloss Trachselwald erhält der Vogt hohen militärischen Besuch vom Zeugherrn Lerber. Die Armee will Leuenberger ins sichere Burgdorf überführen. Tribolet weigert sich anfänglich, ihn herauszugeben – gerne hätte er ihn noch weiter verhört –, muss sich aber den höheren Befehlen fügen.

Dafür sitzt er jetzt in jeder freien Minute hinter den vom Schönholz überbrachten Papieren. Warum sich Tribolet persönlich mit diesen schier unleserlichen Bauernhandschriften abmüht? Kaum aus blossem Wissensdurst. Der schwer angeschuldigte Landvogt sucht nach Klagen und Fakten, die ihn belasten könnten... um diese Blätter dann dem Feuer zu übergeben, bevor sie auf die Berner Staatskanzlei gelangen können.

Während sich der Vogt von Trachselwald in diesen Tagen zu einer wahren Leseratte entwickelt, hat Leuenberger im Kerker zu *Burgdorf* schwere Verhöre zu bestehen. Seine Bewachung ist scharf und entwürdigend: Man hat ihn mit verbundenen Augen und geschorenem Bart in das Städtchen gebracht.

Auch ohne Marter gibt der ehemalige Obmann recht freizügig Auskunft über die Rebellion, als habe er nichts zu verbergen. Seine Bundesgenossen beschuldigt er gleich dutzendweise: mit dem Schaffner vom Trub habe der ganze Aufruhr angefangen; Hans Ueli Neuhaus und Daniel Ruch hätten ihn, Leuenberger, zum Mitmachen gezwungen; Ueli Galli, Hans Berger und Daniel Küpfer seien stets seine Ratgeber gewesen; Daniel Küpfer habe die Bauerntruppen vor Bern aufgestellt und kommandiert; die Huttwiler hätten stets zur Waffengewalt gedrängt; Herr Baron von der französischen Gesandtschaft habe den Bauern für den Fall der Not Hilfe versprochen; der Bergmichel und Michel Luginbühl hätten ihn, den Obmann, «übel tractiert», als er sie «von ihrem bösen angefangenen Wesen» habe abmahnen wollen; usw. usf. Bis hinunter zum einfachen Briefboten belastet der

Leuenberger mit seinen unüberlegten Aussagen jeden, der ihm einfällt. Selbst der verräterische Baumen-Bauer kommt nicht ungeschoren davon: der Hans Bieri habe ihn zum Aufbruch nach Mellingen ermuntert, mit dem Trost, «die Sache werde kein Blut kosten».

Aeschlimann 178-181 - AEB D dat. 4.6. 1653 (Bericht Tribolets) - Türler, Leuenberger 233

Trutziges Schreiben der Entlibucher an Willisau

«Die Berner sind bis Lützelflüh vorgerückt und wollen ins Land einfallen. Wir haben deshalb nach Luzern geschrieben: Wenn ihr unsere Oberen sein wollt, so seid uns beholfen und schirmt uns. Vergeblich haben wir die Oberkeit ersucht, auf die Auslieferung der zwölf Rädelsführer zu verzichten. Wir fürchten, sie wollen diese Männer selbst abholen. Tun sie das, so wollen wir alle zusammen lieber sterben, ehe wir einen der Unsern hergeben. Wir bitten um Nachricht, was Willisau und die andern Ämter zu tun gedenken. (...) Landespannermeister, Landesfähnrich und Geschworene von Entlibuch.»

Für diese kämpferischen Töne haben die Willisauer nur noch bittern Hohn übrig: Den Bernern könne und wolle man nicht mehr helfen; Willisau werde die drei verlangten Rädelsführer stellen; wenn die Entlibucher sich nicht unterwerfen wollten, so sollten sie wieder auf den Gütsch ziehen, von dem man sie nicht habe herunterbringen können!

Insgeheim sind auch die Entlibucher resignierter, als sie zugeben mögen. Die drei Tellen und Schreiber Müller sind geflohen. Selbst Pannermeister Emmenegger packt seine Sachen, bis ihn (der ebenfalls von der Auslieferung bedrohte) Weibel Krummenacher zum Bleiben überredet. Unter dem gemeinen Volk ist aber der Wehrwille ungebrochen. Viele tapfere Knittelmänner können nicht glauben, dass dieser ‹Krieg› schon verloren sei, noch bevor ein einziger oberkeitlicher Soldat ihr Tal betreten hat.

Die Willisauer werden übrigens ihre liebe Mühe haben, wie angekündigt ihre drei ‹Rädelsführer› zu stellen. Hans Heller, der Daiwiler Bauer, hat sich als Städter verkleidet ausser Landes gerettet.

Liebenau III/119f. - Mühlestein 589f.

Mittwoch, 1./11. Juni

Gipfeltreffen der drei Generale auf Schloss Aarburg

General von Erlach hat seine beiden Amtskollegen Werdmüller und Zwyer aufs Schloss Aarburg geladen.
Die hohen Militärs sind sich im Grunde einig: Gegen «das greuliche Tier der Rebellion» hilft nur Härte, Härte und nochmals Härte. Die diplomatischen Machtkämpfchen der drei Herren ziehen sich dennoch über lange Stunden hin. Erst verbünden sich von Erlach und Zwyer gegen Werdmüllers geliebten Mellinger Vertrag. Zu gelinde sei er, und deshalb null und nichtig. Übermorgen soll in Zofingen eine neue Konferenz zwischen Bern und Zürich über das weitere Vorgehen entscheiden. – Nach der Devise ‹wie du mir, so ich dir› richtet Werdmüller darauf Vorwürfe an Zwyer wegen des «mageren» Stanser Vertrags: da fehle die Bestrafung derjenigen Luzerner Untertanen, die nach Bern und Mellingen ausgezogen seien. Unannehmbar! Von Erlach bläst ins gleiche Horn. Die Stadt Luzern soll 55 namentlich aufgelistete Hauptrebellen an Bern und Zürich ausliefern. Die ganze Entlibucher Bauernprominenz ist darunter (Landespannermeister, Landeshauptmann, Landesfähnrich, Landessiegler samt Christen Schibi und den drei Tellen), auch Metzger Stürmli und der Sechser Peyer von Willisau. Zudem bieten die reformierten Generale ihre Hilfe zur Züchtigung der immer noch aufrührerischen Entlibucher an.
Man kann nicht behaupten, dass Sebastian Peregrin Zwyer von Evibach, Urner General in luzernischen Diensten, über diesen massiven Druck aus Bern und Zürich unglücklich wäre. Er wird seinen Auftraggebern die Annahme der Forderungen wie auch der fremden Militärhilfe empfehlen und aufreizend hinzufügen: der Berner General habe schon 150 Bauern verhaften lassen, er werde notfalls auch bei der Einbringung der zwölf Luzerner Rädelsführer behilflich sein. Zwyer ist für ein hartes Durchgreifen.
Wie gesagt: Die hohen Militärs sind sich im Grunde ihrer Herzen – oder was auch immer im Innern ihrer tressenbehangenen Monturen pocht – einig.

Liebenau III/117f., 125 – Mühlestein 578–581

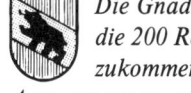

Die Gnädigen Herren von Bern danken dem König von Frankreich für die 200 Reiter, die er ihnen durch den Herzog von Espernon hat wellen zukommen lassen. Weil die Sache jetzt aber gottlob einen glücklichen Ausgang genommen habe, bedürften sie der Hilfe nicht mehr.
Verbittert sind die Berner Oberen über den französischen Gesandten de la Barde. Der König solle seine Ministres anweisen, die Schreiben an Seine Majestät stracks weiterzuleiten, der Ambassador zu Solothurn dürfe selbige nicht abnehmen und empfangen. – Bern an de la Barde: Sie seien es leid, dass sie sich

«allerzeit bevörderst bey Ime anmelden söllint, da sy Ine doch nit mehr für ein Ambassador erkennint, sintenmahl die Pündtnis usgeloffen und zu End, die 200 Reütter nit vermögens Pundts, sonders in Ir Hr. Kosten begehrt worden seigint.»

> *Offenbar hat der ehrenwerte M. de la Barde das Berner Begehren um französische Söldner (vom 5. Mai) verschleppt.*

Nach dem Fang von Niklaus Leuenberger scheint man in der Hauptstadt in erster Linie an den Schriften der Bauern interessiert. Lerber und Tillier erhalten den Befehl, «dass sy nach allen Mittlen trachten, wie sy auch den Schreiber Brönner sambt allen Schriften zur Hand bringen könnind». – Und Vogt Zehender von Signau soll «dem Uli Galli ernstbefelchlich gebieten, den in diesem Unwesen vielfaltig gespiegelten Concessionsbrief von 1641 Ihren Gnaden selbst zu überweisen oder durch jemanden zu überschicken».

Aber Ueli Galli denkt nicht dran, den Thunerbrief, den er just vor zwölf Jahren so feierlich empfangen hat, freiwillig auszuliefern ... und wenn möglich sich selbst dazu, damit sie ihn einsperren und aufhängen können! Nein. Im *Eggiwil* gibt man sich über die Absichten der hohen Herren keine Illusionen hin. Die Heimkehrer aus Herzogenbuchsee haben genug erzählt. Selbst einfachen Mitläufern sitzt die Angst im Nacken. Ein Bertschi von der Glashütte versteckt sich aus Furcht nachts in einer hohlen Tanne, obwohl sein einziges Vergehen darin besteht, dass er nach Ostermundigen mitmarschierte. Eine ganze Gruppe von ‹Rädelsführern› zieht auf die sicheren Alpen: Der alte Ueli Galli weiss seinen ‹Giebel› wenigstens in guten, jungen Händen; Schulmeister Schindler muss seine Frau Barbara mit einem knapp viermonatigen Kind zurücklassen; Michel Neuhaus und der Luchsmatter schliessen sich ihnen an. Aus Röthenbach flieht Weibel Rüegsegger, aus Signau Michel Äschlimann, der Bergmichel.

In Konolfingen haben die Soldaten bei der Suche nach Notar Brenner keinen Erfolg. Der Bundesschreiber hat sein Haus in der Nacht verlassen. In Richtung seiner alten deutschen Heimat, dem Breisgau, sagen die Gerüchte.

Tribolets Leuten gelang heute morgen wenigstens die Festnahme des Lauperswiler Schulmeisters Gfeller, eines Hilfsschreibers der Bauern. Bei einer zweiten Haussuchung auf dem Schönholz lässt Korporal Meyer die Scheiterbeige abtragen und findet dabei nochmals einen Ledersack voller Schriften. – Tribolet kommt aus dem Lesen nicht mehr heraus.

RM Bern 31.5., 1.6. 1653 – KRM Bern 1.6. 1653 – Chronik Schenk – TMB Bern 1.6. 1653

Donnerstag, 2. Juni

Leuenbergers Spiessrutenlauf in Bern

Die vielen Verhaftungen im Emmental haben das Gefängnis von Burgdorf überquellen lassen. So muss Zeugherr Lerber 38 Rebellen in die Hauptstadt überführen. Unter ihnen den wertvollsten Fang, Niklaus Leuenberger.

Klar, dass Lerber für diesen Transport besondere Sicherheitsvorkehrungen trifft. Nicht weniger als hundert Musketiere, angeführt vom Zeugherrn selbst, begleiten den Zug. Die Gefangenen werden an Seilen mitgeführt, Leuenberger an einer schweren Kette. Mit einem Befreiungsversuch der Rebellen rechnet Lerber am ehesten bei der Passage durch Krauchthal, einem Dorf, das noch nicht gehuldigt hat. Aber nichts regt sich.

In Bern eilt Krethi und Plethi erwartungsvoll auf die Strasse oder guckt aus den Fenstern an den Hauptgassen, als ein Trommler die Ankunft des grossen Bauernführers ausruft. Vor dem Einmarsch über die Untertorbrücke bereiten Lerbers Soldaten ihr Opfer vor: einen holzigen Degen kriegt er umgehängt, einen Kranz von Stroh aufs Haupt gesetzt, und anstelle seines abgeschnittenen, einst so würdigen, dunklen Barts klebt man ihm einen «thaunerhansischen» Strohbart ans Kinn. In diesem Aufzug wird der arme Leuenberger unter beissenden Spottreden durch die dichten Spaliere der Schaulustigen zum Tittligerturm beim oberen Spital geführt. Nicht genug des grausamen Spiels: Während die übrigen Gefangenen in den Turm geführt werden, muss Leuenberger die Tortur gleich nochmals über sich ergehen lassen. Unter grossem Hallo wird er wieder quer durch die Stadt hinab zum Stadtschlosser gebracht, der ihm Handschellen verpasst. Und wieder aufwärts führt der Triumphzug durch die Gassen, zum Käfigturm. Hier wird Niklaus Leuenberger im sogenannten ‹Mörderkasten› in Eisen geschlagen. Wie eine Erlösung wird es ihm vorkommen, wenigstens eine Weile Ruhe zu finden.

Mit seiner menschenunwürdigen Behandlung der Gefangenen hat Zeugherr Lerber wohl für ein Spektakel gesorgt. Wie eine Delegation von Ratsherren aber im Tittligerturm die bis aufs Hemd ausgerauhten Bauern sieht und sich die schrecklichsten Geschichten von Plünderungen und Vergewaltigungen anhören muss, fürchtet man im Rathaus um den guten Ruf des Staates Bern. Die Reiter und Soldaten seien auf den Alpen, erzählen die Emmentaler; sie wärfen einander Anken an die Köpf, schlachteten viel Vieh, Kälber und Schaf, auch Hühner und Gänse, und hängten den Bauern die Tierköpf um, die sie abgehauen.

Lerber erhält einen Rüffel von höchster Stelle: er solle dem Rauben und Plündern im Emmental Einhalt gebieten und die schuldigen Soldaten streng bestrafen! – Salopp weist der Zeugherr die Vorwürfe von sich: Es stimme, «dass zwar etwas derglychen geringes wider meine Begünstigung fürgeloffen, hat aber nur die Rebellen getroffen»; der grosse Schaden aber «so zugefüegt worden, ist anfengeklich, und nit zwar von meinen, sunder von den Fryburgischen Völckeren beschechen». Ein Ersatz des Geraubten (im besonders krassen Fall des reichen Bauern Wilhelm König von Gomerkinden) sei unmöglich, weil das Soldatenvolk «nit nach Ervorderen in Zaum zu behalten» sei.

Diese seltsame Logik vertäubt selbst die Gnädigen Herren im Berner Rathaus, die sich doch ein gehöriges Mass an faulen Ausreden ihrer Amtsträger zu schlucken gewohnt sind. Übermorgen Samstag werden sie eine scharfe Anordnung an den Kommandanten ihrer Truppen nach Lützelflüh schicken: «Dieweil mGH (die Gnädigen Herren) täglich vernemmen müssind, dass seine Reutter, über seine vilfaltige Abmahnung hin, mit Rouben und Stählen je länger je mehr fortfahrind und je länger je grösser machind, ouch keine Warnungen nüt helfen wellend, sölle er inskünftig alle diejenigen, so sich Roubens, Stählens und andere Ungebührlichkeiten anmassen würdind, es seigend Burger oder nit, bunden und gfangen mGH zuführen lassen, und zu dero Nachricht sölle er dieses Verbot seinen Reutteren und Fussknächten öffentlich verlesen und sie dessen zum Überfluss verwarnen lassen.»

Mühlestein 575, 622f. – Rösli 48f., 69 – Türler, Leuenberger 232 – KRM Bern 4.6.1653

Die Willisauer huldigen

Die heutige, vom alten Schultheissen Fleckenstein vorgenommene Huldigung im Städtchen Willisau verläuft ohne Zwischenfälle. Die ehemaligen regierungstreuen Amtsträger werden wieder eingesetzt. Kaum ist Fleckenstein ausser Sichtweite, zeigt sich der frisch zusammengesetzte Stadtrat rebellischer als erwartet und will alles wieder rückgängig machen. Der neue Willisauer Schultheiss braucht sein ganzes Repertoire von Appellen an die Vernunft und Drohungen, um den Umsturz zu verhindern.

Liebenau III/116 – Mühlestein 589

Freitag, 3./13. Juni

Die Zürcher Armee im Aargau

In *Suhr* wird heute morgen zum ersten Mal ein Bauernrebell hingerichtet. Hans Boller ab dem Horgerberg ist es, ein Soldat der Zürcher Armee. Ein ganz übler Zeitgenosse, wenn man den Militärrichtern glauben wollte: ein Haupttrabant Leuenbergers, ein gottloser Zauberkundiger mit sehr losem Lebenswandel, der zudem – darin gipfelt die Anklage – letzte Woche während der Schlacht die Dörfer Wohlenschwil und Büblikon in Brand steckte.

> Nun: dass Hans Boller mit den Bauern sympathisierte, geht aus den minutiös nachgeführten Verhörprotokollen hervor. Alles andere ist unhaltbar. Die Zürcher Militärjustiz brauchte offenbar dringend einen Strohmann für die (in Wahrheit von höchster Stelle befohlenen) Brandstiftungen. So wurde Boller wegen Allerweltsflüchen wie ‹Sackerment!› oder ‹Donnerhagel!›, wegen seiner zu Hause auf dem Hof mausenden schwarzen Katze, wegen einem Segensspruch in einem Büchli (das er gar nicht lesen konnte) und ähnlichem Kleinkram zum gotteslästerlichen Magier aufgebaut.

Morgens um 8 Uhr hängt Hans Boller an einem Nussbaum vor der Zehntenscheuer.
 Mit welchen Gewaltmitteln die Werdmüllers gegen gesuchte Rebellen vorgehen, zeigt die Episode um Hans Schmid von *Gränichen*, die ein St.Galler Korporal in seinem Tagebuch erzählt: «Wir hatten expressen Befehl, einen namens Schmid herbeizuschaffen; da er sich unsichtbar gemacht, wurde ihm eine Frist von einem Tag angesetzt, sich zu stellen. Falls er nicht erscheine, wurde ihm angedroht, man würde sein Haus in Brand stecken. Das Haus ist den Soldaten prysgeben und ist auf den Boden niedergerissen und zerschleift worden.»

Bleibt noch vom Einzug der Zürcher in das solothurnische *Schönenwerd* zu berichten. Obwohl das Dorf bereits von Solothurner Truppen besetzt war, quartierte sich dort gestern Generalmajor J. R. Werdmüller ungeniert mit 150 Soldaten und Reiterei ein. Dem Platzkommandanten, Rittmeister Glutz, versprach er zwar, die Kirche zu verschonen, doch «diese rebellischen und treulosen Bauern (werde) man zu züchtigen wissen; auch die Kinder im Mutterleibe sollen nicht verschont werden». Glutz erwähnt sachte, dass sie sich hier im Gebiet von Solothurn befänden. Darauf der Generalmajor: Die Landesoberkeit habe hier nichts zu befehlen noch zu strafen; dieses Recht stehe den eidgenössischen Befehlshabern zu. Wofern der Rittmeister verspreche, die Bauern von Schönenwerd anzuhalten, dass sie jedem Soldaten ein halbes Mass Wein und ihm, Werdmüller, sechs der schönsten Pferde gäben, so sei es wohl und gut; wo nicht, würden sie was anderes erfahren. Wenn nicht bis morgen mittags punkt zwölf eine willfährige Resolution erfolge, werde das ganze Dorf in Brand gesteckt werden!

Das war reine Erpressung. Aber was hilft's den unterlegenen Solothurnern? Heute vormittag erhält Werdmüller die gewünschten Pferde.

Dass auch bernische Offiziere solch üble Spielchen treiben, «sich licensierend, aller Orten Pferd und Vieh den Buwren wegzunehmen» und diese auf eigene Rechnung heimzuschaffen, wird nun auch General von Erlach zuviel. Er berichtet der Regierung darüber, und alsbald stehen Wachten bei der Neubrügg und an anderen Berner Aarebrücken, um den privaten Schmuggel mit gestohlener Ware abzustellen.

Vielleicht kann die auf Sonntag angesetzte Gipfelkonferenz der Regierungen in Zofingen die nötige Ordnung wieder herstellen. Die Regelung des Verfahrens gegen die Rebellen steht zuoberst auf der Traktandenliste.

Mühlestein 574f., 584-587 - Rösli 48, 120 - Vock 401-406 - Zingg 39

Rebellenjagd im Bernbiet

Rund *um den Thunersee* besetzen heute die Freiburger Truppen, begleitet von zwei Berner Vennern, die Dörfer. Sie haben den Auftrag, die von Leuenberger denunzierten Mitschuldigen zu verhaften. Die Oberländer Landleute ergeben sich widerstandslos. Einzig in Frutigen kann ein angetrunkener Bauer das Maul nicht halten und ruft aus: die Oberkeit erlege ihnen immer neue Steuern auf und entziehe ihnen ihre Freiheiten. Wofür Peter Fuhrer - so sein Name - mit Ruten gepeitscht, mit dem heissen Eisen gebrandmarkt und des Landes verwiesen wird.

Einige Hauptrebellen sind nicht mehr zu finden: Statthalter Hans Berger und Christen Zimmermann, der Steffisburger Wirt; Hans Rüfenacht, der Lehrer vom Homberg, und Hans Bühler von Sigriswil.

Ihre Güter seien zu inventarisieren, ihr Land zu heuen, insbesondere auch Bergers Matte in Hilterfingen, und seine Reben seien nicht zu vergessen, lauten die Anweisungen aus Bern. Beim Ausbleiben der Flüchtigen sollen die Güter der Oberkeit verfallen. Den letzten Satz verstehen die Truppen nur allzu gut: Allein im verlassenen Wirtshaus von Steffisburg verzehren sie 133 Pfund Butter und Käse.

Freitag, 3. Juni

Im Wirtshaus von *Ranflüh* erscheint heute Landvogt Tribolet mit sechs Soldaten. Trotz seiner Verletzung[1] ist Lienhart Glanzmann, der Wirt, geflüchtet. Die Familie zeigt dem Vogt ohne weiteres den Trog mit den gesuchten Schriften der Aufständischen. Der lässt sich, wenn er schon mal hier ist, nicht davon abhalten, die Wohnung zu durchsuchen und dabei einen zweiten Trog aufbrechen zu lassen (wie er stolz nach Bern berichten wird, ohne allerdings zu erwähnen, was bei der Suche zum Vorschein kam).

Darauf reitet der Suchtrupp zu Schulmeister Ellenbergers Haus nach *Rüderswil*. Einige wenige Schriften liegen da herum. Ellenberger selbst ist geflohen.

Lohner 555 f. - Rösli 211 - Tillier 195 - Zeller 68 - AEB D dat. 4.6. 1653

---

1 vom Gefecht bei der Neubrücke her

Steffisburger Kornfuhren

Im Berner Rathaus hat man sich Gedanken darüber gemacht, wie man Steffisburg, dieses Rebellennest, nach der Huldigung besonders ‹drannehmen› könnte. Die Hauptschuldigen sind geflohen, vom gesuchten (Thuner-)Konzessionsbrief von 1641 will auch keiner etwas wissen. Da kam ein Ratsherr auf die praktische Idee, man könnte die Steffisburger in den Dienst der Oberkeit stellen: In allen Gemeinden des Aaretals sollen sie gegen Quittung die Kornvorräte herausverlangen und diese nach Thun führen, wo daraus Brote für die Besatzungstruppen gebacken werden könnten.
Gesagt, getan. Die Steffisburger Fuhrleute erledigen ihre unangenehme Pflicht, Oberst Reynolds Freiburger Soldaten kommen in den Genuss einer derartigen Brotschwemme, dass auch für die Wache schiebenden Thuner Bürger noch ein grosszügiger Natural-Sold übrigbleibt: ein Kommisbrot und 10 Mäss Mehl pro Dienst.

Lohner 555f. – RM Thun 4.6. 1653

Immer noch Widerstand im Entlibuch

Auf heute hat der Luzerner Rat die Entlibucher zur Huldigung und zum Vollzug des Stanser Spruchs aufgerufen. Doch erscheint auf dem Dorfplatz in *Schüpfheim* kein Mann aus den oberen Gemeinden Escholzmatt und Marbach, angeblich weil ein jeder zu den Wachten an der Berner Grenze gebraucht werde.

Halbherzig sprechen die Männer den Huldigungseid nach. Zur Auslieferung der verlangten Rädelsführer erklären die Geschworenen: diese werde man nur unter der Bedingung stellen, dass man ihnen Leib und Leben sichere und sie wieder auf freien Fuss stelle (was die Luzerner Abgesandten natürlich nicht garantieren können). Die Waffen will erst recht niemand abgeben: Die einen wollen ihre Knüttel in Kriens liegengelassen haben, andere erklären, man brauche die Musketen noch zur Verteidigung gegen Übergriffe aus dem Bernbiet, man werde sie später abliefern.

Es ist ein offenes Geheimnis, dass die Entlibucher unten wie oben in ihrem Tal Schanzen bauen. Sie erwarten bald einen Angriff von General Zwyers Truppen, und der Berner Armee im Emmental trauen sie schon gar nicht. Sogar die beiden Kanonen sind schussbereit.

Samstag, 4./14. Juni

> *Dabei haben die Entlibucher mit ihren Befürchtungen völlig recht. Während sie heute huldigen, werden zwar in der Stadt Luzern die Hilfstruppen aus den alten Orten mit grossem Tamtam entlassen, gleichzeitig lässt aber Zwyer seine verbliebenen St.Galler Kompanien nach Wolhusen vorrücken. Der famose General hat die Zusage bernischer Waffenhilfe bereits im Sack. Offenbar haben ihn die Landleute mit ihrem Schanzenbau so beeindruckt, dass er nun einen koordinierten Überfall mit geballter Macht über einen der vier Pässe des Entlibuchs in Erwägung zieht. Einige Tage wartet er aber noch zu, in der Hoffnung, die Nachrichten über das brutale Vorgehen der Berner Armee im Emmental würden die Rebellen deprimieren.*

Liebenau III/116-118, 120 - Mühlestein 589f.

Sonntag, 5. Juni

Lerbers Reiterei dislozierte von Lützelflüh nach Steinen bei Signau. Der Zeugherr meldete gestern, die Bauern seien «noch ganz herdt» hier. Doch verläuft die sonntägliche Huldigung (nach der neuen, scharfen Form) ganz nach dem Geschmack der Oberkeit.

Überall *im Emmental* bitten die Landleute kniefällig um Verzeihung und geloben Treue. Sie erklären sich zur Übergabe der Waffen, des Bundesbriefs und der Rädelsführer bereit, auch zur Bezahlung der Kriegskosten, wie wohl sie das schmerze. Nur um eines flehen sie: dass im Strafmass zwischen Verführern und Verführten ein Unterschied gemacht werde.

Nach Leuenbergers Festnahme und der Flucht der meisten Bauernkriegsräte scheint auch der letzte Funke des Widerstands erloschen. Er wäre in der Tat verfehltes Heldentum. Denn zusätzlich zu Lerbers Armee ist jetzt auch Junker Johann Rudolf May (jawohl: der ehemalige Festungskommandant der Lenzburg, der damals in Aarau von einem Bauern einen herzhaften Schlag mit dem Spiess erhielt) ins Emmental unterwegs. Er kommandiert ein Söldnerkorps von Deutschen und Kriegsknechten aus allen Orten. Seine Aufgabe ist es, das Landvolk zu entwaffnen und ‹Rebellen› einzutreiben. Der schlechte Ruf von Junker Mays Söldnern steht demjenigen von Lerber/Tilliers Welschen in keiner Weise nach. Allmählich füllen sich die Türme der Hauptstadt, der Landstädte und der Schlösser mit ‹Rädelsführern›.

Derweilen brütet der Vogt von Trachselwald noch immer über seinen aufgefundenen Akten. Eine erste Ladung Bauernschriften hat er bereits nach Bern geschickt. Zu seinem Pech machte sich dort sehr rasch eine Untersuchungskommission des Rates ans Studium und reklamierte sogleich, die Papiere seien nicht vollständig. Tribolet beharrt darauf, er habe alles pflichtgemäss weitergeleitet... mit Ausnahme desjenigen, was er kürzlich in Glanzmanns Wirtshaus gefunden habe... das werde er auch bald schicken, er müsse es noch packen.

Rösli 55f.,69,71 – AEB D dat. 4.6. 1653

Sonntag, 5./15. Juni

Die Konferenz in Zofingen

Seit Tagen weilen Zürichs Regierungsspitzen, Bürgermeister Waser und Statthalter Hirzel, im Aargäu. Nachdem nun auch Berns Ehrengesandte, angeführt von Venner Frisching, und die drei Generale in Zofingen eingetroffen sind, tagt im hiesigen Rathaus zum ersten Male die Konferenz aller fünf von der Rebellion betroffenen Stände Bern, Zürich, Luzern, Solothurn und Basel.

Auf dem Programm stehen Gespräche zur Gültigkeit des Mellinger Friedens, zur Verteilung der Kriegskosten und über «das gegen die Friedensbrecher einzuschlagende Verfahren».

Damit sind selbstverständlich die Bauern gemeint – die Herren brechen keinen Frieden, sie bestreiten mitunter bloss dessen Gültigkeit.

Was nun eine Aussprache über das «einzuschlagende Verfahren» in den Köpfen dieser eidgenössischen Regenten bedeutet, ist rasch erzählt: die Errichtung eines leistungsfähigen, gemeinsamen Blutgerichts. Ab nächster Woche will man hier in Zofingen Hunderten von Rebellen den Prozess machen. Generalfeldzeugmeister Johann Georg Werdmüller – der eben noch das Verfahren gegen Hans Boller in Suhr leitete – ist zum Gerichtspräsidenten ausersehen, der Berner Christoph von Graffenried zum Generalstaatsanwalt.[1] Niemand bezweifelt, dass diese Mannen hart und effizient urteilen werden. Offen bleibt die Frage: Welche Rebellen sollen von den einzelnen Oberkeiten direkt abgestraft werden, welche in Zofingen? Das Gerangel um Namenslisten und Auslieferungsbegehren wird die diplomatischen Spitzenfunktionäre der Eidgenossenschaft noch etliche Zeit in Trab halten. Erstens geht's dabei ums Prestige, zweitens um die doch stark divergierenden Standesinteressen:

Bern und Basel plädieren für grösstmögliche, abschreckende Härte.

Zürich ist nach dem Motto ‹Man soll nicht seine beste Milchkuh schlachten› eher auf Bussgelder als auf blutige Abschreckung aus; Waser gefällt sich sehr in seiner Rolle als Beschützer der bernischen Untertanen. Dass in der Zürcher Armee derzeit Trommelschläger ausrufen, man solle den Bauern nichts mehr zu leid tun, passt zu diesem Image.

Luzern ist allem Anschein nach auf Berns Militärhilfe gegen das Entlibuch angewiesen und hat vom General ‹Bauernschlächter› in Aarburg bereits die Rechnung dafür präsentiert bekommen: Es muss 35 seiner rebellischen Untertanen nach Zofingen ausliefern, was einem Eingriff in seine Standessouveränität

---

1 Liste aller 15 Richter bei von Arx

und einer politischen Niederlage gleichkommt. Der gewiefte Diplomat Zwyer kündigt seinen Mitkonferenten deshalb heute die Errichtung eines von ihm persönlich zusammengestellten, katholischen Kriegsgerichts in Sursee an, das mit grossen Vollmachten arbeiten werde.² Zudem will Luzern das Zofinger Gericht nur als Untersuchungsbehörde akzeptieren, die Bluturteile behalte sich der Luzerner Rat selbst vor.

Solothurns Vertreter protestieren (erfolglos) gegen das Zofinger Gericht. Im Falle eines Falles würden sich ihre Untertanen einzig vor die Eidgenössische Tagsatzung stellen; denn von Rechtens dürfe sich nur diese Institution über die souveränen Orte aufschwingen.³ - Auf die Werdmüllers ist Solothurn wegen des Räuberaktes von Schönenwerd schlecht zu sprechen; General von Erlach ist in der St.Ursenstadt gar persona non grata, weil er bei seinem Feldzug das solothurnische Amt Bucheggberg ungefragt überfiel - und dafür auch noch eine Kriegskosten-Rechnung vorlegte! Die Solothurner Oberkeit wird umgekehrt von den drei allmächtigen Generalen wegen ihrer schwächlichen, auf Versöhnung gerichteten Politik milde belächelt. Was den Bucheggberg betrifft, so sollte die Berner Regierung diesen Landstrich - nach von Erlachs Meinung - kurzerhand annektieren.⁴

So werden die Herren im Zofinger Rathaus noch einiges untereinander zu diskutieren haben, um so mehr als sie sich auch in den beiden anderen Konferenzpunkten - Mellinger Vertrag und Verteilung der Kriegskosten - in keiner Weise einig sind.

Liebenau III/126, 133 - Mühlestein 581, 585, 597f. - Rösli 35f. - von Arx 39-41

---

2 Zwyer prahlte. In Tat und Wahrheit wirkte er nur als Präsident des Untersuchungsgerichts. Die Urteile fällte der Luzerner Rat.
3 Um rechtliche Bedenken auszuräumen, erhob sich die Zofinger Konferenz am 6.6. auf Antrag Zwyers zur Eidgenössischen Tagsatzung - wobei Bern und Zürich durch vier Gesandte (plus die Generale), die anderen Stände aber nur durch deren einen oder zwei vertreten waren.
4 Der Bucheggberg ist als einziges solothurnisches Amt reformiert.

die Woche vom 6./16. bis zum 12./22. Juni

Während vor dem Kriegsgericht in Sursee die ersten Verhöre beginnen, liegen in Luzern schon zahlreiche Begnadigungsgesuche für die zwölf ausgeschriebenen Rädelsführer vor, das gewichtigste von der Nidwaldner Regierung. Eine Delegation von Entlibuchern erscheint am Montag im Rathaus und bittet um die Freilassung dreier Leute, die sich freiwillig gestellt haben. Mit ‹Mahnung zur Geduld und einem Verweis› werden sie wieder nach Hause geschickt.

Seltsam – unter den Bittstellern befanden sich mit Landeshauptmann Glanzmann, Fähnrich Portmann, Hans Achermann von Schüpfheim und Hans Renggli von Entlibuch vier gesuchte Rebellen, auf die offiziell ein Kopfgeld von je 20 Kronen ausgesetzt ist. Es scheint, als sei den Luzerner Oberen die Auslieferung dieser Landleute nach Zofingen sehr zuwider.

Vorsichtiger handelt da Weibel Krummenacher von Schüpfheim (er steht auf der Liste der zwölf Rädelsführer). Der ‹Fuchs› tut seinem Spitznamen alle Ehre an, indem er, adressiert an die Herren Ehrengesandten der katholischen Orte, in die Stadt schreibt: er sei gewarnt worden, man wolle ihn streng bestrafen. Deshalb ziehe er es vor, sich nicht zu stellen, sondern eine Wallfahrt zu unternehmen, von der er den Herren weiter schriftlich berichten werde...

Liebenau III/117, 134 – Mühlestein 605 – Vock 409f. (Text von Krummenachers Schreiben)

Die Entmachtung von Liestal

In Basel beginnen die Verhöre von 78 Rebellen. Allein dreissig liess der wieder eingesetzte Schultheiss Hans Christoph Imhof – säuberlich zu je dreien zusammengefesselt – aus Liestal in die Hauptstadt ferggen. Den 80jährigen ‹Aufständischen Schultheissen› Gysin hat Imhof vorerst unter Hausarrest gestellt.

Weil sich der alte Herr nicht einschüchtern lässt, insbesondere mit aller Kraft seinen verhafteten Sohn verteidigt, wird er später doch in einer Kutsche nach Basel abgeführt.

Die bedeutendste Strafaktion betrifft noch keinen einzelnen Rädelsführer, sondern das Städtchen Liestal als Ganzes. Auf Wettsteins Antrag beschliesst der Rat am Montag die Abfuhr der Liestaler Geschütze, das Wegschaffen der Fallbrücken und Schutzgatter und die Errichtung einer festen Brücke – somit die Entmachtung Liestals.

> *Die Demütigung der stolzen Landschäftler Metropole wird in der Folge rasch vorangetrieben: das Silbergeschirr wird nach Basel geschleppt, das Siegel wird zerschlagen (das heisst: Verlust des Stadtrechts), die unabhängige Stadtverfassung wird konsequenterweise aufgehoben, der Stadtrat abgeschafft. Nur der Posten eines ‹Schultheissen von Liestal› bleibt erhalten. Hans Christoph Imhof bekleidet ihn auf Lebzeiten.*

Mühlestein 626f.

Rebellenjagd im Bernbiet (Fortsetzung)

> *Mit der Aufstellung von Junker Mays Söldnertruppe hat im Bernbiet die systematische Jagd auf die Rädelsführer begonnen. Auch die Kriegsräte und die Landvögte haben den ausdrücklichen Auftrag, sie sollten die «Redliführer herschicken».[1] Eine praktische Liste von Beschuldigten hat ja Leuenberger selbst geliefert. Aufgrund der Verhöre in Bern wird sie laufend ergänzt.*

Am Montag folgen Schaffner Jakob vom Trub, Säckelmeister Haas und Isaak Eggimann von Sumiswald einer Vorladung nach *Bern*. Die drei fühlen sich vom Leuenberger zu Unrecht beschuldigt: Seit ihrem Fussfall Ende März hätten sie sich nicht mehr am Aufstand beteiligt. – Tatsächlich werden diese einflussreichen Linden nach einer Gegenüberstellung mit dem gefangenen Obmann von aller Schuld freigesprochen.

Hingegen fahndet die Oberkeit neu nach Andreas Moser und Peter Küenzi von Wyl in der Kilchöri *Biglen*. Leuenberger hat sie als schlimme Erzrebellen angegeben. Jost Moser, der Freiweibel von Biglen, verspricht ihre Auslieferung.

Auch alle Täufer seien gefangenzunehmen und zu examinieren, ob sie nicht Verursacher der Rebellion gewesen seien.

In *Interlaken* hat sich Hans Rieser, der Brienzer Rädelsführer, freiwillig gestellt und um Gnade gebeten. – Der gesuchte Hans Wüthrich, Bauer und Schaffner zu Hilterfingen, soll ins Wallis geflohen sein. Er war ein fleissiger Postreiter der Aufständischen im Oberland. Sogar seine beiden Töchter haben, wie Männer mit Spiess und Halbarten bewaffnet, Nachrichten vertragen. Auch Andreas Schilling von Oberhofen ist in die Berge geflohen.

---

1 Mandatenbuch Bern, 3.6.1653. Am 10. Juni erging ein Verzeichnis der Rädelsführer, mit der Aufforderung, diese zu ergreifen, an sämtliche Eidgenössischen Orte, Verbündete und Nachbarn.

die Woche vom 6./16. bis zum 12./22. Juni

Zu den Gefangenen im Berner Tittligerturm gehört Statthalter Freiburghaus von Neuenegg. Sein Schwiegervater, Landesvenner Binggeli von Schwarzenburg, darf ihn besuchen.
Auf Stauffen bei *Röthenbach* verhaftet die Armee den bald 70jährigen Ueli Kupferschmid. Einen eisernen Trog voll Geld lassen die Offiziere mit dem Gefangenen nach Bern führen.

Rösli 131,136f.,142 - RM Bern 6./9./10.6. 1653 - KRM Bern 10.6. 1653 - AEB D dat. 8.& 10.6. 1653 - Chronik Schenk - Taufrodel Röthenbach 1584

Der Kuhhandel um den Mellinger Vertrag

An der Zofinger Konferenz schlägt Sigmund von Erlach vor, Bern solle jene 50 000 Pfund, die es im Murifelder Vertrag den Bauern zu zahlen versprochen habe, stattdessen Zürich und den Ostschweizer Regierungen für ihre Militärhilfe zukommen lassen. Als Gegenleistung beansprucht der General für Bern die Rechtsprechung über alle seine Untertanen, namentlich Leuenberger, und will «den Mellinger Friedens-Tractat für einmal an syn Orth gestellt» wissen, das heisst: auch Zürich soll ihn für nichtig erklären.

Die Formel ‹Das Geld für Zürich, das Recht für Bern› wäre dem Ruhm des Bauernschlächter-Generals schön zuträglich. Doch können sich einige Herren damit nicht einverstanden erklären. Die Zürcher Oberen können es sich nicht leisten, einen feierlich geschlossenen Vertrag, dazu noch einen, den sie selber formuliert und der Gegenseite aufgezwungen haben, so sang- und klanglos fallen zu lassen. Die kühl rechnenden Berner Ratsherren wiederum meinen, sie könnten sich die 50 000 Pfund nicht leisten. Sie stellen sich auf den Standpunkt, die hilfeleistenden Orte hätten nur ihre Bundespflicht erfüllt, was Bern zwar zu höchstem Dank verpflichte, aber nicht zu mehr. Vor zwanzig Jahren habe Bern auch 2000 Mann zur Sicherheit der Stadt Zürich ins untere Aargäu geschickt, ohne dass sie dafür jemals eine Entschädigung erhalten hätten...[2]

Da beschliessen die Zürcher Delegierten, sie wollten nach Bern reiten, um direkt mit dem Schultheissen von Graffenried[3] *zu verhandeln.*

Ab Donnerstag konferieren die beiden Parteien in der Aarestadt ‹in der Herberg›. Auf Vorschlag von Bürgermeister Waser tüfteln sie innert zweier Tage einen staatsmännischen Kompromiss aus: Bern garantiert wenigstens den Lenz-

---

2 im sogenannten Kesselring-Handel (vgl. Tillier 83–86)
3 Schultheiss Anton v.G. ist nicht zu verwechseln mit dem Kriegsrat und Generalauditor Christoph v.G., der zurzeit bei General von Erlach in Aarwangen weilt.

burgern die nach dem Murifelder Frieden gewährten lokalen Konzessionen. Offiziell ist dies ein Gnadenakt, der die neue Huldigung und die Auslieferung der Rädelsführer belohnt – der Mellinger Frieden wird glatt verschwiegen. Doch hat die Oberkeit damit faktisch auch die Mellinger Artikel garantiert, und zwar ausgerechnet in dem von Zürich besetzten Amt Lenzburg, so dass Waser dort mit reiner Weste dasteht.

> Wie die Mellinger Artikel ausserhalb ihres Einflussbereichs geschunden und verleumdet werden, buchen die Zürcher Herren unter der Rubrik ‹Was ich nicht weiss, macht mir nicht heiss› ab. Waser ist Pragmatiker.

Im Gegenzug darf Bern seine Hauptrebellen selber abstrafen. Offen bleibt die Frage der Kriegskosten. Darüber werden sich die Herren Delegierten und Generale in Zofingen weiter streiten.

Rösli 37–40 – Mühlestein 596 – Tillier 196 f. – Vock 412–418

Die Unterwerfung des Entlibuchs

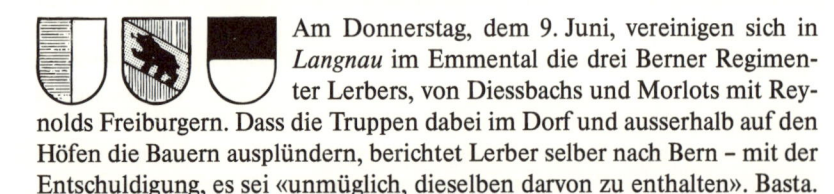

Am Donnerstag, dem 9. Juni, vereinigen sich in *Langnau* im Emmental die drei Berner Regimenter Lerbers, von Diessbachs und Morlots mit Reynolds Freiburgern. Dass die Truppen dabei im Dorf und ausserhalb auf den Höfen die Bauern ausplündern, berichtet Lerber selber nach Bern – mit der Entschuldigung, es sei «unmüglich, dieselben darvon zu enthalten». Basta.

Solche Nachrichten verbreiten sich rasch unter den Landleuten. In *Escholzmatt* hört man, die Berner Armee wolle noch heute plündernd ins obere Entlibuch einfallen. Die Geschworenen rufen deshalb die anderen Gemeinden der Talschaft und auch die Gnädigen Herren in Luzern um Hilfe an. General Zwyer nützt die Aufregung um Escholzmatt, indem er mit dem Hauptharst seiner nun in Sursee stationierten Truppen über Ruswil ins Dorf Entlibuch vorrückt. Die Gemeinden Hasle, Romoos und Doppleschwand huldigen.

Am Freitag lässt Zwyer Schüpfheim besetzen. Zu einem offenen Kampf kommt es zwar nicht, aber freundlich ist der Empfang hier im Herzen des Entlibuchs keineswegs, um so weniger als heute tatsächlich auch die Freiburger und Berner Regimenter vom Schangnau herab ins Tal einfallen.[4] Der

---

4 Demnach auf Umwegen und mit einem Tag Verspätung auf den von den Generalen heimlich vereinbarten Terminplan. Das haben die Verschanzungen der Entlibucher oben im Tal bewirkt.

die Woche vom 6./16. bis zum 12./22. Juni

Einmarsch ist unter den Oberkeiten abgekartet, da besteht kein Zweifel. – Als die Besatzungstruppen im Wirtshaus des geflohenen Stephan Lötscher aus verständlichen Gründen nicht bedient werden, fressen und saufen sie sich quer durch die Vorratskammern der Dorfleute von Schüpfheim. Zwyers Verbote helfen wenig.

Die Entwaffnung lässt sich harzig an. Bis zum Wochenende kommen in Entlibuch 230, in Schüpfheim 157, in Escholzmatt von 400 wehrfähigen Männern gar nur 136 Waffen zusammen. Auf vier Wagen werden sie nach Luzern geführt und dort zur Schau gestellt. Doch halten die Entlibucher ohne Zweifel ihre besten Musketen und viele der gefürchteten Knüttel noch versteckt.

Die Suche nach den Rädelsführern beginnt mit einem Knalleffekt: Christen Schibi stellt sich freiwillig. Der Luzerner Hauptmann Keller hat ihm versprochen, man werde ihn nach aufgenommenem Verhör wieder frei lassen; er sei nicht auf der Liste der zwölf Gesuchten.

Der an sich erfreuliche Fang bringt Zwyer in ein Dilemma. «Mit dem (Schibi)», schreibt er den Gnädigen Herren nach Luzern, «bin ich gar übel dran; denn soll ich ihn fortgefangen halten, so ist keiner mehr seiner Mitcomplicen beizubringen; halt ich ihn nit gefangen, muss ich Sorgen stehen, er reisse mir aus.» Schon am folgenden Morgen überbringt ein Eilbote die Antwort der Regierung: Des Generals Bedenken seien zwar «höchst vernünftig»; es sei aber nötig, dass er Schibi «versichert» halte. – So lässt Zwyer den Gefangenen unter äusserst strenger Bewachung ins sichere Sursee überführen.

Nach diesem oberkeitlichen Wortbruch halten sich die weiteren Hauptrebellen trotz allen bauernfängerischen Proklamationen der Herren gut versteckt. Von den drei Tellen wird berichtet, dass sie sich frei und bewaffnet auf Obwaldner Alpen herumtreiben. Sie seien dort mit viel Sympathie aufgenommen worden.

Die Freiburger Truppen halten Marbach besetzt, die Berner Escholzmatt. Im Pfarrhaus gastieren Lerber und Tillier.

Einen Dukaten, welchen der Herr Säckelmeister an «des Pfaffen Schwester für eine Discretion» bezahlt, taucht sinnigerweise später unter den Kriegskosten auf und bleibt der Nachwelt ebenso erhalten wie das erstaunlich grosszügige Trinkgeld von einer Krone für die Magd.

Liebenau III/121f. – Mühlestein 575, 591f. – Rösli 49 – Amrein 89–92 – AEB F, Kriegsrechnung 1653

Die Bluturteile von Aarwangen

> *Ab Donnerstag herrscht an der Zofinger Konferenz für einige Tage Verhandlungspause, weil die Zürcher Delegierten nach Bern reiten und Zwyer das Entlibuch erobern will.*

General von Erlach nützt die Zeit auf seine Weise. Auf Schloss Aarwangen bildet er zusammen mit Venner Frisching und Generalauditor von Graffenried ein Blutgericht. Im Beisein von Vogt Willading werden vier Häftlinge an die Folter geschlagen, verhört und zum Tode verurteilt.

Den schmählichen Tod durch Erhängen erleidet Christian Blaser, der Fuhrmann von Trubschachen.

> Er half damals am Langnauer Märit die Schuldboten widlen; er führte den Bauern Munition zu, und um das Mass voll zu machen, beschuldigt man ihn noch zweier Ehebrüche.

Der prominenteste Todeskandidat ist der hiesige Schulmeister Emanuel Sägisser. Leicht geschielt soll er haben, aber das ist nicht sein Hauptvergehen.

> Nachdem er anfangs April noch für Landvogt Willading gearbeitet hatte, sympathisierte Sägisser zunehmend mit den Aufständischen. In seinem Haus sind die Beschwerdeartikel des Amtes Aarwangen aufgesetzt worden (logisch, da er gut schreiben konnte), er nahm den Dorfleuten den Eid auf den Bundesbrief ab (logisch, da er gut lesen konnte), er rückte zum Kriegsrat Leuenbergers auf. Endlich werfen ihm die Herren noch vor, er habe viele Elsässer ins Land geführt – wo diese geblieben sind, ist allerdings ein Rätsel.

Der Schulmeister Sägisser wird am Samstagmorgen mit dem Schwert gerichtet, sein Kopf an den Galgen genagelt (wo bereits Blasers Leichnam baumelt), sein Körper verscharrt. Dabei erledigen von Erlachs Schergen ihre Arbeit so schlecht, dass Sägissers Hund seinen toten Herrn bald wieder aufspürt, auslocht, und ihm beim Versuch, ihn herauszuziehen, drei Finger abbeisst.

Das gleiche Urteil wie den Aarwangener Lehrer trifft seine Mitgefangenen Bernhart Herzog von Langenthal und Ueli Flückiger zu Flückigen im Rohrbachgraben.

> Herzog wird bloss vorgeworfen, er sei «der fürnehmsten einer» gewesen, was angesichts der Tatsache, dass er eine Familie mit sieben Kindern ohne jedes Vermögen hinterlässt und in der Bauernarmee keinen Offiziersrang bekleidete, reichlich seltsam anmutet.
> Das Motiv für Flückigers Hinrichtung dagegen liegt auf der Hand: Er war ein reicher Hofbauer, Leutnant der Bauernarmee und hatte keine Kinder, weshalb sein ganzer Besitz dem Staat verfällt. Nach Abzug des Frauenguts sind dies noch über 5000 Kronen, ein grosser Teil davon in Zinsschriften; Flückiger war der begehrteste Geldgeber in der Umgebung von Rohrbach. – Seines Reichtums wegen war er zeitlebens auch das Ziel von Erpressungen – namentlich Vaterschaftsklagen – und Bussen. 1649 geriet er wegen angeblicher «fleischlicher Vermischung» mit einer Dirne in den 4. Fehler. Ohne ihn zu vernehmen verwies das Oberchorgericht den Ueli Flückiger des Landes... um ihn wenig später zu satten 1000 Pfund Busse zu «begnadigen».

Mag man dem Blutgericht von Aarwangen wenigstens zugute halten, dass es die Angeklagten vor dem Urteil noch anhörte und den Schein der Legalität bewahrte, so kehren von Erlach, Frisching und von Graffenried bereits tags darauf zu ihrer Taktik der völlig willkürlichen Einschüchterungsmorde zurück, wie sie in diesem Rachefeldzug gang und gäbe sind: Nach *Langenthal* schicken die drei Herren den Befehl, von den Häftlingen im Kaufhaus seien drei durch das Los zu bestimmen und zu erhängen.

> *Es handelt sich bei diesen rund siebzig Häftlingen meist um Bauernsoldaten, die sich bei Herzogenbuchsee der Übermacht des Generals ergeben haben. Der ‹Bauernschlächter› fühlt sich bei seinen grauenhaften Justizmorden noch als Wohltäter: Seiner Meinung nach hätten nämlich all diese Aufständischen «ir Leben verwürckt». Wenn er nur wenige hinrichten lasse, so hoffe er, «dass dardurch von den Underthanen Ursach genommen werde, sich vor dergleichen Rebellionen inskünftig zu hüten, und dieser gnädigen Straff Euw. Gn. sy noch Dank sagen werdendt».*

Die schwarzen Lose treffen Damian Leibundgut von Melchnau und Klaus Mann, den Sohn des Glasers aus dem Eggiwil, dazu wahrscheinlich einen unbekannten Dritten.
Selbst Jost von Brechershäusern, der linde Grossbauer, trägt entrüstet in sein Tagebuch ein: «das hat alle Nachbarschaft beduret; denn sonst (ist) noch viel gerichtet worden, welches alles dem letzten und jüngsten Gericht anheimgestellt ist».

Mühlestein 577 f., 616 f. – Rösli 72 f., 96–98, 204 – Tagebuch Haller – Chronik Jost – Amtsrechnung Aarwangen 1653 – Mitteilung Gertrud Flückiger (Affoltern)

Weil die Suche nach den Rädelsführern nichts einbrachte, hat General Zwyer in *Schüpfheim* folgenden drohenden Aufruf publiziert: Würden bis heute morgen Kaspar Unternährer, der lange Zemp und der Hinterüeltsch – die drei Tellen – nicht ausgeliefert, so bekämen die Gemeinden Schüpfheim und Escholzmatt je 300 Mann einquartiert, denen pro Kopf und Tag ein Pfund Fleisch, anderthalb Pfund Brot und ein halbes Mass Wein verabreicht werden müsse.

Doch fruchtet diese Erpressung ebenso wenig wie Protestschreiben und Suchexpeditionen ins benachbarte Obwalden. Von den bekannten Führern des Aufstands können die Soldaten ausser Schibi nur noch Landessiegler Klaus Binder auftreiben.

Dabei verlangen die bernischen Kommandanten die Verhaftung von sage und schreibe 400 Emmentaler und Oberländer Rebellen, die ins Entlibuch geflohen seien. Zwyer weigert sich: er wisse nur von Haftbefehlen gegen zehn Entlibucher und zwanzig Berner, mit dem Rest könne er sich nicht auch noch beschäftigen.

Die Berner Truppen selber suchen in den Bergen um *Escholzmatt* eifrig nach Flüchtigen.[1]

Bei einer Haussuchung in der Schmitte, wo der Lehrer Müller gewohnt hat, finden sich zahlreiche Urkunden des Landes Entlibuch, im gleichen Kasten auch ein altes rot-weisses Fähnlein (das Panner des Markgrafen Otto von Hochberg, die Siegesbeute der Entlibucher aus der Schlacht von Sempach). Dies alles verschwindet nun in Luzern hinter Schloss und Riegel – und damit auch die Freiheit des Landes Entlibuch.

Während seiner mühsamen Menschenjagd in Schüpfheim erfährt Zwyer von einem geheimen Treffen zwischen Berner und Rothenburger Rebellen in Hüswil. Insgeheim sollen die üblen Burschen durch Abgeordnete in Zug, Schwyz und Unterwalden gegen ihn, General Sebastian Peregrin Zwyer von Evibach, wegen seiner gewalttätigen Massnahmen geklagt haben. Der General ist ausser sich. Weil auch schon innerhalb des Luzerner Rates an seiner Amtsführung Kritik laut geworden ist, will er noch diese Woche seinen Posten zur Verfügung stellen.

Liebenau III/122-124 – Mühlestein 592, 614 – Amrein 92-96 – Rösli 51

---

1 Unter den Gefangenen war Ueli Schnyder von Rüderswil.

Montag, 13./23. Juni

Die Herren streiten sich um die Kriegskosten

Seit Wasers Rückkehr nach Zofingen streiten sich die Standesvertreter um die Kriegskosten.
Solothurn bekommt eine Rechnung von 30000 Gulden präsentiert – 12000 wäre es zu zahlen bereit.
Zürich und Bern können sich bei weitem nicht einigen. Neuerdings verlangt General Werdmüller, er wolle an der Huldigung der Lenzburger Untertanen teilnehmen, was die Berner eine «unnötige Anmassung» finden. Die Zürcher scheinen sich im unteren Aargäu festsetzen zu wollen, das Amt Lenzburg dient ihnen als Pfand für die verlangten Kriegskosten.

Kaum sind die Vertreter des Luzerner Rats[2] in Zofingen eingetroffen, werden ihnen zum Willkomm prompt Kriegszahlungen auferlegt. Schliesslich seien die Luzerner Bauern aufs Murifeld und später nach Mellingen ausgerückt, dadurch hätten sie den Ständen Bern und Zürich Mehrkosten verursacht. Die beiden Neuen erfassen den Geist der Konferenz im Handumdrehen und beklagen sich ihrerseits über zu hohe Kostenforderungen der alten Orte, die für ihre geleistete Hilfe den ganz unangemessenen Sold von 6 Kronen pro Soldat und einen Ehrenbatzen begehrten (für drei Wochen Dienst), obwohl diese Truppen wenig genützt hätten.

Sie kündigen an, eine Anzahl der nach Zofingen vorgeladenen Rebellen werde morgen eintreffen. Als Gegenleistung verlangen sie die Vorladung von 76 bernischen Untertanen aus dem Amt Lenzburg, die nach Gisikon gezogen seien, sowie die Auslieferung von Solothurnern, die vor Luzern die Belagerung mitmachten, namentlich von deren Hauptmann Urs Lack von Boningen. Und weil die beiden Herren vom Vierwaldstättersee beim besten Willen keine Straftat eines Solothurners in ihrem Gebiet ausfindig machen konnten, fordern sie einfach noch die drei Bauerngesandten zur Bestrafung heraus, deren Namen auf den Präsenzlisten der Stanser Konferenz zu finden waren: Klein, von Arx und Rauber.

Etwas Leben in dieses von Standesinteressen geprägte, krämerhafte Geplänkel von Zofingen bringt die Neuigkeit: das Luzerner Patriziat sei nur mit knapper Not einer schrecklichen Verschwörung der Bürger entgangen. Der Plan einer Mordnacht sei im letzten Moment entdeckt worden!
Natürlich begiessen die versammelten Herren Delegierten dieses Glück ihrer Innerschweizer Kollegen mit den besten Weinen.

Liebenau III/126 – Rösli 40

---

2 Statthalter Meyer und Landvogt Cloos

Die Berner Truppen verlassen *das Entlibuch*, nachdem bereits die Freiburger von ihrer Regierung heimgerufen worden sind. Zwyer wird morgen nach Sursee abziehen.

In *Mellingen* verlangt das Zürcher Kriegsgericht 3 Dublonen Kostenersatz für jeden nach Mellingen ausgerückten Freiämter – das waren immerhin 1600 Mann. Die Untervögte des Amtes Lenzburg sind für morgen nach *Gränichen* aufgeboten, wo Generalmajor J.R. Werdmüller auch ihnen einen ‹Kostenersatz› von 2 Dublonen pro Kopf auferlegen will – *sehr zum Ärger der Berner Regierung.*[1]

In *Zofingen* haben die Verhöre der luzernischen Rebellen begonnen. Heute wird Christen Schibi eingeliefert und verhört.

Ein patrouillierender Schnapphahn hat dem Ammann von *Alchenflüh* ein Pferd geraubt. Der Festungskommandant von Burgdorf will jetzt dem geschädigten Ammann zu seinem Recht verhelfen – die Zeit der ungehinderten Plünderungen scheint langsam abzulaufen.

Darauf deutet auch ein Vorfall hin, der sich in *Signau* abspielte: Landvogt Zehender hat der Frau des geflohenen Weibels Pfäffli einen Silberbecher, den Prunk des Hauses, als «Kriegsbeute» weggenommen. Die Frau hat den Diebstahl an höherer Stelle in Bern gemeldet, und der Signauer Vogt muss den Becher nun mit einer Entschuldigung zurückgeben.[2]

---

1 Auf die Proteste aus Bern hin verlangte J.R. Werdmüller gleich noch eine zusätzliche ‹Satisfaction› für die Thurgauer. Worauf General von Erlach in Zofingen bei Waser (am 18.6.) scharf protestierte. Waser beschwichtigte, «dass es eben so bös nit gemeint seye».
Die lenzburgischen Untervögte, die sich zur Zahlung von 40 000 Dublonen Kriegssteuer an Zürich verpflichten mussten, wurden später für diese ‹Missetat› von der Berner Oberkeit gleich noch einmal bestraft (so – nach Rösli – Bassler von Gontenschwil, Huber von Kulm, Klaus genannt ‹Heuberger› von Safenwil, Zobrist von Hendschiken).

2 Die Gnädigen Herren urteilten gegenüber ihren Amtleuten in derlei Sachen weit strenger als gegenüber dem Militär.

Donnerstag, 16. Juni

Im Berner Käfigturm hat des Grossweibels Dienstknecht aus Versehen die «einte Tür gegen den Kasten, darinnen Leuenberger ligen thüye» unverschlossen gelassen. Anscheinend war aber die Haupttüre zum Turm verriegelt. Man fand den Leuenberger heute morgen friedlich in seinem engen ‹Mörderkasten›, als ob nichts geschehen wäre.
Manche Ratsherren vermuten ein Komplott, ja Hochverrat. Altschultheiss Daxelhofer ordnet an, die Schlüssel seien ab sofort vom Kriegsrat zu verwahren.

Liebenau III/121-123, 127, 164 - Mühlestein 606 - Rösli 40f. - RM Bern 14./16.6. 1653

Niklaus Leuenberger als Gefangener im Berner «Mörderkasten»

Der Unfall der Werdmüller-Söhne

Standesgemäss geniesst der Generalissimus Johann Konrad Werdmüller in Zofingen die Gastfreundschaft des hiesigen Schultheissen Steinegger. In dessen Haus unterhalten sich mittags zwischen 11 und 12 Uhr zwei junge Zürcher Herren: der Sohn des Generalissimus, Christoph Werdmüller, und sein Vetter, der Sohn des Feldzeugmeisters und Gerichtspräsidenten Johann Georg Werdmüller. Die beiden haben im Rathaus eine Weile die Gerichtsverhandlungen mitverfolgt und lungern nun vor dem Mittagessen noch etwas gelangweilt allein im Saal herum.

Ihr Gespräch dreht sich um einen prächtigen Karabiner des Generals. Der Sohn des Feldzeugmeisters bestaunt die Waffe an der Wand und möchte sie gleich zum Geschenk haben. Christoph antwortet ihm: der gehöre seinem Vater, er könne nicht drüber verfügen. Was er übrigens damit machen wolle? Er wisse ja doch nicht damit umzugehen.

Das kann ein echter Werdmüller-Spross natürlich nicht auf sich sitzen lassen. Zum Beweis seines Könnens nimmt der so Beleidigte den Karabiner von der Wand, exerziert damit im Zimmer herum, spannt den Hahnen, zielt auf seinen Vetter und drückt ab.

Nun: die Waffe war geladen. Der Schuss trifft Christoph Werdmüller in die Halsschlagader.

Der Unglücksschütze rennt schreiend aus dem Haus, fort in die Stadt. Sein Vater lässt ihn bald in allen Richtungen suchen. Als er nach Zofingen zurückgebracht wird, lässt ihn der gestrenge Vater und Gerichtspräsident sogleich in eine Korrektionsanstalt stecken, ohne dass er ihn auch nur noch einmal sehen möchte.

Christoph Werdmüller stirbt am Abend unter furchtbaren Schmerzen. Der General weint herzlich um seinen Sohn. Selbstverständlich ruhen die Verhandlungen. Die Todeskandidaten unter den Landleuten erhalten dadurch einige Tage Galgenfrist.

Vock 433 f.

Zwyer im Amt bestätigt

Nach seiner Rückkehr aus dem Entlibuch macht Zwyer seine Drohung wahr: Erbost über Kritik und Gerüchte in Luzerner Ratsherrenkreisen will er seine Kriegsämter niederlegen und heim nach Altdorf reisen.

Beispielsweise wird ihm nachgesagt, er habe im Saal des ‹Rössli› zu Luzern im Zorn das Mobiliar beschädigt, und einmal soll er sich geäussert haben: «O Luzern, du bist ein Licht, aber dieses wird bald verdunkelt werden.»
Als Spitzendiplomat der spanisch-kaiserlichen Partei hat Zwyer unter den Herren der französischen Partei des Rats natürlich seine Feinde, die ihn, den Auswärtigen, gerne als ‹schlechten Luzerner› darstellen – doch ernsthaft denkt im jetzigen Zeitpunkt niemand an einen Kommandowechsel.

Auf «inständiges Anraten des Rates» lässt sich Zwyer zum Bleiben erweichen, und das politische Theaterstück kann ad acta gelegt werden. Bereits am Sonntag strahlt der Stern des Urner Generals wieder in alter Frische, als er in Zofingen über die Verhältnisse im Entlibuch und im Emmental referiert. An den Frieden dort könne er nur «kümmerlich glauben», so Zwyer, «wo nicht ein guter Teil der Redlinsführer exemplarisch abgestraft und das Unkraut fein rechtschaffen ausgereutet werde».

Liebenau III/124,127,131,176

Daniel Küpfer, Lienhart Glanzmann und Hans Rüegsegger gefangen

Vor Landvogt Tribolet erscheint Lienhart Glanzmanns schwangere Frau mit mehreren Verwandten. Sie fleht den Vogt an, er solle doch bei den Gnädigen Herren für ihren Mann um Gnade bitten, dem Ungeborenen und ihren elf Kindern zuliebe. – Tribolet lässt sich erweichen und berichtet den Vorfall nach Bern.

> Unter welchen Umständen der Wirt von Ranflüh in die Hände der Oberkeit geriet, ist unbekannt.

Mit der gleichen Post meldet der Vogt den Tod des Wirts von Huttwil, Melcher Käser. Dieser «Erzrebell» ist auf der Flucht im luzernischen Napfgebiet gestorben.[1] Ob er auf dem Friedhof seines Heimatdorfs beigesetzt werden dürfe? (Antwort: Nein. Käser wird abseits begraben).

Spätestens an diesem Wochenende[2] finden die Häscher auch Daniel Küpfer, den alten Schmied vom Pfaffenbach.

> Von seiner Verhaftung weiss man nur eines mit Bestimmtheit: Wie Leuenberger wurde sein Stellvertreter Küpfer verraten. Der Judas, Säckelmeister Krähenbühl von Wyttenbach, verlangt für diese ‹Leistung› einen Reichstaler aus der Staatskasse.

Eine tragische Geschichte spielte sich anfangs Woche in *Signau* ab. Hans Rüegsegger, der alte Weibel von Röthenbach, hatte vom Ortspfarrer erfahren, die Menschenjagd sei vorüber, er habe nichts Schlimmes mehr zu befürchten. Im Vertrauen darauf trat Rüegsegger den Weg nach Signau ins Schloss an, wo er sein Amt als Weibel wieder antreten wollte. Als er sein Heimet bereits verlassen hatte, «seye seinen Leute Bescheid kommen, es seye nicht alles richtig». Im Eiltempo ritten Boten von Röthenbach durchs Eggiwil hinunter, um Rüegsegger noch zu warnen. In Signau sahen sie ihn von ferne den Schlossberg hinaufgehen, aber der 65jährige hörte die Rufe nicht mehr. Er verschwand im Schloss.

---

1 Er hinterliess eine schwangere Frau und fünf Kinder ohne Vermögen.
2 Am 20. Juni beschuldigte Küpfer bei einem Verhör in der Hauptstadt den Venner Stürler der Falschmünzerei, was zu Diskussionen im Rathaus führte.

am Wochenende vom 18. und 19. Juni

> *Dem Landvogt kommt der billige Fang sehr gelegen.³ Wie sein Amtskollege Tribolet hat er einige Pluspunkte bei den Gnädigen Herren dringend nötig. Die zu Massen in den Berner Türmen gefangenen Emmentaler beklagen sich nämlich bitterlich über die beiden Vögte, und im Rathaus scheint man durchaus geneigt, in Tribolet und Zehender die Ursache der Volkserhebung zu sehen. Eine Untersuchungskommission des Rates sammelt fleissig die Beschwerden wegen Amtsmissbrauchs.*

Eine vielsagende Zeile trägt Predikant Schaffner an diesem Sonntag in den *Eggiwiler* Taufrodel ein.

Wolfgang Neukomm und seine Frau Elsbeth (Stauffer) bringen ein kleines Barbli zur Taufe. Wahrscheinlich ist der Vater ein naher Verwandter von Ueli Gallis Ehefrau, die ja vor über sechzig Jahren ebenfalls auf den Namen Barbara Neukomm getauft wurde. Jedenfalls ist der alte Giebelbauer als Götti vorgesehen! – Ueli Galli ist aber vorsichtiger als sein etwas einfältiger Freund Rüegsegger. Sein Name als Pate ist nämlich im Taufrodel durchgestrichen, was wohl heisst, dass er den Gang in die Eggiwiler Kirche nicht wagte.

> Oder hat der Predikant die Patenschaft von sich aus nachträglich vertuscht, um unangenehmen Fragen von seiten der Oberkeit aus dem Weg zu gehen? Ein solcher Liebesdienst wäre ihm schon zuzutrauen; immerhin ist der flüchtige Rebell auch der Götti von Pfarrer Schaffners einzigem Töchterchen.

Rösli 139 – Graf 287 – Chronik Schenk – Taufrodel Eggiwil 19.6.1653 – AEB D dat. 19.6.1653 – RM Bern 20.6.1653 – KRM Bern 14.6.1653

---

3 Am 14.6. konnte er die Verhaftung von Hans Rüegsegger und Michel Luginbühl nach Bern melden.

Zofinger Bluturteile

Am Montag fällt das Zofinger Kriegsgericht seine ersten Todesurteile. Auf Wunsch der Luzerner Delegation werden die armen Sünder Jakob Stürmli und Hans Diener auf die Grenze zum Willisauischen gebracht, dort enthauptet und in katholischer Erde begraben. Ihre Köpfe werden zu Sursee an den Galgen genagelt.

> Stürmli, der Metzger aus dem Städtchen Willisau, war in den Augen seiner Richter der Mann, der während des Aufstands «alle Gewalt und das oberste dominium in der Grafschaft Willisau an sich brachte». Hans Diener von Nebikon war ihrem Urteil gemäss ein «fanatischer Prophet» des Bauernbundes. Die beiden bildeten zusammen mit Schreiber Müller und Fridli Bucher das Strafgericht der Luzerner Rebellen, das den Linden zeitweise die Bärte scheren liess. Sie sollen es gewesen sein, die den Leuenberger aufforderten, mit aller Macht in Unterwalden einzufallen[1]. (Dieser letzte Punkt kann den Angeklagten nicht nachgewiesen werden. Wohl in propagandistischer Absicht nehmen ihn die Herren Richter trotzdem ins Urteil auf... Nidwalden weigert sich bis zur Stunde, flüchtige Rebellen zu verfolgen).
>
> Unter Folter gibt Metzger Stürmli übrigens zu, die Entlibucher und Willisauer hätten nach der Eroberung der Stadt Luzern die Regierung ermorden und die Stadtmauern niederreissen wollen – eine Aussage, die allein schon für ein Todesurteil ausgereicht hätte.

Andere luzernische Angeklagte kommen mit dem Leben davon: Verbannung, Zungenschlitzen und hohe Bussen sind die Strafen. Nicht unter den Verurteilten befindet sich Christen Schibi. Er wurde – wieder unter gewaltiger Bewachung – nach Sursee zurückgebracht. Ihm, dem Haupträdelsführer, dem Kriegsobersten, der überall dabei war, vor Luzern, vor Bern, bei Mellingen und bei Gisikon, will das Zwyersche Kriegsgericht noch einen Haufen Fragen stellen, bevor es ihn dem Henker überlässt.

Höchst umstritten ist das dritte Todesurteil des 20. Juni: Es trifft Adam Zeltner, den 48jährigen solothurnischen Untervogt von der Schälismühle. Zwar galt er als Hauptredner der Solothurner Landleute; aber überall, wo er auftrat, hat er zur Besonnenheit und zum Gehorsam aufgerufen. Die Urteilsbegründung ist denn auch sehr weit her geholt: «Weil er ein Hauptre-

---

1 Gemeint ist das P.S. des Briefs vom 6./16. Mai der Hauptleute der 10 luzernischen Ämter an den Obmann Leuenberger.

die Woche vom 20./30. Juni bis zum 26. Juni/6. Juli

bell war, auch schon vorhin, Anno 1633, als die Berner eine Besatzung nach Mühlhausen geschickt hatten, beim verräterischen Überfall in der Klus zwei redliche Soldaten ermordet hatte.»

> Der fragliche Überfall hat sich im September 1632 zugetragen. Damals bekämpfte der junge Zeltner als solothurnischer Soldat auf Befehl seines Landvogts durchziehende Berner Truppen auf ihrem Weg nach Mühlhausen.[2]
> Später stellte sich heraus, dass die zwei Vögte von Bechburg und Falkenstein den Angriff in der Klus auf eigene Faust befohlen hatten. Sie wurden abgesetzt und auf 101 Jahr aus Stadt und Land verbannt. Im Februar 1633 machte der Rat von Solothurn auf Betreiben Berns auch vier Landleuten den Prozess, die «im Klusischen Handel etliche Barbarien verübt» haben sollen. Während drei von ihnen hingerichtet wurden, ergab die Untersuchung Zeltners Unschuld: Er habe einen Berner namens Bösiger verfolgt und im Dünnern-Bach überwältigt. Im nahen Pflugerschen Haus hätten sie die Kleider trocknen lassen und eine Suppe gegessen, danach noch Bösigers verlorenen Geldbeutel gesucht. – Irrtümlicherweise sei Zeltners Kontrahent tot gemeldet worden. In Wahrheit aber sei er den übrigen Bernern nach Mühlhausen gefolgt. Der Wirt von Oberbuchsiten bezeugte, er habe Bösiger tags darauf in der Nähe von Liestal gesehen.
> *Die Berner Oberen empörten sich damals über den Freispruch. Dass sie nach langen Jahren doch noch über diesen Zeltner zu Gericht sitzen können, erfüllt sie mit Befriedigung. Dass ihn der Stand Solothurn inzwischen zum Untervogt erhoben hat und ihn vehement in Schutz nimmt, reizt die Berner und ihre reformierten Freunde um so mehr zur politischen Vergeltung.*

Sieben Richter stimmten gegen, sieben für den Tod. Gerichtspräsident Johann Georg Werdmüller gab den Stichentscheid für den Tod durch das Schwert. Der Solothurner Gesandte protestierte heftig: was sich hier abspiele, sei keine Tagsatzungskonferenz, sondern ein Standgericht der Generale!

Abends trifft ein Schreiben des französischen Botschafters de la Barde ein. Er doppelt in starken Worten nach: Nicht die 13 Orte der Eidgenossenschaft, «sondern 3 oder 4 Profosen» richteten in Zofingen. Er bitte dringend, die Untertanen der Solothurner, Bundesgenossen seines Herrn, des Königs, am Leben zu lassen, namentlich den Untervogt Adam Zeltner. Danach geht es im Konferenzsaal zu wie in einem Bienenstock. Die Posi-

---

2 vgl. S. 78

tion des Standes Solothurn hat sich kaum verbessert... Zwyer zum Beispiel, der die Altgläubigen auch in ihrer Milde bisher unterstützte, verwahrt sich nun vehement gegen die französische Einmischung. Den Solothurner Vertretern wird die «zärtliche Sorgfalt» für ihre rebellischen Untertanen höhnisch vorgeworfen.

Am Dienstag in aller Früh ist eine Extra-Sitzung angesagt, an der die beiden französischen Secrétaires Vigier und de Brillac, die Überbringer des Schreibens, ihre Botschaft ausführlich erläutern. Doch Zeltners Urteil bleibt in Kraft. Die Versammlung sieht die eidgenössische Souveränität gefährdet. Waser formuliert einen Antwortbrief an de la Barde, in dem er keinen guten Faden an der Solothurner Regierung lässt. Die Generale drohen sogar offen mit einer Besetzung dieses Standes, so dass die Solothurner keine andere Wahl haben, als in der umstrittenen Frage der Kriegskosten einzulenken: 30000 Gulden müssen sie aufbringen.[3] An eine Rettung des bedauernswerten Untervogts von Niederbuchsiten ist in dieser Lage nicht mehr zu denken. Auch der Anblick der hochschwangeren Ehefrau mit ihren sechs Kindern, die kniefällig und mit vielen Tränen um das Leben ihres Mannes fleht, vermag die Richter nicht zu erweichen.

Am 22. Juni, morgens um 6 Uhr, wird Adam Zeltner auf die Wiese oberhalb des Hochgerichts von Zofingen hinausgeführt und da enthauptet. Er ist das letzte Opfer dieses Kriegsgerichts. Nach einer gemeinsamen Abschlusserklärung, wie die flüchtigen Rebellen am wirksamsten zu bekämpfen seien, packen die Herren ihre Koffer.

Als unverdauter Klumpen bleibt die Frage nach der Kriegskostenentschädigung Berns an Zürich zurück.

Vock 434-438 – Mühlestein 597-599,606 – von Arx 1-3,43-47 Liebenau III/129-132,143 – Amrein 97f.

---

[3] Später wird die Summe von Zürich auf 20000 Dublonen herabgesetzt.

die Woche vom 20. Juni bis zum 26. Juni 611

Ein Militärgericht in Signau und eine verkehrte Welt

Wegen der Platznot in den Kerkern der Städte erhält nun auch Signau ein Militärgericht. Zeugherr Lerber und ein gewisser Hauptmann Müller verhören die Landleute und sprechen ‹vorläufige› Urteile aus (die der Berner Rat später bestätigt).

Die Suche nach Flüchtigen konzentriert sich zur Zeit – nach einem Beschluss der Generale in Zofingen – auf das schwer überblickbare Napfgebiet. In abgelegenen Höfen sollen sich dort verschiedentlich wieder Bauern von Bern und Luzern in geheimen Treffen verbündet haben. Die Generale sind sehr besorgt. Zwyer fahndet nach einem geheimen Rothenburger Kriegsrat, der nächtlicherweise zu Kägiswil in der Pfarrei Rickenbach getagt haben soll.

Die Berner Oberkeit beschäftigt sich eingehend mit einem Gefangenen im Schloss Thun, namens Niklaus Rüfenacht von Münsingen.[4] Der hat gesagt: «Die Herren von Bern (hätten) die Buwren falschlich überlistet, sie (sollten) nur Sorg haben, dass die Buwren sie nit auch überlisten», was den Schultheissen des Städtchens glauben macht, er habe hier einen ganz dicken Fisch an Land gezogen. Sogar die Herren Morlot und von Graffenried bemühen sich wegen Rüfenacht nach Thun.[5]

Landvogt Tribolet lässt Hans Ueli Neuhaus, Leuenbergers Nachbarn von Schwanden, und den Vater Bürki vom Winkel festnehmen (dessen Sohn Hans ist flüchtig).

Ab Donnerstag ist Tribolet für eine Weile mit seinen eigenen Angelegenheiten beschäftigt, machen sich doch einige streng dreinblickende Herren auf *Schloss Trachselwald* breit – eine Untersuchungskommission aus der Stadt, welche die Klagen der Untertanen gegen ihren Vogt aufnimmt. Verkehrte Welt ... kaum ein Landmann traut sich zur Klage in die Höhle des Löwen, und nur ganz wenige Klagen kommen zusammen.

Rösli 147, 183 – Lohner 556 – Liebenau III/132, 178 – Türler, Tribolet – RM Bern 14./21./22.6. 1653

---

4 Bei Lohner: Hans Rüfenacht. – Nach Rösli 150 ist Hans Rüfenacht, der Lehrer vom Homberg, auf Nimmerwiedersehen geflohen.
5 Nach zwanzig Tagen Untersuchung stellte sich heraus, dass Rüfenacht ohne tieferen Grund dahergeredet hatte. Man entliess ihn mit einer kleinen Busse.

Neue Plünderungen durch das Militär

Wer von den Untertanen den Kopf erhob und meinte: das Schlimmste sei jetzt wohl ausgestanden, der wird in diesen Tagen eines besseren belehrt.

Zum einen ist von plündernder Reiterei *im Aaretal* die Rede. Was die zahlreichen durchziehenden Truppen in den Dörfern an der Bern-Thun-Strasse anrichten, steht nirgends geschrieben, hätte die hohen Herren wohl auch nicht sonderlich interessiert, wenn die Räubereien am Mittwoch nicht den Falschen getroffen hätten. Der Salzfuhrmann Peter Walder von Heimberg ist das Opfer, ein treuer Dienstmann der Oberkeit. Heimkehrende Reiter überfielen ihn zu Hause, stahlen ihm den halben Hausrat, Kleider, die Muskete; Walders Frau wurde von einem ‹Bschiesser› namens Thiebolt vergewaltigt, er selber wurde arg misshandelt und in Fesseln bis nach Kiesen geschleppt, wo sie ihn losliessen.[6]

In *Wiedlisbach* haben Soldaten das Haus eines oberkeitstreuen Bürgers geplündert, der zur Zeit bei der bernischen Artillerie brav seinen Dienst tut. Dem armen Mann bleibt auch nichts erspart: Zuvor hatten bereits die aufgebrachten Bauern sein Eigentum verwüstet und seine Familie mit groben Streichen, Spiess- und Stangenstössen verjagt.

Ein Fall grösseren Ausmasses spielt sich im aargäuischen *Entfelden* ab. Dieses Dorf hat sich Generalmajor J.R. Werdmüller als erstes Nachtquartier für den Rückzug seiner Truppen aus dem benachbarten Schönenwerd ausgesucht. Die (zweifelhafte) Ehre sollte der Untervogt von Entfelden mit einer Spende von 40 Dublonen an die Offizierstafel honorieren – sonst werde das Dorf geplündert. Als er sich nicht auf die Erpressung einlässt, beschimpfen die Herren Offiziere ihn und den Pfarrer des Ortes als «blutte Ketzer». Darauf lässt der Generalmajor alles Vieh aus den Ställen treiben, um es nach Zürich zu schaffen. Die Häuser gibt er seinen Soldaten zur Plünderung frei.[7]

Rösli 49f. – Peter 203 – Mühlestein 585

---

6 Obwohl die Schuldigen namentlich bekannt waren, wurde der Fall allem Anschein nach ad acta gelegt.

7 Der Generalmajor erhielt dafür einen scharfen Verweis Wasers und des Generals – der Vorfall war dem Ansehen Zürichs sehr abträglich. Der Berner Rat zeigte ‹eine gerechte, tiefe Entrüstung›. – Ohne diesen Rüffel von oben hätte der ‹Schwedenmajor› wohl im gleichen Stil weitergemacht. Bereits hatte er Kölliken mit der nächsten Einquartierung seiner Hauptmacht gedroht, wenn die Gemeinde nicht 100 Florin bezahle.

die Woche vom 20./30. Juni bis zum 26. Juni/6. Juli

Luzerner Bluturteile

Die Gerichte in *Sursee* und *Luzern* arbeiten auf Hochtouren. Zeitweise warten an die 300 Gefangene auf ihr Urteil.

Eines fällt bei den Richtersprüchen auf: Die Verurteilten müssen selbst für kleine Vergehen Bussen über Bussen bezahlen, 50 Gulden, 200, 800, 3000, 4000 Gulden, soviel eben im einzelnen Fall mit Aussicht auf Erfolg zu holen ist. Die Luzerner Ratsherren sind Geld und schönen Geschenken durchaus zugänglich, worauf sie jeweils ‹Empfehlungen› für diesen oder jenen Gefangenen anbringen. Die Gerichte schwimmen in solchen Empfehlungen.[8] Je einflussreicher ihre Absender sind, desto eher kann der Angeklagte, selbst in schweren Fällen, auf Milde hoffen – eine hohe Busse zuzüglich Gerichts- und Gefangenschaftskosten bleibt ihm, resp. seinen Hinterlassenen, so oder so.

Zwei Männer, die ihr Leben zweifellos ‹Empfehlungen› zu verdanken haben, sind Hans Ulrich Amstein, der Willisauer Sternenwirt, und Hans Amrein, der reiche Bauer von Holdern. Amsteins Fürsprecher sind: General Zwyer, Botschafter de la Barde (somit ist die kaiserlich-spanische wie die französische Fraktion glänzend vertreten), der Rat von Sempach und zahlreiche weitere geistliche und weltliche Persönlichkeiten. Er wird zu zehn Jahren Galeere[9] ‹begnadigt›, d. h. er kann mit einem Dutzend anderer Rebellen nach Venedig verkauft werden, was den Ratsherren noch ein zusätzliches Sackgeld einbringt.

Für Hans Amrein setzen sich das Stift Münster, der Amtsweibel und die Geschworenen des Michelsamtes, der Leutpriester, die Vierherrn und der Rat der Stadt Sursee ein. Entblössten Hauptes bittet der Probst von Münster zusammen mit den erbärmlich weinenden Verwandten des Angeklagten um Gnade. Nur gezwungen habe er sich dem Aufstand angeschlossen... Das Urteil: Zehn Jahre fremder Kriegsdienst und eine Busse von 4000 Gulden.

---

8 Es gab auch durchaus ehrliche Empfehlungen von hochgestellten Persönlichkeiten. So das gemeinsame Schreiben der Landammänner Trinkler von Zug, Arnold von Uri und Reding von Schwyz: «Nichts ziert die Mächtigen dieser Erde mehr als Gnade, die auch der Ruhm der heilgen Jungfrau und der Krone Christi ist. Lasset auch ihr sie walten gegen Leute, die ohne Zweifel schuldig sind, die ihrer aber nicht bedürftten, wären sie unschuldig.»

9 die er nicht überlebte

Neben Bussen, Galeerenstrafen und Landesverweisen ist das Zungenschlitzen eine beliebte Strafe, insbesondere für alle Bauerngesandten, welche die Regierung von Luzern an Verhandlungen «verleumdeten», was «dem grossen und weiten Geruch ihrer Ehren und Ruhmes» in den Augen von ganz Europa geschadet habe. Einem derart Verurteilten, dem Sechser Georg Sinner, wächst die Zunge innert 24 Stunden wundersam wieder zusammen,[10] was den ‹Geruch des Ruhmes› seiner Richter unter den frommen Landleuten nicht eben fördert.

> Höchst bemerkenswert ist, dass der Entlibucher Landessiegler Binder straflos und ohne jede Busse entlassen wird. Schliesslich war er Kommandant der Belagerer vor Luzern. Was für mächtige ‹Empfehlungen› der Escholzmatter für sich in Anspruch nehmen kann, bleibt ein Geheimnis der Geschichte. Um ein reines Loskaufen mit Geschenken kann es sich nicht handeln. Wie der Landessiegler – das sei vorweggenommen – geht auch der Landeshauptmann des Entlibuchs, Niklaus Glanzmann, völlig straffrei aus. Wenn das nicht seltsam ist!?

Innerhalb der Stadtmauern geht die Luzerner Regierung nun gegen die Opposition vor, allerdings vorerst bloss mit einem Schreckschuss. Am Freitag verliest der Regierungssprecher – sinnigerweise zugleich mit zwei Todesurteilen gegen Rebellen – eine Reihe von Beschuldigungen gegen einzelne Bürger. Die Namen der Betroffenen werden nicht mitverlesen, aber wer offene Ohren hat merkt, dass die ganze Spitze der Bürgerschaft in Ungnade gefallen ist.

Doch nun raus aus den muffigen Gerichts- und Ratsälen zum Sommerspektakel auf öffentlichem Platz!
Am Donnerstag führt der Henker den Koloss Hans Krummenacher hinaus, den Weibel des Dorfes Entlibuch, den bekannten Schwingerkönig und Steinstosser. Krummenacher wird geköpft.

> Im Urteil steht nur: «Wegen seiner Drohworte und beständiger Volksaufreizung.» – Dieser Mann war gewiss kein gefährlicher Rädelsführer (im Gegensatz zu seinem geflohenen Vetter, dem ‹Fuchs› Hans Krummenacher von Schüpfheim). Er kniet seiner hünenhaften Gestalt wegen vor seinen Richtern, als Sinnbild der gebrochenen Kraft des Landes Entlibuch.

---

10 Im Dezember 1653 konnte sich Rittmeister Ludwig Pfyffer im Elsass persönlich von der geheilten Zunge überzeugen – unbewiesen bleibt die 24-Stunden-Frist.

die Woche vom 20./30. Juni bis zum 26. Juni/6. Juli

Am Freitag, seinem hinrichtungsfreien Tag, muss Henker Balz Mengis öffentlich die Urteile an 32 berüchtigten Bartscherern vollstrecken: Bärte abhauen, Halseisen anlegen, teils mit Brandeisen ein L auf die Stirne sengen, die Spiesse unter dem Galgen zerbrechen.[11] Dabei wird er vom Publikum angegriffen und muss das Spektakel abbrechen.

Samstags, morgens um neun, steht Fridli Bucher auf dem Programm. Sein Urteil: Tod durch Erhängen. Begründung: in etwa dieselbe wie bei Jakob Stürmli in Zofingen. Er habe sich zum Regenten des Amtes Willisau und zum Richter des Bauernbundes aufgeschwungen, dazu den Leuenberger aufgefordert, mit aller Macht in Unterwalden einzufallen.

Von seiner Gefangennahme und Hinrichtung erzählt ein Volkslied:[12]

> Es kam ein Bot von Willisau:
> «Ach Fridli, was muess i dir sägen au,
> was ich dir sägen, es isch mer leid,
> es trybt mer us der bitter Schweiss.»

> «Was du mir seist, das ist mer lieb.
> I flieh nit wie nen andere Dieb –
> sonder i will mich halte still,
> will achten, was sei Gottes Will.»

> Der Fridli stellt es Gastmahl a,
> er ladet all die Synige dra.
> «Mareili[13], hol mer no vier Mass Wy,
> mir wend no nes letzts Mal lustig sy.»

> Und wie das Mohl am beste war,
> da chömet drei Stadtknächt derhar:
> «Müend mer di binde oder foh?
> Oder wotist mit uf Luzere goh?»

---

11 Zusätzlich wurden einige Galeerenstrafen und Bussen zwischen 200 und 800 Gulden ausgesprochen.

12 Aus verschiedenen Varianten, die sich in Alter, Aufbau und Dialektfärbung stark unterscheiden, habe ich die nachfolgende, singbare Version zusammengestellt (die zwei Schluss-Strophen auf S. 702). Originale Aufzeichnungen und Geschichte der Ballade bei Hostettler 20-34.

13 Fridli Buchers Frau Maria, geborene Felber

«I darf no sälber uf Luzere,
wohl under d Auge stoh dene Here!
By mynere Wahrhet blyben i bstoh,
und müesst i au mys Läbe loh!»

Sie füehred en furt über d Matte,
er lauft ne nah wie nen Schatte.
«Fridli, du söttist chly weidliger goh,
dy Wyb und Chind, die grynet der noh!»

Wie n'er ye chäm uf Luzere,
spaziered uf der Gasse die Here;
spaziered über die Rüssbrugg y,
sie hiesse der Fridli gottwilchum sy:

«Ach Fridli, stand ab vo dyne Wort!
So chast du z'Obig wiedrum fort.»
«Was i gredet ha, reden i no,
Bi mynere Wahrhet blyben i bstoh!»

Sie thüend der Fridli in schiefe Turm,
darin war menge schnöde Wurm.
Er chönnt weder liege, er chönnt weder stoh,
er müesst wohl uf de Chneune goh.

Was zog er für nes Büechli,
us synem Buese-Tüechli?
Er las alli Tag wohl dreimal darin,
dass er nit chöm vo synem Sinn.

Der Baschi[14] gieng i'n Turm hinein.
«Ach Fridli, los, dyni Chinder schrei'n!
Gib du de Here en andere Bscheid,
Süst chunnst du währli nümme heim.»

«Ach Baschi, liebe Baschi my,
Dy Bitt und Bet sind viel zu chly!
Was i gredet ha, das red i no,
bi mynere Wahrhet blyben i bstoh!»

---

14 sein Bruder Sebastian Bucher

die Woche vom 20./30. Juni bis zum 26. Juni/6. Juli

Ds Mareili gieng ye uf Luzere,
Es bittet u bätet vor de Here:
«I hoffe, dir läuet en wiederum hei!»
«Am Samstig muess er gstorbe sei!»

Und als das Glöggli nüni schlueg
an einem Samstig in der Früeh,
ist er uf de Chneune gläge,
sie füehred en ab dur d Stäge.

Sie füehred en us, es goht net wyt,
das Glöggli lütet die andri Zyt.
Sie füehred en us, es ist e Grus,
's Bluet trybt ihm zur Stirnen us.

Was zog er us sym Hosesack?
Es Fatzenet[15], vo Bluet so rot,
«Ach sä, härzliebs Mareili, sä,
das will ich der zur Letzti gäh.»

Was zog er für nes Betli[16]
us synem Fatzenetli?
«Ach sä, myn eltiste Dursli my,
Nimm ds Betli in d Händ und bet für mi.»

Was zog er us sym Hembli?
Für syn Chlynste es Hosebändli.
«I ha das treit, jetz träg es du,
Und nestle[17] dich gäge d Here zue!»

«Ich muess euch verlah jetz all zuglych,
hälf mer Gott ins Himmelrych!»
Der Meister Lorenz[18] lüpft der Arm,
sie schrouen alli, dass es Gott erbarm.

---

15 Taschentuch
16 kleines Gebetsbuch
17 binden, gürten
18 Der Henker. Meister Lorenz Vollmer war Jahrzehnte lang Luzerner Nachrichter, bis er 1641 wegen ‹Libsindisposition› von Meister Balz Mengis abgelöst wurde.

Wie die Ballade erzählt, hat sich Fridli Bucher freiwillig gestellt, genauer: Als er erfuhr, dass sein Name auf der Liste der zwölf auszuliefernden Rädelsführer stand, lud er die «Seinigen» zu einem Abschiedsmahl auf seinen Hof, die Steineren im Weiler *Hilferdingen,* ein. Während dieses Essens tauchten auch schon die Stadtknechte auf. Er folgte ihnen widerstandslos und ohne Fesseln nach Luzern.

Drei Wochen lang lag er hier im Wasserturm gefangen, ohne dass man ihn auch nur einmal verhört hätte. Das Volkslied deutet den Grund dafür mehrmals an: Er gab dem Schultheissen «bösen Bscheid», blieb «bei seiner Wahrheit stehen» – wäre er «von seinem Wort abgestanden», so hätte man ihn freigelassen. Da Fridli Bucher ein wohlhabender Mann war, zudem ein persönlicher Bekannter Schultheiss Fleckensteins aus dessen Amtszeit in Willisau, liegt die Vermutung nahe, dass der Gefangene die Möglichkeit zurückwies, sich mit Geschenken und Reuebekenntnissen freizukaufen. Lieber standhaft in den Tod als diesem nimmersatten alten Raubgeier Fleckenstein den letzten Batzen zuzustecken, um dann doch auf venezianischen Galeeren qualvoll abzuserbeln!

Es macht den Anschein, als habe Bucher vorgestern dem hochadeligen Herrn Schultheissen einen deftigen Spruch ins Gesicht gesagt. Nach 22 Tagen Wartefrist begannen die Mühlen der Justiz plötzlich heisszulaufen – ein einziges Verhör, an dem der Angeklagte zu allen Punkten schwieg, darauf die Verurteilung zum schändlichen Tod am Galgen.

Der dichtende Ratsherr von Sonnenberg widmete Fridli Bucher den Vers: «Dem Schultheiss gab er bösen Bscheid/ Gantz frech, gantz unbesunnen/ Der Galgen ist dir schon bereit/ Die Schuld gib diner Zungen.»

die Woche vom 20./30. Juni bis zum 26. Juni/6. Juli

Wie bereits erwähnt, verkündete die Regierung am Freitag neben Fridli Buchers Verdammung zum Galgen ein weiteres Todesurteil: dasjenige von Christen Schibi. In seinem Fall war der Prozess eine reine Farce. Während nämlich die Herren von Luzern über Leben und Tod entschieden, liess Richter Kaspar Pfyffer in Sursee den Angeklagten foltern, ja selbst tags darauf dauert die Tortur fort. Schibi wird ‹mit dem kleinen und grossen Stein aufzogen›, das heisst: er wird stundenlang an den Armen aufgehängt. An den Füssen baumeln eben diese Steinklötze, die den Körper schmerzhaft dehnen. Das wäre noch erträglich, stäche da nicht eine massive, über und über mit Eisenspitzen bespickte Holzwalze blutige Wunden in den nackten Rücken. Über diese Walze wird der Angeklagte mit einer Seilwinde rauf- und runtergezogen. Je schwerer der Stein, desto tiefer bohren sich die rostigen ‹Stäfzgen› ins Fleisch.

Untersuchungsrichter Pfyffer möchte dem Kriegsobersten der Entlibucher mit allen Mitteln das Geständnis abringen: er sei ein Schwarzkünstler. Nicht der Rechtsfindung, sondern der Politik wegen. Liebend gern würden die Herren in die Welt hinausposaunen, die ganze Rebellion habe unter dem Einfluss von gotteslästerlicher Hexerei gestanden.[19]

Christen Schibi schwitzt Blut und weint, doch sagt er nicht, was seine Peiniger hören wollen. Nur: er habe die Bauernsoldaten im Wahn gelassen, er werde dafür sorgen, dass ihnen die Geschütze nichts schaden. In Wahrheit verstehe er sich aber nicht auf Magie. Die Zauberkünste, die er der Volkssage nach vollbracht habe, seien Tricks gewesen, aufgebaut auf blosser Geschwindigkeit und seiner natürlichen Körperkraft.

Schibis Kopf wird am Montag in Sursee rollen.[20]

Liebenau III/136–141, 145–149 – Mühlestein 601–609 – Hostettler 20–34 – LP Saitesprung: Vo Buure, Rebelle, Froue, Gselle und andere Lüt, Zytglogge 219 – LP Hans Peter Treichler: d Lüüt säged ich heig e kein Stärn, Gold Records L004

---

19 Zu diesem Zweck musste – mit auf den Rücken gebundenen Händen – ein angesehener Landmann das Verhör als Zeuge verfolgen. Das war Michael Müller von Altbüron, ein Kommandant beim Zug nach Bern.
20 Schibis Vermögen reichte nicht einmal zur Deckung der Gerichtskosten. – Seine Frau heiratete bald wieder, sein Sohn Christen zog als päpstlicher Gardist nach Rom.

«Sie füehred en furt über d Matte» – Fridli Buchers Heimet, die Steineren, und der Feldweg gegen Luzern zu.

Leuenberger-Bilder

General von Erlach kehrt am Wochenende in die Stadt Bern zurück. Die Regierung will die Genfer Hilfstruppen heimschicken, aber die verlangen zuerst ihren ausstehenden Sold.
Die Verhöre mit den Rädelsführern sind in vollem Gang. Ueli Frank, ein Langnauer Bauernkriegsrat, kann seinen Kopf retten: Er wird für zwei Stunden ans Halseisen gestellt und dann entlassen. Bei Weibel Rüegsegger vermuten die Verhörrichter geheime Verbindungen zu Burgern der Stadt – er wird dem Tod kaum entgehen.

> *Jetzt, in Anwesenheit des Generals, sind bald die ersten Hinrichtungen zu erwarten. Allerdings wird Leuenberger noch eine Weile am Leben bleiben. Man möchte ihn gerne dem Notar Brenner und Ueli Galli gegenüberstellen, sobald die beiden eingebracht werden können.*

Mit der Person Leuenbergers haben die Herren Probleme: Zu ihrem Leidwesen wird der ehemalige ‹Bauernkönig› als Kultfigur regelrecht vermarktet. Ein Berner Buchführer hat 150 ‹Löwenbergische Contrafaite› drucken lassen, die sicherlich zum Verkauf auf dem Land bestimmt sind. Die Regierung lässt die ganze Auflage beschlagnahmen und vom Henker verbrennen.
Und schon erzürnt ein neuer Fall die Zensoren: In der Stadt Zürich ist ein Kupferstich aufgetaucht, der Leuenbergers Antlitz mit dem Schriftzug «Bernas, Duc de Schönholz» zeigt.[1] Die Regierung beeilt sich, eine Missive an die Limmat zu senden: Der Leuenberger habe in einem «schlechten Hüttli hinter Schönholz» gehaust. Das Bild sei impertinent! Unziemlich, übeltätig! Man müsse es sofort einziehen!

> *Zürich antwortet Ende Juni: Das Porträt ist in eücher Stadt selbst gemalen, nach Zürich kommen in der Meinung, dass etliche der eürigen gern sein Bildnis in Kupfer hätten. Das Bildnis sollte ein Abschüchen von der Rebellion erwürken bei aller Welt.*

Rösli 133 – Tagebuch Haller – Hostettler 20-34 – Theodor von Liebenau: Geschichte der Stadt Willisau. Stans 1903 170-175 – Türler, Leuenberger 226 – TMB Bern 27.6. 1653 – RM Bern 24.6. 1653 – AEB E dat 30.6. 1653

---

[1] der auf S. 374 abgebildete Kupferstich

Die Bluturteile von Mellingen

In Mellingen straft ein zürcherisches Kriegsgericht die fehlbaren Freiämter ab. Das Präsidium hat der unermüdliche Bürgermeister Waser nach seiner Rückkehr von Zofingen persönlich übernommen, «um dessen Verrichtungen beschleunigen zu helfen».
Im beschleunigten Verfahren fallen heute drei Todesurteile. Neben zwei unbekannten Freiämter Bauernführern muss Hans Rast, Fähnrich von Rothenburg, am Galgen sterben.

Nach dem Vergleich von Mellingen ist Rast am 25. Mai mit den Rothenburgern heimgezogen. Da beging er eine tödliche Dummheit: Er teilte nämlich dem General Werdmüller brieflich mit voller Unterschrift mit, er habe seine Truppen nach Hause geführt, den Vertrag erfüllt und vertraue nun auf den Schutz Zürichs.
Damit hat er sich selbst als Rädelsführer des verbotenen Auszugs der luzernischen Untertanen entlarvt...

Mühlestein 600 – Liebenau III/164

Berner Hinrichtungs-Spektakel

Dienstag. Märittag in Bern. Der Wochentag auch, an dem die Oberkeit – zur Abschreckung des Landvolks – von alters her ihre Bluturteile vollstreckt.
Wie kurz vor neun das Armsünderglöcklein auf dem Rathaus läutet, lassen Handwerker, Mägde, Krämer und Kinder alles liegen und laufen zum steinernen Richterstuhl an der Kreuzgasse, in der Erwartung, den Leuenberger auf seinem letzten Gang zu sehen. Das Urteil ergeht aber über drei den Städtern wenig bekannte Männer – einer trägt einen Arm in der Schlinge, ein anderer ist so alt und gebrechlich, dass die Soldaten ihn stützen müssen. Bevor sich dann der Zug zum Hochgericht untenaus in Bewegung setzt, wird der Alte auf einen Sessel gebunden. Mit einer quietschenden Schleipfe wird er die Hauptgasse hinab, durchs untere Tor und ennet der Aare am Klösterli vorbei den Stutz hinauf zum Galgenhubel gezogen.[1]
Der Greis im Sessel ist Christian Wynistorf, Ammann von Oberburg. Achtzig Jahre hat er auf dem Buckel.

> Wenigstens haben ihn seine Gebrechen auch vor der Folter bewahrt. Nun stirbt der alte Ammann durch das Henkersschwert, weil er in seiner Gemeinde Versammlungen abhalten liess, weil er den Wacht- und Nachrichtendienst rund um Burgdorf organisiert hat.

Der zweite Kopf, der neben dem Galgen auf den Boden rollt, gehörte Lienhart Glanzmann.

> Beim Verhör ist der rebellische Wirt zuvor einmal «leer aufzogen» worden, d.h. man hat ihm die Hände hinter dem Rücken zusammengebunden und ihn daran hochgezogen.[2] Das muss ihm fürchterlich weh getan haben, litt er doch vom Gefecht bei der Neubrücke her noch unter einer Schusswunde am rechten Arm. – Dass er damals die Angreifer als Hauptmann befehligte, hätte allein schon zum Todesurteil ausgereicht.

---

1 Das Hochgericht untenaus befand sich auf dem Hügel nördlich des heutigen Haspelwegs, im hinteren Teil des zum Landhaus Schönberg (Laubeggstrasse 40) gehörigen Parks.
Der letzte Gang führte die steile Hohlgasse hinauf (die heutige Haspelgasse). Schleipfe und Kutschen werden wohl den Umweg über den alten Muristalden genommen haben.
2 Die Berner Martermethoden unterschieden sich also von den luzernischen mit ihrer Stachelrolle (vgl. S. 619).

Dienstag, 28. Juni

> Zudem war seine Wirtsstube unbestreitbar ein Hauptversammlungsort der Bauernkriegsräte.
> Lienhart Glanzmann hinterlässt sieben Söhne und vier Töchter, alle noch im Kindesalter. Seine Schulden überwiegen das Vermögen (wie übrigens auch bei Wynistorf) bei weitem, so dass der Staat wie die Familie und viele Gläubiger leer ausgehen.[3]

Zum dritten muss Daniel Küpfer, der alte Schmied von Höchstetten, vor den Scharfrichter treten.

> Er ist in den vergangenen Tagen oft gefoltert worden und hat dabei gestanden, was seine Richter hören wollten: Er sei überall an vorderster Front dabei gewesen, schon 1641 in Thun – als ehemaliger Schmied habe er Prügel fabriziert – bei der Neubrücke habe er den verwundeten Glanzmann als Kommandant abgelöst – ja, das ‹Pharaonenschreiben› habe er mitunterzeichnet.
> Daniel Küpfer hinterlässt ein grosses Vermögen von 12500 Pfund. Sein Sohn hat die Schmitte in Höchstetten übernommen, das Gut im Pfaffenbach hat er kurz vor seinem Tod dem Mann seiner Stieftochter verkauft.

Ein letztes Mal betet Küpfer mit den Geistlichen. Mit einem gekonnten Schwerthieb befördert ihn der alte Meister Michel[4] vom Leben zum Tode (Applaus und Schreie aus dem Publikum). Jetzt folgt das selten gesehene Spektakel der Vierteilung: Der Meister und sein Helfer, der Pfätzer, zerschneiden den Leichnam mit einem Metzgermesser in vier Teile.[5] Küpfers Kopf und sein rechter Armteil werden an den Galgen genagelt. Der Rest des Kadavers wird vorerst weggeschafft. Er ist für den öffentlichen Aushang in den Gemeinden Signau, Ranflüh und Huttwil bestimmt, auf dass die Emmentaler ihren Landeshauptmann nicht so rasch vergässen.

Mühlestein 617–619 – Rösli 98f. – BB VI.101, 194ff. – Sommer 129 – von Tscharner 101, 112f.

---

3 Die Oberkeit beanspruchte vom Erbe der Hingerichteten einen Kindsteil.
4 Michel Berchtold, Henker von Bern seit 1627
5 zum Verfahren der Vierteilung vgl. 27.8.

Der Fall Klaus Zimmermann

Am Tag der Hinrichtungen wird Klaus Zimmermann aus der Kilchöri Schangnau gefangen nach Bern gebracht.

> *Wahrscheinlich hat Landvogt Tribolet den Volkshelden von 1641, den Bruder des berüchtigten Wirts von Steffisburg, ohne Auftrag seines schlechten Leumunds wegen festnehmen lassen. Doch Menschen können sich in zwölf Jahren gewaltig ändern. Klaus Zimmermann hat sich seinen alten Kampfgenossen Galli, Rüegsegger und Küpfer entfremdet. Er hat sogar ihre Pläne der Oberkeit verraten.*

Tribolet merkte wohl, was für einen schillernden Vogel er eingefangen hatte. In seinem Begleitschreiben rechtfertigt er sich: er vermute, der Gefangene habe beide Seiten verraten.

So haben die Herren der Stadt Bern nun ihren eigenen Spion eingesperrt. Sie müssen ihn, den berühmten alten ‹Erzrebellen›, wohl oder übel einige Tage da behalten und verhören. Alles andere wäre suspekt und für Zimmermann lebensgefährlich.

> *Erst am 11. Juli wird er (natürlich straffrei) entlassen. Das Protokoll seiner Verhöre ist verschwunden.*

Rösli 157 – Mühlestein 468

Dienstag, 28. Juni/8. Juli

Zwyer legt sein Amt nieder

Definitiv legt General Zwyer sein Amt als Oberkommandierender der luzernisch-katholischen Tagsatzungsarmee nieder. Die militärische Unterwerfung der Rebellen ist vollbracht; die letzten Hilfstruppen in der Stadt ziehen heute heimzu.

Am längsten haben die Herren von Luzern die Tessiner Kompanien hier behalten, die ihnen gratis zur Verfügung stehen. – Zwyer hat an der Zofinger Konferenz den Beschluss durchgesetzt: die Untertanengebiete von Lugano und Locarno müssten die Kosten für ihre nach Luzern gesandten Hilfstruppen selbst berappen.

Das Kriegsgericht in Sursee hat mit Schibis Hinrichtung die Serie der schweren Fälle abgeschlossen. Für die restliche Kleinarbeit übernimmt Kleinrat Kaspar Pfyffer den Vorsitz, assistiert von nicht weniger als drei weiteren Pfyffern.

Liebenau III/124, 131 – Mühlestein 601

Die Luzerner Bürger verlieren ihre Rechte

Die Bürgerschaft von Luzern hat die Zeichen der Zeit (sprich: die Drohungen der wieder erstarkten Regierung) verstanden. Einstimmig beschliesst ihre Versammlung am 1./11. Juli, man wolle auf die im Mai errungenen Privilegien «freiwillig» verzichten.

Rat und Geistlichkeit zeigen sich hoch erfreut.[1] Noch heute legt Dr. Oehen den Freiheitsbrief auf den Tisch im Ratsaal. Martin Marzoll kniet vor der Ratsversammlung nieder und bittet um Verzeihung.

Auf Fürsprache der hohen Geistlichkeit gewährt der Rat eine Amnestie für alle Bürger mit Ausnahme derjenigen, die in verräterischer Weise mit den Bauern konspiriert haben. Gerade dies wird aber einflussreichen Bürgern in vielen Fällen vorgeworfen. Einige Beschuldigte brechen eiligst zu einer Wallfahrt nach Einsiedeln auf... von der sie eine Weile nicht zurückkehren werden. Namentlich Melchior Rüttimann und Niklaus Probstatt verschwinden unter diesem Vorwand aus der Stadt.

Liebenau III/144f., 149–151, 158

Der Landvogt von Signau nimmt das Inventar der Rebellengüter auf

Auf dem Giebel im *Eggiwil* nimmt Vogt Zehender mit dem Landschreiber das Inventar auf. Drei Pferde und ein Fohlen, vier Kühe, drei Rinder und drei Kälber grasen auf der Weide. Vier weitere Kühe seien mit den beiden Stieren, den Schweinen und den Schafen auf der Alp – Hans und Peter Galli geben bereitwillig Auskunft. Nur auf die Fragen nach ihrem geflohenen Vater und nach dem Thunerbrief von 1641 stellen sie sich taub. Im Haus drin steckt der Vogt seine Nase in jede Truhe und jeden Schrank, sogar die Handtücher lässt er zählen, er notiert die drei Silberbecher, die Uhr, das Bettgerüst, die Muskete an der Wand. Für den Hof setzt Landschreiber Losenegger alles in allem 5000 Pfund ein – kein Reichtum, doch ein stattliches Vermögen für diese Gegend.

Auch eine junge Witwe im Weiler *Rot* bei Biglen erhält Besuch von Zehender. Auf eigene Faust inventarisiert der Vogt dort den Besitz von

---

1 Die Stände Bern und Zürich haben tags zuvor nach Luzern geschrieben, der Rat solle mit der Regimentsänderung zugunsten der Bürgerschaft innehalten, da sie um den «Wohlstand und rechte Befestigung» des Regiments besorgt seien.

Hans Steinmann selig. Dabei beschlagnahmt er den halben Hausrat, weil der Verstorbene «mit den Rebellen unden und oben glägen» habe. Schliesslich macht er sich «gutmütig tröstend» an die verzweifelte Frau heran. – Die fasst sich ein Herz und beklagt sich im Rathaus zu Bern. Hier erregt die Geschichte «sonderbares Missfallen», und einmal mehr erhält der Amtmann in Signau einen hochoberkeitlichen Verweis: er solle das hinder sich genommene Gut Hans Steinmanns zurückgeben, die Witfrau unversucht lassen und sich dergleichen inskünftig müssigen!

Die Oberkeit fahndet eifrig nach den flüchtigen Rädelsführern. Die Amtleute im Emmental sollen nach dem Bergmichel, Daniel Ruch von Waldhaus und Jaggi Gammeter, dem Schmied von Lützelflüh, Ausschau halten. Ueli Galli, Christen Zimmermann, Hans Berger und Hans Bürki vermutet man ausser Landes im Wallis. Der Kriegsrat spricht Strafen für die einzelnen bernischen Ämter aus, welche die Kriegskosten der Stadt decken sollen. Danach müssen die Untertanen des Amtes Signau innert acht Jahren 3000 Kronen aufbringen.

Am ersten Julisonntag fegt ein «erschröckenliches Wätter von Sturmwinden und Wolkenbrüchen» über die Stadt hinweg, «dardurch Ihr Hochgericht mit dreyen ufgehefften Rebällen Köpfen und an genagletem Viertel des Schmieds von Höchstetten, ganz umb gekehrt, zertrümmeret (...) die Stadt an Thächeren mächtig abgedeckt, und sonsten unsaglich grosser Schaden geschehen».

RM Bern 29. 6., 2./4./8. 7. 1653 – Rösli 86, 89 – BB VI.101, 194 ff. – Inventaria

Schultheiss Dulliker hält vor der versammelten Bürgerschaft Luzerns eine Strafrede. Dr. Oehen, jetzt der unbestrittene Sprecher der Bürger, dankt der Oberkeit, bittet um Verzeihung für die grossen begangenen Fehler und um Gnade für die Verhafteten (inzwischen stecken 27 Bürger im Gefängnis). Der Schultheiss nimmt die «herzliche Abbitte» wahr und verspricht die Wahrung der Gewerbe- und Handwerksrechte auf dem Stand vom vorigen Jahr. Bezüglich der verhafteten Mitbürger werde die Oberkeit «ihrer angewöhnten Natur nach Gnade und Barmherzigkeit walten lassen».

Im Klartext: Der einträgliche Handel mit den ‹Empfehlungen› kann auch für die Bürgerprozesse losgehen.

Liebenau III/152–154, 158

«Geistliche welche Küpfer getröstet haben: Sollen schriftlich an die Examinatoren berichten, was sie erforschet haben!»

Ein Eintrag im Berner Ratsmanual vom 8. Juli, dem nichts hinzuzufügen ist.

Samstag, 9./19. Juli

Weitere Bluturteile in Bern und Luzern

In Bern werden Weibel Rüegsegger und Hans Rieser enthauptet.

Hans Rüegsegger, der Weibel von Röthenbach, stand 1641 wie 1653 an der vordersten Front der Aufständischen. Sein Leben war trotz der Fürsprache des Röthenbacher Predikanten, der ihm geraten hatte, sich freiwillig zu stellen,[1] keinesfalls zu retten. Ganz besonders kreideten ihm die Richter an, dass er nach der Schlacht von Herzogenbuchsee geschrieben hatte, wie «der Herr Meyor so grusamlich» huse, wie er das Dorf in Brand gesteckt und «der schwangeren Frauwen nit verschonet» habe. – Irgendwie ist dieser an Statthalter Berger adressierte Brief in die Hände der Oberkeit gefallen.

Hans Rieser von Oberried bei Brienz, ein (wahrscheinlich aus dem Eggiwil)[2] eingewanderter Emmentaler, hatte die Brienzer den Bund beschwören lassen und den Postdienst im ganzen Oberland ob Interlaken organisiert. Er hatte sich freiwillig gestellt, wahrscheinlich im Glauben, die Herren würden ihn verschonen, weil die Oberländer schliesslich nicht gegen die Oberkeit ausgezogen sind. Doch wurde er beim Verhör einmal leer und einmal mit dem kleinen Stein aufgezogen, bis er zugab, er habe versucht, gegen das «frömde Volk» bei der Gümmenenbrücke zu mobilisieren. Damit stand sein Tod fest.

---

1 Eine naheliegende Vermutung. – Nach Rösli kam die Empfehlung von Pfarrer Hartmann von Diessbach. ‹Hartmann› hiess jedoch der Signauer Predikant. In der Chronik Schenk ist andererseits nicht ausdrücklich erwähnt, welcher Geistliche dem Weibel den verhängnisvollen Rat gab. Zum Ende der Geschichte ist aber der Name des Röthenbacher Predikanten angegeben («Löuffer oder Reusser»).
2 Rieser hatte nahe Verwandte im Eggiwil.

Samstag, 9./19. Juli

In Luzern fallen die Häupter von Stephan Lötscher, dem feurigen Schüpfer Wirt, und von Ruedi Stürmli aus Rothenburg.
Beide standen auf der Liste der zwölf auszuliefernden Rädelsführer. Die Vorwürfe gegen sie sind sehr allgemein gehalten.

> Wie Lötscher in die Hände der Oberkeit geriet, ist nicht bekannt. Offenbar ist den Rebellenjägern im Entlibuch letzthin ein grösserer Fang gelungen; denn auch Pannermeister Emmenegger wird neuerdings in der Stadt verhört. Und aus seinen Verhörprotokollen geht hervor, dass er sich nicht freiwillig gestellt hat.
> Von den Rothenburgern weiss man hingegen, dass sie ihre drei verlangten Rädelsführer gehorsam stellten. Der bedauernswerte Stürmli war einer von ihnen, Kaspar Steiner liegt wie Emmenegger im Turm gefangen. Der dritte, der reiche Adam Müller von Gundeldingen, ist bereits wieder auf freiem Fuss. Dank Empfehlungen der Kapuziner hat man ihn zu einer Busse von 4000 Gulden begnadigt.

Mit Lötscher und Ruedi Stürmli wird auch ein Führer der Luzerner Bürgerschaft, der Goldschmied Niklaus Probstatt, wegen Hochverrats zum Tode verurteilt. Probstatt ist allerdings rechtzeitig ‹wallfahrten› gegangen und zur Zeit unauffindbar. Die Oberkeit setzt ein Kopfgeld von 200 Gulden auf ihn aus und erklärt ihn für vogelfrei. Sein Hab und Gut verfällt dem Staat.

Rösli 100 – Liebenau III/120, 139, 141, 159 – Mühlestein 609, 619f.

Hohe Herren als Schuldeintreiber im Emmental. Eine Geburt und ein Besuch auf dem Giebel

Nach bernischem Recht erhalten Hans Rüegseggers Witwe und ihre ledigen Töchter[1] auf der Niederey einen Beistand. Das ist Christen Dällenbach vom Kurzenberg, der Mann, der seit kurzem den Hof von Rüegseggers verstorbenem Freund, dem Müller-Hansli, bewirtschaftet. Eine treue Freundschaft scheint die zwei Familien über die Zeiten hinweg zu verbinden.

Seine Hilfe wird Margreth Rüegsegger bald brauchen. Noch ist keine Woche seit der Hinrichtung ihres Mannes vergangen, als eine Gruppe von vornehmen Herren aus der Stadt vom Dorf heraufgeritten kommt, Haus, Vieh und Papiere mit ernster Miene begutachtet und über die Rüegseggers den Geldstag verkündet! Darauf lassen sie alles fortschaffen, ja sogar die unfertige Wub nehmen sie ab dem Webstuhl. Das Heimet, die undere Seli, wird verschrieben.

Diese vornehmen Herren waren aller Wahrscheinlichkeit nach Zeugherr Lerber, Oberst Morlot und Hauptmann Müller, begleitet von Landvogt Zehender und einigen Soldaten. Die drei hohen Offiziere bereisen in diesen Tagen das Gebiet zwischen Burgdorf und Thun, mit dem Auftrag, von den Rebellen geschuldete Strafgelder einzutreiben. Wo kein Bargeld vorhanden ist, setzen sie einen Zahlungstermin fest und pfänden vorsorglich gleich die ganze Habe, die im Fall der Säumnis «nach Ihro Gnaden Belieben» ohne weiteres an die Oberkeit fallen soll. Konfiszierte Ware von Hingerichteten oder Flüchtigen versucht die Kommission möglichst gegen bar zu verkaufen...

Landvogt Zehender benützt den Ritt nach Röthenbach hinauf zu einem Abstecher auf den Giebel. Er hat inzwischen vernommen, die Gallis besässen ein zweites Haus am Berg im Eggiwil, und das will er durchsuchen. Dabei hat er unerwartetes Glück. Vreni, die Frau von Hans Galli, hat gerade ein Töchterchen zur Welt gebracht.[2] Etwas abseits entdeckt der Vogt ein verdächtiges Pferd, einen dreijährigen Hengst, der bei seinem letzten Besuch nicht hier war, und er kombiniert, dass der flüchtige Ueli Galli wohl irgendwo in der Gegend sei, um seine Enkelin zu sehen.

---

1 An Kindern Rüegseggers habe ich im Röthenbacher Taufrodel nur Elsbeth (* 1622) und Anna (* 1624) ausfindig machen können. Mindestens eine der beiden Töchter war 1653 offenbar noch ledig.
2 Barbli Galli, getauft am Sonntag, 17. Juli 1653 im Eggiwil

Die Durchsuchung der beiden Häuser fördert nichts zutage. Aber Zehender und seine Helfer ‹beschlagnahmen›, was sie tragen können: das Silbergeschirr, eine «Windketti», zehn Schmärleiber, einen Viertel Specksaite, ein Tränkzäumli samt dem eisernen Zügel, ein Haggertel und noch mehr – und natürlich das verdächtige Ross.

RM Bern 8./11./16.7. 1653 – Rösli 77f. – Chronik Schenk – Contracten Signau 6,151 – AEB E dat. 17.8. 1653

Der Tod von Hans Emmenegger und Kaspar Steiner

Der Luzerner Rat hält über zwei Anführer der Bauernbewegung Gericht: Hans Emmenegger und Kaspar Steiner.

Pannermeister Emmenegger – der kluge, senkrechte 38jährige Bauer aus einer wohlhabenden alten Schüpfener Familie – wurde von seinen Freunden schon der ‹Edelstein der Bauern› genannt. In den Augen der Herren ist er der «allerärgste, böseste Rädelsführer». Immerhin gestehen sie ihm einen «nicht gewöhnlichen Geist und Scharfsinn» zu.

In den Verhören gab Emmenegger seine führende Rolle während des Aufstands offen zu. Nach wie vor verteidigte er den Bauernbund und dessen Ziele: Die Landleute hätten nichts anderes als das göttliche Recht begehrt, als sie vor Luzern gezogen seien, um der Stadt Speise und Trank zu verwehren. (Ja, den Bürgern habe der Bund gefallen. Von einer hinterrücks geplanten Mordnacht wisse er aber nichts.) Die Entlibucher hätten einen Status wie die Oberhasler angestrebt: einen Statthalter, der mit vierzig Geschworenen gemeinsam richte und strafe. Dass er die Hindersässen im Tal in das Landrecht aufgenommen habe, sei sein gutes Recht als Entlibucher Pannermeister.

So freimütig Emmenegger über seine politischen Ziele Auskunft gab, so konsequent schonte er seine Kampfgefährten. Immer, wenn die Examinatoren mit Marterqualen wieder einen Namen aus ihm herausgepresst hatten, mussten sie auf ihren Listen enttäuscht feststellen, dass der Betreffende entweder bereits hingerichtet oder ausser Landes geflüchtet war – kein anderer Name kam über die Lippen des Angeklagten, so sehr sich die Herren auch bemühten.

Kaspar Steiner, der Jesuitenschüler und Siegrist von Emmen, hat während des Aufstands zwischen den harten Rebellen und der Regierung hin und her taktiert. Man mag ihm zugute halten, dass er in manchen Situationen gezwungen war, sich wie eine Windfahne zu drehen, um den Schaden von ‹seinem› Amt Rothenburg und insbesondere von seiner stadtnahen Gemeinde Emmen abzuwenden. Hier, zwischen Hammer und Amboss, war eben schwieriger zu politisieren als im fernen Entlibuch. Zweimal hat er anscheinend dem Schultheissen (Dulliker) private Versprechungen abgegeben, die er später wieder brach. Was er da ausgehandelt hat, bleibt unklar.

Kaspar Steiner hoffte bis zuletzt, er könne sein Leben retten. Nach Abschluss des Stanser Vertrags hatte er sich freiwillig gestellt, in der Meinung, die Fürbitte der Schiedsherren werde eine allgemeine Amnestie bewirken.[3] Wie versprochen haben sich in der Folge sämtliche alten Orte für eine Begnadigung der Rebellen eingesetzt, doch stand dem der politische Druck der Zofinger Konferenz gegenüber. Ganz unprogrammgemäss fällte der Rat von Luzern Todesurteil um Todesurteil. Steiners letztes diplomatisches Kalkül drohte zu scheitern. Mit gebogenen Knien flehte er vor den Herren des Kleinen Rats um Gnade. – Zu seiner Ehre sei angefügt, dass auch er während der Verhöre seine Freunde nicht beschuldigte.

Der Rat zeigt sich bezüglich der Urteile sehr gespalten. Für Emmenegger beantragt Schultheiss Dulliker den Tod durch das Schwert. Er unterliegt damit mit 29:31 Stimmen dem Gegenantrag Statthalter Pfyffers, der den Pannermeister hängen sehen will. Für Steiner beantragt Statthalter Pfyffer den ehrenvollen Tod durch das Schwert. Schultheiss Dulliker dagegen will den Verräter auf einem Schleipfling durch die Stadt zum Hochgericht führen, ihn dort aufs Rad flechten und erwürgen lassen – in etwa die schimpflichste Todesart, die man sich vorstellen kann. Schultheiss Fleckenstein schlägt als Kompromiss ebenfalls den Strang vor, und die Mehrheit stimmt ihm zu.

Somit werden die beiden so verschiedenen Männer heute Seite an Seite gehängt. Von Emmenegger weiss man, dass er sein Urteil mit grösster Gemütsruhe vernahm. Selbst Ratsherren weinen, als sie ihn mutig und ruhig auf dem Weg zur Richtstätte sehen. In seinem letzten Wunsch bestimmt er noch sechs Gulden zur Lesung von Messen für seine arme Seele.

Liebenau III/141–143 – Mühlestein 610–612

---

[3] Wahrscheinlich bestand in Stans eine solche mündliche Absprache. Die Todesurteile wurden insbesondere in Schwyz, Nidwalden und Zug schlecht aufgenommen. Stadtschreiber Hartmann von Luzern musste das Vorgehen der Justiz in einem grossen Manifest rechtfertigen.

Das Basler Strafgericht

O Basel, du Blüte der Wissenschaft! Was taten die Herren vom Rhein, während anderswo in der Eidgenossenschaft die Köpfe rollten? Sie holten an der Universität ein juristisches Gutachten ein.

In seinem Rechtsgutachten plädiert Prof. Jacob Burckhardt nun für sieben Todesurteile und eine Reihe von lebenslänglichen Galeerenstrafen. Bürgermeister Wettstein und seine Herren XIII zögern keinen Augenblick, die Empfehlung der Wissenschaft in die Tat umzusetzen. Um so mehr, als sie sich durch ein ‹Memorial› von Antistes Dr. Theodor Zwinger auch theologisch abgesichert fühlen.

Der Basler Theologieprofessor Theodor Zwinger (1597–1654)

Im Namen der gesamten Basler Geistlichkeit dankt da der Antistes den «Gestrengen, Edlen (etc.) Gnädigen, Gebietenden Herren» für die Verhaftung der «Redlinsführer dieser verfluchten Fraction (...) der rebellischen Landleute», wozu «die gleichsam von dem hochen Himmel, von dem Gott des Friedens zugewandte unerwartete Hülff» beigetragen habe. Dann empören sich die Basler Prediger über die Milde des Zofinger Gerichts, das «auch die fürnemsten Rebellen, Meutmacher und Verführer, welche den Tode vielfaltiger Weise verschuldet, umb eine geringe Geldstraf» losgelassen habe, statt «an solchen gottlosen Buben ein gebührendes Exempel» zu statuieren. Das dürfe um keinen Preis auch in Basel geschehen! «Die mutwilligen Aufrührer der Landschaft, welche das Teüffelische Unwesen angesponnen und angerichtet haben», hätten ihnen, den Geistlichen, gegenüber sogar im Gefängnis noch «ehrrührige Reden wider E.G. ausgegossen und getrieben!»[4] Man müsse an diesen Personen «die Gerechtigkeit dergestalten üben, damit die Ehr Gottes und seines Namens, desgleichen ihres Standes Hochheit und unseres Vatterlands Wolfahrt möge errettet und erhalten werden.» Nämlich so: «Es hat Gott vorzeiten den Richtern seines Volks gantz ernstlich befohlen, dass ihr Aug den Verführern nicht schonen, dass sie sich über sie nicht erbarmen, noch sie verbergen, sondern sie erwürgen und steinigen sollen (Deut. 13.8, 9.10). Bei dem Propheten Jeremia lässt sich Gott mit grossem Ernst verlauten: verflucht seye, der das Werck des Herren lässig thut, verflucht seye, der sein Schwert aufhält, dass es nicht Blut vergiesse (Jer. 48, 10).» Es folgen alttestamentarische Beispiele für den Fluch, mit dem Gott den Versöhnlichen, der Schonung übt, verfolge; ein solcher müsse schliesslich «in seinem selbs eigenen Blut sterben (Sam. 15).» Gott selbst habe «an der rebellischen Statt Liechtstall (Liestal) ein extraordinari zuvor unerhörtes Gericht» vollzogen durch ein kürzliches «erschreckenliches Hagelwetter» (Wetten, dass die Gewitterschäden von anfangs Juli in Bern von der dortigen Theologie etwas anders interpretiert werden?!) und damit zeigen wollen, «was, seinem Exempel nach, christliche Oberkeiten in Abstrafung hocher Verbrecher zu thun haben». Nicht vergebens habe Gott die Oberkeiten «mit seinem Namen gewürdiget und Götter genennet»! Der «Herr der Herren» habe «ihnen das Schwerdt (...) gegeben, als Rächeren, zu Straf über die, so Böses thun (Röm. 13,4)». Die Regierung solle sich vor Bittgesuchen zugunsten der Angeklagten hüten, denn diese könnten «zu einer verkehrten und verdampten Barmherzig-

---

[4] Wie in Bern (vgl. 8. Juli) arbeiteten die reformierten Geistlichen in Basel als Spione der Obrigkeit. In krassem Gegensatz dazu verwies die Regierung von Luzern am 14./24. Juli drei Pfarrer des Landes, weil sie es mit den Bauern gehalten hatten: Pfr. Weber von Geiss, Pfr. Dangel von Marbach und Pfr. Bürgi von Doppleschwand. – Pfarrer Gerber von Hasle, der Feldprediger im Rebellenlager vor Luzern, ist mit Sicherheit geflohen.

> keit» verleiten, «welche in dem Grund nichts anderes ist, dann eine Crudelitas oder Grausamkeit». Denn wenn die Rebellen frei werden könnten, sei zu befürchten, dass sie «vielleicht gar auch von der Religion abzufallen sich gelusten lassen...»

... was angesichts derart mörderischer Seelenhirten kein Wunder wäre.

Vor dem Steinentor enthauptet der Henker der Stadt Basel am 14. Juli sechs Rädelsführer: Heinrich Stutz, Konrad Schuler und den Schuhmacher – und Schultheissensohn – Hans Gysin aus Liestal, Joggi Mohler von Dietgen, Ueli Gysin von Läufelfingen und den alten Galli Jenny von Langenbruck. Ueli Schad, der Weber von Oberdorf, stirbt als Haupträdelsführer durch den Strang.

Mühlestein 629–632 und Abb.30 – Liebenau III/168

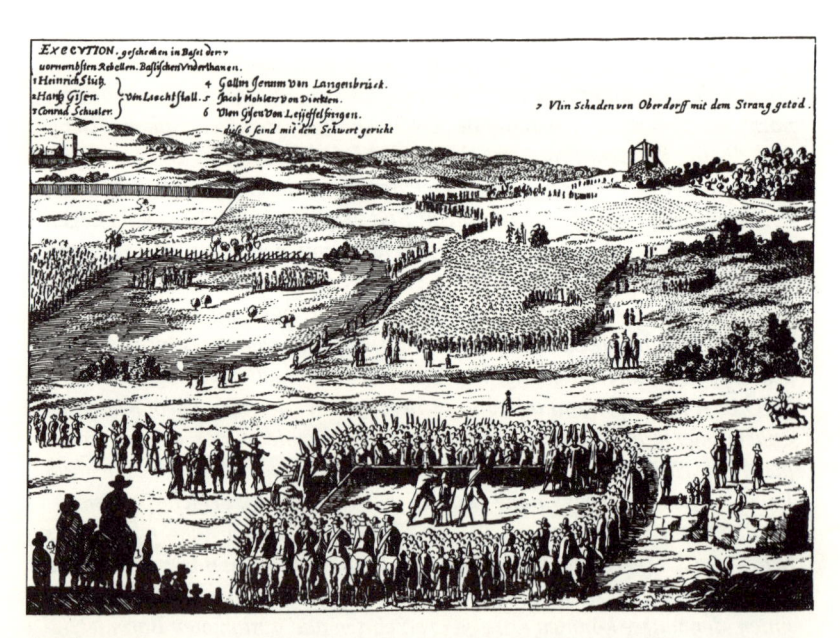

Die Hinrichtung von sieben Führern der Landschaft am 14./24. Juli 1653 vor dem Steinentor in Basel

Zehender nimmt Hans Galli gefangen

Hans Galli, Uelis Sohn, hat sich in Bern über Vogt Zehenders ‹Beschlagnahmungen› auf dem Giebel beschwert. Die Herren händigen ihm das Verdikt gleich schriftlich aus: Der Vogt habe das entwendete Gut samt dem Pferd der Familie zurückzugeben. Mit diesem Papier in den Händen geht Hans Galli auf seinem Heimweg auf Schloss Signau vorbei und verlangt sein Recht. Herr Hans Rudolf Zehender gerät ausser Rand und Band: er sei hinterrücks vorgegangen! schreit er den jungen Galli an und lässt ihn für 24 Stunden in den Kerker sperren. Am nächsten Morgen bewirft er den verhassten Besucher beim Hinausgehen von der Schlossmauer hinab mit Steinen.

Dass dem Signauer Schlossherrn (immerhin ein Aristokrat im gesetzten Alter von bald fünfzig Jahren) derart die Nerven durchbrennen, zeigt, in welcher ungemütlichen Lage er sich befindet. Mehrmals haben nun die Untertanen Vermögensdelikte des Vogts nach Bern gemeldet, und stets haben sie recht bekommen, nun sogar der Sohn eines Hauptträdelsführers! Zehender weiss die Zeichen zu deuten: Er ist bei einigen mächtigen Herren im Rathaus in Ungnade gefallen wie sein Amtskollege Tribolet ... Weitere ungefreute Post aus Bern ist jetzt wohl zu erwarten, und er muss sich geschickte Ausreden zurechtlegen.

Ein paar Tage darauf erhält Zehender prompt die böse Post: Er solle Ueli Gallis Sohn endlich das Pferd zurückgeben, sonst müssten Ihro Gnaden «mit ihm reden». Auch was er sonst noch «verüsseret» habe, solle er gefälligst zurückerstatten und in das Inventar eintragen. Überhaupt solle er berichten, wie ordentlich er bei der Schätzung der Rebellengüter vorgegangen sei. Ob er Geschworene mitgenommen habe? Ob er den Verkehrswert genommen und das Weibergut ausgeschieden habe? etc.

Der Papierkrieg zwischen Bern und Signau ist eröffnet.

RM Bern 16./30. 7. 1653 – AEB E dat. 7. 8. 1653

Sieben verurteilte Baselbieter Rebellen haben ihren langen Weg zu den venezianischen Galeeren angetreten. Bereits in Säckingen laufen die Bürger und Bauern zusammen. Sie stossen laute Schmähungen und Drohungen gegen die Bewacher aus. Eine Stunde *unterhalb Laufenburg* wird der Zug von einer Meute mit allen möglichen Geräten bewaffneter Bauern überfallen. Mit Todesdrohungen erzwingen die Angreifer die Freilassung der Gefangenen, ja so rasend sind sie, dass die Begleitmannschaft ihr Leben schliesslich nur der Fürsprache der Gefangenen verdankt.

Mühlestein 632

Der Schultheiss von Thun beschlagnahmt im Namen der Oberkeit das Reisgeld aus den Gewölben von *Steffisburg*[1].
   Das ist kein Pappenstiel: 2360 Kronen in Gold und Silber.

Lohner 557f.

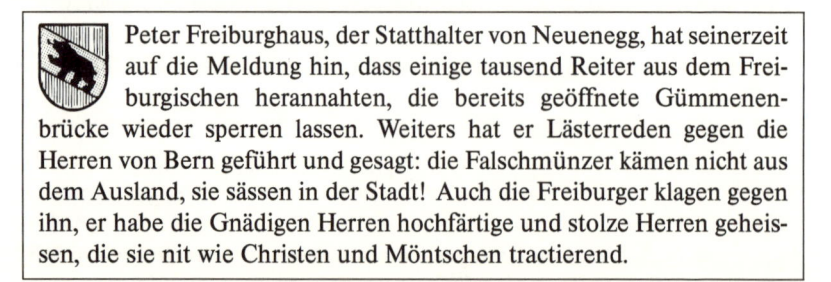

Peter Freiburghaus, der Statthalter von Neuenegg, hat seinerzeit auf die Meldung hin, dass einige tausend Reiter aus dem Freiburgischen herannahten, die bereits geöffnete Gümmenenbrücke wieder sperren lassen. Weiters hat er Lästerreden gegen die Herren von Bern geführt und gesagt: die Falschmünzer kämen nicht aus dem Ausland, sie sässen in der Stadt! Auch die Freiburger klagen gegen ihn, er habe die Gnädigen Herren hochfärtige und stolze Herren geheissen, die sie nit wie Christen und Möntschen tractierend.

Der Angeklagte wendet ein, er habe in seiner Grenzgemeinde nur pflichtbewusst die bernischen Rechte gegenüber Freiburg gewahrt und müsse dies nun teuer bezahlen.
   Doch die Herren kennen kein Erbarmen. Am 23. Juli lassen sie ihren ehemaligen Statthalter zum Köpfen auf den Richtplatz der *Stadt Bern* führen.

Rösli 100f. – Mühlestein 620

---

1 Am 4. August mussten auch die Oberhofner ihr Reisgeld nach Thun ins Schloss bringen, da die Gemeinde zu Thuns Fahne gehöre.

Ende Juli 639

Weitere Bluturteile und Bürgerprozesse in Luzern

In den luzernischen Patrizierfamilien hält sich hartnäckig die Sage: der böse Untervogt Spengler von Kriens habe den Bauern geraten, sie sollten nach der Einnahme der Stadt alle Knäblein kastrieren, damit die stadtbürgerlichen Geschlechter aussterben.

Kein Wunder, dass der Gefangene Spengler so zum Bölimann der Stadtjugend geworden ist. Er muss sterben, selbst wenn ihm diese schaurigen Worte in keiner Weise nachgewiesen werden können. Ja, die Leute von Kriens versicherten: Spengler sei von jeher der friedlichste Mann gewesen, der niemals irgend jemandem ein Härchen gekrümmt hätte. Er habe sich für einen Propheten gehalten (... der nach der Bruder-Klausen-Prophezeiung den endgültigen Sieg über Vögte und Gültherren voraussagte).

Hans Spenglers abgeschlagener Kopf wird nicht etwa neben diejenigen Hans Krummenachers, Stephan Lötschers und Ruedi Stürmlis an den Galgen genagelt – an dem die Leichen Fridli Buchers, Emmeneggers und Steiners an der Sonne schmoren –, sondern beim unteren Stadttor, auf der rechten Seite des Haberturms, auf eine Eisenstange aufgepflanzt. Wo er wohl den luzernischen Vätern bei ihren sonntäglichen Familienausflügen als Anknüpfungspunkt für die Aufklärung ihrer Söhnchen dienen wird.

Der Rat spricht am 4. August (katholischen Kalenders) gleich noch ein zweites Todesurteil aus: Es betrifft einen der Ihren, den Ratsherrn Beringer Heiserlin. Heiserlin ist ein arg verkommener Junker, dem Blutschande, Fruchtabtreibung und Misshandlung seiner Frau zur Last gelegt werden; dazu soll er im Bürgerhandel politisch agitiert haben, was er aber energisch bestreitet. Oder besser: bestritt, denn er ist zur Zeit unauffindbar.

Und wenn das Blutgericht heute schon Bauer und Edelmann verurteilt, so darf auch der Bürger nicht fehlen: Anton Marzoll, der Kupferschmied. Er soll die Rebellen heimlich beraten und in ihren Forderungen bestärkt haben. – Die ganze Geistlichkeit bittet um seine Begnadigung, und angesichts der Tatsache, dass er bereits eine längere Kerkerstrafe und mehrfache Folterungen hinter sich hat, lassen sich die Herren erweichen. 500 Gulden Busse und sechs Jahre Verbannung aus der Eidgenossenschaft lautet das Urteil.

Marzoll ist nicht der erste Bürger, der sich vor dem Rat verantworten muss. Letzte Woche standen der Kürschner Wilhelm Probstatt und der Büchsenmeister Walthert an gleicher Stelle. Walthert wurde beschuldigt, er habe seine Kanone bei der Brücke zu Gisikon bloss mit Pulver geladen! - Nur mit 30:29 Stimmen liessen die Herren Gnade vor Recht ergehen und schickten die beiden für zehn, resp. acht Jahre auf die Galeeren gegen die Türken. Jost Spitzlin, ein Goldschmied, erhielt tags darauf wegen seinen Agitationsreden sechs Jahre absolutes Wirtshausverbot.

Am bedeutendsten ist der Prozess gegen den Metzgermeister und Ratsherrn Franz Bircher (Annas Vater). In den Augen der Aristokraten ist er der Urheber des ganzen Bürgerhandels. Schon im Mai galt er als Verräter, am 23. Juli wurde er des Rats entsetzt. Am 3. August wird er schliesslich auf die Fürbitte des Nuntius', der Geistlichkeit, seiner adeligen Verwandtschaft usw. und unter Berücksichtigung der bereits erlittenen Folterqualen «aus besonderer Gnade und Mildigkeit» zu 15 Jahren Kriegsdienst auf die Insel Kandia[1] geschickt.

Liebenau I 282, III/5, 142, 159-161, 163 - Mühlestein 612f.

---

1 Kreta

anfangs August

Der Zürcher Pfarrer Johann Konrad Wirz, Chorherr des Grossmünsters, hat eine Beschreibung des Aufstands verfasst und will sie drucken lassen. Kaum haben die ersten fünf Bogen die Presse verlassen, schreitet die Zensur ein.[1] Im Rathaus findet man es besonders empörend, dass Pfarrer Wirz die Frechheit hatte, die Truppen von St.Gallen zu loben und die bewaffnet ausgerückten Bauern «Soldaten» zu nennen.

Landvogt Zehender hat sich mit den *Eggiwilern* endgültig verkracht. Den Gallis hat er das entwendete Ross trotz wiederholten Aufforderungen[2] noch immer nicht zurückgegeben. Stattdessen hat er von Bauern, die beim Auszug nach Bern mitgegangen sind, auf eigene Faust Bussen einkassiert,[3] dazu noch einige Talbewohner als Wiedertäufer denunziert. – Predikant Schaffner vom Eggiwil erhält den Auftrag, diesen Dingen nachzuforschen.

Vock 5 – RM Bern 6.8.1653

Die geflüchteten Rädelsführer planen den Widerstand – und haben einen Verräter in ihren Reihen

Der harte Kern der ehemaligen Berner und Luzerner Bauernkriegsräte hat sich auf einer Weide an der Grenze zwischen *Marbach* und *Schangnau* zu heimlichen Beratungen getroffen.

Davon erfahren auf irgendwelchen Wegen die versammelten Herren Regenten in Baden (da ist wieder einmal eine Tagsatzung im Gang). Schultheiss Dulliker berichtet nach Luzern: 25 Rebellen befänden sich in Schibenfluh zu Marbach! – Doch deren Festnahme misslingt.

Die *Schibenfluh* ist von Alters her wegen des geheimnisvollen, unendlich tiefen Lochs als Wunderplatz berühmt. Immer wenn ein übermütiger Bubdort etwas hineinwirft, gibt es ein Unwetter. Bei schlimmen Wetterwechseln steigt aus dem Loch manchmal eine Jungfrau herauf. Da setzt sie sich auf einen Stein und strählt und zöpfelt ihr Haar.

---

1 Ende September (warum erst?) wurden die gedruckten Bogen konfisziert. Ein Bruchstück des Textes von Wirz hat die Zeit überdauert. Es endet mit dem Bundesschwur von Huttwil.
2 Verdikt vom 16.7., wiederholt am 30.7. und 2.8.
3 Ein Haldimann zu Horben hat sich darüber beklagt.

Was sich an diesem Ort der Kraft in diesen Tagen abspielte, wissen wir aus der Feder eines Mannes, der selber dabei war, eines Verräters:

> «Dem ehrenvesten, frommen, hoch- und wohlweisen Gnd. Herren Samuel Lerber, des Kleinen und des Grossen Rats und Oberst (...) der Stadt Bern. Dem selbigen Herren, samt den Seinigen seyen mein fründlicher Gruss und bereitwillige Dienste zuvor.
> ... (ich berichte), dass ich des hochweisen Herrn Schreiben und trostliche Botschaft empfangen hab, (worin) der Herr weiteren Bericht von mir begehrt, welches ich zu Stür der Wahrheit und zu Schutz und Schirm des Vatterlands MG Hochweisen Oberkeit nit abschlagen will, welches ich hiemit aus Recht und Grund der Wahrheit d.G. Oberst berichte, aber alles insgeheim, damit es nit vor die Ausschüss komme; dann sie würden mir auf mein Leben setzen, dass ich ihr böses Vorhaben entdeckt und rund anzeige, sonders die Entlibucher Ausschüss. Aber dem Herrn Oberst will ich die Heimlichkeit offenbaren, so weit mir in Wüssen ist bei meinem guten Gewüssen: zuerst hand die Ausschüsse aus dem Luzernerbiet einen Ratschlag gemacht, nachdem MGH ihr Volk wieder in die Stadt Bern genommen haben und heimgezogen im Augusto 1653, und sind das die noch gemeldte Personen Bergmichel, Hans Bachmann, Jost Küngeler Bachmann genannt am Bucholterberg, Megert von Münsingen, Christen Zimmermann, Uli Galli, die aus dem Luzernerbiet kann ich nit namsen, aber derselben sind viel bei ihnen gewesen, und sind im Tschangnau bi einer Weid, die der Christen Zimmermann in Lehen ghan, zusammengetreten, und diesen Ratschlag gemacht: sie wollind alle Gründ und Mittel suchen und anwänden, und Hilf an sich bringen von den Landlüthen aus dem Solothurnergebiet und aus dem Freiburgergebiet und aus dem Luzernergebiet, aber nur auf dem Land und nit aus den Städten, denn sie wollen alle Sachen heimlich haben, wie sie dess guten Anlass und Glimpf in obangezeigten Orten von vielen Landlüthen Verheissung haben, und wollen die obangezogenen Ort nehmen und die Stadt Bern umstürzen, samt der Stadt Thun.
> Aber denen Landlüthen müss nüt geschehen, und ein Wiedervergelt der Oberkeit geben, wie sie den Landlüthen getan haben, und eine andere Oberkeit in die Stadt Bern setzen, und den armen und rychen Landlüthen ihre Güter ledigen, und die Gültbriefe aus den Städten aushernehmen. Allein Predicanten, Gotthäuser, Spitäler bei ihren Gerechtigkeiten wollind sie verbleiben lassen.»

Es folgt eine Beschreibung des Bauernlagers bei Ostermundigen, wobei der Schreiber die meiste Schuld den Luzernern (die «mit aller Grausamkeit aufzogen» seien und wider alles Abwehren hätten angreifen wollen) und den Solothurner Hauptleuten (die «etlich 1000 Völkeren anerboten haben» und sich «schier nit haben abweisen lassen, und allerseits ein Blutbad haben anrichten wollen») zuschiebt.

Zurück zu den neuen Plänen der flüchtigen Rädelsführer:

> «Und zu Bern auf dem Murifeld gegen die Aar wöllen sie das Holz weg houwen und in die Aar werfen und die Mühlenen verschwellen, dass das Wasser nit zu der Mühli komme, aber das alles wollen sie in das Werk setzen wann das Wasser kleiner ist. Aber ich fürchte gar übel bei dem Ambassadeur (de la Barde in Solothurn) heigen etliche Ausschüss Niederlass. Ich weiss nit wohl, aber ich fürchte es übel. Wann ich aber auf freiem Fuss stah, so will ich ihren Niederlass wohl finden und es dem Herrn Oberst schreiben.» Aha.

Nun kommt der Verräter nochmals auf die Belagerung von Bern zu reden, wie damals die Kriegsräte (Leuenberger, Küpfer, Galli, Bergmichel, Christen Zimmermann und Schreiber Brenner samt den Solothurner Hauptleuten) die Städte Bern und Thun gleichzeitig angreifen wollten und nur noch auf das Bereitschaftszeichen aus dem Gwatt und aus Steffisburg gewartet hätten, welches er, der Schreibende, aber nicht weitergegeben habe. Er habe den Zettel mit der Meldung in einem Hag versteckt, damit man ihn nicht finde. So habe er allein unter Lebensgefahr die Städte vor einem Blutbad bewahrt, «und Gott der Allmächtige, der unser König und Hauptmann ist, wolle der blutdurstigen Menschen ihres grausames Toben zerstören». Den fraglichen Zettel habe er dem Herrn Oberst zum Beweis schon zugeschickt.

> Er hoffe, die Gnädigen Herren würden ihm «das Vatterland wiederum schenken, dann ich nit gern ausserthalb dem Vatterland bleibe, Ursach, weil diese bösen Ratschläge über angezogene Orte gemacht worden; dann ich will in meinem Vatterland sterben, damit man mir nit böse Ratschläg zumessen könne, hiemit will ich selber, wann ich auf freien Fuss gestellt worden bin – darum ich MG Oberkeit um Gottes Willen bitte – denen Ausschüssen ihren Rat will helfen zerstören und underlegen; dann ich ihr Vorhaben besser will ausspähen können weder viel Personen (...). Von mir, Hans Berger.»
>
> PS. Der Weibel Imhof (von Steffisburg) sei zu ihm gekommen und habe ihn zu vielen «heimlichen Händeln» anstiften wollen, wie schon einmal zuvor. Da seien sein Sohn und Weib und der Knecht dabei gewesen, «aber sie dürfen nit wider ihne zeugen, dann er brächt mich und meine Kinder um alles was sie haben.»

Der Bauernbund lebt also im geheimen weiter! Die Macht des verbotenen Bundes ist noch so gross, dass sich die geflohenen Rebellen als ‹Ausschüsse› ihrer Gemeinden treffen und dass ein Verräter sich vor ihrer Rache fürchten muss.

Am ungebrochenen Tatendrang der Revolutionäre ist nicht zu zweifeln. Die Entlibucher haben gehört, der französische Botschafter wolle Volk anwerben, um damit gegen die Stadt Bern zu ziehen. Der junge Hans Stadelmann, der ‹Städeli›, der manchmal als einer der drei Tellen dem Volk voranmarschiert ist, schreibt an de la Barde: eine grosse Zahl von «abgetretenen Gesellen» begehre, in seinen Dienst zu treten. – Die Berner Rebellen sind von diesem Plan viel weniger begeistert, weil man munkelt, der französische König wolle Bern katholisch machen. Deshalb reden sie: sie könnten die Stadt auch ohne französische Hilfe in die Knie zwingen. Der Plan, die Aare zu stauen, stammt von Christen Zimmermann. Der hat schon auf dem Murifeld so etwas ähnliches vorgeschlagen.

Das böse Erwachen folgt bald.

Städeli erhält vom Botschafter nicht den gewünschten Bescheid. Und die Berner dürfen von den Eroberung ihrer Hauptstadt höchstens träumen – zur Zeit können sie Gott danken, wenn sie dem Henkersschwert entgehen. Die Rebellenjagd ist noch im Gang.

Der Obmann und sein Stellvertreter sind verraten worden – und der nächste Verräter sitzt schon unter ihnen.

> Hans Berger mag ehrlich Angst haben, Bern könnte französisch und katholisch werden – Pläne, die er nicht billigen kann. Zur Hauptsache aber will er durch seine Spitzelberichte an den Zeugherrn den eigenen Kopf retten. Und eben da hat er Pech. Die Herren der Stadt verurteilen ihn erbarmungslos: «Wann er erdappt wird, soll er wie Leuenberger geviertelt, widrigenfalls sein Namen und sein Urteil an den Galgen geschlachen und uff sein Kopf gebotten werden.» Seine Habe verfällt dem Staat.[4]

Der so tief gesunkene Alt-Statthalter Berger kann einem leid tun. Von der Oberkeit wird er verfolgt, von seinen alten Kampfgefährten verachtet und geplagt, denn seine Spitzeleien blieben nicht lange verborgen. Einmal verdreschen ihn Christen Imhof, Hans Zimmermann von Schwändi und fünf weitere Steffisburger; beinahe hätten sie ihn mit einer Halparte erstochen.

Liebenau III/180f., 215–217 – Rösli 208f., 222 – Misch-Masch 52 – BB VI.80.3

---

4 Nach Abzug des Frauenguts und der Schulden blieben noch 220 Kronen übrig.

Sonntag, 14. August

Ueli Galli ist innerhalb eines Monats zum zweiten Mal Grossvater geworden. Seine Tochter Barbara, die Frau des Daniel Stauffer in der Glashütte, hat ein Söhnchen geboren. In der Kirche im *Eggiwil* wird es an diesem Sonntag auf den Namen Ueli getauft.

Nach der Predigt verkündet Pfarrer Schaffner: die Gnädigen Herren hätten gegen den Landvogt Zehender eine Untersuchung eingeleitet. Wer Klagen vorzubringen habe, solle sich am Mittwoch in Signau melden.

RM Bern 13. 8. 1653 – Taufrodel Eggiwil 14. 8. 1653

Die Klagen gegen Landvogt Zehender

In *Signau* meldet sich die Landbevölkerung recht zahlreich vor der Untersuchungskommission des Rates mit Klagten gegen den Landvogt. Den Anfang macht Michel Kräyenbühl, der Wirt, wegen unbezahlten Rechnungen. Der zweite ist ein gewisser Peter Gfeller, der, nachdem er ihn vier Tage gefüttert hatte, «einem jungen verloffnen Hund sein Ohr abgehauen, dass er weglouffi». Zu Gfellers Pech gehörte das Tier dem Vogt, und die Busse kostete elf Kronen – viel zu viel.

Es folgt eine Reihe weiterer Beschwerden wegen zu hoher Bussen und weil Zehender verschiedentlich Erbschaften einfach einsackte. Viele Landleute beklagen sich bitter über Zehender und seinen rässen neuen Weibel Berger von Signau, wie die beiden kleine Mitläufer der Bauernbewegung als «Rädelsführer» abstraften:
- Ueli Haldimann auf Horben wurde vom Weibel Berger mehrmals bedroht und bestraft, weil sein Sohn beim Aufstand mitgemacht hatte.
- Hans Ruch und Ueli Siegenthaler auf der Egg waren mit vor Bern gezogen. Dafür nahm ihnen der Vogt einen dreijährigen Hengst, einen Käse für seinen Sohn und ein Paar Stiefel für den Weibel ab.
- Peter Lehmann auf dem Chapf, «welcher sonderbarer Lybsgeprästens behaftet und nit vor Bern zogen», erhielt 5 Kronen Busse, weil sein Sohn Holz für das Wachtfeuer gehauen hatte (der Sohn wurde zusätzlich bestraft).
- Dem Andreas Schenk im Senggen hat Weibel Berger 5 Dublonen Bussgeld aufgehalst, bloss weil Schenk im Frühling einmal seinen Schwager aus dem Oberland bei sich beherbergt hatte – unglücklicherweise handelte es sich dabei um den inzwischen hingerichteten ‹Erzrebellen› Hans Rieser.

Am Ende sind 44 Klagten beisammen, kaum wegen Grausamkeiten, fast sämtliche wegen Geldaffären.

AEB E 759

Donnerstag, 18. August

Verdächtige Entlibucher. Brenner gefangen

Drei Entlibucher zu Pferd haben sich bei *Thun* über die Aare setzen lassen.
Die Gnädigen Herren sind sehr besorgt darüber. Der Fährmann muss in der Hauptstadt vor dem Kriegsrat erscheinen. An die Luzerner Regierung ergeht ein Schreiben wegen dieser «unguten Anstiftung», «rachgierigen Intentionen» und «Missbrauch des leider bewilligten freien Handels und Wandels».

Die nervöse Reaktion der Berner Herren ist durch die beunruhigenden Spitzelberichte der letzten Tage zu erklären: So soll sich im Jura, auf dem Gebiet des Bistums Basel, viel fremdes Volk befinden. Im Entlibuch stünden die Rebellen kurz vor einer neuen Erhebung. Die Emmentaler und Steffisburger Hauptrebellen seien heimlich nach Hause zurückgekehrt – wer weiss, was sie planen...

Natürlich ergeht an die Landvögte der Auftrag, insgeheim die Häuser der geflohenen Rebellen überwachen zu lassen. Wie sich bald zeigen wird, bleiben diese neuen Fahndungen im Bernbiet erfolglos. Nicht einmal die Namen der verdächtigen Entlibucher Reisenden können erforscht werden.

Dafür geht eine für die Oberkeit höchst erfreuliche Missive aus dem Ausland ein: Der gesuchte Notar Brenner ist in seiner Heimat bei Emmendingen in der Markgrafschaft Baden festgenommen worden! Schon morgen wird der Tross mit dem Gefangenen in Bern ankommen.

Mühlestein 624 – Lohner 558 – BB VI.34,7 – TMB Bern 18.8. 1653 – RM Bern 18.8. 1653 – Mandatenbuch Bern 23.8. 1653

Die Soldaten treiben in der Stadt Bern «viel nächtliches Unwesen» mit Saitenspiel und Tanz.

Endlich hat Vogt Zehender aus Signau geschrieben. Vorerst rechtfertigt er sich wegen des Pferdes, das er der Familie Galli abgenommen hat: Dieses sei, wie das Silbergeschirr, ausserhalb des Hofes versteckt gewesen, und es sei zu befürchten gewesen, dass der flüchtige Ueli Galli beides weghole. Deshalb habe er die Sachen ordnungsgemäss zuhanden genommen. Gleich darauf hätten ihm die Kriegsräte befohlen, sie zu behalten.

Er habe oft, tags und nachts, den Giebel wie auch die Häuser der anderen verschwundenen Rädelsführer mit Soldaten überwacht, und er werde weiter nachforschen, ob die Rebellen wieder heimlich zurückkehrten. Die Suche verursache hohe Kosten. – Wohin er das beschlagnahmte Pferd geben solle? Man könne ja nicht wissen, ob Ueli Gallis Erben die geforderte Strafe bezahlen würden...

Übrigens antworte er erst jetzt, weil er die Mahnungen der Hohen Oberkeit zu spät erhalten habe. Der Spengler von Worb habe als Bote versagt. Er habe die Schreiben zuerst ins Eggiwil und von da aus wieder gegen Worb getragen, ohne sich auf Schloss Signau zu melden.

Mit seinem Wiedertäuferverzeichnis (des Hab und Guts, der Lehrer und der täuferischen Frauen) sei er noch beschäftigt.

RM Bern 23.8. 1653 – AEB E dat. 22.8. 1653

Freitag, 26. August

Leuenberger steht Brenner gegenüber

Notar Brenner wird Niklaus Leuenberger gegenübergestellt. Für den ehemaligen Bundesschreiber ist dies der Anfang einer langen Reihe von Verhören, für Leuenberger das Ende. Sein Strafgericht ist auf morgen angesetzt.

> Während Wochen ist der Obmann des Bauernbundes nun mit und ohne Folter ausgequetscht worden. Recht bereitwillig hat er dabei Auskunft gegeben. Immer wieder beschuldigte er Ueli Galli, den Bergmichel, Daniel Küpfer, Statthalter Berger, Christen Zimmermann und andere, während er selbst gegen seinen Willen in sein Amt gedrängt worden sei und alles unternommen habe, um die Rebellion zurückzubinden und Schaden zu vermeiden. So habe er niemals zur Belagerung von Bern ausziehen wollen ... er habe gemeint, es gelte 10000 Mann fremdes Volk bei der Gümmenenbrücke abzuwehren. Dann, auf dem Murifeld, habe er die Luzerner, Aargäuer und Hasler möglichst vom Zuzug in das Bauernlager abgehalten, den Angriffswütigen sei er energisch entgegengetreten, und im Heer habe er stets auf gute Disziplin geachtet.

Offensichtlich hat Niklaus Leuenberger die Hoffnung nicht aufgegeben, er könne sein Leben retten. So richtete er, in seiner Verblendung durch die Predikanten, die ihn im Gefängnis betreuten (und aushorchten), bestärkt, zwei Gnadengesuche an den Rat. Nur ein geistliches Reuebekenntnis legt er darin ab, dass er sich nach seinem heiligen Eid vom 25. März zu neuem Ungehorsam gegen die gottgesetzten Gnädigen Herren überreden liess. Weltlicher Straftaten ist er sich nicht bewusst.

Mühlestein 623f. – Rösli 101–104 – RM Bern 26.8.1653 – Turmbuch Bern 1653, Vergicht Niklaus Leuenbergers – BB VI.80.3

Niclaus Leuenbergers

Im Schönholtz, des Kilchspiels Lindorf, Müll und Landvogtheÿ Trachselwald, Obmans und führers aller der Vier Landgnoßischen orthen, Bern, Lucern, Solothurn und Basel habenden Rebellen **processus criminalis**

Nachdem derselbig albereit vor den H. Osterlichen Zyt, dem Vergleich, so von mghh. und Oberen, mit deren undehanen des Emmenthals, durch underhandlung der Herren Evangelischen orthen zu Bern sich befindenden Ehrengesandten, gemacht worden, als ein Vsgeschoßner von seiner Gmeind, neben anderen nit allein angenommen, sondern bÿ geleisteten Leibs glipt von Räth und Burgeren, Ihr handen Hr. Burgermeisters Sattlers von Zürich gelobt, so wol für sich selbsten darbeÿ zu bleiben, als auch sein Gmeind best müglich darzu zuhalten; Darbeÿ auch wegen der Oberkeit verzeigten ungehorsame, und ver= übten ungerechten, getäuwen underhandlen ungebürlichen handlung nüt dem Eÿdnoss deprecirt, und darauf sÿnes mit anderen gesprochnen führers gnad erlanget. Hetten mghh. und Oberen verhofftet, Er ob. Rebell erlangte gnad, und

Niklaus Leuenbergers Todesurteil im Berner Turmbuch 1653

Samstag, 27. August

Niklaus Leuenberger in Bern hingerichtet, mit ihm Bendicht Spring von Schüpfen

Seit gestern nachmittag kennt Leuenberger sein Todesurteil. Persönliche Vergehen können ihm nicht zur Last gelegt werden. Doch habe er, als ein Haupt der Rebellanten, seine natürliche, von Gott gesetzte Oberkeit im höchsten Grade beleidigt, auch zu allen Mitteln verholfen, dieselbe auszurotten. So soll ihm – damit dieses greuliche Laster der verfluchten Rebellion anderen zum Exempel gestraft werde – der Nachrichter nach den Rechten dieser löblichen Stadt mit dem Schwert das Haupt abschlagen, dasselbige mit dem schändlichen, zu Huttwil errichteten Bundesbrief an den Galgen heften, den Leib aber in vier Stücke und Teile zerhauen und an allen vier Hauptstrassen aufhängen.

Während seiner letzten Nacht leisteten zwei Predikanten dem Leuenberger in seinem ‹Mörderkasten› Gesellschaft.

Die so salbungsvoll von himmlischer Vergebung sprechenden Männer in Schwarz haben den ganz konkreten Auftrag: den Gefangenen «zum Tod zu disponieren und consequent durch bewegliches Zusprechen sein Herz völliglich zu räumen (...), ihn aber auch eigentlich zu befragen, woher doch dieses Rebellions-Unwesen herfliesse? Wer die 1. Anfänger und rechte Authores syind? Wie sich die Sache vor einer Zeit zur anderen angespunnen? Wer zu Langenthal den 1.Ratschlag geben, dass man dergestalten (...) die Päss aller Orten verlegen (wie gleichsam in einer Stund geschehen!) und also für die Stadt Bern ziechen solle? Was dessetwegen ihr endtlicher Zweck gsyn? Ob und was für sonderbare und heimliche Verstandnus und Anlass zwüschen ihnen, seinen Conjuranten, dem Ambassadoren, wie auch seinem Schreiber Baron sich verhalten? – Und falls er diesmalen noch mit der Sprach nit recht herus wollte, Ihne bei der Ausführung (zur Richtstätte) deswegen auch zu Red ze stossen: zu welichem End denjenigen Herren, so sich zu ihme verfügen und ihn trösten werdend, sein sonst weitläufiger Prozess durch Herr Grichtsschreiber soll communiciert werden.

24. August 1653. Canzley Bern.»

Dass die ‹Gnädigen Herren› die ihnen ergebene Geistlichkeit hemmungslos als Spitzel missbrauchen, ist spätestens seit Daniel Küpfers Hinrichtung nicht mehr neu. Dass dieser infame Befehl zum ‹letzten Trost› schon drei Tage vor dem Rechtsspruch ausging, dass Leuenbergers Tod demnach schon feststand, während der Angeklagte noch verhört wurde und seinerseits mit Wissen der Oberkeit Begnadigungsgesuche aufsetzte, diskreditiert die bernische ‹Justiz› vollends.

> *In der Tat wäre es nach so vielen Todesurteilen in der ganzen Eidgenossenschaft eine Ungeheuerlichkeit, wenn der berühmte Obmann des geschmähten Bundes, der ‹Bauernkönig›, am Leben bliebe. Leuenberger muss sterben. Der Staatsräson wegen. Seine strafrechtliche Schuld ist unerheblich.*

So kommen die Stadtberner erneut zu einem Hinrichtungsspektakel beim Hauptgalgen untenaus. Nach dem falschen Trost der Predikanten legt Leuenberger seinen Kopf auf den Bock. Meister Michel lässt sein Schwert präzis hinunter sausen. Der verachtete Knecht hebt das blutende Haupt auf und zeigt es der Menge. Der Meister reinigt das Richtsschwert. Wie die Form es erfordert tritt er damit salutierend vor den Grossweibel der Stadt Bern, der mit dem Blutstab in der Hand die Exekution inspiziert, und fragt an: «Han i rächt grichtet?». Prompt wird er von seiner Schuld entlastet: «Du hesch rächt grichtet. Mach wyter, was dir befohlen isch!» Den abgehauenen Kopf nagelt der Nachrichter an die Galgenlatte, daneben ein mit sechs Siegeln versehenes, mit Bändern verziertes Pergament – den Bundesbrief der Bauern.

Jetzt folgt das blutige Nachspiel. Der Henkersknecht nimmt dem Toten die Eingeweide aus dem Leib. Dann schneidet Meister Michel den Leichnam mit einem Spaltmesser in vier Teile[1] – so grausam endet Niklaus Leuenberger, der Führer der Landleute, der noch vor Stunden an die Gnade der Richter glaubte.

Mit ihm stirbt ein weiterer ‹Erzrebell›: Bendicht Spring, der Meyer von Schüpfen.[2]

---

1 Leuenbergers Vierteilung mit dem Spaltmesser nach vorheriger Entfernung der Eingeweide ist in einer zeitgenössischen Handschrift erwähnt; auch das Fliegende Blatt ‹Von dem Löwenberger› berichtet: «Sie hey ihn zRiemen *gschnitten*». – Nicht gesichert – aber anzunehmen – ist die Öffentlichkeit dieser Handlung. Die populäre Darstellung: Vier Pferde (oder Ochsen) hätten vergeblich versucht, Leuenbergers starken Körper zu zerreissen, der Henker habe mit dem Spaltmesser nachhelfen müssen, habe ich nicht bestätigt gefunden (und ich bedaure meine Fussnote in Hostettler 40).
Die Quellenlage ist allerdings dürftig. Die Vierteilung, die alte Strafe für Verrat an der Obrigkeit, wurde in der Geschichte der Stadt Bern sehr selten vollzogen – gemäss von Tscharner nur dreimal (Christian Kolb im 16. Jh., Küpfer und Leuenberger). Wahrscheinlich wurde sie in allen Fällen mit dem Messer vollzogen und durch vorherige Enthauptung gemildert.
2 Vock 485 und nach ihm von Arx 48 schreiben, zusammen mit Leuenberger sei auch Stephan Schluep aus dem solothurnischen Nennigkofen gerichtet worden. – Ich fand in bernischen Quellen keinen solchen Hinweis und vermute eine Verwechslung mit Daniel Schlup (vgl. 13. September).

Samstag, 27. August

> Er hat seinerzeit den Pass bei Aarberg sperren lassen. Zur Huldigung in Seedorf erschien er dann pflichtgemäss, als aber die Herren nach getanem Eid verkündeten, die Gemeinde Schüpfen müsse zum Kanonenferggen Pferde in die Stadt schicken, rief er offen aus: wenn er das gewusst hätte, so hätte er nicht gehuldigt! Ein schlechter Friede sei das! Und dem Dekan seines Dorfes, der ihn zum Gehorsam ermahnte, gab er zur Antwort: einer gerechten und von Gott gesetzten Oberkeit würde er gern gehorchen ... – Später stellte Bendicht Spring sein Pferd dann doch noch in die Stadt; er hatte aber die Frist versäumt.
> Mit seinem Tod wollen die Herren von Bern ein Exempel statuieren. Zudem war Spring ein reicher Bauer – sein Vermögen wird konfisziert.[3]

Wegen «vergessener Treu, verübten Meineids, Usschlachung der angebottnen Gnaden und Beleidigungsvergess» wird er durch das Schwert gerichtet.

Die traditionelle kurze Standrede des Münsterpfarrers beschliesst diesen historischen Morgen beim Hochgericht untenaus. Eine lange Menschenschlange folgt den Kutschen der Herren unter den Alleebäumen hinab zur Untertorbrücke, zurück zur täglichen Arbeit in der Stadt.

In Baden geht die Tagsatzung zu Ende

Seit dem 1. August tagte in Baden die Eidgenössische Tagsatzung. Ihre Beschlüsse bringen wenig Neues.
Nur gerade der Auftrag zum Wiederaufbau der verbrannten Kirche von Wohlenschwil deutet darauf hin, dass die Eidgenossenschaft eben den gewaltigsten Volksaufstand ihrer Geschichte durchgemacht hat. Das Soldbündnis mit Frankreich soll nach Ansicht der Ständemehrheit erneuert werden, punkto Batzen bleibt alles beim alten – beim bevorstehenden grossen St. Verenen-Märit in Zurzach soll exakt auf falsche Münzen geachtet werden.
Man staunt, über was für kleinlichen Unsinn die hochbezahlten Herren Ehrengesandten schon wieder palavern: etwa um eingebundene Kräuterbücher, die jedem Stand zu einem Preis von 15 Reichstalern abgegeben wurden (Appenzell verweigert die Annahme), oder um die Frage, ob der Weibel in der Herrschaft Sargans alle zwei Jahre neue Hosen erhalten soll oder bloss einen Mantel.

Mühlestein 623–625 – Rösli 101–105 – BB VI.101, 219 – BB VI.96 – von Tscharner 101f., 112f. – Turmbuch Bern, Vergicht Niklaus Leuenbergers – Vock 487–505

---

3 Nach Rösli. Der Staat kassierte schliesslich bloss 90 Kronen (+ ungewisse 60 Kr.), so dass am Reichtum Springs zu zweifeln ist.

Der tote Leuenberger wird ausgestellt

Leuenbergers viergeteilter Leib wird heute an eigens dafür gemachte Schnabelgalgen aufgehängt: Ausserhalb dem kahlen Birnbaum auf dem Breitfeld der linke Fuss, beim Egelmoos der linke Arm, bei Bremgarten ausserhalb dem Türli der rechte Fuss, bei der Hauptgruben obenaus der rechte Arm. Das Haupt mit dem Bundesbrief bleibt beim Galgen untenaus angenagelt, wo übrigens Bendicht Springs Leichnam in ungeweihter Erde verscharrt wird.

> Das Volkslied berichtet darüber:
>
> «Was wey mir aber singen/
> Was wey mir heben an/
> Zu singen vom Löwenberger/
> Wie ihms ergangen war.
>
> Es ist ihm nit wohl ergangen/
> Es wird ihm nit wohl ergahn/
> Sie hey ihn zRiemen gschnitten/
> Sie henckten ihn an die Strass.»

Leuenbergers Pickelhaube, sein Handschuh und sein Degen werden bald in Zürich zur Schau gestellt, sein Porträt im weissen Saal des Schlösschens Löwenberg bei Murten, ein Bildnis mit Knüttel im Berner Zeughaus, ein weiteres Bild in Harnisch mit einem Kolben auf der Achsel in Basel.

Eine böse Überraschung erleben die Herren von Bern bei der Inventarisierung auf dem *Schönholz*. Zweimal muss Tribolet den ungläubigen Ratsherren berichten, Leuenbergers Schulden überstiegen sein Vermögen, die Oberkeit werde wie die Erben leer ausgehen. Offenbar hatte der stolze ‹Bauernkönig› persönlich mehr unter der wirtschaftlichen Krise der letzten Jahre zu leiden gehabt, als er dies gegen aussen hin zu erkennen gab. – Die Schulden halten sich im Rahmen, so dass die Familie Leuenberger immerhin ihr Heimet behalten kann.

Mühlestein 625 – Rösli 102 f. – Hostettler 35, 40 – BB VI.80.3, 138 – LP Hostettler/Diem/Mentha: Lieder & Tänz us dr Schwyz, Image 775006

anfangs September

Der Thuner Schultheiss bekommt einen Rüffel aus der Hauptstadt: er habe den Rebellen nicht richtig nachgesetzt. Namentlich Statthalter Berger sei wieder zu Hause gewesen, auch wenn der Schultheiss nichts davon wisse!
Im Hinblick auf die bevorstehenden Märkte werden zur Sicherung des Schlosses Thun die Palisaden bei der Fallbrücke neu aufgerichtet.

RM Bern 29.8. 1653 – Lohner 556, 558

«*Ist den Bauern anheimgestellt, Schulmeister zu haben; allein MGH Herren werden nit mehr dazu contribuieren.*»

Die Regierung von Solothurn streicht ihre (ohnehin wie überall kargen) Zustüpfe an die Lehrer auf dem Lande, wohl in der Meinung, ungebildete Untertanen seien auf die Dauer leichter im Zaum zu halten. Natürlich teilen die meisten Herren der Eidgenossenschaft diese Auffassung. Nur ist die solothurnische die erste Regierung, die einen so volksfeindlichen Beschluss fasst.

Verglichen mit anderen Orten sind die Strafen hier mild ausgefallen; die Herren der St.Ursenstadt haben eine weitsichtige Befriedungspolitik betrieben. Ausser Adam Zeltner ist kein Landmann mit dem Tod bestraft worden. Die Ämter haben aber erhebliche Bussen zu bezahlen, insgesamt 50000 Kronen. Olten verliert sein Stadtsiegel. Der Hauptrebell des Wasseramts, Urs Kaufmann von Horriwil, ist des Landes verwiesen worden.

Wegen des Bucheggbergs liegt Solothurn noch immer im Streit mit Bern. Mehrere Konferenzen der beiden Stände sind erfolglos verlaufen. Die Solothurner Regierung weigert sich, dieses ihr seit 260 Jahren gehörende Gebiet abzutreten oder auch nur die ‹Rädelsführer› auszuliefern, da doch die Berner Untertanen die Solothurner angestiftet hätten! – So versandet die leidige Sache allmählich zwischen Forderungen und Gegenforderungen.

Vock 481–486

Das Pech des Stephan Reinle

Stephan Reinle, der Untervogt von Aarburg, kam nach seiner Festnahme am 31. Mai mit nur 30 Kronen Busse davon. Ihn, der im Namen der Landleute den Mellinger Vertrag unterzeichnet hatte, konnten die Berner Behörden ja schwerlich hart bestrafen, ohne dadurch an General Werdmüller zu geraten.

Als aber Stephan Reinle in diesen Tagen den *Zurzacher Märit* besucht, gerät er mit einem gewissen Peter Wild wegen eines alchemistischen Versuchs[1] in Streit. Er wird verhaftet und vor den Landvogt (der Gemeinen Herrschaft Baden) gebracht. Der Vogt ist ein Urner, Hans Franz Schmid, der sich um die Feinheiten der zürcherisch-bernischen Diplomatie einen Deut schert. Als er merkt, wer hier vor ihm steht, schlachtet er den glücklichen Zufall weidlich aus. Er lässt in seinem Urteil «Altes und Neues zusammengeben»; der arme Untervogt Reinle wandert für drei Monate ins Gefängnis, muss 558 Gulden für seine Verköstigung[2], dazu 300 Gulden Busse zahlen und sich die ‹Gnade› des Vogts erst noch mit einem schönen Pferd (Wert: 100 Gulden) erkaufen.

Vock 506f. – Rösli 119

---

1 Die Alchemie war an sich nichts Anrüchiges. Dass der grosse Paracelsus mit Hilfe des Steins der Weisen aus Quecksilber und Schwefel Gold machen konnte, galt als unbestreitbare Tatsache.
2 Es muss sich um wahrhaft fürstliche Gefängniskost gehandelt haben!

Dienstag, 13. September

Noch eine Hinrichtung in Bern. Die Bussenliste

Nach Leuenbergers Tod, ein gutes Vierteljahr nach der Niederwerfung der Rebellion, rechnet man in Bern gemeinhin bloss noch mit *einem* Todesurteil – demjenigen des Schreibers Brenner, der immer noch verhört wird.

Doch richtet Meister Michel heute auf dem Galgenhubel beim Rosenbühlgut[1] einen weitgehend unbekannten Mann. Sein Name ist Daniel Schlup, sein Heimatdorf Rüti bei Büren.

> Vor sechs Wochen schon ging sein Prozess zu Ende. Damals wurde er zu einer hohen Busse von 300 Kronen samt Ehr- und Wehrlosigkeit verurteilt. Ein nicht ungewöhliches Strafmass für einen hablichen Landmann.[2]
>
> Ende August kam Schlup wegen neuer Anzeigen wieder ins Gefängnis. Er hatte mit Versammlungen und Drohungen versucht, die Linden von Rüti und Arch auf die Seite der Aufständischen zu bringen. Unter Folter gestand er einige kernige Aussprüche, insbesondere gegenüber seinem grossen Gegenspieler in der Gemeinde, dem Predikanten (GOTT syge ihr Redliführer!).

---

1 Das Hochgericht obenaus befand sich auf dem Friedbühlhubel, in der Nähe der heutigen Notfallpforte des Inselspitals.
2 Solche – oder noch höhere – Bussen erhielten im Bernbiet:
  3000 Kr. Hans Lüscher, Untervogt von Schöftland (an Zürich)
  1500 Kr. Daniel Bürki im Winkel bei Langnau
              Hans Wüthrich zu Brandösch im Trub
              Durs Affolter von Leuzigen
  1200 Kr. Melcher Minder, Säckelmeister im Oberdorf Huttwil
              Ulrich Kärr von Ried bei Rüderswil
              Ueli Kupferschmid von Stauffen bei Röthenbach
   900 Kr. Ueli Suter, Säckelmeister von Suhr (an Zürich)
              Jakob Buchser, der Wirt von Bätterkinden
              Niklaus Fiess, Ammann zu Wichtrach
              Hans Moser, Ammann von Dessigkofen bei Biglen
   600 Kr. Samuel Lüscher, ‹Untervogt Schuler› genannt, von Muhen
              Isaak von Wartburg von Aarburg
              Melchior Graber im Elmegg bei Huttwil
              Hans Glauser von Jegenstorf
              Josef Häberli von Jegenstorf
              Jakob Schäli, Gerichtssäss in Bätterkinden

Der Angeklagte war ein wohl feuriger, nichts desto weniger erfolgloser Rebell. Sein Tod durch das Schwert ist weniger eine Folge seiner persönlichen Vergehen als ein Akt der hohen Staatspolitik: Daniel Schlup stirbt als ‹Repräsentant› des Amtes Büren, als Mahnung an die Solothurner Regierung, welcher Stellenwert der Rebellion in der Gegend des Bucheggbergs zukomme.

Rösli 106f., 110–232 – AEB F 13,14

	Bernhard Witschi, der Statthalter von Hindelbank
	Erhard Salzmann, Weibel von Frutigen
	Stephan Jäggi, der Ammann von Leuzigen
	Hans Spring, der Weibel von Schüpfen
450 Kr.	Hans Weyermann von Lotzwil
400 Kr.	Albrecht Jäggi von Leuzigen
	Durs Mülchi von Arch bei Büren
	Hans Pfäffli, Weibel von Signau
360 Kr.	Hans Iseli zu Hirseck im Amt Trachselwald
	Andres Sommer vom Hünigerhaus bei Affoltern
	Bastian Sommer, sein Bruder, ebenfalls im Hünigerhaus
300 Kr.	Ueli Bohnenblust von Aarburg; Samuel Frey, ehemaliger Schultheiss von Lenzburg; Bendicht Affolter von Koppigen; Michel Haueter in der Gohl bei Langnau; Hans Kräyenbühl zur Schmitten im Trub; Alexander Leuenberger von Lauperswil; Christen & Ueli Stauffer von der Zimmerzei im Eggiwil; Niklaus Aeberhardt von Utzenstorf; Kaspar Äschlimann (Bergmichels Vater) von Blasen; Hans Antenen von Herbligen; Hans Bauen, Landschreiber von Schwarzenburg; Niklaus Hubacher, der Ammann von Hettiswil; Hans Luginbühl zu Eichen bei Münsingen; Hans Minger, der Weibel zu Mülchi; Ueli Schüpbach von Biglen; Hans Steinmann von Gysenstein; Hans Wahli von Bolligen; Beat Zoss in Ostermundigen; Daniel Aebi von Wallachern bei Seeberg; Urs Dinkelmann von Hellsau; Kaspar Hunziker von Oberwynau; Hans Kopf von Bleienbach; Christen Müller, Säckelmeister auf dem Bucholterberg; Jakob Rieter, der Grossweibel von Frutigen; Isaak Tschaggelar vom Homberg bei Thun; Michel Zahner, Kilchmeier von Amsoldingen; Hans Mülchi, Statthalter von Arch; Niklaus Schneider von Diessbach bei Büren; Bendicht Löffel von Worben bei Nidau; David Suri, der Weibel von Oberwil

In manchen Fällen waren die Bestraften niemals in der Lage, das Geld zu bezahlen. Später musste ihnen die Obrigkeit einen Teil nachlassen.
Nicht aufgeführt sind hier die Vermögenskonfiskationen der zahlreichen geflüchteten und hingerichteten Rebellen (1 Kindsteil).

Mittwoch, 14./24. September 659

Schultheiss Dulliker hat die Ausschüsse der zehn luzernischen Ämter ins Rathaus der Stadt rufen lassen.
Man habe auf dringendes Anhalten der Landbevölkerung eine Armee gegen den Einfall der Berner aufgestellt, erklärt Dulliker, die 25 000 Gulden gekostet habe. Da die Bauern diese Auslagen provoziert hätten, müssten sie die Summe dem Staat zurückerstatten. – Im Namen der Ämter schildert darauf Landvogt Pfyffer (als ob die Landleute nicht selber sprechen könnten) die traurige Lage des Volkes und bittet um gnädigen Nachlass, da die Untertanen sonst auswandern müssten. – Der Rat von Luzern entspricht dem Begehren unter dem Vorbehalt, dass die Untertanen sich gefügig zeigten; sollte ein Amt wieder ungehorsam werden, müsse es das Geld bezahlen. Worauf die Ausschüsse der Regierung ihre Treue versichern und sich für die neuerliche Gnade höflich bedanken.

Im Grunde weiss jeder einzelne hier im Ratsaal, dass sich die Dinge ganz anders verhalten als beschrieben: 1. rückte die luzernische Armee zur Niederhaltung der eigenen Landleute aus, 2. rief General Zwyer selbst die Berner Armee ins Land, 3. wäre die Oberkeit nach alten Verträgen wie nach dem Eid ihrer Amtleute bei äusserer Gefahr zum Schutz ihrer Untertanen verpflichtet, ohne dass diese eine solche Massnahme erst ‹provozieren› müssten. – Mit Schein dient die Spiegelfechterei zwischen Dulliker und Pfyffer nur der Disziplinierung der Landleute im Hinblick auf den kommenden Sonntag. Nach dem katholischen Kalender ist dies nämlich der Sonntag vor St. Michelstag, der althergebrachte Schwörtag der Luzerner Untertanen. Da werden die Landvögte in den Hauptorten der Ämter den Treueeid der Untertanen abnehmen und diesen umgekehrt den Schutz und Schirm der Oberkeit versprechen.

In Aristokratenkreisen hält sich hartnäckig das Gerücht, die ganz harten Rebellen wollten diesen Anlass zu einem neuen Aufruhr missbrauchen. Zudem hat sich die Regierung eine peinliche Nachlässigkeit zuschulden kommen lassen: Weil sie die Bezahlung der Siegeltaxe verschleppte, haben die Schiedsrichter von Stans den Schiedsspruch, der vor über drei Monaten auf der Krienser Allmend verlesen wurde, immer noch nicht besiegelt! – Schon früher war eine der Hauptklagen der Bauern: die Herren der Stadt hielten ihnen die rechtmässigen Briefe und Siegel zurück, und die Landvögte würden es am Sonntag schwer haben, die Geschichte mit der vergessenen Siegeltaxe glaubhaft darzustellen. Selbst in der Stadt erzählt man sich hinter vorgehaltener Hand: Dulliker und Konsorten hätten gar nie vorgehabt, den Ämtern die versprochenen Spruchbriefe auszuhändigen, jetzt, wo die Rebellion niedergerungen sei.

Liebenau III/181-183

Sonntag, 18./28. September

Schwörtag im Luzernerland

Was die Herren vorausgeahnt haben, tritt am Schwörtag im *Willisau* prompt ein: Als Landvogt Jost Pfyffer dem versammelten Volk den Treueid abverlangt, begehren verschiedene Schreier aus der Menge zuerst den besiegelten Stanser Spruchbrief. Die Beamten aus dem Gefolge des Vogts schildern das Mißgeschick mit der Siegeltaxe. Die Gnädigen Herren meinten es gut mit dem Volk; sogar auf die Einforderung von 25 000 Gulden Kriegskosten wollten sie verzichten, wenn man jetzt gehorsam sei! – Darauf legt sich der Sturm. Aber ungefähr ein Drittel der Anwesenden hebt die Hand nicht zum Schwur. Die Leute begehren zuvor die Vorlage des Spruchbriefs, die Freilassung aller Gefangenen und die Rückgabe ihrer Waffen.

In *Schüpfheim* reitet eine hohe Delegation aus der Stadt, nämlich Alt-Landvogt Amrhyn, der neue Landvogt Schumacher, sowie Schultheiss Dulliker und Leutpriester Bissling in Begleitung mehrerer Ratsherren pünktlich zum Schwörtag der Talschaft Entlibuch ein. Als sie das Volk zur Huldigung auffordern, tritt Jost Marbacher vor und spricht: «Wir schwören nicht die Treue, wenn ihr nicht zuvor die Gefangenen und Verbannten begnadigt, uns die Busse von 5000 Gulden erlasst und die Waffen zurückgebt.» Im gleichen Sinn reden noch zwei andere Männer: Sie verlangen den besiegelten Spruchbrief, worin ja steht, dass, abgesehen von zwölf auszuliefernden Rädelsführern, die Landleute begnadigt seien. Deshalb sei es nichts als recht, dass die Regierung endlich alle Gefangenen freilasse!

Umsonst mahnen Schultheiss und Leutpriester die Menge zum Gehorsam. Ihre Reden gehen im allgemeinen Lärm unter. Da will der bekannte Ratsherr Pfyffer[1] seine Führungsqualitäten unter Beweis stellen. Getreu dem ‹divide et impera› ruft er aus: «Ihr Herrgottslumpen! wer nicht schwören will, mache sich davon, wer schwören will, folge mir nach!» Die Abgeordneten von Luzern treten auf eine Seite des Dorfplatzes, manche Landleute folgen ihnen. Die Mehrzahl aber macht sich befehlsgemäss davon.

Abends, beim Diner im Wirtshaus, ist den Herren in keiner Weise wohl. Die Einheimischen wirken feindlich und verschlossen, der Spitzelpfarrer Bislig hat für die Nacht gar vor einem Attentat gewarnt. An ein Heimreiten am heutigen Sonntag ist nicht mehr zu denken. Schultheiss Dulliker lässt in der Kirche eine Messe der ärmsten Seele im Fegefeuer lesen, damit ihn Gott wieder gesund nach Hause geleite.

Liebenau III/185 f., 189 f.

---

1 Wahrscheinlich Caspar Pfyffer, Landvogt im Entlibuch 1646/47

Montag, 19./29. September

Das Attentat beim Büggenschachen

Die Furcht der Luzerner Delegierten vor einem Attentat ist vollauf begründet. Gestern, am frühen Morgen des Schwörtags, hat im Haus des Weibels Krummenacher in *Schüpfheim* eine Besprechung der Unzufriedenen stattgefunden.

Dabei waren: der ‹Fuchs› (Weibel Krummenacher) und sein Sohn, die drei Tellen, Hans Rych, Jost Marbacher, die drei Gebrüder Schnyder, Stoffel Hurni und ein Schullehrer namens Josef. Gast war der geflohene Willisauer Rädelsführer Hans Heller ... er soll die ganze Sache erst recht angezettelt haben.

Zur Einstimmung verlas Heller das bekannte Tagsatzungsmanifest vom März, diese Schimpftirade auf die Mannen des Entlibuchs. Dann besprach man sich, die Gemeinden sollten dem Landvogt keine Treue schwören, bevor nicht das Bussgeld nachgelassen, die Gefangenen befreit und die Waffen zurückerstattet seien (die Postulate, die Jost Marbacher vor der Huldigung vorbrachte).

Die blosse Verweigerung des Eides ging nun dem ‹Tellen›, Käspi Unternährer, entschieden zu wenig weit. Er rief aus: man solle gleich die ganze Herrengesellschaft niedermachen! Weibel Krummenacher lachte zu dem Vorschlag und meinte: er solle das Attentat lieber bleiben lassen. Die Ermordung des Landvogts nütze nichts; denn auch wenn man die ganze Gesellschaft niedermachte, kämen wieder andere Herren. Die Tellen sollten gescheiter zusammen mit der ganzen Gemeinde um Straferlass und Rückgabe der Waffen bitten. – Unternährer war jedoch von seinem Vorhaben nicht abzubringen. Seiner Ansicht nach würde sich mit dem Tod des mächtigen Schultheissen Dulliker vieles ändern. Mit Worten allein erreiche man gar nichts. Er zeigte das grosse Schwert, mit dem er dreinschlagen werde, und der Daiwiler Bauer (Heller) ermutigte ihn noch dazu, indem er sagte: wenn die Herren zur Strafe Truppen ausschickten, so habe er in Willisau genügend Wehrwillige beisammen, um das Volk zu schirmen. – Der ‹Fuchs› lenkte schliesslich ein: wenn er den Mordplan schon nicht verhindern könne, sollten die Tellen doch wenigstens ausserhalb des Dorfes im Schachen schiessen.

Am Abend nach der vereitelten Huldigung drängten die Tellen nochmals darauf, die Herrendelegation schon hier im Wirtshaus kalt zu machen. Doch Weibel Krummenacher wehrte vehement ab. Er wolle den Ruf seines Dorfes Schüpfheim nicht durch eine so grässliche Verletzung des Gastrechts besudelt sehen.

So liegen die drei Tellen, Käspi Unternährer, der Hinterüeltsch und Hans Stadelmann (er nimmt die Stelle des geflohenen ‹langen Zemp› ein) im Morgengrauen des 19./29. September in der Nähe der Brücke zwischen Schüpfheim und Hasle auf der Lauer. Jeder hat zwei Gewehre und eine Pistole bei sich. Die Stelle für den Überfall haben sie sorgfältig ausgewählt: den Büggenschachen, eine Art hohler Gasse, wie der vaterländische Freiheitsheld damals vor fast 350 Jahren[1]. Eigentlich haben sie vorher abgemacht, wer auf wen zielen solle... doch als die hohen Herren leibhaftig auftauchen, geht alles sehr rasch und anders als geplant.

Als erster schiesst Käspi – er trifft den vordersten Ratsherrn in die Brust. Die drei folgenden Schüsse der Attentäter sind auf den Schultheissen gerichtet. Ein Kugel durchbohrt dessen Pferd, eine andere, von Städeli abgefeuert, das rechte Bein des mächtigen Ulrich Dulliker. Die nächste Salve gilt Landvogt Ludwig Amrhyn – dabei wird aber bloss das Pferd des Leutpriesters Bissling[2] an der Nase getroffen. – Nach einer knappen Minute ist der Spuk vorüber. Beide Parteien fliehen auseinander.[3]

Die Herren reiten vorsichtig auf Umwegen in die Stadt zurück. Unterwegs stirbt der getroffene Zeugherr Caspar Studer.

Die drei Tellen feiern ihre Tat in Stadelmanns Haus, wo sie dessen Schwester bewirtet. Vorerst wissen sie noch nicht genau, wen und was sie getroffen haben. Von Schüpfheim her hören sie die Sturmglocken läuten – offenbar ist dort die Neuigkeit bekannt geworden. Die drei halten es für ratsam, Städelis Schwester zur Erkundung ins Dorf zu schicken, bevor sie sich selber dahin wagen. Sie kommt lachend zurück und versichert: sie hätten nichts zu fürchten, man werde sie nicht einsperren. Bald taucht auch Käspis Frau auf und meint: sie sollten nur ins Dorf kommen, es werde «den Herren niemants nüt leids tun».

---

1 1307 galt als Jahr der Tellentaten und der Gründung der Eidgenossenschaft.
2 Liebenau schreibt: Kommissar Bisslig. Er liefert überhaupt eine Fülle von Namensvarianten – ‹Bislinger› (II/102), ‹Bissling› (III/112), ‹Bisling› (III/185), ‹Bislig› (III/168, 187,189), ‹Bisslig› (III/134), ‹Bysling› (III/30) – um damit im wesentlichen zwei Personen zu bezeichnen: den Luzerner Leutpriester Dr. Jakob B. und den regierungstreuen Pfarrer von Entlibuch, Melchior B. – Weil Leutpriester Dr. Jakob Bissling zur Delegation gehörte und in Schüpfheim sprach, nehme ich an, dass er damit gemeint ist.
3 Die Erzählung von Planung und Ablauf des Attentats stammt fast ganz aus den Verhören Hans Stadelmanns im Jahr 1654. ‹Städeli› war zur Zeit der Tat ein 22jähriger Jüngling, der öfter mal gross angab, etwa als er dem langen Zemp (nach dessen Aussage) die Tat beim Büggenschachen ganz anders beschrieb: Danach hätte er, Städeli, alle drei Treffer auf sein Konto verbuchen können, während Unternährer verfehlte und Hinterüeltschs Gewehre versagten! So ist die ganze Geschichte mit der nötigen Vorsicht zu geniessen.

Montag, 19./29. September 663

Als die drei Tellen am Nachmittag wirklich ins Dorf gehen, werden sie gleich auf offenem Platz zu einem Wein eingeladen. Niemand spricht offen über das Geschehene, ausser Käspis Bruder, der schimpft und von da an jeden Kontakt mit Käspi abbricht. Als Unternährer und Stadelmann schon einen hoch haben, beschliessen sie, sie wollten als nächste Tat den gefangenen ‹Wirt beim Weissen Kreuz› aus dem Turm befreien. Beim Abholen der Schlüssel erfahren sie, dass er bereits frei sei. Bald danach treffen sie den Landeshauptmann und bestürmen ihn, er solle sich für die Befreiung der Gefangenen verwenden und in Luzern ein Landrecht wie das der Oberhasler für das Entlibuch verlangen – sonst würden sie seine Hütte anzünden.

Landeshauptmann ist Niklaus Portmann, der ehemalige Landesfähnrich, der nicht nur ungestraft davongekommen ist, sondern in der Hierarchie der entlibuchischen Landesbeamten auch noch einen Rang aufrückte, gleich wie sein Vorgänger im Amt, Niklaus Glanzmann, der jetzt Emmeneggers Stelle als Pannermeister einnimmt. – Kein Wunder, dass diese beiden Männer mit ihrer suspekten Karriere den Tellen nicht gefallen!

Aus Furcht lädt Portmann die Attentäter abends ins Rathaus ein, wo er ihnen bei Wein und gewählten Worten auf die Schulter klopft. Von hier aus besuchen Käspi und Städeli noch den Weibel Krummenacher. Der hört ihren Erzählungen zu und lacht darüber.

Liebenau III/183 f., 186–188 – Mühlestein 636–639

Die Woche nach dem Attentat im Entlibuch

Am Dienstagabend treffen vierzig Luzerner unter der Führung des Rittmeisters Ludwig Pfyffer im Dorf Entlibuch ein. Die Einheimischen ziehen sich vor ihnen zurück. Niemand bietet ihnen ein Essen an. Als die Luzerner die Kirche und den Friedhof von Entlibuch besetzen, wagt der Pfarrer nicht einmal, die Herren Offiziere über Nacht bei sich aufzunehmen. Sie müssen mit den einfachen Soldaten in der Kirche auf Stroh übernachten.

Die Tat der drei Tellen hat den Widerstandswillen in der Talschaft neu angeregt. In Hasle und Schüpfheim treffen die ‹Harten› neue Verteidigungsmassnahmen. Man munkelt, auf den kommenden Sonntag sei eine neue Huldigung angesetzt; da werde man zuschlagen! – Die Tellen können sich in Schüpfheim frei bewegen. Morgens besuchten sie die Kirche, darauf verschwanden sie in Weibel Achermanns Haus am Berg.

Die Luzerner Regierung hat unterdessen einen Steckbrief der mutmasslichen Mörder erlassen.

Da heisst es:
«Hans Stedelin ist ein junger Mann, hat wenig Bart.
Der lange Zemp ist ein langer, magerer Mann mit rotem Barte und Tupfen im Gesicht, bei 46 Jahren alt.
Caspar Undernährer, der Tell, bei 33 Jahren alt, hat einen schwarzen, dünnen Bart und weisses Angesicht.
Uli Dahinden, sonst Hinter Üeltsch genannt, eine unscheinbare, kurze, grobe, dicke Person, hat etwas rötlichen Bart.»
Nicht sehr vorteilhaft, die Signalemente...

Die Herren der Stadt wissen, dass die drei Tellen die Täter sind, nicht aber: ob Städeli oder der lange Zemp mit dabei war.
Der Steckbrief wird nach Solothurn und Bern verschickt. Man rechnet mit der Flucht der Tellen.
Das scheint auch eine Delegation aus dem unteren Entlibuch zu bestätigen, die im Luzerner Rathaus vorspricht: Die Tat sei das Werk einzelner, das Land sei unschuldig. Wenn die Oberkeit ihnen die bewilligten Artikel besiegelt zustelle und die Waffen zurückgebe, wollten sie die Mörder suchen helfen. – Dann aber geht die Meldung von Rittmeister Pfyffer ein: im Entlibuch keime die Rebellion neu auf. Dringend fordert er Proviant und Verstärkung an, möglichst Truppen aus allen Ämtern, um den Entlibuchern zu zeigen, dass sie diesmal auf sich allein gestellt seien.

bis 24. September/4. Oktober 665

Am Mittwoch bittet Pfyffer die (zögernde) Gemeinde Escholzmatt um Hilfe. Übermorgen will er nach Hasle und Schüpfheim marschieren. Bis dahin sollen die Hilfstruppen unter Major Sonnenberg eingetroffen sein.
  Landespannermeister Glanzmann und die Geschworenen von Escholzmatt beschliessen, vorerst nur Wachen aufzustellen und sich neutral zu verhalten. Derweilen bauen 200 Hasler und Schüpfer eine neue Schanze am Entlenstutz und bewaffnen sich mit den zurückbehaltenen Musketen und Spiessen. Käspi der Tell verspricht den jungen Burschen in Schüpfheim, in vier Wochen gebe es eine andere Regierung. Nachts schleicht sich Käspi gar im Dorf Entlibuch an die Schildwachen beim Friedhof heran. Wenn es ein Herr aus der Stadt gewesen wäre, hätte er ihn niedergemacht.

Am Donnerstag treten Landessiegler Limacher und Landesfähnrich Hofstetter namens der Hasler und Schüpfener vor Rittmeister Pfyffer. Sie beklagen sich darüber, dass die Regierung Truppen ins Land geschickt habe. Man höre, sie wollten sengen und brennen. Deshalb müssten die Einheimischen die Gegenwehr ergreifen und die anderen Ämter zu Hilfe rufen. Sie wollten den Herrn freundlich warnen und ihm raten, das Tal zu räumen. – Pfyffer entgegnet ihnen: die wenigen Truppen seien auf Begehren des unteren Gerichts gegen böse, mörderische Buben abgeschickt worden. Ihre geringe Zahl spreche ja deutlich gegen die Absicht des Plünderns und des Brennens. Wenn die Tellen sich stellten, wollten sie sofort nach Luzern zurück und sich bei der Regierung auch für die Begnadigung des Weibels Krummenacher verwenden.

Rittmeister Pfyffer und Hauptmann Keller haben nach diesem Gespräch den Eindruck, es wäre das beste, Milde walten zu lassen, einen General-Pardon zu erlassen und nur einige Geldstrafen auszusprechen, dann würden wohl auch die Tellen ausgeliefert und ein grosser Streit vermieden. Wenn man aber mit Schärfe auftreten wolle, steige die Halsstarrigkeit dieser Leute immer mehr.
  Die Regierung von Luzern wagt nicht, einen solchen Entscheid von sich aus zu treffen, sondern will die Vorschläge der beiden Hauptleute morgen Freitag dem Grossen Rat unterbreiten. Das Aufgebot der Hilfstruppen wird deswegen nicht gestoppt.

In Schüpfheim prahlen die Tellen und Hans Heller: alle Ämter seien auf ihrer Seite!
  Doch wendet sich die Lage zusehends gegen die Harten. In der Nacht verlassen die rebellischen Dorfleute ruhig die Entlenbrücke, während Rittmeister Pfyffer mit der eben eingetroffenen Verstärkung aus Littau nachzieht. Gleichzeitig besetzen die Escholzmatter die Brücke gegen Schüpfheim.

Offenbar haben die neuen Landesbeamten des Entlibuchs diese Entwicklung zur Vernunft trotz Drohungen der Tellen selber eingeleitet.

Als Keller und Pfyffer gegen Schüpfheim vorrücken, fallen nur wenige Schüsse. Die harten Rebellen fliehen darauf schleunigst in die Berge.

Pfyffer bietet 100 Gulden auf die Köpfe der Tellen – ohne Erfolg. Der ‹Fuchs› Hans Krummenacher lässt dem Herrn Rittmeister gar ausrichten: er billige seinen Plan nicht; denn er habe in der Heiligen Schrift gelesen, dass man den Nebenmenschen, um sein eigenes Leben zu retten, nicht auf der Fleischbank verkaufen dürfe.

Im Lauf des Samstags drängen viele oberkeitliche Hilfstruppen ins Entlibuch. Einzig das Amt Willisau hat sich geweigert, sein Kontingent zu stellen. Die luzernischen Hauptleute verfolgen die Rebellen nicht in die Berge, um so weniger, als es dort bereits wieder schneit. Sie wollen aber auf Kosten des Landes im Tal bleiben und Schüpfheim notfalls für den Winter zu einem Fort ausbauen, bis die Tellen ausgeliefert seien.

Am Sonntag lassen Major Sonnenberg und Hauptmann Keller die Landesbeamten zu sich rufen. Nach ein paar eindringlichen Ermahnungen fragt Sonnenberg sie an: welche Mittel man ihrer Ansicht nach anwenden solle, um die Tellen zu fangen. Die Landleute schlagen darauf eine Expedition von zwölf Schützen aus Schüpfheim, Escholzmatt und Entlibuch vor. Die Kosten der Besetzung aber solle man bitte nicht dem ganzen Land, sondern nur den Schuldigen auferlegen, die allerdings meist arme, verschuldete Leute seien.

Sonnenberg hält nicht viel von diesem Vorschlag. Lieber möchte er die Bevölkerung von Escholzmatt bewaffnen. Seinem Eindruck nach befänden sich dort etliche Leute, die sich die Kopfprämien von 100 Gulden gerne verdienen möchten. Auch solle man Käspis Frau gefangen nehmen, um dadurch den Tellen in die Nähe zu locken!

Der ‹Fuchs› hat angesichts der Lage seine biblischen Skrupel abgelegt und anerbietet sich jetzt, die Tellen auszuliefern, wenn der Rat von Luzern dafür eine besiegelte Urkunde über seine Begnadigung ausstelle.

Den Tellen wird es langsam unheimlich. Sie bitten einige Vertraute, in Luzern vor den Rat zu treten und in ihrem Namen um eine Begnadigung zu bitten. Doch wagt keiner diesen heiklen Gang. Käspi meint darauf: So wollen wir fünf Vaterunser beten, dass Gott den Oberen gute Gedanken eingebe. Wie der Hinterüeltsch sich derart verlassen sieht, will er sich heimlich als Knecht verdingen, am besten im Solothurnischen.

Vorläufig versteckt er sich mit Käspi zusammen noch im Haus des Hans Rych zu Schüpfheim, in einem Keller, dessen Eingang von einer Scheiterbeige verdeckt ist. Die Flucht ist schwierig geworden. Die Berner Regierung hat die Grenzen sperren lassen und den Handel mit dem Entlibuch verboten; im Emmental wachen Patrouillen auf etwaige Flüchtlinge von ennet der Grenze. Und im Luzernischen lauern die Prämienjäger.

Allem nach entschliessen sich die beiden im Keller Versteckten zum nächtlichen Umzug. Städeli ist zu dieser Zeit wohlgeborgen auf der Alp Reistegg, wo Hans Müller für Speise sorgt.

Liebenau III/188, 190-198 - Mühlestein 639f. - TMB Bern 17/184 - Mandatenbuch Bern 24.9.1653

Die Tellenhatz – und nochmals eine allgemeine Rebellenjagd. Ueli Galli gefangengenommen

Der Rat von Luzern zeigt Härte: Weder will er zu einer Vereinbarung mit Krummenacher Hand bieten, noch dürfen die Escholzmatter zur Rebellenjagd mit Waffen ausgerüstet werden. Die Truppen im Entlibuch sollen vielmehr mit der Suche nach den Rädelsführern Ernst machen und etwa ein halbes Dutzend dieser bösen Buben zur Abstrafung in die Stadt schicken. Basta.

Inzwischen hat auch die Tagsatzung der katholischen Orte in Brunnen ihre Hilfe bei der Verfolgung der Mörder zugesagt.

Zwei Obwaldner Prämienjäger wagten sich (unter dem Vorwand: sie suchten verlorene Schafe) in den Kragen und bis nach Schüpfheim vor, wobei der eine von Anhängern der Tellen beinahe erschlagen worden wäre. In der Nacht auf den Dienstag überfielen die Obwaldner das Haus Stadelmanns, ohne dass sie hier einen der Tellen gefunden hätten. Die Suchtrupps der Luzerner hatten ebenso wenig Erfolg.

Allgemein heisst es: wer die Tellen verrate, werde es mit dem Leben büssen. Sonnenberg und Pfyffer befürchten bereits, die Entlibucher würden ihre Volkshelden niemals freiwillig ausliefern. Da meldet sich am 6. Oktober (katholischen Kalenders) ein Junge vom Dorf, der sich die ausgesetzte Belohnung verdienen möchte: er wisse, wo die Mörder seien. Nämlich noch hier in Schüpfheim, in der Scheune des Hofes Oberlinden.

Käspi Unternährer und Ueli Dahinden beobachten von ihrem Versteck aus wohl die Soldaten, wie sie sich Oberlinden nähern, und glauben an einen der jetzt üblichen Suchtrupps, der das Gerümpel in der Scheune kaum bis in die hinterste Ecke durchstöbern werde. Als aber die Meute der Musketiere den Hof links liegen lässt und ohne Zögern die Scheune umzingelt, merken die beiden Tellen, dass sie verraten worden sind. An eine Flucht ist nun nicht mehr zu denken – schon lässt sich eine barsche Stimme vernehmen: «Wir wissen, dass ihr da drinnen seid! Ergebt euch!»

In höchster Not fliehen Käspi und der Hinterüeltsch mit ihren schweren Schlachtschwertern auf das Dach, entschlossen, bis in den Tod zu kämpfen. Der eine bewirft jeden, der dem Schopf zu nahe kommt, mit den grossen, zur Beschwerung des Dachs gedachten, Steinen; der andere hält die kühnsten Kletterer mit dem Schwert zurück. So scheitern einige Versuche der Soldaten, das Dach zu erstürmen, ebenso wie alle Aufrufe an die wilden Männer, sie sollten doch ihren sinnlosen Widerstand aufgeben. Dem Kommandanten bleibt nichts anderes übrig, als die beiden aus sicherer Distanz mit Musketen abschiessen zu lassen.

So enden die Tellen, tapfer im Tod, wie die grossen Helden der Eidgenossenschaft, denen sie in Sinn und Geist so nahe waren.

Liebenau III/199 – Mühlestein 640 f.

Die Herren der Eidgenossenschaft sorgen dafür, dass bald jedes Kind im Land über die Greueltaten der Entlibucher Rebellen, die Ermordung des ehrbaren Ratsherrn Studer, Bescheid weiss. Die allgemeine Empörung bildet einen guten Boden für einen letzten, entscheidenden Schlag gegen die geflohenen Rädelsführer. Landammann Zwyer bringt mit einem Schreiben nach Regensburg den Kaiser Ferdinand III. dazu, dass er alle Flüchtlinge aus der Schweiz ausschreiben lässt und des Reiches verweist.

Am 29. September/9. Oktober statuiert der Grosse Rat der Stadt Luzern ein Exempel an den Leichen der Tellen. Als ob sie noch lebten, sitzen die wohlweisen Herren über sie zu Gericht und kommen zum Urteil: Die Leichname der Erzrebellen sollen auf das Hochgericht geschleift und dort enthauptet werden. Unternährers Kopf soll auf dem Haberturm aufgesteckt, der Leib in Willisau, Entlibuch, Buholz (bei Ruswil) und Münster zur Schau gestellt werden. Dahindens Kopf und rechte Hand soll man abhauen und in Entlibuch anschlagen, den Leib rädern. Die Häuser der beiden Missetäter sollen zum Schüchen der bösen Buben abgerissen und zerstört werden.

Man gewinnt den Eindruck, die Herren sähen am liebsten tote Rebellen mit drei Köpfen und sieben Armen, um die Bevölkerung allerorten durch den Anblick der menschlichen Fleischstücke noch wirksamer abschrecken zu können...

Mit solch schauerlichem Blickfang lässt der Grosse Rat zudem ein Mandat gegen die Flüchtlinge verkünden:
Jeder, der einem dieser bösen Buben aus dem Land Entlibuch Unterschlupf gewähre oder ihnen Speise und Trank verabreiche, werde unfehlbar an Leib und Leben gestraft – die Weiber, Mägde und Kinder für alle Ewigkeit des Landes verwiesen. Wer einen flüchtigen Rebellen aber lebend der Oberkeit zuführe, bekomme 200 Gulden, wer dessen Kopf bringe, immerhin noch 100 Gulden aus dem Staatssäckel.
Die Gemeinden Schüpfheim und Hasle haben wegen ihrer Revolte die Kosten für die Besetzung in der Höhe von 5000 Gulden zu übernehmen.

> Von den auswärtigen Regierungen sind die Gnädigen Herren der Stadt Bern mit Abstand die fleissigsten Tellenjäger.

> Die Oberkeit um Schultheiss von Graffenried verurteilte das Attentat per Mandat sogleich aufs Schärfste: Damit dieser böse Sauerteig nicht etwa im Emmental aufgehe, ist «den Entlibuchern und übrigen Ihrer gleichen nach Unruh suchenden luzernischen Untertanen» das Betreten des Bernbiets bis auf weiteres verboten. Wer ihnen trotzdem Zugang gewährt, hat mit «schwerer Hauptstraf» zu rechnen. Brücken, Pässe und Wirtshäuser sollen mit oberkeitlichen Aufsehern bestückt werden. In den Städten werden die Garnisonen verstärkt.
> Um den Ernst der Lage zu betonen, erging eine Anfrage an die Stände Basel und Schaffhausen, ob sie im Falle der Not bereit seien, 200 Mann geworbenes Volk herzuschicken? Gleichzeitig verfügte der Rat, dass man im eigenen Gebiet mit der Anwerbung von 1500 Soldaten für den Ernstfall beginne.

Landvogt Zehender von Signau zeigt sich als überaus eifriger Rebellenjäger. Er hat allen Anlass, sein Ansehen bei den Geheimen Räten aufzubessern...

> Am 10. September hat Zehender einen Brief aus Bern erhalten: er solle begründen, wie alles bei Hans Rüegseggers Geldstag ausgegangen sei. – Zehender antwortete nicht.
> Zehn Tage darauf folgte ein Aufgebot: er müsse sich dieser Sache wegen vor den Geheimen Räten verantworten. – Wieder missachtete Zehender das Schreiben.
> Den Herren in der Stadt riss nun der Geduldsfaden. Am 26. September erging die knappe Aufforderung an den Signauer Vogt: «Solle sich uff morn samt Weibel Ihro Gnaden stellen!»

Als erste Frucht seiner Anstrengungen kann Zehender am Mittwoch (dem 28. September) einen gefangenen Entlibucher samt Frau nach Bern überführen. Zu seinem Pech hat der Rat kurz zuvor vom Tod der Tellen erfahren und zeigt am verdächtigen Entlibucher wenig Interesse. Hingegen nutzt man am Nachmittag Hans Rudolf Zehenders Anwesenheit in der Stadt zum längst fälligen Verhör.

Aus Aarwangen berichtet Vogt Willading über seine Abenteuer bei der Rebellenjagd: Am Donnerstag nach dem Einnachten habe am Huttwiler Märit eine geheime Versammlung von Berner und Luzerner Rebellen stattgefunden. Er selber habe sich heimlich unter die Leute gemischt, dabei aber nur vernommen, wie die beiden Tellen heldenhaft gestorben seien. Da sei ein Geschrei losgegangen: Hans Bösiger, der alte Wirt von Gondiswil, sei vom Freiweibel von Lotzwil *ins Schloss gebracht worden.¹ Die Versammlung habe sich rasch aufgelöst. Er, Willading, habe aber noch Lienhart Steinmann, einen der bösesten Aufwiegler, erkannt.*

Deswegen reitet der Vogt noch morgens um 1 Uhr mit einer bewaffneten Patrouille nach Melchnau. Offenbar beruhte das Erkennen an der Versammlung aber auf Gegenseitigkeit: Lienhart Steinmann und die anderen flüchtigen Rebellen sind ausser Orts, obgleich Kleider und Hüte darauf hindeuten, dass sie vor ganz kurzer Zeit noch zu Hause waren! Willadings Füsilieren gelingt es einzig noch Josef Kachelhofer, den Bruder des berüchtigten Melchnauer Wirts, einzufangen.

Am Samstag kommt dem Vogt von Aarwangen zu Gehör, dass Daniel Käser, die Gebrüder Nyffenegger, Hans Kachelhofer, Klaus Zingg und andere ausgestiegene Emmentaler und Entlibucher sich zusammengetan hätten. Rund vierzig Mann stark versuchten sie nun, einen Übergang über die Aare zu erzwingen. Dann wollten sie ins Elsass fliehen, weil sie hier, von Oberkeit und Untertanen verfolgt, nirgends mehr sicher seien.

Die bernischen Amtleute von Zofingen und Aarwangen verstärken deshalb die Wachten auf den Aarebrücken. Doch zeigen sich in den nächsten Tagen keine Verdächtigen. Vogt Willading vermutet, die Rebellenschar mische sich wohl ohne Waffen unter die Besucher des Solothurner Märits und komme so am hellichten Tag unerkannt über den Fluss.

Weil nun tatsächlich bald eine Reihe der gesuchten ‹Rädelsführer› – Reichsbann hin oder her – im Elsass auftauchen werden, sind die Berichte aus Aarwangen einigermassen glaubhaft. Die sommerlichen Zufluchtsorte in den Bergen sind bereits verschneit; dass man angesichts der ausgesetzten Kopfgelder und der allgemeinen Hatz gemeinsam die Flucht ins Ausland plant, ist schier notwendig.

Offenkundig fällt der endgültige Abschied von den Ihrigen einigen Flüchtigen sehr schwer, und sie entscheiden sich trotz der drohenden Strafe zum Bleiben. So etwa Hans Bürki im Winkel und der ehemalige Signauer Weibel Hans Pfäffli, der sich gar freiwillig stellt.

Für Ueli Galli wird der Abschied zur Tragödie. – Als er nachts daheim auf dem *Eggiwiler* Berg weilt, «um noch etwas zu reichen», umstellen finstere Gestalten den Giebel. Und in dem Augenblick, wo er die Seinen (wohl für immer) verlassen will, nehmen sie Ueli Galli im Hohlweg oberhalb des Hauses fest.

---

1 was stimmt

Vermutlich ist er, der «Erzrebell und erste Ursächer» des Aufstandes im Emmental, wie Klaus Leuenberger einem Verrat zum Opfer gefallen. Unter seinen Häschern ist jener Niklaus Dubach von Lützelflüh, der bei der Jagd auf Leuenberger dabei war – überhaupt handelt es sich um Mannen im Solde von Vogt Tribolet, die kaum zufälligerweise die Grenze ihres Trachselwalder Amts überschritten und sich hierher ins Eggiwil verirrt haben.

Sie bringen ihre heisse Fracht allerdings so rasch wie möglich ins nächste Schloss – nach Signau. Auch dort verliert man keine Zeit. Offenbar überführt der neue Weibel Berger mit einigen Männern den Gefangenen noch im Schutz der Dunkelheit ins sichere Verlies nach Bern, ehe die Leute im Eggiwil am Morgen erfahren, was mit Ueli Galli geschehen ist.[2]

Am Michelstag, dem 29. September, läuft der Termin für die fälligen Strafgelder ab.

Die Herren von Bern hofften darauf, dass die Bauern an den Märiten «us ihrer Fahrhab etwas Gelts erlösen könnint» (... um die Bussen bar zu bezahlen). Die mit dem Einzug der Gelder betraute Kommission muss aber berichten, dass sich im ganzen Emmental sehr viel «nichts vermögende und hiemit geldtagsmässige Personen» befänden, «an welchen Orthen die Reis und Kosten nur vergebens».

Liebenau III/199–203,218 – Mühlestein 641 – Rösli 78f. – RM Bern 10./20./26./27./28./29.9., 1./3.10. 1653 – AEB E 465 – Chronik Schenk – Fam. Haldemann (Giebel Eggiwil), mündlich

---

2 Dass Vogt Zehender über die Festnahme und Überführung nichts Schriftliches verlauten lässt, dass ferner Weibel Berger in den Augen der Landleute die Hauptschuld an der Sache trägt, legt die Vermutung nahe: Zehender sei zum Zeitpunkt der nächtlichen Festnahme Ueli Gallis gar nicht in Signau gewesen (sondern zum Verhör in Bern oder allenfalls über Nacht auf seinem Stammschloss Worb), der Signauer Weibel habe selbständig gehandelt.

Weibel Berger von *Signau* wird «übel tractiert».
Man hat ihm gar angedroht, man werde ihn niedermachen und sein Haus anzünden, weil er den Ueli Galli ausgeliefert habe.

Der Berner Kleine Rat lässt zwei Trompeter, welche etliche Morgen und Abend auf dem Zytgloggeturm nit geblasen, 24 Stund in Gefangenschaft setzen.

RM Bern 3./4./5. 10. 1653

Konzessionen an das Emmental – die Bauern sollen bei der Rebellenjagd mithelfen

Zahlreiche Landleute und Gemeinden haben für die Bezahlung ihrer Bussen Fristverlängerungen beantragt. Zunächst reagierten die Herren von Bern sauer und drohten mit Strafverschärfungen. Als am Tag nach Michaelis aber Ausschüsse aus dem Emmental kniefällig in der Hauptstadt vorsprachen, Ihro Gnaden aufs äusserste ihrer Treue versicherten, mit der demütigen Bitte, man solle ihnen das Vergangene nach angewohnten Gnaden verzeihen und sie in Schutz und Schirm wieder aufnehmen – da liessen sich die Gnädigen Herren angesichts der herrschenden Landesarmut erweichen. Die grossen Bussbeträge dürfen ratenweise abgegolten werden.

Auf die Klagen der Ausschüsse über das «Parteien-Usschicken» zur Behändigung der Erzrebellen lässt die Oberkeit verkünden: Die Patrouillen würden zurückgezogen, sobald die Rebellen eingebracht seien. Die Bauern sollten selbst Hand an solche bösen Buben legen, damit solches schleunigst geschehen könne! – Zur Erkennung der bösen Buben erlässt die Oberkeit folgende Steckbriefe:

Hans Stadelmann, genannt Städeli, ist des Cäspi des Tellen Stiefbruder, mutmasset man, er sye by der vergangenen Mordthat gsyn.
Wybel *Hans Krummenacher*, ein ringfertiger Mann mit rothem Haar und Bart und ganz düpflet im Gsicht, wol beredt, kann wol schryben und lesen, synes alters by 32 Jahren, ist auch von Schüpffen.
Stefan Lauber, ein starker, vierschrötiger Mann, ist gar lang, by 40 Jahren alt, hat ein breites Angesicht, vil und breiten schwarzlechten Bart, brun von Angesicht.
Der Trümmelbuwr us der Grafschaft Wilisouw heisst sonst *Hans Heller*, ein Mann von 45 Jahren, ist ein starker, langer und dicklicher Mann,

> kruslecht schwarz Haar und Bart, fangt an ein wenig zu grauwen, hat eine grobe langsame Red und standet etwas mit der Zungen, ist schwarz gelb und etwas blanacht im Gesicht, soll jetzund ein geschorenen Bart haben.
> *Jost Marpacher* von Hasli, ein grosser starker Mann, von schwarz und ziemlich vil Bart, ungefar über 40 Jahr.

Zur neuen Freundlichkeit der Gnädigen Herren gegenüber ihren emmentalischen Untertanen gehören gar einige Konzessionen: Das Trattengeld wird abgeschafft, die Salpetergraber sollen Schadenersatz für den verursachten Landschaden leisten, der freie Verkauf landwirtschaftlicher Produkte wird gestattet, das Betreibungswesen verbessert – dies alles jedoch nicht aus Recht, sondern aus Gnade... und jederzeit widerrufbar.

Der Vertrag von Ende März bleibt aufgehoben und insbesondere am staatlichen Salzregal wird nicht gerüttelt.

RM Bern 5.10.1653 – Rösli 57f., 62 – AEB D 503

Hans Bürki vom Langnauer Pfarrer verraten

Mit «guten Worten» (so Tribolet – nämlich unter dem Vorgeben, der Vogt werde ihn auf sein eidliches Versprechen der Treue und des Gehorsams wieder frei lassen) lockt Pfarrer Kraft von Langnau den daheimgebliebenen Rebellen Hans Bürki aufs *Schloss Trachselwald*.[1] Bürki wird sogleich in Ketten gelegt, einvernommen und am 11. Oktober nach Bern ins Gefängnis überführt, wo er nun mit Schreiber Brenner und Ueli Galli zusammen schmachtet.

Der Predikant erhält dafür einen Judaslohn von 40 Kronen.

Auch dieser Erfolg vermag die laufende Untersuchung gegen Samuel Tribolet nicht aufzuhalten. Sein Bruder Jakob fordert im Rat: gegen Venner Frisching, den Amtsvorgänger Tribolets als Vogt in Trachselwald und Erzfeind der Familie, solle ebenfalls eine Untersuchung eingeleitet werden. Der Berner Rat lehnt dies jedoch nach heftigen Diskussionen ab. – Hingegen wird betreffend der Klagen gegen Vogt Zehender weiter ermittelt: Nun muss der Signauer Vogt den unrechtmässigen Geldstag des toten Hans Rüegsegger rückgängig machen und alles nochmals erforschen.

Rösli 129 – Tillier 202 – RM Bern 5./7./8.10.1653 – Chronik Langnau

---

1 am 7. Oktober a.St.

im Oktober 675

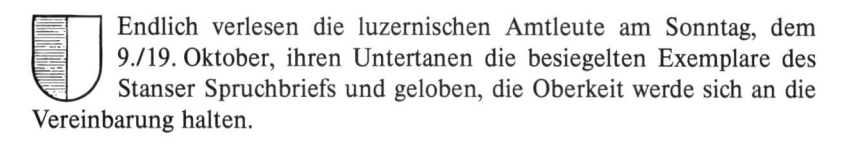

Endlich verlesen die luzernischen Amtleute am Sonntag, dem 9./19. Oktober, ihren Untertanen die besiegelten Exemplare des Stanser Spruchbriefs und geloben, die Oberkeit werde sich an die Vereinbarung halten.

> Die Landleute ihrerseits haben ja bereits am Schwörtag drei Wochen zuvor ihren Eid abgelegt.

Eine Ausnahme macht die Oberkeit vorerst im Amt *Entlibuch*: Solange sich Städeli, der geistige Urheber des Attentats, noch im Land versteckt halte, soll hier die Vereidigung noch aufgeschoben werden.

Schon wenige Tage darauf schliessen die neuen Landesbeamten der Talschaft mit der Regierung einen Vertrag ab: Danach sollen die Unschuldigen für die wegen der Unruhen entstandenen Kosten nicht büssen müssen; der Rat wird den Entlibuchern eine Abschrift des Stanser Spruches aushändigen und die Grenzen zum Bernbiet wieder öffnen. Die Talschaft Entlibuch muss ihrerseits die alten Freiheitsbriefe an die Stadt aushändigen (weil deren Auslegung «so übel ausgeschlagen») und in einer Wallfahrt nach Werthenstein ewige Treue, Gehorsam und Untertänigkeit geloben.

Der flüchtige Städeli wird für vogelfrei erklärt.

Nach dem alten Gondiswiler Wirt Bösiger und dem bei der nächtlichen Razzia in Melchnau gefassten Josef Kachelhofer hat der Vogt von Aarwangen nun auch den so eifrig gesuchten Lienhart Steinmann in seiner Gewalt.

> Steinmann ist vermutlich am 30. September/10. Oktober bei seiner Rückkehr vom Huttwiler Märit in seinem Heimatdorf *Grossdietwil* von einer luzernischen Patrouille gefasst und später ausgeliefert worden.

Vogt Willading vernimmt die Gefangenen – teils mit Marter – über die Anfänge der Rebellion in der Gegend, als Steinmann in den Wirtshäusern gegen den Auszug der Berner zum Schutz der Stadt Luzern intrigierte.

Am 22. Oktober meldet Willading nach Bern, die flüchtigen Erzrebellen Hans Kachelhofer, Melcher Wälchli (beide aus Melchnau) und Klaus Zingg (von Busswil) zögen noch immer durch die Wälder des Rottales an der Grenze zwischen Bern und Luzern. Die Banditen hätten sich miteinander verbunden und trachteten ihm nach dem Leben!

Auf Kachelhofer und Wälchli setzt die Regierung ein Kopfgeld aus: je 30 Kronen lebend, 15 Kronen tot.

Liebenau III/204–206 – Rösli 200 – AEB E 585

Der Prozess gegen Ueli Galli

Bereits am 1. des Monats wird Ueli Galli aus seinem Kerker geholt und zum ersten Mal den Examinatoren vorgeführt. Eine ganz ansehnliche Schar von Hohen Herren beschäftigt sich mit ihm: die Herren Müller, Amport und Huser vom Kleinen, sowie die Herren Landvogt Lerber, Vogt Nöthiger, Vogt Keller, Stephan Perret und Grossweibel von Wattenwyl vom Grossen Rat.

Zur Erpressung eines vollständigen Geständnisses wenden sie die «nothwendige Marter» an; sie lassen den Gefangenen an seinen auf dem Rücken zusammengebundenen Handgelenken «läär ufziechen».

Vier Tage darauf, bei der zweiten Verhörrunde im Streckiturm, erleidet der alte Mann aus dem Eggiwil Höllenqualen, als ihm der Nachrichter[3] bei der Marter gar den schweren, 70pfündigen Stein an die Füsse bindet.

Am 6. und 12. Oktober muss der Gefangene seine Geständnisse ohne Folter bestätigen. Der Gerichtsschreiber trägt ins Turmbuch ein:

1 Des Ersten. Obgleichwohl er weder im Thunerischen noch jetzigen Rebellionswesen kein Anfenger oder Urheber gsin, heige er jedoch beide mal zu disen Ufruhren dapfer gehulffen.

2 Zum anderen seye ettwas Zeits, eh und zuvor dise ihre Rebellion offenbar worden nach beschechenem Abruf der Batzen, im Eggiwyl, by synem einten Hus, us synem Mitstimmen eine Gmeind gehalten, darin durch Inne die Red geführt, und damahlen abgerathen worden, by MGH umb Bestätigung der zuo Thun versprochenen Articlen (wider welche sy vermeint, dass gehandlet werde) anzuhalten.

3 Denne an der darauf zu Signouw angestellten Landtgemeindt habe er die Umbfrag gehalten ein Oberkeitliches Schryben zu öffnen, auch synen Rath geben, dass sölches geöffnet werdt, wie geschechen.

4 Zum Vierdten habe er auch den Schmidt von Signouw bestellen und bevelchen helffen, dass derselbige sich hefftig bruchen lassen (...) die Jenigen, so es gut und getrüw mit der Oberkeit gemeint, zu schlachen und zu herdtnen.

5 Ebenmessig heige er Ulli Stauffer, Christens Sohn, bevelchen helffen, sich hin und wider zuverfhüegen und andere ufzuwiggeln.

6 Nitteweniger seye auch ir Schryber Brenner mit synem Gutheissen bestellt und Ime eine gute Besoldung zu geben versprochen worden.

7 Heige er sich hieruf an beiden Orthen Sumiswald und Huttwyl zu ihrem Landtschädlichen bösen Pundt verpflichtet.

---

3 Die Folterung war in Bern Sache des Scharfrichters oder seines Helfers.

8 In der Langenthal gehaltnen Landtsgemeindt habe er sich der den daselbst gewesnen Herren Ehrengesandten gegebnen, mündtlichen Antwort nit ersettiget: Sondern durch ein Schrifft (...) mit anderen synes glychen Houptredlisfüerern begert, dass ein Oberkeit, vor Anmutung nücher Huldigung, ihnen bevorders über alle überschickte Clag-Articul (wie unbillich und ungerymbt die auch immer gewesen) Bscheid und Antwort gebindt, ihren Pundt bestätigindt, auch ihne Gwalt ertheilindt die Jenigen, welche wider denselben reden wurdendt, zu straffen.

9 Zum Nündten könne er auch nit in Abred syn, dan dass er domalen in derselbigen Landtsgemeindt den ersten Rathschlag geben habe, für die Stadt Bern zu züchen.

10 So seye er auch mit dem Weybel Rüegsegger der fürnembsten Rathgeberen einer gewesen, dass eben in dieser Landtsgemeindt der Statt Bern und ihren Hüsern alle Zufuhr, Proviant und Läbens-Mittel abgeschnidten werden sölle.

11 Habe er gerathen, dass man die Soldaten us Iro Gnaden Schlössern mahnen, oder sonst darus tryben sölle, zu welichem End das 4.Schryben gahn Thun, Burgdorff, Arwangen und Arbrugg von ihnen abgefertiget worden.

12 Ist er bekandtlich, dss er sich einem von Iro Gnaden sub dato 8ten May 1653 an die Usschütz der Emmenthaler und Argöüwischen Underthanen abgegangnen gantz fründt- und wolmeinlichen Oberkeitlichen Schryben ungehorsamlich widersetzt, und darüber mit Hilff Niclaus Leuwenbergers und Weybel Rüegseggers us Goldtbach eine drutzige Antwort, de dato 9ten May, angeben, des Inhalts: dass sy es nochmahlen und gentzlich by den gestrigen Tags von Langenthal us MGH übersandten Schryben (darin die gentzliche Abschlachung der Proviant ankündt wirt) verblyben lassindt.

13 Sonst habe er by nachen zu allen den Jenigen Schryben, so durch den Brenner zu Huttwyl, Langenthal und vor der Statt alhier, so wol an MGH als an andere Orth, verfertiget, gmeinlich gerathen, und dieselbigen mehrenteils angeben helffen, deren Inhalt albereit in Leuwenbergers Process angehördt worden.

14 Item hatt er veriechen, dass er sich in disem leidigen Wesen jeder Zyth für der fürnembsten einen in ihrem angestellten Kriegsrath wider ein gnedige Oberkeit, auch für einen Hoüptmann vor die Statt Bern gebruchen lassen, und habe zue Zyten auch die ersten Räht und Ausschleg geben, und alles, was Jederwylen von ihnen abgerathen worden, bestättiget und gut geheissen.

15 Er habe auch den hingerichten Lienhardt Glantzmann mit syner

Compagny nach der Nüwenbrugg, sich selbigen Passes zu bemechtigen, commandieren helffen, und gerathen selbige ynzenemmen.

16 Und wan glychwol zue Zyten ander Landtlüth nützlich und bessere Rahtschleg dan er und Statthalter Berger (als weliche gmeinlich am ersten angefragt worden) von sich geben, sy doch denselbigen nit volgen wöllen, sonder by irer gegebenen Meinung jeder Zyt verbliben, gestalten die anderen hernach ihnen auch volgen müssen, und als uf ein Zyt die Oberländer zu ihnen kommen sy abzumahnen, habe er geredt: dass man nüt uf Ihnen den Oberländeren halten sölle, dann sy reysendt nur die Herren uff, sy heigendts mehr also gmacht.

17 Zum Sibenzechenden seye er auch mitstimmig und des Vorhabens gewesen, nach Eroberung Statt Bern, die Ynwoner usrüten und an derselben statt einen anderen Raht setzen zuhelffen, auch sich an den trüw gebliebenen Underthanen mit gewerdter Handt zu rechen.

18 Er möge auch wol glouben, dass geredt worden sye, wan sy in die Statt können und sich derselbigen bemechtiget, sy alles blünderen und die Statt prys geben wöllindt, und er an des Herren Seckelmeister von Werts Statt syn sölle, wüsse er aber sich so eigentlich des Discourses nit zu ersinnen.

19 Ist er bekandtlich worden, imfahl ein gnedige Oberkeit über alle ihre gefüerte Klagten nit also balden und noch selbigen Tags, als dis durch ein Expres-Schryben begerdt worden, mit ver(g)nüglichem Bscheid begegnidt, dass er durch synen ersten Rahtschlag so vihl vermögen, dass täglich für ihren Kosten 5000 Kr. (da Löuwenberger aber nur 500 Pf. haben wollen) gevordert worden seye.

20 So habe er auch zum letzten Schryben so sub dato 23.May us Ranflüe an MGH und Oberen abgangen, Raht und Dat geben, und hiemit vor versprochener Huldigung, im selbigen Schryben, Gutheissung ihres Pundts und Erlegung (der 50000 Pf.) versprochenen Gelts begerdt, auch syn von Gott yngesetzt Christenliche Oberkeit dem gottlosen und verstockten König Pharoni verglychen und betitlen helffen, und betröüwt im widrigen sy mit Lyb, Gut und Blut allem heimbschen und frömbden Gwalt widerstehen wöllindt, mit angehenkter Protestation für das Jüngste Gricht, und anderen hochempfindtlichen Worten.

21 Nachdem die Oberkeitliche Huldigung erstattet werden söllen, und die übrigen syne Mit-Gmeindts- und Pundtsgnossen inne darüber Rahts gepflegt, habe er ihnen zur Antwort geben: Synethalben söllen sy selbige nit underlassen; inne betreffend könne und wölle er nit huldigen, us Sorg, wyl die Redlisfüerer vorbehalten, man werde inne gfenklich ynziechen, dannehero domahlen selbige angemutete Huldigung underlassen worden.

> Sonst seye er auch in seiner Jugendt, und bis uf das Zechende Jahr seines Alters, mit einer alten Frauwen, zu der Töüfferischen Sect gangen, sich aber von vermelter Zeit an derselben verners nit angenommen. Syn Eheweib aber sye annochen mit dieser Sect behafftet.

Ueli Galli weiss, dass er sein Leben nicht mehr retten kann. Ein Abstreiten der Anschuldigungen würde bloss die Qualen seine Gefangenschaft verlängern – zu sehr haben ihn Leuenberger und andere, die ihren eigenen Kopf aus der Schlinge ziehen wollten, bereits beschuldigt.

Auch Notar Hans Konrad Brenner gehört leider zu dieser Sorte. In seinen Verhören spielt er den Unschuldsengel, beschreibt, wie er von Ueli Gallis Leuten in sein Schreiberamt gezwungen wurde, wie er zum Pharaonenbrief bloss die Überschrift gemalt und sich danach geweigert habe, die scharfe Missive niederzuschreiben, wie der Bergmichel ihm mit Schlägen gedroht habe. Etliche Beschuldigungen in Gallis Verhör, etwa die Schauergeschichten von der geplanten Plünderung Berns, der Ausrottung seiner Bewohner und der Einsetzung eines Bauernregimes (Pkt.17 und 18) oder: es sei Galli gewesen, der die oberkeitlichen Soldaten aus den Schlössern treiben wollte (Pkt.11) – diese Informationen haben die Herren Examinatoren brühwarm vom Mitgefangenen Brenner erhalten.

> In Ueli Gallis Geständnissen aber fällt auf, wie sehr er seine Kampfgenossen aus dem Bauernbund schont. Nur sehr wenige Namen fallen, die gegenwärtig eingekerkerten ‹Hauptrebellen› werden entweder nie erwähnt (Hans Bürki, Hans Pfäffli) oder gar noch entlastet (Brenner in Pkt.6 und 13). Von den geflüchteten Bundesgenossen nennt Galli einzig Hans Berger (Pkt.16) und Hans Winkler (den Schmid von Signau, in Pkt.4), zudem nur am Rande, so dass die Examinatoren nirgends mehr erfahren, als ohnehin längst verraten und allgemein bekannt ist. Unzimperlich geht der Angeklagte nur mit sich selbst um: Die Schuld, die er auf seine Schultern lädt, reichte wohl für ein Dutzend Todesurteile aus.
>
> In diesem Sinne gleicht sein Geständnis demjenigen des grossen Hans Emmenegger aus dem Entlibuch, der sich trotz Marterqualen im Verhör ebenfalls kein böses Wort über noch lebende Rebellen entringen liess. Deutlich tritt Ueli Gallis mutige Verweigerung z.B. beim Beschrieb der allerersten Versammlung auf dem Giebel (Pkt.2) zutage, wo ihn die Examinatoren bestimmt nach den Anwesenden befragten, ferner in Pkt. 17 und 18, wo er sich an die Besetzung der geplanten Bauernregierung (mit dem immer noch gesuchten Bergmichel als Venner) nicht zu erinnern vermag, während er ohne Vorbehalt den Unsinn ‹bestätigt›: er, Galli, habe alle Einwohner der Stadt umbringen lassen wollen...

Übrigens wird der Todeskandidat noch zu mindestens zwei Fragen vernommen, die nicht im Protokoll erscheinen: Am 17. Oktober erhalten die Examinatoren vom Rat den Auftrag, sie müssten den «droben verhafften» Ueli Galli zu einer alten Bürgschaftssache aus seiner Zeit als Geschworener vernehmen (wohl die Untersuchung gegen Vogt Zehender betreffend). Von allergrösster Wichtigkeit scheint eine Anklage Gallis gegen den Sekretär der französischen Gesandtschaft, der den Bauern wohl viel versprochen, aber nichts gehalten hat. Diese Mitteilung erhält den Rang einer geheimen Staatssache und verschwindet so im Dunkel der Geschichte.[4]

Am Samstag, dem 22. Oktober, legen die Examinatoren ihre Ergebnisse den Gnädigen Herren des Kleinen Rates vor: «Als der verhafften Erzrebellen, Hans Conrad Brenner (...), Uli Galli des 1. Rahtgebers und Hans Bürki im Winkels Process angehört und verlesen worden, haben IG erkennt, dass sy in die 1.Class promoviert, und dieser Process uf nechst künfftigen Zinstag für MGH, Räht und Burger gebracht werden sölle.

Zedel an die Geistlichen: sy verständigen, damit ihnen by Zyten trostlich zugesprochen und sy zum Todt disponiert werdindt.» Nur in Anwesenheit zweier Mitglieder des Grossen Rates und der Wache dürfen die Geistlichen die Todeszellen betreten, wo sie am Sonntag, dem 23. Oktober, den drei Rebellen ihre letzte, tröstliche Predigt halten.

Turmbuch Bern 1653, Vergichte Ueli Gallis und Hans Conrad Brenners – RM Bern 17./22.10. 1653 – Rösli 107–109

---

4 «Ulli Gallis Anklag gegen Baron soll geheimgehalten und zu dem 2. vom Ambassadoren alhar geschickten Schryben in die Cantzley gelegt werden, damit syner Zyt mit den Evang. Orthen darumb conferiert werde.» (RM Bern, 25.10. 1653).
Zwar ist das genannte Schreiben in den Frankreich-Büchern des Berner Staatsarchivs aufgehoben, leider aber ohne Gallis Aussage.

Schreiber Brenner und Ueli Galli müssen sterben

Am Dienstag, dem 25. Oktober des Jahres 1653 bernischer Zeitrechnung, werden die drei Todeskandidaten Hans Bürki, Hans Conrad Brenner und Ueli Galli morgens um neun Uhr unter dem Klang der Armsünderglocke vom Rathaus her durch die Kreuzgasse geführt.

Mitten in der Vorderen Gasse, der Kreuzgasse zugewandt, steht ein steinernes, mit dem Stadtwappen und vielen anderen Bären verziertes, schwarzes Gerüst: der Richterstuhl der Stadt Bern.[5] Auf dem erhabenen Thron in der Mitte sitzt der regierende Schultheiss in schwarzer Amtstracht. In seiner Rechten hält er den silbernen Blutstab. Auf den beiden Steinstühlen neben dem Thron haben Grossweibel von Wattenwyl und der Gerichtsschreiber Platz genommen – gestiefelt, in schwarz, mit Degen.

Hinter einer Schranke vor dem Richterstuhl müssen die drei Rebellen stehend ihr Urteil entgegennehmen. Ein Detachement von 24 Soldaten hält rundum die Kiebitze zurück, die der bekannte, wimmernde Klang des Glöckchens auf dem Rathaus herbeigerufen hat. Bis weit in die Vordere Gasse hinein reicht die Menschentraube. Oben beim Zytglogge und unten beim vierröhrigen Brunnen auf dem Schwendplatz wird der Fuhrverkehr umgeleitet.

Als erster muss Hans Bürki vortreten. Der Gerichtsschreiber verliest sein Geständnis und darauf das Urteil des Rates hiesiger Stadt: Da er sich freiwillig gestellt habe und seine Taten bereue, auch mit Rücksicht auf seine Frau und die zwei Kinder, wird dem Hans Bürki vom Winkel das Leben geschenkt. Er ist aber vom heutigen Tag an ehr- und wehrlos. Seine Busse beträgt gewaltige 6000 Kronen.

Notar Brenner soll geköpft werden, sein Haupt an den Galgen genagelt.

Ueli Gallis Urteil lautet: «Über welches sein Gallis gethane Bekandtnus und hoches Verbergen, MGH Räht und Burger bei Irem Eid zu Recht gesprochen und erkennt, dass derselbige dem Nachrichter anbefolchen werde, der Inne unden us uf gewonliche Richtstatt führen und daselbsten mit dem Strang vom Leben zu todt hinrichten sölle.»

Schultheiss von Graffenried hebt den Blutstab und spricht: «Hiermit übergebe ich Hans Conrad Brenner und Ueli Galli dem Nachrichter, dass er das Urteil nach dem Recht der Stadt Bern vollstrecke.»

---

[5] Wenn nicht gerade Gericht gehalten wurde, war das Gerüst mit einem Eisengitter verschlossen.

Der Henker zieht seine Handschuhe an, tritt vor und bindet den beiden Todgeweihten mit rauhen Griffen die Hände auf die Brust. Das Führseil übergibt er dem verachteten Knecht; Meister Michel selber reitet zur Richtstätte voraus.

Wie der Meister ausser Sichtweite ist, setzt sich der Zug mit den armen Sündern in Bewegung; zwei Überreuter in den Standesfarben, der Grossweibel mit dem Blutstab hoch auf dem dampfenden Ross, hinter ihm – inmitten eines Carrés von Soldaten – die gefesselten Brenner und Galli mit zwei Predikanten, am Ende ein Fuhrwerk mit weiteren geistlichen und weltlichen Herren und ein Rattenschwanz von Neugierigen.

Beim Galgen untenaus, auf dem Hubel ob der hohlen Gasse, steht Meister Michel schon bereit. Die Soldaten müssen das Volk zurückdrängen; jedermann will den grausigen Moment möglichst hautnah miterleben. Etliche haben sich einen Platz auf den umstehenden Bäumen ergattert.[6] Der Predikant führt die Todeskandidaten unter tröstlichen Worten auf das Blutgerüst, wo vorab der arme Notar Brenner mit dem Schwert zu Tode gebracht wird.

Jetzt gilt es auch für Ueli Galli, den 65jährigen Bauern aus dem Eggiwil, vom Leben Abschied zu nehmen. Hoch oben auf der Galgenleiter, in Reichweite der Köpfe seiner toten Freunde – Küpfer, Glanzmann, Leuenberger – legt ihm der Henker die Schlinge um den Hals.

Meister Michel prüft nochmals den Knoten, steigt hinunter, zieht die Leiter unter Uelis Füssen weg und fragt die Herren vom Rat, die die Exekution in ihren warmen, schwarzen Mänteln und Baretthüten begutachteten: «Han i rächt grichtet?»

> Dass der Mann, der den Aufstand der Berner Landleute wie kein zweiter prägte und verkörperte, als einziger auf der Richtstatt der Stadt Bern so schmählich hängen muss, ist sein Ehrenzeichen.
> Hier endet diese Chronik des Bauernbundes von 1653.

Rösli 108f., 130 – Mühlestein 644f. – Sommer 7f., 10, 38f., 60, 65, 112, 117–125 – RM Bern 25.10.1653 – Turmbuch Bern 1653, Vergicht Ueli Gallis – von Tscharner 101f.

---

6 1795 liess der Rat für die Hinrichtungen Schranken errichten, nachdem respektlose Zuschauer bei einer Exekution gar auf den Galgen gestiegen waren.

NACHLESE

Grosse Mandat

Der Statt Bern/

Wider allerhand im schwang gehende Laster: Derselben sich zu entzeuhen: Und dargegen sich eines Tugendsamen Gottseligen Lebens zu befleissen.

Auß hievorigen Mandaten und Ordnungen; und nach dem es die Nohtdurfft weiters erforderet:

Erneueret.

Jährlich von Cantzlen zu verlesen.

Getruckt zu Bern/ in Hoch-Oberkeitl. Truckerey/
Durch Andres Hügenet. Im Jahr 1695.

Die weiteren Bestrafungen des Winters – Furcht vor neuem Aufruhr

Neben einzelnen Rebellen bestrafen die Oberkeiten auch ganze Gemeinden: Wiedlisbach und Huttwil verlieren das Stadtrecht, Langenthal seinen Wochenmarkt und Mellingen den Zoll. Den Ämtern und Gemeinden werden – nach Massgabe ihrer Beteiligung am Aufstand – Geldbussen auferlegt. Die Entlibucher müssen zu Schüpfheim ein Kapuzinerkloster stiften.

Auf Beschluss der Berner Rates vom 3. November wird in Aarwangen Josef Kachelhofer durch das Schwert gerichtet, sein Körper auf das Rad geflochten.

> Als ihn Vogt Willadings Leute einen Monat zuvor eines Nachts zu Hause in Melchnau einfangen konnten, war er «nur Josef Kachelhofer, Hansens Bruder».
>
> Seinen plötzlichen Aufstieg in die allererste Garde der Rebellen verdankt der bedauernswerte Gefangene den Aussagen eines gewissen Dionys Rölli. Dieser Rölli ist Mitte Oktober von der luzernischen Oberkeit wegen Mordes an «Berns Balbierer» festgenommen worden. Beim Opfer handelte es sich vermutlich um einen welschen Soldaten namens Gabriel Humbert von Nyon. Rölli sagte aus: er habe einen Tumult gehört, sei auch hinzugelaufen und habe den besagten Balbierer schon mit einem abgehauenen Arm vorgefunden. Trotzdem habe dieser noch fliehen wollen, worauf er, Rölli, ihm nachgerannt sei und ihm mit einem herumliegenden Degen von hinten über den Kopf gehauen habe. Um Mitternacht sei der Balbierer dann verschieden.
>
> Weder über Datum noch Ort der Tat machte Rölli genauere Angaben, auch wusste er nicht, wer den «Ratschlag» zu der Tat gegeben habe. Sie sei aber (ausgerechnet...) durch den in Aarwangen gefangenen Kachelhofer «verursacht» gewesen. Wegen dieser Aussage, welche die Luzerner Oberkeit natürlich an Bern weitergab, muss Josef Kachelhofer sterben.

Eine Woche darauf verurteilt der Rat der Stadt Bern auch Lienhart Steinmann von Grossdietwil (LU) zum Tode – durch den Strang. Auch Steinmann wird die Beteiligung am Mord «bei St.Urban» vorgeworfen. Nun handelt es sich bereits um einen Doppelmord an zwei welschen Soldaten. Zudem soll Steinmann eine neue Revolte geplant haben.

Trotz Fürsprache des Abtes Edmund von St.Urban wird das Urteil am 20. November in Aarwangen «ohne Admission eines papistischen Trösters» vollstreckt.

Auf Ersuchen Berns verurteilt der Rat von Luzern auch Dionys Rölli von Ludligen zum Tode (Urteil vom 28. November/8. Dezember). Hingegen wird dem seit Ende September auf Schloss Aarwangen gefangenen Gondiswiler Wirt Hans Bösiger das Leben geschenkt.

Zur Adventszeit gerät Hans Winkler, der «Prügelschmied von Signau», in die Hände der Fahnder. Er war geflüchtet, aber nicht ausser Landes. Hin und wieder kam er zu seiner Schmitte an der Signauer Dorfstrasse. Schliesslich gelang es, ihn dort zu fassen. Am 15. Dezember wird er «als ein Landsfrömder und Angenommener[1] mit Ruthen geschmeitzt, zeichnet und eidlich von Statt und Landt verwiesen». Sein verlassenes Gut wird zu Johanni 1654 versteigert.

Der lange gefangen gehaltene Hans Pfäffli wird gleichentags auf freien Fuss gesetzt. Seine Strafe: 400 Kronen Busse zuzüglich Prozess- und Gefängniskosten.

Noch immer fürchtet die Oberkeit ein Wiederaufflackern der Unruhen. Für einige Aufregung sorgt vor Weihnachten die Geschichte von einem unbekannten, gutgekleideten Reisenden, der bei einem Bauern zu Meiniswil im Oberaargau übernachtete und dabei fragte, ob die Landleute nicht geneigt wären, «mit Hülf frömder Potentaten» das Vergangene zu rächen? Schliesslich habe Gott ein Zeichen gesetzt, indem er den Predikanten von Lützelflüh, «der am heftigsten die Bauern des Aufstandes halber beschuldigte», derart strafte, «dass er ganz contract an allen Gliedern wäre und die Zunge nicht mehr regen, viel weniger aber ein Wort sprechen können».

Im Januar erfahren die Herren von Bern durch den Geheimen Rat gar von zwei Bürgerbünden in ihrer eigenen Stadt, dem Krüzlibund und dem Bärlibund, der sich durch rote und grüne Bänder auszeichne.

Noch sind die beiden verbotenen Bünde nicht aufgelöst, als aus Interlaken der Bericht eingeht: Jaggi Neuhaus aus dem Eggiwil und neun andere Emmentaler wiegelten hier auf, unter dem Vorwand, sie wollten Pferde kaufen. Vogt Zehender erhält den Auftrag, heimlich nach Neuhaus zu fahnden.

Zehender lässt sich nicht zweimal bitten: Mit seinen Leuten sucht er Neuhaus in der Glashütte im Eggiwil auf und fordert ihm zwei Dublonen, eine Silberkrone für seine Frau und einen Dukaten für Weibel Berger ab, obwohl Neuhaus beschwört, er habe in Interlaken bloss seinen dort lebenden Schwager besucht.

---

[1] Seine Heimat war Hitzkirch in den Freien Ämtern.

686   Die weiteren Bestrafungen des Winters – Furcht vor neuem Aufruhr

Bei Zehenders Fahndung nach den Aufwieglern gerät ein gesuchter Rebell in seine Gewalt: Christen Eichenberger, ein eher unbedeutender Offizier des Bauernheers. Mit sechs Monaten Zwangsarbeit im Berner Schellenwerk muss er seine Taten abbüssen.

Liebenau III/214f. – Tillier 207 – Rösli 131, 147, 156, 197 – AEB E 759ff. – RM Bern 14./23./30.1. 1654 – Contracten Signau 6, 200 – Hidber 248 – Nyffeler 185

Silberpokale als Belohnung für die Helfer der Obrigkeit:
Der silbervergoldete Becher, den die Huttwiler nach der Erhebung ihrem Schultheissen Blau schenkten.

Die Belohnung der Treugebliebenen

Weil der Thuner Wein so wohl geraten, gestattet die Regierung als Belohnung für Thuns Treue ein einjähriges Einfuhrverbot für fremde Weine (im November 1653). – Thun bedankt sich mit zwei Fass Reifwein für Berns Standespersonen, Kindbetterinnen und Kranke.

Die treuen Saaner mussten zwar auch nach der strengen, neuen Formel huldigen, doch soll ihre Gehorsamspflicht überall dort nicht gelten, wo sie den alten Freiheiten der Landschaft widerspricht. Auch dürfen die Saaner in Unterwalden Salz kaufen und erhalten einen Landeshauptmann.

Den Obersimmentalern gewährt die Oberkeit freien Fischfang, freie Vogel-, Fuchs- und Hasenjagd. Zudem gehen von den (anderswo) vereinnahmten Strafgeldern 225 Kronen an die Pfrund von St. Stephan. Andres Walthard, der Schulmeister von Wimmis, erhält für seine treuen Dienste während des Aufruhrs 2 Mütt Dinkel, 10 Pfund an Geld und die Verheissung des Notariatspatents. Zudem beschliesst der Rat im Dezember, ein von Walthard verfasstes religiöses Buch auf Staatskosten drucken zu lassen.

Eine indirekte Belohnung erhält der junge Weibel Egli von Krauchthal: Sein Vater, Ammann Peter Egli, war ein Aufrührer und lag drei Wochen lang in Bern gefangen. Am Ende musste der Vater wohl seinen Ammannsmantel abgeben, aber dank der Fürbitte des Vogts von Thorberg und mit Rücksicht auf den «rechtschaffenen und stets treu gebliebenen Sohn» belässt die Oberkeit der Familie Egli ihr stolzes Vermögen von etwa 3000 Kronen.

Dem Schultheissen Blau lassen die Berner Herren in Huttwil ein prächtiges neues Haus erbauen.[1] Die Bürger des Städtchens schenken ihm einen silbervergoldeten Becher, weil er sich für eine milde Bestrafung der Huttwiler eingesetzt habe.

General von Erlach schliesslich wird an einer prunkvollen Feier im Februar 1654 mit einem Pokal voller Dukaten (800 Stück!) für die Errettung des Standes Bern geehrt. Zudem sind seine Güter in der Waadt von diesem Tag an von Steuern befreit.

RM Thun 25.10.1653 & 11.1.1654 – Rösli 66f., 132 – Tillier 208 – Nyffeler 312

---

1 Nach Nyffeler ist Blaus altes Haus von den Bauern eingeäschert worden.

Das Schicksal der geflüchteten Rebellen

Bernische Untertanen:

Am 4. November muss der Turmweibel eine Reihe von Namenstafeln geflüchteter Rebellen an die Kreuzgasse tragen.

Der Gerichtsschreiber verkündet die Bluturteile des Rates «in effigie», als ob die armen Sünder leibhaftig vor dem Richterstuhl stünden: Hans Berger, Statthalter von Steffisburg, soll wie Leuenberger geviertelt werden; sein Dorfgenosse Christen Zimmermann muss hängen, ebenso der Bergmichel und Ueli Schindler, der Schreiber aus dem Eggiwil; auch Melcher Wälchli, Hans Kachelhofer und Weibel Stammbach von Melchnau, sowie Joseph Flückiger von Huttwil werden zum Strang verurteilt; dem Bader und Weber von Lützelflüh, Jakob Äschbacher, welcher nach Steckbrief «ein ziemlich lange, junge Person ist und schier kein Bart hat» und einer der «fürnembsten Redliführer, ja Authores der Rebellion» gewesen sein soll, droht der Tod durch das Schwert.

Der Grossweibel ruft den Nachrichter hervor, übergibt ihm die Blechtafeln, und in gewohnter militärischer Begleitung führt der Zug zum Hochgericht. Hier schlägt Meister Michel die Namen an den Berner Hauptgalgen, wo Ueli Gallis Leichnam baumelt, wo auch die Köpfe Leuenbergers, Küpfers und vieler anderer noch immer angenagelt sind. Das grosse Galgengerüst mit den drei Pfosten und den dicken Querlatten ist mit dem grausigen Schmuck wohl bald überladen.

Dass die in Abwesenheit Verurteilten alle ihr zurückgelassenes Vermögen verlieren, dass Kopfgelder für ihre Ergreifung ausgesetzt sind, versteht sich von selbst.

Vorerst werden die Herren keinen von ihnen in ihre Gewalt bekommen.

Da, im Mai 1656, erscheinen Angehörige der proscribierten Rebellen vor dem Rat und bitten um Gnade für ihre Männer und Väter. Und tatsächlich gehen die Herren darauf ein: Die Rebellen müssen kniefällig bereuen, huldigen, ihre Bussen vollständig bezahlen ... und wenn sie sich in Zukunft nicht ruhig verhielten, werde Altes und Neues zusammen abgestraft werden!

Begnadigt werden: der Bergmichel – mit dem Lob: er habe «sich in jüngst vergangener leidiger Unruh ganz wohl verhalten»[1] –, Hans Berger und

---

1 Daraus muss man wohl schliessen, dass dieser gesuchte Rebell im Villmergerkrieg der Berner Oberkeit gedient hat.

Christen Zimmermann von Steffisburg, der alte Ueli Schütz von Fritzenhaus bei Sumiswald, Hans Bühler von Sigriswil, Peter Kuonen[2] von Frutigen, Daniel Ruch hinder Brandis, Ueli Schindler aus dem Eggiwil und Jakob Gammeter, der Schmied von Lützelflüh.

Hans Berger muss sich Ende 1653 nochmals heimlich zu Hause aufgehalten haben – der neue Steffisburger Weibel wurde zu einem geheimnisvollen «Brief, mit dem Statthalter Berger gewarnt worden» befragt.
  Nach seiner Begnadigung erscheint er nicht mehr in den Akten. 1663 bezahlen Bergers Erben eine Schuld. Demnach ist er inzwischen gestorben.
  Christen Zimmermann war mit seiner Frau geflohen.
  Sie ist es, die nach ihrer Rückkehr das Maul nicht halten kann. Dem Predikantenehepaar des Dorfes fällt sie auf, wie sie im Garten laut redet: Sie habe wohl denkt, es werde so kommen, wenn man der fulen, lugenhaften Oberkeit glaube. Warum man nicht angegriffen habe, damals vor Bern?! ... und mehr so Sachen. So wird Zimmermann 1656 nach kurzer Zeit erneut des Amtes Thun verwiesen.
  Dank seinen alten Erfahrungen als Reisläufer hat es Zimmermann in der Fremde gewiss leichter als andere Flüchtlinge. Ein Reisender weiss zu berichten: er befinde sich in der Nähe von Stuttgart und sei eben dran, eine Mühle zu übernehmen.
  Bloss mit einem der Begnadigten wird sich die Oberkeit noch einmal eingehend beschäftigen müssen ... mit dem Bergmichel.[3]

Vom Melchnauer Wirt *Hans Kachelhofer* ist bekannt, dass er sich ins Elsass abgesetzt hat. Sein Name taucht dort ab 1655 in Schalkendorf mehrmals in den Kirchenbüchern auf.

Am Dreikönigstag des neuen Jahres wird der Name des Busswilers *Balthasar Jäggi* an einer Blechtafel an den Galgen geschlagen. – Über sein Schicksal ist nichts weiteres bekannt.
  Bereits seit Oktober sind *Hans Affolter*, der Müller von Koppigen, und sein Schwager *Urs Dinkelmann* von Hellsau ausgeschrieben. Ihre (in Burgdorf verfassten) Steckbriefe zeigen mit aller Deutlichkeit, worauf es die Herren abgesehen haben: er habe «wohl», lautet Affolters Beschreibung schlicht. Er kehrt bald zurück und bezahlt eine Busse von 150 Kronen. – Dinkelmann soll geköpft werden, worauf er sich natürlich nicht freiwillig stellt. Weil auch er «wohl hatt», wird er später «aus sonderen Gnaden» zu 300 Kronen Busse begnadigt.

---
2 Rösli liest: Kuhn
3 vgl. S. 741

Und dies sind die weiteren flüchtigen Berner Untertanen, welche die Oberkeit nie wird einfangen und verhören können:

Christen Augsburger, der Salpetergraber von Langnau, der «fürnembste unter den Zöümeren zu Langnauw, der flyssigste Botschaftstreger ins Äntlibuch».

Peter Ellenberger, der Schulmeister von Rüderswil und Schreibergehilfe Leuenbergers.

Peter Grimm, ein Zimmermann aus dem Gericht Trachselwald, mit rotem Spitzbart, der anfängt, grau zu werden, und «zimlich grossen, langen Lybs». Er war Befehlshaber der Bauern bei der Brücke zu Lützelflüh.

Heinrich Lädermann von Affoltern, ein Schuhmacher, ein «starker Mann von 40 Jahren, hat ein dicker bruner Bart». Er war ein «eifriger Aufwiegler».

Ueli Stauffer, der Luchsmatt-Bauer aus dem Eggiwil, nach Angaben des Vogts «einer der bösesten Redliführer».

Niklaus Pfäffli, der Bruder und Helfer des Alt-Weibels von Signau.

Hans Rüfenacht, der Schulmeister vom Homberg und Schreiber der Steffisburger.

Hans Megert von Münsingen, Hauptmann und Kriegsrat im Bauernheer.

Hans Hess, ein mittelloser Handwerker von Brienz; Ammann *Oswald* von Oberhofen.

Ruedi Allemann, der Bäcker; *Hans Hartmann*; *Alexander Lädermann,* der Lehenschmied; *Christen Mathys,* vermutlich der Müller, alle von Wiedlisbach. *Kaspar Ammann,* ein armer Taglöhner aus Wynau, und *Joseph Howald* von Lotzwil.

Niklaus Rüefflin von Lengnau, *Hans Gugger* von Utzenstorf, *Christen Käsermann* von Limpach.

Die Aargäuer *Jost Buch* und *Stofel* von Kulm, *Jäggli* und *Schorch* aus Staffelbach, *Uli Rinschler* aus Entfelden und *Hieronimus Schneider* von Suhr konnten alle ins benachbarte Fricktal fliehen, wo die Oberkeit sie nicht weiter belästigt.

Noch ein grösserer Fang gelingt den bernischen Behörden: *Hans Heinz Zahn* von Entfelden, der Mitte 1653 aus dem Gefängnis von Lenzburg entweichen und ins Fricktal fliehen konnte, wird gefangen, als er wieder einmal seine Familie besucht. Im August 1654 wird er in Bern verhört und schliesslich gehängt, weil er das Amt Schenkenberg zur Rebellion geführt und während des Aufstands die Überwachung der Fähren bei Windisch und Stilli organisiert habe.

Luzernische Untertanen:

> Im September zogen mehr als vierzig gut bewaffnete Schweizer Bauernkrieger durch die Stadt Frankfurt, um dem Herzog Karl von Lothringen ihre Söldnerdienste anzubieten. Der Herzog, ein abenteuerlustiger Kriegsherr, habe sie gut aufgenommen und ihnen einen Feldzug ins Elsass in Aussicht gestellt, da ihm die Bauern versicherten, er werde in der Schweiz vom Volk mit offenen Armen empfangen werden...

Wahr oder nicht – solche Berichte aus der Feder eines gewissen Fürsten Piccolomini beunruhigten in der Zeit nach dem Tellen-Attentat die Herren der Eidgenossenschaft. – Erst als im Februar 1654 die Kunde kommt, der zuvor seines Landes beraubte Herzog Karl sei gefangen genommen und nach Spanien gebracht worden, beruhigen sich die Gemüter.

Unbestritten ist, dass sich trotz der Reichsacht zahlreiche luzernische Flüchtlinge in deutschen Landen aufhalten: *Weibel Krummenacher* und *Sechser Sinner* samt etlichen anderen im elsässischen Colmar, Schulmeister *Müller* geniesst im Hohenzollerschen ein Asyl als Lehrer, *Hans Heller* wird noch jahrelang in Münchrodt im Allgäu als Pächter auf einem Klosterhof leben und Pferdehandel bis nach Solothurn und Sursee betreiben.

Einer allerdings strapazierte das deutsche Gastrecht zu sehr: Der Willisauer Adlerwirt *Anton Farnbühler*, Fähnrich seines Amts zu Gisikon, war nach seiner Verurteilung zu vier Jahren Kriegsdienst geflohen und hatte sich zuerst in Solothurn als Schuhmacher anstellen lassen. Als ihm das Pflaster dort zu heiss wurde, zog er weiter nach Thann im Elsass. Da erkundigte er sich just im Oktober, kurz nach Verhängung der Reichsacht, ob man Pulver zu einem neuen Krieg gegen Luzern kaufen könne? Sie hätten 500 Mann zum Losschlagen bereit! – Auf die Klage Luzerns hin wurde er eingekerkert, später ausgeliefert und am 19./29. November 1653 in Luzern hingerichtet.

Ein langersehnter Fang gelingt der Oberkeit im Juni 1654, als *Hans Stadelmann*, der Städeli, der Attentäter und «gemeinschädliche Verbrecher» lebend nach Luzern überführt werden kann. Der lange Zemp hat ihn verraten und dafür seine eigene Amnestie eingehandelt. Über Städeli fällt der Rat am 5./15. Juli das Todesurteil. Er wird enthauptet, sein Kopf an den Haberturm gesteckt und sein Leib aufs Rad geflochten.

Zu diesem Zeitpunkt sitzen noch immer zwei Anführer der Entlibucher im Luzerner Kerker: *Weibel Emmenegger* von Hasle und *Polei Christen*. Im Sommer 1654 werden sie endlich auf Urfehde entlassen; sie sollen unter Hauptmann Keller auf dem Meere dienen. – Unterwegs gelingt Emmenegger die Flucht; er wird jedoch wieder eingefangen und im Januar 1655 über Neuenburg nach Paris und von dort aus aufs Meer gebracht.

Basler Untertanen:

Die beiden prominentesten Baselbieter Flüchtlinge sind *Isaak Bowe* und *Hans Bernhard Roth*. Während vom rotbärtigen Anführer der Reigoldswiler jede Spur fehlt, meldete sich Isaak Bowe schon am Tag nach seiner Flucht, am 31. Mai, mit einem Brief beim Rat von Basel, bat unter Berufung auf mehrere Bibelstellen um Verzeihung und dass man ihn mit Weib und Kind und etwas Guts ausser Landes ziehen lasse, denn er wolle nicht mehr in Bretzwil leben. Das Schreiben unterzeichnete er sentimental: «Ik. Bowe von Bretzwil, jetzt aber im finstern Wald sich aufhaltend».

In den Nachkriegsmonaten geistert er als heimwehgeplagtes Flüchtlingsgespenst in schwarzen Spitzhosen und geschorenem Barte in der Fremde jenseits der Grenze herum – bis er sich im Februar 1654 den Basler Herren freiwillig stellt und von ihnen zu «lebenslänglicher Ehr- und Wehrlosigkeit mit Tragung des Lasterstecken und Eingrenzung in den Bann von Bretzwil» begnadigt wird.

Rösli 109–229 (diverse Urteile) – Lohner 559 – AEB E 628, 717ff. – RM Bern 21.1. 1654, 13.5. 1656 – Liebenau III/205–207, 217–219 – Vock 517f. – Mühlestein 507f. – Schiffmann 81–84 – Sommer 98f.

Alte Krone in Huttwil.

Das 1653 auf Kosten der Stadt Bern neu erbaute Schultheissenhaus in Huttwil

Die Prozesse gegen die Landvögte Tribolet und Zehender

Landvogt Samuel Tribolet von Trachselwald zeigt sich nicht gerade von seiner eifrigsten Seite, wenn's um die Untersuchung der gegen ihn hängigen Klagen geht. Nachdem er im Oktober und November nacheinander fünf Vorladungen ins Berner Rathaus missachtet hat, zeigt er sich dort erst am 21. November wieder. Was ihn derart in Rage gebracht hat, war die Weigerung des Rates, auch Venner Frischings Amtszeit in Trachselwald zu untersuchen.

Im Dezember muss der Rat Tribolet sogar mit einer Amtsenthebung drohen, ehe dieser wieder den Weg in die Hauptstadt unter die Füsse nimmt. Natürlich weiss Samuel Tribolet, dass er als Vogt über die Stränge gehauen hat, dass er sich den Posten im Emmental übers Mass versilbern liess. Nur – das haben andere vor ihm auch getan, namentlich Venner Frisching, der jetzt den Saubermann mimt. Dafür könnte er sogar Beweise vorlegen, wenn der Rat davor die Augen nicht verschlösse! Seine, Tribolets, Amtsführung war nicht mal die schlimmste. In diesem Herbst hat er dazu auf eigene Faust das Volk befragen lassen. Die Auskünfte waren sehr schmeichelhaft. Schultheiss Blau von Huttwil hat sogar den Wunsch ausgesprochen, «dass der Herr viele Jahre und Zeit seines Lebens ihr Landvogt verbleiben möge».

Aber offenbar besteht in einflussreichen Kreisen der Berner Burgerschaft die Absicht, ihn, den Herrn zu Trachselwald, zum Sündenbock für den ganzen Bauernkrieg zu stempeln! «Menschliches Versagen eines Einzelnen» wird es heissen. Die marode Struktur der gesamten Staatsverwaltung wird so der Diskussion entzogen.

Tribolet ist empört. Am 27. Dezember, nach einer neuerlichen Einvernahme, bricht sein feuriges Temperament mit ihm durch: Er greift den Ratsschreiber Gross vor dessen Haus tätlich an, nimmt ihm mit Gewalt die auf seine Sache bezüglichen Papiere der Geheimen Kammer ab und verfolgt ihn mit gezogenem Degen bis in den Hausgang. – Der Rat lässt den Jähzornigen verhaften und in das Gitterzimmer der Insel schaffen, wo er den Rest der Altjahrswoche verbringen muss, bis er auf Fürbitte seines Schwiegervaters, des Schultheissen von Graffenried, wieder frei kommt.

Kurz nach diesem Vorfall – am 8. Januar 1654 – verlässt Samuel Tribolet sein Amt in Trachselwald und begibt sich ausserhalb des Bernbiets. Er hinterlässt ein Abschiedsschreiben an den Rat.

Dessen ungeachtet werden Ende Januar die Klagten gegen den Vogt von Trachselwald in absentia behandelt. Was dabei zum Vorschein kommt, ist haarsträubend: hohe, ungerechtfertigte Bussen noch und noch, nur wenige von ihnen in den Amtsrechnungen aufgeführt. Tribolet wird am 3. Februar in 57 Punkten schuldig gesprochen und dafür mit Amtsentsetzung, Ausschluss aus dem Rat der 200 und Landesverweis bestraft. Vor drei Jahren soll er nicht begnadigt werden; dann aber hat er mit einer Geldbusse, Ersetzung der unrechten Bussen, Entschädigungen und Untersuchungskosten zu rechnen (er muss den Untertanen 4000 Pfund zurückerstatten). Der Rat kommentiert das Urteil: die Handlungen Tribolets seien «die nit geringste Ursach des Rebellionsunwesens», und Venner Frisching bekräftigt: unbillige Bussen, speziell durch Tribolet, seien die Ursache des Aufstandes gewesen!

Frisching wird übrigens für seine «Mühen» während des Aufstandes mit der Befreiung seines Landsitzes zu Langnau von Bodenzins, Zehnten und Ehrschatz belohnt.[1]

Im März erlässt der Rat ein neues, vereinfachtes Bussenreglement für die Landvogteien, wonach der Vogt alle in seiner Gerichtsbarkeit stehenden Bussen verzeichnen und davon die Hälfte an die Staatskasse abliefern muss.

Mit der Untersuchung gegen Landvogt Hans Rudolf Zehender von Signau hatte die Geheime Kammer nicht viel leichteres Spiel als mit derjenigen gegen Tribolet. Auch Zehender missachtete andauernd seine Zitationen.

Im Februar 1654 können die Klagten vom August des Vorjahres endlich behandelt werden. Der Beschuldigte ist anwesend und verteidigt sich mit Bravour: 36 Klagen (meist wegen zu harter Bussen) werden abgewiesen, einige sollen unter Vorladung von Zeugen weiter behandelt werden.

Deren Einvernahme im März fördert eine ganze Reihe weiterer Beschwerden gegen Zehender zutage. Die Landleute haben nach dem Urteil gegen Tribolet offensichtlich neuen Mut gefasst. – Fast in allen Fällen geht es ums Geld, manchmal um regelrechte Raubzüge des Vogts und seines Weibels Berger (von Signau) in verlassene Häuser von Verstorbenen, geflüchteten Rebellen oder Vergeldstagten.

Unter anderen klagt Michel Äschlimanns Frau: der Vogt habe zwei Kälber, ein Hengstfüli und aus des Tochtermanns Haus einen Schmerleib, Schmalz und Speck abführen lassen. – Zehender verteidigt sich vor der Geheimen Kammer: man solle nichts glauben; der Bergmichel sei ein böser Tröhler und ein böses Läbewesen; hätte er ihn und seinesgleichen nicht gestraft, so wäre es gewesen wie früher, als im Dorf Signau znacht niemand sicher sein konnte, weil allerlei Ungelägenheiten sich begeben. – Die Kommission anerkennt die ordnungserhaltenden Motive des Vogts und gibt ihm recht.

---

1 Ähnliche Vergünstigungen erlangte Zeugherr Lerber im Amt Erlach.

Weibel Ueli Berger, Landschreiber Noe Losenegger und Weibel Andreas Moser von Biglen unterstützen Zehender nach Kräften bei seinen Aussagen. – In einem Fall (Ueli Schüpbach) habe Zehender die Limiten des Richteramtes überschritten. Aber weil Schüpbach nicht genügend Beweise vorlegen kann, wollen die Herren der Geheimen Kammer die Sache auf sich beruhen lassen. In einem zweiten Fall (betreffend den Predikanten von Röthenbach) hat sich Zehender ebenfalls vergangen; aber wegen eines Formfehlers kommt er um eine Strafe herum.

Die Gnädigen Herren von Bern sind sehr milde gestimmt; sie begnügen sich mit Tribolets Bestrafung, Hans Rudolf Zehender bleibt im Amt. Er muss nur in einigen Fällen die allzu hohen Bussgelder zurückerstatten und insbesondere Hans Rüegseggers Geldstag nochmals ordentlich durchführen.

Zehender und seine Getreuen kosten den Prozesserfolg in vollen Zügen aus. Im Mai muss der Rat von Bern gar reklamieren: er solle das Chorgericht nicht im Wirtshaus vereidigen, auch ehrbare Personen erwählen!

Seine ihm auferlegten finanziellen Verpflichtungen scheint Zehender zu vergessen. Mehrmals wird er aus Bern wegen Rüegseggers Geldstag vergeblich ermahnt, im Juli verklagen ihn Ueli Gallis Erben von neuem, weil er 100 Gulden Bussgeld unterschlagen hat... Hans Rudolf Zehender steckt wieder in Schwierigkeiten.

Türler, Tribolet – AEB E 717 ff., 759 ff., 853 ff. (Zehender) – RM Bern 28.11.1653, 4.3., 5./18.4., 25.5., 28.7. 1654 – Tillier 202 – Karl Müller: Zensur im alten Bern. Diss. Bern 1904, 118–123 – Wahlen/Jaggi 96 f. – Mittg. Andreas Moser (Erlach)

Ein seltsamer Nachtbubenstreich im Mai 1654

Die Gestalt des Ueli Galli, der den ganzen Winter über am Galgen der Stadt hing, ist den Bernern mittlerweile vertraut. Doch am Morgen des 12. Mai – einem Freitag – ist dort am Galgen nur noch ein abgehauener Strick zu sehen. Der Leichnam liegt mit abgetrenntem Kopf auf der Erde.

Noch am selben Tag beschäftigt sich der Rat mit dem Ereignis. Die Herren rätseln, ob der Ueli Galli wohl von den Seinigen ab dem Galgen gelöst worden sei, ob er von selber hinuntergefallen sein könnte oder ob es sich um einen Nachtbubenstreich von Studenten handle?

Die Studenten treiben es nämlich gar arg in diesen lauen Frühlingsnächten. Noch in diesem Monat wird sich der Unfall des Theobald Weinzäpfli ereignen: Auf der mit Bäumen und Rasen bewachsenen Münsterplattform, dem Spielplatz für Jung und Alt, wo Wäsche hängt und die Bauernwagen vom Land abgestellt sind, besteigt der Theologiestudent Weinzäpfli morgens um 3 Uhr besoffen ein weidendes Pferd und wird von seinen Kollegen solange auf der Plattform herumgehetzt, bis das Ross vor der Mauer bockt und seinen Reiter in die Tiefe wirft.

Weil Weinzäpfli den Fall überlebt und nach der Heilung seiner Knochenbrüche (mit Hinkebein und lahmem Arm) eine ganz normale Pfarrstelle in Kerzers antreten kann, wird auf der Plattform noch zu seinen Lebzeiten eine Inschrift angebracht. Generationen von Bernern werden dort über die Brüstung in die Badgasse hinabgucken und sich an das Wunder erinnern. Dabei ist Weinzäpfli gar nicht bei der späteren Gedenktafel, sondern über die weit weniger imposante Westmauer hinabgefallen und dort – allerdings knapp vor dem Absturz zur Badgasse hin – in einem Krautgarten gelandet.

Zurück zum Rätsel um Ueli Gallis Leichnam.

Am Montag berichtet der Scharfrichter von seinen Nachforschungen: der Leichnam sei sicher nicht von selber auf die Erde gefallen, viel eher von Unbekannten am Hals (mit einem Schwert?) durchschnitten worden, so dass er schwerlich wieder aufgeknüpft werden könne.

Da kein Student mit der Sache etwas zu tun haben will, glauben die Herren des Rates nun fest an einen Anschlag auf die oberkeitliche Gerichtsbarkeit. Meister Michel muss der halb verwesten Leiche eine Kette unter den Armen durchziehen und sie wieder am Galgen aufhängen, den Kopf mit einem grossen, eisernen Nagel wieder am Hals befestigen... der gefährlichste aller Erzrebellen soll auch als zusammengeflicktes Fleischbündel noch ein Mahnmal dafür bilden, wie wenig die gestrengen Gnädigen

Herren den Widerstand gegen ihre von Gott verliehene Herrschaft dulden.
Ueli Gallis Söhne und Tochtermänner haben in Bern vor dem Kriegsrat zu erscheinen. Sie alle bestreiten die Tat. Vergeblich wird Peter Galli während einer Woche eingelocht und gar einmal zur Abschreckung in den Streckiturm geführt.

Mühlestein 654 – RM Bern 12./15.5. 1654 – Blätter für bernische Geschichte 1918,324f. – Verzeichnis der Weinzäpfli-Literatur im Archiv des Hist.Vereins Bern, Bd.XVII,67 – KRM Bern 18./20./22./23.5. 1643

Samuel Tribolet (1616–1673), Landvogt zu Trachselwald

Luzerner Bürgerschicksale

Zwei von den Luzerner Bürgern, die bereits im Sommer 1653 auf die Galeeren geschickt wurden, konnten sich im Ausland, noch bevor sie das Meer erreichten, befreien: *Wilhelm Probstatt* entkam im Januar 1654 aus Bergamo und lebt nun zu Sulz im Elsass. *Franz Bircher* konnte sich in Brescia beim dortigen Gouverneur für 100 Dublonen freikaufen. Er siedelte sich in Flüelen im Urnerland an, wohin ihm im Mai 1654 seine Familie nachfolgt, nachdem die Frau aus Luzern verbannt und die Tochter Anna mit 200 Gulden bestraft worden ist. – Weil Franz Bircher die Agitation gegen seine Heimatstadt fortsetzt, setzt der Luzerner Rat im Jahr 1659 eine Kopfprämie auf ihn aus, worauf er nach Mailand umzieht. Noch 1672 lebt er dort, später als Flüchtling in Deutschland. Als ihn die Stadtväter nach langen Jahren begnadigen, kehrt er im März 1687 nach Luzern zurück.

Schlimmer ergeht's dem dritten verurteilten Galeerensträfling: Der Büchsenschmied *Hans Joachim Walthert*, gewiss mit weniger Reichtum und Einfluss gesegnet als die Birchers, verbringt den Rest seines Lebens als venezianischer Soldat.

Anfangs 1654 fällt der Rat etliche Urteile gegen Führer der Bürgerbewegung; das härteste (zwei Jahre Verbannung) betrifft *Jakob Schürmann*.

Am 9. Juni endlich muss Hauptmann *Nikolaus Bircher* vor seine Richter treten. Als Angehöriger einer regimentsfähigen Familie, Kleinrat und Bruder des zwölf Jahre zuvor verstorbenen Schultheissen Jost Bircher, ist er der angesehenste aller Angeklagten. Er wird beschuldigt, er habe sich über das Gebaren strenger Landvögte unanständig geäussert; er steht im Verdacht, mit dem verbannten Franz Bircher in Venedig korrespondiert und ihm Geld gesandt zu haben; zudem soll er beim Ausbruch der Bürgerwirren gesagt haben: «Es werden in Luzern auf dem Fischmarkt blutige Köpfe herumliegen.» – Bircher meint: er habe die unbedachten Worte nur gesprochen, weil er wegen dem Kometen und einer Kalenderbeschreibung ein grosses Stärbet kommen sah; er halte viel von solchen Prognosen. – Doch die Richter beziehen seine Worte auf die später angeblich in letzter Minute verhinderte Mordnacht und verurteilen Nikolaus Bircher zu lebenslänglicher Kerkerhaft im Grabentörlein.[1] Sein Vermögen verfällt... dem Rat.

Im Winter 55/56 ist der Gefangene schwer krank. Ein Luzerner Bürger spricht zu jener Zeit: man sollte an seiner Statt den rotnasigen Schultheis-

---

1 Bircher war ein bekannter politischer Gegner von Schultheiss Fleckenstein (vgl. Liebenau I/268).

sen (Dulliker) in den Kerker werfen («... doch sage ich das nicht euch, sondern nur dem Ofen»). Ein Jahr darauf stirbt Nikolaus Bircher in seinem Gefängnis.

Im November 1654 verkündet der Rat das Urteil gegen den Tuchhändler *Melchior Rüttimann*, einen der führenden Köpfe der Bürgerschaft, der inzwischen längst nach Uri geflohen ist: Er muss eine Busse von 2000 Gulden erlegen. So oder so ist er während zwanzig Jahren des Landes verwiesen. – Unter diesen Umständen verspürt Rüttimann wenig Lust, seine Barschaft nach Luzern zu tragen... worauf ihn der Rat seiner Vaterstadt für vogelfrei erklärt und ein Kopfgeld auf ihn aussetzt. Rüttimann muss Altdorf verlassen. Er lebt noch lange Jahre in Mailand.

Vock 470–481 – Liebenau I/281 f., III/160–163

‹Normalisierung› im Bernbiet

Im Oktober 1653 gewährten die Gnädigen Herren von Bern ihren Untertanen einige von den im Murifelder Vertrag vereinbarten Erleichterungen; sie schafften das Trattengeld ab und erliessen eine neue Botenordnung.

Auch nach dem Tod der meisten Rädelsführer, nach der Entwaffnung aller Gemeinden und deren Unterwerfung unter die neue Huldigungsformel liess die Regierung ihre Garnisonen in den Schlössern und Städten stehen. So blieben z.B. den Winter über freiburgische Soldaten in Thun, was die dortigen Bürger, die sich doch treu verhalten hatten, gar nicht begeisterte.

Erst an Ostern 1654 halten die Gnädigen Herren den Zeitpunkt für gekommen, ihre Truppen aus den Festungen zu entlassen – wegen «der schwer zu bestreitenden Kosten». Inzwischen sind bereits zwei Zahlungstermine für die ausgesprochenen Bussen verstrichen. Wenig ist dabei in die Staatskasse eingegangen. Den Ratsherren dämmert langsam, dass sie ihre Schuldner auf dem Land nicht in der üblichen Weise betreiben können; da ist schlicht kein Geld vorhanden, ganze Dorfgemeinschaften müsste man in die Schlösser und ins Schellenwerk einsperren, und davon hätte die Oberkeit am allerwenigsten Nutzen.

Angesichts der Lage verlängert der Rat vorerst die Zahlungsfristen. (In den meisten Fällen wird er zehn Jahre danach, 1663, auf einen Teil der Summe verzichten.)

Auch ein Jahr nach der Belagerung von Bern ist das Landvolk noch ohne Waffen. Die von alters her beliebten Schützenfeste mit Wettschiessen sind – in den treuen Landstädten mit Garnisonen ausgenommen – verboten.

Erst 1655 erhalten die Untertanen auf einmal in ganz unbernischer Eile ihre Musketen, Spiesse und Halparten zurück. Der Grund für die plötzliche Wiederaufnahme der verlorenen Söhne in Vater Staates Haus ist schnell gefunden: Die Stände Zürich und Schwyz liegen sich in den Haaren, der so lange aufgeschobene Konfessionskrieg in der Eidgenossenschaft scheint unvermeidlich – da stünden dem Staate Bern unbewaffnete Uszüger sehr schlecht an...

Rösli 52, 63, 86–93 – Tillier 208 – Mandatenbuch Bern 6.10.1653

Lieder und Galgenfahrten

Anfangs September 1654 verkündigen die bernischen Predikanten folgendes Mandat von den Kanzeln:

> «Wir müessend mit Missfallen vernemmen, dass etliche ungute Gemüter sich gelusten lassind, von der verndrigen Landtskrieglichen Verloffenheit sonderbahre Lieder zemachen und auszespreiten, welche dann auch ungleicher Meinung hin und här gesungen werdend. Da aber Jeder menigklich im Landt Ime vil lieber sein lassen sollte, solch leidige Vergangenheit, mit der ausgekündeten Oberkeitlichen Gnad und Verzeichung bedeckt an Irem Ort sein und hingelegt ohn wideräferet verbleiben zelassen, dergestalten wir ratsam und gut befunden, solcher Unbesonnenheit durch Oberkeitliches Insechen abzuwehren, und hiemit solche unnütze Lieder und dergleichen unrimliche Gedicht von dem Landtkrieg bei unser Oberkeitlichen Straff und Ungnad zeverpieten: Also dass dieselben weder gesungen noch sonst ausgespreitet und darvon Gespräch gehalten werden sölle.»

Die Vögte erhalten die Weisung: sie müssten gegen Zuwiderhandelnde mit «unerschonter Straff» vorgehen.

Die «sonderbaren Lieder» und «unrimlichen Gedicht», die im Bernbiet hin- und hergesungen werden, sind wohl allerhand Nachdichtungen zum Tellenlied. Die Entlibucher haben es zu Beginn des Aufstandes in Schüpfheim vor dem Quartier des Schultheissen zum erstenmal gesungen; inzwischen sind zahlreiche weitere Strophen entstanden: über den verhinderten Zug der Basler ins Aargäu, über die Gefangennahme des Falkenwirts von Aarburg, wie die Suhrentaler mutig der Zürcher Armee in Mellingen entgegentraten... die Landleute erinnern sich mit Vorliebe ihrer Heldentaten. Auch vom Leuenberger kursiert eine Ballade, ein trauriges Lied von seiner grausamen Hinrichtung, von seinen versöhnlichen letzten Worten vor dem Beinhaus in Herzogenbuchsee.

Drei Wochen nach Bern erlässt auch Luzern ein Mandat gegen die Lieder. Den Herren vom Vierwaldstättersee macht neben dem Tellenlied – mehrere Sänger werden seinetwegen bestraft – die lange, traurige Ballade von Fridli Bucher zu schaffen.

Durch das Liedermandat lassen sich die Luzerner Landleute nicht von der Verehrung ihrer Helden abhalten. In Hasle im Entlibuch errichten Dorfbewohner eine Jahreszeitstiftung zum Lesen von Messen für die hingerichteten Rädelsführer. – Schon unmittelbar nach den Prozessen begannen auch die ‹Galgenfahrten›. Die Leute pilgern zu den Richtstätten ihrer Anführer; besonders verehren sie Kaspar Steiner.

Nach einigen Jahren redet man: die Bauernführer seien Heilige, durch deren Fürbitte viele Leute gesund geworden seien. Die Regierung stellt diese unliebsame Heiligen-Verehrung als einen Greuel vor Gott dar, der in der ganzen ehrbaren Welt Abscheu errege. Selbstverständlich sind die Galgenfahrten unter Androhung von Strafe an «Lyb, Leben, Ehr und Gut» verboten.

Dem Lied von Fridli Bucher fügt ein heimlicher Dichter darauf die wunderschönen Schlussstrophen an:

> 's Mareili gieng unter'n Galgen zu beten,
> Die Herren thäten ihm das absprechen:
> «Der Galgen ist ja kein Gotteshus,
> 's ist sust nur in der Kirchen der Bruch.»

> 's Mareili gab zur Antwort druf:
> «Das Beten ist überall der Bruch,
> Und ist der Galgen kein Gotteshus,
> 's thut doch den Luzernern d'Augen uf.»

Weder die Lieder noch die Verehrung der Heiligen unter dem Galgen werden sich durch Verbote aus der Welt schaffen lassen. Die Sage berichtet, später einmal hätten die Luzerner beim Papst in Rom um einen heiligen Leib angehalten und darauf zur Antwort erhalten: «Ihr habt daheim heilige Leiber unter dem Galgen, zieht vorerst diese zu Ehren!»

Die Lieder werden in der Erinnerung des Volkes Jahrhunderte überdauern und in allerhand Versionen immer wieder auftauchen.

Liebenau III/210–213 – Mühlestein 642 – Hostettler (mit den Texten aller bekannten Lieder der Bauern)

Der Villmerger Krieg

Im Frühling 1655 erschüttern Berichte über die grausame Verfolgung der Waldenser – einer frühreformierten Glaubensgemeinschaft – in den piemontesischen Tälern die ganze evangelische Welt. Die Predikanten lassen sonntags für die geplagten Glaubensbrüder und -schwestern beten. Auf den Märiten gibt es die Zeitung zu kaufen, 53 Liedstrophen «im Thon: Nun mercket auff ihr Himmel und Erd/ Gestelt durch einen mitbetrübten Evangelischen Christen», welche die Greuel schwarz auf weiss beschreiben:

3. Der Evangelischen Religion/ Ward solche Peyn und Schmach an g'than/ Dergleichen kein Mann hat erhort/ Von Heiden Türcken an keinem Ort.

14. Der Fürst liess ihnen (den Waldensern, U.H.) zeigen an/ Man werde keinem kein Leid thun/ Sollen nur den Volck geben Quartier/ Die bald auff alle Päss marschiert.

15. Man hat sie überzogen schon/ Ja mehr dann mit sechstausend Mann/ Die ihre Schirmer solten seyn/ Die brachten sie in Todtes Peyn.

17. So schröcklich und mit grosser Macht/ Haben sie alles nider gemacht/ Sie schonten nicht der kleinen Kind/ Die in der Wiegen glegen sind.

18. Ach Gott wie kannst du's gschehen lan/ Vor wäinen ich's kaum melden kan/ Dass sie die Diener Gottes fromb/ Grausam ermordt und brachten umb.

19. Schlugen etlich ans Creutz behend/ Mit Neglen durch ihre Füss und Händ/ Sturben am Creutz/ mein lieber Christ/ Wegen des HErren JEsu Christ.

21. All schwangere Weiber mit Graus/ Die sie bekamen schnittens auff/ Namen die Frucht aus ihrem Leib/ Schlugens umb die Wänd schröcklich.

22. Alle Weibsbilder alt und jung/ Töchter/ Jungfrawen wolgestalt/ War ihnen preis mutwilliglich/ Schändens an Ehren jämmerlich.

23. Mir grauset ab der Übelthat/ Die man an ihn verübet hat/ Als sie waren verletzt und gschänd/ Brachten sie's mit dem Schwert zum End.

25. Zwey Soldaten ein junges Kind/ Namens bey den Füsslein gschwind/ Verrissens gantz grausamer Gstalt/ Schlugens einand'r umb die Köpfe bald.

26. Viel Kinder bunden sie zusam/ Und henckten's an die Bäum hinan/ Viel trugens an den Spiessen rumb/ Dass sie erbärmlich kamen umb.

> 27. Namen von ihnen das Eingeweid/ Ihren Müttern umb den Hals geleit/ Viel Diener Gottes gfangen gnon/ Tröst sie HErr JEsus Gottes Sohn.
> 29. Sonst gar viel han sie hencken lan/ Dass man sie nicht all zehlen kan/ Niemand war der sie darumb schalt/ Weil jeder thät was ihm gefalt.
> 30. Ein Mann zogen sie nackend aus/ Streichen ihn mit Päch durchaus/ Legten ihm d'Kleyder wider an/ Und zündeten ihn mit Fewr an.
> 32. Zwo ehrbar Frawen mit Gewalt/ Wurffen sie in das Fewr gar bald/ Verbrenntens also lebendig/ Blieben dennoch gantz beständiglich.
> 34. Eim Mann und Fraw von sibentzig Jahr/ Bunden s Haupt zwischen ihr Beine gar/ Tröhlten sie über ein Felsen herab/ Mein Hertz in Leib erschrickt darab.
> 35. Zwey grosse Thäler gantz und gar/ Hands vast ermordet überal/ Kein Mensch kan sagen mit eim Wort/ Wie mancher g'litten hab den Todt.
> 44. Das Blut der Märtyrer jeder Frist/ Ein fruchtbar Thaw und Regen ist/ Ein edler Sam der Kirchen werth/ Dadurch sie ewig wird vermehrt.
> 46. Davon wuchs sie und war so gross/ Gab dem Satan ein harten Stoss/ Die Warheit nicht mehr wird zergahn/ In Ewigkeit sie wird bestahn.

Sind diese Katholiken nicht unmenschliche Bestien? Und sind die Gnädigen Herren von Bern, Basel und Zürich diesen blutrünstigen ausländischen Fürsten nicht allemal noch vorzuziehen?

Dass es sich beim Herzog von Savoyen, dem grossen Übeltäter, um einen Bündnispartner der katholischen Orte der Eidgenossenschaft handelt, bringt die hiesige Geistlichkeit erst recht in Fahrt: Bis ins hinterste Emmental bekommen die Kirchgänger in diesem Sommer zu hören, wie die Papisten drüben im Luzernischen und überall unter einer Decke steckten, wie sie die Greueltaten an den Waldensern billigten und jederzeit zu Ähnlichem fähig seien. Tatsächlich werden im Herbst auch in der Innerschweiz Reformierte ihres Glaubens wegen verfolgt. Nach jahrzehntelanger Duldung geht die Regierung von Schwyz gegen die evangelische Gemeinde der Nikodemiten im Dorf Arth vor. Drei Männer und eine Frau werden – angeblich wegen Wiedertäuferei – hingerichtet. 22 Personen fliehen nach Zürich.

Von einer Welle des Volkszorns in den evangelischen Orten getragen, macht sich Zürich zum Fürsprecher der Verfolgten. Schwyz dagegen verwahrt sich aufs Schärfste gegen die Einmischung in seine inneren Angelegenheiten. Rasch weitet sich der Streit der beiden Stände zur kriegsgefährlichen Konfrontation aus.

Natürlich lässt sich ein Diplomat vom Schlage des Zürcher Bürgermeisters Waser nicht von Emotionen und Glaubensmoral so weit treiben. Die wahre Kriegsgefahr liegt darin begründet, dass sich 1653 eine klare militärische Übermacht der beiden grossen reformierten Stände Bern und Zürich herausgebildet hat. Mancher hohe Herr in diesen Städten möchte die Gunst der Stunde nutzen, etwa durch eine Vertreibung der Katholiken aus den paritätisch regierten Gemeinen Herrschaften oder, im Falle Berns, durch eine Annexion des umstrittenen Bucheggbergs. – Solche Gelüste bleiben den katholischen Oberen nicht verborgen, und sie bemühen sich, durch Bündnisse ein Gegengewicht zu schaffen. Im Herbst 1655 wollen sie ihren ‹Goldenen Bund›, den Sonderbund der katholischen Orte, neu beschwören. Am Beistandspakt mit dem Herzog von Savoyen halten sie um so steifer fest, als die Reformierten dagegen Sturm laufen.

Solche ins Ausland reichende Sonderbündnisse sind dem Zusammenhalt der Eidgenossenschaft bestimmt nicht zuträglich. Allerdings ist die führende Macht des Kontinents, Frankreich, am Fortbestand des jungen Staats interessiert, da sie ihre Söldner aus der Schweiz bezieht. In Frankreichs Rücken wachen wiederum Holland und England, zu denen insbesondere der Schaffhauser Stadtschreiber Stocker ausgezeichnete Beziehungen pflegt, über die Interessen der Evangelischen. Kurz und gut: Solange der Katholizismus hierzulande nicht gerade existenziell bedroht ist, wird kaum ein ausländischer Fürst in der Eidgenossenschaft militärisch einzugreifen wagen. Und Waser will ja nicht Luzern vernichten, beileibe nicht! Bloss eine Demonstration der Überlegenheit, dann günstige Verhandlungen...

Unter diesen Umständen verlaufen zwei Tagsatzungen – trotz feurigen Friedensapellen des französischen Botschafters de la Barde – ergebnislos. Am 27. Dezember 1655 a.St. erklären Zürich und Bern den Schwyzern den Krieg, auf deren Seite sich kraft des ‹Goldenen Bundes› Uri, Unterwalden, Luzern und Zug stellen. Die übrigen Orte verhalten sich neutral. Namentlich Bürgermeister Wettstein bemüht sich in den kommenden Wochen unablässig um Waffenstillstand und Frieden.

Zürichs General Joh. Rudolf Werdmüller (der ehemalige Generalmajor) marschiert sofort in die Gemeine Herrschaft Thurgau ein und lässt dort den katholischen Vogt verhaften. Mit seiner Hauptmacht zieht er am rechten Zürichseeufer entlang nach Rapperswil. Das Städtchen ist bereits von Schwyzern bewacht, und Werdmüllers Truppe beschränkt sich im folgenden darauf, die Umgebung zu plündern.

Der Berner General von Erlach hat zum Jahresende die Grenzen besetzen lassen: Emmentaler stehen gegen Entlibucher, Oberländer am Brünig gegen die Obwaldner. Der Bucheggberg ist rasch in bernischer Hand – gewiss keine Heldentat... der ‹Gegner› Solothurn verhält sich ja neutral.

Darauf zieht die Hauptmacht der Erlachschen Armee trotz bissiger Kälte und allgemeiner Hungersnot durchs Aargäu hinunter nach Lenzburg, wo sie am 9. Januar eintrifft.

Was sich hier in den folgenden Tagen abspielt, ist kein Feld-, sondern ein wahrer Raubzug. Die bernischen Truppen, allen voran die gefürchteten Welschen, saufen, brandschatzen und plündern in den Dörfern der unteren Freien Ämter herum, während ihre Befehlshaber auf der Lenzburg zechen und ihren Soldaten die Prunkstücke aus der Diebesbeute abkaufen. Von den Uszügern, die doch zur «Verteidigung der verfolgten Glaubensbrüder» ausgerückt sind, weiss keiner recht, wohin dieser Zug schliesslich führen solle: gegen Bremgarten, rätseln die einen, andere meinen, man habe gar Luzern im Auge.

In Tat und Wahrheit spricht nichts für eine solche Annahme; die Truppenverschiebungen dieser Tage sind strategisch völlig unsinnig, nur auf Räubereien in katholischem Gebiet ausgerichtet. Kein Feind lässt sich blicken. Dass General von Erlach ausgerechnet das Schloss Hilfikon, Eigentum seines Widersachers Zwyer, mit einer bernischen Sicherheitswache gegen Plünderungen versehen lässt, mutet doch sehr merkwürdig an. Man muss aus dem ‹Kriegsgeschehen› schliessen, die Generale hätten sich heimlich abgesprochen, einander in Ruhe zu lassen und beiderseits in Saus und Braus Wettsteins Friedensbemühungen abzuwarten.

Nicht nur das sorglose Verhalten der Armeen legt diese Vermutung nahe. Eine politische Lösung wäre beiden Seiten genehm: Die Berner haben den Bucheggberg, die Zürcher den Thurgau besetzt, und ihre Soldaten fressen sich in katholischen Gebieten satt; ihre Verhandlungsbasis ist ausgezeichnet. Von Zwyer weiss man, dass er den Krieg um jeden Preis vermeiden möchte. Er korrespondierte in den vergangenen Wochen eifrig mit Wettstein (Schwyz bestrafe nur die schlimmsten Häretiker und Aufwiegler, die schon im Bauernkrieg gemeutert hätten), von Erlach (es könne gefährlich werden, den kaum überwundenen Bauern die Wehre in die Hand zu geben) und auch Waser (der Waffengang gefährde den Bestand der ganzen Eidgenossenschaft). Der erfahrene Urner Kriegsherr möchte die zahlen- und rüstungsmässig unterlegenen Innerschweizer vor der absehbaren, blutigen Niederlage bewahren.

In den Augen der reformierten Generale ist Sebastian Peregrin Zwyer nach wie vor die massgebende Persönlichkeit, der ‹Kopf› der katholischen Eidgenossenschaft. Das ist ein verhängnisvoller Irrtum. Zwyer befehligt in diesem Feldzug nur die Urner, und andere Kommandanten teilen seine pragmatische Sicht der Lage keineswegs, ganz zu schweigen von den aufgebrachten katholischen Soldaten. Vorab die Freiämter brennen darauf, den Feind aus ihrer Heimat zu vertreiben. Und die mit ihnen eingeteilten Luzerner unter Stadtvenner Christoph Pfyffer sind durchaus geneigt, sie bei

Der Villmerger Krieg

ihrer Rückeroberung zu unterstützen. – Sigmund von Erlachs Truppen, wie sie in feucht-fröhlicher Laune auf den Waffenstillstand warten, bieten ihnen ein lohnendes Angriffsziel.

Am Samstag, dem 13./23. Januar, haben zwei bernische Regimenter, eines aus dem Waadtland, das andere aus dem Aargäu, bis spät in die Nacht hinein im Dorf Villmergen gezecht und geplündert. Rund ein Dutzend Häuser gerieten «durch die Sorglosigkeit einiger Betrunkener» in Brand, ehe sich die Vandalen zur Nachtruhe in ihre Feldlager ausserhalb des Dorfes zurückzogen.

Morgens um 2 Uhr eröffnet die Hauptmacht der Luzerner von den Rebhügeln hinab das Feuer auf die Schläfer. Niemand im Berner Lager hat den Feind so nahe vermutet. Die Offiziere haben einem Wachtposten, der eine Stunde zuvor etwas gesehen haben wollte, gar mit dem Strang gedroht, wenn er nochmals Lärm schlage. Worauf die Wache gehorsamst ruhig blieb. – Der beschossene Haufen ist eine Zeitlang führerlos, da die Regimentskommandanten und die meisten Offiziere warme Stuben im Dorf als Quartier vorgezogen haben. Als der verantwortliche Oberst May von Rued (jawohl, der!) mit seinen Hauptleuten befehleschreiend heranbraust, ist die Schlacht praktisch entschieden. Oberst Pfyffer lässt seine Truppen im Sturmschritt vorrücken, während sich die Reformierten teils in wilder Flucht zurückziehen, teils torkelnd hinter die nächsten Büsche schleppen, um gegen die doppelt im Visier erscheinenden Feinde heldenmütig Widerstand zu leisten.

Am Morgen beklagen die Berner 600 Tote, 400 Verwundete sowie den Verlust von zehn Kanonen, mehr als zwanzig Reisewagen und der gesamten Kriegskanzlei.[1] Wie General von Erlach auf der eine Stunde entfernten Lenzburg die Nachricht entgegengenommen hat, ist leider nicht überliefert. In einem Brief schildert er «den traurigen Hergang der Dinge» und fordert zugleich neues Kriegsmaterial und raschere Rüstung, weil er bald den entscheidenden Gegenangriff führen wolle. – Noch am Tag der Villmerger Schlacht, dem 14. Jänner, holt die Zürcher Armee zu einem Vergeltungsschlag gegen Rapperswil aus – der Sturm wird aber abgewehrt.

Damit ist dieser Eidgenössische Bruderkrieg zu Ende.

In Aarau haben sich neben den Vertretern der vier unparteiischen Stände Basel, Schaffhausen, Solothurn und Freiburg auch die Herren Gesandten von Frankreich, England, Holland und Savoyen zu Friedensverhandlungen versammelt. Unter dem Eindruck der offenen Schlacht raten sie einmütig

---

1 bei 189 Toten auf Seiten der Katholiken

zum Waffenstillstand – falls Zürich und Bern nicht akzeptierten, müssten die katholischen Mächte zum Schutz ihrer Glaubensbrüder eingreifen...

Noch bis Ende Februar dauern die Konferenzen. Fast überall, wo sich die Truppen gegenüberstehen, kommt es noch zu Zwischenfällen. So plündern die Entlibucher das Dorf Schangnau, die Emmentaler brandschatzen dafür im oberen Entlibuch. Doch erreichen diese Scharmützel bei weitem nicht das Ausmass von Villmergen. – Der schliesslich beschlossene ‹Dritte Landfrieden› ist das diplomatische Werk von Bürgermeister Wettstein. Er bestätigt den Status Quo in der Eidgenossenschaft, das heisst: es gibt weder eine Umverteilung der Gemeinen Herrschaften, noch eine neue Form der Tagsatzung. Die Nikodemiten sind mit keinem Wort erwähnt, bloss: dass jeder Ort in seinem Gebiet unangefochten bei seiner Religion, Landeshoheit und Gerichtsbarkeit verbleibe. Dieser sanfte Rechtsspruch zugunsten der Schwyzer ist der einzige kleine Wink mit dem Zeigefinger, den die Reformierten hinnehmen müssen.

So hat dieser Krieg mit seinen 800 Toten, vielen Verwundeten, mit ausgeraubten und verbrannten Dörfern, niemandem etwas eingebracht. Er war ein missratenes Machtspiel einiger hoher Herren. Dass sich die Untertanen nur zweieinhalb Jahre nach ihrem grossen Bund widerstandslos zu diesem Spiel gebrauchen liessen, ist noch trauriger als die 800 Toten. Den uralten Parolen von der ‹Rettung des Vaterlandes› und der ‹Verteidigung des Glaubens› sind sie blind gefolgt wie Millionen Soldaten vor und nach ihnen, als hätten sie ihren Traum von der neuen Eidgenossenschaft längst vergessen.

Tillier 204–227 – Dürrenmatt 277–280 – Amrein 104–113 – Klag-Lied ‹Über den hochbetrübten Zustand der Evangelischen Kirchen in den Piemontesischen Thälern›, Fliegendes Blatt, Rara 68, Stadtbibl. Bern – Geiser 64 ff.

Karrieren

Einem der ganz Mächtigen in der Eidgenossenschaft wird der Villmergerkrieg zum Verhängnis. Nicht etwa dem Verlierer Sigmund von Erlach – sondern einem der ‹Sieger›: *Sebastian Peregrin Zwyer von Evibach.*

Im Siegesrausch nach der gewonnenen Schlacht verstanden die Innerschweizer Katholiken Zwyers pragmatische, versöhnliche Politik erst recht nicht mehr. Als aus Dokumenten der erbeuteten bernischen Kriegskanzlei deutlich wurde, dass sich der grossmächtige Urner mit seinem Gegner von Erlach abgesprochen hatte, dass die Berner seinen Besitz in Hilfikon geschont und gar bewacht hatten, wurde Zwyer des Landesverrats beschuldigt. Mit jedem Tag häuften sich die Vorwürfe gegen Zwyer: Die Nachricht vom Sieg bei Villmergen habe ihn traurig gestimmt. Dreimal habe er ausgerufen: «Das glaub ich nit; das kann ich nit glauben!» – Beim Angriff auf den Weiler Bellen (am linken Zürichseeufer) anfangs Februar sei er zu wenig energisch vorgegangen und habe damit den Zürchern einen Gegenangriff über den gefrorenen See ermöglicht. Heimlich habe er damals hinter einem Stein mit General Werdmüller konferiert.

Während die Urner Zwyer 1657 als Landammann bestätigen, laden ihn die Stände Schwyz und Zug zum Verhör vor. Zwyer weigert sich. Im Laufe des Jahres wenden sich auch Luzern und Unterwalden gegen ihn. Mit seiner geschliffenen Art, seinen zahlreichen, unübersichtlichen persönlichen und geschäftlichen Verbindungen, seinen Titeln und seinem Reichtum hat sich Zwyer auch viele Feinde geschaffen. An der Eidgenössischen Tagsatzung verlassen die Delegierten der katholischen Orte bei seinem Erscheinen den Saal.

Im Frühling 1658 verkünden Schwyz, Zug, Luzern und Unterwalden das Todesurteil in effigie wegen Hochverrats über den Mann, den sie fünf Jahre zuvor als ‹Retter des Vaterlandes› geehrt haben. Er wird verbannt und für vogelfrei erklärt.

Noch immer geniesst Zwyer aber seine Position als höchster Mann des Urnerlandes. Immerhin lässt er sich nun bei der Tagsatzung «um des Friedens willen» vertreten. Im August verschärfen die katholischen Orte ihren Urteilsspruch: Nun wird mit hundert Silberkronen belohnt, wer Oberst Zwyer vom «Leben zum Tode bringen und dessen zum Wortzeichen den gnädigen Herren desselbigen Kopf liefern oder solches sonsten genugsam beweisbar machen würde». Luzern verspricht demjenigen Hinder- und Landsässen, der das Urteil vollstrecke, das Stadtbürgerrecht. Verbannte würden mit freier Rückkehr ins Vaterland belohnt.

Jetzt verweigert der Stand Uri die Teilnahme an der Tagsatzung, bis ihm Satisfaktion erteilt sei.

Zwyer selbst erleidet anfangs 1659 einen leichten Schlaganfall. Zwar kann er im Juli wieder seinen Freund Wettstein auf dessen hübschem Landgut bei Riehen besuchen und danach noch viele vornehme Herren bei sich zu Hause zu Gesprächen empfangen, doch lassen seine Kräfte nach. Nach mehreren Rückfällen stirbt er gegen Ende des Jahres 1660.

In Luzern ist Schultheiss *Ulrich Dulliker* von der Verrufung Zwyers so erschüttert und so sehr überzeugt, man habe ihm Unrecht getan, dass er zusammenbricht und nach kurzer Zeit stirbt.

Nach seinem Tod regiert sein Rivale von der kaiserlich-spanischen Partei, *Heinrich Ritter von Fleckenstein*, noch viele Jahre weiter. Nach wie vor ist Geldverdienen das Lebensziel des ‹alten Raubgeiers›, obwohl er keine Kinder hinterlässt und Geld im Überfluss besitzt. Seine unsauberen Erwerbsarten nennt er «Nüsse mit den Beinen herunterschlagen», und er denkt nicht daran, sein einträgliches Schultheissenamt aufzugeben. Als versteinertes Symbol luzernischer Herrenmacht stirbt er 1664, 94jährig, in Amt und Würden.

Der gefürchtete, grossmäulige *Melchior Krepsinger* wird 1658 «wegen unanständigen Lebens» im Rat stillgestellt.

Dr. Johann Oehen, Sprecher der Luzerner Bürgerschaft in der Phase der Anpassung, versucht sich als dramatischer Dichter. Sein dem Rat gewidmetes Osterspiel «Altes und neues Testament» wird aber nie aufgeführt.

Zur Ehre des Zuger Landammanns *Peter Trinkler* von Menzingen, dem einzigen ‹neutralischen Schiedsrichter› aus der Zeit der luzernischen Bauernerhebung, der diesen Namen zurecht verdiente, ist zu vermerken, dass er seiner Haltung auch nach der totalen Niederlage der Landleute treu bleibt. Die Herrschaften der katholischen Eidgenossenschaft lassen ihn ihre Verachtung deutlich fühlen. So erhielt er nicht wie alle anderen Schiedsherren das Ehrenbürgerrecht der Stadt Luzern geschenkt, und auch bei der Verteilung der namhaften ‹Ehrengeschenke› (Tausende von Gulden!) ging Trinkler leer aus. Stattdessen verschreien ihn die Chronisten weit über seinen Tod hinaus als «Händelstifter» und «gefährlichen Demagogen».

Eine bemerkenswerte Karriere steht Oberst *Zörnlin* bevor, dem famosen alten St. Galler in Basels Diensten: Nach dem Tod des auf Lebenszeit eingesetzten Herrendieners Imhof wird er zu dessen Nachfolger als Schultheiss von Liestal bestimmt. – Diese Fremdherrschaft Basels prägt sich den Bürgern des Landstädtchens so nachhaltig ein, dass sie sich noch 140 Jahre später daran erinnern und 1798 in einem Volksauflauf den Grabstein eines Abkömmlings des Schultheissen Imhof zertrümmern werden.

Trotz dem verunglückten Villmerger (oder Rapperswiler) Feldzug bleibt *Johann Heinrich Waser*, Oberhaupt der herrschenden spanisch-kaiserlichen Partei, unangefochtener Bürgermeister der Stadt Zürich. Als im Laufe der Jahre Frankreich immer deutlicher zur allein massgebenden Macht des Kontinents aufrückt, schafft es Waser, rechtzeitig die Seite zu wechseln. 1663 reist er an der Spitze von 277 Delegierten aller Eidgenössischer Orte nach Paris, um dort in der Notre-Dame-Kathedrale vor dem jungen König Louis XIV. kniefällig treue Söldnerlieferungen zu geloben (nie weniger als 6000, nie mehr als 16000 Mann). In mehrtägigen, prunkvollen Festivitäten begiessen die Herren der Eidgenossenschaft auf Kosten des Sonnenkönigs das grosse, neue Soldbündnis, das ihr Vaterland für ein Jahrhundert mehr denn je an Frankreich fesseln wird. Waser ist einer der Hauptprofiteure des gigantischen Menschenhandels – er ist mittlerweile der erste Agent Frankreichs in der Eidgenossenschaft.

Mit dem Bürgermeister ist auch Zürichs Säckelmeister *Johann Konrad Werdmüller*, der ehemalige Generalissimus, nach Paris gereist. Bis zu seinem Tod 1674 bleibt er der zweitwichtigste Mann des Standes Zürich.

Johann Rudolf Werdmüller wurde 1655 für seine Taten während des Bauernaufstands mit einem Sitz in der Zürcher Regierung belohnt. Gleichzeitig rückte er zum Haupt der königlich-französischen Partei auf und liess sich mit den ihm nun reichlich zufliessenden Pensionsgeldern einen fürstlichen Herrensitz auf der Halbinsel Au im Zürichsee erbauen.

Werdmüllers jämmerliches Versagen im Rapperswiler Zug «infolge der Zuchtlosigkeit seiner ungeübten Milizen» versetzte seiner Pracht einen Stoss. Nun regen sich seine Feinde im Rat, und derer sind viele; denn der rässe Kriegsherr hat seine spiessigen Mitherren mit zynischen, oft ketzerischen Redensarten bis aufs Blut geärgert. Einige von diesen Sesselklebern betrachten ihn gar als «mit dem Bösen im Bunde stehend». 1659 wird Joh. Rudolf Werdmüller zum Widerruf seiner «heterodoxen» Ansichten verurteilt – zudem verliert er seinen Sitz im Rat und hat eine Geldbusse zu bezahlen.

Wütend kehrt er der Heimat für immer den Rücken, tritt ganz in französische Dienste und ficht in Flandern, bis er sich durch sein herrisches Benehmen mit König Louis' oberstem Feldherrn Turenne verkracht. Ab 1663 dient er wieder – wie vor 15 Jahren als Kommandant des schweizerischen Landstreicherregiments – dem Dogen von Venedig. Durch die Verteidigung der Festung Candia[1] gegen die Türken erwirbt er sich einigen Ruhm; auch hier überwirft er sich aber mit seinem Vorgesetzten.

Um sich an Frankreich zu rächen, sucht J.R. Werdmüller nun eine An-

---

[1] Heraklion auf Kreta

Joh. Rudolf Werdmüller von Zürich (1614–1677), Kriegsherr

stellung beim österreichischen Kaiser. Nachdem er zum Katholizismus übergetreten ist, rückt er dort rasch zum Feldmarschallieutenant auf. Anlässlich der Kanonade bei Sasbach, wo er das kaiserliche Geschütz befehligt, erlebt er 1675 mit Genugtuung, wie sein alter Gegner Turenne von einer Kanonenkugel getötet wird. Noch zwei Jahre düngt der alte Kampfhahn deutsche Schlachtfelder mit dem Blut von Söldnern, erobert dabei Mannheim und Saarbrücken, um 1677 als Befehlshaber des Schwarzwaldes in österreichischen Diensten zu sterben.

Just zu dieser Zeit hat daheim an der Limmat sein jüngerer Bruder *Johann Georg* den Bau der Festung Zürich vollendet. Nur wenige Monate nach dem Abschluss seines Lebenswerks muss auch der Letzte von der *Werdmüller*schen Bauernkriegs-Troika diese Welt verlassen.

Am Ostermontag 1668 nimmt der greise Berner Schultheiss *Niklaus Daxelhofer* die aufs Neue auf ihn gefallene Wahl zum Amtsschultheissen nicht mehr an. Aus drei Kandidaten erwählt der Rat Venner *Samuel Frisching* von der Metzgern-Zunft zu seinem Nachfolger, dies trotz dessen notorischer Feindschaft zur Familie Tribolet und ihrer mächtigen Verwandtschaft. Ein gewisser Pfarrer Zeerleder von Kirchberg feiert die Wahl mit einem Lobgedicht, in dem er unter dem Titel ‹Frischingischer Ehrentempel› die Verdienste dieses Geschlechts vom Vater auf den Sohn in den glänzendsten Farben schildert. Noch 1670 – im Jahr, da der alte Daxelhofer während einer Ratssitzung von einem tödlichen Schlag getroffen niedersinkt – hat sich Frisching unablässig gegen verletzende Schriften der Brüder Tribolet zu wehren.

Nachdem er 23 Jahre lang an der Spitze des Staates Bern gestanden hat, ist der Schultheiss *Anton von Graffenried* im Lauf des Jahres 1674 verstorben. Am Ostermontag 1675 muss der Rat unter den drei Kandidaten General von Erlach, Venner und Alt-Säckelmeister Tillier und Säckelmeister Fischer den neuen Regenten erküren. Die Wahl fällt auf den 61jährigen ‹Bauernschlächter› *Sigmund von Erlach*, Freiherr zu Spiez. Seiner Kinderlosigkeit wegen hat er sich in all den Jahren mit besonderem Eifer den Staatsgeschäften widmen können. Er gilt als ernster, unnahbarer Aristokrat, dem «schmeichelnde Liebkosungen zu Erwerbung der Volksgunst» fremd sind. Wie sein Kollege Frisching bezieht er neben seinem Schultheissenlohn hohe Summen an Bestechungsgeldern (‹geheime Pensionen›) aus Frankreich. Als wandelndes Denkmal für die Schrecken von 1653 regiert er an der Aare fast bis ins nächste Jahrhundert hinein, ehe ihn der Tod am 7. Dezember 1699 doch noch aus seinem geliebten Amt reisst.

Niklaus Willading, der eifrige Vogt von Aarwangen, wird 1657 auf seiner Campagne vom Blitz erschlagen.

Ende der sechziger Jahre macht ein junger Berner Maler mit einem Buch über seine abenteuerliche Ostindienreise von sich reden: *Albrecht Herport*, der in Signau zur Welt kam, zur Zeit als sein Vater Beat dort als Landvogt residierte.

Samuel Tribolet musste seine gegen ihn verhängte Verbannung nicht lange erleiden. Bereits Ende 1655 wurde sie auf Fürbitte seines Schwiegervaters (des Schultheissen) hin aufgehoben, und ein halbes Jahr darauf sass Tribolet bereits wieder im Grossen Rat.

Mit der Zeit verzeiht man ihm seine Unkorrektheiten von Trachselwald, und im Jahr 1663 erhält Tribolet die Gelegenheit, sich als Amtmann zu rehabilitieren: er wird Landvogt der Gemeinen Herrschaft Baden.

Die knappen zwei Jahre seiner Regentschaft genügen, ihn auch hier sagenhaft unbeliebt zu machen. Nach seinem Abgang zirkuliert ein Gedicht, betitelt ‹Bader Schenke, verehret dem hochmüetigen und (...) gäldgierigen Samuel Tribolet von Bern›:

1. Tribolet du toller Gast,
   aller Bauren Überlast,
   ohne Ruehm und Lob du bist,
   Tribolet du schnöder Christ.
2. Tribolet mit pochen, trutzen,
   suecht sein grossen Eigennutzen,
   seinen Sack und Kropf zu füllen,
   steht dahin sein Wunsch und Willen.
3. Miet und Gaben zu sich kratzen,
   sind gewendt sein faule Tatzen,
   wer ihm nit Gschänk bringt herfür
   ratlos muess stahn hinter Tür.
4. Bettler fangen, Bauren schinden,
   schonet weder Weib noch Kinden,
   ripsen, rapsen Hab und Guet,
   armer Bauren Schweiss und Bluet.
5. Sich zerzächen und zerpausen,
   dahin steht sein täglich lausen.
   Zu Gotts Wort und Sakrement
   hat er wenig Zeit angwendt.
6. Nach Einsiedeln und St. Bläsi,
   auch ins Päärli zu der Bäsi,
   an den höchsten Festestagen
   reist er auf dem Bachus-Wagen.
7. Soll man ihne jetz hoch schätzen?

> Hunde soll man an ihn hätzen!
> dass sy reissen ihn zu Stücken,
> so wird abgewendt viel Unglücke.
> 8. Besser Lob ihm nicht nachschallt
> als er hatt' zu Trachselwald,
> da er schandlich tyrannisiert,
> drum er gsyn verbannisiert.
> 11. Cerberus der Fürst der Hellen
> wird mit seinen Rittersgsellen
> an ihm küehlen seinen Muet,
> wann er nit bald Buesse tuet.
> 12. Tribolet, lass pochen, tratzen,
> dann Gott lasset sich nit faxen!
> Bleib kein Überlast auf Erden,
> wenn du je willst sälig werden.
> 13. Baden stäts an dich gedänkt
> und dir das zur Letzte schenkt.
> Zeuch mit hin, du toller Gast,
> aller Bauren Überlast!

Gar noch schärfer ist ein ‹Holdseliges Gespräch gehalten auf der Brugg zu Baden zwischen guten Bekannten, namlich dem leidigen S(atan) und dem schandlichen, geiz- und geldhuldigen Samuel Tribolet, gewäsener Landvogt selbiger Grafschaft›[2].

Nach seiner Rückkehr aus Baden kann Tribolet in einem beinahe nahtlosen Übergang seine nächste Landvogtei übernehmen, diesmal in Avenches. Im selben Jahr 1666 hat er sich aber mit seinem Bruder Anton wegen einer Liebschaft entzweit; dieser beginnt nun, Abschriften einer Hetzschrift zu verbreiten, die Samuel Tribolet lange zuvor, zur Zeit seiner Rückkehr aus der Verbannung, geschrieben hat. Diese ‹Apologey betreffend das trachselwaldische Strafurteil› ist ihrem Titel zum Trotz alles andere als eine reumütige Entschuldigung: Der Schreiber schimpft auf die Oberkeit los und überhäuft mehrere hochangesehene Personen mit groben Schmähungen und boshaften Verdächtigungen, namentlich Venner Frisching. So soll Frischings Vater, der anno 1622 im Bündnerfeldzug bei Tirano gefallen ist und dessen Leichnam nie begraben wurde, den Teufel zum Totengräber gehabt

---

2 Im ‹Gespräch› sagt Tribolet, er wolle die Leute «tribolieren». – Dieses Wort, das heute noch gebräuchliche berndeutsche «tribuliere» (= pressen, drücken, plagen), ist auf das lateinische «tribulare» und nicht etwa auf die Person Samuel Tribolets zurückzuführen.

haben, und über Frischings Bruder, der als Landvogt zu Nidau nächtlicherweise von Unbekannten mit Steinen beworfen worden war, so dass er seinen Verletzungen erlag, höhnt die ‹Apologey›: er sei «versteinigt» worden.

Aus gutem Grund blieb das Geschreibe lange in der Familientruhe der Tribolets verschlossen; denn jetzt, nach der Veröffentlichung, treten natürlich auf der Stelle die Kläger auf. Unter dem mächtigen Einfluss des Schultheissen von Graffenried beschliesst der Kleine Rat, zur Schonung der unschuldigen Frau und Kinder, ein mildes Verfahren gegen Tribolet: Er soll nur widerrufen und gegenüber den Geschmähten den Satisfaktionseid leisten.

Aber nun benimmt sich Tribolet wieder ähnlich unklug und halsstarrig wie im Prozess von 1653/54. Dreimal weigert er sich unter allerlei Vorwänden, vor dem Rat zu erscheinen. Vor Weihnachten 1666 begehren die interessierten Herren den sogenannten ‹Niederwurf zum Rechten›, eine Form der Untersuchungshaft, gegen Samuel Tribolet. Als der davon vernimmt, fühlt er sich in Avenches nicht mehr sicher und zügelt seine Sachen aus dem Schloss. Diese Meldung erweckt in Bern wiederum die Befürchtung, der berüchtigte Landvogt lasse auch das Schlossinventar mitlaufen. Noch einmal setzt Schultheiss von Graffenried einen Aufschub der Massnahmen durch, damit sein Tochtermann sich in Ehren vor dem Rat rechtfertigen könne. Und tatsächlich stellt sich Tribolet diesmal. Er zeigt sich reumütig, will alles mit Bedauern zurücknehmen, weshalb er auch verlangt, dass seine ‹Apologey› in voller Länge dem Rat der 200 vorgelesen werde. – Die Herren von Bern lassen sich narren. Während sie der peinlichen Verlesung zuhören, hat sich der ‹Reumütige› bereits wieder aus dem Staub gemacht... unter dem Vorwand: er wolle sämtliche noch in seinem Besitz befindlichen Abschriften des Traktats sofort holen und ausliefern!

Das Urteil lautet auf Amtsentsetzung, Entzug des Ratsmandats, Geldbusse und eine dreimonatige Leistung zugunsten der Geschädigten. Tribolet zieht es aber vor, sich nun während Jahren nicht mehr im Bernbiet zu zeigen.

Zum letzten Mal taucht Tribolets Name 1673 im Ratsmanual auf, als er während der Landesabwesenheit des nunmehrigen Schultheissen Frisching neue Gerüchte in der Stadt verbreitet. Nach seiner Rückkehr protestiert Frisching in offener Ratsversammlung gegen die Verdächtigungen, den Fall Tribolet jedoch betrachte er als erledigt, obwohl ihm der «Schmutz uffem Ermel verbleibe».

Im Gegensatz zu Samuel Tribolet hat Hans Rudolf *Zehender*, Landvogt zu Signau, seine Amtszeit in Ehren zu Ende geführt. Die ‹Ehren› sind allerdings an Michaeli 1655, als er den Untertanen seinen Nachfolger, Herrn Hans Ith, vorstellt, stark angekratzt.

Bereits im Jahr 1654, nach der Abweisung der gegen ihn eingereichten Klagen, geriet Vogt Zehender erneut ins Gerede. Immer wieder waren es Unterschlagungen beim Einziehen von Strafgeldern und unordentlich durchgeführte Geldstage, die zu Klagen bei den Gnädigen Herren Anlass gaben – und dies war wohl nur die Spitze des Eisbergs der von Zehender, seinem getreuen Weibel Berger und seinem Schlossknecht, Michel Oberschlag, im Namen irgendwelcher frei erfundener ‹Gesetze› geraubten Bauernhabe!

Die Geldstage nach Zehenders Art verliefen so, dass der Vogt die hinterlassene Ware persönlich besichtigte, schätzte und auch gleich billigst aufkaufte – damit war die Sache erledigt. Die geprellten Gläubiger und Erben versuchten darauf im Schloss Signau meist vergeblich zu erreichen, dass der Geldstag von der Kanzel verkündigt und eine öffentliche Steigerung abgehalten werde. Der Vogt sperrte sich stets mit Händen und Füssen dagegen. So mussten ihn die Herren aus Bern immer wieder zur ordentlichen Abhaltung von Geldstagen auffordern.

Hans Rüegseggers, des hingerichteten Röthenbacher Weibels, Geldstag fand endlich im April 1654 statt (und immer noch hinterhielt der Vogt das geraubte Silbergeschirr); zu diesem Zeitpunkt lief aber bereits eine neue Untersuchung wegen dem unordentlichen Geldstag des ehemaligen Signauer Predikanten Moser, zudem unterschlug Zehender 100 Gulden, welche ihm die Brüder Galli vor Zeugen ans Strafgeld ihres Vaters bezahlt hatten.

In Zehenders letztem Amtsjahr waren insbesondere die Geldstage von Ueli Liechti, Gallis unglücklichem Nachbarn im Schachen im Eggiwil, dessen Haus abgebrannt war, und von Christen Thomi, dem verstorbenen alten Schmied zu Bärispach[3], Stein des Anstosses. Die Gnädigen Herren zeigten eine schier unerschöpfliche Geduld mit ihrem Amtmann in Signau. Denn trotz immer wiederkehrenden Mahnungen aus Bern führte Zehender den «Bärispacher Geldstag» nicht durch, so dass der Name dieses selig entschlafenen, bettelarmen Handwerksmannes aus der Kilchöri Biglen, «Bärispacher», am Ende jedem Berner Ratsherrn ein Begriff gewesen sein muss.

Zudem lag die Familie Zehender in unerbittlichem Streit mit sämtlichen Predikanten des Amtes. Pfarrer Alber von Biglen war schon früher vom Landschreiber «Hurenbub» gescholten worden, und nun beschimpfte der Vogt auch noch die Bigler Gerichtssässen. – Gegen den für seinen losen Lebenswandel bekannten Eggiwiler Predikanten Schaffner strengte Zehen-

---

3 Trotz seines Alters war der Bärispacher vor Bern gezogen (Beschuldigung des Freiweibels Jost Moser zu Biglen, in: Staatsarchiv Bern, Unnütze Papiere 22,63). Das wird den Vogt zu seinem Vorgehen ermuntert haben.

der im Frühling 1655 ein Amtsenthebungsverfahren an, wobei seine Frau als Kronzeugin der Anklage auftrat, und der Krach mit dem Pfarrer des Dorfes Signau führte ihn im Sommer darauf schon wieder vor das höchste Sittengericht des Standes Bern, das Oberchorgericht.

Predikant Hartmann klagte, der Herr Vogt schulde ihm Fronlast-Gelder, er verachte Gott, sein Wort und seine Prediger; wenn er den Gottesdienst besuche, so tue er's nur, um danach über den Pfarrer zu lästern. Den Predikanten Schaffner im Eggiwil habe der Vogt den hohen Herren angezeigt, hingegen schwänze er selber andauernd die Sitzungen des Chorgerichts und ermuntere die Leute zu chorgerichtlich strafwürdigen Sachen. Die Frau Vögtin habe ihm gesagt, ihre Tochter würde bessere Predigten halten als er, Hartmann; vom Siegristen behaupte der Vogt: er habe einen roten Mantel gestohlen und sei deswegen ein Schelm, der Predikant desgleichen, wenn er ihn nicht entlasse! Als vor einiger Zeit das Verbot des sonntäglichen Wirtshaus-Übens (des Kirchenchors?) ergangen sei, habe der Vogt gegen die Verkündung protestiert und stattdessen über den Siegristen gescholten und den Aufenthalt im Wirtshaus für notwendig erklärt.

Zehender bestreitet alles. Der Predikant habe ihn beim Abendmahl gedemütigt, indem er ihn zuerst lange vor dem Altartisch habe warten lassen und ihm darauf nicht wie allen anderen Kirchgängern das Brot, sondern vorher den Kelch mit dem Wein hingehalten habe. Der Pfarrer habe Predigten versäumt, er vergnüge sich am Märit, an Taufinen und Grebten, er kassiere am Chorgericht zu hohe Bussen und halte sich dauernd in der Gesellschaft der berüchtigten Familie Pfäffli auf, deren einer ihm während der Rebellion versprochen habe, dass ihm nichts geschehen soll. Ja: Hartmann habe damals gar den Bauern geholfen und ihnen Küchlein gebacken! Leuten, die am Samstag ein Leintuch in den Brunnen gelegt hätten, habe der Pfarrer dies eigenhändig entfernt, wogegen er selbst am Sonntag habe die Stube fegen lassen. Seine Magd laufe in Männer-, sein Helfer in Frauenkleidern herum. Über den Ursprung des Menschen habe Hartmann gesagt, der komme aus einem wüsten, unflätigen Loch, usw.usf.

Nun verteidigt sich der Predikant: Wie er das Leintuch damals des lauten Tätschens wegen aus dem Brunnen geholt habe, wie er in der Rebellionszeit nur das Pfrundhaus gegen die Entlibucher bewacht habe, dass er an Märiten gehe wie andere Leute auch, und dass er von Berufes wegen manchmal die Tauf- und Grebtmähler besuchen müsse...

Die hohe Geistlichkeit vom Oberchorgericht hatte bestimmt bald die Ohren voll ob so viel Signauer Dorfgeschwätz. Am Ende verurteilte sie beide zu einer kleinen Busse. Alles Gesagte sollte aufgehoben sein, die zwei Streithähne sollten sich künftig, den Untertanen zum Exempel, besser vertragen und einander nicht ins Handwerk pfuschen.

Ende 1655 kann die Familie Zehender ihre Habe aus dem Schloss räumen und sich auf ihrem Herrschaftssitz auf dem Frienisberg zur Ruhe setzen, eine Züglete, über die sich die Signauer gewiss ebenso freuen wie der geplagte Vogt.

Daheim ist der (nun wieder mit ‹Mitherr zu Worb› betitelte) H.R. Zehender seine Sorgen nicht los. Schon bei der Übergabe der Reisgelder auf Schloss Signau hat sich gezeigt, dass im Bestand verschiedener Gemeinden grössere Beträge fehlten, welche Röthenbach und Signau nun von ihrem Alt-Vogt zurückfordern. Bald klagt auch sein ehemaliger Landschreiber Losenegger einer offenen Schuld wegen.

Die Geschichte mit dem unterschlagenen Reisgeld hat die Leute im Emmental entrüstet, und die Oberkeit beeilt sich, das Vertrauen in die Verwaltung wieder herzustellen und Zehender das Geld abzunehmen. Auch der Bärispacher Geldstag kann nun endlich – unter der Aufsicht zweier Ratsherren aus der Stadt – stattfinden. Im Herbst häufen sich die finanziellen Forderungen gegenüber Zehender. Ein Hans Äschbacher meldet sich aus dem Württembergischen: Zehender hat sein verlassenes Haus im Oberemmental einfach konfisziert, als ob er ein geflüchteter Rädelsführer wäre – Äschbacher ist aber unbescholten.

Anfangs Dezember 1656 wird Zehender endgültig ein Opfer seiner eigenen Räubereien. Er hat einem gewissen (mit ihm nicht näher verwandten) Herrn Josua Zehender Geld unterschlagen. Innert zwanzig Tagen muss er eine hohe Summe zurückzahlen, sonst droht die Verhaftung. Noch in der Adventszeit ergeht in einem ähnlich gelagerten Fall ein zweites Ultimatum nach Frienisberg – der Signauer Alt-Vogt ist offenbar bankrott und völlig verzweifelt.

Während der Weihnachtstage stirbt Hans Rudolf Zehender, noch nicht ganz 53jährig. Die Bücher verschweigen die Todesursache. Das Vermögen, z.T. noch aus der Zeit des Zuzugs der Familie während der Reformation, wird ins Zeughaus gebracht, den Hausrat übernimmt das Waisenhaus. Der Siechenmeister, Herr Amport, erhält den Auftrag, das Haus auf dem Frienisberg bestmöglich zu verkaufen.

Amrein 113-165 – Mühlestein 27, 85, 119, 348, 483, 491-495, 594f. – Tillier 259, 266f., 277, 372 – Hostettler 36-38 – Karl Müller: Die Zensur im alten Bern. Diss.Bern 1904, 118ff. – RM Bern 10.1./4.3./7.3./5.4./18.4./25.5./28.7. 1654, 6.1./13.1./17.3./16.6./23.6./30.6./2.7. 1655, 11.1./diverse April/16.7./diverse Oktober/13.11./5.12./9.12./27.12. 1656 – CGM Bern Jan./Feb. 1652, 7.3./20.6./19.7. 1655 – Liebenau I/282 – Hidber 251f.

Das Verhängnis des Eggiwiler Predikanten

Daniel Schaffners Unglück begann im Frühling 1654, als zwei hohe Herren aus der Stadt, Staatsschaffner Müller und Stiftsschreiber Wyttenbach, «etlicher Rebellen z'Straf» in Signau Station machten. Da sahen sie im Hochenhus den Eggiwiler Predikanten mit Bauern und Kavalleristen zechen und luden ihn zu sich an den Tisch zum Nachtessen ein, wohl um einige Informationen zu erhalten. Daniel Schaffner aber lehnte ab, er hatte schon zuviel getrunken.

Um 9 oder 10 Uhr abends sahen ihn die Herren «in der Kuchi umherstürmen» und dabei der Wirtin an das Fürtuch greifen. Spät in der Nacht sei er, total besoffen, heimgeschafft worden. Zu dieser Zeit hatte der Geistliche, obgleich er von jeher kein Kind der Traurigkeit war, grosse Sorgen. Der Haussegen im Eggiwiler Pfarrhaus hing seit langem schief. Man erzählte sich, der Pfarrer habe im Trunk oft Frau und Kinder geschlagen. Umgekehrt klagte dieser über seine Ehefrau: sie haushalte so miserabel, dass er mit seinem Einkommen nicht mehr bestehen möge; überhaupt habe er sie nicht aus Liebe, sondern gezwungenermassen auf Betreiben seines mächtigen Schwiegervaters Abraham Spengler hin geheiratet...

Nun litt die Frau zudem an einer schweren Krankheit. Zur besseren Pflege haben sie ihre Eltern zurück in die Stadt Bern geholt.

Da stirbt Susanna Spengler-Schaffner im Lauf des Jahres 1654. In den Augen ihrer Verwandten trägt der grausame Ehemann die Schuld dafür: Schaffner sei ein «Mörder, der seine Frau z'tod gschlagen habe», zudem ein «nicht-söllender Mann, der sein Leben lang nichts gnützt» habe. Als grösste Schande rechnen Spenglers dem Predikanten an, dass er seiner Frau bei einer Gneuss (Geburt) nicht beigestanden hat. Er hat sich ihrem Bett nicht nähern wollen, so dass schliesslich der Nachbar, der Bauer und Pintenwirt Samuel Burgdorfer, zu Hilfe eilen musste.

Der alte Herr Abraham Spengler braucht kaum viel Überredungskünste, um den Vogt von Signau zu einem Amtsenthebungsverfahren gegen den nun völlig aus der rechten Bahn geratenen Eggiwiler Pfarrer zu veranlassen. Im Februar 1655 wird Daniel Schaffner in seinem Amt vorläufig eingestellt und durch einen Predikanten namens Moritz ersetzt, was in der Tat sofort zu viel fleissigeren Chorgerichtssitzungen und strengerer Sittenwacht führt.

Vor dem Oberchorgericht in Bern muss sich Schaffner darauf gegen die Anklagen von Vogt Zehender verteidigen:

Des Luchsmatters Tochter (wahrscheinlich Barbara Stauffer) sei schwanger gewesen und merkwürdigerweise habe der Predikant den Fall nicht untersucht. (Antwort: Doch, doch, er habe darüber ein Chorgericht gehalten, aber niemand habe nichts davon wissen wollen; die Tochter habe sich nur einer Unreinigkeit halber kurieren lassen.) – Schaffner habe ein Verhältnis mit Elsbeth Steiner gehabt. (Antwort: Mit derselben habe er auch gar nichts Ungebührliches begangen, wiewohl die Frau Vögtin zu ihr gegangen sei und von ihr ein Geständnis habe erpressen wollen, mit der Drohung, man werde sie sonst in den Hexenturm sperren!)

Im Wirtshaus von Signau habe er die Magd vornen und hinden gegriffen und die Frau Wirtin habe ihm ihre Hand in den Hosenladen ghan. (Antwort: Das mit der Magd könne er nicht abstreiten; aber die Wirtin habe er nur einmal an seine Seite gedrückt, weil sie ihn geklemmt habe.)

Er habe gar die Frau Vögtin in seine Stube gebeten und sie da in seine Arme geschlossen. (Antwort: Das sei erlogen.)

Er sei ein Trunkenbold und Schläger, beschimpfe die Dorfleute vor Chorgericht, schweissbade mit fremden Frauen. (Antwort: Er habe seinem Bruder, dem Kupferschmied, in Höchstetten einmal ein paar Maultaschen gegeben, weil dieser ihn als «Pfaffen von Nöthenbach» verspottet habe; «Galgenvogel» habe er einen gescholten, der sein Kind verleugnet habe; zum Schweissbad gehe er in die Helferei.[1] Dass er sich manchmal mit dem Trunk übernommen habe, stimme wohl. Gar viel werde aber jetzt aus Rachgier geklagt, weil er des Vogts Tochter Esther, die ihm nach dem Tod seiner Frau durch drei verschiedene Personen sei angetragen worden, nicht haben wollte.)

Ob diese Verteidigung Daniel Schaffner zu einem Freispruch verholfen hätte, ist schon sehr fraglich. Als aber auch noch die beiden ehrbaren Herren Müller und Wyttenbach ihre ferndrigen Beobachtungen aus dem Signauer Wirtshaus zu Protokoll geben, ist der Angeklagte geliefert. Der Fall geht zur Beurteilung weiter an den Kleinen Rat, und am 22. März 1655 befinden die Gnädigen Herren: «Nach dem IG us der ufgenommenen Information wider Daniel Schaffner von Brügg, Predicant im Eggiwil, und seiner darüber beschechenen Verantwortung vernommen, wie ärgerlich und anstössig er sich in seinem Lybwesen, sowohl gegen Wybsbilderen als mit Wyn übernemmung, verhalten, habend IG erkennt, dass er seines Diensts und Brufs uf Gnad priviert und dahin gewiesen syn (sölle), sich alhir in der Stadt zu Besuchung der Lectionen ufzehalten und sich ehrbarlich und wohl zu verhalten.»

Damit ist der Leidensweg des einst so leichtlebigen Predikanten noch nicht beendet. Kaum einen Monat nach dem Prozess verklagt ihn Herr Abraham Spengler erneut vor Oberchorgericht: Sein ehemaliger Tochter-

---

1 Mit dem Ergebnis, dass sich der Signauer Helfer zehn Tage darauf beim Oberchorgericht erkundigte: Wer wohl seine Frau verleumdet habe, sie schweissbade mit dem Predikanten?

mann verschreie in der Stadt, er, Spengler, sei die Ursache seiner Entsetzung; dabei sei er doch im Gegenteil stets für Schaffner eingestanden... Weiters beschuldige ihn dieser Pfaffe, er habe seine Magd geschwängert und sie dann ausgestossen; die Frau Spenglerin habe er als «Hur und Häx» tituliert und die verstorbene Ehefrau Susanna, seine, Spenglers, geliebte Tochter, habe er zu Lebzeiten schändlich misshandelt.

Und wieder muss Daniel Schaffner lange Verhöre über sich ergehen lassen. Die besagte entlassene Magd hiess Sara Staub, ab dem Bözingerberg war sie gekommen und hatte bei der Familie Spengler lange Jahre gedient, ehe sie krank und schwanger entlassen wurde. Vor dem Chorgericht ihrer Heimatgemeinde gab sie zuerst Abraham Spengler als Vater ihrer Leibsfrucht an; später widerrief sie und namste einen gewissen Anton Müller, Spenglers Glasmalergesellen. Noch einmal, als sie mit geschwollenen Beinen ganz armselig beim Pfrundhaus des Dorfes Mett ein Almosen erbettelte, klagte sie der dortigen Pfarrersfamilie ihr Elend, wie der alte Herr Spengler sie geschwängert und ausgestossen habe. Wie der Metter Predikant ihr aber drohte: sie solle aufpassen, was sie rede, sie habe auf dem Bözingerberg den Glasmalergesellen angezeigt, schwieg Sara Staub und machte sich mit dem Almosen davon. Einen Monat darauf starb sie im Spital von Nidau bei der Geburt.

Aus dieser üblen Geschichte versucht Daniel Schaffner nun seinem Schwiegervater einen Strick zu drehen; dieser schwört aber, dass er nicht der Vater des Kindes gewesen sei. Als Zeugen gegen Schaffner lässt der einflussreiche Herr Spengler die Crème de la Crème der Berner Geistlichkeit auffahren: die Herren Münsterprediger Hummel und Theologieprofessor Lüthard. Wieder zieht Schaffner den kürzeren. Er solle das 5. Gebot besser beachten, belehrt ihn das Gericht, solle sich bei Schwiegervater und Schwager entschuldigen, wie auch bei den Herren Richtern, weil er sich bei der Verfechtung seiner Sach mit Worten und Gebärden gar ungebührlich benommen habe; zudem wird er zur wohlverdienten Strafe 24 Stunden ins Loch gesteckt.

Profosen und Weibel müssen Daniel Schaffner mit Gewalt ins Gefängnis sperren, so uneinsichtig zeigt er sich. Bei seiner Entlassung muss er geloben, seine Verwandtschaft nach Schuldigkeit zu ehren und zu respektieren.

Doch der Frieden währt nicht lange. Eines Abends kommt Schaffners Töchterchen Susi[2], das sich oft bei Spenglers aufhält, nicht rechtzeitig nach Hause. Als der besorgte Vater deswegen an Spenglers Tür anklopft, öffnet ihm seine Schwägerin Catrein. Sie ist allein daheim und will sich mit Schaffner nicht weiter einlassen. Der aber tritt in die Stube ein, fordert die Catrein

---

2 Ueli Gallis Göttikind

zu einem kleinen Trunk auf und mahnt sie, doch Susi beizeiten heimzuschicken. Die Schwägerin will ihm zwar nichts zu trinken geben, sonst aber scheint diese Begegnung noch harmlos abzulaufen.

Wenige Tage darauf erlebt Daniel Schaffner eine böse Überraschung: Sein mächtiger, übrigens schwerkranker Schwiegervater hat ihn schon wieder eingeklagt, diesmal wegen «Eindringens in sein Haus» und «rechtlichen Einbrechens und Enttragens etlicher Sachen». – Nun schreitet der streitbare Geistliche zur Selbstjustiz – den Glauben an die bernische Gerichtsbarkeit hat er gründlich verloren. Vor ihrem Haus lauert er seiner lügnerischen Schwägerin auf, sie zu verprügeln. Dabei hat er doppeltes Pech. Catrein lässt sich dieser Tage draussen nicht blicken; sie pflegt ihren Vater, den alten Spengler, der im Sterben liegt. Nach dessen Tod erscheint Daniel Schaffners Handeln besonders verwerflich, um so mehr als er erst gerade noch den Verstorbenen als «Ehrendieb» beschimpft hat. Und nach Ansicht der Familie ist natürlich die Aufregung um den Fall Schaffner am Tod des Vaters schuld ...

Bald steht der entsetzte Eggiwiler Predikant, diesmal auf Klage seines Schwagers Hans-Ulrich Spengler, erneut vor Oberchorgericht. Drei Leute bezeugen das Schimpfwort «Ehrendieb» aus seinem Mund. Ein Nachbar sagt aus: Schaffner liebe zwar seine Kinder, führe sie oft hin und her, aber er sei gar oft betrunken und gehe dann grob mit ihnen um, mache sie z'schreien, dass die ganze Nachbarschaft darüber beunruhigt werde. Professor Lüthard bescheinigt: in den letzten vierzehn Tagen besuche der Angeklagte die verordneten Lektionen fleissig, vorher sei er aber nie gekommen. Zudem gesteht Schaffner, er habe der Catrein eine Maultaschen geben wollen. – Mit Urteil vom 20. August wird er «von der Statt und Landtgricht verwiesen, und in seine Heimat nacher Brügg angemant».

Noch einmal, im folgenden Winter, klagen Spenglers, ihr verhasster Schwager treibe sich trotz Verbannung in der Stadt herum. Und nochmals wird Schaffner hochoffiziell verwarnt und fortgewiesen. Dann, scheint es, ergibt er sich in sein Schicksal.

Übrigens ist Daniel Schaffner bei weitem nicht der einzige Predikant im Bernbiet, der in diesen Jahren durch seinen unheiligen Lebenswandel auffällt.

Gottfried Metzger etwa, der Pfarrer von Stettlen, der den Bauern damals auf dem Murifeld die Predigt gehalten hat, kämpft gegen seine Trunksucht an. Einmal heisst es, die Gemeinde sei mit ihm zufrieden, er «soll im Wohlangefangenen fortfahren, früntlich und fridlich mit den Nebentmenschen leben, sin Frouw zu flyssigem hushalten ermahnen», dann aber wieder: es sei immer der gleiche Jammer mit Metzger; er habe die Pfrundgüter so arg besetzt, dass man die Frage einer Bevogtung vor die Gnädigen

Herren zu bringen erwäge; es gehe die Kunde, er habe aus Geldnot gar den Kelch zum Abendmahl versetzt.

Trotz allen Schwierigkeiten behält Gottfried Metzger seine Pfarrstelle bis ins Jahr 1662.

Im April 1657 erleben die Steffisburger einen einzigartigen Skandal. Ihr Pfarrer Gabriel Schmid, der Sohn des hochgeachteten Dekans Stephanus Fabrizius von Bern, wird eines Morgens verhaftet, abgeführt und wird nie wieder gesehen.

Schmid hat dem Thuner Schultheissen aus Gewissensnot gestanden: er habe als Jüngling in Lausanne Sodomiterei begangen. Zudem hat er in Steffisburg eine Magd geschwängert. – Am 17. April, frühmorgens um 4 Uhr wird er beim Hochgericht von Thun heimlich enthauptet. Seine Vergehen werden dem Volk verschwiegen.[3]

Zeller 52 – Lohner 7.4. 1657 – Mittg. von Otto Born (Stettlen) – RM Bern 22./26./27.3., 20.8. 1655, 124/83, 87, 97 – CGM Bern 7./12./21.3., 4./18.5., 1.6., 20.8. 1655

Zwischen all diesen und ähnlichen Quereleien fand der Berner Chorgerichtsschreiber noch die Musse zu folgendem hübschem Gedicht:

> Das Buch hab ich gekaufft
> Abraham bin ich getaufft
> Lerber bin ich genamt
> zu Bern ist mein fatter lant
> ich sahe manchmal an die Wand
> fünf finger hab ich an einer Hand
> Die Federen ist mein pflug
> darmit schreib ich so gud,
> das Papeir ist mein accer
> darmit schreib ich so waccer
> die dinten ist mein samen
> darmit schrib ich mein namen. Amen.

---

3 Schmids Nachfolger, Pfarrer Freudenberger, verhielt sich seinem Vorgänger gegenüber wenig loyal. Auch er wurde schliesslich abgesetzt – durch Fälschung des Pfrundurbars hatte er sich über Jahre hinweg unrechtmässig bereichert.

Das Marbacher-Komplott von 1659

Im Entlibuch hat sich der geheime Widerstand um Jost Marbacher gesammelt. Vor dem Schüpfer Märit im Herbst 1659 hält er den Zeitpunkt zum Handeln für gekommen: Er schlägt vor, man solle dem Landvogt nicht schwören, bis ein Generalpardon für den Aufstand von 1653 erteilt sei, bis dem Gericht Schüpfheim auch die immer noch hängigen Kosten für die Tellenhatz nach dem Büggenschachen-Attentat erlassen seien. Mit dem Amt Ruswil wolle er sich wegen der Abschaffung des hohen und landesschädlichen Zolls in Wolhusen direkt in Verbindung setzen.

Bis nach Huttwil und Burgdorf agitieren Marbachers Leute. Zu seinen Vertrauten gehört der junge Melchior Emmenegger, der Sohn des hingerichteten Pannermeisters, der seinerzeit noch als Tellenknabe auf den Schultern von Käspi sass, auch Hans Krummenacher der Fuchs, der sich gerne aus dem Elsass zurückrufen liess, um mit den luzernischen Behörden einen Strauss auszufechten.

Doch wird Marbacher schon vor dem Huldigungstag verraten, festgenommen und nach Luzern gebracht. Am 19./29. November fällt der Rat über ihn das Todesurteil: er soll hingerichtet und gerädert werden; sein Kopf wird auf eine Stange beim unteren Tor aufgesteckt.

Jetzt herrscht Ruhe im Entlibuch. Der berühmte Rebell Hans Krummenacher ist schleunigst wieder ins Elsass geflohen. Die Regierung setzt eine Kopfprämie von 400 Gulden auf ihn aus. – Als dies nichts fruchtet, ergeht über Krummenacher im Januar 1661 das Todesurteil, und zwar durch Vierteilung.

Jahrzehnte gehen ins Land, ohne dass ein Lebenszeichen vom Gesuchten nach Luzern dränge. Da, 1682, werden seine Familie, die Landesbeamten der Talschaft Entlibuch und die Kapuziner von Schüpfheim in der Stadt vorstellig: Der alte ‹Fuchs›, der einst so lebensfrohe Mann mit dem verschmitzten Laubfleckengesicht, leide unter Heimweh[1]; er bitte eindringlich und demütigst um Gnade. – Die Herren haben ein Einsehen, und am 4. November 1682 tut der greise, nunmehr 70jährige Revolutionär den Kniefall vor dem Rat zu Luzern. Er muss ein Revers unterzeichnen, wonach er sofort geviertelt würde, sobald er sich wieder heimlich oder öffentlich in die Politik zu mischen versuche. Das Haus seiner Frau neben dem Kapuzi-

---

1 Das Heimweh (Pathopatridalgia) trat vor allem in Schweizer Söldnerregimentern auf und galt medizinisch als schwere Krankheit. Als Symptome galten Mattigkeit, Bangigkeit des Herzens, schlaflose Nächte, Ekel vor Speisen, auszehrende und hitzige Fieber. Die Pathopatridalgia konnte tödlich enden, wenn der Patient nicht in seine Heimat überführt wurde.

nerkloster in Schüpfheim darf er zeitlebens nur noch zum Besuch des Gottesdienstes verlassen, jegliche Korrespondenz ist ihm verboten. Zudem muss sich das Land Entlibuch für seine friedliche Haltung verbürgen.

Dermassen eng verbringt der letzte der einst so gefürchteten Rebellen des Entlibuchs die letzten 23 Jahre seines langen Lebens.

Liebenau III/228-230 - Theodor Zwinger (Präses): Dissertatio medica III. De Pathopatridalgia. Basel 1710 - Deutsches Volksliedarchiv Freiburg i.Br., Mappe Gr. XIII, Zensur und Verbot (Verbote des Absingens von Kuhreihen in Schweizer Regimentern i.Z. mit der Heimweh-Krankheit)

Der Müliseiler

Am Sonnenhang oberhalb des Würzbrunnen-Kirchleins, etwas links ab vom Chuderhüsi, liegt die Häusergruppe Müliseilen.

Von da her kommt der berühmteste Viehdoktor des ganzen Bernbiets, Andreas Moser, genannt der Müliseiler. Zur Zeit des Bauernaufstands ist er um die Fünfzig[1] und Vater mehrerer erwachsener Kinder. Der Müliseiler kann nicht nur hervorragend Rosse kurieren. Er steht im Ruf eines Wunderdoktors, der selbst den Teufel nicht fürchtet. Die Leute holen ihn, wenn sie einen Dieb suchen, wenn eine arme Seele keine Ruhe findet, wenn es gilt, eine Seuche aus dem Stall zu bannen. Der Sage nach kennt der Moser-Dokter einen geheimen Zaubergarten im Wäldchen bei Würzbrunnen, wo vor Urzeiten die Heiden ihre heilige Quelle hatten. Mit seinen Kräutern und Sprüchen treibt er so viele Hausgeister aus den Küchen, den Viehställen und hinter den Weinfässern hervor, dass die Alten noch Generationen später erklären werden: eben wegen dem Müliseiler sehe man heutzutage im Emmental keine Gespenster mehr.

Eines ist gewiss – Andreas Moser hat seinen Ruhm nicht finanziell ausgenutzt. Mehrmals musste er Geld leihen, Weibel Rüegsegger und Ueli Galli standen ihm Bürge dafür. Sein grösster Geldgeber war über Jahre hinweg der Müller z'Moos in der Kilchöri Höchstetten, Ueli Gallis späterer Tochtermann Hans Rettenmund. Als er sich 1648 «in fleischlichen Werken vergangen» hatte, verzieh ihm seine Ehefrau den Fehler, verlangte aber die Gütertrennung. Haus und Land waren Frauengut. Der berühmte Müliseiler hatte persönlich nichts als Schulden.

In der Rebellion 1653 hat sich der Müliseiler nicht hervorgetan; er habe aber bei Mellingen einen Sohn und später einen Tochtermann verloren, der bei Herzogenbuchsee verwundet und darauf in Langenthal gehängt worden sei.

Irgendwann zwischen April 1652 und dem Sommer 1658 zügelt der Doktor in ein kleines Taunerhaus mitten im Tannenwald vom Sorbach, oben im Eggiwil. Vielleicht hat ihn sein Sohn Stephan, der in Müliseilen eine Familie gegründet hat, dazu getrieben. Unklar bleibt auch, ob er allein oder mit seiner Frau im Sorbach haust. Während all den Jahren lässt sich Andreas Moser nichts zuschulden kommen, nimmt keinen Notar in Anspruch, bekleidet auch kein öffentliches Amt, kurz: er wäre ein ganz unscheinbarer Untertan, wäre da nicht seine Gabe als Wunderheiler und Geisterbanner.

---

1 Das Taufdatum ist unbekannt; doch heiratete er bereits 1619 Catarina Künzi – übrigens in einer Doppelhochzeit: am selben Tag heirateten auch Peter Künzi und Verena Moser.

Sogar angesehene Herren aus der Stadt zählen zu seiner Kundschaft, manche heiklen Aufträge führen ihn bis ins Solothurnische.

Da trägt sich eine höchst merkwürdige Geschichte zu, die den Müliseiler untrennbar mit den Ereignissen von 1653 verhängt, eine Geschichte, die sich die Emmentaler noch nach Jahrhunderten erzählen werden. Der grosse Jeremias Gotthelf wird dem Müliseiler eine Novelle widmen, ‹Die Rotentaler Herren›. Dass der berühmte Schriftsteller-Pfarrer von Lützelflüh just diese Novelle, die Erzählung einer Sage, zeitlebens nie veröffentlichen wird, dass auch seine Nachlassverwalter noch bis in die Mitte des 20. Jahrhunderts das Geheimnis weiter hüten werden, hat wohl etwas mit der Schonung von altbernischen Burgerfamilien zu tun, welche doch ihre Vorfahren, die Ratsherren und Offiziere von 1653, heute noch in Ehren halten.

Und so etwa verläuft, in groben Zügen, Jeremias Gotthelfs ausgefallenste Geschichte:

> Vor uralten Zeiten blühten auf den Bergen, wo jetzt der ewige Schnee liegt, die kostbarsten Bäume, die schönsten Blumen und üppige Matten. Ein Riesengeschlecht wohnte dort oben in goldenen Häusern und himmelragenden Schlössern; zwischen Susten und Grimsel lag ihre Hauptstadt. Die gewaltigsten Riesen aber hausten im Rotental, seitlich der Jungfrau, einem paradiesischen Tal, wo die Früchte das ganze Jahr über wuchsen und hundert Quellen mit ihren silbrigen Fontänen die Glut der Sonne milderten. Es war ein Leben im immerwährenden Sommer, ohne Wolken, ohne Regen.
>
> Die Riesen vergnügten sich auf jede nur erdenkliche Weise: Sie spielten Liebes- und Kriegsspiele miteinander und assen und tranken unter den herrlichen Bäumen.
>
> Wie aber stets, wenn die Menschen nur spielen und spassen, am Ende die Langeweile einkehrt und immer Neues das immer schneller alt werdende ersetzen muss, so erging es auch den Riesen. Sie begannen, in die Täler hinabzusteigen, da neue Lust zu suchen. Mit den kleinen, gegen sie unvermögenden Leuten spielten sie, wie man sich mit jungen Hunden und Katzen amüsiert. Sie machten sich keinen Begriff, wie die Armen litten, wenn sie sich die Menschen wie Bälle über die Bäume hinweg zuwarfen, oder wenn sie sich am Feuer einer brennenden Hütte erwärmten und den armen Leuten so ihr Heim zerstörten.
>
> Immer häufiger trugen sie das lustige Spielzeug auf die Berge. Anfangs bevorzugten sie die hübschen Töchter des Landes, dann trieben sie ihnen auch die Männer nach. Ein jeder suchte sich im Land seine Schar von kräftigen Jünglingen zusammen, die er dann zum spannenden

Kampf gegen die Männer des anderen hetzte, mit demselben Eifer, wie Kinder heutzutage Ostereier tütschen. Manch einer mischte sich mit seinen Riesenkräften selbst ins Gefecht ein, aus dem Spiel wurde Ernst, Hass und Feindschaft entstanden. Dafür büssten wiederum die armen Unterländer, denn nun zogen die Riesen durch die Gebiete ihrer Gegner und suchten dort das Menschenmaterial auszurotten.

Zur selben Zeit fanden der mächtigste junge Rotentaler und die unbändigste, schönste Riesin aus der Hauptstadt in Liebe zueinander. Von überall her strömten die Riesen zum grossen Hochzeitsfest im Rotental. Hundert Tage sollte es dauern, und das Unerhörteste ward ersonnen, um sich daran zu vergnügen. Tausende von Bären und Auerochsen hingen zum Mahl an den Spiessen. Eine allgemeine Menschenjagd wurde angestellt. Die Scharen von armen Leuten wussten nicht, was ihnen geschah, als sie nach ihrer Ankunft im Rotental in die blühenden Gärten getrieben wurden, wo sie nach Herzenslust essen und trinken konnten. Ob sie am Fest teilhaben sollten? Wohlgenährt und müd von der Wanderung schliefen sie abends auf der Matte ein.

Da, mitten in der Nacht, wurde es lebendig auf den Zinnen der Rotentaler Schlösser. Ein unabsehbarer Zug von Riesen reihte sich aneinander und schaute mit funkelnder Lust auf die armen Schläfer hinab. Ein ungeheures Tor sprang auf, und heraus wälzte sich ein Knäuel von wilden Tieren. Löwen, Tiger, Schlangen, Bären, Elefanten, Wölfe stürzten sich auf die schlafenden Menschen im Wiesengrund, hinter allem drein ein feurig schnaubendes Drachenpaar, und in der Luft flatterten Raubvögel aller Art. Ein Würgen und Schreien war unter den Leuten. Die Riesen jauchzten auf vor Freude; sie rissen Steine von den Zinnen und warfen sie auf die Menschen und Tiere nieder, wo das Gedränge am dichtesten war. Jedesmal, wenn unter einem Mauerstück die Knochen brachen und das Blut hochzischte, klatschten und jubelten sie dem Schützen zu.

Bald war es still im Grund, das Leben begraben, das Tal angefüllt mit Steinen. Mittendrin kniete noch ein Greis mit silberweissem Haar. Hochauf hielt er seine Hände zum Gebet. Alle Riesen sahen ihn; jeder fasste einen neuen Felsbrocken, und alle warfen auf einmal, das alte Leben zu vernichten. Doch sie vermochten es nicht. Die Steine türmten sich auf zu einem hohen Thron, und auf diesem war der Greis. Wie versteinert sahen die Riesen das Wunder – der Greis wuchs und wuchs, über alle Berge, und als seine gefalteten Hände den Himmel berührten, erschallte ein mächtiger Donner, Blitz um Blitz fuhr auf die Riesen nieder, und wie ein Pflug fuhr der Sturmwind durch die herrlichen Berge und zerstörte sie.

Am folgenden Morgen war die Pracht verschüttet, alles Leben untergegangen.[2] Gletscher legten sich auf den kahlen Fels. Einzelne verspätete Riesen blieben übrig, sie sahen den Untergang mit an, erzählten von ihm, erloschen aber bald in den trüben Tälern. Nur im Rotental hinter der Jungfrau, das wenige Sterbliche je betreten haben, ist eine Spur von ihnen geblieben, den Lebendigen zur Warnung: Die da in so grossem Übermut feierten, die sind nicht gestorben. Sie müssen dort im ewigen Winter immer neue Feste bereiten und, wenn ihr Taumel am grössten ist, die Schrecknisse des Untergangs von neuem erleben. Und nie fehlt ihnen dort oben die Schar der Menschenkinder, ihr Spiel mit ihnen zu treiben, die Tiere auf sie zu hetzen und sie unter Felsbrocken zu begraben. Zwar haben jene, die damals lebendigen Leibes die Grausamkeiten ertragen mussten, längst den Frieden gefunden. Aber andere werden hinaufgetrieben: alle jene, welche zeitlebens ihre Macht missbrauchten, um Schwächere zu quälen, welche keinen Sinn hatten für Not und Leiden und meinten, andere seien ihnen zum Spielzeug erschaffen. Im Rotental müssen sie ihr früheres Tun an sich selber erleiden und den grausamen Riesen zum Spielzeug dienen.

Früher waren es die Zwingherren und ihre Vögte, welche das Volk fronen liessen, während sie sich auf der Jagd vergnügten, die zu Scharen aus dem ganzen Schweizerland ins Jungfraugebirge hinauf mussten. Ihnen folgten die gemeinen Kronenfresser alle, die Schweizer Söldner in Italien zur Schlachtbank führten, die Inquisitoren der Reformationszeit, die Richter und Oberkeiten, die foltern liessen zum Spass, sich um so hochmütiger gebärdeten, je niedriger der Stand ihrer Opfer war – sie alle waren nirgends sicher, man mochte sie in den Mauern der Städte begraben oder in ehrwürdigen Schlosskapellen.

Mit der Zeit erlosch die alte Sage. Die Herrenleute fürchteten sich immer weniger davor, und immer ärger ging es daher in unserem Land, die Rechte und Freiheiten der Untertanen wurden immer mehr verhöhnt.

Als die Bauern im Jahr 1653 ihr Haupt erhoben, einen grossen Bund schlossen und Frieden mit der Stadt, glaubten sie, eine gerechte Sache erreicht zu haben. Doch die Herren überzogen sie mit Krieg, henkten,

---

2 Es sei darauf hingewiesen, dass Gotthelfs Rotentaler-Erzählung in vielem mit der Sage übereinstimmt, die sich um den (historischen) Bergsturz von Plurs im Bergell von 1618 rankt: der sagenhafte Reichtum der Bergbewohner, ihre Hoffart, das grosse Hochzeitsfest, schliesslich der Bergsturz, der alles begrub. – Da gerade in den Jahren nach 1618 viele Berner Truppen im Veltlin kämpften, waren Ereignisse und Sagen von Plurs im Bernbiet bald bestens bekannt.

köpften, folterten und brandschatzten. Da war viel Leid im Land, und es stieg der Glaube auf, Gott sei nur ein Herren-Gott und kein Bauern-Gott; so sei es töricht, ihn weiter anzubeten und ihm zu gehorchen, es nütze dem gemeinen Volk ja doch nichts.

In jener traurigen Zeit, an einem Hundstag im Sommer, wurde der Müliseiler von einem Bauern nach Obergoldbach (oder Landiswil) gerufen. Er arznete das Vieh und musste noch bei manchem in der Gegend vorbeischauen, denn der Müliseiler war ein gefragter Mann. Es war spät abends, als er sich auf den Heimweg machte. Schwarze Wolken zogen auf, und die Nacht war so dunkel, dass man die Hand nicht mehr vor den Augen sah. Der alte Viehdoktor aber kannte den Pfad durch den Tannenwald den Berg hinauf wie sein eigenes Stübli. Unbekümmert um die Finsternis und Schwüle ging er heimwärts und wälzte seine Gedanken um ganz andere Sachen, bis ihm auf einmal einfiel, er sollte doch längst aus der Wildnis hinaus sein. Doch sah er kein Ende und wunderte sich, wo er wohl sei. Er suchte die Richtung, er lief und lief. Endlich merkte er, dass er heute den Ausweg nicht mehr finden würde. So setzte er sich auf einen Stock und wollte da das Morgengrauen abwarten.

Auf einmal war es ihm, als höre er von weither eine Peitsche knallen, etwas Feuriges sah er durch die Tannen fahren, fast wie ein Blitz, und doch war es keiner. Ein Schnauben kam näher und näher. Er fasste sein Messer im Sack und hielt sich still. Da kam es an ihm vorübergebraust wie ein Wirbelwind mit Schnauben und Stöhnen, voran der Weibel von Basel in der Standesfarbe, hinter ihm fette Ratsherren mit langen Perükken und zuletzt ein Ungetüm fast wie der Teufel, und doch war er's nicht. Es war viel grösser als der Teufel, tannenhoch, hatte keine Hörner, aber Haare wie Kriesäste. Mit feuriger Geissel hieb er die Stöhnenden vorweg, dass sie dahinfuhren wie der Blitz oder eine Sternschnuppe.

Als er still und staunend wieder allein im Dunkel dastand, hörte er eine Stimme, er wusste nicht, ob vom Himmel, durch die Tannen oder aus dem Boden, die fragte ihn: «Müliseiler, was sannest du und was sahst du?» Da schlotterte dem Müliseiler das Herz. «Über Gottes Gerechtigkeit sann ich», bebte seine Zunge. «Und was sahst du?» schwoll die Stimme an, dass es hallte von Fluh zu Fluh. «Ein Ungeheuer mit feuriger Geissel, Ratsherren und den Baselweibel leibhaftig, wie er vor wenig Monaten bei uns vorbeigeritten», antwortete der Müliseiler, mannhafter und lauter. «Reime das zusammen!» donnerte es über ihm. «Ich kann nicht!» – «Sieh, du bist mir wohlbekannt», sagte die Stimme, «und du bist der Besseren einer. Darum habe ich dich auf diesen Kreuzweg geführt, wo die von Basel durchfahren ins Rotental. Das hast du gesehen, dass die Übermütigen und Unbarmherzigen nicht ungestraft bleiben, dass solche die Rotentaler Herren holen zu ihren Spielen, bis ich selbst Hand an sie nehme. Die Basler, die mit ihren Landleuten so hart umgesprungen, sind kürzlich gestorben und müssen nun hin. Aus anderen Städten und von anderen Orten fahren noch viele in dieser Nacht auf ins Rotental mit ihren Treibern, die sie zusammensuchen und hinauftreiben, wie der Hirt mit den Herden zu Berge fährt. Sage es nun den Leuten, dass ich immer noch der Herr bin, der die Bosheit straft, damit sie wieder Glauben halten und nicht noch ewig unglücklich werden, wie sie es jetzt schon zeitlich sind.»

Der Müliseiler war unterdessen ganz fest geworden und sprach: «Ich bin gläubig geworden und beuge mich in Demut. Aber wer glaubt meinem Wort, wenn nicht ein Zeichen geschieht? Haben sie dem Heiland nicht geglaubt, wer wird mir denn glauben ohne Zeichen?» «Ist dein Herz fest und gut für dein Volk, so sei du das Zeichen!» flüsterte die Stimme aus den Gebüschen.

An einem Dienstagnachmittag, es war kurz vor der Ernte, und obwohl die Landleute seit der blutigen Geschichte nur noch in die Stadt fuhren, wenn es nicht anders ging, waren doch viele Bauern hier, um Arbeiter in die Ernte zu dingen, da sah man den Müliseiler mit einem grossen Stecken Berns Gassen hinauf zum Kirchhof beim Zeughaus gehen. Dort machte er beide Türen auf, stellte sich daneben und wehrte mit dem Stecken, als ob jemand hinaus wolle, aber noch warten müsse, bis alles beisammen sei. Was, wusste man nicht, denn man sah nichts als den Müliseiler. Es kam vielen vor, als hörten sie auf dem Kirchhof ein Wimmern, endlich ein dumpfes Peitschenknallen, woraufhin sich der Müliseiler umdrehte und mit ernster Miene die Zeughausgasse ab schritt, über den Platz die vordere Gasse ab und zum untern Tor hinaus. Mit dem Stecken winkte er die Leute zur Seite, wie wenn etwas hinter ihm drein käme.

Viele sahen ihm zu und liefen ihm nach. Als das Geläufe bei der Kreuzgasse vorbeikam, stiess eine vornehme Frau, die zum Fenster hinausschaute, einen Schrei aus und fiel ohnmächtig nieder. Beim Brunnen am Läuferplatz fing eine Magd so entsetzlich zu schreien an, dass man sie zur Pflege nach Hause bringen musste.

Das gab ein grosses Aufsehen in der Stadt, doch niemand konnte begreifen, was geschehen war. Auch die Landleute wussten es nicht besser. Den Müliseiler konnten sie nicht fragen, denn der kam an diesem Abend nicht heim.

Als die Dame von der Kreuzgasse aus ihrer Ohnmacht erwachte, berichtete sie, wie sie hinter dem Müliseiler viele verstorben geglaubte Herren aus den besten Familien gesehen habe, darunter ihren eigenen Gatten selig! Barfuss und mit grässlicher Angst auf den Gesichtern seien sie in ihren Totenhemden vorüber marschiert, von einem Ungeheuer

Der Müliseiler 733

mit einer schrecklichen Peitsche getrieben. – Die Magd vom Stalden schrie derweilen in ihren Fieberträumen: der Teufel habe die Gnädigen Herren geholt und die Stadt ab getrieben wie der Schweinehändler die Schweine!

Die beiden Frauen waren Fronfastenkinder, die schon manchmal die Geisterkutsche im Altenberg gesehen hatten, und es war der greise Schultheiss Daxelhofer selbst, der die Herren im Rathaus ermahnte, die Geschichte ernst zu nehmen. Wo eine höhere Gewalt sich zeige, da hälfen weder Verhaftungen noch Kanonen. Er möchte raten, vor dem Volk Stillschweigen zu bewahren und dem Oberherrn zu Wyl aufzutragen, dass er als Freund und Bekannter vom Müliseiler auf väterliche Art zu vernehmen suche, was an der Sache sei. Einige Junker, die den Weltenlauf noch nicht so gut kannten, wollten die offene Aufwiegelung am hellichten Tage, wie sie es nannten, mit aller Härte bestraft wissen. Aber Daxelhofers Worte galten mehr unter den alten Ratsherren, die erwarten mussten, selbst bald auf dem Totenhof beim Zeughaus oder draussen beim Klösterli zu liegen, und so wurde dem Oberherrn von Wyl geschrieben, dass er sich unter der Hand des näheren erkundige, und zwar sobald als möglich.

Dem Oberherrn war just ein Ross arg krank, und er schickte nach dem Viehdoktor. Der war eben erst müde heimgekommen und hätte gerne zuerst geschlafen. Weil der Bote aber so nötlich tat, ritt der Müliseiler noch am späten Abend mit ihm nach Wyl. Als er seine schwere Arbeit im Stall getan hatte, lud ihn der Oberherr zu einer guten Flasche Wein mit Käs und Brot ins Schloss. So hintenherum fragte er ihn, was es denn am Dienstag in Bern Neues gegeben habe. Da sagte der Müliseiler: «Junker Oberherr, fragt nur gradheraus, was Ihr wissen wollt! Da ist keine Heimlichkeit, sondern etwas, das Gott allen Menschen offenbar machen will.» Und nun erzählte er, wie ihn Gott auf einen wüsten Platz auf der Hundsschüpfe geführt habe, wie er den ersten Transport der Basler ins Rotental gesehen und die Stimme gehört habe. Da habe der Allmächtige ihm aufgetragen, sich von Halbjahr zu Halbjahr am Kirchhof in Bern einzufinden und dem Volk zum Zeichen den unsichtbaren Zug zu geleiten, den einer von den untoten Riesen zur Jungfrau hinauf treibe. Dann solle er auf Basel, Zürich und Luzern gehen und auch da die Hochmütigen ab den Kirchhöfen in das Rotental führen, auf dass das Volk erkenne, dass eine Gerechtigkeit sei, und die Herren, dass Gott um so strengere Rechenschaft fordere von denen, die mit dem Anspruch regierten, man müsse einer Oberkeit gehorchen, weil jede Oberkeit von Gott sei.

«Junker Oberherr, Ihr müsst wissen, es war ein hartes Unternehmen, doch ich versprach zu tun, was mir aufgetragen worden. Am Dienstag fand ich mich zur Zeit in Bern beim Kirchhof ein und machte, wie mir befohlen war, die Tür weit auf. Da erschrak ich doch, als ich hohe Herren auf ihren Gräbern sitzen sah, barfuss und mit gerungenen Händen, als ich die fürchterliche Gestalt am Ende des Kirchhofs sah, wie sie dort auftauchte und mit ihrer Geissel die armen Sünder aufjagte, von ihren Gräbern der Kirchhoftüre zu. Es war entsetzlich zu hören, wie sie stöhnten und seufzten beim Zug an ihren Häusern vorbei, wie jener ächzte, dessen junge Gattin mit frischen Kränzen für den Friedhof uns begegnete.

Als wir weit aus der Stadt waren, kam es wie ein Wirbelwind über uns, und noch ehe die Sonne untergegangen war, trieben wir durch wüste Felsklüfte an der Jungfrau empor. Plötzlich öffnete sich vor uns ein grässliches Tal, eine zerborstene Welt, schwarz vor wimmelnden Gestalten. Durch die Schlünde krochen sie zu Tausenden, Tiere jagten ihnen nach, Ungeheuer wälzten sich über das Gestein, und an den Felswänden standen Riesen, schwenkten Felsstücke, und mitten unter ihnen war, grösser und schrecklicher als alle anderen, ein junges Riesenpaar, das schwang in jeder Hand eine Fluh. Unsere armen Getriebenen heulten laut auf in ihrem Jammer. Die drinnen antworteten mit Geheul. Das Gebrüll der Tiere scholl dazwischen, und tausend Felsbrocken verfinsterten die Luft und donnerten ins Tal über die Tiere und Menschen. Da schwanden mir die Sinne, ich ertrug den Anblick nicht.» Als er am Morgen erwachte, berichtete der Müliseiler weiter, habe er nicht weit vor sich bald Diessbach liegen sehen und am Mittag sei er müd nach Hause gekommen. Er habe zu Gott gebetet, dass er ihm das scheussliche Amt erlassen möge.

Der Junker Oberherr solle ihm verzeihen, es liege nicht in seiner Macht, er müsse Gott mehr gehorchen als den Menschen. Und nächstens müsse er auf Zürich fahren, von dort die Herren durch die Freien Ämter und das Aargäu zu führen, wo sie sich an den Menschen so schwer versündigt hätten.

Das sei eine heikle Sache, sagte der Oberherr, schwermütig den Kopf in die Hand gestützt; denn eine Oberkeit dürfe nicht den Glauben aufkommen lassen, die Ihrigen kämen nach dem Tod ins Rotental statt in den Himmel. An der Seligkeit der Gnädigen Herren dürfe das Volk nicht zweifeln. Er wolle es nach Bern berichten, der Müliseiler aber solle vorläufig schweigen.

Der Müliseiler gab zu bedenken: Schweigen wolle er einstweilen schon... aber deswegen bleibe die Sache nicht geheim. Eine vornehme Frau habe das Ungeheuerliche gesehen, und allemal, wenn er neue Herren werde holen müssen, und das müsse er immer am Dienstag zwischen drei und vier Uhr nachmittags tun, würden ihn Leute sehen und irgendein Fronfastenkind auch die unglückliche Herde. Es wäre gut, wenn es allen Herren bekannt würde, dann würde die Herde vielleicht von Jahr zu Jahr kleiner als sie jetzt sei.

Als die Herren das alles vernahmen, stockte ihnen das Blut ums Herz. Einige polterten los: Es sei eine unerträgliche Schande für Kind und Kindeskinder, wenn es heisse, der Müliseiler habe ihren Vater davongeführt! Mögen die Toten hinkommen, wohin es Gott gefalle, aber die Menschen brauchten es nicht zu wissen, am allerwenigsten das Volk! Den Müliseiler müsse man auf der Stelle nach Bern schleppen und ihn als Schänder seiner Oberkeit vierteilen lassen. – Dagegen warnten andere: Man habe Gott schon genug versucht. Wenn der Müliseiler in andere Städte gehe, so möchten ihn vielleicht die Zürcher oder Luzerner Herren fangen, das sei besser, dann breche der Sturm über sie los.

Endlich, nach langem Reden, obsiegte die Meinung: man wolle die Sache diskret behandeln. Die Frauen, die den Geisterzug gesehen haben wollten, und die Bauern, die daran glaubten, solle man auslachen und bemitleiden, bis ihnen die Geschichte selber verleide und zuletzt der Müliseiler noch froh sei, dem Spott der Buben zu entrinnen und daheim zu bleiben.

So ward abgeraten, aber so ging es nicht. Manches Jahr noch musste der Müliseiler auf Bern die Herren abholen und sie zum Thunersee hinaufführen. Nur bis ins Rotental musste er nicht mehr mit. Ebenso oft war er in Basel, Zürich und Luzern. Als er einmal wegen anderen Geschäften in der Stadt war, tat einer von den wilderen Herren das Fenster auf und rief hinab: «Müliseiler, wann holst du mich?» «In sechs Wochen, Herr!» – In drei Wochen war er eine Leiche, in sechs Wochen fuhr der Müliseiler wieder mit einem Transport ab, und niemand spottete mehr über ihn.

Da kam den Bauern der Glauben wieder an einen gerechten Gott, und sie fassten wieder Mut, richteten sich auf und lebten wacker weiter. Den Herren aber verging viel von ihrem Trotz. Sie beschränkten die Bussen und achteten auf das Treiben ihrer Vögte. Der Müliseiler erlebte es noch, dass ihm Gott sein Amt erliess. Er konnte die letzten Jahre in Ruhe leben und die Rotentaler allein fahren lassen.

Soweit Jeremias Gotthelf.

Auch andere werden noch nach Jahrhunderten (und ohne Gotthelfs Geschichte zu kennen) die Sage vom Müliseiler erzählen, wie er zur Geisterstunde, wenn er jemandem begegnet sei, jeweilen gesagt habe: «Seid doch so gut und geht ein wenig auf die Seite, es kommen da Herren», und wie es danach tönte, als trabten Pferde vorbei. Den Hut habe der Müliseiler dabei immer unter dem Arm getragen. Noch fast jeder Grossvater könne eine

Eigentümlichkeit von diesem Wundermann erzählen. Die Leute wollen gesehen haben, wie er mit seinen Herren steilen Felsen nach wandelte. Hin und wieder habe er dort oben auch mit ihnen exerziert, dann habe man ein Tosen und Donnern bis weithin in die Ferne vernommen und gesagt: «Die Rotentaler-Herren exerzieren, es gibt gewiss ander Wetter.»

In den der Jungfrau gegenüberliegenden Bergdörfern Gimmelwald und Mürren kennt man das rätselhafte, gewöhnlich Unwetter verkündende Getöse aus dem Rotental. Dann heisst es: «Der Müliseiler rührt sich wieder», er exerziere mit den verbannten Geistern im Feuer. Dabei gilt der Müliseiler dort im Oberland nicht als wohltätiger Wunderdoktor und Geisterbanner, sondern als Herrscher der Unseligen, als der Teufel selbst.

Noch 1980, bei den Arbeiten an diesem Buch, wird sich die Familie Moser in Dessigkofen daran erinnern können: Die Röthenbacher Mosers seien vor uralten Zeiten Zigeuner gewesen, und dann habe es in der Familie auch einen berühmten Wunderdoktor gegeben, den «Moser-Tokter». Der Name «Müliseiler» hingegen ist hier nicht mehr bekannt.

Doch zurück zu den Fakten, zu Andreas Moser im Sorbach im Eggiwil. – Ende 1658 muss er dem Oberchorgericht darüber Rechenschaft ablegen, wie er dem Salzausmesser in Goldbach geholfen habe, einen Diebstahl aufzuklären: Er müsse Brot und Salz in den Trog zum Geld legen, dann werde er den Dieb sehen.

Im Jahr 1666 soll der Müliseiler der Wirtin in Kirchdorf durch einen Mittelsmann geraten haben, wie sie durch Diebsbannung ihr gestohlenes Bett wiederkriege. Er will aber «von keinen bösen Künsten gar nüt wüssen».

Zwei Jahre wird der Müliseiler von neuem verklagt. Pfarrer Blauner von Stettlen hat sich über ihn beschwert, dass er «an unterschiedlichen Orten sich des Teüfelsbeschwerens annemme».

Zudem geht in Bern anfangs 1668 die Gassenrede um, der verstorbene Scharfrichter Michel Berchtold könne nicht zur Ruhe kommen. Schon in der ersten Nacht nach der Beerdigung habe man in seinem Haus ein «grosses Bolderen» gehört. Auch erzählt man, dass die Witwe des Scharfrichters viele schwarze Hähne halte, dass sie sogar einen solchen an den Ofenfuss gebunden habe.[3] Schliesslich habe sie, um den lästigen Geist ihres toten Mannes aus dem Haus zu beschwören, zwei Teufelsbanner angestellt, nämlich den Schneidermarx aus dem Wasen und einen Entlibucher namens Jost. Den beiden sei es gelungen, den Geist in den Wald zu verbannen. – Als nun Marx Weyssler, der Schneidermarx, in der Sache verhört wird, gibt

---

3 Schwarze Hähne sind Teufelstiere. Der Teufel trägt oft eine schwarze Feder auf dem Hut. Gelegentlich nehmen verdammte Seelen schwarze Hähne als Opfer an.

er an: er handle mit gebrannten Wassern und Arzneien, betreibe jedoch keine Teufelskünste. Er habe aber gehört, Andreas Moser aus dem Eggiwil habe zwei Gesellen erzählt, «er müsse nach Bern, den Michel abschaffen; man habe ihm dafür 5000 Pfund versprochen, aber er haue ihm zu wie tausend Teufel.»

Vor Oberchorgericht bestreitet der Müliseiler diese Geschichte. Er arzne bloss das Vieh, und zwar mit guten Mitteln, Kräutern und Würzen. Er rüste sie am Heiligen Abend, mache ein Loch in die Türschwelle, fülle es mit dem Zeug, dazu spreche er dreimal: «Das walt Gott, schaff Gott den Untergang alles Bösen.»

Damit gibt sich das Gericht nicht zufrieden. Der Doktor bleibt in Haft. Ein weiterer Belastungszeuge sagt gegen ihn aus, der Bauer Durs Rohrer: Er habe Gespenster im Stall gehabt und deswegen den Müliseiler kommen lassen. Zunächst habe der befohlen, ein Loch in die Schwelle zu bohren, es mit Raute, Kohle, Salz, Brot und anderem zu füllen und einen Nagel aus Stechpalme hineinzuschlagen. Nachdem er zu Nacht gegessen habe, sei der Doktor mit einer Bürde Stroh und einer Decke zum Übernachten in den Stall gegangen. Er habe niemanden dabei haben wollen, nur geraten: wenn er, Rohrer, mit Menschen in Uneinigkeit stehe, solle er ihnen jetzt von Herzen verzeihen und allen Groll vergessen, und wenn das Haus den Armen etwas schuldig sei, müsse solches jetzt bezahlt werden.

Die Beschwörung ging so vor sich, dass der Müliseiler die einzelnen Tiere beim Namen nannte und betete, dass Gott sie behüte. Darauf hiess er das Gespenst im Namen Gottes, des Sohnes und des Heiligen Geistes gehen. In der Nacht habe es im Stall drüben gerumpelt, als ob alles zusammenfalle. Am Morgen erzählte der Müliseiler: zuerst habe es gestöhnt, dann sei ein Weibsbild erschienen und er habe es fortbeschworen. Nun werde wieder Ruhe im Stall sein. Schliesslich verlangte er ein Frühstück und ging fort. Er wollte nicht gesehen werden, weil er unter Verdacht stehe. Lohn begehrte er keinen, aber Rohrer habe ihm trotzdem einen Sack mit Speise und zwei Talern in die Hand gedrückt.

Nach dieser belastenden Aussage erweitert der Müliseiler sein Geständnis: Er habe verschiedentlich arme Seelen, die keine Ruhe finden konnten, weggebannt. Er handle aber stets im Namen des Allmächtigen. Zuerst unterstelle er alle Lebewesen im geplagten Haus Gottes Obhut, dann vertreibe er den Geist mit den drei höchsten Namen und nenne ihm einen Ort, wo er hinmüsse, etwa die Schöritzfluh.[4]

Auf die Frage, wie er erkenne, dass an einem Ort etwas nicht in Ordnung sei, antwortet er nach einigem Zögern: er schmecke es. Einmal in Höchstetten habe er ein blaues Licht bei einem Kirschbaum gesehen, darunter

---

4 das nördliche Ende des Sigriswilergrats gegen den Sulzisgraben und das Zulgtal

graben lassen, und die Knochen eines Kindes seien zum Vorschein gekommen.

Das Oberchorgericht interessiert sich lebhaft dafür, wo der Müliseiler seine Kunst erlernt habe. Nochmals beteuert er, er habe den bösen Geist weder gesehen noch gehört, keine Korrespondenz mit ihm gehabt und auch niemals etwas in seinem Namen getan, sondern nehme den Geist Gottes zum Gehilfen. Die Verdächtigung, dass er anderen befohlen habe, ihm vom Abendmahlbrot etwas zu bringen, weist er zurück.[5] Gelegentlich sei er selber zum Tisch des Herrn gegangen, das letzte Mal in Steffisburg. Er könne sich aber an das Datum nicht mehr erinnern.

Während sich der Prozess in Bern hinzieht, hat Landvogt Fellenberg von Signau persönlich eine Haussuchung im Sorbach vorgenommen und einige verdächtige Fundstücke hergesandt. Darunter ist ein Briefchen mit Wegwarte und Gottesgnadenkraut[6], das man unters Haupt lege, um zu erfahren, wer einem etwas gestohlen hat. Noch belastender ist ein Segner- und Zauberbuch. Der Angeklagte erklärt, er habe es vom Pannermeister im Entlibuch erhalten.

Als das Oberchorgericht die bisherigen Ergebnisse dem Rat vorlegt, ordnet dieser weitere Verhöre mit Marter an. Am 8. April wird der Müliseiler in den Streckiturm gebracht und dort leer aufgezogen. So erlangen die Examinatoren weitere Geständnisse: Von Ruff Erhart, dem Schulmeister im Eriz, habe er vor etlicher Zeit einen Buchauszug erhalten, woraus er habe lernen können, wie er einen allwissenden Geist herberufen könne, der alles Vergangene und auch zukünftige Dinge wisse. Zuerst habe er jeweilen drei Vaterunser gebetet, zweimal den Glauben gesprochen und dann fest hoffen müssen, dass ein Geist kommen möge. Vier verschiedene Geister seien ihm zu unterschiedlichen Malen erschienen, stets in weisser Gestalt und normaler Menschengrösse. Er habe immer vermeint, dass es gute Geister seien.[7] Er habe sie auch nie berührt, sondern nur das eint oder andere gefragt, dann seien sie wieder verschwunden. Einer von ihnen habe Remonius geheissen,

---

5 1660 hat Pfarrer Hartmann in der Signauer Kirche bemerkt, wie Stauffers Frau beim Abendmahl die geheiligte Speise, statt sie in den Mund zu stossen, unter der Schürze versteckte. Er meldete den Vorfall nach Bern – die Kapitelversammlung hatte erst wenige Jahre zuvor gewarnt: das gesegnete Abendmahlbrot werde «heimlicherweise zu allerlei Versägnereien und abergläubischen Sachen» missbraucht (Chr. Rubi in Der Bund, 5.5.1984). – Ein Teufelskünstler, ein Hexer oder Zauberer kann aber selbst das Abendmahl nicht geniessen, ohne dabei Schaden zu nehmen.

6 stinkender Storchenschnabel

7 Müliseilers Schilderungen lassen kaum Zweifel darüber offen, dass er Geistkontakte im Sinne des christlichen Spiritualismus pflegte (Auskunft Dr. Wolfgang Eisenbeiss, St.Gallen).

die anderen kenne er nicht beim Namen. Remonius habe ihm seinerzeit auch vorausgesagt, es werde eine Wassergrössi geben und darauf ein Streit zwischen den Herren und Bauern entstehen. – Er bitte Gott und eine hoche Oberkeit um Gnad und Verzeihung, sie sollten seinen alten Leib nicht weiter plagen und ihn in Barmherzigkeit verschonen.

Noch am selben Tag wird Schulmeister Erhart nach Bern zitiert. Er bringt gleich drei Hexenbücher mit. Das mittlere habe er vom Statthalter Stalder zu Diessbach bekommen, das grosse von einem Hans Matter, das kleine habe er zu Marbach auf der Strasse gefunden. Der Müliseiler habe ihn einmal wegen der Kräuter Dreifaltigkeit und Engelkraut[8] im Eriz aufgesucht. Darauf habe er für ihn etwas über das Engelkraut und den allwüssenden Geist aus dem mittleren Buch herausgeschrieben. Vor sechs oder sieben Jahren habe er beim Weibel Amstutz in Sigriswil etwas aus einem Buch abgeschrieben, es könnte etwas Ähnliches sein. Er selber kuriere auch mit Kräutern und Wurzen, brauche aber keine Worte dazu.

Natürlich sind die Herren nun ganz scharf darauf, Weibel Amstutz zu vernehmen. An dessen Stelle erscheint sein Vögtling Christen Amstutz mit dem ‹rechten Hauptbuch der Zauber- und Teüfelskünsten›. Er erklärt, der Weibel habe es ihm zur Aufbewahrung gegeben. Er habe nicht gewusst, was darin stehe, weil er weder lesen noch schreiben könne.

Damit geht der Prozess zu Ende. Amstutzens kommen straflos davon, Ruff Erhart dagegen wird aus dem Schuldienst entlassen. Vom Müliseiler glauben die Richter, dass er trotz seines Bekenntnisses an der Folter «sein Herz annoch nit geraumbt habe». Das betrifft nun wohl die bereits bekannte Sage, wie der Müliseiler die Seelen der verstorbenen Herren ins Rotental führe. In diesem Punkt hat der Müliseiler gar nichts gestanden und nur gesagt: man tue ihm Unrecht, wenn man behaupte, er habe eine Kuppelen Herren hinweggeführt.

Die Herren verspüren wenig Lust, diese unangenehme Geschichte weiter aufzuwärmen, der Müliseiler noch viel weniger. So fällt der Rat das Urteil: Der Angeklagte soll ausgeschmeizt, gezeichnet[9] und mit dem Eid von Stadt und Land verwiesen werden.

Ende April 1668 führen die Profosen den Müliseiler an die solothurnische Grenze. Auf der Höhe von Messen zeigt er ihnen ein Wäldchen und sagt: es gehöre nach Limpach und es sei ein Marchstein drin. Dorthin hätten er und Schulmeister Erhart die Viehseuche und das Gespenst, das das Vieh plagte, vertrieben.

---

8 Stiefmütterchen (Viola tricolor) und vermutlich die Engelwurz (Angelica silvestris), die Schutz gegen bösen Zauber bieten soll.
9 Mit einem glühenden Brandeisen wurde des Landes Verwiesenen entweder ein Berner Bär oder ‹B› auf die Stirne gedrückt.

Damit verschwindet der Name des sagenhaften Viehdoktors aus den Akten. Jeremias Gotthelf weiss zu berichten, er sei im gleichen Jahr mit dem Erlacher, dem Bauernschlächter, gestorben. Das wäre 1699, und der Müliseiler wäre demnach über neunzig Jahre alt geworden.

Tauf- und Eherodel der Gemeinden Grosshöchstetten und Röthenbach – Contracten Signau 4 (diverse Erwähnungen, insb. S.326) und 5 – CGM Eggiwil ab 1659 – CGM Bern 12.3., 24.3. 1647 – Christian Wälti: Blumen aus den Alpen. Bern 1841. – Albert Jahn: Emmenthaler Alterthümer & Sagen. Bern 1856. – Jeremias Gotthelf: Die Rotentaler Herren. Kleinere Erzählungen Bd.2. – Robert Marti-Wehren: «Müliseiler», ein emmentalischer Hexen- und Teufelsbanner aus dem 17. Jahrhundert. BZGH 1940/1, 28–38.

Entwicklungen im Bernbiet

Man muss der Berner Oberkeit zugute halten, dass sie in den Jahren und Jahrzehnten nach dem Bauernaufstand mit dem Einzug der Strafgelder vielerorts Milde walten lässt. Die allgemeine Landesarmut und auch die Niederlage bei Villmergen mag die Herren zur Einsicht gebracht haben, dass dankbare, befriedete Untertanen ihnen auf die Dauer von grösserem Nutzen sein würden als ein Volk von entwürdigten Bettlern.

Der neue Amtmann auf Trachselwald ist korrekter als Tribolet. Vogt Emanuel Steiger verzeichnet die von ihm verhängten Bussen wieder ordentlich. Sie betragen 330, 226, 552, 542, 1005, 337 Pfund pro Jahr (1654–1659), was nicht auf eine übertrieben harte Bussenpraxis schliessen lässt.

Weniger glücklich sind die Oberemmentaler: Vogt Ith, Zehenders Nachfolger auf Schloss Signau, ist ein übler Erpresser. Zwei brutale Schuldboten ziehen in seinem Auftrag ausser Bussgeldern auch ‹Geschenke› ein. Vor allem bei Ehebrüchen lässt er sich sein Stillschweigen teuer erkaufen – hier 1000 Pf., da das schönste Ross. Einer aus dem Schlägertrupp des Vogts versteckt sich jeweils bei der bekannten Dirne Trini Flühmann auf dem Hambüel hinter dem Hag, um dem geldgierigen Schlossherrn hernach die Freier zu denunzieren... von Fall zu Fall arbeiten die verruchten ‹Boten› auch auf eigene Rechnung.

In Signau herrscht der Terror. Wie Predikant Hartmann seine Nase in die Sache steckt, erteilt der Vogt seinen Schlägern den Auftrag, sie sollten den Pfaffen den Hambüelstutz hinabstürzen oder ihn sonst «tractieren, dass er bloss mit seinem Leben davonkommen möge». – Endlich kommen die Missstände ans Tageslicht, als die Trini dem Oberchorgericht die Namen einiger Freier nennt – darunter Leute, die sich Verschwiegenheit erkauft haben, und die jetzt natürlich kein Blatt mehr vor den Mund nehmen. Hans Ith wird 1661 seines Amtes enthoben;[1] die beiden Schuldboten werden für ein Jahr ins Schellenwerk gesteckt, dann ausgeschmeizt und des Landes verwiesen. Ihre Namen: Hans Räss und... und... Michel Äschlimann. Der Bergmichel.

---

1 Zu seiner Entschuldigung führte er an: der Bergmichel habe ihm gesagt, auch Herr Huser (Vogt Signau 1631-37) und die beiden Zehender (1643-1655) «habind empfangen».

Hans Ith (*1604), Landvogt zu Signau 1655

In den folgenden Jahrzehnten nimmt die Zahl der Taufgesinnten im oberen Emmental stark zu. Die Oberkeit intensiviert die Jeginen, verspricht den Täufern aber zugleich freien Abzug (nach Holland meist). Dank dieser Regelung bereichern sich die Vögte – ganz berüchtigt ist auch die Familie Frisching – an den unter Zeitdruck und Zwang zum Verkauf angebotenen Täufergütern.

Politische Lehren haben die regierenden Geschlechter von Bern aus dem Bauernaufstand kaum gezogen. Die baldige Wahl der Herren Frisching und von Erlach ins Schultheissenamt zementiert die hiesigen Zustände auf Jahrzehnte hinaus. Mehr denn je fliesst alles Wasser des Bernbiets auf die Mühlen der Stadtburger. In den Köpfen der Patrizier bildet die Machtvollkommenheit des Sonnenkönigs Louis XIV., der sich eben den Palast in Versailles erbauen lässt, das Modell der modernen Staatsführung.

Dieser moderne, zentral verwaltete Staat baut auf den Gehorsam und die unbedingte Ergebenheit der Untertanen. Die Landleute bekleiden keine öffentlichen Ämter, stellen keine hohen Offiziere, sind vom Studium ausgeschlossen (damit auch vom Pfarramt), manches einträgliche Gewerbe und der Grosshandel sind den Städtern vorbehalten. Nach 1653 schaffen nicht mehr viele Bauern schuldenfrei auf ihrem eigenen Grund und Boden. Unablösbare Grundzinsen, Zehnten und andere Steuern lasten auf ihnen.

Innerhalb der Stadt prägt sich eine kastenartige Dreiteilung der Einwohner heraus: regimentsfähige Geschlechter – gewöhnliche Burger (ewige Habitanten) – Hindersässen und Ansässen. Die Herrschenden kapseln sich immer weiter ab.

Eine Pestepidemie, 1668/69 im Oberland ausgebrochen und 1670 nach Bern verschleppt, verschärft noch die Not,[2] dann aber erholt sich die Landschaft Bern allmählich von den drückendsten wirtschaftlichen Sorgen. Das neue Jahrhundert wird insbesondere eine ständig steigende Nachfrage nach Emmentaler Käse und damit eine Umstellung vom Ackerbau auf die Viehwirtschaft bringen.

Nach wie vor leidet das gemeine Landvolk aber unter einer unübersehbaren Flut von Sittenmandaten. Es gehört zum unbeschränkten Machtanspruch der Herren, dass sie glauben, ihre Untertanen auch in den lächerlichsten Kleinigkeiten des täglichen Lebens mit Mandaten auf dem schmalen Grat der Tugend halten zu müssen. Kein normaler Mensch kann sich in diesem engen Korsett der Verbote bewegen, ohne sich hie und da zu ver-

---

2 Fünf Jahre danach grassierte in Thun eine seltsame Kopfkrankheit: die angesteckten Leute wurden verwirrt, rasend und jählings tot.

Samuel Frisching (1605–1683), Schultheiss von Bern

sündigen. Ein Spruch geht um: «Mandat von Bern, wer's halten will, tut's gern!», der spöttisch sagt, dass die Oberkeit mit der Kontrolle all ihrer Erlasse überfordert ist, trotz heimlichen Aufsehern in jedem Stadtquartier, trotz Vögten und Predikanten auf dem Land. Umgekehrt eröffnet eine solche Praxis der Willkür Tür und Tor; denn immer mehr liegt es im Ermessen dieser Amtsträger, wo sie ein Auge zudrücken und wen sie mit Verzeigung und Busse plagen wollen.

Als Beispiel eines oberkeitlichen Mandats sei die Vorschrift von 1664 betreffend die Bekleidung der Dienstboten in der Stadt genannt, die den Zweck hat, «der Mägde Hoffahrt zu bescheiden, damit sie von den Burgers Töchteren unterschieden und erkennt werden». Danach dürfen die Pelzkappen der Mägde im Winter nur aus ungefärbtem Iltis und ohne Samtboden gefertigt sein, es sei denn, sie trügen die «ihnen nit unzimlichen Paurenhüetlin». «Des Stössli (Mitli) und Häntschen Tragens» sollen sie sich müssigen, als Schuhe sind ihnen nur solche aus schwarzem, geschmiertem Leder erlaubt.

1675 erhält der Stand Bern ein Schulgesetz, das die Kilchörinen zum Bau von Schulhäusern auffordert. Staatsbeiträge sind aber höchst unsicher. Mit einer energischen Schelte greifen die Gnädigen Herren erst ein, als eine Kirchgemeinde (Vechigen 1684) ihr altes Schulhaus aus Geldnot geschlossen hat.

Im Jahr 1701 stellt man den bernischen Kalender auf die neue, katholische Zeit um, d.h. 10 Tage werden übersprungen.

Das Eherecht von 1709 wird in seinen wesentlichen Zügen 280 Jahre bestehen bleiben: Der Mann ist das Oberhaupt der Familie, ihm obliegt die Verwaltung sowohl des eigenen Vermögens wie auch des Frauenguts, sofern nicht in einem Ehevertrag etwas anderes vereinbart wird. Das «unehrliche Geschlecht» (die Frau insgemein) braucht die Einwilligung «ihres Vogts» (des Mannes) für Verbindungen und Verpflichtungen.

Mit der Landschaft Emmental haben die Herren von Bern noch lange Schwierigkeiten. Der Stachel sitzt tief. Was den Bauern an Wissen über die weite Welt fehlt, das wissen sie über die Geschichte ihrer Heimat. Als sich 1798 die Waadt mit ihrer Parole ‹Liberté et Patrie!› zu den Zielen der französischen Revolution bekennt, tanzen auch die Truber, die Langnauer, die Signauer und die Trubschacher um Freiheitsbäume. Der Landessäckelmeister Siegenthaler vom Trub muss wegen seiner pro-französischen Haltung abgesetzt werden. Die Quittung erhalten die Herren präsentiert, als die Emmentaler Uszüger sich weigern, zur Verteidigung des alten Bern gegen die Franzosen ins Grauholz auszurücken. Nur die Eggiwiler und die Röthenbacher folgen dem Aufgebot.

Heute, an der Schwelle zum 21. Jahrhundert, wo die Schulgeschichtsbücher die ‹Franzosenzeit› als tiefste Niederung eidgenössischer Geschichte schildern, werden die Emmentaler nur noch ungern an ihre Meuterei erinnert. Niklaus Leuenberger aber steht immer noch in hohem Ansehen. Zum 250-Jahr-Gedenken an den Bauernkrieg erhielt er in Rüderswil ein Denkmal mit der Inschrift: «Klaus Leuenberger. Obmann im Bauernkrieg. Geboren in Rüderswil 1615. Hingerichtet in Bern 1653. Er starb für des Landes Freiheit und Wohlfahrt.»

Die Fahne des Landes Emmental wird heute noch im Schloss Trachselwald in Ehren gehalten, und man kann wohl behaupten, dass der Stolz der Emmentaler gegenüber den Stadtbernern noch nicht erloschen ist.

Türler, Tribolet – Rudolf von Fischer: Kleidermandate im alten Bern. BZGH 1943/3. – Christian Rubi in: Der Bund 17.1.1981 – Mutach: Eherecht, 10. Bern 1709. – Lohner dat. 1675 – Heutelia 120 – Häusler I 328 – Tillier 388–393 – Steiner 9f. – Walter Steiner (Emmenmatt) mündlich – Geiser 422ff. – Katharina Zimmermann: Die Furgge. Bern 1989. – CGM Bern 18.6.1660 – 28.1.1661 – RM Bern 30.11.1660–21.2.1661 – Turmbuch Bern 1661, Vergicht Michel Äschlimanns

Das Eggiwil und das Galli-Blut

Aus dem Eggiwil der Jahre 1654/55 ist eine Aufstellung der Uszüger überliefert: 21 Musketiere, 11 Geharnischte, 6 Spiessknechte und 5 Halbartenträger, insgesamt also 43 wehrpflichtige Männer.

Ueli Gallis Nachfolger als Kilchmeier wird Samuel Burgdorfer, der Wirt. Erstaunlicherweise bleiben die alten Chorrichter Jaggi (Jakob) Hebysen von Neuenschwand, Michel Haldimann von der Holzmatt und Klaus Wittwer im Amt – sie alle haben beim Aufstand wacker mitgeholfen.

Die Arbeit des Chorgerichts widerspiegelt zugleich den Geist der bernischen Sittenmandate und ein Stück Eggiwiler Dorfgeschichte:

- 1655 hat Ueli Peter nach der Predigt «uff dem Kirchenmätteli mit anderen geschwungen, bis dass zur Kinderlehr geläutet worden», und ist dann weggegangen, anstatt die Kinderlehre zu besuchen. «Weil er um Verzeihung gebeten und Besserung verheissen, ist ihm keine fernere Straff uferlegt worden.»
- Samuel Staub, der Pfister (Bäcker), muss ein Pfund Busse bezahlen, weil er an der Fasnacht mit einer «Sackpfyffen umb ein anderen gezogen», und «Peter Bienz der Jung am Rein als Gyger, Christen Engel im Heidbühl als der auf dem Hackbrett aufgespielt» werden verklagt, weil sie an einer Kilt Tanzmusik gemacht haben. – Den Tänzern werden 2 Pfund, den Tänzerinnen 1 Pfund Busse auferlegt.
- Mehrmals wird der «Bienzenknecht», Klaus Bienz, wegen «synes Fluchens und Schwerens, Sauffens und Frässens und gantz ergerlichen Lebens» vorgeladen – nicht immer erscheint er.
- 1660 hat sich eine ganze Schar wegen eines Schwingets auf Grosshorben zu verantworten, darunter auch einige junge Frauen, nämlich Peter Bertschi, Hans Galli, Bendicht Stauffer, Hans Stauffer, Bendicht Schenk, Jacob Blaser, (...) Ulli Jost und Tochter, Daniel Stauffer und Tochter, Ulli Bertschi, Bienzen Peters Töchter.
- Am 3. März 1665 muss Peter Peter vortraben, weil «er zu zweyen unterschiedlichen Sonntagen bis zur Kilchen, da er zur Predigt gehen wöllen, Tabak gerükt habe. Hat nit läugnen können, allein eingewendt, dass ihme die Zähn weh gethan heigen, welches aber ein Ehrbarkeit (das Chorgericht) nit glauben können, weilen er ohne das dem Tabak ergeben. Ist mit Ernst darvon abzustehen gemahnt worden und umb 2 Pfund gestraft worden.»
- 1675 haben Niklaus Galli und Hans Bertschi in der Predigt geschwätzt. Als Ausrede geben sie an: sie hätten einander wegen der Noten im Psalmenbuch befragt. – Der junge Niklaus Galli scheint überhaupt ein Spitzbub zu sein: Drei Jahre später muss er sich auch vor die weltlichen

Richter stellen, weil «er einer Stuten Nesslen under den Schwanz gelegt, und leichthin hätte können ein Schaden daruss entspringen, Busse 50 Pfund».
- 1675 zeigen gleich zwei Töchter der Familie Galli uneheliche Schwangerschaften an. Barbli Galli, Dienstmagd auf der Müli, nennt den Müllersknecht Peter Fankhauser als Vater; der will aber nichts davon wissen. Anna Galli gibt an, der Hans Däntzler habe ihr die Ehe versprochen. Das führt nun freilich zu Komplikationen, weil sie schon mit Ueli Baumgartner verlobt ist. Der ist in französischen Diensten. Wie sein Stiefvater und seine Schwester bezeugen, hat ihm Anna Galli vier Jahre zu warten versprochen.
- Weitaus häufigster Gast vor dem Eggiwiler Chorgericht ist die Hambüelbüri Catrin «Trini» Flühmann, eine Dirne.

Bereits ihre Mutter, Barbara Flühmann aus dem Eggiwil, ist 1645 in der Zollhaus-Wirtschaft aufgegriffen worden, «allwo sie mit Peter Neuenschwander ussem Eggiwil und einem Salpeter-Graber grosse Üppigkeiten und verdächtige Hurey getrieben». Unter Folter gestand sie unter anderem, ein achtjähriges Kind von einem Strassburger Metzger zu haben. Als die Examinatoren sie mit dem kleinen Stein nochmals aufziehen liessen, gab sie an: Baschi Iseli von Uttigen habe ihr das Kind seinerzeit am Diessbacher Fasnachts-Märit gemacht. Er sei mittellos und habe sie angestiftet, den Metzger (namens Hans) als Vater anzuzeigen. Dieses Kind war sehr wahrscheinlich die Trini. – 1660 wird sie als unverbesserliche Dirne hingerichtet.[1]
Zwei Jahre zuvor ist in Trachselwald Cathrin Fankhauser mit dem Schwert gerichtet worden. Sie war Ulrich Liechtis Weib aus dem Eggiwil, also Gallis Nachbarin drunten im Schachen. Von Jugend an sei sie eine Hure gewesen, in 14 Jahren habe sie 58 Ehebrüche begangen, ehe sie im Dorf Langnau ertappt wurde. Unter ihren Freiern nennt das Trachselwalder Turmbuch eine ganze Reihe alter Bekannter: Hans Wüthrich von Brandösch; Abraham Zürcher, den Altweibel vom Trub; den Bergmichel; den Signauer Schlossknecht und den Sohn von Alt-Vogt Marquart Zehender; Michel Pfäffli, des Signauer Weibels ledigen Sohn; Hans Huber, den alten und Hans Roth, den neuen Wirt von Signau; Michel Blaser vom Lehn bei Langnau, «so im 3. Ehebruch flüchtig»; Klaus Neuenschwander von der Böschmatt; Dysli Salzmann von Schlapbach; Salomon, den Schneider im Eggiwil ... und natürlich den Bienzenknecht.
Die im Eggiwil verbreitete Täuferei ist der Oberkeit noch lange Zeit ein Dorn im Auge. Als sich im Oktober 1709 eine Schar Täuferjäger im Pfarr-

---

1 vgl. S. 741

haus zur Jegi bereitmacht, finden sich die Einheimischen gar zum Widerstand zusammen: Etwa zwanzig Männer mit Gewehren und Hunden stellen sich drohend vor das Pfarrhaus, einer feuert sogar einen Schuss durch das Fenster ab – die Profosen ziehen sich erschrocken zurück.

Obwohl die Gnädigen Herren die hohe Belohnung von 50 Talern aussetzen, wird der Schütze nie erwischt.

Über die Eggiwiler *Familie Galli*, Uelis Kinder und Kindeskinder, lässt sich eines mit Bestimmtheit sagen: Sie hat sich rasch vergrössert.

Ueli Galli und seine Frau Barbli Neukomm hatten zusammen mindestens sechs Kinder: Barbli (*1612), Hans (*14), Peter (*16), eine jüngere Barbara (*?), einen jüngeren Hans (*?) und eine Margret (*?). Die Namensgleichheiten lassen darauf schliessen, dass die ersten beiden Kinder früh verstorben sind.

Der Sohn *Peter* ist 1652 als Lehenmüller zu Schüpbach genannt. Anfangs 1653 tritt er in der Signauer Kirche gleich dreimal als Taufpate auf. Offenbar hat er zu dieser Zeit den Giebel talabwärts verlassen und sich in seiner neuen Umgebung bereits gut eingelebt. Peters Frau heisst Verena Schenk und ist um ein Jahr jünger als er, zur Zeit des Bauernaufstandes 36jährig. Zur Familie gehören die Kinder Barbara (*1649), Anna (*50), Klaus (*55), Verena (*57), Maria (*59) und Margret (*60). Sehr wahrscheinlich sind da noch einige ältere Kinder, deren Namen verlorengegangen sind, weil in den Signauer Rodelbüchern vor 1648 eine grosse Lücke klafft.

Ueli Gallis zweiter Sohn *Hans* hat 1649 die junge Verena Hofer geheiratet. Anfangs hauste das junge Paar auf dem Giebel. Fünfzehn Jahre lang ist den Eintragungen der Kinder im Eggiwiler Taufrodel jeweils «Gibel» oder «uf dem Berg» beigefügt. Dann aber, 1666, ist die «Müli» als Wohnort genannt, von da an der Weiler Äschau auf halbem Weg zwischen Eggiwil und Signau. Warum die Familie den Giebel verlassen hat, ist nicht mehr sicher zu ergründen. Geschah ein Unglück? Oder war das Haus schlicht zu klein geworden?

Die Kinderschar war zur Zeit der Züglete nämlich schon sehr zahlreich: ein Vreneli (*1652, früh verstorben), ein Bärbeli (*53), ein Christen (unehelich; Mutter Anna Dällenbach, Hans Haldimanns Frau), ein Ueli (*55), ein Gretli und ein Georg (beide *59), eine Madlen (*61), die Zwillinge Vreni und Lisbeth (*62). Im Jahr 1664 schliesslich scheint der Hausfrieden ganz schief gegangen zu haben: Verena Hofer muss sich vor Chorgericht wegen Ehebruchs mit Christen Salzmann verantworten (der Knecht oder der Nachbar auf dem Berg, während Elsbeth Salzmann dem Hans Galli einen Sohn Peter gebiert. Ob wohl diese Geschichte etwas mit dem Wegzug der Gallis nach Äschau zu tun hatte?

Im neuen Heim setzt sich der Kindersegen munter fort: 1666 ein Margritli und ein (früh verstorbener) Hans, 69 nochmals ein Hans, 71 ein Änneli, 74 ein Christen, 76 ein Mathis und schliesslich 1681 noch ein Johanns.

Ab 1676 bringen Hans Galli in Äschau und seine Frau Anna Äschlimann Kinder zur Taufe: 76 ein Barbli, 78 Verena, 80 Anna, 83 Christen, 85 Magdalena, 88 Elisabeth, 90 Elsbeth, 92 Margreth, 95 Cathryn. Wahrscheinlich handelt es sich bei diesem Hans Galli um einen Enkel aus Peters Linie.

Ueli, Hansens Sohn von Äschau (*1655) heiratet 1672 Barbli Däntzler, sechs Jahre später in zweiter Ehe Madlen Otzenberger und bringt zur Taufe: 1679 einen Hans, 81 eine Barbara, 82 noch eine Barbara, 86 Mathys, 89 noch einen Mathys, 91 Ueli, später noch Michel und Niklaus.

Sein jüngerer Bruder Georg (*59) ehelicht 1680 Anna Jost, die ihm eine Verena gebiert.

Der Enkel Klaus (Peters Sohn, *1655) ist wohl der bekannte Schalk aus den Eggiwiler Gerichtsmanualen. Im Alter von 26 Jahren heiratet er Christina Salzmann, fünf Jahre darauf in zweiter Ehe Elsbeth Dällenbach. Von Kindern ist hier in den Rodelbüchern nichts zu finden, wobei gleich einzuschränken ist, dass auswärtige Taufen von Eggiwiler oder Signauer Gemeindeangehörigen zu dieser Zeit in den Heimatgemeinden nicht notiert worden sind.

Die Familie von Stammvater Ueli Galli ist um 1700 derart angewachsen, dass sich ein zuverlässiger Stammbaum angesichts der vielen Namensgleichheiten und der örtlichen Streuung nicht mehr nachzeichnen lässt. Die Enkel und Urenkel leben nun bereits in Äschau, am Berg im Eggiwil, im Lugibachgraben, Heidbühl, Luchsmatt, Räbersberg, im Schachen und auswärts in Langnau.

Das Stammhaus der Gallis, der Giebel, wurde im Jahr 1698 neu aufgebaut oder zumindest gründlich renoviert. Diese Jahrzahl steht über dem Türbogen, mit dem Spruch: «Viel Glück und Weil allen die da durch wandlen». Seither blieb das prächtige Haus auf dem Eggiwiler Sonnseitenberg in seiner Substanz erhalten.

Zu Beginn des 18. Jahrhunderts taucht der Name Galli wieder «am Berg» auf: Die Schwestern Anna und Barbara, sowie Christen Galli hausen dort. Dieser Christen Galli hat drei Töchter, Anna (*1714), Barbara (*18) und Katharina (*21). Anna heiratet 1733 den Michel Ermel von Hinten, Barbara den Niklaus Ramseyer von Dieboldswil.

Als 1785 der erste vollständige Gemeinderodel mit einer Zählung aller Einwohner im Eggiwil aufgenommen wird, haust auf dem Giebel der 40jährige Christen Ermel mit seiner Frau und der Tochter Anna. Er ist der Sohn des längst verstorbenen Michel Ermel und der Anna Galli, die später als

Witwe nochmals geheiratet hat (Jacob Stettler). So wird der Giebel durch normalen Erbgang von der Familie Galli an ihn übergegangen sein.

«Auf dem oberen Berg» wohnt zu dieser Zeit (1785) der greise Alt-Kilchmeier und Witwer Niklaus Ramseyer zusammen mit der Familie seines Sohnes Hans. Es dürfte sich um das ehemalige ‹obere Haus› der Familie Galli handeln, über welches 135 Jahre zuvor schon Stammvater Ueli anlässlich der Hochzeit seines jüngeren Sohnes verfügte.

Im 19. Jahrhundert geht der Giebel an die Familie Haldemann über, die noch heute dort bauert. Die Erinnerung reicht noch zum sagenhaften Giebel-Lisi zurück, einer Säuferin, die das Simeli, einen angrenzenden Plätz auf dem Talboden, der früher zum Giebel-Land gehörte, für Schnaps an den Stöckler verkauft habe.

Der Käufer war «dr alt Stöckler», Samuel Stettler-Galli. Er war vor hundert Jahren der unbestrittene Dorfkönig im Eggiwil. Er liess den ‹Bären› erbauen, trat als Geldverleiher auf, schier das ganze Eggiwil gehörte ihm. Einmal, als er den ‹Löwen› erwarb (um ihn am nächsten Tag wieder zu verkaufen), soll ihm eine Nacht über das ganze Dorf gehört haben. – Über den alten Stöckler gehen viele Sagen um. Wie er die armen Leute für sich habe im Wald arbeiten lassen und sie mit Härdöpfeler (Schnaps) bezahlt habe, wie er dann ihr Trinkerelend ausgenutzt habe, ist die schlimmste davon. Von entscheidender Bedeutung für die Zukunft soll die Weigerung des alten Stöcklers gewesen sein, die Eisenbahn ins Tal von Eggiwil zu lassen: An einer Stelle habe er die Ländereien über die ganze Breite des Tals besessen, von Hügel zu Hügel, und er habe sich strikt geweigert, auch nur einen Quadratmeter an die Eisenbahngesellschaft zu verkaufen. Darauf habe man die Linie von Thun aus stattdessen über Konolfingen und Zäziwil führen müssen. – Einmal sei der Stöckler mit einer jungen Eggiwiler Tochter nach Burgdorf z'Märit gefahren; sie sei schwanger von der Reise zurückgekommen. Vor Chorgericht habe der alte Stöckler nur gesagt: «In Ordnung. Wieviel kostet es?»

Seine Nachkommen sind bis heute im Dorf die Stöckler-Stettler genannt. Mancher aus dieser Familie Stettler-Galli hat es zu Reichtum und Ansehen gebracht: in unseren Tagen etwa Korpskommandant Stettler; das Teppichhaus Stettler in Bern; Professor Fischer von der ETH, der berühmte Konstrukteur im 2.Weltkrieg, hat Stöckler-Stettler-Vorfahren; in der Nähe von Edmonton in Kanada wurde gar eine Stadt ‹Stettler› gegründet.

Vor den Stöckler-Stettler waren es die Wüthrich-Hinteräschau und die Lugibach-Galli, welche das Leben der Gemeinde prägten. Der mächtigste «Gmeindspickel» aus der Wüthrich-Familie war der «Äschau-Üelk» (Ulrich Wüthrich), der ein gutes halbes Dutzend Heimet um den Weiler Äschau besessen habe, auch den Gasthof ‹Tanne›. Mit Pferdehandel sei er reich geworden. Von den Lugibach-Galli (mit grosser Wahrscheinlichkeit die

Das Eggiwil und das Galli-Blut

Nachkommen von Ueli Gallis Enkel gleichen Namens, der um 1700 in den Lugibachgraben zog) ist aus der ersten Hälfte dieses Jahrhunderts noch Vater Galli in lebhafter Erinnerung: er war ein wichtiger Eggiwiler, Synodalrat, eine «Gmüetsmore».

Das «Galli-Blut» hat im Eggiwil einen ganz eigenen Ruf, über den die Einheimischen einem Fremden gegenüber nur zögernd sprechen: es mache räss, ehrgeizig, etwas hochnäsig... für manche Unart muss das Galli-Blut hinhalten, und in gar vielen Eggiwiler Adern fliesst schliesslich dieses Galli-Blut. In Signau bekam ich über die Gallis kurz und schnurz zu hören: sie seien «schwarzes Volk», gedrungen, leicht vornüber geneigt; wenn man einen kenne, kenne man alle. In der Böschmatt sei vor ein paar Jahren der letzte gestorben (der besagte Stamm reicht auf Hans Galli zurück, *1705 im Eggiwil, †1765 in der Böschmatt bei Signau).

Die Eggiwiler erinnerten sich kaum noch an ihren Bauernkriegsführer, an die historische erste Versammlung auf dem Giebel, bis der Dorflehrer Walter Steiner in den vierziger Jahren ‹Der grosse Schweizerische Bauernkrieg› von Hans Mühlestein las, das Buch, das Ueli Gallis Anteil am Aufstand zum ersten Mal richtig würdigte. Weil Lehrer Steiner ein geschichtlich sehr interessierter Mann war, begann er in den Archiven dem Leben Ueli Gallis nachzuspüren, wurde vielfach fündig und baute die Geschichte dieses bedeutenden Dorfgenossen bald sehr geschickt in seinen Unterricht ein. Heute weiss dank Lehrer Steiner wohl jeder Eggiwiler über Ueli Galli und das Jahr 1653 Bescheid, besser als alle Maturanden in der Stadt. Wenn von diesen Erzählungen in der Schule in manchen Köpfen die Stelle hängen bleibt: Ueli Galli habe nach der Eroberung der Stadt Bern die Herren niedermachen und selbst Säckelmeister werden wollen, wenn ihm eigennützige Geldgier als Motiv für sein Handeln unterschoben wird, ist dies gewiss falsch und bedauerlich. So büsst der doch so schwer gestrafte Ueli Galli noch nach Generationen für den Ruf der Dorfkönige des 19. Jahrhunderts, für deren «Galli-Blut». Dabei hätte er ein ebensolches Andenken im Emmental verdient wie der unvergessene Leuenberger.

In meiner persönlichen Wertschätzung – das konnte und wollte ich nicht verbergen – stehen die Taten Ueli Gallis weit höher als diejenigen Niklaus Leuenbergers, von Kreaturen wie Sigmund von Erlach oder den Werdmüllers ganz zu schweigen.

Gewiss: Der Obmann im roten Mantel, seine edlen Zweifel und sein schauerliches Ende laden zu einer Dramatisierung geradezu ein. Ihm gegenüber der gute Herr Imhof, in den Rollen der Bösewichte die rässen Vögte und die unversöhnlichen Richter auf gleicher Stufe wie die namenlosen Hitzköpfe, die den tragischen Helden in die Rebellion getrieben haben.

– Solche Theaterstücke und historischen Romane rühren zu Hauf die Volksseele, geniessen das Wohlwollen aller. Mir stossen sie schlecht auf.

Für mich sind die tapferen alten Männer Galli und Küpfer, die den Bund der Landleute aufbauten und bis zum bitteren Ende ohne Wenn und Aber verteidigten, ohne dabei persönlich glanzvoll hervorzutreten, grosse Emmentaler. Urdemokraten, mutig und klug im Widerstand gegen die Feudalherren ihrer Zeit.

Hätten sie ihrem Schiff bloss nicht diese Galionsfigur Leuenberger vorangestellt! Bloss . . . wäre die Bewegung auch ohne Leuenbergers Charisma so mächtig angewachsen? Oder wäre sie ohne ihn wie ein Floss ohne Segel vom Sturm der obrigkeitlichen Gewalt hinweggefegt und für immer vergessen worden? – Die Suche nach politischen Fehlern, nach dem Wendepunkt von der anfänglichen Euphorie zum tragischen Untergang dieser bedeutendsten demokratischen Bewegung der Schweizer Geschichte, sei den interessierten Leserinnen und Lesern überlassen. So einfach ist das nicht. Bootsbau will gelernt sein, und das Meer ist endlos für die, die etwas ändern möchten.

Steiner, 28 – Tauf- und Eherodel der Gemeinden Signau und Eggiwil – Gemeinde-Rodel Eggiwil 1785/86 – Walter Steiner in ‹Alpenhorn› Nr.30, 236f. – Chronik Schenk – Turmbuch Trachselwald 1645 – Ämterbuch Signau 1660,1675 – Walter Steiner (Emmenmatt) mündlich – Fritz Haldemann (Giebel, Eggiwil) mündlich – Theo Keller (Hindten) mündlich – Sigfrit Gerber (Signau) mündlich

Der Giebel und das Eggiwil

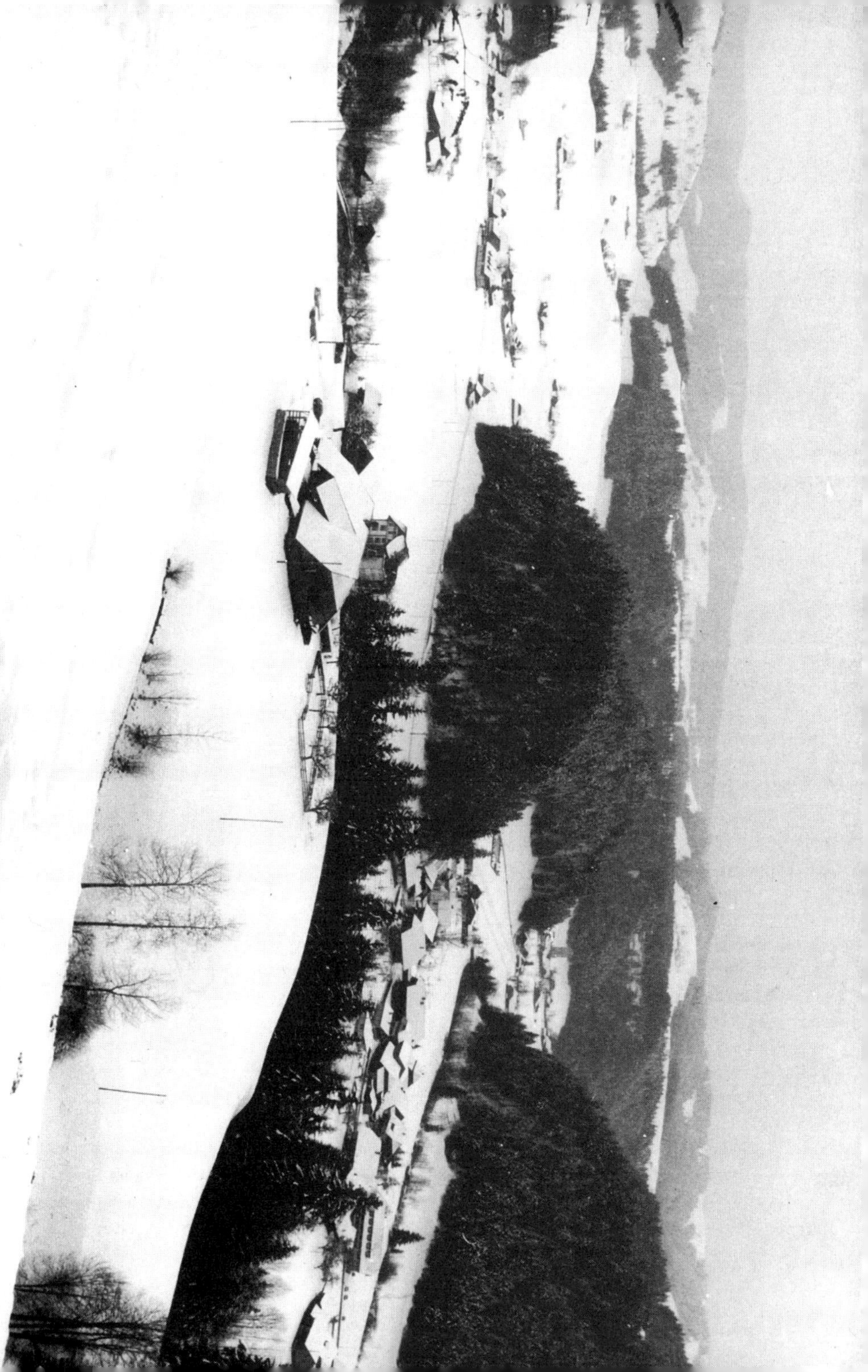

Namensregister

Abt von St.Gallen *383*
Achermann Hans, Weibel Schüpfheim *593, 664*
Aeberhardt Niklaus, Utzenstorf *658*
Aebi Daniel, Wallachern Seeberg *658*
Aebi, Heimiswil *427*
Affolter Bendicht, Koppigen *658*
Affolter Durs, Leuzigen *351f., 657*
Affolter Hans, Müller Koppigen *368, 689*
Ägerter Bernhart, Täufer Eggiwil *10*
Ägerter Bernhart, Schweissberg Eggiwil *76f., 95*
Ägerter Madlen, Eggiwil *10*
Ägerter Uelis Kind, Eggiwil *53*
Alber, Predikant Biglen *150, 162, 717*
Allemann Ruedi, Bäcker Wiedlisbach *690*
Althan, österreichische Reisende *412, 429*
Ammann von Alchenflüh *602*
Ammann von Bolligen *464*
Ammann Kaspar, Taglöhner Wynau *690*
Amport Abraham, des Kleinen Rates Bern *676, 719*
Amrein Hans, Holdern *438, 573, 613*
Amrhyn Ludwig, Landvogt Entlebuch *190, 302, 660, 671*
Amstein Hans Ulrich, Sternenwirt Willisau *255, 359, 381, 383, 573, 613*
Amstalden Peter, Escholzmatt *82, 84, 190*
Amstutz Christen, des Weibels Vögtling Sigriswil *739*
Amstutz Peter, Weibel Sigriswil *115, 118, 120, 146-148, 385*
Anderegg, Bauer Hettiswil *419*
Antenen Hans, Herbligen *368, 658*
Appenzeller, Weibel Rohrbach *272*
Arnold Anton, Landammann Uri *613*
von Arx Jakob, Niederbuchsiten *601*
Äschbacher Andreas, Maurermeister *75*

Äschbacher Hans, im Württembergischen *719*
Äschbacher Jakob, Bader und Weber Lützelflüh *688*
Äschlimann Hans, Langnau *458*
Äschlimann Michel (Bergmichel), Hinter-Erlenbach Signau *271f., 310, 314, 341, 360, 364, 367, 373, 450, 478f., 500, 517f., 526f., 579, 582, 627, 642f., 649, 679, 688, 694, 741, 747*
seine Frau *694*
sein Vater Kaspar, Blasen *658*
Äschlimann Bendicht, Worb *72*
Augsburger Christen, Salpetergraber Langnau *262, 347, 450, 483, 690*
sein Bruder Jost, Salpetermacher *262*

Bachmann Hans *642*
Bachmann Niklaus, Schultheiss Thun *100f., 107-110, 113, 117, 146, 188*
Bachmann Ueli, Brenzikofen *368*
Badertscher Anna, Eggiwil *143*
Balsiger, Belp *195*
Balzli, Wengen *205*
de la Barde Jean, franz. Botschafter Solothurn *370, 387f., 409, 413-415, 435, 581f., 609f., 613, 643f., 680, 705*
sein Sekretär Michel Baron *386, 389, 413f., 579, 680*
sein Sekretär de Brillac *610*
sein Sekretär Philippe Vigier *387, 610*
sein Diener *368*
Barthlome Margrit, Reigoldswil *356*
Bassler, Untervogt Gontenschwil *602*
Bauen Hans, Alt-Landschreiber Schwarzenburg *482, 496, 658*
Baumgarten Fridli & Ueli, Langnau *52*
Baumgartner Georg, Wirt Oensingen *351, 358*
Baumgartner Peter, Hälig Trub *186, 368*

Namensregister

Baumgartner Ueli, in franz. Diensten *747*
Beck Ruedi, Rohrbach *368*
Bellmont Martin, Landammann Schwyz *281, 284, 465*
Berchtold Michel, Nachrichter Bern *620, 623, 652, 657, 676, 681f., 688, 696, 736f.*
   seine Witwe *736*
   sein Knecht, der Pfätzer *623, 652, 682*
Berger Hans, Statthalter Oberlangenegg *205, 277, 297, 303f., 314, 367, 373, 434, 436, 450, 459, 464, 477-480, 492, 518, 526, 529, 559, 571, 575, 579, 586, 627, 629, 642-644, 649, 655, 678f., 688f.*
Berger Ueli, Weibel Signau *646, 672f., 685, 694f., 717*
Berger, Unterlangenegg *106*
Berner Rudolf, Metzger Zürich *386f.*
Bertschi Christen, Schulmeister Eggiwil *60*
Bertschi Hans, Eggiwil *746*
Bertschi Peter & Ueli, Eggiwil *746*
Bertschi, Glashütte Eggiwil *476, 582*
Bienz Klaus (Bienzenknecht), Eggiwil *746f.*
Bienz Peter, Rein Eggiwil *746*
   seine Töchter *746*
Bienz Ueli, Eggiwil *412*
Bieri Hans, Baumen Nesselgraben *367, 369, 576f., 580*
Binder Niklaus, Landessiegler Escholzmatt *190f., 209, 214, 239, 338, 353, 364, 367, 369, 386, 395, 427, 430, 447, 502, 520, 523, 552f., 572, 581, 600, 614*
Binggeli Christen, Landesvenner Lanzenhäusern *595*
Bircher Franz, Metzgermeister Luzern *224, 640, 698*
   seine Tochter Anna *403f., 640, 698*
Bircher Jakob, Lutherntal *250*
Bircher Nikolaus, Kleinrat Luzern *445, 698f.*
   sein Bruder Jost, Schultheiss Luzern *698*
Bischof von Basel *318*
Bislig Melchior, Pfarrer Entlebuch *234, 455, 660, 664*
Bislig Stephan, Ruswil *373*
Dr. Bissling Jakob, Leutpriester Luzern *572, 660, 671*
Blaser Christen, Fuhrmann Trubschachen *235, 262, 566, 598*
Blaser Hans, Heidbühl Trubertal *186*
Blaser Hans, Lehn ob Trub *341, 367*
   sein Sohn Michel *747*
Blaser Hans, Langnau *367*
Blaser Jakob, Eggiwil *746*
Blaser Willi, Schweikhaus *360*
Blättler Hans, Hergiswil NW *466-468*
Blau Friedrich, Schultheiss Huttwil *253, 323, 386, 689, 687, 692*
   seine Frau *323*
Blauner, Predikant Stettlen *736*
Blum Hans, Kilchmeier Trub *469*
Bögli Galli, Loch Seeberg *368*
Bögli Hans, Ammann Vechigen *493*
Bohnenblust Ueli, Aarburg *312f., 658*
Boller Hans, Horgerberg *585, 591*
von Bonstetten Karl, des Kleinen Rats Bern *261, 475*
Bösiger Hans, Wirt Gondiswil *670f., 675, 685*
Bösiger, Berner Soldat *609*
Bowe Isaak, Bretzwil *331f., 361, 383, 386, 401, 491f., 574, 692*
   sein Bruder Werli *464*
Bracher Jakob, Burgdorf *411*
Brechbühler Ueli, Kilchmeier Nyffel Huttwil *235, 569*
Brenner Hans Konrad, Notar/Bundesschreiber Münsingen *304, 310, 386f., 395, 397, 409, 422-426, 443, 478, 492f., 498, 517, 526f., 582, 620, 643, 647, 649, 657, 674, 676f., 679-682*
Brönnimann Bendicht, Wirt Kiesen *458*
Brönnimann Hans, Oberbalm *495*
Brun, Landessiegler im Entlebuch *74-77*

von Bubenberg Adrian, Schlossherr
    Spiez *19*
Buch Jost, Kulm *690*
Bucher Fridli, Steinern Ufhusen *255,
    341, 350, 367, 372f., 402, 467f., 480,
    555, 573f., 608, 615–619, 639, 701f.*
    seine Frau Maria Felber *615–617,
    702*
    seine Kinder *617*
    sein Bruder Sebastian *616*
Bucher Niklaus, Attiswil *367*
Bucher Hans Jakob, des Kleinen Rats
    Bern *323, 559f.*
Bucher, Landammann Nidwalden *448*
Bucher, Untervogt Niederweiningen
    502
    sein Sohn Hans *502*
Büchler, Untervogt von Lenzburg *118*
Buchser Jakob, Wirt Bätterkinden *657*
Bühler Hans, Madiswil *368*
Bühler Hans, Sigriswil *385, 425, 586,
    688*
Bülich Hans Ulrich, Pfarrer Othmar-
    singen *531*
Bur Hans, Busswil *368*
Burckhardt Jacob, Professor Basel *634*
Burckhardt Hans Rudolf, Basel *130*
Burckhardt, Hauptmann Basel *317, 574*
Burgdorfer Samuel, Wirt Eggiwil *93,
    133, 139, 720, 746*
Burgener Hildebrand, Wuhr Grindel-
    wald *473*
Bürgi, Pfarrer von Doppleschwand *635*
Burkhalter Kaspar, Schmied Trachsel-
    wald *470*
Bürki Hans, im Winkel Langnau *186,
    314, 328, 330, 450, 476, 483, 493, 559,
    611, 627, 671, 674, 679–681*
    sein Vater Daniel, im Winkel *120,
    186, 330, 458, 571, 611, 657*
Buser Joggi, Sonnenwirt Buckten *521*
Bütler Jakob, Bauer im Emmental *135*
Büttel Sebastian, Pfarrer von Root *474*

Caraffa Carlo, päpstlicher Nuntius
    Luzern *431, 445, 466, 555*

Casati Francesco, Graf/spanischer
    Botschafter *416*
Ceberg Paul, Schreiber Schwyz *509*
Charles, König von England *94, 374*
Christen Andres, Sattler Herzogen-
    buchsee *568*
Christen Niggli, Bucholterberg *44*
Christen Peter, Wirt Diessbach *107*
Christen Polei, Hasle Eb. *691*
Christine, Königin von Schweden *385*
Cloos Hans Christoph, Kleinrat Luzern
    601
Cromwell Oliver, England *94, 179,
    373f.*
Cysat Ludwig, Schreiber und Chronist
    Luzern *225*

Dahinden Ueli (Hinterüeltsch/Tell),
    Hasle Eb. *193, 197, 367, 600,
    661–664, 666–669*
Dällenbach Anna *748*
Dällenbach Bendicht, Signau *367*
Dällenbach Christen, Otterbach *367,
    631*
Dangel Hans, Pfarrer von Marbach *635*
Däntzler Hans, Eggiwil *747*
Däppen Simon, Wichtrach *458*
Daxelhofer Niklaus, Schultheiss Bern
    *111, 112(B), 116, 119f., 125, 154, 171,
    186, 261–263, 282, 315, 366, 411, 448,
    462, 475–477, 480, 495, 541, 603, 713,
    733*
    sein Sohn Vinzenz, Landvogt Lands-
    hut *341, 346, 400*
Dekan von Schüpfen *653*
Descartes René, franz. Philosoph *67,
    385*
Dettwyler Isaak, Glaser Langenbruck
    551
Diener Hans, Nebikon *402, 608*
von Diesbach Christoffel, Schlossherr
    Diessbach *107f.*
von Diesbach Hans Rudolf, Festungs-
    kommandant Burgdorf *219, 470, 558,
    602*

Namensregister

von Diesbach Jost, bernischer Oberst in der Waadt *434, 494, 596*
von Diesbach Niklaus, Schultheiss Bern *18*
von Diesbach Petermann *185*
Diezi Ulrich, Statthalter Appenzell-Ausserrhoden *311*
Dingnauer Samuel, Bern *247*
Dinkelmann Urs, Hellsau *658, 689*
Dolder Peter, Schangnau *368*
Dominicus, Kapuzinerpater Luzern *257*
Dubach Niklaus, Lützelflüh *314, 576f., 672*
Dübelbeiss Hans Jakob, Wundarzt/Kastlan Wimmis *279, 397*
Dulliker Ulrich, Schultheiss Luzern *190, 209, 211, 214f., 238(B), 244, 284, 316, 357, 379f., 392, 398, 402f., 417, 431, 447f., 509, 572, 628, 633, 641, 659-671, 698, 710*
Duner Hansens Witwe, Eggiwil *53*
Dürheim Johann Jakob, Landvogt Laupen *485, 494, 496*

Eckenstein, Vogt Farnsburg *344, 549f.*
Edmund, Abt von St.Urban *250, 684*
Eggimann Isaak, Sumiswald *314, 594*
Egli Peter, Ammann Krauchthal *458, 575, 687*
sein Sohn, der Weibel *458, 687*
Eichenberger Christen, Langnau *300, 314, 686*
Eichenberger Christian, Sumiswald *120*
Ellenberger Peter, Schulmeister Rüderswil *409, 518, 527f., 579, 587, 690*
Ellenberger Res, Walkringen *368*
Emmenegger Hans, Landeshauptmann Schüpfheim *84, 176, 181, 182(B), 190-192, 197, 200, 209, 214, 218, 226, 230-233, 258, 268, 293, 332, 334f., 338, 358, 369, 373, 376, 386, 390, 394f., 448, 453, 455, 466, 468, 470, 476, 480, 489, 491, 502f., 509f., 520, 552f., 562, 572f., 580, 630, 632f., 639, 680*
seine Frau *181*

sein Sohn Melchior *214, 725*
Emmenegger, Weibel Hasle Eb. *334, 691*
Engel Christen, Heidbühl Eggiwil *746*
Erhardt Peter, Steffisburg *297, 314*
Erhart Ruff, Schulmeister Eriz *738-740*
von Erlach Franz Ludwig, Schultheiss Bern *149, 153*
von Erlach Hans Ludwig, Kriegsherr *73, 79*
von Erlach Rudolf, Salzdirektor Bern *56*
von Erlach Sigmund (Der Bauernschlächter), General Bern *73, 219, 239, 277, 282, 290, 291(B), 294, 298, 329, 360, 382, 385, 412f., 434, 438, 444, 501, 513f., 526, 540-544, 548, 551, 556-558, 560-570, 572, 580f., 586, 591f., 595, 598f., 602, 620, 687, 705-707, 709, 713, 740, 742, 751*
Ermel Michel, Giebel Eggiwil *749f.*
sein Sohn Christen *750*
Etter Hartmann, Hauptmann Bern *94*

Faesch Hans Rudolf, Bürgermeister Basel *166*
Fahrni Christen, Schangnau *368*
Fahrni Ueli, Eriz *368*
Falkner Johann Heinrich, Zeugherr Basel *311*
Fällimann Peter, Wittwil *367f.*
Fankhauser Peter, Müllersknecht Eggiwil *747*
Farnbühler Anton, Adlerwirt Willisau *281, 691*
Feer Johann Leopold, Landvogt Entlebuch *82f.*
Feldmann, Landeshauptmann Glarus *569*
Fellenberg Jacob, Landvogt Aarberg/Signau *419, 485, 738*
Ferdinand III., deutscher Kaiser *669*
Fiess Niklaus, Ammann Wichtrach *458f., 657*
Fischer Simon, Untervogt von Seengen *515*

Fischer Burkhard, Venner Bern *366*, *713*
von Fleckenstein Heinrich, Schultheiss Luzern *85, 225-227, 241(B), 244, 284, 333-335, 342, 574, 584, 618, 633, 698, 710*
Flückiger Josef, Niederhuttwil *350, 358, 367, 688*
Flückiger Joseph, Hutmacher Huttwil *569*
Flückiger Ueli, Bauer Flückigen Rohrbachgraben *598f.*
von Flüe Niklaus (Bruder Klaus), Eremit Ranft *199f., 213, 509, 546*
Flühmann Catrin, Hambüel Eggiwil *741, 747*
ihre Mutter Barbara *747*
Frank Ueli, Langnau *450, 618*
Freiburghaus Peter, Statthalter Neuenegg *485, 495, 595, 638*
Freiweibel von Lotzwil *671*
Frey Rudolf, Gontenschwil *367*
Frey Samuel, Schultheiss Lenzburg *658*
Freudenberger, Predikant Eriswil/Steffisburg *350, 724*
Frischherz Hans, Säckelmeister Bern *94*
Frisching Samuel, Venner/Schultheiss Bern *87, 160, 247, 251, 261, 277, 345, 366, 370f., 382, 414, 541, 576, 591, 598f., 674, 693f., 713, 715f., 742, 743(B)*
sein Vater *716*
sein Bruder, Landvogt Nidau *716*
Friedli Hans, Bollodingen *368*
Fuhrer Peter, Frutigen *586*
Furrer Peter, Thun *146f.*

Galilei Galileo, ital. Astronom *67, 73, 385*
Galli Gallus, Hofmeister Königsfelden *21*
Galli Hans, Kessler Bern *21*
Galli Jakob, Escholzmatt *187, 207*
Galli Peter, Bern *21*
Galli Stephan, im Entlebuch *184*

Galli Ueli, Giebel Eggiwil *12, 14f., 21, 30, 41f., 44, 52, 63, 66, 75, 89-92, 94f., 99-101, 103, 106, 111, 117, 120, 122, 124-126, 138f., 141, 143f., 169, 175f., 183-189, 202, 220, 227, 252, 261, 264, 271, 298, 303f., 310, 314, 329, 336, 341-343, 346, 352, 358-360, 364, 367, 369, 373, 387, 396f., 407, 413, 428, 434, 436f., 443, 450f., 453, 459f., 464, 478f., 492f., 499f., 517f., 526, 529, 559, 579, 582, 607, 620, 626f., 631, 642f., 645, 648f., 671-674, 676-682, 688, 695, 725, 746-752*
seine Mutter Madlen Zurfluh *12*
sein Vater Ueli, Eggiwil *9f., 21, 41*
seine Schwestern Barbara und Maria *13*
seine Frau Barbara Neukomm *30, 41, 44, 63f., 66, 126, 143, 185, 607, 679, 748*
sein Sohn Hans *44, 52, 64, 94, 143f., 150, 169, 626, 631, 637, 641, 648, 695, 697, 717, 748f.*
dessen Frau Verena Hofer *94f., 143f., 150, 185, 631, 748*
sein Sohn Peter *34, 55f., 64, 87f., 143f., 149, 626, 697, 717, 748*
dessen Frau Verena Schenk *94, 143, 149, 748*
seine Tochter Barbara, verh. Stauffer *44, 52, 64, 144, 150, 645, 748*
seine Tochter Margret, verh. Rettenmund *52, 64, 725, 748*
seine Enkelkinder und weiteren Nachkommen *95, 144, 149f., 631, 645, 746-750*
Gammeter Jaggi, Schmied Lützelflüh *627, 689*
sein Knecht *419*
Gasser Hans, Rütschelen *368*
Gassmann, Weibel Eich *574*
Gempeler Hans & Jakob, Frutigen *472*
Gemusaeus Jeremias, Kriegsrat Basel *574*
Gerber Christian, Weibel Langnau *111, 114, 118, 120*

Namensregister

Gerber Peter, Eggiwil *141*
Gerber Johann, Pfarrer Hasle Eb. *510, 635*
Gfeller Jost, Niederwil bei Wichtrach *458, 476*
Gfeller Niklaus, Schulmeister Lauperswil *368, 409, 492, 542, 582*
Gfeller Peter, Signau *646*
Gibelin, Kommandant von Olten *318, 520*
Glanzmann Lienhart, Wirt Ranflüh *181, 190f., 301, 303, 340, 342, 367, 373, 413, 464, 484, 500, 526, 559, 587, 606, 623f.*
  seine Frau *606*
Glanzmann Niklaus, Landeshauptmann Marbach *181, 198, 209, 211, 214, 226, 268, 275, 334, 395, 448, 502, 581, 593, 614, 663, 677, 682*
Glauser Hans, Jegenstorf *657*
Glutz, Rittmeister Solothurn *585f.*
Gonzenbach, Frau von St.Gallen *439f.*
Gosteli Marti, Ostermundigen *492*
Gotthelf Jeremias, Schriftsteller Lützelflüh *728, 735, 740*
Göüffi Bendicht, Biberen *485*
Gouverneur von Breisach *391*
Gouverneur von Brescia *698*
Gouverneur von Mailand *238, 432, 455*
Graber Melchior, Elmegg Huttwil *323, 657*
Graber Michel, Oberburg *368*
von Graffenried Anton II., Schultheiss Bern *115, 149, 153f., 261, 271, 289, 311, 339, 345, 366, 393(B), 475, 522, 595, 670, 681, 693, 713f., 716*
  sein Vater Anton, Schultheiss Bern *53, 154, 481(B)*
  seine Frau *157*
  seine Tochter Judith *157*
von Graffenried Christoph, Generalauditor Bern *170, 591, 598f., 611*
von Graviseth Jakob, Abgesandter Berns *524*
von Greyerz Hans Rudolf, Landesverwiesener *205*

Grieder Daniel, Herzogenbuchsee *568f.*
Grimm Christen, Säckelmeister Langnau *300, 314, 470*
Grimm Peter, Zimmermann Trachselwald *690*
Grimm Ueli, im Emmental *368*
Grimm, Hauptmann Solothurn *312*
Grob Max, Dachdecker *76*
Gross, gemeiner Burger Bern *507*
Gross Gabriel, Ratsschreiber Bern *693*
Grunacher Hans, Diessbach *367*
Grüssi Hans, Wirt Walkringen *368, 478f.*
Güdel Klaus, Ursenbach *368*
Güder, Predikant Steffisburg *104*
Gugger Hans, Utzenstorf *690*
Gugger Urs, Ratsherr Solothurn *325, 452*
Gurtner, Statthalter Kiesen *368*
Gustav Adolf, König von Schweden *78*
Gygli Daniel, Metzger Utzenstorf *558*
Gysin Heinrich, Schultheiss Liestal *288, 593*
  sein Sohn Hans, der Schuhmacher *551, 636*
Gysin Ueli, Amtspfleger Läufelfingen *361, 636*

Haas Anna, des Gerbers Frau Herzogenbuchsee *568*
Haas Ulrich, Säckelmeister aus dem Emmental *314, 594*
Häberli Josef, Jegenstorf *657*
Hafner, Staatsschreiber Solothurn *396, 452*
Hägeli, Kaufmann Thun *171*
Haldimann Barbara, vh. Hofer, Eggiwil *143f.*
Haldimann Christen, Eggiwil *144, 407*
Haldimann Hans, Eggiwil *144*
Haldimann Michel, Holzmatt Eggiwil *139, 143f., 184f., 407, 746*
Haldimann Ueli, Horben Eggiwil *407, 641, 646*

Hammerelse, Aarau 68
Hanhart Hans, Viehhändler Diessenhofen 454
Hans, Metzger aus Strassburg 747
Hartmann Hans, Wiedlisbach 690
Hartmann Jakob, Goldschmied/Landvogt im Entlebuch 86
  sein Bruder Ludwig, Stadtschreiber Luzern 293, 316, 462, 633
Hartmann, Predikant Signau 408, 559, 629, 717f., 738, 741
Haslibacher Hans, Täuferlehrer Sumiswald 11
Haueter Michel, Gohl 272, 658
Haupt Andres, Signau 310
Hebysen Jaggi, Neuenschwand 746
Heer Heinrich, Offizier Zürich 488
Heidegger, Eisenwarenhandlung Zürich 379
Heinrich Hans, Affoltern 368
Heinrich Jonas, Mann der Hebamme Herzogenbuchsee 568
Heiserlin Beringer, Junker Luzern 445, 639
Heller Hans, Trümmelbauer Daiwil 255, 284, 286, 367, 467, 573, 580, 661, 665, 673f., 691
Hemmann Jakob, Pfarrer Ammerswil 531, 533–535, 544, 546
Henri IV., König von Frankreich 44
Henri de Lorraine, Comte d'Harcourt 449, 457, 459, 462
Hermann Andres, Hauptmann Bern 500, 507
Herport Beat, Landvogt Signau 89, 92, 98, 100–109, 115, 125f., 149, 160
  sein Vater Beat, Landvogt Signau 42, 52, 89
  sein Sohn Albrecht, Reisender/Maler 714
Herzog vonEspernon 435
Herzog von Savoyen 704f.
Herzog Baschi, Langenthal 368
Herzog Bernhart, Langenthal 598f.
Hess Hans, Handwerker Brienz 690
Hess Hans, Brittnau 368

Hess Josef, Herzogenbuchsee 368
Hess Matthäus, Wiken Sumiswald 368
Hildbrand, Säckelmeister Boswil 406
Hilfiker Felix, Oberlenz 502
Hirschi Hans & Ueli, Spielleute Eggiwil 141
Hirsy Bendicht, Amt Schwarzenburg 384
Hirzel Salomon, Bürgermeister Zürich 116, 120
  sein Sohn Hans Caspar, Schreiber 121
  sein Sohn Salomon, Statthalter Zürich 233, 311, 321, 345, 349, 462, 537f., 544, 591
Hochstrasser Hans Jakob, Auenstein 430, 534
Hochuli Hans, Kommandant der Landleute vor Aarau 482, 487
Hodi, Wynigen 451
Hofer Peter, Eggiwil 144
Hofstetter Urs, Bolken 421
Hofstetter Hans, Weibel im Entlebuch 337, 665
Horn Gustav Karlsson, schwed. General 78
Howald Joseph, Lotzwil 690
Hubacher Niklaus, Ammann von Hettiswil 419, 575
Huber Hans, Wirt Signau 747
Huber Marx, Hauslehrer Schloss Aarwangen 439–441
Huber, Untervogt Kulm 602
Hügi, Metzger Zofingen 528
Hühnerkasper, Schmidigen 415
Humbert Gabriel, Balbierer Nyon 684
Hummel Hans Heinrich, Münsterpfarrer Bern 420, 434(B)f., 475, 653, 722
Hummel, Leutnant Bern 566
Hünibacherin, Hexe Thun 70
Hunziker Kaspar, Oberwynau 524, 658
Hurni Stoffel, im Entlebuch 661
Hürner, Predikant Herzogenbuchsee 364, 568
Hurter Jakob, Falkenwirt Aarburg 312f., 318

Huser Samuel, des Kleinen Rats Bern *323, 400, 462, 676, 741*

Imhof Abraham, Alt-Schultheiss Burgdorf *410, 432*
Imhof Christen, Steffisburg *297, 644*
Imhof Hans Georg, Althofmeister und Notar Aarau/Bern *261, 410, 420, 432f., 475, 521, 524, 535, 542f., 556, 560, 569f., 751*
Imhof Jakob, Steffisburg *367*
Imhof Michel, Weibel Steffisburg *118, 146–148, 297*
Imhof Hans Christoph, Schultheiss Liestal *288, 355, 392, 418, 574, 593f., 710*
Ingold Baschi, Herzogenbuchsee *569*
Iseli Baschi, Uttigen *747*
Iseli Bastian, Hasle im Emmental *120*
Iseli Christian, Jegenstorf *458*
Iseli Hans, Hirseck *658*
Ith Hans, Landvogt Signau *247, 716f., 740(B), 741*

Jaggi, Eggiwil *141*
Jäggi Albrecht, Leuzigen *658*
Jäggi Balthasar, Busswil *689*
Jäggi Stephan, Ammann Leuzigen *351, 658*
Jäggli, Staffelbach *690*
Jakob Peter, Schaffner Trub *261, 263, 314, 324, 327, 329f., 339, 341, 376, 448, 469, 579, 594*
Jauss Willi, Oensingen *471*
Jegerlehner Uelis Frau, Eggiwil *10, 73*
Jenatsch Jürg, Bündnerland *73*
Jenk Jakob, Niederbottigen *476*
Jenni Bernhart, Täufer Eggiwil *10*
Jenny Galli, Meyer von Langenbruck *551, 636*
Jolantha, Herzogin von Savoyen *19*
Josef, Schulmeister im Entlebuch *661*
Jost Johann, Bauer und Chronist Brechershäusern *557, 599*
Jost Ueli, Langnau *161*
Jost Ueli & Tochter, Eggiwil *746*

Jost, Teufelsbanner im Entlebuch *737*
Jutzeler Bendicht, Amt Schwarzenburg *384, 400, 458, 496*

Kachelhofer Hans, Wirt Melchnau *368, 671, 675, 684, 689*
sein Bruder Josef *671, 675, 684*
Kaderli, Weibel von Koppigen *471*
Kämpfer Joseph, aus dem kleinen Emmental *368*
von Känel, Alt-Landschreiber Aeschi *323*
Känzig Hans, Bürgermeister Wiedlisbach *350, 367, 412*
Karl, Herzog von Lothringen *691*
Karl der Kühne, Herzog von Burgund *18f.*
Kärr Ulrich, Ried Rüderswil *570, 657*
Käser Melchior, Wirt Huttwil *235, 606*
Käsermann Christen, Limpach *690*
Kaufmann Urs, Horriwil *416, 655*
Keller, Hauptmann Luzern *597, 665f., 691*
Keller Daniel, Ratsherr Bern *676*
Kepler Johannes, deutscher Astronom *385*
Kern Hans, Metzger Berlingen *454*
Kesselring Kilian, Kommandant im Thurgau *78*
Keusch, Alt-Säckelmeister Boswil *406*
Kilchenmann Daniel, Siegrist Herzogenbuchsee *568*
Kiener Peter, Wichtrach *368*
Klaus (Heuberger), Untervogt Safenwil *602*
Klein Kaspar, Olten
Knab Jost, Bischof von Lausanne *554*
Knecht Adrian, Bern *471*
Köchli Adam, Mühleberg *485*
Kohli, Schreiber Schwarzenburg *384*
Kolb Christian *652*
König Willi, Bauer Gommerkinden *368, 584*
Kopf Hans, Bleienbach *658*
Kraft Anton, Predikant Langnau *347, 458, 559, 674*

seine Frau *252*
Krähenbühl, Säckelmeister Wyttenbach *606*
Kramer Hans & Ueli, Sumiswald *368*
Kraut Jodok, Kaplan Grosswangen *562*
Kräyenbühl Hans, zur Schmitten Trub *186, 252, 499, 658*
Kräyenbühl Michel, Wirt Signau *60, 646*
  seine Frau *720f.*
  die Magd *721*
Krepsinger Melchior, Hauptmann Luzern *192, 214, 224f., 554, 710*
Krieg Ueli, Wichtrach *368*
Krummenacher Hans, Weibel/Meisterschwinger Entlebuch *200, 215, 249f., 255, 268, 573, 614, 639*
Krummenacher Hans (Der Fuchs), Weibel Schüpfheim *395, 402, 573, 593, 614, 662f., 665f., 668, 673, 691, 725f.*
  sein Sohn *661*
Kühni Hans, Langnau *251*
Kühni, Landweibel Emmental *127*
Kull, Untervogt von Niederlenz *382, 502*
Küng, Bauer Hettiswil *419*
Dr. Küng, Bern *507*
Küngeler Jost (Bachmann), Bucholterberg *642*
Künzi Peter, Wyl *368, 594*
Kuonen Peter, Frutigen *689*
Küpfer Daniel, Ammann Höchstetten/Pfaffenbach Langnau *75, 93, 111, 118, 185f., 303, 314, 360, 364, 367, 373, 413, 450, 459f., 464, 478f., 492, 499f., 513, 526f., 529, 542, 558f., 563f., 570, 579, 606, 623, 627, 643, 649, 652, 682, 752*
  seine erste Frau Madlen *186*
  seine zweite Frau Elsbeth Sigfried *186*
  sein Sohn Daniel *186, 623*
Küpfer Daniel, Bern *507*
Küpfer Kaspar, Lützelflüh *367*
Kupferschmid Ueli, Stauffen Röthenbach *88, 90, 407, 575, 595, 657*

Lack Hans Urs, Boningen *373, 601*
Lädermann Alexander, Lehenschmied Wiedlisbach *690*
Lädermann Heinrich, Schuhmacher Affoltern *690*
Landvogt von Bechburg *609*
Landvogt von Falkenstein *609*
Landvogt von Gösgen *317*
Landvogt von Oberhofen *472*
Langenegger Michel, Ey Langnau *186, 189, 329, 493*
Lauber Stefan, aus dem Entlebuch *673*
Ledermann, Schärer *470*
Lehmann Peter & Sohn, Chapf *272, 646*
Leibundgut Andres, Wauwil *350*
Leibundgut Damian, Melchnau *599*
Lentulus Caesar, Ratsherr Bern *486*
Leopold, Erzherzog in den Niederlanden *387*
Lerber Abraham, Chorgerichtsschreiber Bern *724*
Lerber Johann Ludwig, Vogt Lenzburg *121*
Lerber Samuel, Zeugherr Bern *126f., 242, 420, 570, 575f., 579, 582–584, 590, 596f., 611, 631, 642f., 676, 694*
Lerch, des Bärenwirts Stiefsohn Burgdorf *339*
Leu Hans, ab dem Berg bei Rohrbach *569*
Leu Hans Jakob, Generallieutenant Zürich *463, 511*
Leu Johann Melchior, Statthalter Stans *466–468, 503*
Leuenberger Alexander, Lauperswil *658*
Leuenberger Hans & Ulrich, Lindenholz *126*
Leuenberger Niklaus, Obmann des Bauernbundes Schönholz *127, 176f., 253, 272, 282, 299–301, 303, 314, 332, 344, 359, 364f., 367–374(B), 377, 379, 386–390, 395–397, 400, 409f., 412f., 415, 426–429, 432–437, 440f., 443, 450f., 453, 457, 459f., 464, 469f.,*

Namensregister

475-482, 484f., 487, 489f., 492-495, 497, 499f., 506f., 510, 513, 516-519, 526-528, 534-538, 542-544, 549, 552f., 556, 558, 561, 563-566, 576-579, 582f., 594f., 602, 603(B), 608, 615, 620, 622, 643, 649-652, 654, 677-679, 682, 701, 745, 751f.
  seine Frau *518, 577*
Leutpriester von Sursee *613*
Liechti Hans, Trub *252*
Liechti Hans, Farnegg Signau *407, 517*
Liechti Ueli, Schachen Eggiwil *31, 149, 717*
  seine Frau Kathrin Fankhauser *747*
Limacher Wilhelm, Entlebucher Landessiegler *665*
Lochmann Hans Heinz, Bergherr Zürich *462*
Löffel Bendicht, Worben *658*
Losenegger Noe, Landschreiber Signau *42, 104, 150, 408, 626, 695, 719*
Lötscher Stephan, Wirt Schüpfheim *193, 196f., 201, 226, 229, 268, 275f., 279, 334, 353, 363, 402f., 467, 552, 573, 597, 630, 639*
Louis XIII., König von Frankreich *92*
Louis XIV., König von Frankreich *92, 155, 178, 389, 413f., 435, 581, 711, 742*
von Loyola Ignaz *52*
Lüdi Hans, Sumiswald *576*
Luginbühl Hans, Eichen bei Münsingen *459, 526, 658*
Luginbühl Klaus, Oberhofen *368*
Luginbühl Michel, Bowil *479, 579, 607*
Lüscher Christoph, Seengen *113*
Lüscher Hans (Heysi), Untervogt von Schöftland *382, 502, 657*
Lüscher Samuel (Untervogt Schuler), Muhen *657*
Lüthard Christoph, Theologieprofessor Bern *337f., 343, 412, 420, 434(B)f., 475, 722f.*
Lüthard Melchior, Dekan Luzern/ Ruswil *230, 233, 333*
Lüthi Caspar, Schüpbach *407*
Lüthi Hans, Täufer Eggiwil *10*
Lüthi Jakob, Dieboldsbach *45*
Lüthi Urs, Kriegstetten *471*

Mader Hans, Weibel Neuenegg *432, 457*
Mann Daniel, Glaser Eggiwil *64, 75, 145*
Mann Klaus, Eggwil *599*
Marbacher Balthasar, Hammerschmied Olten *325*
Marbacher Jost, Hasle Eb. *660f., 674, 725*
Marti Jakob, Landammann Glarus *311, 345*
Marti, Pastor Herzogenbuchsee *568*
Marzoll Anton, Kupferschmied Luzern *573, 626, 639f.*
Masaniello, Neapel *93*
Matter Hans *739*
Matthey Johannes, Staatsschreiber Bern *527*
Matthys Christen, Wiedlisbach *690*
Maximilian, Erzherzog *18*
May von Rued Johann Rudolf, bernischer Oberst *256, 317, 319f., 524, 532, 556, 590, 594, 707*
May, Landvogt Wangen *256*
Mazarin Jules, franz. Kardinal *92, 155, 374*
Megert Balz, Aeschi *323*
Megert Hans, Münsingen *459, 492, 642, 690*
Mengis Balz, Nachrichter Luzern *615, 617*
Merian, Schlüsselwirt Liestal *418*
Metzger Gottfried, Predikant Stettlen *483, 723f.*
Meyer Adelrych, Steinen Signau *360*
  sein Sohn Hans *360, 517*
Meyer Leonhard, Säckelmeister Schaffhausen *311*
Meyer Lorenz, Statthalter Luzern *601*
Meyer Ludwig (deutscher Plato), Luzern *225f., 402*

sein Sohn Wilhelm, Probst Münster
  233, 275, 613
Meyer Wolfgang, Münsterpfarrer Basel
  449
Meyer, Korporal auf Schloss Trachselwald *579, 582*
Michel, Kommandant von Thun *114*
Minder Beat, Huttwil *126*
Minder Melchior, Säckelmeister Oberdorf Huttwil *564, 657*
Minger Hans, Weibel Mülchi *658*
Mohler Joggi, Dietgen *636*
von Montenach, Gesandter Freiburg
  256, 260, 275, 308
Moritz, Predikant Eggiwil *717*
Morlot Theodor, Oberst Bern *114, 261, 435, 475, 485, 494, 596, 611, 631*
Moser Albrecht, Postreiter *529*
Moser Andreas & Barbara, Signau *93*
Moser Andreas, Weibel Biglen *695*
Moser Andreas (Müliseiler), Viehdoktor Müliseilen/Sorbach *725, 731-740*
  seine Frau Catarina Künzi *725*
  sein Sohn Stephan *725*
Moser Andres, Ammann Zäziwil *368, 594*
Moser Christen, Weibel Langnau *182, 256, 469*
Moser Hans, Ammann von Dessigkofen *122, 459*
Moser Joseph & Frau, Herzogenbuchsee *568*
Moser Jost, Freiweibel Biglen *148(B), 594, 717*
  sein Vater Jost, Freiweibel Biglen *42, 148(B)*
Moser Melcher, Schuhmacher Huttwil *569*
Moser Niklaus, Moos bei Höchstetten *120*
Moser, Predikant Signau *717*
Mosimann Peter, Lauperswil *470*
Mosimann Ueli, im Amt Trachselwald *161*
Mülchi Durs, Arch *657*
Mülchi Hans, Statthalter Arch *658*

Müli-Ueli, Langnau *360*
Müller von Melchnau *451*
Müller Adam, Gundelingen *573, 630*
Müller Anton, Glasmalergeselle Bern *722*
Müller Balthasar, Landammann von Glarus *530*
Müller Christen, Säckelmeister Bucholterberg *658*
Müller Christoph, Predikant Höchstetten *264, 271*
Müller Hans, im Amt Lenzburg *113*
Müller Hans, Alp Reistegg *667*
Müller Hans Jakob, Schulmeister Schüpfheim *198, 201, 209, 215, 218, 226, 230, 232, 236f., 239, 249, 268, 293, 308, 334, 353, 358, 370, 386, 395, 447, 580, 600, 608, 691*
Müller Jakob, Rohrbach *368*
Müller Michael, Altbüron *619*
Müller Peter, Landvogt Schwarzenburg *384, 471f.*
Müller Peter, Röthenbach *541*
Müller, Hauptmann Bern *611, 631, 676, 720f.*
Munzinger, Kriegsrat Basel *574*
Murgenthaler Hans, Urwil *368*
Murpf Caspar, im Entlebuch *272*
Müsli Abraham, Schwendimatt Signau *329*

Nafzger Zacharias, Thun *529*
Nägeli Hans Franz, Schultheiss Bern *87*
Neuenschwander Klaus & Hans, Böschmatt Signau *310, 360, 747*
Neuenschwander Peter, Eggiwil *747*
Neuenschwander Ueli, Langnau *185*
Neuhaus Hans Ueli, Schwanden Rüderswil *272, 315, 344, 364f., 367, 369, 559, 579, 611*
Neuhaus Jaggi, Glashütte Eggiwil *144, 185, 685f.*
Neuhaus Michel, Eggiwil *582*
Neuhaus Ueli, Täufer *92*
Neukomm Christen, Zihlmatt Eggiwil *169*

Neukomm Hans Konrad, Oberst Schaffhausen *462, 569*
Neukomm Wolfgang, Schweissberg Eggiwil *95, 607*
 seine Frau Elsbeth Stauffer & Tochter Barbli *607*
Neukomm Samuel, Signau *310*
Niederhauser Christen, Kaufacker Eriswil *350, 368*
Noth, Statthalter Guggisberg *384*
Nöthiger Simon, Heimlicher Bern *247, 475, 676*
Nüsperli, Predikant Schangnau *185, 205, 216, 235*
Nydegger Christen, Elisried *278*
Nyffenegger Andres, Nyffenegg Huttwil *387, 671*
 sein Bruder Willi *323, 671*

Oberherr zu Wyl *733f.*
Oberschlag Michel, Schlossknecht Signau *717, 747*
Ochsen, Kommandant von Thun *114*
Dr. Oehen Johann, Luzern *626, 628, 710*
Oehm, weimarischer General *449*
Oppliger Peter, Farnbach *407*
Ostertag, luzernischer Landvogt *491*
Oswald, Ammann von Oberhofen *690*
Oxenstierna Axel, schwed. Graf *79*

Paracelsus, Alchemist *656*
Passavant Claudius, Basel *166*
Perret Stephan, Ratsherr Bern *676*
Perret Hipolyt, Wirt Bern *61*
Peter Peter, Eggiwil *75, 746*
 sein Sohn Ueli *746*
Peyer Hans Jakob, Sechser Willisau *230, 581*
Pfäffli Hans, Weibel Signau *220, 271, 407, 458, 517, 602, 658, 671, 679, 685*
 seine Frau *602*
 sein Sohn Michel *747*
 sein Bruder Niklaus *149, 162, 690*
Pfarrer von Escholzmatt *334*
 seine Schwester *597*
 die Magd *597*
Pfarrer von Hergiswil *281*
Pfyffer Caspar, Kleinrat Luzern *402f., 619, 625, 633, 660*
Pfyffer Christoph, Stadtvenner Luzern *706f.*
Pfyffer Jost, Landvogt Willisau *222, 293, 348, 403, 554, 659f.*
 sein Knecht *222*
Pfyffer Ludwig, Rittmeister/Schlossherr Wikon *218, 225, 489, 614, 664-666, 668*
Piccolomini, Fürst *691*
Placidus, Kapuzinerpater Luzern *243,*
Portmann Niklaus, Entlebucher Landesfähnrich *236, 239, 334, 580f., 593, 663*
Predikant von Entfelden *612*
Predikant von Lützelflüh *685*
Predikant von Mett *722*
Predikant von Murten *494*
Predikant von Niederweiningen *501*
Predikant von Reichenbach *472*
Predikant von Röthenbach *559, 606, 629, 695*
Predikant von Rüti bei Büren *658*
Probstatt Niklaus, Goldschmied Luzern *626, 630*
Probstatt Wilhelm, Kürschner Luzern *639f., 698*

Räber Vater & Sohn, Eggiwil *141*
Ragaz, Statthalter Niedersimmental *101*
Ramseier Bendicht, Schweikhus *407*
Ramseyer Hans, Buchsistocken Signau *376*
Ramseyer Niklaus & Hans, Berg Eggiwil *749f.*
Rast Hans, Hochdorf *621*
Räss Hans, Schuldbote Signau *741*
Ratzenhofer, Landvogt Entlebuch *86*
Rauber Hans Jakob, Weibel Egerkingen *601*
Reber Franz, Lyon *204*
Reding Hans Rudolf, Landammann Schwyz *503, 613*

Reinhard Hans, Weibel Eriswil *340, 350*
Reinle Stephan, Untervogt Aarburg
  312f., 487, 544-546, 575, 656
Renggli Hans, Entlebuch *593*
Rettenmund Hans (Müllerhansli),
  Otterbach *90f., 99-101, 103, 106,
  109, 115, 118, 120, 185, 631*
Rettenmund Hans, Müller Moos Höchstetten *725*
Reynold Jean, Oberst Freiburg *557,
  575, 588, 596*
Rhagor Daniel, Bern *25f.*
Rieser Hans, Oberried bei Brienz *368,
  473, 594, 629, 646*
Rieser Klaus, aus dem kleinen Emmental *368*
Rieter Jakob, Grossweibel Frutigen
  472, 658
Richelieu, franz. Herzog/Kardinal *92*
Rinschler Ueli, Entfelden *690*
von Rohr Urs (Der Schwarze), Kestenholz *351, 362*
Rohrer Durs, Bauer *737*
von Roll Carl Emanuel, Pannerherr Uri
  504, 572
Rölli Dionys, Ludligen Pfaffnau *684f.*
Roos, Statthalter Entlebuch *82*
Roth Hans, Niederbipp *367*
Roth Hans, Schüpfheim *381, 383*
Roth Hans, Wirt Signau *747*
Roth Hans Bernhard, Reigoldswil *355,
  544, 574, 692*
Roth Urs, Thörigen *368*
Rothenbühler Christen, Trachselwald
  368
Röthlisberger Christian, Neuenschwand *141*
Röthlisberger Klaus, Fuhrmann
  Kröschenbrunnen *235, 262*
Rubi Kaspar, Aeschi *323*
Ruch Daniel, Waldhaus Lützelflüh *365,
  367, 369, 484, 492, 579, 689*
Ruch Daniel, Reinsberg Signau *407*
Ruch Hans, Egg *407, 646*
Ruch Oswald, Lützelflüh *367*
Rüefflin Niklaus, Lengnau *690*

Rüegsegger Hans, Weibel Niederey
  Röthenbach *90, 93f., 99-105, 118,
  149f., 169, 185, 297, 298, 314, 341,
  352, 359, 364, 367, 370, 373, 407, 437,
  450, 453, 459, 464, 478, 541, 558f.,
  564, 570f., 582, 606f., 620, 629, 670,
  674, 677, 695, 717, 725*
  seine Frau Margret Siegenthaler *64,
  90f., 297, 631*
  seine Kinder Anna, Elsbeth & Ueli
  90, 150, 631
Rüfenacht Hans, Lehrer Homberg *586,
  611, 690*
Rüfenacht Niklaus, Münsingen *611*
Rümmeli, Hauptmann Bern *379, 389*
Rüttimann Melchior, Tuchhändler
  Luzern *626, 699*
Rych Hans, Schüpfheim *661, 666*
Ryf Christen, Oberbipp *367*
Ryser Alexander, Säckelmeister im
  Adelboden *126f., 372, 576f.*
Ryser Peter, Sumiswald *350, 368*

Sager Heinrich, Luzern *398*
Sägisser Emanuel, Schulmeister
  Aarwangen *368, 439, 558, 598*
Sägisser Hans Jakob, Aarwangen *368,
  372*
Salomon, Schneider Eggiwil *747*
Salzausmesser von Goldbach *736*
Salzmann Christen & Elsbeth, Berg
  Eggiwil *748*
Salzmann Erhard, Weibel Frutigen *472,
  658*
Salzmann Katharina, Eggiwil *73*
Salzmann Matthias, Schlapbach *53,
  360, 518, 747*
Salzmann Peter, Zimmerzei Eggiwil
  141, 407, 518

Schad Ueli, Weber Oberdorf *177, 332,
  354, 361, 369, 383f., 386, 418, 464,
  492, 636*
Schaffner Daniel, Predikant Eggiwil
  *94f., 137-139, 142, 144, 227, 559, 607,
  641, 645, 717, 720-724*

seine Frau Susanna Spengler *720, 722f.*
sein Bruder, der Kupferschmied *721*
seine Tochter Susi *95, 138, 607, 722f.*
Schaller Jacob, Trommelschläger Thun *108*
Schäli Hans, Untervogt Entfelden *612*
Schäli Jakob, Bätterkinden *657*
Schär Hans, Affoltern *314*
Schenk Andreas, Senggen Eggiwil *646*
Schenk Bendicht, Eggiwil *746*
Schenk Hans, Eggiwil *75, 141*
Schenk Ueli, Kilchmeier Niederey Röthenbach *407*
Schibi Christen, Escholzmatt *22, 176, 184, 206(B)f., 230, 273, 276, 284, 286, 364, 436, 440f., 466, 468, 470, 476, 480, 489, 491, 510, 520, 534f., 539, 544, 548, 553–556, 562, 574, 581, 597, 602, 608, 619*
seine Mutter, geb. Galli *184, 207*
sein Vater Christen *22, 72, 207*
seine Schwester Margreth *207f.*
seine Frau Maria Studer *207f., 619*
seine Tochter Margaretha *207f.*
sein Sohn Christen *619*
Schibli Joggi, Zimmermeister im Wehntal *502*
Schiess, Hauptmann Appenzell *569*
Schilling Andres, Oberhofen *472, 594*
Schindler Anna, Höchstetten *45*
Schindler Ueli, Schulmeister Eggiwil *271, 559, 564f., 582, 688*
Schluep Stephan, Nennigkofen *652*
Schlup Daniel, Rüti bei Büren *657f.*
Schmalz, Stiftsschaffner Bern *501*
Schmied Jaggi, Schüpfheim *84*
Schmid Andreas, Ratssubstitut Zürich *311*
Schmid Hans, Gränichen *585*
Schmid Hans, Schwarzenburg *278*
Schmid Hans Franz, Landvogt Baden *656*
Schmid Jaggi, Frutigen *368*
Schmid Stephan, Dekan Bern *50, 72, 77*

sein Sohn Gabriel, Predikant Steffisburg *689, 724*
Schmid Urs, Olten *520*
Schneeberger Hans Ludwig, Säckelmeister Zürich *418, 570*
Schneider Hieronimus, Suhr *690*
Schneider Niklaus, Diessbach bei Büren *658*
Schnorf Hans Ulrich, Untervogt Baden *392, 397f., 404, 416, 422*
Schnyder Ueli, Rüderswil *368, 600*
Schnyder Ueli, Viehhändler Suhr *454, 502*
Schnyder, drei Gebrüder Schüpfheim *661*
Schobinger Bartholome, Ehrengesandter St.Gallen *311, 345*
Schönholzer Hans, Signau *14*
Schorch, Staffelbach *690*
Schorno Michael, Landammann Schwyz *334, 335*
Schreiber von Jegenstorf *471*
Schuler Konrad, Liestal *636*
Schüpbach Ueli, Biglen *271, 368, 459, 559, 658, 695*
Schürmann Jakob, Luzern *698*
Schütz Ueli, Säckelmeister Fritzenhaus Sumiswald *350, 368, 689*
Schultheiss von Willisau *584*
Schultheiss Jacob, Münzmeister Basel *166*
Schumacher, Statthalter Entlebuch *86*
Schürmann Hans, Unterentfelden *367*
Schwab Ueli, Frienisberg *526*
Schwarz Daniel, Statthalter Lützelflüh *576*
Schwitzer Ueli, Titterten *521*

Siegenthaler Hans, Äbnit bei Trub *364, 367*
Siegenthaler Peter *459*
Siegenthaler Ulrich, Netschbühl *407, 646*
Siegenthaler, Landessäckelmeister Trub *744*
Siegrist von Signau *718, 721*

Sinner Georg, Sechser *614, 691*
Sinner Jakob, Richenthal *255*
Socin Benedikt, Ratsherr Basel *449*
Sommer Hans & Bastian, Hünigerhaus Affoltern *658*
von Sonnenberg Konrad, Ratsherr Luzern *617*
von Sonnenberg Alphons, Major Luzern *665f., 668*
Sonnenwirt, Sissach *354*
Speck Johann, Hauptmann Zug *490*
Spengler von Worb *648*
Spengler Abraham, Glasmaler Bern *720-723*
  seine Frau *722*
  seine Kinder Catrein & Hans Ulrich *722f.*
Spengler Hans, Untervogt Kriens *230, 236, 552, 573, 639*
Spitzlin Jost, Goldschmied Luzern *640*
Spring Bendicht, Meyer Schüpfen *457, 485, 526, 652-654*
Spring Hans, Weibel Schüpfen *457, 471, 658*

Stadelmann Hans, Wirt und Pannermeister Schüpfheim *83, 181*
Stadelmann Hans (Städeli/Tell), Schüpfheim *644, 661-664, 667f., 673, 675, 691*
  seine Schwester *671*
Stadelmann Jost *84*
Stadtschlosser von Bern *583*
Stähelin J.J., Schreiber Liestal *332f., 383*
Stähli Melchior, Brienz *473*
Stalder Michel, Sumiswald *101*
Stalder, Statthalter Diessbach *739*
Stammbach Hans, Ursenbach *368*
Stammbach Ueli, Weibel Melchnau *688*
Statthalter von Jegenstorf *458*
Statthalter von Langenthal *351*
Staub Sara, Magd Bözingerberg *722*
Staub Ueli, Bäcker Eggiwil *746*
Stauffer Christen, Äbnit Eggiwil *92*

Stauffer Christen & Ueli, Zimmerzei Eggiwil *184f., 658, 676*
Stauffer Cunrad, Schneider Glashütte *144*
Stauffer Daniel, Glashütte Eggiwil *144f., 150, 645, 697, 746*
  sein Vater Christen *144*
  seine Kinder *645, 746*
Stauffer Hans, Diepoldsbach Eggiwil *215*
Stauffer Hans & Bendicht, Eggiwil *746*
Stauffer Hans, Statthalter Leuzigen *351*
Stauffer Ueli, Luchsmatt Eggiwil *137, 141, 185, 261, 582, 690*
  seine Tochter Barbara *720*
Stauffer, Hofacker Eggiwil *10, 45, 63*
Stauffers Frau, Signau *738*
Steiger Emanuel, Landvogt Trachselwald *741*
Steiger Georg, Oberst Bern *114f., 475, 486, 494*
Steiger Hans Rudolf, Landvogt Aarwangen *126*
Steinegger, Schultheiss Zofingen *604*
Steiner Baschi, Amt Rothenburg *474*
Steiner Elsbeth, Eggiwil *721*
Steiner Kaspar, Siegrist Emmen *221, 226f., 230, 233, 244, 254(B), 260, 270, 284, 287, 338, 348, 357, 363, 367, 372, 383, 395, 430, 467, 490f., 502f., 509f., 520, 539, 552f., 573, 630, 632f., 639, 702*
Steiner Wilhelm, Amt Signau *518*
Steinmann Hans, Gysenstein *658*
Steinmann Hansens Witwe, Rot Biglen *626f.*
Steinmann Lienhart, Grossdietwil *272, 671, 675, 684*
Sterchi Hans, Oberburg *368*
Stettler Anna *60, 72*
Stettler Samuel (dr alt Stöckler), Eggiwil *750*
Stettler, Schultheiss Interlaken *472*
Stirnimann Ueli, Sumiswald *368*
Stocker Hans Jakob, Stadtschreiber Schaffhausen *705*

Namensregister

Stöckli, Bauherr Zug *270*
Stofel, Kulm *690*
Studer Caspar, Zeugherr Luzern *671, 669*
Studer, Hauptmann St.Gallen *569*
Stürler Vinzenz, Venner Bern *56, 496, 606*
  sein Neffe Beat Ludwig, Vogt Brandis *161*
Stürmli Jakob, Metzger Willisau *223, 338, 402f., 581, 608, 615*
Stürmli Ruedi, Rothenburg *573, 630, 639*
Stutz Heinrich, Liestal *636*

Suri David, Weibel Oberwil *658*
Sury Hans Ulrich, Schultheiss Solothurn *194, 416, 452*
Suter Baschi, Aarburg *409*
Suter Hans Jost, Bruchschneider Interlaken *473*
Suter Ueli, Säckelmeister Suhr *502, 512, 521, 657*

Tanner Christen, Signau *517*
Tanner Peter, im Bach Trub *186, 368*
die drei Tellen, im Entlibuch *197, 200, 202, 214, 230, 255, 268, 367, 574, 580f., 597, 600, 661–670*
Theiler Leodegar, Weibel Escholzmatt *286, 381, 383, 395*
Thiebolt, bernischer Soldat *612*
Thomi Hans & Christen, Schmitte Bärispach *94, 717*
von Thorberg Peter *80*
Thormann Gabriel, Landvogt von Thorberg *458*
Thunerhans, Fährmann *379, 389f.,*
Tillier Jakob, Bauherr Bern *186*
Tillier Johann Anton, Welschsäckelmeister Bern *420, 475, 570, 582, 590, 597, 713*
Torstenson Lennart, schwed. General *463*
Tribolet Georg, Landvogt Lenzburg *524, 556*

Tribolet Samuel, Landvogt Trachselwald *160f., 182, 205, 217, 246f., 256, 263, 283, 299–301, 303, 332, 336, 339f., 342f., 347, 349f., 358, 366, 413, 470, 576–579, 582, 587, 590, 606f., 611, 624, 637, 654, 672, 674, 693–695, 697(B), 713–716*
  sein Vater Johann *217*
  sein Bruder Anton *715*
  sein Bruder Hans Rudolf *217*
  sein Bruder Jakob, Hauptmann *217, 229, 246f., 387, 674, 713*
  seine Schwester Maria *217, 246*
  sein Vetter Abraham, Schultheiss Burgdorf *161, 217, 444, 451*
  seine Frau Ursula von Graffenried *160*
  sein Knecht *576, 579*
  sein Schreiber *576*
Trinkler Peter, Landammann Menzingen *270, 275, 289, 363, 380, 447, 490, 613, 710*
Trube, Untervogt im Entlebuch *81*
Tschaggelar Isaak, Homberg *658*
Tschanz Bendicht, Oppligen *368*
Tschanz Daniel, Martinsegg Röthenbach *367, 407*
Tschanz Hans, Eggiwil *73*
Tscharner David, Landvogt Morsee *44*
Turenne, franz. Vicomte/Feldherr *711, 713*
Turmweibel von Bern *688*

Ueli vom Hüenerbach *360*
Ulrich, Grossmünsterpfarrer Zürich *511*
Unternährer Kaspar (Tell), Schüpfheim *197f., 214, 255, 358, 367, 427, 476, 600, 661–669*
  seine Frau *671, 666*
  sein Bruder *663*

Villars-Chandieu, Oberstleutnant Neuenburg *568*
Vogler Hans, Eriswil *350, 368*
Vogt Georg, Brienz *473*
Vollmer Lorenz, Nachrichter Luzern *617*

Wachter Florian, deutscher Fuhrmann *130*
Wäfler Jaggi, Frutigen *472*
Wagner Vinzenz, Venner Bern *204, 271, 289, 366*
Wahli Hans, Bolligen *464, 476, 658*
Wälchli Melchior, Melchnau *675, 688*
Walder Peter, Salzfuhrmann Heimberg *612*
  seine Frau *612*
von Wallenstein Albrecht, deutscher General *54*
Walthard Andres, Schulmeister Wimmis *687*
Walthert Hans Joachim, Büchsenmeister Luzern *639*
Waltisberger Jakob (Mütsch), Doppleschwand *85f.*
Wandeler Thomas (Rigelithomme), Fontannenmühle *199*
von Wartburg Isaak, Aarburg *657*
Waser Johann Heinrich, Bürgermeister Zürich *177, 289, 305f., 311, 314f., 326–328, 340, 343, 345, 346(B), 347, 349, 376, 381f., 392, 414, 445, 488, 502, 511, 521, 537, 544–547, 553, 562, 591, 595f., 601f., 610, 612, 621, 705f., 711*
von Wattenwyl Albrecht, Schlossherr Diessbach *94*
  sein Bruder Niklaus, Vogt Sumiswald *161*
von Wattenwyl Bernhard, Grossweibel Bern *153, 652, 676, 681f., 688*
von Wattenwyl Gabriel, Venner Bern *366*
Weber Christoph, Pfarrer Geiss *635*
Weber Hans Ulrich, Goldschmied Zürich *265*
Wehrli Peter, Amt Schwarzenburg *384*
Weibel von Basel *731*
Weibel Leuzigen *351*
Weibel Madiswil *277*
Weibel Olten *486*
Weibel Sargans *653*
Weibel Sumiswald *372*
Weibel Ursenbach *277*
Weinzäpfli Theobald, Student Bern *696*
Weisswalder Durs, Weibel Herzogenbuchsee *277, 364*
Wenger Hans *194*
Werdmüller Johann Konrad, General Zürich *305, 306(B), 378, 406, 438, 463, 491, 511–513, 515f., 520f., 524, 530–538, 543f., 547–549, 551, 555f., 560f., 563, 565f., 581, 591, 600, 604, 612, 621, 656, 711*
  sein Sohn Christoph *604*
Werdmüller Johann Rudolf, Generalmajor Zürich *135, 463, 491, 512, 515, 523f., 530–533, 537, 561, 569, 585f., 602, 612, 705, 709, 711–713(B)*
  sein Bruder Johann Georg, Feldzeugmeister *446, 463, 491, 591, 604, 609, 713*
    dessen Sohn Johann Georg *604*
von Werdt Abraham, Tütschsäckelmeister Bern *153, 294, 298f., 462*
von Werdt Hans Ludwig, Schultheiss Thun *277, 279, 297, 444, 514, 611, 638, 655*
von Werdt Alexander, Kastlan Frutigen *323, 472*
Werenlinger Ueli, Affoltern *419*
Wettstein Hans Rudolf, Bürgermeister Basel *93, 117, 130f., 166, 244, 288, 307, 322, 331–333, 344, 354, 390, 457, 464, 550(B), 593, 634, 705f., 708, 710*
Weyermann Anton, Hauptmann Bern *312, 318*
Weyermann Hans, Lotzwil *658*
Weyermann Thomas, Lotzwil *368*
Weyssler Marx (Schneidermarx), Teufelsbanner Wasen *736f.*
Widmer Joseph, Täuferlehrer *95*
Widmer Peter, Lützelflüh *367, 370*
Wild David, Wirt zum weissen Kreuz Langenthal *436*
Wild Peter, am Zurzacher Märit *656*
Wildermett Hans Heinrich, Stadthauptmann Biel *560*
Willading Caspar, Erfinder Bern *195*

Namensregister

Willading Niklaus, Landvogt Aarwangen *315, 350f., 360, 439-441, 598, 670f., 675, 684, 713*
Willading Hans Rudolf, Säckelmeister Bern *153, 204, 410, 507*
Willi Franz, Schmied Eggiwil *184f., 189,*
Winkler Hans, Schmied Signau *310, 360, 367, 517, 676, 679, 685*
Wipflin Niklaus, Urner Vogt in den Freien Ämtern *406*
Wirtin von Kirchdorf *736*
Wirt von Oberbuchsiten *609*
Wirt beim Weissen Kreuz, Schüpfheim *663*
Wirt von Wangen *557*
Wirz Baschi, Metzger Sissach *361*
Wirz Jakob, Untervogt Buus *332f., 344, 354, 384*
Wirz Jakob (Buschber), Bärenwirt Langenbruck *551*
Wirz Johann Konrad, Chorherr Zürich *641*
Witschi Bernhard, Statthalter Hindelbank *658*
Wittwer Christen, Zihlmatt Eggiwil *407*
Wittwer Niklaus, Senggen Eggiwil *407, 473, 746*
Wolf Toni & Sohn, Thun *147*
Würgler Hans Jacob, Ried Lenzburg *367*
Wüthrich Hans, Landessäckelmeister Brandösch Trub *127, 252, 310, 314, 328, 368, 563, 657, 747*
Wüthrich Hans, Schaffner Bächi Hilterfingen *472, 594*
   seine beiden Töchter *594f.*
Wüthrich Ulrich (Äschau-Üelk), Äschau *750f.*
Wynistorf Christen, Ammann Oberburg *419, 427, 450, 622f.*
Wyss Franz, Festungskommandant Thun *219*
Wyttenbach, Stiftsschreiber Bern *720f.*

Ysenmann Hans, Steinhauermeister *75*

Zahler Hans, Frutigen *472*
Zahn Hans Heinz, Entfelden *690*
Zahnd Ueli, Säckelmeister Schwarzenburg *384, 496*
Zahner Michel, Kilchmeier Amsoldingen *658*
Zaugg Christen, Tischmacher Röthenbach *137, 142*
Zaugg Hans, Tischmacher Höchstetten *72, 92*
Zaugg Mutter & Tochter, Landstreicherinnen *95, 135f.*
Zaugg Ueli, Täufer *92*
Zbinden Bendicht, Schwarzenburg *384*
Zeerleder, Predikant Kirchberg *713*
Zehender Hans Rudolf, Landvogt Signau *95, 149f., 159(B), 161f., 202, 220, 239, 407, 435, 582, 602, 607, 626f., 631f., 637, 641, 645, 648, 670, 672, 674, 680, 685f., 694f., 716-720, 741*
   seine Frau Anna Manuel *162, 718, 721*
   seine Tochter Esther *718, 721*
Zehender Josua *719*
Zehender Marquart, Landvogt Signau *92, 139, 142, 159(B), 160-162, 171, 261, 420, 475, 741*
   sein Sohn *747*
Zehnder David & Sohn, Bern *471*
Zeltner Adam, Untervogt Schälismühle *177, 318, 325, 351, 358, 361f., 370, 427f., 477, 499, 608-610, 655*
   seine Frau und Kinder *610*
der lange Zemp (Tell), im Entlebuch *197, 502, 671, 664, 691*
Ziegler Hans Heinrich, Bürgermeister Schaffhausen *445, 462*
Zimmermann Christen, Wirt Guggisberg *384*
Zimmermann Christen, Wirt Steffisburg *98, 104, 109, 111, 118, 120, 146, 216, 229, 297, 367, 385, 437, 459, 559, 575, 586, 627, 642-644, 649, 689*
   seine Frau *689*
Zimmermann Hans, Schwändi *644*

Zimmermann Hans, Freiweibel
Wabern *303*
Zimmermann Niklaus, Bucholterberg/
Schangnau *91, 99-111, 115-117, 120,
126, 185, 216, 235, 314, 327f., 368,
392f., 412, 517, 624*
Zingg Klaus, Busswil *671, 675*
Zingg, Oberlindach *167*
Zobrist, Untervogt Hendschiken *602*
Zörnlin Hans Jakob, Oberst Basel *288,
307, 311, 317-319, 331, 355, 401, 574,
710*
Zoss Beat, Ostermundigen *471, 658*
Zürcher Abraham, Weibel Trub *252,
310, 747*
Zurfluh Hans, Berg Eggiwil *9, 21*
Zurfluh Hans, Diepoldsbach Eggiwil *73*
Zurfluh Heini, Diepoldsbach Eggiwil
41
Zurlauben Beat, Landammann Zug
270, 275, 357
zur Matten David, Zimmermeister
Bern *75*
Zur Matten, Ratsherr Solothurn *325*
Dr. Zwinger Theodor, Antistes Basel
634(B)f.
Zwyer von Evibach Sebastian Peregrin,
Landammann/General Altdorf
*243-245(B), 250, 255, 259f., 268,
273-275, 280f., 284-286, 289, 294,
308, 343, 358, 361, 379, 438, 442, 456,
466, 503, 510, 539f., 553, 562, 573,
581, 589, 591f., 596-598, 600, 605,
608, 610, 613, 625, 669, 706, 709f.*

Bildernachweis

Bern. Historisches Museum (Foto
S.Rebsamen): 51, 112, 148, 159,
228/229, 291, 393, 408, 434b, 481, 686

Burgerbibliothek Bern: 434a, 740

Kunstmuseum Bern: 27, 213

Öffentliche Kunstsammlung Basel: 156

Schweizerische Landesbibliothek Bern:
182, 202, 206, 245, 254, 296, 306, 346,
446, 550, 567, 603, 634, 712

Staatsarchiv Bern: 15, 91, 650, 683, 743

Zentralbibliothek Luzern: 238, 241

Zentralbibliothek Zürich: 36/37, 567,
636

Mühlestein: 173

Wahlen/Jaggi: 374, 415 (Foto Walter
Stauffer, Burgdorf)

Stadelmann Theo, Wolhusen.
Ein Heimatbuch, Wolhusen 1958: 234

H. Türler u.a., Bilder aus Vergangenheit
und Gegenwart, Bern 1900: 778f.

Foto Gerhard Howald, Kirchlindach: 17,
33, 74, 77

Foto Urs Hostettler, Bern: 578, 618

Foto Hans-Peter Gerber, Oberfritten-
bach: 753

Karin Widmer, Zytglogge Verlag Bern:
782 (nach H.U Imhof, Schweizergeschichte), 783, 784 (nach Häusler II)

Robert Berger, Mühle Rothachen: 108

Fam. Haldemann, Giebel Eggiwil: 65

Edwin Tobler, Breite-Nürensdorf: 61

aus Privatbesitz: 692, 697

# Mehrfach zitierte Quellen

1. Ungedruckte Quellen

AEB Allgemeine Eidgenössische Bücher im Staatsarchiv Bern, Bd. A «Bauernaufstand 1641», Bd. B-F «Bauernkrieg 1653»
Ämterbuch Ämterbücher im Staatsarchiv Bern
Amtsrechnung Amtsrechungen im Staatsarchiv Bern
BB Mss.Hist.Helv. Manuskripte der Burgerbiliothek Bern:

- **I.108.45** Sammlung von Abraham Delosea: Aktenstücke 1653
- **II.9.31** a) Excerpte von General-Commissär Emanuel Herrmann
  c) Berns Erklärung an das Emmental
  e) Der Stadt Bern gemeiner Underthanen-Eid 26.5. 1653
  f) Leuenbergers Schreiben an den Rath vom 7.5. 1653
- **VI.39.5** Schriften den Bauernkrieg betreffend. Copie einiger Aktenstücke 1653
- **6** Beschreibung des Kriegs, so sich anno 1653 im Bern Gebiet zugetragen (o.Namen). Copie aus dem 18., vielleicht 17.Jh.
- **7** Text des Bundesbriefs mit einer Einleitung, nachher einige darauf bez. Aktenstücke
- **VI.47.5** Ausführliche Relation des Aufstands im Luzerner- und Berner gebieth 1653 (o.Namen)
- **6** Relation; die Bernerische Aufruhr, 1653 (o.Namen)
- **VI.80.3** Manuscript betreffend Villmergerkrieg de anno 1656 und Bauernkrieg de anno 1653
- **I.81** Bauernkrieg von 1653. Unpartheiische und substanzliche Beschreibung der Eidg. Unruhen im Jahr 1653 von Johann Konrad Wirz, Zürich (id. Druck Zürich 1653).
- **VI.86.1** (u.a.) Extrakt aus dem Taufrodel zu Herzogenbuchsee 1653
- **2** Verfolg von dem Bauren-Aufstand de anno 1653, gezogen aus den Schriften Joh. Basslers, Pfarrers zu Hinwil
- **VI.96** Sammlung von Aktenstücken in Abschrift, zur Geschichte der Jahre 1653 und 1655–56
- **VI.97** Der Aufruhr Früchte oder wahrhafte (...) Geschichte des Bauernkriegs. Abschrift aus dem 18.Jh.
- **VI.101** Empörung der Bernischen Underthanen 1653. Joh. Caspar Steiners Handschrift
- **XI.13.10** Begehren der Bauern aus dem Emmental mit gegenübergestellter Antwort der Herren von Bern (25.3.653)

XII.146 Historie des grossen Aufruhrs in dem Schweizerland von dem Jahr 1653., abgefasst von Joh.Conrad Füesslin (id. VI.85. Kopie J.R. Gruners aus dem 18.Jh.)
XV.71.6 (anonyme Gedichte Samuel Tribolet)
XVII.64 J. Rüetschis Beschreibung des Bauernkriegs 1653

CGM Chorgerichtsmanuale der bernischen Gemeinden, bei den betreffenden Gemeindeverwaltungen. Oberchorgerichtsmanual (CGM Bern) im Staatsarchiv Bern

Chronik Jost Chronik des Bauern Johann Jost von Brechershäusern (1598-1656) in der Stadtbibliothek Bern

Chronik Langnau Chronik 1621-1670. Masch. Transkript aus dem Langnauer Eherodel II, im Staatsarchiv Bern (DQ 197)

Contracten Contracten-Bücher der bernischen Ämter im Staatsarchiv Bern

Inventaria Inventaria über der Rebellen Güter und deren Geltstag-Rödel 1653. Staatsarchiv Bern.

KRM Bern Manuale des Kriegsrates im Staatsarchiv Bern

Lohner Karl Friedrich Lohners (1786-1853) Chronik der Stadt Thun. Auszüge nach Dr. Karl Huber in der Stadtbibliothek Thun (Depot Burgerarchiv)

Mandatenbuch Mandatenbücher im Staatsarchiv Bern

Polizeibuch Bern Polizeibücher im Staatsarchiv Bern

RM Bern Ratsmanuale im Staatsarchiv Bern
RM Burgdorf Ratsmanuale in der Stadtbibliothek Burgdorf
RM Thun Ratsmanuale im Stadtarchiv Thun

Taufrodel/Eherodel Rodelbücher der bernischen Kirchgemeinden, bei den betreffenden Gemeindeverwaltungen

TMB Bern Teutsche Missivenbücher im Staatsarchiv Bern
TSB Bern Teutsche Spruchbücher des unteren Gewölbs im Staatsarchiv Bern
Turmbuch Bern Turmbücher im Staatsarchiv Bern
Turmbuch Trachselwald Turmbuch des Schlosses Trachselwald

Urbar Urbarien der bernischen Ämter im Staatsarchiv Bern

Quellen

2. Gedruckte Quellen und Chroniken vor 1798

Chronik Schenk Hans Schenk: Aus der Chronik von Röthenbach. Bearbeitet von G. Reusser, Bern 1912 & 1914. (Original im Gemeindearchiv Röthenbach)

Heutelia Anonymus (vermutlich Hans Franz Veiras): Heutelia. Hrsg. von Walter Weigum, München 1969. Originale Schrift von 1658 S. 5-351, Kommentare S. 352ff.

Misch-Masch Hans Rudolf Grimm (1665-1749), Vom grossen Misch-Masch... Hrsg. von René Simmen. Zürich 1963.

Pflantz-Gart Daniel Rhagor: Pflantz-Gart. Bern 1639.

RQ Bern Sammlung schweizerischer Rechtsquellen. Die Rechtsquellen des Kantons Bern, Teil 1: Stadtrechte. Aarau 1902ff.

Tagebuch Haller Tagebuch des Prof. Berchtold Haller (zeitgenössischer Griechischprofessor an der Oberen Schule in Bern). Hrsg. von Heinrich Türler. Berner Taschenbuch 1904, 123-137.

3. Literatur

Aeschlimann Johann Rudolph Aeschlimanns (1768-1819) Geschichte von Burgdorf und Umgebung. Zwickau 1847.

Amrein C.K. Amrein: Sebastian Peregrinus Zwyer von Evibach. St.Gallen 1890.

Anderi Lieder Urs Hostettler (Hrsg.): Anderi Lieder. Bern 1979.

Aregger Julius Aregger-Marazzi: Christian Schibi und seine Familie. (Schüpfheim 1944) Neudruck Entlebuch 1979.

Bögli Hans Bögli: Der bernische Bauernkrieg in den Jahren 1641 und 1653. Diss. Bern 1889.

Bürki Fritz Bürki: Berns Wirtschaftslage zur Zeit des 30-jährigen Kriegs. Diss. Bern 1937.

BZGH Berner Zeitschrift für Geschichte und Heimatkunde. Bern 1939ff.

Die Burgergemeinde Diverse: Die Burgergemeinde Bern. Bern 1986.

Dürrenmatt Peter Dürrenmatt: Schweizer Geschichte. Zürich 1963.

Fluri Adolf Fluri: Wie unsere Väter Buch und Rechnung führten. Bern 1923.

Friedli, Guggisberg Emanuel Friedli: Bärndütsch als Spiegel bernischen Volkstums, Bd. 3 Guggisberg. Bern 1911.

Geiser Samuel Henri Geiser: Die Taufgesinnten Gemeinden. 2. Auflage, Courgenay 1971.
Graf Fr. Graf: Der Schmied von Höchstetten und andere Konolfinger Führer im Bauernkrieg 1653. Blätter für bernische Geschichte, 14.Jg. (1918), 4.Heft.
Guggenbühl Gottfried Guggenbühl: Der schweizerische Bauernkrieg von 1653. Zürich 1953.
Gugger K. Gugger: Kirchengeschichte von Bucholterberg. Wabern 1968.
Guggisberg Paul Guggisberg: Der Berner Salzhandel. Archiv des hist. Vereins d. Kt.Bern 32, Heft 1, 1933.

Haldemann Christian Haldemann: Beschreibung der Gemeinde Eggiwyl 1827. Hrsg. von F. Kocher, Langnau 1903.
Häusler I/II Fritz Häusler: Das Emmental im Staate Bern bis 1798. 2 Bände, Bern 1958/67.
Häusler, Dorfmärkte Fritz Häusler: Die alten Dorfmärkte des Emmentals. Langnau 1986.
Häusler, Röthenbach Fritz Häusler: Aus der Geschichte Röthenbachs. Hist.Verein des Kt.Bern 1966.
HBL Historisch-biographisches Lexikon der Schweiz. Neuenburg 1921–1934.
Heusler Andreas Heusler: Der Bauernkrieg von 1653 in der Landschaft Basel. Basel 1854.
Hidber Basil Hidber: Schweizergeschichte für Schule und Volk. 2.Teil, Bern 1888.
Hintzsche Erich Hintzsche: Sechshundert Jahre Krankenpflege im Berner Inselspital. Bern 1954.
Hostettler Urs Hostettler: Die Lieder der Aufständischen im Grossen Schweizerischen Bauernkrieg von 1653. Archiv für Volkskunde II/1982.

Landolt Niklaus Landolt: Die Bauernunruhen von 1641 im Staate Bern. Liz.arbeit Basel 1988. – Vgl. BZGH 1990, Heft 3.
Liebenau I-III Theodor von Liebenau: Der luzernische Bauernkrieg vom Jahre 1653. Jahrbuch für schweiz. Geschichte, Bd.18 (1893), Bd.19 (1894) und Bd.20 (1895).
Lütolf Alois Lütolf: Sagen, Bräuche und Legenden aus den fünf alten Orten. Luzern 1865.

Marti-Wehren Robert Marti-Wehren: «Mühleseiler». BZGH 1940/1.
Mühlestein Hans Mühlestein: Der Grosse Schweizerische Bauernkrieg. (Zürich 1942) Neudruck Zürich 1977.

Nabholz Hans Nabholz: Der Anteil der Grafschaft Lenzburg am Bauernkrieg 1653. Taschenbuch der Hist.Ges. des Kantons Aargau für das Jahr 1902.

Nyffeler Johann Nyffeler: Heimatkunde von Huttwil. Bearb. von E. Nyffeler. Huttwil 1915.

Peter Gustav Jakob Peter: Zürichs Anteil am Bauernkrieg 1653. Jahrbuch für schweiz. Geschichte, Bd. 33 (1908) und Bd. 34 (1909).

Rösli Joseph Rösli: Die Bestrafung der aufständischen Berner im Bauernkriege von 1653. Diss. Bern 1932.

Schiffmann Chr. Schiffmann: Dorf und Landschaft Steffisburg im Laufe der Jahrhunderte. (Bern 1916) Neudruck Steffisburg 1983.

Sommer Peter Sommer: Scharfrichter von Bern. Bern 1969.

Steiner Walter Steiner: Eggiwil, Röthenbach. Bern 1974 (Berner Heimatbücher 117).

Studer Otto Studer: Schicksale der Talschaft Entlebuch. Schüpfheim 1923.

Tillier Anton von Tillier: Geschichte des Freistaates Bern, Bd.IV., Bern 1838.

Türler, Leuenberger Heinrich Türler: Zur Geschichte des Bauernkriegs und Notizen über Niklaus Leuenberger. Berner Taschenbuch 1903.

Türler, Tribolet Heinrich Türler: Der Prozess gegen Landvogt Samuel Tribolet. Berner Taschenbuch 1891.

Vock Alois Vock: Der Bauernkrieg im Jahr 1653. Aarau 1831.

von Arx Ferdinand von Arx: Untervogt Adam Zeltner und seine Teilnahme am Bauernaufstand 1653. Olten 1913.

von Rodt Eduard von Rodt: Bern im XVII. Jahrhundert. Bern 1903.

von Tscharner Hans-Fritz von Tscharner: Die Todesstrafe im alten Staate Bern. Diss. Bern 1936.

Wahlen/Jaggi Hermann Wahlen und Ernst Jaggi: Der Schweizerische Bauernkrieg 1653 und die seitherige Entwicklung des Bauernstandes. Bern 1953.

Zeller Hans Zeller: Steffisburg. Thun 1967.

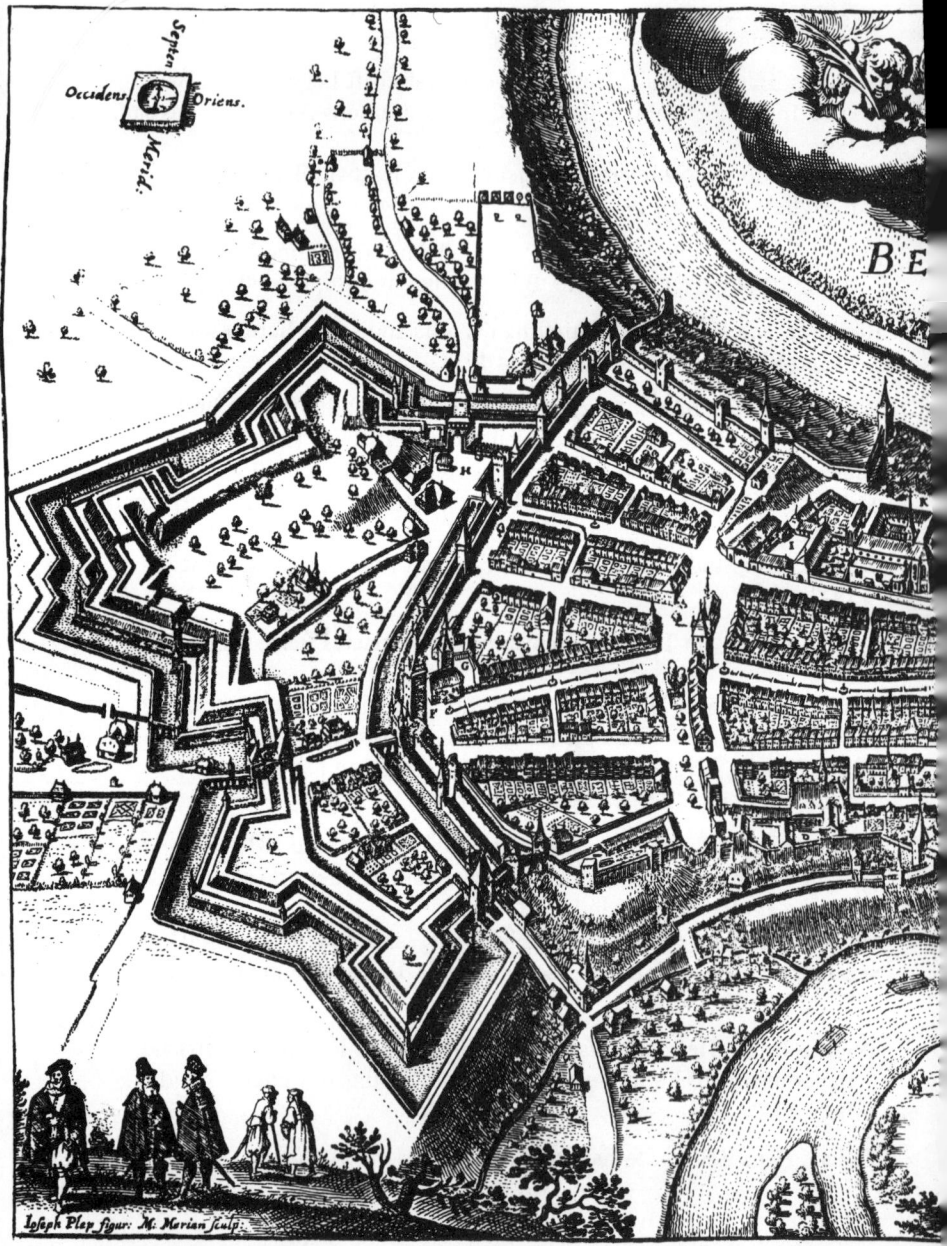

A. S. Vincentzen Münster.   C. Barfüßer Closter, jetz das Collegium.   E. New Marcilli
B. Das Stifft.   D. Die Insel.   F. Christoffel thor

Die Stadt Bern in der Mitte des 17. Jahrhunderts (Plepp/Merian 1638)

Bern die Hauptstatt in Nüchtland ward erbawen durch Berchtoldum den V. Hertzogen zu Zäringen A° 1191. und Befrehet von den Keyseren Henrico dem VI. und Friderico dem II. Kam in den Eydgnoßischen Bundt Anno 1353.

Der ober Spital zum Heilgen Geist.   I. Das Zeughauß.   K. Prediger Closter, jetz der Groß Spital.
Goletenmatgassen thor.   L. Zeytglocken.   M. Das Rathauß.
   N. Nideck.   O. Das Niderthor.

Stadt Bern 1653:	heutiger Name (Standort):
Strassen und Plätze:	
Stalden	Nydeggstalden
Schwendplatz/Wendschatzgasse	(W Nydeggbrücke)
Hormannsgasse	Postgasse
vordere Gasse	Kram- und Gerechtigkeitsgasse
Junkerngasse	Junkerngasse
Gerberngasse	Gerberngasse
Ländte	Schifflaube
Plattform	Plattform
im Spitz	Badgasse
grosser Kirchplatz	Münsterplatz
Brunngasse	Brunngasse
Metzgergasse	Rathausgasse
Kesslergasse	Münstergasse
Herrengasse	Herrengasse
Platz	Kornhausplatz
Gerberngraben	(Theaterplatz/Bellevue-Garage)
beim Totentanz	Zeughausgasse
Neuenstadt	Marktgasse
Schinkengasse	Amthausgasse
Judengasse	Kochergasse
Bärenplatz mit Bärengraben	Bärenplatz
Schegkenbrunngasse	Hodlerstrasse
Speichergasse	Speichergasse
Golatenmattgasse	Aarbergergasse
Neuengasse	Neuengasse
Frauengässli	Ryffligässchen
Spitalgasse	Spitalgasse
Schoulanzgasse (?)	Schauplatzgasse
an der Ringmauer	Genfergasse
Rossschwemme	Bubenbergplatz
Schützenmatt	(unteres Bollwerk/Reithalle)
Schulen, Verwaltung:	
Hohe Schule	Herrengasse 25
Knabenlehr	Herrengasse 1
Meitlilehr	Brunngasse 68
Rathaus	Rathaus
Kanzlei	Postgasse 72
Münzstatt	die zwei Häuser W Rathaus
Kaufhaus	Kantonspolizei, Kramgasse 20
Salzkammer	Brunngasse 48
Ankenwaag	Münstergasse 61–63
Stadtmühle	Mühlenplatz 11
Zeughaus	Zeughausgasse 18–28

Fleischschaal	Kramgasse 36
Schindthaus	altes Schlachthaus, Rathausgasse 22
Richterstuhl und Pranger	R (Kreuzgasse/Gerechtigkeitsgasse)
Scharfrichterhaus	Neuengasse 25/Ryffligässli 8
Sandfluh	Aargauerstalden, SW Rosengarten
Münsterwerkhof	W Herrengasse/vor Casinoplatz 2
Steinwerkhof	Geleise N Burgerspital
Stift und Chorhaus	Münsterplatz 3

Spitäler und Apotheken:

Oberer Spital	G (bei Heiliggeistkriche)
Grosser Spital im Predigerkloster	Franz. Kirche/Stadttheater
Inselspital	D (Ostflügel Bundeshaus)
Staatsapotheke	Ecke Inselgässchen/Kochergasse
Daniel Lauterburgs Apotheke	Zeitglocken-Apotheke
Apotheke (bei der Kreuzgasse)	Rathaus-Apotheke

Gasthöfe:

Schlüssel	Schlüssel
Weisses Kreuz	Adler
Bären	Bäreck
Falken	Marktgasse 11/Amthausgasse 6
Sternen	Aarbergergasse 19
Wilder Mann	Aarbergergasse 41
Krone	Gerechtigkeitsgasse 64/Postgasse 57
Storchen	Spitalgasse 21

Wehrbauten:

Wachtturm beim Untertor	Felsenburg
Rossschwemmeturm	Läuferplatz 6
Langmauer	Langmauerweg
Zytglogge	Zytglogge
unteres Marzilitor	Kochergasse 5/SE-Ecke Hotel Bellevue
Wasserturm	E Haus Aarstrasse 76
Pulverturm	Langmauerweg 110
Tschifferliturm	NE-Ecke Waisenhaus/Polizeikaserne
Käfigturm	Käfigturm
Aarenturm	Blutturm
grosser Eggturm (Tillierturm)	Hodlerstrasse 16
inneres Aarbergertor	N Aarbergergasse 59 und 61
äusseres Aarbergertor	Kreuzung Speichergasse/Bollwerk
Dittlingerturm	vor der NW-Ecke der Heiliggeistkirche
Christoffelturm	NW Spitalgasse 37 (Loeb)
Obertor	Bubenbergplatz, Höhe Schwanengasse
Ziegelturm und Hakentürmchen	Christoffelgasse 3
oberes Marzilitor	Bundesgasse 3 (Bernerhof)
Pariserturm (Streckiturm)	Rasenplatz Bernerhof/Bundeshaus West

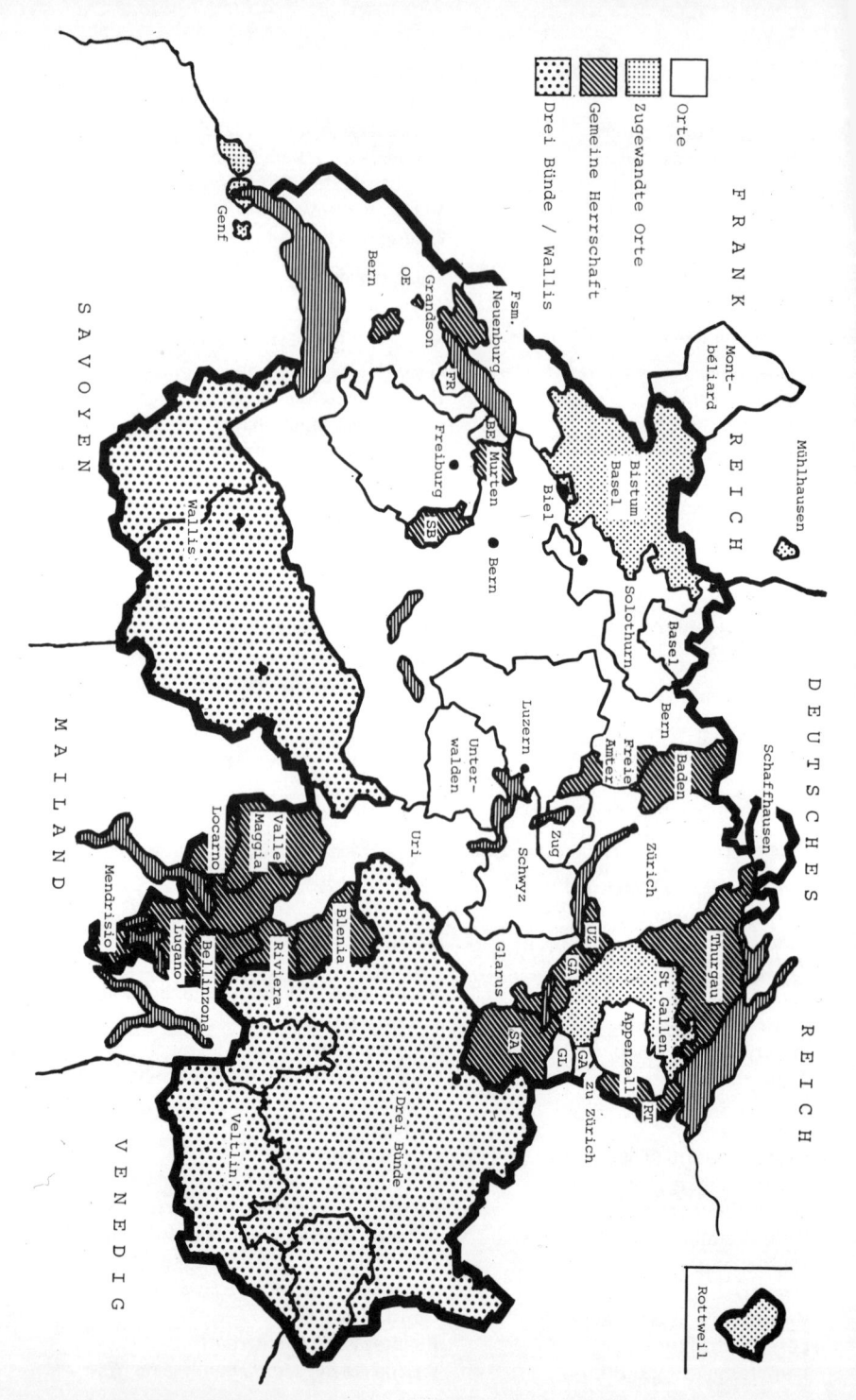

Die dreizehnörtige Eidgenossenschaft

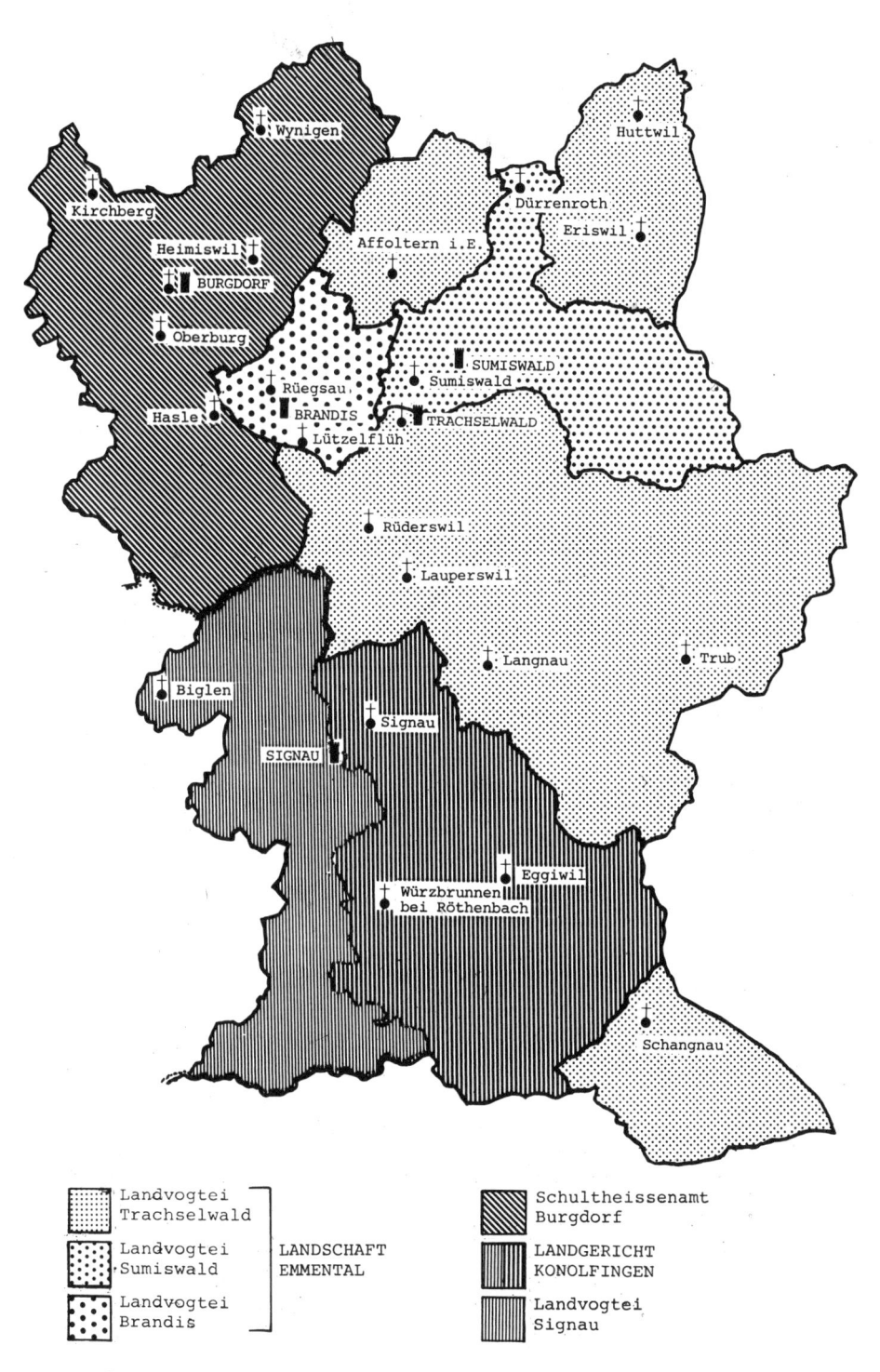

Die Ämter und Kilchörinen des Emmentals

Das Eggiwil